Opel Astra
Gör-det-själv handbok

Steve Rendle

Modeller som behandlas *(3715 - 392/1832 - 9AC6)*

Opel Astra modeller med bensinmotor, inklusive specialmodeller
Sedan, kombikupé, kombi och van

1389cc, 1598cc, 1796cc & 1998cc (SOHC och DOHC)

Behandlar de huvudsakliga mekaniska funktionerna hos cabrioletmodeller från 1993 och framåt (ej sufflettmekanism, demontering/montering av fönster etc.)

Behandlar ej modeller med dieselmotor

ABCDE
FGHIJ
KLM

En bok i **Haynes Serie Gör-det-själv handböcker**

ISBN **1 85960 715 2**

British Library Cataloguing in Publication Data
En katalogpost för denna bok finns tillgänglig från British Library.

Tryckt i USA

Haynes Publishing Nordiska AB
Box 1504, 751 45 UPPSALA, Sverige

Haynes Publishing
Sparkford, Yeovil, Somerset BA22 7JJ, England

Haynes North America, Inc
861 Lawrence Drive, Newbury Park, California 91320, USA

Editions Haynes
4, Rue de l'Abreuvoir
92415 COURBEVOIE CEDEX, France

Innehåll

DIN OPEL ASTRA

RUTINUNDERHÅLL

Innehåll

REPARATIONER OCH RENOVERING

Motor och tillhörande system

Kraftöverföring

Bromsar och fjädring

Kaross

REFERENSER

Den Astra som behandlas i den här handboken introducerades på den europeiska marknaden hösten 1991, och slutade säljas i februari 1998. Trots att det mekaniskt sett föreligger stora likheter med de tidigare Astra/Kadett modellerna, är den senare versionen mycket förbättrad i alla avseenden. Denna handbok behandlar modeller med bensinmotor, men andra modeller i serien levererades med dieselmotor.

Det erbjöds fem olika bensinmotorer i serien, men alla motorer var inte tillgängliga på alla marknader. De tillgängliga motorerna var 1.4, 1.6, 1.8 och 2.0 liters versioner med enkel överliggande kamaxel (SOHC), samt 1.4, 1.6, 1.8 och 2.0 liters versioner med dubbla överliggande kamaxlar (DOHC). Alla motorer har bränsleinsprutning och är utrustade med olika avgasreningssystem, med undantag av en 1.4 liters förgasarmotor som fanns tillgänglig på vissa marknader. Alla motorer är av välbeprövad design och så länge de får regelbundet underhåll kommer de troligen inte att ställa till med några problem.

Astra fanns tillgänglig som 4-dörrars sedan, 3- och 5-dörrars kombikupé, kombi och van (GSi-modellen fanns bara tillgänglig som kombikupé), med en stor variation på armatur och inre dekor beroende på modell.

Modellerna har helt individuell främre fjädring, med komponenterna kopplade till en kryssrambalk. Den bakre fjädringen är halvt individuell med en torsionsaxel och hjälparmar.

En femväxlad manuell växellåda fanns som standard i alla modeller, och en fyrväxlad elektroniskt styrd automatväxellåda som tillval på vissa modeller.

Ett stort utbud av standard- och extrautrustning erbjöds i Astraserien, inklusive låsningsfria bromsar.

För hemmamekanikern är en Astra en enkel bil att underhålla, och de flesta komponenter som behöver regelbunden tillsyn är lätt åtkomliga.

Astra GSi 16V

Astra LS kombi

Din handbok till Opel Astra

Syftet med den här handboken är att hjälpa dig få ut mesta möjliga av din bil och den kan göra det på flera sätt. Boken kan vara till god hjälp när beslut skall fattas om vilka åtgärder som ska vidtas, även om en verkstad anlitas för att utföra själva arbetet. Den ger även information om rutinunderhåll och service, och föreslår arbetssätt för logiska åtgärder och diagnos om slumpmässiga fel uppstår. Förhoppningsvis kommer handboken dock att användas till försök att klara av arbetet på egen hand. Vad gäller enklare jobb kan det till och med gå snabbare att ta hand om det själv, än att först boka tid på en verkstad och sedan ta sig dit två gånger, för att lämna och hämta bilen. Och kanske viktigast av allt, en hel del pengar kan sparas genom att man undviker de avgifter verkstäder tar ut för att kunna täcka arbetskraft och drift.

Handboken innehåller teckningar och beskrivningar för att visa funktionen hos de olika komponenterna och förklara deras utformning. Arbetsförfarandena är beskrivna och fotograferade i tydlig ordningsföljd, steg för steg.

Tack

Tack till Champion Tändstift som tillhandahållit bilderna över tändstiftens skick. För vissa illustrationer har Vauxhall Motors Ltd copyright, och bilderna används med deras tillåtelse. Ett stort tack även till Draper Tools Limited, som tillhandahöll vissa specialverktyg, samt till alla i Sparkford som har hjälpt till med denna handbok.

Vi strävar efter att ge så noggrann information som möjligt i denna handbok. Tillverkarna inför dock ibland ändringar i funktion och design under produktionen av en viss modell, utan att vi informeras om detta. Författarna och förlaget kan inte ta på sig något ansvar för förluster, materiella skador eller personskador till följd av felaktig eller ofullständig information i denna bok.

Att arbeta på din bil kan vara farligt. Den här sidan visar potentiella risker och faror och har som mål att göra dig uppmärksam på och medveten om vikten av säkerhet i ditt arbete.

Allmänna faror

Skållning

• Ta aldrig av kylarens eller expansionskärlets lock när motorn är het.
• Motorolja, automatväxellådsolja och styrservovätska kan också vara farligt varma om motorn just varit igång.

Brännskador

• Var försiktig så att du inte bränner dig på avgassystem och motor. Bromsskivor och -trummor kan också vara heta efter körning.

Lyftning av fordon

• Vid arbete nära eller under ett lyft fordon, använd alltid extra stöd i form av pallbockar eller använd ramper. ***Arbeta aldrig under en bil som endast stöds av en domkraft.***

• När muttrar eller skruvar med högt åtdragningsmoment skall lossas eller dras, bör man lossa dem något innan bilen lyfts och göra den slutliga åtdragningen när bilens hjul åter står på marken.

Brand och brännskador

• Bränsle är mycket brandfarligt och bränsleångor är explosiva.
• Spill inte bränsle på en het motor.
• Rök inte och använd inte öppen låga i närheten av en bil under arbete. Undvik också gnistbildning (elektrisk eller från verktyg).
• Bensinångor är tyngre än luft och man bör därför inte arbeta med bränslesystemet med fordonet över en smörjgrop.
• En vanlig brandorsak är kortslutning i eller överbelastning av det elektriska systemet. Var försiktig vid reparationer eller ändringar.
• Ha alltid en brandsläckare till hands, av den typ som är lämplig för bränder i bränsle- och elsystem.

Elektriska stötar

• Högspänningen i tändsystemet kan vara farlig, i synnerhet för personer med hjärtbesvär eller pacemaker. Arbeta inte med eller i närheten av tändsystemet när motorn går, eller när tändningen är på.

• Nätspänning är också farlig. Se till att all nätansluten utrustning är jordad. Man bör skydda sig genom att använda jordfelsbrytare.

Giftiga gaser och ångor

• Avgaser är giftiga. De innehåller koloxid vilket kan vara ytterst farligt vid inandning. Låt aldrig motorn vara igång i ett trångt utrymme, t ex i ett garage, med stängda dörrar.
• Även bensin och vissa lösnings- och rengöringsmedel avger giftiga ångor.

Giftiga och irriterande ämnen

• Undvik hudkontakt med batterisyra, bränsle, smörjmedel och vätskor, speciellt frostskyddsvätska och bromsvätska. Sug aldrig upp dem med munnen. Om någon av dessa ämnen sväljs eller kommer in i ögonen, kontakta läkare.
• Långvarig kontakt med använd motorolja kan orsaka hudcancer. Bär alltid handskar eller använd en skyddande kräm. Byt oljeindränkta kläder och förvara inte oljiga trasor i fickorna.
• Luftkonditioneringens kylmedel omvandlas till giftig gas om den exponeras för öppen låga (inklusive cigaretter). Det kan också orsaka brännskador vid hudkontakt.

Asbest

• Asbestdamm kan ge upphov till cancer vid inandning, eller om man sväljer det. Asbest kan finnas i packningar och i kopplings- och bromsbelägg. Vid hantering av sådana detaljer är det säkrast att alltid behandla dem som om de innehöll asbest.

Speciella faror

Flourvätesyra

• Denna extremt frätande syra bildas när vissa typer av syntetiskt gummi i t ex O-ringar, tätningar och bränsleslangar utsätts för temperaturer över 400 °C. Gummit omvandlas till en sotig eller kladdig substans som innehåller syran. *När syran väl bildats är den farlig i flera år. Om den kommer i kontakt med huden kan det vara tvunget att amputera den utsatta kroppsdelen.*
• Vid arbete med ett fordon, eller delar från ett fordon, som varit utsatt för brand, bär alltid skyddshandskar och kassera dem på ett säkert sätt efteråt.

Batteriet

• Batterier innehåller svavelsyra som angriper kläder, ögon och hud. Var försiktig vid påfyllning eller transport av batteriet.
• Den vätgas som batteriet avger är mycket explosiv. Se till att inte orsaka gnistor eller använda öppen låga i närheten av batteriet. Var försiktig vid anslutning av batteriladdare eller startkablar.

Airbag/krockkudde

• Airbags kan orsaka skada om de utlöses av misstag. Var försiktig vid demontering av ratt och/eller instrumentbräda. Det kan finnas särskilda föreskrifter för förvaring av airbags.

Dieselinsprutning

• Insprutningspumpar för dieselmotorer arbetar med mycket högt tryck. Var försiktig vid arbeten på insprutningsmunstycken och bränsleledningar.

Varning: Exponera aldrig händer eller annan del av kroppen för insprutarstråle; bränslet kan tränga igenom huden med ödesdigra följder

Kom ihåg...

ATT

• Använda skyddsglasögon vid arbete med borrmaskiner, slipmaskiner etc, samt vid arbete under bilen.

• Använda handskar eller skyddskräm för att skydda händerna.

• Om du arbetar ensam med bilen, se till att någon regelbundet kontrollerar att allt står väl till.

• Se till att inte löst sittande kläder eller långt hår kommer i vägen för rörliga delar.

• Ta av ringar, armbandsur etc innan du börjar arbeta på ett fordon - speciellt med elsystemet.

• Försäkra dig om att lyftanordningar och domkraft klarar av den tyngd de utsätts för.

ATT INTE

• Ensam försöka lyfta för tunga delar - ta hjälp av någon.

• Ha för bråttom eller ta osäkra genvägar.

• Använda dåliga verktyg eller verktyg som inte passar. De kan slinta och orsaka skador.

• Låta verktyg och delar ligga så att någon riskerar att snava över dem. Torka upp olje- och bränslespill omgående.

• Låta barn eller husdjur leka nära en bil under arbetets gång.

Följande sidor är tänkta att vara till hjälp vid hantering av vanligen förekommande problem. Mer detaljerad felsökningsinformation finns i slutet av boken och beskrivningar för reparationer finns i bokens olika huvudkapitel.

Om bilen inte startar och startmotorn inte går runt

- ☐ Om bilen har automatväxellåda, se till att växelväljaren står i läge 'P' eller 'N'.
- ☐ Öppna motorhuven och kontrollera att batteripolerna är rena och ordentligt åtdragna.
- ☐ Slå på strålkastarna och försök starta motorn. Om strålkastarna försvagas mycket vid startförsöket är batteriet troligen urladdat. Lös problemet genom att använda startkablar och en annan bil (se nästa sida).

Om bilen inte startar trots att startmotorn går runt som vanligt

- ☐ Finns det bränsle i tanken?
- ☐ Finns det fukt i elsystemet under motorhuven? Slå av tändningen och torka bort synlig fukt med en torr trasa. Spraya vattenavvisande medel (WD-40 eller liknande) på tänd- och bränslesystemets elektriska kontakter som visas i bilderna. Var extra noga med tändspolens kontaktdon och tändkablarna.

A Undersök batterianslutningarnas skick och kontrollera att de är ordentligt åtdragna.

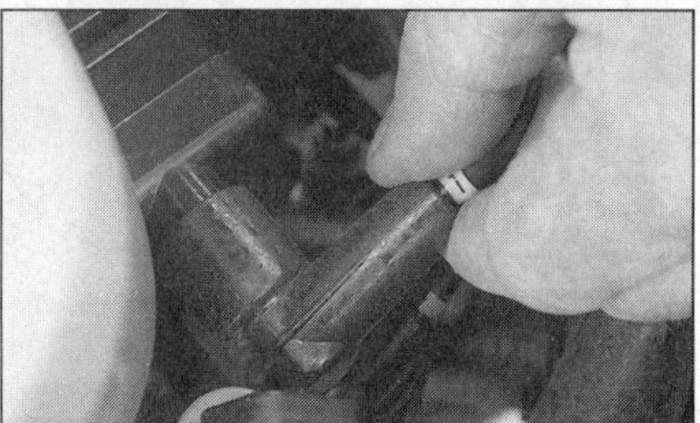

B Kontrollera att tändstiftens tändkablar sitter säkert genom att trycka fast dem mot tändspolen eller DIS-modulen (efter tillämplighet)

C Kontrollera att tändkablarna sitter säkert genom att trycka fast dem mot tändstiften.

Kontrollera att alla elektriska anslutningar sitter säkert (med tändningen avslagen) och spraya dem med vattenavvisande medel (WD-40 eller liknande) om du misstänker att problemet beror på fukt

D Kontrollera att kontaktdonen till motorns kabelhärva sitter säkert anslutna (modell med bränsleinsprutning visad).

E Kontrollera att bränsleinsprutningens kablage sitter säkert (CFi modell visad).

Starthjälp

Start med startkablar löser ditt problem för stunden, men det är viktigt att ta reda på vad som orsakar batteriets urladdning. Det finns tre möjligheter:

1 Batteriet har laddats ur efter ett flertal startförsök, eller för att lysen har lämnats på.

2 Laddningssystemet fungerar inte tillfredsställande (generatorns drivrem slak eller av, generatorns länkage eller generatorn själv defekt).

3 Batteriet är defekt (utslitet eller låg elektrolytnivå).

När en bil startas med hjälp av ett laddningsbatteri, observera följande:

- ✔ Innan det fulladdade batteriet ansluts, slå av tändningen.
- ✔ Se till att all elektrisk utrustning (lysen, värme, vindrutetorkare etc.) är avslagen.
- ✔ Observera eventuella speciella föreskrifter som är tryckta på batteriet.
- ✔ Kontrollera att laddningsbatteriet har samma spänning som det urladdade batteriet i bilen.
- ✔ Om batteriet startas med startkablar från batteriet i en annan bil, får bilarna INTE VIDRÖRA varandra.
- ✔ Växellådan ska vara i neutralläge (PARK för automatväxellåda).

1 Anslut den ena änden av den röda startkabeln till den positiva (+) polen på det urladdade batteriet.

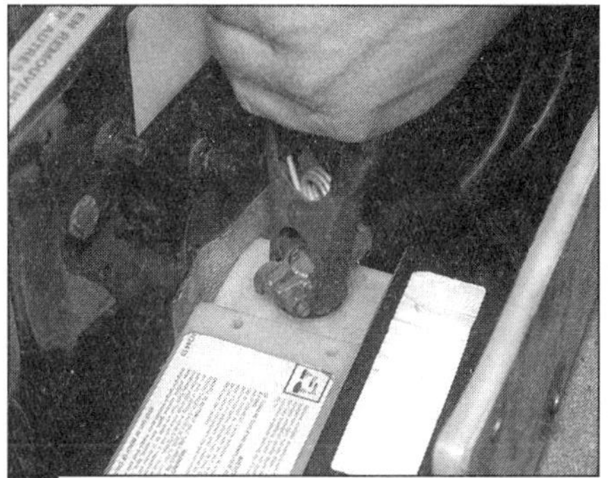

2 Anslut den andra änden av den röda startkabeln till den positiva (+) polen på det fulladdade batteriet.

3 Anslut den ena änden av den svarta startkabeln till den negativa (-) polen på det fulladdade batteriet.

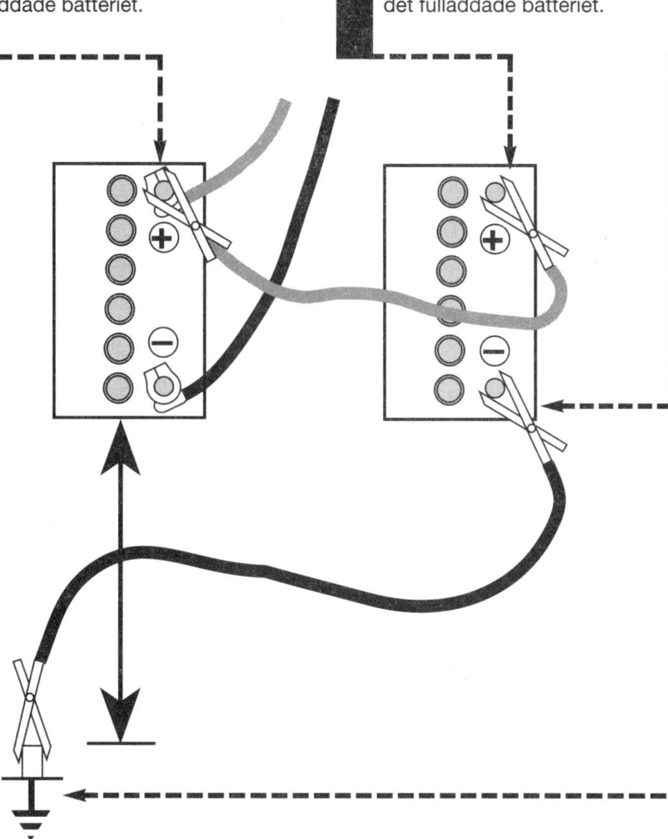

4 Anslut den andra änden av den svarta kabeln till en bult eller ett fäste på motorblocket, på ett visst avstånd från batteriet, på den bil som ska startas.

5 Se till att startkablarna inte kommer i kontakt med fläkten, drivremmarna eller andra rörliga delar av motorn.

6 Starta motorn med laddningsbatteriet och låt den gå på tomgång. Slå på lysen, bakrutevärme och värmefläktsmotor och koppla sedan loss startkablarna i omvänd ordning mot anslutning. Slå sedan av lysen etc.

Hjulbyte

Vissa av de detaljer som visas här varierar något från modell till modell. De grundläggande principerna är dock desamma för alla bilar.

Varning: Byt aldrig hjul i en situation där du riskerar att bli påkörd av ett annat fordon. Undvik att stanna på en högtrafikerad väg, försök i stället stanna i en parkeringsficka eller på en mindre avtagsväg. Håll uppsikt över trafiken under hjulbytet - det är lätt att distraheras av arbetet

Förberedelser

- ☐ När en punktering inträffar, stanna så snart säkerheten medger detta.
- ☐ Parkera om möjligt på plan mark, på avstånd från övrig trafik.
- ☐ Använd vid behov varningsblinkers.
- ☐ Använd varningstriangel (obligatorisk utrustning) för att uppmärksamma andra trafikanter.
- ☐ Dra åt handbromsen och lägg i ettan eller backen ('P' på automatväxellåda).
- ☐ Blockera det hjul som sitter diagonalt mot det hjul som ska tas bort – ett par stora stenar kan användas till detta.
- ☐ Om marken är mjuk, lägg t.ex. en plankbit under domkraften för att sprida tyngden.

Byte av hjul

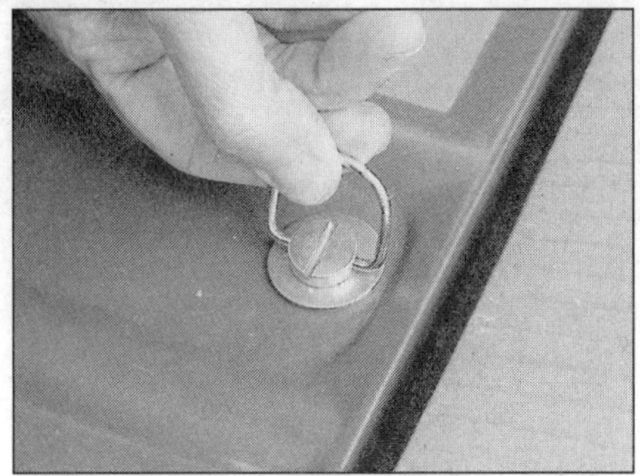

1 Töm bagageutrymmet och ta bort mattan och reservhjulspanelen.

2 Ta bort verktygshållaren och skruva loss reservhjulsklämman.

3 Som säkerhetsåtgärd, lägg reservhjulet under bilen nära stödpunkten.

4 Ta bort eventuell navkapsel/hjulsida och lossa varje hjulbult ett halvt varv.

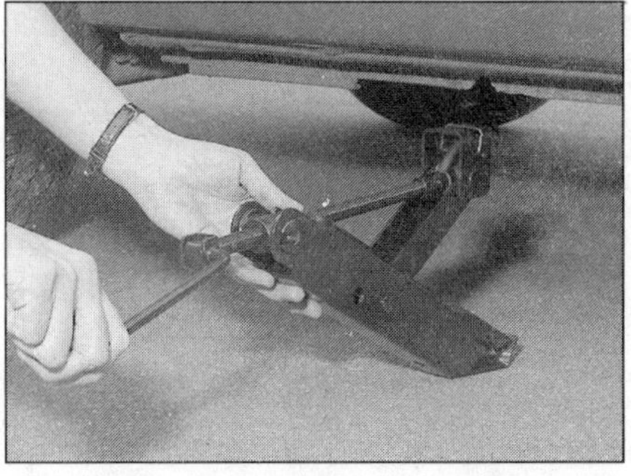

5 Höj domkraften och se till att den hamnar rätt under stödpunkten (och se till att domkraften står på fast mark).

6 Vrid handtaget medurs tills hjulet lättar från marken. Skruva loss bultarna och lyft av hjulet.

7 Sätt på reservhjulet och sätt i bultarna. Dra åt bultarna något med fälgkorset och sänk ner bilen. Dra sedan åt bultarna ordentligt i angiven ordning, sätt på eventuell navkapsel/hjulsida och lägg det punkterade däcket i bagageutrymmet.

Slutligen...

- ☐ Ta bort hjulblockeringen.
- ☐ Lägg tillbaka domkraften och verktygen på sina platser.
- ☐ Kontrollera trycket i det nymonterade hjulet. Om det är lågt, eller om en tryckmätare inte finns till hands, kör långsamt till närmaste bensinstation och kontrollera/justera trycket.
- ☐ Låt reparera eller byt ut det skadade däcket så snart som möjligt.

Att hitta läckor

Pölar på garagegolvet (eller där bilen parkeras) eller våta fläckar i motorrummet tyder på läckor som man måste försöka hitta. Det är inte alltid så lätt att se var läckan är, särskilt inte om motorrummet är mycket smutsigt. Olja eller andra vätskor kan spridas av fartvinden under bilen och göra det svårt att avgöra var läckan egentligen finns.

***Varning:** De flesta oljor och andra vätskor i en bil är giftiga. Vid spill bör man tvätta huden och byta indränkta kläder så snart som möjligt*

Lukten kan vara till hjälp när det gäller att avgöra varifrån ett läckage kommer och vissa vätskor har en färg som är lätt att känna igen. Det är en bra idé att tvätta bilen ordentligt och ställa den över rent papper över natten för att lättare se var läckan finns. Tänk på att motorn ibland bara läcker när den är igång.

Olja från sumpen

Motorolja kan läcka från avtappningspluggen . . .

Olja från oljefiltret

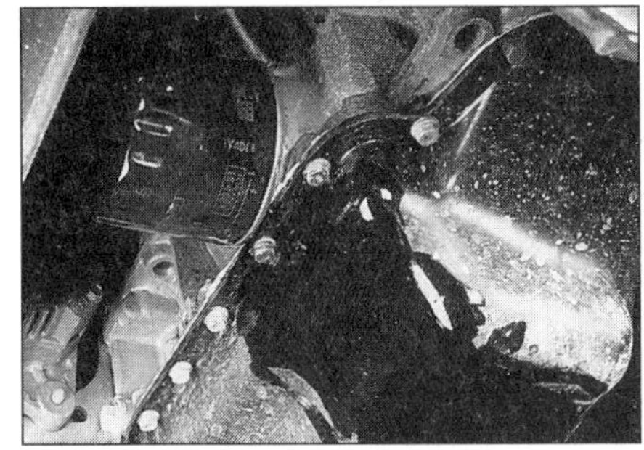

. . . eller från oljefiltrets packning.

Växellådsolja

Växellådsolja kan läcka från tätningarna i ändarna på drivaxlarna.

Frostskydd

Läckande frostskyddsvätska lämnar ofta kristallina avlagringar liknande dessa.

Bromsvätska

Läckage vid ett hjul är nästan alltid bromsvätska.

Servostyrningsvätska

Servostyrningsvätska kan läcka från styrväxeln eller dess anslutningar.

Bogsering

När ingenting annat hjälper kan du behöva bli bogserad hem – eller det kan naturligtvis hända att du bogserar någon annan. Bogsering längre sträckor bör överlåtas till en verkstad eller en bärgningsfirma. Vad gäller kortare sträckor går det utmärkt med bogsering av en annan privatbil, men observera följande punkter:

☐ Använd en riktig bogserlina – de är inte dyra.
☐ Slå alltid på tändningen när bilen bogseras, så att rattlåset släpper och blinkers och bromsljus fungerar.
☐ Anslut bogserlinan endast till de därför avsedda bogseringsöglorna
☐ Lossa handbromsen och ställ växellådan i neutralläge.
☐ Observera att det kommer att krävas högre bromspedaltryck än vanligt eftersom vakuumservon bara fungerar när motorn är igång.
☐ På modeller med servostyrning kommer det också att behövas större kraft än vanligt för att vrida ratten.
☐ Föraren i den bogserade bilen måste vara noga med att hålla bogserlinan spänd hela tiden för att undvika ryck.
☐ Försäkra er om att båda förarna känner till den planerade färdvägen innan ni startar.
☐ Bogsera kortast möjliga sträcka och kom ihåg att högsta tillåtna hastighet vid bogsering är 30 km/tim. Kör försiktigt och sakta ner mjukt och långsamt vid korsningar.
☐ Bogsera aldrig modeller med automatväxellåda baklänges. Om växellådan verkar vara i gott skick kan bilen bogseras maximalt 10 mil. Bilen kan bogseras längre sträckor om framhjulen lyfts upp.

Inledning

Det finns ett antal mycket enkla kontroller som endast tar några minuter i anspråk, men som kan spara mycket besvär och stora kostnader.

Dessa Veckokontroller kräver inga större kunskaper eller specialverktyg, och den korta tid de tar att utföra kan visa sig vara väl använd, som i exemplen nedan.

□ Att hålla ett öga på däckens lufttryck förebygger inte bara att de slits ut i förtid, det kan också rädda ditt liv.

□ Många problem beror på elektriska fel. Batterirelaterade fel är särskilt vanliga och genom regelbundna kontroller kan de flesta av dessa förebyggas.

□ Om bilen får en läcka i bromssystemet kan det hända att du inte upptäcker detta förrän bromsarna slutar fungera. Genom regelbundna kontroller av oljenivån blir du varnad i god tid.

□ Om olje- eller kylvätskenivån blir för låg är det betydligt billigare att laga läckan direkt, än att bekosta dyra reparationer av de motorskador som annars kan uppstå.

Kontrollpunkter i motorrummet

◀ **1.4 liter SOHC (C14NZ) motor**

A *Motoroljans nivåmätsticka*
B *Motorns oljepåfyllningslock*
C *Kylvätskans expansionskärl*
D *Bromsoljebehållare*
E *Spolarvätskebehållare*
F *Batteri*

◀ **1.6 liter SOHC (C16SE) motor**

A *Motoroljans nivåmätsticka*
B *Motorns oljepåfyllningslock*
C *Kylvätskans expansionskärl*
D *Bromsoljebehållare*
E *Spolarvätskebehållare*
F *Batteri*

Kontrollpunkter i motorrummet

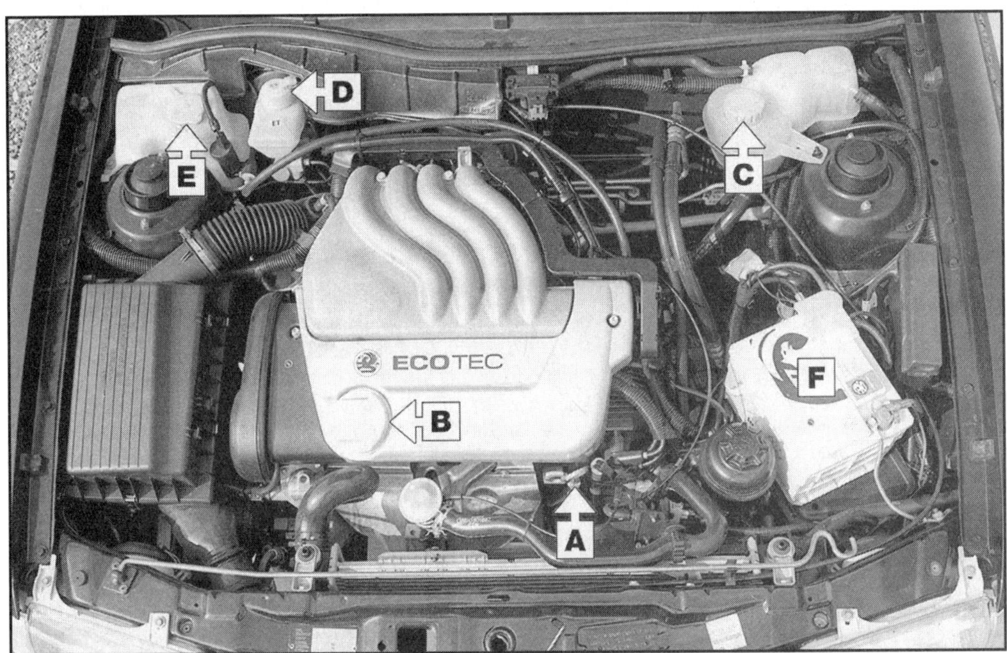

◀ **1.6 liter DOHC (X16XEL) motor**

A *Motoroljans nivåmätsticka*
B *Motorns oljepåfyllningslock*
C *Kylvätskans expansionskärl*
D *Bromsoljebehållare*
E *Spolarvätskebehållare*
F *Batteri*

◀ **1.6 liter DOHC (C20XE) motor**

A *Motoroljans nivåmätsticka*
B *Motorns oljepåfyllningslock*
C *Kylvätskans expansionskärl*
D *Bromsoljebehållare*
E *Spolarvätskebehållare*
F *Batteri*

Motoroljenivå

Innan du börjar

✔ Se till att bilen står på plan mark.

✔ Kontrollera oljenivån innan bilen startas, eller minst 5 minuter efter att motorn har stängts av.

Om oljenivån kontrolleras direkt efter att bilen har körts kommer en del av oljan fortfarande att vara kvar i motorns övre delar, vilket ger en felaktig avläsning!

Rätt olja

Moderna motorer ställer höga krav på oljan. Det är viktigt att rätt olja används (se "Smörjmedel och vätskor" på sidan 0•17).

Bilvård

● Om oljan behöver fyllas på ofta bör bilen undersökas med avseende på oljeläckor. Lägg ett rent papper under motorn över natten och se om det finns fläckar på det på morgonen. Finns det inga läckor kan det vara så att motorn bränner olja (se *Felsökning*).

● Nivån ska alltid vara mellan det övre och nedre strecket på mätstickan (se bild 3). Om oljenivån är för låg kan motorn ta allvarlig skada. Oljetätningarna kan gå sönder om man fyller på för mycket olja.

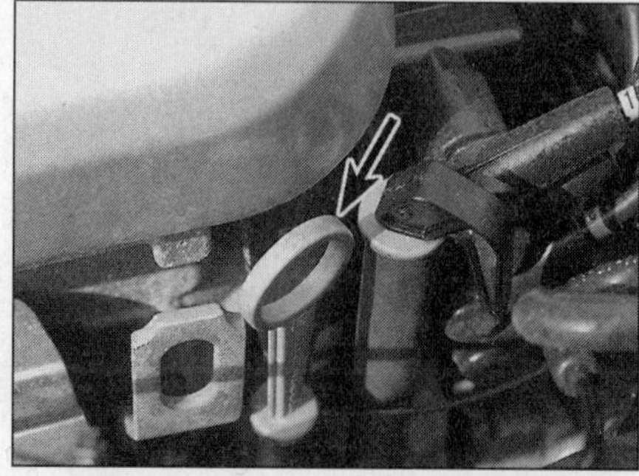

1 Oljemätstickan har ofta en skarp färg så att den lätt kan hittas (se *Kontrollpunkter i motorrummet* på sidan 0•10 för exakt plats). Dra upp mätstickan

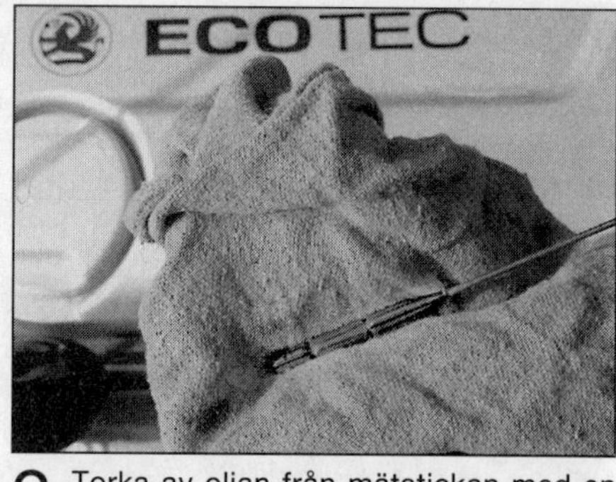

2 Torka av oljan från mätstickan med en ren trasa eller en bit papper. Stick in den rena mätstickan i röret och dra ut den igen.

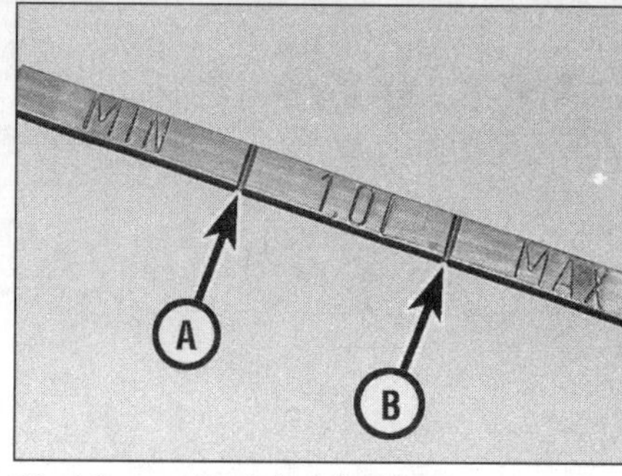

3 Läs av oljenivån på mätstickans ände, som ska ligga mellan den övre (B) och nedre (A) markeringen.

4 Skruva av locket och fyll på olja. Med en tratt minimeras oljespillet. Häll i oljan långsamt och kontrollera nivån på mätstickan ofta. Undvik att fylla på för mycket (se *Bilvård*).

Kylvätskenivå

Varning: Skruva aldrig av expansionskärlets lock när motorn är varm - det finns risk för brännskador. Låt inte behållare med kylvätska stå öppna - vätskan är giftig.

Bilvård

● I ett slutet kylsystem ska det inte vara nödvändigt att fylla på kylvätska regelbundet. Om kylvätskan ofta behöver fyllas på har bilen troligen en läcka i kylsystemet. Undersök kylaren och alla slangar och fogytor efter stänk och våta märken och åtgärda eventuella problem.

● Det är viktigt att frostskyddsvätska används i kylsystemet året om, inte bara under vintermånaderna. Fyll inte på med enbart vatten, då sänks koncentrationen av frostskyddsvätska.

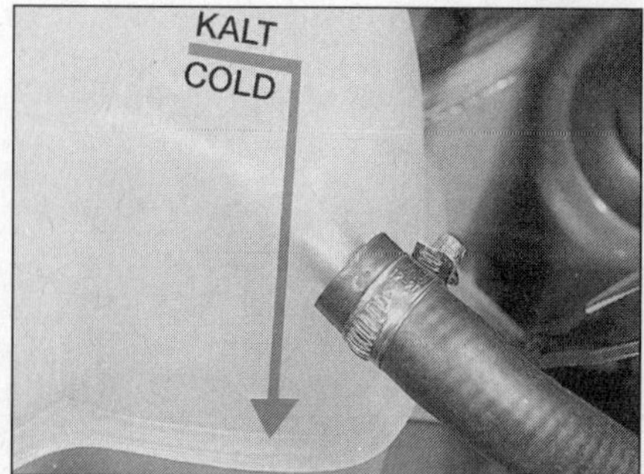

1 Kylvätskenivån varierar med motorns temperatur. Om motorn är kall ska kylvätskenivån ligga i närheten av märket COLD (eller KALT).

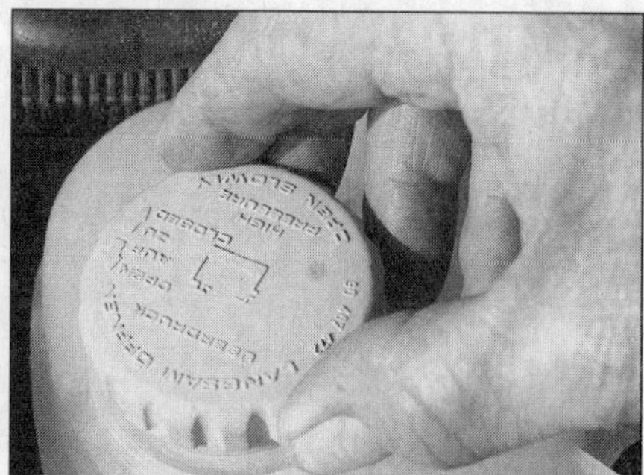

2 Om kylvätska behöver fyllas på, vänta tills motorn är kall. Skruva loss locket långsamt så att eventuellt övertryck i kylsystemet först släpps ut, ta sedan av locket.

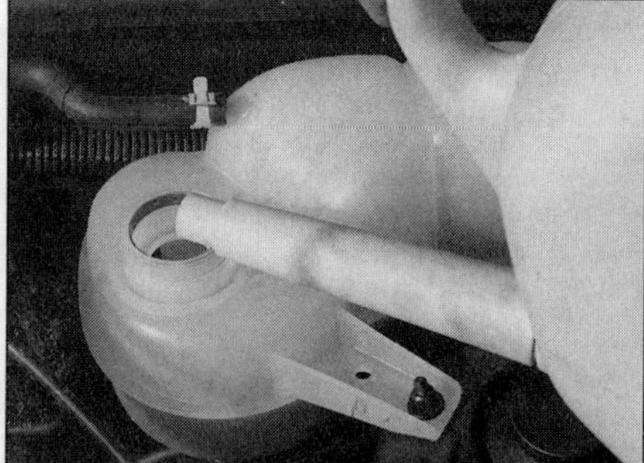

3 Fyll på en blandning av vatten och frostskyddsvätska i expansionskärlet tills nivån är halvvägs mellan nivåmarkeringarna.

Bromsoljenivå

Varning:

● *Bromsolja är farligt för ögonen och löser också upp bilens lack, så var ytterst försiktig vid all hantering av bromsolja.*

● *Använd inte olja ur kärl som har stått öppna en längre tid. Bromsolja drar åt sig fuktighet från luften vilket kan leda till farlig försämring av bromseffekten*

• Se till att bilen står på plan mark.

• Vätskenivån i behållaren kommer att sjunka något allt eftersom bromsklossarna slits, men nivån får aldrig sjunka så att den är under MIN-markeringen.

Säkerheten främst!

● Om behållaren behöver fyllas på ofta är detta ett tecken på en läcka någonstans i systemet, vilket måste undersökas omedelbart.

● Misstänker man att systemet läcker får bilen inte köras förrän bromssystemet har kontrollerats. Ta aldrig några risker med bromsarna.

1 Markeringarna MIN och MAX anges på behållaren. Vätskenivån måste alltid ligga mellan dessa markeringar.

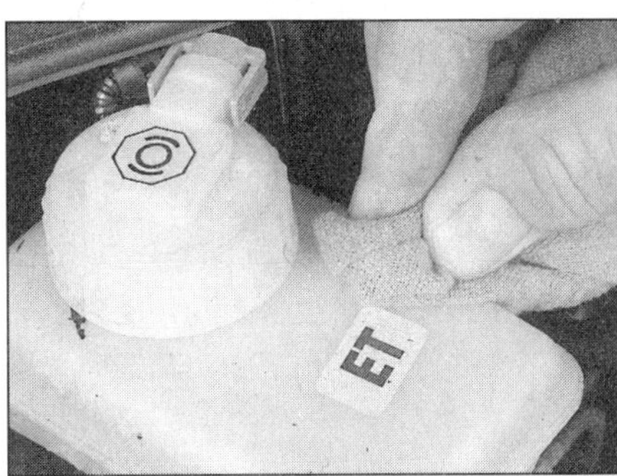

2 Om påfyllning krävs, torka först rent runt påfyllningshålet för att förhindra att smuts kommer in i hydraulsystemet. Skruva loss locket.

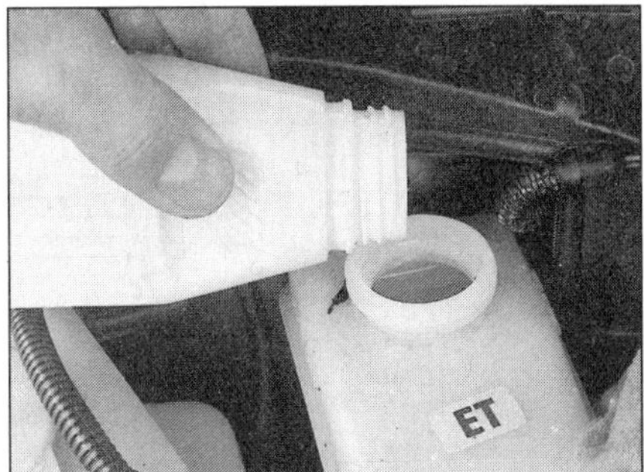

3 Fyll på olja försiktigt och var noga med att inte spilla på kringliggande komponenter. Använd bara angiven olja. Om olika typer blandas kan systemet ta skada. Avsluta med att skruva på locket ordentligt och torka bort eventuellt spill.

Servostyrningens oljenivå

Innan du börjar

✔ Ställ bilen på plan mark.

✔ Ställ framhjulen så att de pekar rakt fram.

✔ Motorn skall vara avstängd.

För att kontrollen ska vara rättvisande får ratten inte vridas efter det att motorn stängts av.

Säkerheten främst!

● Om servostyrningsoljan ofta behöver fyllas på betyder det att systemet läcker, vilket måste undersökas omedelbart.

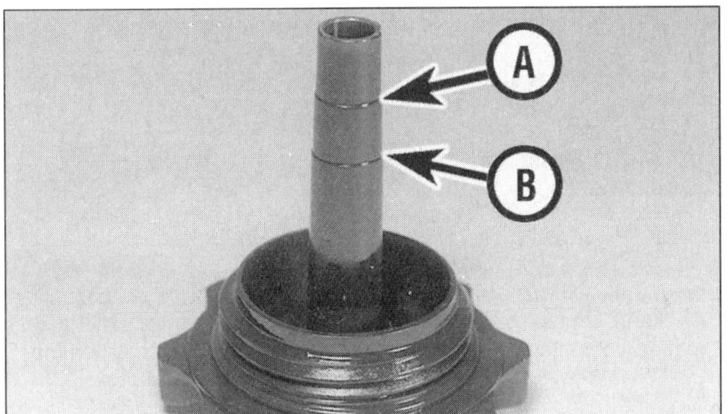

1 Behållaren sitter framme till vänster i motorrummet, bredvid batteriet. Servostyrningens oljenivå kontrolleras med en mätsticka som sitter fast i påfyllningslocket. Skruva loss påfyllningslocket från behållaren och torka bort all olja från stickan med en ren trasa eller en bit papper. Sätt tillbaka locket och ta bort det igen. Läs av oljenivån på mätstickan. Om motorn är kall ska oljenivån ligga vid den nedre markeringen på mätstickan (A). Om motorn har normal arbetstemperatur ska nivån ligga vid den övre markeringen på mätstickan (B).

2 Avsluta med att fylla på med angiven olja om det behövs, sätt sedan tillbaka locket ordentligt.

Däckens skick och lufttryck

Det är mycket viktigt att däcken är i bra skick och har korrekt lufttryck – däckhaverier är farliga i alla hastigheter.

Däckslitage påverkas av körstil – hårda inbromsningar och accelerationer och snabb kurvtagning leder till högt slitage. Generellt sett slits framdäcken ut snabbare än bakdäcken. Axelvis byte mellan fram och bak kan jämna ut slitaget, men om detta är effektivt kan du komma att behöva byta ut alla fyra däcken samtidigt.

Ta bort spikar och stenar som bäddats in i mönstret innan dessa tränger igenom och orsakar punktering. Om borttagandet av en spik avslöjar en punktering, stick tillbaka spiken i hålet som markering, byt omedelbart hjul och låt en däckverkstad reparera det trasiga däcket (eller byt ut det).

Kontrollera regelbundet att däcken är fria från sprickor och blåsor, speciellt i sidoväggarna. Ta av hjulen med regelbundna mellanrum och rensa bort all smuts och lera från inre och yttre ytor. Kontrollera att inte fälgarna visar spår av rost, korrosion eller andra skador. Lättmetallfälgar skadas lätt av kontakt med trottoarkanter vid parkering, stålfälgar kan bucklas. En ny fälg är ofta det enda sättet att korrigera allvarliga skador.

Nya däck måste alltid balanseras vid monteringen, men de kan också behöva balanseras om i takt med slitage eller om balansvikterna på fälgkanten lossnar.

Obalanserade däck slits snabbare och de ökar även slitaget på fjädring och styrning. Obalans i hjulen märks normalt av vibrationer, speciellt vid vissa hastigheter, i regel kring 80 km/tim. Om dessa vibrationer bara känns i styrningen är det troligt att enbart framhjulen behöver balanseras. Om vibrationerna istället känns i hela bilen kan bakhjulen vara obalanserade. Hjulbalansering ska utföras av en däckverkstad eller annan verkstad med lämplig utrustning.

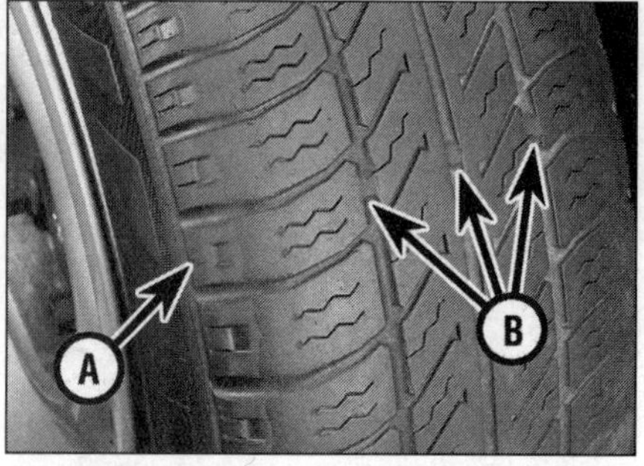

1 *Mönsterdjup - visuell kontroll*

Originaldäcken har slitagevarningsband (B) som uppträder när mönsterdjupet slitits ned till ca 1,6 mm. Bandens lägen anges av trekanter på däcksidorna (A).

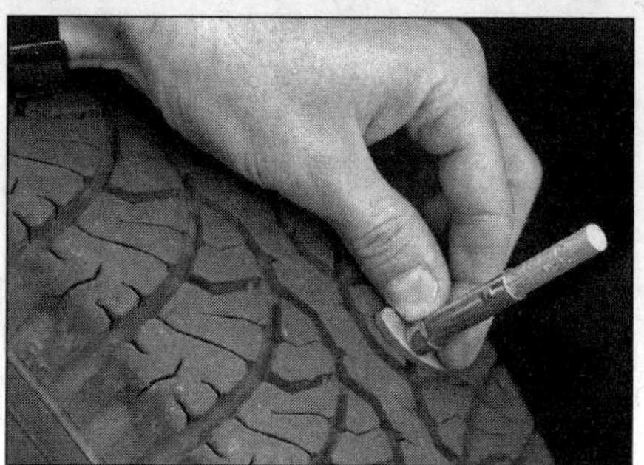

2 *Mönsterdjup - manuell kontroll*

Mönsterdjupet kan också avläsas med ett billigt verktyg kallat mönsterdjupsmätare.

3 *Lufttryckskontroll*

Kontrollera regelbundet lufttrycket i däcken när dessa är kalla. Justera inte lufttrycket omedelbart efter det att bilen har körts eftersom detta leder till felaktiga värden. Däcktryck visas på sidan 0•17.

Däckslitage

Slitage på sidorna

Lågt däcktryck (slitage på båda sidorna)
Lågt däcktryck orsakar överhettning i däcket eftersom det ger efter för mycket, och slitbanan ligger inte rätt mot underlaget. Detta orsakar förlust av väggrepp och ökat slitage.
Kontrollera och justera däcktrycket
Felaktig cambervinkel (slitage på en sida)
Reparera eller byt ut fjädringsdetaljer
Hård kurvtagning
Sänk hastigheten!

Slitage i mitten

För högt däcktryck
För högt däcktryck orsakar snabbt slitage i mitten av däckmönstret, samt minskad väggrepp, stötigare gång och fara för skador i korden.
Kontrollera och justera däcktrycket

Om du ibland måste ändra däcktrycket till högre tryck specificerade för max lastvikt eller ihållande hög hastighet, glöm inte att minska trycket efteråt.

Ojämnt slitage

Framdäcken kan slitas ojämnt som följd av felaktig hjulinställning. De flesta biläterförsäljare och verkstäder kan kontrollera och justera hjulinställningen för en rimlig summa.
Felaktig camber- eller castervinkel
Reparera eller byt ut fjädringsdetaljer
Defekt fjädring
Reparera eller byt ut fjädringsdetaljer
Obalanserade hjul
Balansera hjulen
Felaktig toe-inställning
Justera framhjulsinställningen
Notera: *Den fransiga ytan i mönstret, ett typiskt tecken på toe-förslitning, kontrolleras bäst genom att man känner med handen över däcket.*

Batteri

Varning: Läs "Säkerheten främst!" i början av den här boken innan något arbete utförs på batteriet

✔ Se till att batteriplåten är i gott skick och att batteriklämman sitter ordentligt. Rost på plåten, klämman och själva batteriet kan avlägsnas med en lösning av vatten och bikarbonat. Skölj noggrant alla rengjorda delar med vatten. Alla rostskadade metalldelar ska först målas med en zinkbaserad grundfärg och därefter lackeras.

✔ Kontrollera regelbundet (ungefär var tredje månad) batteriets laddningstillstånd enligt kapitel 5A.

✔ Om batteriet är urladdat måste motorn få starthjälp, se *Reparationer vid vägkanten.*

1 Batteriet är placerat i motorrummets främre vänstra hörn.

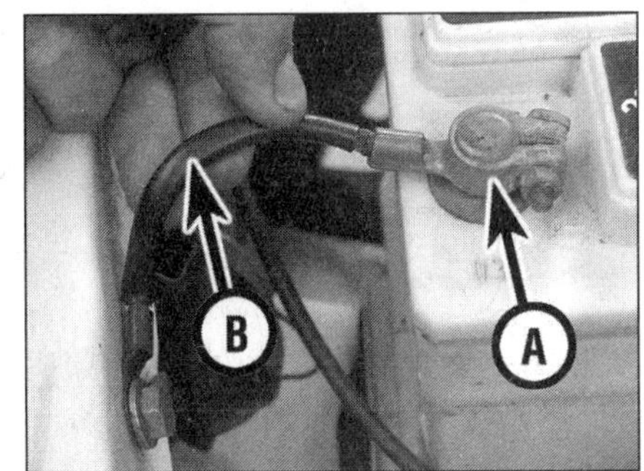

2 Kontrollera batterianslutningarnas skick och att de är ordentligt åtdragna (A). Du ska inte kunna rubba dem. Kontrollera också att kablarna (B) inte är spruckna eller har fransiga ledare.

Korrosion på batteriet kan minimeras genom att man lägger lite vaselin på batteriklämmorna och polerna när man dragit åt dem.

3 Om korrosion finns, ta bort kablarna från batteripolerna, rengör dem med en liten stålborste och sätt tillbaka dem. Biltillbehörsbutiker säljer ett bra verktyg för rengöring av batteripoler. . .

4 . . . och klämmor

Elsystem

✔ Kontrollera alla externa lampor och signalhornet. Se aktuella avsnitt i kapitel 12 för närmare information om någon av kretsarna inte fungerar.

✔ Se över alla åtkomliga kontaktdon, kablar och kabelklämmor så att de sitter ordentligt och inte är klämda eller skadade.

Om du måste kontrollera körriktningsvisare och bromsljus ensam, backa upp mot en vägg eller garageport och slå på ljusen. Det reflekterade skenet visar om de fungerar eller inte.

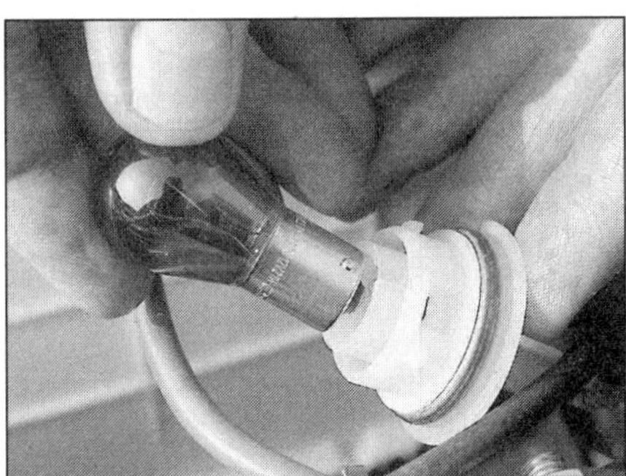

1 Om en enstaka körriktningsvisare, ett bromsljus eller en strålkastare inte fungerar, beror det antagligen på att lampan är trasig och måste bytas. Se kapitel 12 för mer information. Om inget av bromsljusen fungerar är det möjligt att bromsljuskontakten som styrs av bromspedalen är defekt. Se kapitel 9 för mer information.

2 Om mer än en körriktningsvisare eller strålkastare är ur funktion är det troligt att antingen en säkring har gått sönder eller att det är något fel i kretsen (se kapitel 12). Huvudsäkringarna sitter i säkringsdosan under instrumentbrädan på förarsidan. Vilka kretsar säkringarna hör till visas på insidan av locket. På vissa modeller finns det fler säkringar i en dosa i motorrummet.

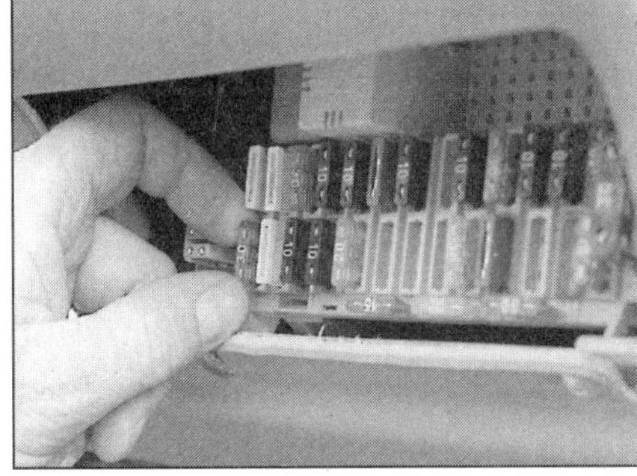

3 Om en trasig säkring behöver bytas, ta ut säkringen med det tillhörande plastverktyget (om ett sådant finns). Sätt dit en ny säkring av samma typ. Dessa finns att köpa i biltillbehörsbutiker. Det är viktigt att orsaken till att säkringen gick sönder hittas (se *Elsystem – felsökning* i kapitel 12).

Spolarvätskenivå

Spolarvätska rengör inte bara rutan, utan fungerar även som frostskydd så att spolarsystemet inte fryser under vintern. Fyll inte på med enbart vatten eftersom spolarvätskan då späds ut och kan frysa.

Varning: Använd aldrig frostskyddsvätska för kylsystemet i spolarsystemet - det kan skada lacken.

1 Behållaren för spolarvätska sitter baktill till höger i motorrummet.

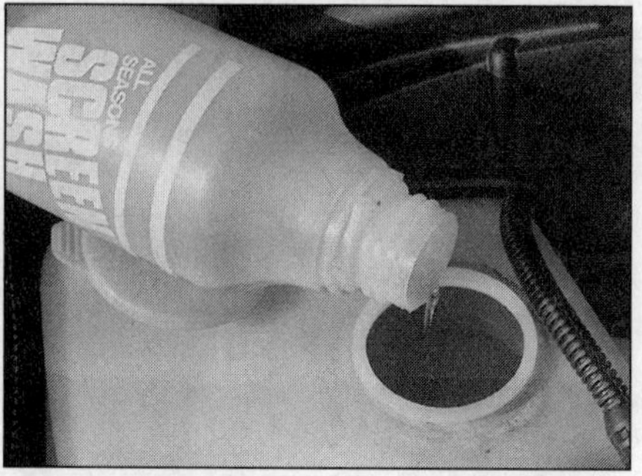

2 När spolarvätskebehållaren fylls på ska alltid spolarvätska av den koncentration som anges på flaskan användas.

Torkarblad

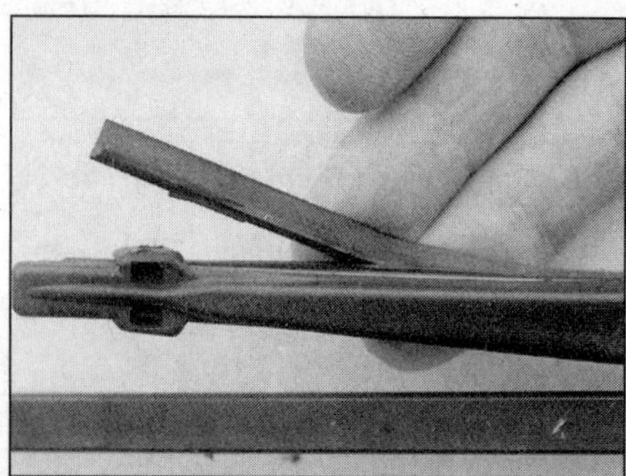

1 Kontrollera torkarbladens skick. Byt ut dem om de är spruckna eller visar tecken på åldrande, eller om de inte torkar rent vindrutan ordentligt. Torkarblad bör helst bytas en gång om året för bästa sikt.

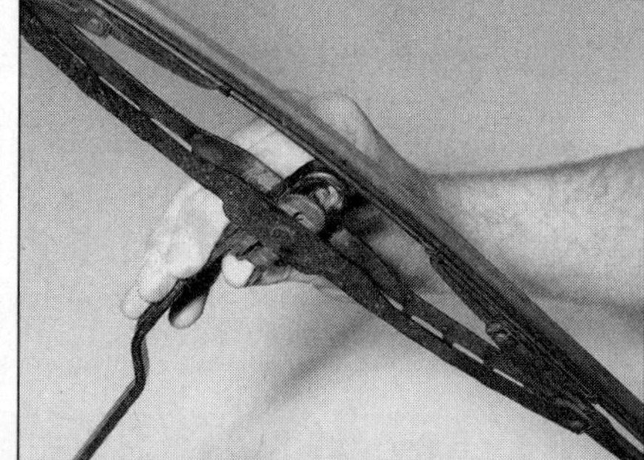

2 Dra ut torkararmen från vindrutan tills den låses fast. Vrid bladet 90°, tryck på låsfliken med fingrarna och skjut loss bladet från änden av armen.

3 Glöm inte bort att kontrollera eventuell bakrutetorkare. Ta bort bladet genom att trycka på låsfliken och skjuta loss bladet från änden av armen.

Smörjmedel och vätskor

Motor	Multigrade motorolja, viskositet SAE 10W/40, 15W/40, 15W/50 eller 20W/50, till API SH eller SJ (Duckhams QXR Premium Petrol Engine Oil eller Duckhams Hypergrade Petrol Engine Oil)
Kylsystem	Etylenglykolbaserad frostskyddsvätska (Duckhams Antifreeze and Summer Coolant)
Manuell växellåda	Växellådsolja, viskositet SAE 80 EP (Duckhams Hypoid Gear Oil 80W GL-4)
Automatväxellåda	Dexron II typ ATF (Duckhams ATF Autotrans III)
Bromssystem	Hydraulolja till SAE J1703F eller DOT 4 (Duckhams Universal Brake and Clutch Fluid)
Servostyrning	Dexron II typ ATF (Duckhams ATF Autotrans III)

Däcktryck (kalla däck)

	Fram	**Bak**
Sedan och cabriolet:		
1.4 och 1.6 liter SOHC motorer	2,0 bar	1,7 bar
1.6 och 1.8 liter SOHC motorer	2,2 bar	1,9 bar
1.8 DOHC motor och alla 2.0 liter motorer	2,4 bar	2,1 bar
Kombi och van:		
1.4 liter motor och 1.6 liter motorer (utom C 16 SE)	2,0 bar	1,8 bar
C 16 SE motorer och 1.8 liter SOHC motorer	2,2 bar	2,0 bar
1.8 DOHC motor och alla 2.0 liter motorer	2,2 bar	2,0 bar

Observera: *Trycken som anges är för normal belastning (upp till 3 passagerare). För tryck vid full belastning, se bilens handbok eller kontakta en Opelåterförsäljare.*

Observera: *Trycken som anges här är endast en allmän vägledning och gäller bara originaldäcken. Rekommenderat tryck kan variera om andra däck monteras – se efter i handboken eller kontakta en däcktillverkare eller återförsäljare för senaste rekommendationer.*

Kapitel 1
Rutinunderhåll och service

Innehåll

Svårighetsgrader

Enkelt, passar novisen med lite erfarenhet 	**Ganska enkelt,** passar nybörjaren med viss erfarenhet 	**Ganska svårt,** passar kompetent hemmamekaniker 	**Svårt,** passar hemmamekaniker med erfarenhet 	**Mycket svårt,** för professionell mekaniker 

Smörjmedel och vätskor .... Se *Veckokontroller*

Volymer

Motorolja

Volym (inklusive filter):	
1.4 och 1.6 liters motorer	3,5 liter
1.8 och 2.0 liters motorer (utom motorer med tvådelad oljesump)	4,5 liter
Motorer med tvådelad oljesump	5,0 liter
Skillnad mellan MAX- och MIN-markeringar på mätstickan (alla modeller)	1,0 liter

Kylsystem	**Manuell växellåda**	**Automatväxellåda**
Alla 1.4 liters motorer:	5,8 liter	5,7 liter
1.6 liters SOHC motorer	5,6 liter	5,5 liter (utom C16SE motorer) 6,3 liter (C16SE motor)
1.6 liters DOHC motor	6,0 liter	5,9 liter
1.8 liters motorer	6,9 liter	E/T
2.0 liters motorer med enkel överliggande kamaxel (SOHC)	6,5 liter	E/T
2.0 liters motorer med dubbla överliggande kamaxlar (DOHC)	6,9 liter	E/T

Bränsletank

Sedan och kombikupé	52,0 liter
Kombi och van	50,0 liter

Manuell växellåda*

F10 och F13	1.6 liter
F15	1,8 liter
F16, F18, F18+ och F20	1,9 liter

Automatväxellåda**

AF13	5,0 liter (ca.)
AF20	7,0 liter (ca.)

Behållare för servostyrningsolja

Alla modeller	1,0 liter

Spolarvätskebehållare

Vindruta och baklucka	2,3 liter
Strålkastare (om tillämpligt)	5,0 liter

**Se specifikationerna i kapitel 7A för information om växellådsnummer*

***Se specifikationerna i kapitel 7B för information om växellådsnummer*

Motor

Oljefilter (alla motorer)	Champion G102

Kylsystem

Frostskyddsvätskeblandning (skydd enligt specifikation GME L 6)	**Frostskyddsvätska**	**Vatten**
Skydd till –10°C	20%	80%
Skydd till -20°C	34%	66%
Skydd till -30°C	44%	56%
Skydd till -40°C	52%	48%

Observera: *Se information från frostskyddsvätskans tillverkare för senaste rekommendationer.*

Bränslesystem

Tomgångshastighet

Observera: *Det går inte att justera tomgångsvarvtalet på modeller med bränsleinsprutning. Detaljerna visas endast för information. Mer information finns i kapitel 4A eller 4B, beroende på modell.*

14 NV motorer	900 till 950 varv per minut
14 SE motorer	820 till 980 varv per minut
C 14 NZ och X 14 NZ motorer	830 till 990 varv per minut
X 14 XE motorer:	
Modeller med manuell växellåda	820 till 980 varv per minut
Modeller med automatväxellåda	720 till 880 varv per minut
C 14 SE motorer	820 till 980 varv per minut
C 16 NZ motorer	830 till 990 varv per minut
C 16 SE motorer	820 till 980 varv per minut
X 16 SZ och X 16 SZR motorer:	
Modeller med manuell växellåda	770 till 930 varv per minut
Modeller med automatväxellåda	750 till 910 varv per minut
X 16 XE och X 16 XEL motorer	770 till 930 varv per minut

Tomgångshastighet (forts.)

C 18 NZ:	
Modeller med manuell växellåda	820 till 980 varv per minut
Sedanmodeller med automatväxellåda	750 till 910 varv per minut
Kombimodeller med automatväxellåda	650 till 810 varv per minut
1.8 och 2.0 liters DOHC motorer	670 till 1030 varv per minut

Tomgångsblandningens CO-halt

Förgasarmodeller	0,5% eller mindre
Bränsleinsprutningsmotorer (alla modeller)	0,3% eller mindre

Luftfilter (alla modeller) .... Champion U598

Bränslefilter (alla bränsleinsprutningsmodeller) .... Champion L201

Tändsystem

Tändningsinställning (stroboskopiskt, vid tomgångsvarvtal, med vakuumslangen losskopplad):

Förgasarmotorer	5° FÖD
Bränsleinsprutningsmotorer	Styrs av ECU – ingen justering kan göras

Tändstift	**Typ**	**Elektrodavstånd**
1.4 och 1.6 liters SOHC motorer:		
Modeller fram till 1995	Champion RN9YCC	0,8 mm
Modeller från och med 1995	Champion RC10DMC	Ej justerbart
1.4 och 1.6 liters DOHC motorer	Champion RC10DMC	Ej justerbart
1.8 liters SOHC motorer	Champion RN9YCC	0,8 mm
1.8 liters DOHC motorer	Champion RC10DMC	Ej justerbart
2.0 liters SOHC motorer	Champion RN9YCC	0,8 mm
1.8 och 2.0 liters motorer (utom C 20 XE)	Champion RC10DMC	Ej justerbart
C 20 XE motorer	Champion RC9MCC	1,1 mm

Koppling

Kopplingspedalens utslag

Vänsterstyrda modeller	125 till 132 mm
Högerstyrda modeller	134 till 141 mm

Bromssystem

Minsta tjocklek på främre bromsklossar (inklusive fästplatta)

Alla modeller .... 7,0 mm

Minsta tjocklek på bakre bromsklossar (inklusive fästplatta)

Alla modeller .... 7,0 mm

Minsta tjocklek på bakre bromsbackar

Alla modeller .... 0,5 mm ovanför nitskallarna

Fjädring och styrning

Nedtryckning av servostyrningspumpens drivrem

Alla modeller .... 10,0 mm

Elsystem

Nedtryckning av generatorns drivrem

Alla modeller .... 10,0 mm

Torkarblad

Fram	Champion X45
Bak	Champion X41

Åtdragningsmoment

	Nm
Hjulbultar	110
Motoroljans avtappningsplugg	55
Servostyrningspumpens fästbultar – mod med 1.8 och 2.0 liters motorer:	
Bult 'A' och 'C' (se bild 17.19)	25
Bult 'B' (se bild 17.19)	40
Tändstift	25
Växelströmsgeneratorns fästmuttrar och bultar:	
Generator till fäste (M8)	30
Generator till fäste (M10)	40

Underhållsintervallen i denna handbok är angivna efter förutsättningen att arbetet utförs hemma och inte överlämnas till en verkstad. Detta är de minimiintervall för underhåll som rekommenderas av tillverkaren för fordon som körs varje dag. Om bilen konstant ska hållas i toppskick bör vissa moment utföras oftare. Vi rekommenderar tätt och regelbundet underhåll eftersom det höjer bilens effektivitet, prestanda och andrahandsvärde.

Om bilen körs i dammiga områden, används till att bogsera en släpvagn eller ofta körs i låga hastigheter (tomgångskörning i trafik) eller på korta resor, rekommenderas tätare underhållsintervall. Opel själva rekommenderar att underhållsintervallen halveras för fordon som körs under dessa förhållanden.

Om bilen är ny måste all service utföras av en auktoriserad verkstad för att fabriksgarantin ska gälla.

Var 400:e km eller varje vecka

☐ Se *Veckokontroller*

Var 15 000:e km eller var 12:e månad – det som först inträffar

☐ Byt motorolja och oljefilter (avsnitt 3).
☐ Kontrollera alla slangar och andra komponenter och leta efter vätskeläckage (avsnitt 4).
☐ Kontrollera styrningens och fjädringens komponenter (avsnitt 5).
☐ Kontrollera drivaxeldamaskernas skick (avsnitt 6).
☐ Kontrollera oljenivån i automatväxellådan (avsnitt 7).
☐ Kontrollera att kylaren inte är tilltäppt (t.ex. av döda insekter) och rengör vid behov (avsnitt 8).
☐ Kontrollera och justera tomgångsvarvtalet och blandningen (om det går) (avsnitt 9).
☐ Kontrollera avgassystemet med avseende på korrosion, läckor och fastsättning (avsnitt 10).
☐ Kontrollera allt kablage med avseende på skick och fastsättning (avsnitt 11).
☐ Kontrollera och justera tändningsinställningen (efter tillämplighet) (avsnitt 12).
☐ Byt bromsolja (avsnitt 13).
☐ Kontrollera bromsklossbeläggens slitage (avsnitt 14).
☐ Kontrollera handbromsens länksystem (avsnitt 15).
☐ Kontrollera justeringen av bakbromsens tryckregleringsventil (kombi och van) (avsnitt 16)
☐ Kontrollera drivremmarna (avsnitt 17).
☐ Kontrollera trycket i det bakre fjädringsystemet, om tillämpligt (avsnitt 18).
☐ Kontrollera karossens skick (avsnitt 19).
☐ Smörj alla lås och gångjärn (avsnitt 20).
☐ Kontrollera strålkastarinställningen (avsnitt 21).
☐ Byt pollenfiltret (avsnitt 22).
☐ Byt batteriet i dörrnyckeln (om tillämpligt) (avsnitt 23).
☐ Utför ett landsvägsprov (avsnitt 24).

Observera: *Opel anger att ett avgastest bör utföras minst en gång om året. Detta kräver dock specialutrustning, och testet utförs vid bilbesiktningen.*

Var 30 000:e km eller vartannat år – det som först inträffar

Utöver 15 000 km servicen ovan ska följande utföras:

☐ Byt kylvätska (avsnitt 25).
☐ Byt luftfilter (avsnitt 26).
☐ Byt bränslefilter (avsnitt 27).
☐ Byt tändstift (SOHC motorer) (avsnitt 28).
☐ Kontrollera fördelarlockets (om tillämpligt) och tändkablarnas skick (avsnitt 29).
☐ Kontrollera kopplingsvajerns justering (avsnitt 30).
☐ Kontrollera oljenivån i den manuella växellådan (avsnitt 31).
☐ Kontrollera automatväxellådans funktion (avsnitt 32).
☐ Kontrollera de bakre bromsbackarnas slitage – där tillämpligt (avsnitt 33).
☐ Kontrollera säkerhetsbältenas skick och funktion (avsnitt 34).

Var 60 000:e km eller vart 4:e år – det som först inträffar

Utöver 15 000 km och 30 000 km servicen ovan ska följande utföras:

☐ Byt kamrem (avsnitt 35)*.
☐ Byt tändstift (endast DOHC modeller) (avsnitt 36).
☐ Byt olja i automatväxellådan (avsnitt 37)**.

* **Observera:** *Opel rekommenderar följande intervall för byte av kamremmen:*

a) Modeller fram till 1995 – vart 4:e år eller var 58 000:e km, det som först inträffar.

b) Modeller från och med 1995 fram till 1997 – vart 4:e år eller var 64 000:e km, det som först inträffar.

c) Modeller från och med 1997 – vart 8:e år eller var 128 000:e km, det som först inträffar.

Det åligger den enskilde ägaren att avgöra om kamremmen ska bytas, men det rekommenderas starkt att intervallet vart 4:e år eller var 58 000:e km används till alla modeller, med tanke på vad som kan hända om kamremmen går av. På motorer av typen 'Ecotec' (se kapitel 2B 'Specifikationer'), rekommenderas starkt att även kamremsspännar- och överföringsremskivor byts när kamremmen byts.

** **Observera:** *Enligt tillverkaren behöver oljan bara bytas med angivna intervall om bilen används till tungt arbete (t.ex. som taxi, till bogsering av släpvagn/husvagn och korta stadsfärder med mycket start och stopp). Inga bytesintervall anges för fordon vid normal användning. Det är den enskilde ägaren som har att avgöra om växellådsoljan ska bytas eller ej.*

Motorrum* på en modell med 1.4 liters SOHC (C 14 NZ) motor

1 *Chassinummerplåt*
2 *Luftrenarhus*
3 *Fjäderbenets övre kåpa*
4 *Spolarvätskebehållare*
5 *Bromsoljebehållare*
6 *Generator*
7 *Gasvajer*
8 *Styrstag*
9 *Bränsleinsprutning*
10 *Kylvätskans expansionskärl*
11 *Kopplingsvajer*
12 *Tändspole*
13 *Batteriets plusledare*
14 *Batteriets minusledare*
15 *Indikator för batteriets skick*
16 *Strömfördelare*
17 *Kylare*
18 *Kylfläktens motor*
19 *Mätsticka för motorolja*
20 *Påfyllningslock för motorolja*
21 *Lambdasond*
22 *Luftrenarens varmluftsslang*

** Luftbehållaren borttagen*

Motorrum på en modell med 1.6 liters SOHC (C 16 SE) motor

1 *Chassinummerplåt*
2 *Luftrenarhus*
3 *Fjäderbenets övre kåpa*
4 *Spolarvätskebehållare*
5 *Bromsoljebehållare*
6 *Gasspjällhus*
7 *Insugsgrenrör*
8 *Styrstag*
9 *Gasvajer*
10 *Kylvätskans expansionskärl*
11 *Kopplingsvajer*
12 *Batteriets plusledare*
13 *Batteriets minusledare*
14 *Indikator för batteriets skick*
15 *Behållare för servostyrningsolja*
16 *Tändspole*
17 *Kylare*
18 *Kylfläktens motor*
19 *Mätsticka för motorolja*
20 *Påfyllningslock för motorolja*
21 *Bränsleinsprutare*
22 *Bränslefördelarskena*

Motorrum på en modell med 1.6 liters DOHC (X 16 XEL) motor

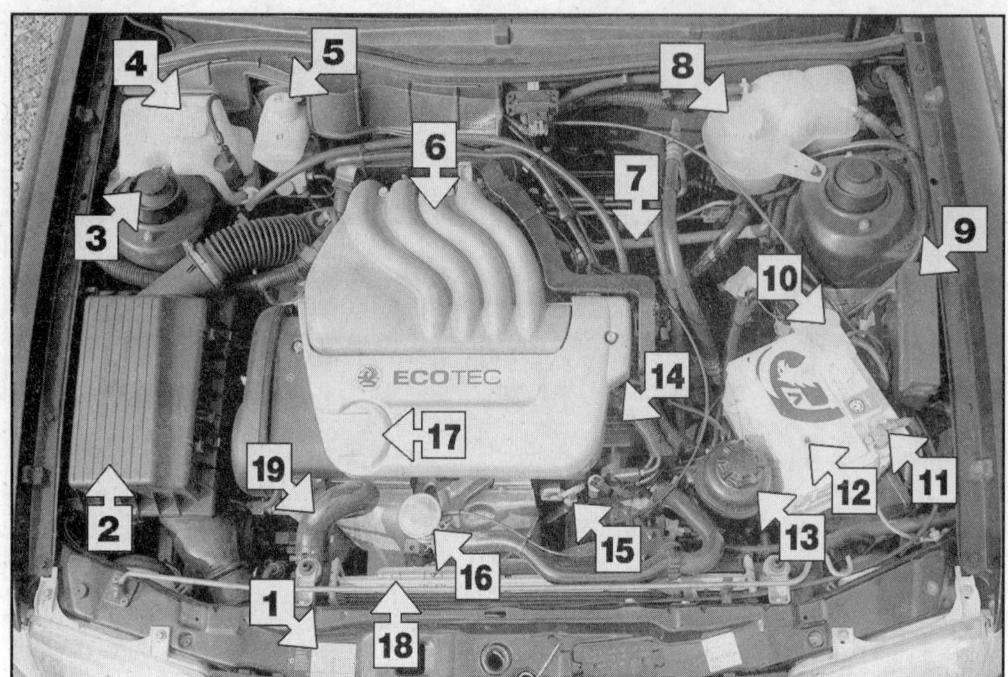

1 Chassinummerplåt
2 Luftrenarhus
3 Fjäderbenets övre kåpa
4 Spolarvätskebehållare
5 Bromsoljebehållare
6 Insugsgrenrör
7 Styrstag
8 Kylsystemets expansionskärl
9 Säkrings-/relädosa
10 Batteriets plusledare
11 Batteriets minusledare
12 Indikator för batteriets skick
13 Behållare för servostyrningsolja
14 DIS-modul
15 Mätsticka för motorolja
16 Kombinationsventil för sekundär luftinsprutning
17 Påfyllningslock för motorolja
18 Kylare
19 Kylarens övre slang

Motorrum på en modell med 2.0 liters DOHC (C 20 XE) motor

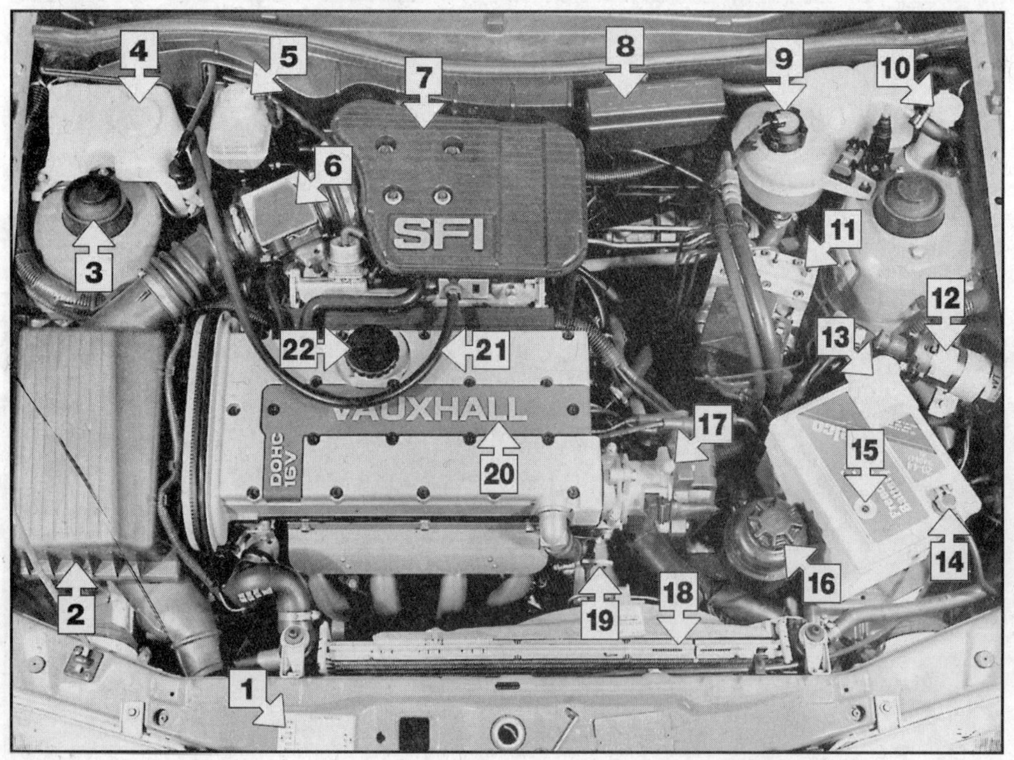

1 Chassinummerplåt
2 Luftrenarhus
3 Fjäderbenets övre kåpa
4 Spolarvätskebehållare för vindruta/bakruta
5 Bromsoljebehållare
6 Luftflödesmätare
7 Luftbehållare
8 Säkrings-/relädosa
9 Kylvätskans expansionskärl
10 Spolarvätskebehållare för strålkastarna
11 ABS hydraulmodulator
12 Tändspole
13 Batteriets plusledare
14 Batteriets minusledare
15 Indikator för batteriets skick
16 Behållare för servostyrningsolja
17 Strömfördelare
18 Kylare
19 Mätsticka för motorolja
20 Tändstiftskåpa
21 Gasvajer
22 Påfyllningslock för motorolja

Framvagn sedd underifrån på en modell med 1.6 liters SOHC (C 16 SE) motor

1 *Bromsok*
2 *Krängningshämmarens fästmutter*
3 *Fjädringens länkarm*
4 *Katalysator*
5 *Kryssrambalk*
6 *Kylrör för servostyrningsolja*
7 *Oljefilter*
8 *Kopplingens skyddsplåt*
9 *Differentialens skyddsplåt*
10 *Avtappningsplugg för motorolja*
11 *Drivaxel*
12 *Muttrar för bakre motor-/växellådsfäste till kryssrambalk*
13 *Fjädrande avgasrörsskarv*

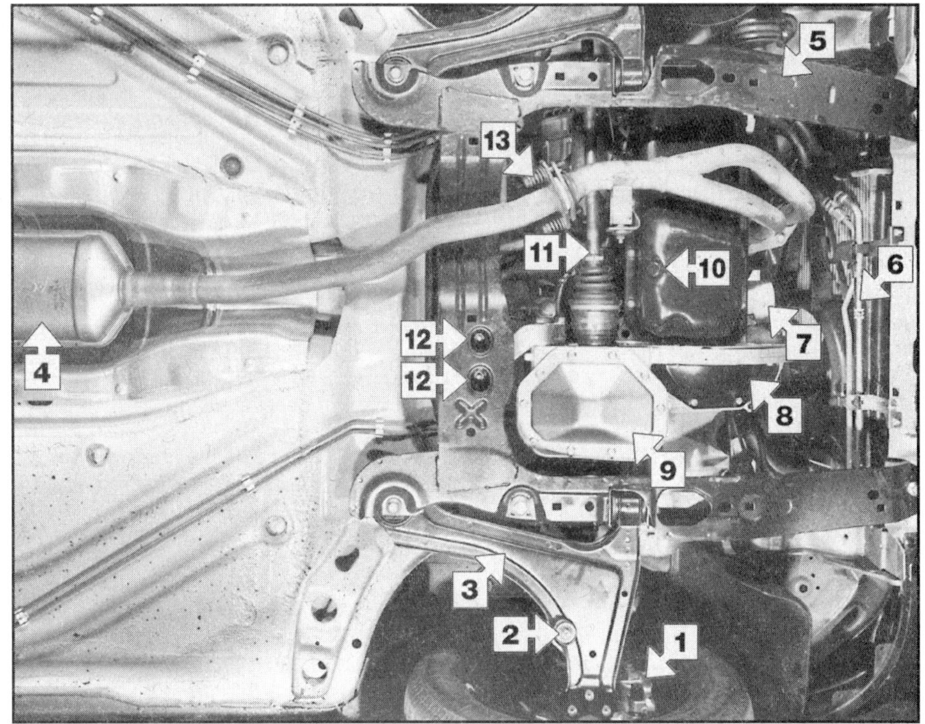

Bakvagn sedd underifrån

1 *Stötdämpare*
2 *Avgassystemets expansionslåda*
3 *Påfyllningsrör till bränsletanken*
4 *Torsionsaxel*
5 *Bränslefilter*
6 *Bränsletank*
7 *Bränsletankens fästband*
8 *Handbromsvajer*
9 *Spiralfjäder*
10 *Hjälparm*

Underhållsarbeten

1 Allmän information

1 Detta kapitel är utformat för att hjälpa hemmamekanikern att underhålla sin bil på ett sådant sätt att den förblir säker och ekonomisk och ger lång tjänstgöring och topprestanda.

2 Kapitlet innehåller ett underhållsschema som följs av avsnitt som i detalj tar upp varje post på schemat. Inspektioner, justeringar, byte av delar och annat nyttigt är inkluderat. Se de tillhörande bilderna av motorrummet och underredet vad gäller de olika delarnas placering.

3 Underhåll av bilen enligt schemat för tid/körsträcka och de följande avsnitten ger ett planerat underhållsprogram som bör resultera i en lång och pålitlig tjänstgöring för bilen. Planen är heltäckande, så om man väljer att bara underhålla vissa delar, men inte andra, vid angivna tidpunkter går det inte att garantera samma goda resultat.

4 Under arbetets gång kommer det att visa sig att många av arbetena kan – och bör – utföras samtidigt, antingen på grund av den typ av åtgärd som ska utföras eller helt enkelt för att två annars orelaterade delar finns nära varandra. Om bilen t.ex. av någon anledning lyfts upp, kan inspektion av avgassystemet utföras samtidigt som styrning och fjädring kontrolleras.

5 Första steget i detta underhållsprogram är förberedelser innan själva arbetet påbörjas. Läs igenom relevanta avsnitt, gör sedan upp en lista på vad som behövs och skaffa fram verktyg och delar. Om problem dyker upp, rådfråga en specialist på reservdelar eller kontakta återförsäljarens serviceavdelning.

2 Regelbundet underhåll

1 Om schemat för rutinunderhåll följs noggrant och täta kontroller av vätskenivåer och delar som är utsatta för slitage görs från det att bilen är ny, kommer motorn att hållas i gott skick och behovet av ytterligare arbete minimeras.

2 Det kan hända att en motor ibland går dåligt på grund av brist på regelbundet underhåll. Detta är naturligtvis mer troligt om bilen är begagnad och inte fått tät och regelbunden service. I sådana fall kan extra arbeten behöva utföras, utöver det normala underhållet.

3 Om motorn misstänks vara sliten ger ett kompressionsprov (se kapitel 2A eller 2B) värdefull information om de inre huvuddelarnas skick. Ett kompressionsprov kan användas som beslutsgrund för att avgöra omfattningen på det kommande arbetet. Om provet t.ex. indikerar allvarligt inre motorslitage, kommer konventionellt underhåll som det beskrivs i detta kapitel inte nämnvärt att öka motorns prestanda. Det kan även visa sig vara slöseri med tid och pengar, om inte omfattande renoveringsarbete utförs först.

4 Följande åtgärder är de som oftast behövs utföras för att förbättra prestanda på en motor som går dåligt:

I första hand

a) Rengör, undersök och testa batteriet (se Veckokontroller).
b) Kontrollera alla motorrelaterade vätskor (se Veckokontroller).
c) Kontrollera drivremmens skick och spänning (avsnitt 17).
d) Byt tändstift (avsnitt 28 eller 36, beroende på modell).
e) Inspektera fördelarlocket och rotorarmen (om tillämpligt) samt tändkablarna (avsnitt 29).
f) Kontrollera luftfiltrets skick och byt vid behov (avsnitt 26).
g) Byt bränslefilter (avsnitt 27).
h) Kontrollera skicket på samtliga slangar och leta efter läckor (avsnitt 4).
i) Kontrollera inställningarna för tomgångsvarvtal och blandning, om tillämpligt (avsnitt 9).

5 Om ovanstående inte ger något resultat, gör följande:

I andra hand

Allt under "I första hand", plus följande:

a) Kontrollera laddningssystemet (kapitel 5A).
b) Kontrollera tändsystemet (kapitel 5B).
c) Kontrollera bränslesystemet (kapitel 4A eller 4B).
d) Byt fördelarlock och rotorarm – om sådana finns (avsnitt 29).
e) Byt tändkablar (avsnitt 29).

Var 15 000:e km eller var 12:e månad

3 Motorolja och filter – byte

Observera: *Köp alltid en ny bricka till oljesumpens plugg (och en ny plugg om möjligt) vid köp av oljefilter.*

1 Täta byten av olja och filter är det viktigaste förebyggande underhåll en hemmamekaniker kan utföra själv. När motoroljan blir äldre blir den förtunnad och förorenad vilket leder till ökat motorslitage.

2 Innan arbetet påbörjas, plocka fram alla verktyg och material som behövs. Se till att ha gott om trasor och gamla tidningar för att torka upp spill. Motoroljan ska helst vara varm eftersom den då rinner ut lättare och även tar med sig slam. Se till att inte vidröra avgassystemet eller andra heta delar vid arbete under bilen. Använd handskar för att undvika skållning och för att skydda huden mot irritationer och skadliga föroreningar i begagnad motorolja.

3 Åtkomsten till bilens undersida förbättras markant om bilen kan lyftas, köras upp på ramper eller ställas på pallbockar (se *Lyftning och stödpunkter*). Oavsett metod, se till att bilen står plant, eller om den lutar, att avtappningspluggen befinner sig nederst på motorn. Avtappningspluggen sitter på oljesumpens baksida.

4 Lossa eventuella fästklämmor och ta bort luckan från motorns undre skyddskåpa så att det går att komma åt pluggen **(se bild)**.

5 Skruva loss oljepåfyllningslocket från kamaxelkåpan (vrid det ett kvarts varv moturs och dra loss det).

6 Ställ en behållare under avtappningspluggen på baksidan av oljesumpen.

7 Lossa sedan avtappningspluggen ett halvt varv med en skiftnyckel, eller helst en

3.4 Motorns undre skyddskåpa tas bort – DOHC modeller

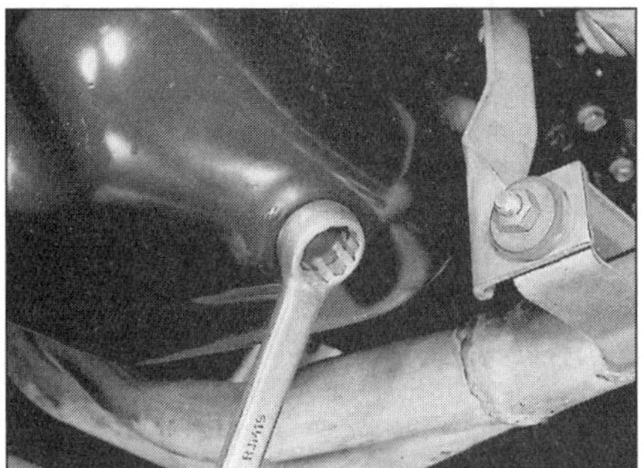

3.7a Lossa avtappningspluggen - SOHC modeller

hylsnyckel **(se bilder)**. Skruva loss pluggen helt. Om det går, försök pressa pluggen mot sumpen när den skruvas loss för hand de sista varven.

HAYNES TIPS

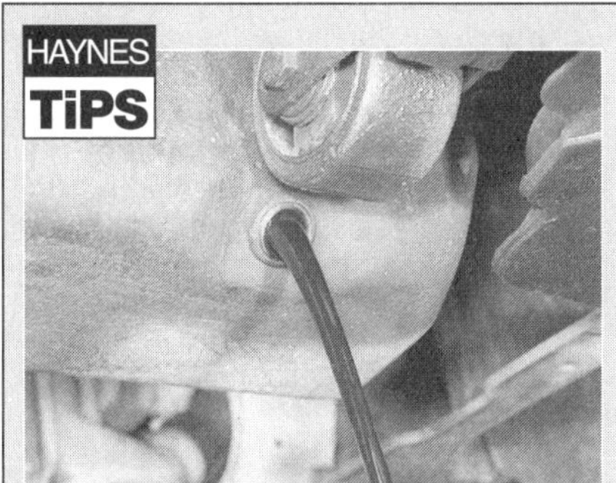

När avtappningspluggen lossnar från gängorna, dra undan den snabbt så att oljan som rinner ut hamnar i behållaren och inte i tröjärmen!

8 Vänta i tio till femton minuter så att all olja hinner rinna ut. Det kan hända att behållaren måste flyttas när oljeflödet börjar avta.

9 När all olja har tömts ut, torka av avtappningspluggen och tätningsbrickan med en ren trasa. Undersök pluggens skick och byt den om den visar tecken på slitage, särskilt om hörnen blivit avrundade. Rengör området runt avtappningshålet och skruva i pluggen med en ny bricka. Dra åt pluggen ordentligt, helst till angivet moment med en momentnyckel.

10 Oljefiltret sitter framme till vänster på 1.4 och 1.6 liters motorer, och till höger på 1.8 och 2.0 liters motorer. På modeller med 1.8 och 2.0 liters motor går det lättare att komma åt oljefiltret om man lyfter upp framvagnen med en domkraft och demonterar det högra framhjulet.

11 Lossa eventuella fästklämmor och ta loss luckan på höger sida av motorn så att det går att komma åt oljefiltret **(se bild)**.

12 Ställ behållaren på plats under oljefiltret.

13 Lossa först filtret med ett oljefilterverktyg, skruva sedan loss det för hand **(se bilder)**. Töm ut oljan från filtret i behållaren.

14 Torka bort all olja, smuts och slam från

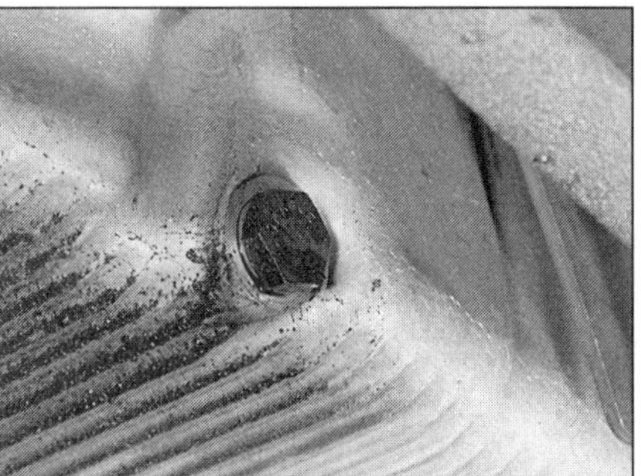

3.7b Avtappningsplugg för motorolja - DOHC modeller

filtrets tätningsyta på motorn med en ren trasa. Kontrollera på det gamla filtret att ingen del av gummitätningen sitter fast på motorn. Om någon del av tätningen fastnat ska den försiktigt tas bort.

15 Smörj ett tunt lager ren motorolja på tätningsringen på det nya filtret, skruva sedan filtret på plats på motorn. Dra åt filtret ordentligt endast med handkraft - använd **inte** något verktyg.

16 Ta bort den gamla oljan och alla verktyg från undersidan av bilen och sänk ner bilen.

17 Fyll på rätt typ av olja i motorn via påfyllningshålet i kamaxelkåpan (se *Smörjmedel och vätskor*). Häll först i halva den angivna mängden, vänta sedan ett par minuter så att oljan hinner rinna ner i oljesumpen. Fortsätt hälla i olja lite i taget, tills nivån når till den nedre markeringen på oljemätstickan. Om ytterligare ungefär en liter fylls på kommer nivån att nå till den övre markeringen på mätstickan.

18 Starta motorn och låt den gå i ett par minuter, leta efter läckor runt oljefilter-tätningen och oljesumpens avtappningsplugg. Observera att det kan ta ett par sekunder innan varningslampan för oljetryck släcks när motorn först startas. Oljan måste gå igenom det nya oljefiltret och oljegallerierna innan trycket byggs upp.

19 Om det är tillämpligt, montera luckan på motorns undre skyddskåpa när eventuella oljeläckor har kontrollerats.

20 Stanna motorn och vänta ett par minuter på att oljan ska rinna ner i oljesumpen igen.

3.11 Ta bort luckan framför oljefiltret - DOHC modeller

När oljan nu har cirkulerat och oljefiltret är fullt, kontrollera nivån igen med oljemätstickan och fyll på mer olja om det behövs.

21 Lämna oljan på en insamlingsstation. Häll den inte i avloppet.

4 Slangar och vätskeläckage - kontroll

1 Undersök motorns fogytor, packningar och tätningar, leta efter spår av vatten- eller oljeläckage. Var speciellt uppmärksam på områdena kring ventilkåpan, topplocket, oljefiltret och oljesumpsfogen. Kom ihåg att med tiden är smärre genomsippring från dessa områden naturligt - undersök främst förekomsten av större läckor. Om ett läckage påträffas, byt den defekta packningen eller tätningen enligt beskrivning i relevant kapitel i denna handbok.

2 Undersök även alla motorrelaterade rör och slangar med avseende på fastsättning och skick. Kontrollera att alla kabelskor eller fästklämmor sitter fast ordentligt och att de är i gott skick. Defekta eller saknade klämmor kan leda till skavning på slangar, rör och ledningar, vilket kan ge större problem i framtiden.

3 Undersök noga alla kylar- och värme-slangar utmed hela deras längd. Byt alla spruckna, svullna eller på annat sätt skadade slangar. Sprickor är lättare att se om slangen trycks ihop. Var extra noga med

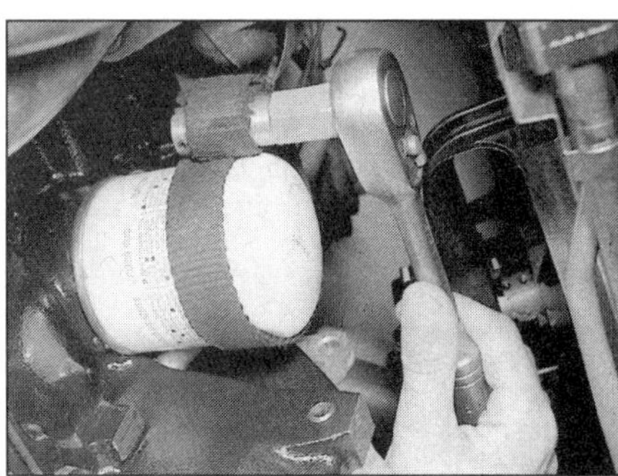

3.13a Filtret lossas med ett oljefilterverktyg - SOHC modeller

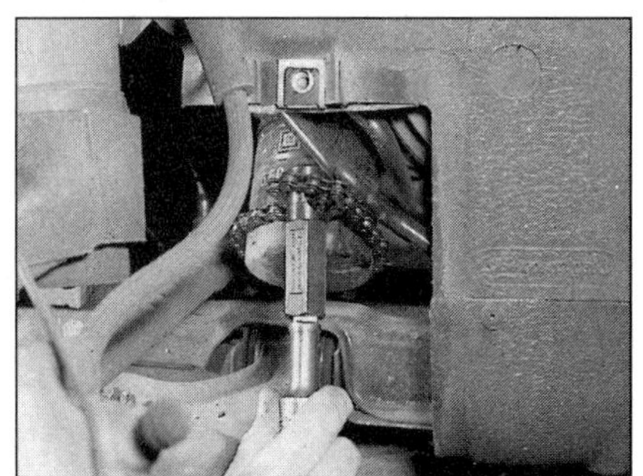

3.13b Filtret lossas med ett oljefilterverktyg - DOHC modeller

slangklämmorna som håller fast slangarna till kylsystemets komponenter. Dessa kan klämma och punktera slangar, vilket leder till kylvätskeläckage. Det är alltid bäst att byta slangklämmorna när detta är möjligt.

4 Inspektera kylsystemets alla komponenter (slangar, fogytor, etc.) och leta efter läckor.

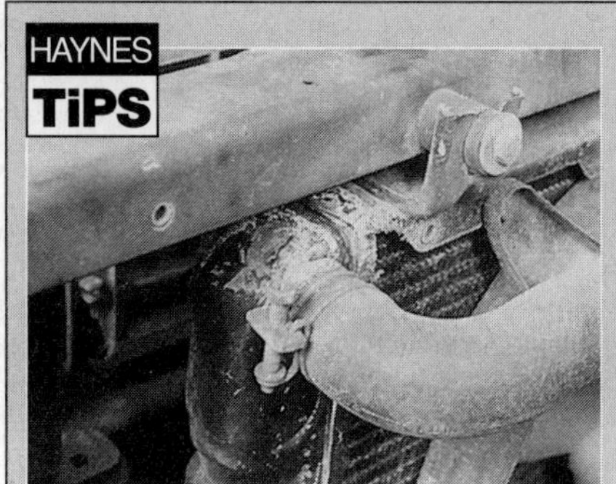

En läcka i kylsystemet syns oftast som vita eller rostfärgade avlagringar på området runt läckan.

5 Om några problem föreligger med någon systemkomponent, byt komponenten eller packningen enligt beskrivningen i kapitel 3.

6 Undersök i förekommande fall om automatväxellådans oljekylarslangar visar tecken på defekter eller läckor.

7 Lyft upp bilen och kontrollera att bränsletanken och påfyllningsröret inte har några läckor, sprickor och andra skador. Anslutningen mellan påfyllningsröret och tanken är speciellt kritisk. Ibland läcker ett påfyllningsrör av gummi eller en slang beroende på att slangklämmorna är för löst åtdragna eller att gummit åldrats.

8 Undersök noga alla gummislangar och metallrör från tanken. Leta efter lösa anslutningar, åldrade slangar, veck på rör och andra skador. Var extra uppmärksam på ventilationsrör och slangar som ofta är lindade runt påfyllningsröret och kan bli igensatta eller veckade. Följ ledningarna till bilens front och kontrollera dem hela vägen. Byt ut skadade sektioner.

9 I motorrummet ska alla anslutningar för bränsleslangar och rör kontrolleras. Kontrollera även att inga bränsle- och vakuumslangar är veckade, skavda eller åldrade.

10 Kontrollera i förekommande fall skicket på servostyrningens slangar och rör.

11 Kontrollera alla bromsrör och slangar, inklusive sådana som går under golvet, och leta efter skador, tecken på åldrande och läckor.

5.4 Kontrollera om framhjulsnavet är slitet

5 Styrning och fjädring - kontroll

Kontroll av framvagnens fjädring och styrning

1 Lyft upp framvagnen och ställ den på pallbockar (se *Lyftning och stödpunkter*).

2 Inspektera spindelledernas dammskydd och styrväxelns damasker, de får inte vara skavda, spruckna eller på annat sätt defekta. Varje defekt på dessa komponenter leder till förlust av smörjning, vilket tillsammans med intrång av vatten och smuts leder till snabb utslitning av styrväxel eller spindelleder.

3 På bilar med servostyrning, kontrollera slangarna vad gäller slitage och åldrande, kontrollera även att rör- och slanganslutningarna inte läcker. Kontrollera också att det inte läcker olja ur styrväxelns damasker när den är under tryck. Det indikerar i så fall blåsta oljetätningar inne i styrväxeln.

4 Greppa hjulet längst upp och längst ner och försök rucka på det **(se bild)**. Ett ytterst litet spel kan märkas, men om rörelsen är betydande krävs en närmare undersökning för att fastställa orsaken. Fortsätt rucka på hjulet medan en medhjälpare trycker ned bromspedalen. Om spelet försvinner eller minskar markant är det troligen fråga om ett defekt hjullager. Om spelet finns kvar när bromsen är nedtryckt finns det slitage i fjädringens leder eller fästen.

5 Greppa sedan hjulet på sidorna och försök rucka på det igen. Allt spel som finns kvar nu kan bero på slitage i navlagren eller styrstagets spindelleder. Om den inre eller yttre spindelleden är sliten är det synliga spelet tydligt.

6 Använd en stor skruvmejsel eller ett plattjärn och leta efter glapp i fjädringsfästenas bussningar genom att bända mellan relevant komponent och dess fästpunkt. En viss rörelse är att vänta eftersom bussningarna är av gummi, men större slitage är tydligt. Kontrollera även skicket på synliga gummibussningar, leta efter delningar, sprickor eller föroreningar i gummit.

7 Undersök den främre fjädringens länkarmar efter tecken på förvrängning eller skada – se kapitel 10.

8 Ställ bilen på marken och låt en medhjälpare vrida ratten fram och tillbaka ungefär ett åttondels varv åt vardera hållet. Det ska inte finnas något, eller bara ytterst lite, spel mellan rattens och hjulens rörelser. Om det finns spel, kontrollera noga leder och fästen enligt ovan och dessutom rattstångens kardanknut och själva styrväxeln.

Kontroll av bakre fjädringen

9 Klossa framhjulen, hissa upp bakvagnen och stöd den på pallbockar (se *Lyftning och stödpunkter*).

10 Arbeta som tidigare beskrivits för den främre fjädringen och undersök de bakre navlagren, fjädringsbussningarna och stötdämparfästena efter tecken på slitage.

Kontroll av fjäderben/stötdämpare

Observera: *Fjäderben/stötdämpare ska alltid bytas parvis på samma axel.*

11 Leta efter tecken på oljeläckage kring fjäderbenet/stötdämparen eller gummidamasken runt kolvstången. Om det finns spår av olja är fjäderbenet/stötdämparen defekt och måste bytas.

12 Fjäderbenets/stötdämparens effektivitet kan kontrolleras genom att bilen gungas i varje hörn. Karossen ska återgå till den normala positionen och stanna där när den släpps upp. Om den höjs och återvänder med en studs är troligen fjäderbenet/stötdämparen defekt. Undersök även om övre och nedre fästen till fjäderben/stötdämpare visar tecken på slitage.

6 Drivaxeldamasker - kontroll

1 Lyft bilen och ställ den på pallbockar (se *Lyftning och stödpunkter*). Vrid ratten så långt det går åt ena hållet och snurra sedan långsamt på hjulet. Undersök de yttre drivknutarnas gummidamasker, tryck på damaskerna så att vecken öppnas **(se bild)**. Leta efter sprickor, delningar och åldrat gummi som kan släppa ut fett och släppa in vatten och smuts i drivknuten. Kontrollera även damaskernas klamrar vad gäller åtdragning och skick. Upprepa dessa kontroller på de inre drivknutarna. Om skador

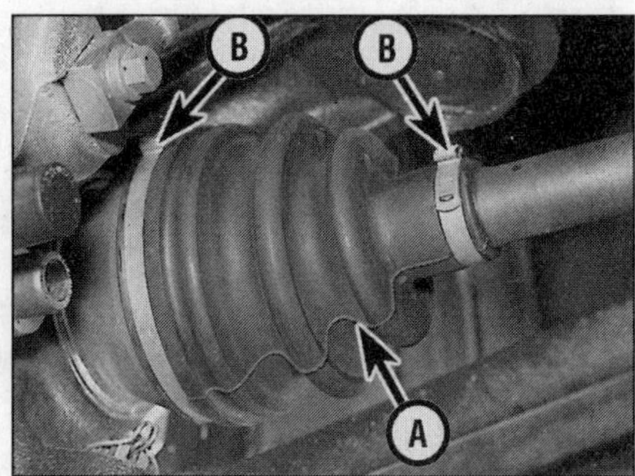

6.1 Undersök drivaxelknutarnas damasker

A Damask B Fästklamrar

eller slitage påträffas bör damaskerna bytas enligt beskrivningen i kapitel 8.

2 Kontrollera samtidigt drivknutarnas skick genom att först hålla fast drivaxeln och försöka snurra på hjulet. Håll sedan fast innerknuten och försök vrida på drivaxeln. Varje märkbar rörelse indikerar slitage i drivknutarna, slitage i drivaxelns räfflor eller att drivaxelns fästmutter är lös.

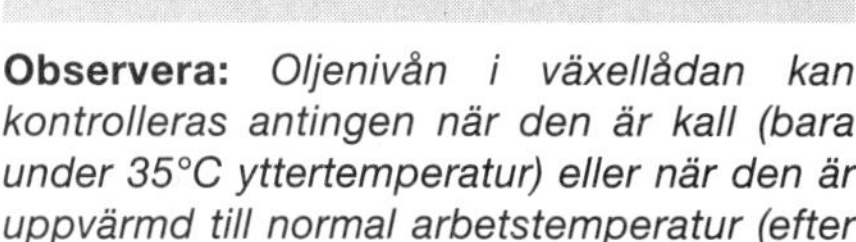

7 Automatväxellåda - kontroll av oljenivå

Observera: *Oljenivån i växellådan kan kontrolleras antingen när den är kall (bara under 35°C yttertemperatur) eller när den är uppvärmd till normal arbetstemperatur (efter c:a 20 km körning).*

Varning: Se till att inte fastna med löst sittande kläder, långt hår, etc., i heta eller rörliga delar vid arbete under motorhuven.

Kall växellåda

1 Parkera bilen på plan mark och dra åt handbromsen ordentligt. Låt motorn gå på tomgång, trampa hårt på bromsen och för växelspaken igenom alla positioner, och sluta i läge P. Låt motorn gå på tomgång i en minut, kontrollera sedan nivån inom två minuter.

2 Med motorn fortfarande på tomgång och växelspaken i läge P, öppna motorhuven och dra ut växellådans mätsticka från påfyllningshålet på framsidan av växellådans hus, på vänster sida av motorn **(se bild)**.

3 Notera oljans skick (se nedan) och torka sedan rent mätstickan med en ren, luddfri trasa. Stick in den helt i röret och dra ut den igen.

4 Nivån ska gå upp till MAX-markeringen på den sida av stickan som är märkt +20°C **(se bild)**.

5 Om påfyllning krävs, slå av tändningen och fyll på olja av rekommenderad typ. Om mycket olja försvinner (notera noggrant hur mycket som fylls på, och hur ofta), leta efter läckor på växellådan och reparera den eller ta bilen till en Opelverkstad för undersökning.

6 När nivån är korrekt, se till att mätstickan sitter fast ordentligt i påfyllningshålet.

Varm växellåda

7 Arbeta enligt beskrivningen ovan, men gör avläsningen på den sidan av mätstickan som är märkt +80°C istället. I detta fall måste nivån ligga mellan MAX- och MIN-markeringarna.

Kontroll av oljans skick

8 Varje gång oljenivån kontrolleras, undersök även oljans skick och jämför dess färg, lukt och konsistens med ny olja.

9 Om oljan är mörk, nästan svart, och luktar bränt, kan det bero på att växellådans

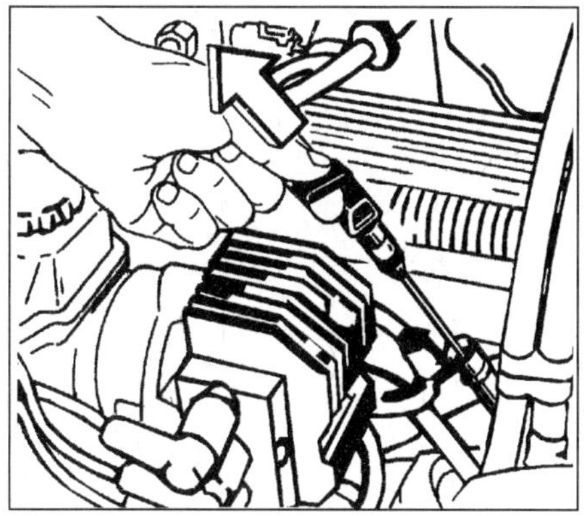

7.2 Dra ut mätstickan för automatväxellådans oljenivå

friktionsmaterial är slitet eller håller på att gå sönder. Bilen bör tas till en Opelverkstad eller en specialist på automatväxellådor för omedelbar kontroll.

10 Om oljan är mjölkig beror det på förekomsten av emulgerade vattendroppar. Detta kan bero antingen på kondensering efter en längre period med bara korta körsträckor, eller på att vatten kommit in via påfyllningshålet eller ventilatorn. Om oljan inte återgår till sitt normala utseende efter en längre resa måste den bytas. Rådfråga annars en Opelverkstad eller en specialist på automatväxellådor.

11 Om oljan liknar fernissa (d.v.s. är ljust till mörkt brun och klibbig), har den oxiderat på grund av överhettning eller att för mycket eller för lite olja fyllts på. Om oljebyte inte åtgärdar problemet måste bilen omedelbart lämnas till en Opelverkstad eller en växellådsspecialist.

12 Om smuts, metallspån eller andra föroreningar påträffas under kontroll av oljenivån eller vid avtappning, måste bilen tas till en Opelverkstad eller en växellådsspecialist för omedelbar tillsyn. Det kan visa sig nödvändigt att demontera, rengöra och återmontera åtminstone ventilhuset, om inte hela växellådan, för att åtgärda felet.

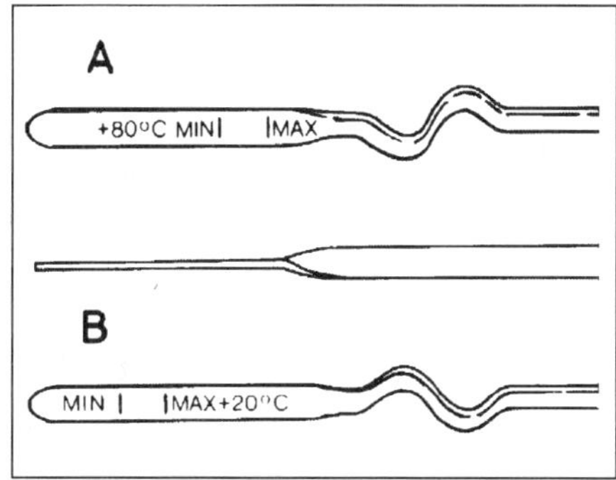

7.4 Markeringar på mätstickan i automatväxellådan

A Markeringar för oljenivå vid arbetstemperatur
B Markeringar för kall olja

8 Kylare - inspektion och rengöring

1 Undersök kylaren och leta efter tecken på korrosion, särskilt runt in- och utloppen.

2 Rengör kylflänsarna med en mjuk borste eller tryckluft - var försiktig, flänsarna kan lätt skadas och de är vassa. Ta bort allt skräp, som döda insekter och löv.

3 Om tecken på läckage hittas måste kylaren bytas. Se kapitel 3.

9 Tomgångsvarvtal och blandning - justering

Varning: Vissa moment i detta avsnitt kan kräva att bränsleledningar och anslutningar kopplas loss, vilket kan leda till att bränsle läcker ut. Innan något arbete utförs på bränslesystemet, läs föreskrifterna i 'Säkerheten främst!' i början av denna handbok, och följ dem noggrant. Bensin är en ytterst brandfarlig vätska och säkerhetsföreskrifterna för hantering kan inte nog betonas.

Observera: *Vissa justeringspunkter i bränslesystemet är skyddade av förseglade lock, pluggar eller tätningar. I vissa länder är det olagligt att köra en bil med brutna eller saknade förseglingar. Innan du bryter en sådan försegling, kontrollera att det inte är ett brott mot någon lag eller förordning, och montera nya förseglingar när justering har utförts, där lagen kräver detta. Bryt inga förseglingar på en motor som fortfarande täcks av garantin. Till justeringen krävs en exakt varvräknare och en avgasanalyserare (CO-mätare).*

Modeller med förgasare

1 För att det ska gå att kontrollera tomgångsvarvtalet och blandningens justering måste följande villkor vara uppfyllda.

- *a) Motorn måste vara vid normal arbetstemperatur.*
- *b) All elektrisk apparatur (kylfläkt, värmefläkt, strålkastare, etc.) måste slås av.*
- *c) Tändningsinställningen och tändstiftens elektrodavstånd måste vara korrekt justerade - se avsnitt 12 och 28 eller 36.*
- *d) Gasvajerns fria spel måste vara korrekt justerat - se kapitel 4A.*
- *e) Luftintagets komponenter måste vara fria från läckor, och luftfiltret måste vara rent.*
- *f) Justeringsskruven för snabbtomgång får inte vidröra snabbtomgångskammen under proceduren.*

2 Anslut en varvräknare och en avgasanalyserare till bilen enligt tillverkarens instruktioner.

9.3 Justeringsskruv för tomgångshastighet (vid pilen)

3 Starta motorn och kör den vid 2 000 varv per minut i ungefär 30 sekunder, låt den sedan gå på tomgång. Om tomgångsvarvtalet ligger utanför angivna gränser, justera det med gasspjällets stoppskruv **(se bild)**.
4 Kontrollera CO-halten i avgaserna när tomgångsvarvtalet är korrekt. Om den ligger utanför gränserna, justera den med tomgångsblandningens justeringsskruv **(se bild)**. Vrid skruven i mycket små steg tills CO-halten är korrekt.
5 När tomgångsblandningen är korrekt, justera tomgångsvarvtalet igen om det behövs.
6 Om kylfläkten startar under justeringen, avbryt justeringen och fortsätt när fläkten stannat.
7 När både tomgångsvarvtalet och blandningen är korrekt inställda, stanna motorn och koppla ifrån testutrustningen.
8 Sätt på nya förseglade tätningar på justeringsskruvarna om lagen kräver det.

Modeller med bränsleinsprutning

9 På alla bränsleinsprutningsmotorer styrs tomgångsvarvtalet och blandningen av den elektroniska styrenheten (ECU), och ingen justering kan göras. Om några problem misstänks föreligga bör bilen tas till en Opelverkstad som har nödvändig specialutrustning för systemkontroll och feldiagnos. Se kapitel 4B för mer information om bränsleinsprutningssystem.

9.4 Förseglad plugg (vid pilen) över justeringsskruven för tomgångsblandning

10 Avgassystem - kontroll

1 Med kall motor (minst en halvtimme efter att bilen har körts), undersök hela avgassystemet från motorn till änden av avgasröret. Det går lättast att kontrollera avgassystemet med bilen upplyft, så att komponenterna i avgassystemet är lätta att se och komma åt.
2 Kontrollera om avgasrör eller anslutningar visar tecken på läckage, allvarlig korrosion eller andra skador. Kontrollera att alla byglar och fästen är i bra skick och att de sitter ordentligt. Läckage i någon fog eller annan del visar sig vanligen som en sotfläck i närheten av läckan.
3 Skaller och andra missljud kan ofta härledas till avgassystemet, speciellt fästen och upphängningar. Försök röra på rören och ljuddämparna. Om delarna kan komma i kontakt med karossen eller fjädringen, fäst systemet med nya fästen eller, om möjligt, separera skarvarna och vrid rören så mycket som behövs för att skapa större avstånd till karossen.

11 Kablar - kontroll

1 Kontrollera allt kablage både i motorrummet och under bilen.
2 Kontrollera att alla klämmor sitter fast ordentligt.
3 Var särskilt noga med kablage som sitter nära komponenter som blir heta, t.ex. avgassystemet.
4 Kontrollera att alla elektriska anslutningar sitter ordentligt och att de är oskadda.

12 Tändningsinställning - kontroll

Varning: Spänningen från ett elektroniskt tändsystem är mycket högre än den från konventionella tändsystem. Var mycket försiktig vid arbete med systemet när tändningen är påslagen. Personer med pacemaker bör inte vistas i närheten av tändningskretsar, komponenter och testutrustning.

Förgasarmotorer

Observera: *En varvräknare och en tändinställningslampa krävs.*

Kontroll

1 Starta motorn och kör den tills den når normal arbetstemperatur, slå sedan av den.
2 Koppla loss vakuumröret från strömfördelarens vakuumenhet.
3 Anslut en varvräknare och en tändinställningslampa till motorn enligt tillverkarens instruktioner. Notera att tändinställningslampan ska anslutas till tändningskretsen för cylinder nr 1 (cylinder nr 1 är den som ligger närmast kamremmen).
4 Starta motorn och kontrollera att tomgångsvarvtalet ligger mellan 700 och 1000 varv per minut.
5 Rikta tändinställningslampan mot den bakre kamremskåpan och kontrollera att pekaren är inriktad mot det övre hacket i vevaxelns remskiva, vilket motsvarar 5° FÖD. Det finns två hack på remskivan, som motsvarar 5° respektive 10° FÖD **(se bild)**.

Justering

6 Om hacken och pekaren inte är inriktade enligt beskrivningen, lossa fördelarens klämmutter och vrid fördelardosan något i den riktning som krävs för att passa in hacken och pekaren mot varandra.
7 Dra åt fördelarens klämmutter och kontrollera att hacken och pekaren fortfarande är korrekt inriktade.
8 Stoppa motorn och koppla ifrån tändinställningslampan och varvräknaren, och återanslut vakuumröret till strömfördelarens vakuummembranenhet.

Bränsleinsprutningsmotorer

9 Det går inte att justera tändningsinställningen på bränsleinsprutningsmotorer, eftersom justeringen utförs automatiskt av den elektroniska styrenheten.
10 Om ett fel misstänks kan tändningsinställningen kontrolleras av en Opelverkstad med speciell testutrustning.

13 Bromsolja - byte

1 Proceduren liknar den för luftning av bromssystemet som beskrivs i kapitel 9, förutom det att bromsoljebehållaren bör tömmas genom sifonering med en (ren) gammal batterihydrometer eller liknande innan arbetet påbörjas, samt att åtgärder måste vidtas för att samla upp den gamla oljan som töms ur kretsen när de olika sektionerna luftas.

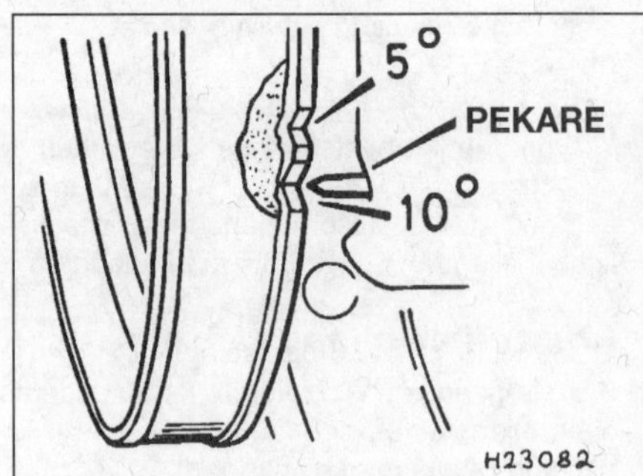

12.5 Tändinställningsmärken på vevaxelns remskiva - förgasarmotor

14 Bromsklossar - kontroll

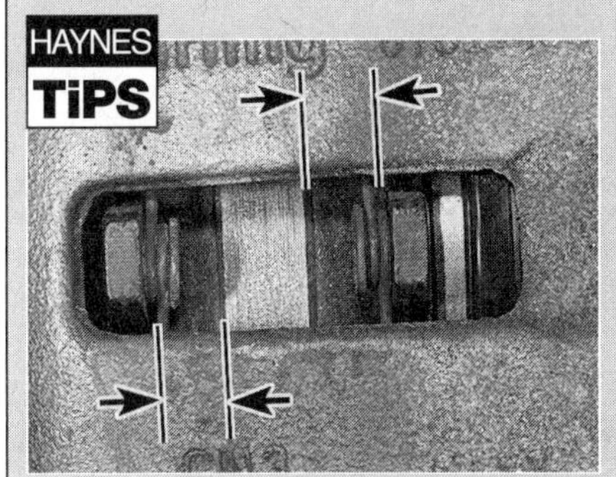

Vid en snabbkontroll kan beläggens tjocklek på varje bromskloss kontrolleras genom hålet i bromsoket.

1 Lyft upp fram- eller bakvagnen, stöd bilen på pallbockar (se *Lyftning och stödpunkter*) och demontera hjulen.

2 Vid en snabbkontroll kan beläggens tjocklek på varje bromskloss kontrolleras genom hålet framtill på bromsoket. Om belägget på någon av klossarna är nedslitet till den angivna minimitjockleken eller mindre, måste alla fyra klossarna bytas (se kapitel 9).

3 En fullständig kontroll innebär att klossarna demonteras och rengörs. Då kan även bromsokets funktion kontrolleras, och själva bromsskivans skick kan undersökas på båda sidor.

15 Handbromsens länksystem - kontroll

1 Lyft upp bilen och kontrollera handbromsens funktion och smörj länksystemet. Se kapitel 9 för mer information.

16 Bakbromsens tryckregleringsventil (kombi och van) - kontroll

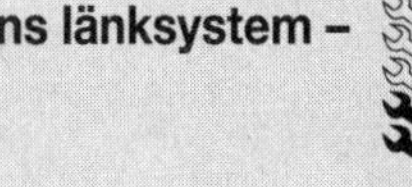

Kontroll

1 När ventilens justering kontrolleras måste bilen vara olastad (d.v.s. det får inte finnas bagage eller passagerare i bilen) och bränsletanken får maximalt vara halvfull. På modeller med manuell kontroll av bakfjädringens nivå, kontrollera att systemet är trycksatt till minst 0,8 bar (se avsnitt 18).

2 Bilen måste stå på hjulen.

3 Kontrollera ventilens funktion genom att trycka ner bromspedalen helt och sedan snabbt släppa upp den.

4 Ventilens aktiveringsarm **(se bild)** ska röra sig. Om armen inte rör sig är ventilen skadad och måste bytas.

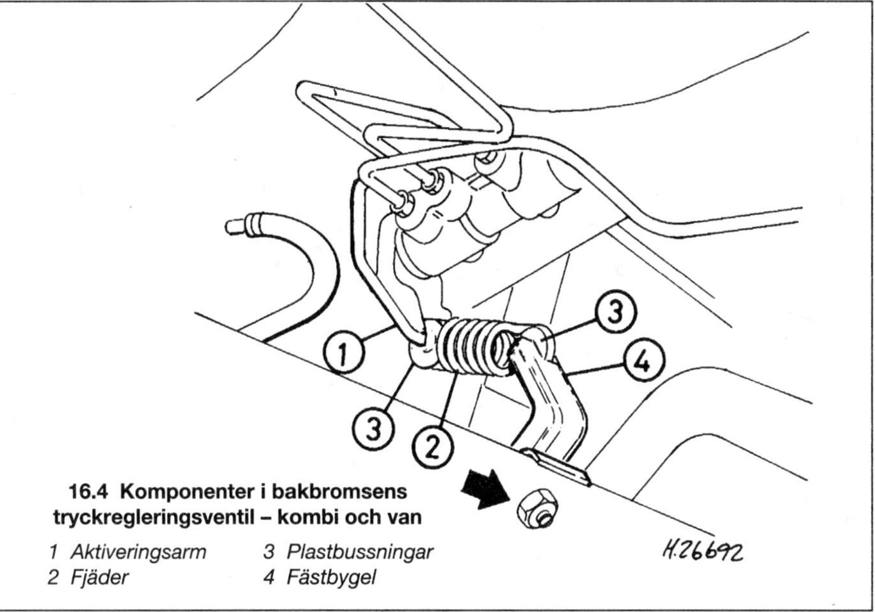

16.4 Komponenter i bakbromsens tryckregleringsventil - kombi och van

1 Aktiveringsarm
2 Fjäder
3 Plastbussningar
4 Fästbygel

Justering

5 Justera ventilen genom att se till att ventilarmen ligger mot stoppet. Om det behövs, tryck upp armen mot stoppet, mot bilens front. Fjäderns ändar ska sitta i plastbussningarna på ventilarmen och fästet på bakfjädringens torsionsaxel. Fjädern får inte glappa och den ska vara fri från belastning.

6 Om det behövs, lossa muttern som håller fast fjäderfästet till bakfjädringens torsionsaxel och flytta fästet framåt eller bakåt så mycket som behövs för att få fjädern fri från glapp och belastning. Dra åt fästets fästmutter när justeringen är klar.

17 Drivremmar - kontroll

Kontroll

1 Drivremmar utsätts för stora påfrestningar och de är tillverkade av ett material som kan gå av efter lång användning, de bör därför kontrolleras regelbundet.

2 Med motorn avstängd, undersök drivremmarnas hela längd och leta efter sprickor och andra skador. Motorn måste vridas (med en skiftnyckel eller hylsnyckel på bulten på vevaxelns remskiva) för att hela remmen ska kunna kontrolleras. Vrid remmen mellan remskivorna och undersök båda sidorna. Se även efter om remmen eller remmarna fransats eller blivit blanka. Undersök remskivorna och leta efter hack, sprickor, skevhet och korrosion.

3 Kontrollera remspänningen enligt beskrivningen längre fram i detta avsnitt.

4 Om en rem är sliten eller skadad måste den bytas ut.

Generatorns drivrem (kilrem)

Justering

5 Om generatorns drivrem är korrekt spänd slits den mindre. Var dock försiktig så att den inte spänns för hårt, eftersom detta istället kan öka slitaget på själva generatorn.

6 På modeller med 1.4 och 1.6 liters motorer med enkel överliggande kamaxel och servostyrning, driver generatorns drivrem även servostyrningspumpen.

7 Koppla loss luftintagets rör från luftrenaren och luftbehållaren eller gasspjällhuset, beroende på modell, och ta bort det för att få bättre arbetsutrymme.

8 Det finns specialverktyg för mätning av remspänningen, men ett bra riktvärde är att en korrekt spänd rem ska ge efter ungefär 13 mm om man trycker hårt på remmen med tummen mitt emellan remskivorna. Spänn hellre remmen lite för löst än för hårt, eftersom en för hårt spänd rem kan skada generatorn.

9 Om remmen måste justeras, lossa generatorns övre och nedre fästmuttrar och bultar så att fästbultarna bara precis håller fast enheten, och bänd generatorn bort från motorn med en träpinne vid fästbygeln tills rätt spänning uppnås. Dra sedan åt fästmuttrarna och bultarna igen. Bänd aldrig i generatorns fria ände, eftersom generatorn kan skadas allvarligt internt.

Byte

10 Om remmen ska demonteras på modeller med 1.8 eller 2.0 liters motor, måste först servostyrningens drivrem demonteras enligt beskrivningen längre fram i detta avsnitt.

11 Koppla sedan loss luftintagets rör från

17.12 Dra av drivremmen från generatorns remskiva - C 16 SE motor med servostyrning

luftrenaren och luftbehållaren eller gasspjällhuset, beroende på vad som är tillämpligt, och ta bort det för att få bättre arbetsutrymme. Lossa generatorns övre och nedre fästmuttrar och bultar så mycket så att generatorn kan vridas mot motorn.

12 Dra av remmen från remskivorna **(se bild)**.

13 Sätt på den nya remmen på remskivorna och spänn remmen genom att vrida generatorn bort från motorn, och dra åt fästmuttrarna och bultarna lätt.

14 Spänn drivremmen enligt beskrivningen tidigare i detta avsnitt. Kontrollera spänningen igen efter ett par hundra kilometer.

15 På modeller med 1.8 och 2.0 liters motorer, sätt tillbaka och spänn servostyrningspumpens drivrem enligt beskrivningen nedan.

17.20 Justera längden på servostyrningspumpens gängstag - 1.8 och 2.0 liters SOHC modeller

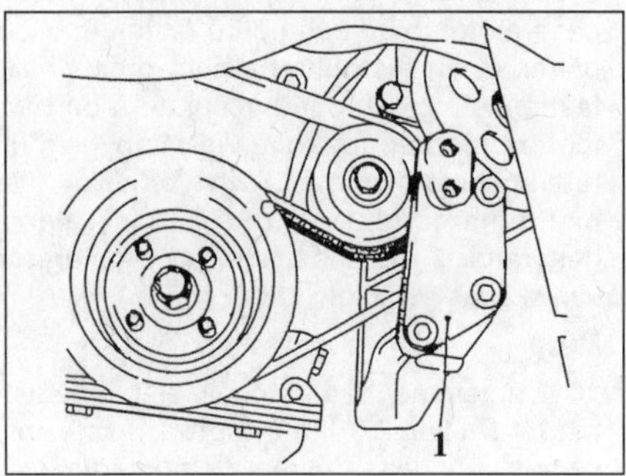

17.29 Demontera motorfästet (1) - DOHC motor

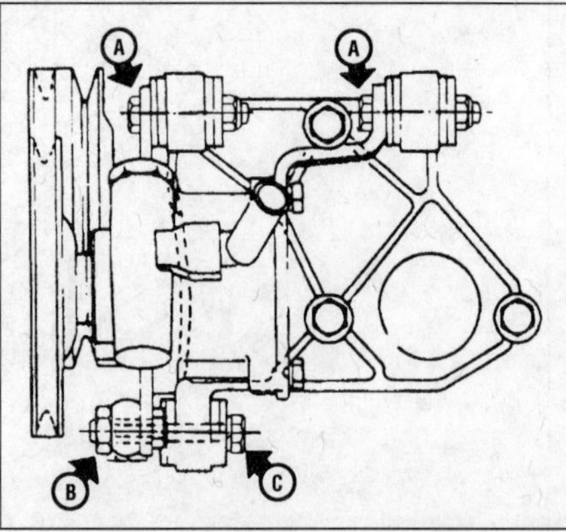

17.19 Fäst- och justeringsbultarna (vid pilarna) måste lossas vid justering av servostyrningspumpens drivremsspänning - 1.8 och 2.0 liters SOHC motorer

För A, B och C se 'Åtdragningsmoment'

Servostyrningspumpens drivrem (kilrem)

16 På modeller med 1.4 och 1.6 liters motorer drivs servostyrningspumpen av generatorns drivrem (beskrivs tidigare i detta avsnitt).

17 På modeller med 1.8 och 2.0 liters motorer, följ nedanstående anvisningar.

18 Det finns specialverktyg för mätning av remspänningen, men ett bra riktvärde är att en korrekt spänd rem ska ge efter ungefär 10 mm om man trycker hårt på remmen med tummen mitt emellan remskivorna. Spänn hellre remmen lite för löst än för hårt, eftersom en för hårt spänd rem kan skada pumpen.

19 Om justering krävs, eller om remmen ska bytas ut, lossa fäst- och justeringsbultarna **(se bild)**.

20 Lossa justeringsmuttrarna och justera längden på gängstaget för att spänna eller ta bort remmen **(se bild)**.

21 Sätt på den nya remmen på remskivorna, om det är tillämpligt, spänn sedan remmen enligt den tidigare beskrivningen.

22 Avsluta med att dra åt justeringsmuttrarna och dra åt justerings- och fästbultarna till angivet moment.

23 Om en ny rem har monterats, kontrollera spänningen igen efter ett par hundra kilometer.

Kuggrem

24 Modeller med kuggrem har en automatisk remspännare.

25 På modeller med temperaturgivare för insugsluften, koppla först ifrån batteriets minusledare och sedan givarens kontaktdon.

26 Koppla loss luftintagets rör från luftrenaren och luftbehållaren eller gasspjällhuset, beroende på vad som är tillämpligt, och ta bort det för att skapa bättre arbetsutrymme. På vissa modeller kan det krävas att hela luftrenarenheten demonteras, enligt beskrivningen i kapitel 4B.

27 Om det behövs för bättre åtkomst, demontera kåpan ovanpå kamaxelkåpan.

28 För bättre åtkomst till vevaxelns remskiva kan framvagnen lyftas och höger framhjul demonteras. Ta bort åtkomstpanelen från innerskärmen eller ta bort hela innerskärmen.

29 Demontera höger motorfäste och fästbygel enligt beskrivningen i kapitel 2A **(se bild)**.

30 Notera hur remmen dragits runt de olika remskivorna och markera rotationsriktningen om remmen ska återanvändas.

31 Med en passande skiftnyckel eller hylsnyckel på spännarremskivans mittbult, bänd bort spännaren från remmen tills remmen kan tas bort från remskivorna. Lossa försiktigt spännarremskivan tills den ligger mot stoppet, ta sedan bort remmen från bilen.

32 Montera tillbaka remmen och dra den korrekt runt remskivorna **(se bilder)**. Om den gamla remmen monteras tillbaka, använd markeringarna som gjordes före demonteringen för att se till att remmen monteras åt rätt håll.

33 För tillbaka spännrullen mot fjädern och se till att remmen hakar i remskivorna. Kontrollera att remmen sitter mitt på alla remskivor, släpp sedan spännarremskivan

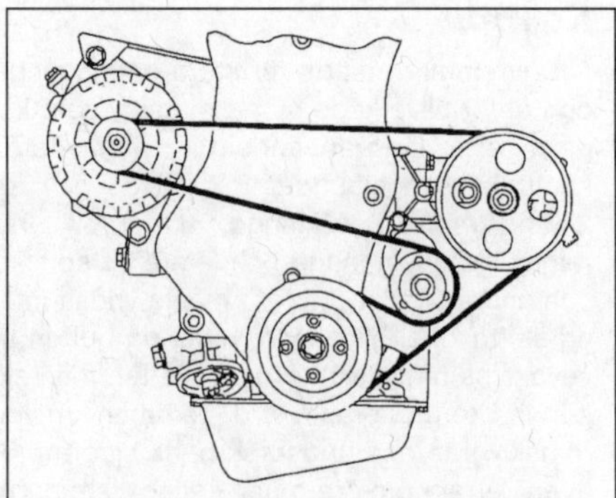

17.32a Ribbad drivrem korrekt dragen - 1.8 och 2.0 liters DOHC motorer

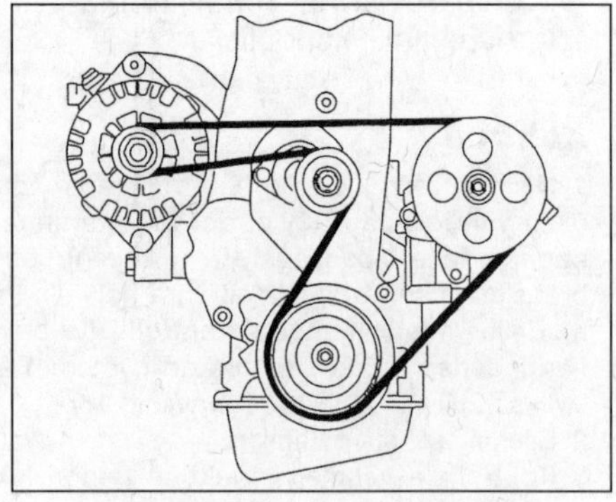

17.32b Ribbad drivrem korrekt dragen - 1.4 och 1.6 liters SOHC motorer

långsamt tills remmen är korrekt spänd. Låt **inte** spännaren hoppa tillbaka mot remmen.

34 Montera tillbaka höger motorfäste och fästbygel enligt beskrivningen i kapitel 2A, avsnitt 17.

35 Ytterligare återmontering sker i omvänd ordningsföljd.

18 Bakfjädringens nivåstyrningssystem - kontroll

1 Trycket i det bakre fjädringssystemet kontrolleras med en däcktrycksmätare på ventilen som sitter till höger baktill på golvet i bagageutrymmet. Kontrollen ska utföras med fordonet olastat.

2 Skruva loss hatten från ventilen och kontrollera att systemtrycket är 0,8 bar. Trycket får aldrig falla under detta värde, ens med bilen olastad. Justera trycket med en däckpump om det behövs.

19 Kaross - kontroll

Kontroll av skada/korrosion på karossen

1 När bilen är tvättad och alla fläckar och annat smuts på ytan har tagits bort, kontrollera lacken noga och leta efter flisor och repor i lacken. Var särskilt noga med utsatta områden som frontpanelerna (motorhuven och spoilern) och runt hjulhusen.

2 Om en flisa eller en mindre repa upptäcks när lacken fortfarande är ny och fri från rost, kan den fyllas i med påbättringsfärg. Allvarligare skador eller rostiga stenskott kan repareras enligt beskrivningen i kapitel 11, men om skadan eller rosten är så allvarlig att en panel måste bytas, bör professionell hjälp sökas så snart som möjligt.

3 Kontrollera alltid att avtappningshålen och rören till dörrens ventilationsöppning är helt rena, så att vattnet kan rinna ut.

Kontroll av underredets rostskydd

4 Det vaxbaserade underredsskyddet bör undersökas varje år, helst precis före vintern. Underredet bör då tvättas så noggrant som möjligt utan att skyddsbeläggningen skadas. Alla skador på beläggningen bör repareras med ett vaxbaserat tätningsmedel. Om några karossdelar demonteras för reparation eller byte, glöm inte att åtgärda beläggningen och att spruta in vax i dörrpaneler, trösklar och balksektioner så att skyddet bibehålls.

20 Lås och gångjärn - smörjning

1 Smörj gångjärnen på motorhuv, dörrar och baklucka med en tunn smörjolja. Smörj alla spärrar, lås och låsgrepp på liknande sätt. Kontrollera samtidigt låsens fastsättning och funktion och justera vid behov (se kapitel 11).

2 Smörj huvlåsmekanismen och huvlåsvajern med lämpligt fett.

21 Strålkastarinställning - kontroll

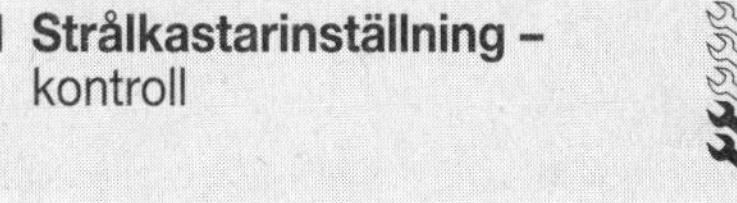

1 Se kapitel 12 för information.

22 Pollenfilter - byte

Demontering

1 Öppna motorhuven och demontera vindrutans torpedplåtar enligt beskrivningen i kapitel 11.

2 Lossa fästklämmorna på framsidan av pollenfiltret och lyft försiktigt ut filtret ur huset **(se bild)**.

Montering

3 Sätt i det nya filtret i omvänd ordning mot demonteringen och se till att vindrutans torpedplåtar sitter korrekt.

23 Dörrnyckelns batteri - byte

1 Bänd försiktigt loss locket från nyckeln. Var noga med att inte tappa några av delarna på insidan, eftersom de sitter löst.

2 Ta ur batteriet och lämna det till återvinning.

3 Sätt i det nya batteriet med +-sidan uppåt **(se bild)**. Kontrollera att nyckeln fungerar. Byt ut glödlampan om den inte lyser.

4 Sätt tillbaka locket.

24 Landsvägsprov

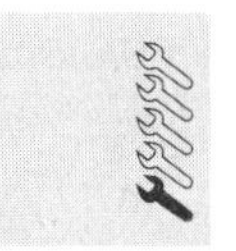

Instrument och elektrisk utrustning

1 Kontrollera att alla instrument och all elektrisk utrustning fungerar.

2 Kontrollera att instrumenten ger korrekta avläsningar och slå i tur och ordning på all

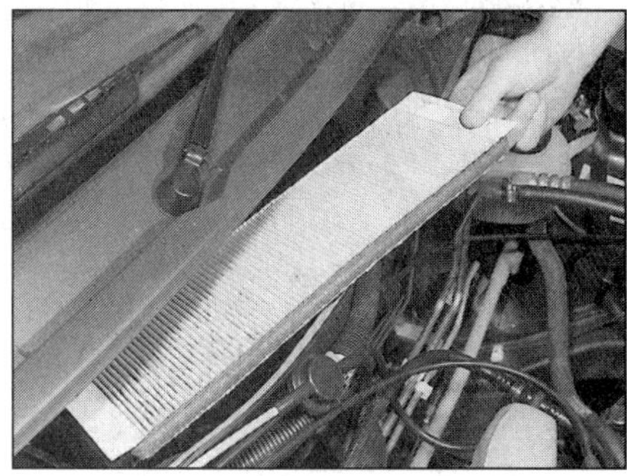

22.2 Pollenfiltret lyfts ut från hållaren

elektrisk utrustning för att kontrollera att den fungerar korrekt.

Styrning och fjädring

3 Var uppmärksam på onormalt uppträdande i styrning, fjädring, köregenskaper och vägkänsla.

4 Kör bilen och kontrollera att det inte förekommer ovanliga vibrationer eller missljud.

5 Kontrollera att styrningen känns positiv, utan att "fladdra" eller kärva överdrivet. Lyssna efter missljud från fjädringen vid kurvtagning och körning över gupp.

Drivlina

6 Kontrollera funktionen hos motorn, kopplingen, växellådan och drivaxlarna.

7 Slå av bilradion och lyssna efter ovanliga ljud från motorn, kopplingen och växellådan.

8 Kontrollera att motorns tomgång är jämn och att det inte finns tvekan vid acceleration.

9 Kontrollera att kopplingen, om tillämpligt, fungerar smidigt och progressivt, att drivkraften tas upp mjukt och att pedalvägen inte är för lång. Lyssna även efter missljud när kopplingspedalen är nedtryckt.

10 På modeller med manuell växellåda,

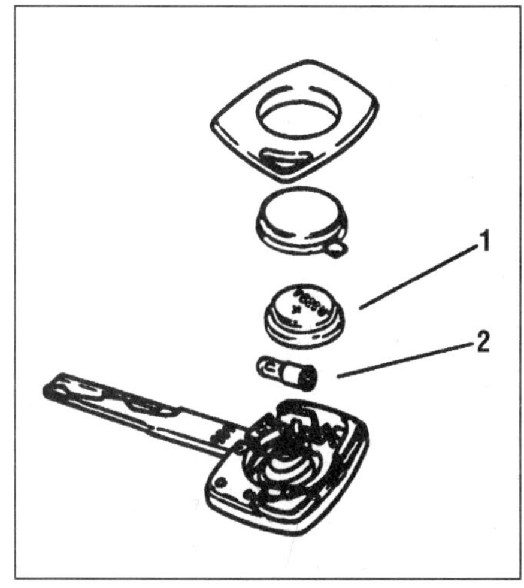

23.3 Byte av batteri i dörrnyckeln

1 Batteri (positiva polen '+' uppåt)
2 Glödlampa

kontrollera att alla växlar går i mjukt utan missljud och att växelspaken inte är onormalt trög eller ryckig.

11 På modeller med automatväxellåda, kontrollera att alla växlingar är ryckfria och mjuka och att inte motorvarvtalet ökar mellan växlar. Kontrollera att alla lägen kan väljas med stillastående bil. Om problem föreligger måste dessa tas om hand av en Opelverkstad.

12 Lyssna efter metalliska klickljud från framvagnen när bilen körs långsamt i en cirkel med fullt rattutslag. Utför denna kontroll i båda svängriktningarna. Om ett klickljud hörs indikerar detta att en drivknut är sliten, och då måste hela drivaxeln bytas (se kapitel 8).

Var 30 000:e km eller vartannat år

25 Kylvätska - byte

Avtappning

Varning: Vänta till dess att motorn är helt kall innan detta arbete påbörjas. Låt inte frostskyddsmedel komma i kontakt med huden eller lackerade ytor på bilen. Spola omedelbart bort eventuellt spill med stora mängder vatten. Lämna aldrig frostskyddsmedel i ett öppet kärl eller i en pöl på uppfarten eller garagegolvet. Barn och husdjur kan attraheras av den söta doften och frostskyddsmedel kan vara livsfarligt att förtära.

1 Tappa av kylsystemet genom att försiktigt skruva loss expansionskärlets påfyllningslock.

2 Demontera motorns undre skyddskåpa, om en sådan finns, enligt beskrivningen i avsnitt 25 i kapitel 11.

3 Ställ en behållare under kylarens undre slanganslutning. Lossa sedan slangklämman och dra försiktigt loss slangen från kylaren. Om det var länge sedan slangen lossades senast, kan det krävas att slangen vrids för att den ska lossna. Låt kylvätskan rinna ner i kärlet.

4 Eftersom det inte finns någon avtappningsplugg på motorblocket, och kylarens nedre slang kan sitta högre än kylarens nederkant, kan systemet inte tappas av helt. Se till att frostskyddsvätskans koncentration bibehålls när systemet fylls på.

5 Om kylvätskan tappats ur av någon annan orsak än byte kan den återanvändas, under förutsättning att den är ren och mindre än två år gammal. Opel anger inga bytesintervall för kylvätskan i systemet när bilen är ny, så intervall för byte måste avgöras av ägaren.

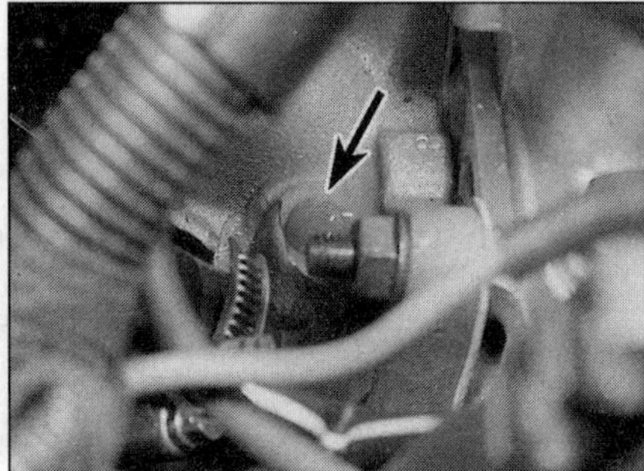

25.17a Lufta kylsystemet genom att demontera temperaturgivaren - 1.6 liters SOHC (C 16 SE) motor

Spolning

6 Om kylvätskebyte inte utförts regelbundet eller om frostskyddet spätts ut, kan kylsystemet med tiden komma att förlora i effektivitet p.g.a. att kylvätskekanalerna sätts igen av rost, kalkavlagringar och annat sediment. Kylsystemets effektivitet kan återställas genom att systemet spolas ur.

7 Kylaren ska spolas ur separat från motorn för att onödiga föroreningar ska undvikas.

8 Börja med att koppla loss den övre slangen på kylaren. Koppla sedan loss den undre slangen. Stick in en trädgårdsslang i det övre kylarinloppet. Spola in rent vatten i kylaren och fortsätt spola till dess att rent vatten rinner ur kylarens nedre utlopp. Om vattnet inte blir rent trots grundlig spolning, kan kylaren spolas ur med en speciell spolningslösning. Detta går att få tag på i välsorterade tillbehörsbutiker. Det är viktigt att spolmedelstillverkarens anvisningar följs noga. Om kylaren är mycket svårt förorenad, stick in slangen i nedre utloppet och spola ur kylaren baklänges.

9 Spola ur motorn på följande sätt, beroende på modell.

1.4 och 1.6 liters modeller

10 Demontera termostaten enligt beskrivningen i kapitel 3, sätt sedan tillfälligt tillbaka termostatkåpan.

11 Lossa de övre och nedre kylarslangarna från kylaren och stick in trädgårdsslangen i den nedre kylarslangen. Spola in rent vatten och fortsätt spola till dess att rent vatten rinner ur den övre slangen.

12 När spolningen är klar, montera tillbaka termostaten och slangarna enligt beskrivningen i kapitel 3.

1.8 och 2.0 liters modeller

13 Demontera termostaten och kåpan enligt beskrivningen i kapitel 3.

14 Lossa den nedre kylarslangen från kylaren och stick in en trädgårdsslang i den nedre kylarslangen. Spola in rent vatten och fortsätt spola till dess att rent vatten rinner ur termostathuset. Lägg ett plastskynke under termostathuset så att vattnet inte rinner över motorn och kringliggande komponenter under spolningen.

15 När spolningen är klar, montera tillbaka termostaten och kåpan, anslut slangarna och ta bort plastskynket.

Påfyllning

Observera: *På DOHC modeller måste passande tätningsmedel läggas på luftningsskruvens gängor när den sätts tillbaka.*

16 Kontrollera innan påfyllningen inleds att alla slangar och slangklämmor är i gott skick och att klämmorna är väl åtdragna. Frostskyddsvätska måste användas året om, för att förhindra korrosion av legeringen i motorns komponenter.

17 På modeller med 1.4 och 1.6 liters SOHC motorer, koppla loss kabeln och skruva loss kylvätskans temperaturgivare från insugsröret. På modeller med DOHC motor, skruva loss luftningsskruven från termostathusets kåpa **(se bilder)**.

18 Skruva loss expansionskärlets lock och fyll systemet långsamt genom att sakta hälla i kylvätskan i expansionskärlet så att inga luftbubblor bildas.

19 Om kylvätska fylls på, börja med att hälla i ett par liter vatten följt av rätt mängd frostskyddsvätska, fyll sedan på med mer vatten.

20 På modeller med 1.4 och 1.6 liters SOHC motorer, montera tillbaka kylvätskans temperaturgivare när kylvätska som är fri från luftbubblor kommer ut ur öppningen i grenröret. På modeller med DOHC motor, montera tillbaka luftningsskruven när kylvätska som är fri från luftbubblor kommer ut ur öppningen i termostathusets kåpa (täck luftningsskruvens gängor med lämpligt tätningsmedel).

21 Fyll på kylvätska tills nivån når till markeringen 'KALT' (eller 'COLD') på

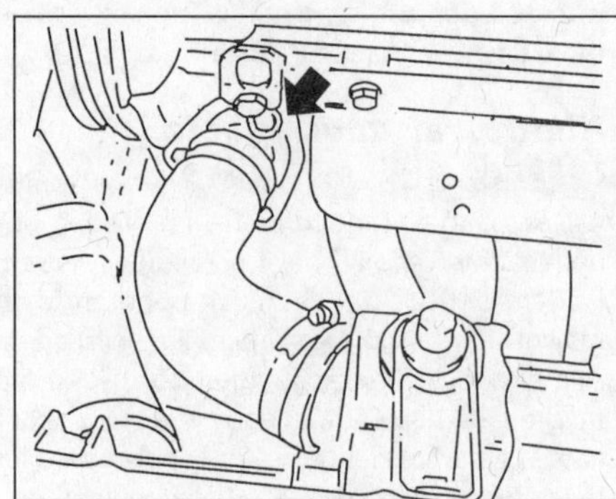

25.17b Luftningsnippelns placering - 2.0 liters DOHC (C 20 XE) motor

expansionskärlet, sätt sedan tillbaka expansionskärlets lock.

22 Starta motorn och kör den tills den når normal arbetstemperatur, stanna den sedan och låt den svalna.

23 Leta efter läckor, särskilt runt komponenter som har demonterats/monterats. Kontrollera nivån i expansionskärlet och fyll på efter behov. Observera att systemet måste vara kallt innan rätt nivå visas på expansionskärlet. Om expansionskärlets lock ska skruvas loss när motorn fortfarande är varm, täck locket med en tjock trasa och skruva långsamt upp locket så att övertrycket i systemet gradvis släpps ut (ett väsande ljud hörs normalt). Vänta tills trycket utjämnats och skruva sedan av locket helt.

24 Avsluta med att montera tillbaka motorns undre skyddskåpa, om en sådan finns.

Frostskyddsblandning

25 Frostskyddsvätskan måste alltid bytas med angivna mellanrum. Detta inte bara för att bibehålla de frostskyddande egenskaperna utan även för att förhindra korrosion som annars kan uppstå därför att korrosionshämmarna gradvis tappar i effektivitet.

26 Använd endast etylenglykolbaserad frostskyddsvätska som är lämpad för motorer med blandade metaller i kylsystemet. Mängden frostskyddsvätska och olika skyddsnivåer anges i specifikationerna.

27 Innan frostskydd fylls på ska kylsystemet vara helt tömt, helst genomspolat och alla slangar ska vara kontrollerade vad gäller skick och fastsättning.

28 När kylsystemet fyllts med frostskydd är det klokt att sätta en etikett på expansionskärlet som anger typ och koncentration för använt frostskydd, samt datum för påfyllningen. Varje efterföljande påfyllning ska göras med samma typ och koncentration av frostskyddsmedel.

29 Använd inte motorfrostskyddsvätska i vindrutespolvätskan, eftersom den skadar lacken. Använd spolarvätska i den koncentration som anges på flaskan.

26 Luftfilter - byte

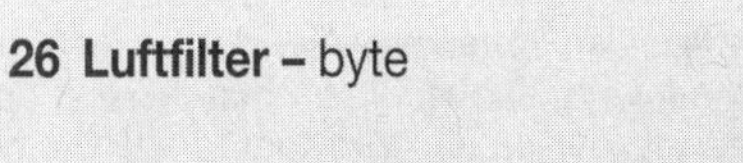

1 Luftrenaren sitter till höger framtill i motorrummet.

2 Lossa klämmorna som håller fast kåpan till luftrenarhuset och lyft av kåpan så mycket som behövs för att ta bort filtret **(se bilder)**.

3 Torka rent insidan av kåpan och huset och se till att det inte finns något skräp i insugskanalen.

4 Sätt i det nya filtret med gummiflänsen uppåt, sätt tillbaka luftrenarkåpan och fäst den med klämmorna.

26.2a Lossa klämmorna som håller fast kåpan till luftrenarhuset . . .

26.2b . . . och lyft sedan upp kåpan så mycket att det går att ta bort filtret

27 Bränslefilter - byte

Varning: Innan följande moment utförs, läs föreskrifterna i 'Säkerheten främst!' i början av denna handbok och följ dem noggrant. Bensin är en ytterst brandfarlig vätska och säkerhetsföreskrifterna för hantering kan inte nog betonas.

Förgasarmodeller

1 Bränslefiltret sitter i förgasarens bränsleinsugsrör.

2 Koppla loss rören från luftrenaren, koppla sedan bort vakuumröret och ventilationsslangen från luftbehållaren. Skruva loss de tre fästskruvarna och lyft av luftbehållaren tillsammans med luftröret.

3 Placera en trasa under bränsleinloppsröret vid förgasaren för att fånga upp eventuellt bränslespill under arbetet.

4 Koppla loss bränsleinloppsslangen från förgasaren. Var beredd på att bränsle kommer att rinna ut, och kläm eller plugga igen slangänden för att förhindra ytterligare spill. Vidta brandförebyggande åtgärder.

5 Ta bort filtret genom att försiktigt skruva i en M3-bult ungefär 5 mm i änden av filtret, och sedan dra i bulten så att filtret kommer ut ur inloppsröret **(se bild)**.

6 Tryck in det nya filtret i inloppsröret och se till att det hakar fast ordentligt, återanslut sedan bränsleinloppsslangen och montera luftbehållaren.

Bränsleinsprutningsmodeller

7 Bränslefiltret sitter på en fästbygel på höger sida av bränsletanken **(se bild)**.

8 Kläm igen bränsleslangarna på båda sidor om filtret för att minimera bränsleläckaget när slangarna kopplas loss, och ställ en behållare under filtret för att fånga upp det bränsle som ändå läcker ut.

9 Koppla loss bränsleslangarna från filtret. Var beredd på att bränsle kommer att läcka ut och vidta brandförebyggande åtgärder.

10 Notera hur filtret är monterat (eventuella flödesriktningsmarkeringar på filtret), skruva sedan loss klämbulten och dra ut filtret från fästet. Notera att filtret fortfarande kommer att innehålla en viss mängd bränsle, vilken bör tömmas ut i en behållare. Kassera det gamla filtret på ett säkert sätt.

11 Sätt i det nya filtret i fästbandet och se till att det sitter rättvänt (kontrollera att eventuella flödesriktningsmarkeringar pekar åt rätt håll), dra sedan åt fästbandsskruven så att filtret sitter ordentligt.

12 Återanslut slangarna till filtret.

13 Starta motorn och leta efter läckor. Om läckage upptäcks måste motorn stoppas och problemet åtgärdas omgående.

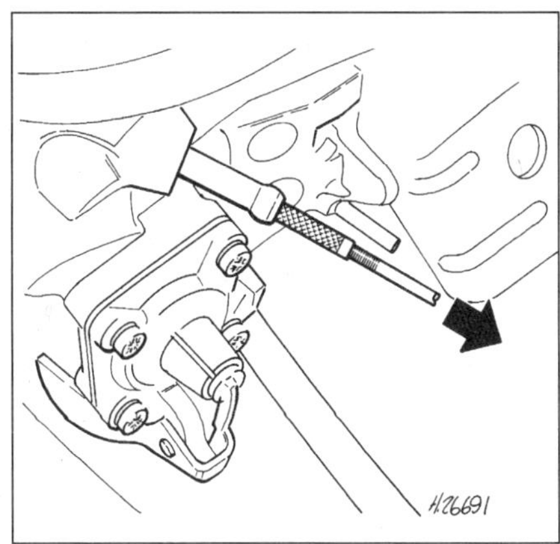

27.5 Demontera bränslefiltret från förgasarens bränsleinloppsrör

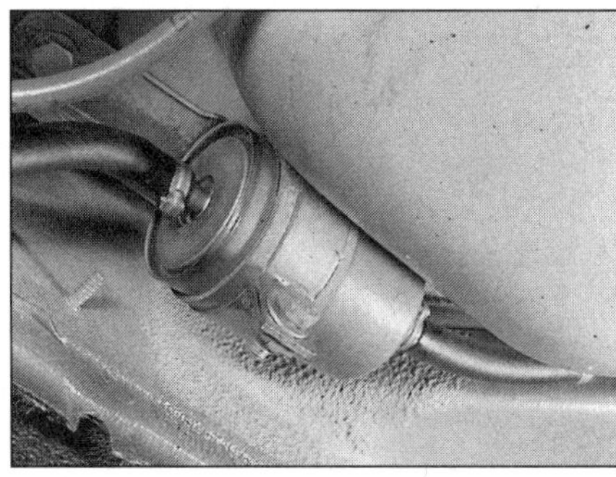

27.7 Bränslefiltrets placering - modell med bränsleinsprutning

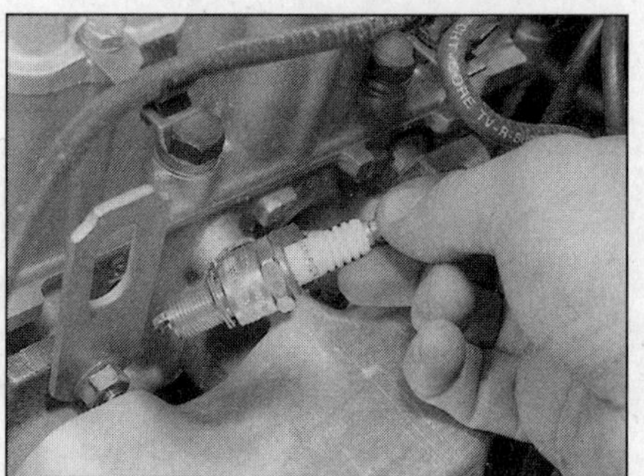

28.3 Ett tändstift tas bort - SOHC modeller

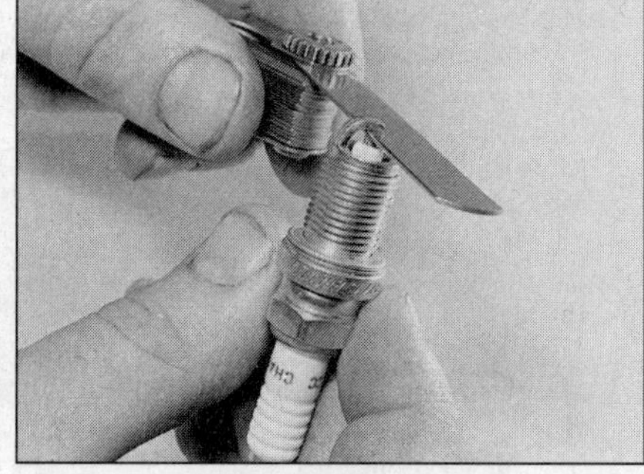

28.9a Tändstiftets elektrodavstånd mäts med ett bladmått

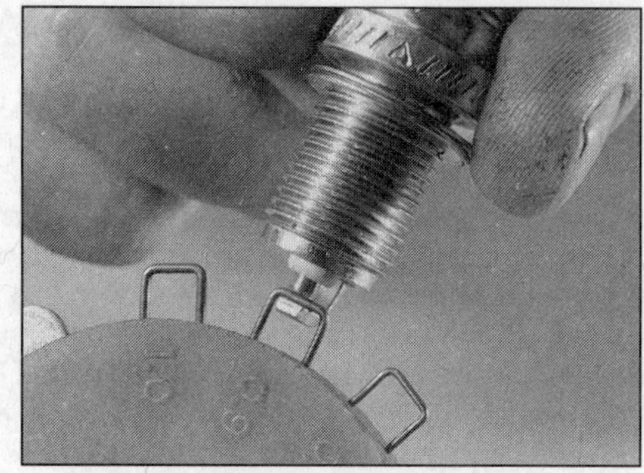

28.9b Tändstiftets elektrodavstånd mäts med en trådtolk

28 Tändstift (SOHC motor) - byte

1 Det är mycket viktigt att tändstiften fungerar som de ska för att motorn ska gå jämnt och effektivt. Det är dessutom av avgörande betydelse att tändstiften är av rätt typ för motorn. Om motorn är i bra skick ska tändstiften inte behöva åtgärdas mellan schemalagda byten. Rengöring av tändstift är sällan nödvändig och bör inte utföras utan specialverktyg, eftersom det är lätt att skada elektrodernas spetsar.

2 Märk tändkablarna med deras respektive position, så att de kan kopplas tillbaka till rätt cylinder. Koppla sedan loss kablarna från tändstiften genom att dra i kontaktdonen, inte i kablarna.

3 Rengör området runt varje tändstift med en liten pensel, skruva sedan loss tändstiften med en tändstiftsnyckel (helst med gummihylsa) **(se bild)**. Täck tändstiftshålen med en ren trasa så att inte smuts kommer in.

4 Tändstiftens skick säger mycket om motorns allmänna skick.

5 Om tändstiftens isolatorspetsar är rena och vita utan avlagringar, är detta ett tecken på för mager blandning eller för heta tändstift. Ett hett tändstift leder bort värme från elektroden långsamt, och ett kallt tändstift leder bort värme snabbt.

6 Om isolatorspetsarna är täckta med en hård svartaktig avlagring, är detta ett tecken på att bränsleblandningen är för fet. Om tändstiftet är svart och oljigt är det troligt att motorn är ganska sliten, förutom att bränsleblandningen är för fet.

7 Om isolatorspetsarna är täckta med en ljusbrun till gråbrun avlagring, är bränsleblandningen korrekt och motorn troligen i bra skick.

8 Tändstiftens elektrodavstånd är av avgörande betydelse, eftersom ett felaktigt avstånd påverkar gnistans storlek och effektivitet negativt. Elektrodavstånden ska sättas till värdena i specifikationerna, om tillämpligt.

9 Justera avståndet, om det går, genom att mäta det med ett bladmått och sedan bända upp eller in den yttre elektroden tills rätt avstånd erhålls. Mittelektroden får aldrig böjas eftersom detta kan spräcka isoleringen och förstöra tändstiftet, om inget värre **(se bilder)**.

10 Innan nya tändstift sätts i, kontrollera att de gängade kontaktdonshylsorna sitter ordentligt.

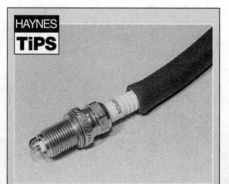

28.9c Justering av tändstiftets elektrodavstånd

HAYNES TiPS

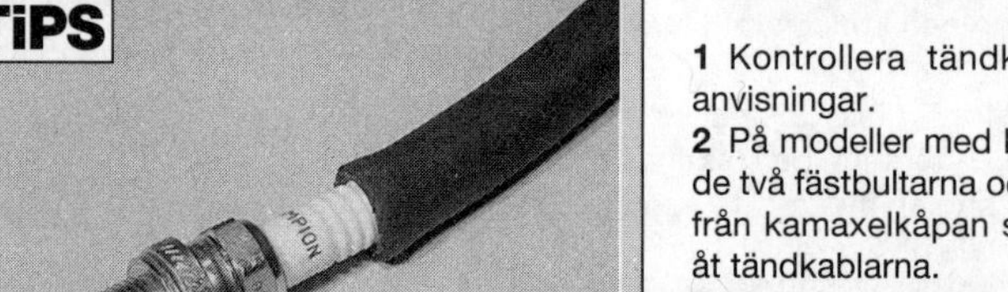

Det är ofta svårt att sätta i tändstiften i hålen utan att felgänga dem. Detta kan undvikas genom att man använder en 8 mm gummislang (inre diameter) över änden på tändstiften. Slangen fungerar som en kardanknut och hjälper till att passa in stiften korrekt. Om tändstiftet håller på att bli felgängat kommer slangen att glida på tändstiftet och förhindra att gängorna i topplocket förstörs.

11 Skruva i tändstiften för hand och dra sedan åt dem till angivet moment. Dra inte åt dem för hårt.

12 Tryck fast tändkablarna ordentligt på tändstiften, se till att de ansluts till rätt cylindrar.

29 Fördelarlock, rotorarm och tändkablar - kontroll

Varning: Spänningen från ett elektroniskt motorstyrningssystem är mycket högre än den från konventionella tändsystem. Var mycket försiktig vid arbete med systemet när tändningen är påslagen. Personer med pacemaker bör inte vistas i närheten av tändningskretsar, komponenter och testutrustning.

Numrera tändkablarna före demonteringen så att de hamnar i rätt ordning vid återmonteringen.

1 Kontrollera tändkablarna enligt följande anvisningar.

2 På modeller med DOHC motor, skruva loss de två fästbultarna och ta bort tändstiftskåpan från kamaxelkåpan så att det går att komma åt tändkablarna.

3 Numrera kablarna innan de demonteras, så att de kan sättas tillbaka i rätt ordning. Arbeta med varje tändkabel i tur och ordning och dra änden av kabeln från tändstiftet genom att hålla i kontaktdonet, inte i själva kabeln, annars kan ledningen skadas.

4 Undersök insidan av kontaktdonet och leta efter tecken på korrosion, som ser ut som ett vitt pulver. Sätt tillbaka kontaktdonet på tändstiftet och se till att det sitter ordentligt. Om inte, ta loss kabeln igen och böj försiktigt till metallkontakten inuti kontaktdonet med en tång, så att donet fäster ordentligt på tändstiftet.

5 Torka ren hela kabeln med en ren trasa och leta efter brännskador, sprickor och andra skador. Böj inte kabeln för mycket och dra

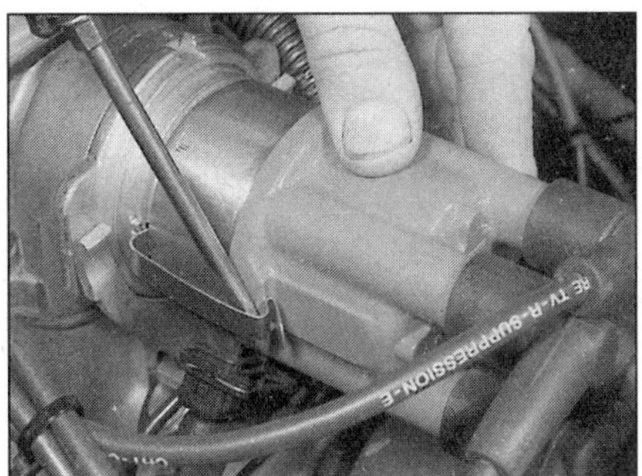

29.8 En fästklämma på fördelarlocket lossas

inte i den, eftersom ledaren inuti kan gå sönder.

6 Koppla loss kabelns andra ände från fördelarlocket, eller spolen, efter tillämplighet. Återigen, dra bara i kontaktdonet. Leta efter tecken på korrosion och se till att donet sitter ordentligt, på samma sätt som beskrivits ovan. Avsluta med att sätta tillbaka kabeln ordentligt.

7 Kontrollera resten av tändkablarna i tur och ordning på samma sätt, inklusive kabeln från fördelarlocket till spolen, i förekommande fall.

8 På modeller med strömfördelare, lossa fästskruvarna, eller lossa fästklämmorna om sådana används, och ta bort fördelarlocket **(se bild)**. Torka rent locket både på insidan och utsidan och leta noga efter skador, sprickor (tunna svarta linjer mellan kontakterna) och nötta, korroderade, brända eller lösa kontakter. Kontrollera att kolborsten i mitten av locket inte är sliten, att den kan röra sig fritt och att den inte vidrör locket. Byt locket om något fel påträffas. När ett nytt lock monteras, ta loss tändkablarna från det gamla locket en i taget och sätt fast dem på det nya locket på exakt samma plats. Ta inte loss alla kablar samtidigt, eftersom det är lätt att råka sätta en kabel på fel plats, vilket gör att cylindrarna tänds i fel ordning.

9 Där tillämpligt, demontera rotorarmen. Observera att armen hålls fast med skruvar på vissa modeller. Undersök rotorarmen och leta efter tecken på korrosion, sprickor och andra skador. Om metalldelen av rotorarmen är svårt bränd eller lös måste armen bytas. Om den bara är lätt bränd eller korroderad kan den rengöras med en fin fil.

10 Notera att man normalt brukar byta fördelarlock och rotorarm varje gång man byter tändkablar.

30.1a Mät avståndet mellan mitten av pedalens ovankant och rattens nedersta punkt . . .

30 Kopplingsvajer - justering

1 Från bilens insida, kontrollera att kopplingspedalen befinner sig i normalt viloläge, mät sedan avståndet från mitten av pedalens ovankant till den nedersta punkten på ratten. Tryck ner pedalen helt och mät avståndet igen **(se bilder)**. Måtten kan tas med en trä- eller metallstav, eftersom det viktiga är *skillnaden* mellan de två måtten, d.v.s. pedalens utslag.

2 Skillnaden mellan de två måtten måste motsvara värdet som anges i Specifikationer. Om inte, justera kopplingsvajern enligt följande, så att rätt mått uppnås.

3 I motorrummet, lossa klämman från gängstaget vid urtrampningsarmen på växellådan, vrid sedan gängstaget åt endera hållet med en skiftnyckel **(se bild)**. Vrid staget medurs för att öka pedalutslaget, eller moturs för att minska det. Kontrollera pedalutslaget igen och sätt sedan tillbaka klämman på gängstaget.

4 På en bil där kopplingen har gått många mil kan det hända att det inte längre går att justera vajern till angivet utslag, vilket indikerar att kopplingslamellerna måste bytas.

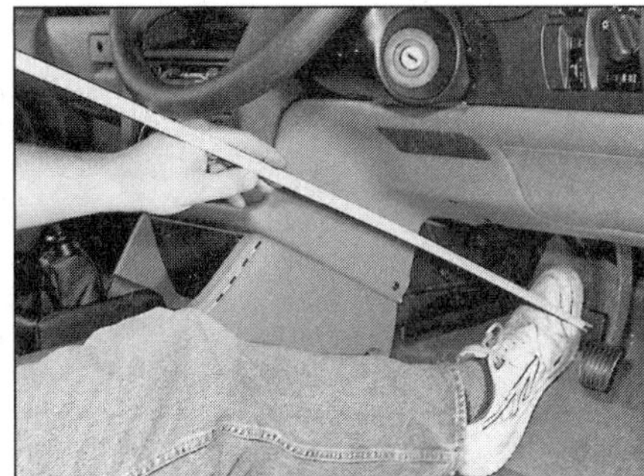

30.1b . . . och tryck sedan ner pedalen helt och mät avståndet igen

Varning: Notera att när kopplingspedalen är korrekt justerad, kommer den att sitta något högre än bromspedalen - det är fel om pedalerna sitter lika högt. Om pedalerna sitter lika högt måste vajern justeras. Notera även att det inte får förekomma något spel i kopplingspedalen.

5 Undersök även vajerns skick. Kontrollera att vajern inte fransat sig och att den är korrekt dragen, så att den inte nöts mot kringliggande delar. Byt vajern enligt beskrivningen i kapitel 6 om den är skadad eller mycket nött.

31 Manuell växellåda - kontroll av oljenivå

Observera: *För modeller tillverkade efter 1994 anger tillverkaren att det inte längre krävs att man kontrollerar oljenivån i växellådan.*

1 Se till att bilen står på plan mark. Ta bort motorns undre skyddskåpa, om en sådan finns, enligt beskrivningen i avsnitt 25 i kapitel 11.

2 Skruva loss växellådans oljenivåplugg, som sitter till vänster eller höger på differentialhusets baksida, beroende på typ av växellåda **(se bilder)**. Oljenivån ska nå upp till underkanten av hålet.

3 Om det behövs, fyll på olja i ventilations-/påfyllningshålet i växelväljarkåpan. Skruva loss pluggen och fyll på med angiven typ av

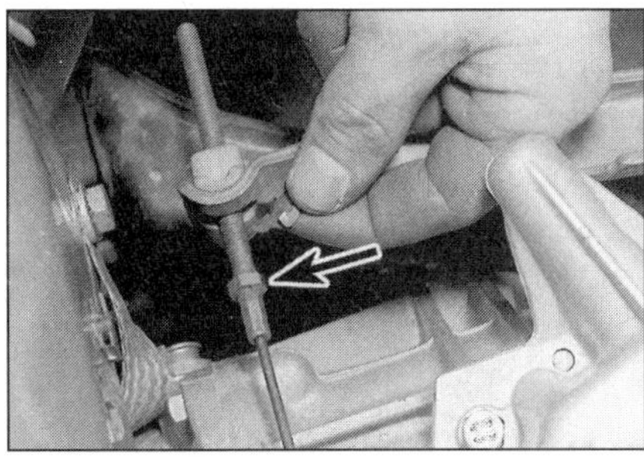

30.3 Ta bort klämman från kopplingsvajerns gängstag. Pilen visar gängstagets justeringsmutter

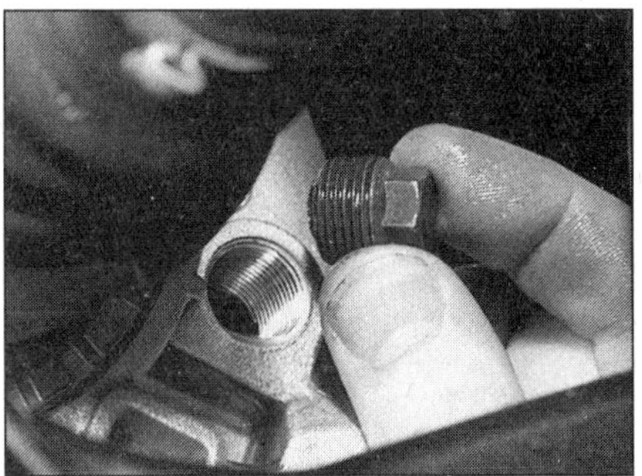

31.2a Skruva loss växellådans oljenivåplugg - F13 växellåda

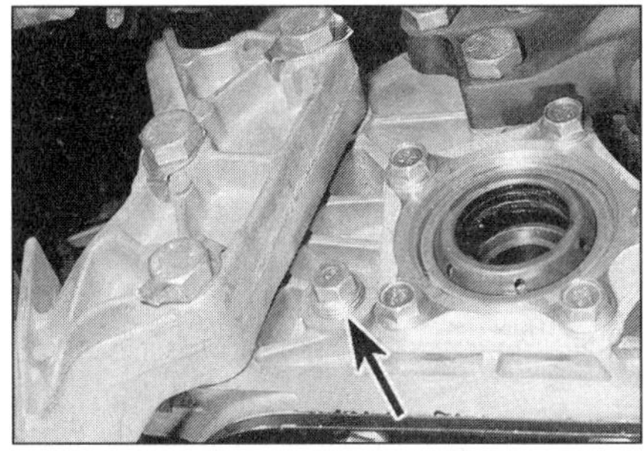

31.2b Växellådans oljenivåplugg (vid pilen) - F16 växellåda (sedd underifrån, med drivaxeln borttagen)

31.3a Skruva loss ventilations-/påfyllningspluggen . . .

31.3b . . . och fyll på med angiven olja

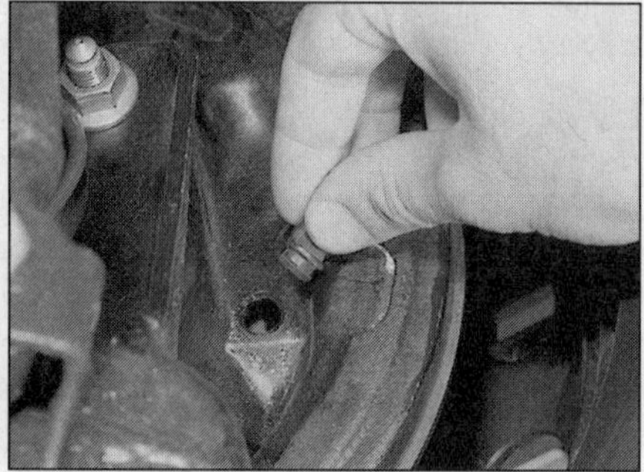

33.2 Ta bort tätningsmuffen från inspektionshålet i bakbromsens fästplatta

olja tills oljan precis börjar rinna ut ur nivåpluggens hål. Avsluta med att sätta tillbaka nivåpluggen och ventilations-/påfyllningspluggen **(se bilder)**.

4 Byte av växellådsolja anges inte av tillverkaren, och det finns ingen avtappningsplugg. Om det behövs kan oljan bytas i förebyggande syfte. Oljan kan tappas av genom att differentialens skyddsplåt tas bort. Använd en ny packning när skyddsplåten monteras tillbaka. Fyll på olja genom ventilations-/påfyllningshålet enligt tidigare beskrivning.

5 Undersök växellådan med jämna mellanrum och leta efter tecken på oljeläckage, och kontrollera att komponenterna i växelspakens länksystem inte är slitna och att de arbetar mjukt.

6 Montera tillbaka motorns undre skyddskåpa (om tillämpligt).

32 Automatväxellådans funktion - kontroll

1 Utför ett landsvägsprov och kontrollera att alla växlar kan läggas i mjukt, utan ryck och utan att motorvarvtalet ökar mellan växlingarna.

2 Kontrollera kickdownfunktionen. Kontrollera att alla växelpositioner kan läggas i med korrekt rörelse av växelspaken, och med bilen stillastående, och även att bilen inte går att flytta med växelspaken i läge P. Kontrollera också att startmotorn bara går att koppla i med växelspaken i läge P eller N, och att backljusen bara lyser om spaken står i läge R.

3 Tillverkarens schema anger regelbunden kontroll av det elektriska styrsystemet med speciell testutrustning. Denna kontroll måste utföras på en Opelverkstad.

4 Undersök växellådans hus med jämna mellanrum, och leta efter läckor kring alla fogar och tätningar. Eventuella läckor måste åtgärdas omedelbart.

5 Kontrollera även att växellådans ventilationsslang (under batteriets fästbygel) inte är blockerad, vikt eller vriden.

33 Bakre bromsbackar - kontroll

Observera: *På modeller som har bakre bromsklossar aktiverar handbromsen bromsbackarna som sitter inuti de bakre bromsskivorna.*

1 Klossa framhjulen, hissa upp bakvagnen och stöd den på pallbockar (se *Lyftning och stödpunkter*).

2 Vid en snabb kontroll kan friktionsmaterialets tjocklek på bromsbacken ses genom ett hål i bromsfästplattan om gummimuffen tas bort **(se bild)**. Om en stav med samma diameter som den specificerade minsta tjockleken på belägget placeras mot belägget kan slitaget utvärderas. En ficklampa kommer antagligen att behövas. Om belägget på någon back är slitet ner till eller under specificerat minimum, måste alla fyra bromsbackar bytas samtidigt.

3 En fullständig kontroll kräver att bromstrumman demonteras och rengörs. Detta ger även tillfälle att kontrollera hjulcylindrarna och bromstrummans skick (se kapitel 9).

34 Säkerhetsbälten - kontroll

1 Undersök säkerhetsbältet med avseende på skärskador eller tecken på överdriven fransning eller slitage. Om det är ett rullbälte, dra ut hela bältet och undersök hela längden.

2 Säkerhetsbältena är konstruerade så att de låses vid ett plötsligt stopp eller en krock, men ändå tillåter fri rörlighet under normal körning. Lås och koppla loss bältet, och se till att låsmekanismen håller fast bältet ordentligt och lossar när det ska. Kontrollera även att indragningsmekanismen fungerar korrekt när bältet släpps.

Var 60 000:e km eller vart 4:e år

35 Kamrem - byte

Observera: *Om kamremmen ska bytas på en motor av typen 'Ecotec' (se specifikationerna i kapitel 2B), rekommenderas starkt att kamremsspännar- och överföringsremskivorna också byts, enligt beskrivningen i kapitel 2B.*

1 För att minimera risken för skada på motorn bör kamremmen bytas med jämna mellanrum. Om kamremmen går sönder när motorn är igång kan det leda till allvarliga och dyrbara motorskador.

2 Tillverkaren rekommenderar byte var 60 000:e km eller vart 4:e år, beroende på vilket som kommer först. Remmen bör bytas om det finns den minsta tvekan om dess skick, eller om det råder osäkerhet om huruvida serviceintervallen följts tidigare.

3 Information om kamremsbyte finns i kapitel 2A eller 2B.

36 Tändstift (DOHC motor) - byte

1 Denna procedur är i grunden densamma som den i avsnitt 28 för SOHC motorer, men på DOHC motorer måste en tändstiftskåpa demonteras från kamaxelkåpan för att det ska gå att komma åt tändstiften.

2 Det finns ett specialverktyg (Opel KM-836) med vilket man säkert och enkelt kan lossa tändkablarna från tändstiften. Om detta specialverktyg inte finns till hands, undvik att belasta kontaktdonen, eftersom ledaren inuti kan skadas. Var mycket försiktig när tändstiften demonteras och sätts tillbaka på dessa motorer. Hårfina sprickor i den keramiska delen av tändstiftet kan orsaka partiellt eller fullständigt tändningsavbrott (vilket kan skada katalysatorn).

3 Det finns ett speciellt adapterverktyg (Opel KM-194-B) med ett tredelat koniskt element, som minskar risken för skada på tändstiften **(se bild)**.

4 Sätt tillbaka tändstiftskåpan när tändstiften har bytts ut enligt beskrivningen i avsnitt 28.

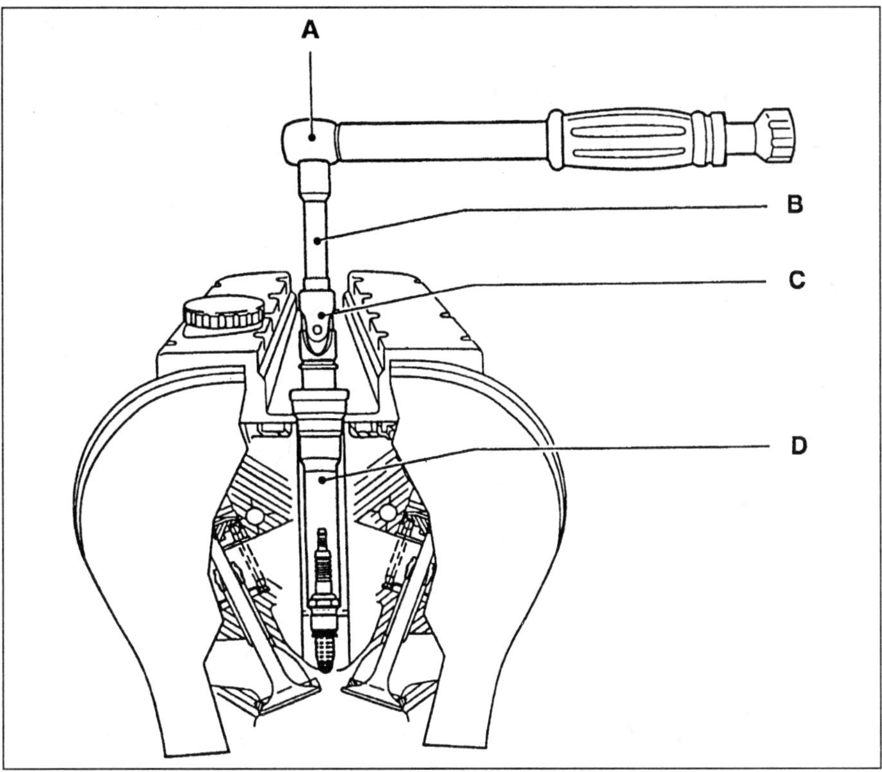

36.3 Demontering av tändstift med en speciell adapter (DOHC modeller)

A Momentnyckel
B Förlängning
C Led
D Adapter (P/N KM-194-B)

37 Automatväxellåda - byte av olja

Observera: *Enligt tillverkaren behöver oljan bara bytas med angivna intervall om bilen används till tungt arbete (t.ex. som taxi, till bogsering av släpvagn/husvagn och korta stadsresor med många start och stopp). Inga bytesintervall anges för fordon vid normal användning. Det är den enskilde ägaren som avgör om växellådsoljan ska bytas eller ej.*

1 Detta moment blir mycket effektivare om bilen först körs en sväng så att motorn/ växellådan värms upp till normal arbetstemperatur.

Varning: Om arbetet utförs när växellådan är varm, var försiktig så att du inte bränner dig på avgasrören eller växellådan/motorn.

2 Parkera bilen på plan mark, slå av tändningen och dra åt handbromsen ordentligt. Alternativt kan bilen lyftas upp och stödjas på pallbockar för att det ska gå lättare att komma åt. Se till att bilen står plant (se *Lyftning och stödpunkter*). Lossa fästbultarna och ta bort den undre kåpan från motorn/ växellådan om det behövs.

3 Torka rent runt växellådans avtappningsplugg och ställ en passande behållare under pluggen att samla upp växellådsoljan i **(se bild)**.

4 Skruva loss avtappningspluggen försiktigt och låt oljan rinna ut helt i behållaren.

5 Akta så att du inte bränner dig om oljan är het. Torka bort all smuts och olja från avtappningspluggen.

6 När all olja runnit ut, sätt tillbaka och dra åt avtappningspluggen.

7 Växellådan fylls på via oljemätstickans rör. Ta bort mätstickan (se avsnitt 7) och fyll på angiven mängd av rätt typ av växellådsolja (se specifikationerna).

8 Sätt tillbaka mätstickan och kontrollera växellådans oljenivå enligt beskrivningen i avsnitt 7. Om det behövs, fyll på mer olja.

9 Sänk ner bilen.

10 Kör bilen en kort sträcka så att den nya oljan distribueras helt i växellådan.

11 Parkera sedan bilen på plan mark och kontrollera växellådans oljenivå igen enligt beskrivningen i avsnitt 7.

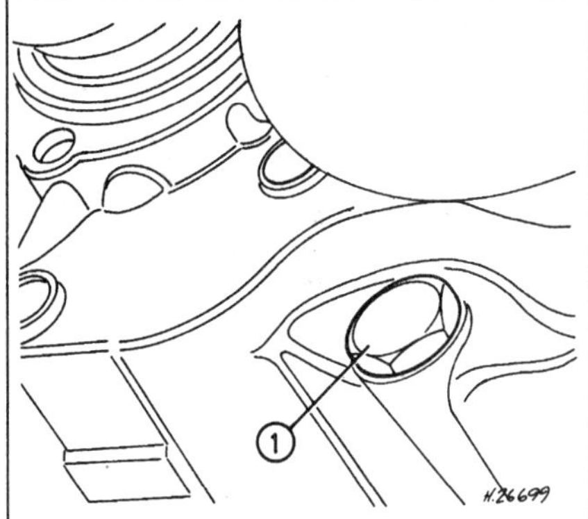

37.3 Avtappningsplugg för automatväxellådsolja (1)

Kapitel 2 del A:
Reparationer med motorn kvar i bilen – SOHC motor

Innehåll

Svårighetsgrader

Enkelt, passar novisen med lite erfarenhet

Ganska enkelt, passar nybörjaren med viss erfarenhet

Ganska svårt, passar kompetent hemmamekaniker

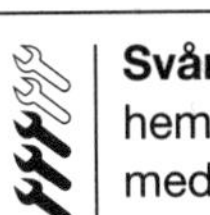

Svårt, passar hemmamekaniker med erfarenhet

Mycket svårt, för professionell mekaniker

Specifikationer

Allmänt

Motortyp	Fyrcylindrig, vattenkyld radmotor. Enkel överliggande kamaxel (SOHC), remdriven med hydrauliska ventillyftare
Tillverkarens motorkoder:	
Observera: *Koden finns på motorblocket, framför kopplingshuset.*	
14 NV	1.4 liters förgasarmotor
14 SE	1.4 liters motor med flerpunktsbränsleinsprutning (MPi)
C 14 NZ	1.4 liters motor + katalysator (cat) + central bränsleinsprutning (CFi)
X 14 NZ	1.4 liter + cat + CFi
C 14 SE	1.4 liter + cat + MPi
C 16 NZ	1.6 liter + cat + CFi
C 16 SE	1.6 liter + cat + MPi
X 16 SZ	1.6 liter + cat + CFi
X 16 SZR	1.6 liter + cat + CFi
C 18 NZ	1.8 liter + cat + CFi
C 20 NE	2.0 liter + cat + MPi

Kapacitet:	**Lopp**	**Kolvslag**
1.4 liters motorer (1389cc)	77,6 mm	73,4 mm
1.6 liters motorer (1598cc)	79,0 mm	81,5 mm
1.8 liters motorer (1796cc)	84,8 mm	79,5 mm
2.0 liters motorer (1998cc)	86,0 mm	86,0 mm

Tändningsföljd	1-3-4-2 (Cylinder nr 1 vid kamremsänden)
Vevaxelns rotationsriktning	Medurs (sett från motorns kamremsände)
Kompressionsförhållande:	
14 NV, C 14 NZ och X 14 NZ	9,4 : 1
14 SE	9,8 : 1
C 14 SE och X 16 SZ	10,0 : 1
C 16 NZ, C 18 NZ och C 20 NE	9,2 : 1
X 16 SZR	9,6 : 1
C 16 SE	9,8 : 1

Allmänt (forts)

Maximal effekt:	
14 NV	55 kW vid 5800 varv per minut
14 SE	60 kW vid 5600 varv per minut
C 14 NZ och X 14 NZ	44 kW vid 5200 varv per minut
C 14 SE	60 kW vid 5800 varv per minut
C 16 NZ och X 16 SZR	55 kW vid 5200 varv per minut
C 16 SE	74 kW vid 5800 varv per minut
X 16 SZ	52 kW vid 5000 varv per minut
C 18 NZ	66 kW vid 5400 varv per minut
C 20 NE	85 kW vid 5400 varv per minut
Maximalt moment:	
14 NV	110 Nm vid 3000 varv per minut
14 SE	115 Nm vid 3400 varv per minut
C 14 NZ och X 14 NZ	103 Nm vid 2800 varv per minut
C 14 SE	113 Nm vid 3400 varv per minut
C 16 NZ	125 Nm vid 2800 varv per minut
C 16 SE	135 Nm vid 3400 varv per minut
X 16 SZ	128 Nm vid 2800 varv per minut
X 16 SZR	128 Nm vid 2600 varv per minut
C 18 NZ	145 Nm vid 3000 varv per minut
C 20 NE	170 Nm vid 2600 varv per minut

Kompressionstryck

Standard	12 till 15 bar
Maximal skillnad mellan två cylindrar	1 bar

Kamrem

Spänning med hjälp av specialverktyg KM-510-A (1.8 och 2.0 liters motorer) – se avsnitt 7:

Ny rem, kall	4,5
Ny rem, varm	7,5
Begagnad rem, kall	2,5
Begagnad rem, varm	7,0

Kamaxel

Axialspel	0,09 till 0,21 mm
Maximalt tillåtet radialkast	0,040 mm

Smörjsystem

Oljepump	Kugghjulstyp, drivs direkt från kamaxeln
Lägsta tillåtna oljetryck vid tomgångshastighet, vid normal arbetstemperatur (oljetemperatur på minst 80°C)	1,5 bar
Oljepumpens spel:	
Spel mellan inre och yttre kugghjul (dödgång)	0,10 till 0,20 mm
Spel mellan kugghjul och hus (axialspel):	
1.4 och 1.6 liters motorer	0,08 till 0,15 mm
1.8 och 2.0 liters motorer	0,03 till 0,10 mm

Åtdragningsmoment

Observera: *Använd nya bultar på de ställen som märkts med asterisk (*).*
Åtdragningsmomenten nedan gäller endast för den senaste typen av topplocksbultar från Opel. För bultar av tidigare typer eller från alternativa tillverkare kan andra åtdragningsmoment gälla. Fråga leverantören.

	Nm
Bultar mellan vevaxelns remskiva och drev (1.8 och 2.0 liters motorer)	55
Bultar till svänghjulets/drivplattans nedre täckplåt	8
Drivplattans bultar	60
Kamaxelhusets ändkåpa – bultar	8
Kamaxelkåpans bultar	8
Kamaxelns tryckplatta – bultar	8
Kamdrevets bult	80
Kamremsspännarens bult	20
Kylvätskepumpens bultar	
M6 (1.4 och 1.6 liters motorer)	8
M8 (1.8 och 2.0 liters motorer)	25
Motor till växellåda – bultar:	
M8 bultar	20
M10 bultar	40
M12 bultar	60

Motorns/växellådans fästbultar:	Nm
Främre vänster fäste:	
Bultar mellan fäste och kaross	65
Bultar mellan fäste och fästbygel	60
Främre höger fäste:	
Bultar mellan fäste och kaross*	65
Bultar mellan fäste och fästbygel	35
Bakre fäste:	
Bultar mellan fäste och fästbygel	45
Bultar mellan fäste och kryssrambalk	40
Oljepump:	
Fästbultar	6
Pumpkåpans skruvar	6
Bult till övertrycksventil	30
Oljesumpens bultar (använd fästmassa på gängorna):	
1.4 och 1.6 liters motorer	8
1.8 och 2.0 liters motorer	10
Oljesumpens avtappningsplugg	55
Oljeupptagarrör till oljepump – bultar	
Ramlageröverfallens bultar:*	
Steg 1	50
Steg 2	Vinkeldra ytterligare 45°
Steg 3	Vinkeldra ytterligare 15°
Svänghjulsbultar:*	
1.4 och 1.6 liters motorer:	
Steg 1	35
Steg 2	Vinkeldra ytterligare 30°
Steg 3	Vinkeldra ytterligare 15°
1.8 och 2.0 liters motorer:	
Steg 1	65
Steg 2	Vinkeldra ytterligare 30°
Steg 3	Vinkeldra ytterligare 15°
Topplockets bultar:*	
1.4 och 1.6 liters motorer:	
Steg 1	25
Steg 2	Vinkeldra ytterligare 60°
Steg 3	Vinkeldra ytterligare 60°
Steg 4	Vinkeldra ytterligare 60°
1.8 och 2.0 liters motorer:	
Steg 1	25
Steg 2	Vinkeldra ytterligare 90°
Steg 3	Vinkeldra ytterligare 90°
Steg 4	Vinkeldra ytterligare 90°
Vevaxeldrevets bult (1.8 och 2.0 liters motorer):*	
Steg 1	130
Steg 2	Vinkeldra ytterligare 45°
Vevaxelremskivans/vevaxeldrevets bult (1.4 och 1.6 liters motorer):*	
Modeller med kilrem	55
Modeller med kuggrem:	
M10 bult:	
Steg 1	55
Steg 2	Vinkeldra ytterligare 45°
Steg 3	Vinkeldra ytterligare 15°
M12 bult:	
Steg 1	95
Steg 2	Vinkeldra ytterligare 45°
Steg 3	Vinkeldra ytterligare 15°
Vevstaksöverfallens bultar:*	
1.4 och 1.6 liters motorer:	
Steg 1	25
Steg 2	Vinkeldra ytterligare 30°
1.8 och 2.0 liters motorer:	
Steg 1	35
Steg 2	Vinkeldra ytterligare 45°
Steg 3	Vinkeldra ytterligare 15°
Vevaxelgivarens fästbygel – bult	6

1 Allmän information

Hur detta kapitel används

1 Den här delen av kapitel 2 behandlar reparationer med motorn kvar i bilen för bilar med SOHC motor (enkel överliggande kamaxel). Alla moment som rör demontering och montering av motorn och renovering av motorblock/topplock beskrivs i kapitel 2C.

2 De flesta arbetsmoment som behandlas i den här delen beskrivs utifrån antagandet att motorn fortfarande är monterad i bilen. Om den här informationen används vid en komplett motorrenovering där motorn först demonterats, kommer därför flera av anvisningarna att vara irrelevanta.

Beskrivning av motorn

3 Motorn har enkel överliggande kamaxel, fyra cylindrar (rak enhet) och sitter monterad på tvären fram i bilen med kopplingen och växellådan på den vänstra sidan.

4 Vevaxeln har fem huvudlager av skåltyp och det mittersta lagret innehåller trycklagerskålar för att kontrollera vevaxelns axialspel.

5 Vevstakarna är fästa vid vevaxeln med horisontellt delade vevstakslager av skåltyp och vid kolvarna med presspassade kolvbultar. Kolvarna av aluminiumlegering är av glidtyp och sitter monterade med tre kolvringar – två kompressionsringar och en oljekontrollring.

6 Kamaxeln leder direkt in i kamaxelhuset som sitter ovanpå topplocket. Kamaxeln drivs av vevaxeln via en kuggad kamrem av gummi (som även driver kylvätskepumpen). Kamaxeln styr varje ventil via en följare. Varje följare svänger på en hydraulisk självjusterande ventillyftare som automatiskt justerar ventilspelet.

7 Smörjningen sker med tryckmatning från en oljepump av drevtyp som sitter monterad på vevaxelns kamremsände. Den drar olja genom en sil placerad i oljesumpen och tvingar sedan oljan genom ett externt fullflödesfilter av patrontyp. Oljan leds in i rör i motorblocket/vevhuset, topplocket och kamaxelhuset och därifrån fördelas den till vevaxeln (ramlagren) och kamaxeln. Vevstakslagren förses med olja via inre borrningar i vevaxeln, medan kamaxellagren även förses med olja under tryck. Kamloberna och ventilerna stänksmörjs på samma sätt som övriga motorkomponenter.

2.4 Kompressionsprovare ansluten till tändstiftsplats nr 1

8 Ett halvslutet vevhusventilationssystem används; vevhusets ångor dras från ventilkåpan via en slang till insugsgrenröret.

Reparationer som kan utföras med motorn monterad i bilen

9 Följande moment kan utföras utan att motorn först demonteras från bilen:

a) Demontering och montering av topplocket.
b) Demontering och montering av kamrem och drev.
c) Byte av kamaxelns oljetätningar.
d) Demontering och montering av kamaxelhuset och kamaxeln.
e) Demontering och montering av oljesumpen.
f) Demontering och montering av vevstakar och kolvar.*
g) Demontering och montering av oljepumpen.
h) Byte av vevaxelns oljetätningar.
i) Byte av motorfästen.
j) Demontering och montering av svänghjulet/drivplattan.

** Det arbete som markerats med en asterisk kan utföras med motorn kvar i bilen om oljesumpen först tas bort. Det är dock bättre om motorn är demonterad under arbetet eftersom risken för nedsmutsning minskar och för att det blir lättare att komma åt. Dessa moment beskrivs därför i kapitel 2C.*

2 Kompressionsprov – beskrivning och tolkning

1 Om motorns prestanda sjunker eller om misständningar uppstår som inte kan härföras till tändning eller bränslesystem, kan ett kompressionsprov ge ledtrådar om motorns skick. Om kompressionsprov tas regelbundet kan de ge förvarning om problem innan några andra symptom uppträder.

2 Motorn måste vara uppvärmd till normal arbetstemperatur, batteriet måste vara fulladdat och tändstiften måste vara urskruvade (se kapitel 1). Dessutom behövs en medhjälpare.

3 Avaktivera tändsystemet genom att koppla loss kontaktdonet från tändspolen eller DIS-modulen (se kapitel 5B). På modeller med bränsleinsprutning, avaktivera bränslesystemet genom att ta bort bränslepumpsreläet från motorrummets relädosa (se kapitel 4B).

4 Montera en kompressionsprovare till tändstiftsplatsen för cylinder nr 1. Använd helst en provare som skruvas in i tändstiftsgängorna **(se bild)**.

5 Låt en medhjälpare trampa gasen i botten och dra sedan runt motorn på startmotorn. Efter ett eller två varv ska trycket byggas upp till ett maxvärde och stabiliseras. Anteckna den högsta avläsningen.

6 Upprepa provet på övriga cylindrar och notera trycket i var och en.

7 Alla cylindrar ska ha lika högt eller nästan lika högt tryck. Om tryckskillnaderna överskrider nivåerna i specifikationerna är det ett tecken på att något är fel. Observera att kompressionen ska byggas upp snabbt i en väl fungerande motor. Om kompressionen är låg i det första kolvslaget och sedan ökar gradvis under följande slag, är det ett tecken på slitna kolvringar. Lågt tryck som inte höjs är ett tecken på läckande ventiler eller trasig topplockspackning (eller ett sprucket topplock). Låg kompression kan även orsakas av avlagringar på undersidorna av ventilhuvudena.

8 Om trycket i en cylinder minskar till den angivna miniminivån eller underskrider den ska följande test utföras för att ta reda på orsaken. Häll i en tesked ren olja i cylindern genom tändstiftshålet och upprepa provet.

9 Om oljan tillfälligt förbättrar kompressionen är detta ett tecken på att tryckfallet orsakas av slitage på kolvringar eller lopp. Om ingen förbättring sker tyder det på läckande/brända ventiler eller trasig topplockspackning.

10 Lågt tryck i två angränsande cylindrar är nästan helt säkert ett tecken på att topplockspackningen mellan dem är trasig. Förekomst av kylvätska i oljan bekräftar detta.

11 Om en cylinder har omkring 20 % lägre tryck än de andra och motorns tomgång är något ojämn, kan en sliten kamlob vara orsaken.

12 Om kompressionen är ovanligt hög är förbränningskamrarna troligen täckta med kolavlagringar. Om så är fallet måste topplocket demonteras och rengöras.

13 Avsluta med att montera tändstiften (se kapitel 1), montera bränslepumpsreläet (om tillämpligt) och återanslut kontaktdonet till tändspolen eller DIS-modulen.

3 Övre dödpunkt (ÖD) för kolv nr 1 – inställning

1 Övre dödpunkt (ÖD) är den högsta punkt som varje kolv når i sin rörelse upp och ner i cylinderloppet, när vevaxeln roterar. Alla kolvar når sina dödpunkter både i toppen av kompressionsslaget och i toppen av avgasslaget, men när det gäller motorns tändinställning avser ÖD läget för kolv nr 1 i toppen av dess kompressionsslag.

2 Kolv (och cylinder) nr 1 sitter på motorns kamremsände och har sin ÖD i följande läge. Observera att vevaxeln roterar medurs när den ses från motorns kamremsände.

3 Koppla loss batteriets minusledare. Om det

3.6a ÖD-märket på kamremskåpan i linje med tändinställningsmärket på vevaxelns givarhjul (vid pilarna) - 1.6 liters bränsleinsprutningsmotor

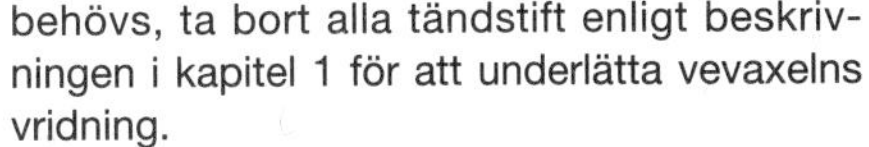

behövs, ta bort alla tändstift enligt beskrivningen i kapitel 1 för att underlätta vevaxelns vridning.

4 Ta bort kamremmens övre kåpa enligt beskrivningen i avsnitt 6 för att komma åt kamaxeldrevets tändinställningsmärke.

5 Använd en hylsnyckel på bulten till vevaxelns remskiva, vrid vevaxeln för att få kolv nr 1 till ÖD på följande sätt.

Alla motorer utom 1.4 liters förgasarmotor

6 Pilen på kamremskåpan måste vara i linje med hacket på vevaxelns remskiva, eller med tändinställningsmärket på vevaxelns givarhjul, (efter tillämplighet), och tändinställningsmärket på kamaxeldrevet måste vara i linje med hacket på kamremmens bakre kåpa **(se bilder)**.

7 Observera att det även finns ett tändinställningsmärke på vevaxelns drev (synligt när vevaxelns remskiva/givarhjulet är demonterat). När kolv nr 1 är i ÖD ska markeringen på vevaxeldrevet vara i linje med motsvarande märke längst ner på oljepumpsflänsen - d.v.s. märket på drevet ska peka vertikalt nedåt.

1.4 liters förgasarmotor

8 Pilen på den bakre kamremskåpan måste vara i linje med hacket 10° före övre dödpunkt i vevaxelns remskiva, och tändinställningsmärket på kamaxeldrevet måste vara i linje

3.6b ÖD-märket på kamremskåpan i linje med tändinställningsmärket på vevaxelns remskiva (vid pilarna) - 2.0 liters bränsleinsprutningsmotor

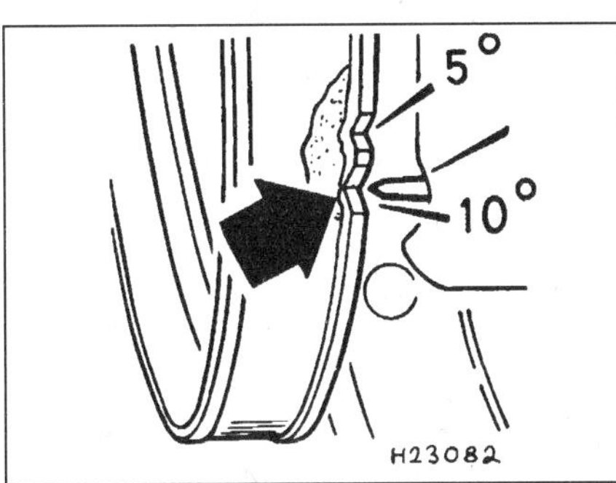

3.8 Hacket för 10° FÖD på vevaxelns remskiva i linje med markeringen på den bakre kamremskåpan - 1.4 liters förgasarmotor

med hacket ovanpå den bakre kamremskåpan **(se bild)**. Observera att när tändinställningsmärkena är inställda enligt beskrivningen ovan, även om kolv nr 1 är placerad 10° före övre dödpunkt, så är detta acceptabelt för alla moment i den här handboken där kolv nr 1 ska befinna sig i ÖD.

9 Observera att det även finns ett tändinställningsmärke på vevaxeldrevet (synligt när vevaxelns remskiva/givarhjulet är demonterat). När kolv nr 1 befinner sig i ÖD ska märket på vevaxeldrevet vara i linje med motsvarande märke längst ner på oljepumpsflänsen eller kamremmens bakre kåpa (efter tillämplighet) - d.v.s. märket på drevet ska peka rakt nedåt **(se bild)**.

3.6c Tändinställningsmärket på kamaxeldrevet i linje med hacket på kamremmens bakre kåpa (vid pilarna) - 1.6 liters bränsleinsprutningsmotor

3.9 Tändinställningsmärket på vevaxeldrevet justerat mot märket längst ner på kamremmens bakre kåpa - 1.6 liters motor

4 Kamaxelkåpa - demontering och montering

Demontering

Observera: *En ny packning kommer med största sannolikhet att behövas vid återmonteringen.*

1 Lossa fästklammern/klamrarna och koppla ifrån ventilationsslangen/slangarna från kamaxelkåpan **(se bilder)**.

2 Skruva loss fästbultarna och ta bort dem, observera hur alla klamrar och fästen sitter monterade med bultarna **(se bild)**.

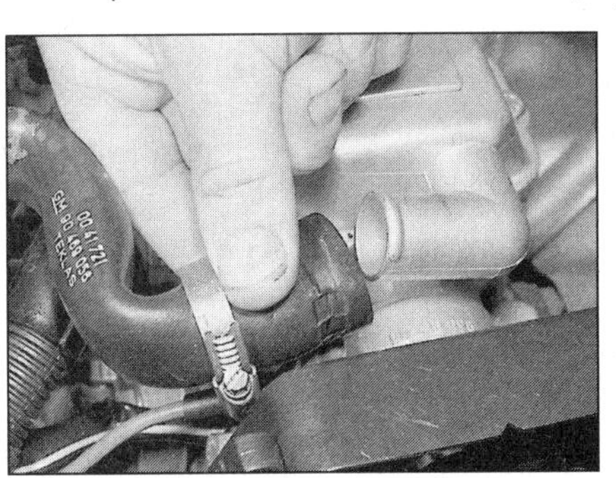

4.1a Lossa ventilationsslangarna . . .

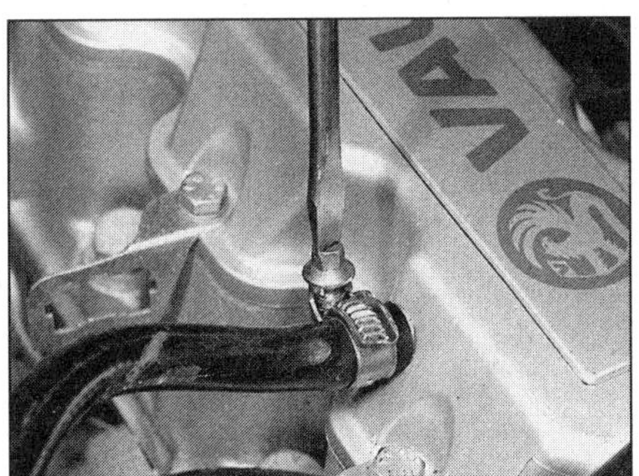

4.1b . . .från kamaxelkåpan - 1.6 liters motor

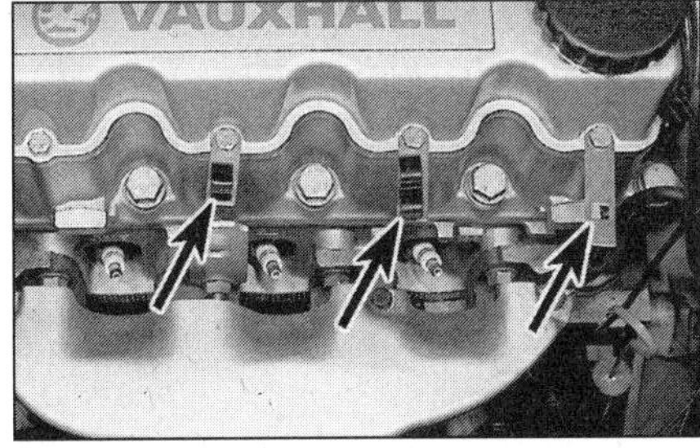

4.2 Notera positionerna för eventuella fästbyglar och klämmor (vid pilarna) som hålls fast av kamaxelkåpans bultar - 1.6 liters motor

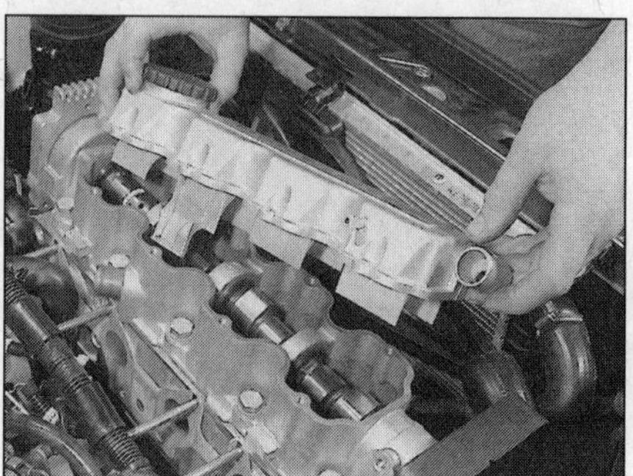

4.3 Kamaxelkåpan lyfts bort från topplocket

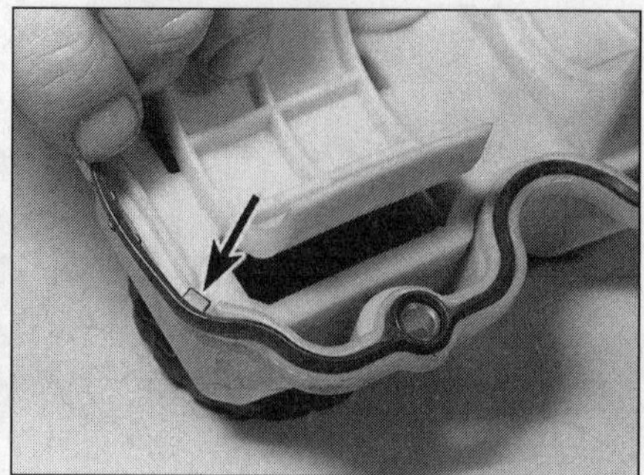

4.5 Fliken på packningen passar in i hacket på kamaxelkåpan - 1.6 liters motor

5.4 Ta bort bulten och brickan för vevaxelns remskiva - 1.6 liters motor

3 Lyft bort kamaxelkåpan från kamaxelhuset **(se bild)**. Bänd inte loss kåpan från kamaxelhusets fogyta om den sitter fast - om det behövs, knacka försiktigt på kåpans sidor för att få loss den. Ta loss packningen. Om den visar tecken på skador eller åldrande måste den bytas ut.

Montering

4 Före monteringen, undersök insidan av kåpan efter avlagringar, slam eller andra föroreningar och rengör kåpan med fotogen eller ett vattenlösligt lösningsmedel om det behövs. Undersök skicket på vevhusventilationens filter inuti kamaxelkåpan och rengör det på samma sätt som kåpan om det är igentäppt (på vissa modeller kan filtret tas bort från kåpan om fästbultarna skruvas loss). Torka kåpan noga innan den monteras.

5 Se till att kåpan är ren och torr och placera packningen i kåpans fördjupning, montera sedan kåpan på kamaxelhuset och se till att packningen sitter korrekt **(se bild)**.

6 Montera fästbultarna och se till att alla klamrar/fästen är korrekt placerade och dra åt bultarna till angivet moment i diagonal ordningsföljd.

7 Återanslut ventilationsslangen/slangarna och fäst med fästklammern/klamrarna.

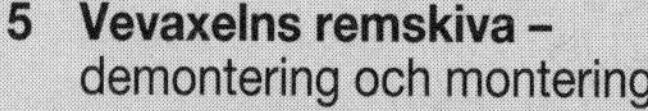

5 Vevaxelns remskiva - demontering och montering

1.4 och 1.6 liters motorer

Observera: *En ny fästbult till remskivan kommer att behövas vid återmonteringen.*

Demontering

1 Dra åt handbromsen, hissa upp framvagnen med hjälp av en domkraft och ställ den på pallbockar (se *Lyftning och stödpunkter*). Ta bort det högra hjulet.

2 Ta bort drivremmen/remmarna enligt beskrivningen i kapitel 1. Före demonteringen, märk ut remmens/remmarnas rotationsriktning för att garantera att den/de återmonteras åt rätt håll.

3 Lossa fästbulten till vevaxelns remskiva. För att förhindra att vevaxeln roterar på modeller med manuell växellåda, be en medhjälpare lägga i högsta växeln och trampa hårt på bromsen. På modeller med automatväxellåda, förhindra rotation genom att ta loss en av momentomvandlarens fästbultar och skruva fast drivplattan till växellådans hus med ett metallstag, distansbrickor och passande bultar (se kapitel 7B). Om motorn är demonterad från bilen måste svänghjulet/drivplattan spärras (se avsnitt 15).

4 Skruva loss fästbulten och brickan och ta bort vevaxelns remskiva från änden av vevaxeln. Var noga med att inte skada vevaxelgivaren (om tillämpligt) **(se bild)**.

Montering

5 Montera vevaxelns remskiva och se till att hacket i remskivan hamnar i linje med upphöjningen på vevaxeldrevet, montera sedan brickan och en ny fästbult **(se bild)**.

6 Förhindra att vevaxeln roterar på samma sätt som vid demonteringen och dra åt remskivans fästbult till angivet moment enligt de angivna stegen, där tillämpligt. På motorer där bulten måste vinkeldras är det klokt att använda en mätare under de sista stegen av åtdragningen för att garantera att bulten dras åt korrekt **(se bild)**. Om en vinkelmätare inte finns tillgänglig kan märken göras med vit färg mellan bultskallen och remskivan innan bulten dras åt. Använd sedan dessa märken för att kontrollera att bulten har dragits åt i rätt vinkel.

7 Montera drivremmen enligt beskrivningen i kapitel 1, med hjälp av märket som gjordes vid demonteringen för att garantera att remmen monteras åt rätt håll.

8 Montera hjulet, sänk ner bilen och dra åt hjulbultarna till angivet moment.

1.8 och 2.0 liters motorer

Demontering

9 Följ beskrivningen i punkt 1 och 2.

10 Lossa de fyra bultarna som fäster remskivan vid vevaxeldrevet, använd en lämplig insexnyckel eller sexkantsbit, ta sedan bort remskivan. Hindra vevaxeln från att vrida sig med hjälp av en Torxhylsa över bulten till vevaxelns remskiva, eller använd någon av metoderna som beskrivs i punkt 3.

11 Skruva loss fästbultarna och ta bort vevaxelns remskiva från änden av vevaxeln, var noga med att inte skada vevaxelgivaren, om tillämpligt.

Montering

12 Montera vevaxelns remskiva. Hacket i remskivan ska vara i linje med upphöjningen på kamremsdrevet, sätt sedan i fästbultarna.

13 Förhindra att vevaxeln roterar på samma sätt som vid demonteringen, och dra åt remskivans fästbultar till angivet moment.

14 Fortsätt enligt beskrivningen i punkt 7 och 8.

5.5 Montera tillbaka vevaxelns remskiva, och passa in hacket mot upphöjningen på vevaxeldrevet (vid pilarna) - 1.6 liters motor

5.6 Dra åt remskivans fästbult till angivet moment i de steg som anges i specifikationerna - 1.6 liters motor

6.3a Skruva loss fästskruvarna (vid pilarna) . . .

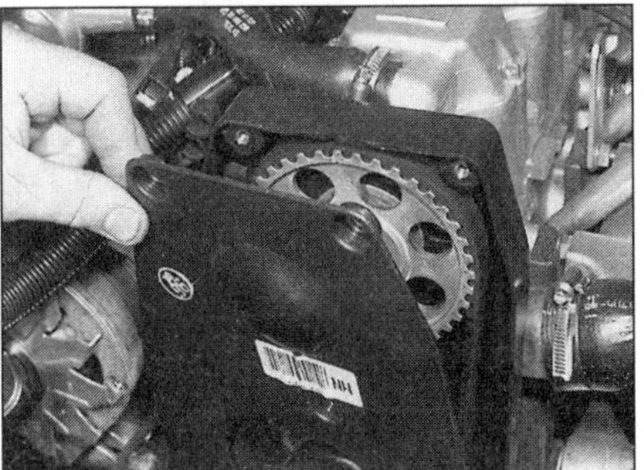

6.3b . . . och ta loss den övre kamremskåpan – 1.6 liters motor

6.7 Nedre kamremskåpans fästbultar (vid pilarna) – 1.6 liters motor

6 Kamremskåpor – demontering och montering

1.4 och 1.6 liters motorer

Övre kåpa – demontering

1 Ta bort luftrenarhuset enligt beskrivningen i kapitel 4A eller 4B för att skapa bättre arbetsutrymme.

2 Ta bort drivremmen/remmarna enligt beskrivningen i kapitel 1. Före demonteringen, märk ut remmens/remmarnas rotationsriktning för att garantera att den/de sätts tillbaka åt rätt håll. På förgasarmotorer och motorer med enpunkts bränsleinsprutning kan det vara nödvändigt att ta bort servostyrningspumpen (se kapitel 10) om kamremmen ska demonteras.

3 Skruva loss fästskruvarna, lossa sedan kamremmens övre kåpa och ta bort den från motorn **(se bilder)**.

Övre kåpa – montering

4 Montering sker i omvänd ordning, men montera och spänn drivremmen/remmarna enligt beskrivningen i kapitel 1. Observera riktningsmarkeringen som gjordes vid demonteringen.

Nedre kåpa – demontering

5 Demontera vevaxelns remskiva enligt beskrivningen i avsnitt 5.

6 Om det är tillämpligt, lossa vevaxelgivarens kablage från kåpan.

7 Skruva loss fästbultarna och ta bort den nedre kåpan från motorn **(se bild)**. Observera att på vissa modeller måste man ta bort den övre kåpan enligt beskrivningen ovan innan den nedre kåpan kan tas bort.

Nedre kåpa – montering

8 Montering sker i omvänd ordningsföljd, men montera vevaxelns remskiva enligt beskrivningen i avsnitt 5.

Bakre kåpa – demontering

9 Demontera de yttre kåporna enligt beskrivningen ovan i detta avsnitt. Observera att på vissa modeller måste servostyrningspumpen demonteras (se kapitel 10) för att kamremmen ska kunna demonteras.

10 Demontera kamremmen enligt beskrivningen i avsnitt 7.

11 Ta bort kamaxel- och vevaxeldreven och kamremsspännaren, enligt beskrivningen i avsnitt 8.

12 Skruva loss och ta bort bultarna som fäster den bakre kåpan vid kamaxelhuset och motorblocket, dra sedan bort kåpan. Om det är tillämpligt, lossa vevaxelgivarens kablage från kåpans baksida **(se bilder)**.

Bakre kåpa – montering

13 Montering sker i omvänd ordningsföljd, men tänk på följande.

a) Montera kamaxel- och vevaxeldreven samt kamremsspännaren enligt beskrivningen i avsnitt 8.

b) Montera och spänn kamremmen enligt beskrivningen i avsnitt 7.

c) Montera de yttre kamremskåporna enligt beskrivningen tidigare i detta avsnitt.

d) Om det är tillämpligt, montera servostyrningspumpen och lufta oljekretsen enligt beskrivningen i kapitel 10.

1.8 och 2.0 liters motorer

Övre kåpa – demontering

14 Följ beskrivningen i punkt 1 och 2.

15 Om det är tillämpligt, koppla loss kablaget från temperaturmätarens givare.

16 Lossa fästklamrarna och ta bort den övre kamremskåpan.

Övre kåpa – montering

17 Montering sker i omvänd ordningsföljd, men montera och spänn drivremmen/remmarna enligt beskrivningen i kapitel 1. Observera riktningsmarkeringen som gjordes vid demonteringen.

Nedre kåpa (kylvätskepump) – demontering

18 Ta bort den övre kamremskåpan enligt beskrivningen tidigare i detta avsnitt, lossa sedan den nedre kåpan från kylvätskepumpen.

Nedre kåpa (kylvätskepump) – montering

19 Montering sker i omvänd ordningsföljd, men montera och spänn drivremmen/remmarna enligt beskrivningen i kapitel 1. Observera riktningsmarkeringen som gjordes vid demonteringen.

Bakre kåpa – demontering

20 Ta bort de yttre kamremskåporna enligt beskrivningen ovan.

21 Demontera kamremmen enligt beskrivningen i avsnitt 7.

22 Ta bort kamremsdreven enligt beskrivningen i avsnitt 8.
Om det är tillämpligt, koppla loss anslutningskontakten från vevaxelgivaren och koppla loss kablaget från den bakre kamremskåpan.

23 Skruva loss fästbultarna och ta bort den bakre kåpan genom att lirka loss den från den mindre bakre kåpan på kylvätskepumpen.

24 Om det behövs kan den mindre bakre kamremskåpan tas bort från kylvätskepumpen genom att fästbulten lossas och kåpan vrids tills den lossnar från pumpens fästfläns.

6.12a Skruva loss fästbultarna och ta loss den bakre kamremskåpan – 1.6 liters motor

6.12b Vevaxelgivarens kablage fäst på baksidan av den bakre kamremskåpan – 1.6 liters motor

7.5a Stick in ett verktyg (t.ex. en pinndorn) i hålet i kamremsspännarens arm . . .

7.5b . . . och bänd sedan armen medurs och lås spännaren på plats genom att sticka in verktyget i hålet i fästplattan

7.7a Lossa kylvätskepumpens bultar . . .

Bakre kåpa – montering

25 Monteringen sker i omvänd ordning, men tänk på följande:

a) Montera kamaxel- och vevaxeldreven samt kamremsspännaren enligt beskrivningen i avsnitt 8.

b) Montera och spänn kamremmen enligt beskrivningen i avsnitt 7.

c) Montera de yttre kamremskåporna enligt beskrivningen tidigare i detta avsnitt.

7 Kamrem – demontering och montering

Observera: *Motorn måste vara kall när kamremmen demonteras eller monteras.*

1.4 och 1.6 liters motorer

Demontering

1 Ta bort kamremmens övre kåpa enligt beskrivningen i avsnitt 6.

2 Placera cylinder nr 1 i ÖD i dess kompressionsslag enligt beskrivningen i avsnitt 3.

3 Demontera vevaxelns remskiva enligt beskrivningen i avsnitt 5.

4 Skruva loss kamremmens nedre kåpa och ta bort den från motorn (se avsnitt 6).

5 Placera ett lämpligt verktyg (som en pinndorn) i hålet i kamremsspännarens arm, häv sedan armen medurs till dess stopp och spärra den i det läget genom att sticka in verktyget i det motsvarande hålet i spännarens fästplatta **(se bilder)**. Lämna kvar verktyget i hålet för att hålla spännaren på plats tills remmen är monterad.

6 Kontrollera att kamaxel- och vevaxeldrevens tändinställningsmärken är korrekt i linje med märkena på remmens bakre kåpa och oljepumpsflänsen.

7 Lossa kylvätskepumpens fästbultar och vrid sedan försiktigt pumpen moturs med hjälp av en öppen nyckel för att minska kamremmens spänning. Adaptrar som passar pumpen finns i de flesta verktygsbutiker (Opel-verktyg KM-421-A eller liknande) och gör det möjligt att vrida pumpen med hjälp av en spärrhake eller ett förlängningsskaft **(se bilder)**.

8 Dra bort kamremmen från dess drev och ta bort den från motorn **(se bild)**. Markera remmens rotationsriktning med vit färg eller liknande om den ska återanvändas. **Vrid inte** vevaxeln förrän kamremmen har monterats igen.

9 Undersök kamremmen noga efter ojämnt slitage, delning eller nedsmutsning av olja, och byt ut den om det råder minsta tvivel om dess skick. Om motorn renoveras och tillverkarens angivna tidpunkt för rembyte närmar sig (se kapitel 1) ska remmen bytas ut oavsett dess nuvarande skick. Vid tecken på oljefläckar, spåra källan för oljeläckaget och åtgärda det, rengör sedan området runt kamremmen och alla tillhörande komponenter för att få bort alla spår av olja.

Montering

10 Vid monteringen, rengör noga kamremsdreven och kontrollera sedan att kamaxeldrevets tändinställningsmärke fortfarande är i linje med hacket i kåpan och att vevaxeldrevets märke fortfarande är i linje med märket på oljepumpsflänsen (se avsnitt 3).

11 Montera kamremmen över vevaxel- och kamaxeldreven och se till att remmens främre del är spänd (d.v.s. att allt slack är på spännarremskivans sida av remmen), montera sedan remmen över kylvätskepumpens drev och spännarremskivan. Vrid inte remmen vid återmonteringen. Kontrollera att remmens kuggar hakar i drevet ordentligt, och att tändinställningsmärkena är inpassade mot varandra. Om en använd rem återmonteras, se till att riktningsmärket som gjordes vid demonteringen pekar i rotationsriktningen.

12 Ta försiktigt bort pinndornen från kamremsspännaren för att lossa spännarfjädern.

13 Kontrollera att kedjedrevets tändinställningsmärken fortfarande är korrekt inställda. Om någon inställning behöver justeras, lås spännaren igen, ta sedan loss remmen från dreven och gör alla nödvändiga justeringar.

14 Om märkena fortfarande är i linje med varandra, spänn kamremmen genom att vrida kylvätskepumpen och observera spännararmens rörelser. Vrid pumpen medurs så att spännararmen är helt över sitt stopp, utan att remmen spänns överdrivet, dra sedan åt kylvätskepumpens fästbultar.

15 Sätt tillfälligt tillbaka bulten till vevaxelns remskiva, vrid sedan vevaxeln försiktigt två hela varv (720°) i den normala rotationsriktningen för att få kamremmen på plats.

16 Kontrollera att både kamaxel- och vevaxeldrevets tändinställningsmärken fortfarande är i linje (se avsnitt 3), lossa sedan bultarna till kylvätskepumpen. Justera pumpen så att pilen på spännararmen hamnar i linje med spetsen av det V-formade hacket på spännarens fästplatta. Dra sedan åt kylvätskepumpens bultar till angivet moment **(se bild)**. Rotera vevaxeln mjukt två ytterligare hela varv i den normala rotationsriktningen så att kedjedrevets tändinställningsmärken passas in igen. Kontrollera att pilen på spännararmen fortfarande är i linje med spetsen på märket i fästplattan.

17 Om pilen på spännararmen inte är korrekt i linje med märkets mitt, upprepa proceduren i punkt 16.

7.7b . . . och släpp spänningen på kamremmen genom att vrida pumpen med en passande adapter

7.8 Dra bort kamremmen från dreven och ta bort den från motorn

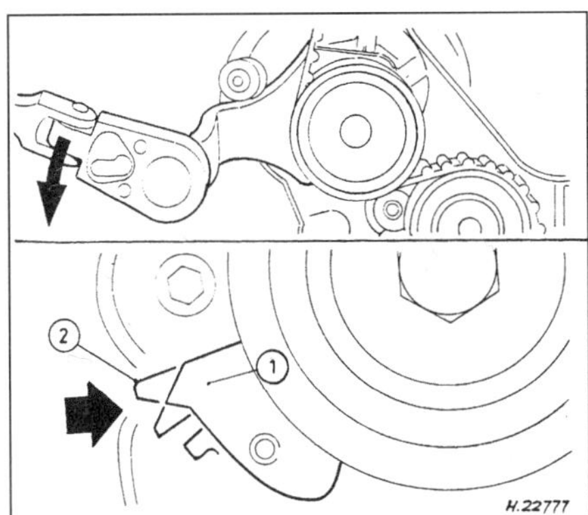

7.16 Vrid kylvätskepumpen tills spännararmens pil (1) är inpassad mot urtaget (2) på fästplattan

18 När spännararmen och märket är korrekt i linje med varandra, se till att kylvätskepumpens bultar är åtdragna till angivet moment, montera sedan kamremskåpan och vevaxelns remskiva enligt beskrivningen i avsnitt 5 och 6.

1.8 och 2.0 liters motorer fram till 1993

Observera: *När spänningen av en ny rem justeras måste motorn vara kall. När spänningen av en begagnad rem kontrolleras måste motorn ha normal arbetstemperatur. Tillverkarna rekommenderar att man använder en specialmätare, Opels verktyg KM-510-A, för att kontrollera kamremsspänningen. Om en mätare inte går att få tag på bör bilen lämnas in till en Opelverkstad så snart som möjligt för kontroll av kamremsspänningen.*

Demontering

19 Följ beskrivningarna i punkt 1 till 9 för 1.4 och 1.6 liters motorer ovan, men hoppa över punkt 5.

Montering – med Opelverktyg KM-510-A

20 Vid monteringen, rengör kamremsdreven noga och kontrollera sedan att kamaxeldrevets tändinställningsmärke fortfarande är i linje med hacket i kåpan och att vevaxeldrevets märke fortfarande är i linje med märket på oljepumpsflänsen.

21 Montera kamremmen över vevaxel- och kamaxeldreven och se till att remmens främre del är spänd (d.v.s. att allt slack är på kylvätskepumpens sida av remmen), montera sedan remmen över kylvätskepumpens drev. Vrid inte remmen vid återmonteringen. Kontrollera att remmens kuggar hakar i drevet ordentligt och att tändinställningsmärkena är inpassade mot varandra. Om en använd rem återmonteras, se till att riktningsmärket som gjordes vid demonteringen pekar i rotationsriktningen.

22 Läs instruktionerna som följer med mätaren (Opel verktyg KM-510-A) före själva mätningen.

23 Placera den spärrade mätaren på kamremmen mitt emellan kylvätskepumpen och

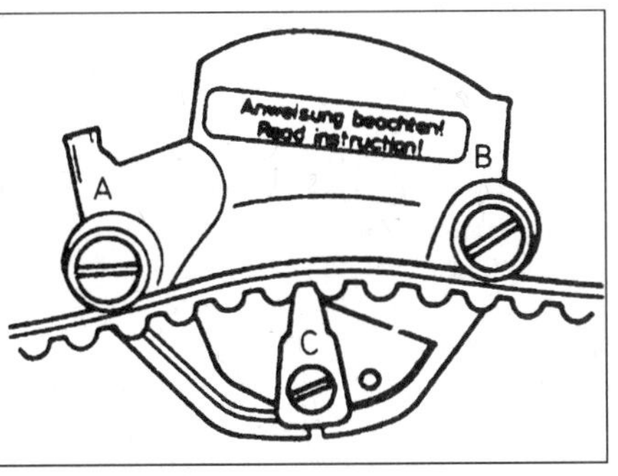

7.23 Spänningsmätaren KM-510-A korrekt placerad på kamremmen. Remmen måste gå igenom punkterna A, B och C – 1.8 och 2.0 liters motorer fram till 1993

kamaxeldrevet. Mätaren ska placeras på remmen på det sätt som visas **(se bild)**.

24 Lossa långsamt mätarens arm, knacka sedan löst på mätaren två eller tre gånger och läs av utslaget på skalan **(se bild)**.

25 Om utslaget inte stämmer överens med specifikationerna, lossa de tre fästbultarna till kylvätskepumpen med hjälp av en insexnyckel eller en sexkantsbit (om det inte redan är gjort) och vrid kylvätskepumpen i den riktning som krävs tills mätaren ger önskat utslag. Vrid pumpen medurs för att öka remspänningen, eller moturs för att minska spänningen.

26 Dra åt kylvätskepumpens fästbultar löst så att pumpen inte kan röra sig.

27 Ta bort remspänningsmätaren och vrid vevaxeln ett helt varv medurs.

28 Kontrollera remspänningen enligt beskrivningen i punkt 23 och 24.

29 Om spänningen inte stämmer överens med värdena i specifikationerna ska momenten i punkt 25 till 28 upprepas tills önskat utslag uppnås.

30 Avsluta justeringen med att ta bort mätaren och dra åt kylvätskepumpens bultar till angivet moment.

31 Montera kamremskåpan och vevaxelns remskiva enligt beskrivningen i avsnitt 5 och 6.

Montering – utan Opelverktyg KM-510-A (tillfällig justering)

32 Fortsätt enligt beskrivningen i punkt 20 och 21.

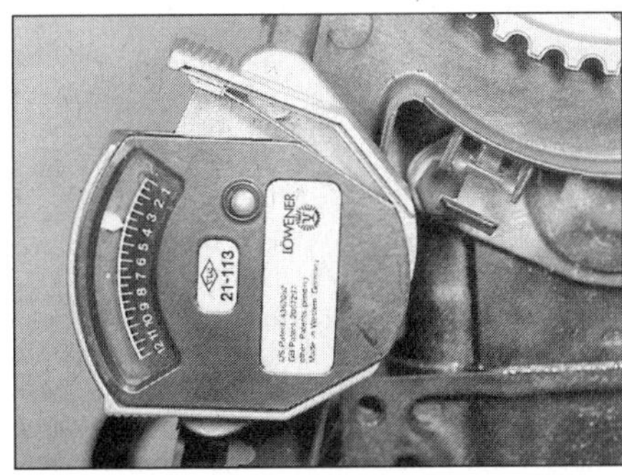

7.24 Notera värdet på spänningsmätaren – 1.8 och 2.0 liters motorer fram till 1993

33 Om specialmätaren (Opelverktyg KM-510-A) inte går att få tag på kan kamremsspänningen kontrolleras ungefärligt genom att remmen vrids med tummen och pekfingret mitt emellan kylvätskepumpen och kamaxeldrevet. Det ska precis gå att vrida remmen 90° utan att ta i för mycket **(se bild)**.

34 Om remmen behöver justeras, fortsätt enligt beskrivningen för justering vid användning av specialmätare ovan, (d.v.s. justera spänningen genom att vrida kylvätskepumpen), men låt remspänningen kontrolleras hos en Opelverkstad så snart som möjligt.

35 Om tveksamhet råder, spänn hellre för hårt än för löst när spänningen justeras, eftersom remmen kan hoppa på dreven om den sitter för löst och orsaka allvarliga skador på motorn.

36 Se till att kylvätskepumpens bultar är åtdragna till angivet moment, montera sedan kamremskåporna och vevaxelns remskiva enligt beskrivningen i avsnitt 5 och 6.

1.8 och 2.0 liters motorer fr.o.m. 1993

Demontering

37 Följ beskrivningen i punkt 1 till 4 för 1.4 och 1.6 liters motorer ovan.

38 Lossa kamremsspännarens fästbult något, stick in en lämplig insexnyckel eller sexkantsbit i hålet på spännararmen och vrid spännararmen medurs tills spännarpilen når sitt vänstra stopp. Dra åt spännarens fästbult.

39 Dra bort kamremmen från dess drev och ta bort den från motorn. Markera remmens rotationsriktning med vit färg eller liknande om den ska återanvändas. **Vrid inte** vevaxeln förrän kamremmen har monterats.

40 Undersök kamremmen noga efter ojämnt slitage, delning eller nedsmutsning av olja, och byt ut den om det råder minsta tvivel om dess skick. Om motorn renoveras och tillverkarens angivna tidpunkt för rembyte närmar sig (se kapitel 1) bör remmen bytas ut oavsett dess nuvarande skick. Vid tecken på oljefläckar, spåra källan för oljeläckaget och åtgärda det, tvätta sedan området runt kamremmen och alla tillhörande komponenter för att få bort alla spår av olja.

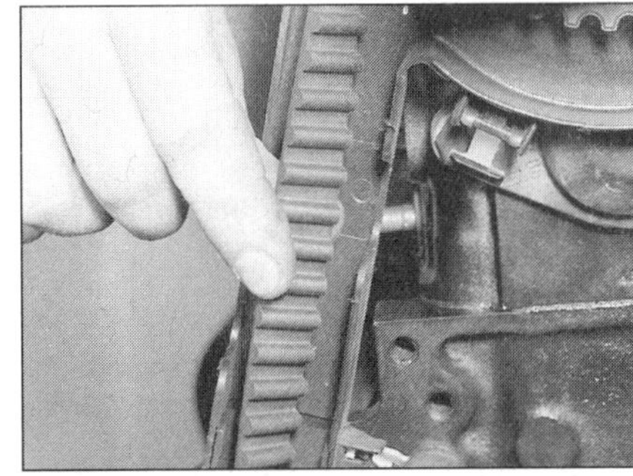

7.33 Kontrollera kamremsspänningen genom att vrida remmen 90° med tummen och pekfingret – 2.0 liters motor

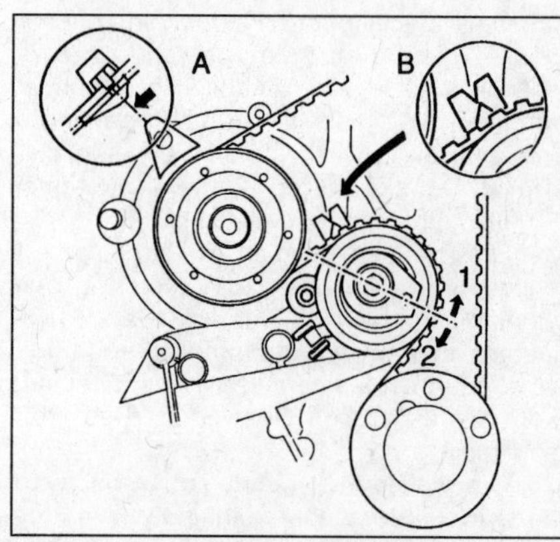

7.42 Kamremsspänning – 1.8 och 2.0 liters motorer från 1993

A Inställningstappar på kylvätskepump och motorblock
B Spännarens pekare inpassad mot hacket på spännarfästet
1 Vrid spännararmen moturs för att spänna remmen
2 Vrid spännararmen medurs för att släppa spänningen

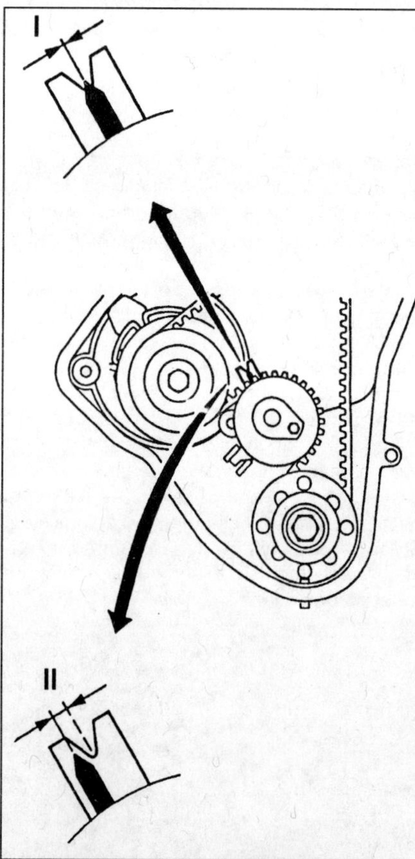

7.48 Justering för nya och använda kamremmar – 1.8 och 2.0 liters motorer från 1993

1 Inpassning av spännarens pekare för ny rem
2 Inpassning av spännarens pekare för använd rem (ca 4 mm till vänster om mitten)

Montering

41 Vid monteringen, rengör noga kamremsdreven och kontrollera sedan att kamaxeldrevets tändinställningsmärke fortfarande är i linje med hacket i kåpan och att vevaxeldrevets märke fortfarande är i linje med märket på oljepumpsflänsen (se avsnitt 3).

42 Kontrollera att kylvätskepumpen är korrekt placerad genom att kontrollera att tappen på kylvätskepumpsflänsen är i linje med motsvarande tapp på motorblocket. Om pumpen behöver justeras, lossa kylvätskepumpens fästbultar något och flytta pumpen tills tapparna är i linje med varandra **(se bild)**. Avsluta med att dra åt kylvätskepumpens bultar till angivet moment.

43 Montera kamremmen över vevaxel- och kamaxeldreven och se till att remmens främre del är spänd (d.v.s. att allt slack är på spännarremskivans sida av remmen). Montera sedan remmen över kylvätskepumpens drev och spännarremskivan. Vrid inte remmen vid återmonteringen. Kontrollera att remmens kuggar hakar i drevet ordentligt och att tändinställningsmärkena är inpassade mot varandra. Om en använd rem återmonteras, se till att riktningsmärket som gjordes vid demonteringen pekar i rotationsriktningen.

44 Lossa spännarens fästbult och för spännararmen moturs tills spännarpilen ligger vid sitt stopp, utan att trycka överdrivet på kamremmen. Dra åt spännarens fästbult för att hålla kvar spännaren i det här läget.

45 Kontrollera att kedjedrevets tändinställningsmärken fortfarande är korrekt inställda. Om någon inställning behöver justeras, lossa spännaren igen, ta loss remmen från dreven och gör alla nödvändiga justeringar.

46 Använd en hylsa på bulten på vevaxelns remskiva/drev (efter tillämpligt) och vrid vevaxeln försiktigt två hela varv (720°) i normal rotationsriktning för att få kamremmen på plats.

47 Kontrollera att både kamaxel- och vevaxeldrevets tändinställningsmärken fortfarande är i linje (se avsnitt 3). Lossa sedan spännarbulten igen.

48 Om en ny kamrem monteras, justera spännaren (vrid den medurs) så att pilen är i linje med spetsen av det V-formade hacket i spännarens fästplatta **(se bild)**. Håll fast spännaren i rätt position och dra fast dess fästbult till angivet moment. Rotera vevaxeln mjukt ytterligare två hela varv i den normala rotationsriktningen så att kedjedrevets tändinställningsmärken passas in igen. Kontrollera att pilen på spännaren fortfarande är i linje med spetsen på märket i fästplattan.

49 Om originalremmen monteras, justera spännaren (vrid den medurs) så att pilen placeras 4 mm till vänster om det V-formade hacket på spännarens fästplatta **(se bild 7.48)**. Håll fast spännaren i rätt position och dra fast dess fästbult till angivet moment. Rotera vevaxeln mjukt två ytterligare hela varv i den normala rotationsriktningen så att kedjedrevets tändinställningsmärken passas in igen. Kontrollera att pilen på spännaren fortfarande är i linje med spetsen på märket i fästplattan.

50 Upprepa momentet i punkt 48 (ny rem) eller 49 (originalrem) om spännarens pil inte är korrekt placerad i förhållande till märket på fästplattan.

51 När spännarpilen och hacket är korrekt i linje med varandra ska kamremskåporna och vevaxelns remskiva monteras enligt beskrivningen i avsnitt 5 och 6.

8 Kamremsspännare och drev – demontering och montering

Kamaxeldrev

Demontering

1 Demontera kamremmen enligt beskrivningen i avsnitt 7.

2 Kamaxeln måste spärras så att den inte vrids när drevbulten skruvas loss. Detta kan göras på något av följande sätt.

a) *Tillverka ett verktyg för att hålla drevet av två bitar stålband (en lång och en kort), och tre muttrar och bultar. En mutter och bult utgör svängtappen på ett gaffelformat verktyg, och de återstående muttrarna och bultarna placeras längst fram på "gaffelns" tänder för att fästas i drevets ekrar på det sätt som visas* ***(se bild).***

b) *Ta bort kamaxelkåpan enligt beskrivningen i avsnitt 4 och håll kamaxeln med en öppen nyckel på de plana ytorna mellan kamlob 3 och 4.*

3 Skruva loss fästbulten och brickan och ta bort drevet från änden av kamaxeln.

Montering

4 Före återmonteringen, undersök om kamaxelns främre oljetätning visar tecken på skador eller läckage och byt ut den om det behövs enligt beskrivningen i avsnitt 9.

5 Montera drevet på änden av kamaxeln, så att hålet i drevet hakar i kamaxelns styrsprint, montera sedan fästbulten och brickan **(se bild)**.

8.2 Ett egentillverkat fasthållningsverktyg används till att hålla fast kamaxeldrevet medan bulten lossas

8.5 Sätt tillbaka drevet och se till att styrsprinten (1) hamnar i hålet i drevet (2)

8.6 En fast nyckel används till att hålla fast kamaxeln medan drevets fästbult dras åt

8.10 Sätt tillbaka vevaxeldrevet och se till att tändinställningsmärket är vänt utåt

8.14a Ta bort vevaxeldrevet . . .

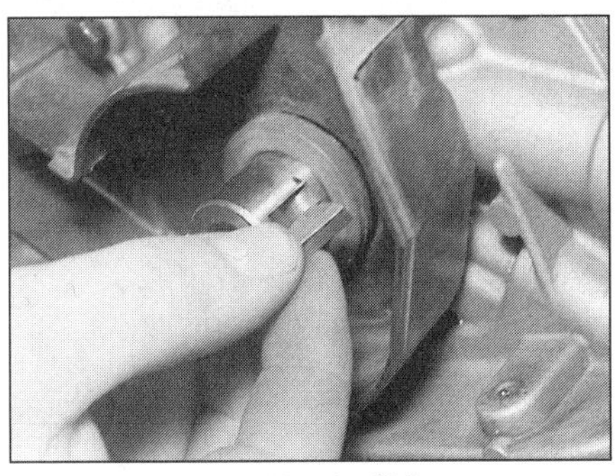

8.14b . . . Woodruffkilen . . .

8.14c . . . och tryckbrickan – 1.8 och 2.0 liters motorer

6 Dra åt drevets fästbult till angivet moment och hindra att kamaxeln vrids med samma metod som vid demonteringen **(se bild)**.

7 Montera kamremmen enligt beskrivningen i avsnitt 7, montera sedan, i förekommande fall, kamaxelkåpan enligt beskrivningen i avsnitt 4.

Vevaxeldrev – 1.4 och 1.6 liters motorer

Demontering

8 Demontera kamremmen enligt beskrivningen i avsnitt 7.

9 Dra bort drevet från änden av vevaxeln, observera åt vilket håll den är placerad. Om det är tillämpligt, ta loss Woodruffkilen från änden av vevaxeln.

Montering

10 Sätt tillbaka eventuell Woodruffkil i änden av vevaxeln, för drevet på plats och se till att tändinställningsmärket riktas utåt **(se bild)**.

11 Montera kamremmen enligt beskrivningen i avsnitt 7.

Vevaxeldrev – 1.8 och 2.0 liters motorer

Observera: *En lämplig avdragare kan behövas för att demontera drevet. Använd en ny bult till drevet vid monteringen.*

Demontering

12 Demontera kamremmen enligt beskrivningen i avsnitt 7.

13 Lossa bulten till vevaxeldrevet. Låt inte vevaxeln vrida sig när kamremmen tagits bort eftersom det finns risk för att kolven och ventilen kommer i kontakt med varandra om vevaxeln vrids. För att förhindra att vevaxeln roterar på modeller med manuell växellåda, be en medhjälpare lägga i högsta växeln och trampa hårt på bromsen. På modeller med automatväxellåda, förhindra rotation genom att ta loss en av momentomvandlarens fästbultar och skruva fast drivplattan till växellådshuset med en metallstång, distansbrickor och passande bultar (se kapitel 7B). Om motorn är demonterad från bilen måste svänghjulet/drivplattan spärras (se avsnitt 15).

14 Ta bort drevbulten och brickan, ta sedan bort drevet från vevaxeländen, med hjälp av en avdragare om det behövs. Om det är tillämpligt, ta loss Woodruffkilen och tryckbrickan från vevaxeländen **(se bilder)**.

Montering

15 Om det är tillämpligt, sätt tillbaka tryckbrickan och Woodruffkilen på vevaxeländen, montera sedan vevaxeldrevet.

16 Använd en ny fästbult till drevet, se till att brickan sitter på plats under bultskallen och dra åt bulten till angivet moment i de två steg som anges. Använd metoden ovan för att hindra vevaxeln från att rotera.

17 Montera kamremmen enligt beskrivningen i avsnitt 7.

Spännare

Demontering

18 Demontera kamremmen enligt beskrivningen i avsnitt 7.

19 Skruva loss fästbulten och ta bort spännaren från motorn **(se bild)**.

Montering

20 Montera spännaren på motorn. På 1.4 och 1.6 liters motorer, se till att styrtappen på spännarens fästplatta är korrekt placerad i oljepumpshusets hål **(se bild)**. På 1.8 och 2.0

8.19 Skruva loss fästbulten och ta bort spännaren

8.20 Se till att tappen på spännarens fästplatta (1) hamnar i oljepumpshusets hål (2) – 1.4 och 1.6 liters motorer

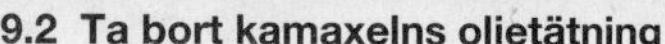

9.2 Ta bort kamaxelns oljetätning

9.4 Sätta på en ny oljetätning på kamaxeln

liters motorer, se till att styrtappen på spännarens fästplatta är korrekt placerad mellan de två tapparna på oljepumpen.

21 Se till att spännaren är korrekt placerad, montera sedan fästbulten och, på alla modeller utom 1.8 och 2.0 liters modeller fr.o.m. 1993, dra åt den till angivet moment.

22 Montera kamremmen enligt beskrivningen i avsnitt 7.

9 Kamaxelns oljetätning – byte

Främre oljetätning

1 Demontera kamaxeldrevet enligt beskrivningen i avsnitt 8.

2 Stansa eller borra försiktigt två hål på var sin sida av oljetätningen. Skruva i självgängande skruvar i hålen och dra i skruvarna med tänger för att få ut tätningen **(se bild)**.

3 Rengör tätningshuset och putsa bort alla borrskägg eller upphöjda kanter som kan ha orsakat felet på tätningen.

4 Smörj läpparna på den nya tätningen med ren motorolja och tryck den på plats med hjälp av en rörformig dorn (till exempel en hylsa) som bara vidrör tätningens hårda ytterkant **(se bild)**. Var noga med att inte skada tätningsläpparna vid monteringen. Observera att tätningsläpparna ska vara riktade inåt.

5 Montera kamaxeldrevet enligt beskrivningen i avsnitt 8.

Bakre oljetätning – 1.4 och 1.6 liters motorer

6 Ta bort strömfördelaren eller DIS-modulen, vilket som är tillämpligt, från änden av kamaxelhuset. Se beskrivningen i kapitel 5B.

7 På modeller med strömfördelare består kamaxelns bakre oljetätning av en O-ring på fördelardosans baksida. Bänd bort den gamla O-ringen med hjälp av en skruvmejsel **(se bild)**, montera sedan den nya O-ringen och montera strömfördelaren enligt beskrivningen i kapitel 5B.

8 På modeller med DIS-modul består kamaxelns bakre oljetätning av en O-ring på baksidan av DIS-modulens fästplatta. Skruva loss fästbultarna från DIS-modulens fästplatta och dra bort plattan från änden av kamaxelhuset **(se bild)**. Bänd bort den gamla O-ringen med hjälp av en skruvmejsel, montera sedan den nya O-ringen och montera DIS-modulens fästplatta. Montera DIS-modulen på fästplattan enligt beskrivningen i kapitel 5B.

Bakre oljetätning – 1.8 och 2.0 liters motorer

9 Ta bort strömfördelarens komponenter enligt beskrivningen i kapitel 5B.

10 Bänd bort tätningen från kamaxelhuset **(se bild)**.

11 Rengör oljetätningens säte med en trä- eller plastskrapa.

12 Smörj läpparna på den nya oljetätningen och driv in den på sin plats med en hylsa eller ett rör, tills den är helt i nivå med kamaxelhusets kant. Var noga med att inte skada tätningsläpparna under monteringen.

13 Montera strömfördelarens komponenter enligt beskrivningen i kapitel 5B.

10 Kamaxelhus och kamaxel – demontering, kontroll och montering

Observera: *Kamaxelns oljetätning/tätningar ska bytas ut vid monteringen.*

Demontering

Med serviceverktyg från Opel (verktyg nr MKM 891)

Varning: Vrid vevaxeln 90° förbi ÖD-läge innan specialverktyget monteras (se avsnitt 3). Då hamnar kolvarna ungefär halvvägs in i loppen och ventilerna hindras från att komma i kontakt med dem när verktyget är monterat.

1 Om ett specialverktyg finns tillgängligt kan kamaxeln demonteras från motorn på följande sätt, utan att kamaxelhuset påverkas.

a) När kamaxelkåpan och kamremmen har demonterats (se avsnitt 4 och 7), ska verktyget monteras ovanpå kamaxelhuset så att det trycker ner ventillyftarna.

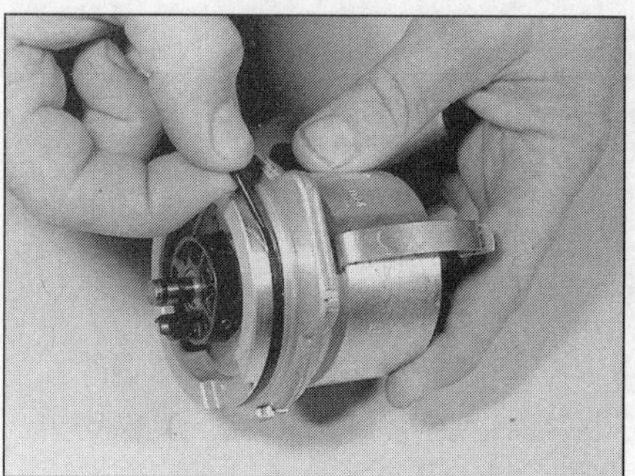

9.7 Ta bort O-ringen/kamaxelns bakre oljetätning från baksidan av fördelaren

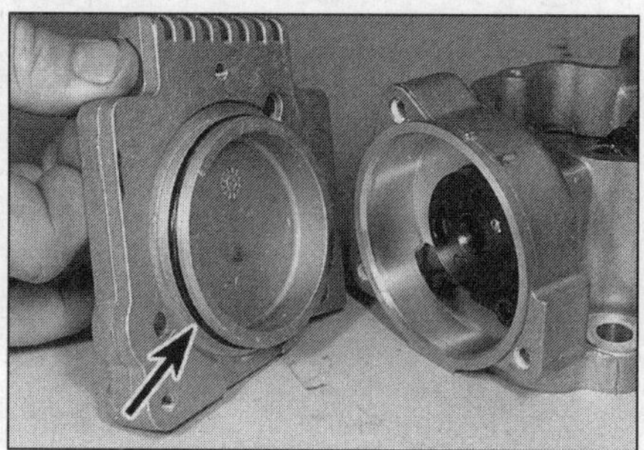

9.8 Ta bort DIS-modulens fästplatta för åtkomst till O-ringen/kamaxelns bakre oljetätning

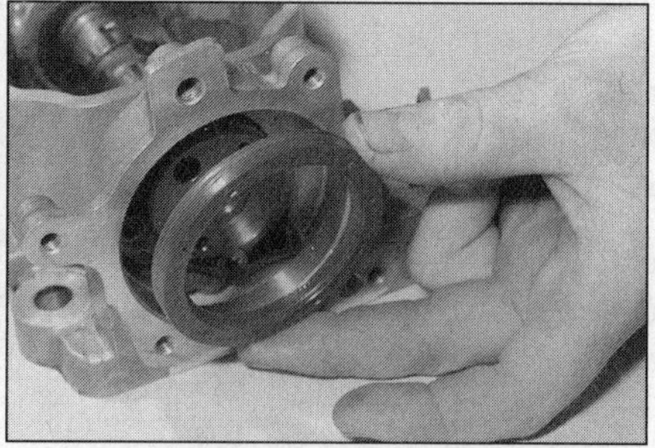

9.10 Ta bort kamaxelns bakre oljetätning – 2.0 liters motor (visas med kamaxelhuset borttaget från motorn)

10.8 Skruva loss tryckplattans fästbultar (vid pilarna) . . .

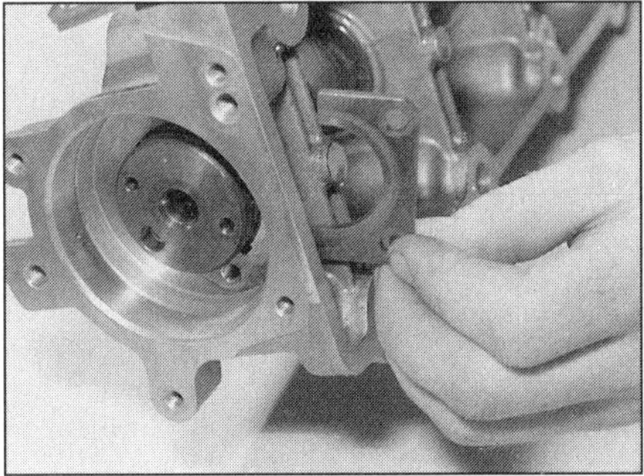

10.9 . . . och ta bort tryckplattan

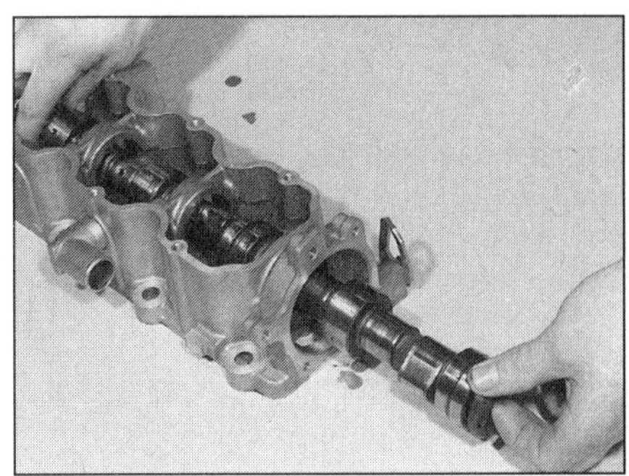

10.10 Dra ut kamaxeln från huset

b) När kamremsdrevet (se avsnitt 8), bränslepumpen (förgasarmotorer) och strömfördelarens eller DIS-modulens fästbygel har demonterats och tryckplattan har skruvats loss (se punkt 4 till 9), kan kamaxeln dras bort från husets vänstra ände (växellådsänden).

Utan serviceverktyg från Opel

Observera: *Om specialverktyget inte finns tillgängligt måste kamaxelhuset demonteras. Eftersom topplocksbultarna måste skruvas loss (topplocksbultarna fäster både topplocket och kamaxelhuset), är det klokt att samtidigt byta topplockspackningen. Om packningen inte byts ut, och sedan går sönder vid hopsättningen, måste hela topplocket demonteras, och då måste topplocksbultarna bytas ut igen.*

2 Demontering och montering av kamaxelhuset beskrivs i avsnitt 12, tillsammans med demontering och montering av topplocket. Om topplocket inte ska demonteras kan punkterna som behandlar demontering och montering av topplocket ignoreras. Topplocket bör i så fall fästas vid motorblocket med fyra bultar och några brickor, för att minska risken för att packningen mellan topplocket och motorblocket går sönder.

3 När kamaxelhuset demonterats, fortsätt enligt följande.

4 På förgasarmotorer, ta bort bränslepumpen enligt beskrivningen i kapitel 4A.

5 Ta bort strömfördelaren, strömfördelarens komponenter, eller DIS-modulen (vilket som är tillämpligt) från änden av kamaxelhuset. Se beskrivningen i kapitel 5B.

6 På modeller med DIS-modul, skruva loss fästbultarna och ta bort DIS-modulens fästplatta från kamaxelhusets ände.

7 På 1.8 och 2.0 liters motorer, bänd ut kamaxelns bakre oljetätning.

8 Arbeta vid strömfördelarens/DIS-modulens ände av kamaxeln och skruva loss de två fästbultarna till kamaxelns tryckplatta med hjälp av en insexnyckel eller en sexkantsbit **(se bild)**.

9 Ta bort tryckplattan, observera åt vilket håll den är monterad **(se bild)**.

10 Dra försiktigt bort kamaxeln från strömfördelarens/DIS-modulens ände av huset och var noga med att inte skada lagertapparna **(se bild)**.

Kontroll

11 När kamaxeln är demonterad, undersök lagren i kamaxelhuset efter tydliga tecken på slitage eller punktkorrosion. Om tydliga tecken på slitage finns måste kamaxelhuset troligen bytas ut. Kontrollera även att oljetillförselhålen i kamaxelhuset inte är igentäppta **(se bild)**.

12 Själva kamaxeln ska inte ha märken eller repor på axeltapp- eller kamlobsytorna. Om så är fallet ska den bytas ut. Observera att alla vipparmar också måste bytas ut när kamaxeln byts ut.

13 Kontrollera kamaxelns tryckplatta efter tecken på slitage eller spår och byt ut den om det behövs.

Montering

14 Det är klokt att ha som regel att byta kamaxelns främre oljetätning varje gång kamaxeln demonteras. Bänd bort den gamla tätningen med hjälp av en skruvmejsel och driv in den nya tätningen på sin plats med en hylsa eller ett rör, tills den är helt i nivå med huset.

15 Börja återmonteringen genom att smörja oljetätningens läpp och lagren i huset generöst med olja.

16 För försiktigt in kamaxeln i huset från strömfördelarens/DIS-modulens ände och var noga med att inte skada lagren.

17 Montera tryckplattan, se till att den monteras åt rätt håll (på det sätt som observerades innan demonteringen) och dra åt fästbultarna till angivet moment. Kontrollera kamaxelns axialspel genom att föra in ett bladmått mellan tryckplattan och kamaxeländens fläns. Om axialspelet överskrider värdet i specifikationerna måste tryckplattan bytas ut **(se bilder)**.

18 På 1.8 och 2.0 liters motorer, byt ut kamaxelns bakre oljetätning och driv in den nya i huset med hjälp av en hylsa eller ett rör. Oljetätningen ska vara helt i nivå med änden på kamaxelhuset.

19 På modeller med DIS-modul, undersök skicket på O-ringen på DIS-modulens fästplatta och byt ut den om det behövs, montera sedan DIS-modulens fästplatta.

20 Montera strömfördelaren, strömfördelarkomponenterna eller DIS-modulen, vilket som är tillämpligt, enligt beskrivningen i kapitel 5B. I förekommande fall, undersök O-ringen på strömfördelarens baksida och byt ut den om den är i dåligt skick.

21 På förgasarmotorer, montera bränslepumpen enligt beskrivningen i kapitel 4A.

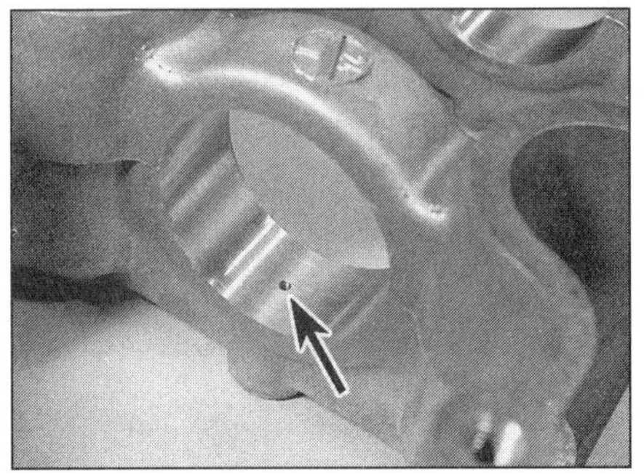

10.11 Kontrollera att oljetillförselhålen (vid pilen) i kamaxelhuset inte är blockerade

10.17a En fästbult på kamaxelns tryckplatta dras åt

10.17b Kontrollera kamaxelns axialspel med ett bladmått

11.11a Demontera alla följare . . .

11.11b . . . tryckplattor . . .

11.11c . . . och hydrauliska ventillyftare från topplocket

22 Där tillämpligt, ta bort bultarna och brickorna som fäster topplocket vid motorblocket.

23 Montera kamaxelhuset enligt beskrivningen i avsnitt 12.

24 Om en ny kamaxel har monterats är det viktigt att följande inkörningsschema följs (om inte tillverkaren anger något annat – fråga en Opelverkstad eller kamaxeltillverkaren efter de senaste rekommendationerna) omedelbart efter att motorn startas första gången:

a) En minut vid 2000 varv per minut.
b) En minut vid 1500 varv per minut.
c) En minut vid 3000 varv per minut.
d) En minut vid 2000 varv per minut.

25 Byt motoroljan (men inte filtret, om det inte är dags för det) ungefär 1000 km efter att den nya kamaxeln monterats.

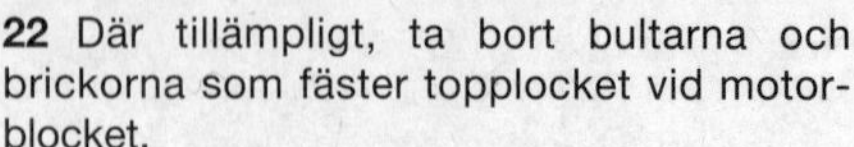

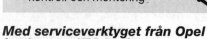

11 Kamaxelns följare och ventillyftare – demontering, kontroll och montering

Med serviceverktyget från Opel (verktyg nr KM-565)

Demontering

1 Om specialverktyget (KM-565) eller ett motsvarande verktyg finns tillgängligt kan ventillyftarna och de hydrauliska ventillyftarna demonteras på följande sätt, utan att kamaxeln påverkas.

2 Dra åt handbromsen, hissa upp framvagnen med hjälp av en domkraft och ställ den på pallbockar (se *Lyftning och stödpunkter*). Ta bort det högra framhjulet.

3 Demontera kamaxelkåpan enligt beskrivningen i avsnitt 4.

4 Använd en hylsnyckel på bulten till vevaxelns remskiva/drev och vrid vevaxeln i den normala rotationsriktningen tills kamloben på den första följaren/hydrauliska lyftaren som ska demonteras pekar rakt uppåt.

5 Passa in serviceverktyget ovanpå kamaxelhuset, se till att verktygsänden hakar i ventilens överdel ordentligt. Skruva fast verktygets pinnbult i ett av husets bulthål tills ventilen är tillräckligt nedtryckt för att följaren ska kunna dras ut under kamaxeln. Även den hydrauliska ventillyftaren kan demonteras, liksom tryckplattan från ventilens överdel. Undersök komponenterna (se punkt 10 och 11) och byt ut dem om de är slitna eller skadade.

Kontroll

6 Se punkt 12 till 15.

Montering

7 Smörj följaren och den hydrauliska ventillyftaren med ren motorolja, skjut sedan in ventillyftaren i dess lopp i topplocket. Montera tryckplattan, om tillämpligt, ovanpå ventilen. För följaren i läge och se till att den hakar i ventillyftaren och tryckplattan ordentligt. Ta sedan försiktigt bort serviceverktyget.

8 Upprepa proceduren på de övriga följarna och ventillyftarna.

Utan serviceverktyg från Opel

Demontering

9 Om specialverktyget inte finns tillgängligt måste kamaxelhuset demonteras för att följarna och de hydrauliska ventillyftarna ska kunna tas bort (se avsnitt 10, punkt 2).

10 Skaffa åtta små, rena plastbehållare och märk dem 1 till 8 (eller dela in en stor behållare i 8 fack) när kamaxelhuset demonterats.

11 Lyft ut varje följare, tryckplatta och hydraulisk ventillyftare från topplocket i tur och ordning, och placera dem i respektive behållare eller fack så att de kan monteras på sina ursprungliga platser. Förväxla inte komponenterna med varandra, då ökar slitaget väsentligt **(se bilder)**.

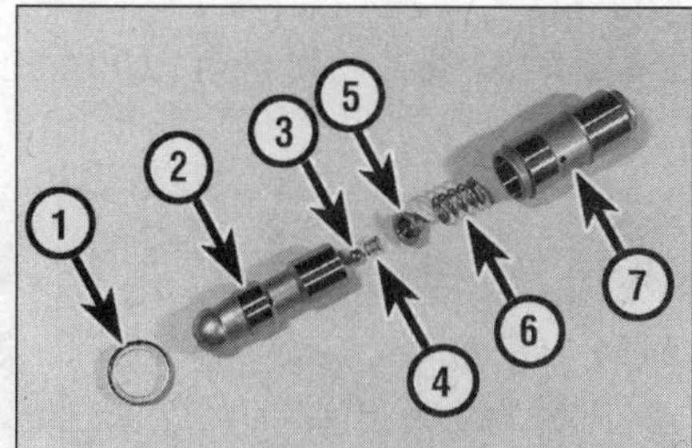

11.14 Komponenter i en hydraulisk ventillyftare

1 Krage
2 Tryckkolv
3 Kula
4 Liten fjäder
5 Tryckkolvens topp
6 Stor fjäder
7 Cylinder

Kontroll

12 Undersök följarnas och tryckplattornas ytor (som är i kontakt med ventilllyftare och ventilskaft) efter gropar, slitage, repor eller tecken på att de hårda ytlagren slitits igenom. Undersök kontaktytorna mellan lyftarna och kamaxeln på samma sätt. Rengör oljehålet i toppen av varje följare med en bit ståltråd. Byt ut alla följare och tryckplattor som är slitna.

13 Undersök de hydrauliska ventillyftarnas lopp i topplocket med avseende på slitage. Vid överdrivet slitage måste topplocket bytas ut. Kontrollera även att de hydrauliska ventillyftarnas oljehål i topplocket inte är tilltäppta.

14 På modeller som har gått långt eller där servicen (särskilt oljebyten) inte skötts som den ska, kan ventillyftarna vara förorenade inuti, något som i extrema fall kan leda till ökat buller och slitage. För att minska risken för problem med bilar som gått långt, bör man ta isär och rengöra de hydrauliska ventillyftarna varje gång topplocket ses över. Det finns inga reservdelar till ventillyftarna. Om någon av de enskilda komponenterna är sliten eller defekt måste hela den hydrauliska ventillyftaren bytas ut **(se bild)**.

15 Gör på följande sätt för att ta isär och rengöra en hydraulisk ventillyftare:

a) Dra försiktigt bort stoppringen från den hydrauliska ventillyftarens cylinder. Det ska gå att ta bort stoppringen för hand – var noga med att inte skada stoppringen om ett verktyg används.

b) Dra bort kolven från cylindern och ta bort fjädern.

c) Använd en liten skruvmejsel och bänd försiktigt bort den lilla ändkåpan från kolvens nederdel. Ta bort fjädern och kulan under kåpan och var noga med att inte tappa bort dem när kåpan tas bort.

d) Rengör noga alla komponenter med fotogen eller lösningsmedel. Var extra noga med de maskinslipade ytorna på cylindern (inre ytor) och kolven (yttre ytor). Torka alla komponenter noga med en luddfri trasa. Undersök fjädrarna noga med avseende på skador eller skevhet – hela den hydrauliska ventillyftaren måste bytas om fjädrarna inte är i perfekt skick.

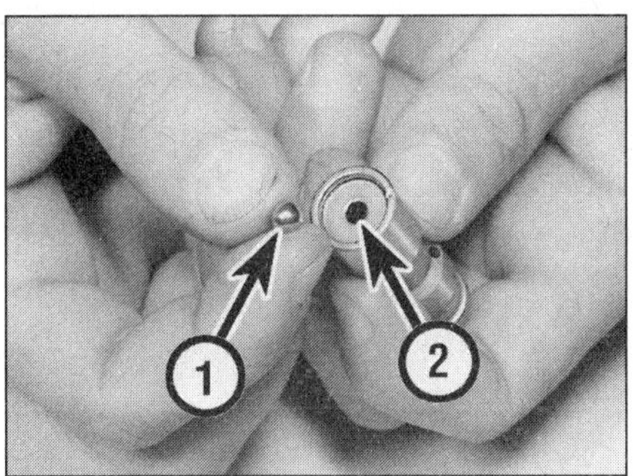

11.15a Sätt kulan (1) på dess plats (2) i tryckkolvens ände

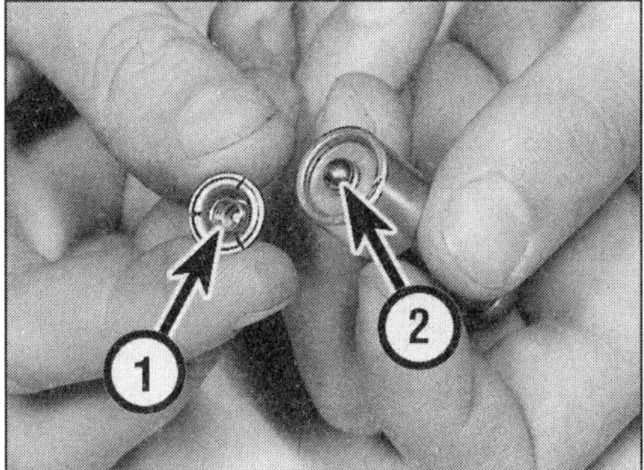

11.15b Fjäder (1) i tryckkolvens kåpa, och kula (2) i sätet i kolven

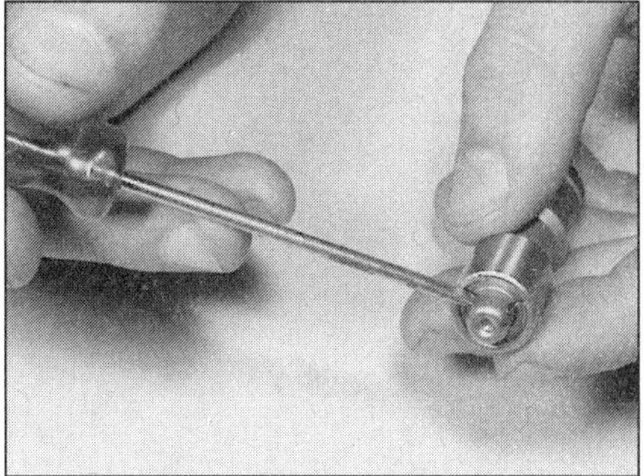
11.15c Passa in kåpans fläns i spåret i tryckkolven

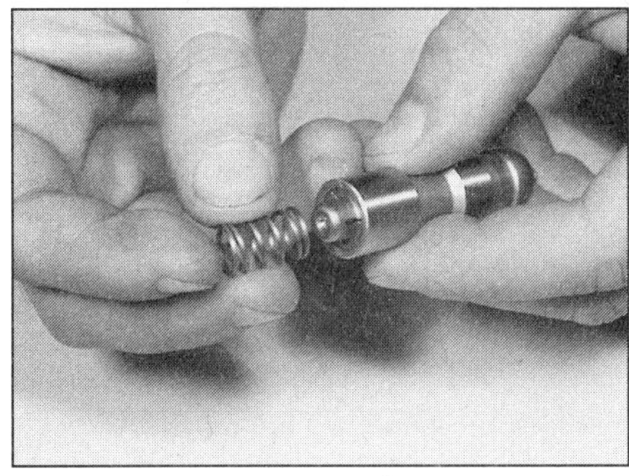
11.15d Sätt fjädern över tryckkolvens kåpa . . .

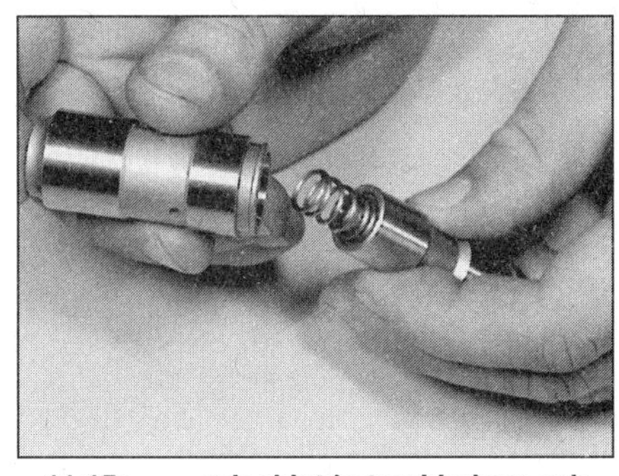
11.15e . . . och skjut in tryckkolven och fjädern i cylindern

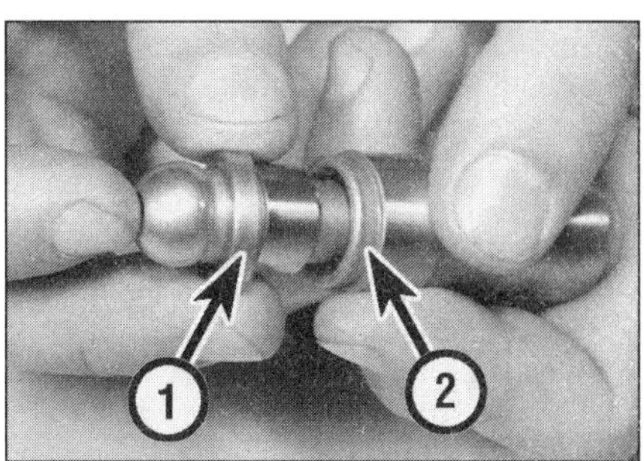

11.15f Skjut stoppringen (1) över tryckkolvens topp och passa in den mot spåret (2) i cylindern

e) Smörj komponenterna sparsamt med ren motorolja av rätt grad, återmontera sedan enligt följande.

*f) Vänd tryckkolven upp och ner och placera kulan i sitt säte på kolvens nederdel **(se bild)**.*

*g) Placera den mindre fjädern i sitt säte i kolvkåpan, montera sedan försiktigt kåpan och fjädern och se till att fjädern placeras på kulan. Tryck försiktigt runt kåpans fläns, använd en liten skruvmejsel om det behövs, tills flänsen sitter ordentligt i spåret i kolvens nederdel **(se bilder)**.*

*h) Placera den större fjädern över kolvens kåpa, se till att fjädern är korrekt monterad och skjut in kolven och fjäderenheten i cylindern **(se bilder)**.*

*i) Dra stoppringen över kolvens överdel och tryck försiktigt ihop kolven för hand tills stoppringen kan tryckas ner så att den fäster ordentligt i spåret i cylindern **(se bild)**.*

Montering

16 Smörj de hydrauliska ventillyftarna och deras lopp i topplocket med ren motorolja. Montera de hydrauliska ventillyftarna i topplocket och se till att de placeras på sina ursprungliga platser.

17 Montera tryckplattorna på sina ursprungliga platser.

18 Smörj kamaxelföljarna med ren motorolja. Montera alla följare på sina ursprungliga platser och se till att de hakar i både de hydrauliska ventillyftarna och tryckplattorna ordentligt.

19 Avsluta med att montera kamaxelhuset (se avsnitt 12).

12 Topplock - demontering och montering

Demontering

Observera: *Motorn måste vara kall när topplocket tas bort. Nya topplocksbultar och en ny topplockspackning måste användas vid monteringen.*

1 På modeller med bränsleinsprutning, tryckutjämna bränslesystemet enligt beskrivningen i kapitel 4B.

2 Koppla loss batteriets minusledare.

3 Tappa av kylsystemet och ta bort tändstiften enligt beskrivningen i kapitel 1.

4 Demontera kamremmen enligt beskrivningen i avsnitt 7.

5 Ta bort insugs- och avgasgrenrören enligt beskrivningen i kapitel 4A eller 4B. Om inte något arbete ska utföras på topplocket kan det demonteras tillsammans med grenrören när följande moment har utförts.

a) Koppla loss de olika kontaktdonen från förgasaren eller gasspjällhuset (efter tillämplighet), grenröret och tillhörande komponenter och ta loss kablaget från insugsröret.

b) Koppla loss bränsleslangarna från förgasaren eller gasspjällhuset (efter tillämplighet), bränslepumpen (modeller med förgasare) och de olika vakuum- och kylvätskeslangarna från insugsröret.

c) Skruva loss insugsrörets stödfäste och växelströmsgeneratorns övre fäste.

d) Koppla bort gasvajern från förgasaren eller gasspjällhuset (efter tillämplighet).

e) Skruva loss det främre avgasröret från grenröret och, om det är tillämpligt, koppla loss syresensorns kontaktdon.

f) På modeller med förgasare, koppla loss varmluftsslangen från avgasgrenrörets hölje.

6 Demontera kamaxelkåpan enligt beskrivningen i avsnitt 4.

7 Demontera kamaxeldrevet enligt beskrivningen i avsnitt 8.

8 Skruva loss bultarna som fäster den bakre kamremskåpan vid kamaxelhuset.

9 Koppla loss kontaktdonen från följande komponenter, efter tillämplighet **(se bilder)**:

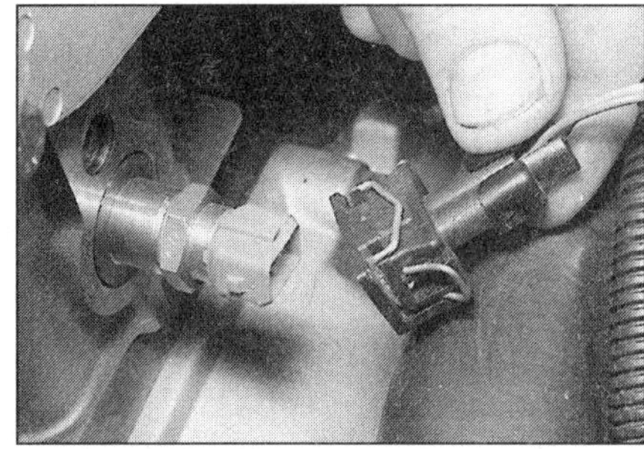
12.9a Koppla loss kylvätsketemperaturgivarens anslutningskontakt - 1.6 liters motor

12.9b En jordkabel skruvas loss från kamaxelhuset - 1.6 liters motor

12.10 Koppla loss ventilationsslangen från kamaxelhuset - 1.6 liters motor

12.11 En fästbult för vevhusventilationsrörets fästbygel skruvas loss - 2.0 liters motor

a) Strömfördelare eller DIS-modul - se kapitel 5B.

b) Kylvätskans temperaturgivarenhet - se kapitel 3.

c) Bränsleförångningssystemets luftningsventil - se kapitel 4C.

d) Kablagets jordkabel/jordkablar på kamaxelhuset.

Ta loss kablarna från fästklamrarna, notera hur de är dragna och placera kablarna ur vägen för topplocket.

10 Om det är tillämpligt, lossa fästklammern och koppla loss ventilationsslangen från kamaxelhuset **(se bild)**.

11 Om det är tillämpligt, skruva loss bultarna som fäster fästbygeln till vevhusventilationens rör vid änden av topplocket **(se bild)**.

12 Lossa fästklammern/fästklamrarna och koppla loss kylvätskeslangen/slangarna från termostathuset **(se bild)**.

13 Gör en sista kontroll för att se till att alla slangar, rör, kablar och liknande har kopplats loss.

14 Arbeta i **omvänd** ordning mot den som visas för åtdragning **(se bild 12.32a)** och lossa stegvis topplocksbultarna med ett tredjedels varv i taget tills alla bultar kan skruvas loss för hand. Ta bort en bult i taget, tillsammans med tillhörande bricka.

15 Lyft bort kamaxelhuset från topplocket **(se bild)**. Om det behövs, knacka försiktigt på huset med en mjuk hammare för att få loss det från topplocket, men bänd **inte** mellan kontaktytorna. Notera hur de två styrstiften sitter monterade, och ta loss och spara dem om de sitter löst.

16 Lyft bort topplocket från motorblocket och var noga med att inte rubba ventillyftarna eller tryckklossarna **(se bild)**. Om det behövs, knacka försiktigt på topplocket med en mjuk hammare för att få loss det från motorblocket, men bänd **inte** mellan kontaktytorna. Notera hur de två styrstiften sitter monterade, och ta loss och spara dem om de sitter löst.

17 Ta bort topplockspackningen och kasta den.

Förberedelser inför montering

18 Fogytorna mellan topplocket och motorblocket måste vara helt rena innan topplocket monteras. Använd en skrapa för att få bort alla packningsrester och allt sot, rengör även kolvarnas överdelar. Var mycket försiktig med aluminiumytorna eftersom den mjuka metallen lätt skadas. Se även till att avlagringar inte kommer in i olje- och vattenkanalerna - det är särskilt viktigt när det gäller oljeledningarna eftersom sotpartiklar kan täppa till oljetillförseln till kamaxeln eller vevlagren. Använd tejp och papper för att försegla vattenkanaler, oljekanaler och bulthål i motorblocket. Lägg lite fett i gapet mellan kolvarna och loppen för att hindra sot från att tränga in. Vrid vevaxeln när kolven är rengjord, så att kolven rör sig nedåt i loppet, torka sedan bort fett och sotflagor med en tygtrasa. Rengör de övriga kolvkronorna på samma sätt.

19 Kontrollera motorblocket och topplocket med avseende på hack, djupa repor eller andra skador. Mindre skador kan försiktigt slipas bort med en fil. Mer omfattande skador kan ibland repareras med maskinslipning, men det arbetet måste överlåtas till en specialist.

20 Kontrollera topplocket med en stållinjal om det verkar skevt. Se kapitel 2C om det behövs.

21 Se till att hålen för topplocksbultar i vevhuset är rena och fria från olja. Sug upp den olja som finns kvar i bulthålen med en hävert. Detta är av största vikt för att bultarna ska kunna dras åt till rätt åtdragningsmoment, och för att inte motorblocket ska spricka på grund av hydrauliskt tryck när bultarna dras åt.

22 Byt topplocksbultarna oavsett skick.

Montering

23 Placera kolv nr 1 i ÖD och rengör fogytorna mellan topplocket och motorblocket.

24 Se till att de två styrstiften sitter på plats i ändarna av motorblockets/vevhusets yta.

25 Montera den nya topplockspackningen på motorblocket och se till att den monteras åt rätt håll, med markeringen 'OBEN/TOP' uppåt **(se bilder)**.

26 Montera försiktigt topplocket över stiften.

27 Se till att fogytorna mellan topplocket och kamaxelhuset är rena och torra. Kontrollera att kamaxeln fortfarande är korrekt placerad genom att tillfälligt montera kamaxeldrevet

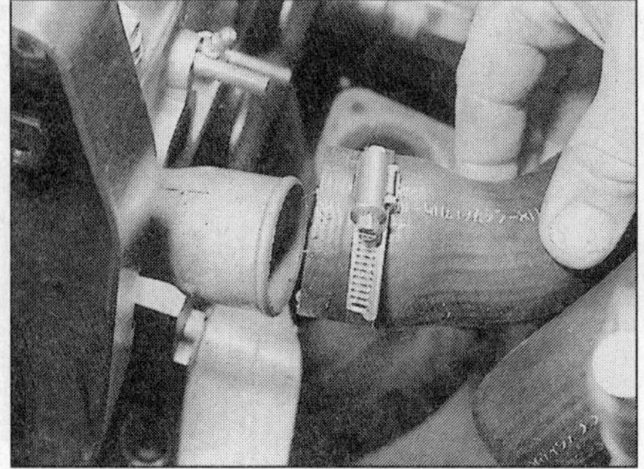
12.12 Koppla loss kylvätskeslangen från termostathuset - 1.6 liters motor

12.15 Kamaxelhuset lyfts bort från topplocket - 1.6 liters motor

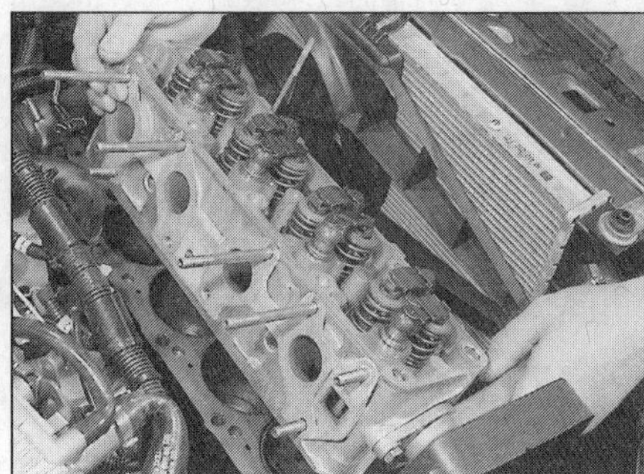
12.16 Topplocket lyfts bort från motorblocket - 1.6 liters motor

12.25a Placera den nya packningen på motorblocket, över styrstiften (vid pilarna) . . .

12.25b . . . och se till att markeringen OBEN/TOP vänds uppåt

12.28 Lägg tätningsmedel på topplockets övre fogyta och sätt tillbaka kamaxelhuset

och kontrollera att drevets tändinställningsmärke fortfarande pekar rakt uppåt.

28 Lägg en sträng lämpligt tätningsmedel (Opel artikelnr 90094714, eller liknande) på kamaxelhusets fogyta mot topplocket **(se bild)**.

29 Se till att de två styrstiften sitter på plats och smörj sedan kamaxelns följare med ren motorolja.

30 Sänk försiktigt ner kamaxelhuset på plats på topplocket och placera det över styrstiften.

31 Montera brickorna på de **nya** topplocksbultarna, sätt sedan försiktigt bultarna på plats (**släpp inte** bultarna på plats), dra bara åt dem för hand i det här stadiet **(se bild)**.

32 Arbeta stegvis i den ordningsföljd som visas, dra först åt alla topplocksbultar till momentet för steg 1 **(se bilder)**.

12.31 Sätt på brickorna på de nya topplocksbultarna och skruva fast bultarna

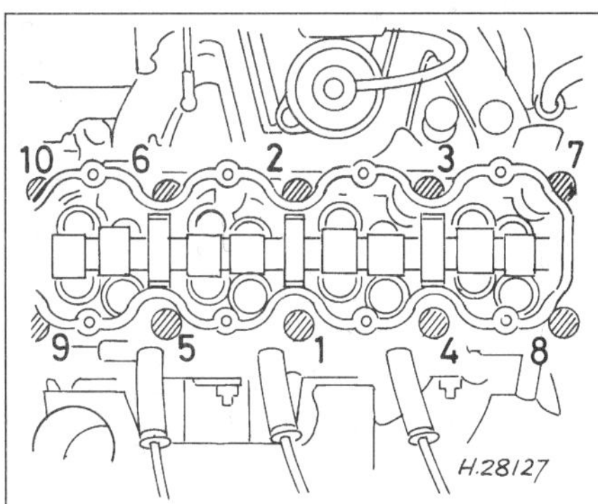

12.32a Ordningsföljd för åtdragning av topplocksbultar

33 När alla bultar dragits åt till momentet för steg 1 ska de vinkeldras med hylsnyckel i samma ordningsföljd till momentet för steg 2. En vinkelmätare bör användas i det här momentet av åtdragningen för att garantera att bultarna dras åt korrekt **(se bild)**.

34 Fortsätt arbeta i den angivna ordningsföljden och dra åt alla bultar till den angivna vinkeln för steg 3.

35 Dra slutligen åt alla bultar till angiven vinkel för steg 4, fortfarande i samma ordningsföljd.

36 Montera bultarna som fäster den bakre kamremskåpan vid kamaxelhuset och dra åt dem ordentligt.

37 Montera kamaxeldrevet enligt beskrivningen i avsnitt 8, montera sedan kamremmen enligt beskrivningen i avsnitt 7.

38 Montera kamaxelkåpan enligt beskrivningen i avsnitt 4.

39 Återanslut kontaktdonen till topplockets komponenter. Se till att alla kablar är korrekt dragna och fäst dem på plats med nödvändiga klamrar.

40 Återanslut kylvätskeslangen/slangarna vid termostathuset och spänn fästklammern/klamrarna ordentligt.

41 Om det är tillämpligt, montera bultarna som fäster fästbygeln till vevhusventilationens rör vid änden av topplocket.

42 Om det är tillämpligt, återanslut ventilationsslangen till kamaxelhuset och fäst den med klämman.

43 Montera/återanslut (efter tillämplighet) grenrören enligt beskrivningen i kapitel 4A eller 4B.

44 Montera hjulet, sänk sedan ner bilen och dra åt hjulbultarna till angivet moment.

45 Gör en sista kontroll för att se till att alla rör och slangar är korrekt anslutna och dragna, fyll sedan på kylsystemet och montera tändstiften enligt beskrivningen i kapitel 1.

46 Återanslut batteriet, starta sedan motorn och leta efter tecken på läckage.

13 Oljesump och upptagarrör – demontering och montering

Observera: *En ny oljesumpspackning och en skvalpskottspackning (1.8 och 2.0 liters motorer) måste användas vid monteringen. Tätningsmedel (Opel artikelnr 90485251, eller liknande) måste användas på motorblockets yta (se texten) och fästmassa måste användas på gängorna till sumpens fästbultar. Om oljeupptagarröret demonteras måste en ny O-ring användas vid återmonteringen.*

Demontering

1 Koppla loss batteriets minusledare.

2 Tappa ur motoroljan enligt beskrivningen i kapitel 1 om det behövs. Montera sedan avtappningspluggen och dra åt den till angivet moment.

3 Dra åt handbromsen, hissa upp framvagnen

12.32b Dra åt topplocksbultarna i angiven ordning till angivet moment för steg 1 . . .

12.33 . . . och sedan till de olika angivna vinklarna (se text)

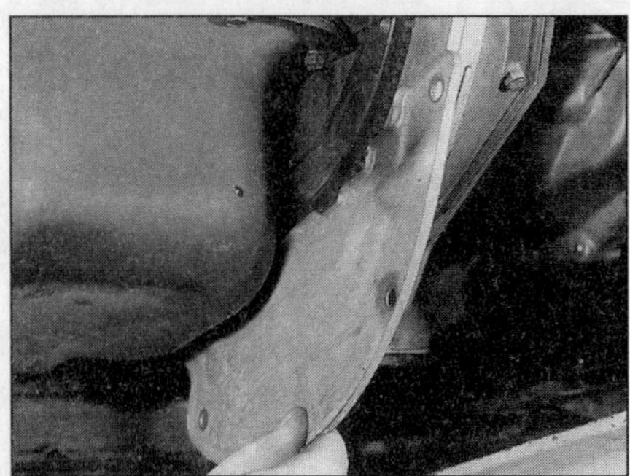

13.6 Demontera plåten mellan motorn och växellådan

13.7 Ta bort oljesumpen

13.9 Lossa fästbygeln som håller fast oljeupptagarröret till motorblocket – 2.0 liters motor

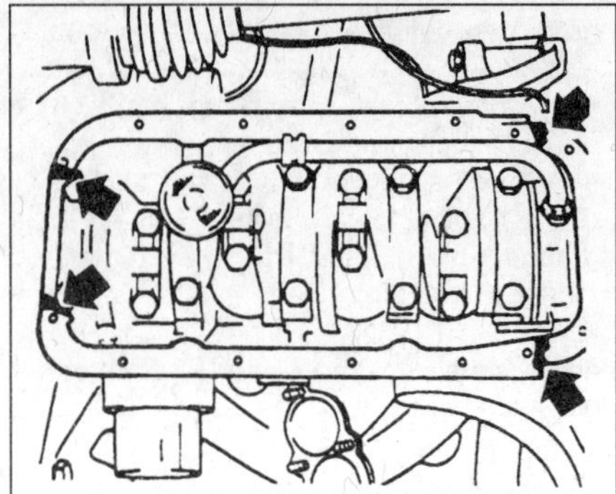

13.12a Lägg tätningsmedel på oljepumpens och den bakre ramlagerkåpans fogytor (vid pilarna) innan oljesumpen monteras tillbaka

med hjälp av en domkraft och ställ den på pallbockar (se *Lyftning och stödpunkter*).

4 Ta bort avgassystemets främre del enligt beskrivningen i kapitel 4C.

5 Om det är tillämpligt, koppla loss kablarna från oljenivågivaren som sitter i oljesumpen.

6 Skruva loss fästbultarna och ta bort täckplåten mellan motorn och växellådan från balanshjulskåpan **(se bild)**.

7 Skruva loss fästbultarna och ta bort oljesumpen **(se bild)**. Knacka på oljesumpen med en mjuk hammare om det behövs, för att få loss den från motorblocket. Bänd ***inte*** mellan oljesumpens och motorblockets fogytor. På 1.8 och 2.0 liters motorer måste oljesumpens skvalpskott troligen dras bort från motorblocket tillsammans med sumpen, men denna kan inte demonteras förrän fästbygeln som fäster oljeupptagarröret har tagits bort.

8 Ta bort packningen.

9 På 1.8 och 2.0 liters motorer, skruva loss fästbygeln som fäster oljeupptagarröret vid motorblocket, för att kunna ta bort oljesumpens skvalpskott **(se bild)**. Skvalpskottet kan sedan lyftas över oljeupptagarröret. Ta bort skvalpskottspackningen.

10 Oljeupptagarröret kan demonteras genom att den bult som fäster motorblockets stödfäste skruvas loss (om det inte redan är gjort) tillsammans med de två bultarna som fäster änden av röret vid oljepumpen. Ta bort O-ringen.

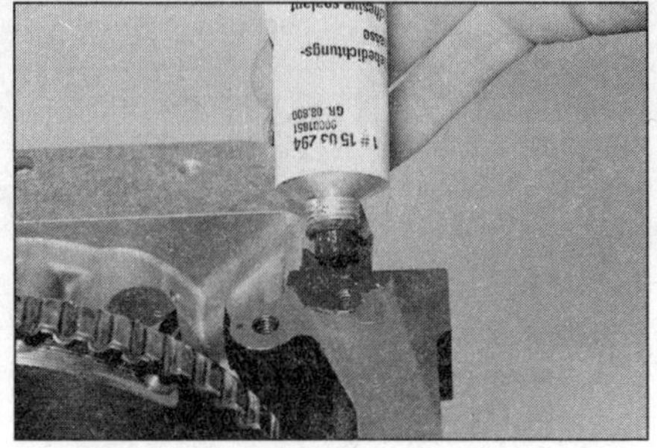

13.12b Tätningsmedel läggs på fogytan mellan oljepumpen och motorblocket – 2.0 liters motor

Montering

11 Rengör motorblockets, oljesumpens och skvalpskottets (i förekommande fall) fogytor från alla spår av packningsrester.

12 Börja återmonteringen med att lägga tätningsmedel (Opel artikelnr 90485251, eller liknande) på skarvarna mellan oljepumpen och motorblocket samt det bakre ramlageröverfallet och motorblocket **(se bilder)**.

13 På 1.8 och 2.0 liters motorer, montera ett nytt skvalpskott till oljesumpen. Använd lite tätningsmedel för att hålla det på plats om det behövs. Passa in oljesumpens skvalpskott på motorblocket och lyft det över oljeupptagarröret där så behövs. Placera den återstående packningen på oljesumpens skvalpskott, men använd inte tätningsmedel.

14 Om oljeupptagarröret har demonterats, montera det på oljepumpen och tillsammans med en ny O-ring **(se bilder)**.

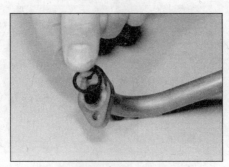

15 Om det är tillämpligt, montera fästbygeln som håller oljeupptagarröret vid motorblocket, se till att den passerar genom korrekt hål i oljesumpens skvalpskott på 1.8 och 2.0 liters motorer.

16 Täck gängorna på oljesumpens fästbultar med fästmassa, montera sedan oljesumpen och dra åt fästbultarna till angivet moment.

17 Ytterligare montering sker i omvänd arbetsordning, men montera avgassystemets främre del enligt beskrivningen i kapitel 4C och avsluta med att fylla motorn med olja enligt beskrivningen i kapitel 1.

14 Oljepump – demontering, renovering och montering

Demontering

Observera: *Övertrycksventilen kan demonteras utan att pumpen måste tas bort från motorn. En ny oljepumpspackning och en ny främre oljetätning till vevaxeln kommer att behövas vid monteringen.*

1 Demontera kamremmen enligt beskrivningen i avsnitt 7.

2 Ta bort kamremsdreven och spännaren enligt beskrivningen i avsnitt 8.

3 Skruva loss den bakre kamremskåpan från kamaxelhuset och motorblocket och ta bort den från motorn. Om det är tillämpligt, lossa vevaxelgivarens kablage från kåpans baksida.

13.14a Sätt på en ny O-ring på oljeupptagaren . . .

13.14b . . . och montera tillbaka oljeupptagarröret på oljepumpen – 1.6 liters motor

14.8 Skruva loss fästskruvarna och ta loss oljepumpens kåpa

14.10 Lyft ut inre och yttre kugghjul (vid pilen) från pumphuset

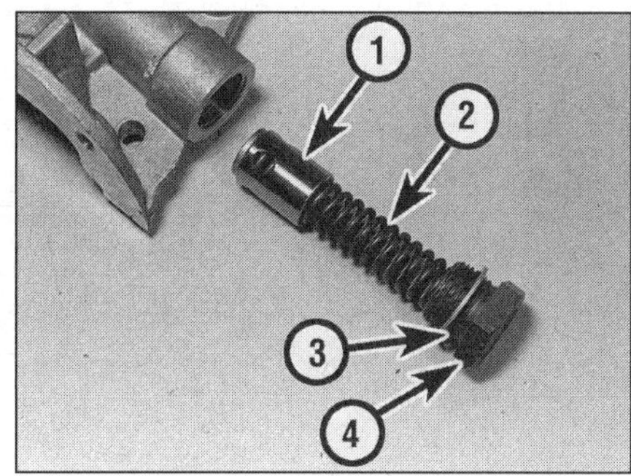

14.11 Oljetrycksventilens komponenter

1 Tryckkolv
2 Fjäder
3 Tätningsbricka
4 Ventilbult

4 Ta bort oljesumpen och oljepumpens oljeupptagarrör enligt beskrivningen i avsnitt 13.

5 Koppla loss kontaktdonet från oljetryckskontakten.

6 Om det är tillämpligt, skruva loss vevaxelgivarens fästbygel och placera den ur vägen för oljepumpen.

7 Skruva loss och ta bort fästbultarna, dra sedan bort oljepumpshuset från vevaxelns ände, var noga med att inte tappa bort styrstiften. Ta bort husets packning och släng den.

Renovering

Observera: *En ny tätningsbricka till övertrycksventilens bult krävs vid återmonteringen, och fästmassa måste användas på gängorna till oljepumpskåpans skruvar.*

8 Skruva loss fästskruvarna och lyft bort oljepumpens kåpa från husets baksida **(se bild)**. Om skruvarna sitter mycket hårt kan en slagmejsel användas för att få bort dem.

9 Märk ytorna på pumpens inre och yttre kugghjul med en lämplig märkpenna. Märkena kan sedan användas för att se till att de sätts tillbaka åt rätt håll.

10 Lyft bort kugghjulen från pumphuset **(se bild)**.

11 Skruva loss bulten till oljetrycksventilen från husets framsida och ta bort fjädern och tryckkolven från huset, observera åt vilket håll tryckkolven sitter **(se bild)**. Ta bort tätningsbrickan från ventilbulten.

12 Rengör komponenterna och undersök försiktigt kugghjulen, pumphuset och oljetrycksventilens tryckkolv med avseende på repor eller slitage. Byt alla komponenter som visar tecken på slitage eller skador. Om dreven eller pumphuset är slitna eller har fått märken måste hela pumpenheten bytas ut.

14.15 Montera en ny tätning i oljepumphuset

14.13a Mät spelet mellan kugghjulen med ett bladmått

14.13b Mät drevens axialspel med en stållinjal och ett bladmått

13 Om komponenterna ser ut att vara i användbart skick, mät spelet mellan det inre och yttre kugghjulet med hjälp av bladmått. Mät även axialspelet och kontrollera ändkåpans planhet **(se bilder)**. Om något av spelen överskrider det angivna maxvärdet måste pumpen bytas ut.

14 Om pumpens komponenter är i tillfredsställande skick, sätt ihop komponenterna i omvänd ordningsföljd men observera följande.

a) *Se till att de båda kugghjulen monteras åt rätt håll, på det sätt som noterades innan demonteringen.*

b) *Montera en ny tätningsbricka på övertrycksventilens bult och dra åt bulten till angivet moment.*

c) *Ta bort alla spår av fästmassa från kåpans skruvar. Lägg en droppe ny fästmassa på varje skruv och dra åt skruvarna till angivet moment.*

d) *Före monteringen, avsluta med att prima oljepumpen genom att fylla den med ren motorolja samtidigt som det inre drevet vrids.*

Montering

15 Före återmonteringen, bänd försiktigt ut vevaxelns oljetätning med hjälp av en flat skruvmejsel. Montera en ny oljetätning, se till att tätningsläppen placeras inåt och tryck tätningen rakt in i huset med hjälp av en rörformig dorn som endast vilar på tätningens hårda yttre kant **(se bild)**. Tryck tätningen på plats så att den är helt i nivå med huset och smörj oljetätningsläppen med ren motorolja.

16 Se till att oljepumpens och motorblockets fogytor är rena och torra och att styrstiften sitter på plats.

17 Montera en ny packning på motorblocket.

18 För försiktigt oljepumpen i läge och passa in det inre kugghjulet med de platta ytorna på vevaxeln **(se bild)**. Var noga med att inte skada oljetätningsläppen på vevaxelns framdel. Placera pumpen på styrstiften.

19 Montera pumphusets fästbultar på sina platser och dra sedan åt dem till angivet moment.

14.18 Se till att inte skada oljetätningen mot vevaxelns kant (1) och passa in det inre kugghjulet mot vevaxelns plana ytor (2)

15.2 Lås svänghjulets/drivplattans startkranständer med ett verktyg liknande det i bilden

15.8a På modeller med manuell växellåda, dra åt svänghjulets bultar till angivet moment för steg 1 . . .

15.8b . . . och dra sedan åt dem till angiven vinkel för steg 2 och 3

20 Om det är tillämpligt, montera vevaxelgivarens fästbygel på pumphuset och dra åt fästbulten till angivet moment.

21 Återanslut oljetrycksgivarens kontaktdon.

22 Montera oljepumpens oljeupptagarrör och oljesumpen enligt beskrivningen i avsnitt 13.

23 Montera den bakre kamremskåpan på motorn och dra åt fästbultarna ordentligt.

24 Montera kamremsdreven och spännaren enligt beskrivningen i avsnitt 8, montera sedan kamremmen enligt beskrivningen i avsnitt 7.

25 Avsluta med att fylla motorn med ren olja enligt beskrivningen i kapitel 1.

15 Svänghjul/drivplatta - demontering, kontroll och montering

Svänghjul - modeller med manuell växellåda

Observera: *Nya fästbultar till svänghjulet kommer att behövas vid återmonteringen.*

Demontering

1 Demontera växellådan enligt beskrivningen i kapitel 7A. Ta sedan bort kopplingen enligt beskrivningen i kapitel 6.

2 Hindra svänghjulet från att vridas genom att spärra startkransens tänder på ett sätt som liknar det visade **(se bild)**. Alternativt, skruva fast ett spärrband mellan svänghjulet och motorblocket/vevhuset. Gör inställningsmärken mellan svänghjulet och vevaxeln med hjälp av färg eller en lämplig märkpenna.

3 Skruva loss fästbultarna och ta bort svänghjulet. Tappa det inte, det är mycket tungt!

Kontroll

4 Undersök svänghjulet efter repor på kopplingsytan. Om kopplingsytan är repig kan svänghjulets yta slipas, men det är bättre att byta ut svänghjulet. Kontrollera att startkransens tänder inte slitits eller skadats. Startkransen går att byta, men det arbetet bör inte hemmamekanikern ta sig an. Bytet kräver att den nya startkransen hettas upp (till mellan 180° och 230°C) innan själva monteringen.

5 Fråga en Opelverkstad eller en motorrenoveringsspecialist om råd om det råder minsta tveksamhet beträffande svänghjulets skick. De kan svara på om svänghjulet kan renoveras eller om det bör bytas ut.

Montering

6 Rengör svänghjulets och vevaxelns fogytor.

7 Passa in svänghjulet och montera de nya fästbultarna. Se till att inställningsmärkena som gjordes vid demonteringen hamnar rätt om det ursprungliga svänghjulet ska återmonteras.

8 Lås svänghjulet på samma sätt som vid demonteringen och dra åt fästbultarna till det angivna momentet för steg 1. Vinkeldra sedan bultarna till den angivna vinkeln för steg 2 med hjälp av en hylsnyckel och till sist till angiven vinkel för steg 3. En vinkelmätare bör användas under de sista stegen av åtdragningen för att garantera att bultarna dras åt korrekt **(se bilder)**. Om en vinkelmätare saknas kan märkena mellan bultskallen och svänghjulet göras med vit färg före åtdragningen. Använd sedan dessa märken för att kontrollera att bulten har dragits åt i rätt vinkel.

9 Montera kopplingen enligt beskrivningen i kapitel 6, ta sedan bort spärrverktyget från svänghjulet och montera växellådan enligt beskrivningen i kapitel 7A.

Drivplatta - modeller med automatväxellåda

Observera: *Fästmassa måste användas på gängorna till drivplattans fästbultar vid monteringen.*

Demontering

10 Ta bort växellådan enligt beskrivningen i kapitel 7B. Ta sedan bort drivplattan enligt beskrivningen i punkt 2 och 3. Observera att det sitter en spännbricka mellan fästbultarna och drivplattan.

Kontroll

11 Undersök drivplattan och startkransens tänder noga efter tecken på slitage eller skador och kontrollera om drivplattans yta visar tecken på sprickor.

12 Fråga en Opelverkstad eller en motorrenoveringsspecialist om råd om det råder minsta tveksamhet beträffande drivplattans skick. De kan svara på om drivplattan kan renoveras eller om den bör bytas ut.

Montering

13 Rengör drivplattans och vevaxelns fogytor och ta bort alla spår av fästmassa från gängorna på drivplattans fästbultar.

14 Lägg en droppe ny fästmassa på alla fästbultsgängor och passa sedan in drivplattan. Se till att inställningsmärkena som gjordes vid demonteringen hamnar rätt, om den ursprungliga drivplattan ska återmonteras.

15 Montera spännbrickan och skruva i fästbultarna.

16 Spärra drivplattan med den metod som användes vid demonteringen, arbeta sedan i diagonal ordningsföljd och skruva jämnt och stegvis åt fästbultarna till angivet moment.

17 Ta bort låsverktyget och montera växellådan enligt beskrivningen i kapitel 7B.

16 Vevaxelns oljetätningar - byte

Kamremsändens (höger) oljetätning

1 Ta bort vevaxeldrevet enligt beskrivningen i avsnitt 8. Se till att Woodruffkilen tas bort från vevaxeländen där så är tillämpligt.

2 På 1.8 och 2.0 liters motorer, ta bort den bakre kamremskåpan enligt beskrivningen i avsnitt 6.

3 Stansa eller borra försiktigt två hål på var sin sida av oljetätningen. Skruva i självgängande skruvar i hålen och dra i skruvarna med tänger för att få ut tätningen **(se bild)**.

Varning: Var mycket försiktig så att oljepumpen inte skadas.

4 Rengör oljetätningshuset och putsa bort alla borrskägg eller upphöjda kanter som kan ha orsakat felet på tätningen.

5 Smörj läpparna på den nya tätningen med ren motorolja och placera den i läge över vevaxeländen, med tätningsläpparna inåt. Tryck tätningen rakt in i sitt läge tills den är helt i nivå med huset. Om det behövs kan en rörformig dorn, t.ex. en hylsa, som endast vilar på tätningens hårda yttre kant användas för att knacka tätningen på plats **(se bild)**. Var mycket försiktig så att tätningsläpparna inte skadas under monteringen.

6 På 1.8 och 2.0 liters motorer, montera den bakre kamremskåpan enligt beskrivningen i avsnitt 6.

7 Tvätta bort alla spår av olja, montera sedan vevaxeldrevet enligt beskrivningen i avsnitt 8.

Svänghjuls-/drivplattsändens (vänster) oljetätning

8 Ta bort svänghjulet/drivplattan enligt beskrivningen i avsnitt 15.

9 Byt tätningen enligt beskrivningen i punkt 3 till 5.

10 Montera svänghjulet/drivplattan enligt beskrivningen i avsnitt 15.

17 Motorns/växellådans fästen - kontroll och byte

Kontroll

1 Hissa eventuellt upp framvagnen och stöd den på pallbockar för att komma åt lättare (se *Lyftning och stödpunkter*). Om det behövs, skruva loss fästbultarna och ta bort motorns undre skyddskåpa.

2 Kontrollera om fästgummit är sprucket, förhårdnat eller om det har delat sig från metallen någonstans. Byt ut fästet vid någon av ovanstående skador eller vid uppenbart slitage.

3 Kontrollera att alla fästets bultar/muttrar sitter ordentligt. Använd om möjligt en momentnyckel.

4 Använd en stor skruvmejsel eller liknande hävarm och kontrollera om fästet är slitet genom att försiktigt bända mot det för att leta

16.3 Demontera vevaxelns främre oljetätning

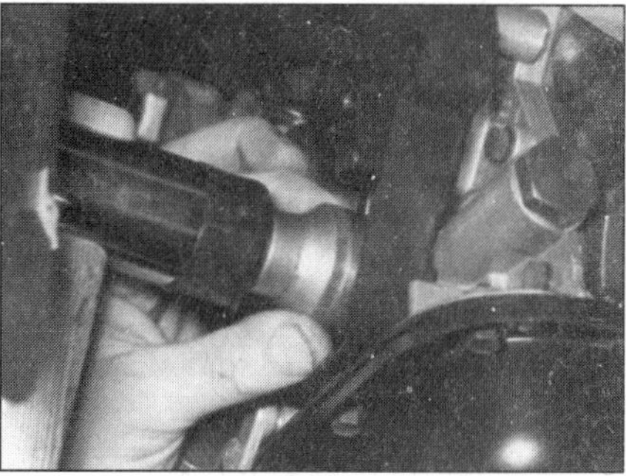

16.5 Montering av en ny främre oljetätning till vevaxeln

efter fritt spel. Om inget fritt spel upptäcks, låt en medhjälpare röra motorn/växellådan bakåt och framåt eller från sida till sida, samtidigt som fästet observeras. Ett visst spel är att vänta även från nya delar, medan ett större slitage märks tydligt. Vid överdrivet fritt spel, kontrollera först att bultarna/muttrarna sitter ordentligt, byt därefter ut alla slitna komponenter enligt beskrivningen i följande punkter, om det behövs.

Byte

Höger fäste

Observera: *Vid montering måste fästmassa användas på gängorna till bultarna mellan fästet och karossen.*

5 Dra åt handbromsen och lyft upp framvagnen på pallbockar om det inte redan är gjort (se *Lyftning och stödpunkter*).

6 Koppla en talja till motorns lyftfästen på topplocket och lyft motorn.

7 Arbeta under bilen, skruva loss motorns fästbygel från motorblocket och skruva loss fästet från karossen. Dra sedan bort fästet/fästbygeln **(se bild)**.

8 Skruva loss fästet från fästbygeln.

9 Montera det nya fästet på fästbygeln och dra åt fästbultarna till angivet moment.

10 Montera fästbygeln på motorblocket och dra åt fästbultarna till angivet moment.

11 Täck gängorna på bultarna mellan fästet och karossen med fästmassa, sätt sedan i bultarna och dra åt dem till angivet moment.

12 Koppla loss taljan och lyften från motorn.

13 Sänk ner bilen.

Vänster fäste

Observera: *Tillverkaren rekommenderar att nya bultar används mellan fästet och karossen vid montering.*

14 Följ beskrivningen i punkt 5 och 6.

15 Arbeta under bilen. Skruva loss motorns/-växellådans fästbygel från växellådan och skruva loss fästet från karossen. Dra sedan bort fästet/fästbygeln **(se bild)**.

16 Skruva loss fästet från fästbygeln.

17 Montera det nya fästet på fästbygeln och dra åt fästbultarna till angivet moment.

18 Kontrollera att originalbultarna som säkrar fästet vid karossen kan vridas utan hinder i sina gängade hål i karossen, innan fästet/fästbygeln monteras. Om det behövs, gänga om hålen med hjälp av en M10 x 1,25 mm gängtapp.

19 Montera fästbygeln på växellådan och dra åt fästbultarna till angivet moment.

20 Sätt i **nya** bultar mellan fästet och

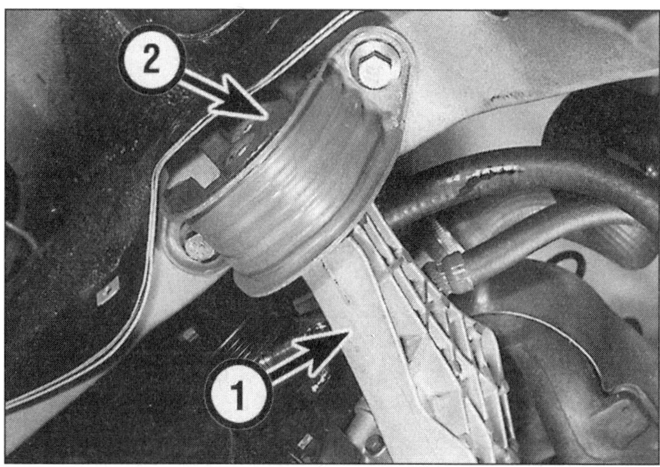

17.7 Höger motorfästbygel (1) och fästblock (2) - 1.6 liters motor (underifrån)

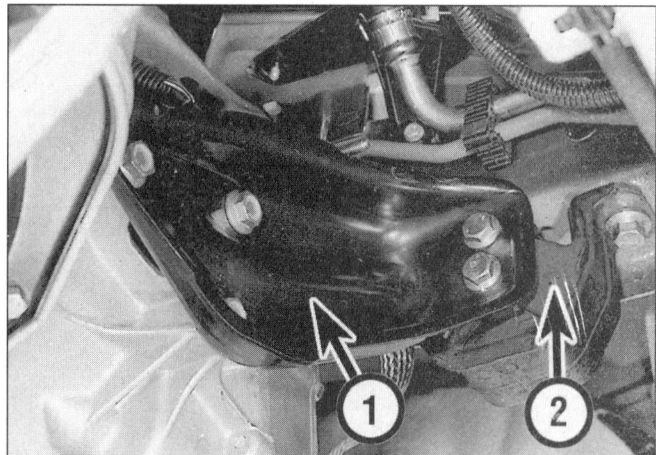

17.15 Vänster motor-/växellådsfästbygel (1) och fästblock (2) - 1.6 liters motor (underifrån)

karossen och dra sedan åt dem till angivet moment.

21 Koppla loss taljan och lyften från motorn. Sänk ner bilen.

Bakre fäste

22 Följ beskrivningen i punkt 5 och 6.

23 Arbeta under bilen. Skruva loss fästet från den främre kryssrambalken och fästbygeln och dra bort fästet **(se bilder)**.

24 Montera det nya fästet till kryssrambalken och fästbygeln och dra åt fästbultarna och muttrarna till angivet moment.

25 Koppla loss taljan och lyften från motorn. Sänk ner bilen.

17.23a Muttrar för bakre motorfästblock till främre kryssrambalk (vid pilarna) – (underifrån)

17.23b Bakre motorfästbygel (vid pilen) – 1.6 liters motor (underifrån)

Kapitel 2 del B:
Reparationer med motorn kvar i bilen – DOHC motor

Innehåll

Svårighetsgrader

Enkelt, passar novisen med lite erfarenhet 	**Ganska enkelt,** passar nybörjaren med viss erfarenhet 	**Ganska svårt,** passar kompetent hemmamekaniker 	**Svårt,** passar hemmamekaniker med erfarenhet 	**Mycket svårt,** för professionell mekaniker

Specifikationer

Allmänt

Motortyp	Fyrcylindrig, vattenkyld radmotor. Dubbla överliggande kamaxlar, remdrivna, med hydrauliska ventillyftare	
Tillverkarens motorkoder:		
Observera: *Koden sitter på motorblocket, framför kopplingshuset.*		
X 14 XE ('Ecotec')	1.4 liter + katalysator + MPi (Multi-point fuel injection, flerpunktsbränsleinsprutning)	
X 16 XEL ('Ecotec')	1.6 liter + kat + MPi	
C 18 XE	1.8 liter + kat + MPi	
C 18 XEL ('Ecotec')	1.8 liter + kat + MPi	
X 18 XE ('Ecotec')	1.8 liter + kat + MPi	
C 20 XE	2.0 liter + kat + MPi	
X 20 XEV ('Ecotec')	2.0 liter + kat + MPi	
Volym:	**Lopp**	**Slag**
1.4 liter (1389cc)	77,6 mm	73,4 mm
1.6 liter (1598cc)	79,0 mm	81,5 mm
1.8 liter (1796cc)	81,6 mm	86,0 mm
2.0 liter (1998cc)	86,0 mm	86,0 mm
Kompressionsförhållande:		
X 14 XE och X 16 XEL	10,5 : 1	
C 18 XE, C 18 XEL och X 18 XE	10,8 : 1	
C 20 XE	10,5 : 1	
X 20 XEV	10,8 : 1	
Maximal effekt:		
X 14 XE	66 kW vid 6000 varv per minut	
X 16 XEL	74 kW vid 6200 varv per minut	
C 18 XE	92 kW vid 5600 varv per minut	
C 18 XEL och X 18 XE	85 kW vid 5400 varv per minut	
C 20 XE	110 kW vid 6000 varv per minut	
X 20 XEV	100 kW vid 5400 varv per minut	

Maximalt moment:	
X 14 XE	125 Nm vid 4000 varv per minut
X 16 XEL	148 Nm vid 3500 varv per minut
C 18 XE	168 Nm vid 4800 varv per minut
C 18 XEL	168 Nm vid 4000 varv per minut
X 18 XE	170 Nm vid 3600 varv per minut
C 20 XE	196 Nm vid 4600 varv per minut
X 20 XEV	185 Nm vid 4000 varv per minut
Tändningsföljd	1-3-4-2 (cylinder nr 1 vid kamremsänden)
Vevaxelns rotationsriktning	Medurs (sett från motorns kamremsände)

Kompressionstryck

Standard	12 till 15 bar
Maximal skillnad mellan två cylindrar	1 bar

Kamaxel

Axialspel	0,04 till 0,15 mm
Maximalt tillåtet radialkast	0,040 mm

Smörjsystem

Oljepump	Kugghjulstyp, drivs direkt från kamaxeln
Lägsta tillåtna oljetryck vid tomgångshastighet, med motorn vid arbetstemperatur (oljetemperatur på minst 80°C)	1,5 bar
Oljepumpens spel:	
Spel mellan inre och yttre kugghjul	0,10 till 0,20 mm
Kugghjulens axialspel:	
1.4 och 1.6 liters motorer	0,08 till 0,15 mm
1.8 och 2.0 liters motorer	0,03 till 0,10 mm

Åtdragningsmoment **Nm**

Observera: *Använd nya bultar på de ställen som märkts med asterisk (*).*

1.4 och 1.6 liters motorer

Kamaxellageröverfallets bultar	8
Kamaxelkåpans bultar	8
Kamaxeldrevets bult:*	
Steg 1	50
Steg 2	Vinkeldra ytterligare 60°
Steg 3	Vinkeldra ytterligare 15°
Vevstaksöverfallets bult:*	
Steg 1	25
Steg 2	Vinkeldra ytterligare 30°
Vevaxelns remskiva, bult:*	
Steg 1	95
Steg 2	Vinkeldra ytterligare 30°
Steg 3	Vinkeldra ytterligare 15°
Vevaxelgivarens fästbygel, bult	8
Topplocksbultar:	
Steg 1	25
Steg 2	Vinkeldra ytterligare 90°
Steg 3	Vinkeldra ytterligare 90°
Steg 4	Vinkeldra ytterligare 90°
Steg 5	Vinkeldra ytterligare 45°
Drivplattans bultar	60
Motorns/växellådans fästbultar:	
Främre vänster fäste:	
Bultar mellan fäste och kaross	65
Bultar mellan fäste och fästbygel	60
Främre höger fäste:	
Bultar mellan fäste och kaross*	65
Bultar mellan fäste och fästbygel	35
Bakre fäste:	
Bultar mellan fäste och fästbygel	45
Bultar mellan fäste och kryssrambalk	40
Motor till växellåda, bultar:	
M8 bultar	20
M10 bultar	40
M12 bultar	60

Åtdragningsmoment (forts) — Nm

1.4 och 1.6 liters motorer (forts)

	Nm
Svänghjulsbultar:*	
Steg 1	35
Steg 2	Vinkeldra ytterligare 30°
Steg 3	Vinkeldra ytterligare 15°
Ramlageröverfallens bultar:*	
Steg 1	50
Steg 2	Vinkeldra ytterligare 45°
Steg 3	Vinkeldra ytterligare 15°
Oljepump:	
Fästbultar	6
Pumpkåpans skruvar	6
Bult till oljeövertrycksventilen	30
Oljeupptagarrörets bultar	8
Oljesumpsbultar:	
Bultar mellan oljesump och motorblock/oljepump	15
Bultar mellan oljesumpfläns och växellåda	20
Oljesumpens avtappningsplugg	45
Kamremskåpans bultar:	
Övre och nedre kåpa	4
Bakre kåpa	6
Bult för kamremmens överföringsremskiva	25
Kamremsspännarens bult	20

Åtdragningsmoment — Nm

1.8 och 2.0 liters motorer

	Nm
Kamaxellageröverfallens bultar:	
Alla utom C 20 XE motorer	8
C 20 XE motorer:	
M8 bultar	20
M6 bultar	10
Kamaxelkåpans bultar	8
Kamaxeldrevets bult:*	
Steg 1	50
Steg 2	Vinkeldra ytterligare 60°
Steg 3	Vinkeldra ytterligare 15°
Vevstaksöverfallets bult:*	
Steg 1	35
Steg 2	Vinkeldra ytterligare 45°
Steg 3	Vinkeldra ytterligare 15°
Vevaxelns remskiva, bultar	20
Vevaxeldrevets bult:*	
Steg 1	130
Steg 2	Vinkeldra ytterligare 40 till 50°
Topplockets bultar:*	
Steg 1	25
Steg 2	Vinkeldra ytterligare 90°
Steg 3	Vinkeldra ytterligare 90°
Steg 4	Vinkeldra ytterligare 90°0
Drivplattans bultar*	60
Motorns/växellådans fästbultar:	
Främre vänster fäste:	
Bultar mellan fäste och kaross	65
Bultar mellan fäste och fästbygel	60
Främre höger fäste:	
Bultar mellan fäste och kaross*	65
Bultar mellan fäste och fästbygel	35
Bakre fäste:	
Bultar mellan fäste och fästbygel	45
Bultar mellan fäste och kryssrambalk	40
Bultar motor till växellåda:	
M8 bultar	20
M10 bultar	40
M12 bultar	60

Åtdragningsmoment (forts)	Nm
1.4 och 1.6 liters motorer (forts)	
Svänghjulsbultar:*	
Steg 1	65
Steg 2	Vinkeldra ytterligare 30°
Steg 3	Vinkeldra ytterligare 15°
Ramlageröverfallens bultar:	
Steg 1	50
Steg 2	Vinkeldra ytterligare 45°
Steg 3	Vinkeldra ytterligare 15°
Ramlagrens gjutgods, bultar	20
Oljepump:	
Fästbultar	6
Pumpkåpans skruvar	6
Bult till oljeövertrycksventilen	30
Oljeupptagarrörets bultar:	
Bultar för oljeupptagarrör till oljepump	8
Bult för oljeupptagarrör till motorblock	6
Oljesumpsbultar:	
Oljesump i ett stycke:	
Bultar för oljesump till motorblock	15
Oljesumpens avtappningsplugg	45
Tvådelad oljesump:	
Bultar för oljesumpens nedre del till övre del:	
Steg 1	8
Steg 2	Vinkeldra ytterligare 30°
Bultar för oljesumpens övre del till motorblocket	15
Bultar för oljesumpens övre del till växellådan	20
Oljesumpens avtappningsplugg	10
Oljesumpens skvalpskott, bultar	20
Kamremmens överföringsremskiva, bult:	
2.0 liters motorer innan 1993:	
Steg 1	25
Steg 2	Vinkeldra ytterligare 45°
Steg 3	Vinkeldra ytterligare 15°
Motorer fr.o.m. 1993	25
Kamremmens överföringsremskiva, fästbygelbult (modeller fr.o.m. 1993)	25
Kamremsspännarens bult:	
2.0 liters motorer innan 1993:	
Steg 1	25
Steg 2	Vinkeldra ytterligare 45°
Steg 3	Vinkeldra ytterligare 15°
Motorer fr.o.m. 1993	25

1 Allmän information

Hur det här kapitlet används

1 Den här delen av kapitel 2 behandlar reparationer med motorn kvar i bilen för modeller med dubbla överliggande kamaxlar. Alla moment som rör demontering och montering av motorn och renovering av motorblock/topplock beskrivs i kapitel 2C.

2 De flesta arbetsmoment som behandlas i den här delen beskrivs utifrån antagandet att motorn fortfarande är monterad i bilen. Om den här informationen används vid en komplett motorrenovering där motorn först demonterats är därför flera av anvisningarna irrelevanta.

Beskrivning av motorn

3 Motorn är en fyrcylindrig radmotor med dubbla överliggande kamaxlar, och sitter monterad på tvären längst fram i bilen med kopplingen och växellådan till vänster.

4 Vevaxeln har fem huvudlager av skåltyp och det mittersta lagret innehåller trycklagerskålar för att kontrollera vevaxelns axialspel.

5 Vevstakarna är fästa vid vevaxeln med horisontellt delade vevstakslager av skåltyp. Vevstakarna är fästa vid kolvarna med presspassade kolvtappar på alla utom C 20 XE motorer, och av fria kolvtappar (fästa med låsringar) på C 20 XE motorer. Kolvarna av aluminiumlegering är av glidtyp och sitter monterade med tre kolvringar – två kompressionsringar och en oljekontrollring.

6 Kamaxlarna går direkt in i topplocket och drivs av vevaxeln via en kuggad kamrem av gummi (som även driver kylvätskepumpen). Kamaxlarna styr varje ventil via en ventillyftare. Varje ventillyftare har en hydraulisk självjusterande ventil som automatiskt justerar ventilspelet.

7 Smörjningen sker med tryckmatning från en oljepump av kugghjulstyp som sitter monterad på vevaxelns kamremsände. Den drar olja genom en sil placerad i oljesumpen och tvingar sedan oljan genom ett externt fullflödesfilter av kassettyp. Oljan leds in i rör i motorblocket/vevhuset och topplocket och fördelas därifrån till vevaxeln (ramlagren) och kamaxlarna. Vevstakslagren förses med olja via inre borrningar i vevaxeln, medan kamaxellagren även förses med olja under tryck. Kamloberna och ventilerna stänksmörjs på samma sätt som övriga motorkomponenter.

8 Ett halvslutet vevhusventilationssystem används, där vevhusets ångor dras från ventilkåpan via en slang till insugsgrenröret.

3.5 Passa in kamaxeldrevens tändinställningsmärken (A) med topplockets övre yta (B) så att cylinderkolv nr 1 hamnar i ÖD på dess kompressionsslag – 1.6 liters motor

3.6 Vevaxeldrevets (A) och remkåpans (B) tändinställningsmärken – 1.6 liters motor

Reparationer som kan utföras med motorn monterad i bilen

9 Följande moment kan utföras utan att motorn först demonteras från bilen.

a) Demontering och montering av topplocket.
b) Demontering och montering av kamrem och drev.
c) Byte av kamaxelns oljetätningar.
d) Demontering och montering av kamaxlar och ventillyftare.
e) Demontering och montering av oljesumpen.
f) Demontering och montering av vevstakar och kolvar.*
g) Demontering och montering av oljepumpen.
h) Byte av vevaxelns oljetätningar.
i) Byte av motorfästen.
j) Demontering och montering av svänghjulet/drivplattan.

** Det arbete som markerats med en asterisk kan utföras med motorn kvar i bilen om oljesumpen först tas bort. Det är dock bättre om motorn är demonterad under arbetet eftersom risken för nedsmutsning minskar och för att det blir lättare att komma åt. Dessa moment beskrivs därför i kapitel 2C.*

2 Kompressionsprov – beskrivning och tolkning

Se kapitel 2A, avsnitt 2.

3 Övre dödpunkt (ÖD) för kolv nr 1 – inställning

1 Övre dödpunkt (ÖD) är den högsta punkt som varje kolv når i sin rörelse upp och ner i cylinderloppet när vevaxeln roterar. Alla kolvar når sin dödpunkt både i toppen av kompressionsslaget och i toppen av avgasslaget, men när det gäller motorns tändinställning avser ÖD läget för kolv nr 1 i toppen av dess kompressionsslag.

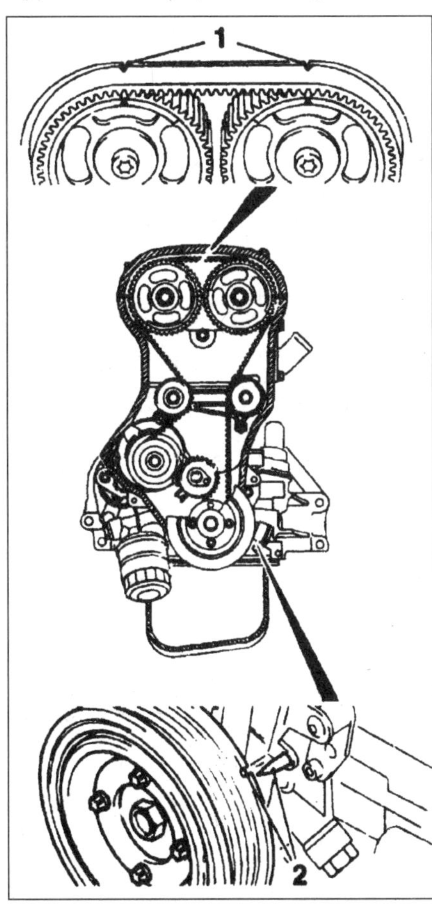

3.8 Passa in drevens tändinställningsmärken med märkena (1) på ventilkåpan, och hacket på vevaxelns remskiva med markören (2) så att cylinderkolv nr 1 hamnar i ÖD i dess kompressionsslag - 1.8 och 2.0 liters motorer

2 Kolv (och cylinder) nr 1 sitter på kamremsänden av motorn och har sin ÖD i följande läge. Observera att vevaxeln roterar medurs när den ses från motorns kamremsände.

3 Koppla loss batteriets minusledare. Om det behövs, ta bort alla tändstift enligt beskrivningen i kapitel 1 för att underlätta vevaxelns vridning.

1.4 och 1.6 liters motorer

4 Ta bort kamremmens övre kåpa enligt beskrivningen i avsnitt 6 för att komma åt kamaxeldrevens tändinställningsmärken.

5 Använd en hylsnyckel på bulten till vevaxelns remskiva och vrid vevaxeln tills tändinställningsmärkena på kamaxeldreven är riktade mot varandra och båda är korrekt inpassade mot topplocket övre yta. När kamaxeldrevens markeringar är korrekt inpassade ska hacket på kanten av vevaxelns remskiva vara inpassat mot märket på den nedre kamremskåpan **(se bild)**. Motorn har nu kolv nr 1 vid ÖD i dess kompressionsslag.

6 Observera att det även finns ett tändinställningsmärke på vevaxelns drev (synligt när vevaxelns remskiva/givarhjulet är demonterat). När kolv nr 1 befinner sig i ÖD ska märket på vevaxeldrevet vara i linje med motsvarande längst ner på oljepumpflänsen eller kamremmens bakre kåpa **(se bild)**.

1.8 och 2.0 liters modeller

7 Ta bort kamremmens yttre kåpa enligt beskrivningen i avsnitt 6 för att komma åt kamaxeldrevens tändinställningsmärken.

8 Använd en hylsnyckel på bulten till vevaxeldrevet och vrid vevaxeln tills tändinställningsmärkena på kamaxeldreven båda pekar vertikalt uppåt och är korrekt inpassade mot tändinställningsmärkena på kamaxelkåpan. När kamaxeldrevens markeringar är korrekt inpassade ska hacket på kanten av vevaxelns remskiva vara inpassat mot markören på den bakre kamremskåpan **(se bild)**. Motorn har nu kolv nr 1 vid ÖD i dess kompressionstakt.

9 Observera att det även finns ett

tändinställningsmärke på vevaxelns drev (synligt när vevaxelns remskiva/givarhjulet är demonterat). När kolv nr 1 är i ÖD ska markeringen på vevaxeldrevet vara i linje med motsvarande märke längst ner på oljepumpsflänsen – d.v.s. märket på drevet ska peka vertikalt nedåt.

4 Kamaxelkåpa – demontering och montering

1.4 och 1.6 liters motorer

Observera: *Passande tätningsmedel krävs vid återmontering av kamaxelkåpan – se text.*

Demontering

1 På 1.6 liters motorer, demontera den övre delen av insugsröret enligt beskrivningen i kapitel 4A eller 4B.

2 Skruva loss de två fästskruvarna och ta bort motor-/tändstiftskåpan **(se bild)**. Om det behövs, märk tändkablarna med motsvarande plats (så att de hamnar på rätt plats vid återmonteringen), koppla sedan loss dem från tändstiften och lossa dem från kamaxelkåpan.

3 Lossa fästklamrarna och koppla loss ventilationsslangarna från kamaxelkåpan **(se bild)**.

4 Skruva loss kamaxelkåpans fästbultar stegvis och ta bort dem **(se bild)**.

5 Lyft bort kamaxelkåpan från topplocket och ta loss kåpans tätningar och de tätningsringar som sitter på fästbultarnas platser **(se bild)**.

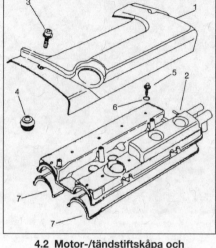

4.2 Motor-/tändstiftskåpa och kamaxelkåpa – 1.4 och 1.6 liters motorer

1	*Motor-/ tändstiftskåpa*	4	*Bussningar*
2	*Kamaxelkåpa*	5	*Kamaxelkåpans bultar*
3	*Motor-/tändstiftskåpans fästbultar*	6	*Brickor*
		7	*Packningar*

Undersök tätningarna och tätningsringarna och byt ut dem om de är slitna eller skadade.

Montering

6 Se till att kåpans och topplockets ytor är rena och torra, sätt sedan fast kamaxelkåpans tätningar ordentligt i kåpans spår. Sätt tätningsringarna i fördjupningarna runt varje fästbultshål och håll dem på plats med lite fett **(se bilder)**.

7 Lägg tätningsmedel på kanterna runt kamaxlarnas lageröverfallssäten på motorns kamremssida, och på de halvcirkelformade urtagen på topplockets växellådssida.

8 Sätt försiktigt kamaxelkåpan på plats, och var mycket noga med att alla tätningsringar sitter kvar. Sätt tillbaka kåpans fästbultar och dra åt dem till angivet moment, i ett spiralmönster från mitten och utåt.

9 Återanslut ventilationsslangarna och fäst dem med fästklamrarna.

10 Återanslut tändkablarna till tändstiften och se till att de sitter korrekt på samma sätt som före demonteringen. Kläm fast tändkablarna på kamaxelkåpan, sätt sedan tillbaka motor-/tändstiftskåpan och dra åt fästskruvarna.

11 På 1.6 liters motorer, montera tillbaka insugsrörets övre del enligt beskrivningen i kapitel 4B.

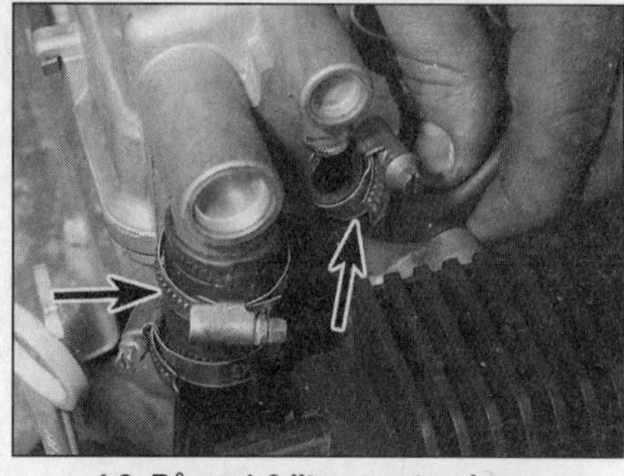

4.3 På en 1.6 liters motor, lossa fästklamrarna och koppla loss ventilationsslangarna (vid pilarna) från kamaxelkåpans vänstra sida

1.8 och 2.0 liters motorer

Demontering

12 På C 20 XE motorer, demontera den yttre kamremskåpan enligt beskrivningen i avsnitt 6.

13 Lossa fästklamrarna och koppla loss ventilationsslangarna från kåpans baksida **(se bild)**.

14 Skruva loss de två fästskruvarna och ta bort tändstiftskåpan **(se bild)**. Om det behövs, märk tändkablarna med motsvarande plats

4.4 Skruva loss fästbultarna . . .

4.5 . . . och lyft bort kamaxelkåpan från motorn – 1.6 liters motor

4.6a Se till att tätningarna sitter rätt i fördjupningarna på kåpan . . .

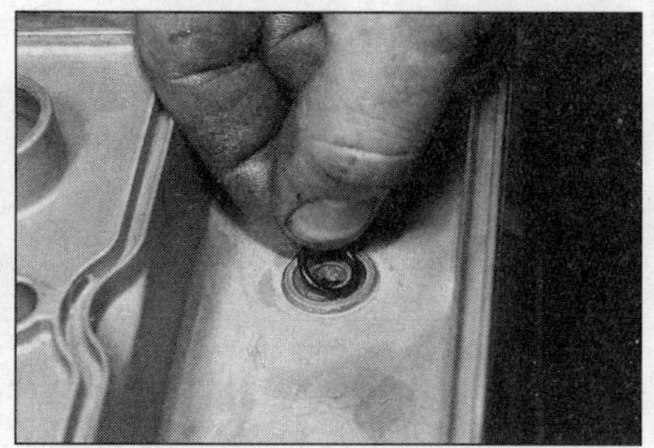

4.6b . . . och placera tätningsringarna i fördjupningarna runt varje fästbultshål – 1.6 liters motor

4.13 På 1.8 och 2.0 liters motorer, lossa fästklamrarna och koppla loss ventilationsslangarna (vid pilarna) från kåpans baksida

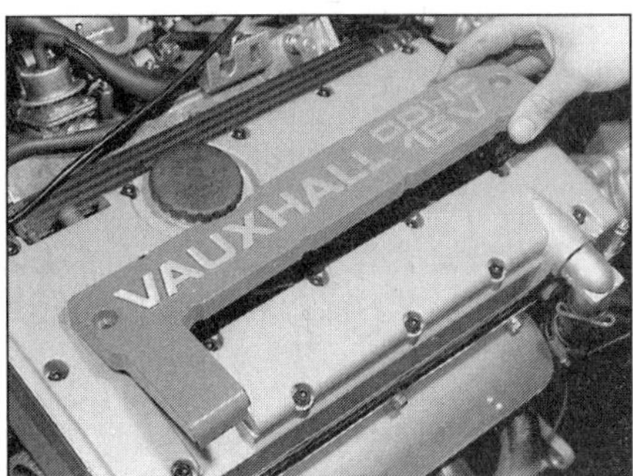

4.14 Ta loss tändstiftskåpan - 2.0 liters motor

(så att de hamnar på rätt plats vid återmonteringen), koppla sedan loss dem från tändstiften och lossa dem från kamaxelkåpan.

15 Om det är tillämpligt, koppla loss kamaxelgivarens kontaktdon och lossa kablaget från kamaxelkåpan.

16 Skruva loss kamaxelkåpans fästbultar stegvis och ta bort dem **(se bild)**.

17 Lyft bort kamaxelkåpan från topplocket och ta loss kåpans tätning(ar) och de tätningsringar som sitter i vart och ett av fästbultshålen. Undersök tätningarna och tätningsringarna och byt ut dem om de är slitna eller skadade.

Montering

18 Se till att kåpans och topplockets ytor är rena och torra, sätt sedan fast kamaxelkåpans tätningar ordentligt i kåpans spår. Om det är tillämpligt, sätt tätningsringarna i fördjupningarna runt varje fästbults plats och håll dem på plats med lite fett.

19 Sätt kamaxelkåpan försiktigt på plats, och var mycket noga med att alla tätningsringar sitter kvar (om tillämpligt). Sätt tillbaka kåpans fästbultar och dra åt dem till angivet moment, i ett spiralmönster från mitten och utåt.

20 Om det är tillämpligt, återanslut kamaxelgivarens kontaktdon och fäst kablaget på plats på kamaxelkåpan.

21 Återanslut ventilationsslangarna och fäst dem med fästklamrarna.

22 Återanslut tändkablarna till tändstiften och se till att de sitter korrekt på samma sätt som före demonteringen. Kläm fast tändkablarna på kamaxelkåpan, sätt sedan tillbaka tändstiftskåpan och dra åt fästskruvarna.

23 På C 20 XE motorer, montera tillbaka den yttre kamremskåpan.

5 Vevaxelns remskiva - demontering och montering

1.4 och 1.6 liters motorer

Observera: *En ny fästbult till remskivan krävs vid återmonteringen.*

Demontering

1 Dra åt handbromsen, hissa upp framvagnen med hjälp av en domkraft och ställ den på

4.16 En fästbult på kamaxelkåpan skruvas loss - 2.0 liters motor

pallbockar (se *Lyftning och stödpunkter*). Demontera det högra hjulet.

2 Ta bort drivremmen enligt beskrivningen i kapitel 1. Före demonteringen, märk ut remmens rotationsriktning för att garantera att den sätts tillbaka åt rätt håll.

3 Lossa fästbulten till vevaxelns remskiva. För att förhindra att vevaxeln roterar på modeller med manuell växellåda, be en medhjälpare lägga i högsta växeln och trampa hårt på bromsen. På modeller med automatväxellåda, förhindra rotation genom att ta loss en av momentomvandlarens fästbultar och skruva fast drivplattan till växelládshuset med en metallstång, distansbrickor och passande bultar (se kapitel 7B). Om motorn är demonterad från bilen måste svänghjulet/drivplattan spärras (se avsnitt 14).

4 Skruva loss fästbulten och brickan och ta bort vevaxelns remskiva från änden av vevaxeln. Var noga med att inte skada vevaxelgivaren (om tillämpligt).

Montering

5 Montera tillbaka vevaxelns remskiva, med hacket i remskivan i linje med upphöjningen på kamremsdrevet, sätt sedan på brickan och en **ny** fästbult.

6 Lås vevaxeln på samma sätt som vid demonteringen. Dra åt remskivans fästbult till angivet moment för steg 1, vinkeldra sedan bulten till angiven vinkel för steg 2 med en hylsnyckel och till sist till angiven vinkel för steg 3. En vinkelmätare rekommenderas för de sista åtdragningsstegen för exakthet. Om inte någon vinkelmätare finns tillgänglig, kan märken mellan bultskallen och remskivan

6.2 Ta loss den övre kamremskåpan - 1.6 liters motor

göras med vit färg innan åtdragningen. Använd sedan dessa märken för att kontrollera att bulten har dragits åt i rätt vinkel.

7 Montera tillbaka drivremmen enligt beskrivningen i kapitel 1. Använd märket som gjordes vid demonteringen för att garantera att remmen monteras åt rätt håll.

8 Montera hjulet, sänk ner bilen och dra åt hjulbultarna till angivet moment (se specifikationerna i kapitel 10).

1.8 och 2.0 liters motorer

Demontering

9 Utför de moment som beskrivs i punkt 1 och 2.

10 Använd en hylsnyckel på bulten till vevaxeldrevet och vrid vevaxeln tills tändinställningshacket på remskivans kant är korrekt inpassad mot markören på den bakre kamremskåpan (se avsnitt 3).

11 Skruva loss de små fästbultarna som håller fast remskivan till vevaxeldrevet, ta sedan bort remskivan från motorn. Om det behövs kan vevaxeln hindras från att vridas genom att drevets fästbult hålls fast med en passande hylsnyckel.

Montering

12 Kontrollera att vevaxeldrevets markering fortfarande är inpassad mot markeringen på oljepumpflänsen (se avsnitt 3), sätt sedan vevaxelns remskiva på plats. Passa in hacket på remskivans kant mot markören på den bakre kamremskåpan, sätt sedan remskivan på drevet och dra åt dess fästbultar till angivet moment. Om det behövs kan vevaxeln hållas fast med en passande hylsnyckel på drevets bult.

13 Fortsätt enligt beskrivningen i punkt 7 och 8.

6 Kamremskåpor - demontering och montering

1.4 och 1.6 liters motorer

Övre kåpa

1 Demontera luftrenarhuset enligt beskrivningen i kapitel 4A eller 4B.

2 Skruva loss fästskruvarna och lossa sedan den övre kåpan från den bakre och ta bort den från motorrummet **(se bild)**.

3 Monteringen sker i omvänd ordningsföljd. Dra åt kåpans bultar ordentligt.

Nedre kåpa

4 Demontera den övre kåpan enligt beskrivningen i punkt 1 och 2.

5 Demontera vevaxelns remskiva enligt beskrivningen i avsnitt 5.

6 Skruva loss fästbultarna och lossa sedan kåpan från den bakre kåpan och flytta på den **(se bilder på nästa sida)**.

7 Montering sker i omvänd ordningsföljd. Dra åt kåpans bultar ordentligt. Montera tillbaka

6.6a Nedre kamremskåpans övre fästbult (vid pilen) . . .

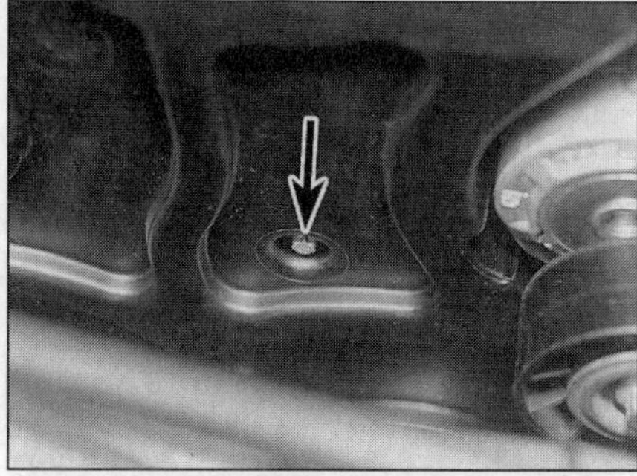

6.6b . . . och nedre fästbult (vid pilen) - 1.6 liters motor

6.10 Bakre kamremskåpans bultar - 1.6 liters motor

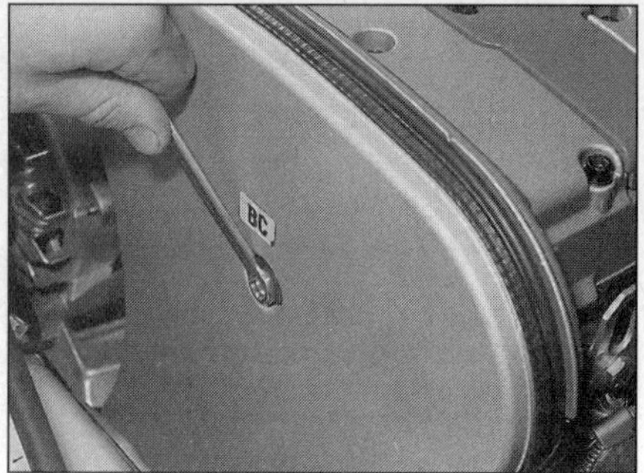

6.14a På 1.8 och 2.0 liters motorer, skruva loss kamremskåpans fästbultar . . .

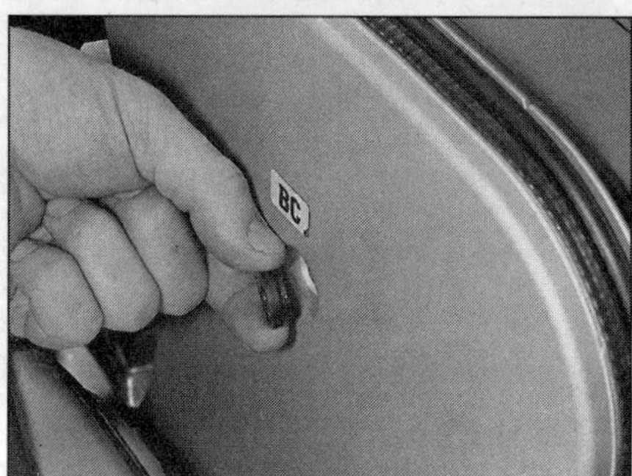

6.14b . . . och ta loss gummidistanserna

6.15 Vid återmonteringen, se till att tätningen sitter rätt på den yttre kåpan

vevaxelns remskiva enligt beskrivningen i avsnitt 5.

Bakre kåpa

8 Demontera kamremmen enligt beskrivningen i avsnitt 7.

9 Demontera kamaxeldreven, vevaxeldrevet, kamremsspännaren och överföringsremskivan från insugsrörets sida av motorn, enligt beskrivningen i avsnitt 8.

10 Skruva loss fästbultarna och ta bort den bakre kamremskåpan från motorn **(se bild)**.

11 Monteringen sker i omvänd ordningsföljd. Dra åt kåpans bultar ordentligt. Montera tillbaka dreven och spännar- och överföringsremskivor enligt beskrivningen i avsnitt 8, samt kamremmen enligt beskrivningen i avsnitt 7.

6.19a Den bakre kamremskåpans övre fästen - 2.0 liters motor före 1993

1 *Kåpskruvens övre hylsbult*
2 *Bakre remkåpans övre fästbultar*

1.8 och 2.0 liters motorer

Yttre kåpa

12 Demontera luftrenarhuset enligt beskrivningen i kapitel 4A eller 4B.

13 Demontera drivremmen/remmarna enligt beskrivningen i kapitel 1. Före demonteringen, märk ut remmens/remmarnas rotationsriktning för att garantera att den/de sätts tillbaka åt rätt håll.

14 Skruva loss fästbultarna tillsammans med brickor och gummidistanser, ta sedan bort kåpan från motorn, tillsammans med tätningen **(se bilder)**.

15 Monteringen sker i omvänd ordningsföljd. Se till att kåpans tätning sitter korrekt **(se bild)**. Montera tillbaka drivremmen/remmarna enligt beskrivningen i kapitel 1 och använd märkena som gjordes före demonteringen för att garantera rätt rotationsriktning.

6.19b Bakre kamremskåpans nedre högra fästbult - 2.0 liters motor före 1993

Bakre kåpa

16 Demontera kamremmen enligt beskrivningen i avsnitt 7.

17 Demontera kamaxeldreven, vevaxeldrevet, kamremsspännarens överföringsremskiva/skivor och på modeller från 1993 även överföringsremskivans fästbygel, enligt beskrivningen i avsnitt 8.

18 Skruva loss kamaxelgivaren från topplocket, i förekommande fall.

19 Skruva loss fästbultarna och ta bort den bakre kåpan från motorn **(se bilder)**.

20 Monteringen sker i omvänd ordning. Dra åt alla bultar ordentligt. Sätt tillbaka dreven, kamremsspännarens remskiva, överföringsremskivan/skivorna och fästbygeln (om tillämpligt) enligt beskrivningen i avsnitt 8. Montera sedan kamremmen.

7 Kamrem - demontering, montering och justering

Observera: *Motorn måste vara kall när kamremmen demonteras/monteras. Om remmen ska bytas på motorer av typen 'Ecotec' (se Specifikationer), rekommenderas att kamremsspännar- och överföringsremskivorna också byts, enligt beskrivningen i avsnitt 8.*

1.4 och 1.6 liters motorer

Demontering

1 Placera cylinderkolv nr 1 i ÖD i dess kompressionstakt enligt beskrivningen i avsnitt 3.

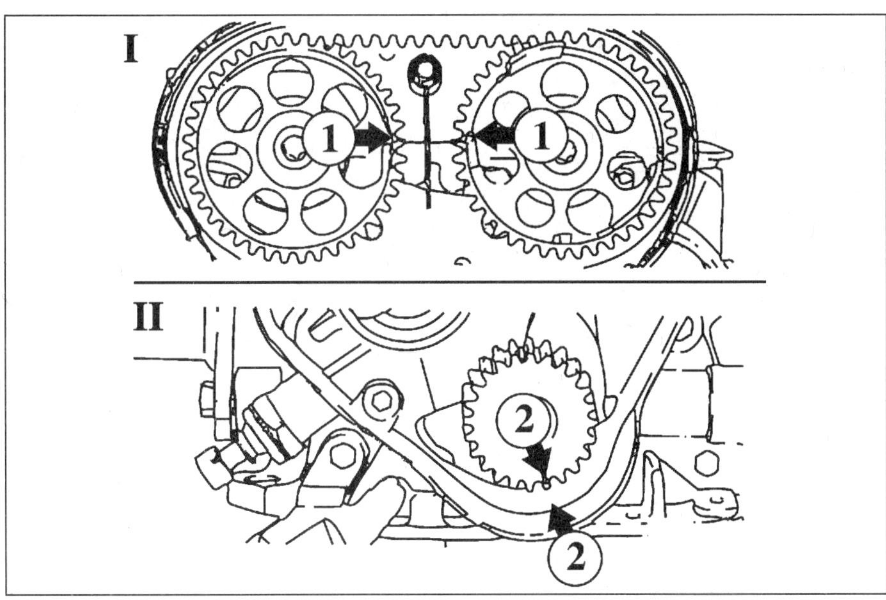

7.4a Kamaxel- och vevaxeldrevens tändinställningsmärken - 1.6 liters motor

I Kamaxeldrevens tändinställningsmärken inpassade mot topplockets övre yta (1)
II Vevaxeldrevets tändinställningsmärke inpassat mot märket på oljepumphuset (2)

2 Demontera vevaxelns remskiva enligt beskrivningen i avsnitt 5.

3 Skruva loss den nedre kamremskåpan och ta bort den från motorn (se avsnitt 6).

4 Kontrollera att kamaxeldrevens tändinställningsmärken är korrekt inpassade mot topplockets yta och att vevaxeldrevets tändinställningsmärke är inpassat mot markeringen på oljepumpens fläns. Skruva loss de två bultarna som håller fast kamaxelgivaren till topplocket och flytta bort den från motorn **(se bilder)**.

5 Lossa kamremsspännarens bult. Vrid spännararmen medurs med en insexnyckel till stoppet, så att spänningen släpper på kamremmen. Håll fast den och dra åt fästbulten ordentligt **(se bild)**.

6 Dra bort kamremmen från dess drev och ta bort den från motorn **(se bild)**. Markera remmens rotationsriktning med vit färg eller liknande om den ska återanvändas. Vrid **inte** vevaxeln eller kamaxlarna förrän kamremmen har satts på plats.

7 Undersök kamremmen noga och leta efter tecken på ojämnt slitage, delning eller oljeförorening. Byt ut den om det råder minsta tvivel om dess skick. Om motorn renoveras och om det börjar bli dags för ett rekommenderat rembyte (se kapitel 1) ska remmen bytas ut oavsett nuvarande skick. Om det finns oljefläckar på remmen, spåra källan för oljeläckaget och åtgärda det. Rengör sedan området runt kamremmen och alla tillhörande komponenter för att få bort alla spår av olja.

7.6 Ta bort kamremmen

Montering

8 Rengör kamremmens drev och spännar-/överföringsremskivorna ordentligt innan remmen monteras tillbaka.

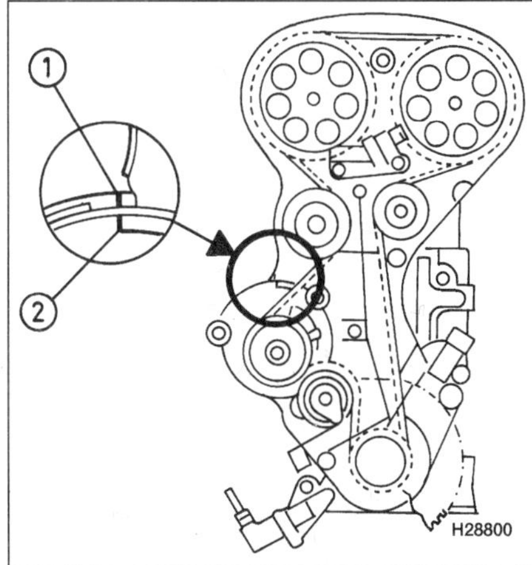

7.9 Kylvätskepumpens inställningsmärken - 1.4 och 1 6 liters motorer

1 Markering på motorblocket
2 Kanten på kylvätskepumpens fläns

7.4b På 1.6 liters motorer, skruva loss kamaxelgivaren och skjut bort den från kamremmen

7.5 Lossa kamremsspännarens bult (1) och vrid spännaren medurs med en insexnyckel i armens urtag (2)

9 Kontrollera att kamaxeldrevets tändinställningsmärken fortfarande är korrekt inpassade mot topplockets yta och att vevaxeldrevets tändinställningsmärke fortfarande är inpassat mot markeringen på oljepumpens fläns (se avsnitt 3). Kontrollera även att kanten på kylvätskepumpens fläns är inpassad mot markeringen på motorblocket **(se bild)**.

10 Montera kamremmen på vevaxel- och kamaxeldreven och runt överföringsremskivorna, och se till att remmens främre del är spänd (d.v.s. att allt slack är på spännarremskivans sida av remmen). Montera sedan remmen över kylvätskepumpens drev och spännarremskivan. Vrid inte remmen vid återmonteringen. Kontrollera att remmens kuggar hakar i drevet ordentligt och att tändinställningsmärkena är inpassade mot varandra. Om en använd rem återmonteras, se till att riktningsmärket som gjordes vid demonteringen pekar i rotationsriktningen.

11 Lossa kamremsspännarens bult så att spännarens fjäder släpper. Vrid spännararmen moturs tills spännarens pilmarkör ligger helt mot stoppet, utan att belasta remmen för mycket. Håll spännaren på plats och dra fast dess fästbult ordentligt **(se bild på nästa sida)**.

12 Kontrollera att kedjedrevets tändinställningsmärken fortfarande är korrekt inställda. Om någon inställning behöver justeras, lossa spännaren igen, ta sedan loss

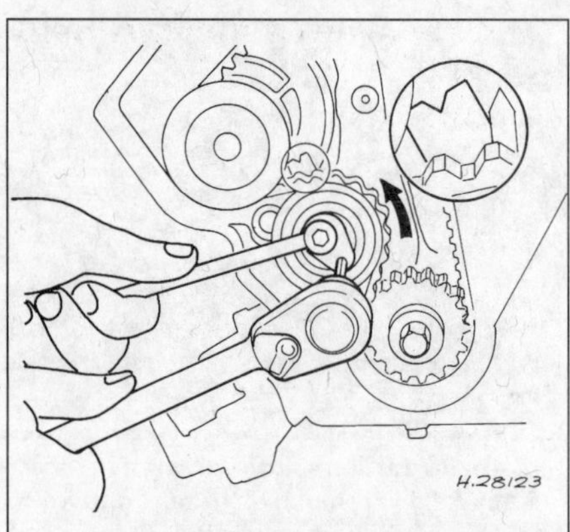

7.11 Spänn remmen genom att vrida spännararmen helt moturs tills pilmarkören är riktad som i bilden

7.15 Om en ny rem används, vrid spännaren tills pilmarkören pekar på hacket i fästplattan

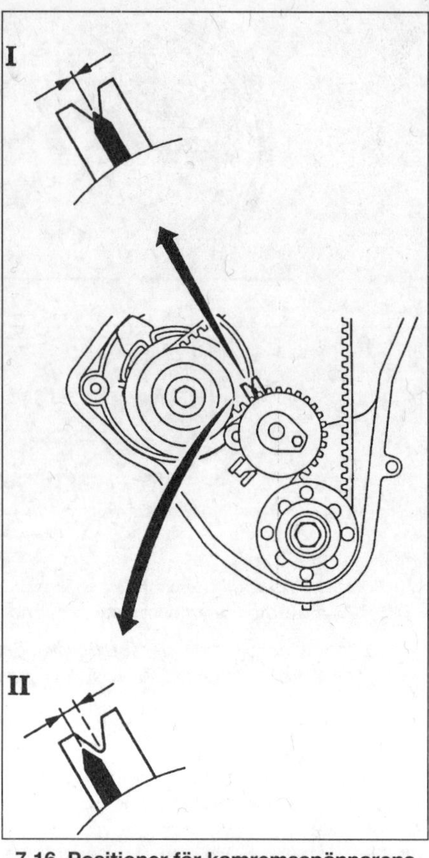

7.16 Positioner för kamremsspännarens pilmarkör

I Position om en ny rem används
II Position om den gamla remmen återanvänds (4 mm till vänster om urtaget i fästplattan)

remmen från dreven och gör alla nödvändiga justeringar.

13 Använd en hylsnyckel på bulten på vevaxelns remskiva och vrid vevaxeln mjukt två hela varv (720°) i normal rotationsriktning så att kamremmen hamnar på plats.

14 Kontrollera att både kamaxel- och vevaxeldrevens tändinställningsmärken är korrekt inpassade mot topplockets övre kant respektive tändinställningsmärket på den bakre remkåpan, och lossa sedan spännarbulten igen.

15 Om en ny kamrem monteras, justera spännaren så att pilen hamnar i linje med mitten av det V-formade hacket i fästplattan **(se bild)**. Håll fast spännaren i rätt position och dra fast dess fästbult till angivet moment. Vrid vevaxeln mjukt två ytterligare hela varv i den normala rotationsriktningen så att drevets tändinställningsmärken passas in igen. Kontrollera att pilen på spännaren fortfarande är i linje med mitten av hacket på fästplattan.

16 Om originalremmen monteras, justera spännaren så att pilen står 4 mm till vänster om det V-formade hacket på fästplattan **(se bild)**. Håll fast spännaren i rätt position och dra fast dess fästbult till angivet moment. Vrid vevaxeln mjukt två ytterligare hela varv i den normala rotationsriktningen så att drevets tändinställningsmärken passas in igen. Kontrollera att pilen på spännaren fortfarande är korrekt inpassad i förhållande till hacket på fästplattan.

17 Upprepa proceduren i punkt 15 (ny rem) eller 16 (originalrem) om spännarens pilmarkör inte är korrekt placerad i förhållande till hacket på fästplattan.

18 Om spännarens pilmarkör och hacket i fästplattan fortfarande är korrekt inpassade, sätt tillbaka kamremskåporna och vevaxelns remskiva enligt beskrivningen i avsnitt 5 och 6. Montera tillbaka kamaxelgivaren på topplocket och dra åt dess fästbultar till angivet moment (se kapitel 4B) innan den övre kåpan monteras tillbaka.

1.8 och 2.0 liters motorer före 1993

Demontering

19 Följ beskrivningen i punkt 1 och 2.

20 Demontera den yttre kamremskåpan enligt beskrivningen i avsnitt 6.

21 Kontrollera att tändinställningsmärkena fortfarande är inpassade mot markeringarna på kamaxelkåpan, demontera sedan kamremmen enligt följande **(se bild)**.

22 Lossa kamremsspännarens bult, dra sedan loss kamremmen från dess drev och ta bort den från motorn **(se bild)**. Markera remmens rotationsriktning med vit färg eller liknande om den ska återanvändas. Vrid **inte** vevaxeln eller kamaxlarna förrän kamremmen har satts på plats.

23 Fortsätt enligt beskrivningen i punkt 7.

Montering

24 Skruva loss bulten för kamremsspännarens remskiva och sätt på en ny bult, men dra inte åt den helt än.

25 Rengör kamremmens drev och spännar- och överföringsremskivorna ordentligt innan remmen monteras tillbaka.

26 Kontrollera att kamaxeldrevens tändinställningsmärken fortfarande är korrekt inpassade mot markeringarna på kamaxelkåpan, sätt sedan tillfälligt tillbaka vevaxelns remskiva och kontrollera att tändinställningsmärket på vevaxelns remskiva fortfarande är inpassat mot markören på den bakre kamremskåpan (se avsnitt 3) **(se bild)**.

27 Montera kamremmen på vevaxel- och kamaxeldreven och runt överföringsremskivan. Se till att remmens främre del är spänd (d.v.s. att allt slack är på spännarremskivans sida av remmen), montera sedan remmen över kylvätskepumpens drev och spännarremskivan. Vrid inte remmen vid återmonteringen. Kontrollera att remmens

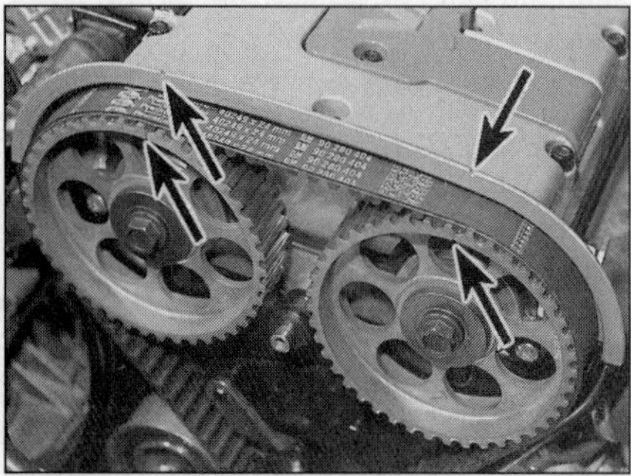

7.21 På 1.8 och 2.0 liters motorer, se till att kamaxeldrevens märken är korrekt inpassade mot markeringarna på kamaxelkåpan (vid pilarna)

7.22 Lossa kamremsspännarens bult - 2.0 liters motor före 1993

7.26 Tändinställningsmarkör på bakre kamremskåpan inpassad mot hacket på vevaxelns remskiva (vid pilen) - 2.0 liters motor före 1993

kuggar hakar i dreven ordentligt, och att tändinställningsmärkena är inpassade mot varandra. Om en använd rem återmonteras, se till att riktningsmärket som gjordes vid demonteringen pekar i rotationsriktningen.

28 Montera tillbaka vevaxelns remskiva och dra åt fästbultarna till angivet moment. Se till så att inte vevaxeln vrids när bultarna dras åt.

29 Kontrollera att tändinställningsmärkena fortfarande är inställda enligt den tidigare beskrivningen, justera sedan kamremsspänningen enligt följande.

Justering med Opels verktyg KM-666

Observera: *Tillverkaren anger att ett specialverktyg, KM-666, ska användas vid justering av kamremsspänningen. Om det inte går att få tag i detta verktyg kan en ungefärlig justering åstadkommas på det sätt som beskrivs i punkt 37 och framåt. Bilen bör dock tas till en Opelverkstad så snart som möjligt för att få spänningen kontrollerad med det nämnda specialverktyget. Kör inte bilen någon längre sträcka innan spänningen har kontrollerats med specialverktyget. Ingen kontroll av spänningen för en redan monterad kamrem anges, och följande justeringsprocedur gäller bara nymonterade remmar. Justeringen måste utföras när motorn är kall.*

30 Montera specialverktyget KM-666 på fästplattan på spännarens remskiva enligt tillverkarens instruktioner.

31 Arbeta moturs från ÖD-markeringen på avgaskamaxeldrevet och märk den åttonde tanden på drevet **(se bild)**.

32 Vrid vevaxeln långsamt och jämnt medurs två hela varv med en hylsnyckel eller skiftnyckel på vevaxeldrevets bult. Fortsätt att vrida vevaxeln tills referensmärket som gjordes i punkt 31 är inriktat mot tändinställningshacket på ventilkåpan.

33 Dra åt den **nya** spännarremskivebulten till angivet moment i de tre steg som anges i specifikationerna.

34 Ta bort spännarverktyget.

35 Vrid vevaxeln medurs tills ÖD-markeringarna på kamaxeldreven är inpassade mot tändinställningshacken på ventilkåpan, och kontrollera att ÖD-markeringen på vevaxelns remskiva är inpassad mot pilen på den bakre kamremskåpan.

36 Montera den yttre kamremskåpan enligt beskrivningen i avsnitt 6.

Ungefärlig justering

Observera: *Läs varningen i början av föregående delavsnitt innan arbetet fortsätts.*

37 Låt en medhjälpare trycka spännarremskivan mot remmen tills remmen precis kan vridas 45°, med måttligt tryck med tummen och pekfingret, på den längsta delen mellan kamaxeldrevet på avgassidan och överföringsremskivan.

38 Låt medhjälparen hålla spännarremskivan på plats, och dra åt den nya remskivebulten till angivet moment i de tre steg som anges i specifikationerna.

39 Vrid vevaxeln medurs två hela varv och kontrollera att tändinställningsmärkena fortfarande är inriktade enligt beskrivningen i punkt 35.

40 Montera den yttre kamremskåpan enligt beskrivningen i avsnitt 6.

1.8 och 2.0 liters motorer från 1993 och framåt

Demontering

41 Följ beskrivningen i punkt 1 och 2.

42 Kontrollera att kamaxeldrevets tändinställningsmärken är korrekt inpassade mot kamaxelkåpans märken, och att vevaxeldrevets tändinställningsmärke är inpassat mot markeringen på oljepumpsflänsen (se avsnitt 3).

43 Fortsätt sedan enligt beskrivningen i punkt 5 till 7.

Montering

44 Rengör kamremmens drev och spännar-/överföringsremskivorna ordentligt innan remmen monteras tillbaka.

45 Se till att kamaxeldrevens tändinställningsmärken fortfarande är korrekt inpassade mot kamaxelkåpans markeringar, och att vevaxeldrevets markering är inpassad mot markeringen på oljepumpsflänsen (se avsnitt 3).

46 Kontrollera kylvätskepumpens position. Tappen på pumpen ska vara inpassad mot tappen på motorblocket **(se bild)**.

47 Fortsätt enligt beskrivningen i punkt 10 till 17, men använd en hylsnyckel på vevaxeldrevets bult till att vrida vevaxeln.

48 När spännarens pil och hacket på fästplattan är korrekt inpassade mot varandra, montera tillbaka kamremskåpan och vevaxelns remskiva enligt beskrivningen i avsnitt 5 och 6.

8 Kamremsdrev, spännar- och överföringsremskivor - demontering och montering

Kamaxeldrev

Observera: *Nya fästbultar till drevet krävs vid återmonteringen.*

Demontering

1 Demontera kamremmen enligt beskrivningen i avsnitt 7.

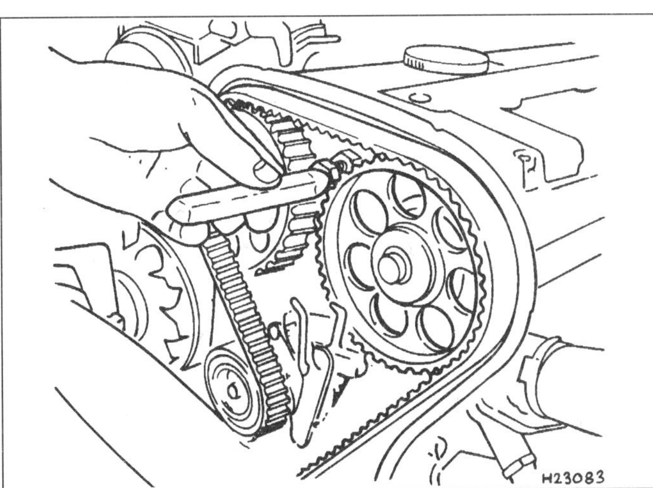

7.31 Arbeta moturs från ÖD-markeringen på avgaskamaxeldrevet och märk den åttonde tanden - 2.0 liters motor före 1993

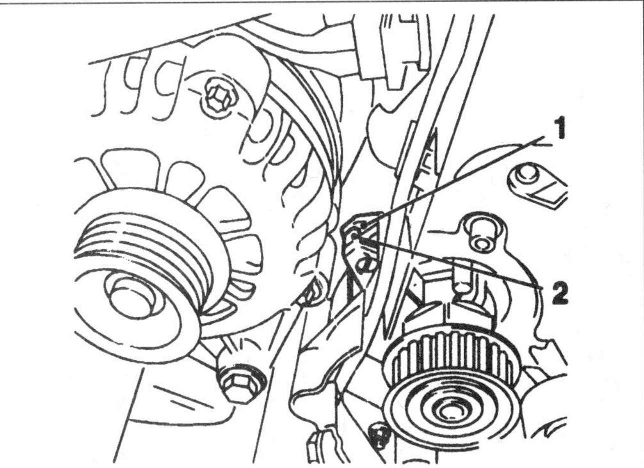

7.46 Tappen (1) på kylvätskepumpen ska vara inpassad med tappen (2) på motorblocket - 1.8 och 2.0 liters motorer fr.o.m 1993

8.2 En fast nyckel används till att hålla fast kamaxeln medan drevets fästbult lossas

8.3a Ta bort fästbulten och brickan . . .

2 Relevant kamaxel måste spärras så att den inte vrids när drevbulten skruvas loss. Detta kan göras på något av följande sätt.

a) *Tillverka ett verktyg för att hålla fast drevet med hjälp av två bitar bandstål (en lång och en kort), och tre muttrar och bultar. En mutter och bult utgör svängtappen på ett gaffelformat verktyg, och de återstående muttrarna och bultarna placeras längst fram på "gaffelns" tänder för att fästas i drevets ekrar* ***(se bild 8.2 i kapitel 2A)****.*

b) *Demontera kamaxelkåpan enligt beskrivningen i avsnitt 4 och håll fast kamaxeln med en fast nyckel på de plana ytorna* ***(se bild)****.*

3 Skruva loss fästbulten och brickan och ta bort drevet från änden av kamaxeln **(se bilder)**. Om drevets styrsprint sitter löst i kamaxeländen, ta bort den och spara den tillsammans med drevet.

4 Om det behövs, demontera det kvarvarande drevet på samma sätt. På 1.4 och 1.6 liters motorer är insugs- och avgasdreven olika. Avgasdrevet känns igen på de tappar som aktiverar kamaxelgivaren. På 1.8 och 2.0 liters motorer är båda dreven likadana.

Montering

5 Undersök oljetätningarna och leta efter skador eller läckor före återmonteringen. Om det behövs, byt dem enligt beskrivningen i avsnitt 9.

6 Se till att styrsprinten sitter på plats på kamaxeländen.

7 På 1.4 och 1.6 liters motorer, montera tillbaka drevet på kamaxeländen och passa in dess urtag mot styrsprinten, sätt sedan brickan och den **nya** fästbulten på plats **(se bild)**. Om båda dreven har demonterats, se till att dreven sitter på rätt kamaxel. Avgasdrevet känns igen på tapparna på drevets utsida, som aktiverar kamaxelgivaren.

8 På 1.8 och 2.0 liters motorer är de båda dreven likadana, men har två styrsprintsurtag. Om drevet monteras på insugskamaxeln ska styrsprinten passas in i urtaget märkt 'IN', och om drevet monteras på avgaskamaxeln ska styrsprinten passas in i urtaget märkt 'EX' **(se bild)**. Kontrollera att kamaxelns styrsprint sitter i rätt urtag på drevet, sätt sedan brickan och den **nya** fästbulten på plats.

9 På alla modeller, hindra kamaxeln från att rotera på samma sätt som vid demonteringen, dra åt drevets fästbult till angivet moment för steg 1, vinkeldra sedan bulten till angiven vinkel för steg 2 med en hylsnyckel och till sist till angiven vinkel för steg 3 **(se bild)**. En vinkelmätare rekommenderas för de sista stegen för att en exakt åtdragning ska upnås. Om en vinkelmätare inte finns tillgänglig kan märken göras med vit färg mellan bultskallen

8.3b . . . och kamaxeldrevet – 2.0 liters motor före 1993

och remskivan innan bulten dras åt. Använd sedan dessa märken för att kontrollera att bulten har dragits åt i rätt vinkel.

10 Montera tillbaka kamremmen enligt beskrivningen i avsnitt 7, montera sedan (om tillämpligt) tillbaka kamaxelkåpan enligt beskrivningen i avsnitt 4.

Vevaxeldrev – 1.4 och 1.6 liters motorer

Demontering

11 Demontera kamremmen enligt beskrivningen i avsnitt 7.

12 Dra bort drevet från änden av vevaxeln, och notera hur det är monterat.

8.7 På 1.4 och 1.6 liters motorer, se till att kamaxeldrevets urtag (vid pilen) hakar i styrsprinten ordentligt

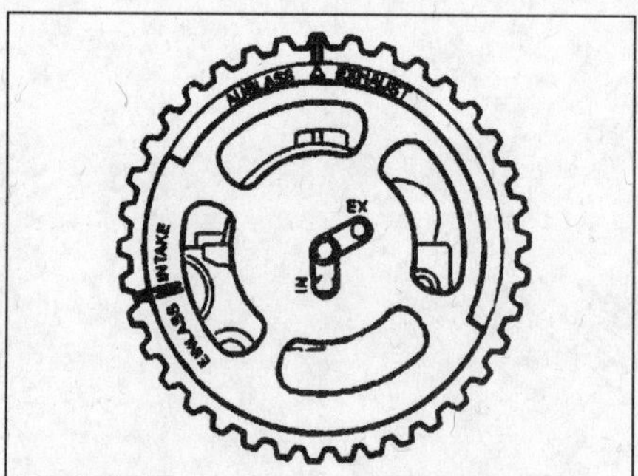

8.8 På 1.8 och 2.0 liters motorer, se till att styrsprinten hamnar i rätt hål på drevet vid återmonteringen (se text)

8.9 Kamaxeln hålls stilla med en fast nyckel

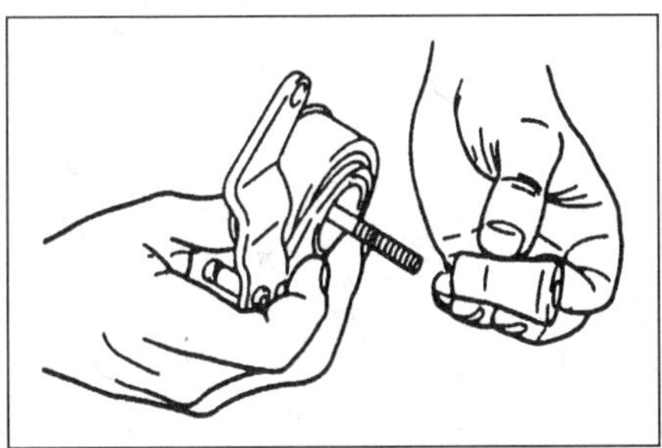

8.28 Spännarremskiva och distanshylsa - 2.0 liters motor före 1993

Observera att hylsans mindre diameter passar mot remskivan

Montering

13 Passa in drevets styrkil mot spåret i vevaxeln och skjut drevet på plats med tändinställningsmärket utåt.

14 Montera tillbaka kamremmen enligt beskrivningen i avsnitt 7.

Vevaxeldrev - 1.8 och 2.0 liters motorer

Observera: *En ny fästbult till vevaxeldrevet krävs vid återmonteringen.*

Demontering

15 Demontera kamremmen enligt beskrivningen i avsnitt 7.

16 Lossa vevaxeldrevets fästbult. För att förhindra att vevaxeln roterar på modeller med manuell växellåda, be en medhjälpare lägga i högsta växeln och trampa hårt på bromsen. På modeller med automatväxellåda, förhindra rotation genom att ta loss en av momentomvandlarens fästbultar och skruva fast drivplattan till växellådshuset med en metallstång, distansbrickor och passande bultar (se kapitel 7B). Om motorn är demonterad från bilen måste svänghjulet/drivplattan spärras (se avsnitt 14).

17 Skruva loss fästbulten och brickan och ta bort vevaxeldrevet från kamaxeländen. I förekommande fall, ta loss tryckbrickan och woodruffkilen från vevaxeländen.

Montering

18 Om det är tillämpligt, montera tillbaka woodruffkilen och tryckbrickan på änden av vevaxeln.

19 Passa in drevets styrkil mot spåret på vevaxeln, eller passa in spåret på drevet mot woodruffkilen, och sätt drevet på plats med tändinställningsmärket utåt. Sätt på brickan och den nya fästbulten.

20 Lås vevaxeln på samma sätt som vid demonteringen, dra åt drevets fästbult till angivet moment för steg 1 och vinkeldra sedan bulten till angiven vinkel för steg 2 med en hylsnyckel. En vinkelmätare rekommenderas för de sista åtdragningsstegen. Finns ingen mätare tillgänglig kan vita markeringar målas på bultskallen och drevet innan bulten dras åt. Använd sedan markeringarna för att kontrollera att bulten dragits åt i rätt vinkel.

21 Montera tillbaka kamremmen enligt beskrivningen i avsnitt 7.

Spännarremskiva - alla motorer utom 2.0 liters motorer före 1993

Demontering

22 Demontera kamremmen enligt beskrivningen i avsnitt 7.

23 Skruva loss fästbulten och ta bort spännarremskivan från motorn. Om en distanshylsa finns, ta loss den från fästbulten.

Montering

24 Sätt på spännaren på motorn och se till att tappen på fästplattan hamnar rätt i hålet på oljepumphuset. Kontrollera att spännaren sitter rätt och sätt sedan tillbaka fästbulten. Vrid spännararmen medurs till stoppet med en insexnyckel, dra sedan åt fästbulten ordentligt.

25 Montera tillbaka kamremmen enligt beskrivningen i avsnitt 7.

Spännarremskiva - 2.0 liters motorer före 1993

Observera: *En ny fästbult för spännarremskivan krävs vid återmonteringen.*

Demontering

26 Demontera kamremmen enligt beskrivningen i avsnitt 7.

27 Skruva loss fästbulten och ta bort spännarremskivan och fästplattan från motorn. Notera hur fästplattan är monterad, så att den sedan monteras tillbaka på rätt sätt. Ta loss distanshylsan från bulten.

Montering

28 Montera tillbaka fästplattan och spännarremskivan med en ny bult, och notera att distanshylsan ska monteras med den mindre diametern mot remskivan **(se bild)**.

29 Dra inte åt bulten helt förrän kamremmen har monterats tillbaka och spänts enligt beskrivningen i avsnitt 7.

Överföringsremskivor - alla motorer utom 2.0 liters motorer före 1993

Demontering

30 Demontera kamremmen enligt beskrivningen i avsnitt 7.

31 Skruva loss fästbulten/bultarna och ta loss överföringsremskivan/skivorna från motorn. På 1.8 och 2.0 liters modeller, skruva loss remskivans fästbygel och ta bort den från motorblocket om det behövs.

Montering

32 På 1.8 och 2.0 liters modeller, montera tillbaka remskivans fästbygel (om den tagits bort) på motorblocket och dra åt dess fästbultar till angivet moment.

33 På alla modeller, montera tillbaka överföringsremskivan/skivorna och dra åt fästbulten/bultarna till angivet moment.

34 Montera tillbaka kamremmen enligt beskrivningen i avsnitt 7.

Överföringsremskiva - 2.0 liters motorer före 1993

Observera: *En ny fästbult för remskivan krävs vid återmonteringen.*

Demontering

35 Demontera kamremmen enligt beskrivningen i avsnitt 7.

36 Skruva loss fästbulten och ta bort överföringsremskivan från motorn. Ta loss distanshylsan från bulten.

Montering

37 Montera tillbaka överföringsremskivan med en ny bult. Observera att distanshylsan ska monteras med den mindre diametern mot remskivan.

38 Dra åt den nya fästbulten till angivet moment i de tre steg som anges i specifikationerna.

9 Kamaxelns oljetätningar - byte

Främre oljetätning

1 Demontera relevant kamaxeldrev enligt beskrivningen i avsnitt 8.

2 Stansa eller borra försiktigt två hål mitt emot varandra i oljetätningen. Skruva i självgängande skruvar i hålen och dra i skruvarna med tänger för att få ut tätningen.

3 Rengör tätningshuset och putsa bort alla borrskägg eller upphöjda kanter som kan ha orsakat felet på tätningen.

4 Smörj läpparna på den nya tätningen med ren motorolja och pressa den på plats med hjälp av en rörformig dorn (till exempel en hylsa) som bara vidrör tätningens hårda ytterkant **(se bild)**. Var noga med att inte skada tätningsläpparna vid monteringen. Observera att tätningsläpparna ska vara vända inåt.

5 Montera kamaxeldrevet enligt beskrivningen i avsnitt 8.

Bakre oljetätning

6 Det finns inga bakre kamaxeloljetätningar på motorer med dubbla överliggande

9.4 Sätta på en ny kamaxeloljetätning - 1.6 liters motor visas

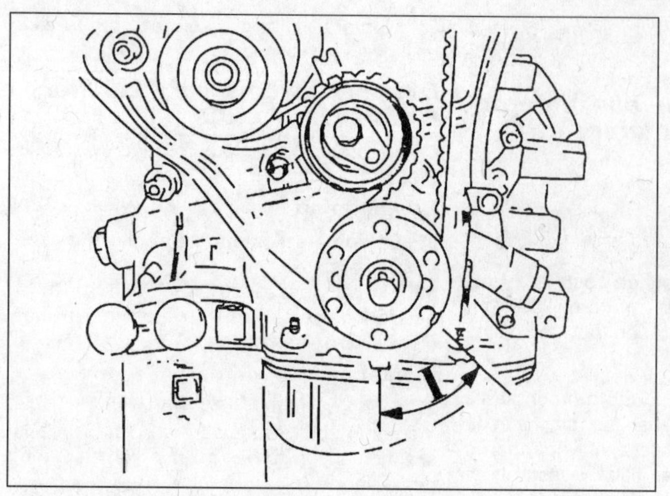

10.1 Innan kamremmen tas bort, vrid vevaxeln 60° bakåt så att kamaxlarna är korrekt placerade - 1.8 och 2.0 liters motor visas

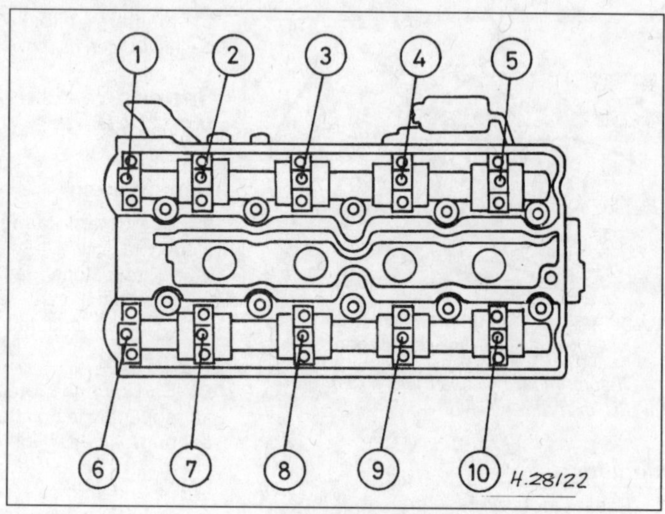

10.3a Nummerordning för kamaxellageröverfall - 1.6 liters motor visas

kamaxlar, däremot sitter det en O-ring baktill på fördelardosan på 2.0 liters motorer fram till 1993. Om O-ringen behöver bytas, demontera fördelaren enligt beskrivningen i kapitel 5B och bänd sedan loss den gamla O-ringen med en skruvmejsel. Sätt på den nya O-ringen och montera tillbaka fördelaren enligt beskrivningen i kapitel 5B.

10 Kamaxlar och ventillyftare - demontering, inspektion och montering

Demontering

1 Demontera kamremmen enligt beskrivningen i avsnitt 7. Innan kamremsspänningen släpps och remmen tas bort, vrid vevaxeln **bakåt** ungefär 60° (4 kuggar). Detta placerar kamaxlarna så att ventilfjädertrycket är jämnt fördelat längs hela axlarna, vilket minskar risken för att lageröverfallen skadas vid demontering/återmontering **(se bild)**.

2 På tidiga C 20 XE motorer gäller att om avgaskamaxeln ska tas bort, måste fördelaren demonteras enligt beskrivningen i kapitel 5B. Demontera kamaxeldreven enligt beskrivningen i avsnitt 8.

3 Börja med insugskamaxeln, arbeta i ett spiralmönster utifrån och inåt (det omvända mot bild 10.15) och lossa kamaxellageröverfallens fästbultar eller muttrar, ett varv i taget, så att trycket på lageröverfallens ventilfjädrar släpps gradvis och jämnt. När ventilfjädertrycket har släppts kan bultarna (eller muttrarna och brickorna) skruvas loss helt och tas bort tillsammans med överfallen. Lageröverfallen och platserna på topplocket är numrerade (insugskamaxeln 1 till 5, avgaskamaxeln 6 till 10, eller 6 till 11 på tidiga C 20 XE motorer) så att överfallen kan sättas tillbaka på rätt plats vid monteringen. Observera att på tidiga C 20 XE motorer med fördelare hålls lageröverfall 11 (bakre avgaskamaxeln) fast av fyra muttrar. Tappa inte bort styrstiften (om sådana används) **(se bilder)**.

Varning: Om lageröverfallsbultarna lossas vårdslöst kan lageröverfallen gå sönder. Om något lageröverfall går sönder måste hela topplocket bytas, eftersom det inte går att byta ut ett enstaka lageröverfall.

4 Lyft ut kamaxeln ur topplocket och ta loss oljetätningen **(se bild)**.

10.3b Numren ska stå på både lageröverfallen och topplocket (vid pilarna)

5 Upprepa momenten som beskrivs i punkt 3 och 4 och demontera avgaskamaxeln.

6 Skaffa sexton små, rena plastbehållare och numrera dem. Alternativt kan en större behållare delas in i fack. Lyft ut ventillyftarna ur topplocket och lägg var och en i respektive behållare **(se bild)**. **Observera:** *Förvara ventillyftarna rättvända så att inte oljan rinner ut ur de hydrauliska ventiljusteringsmekanismerna.*

Inspektion

7 Undersök kamaxellagrets yta och kamloberna efter tecken på slitage och repor. Byt

10.3c Fästmuttrar för avgaskamaxelns bakre lageröverfall (vid pilarna) - C 20 XE motorer med fördelare

10.4 Lyft ut avgaskamaxeln

10.6 En sugkopp används till att ta ut en ventillyftare

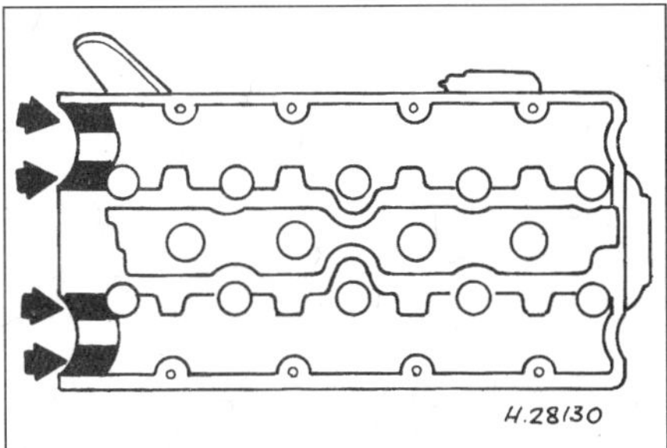

10.13 Lägg lite tätningsmedel på topplockets fogyta för de högra (nr. 1 och 6) lageröverfallen (vid pilarna)

10.14 Sätt tillbaka lageröverfallen med hjälp av nummermarkeringarna så att de hamnar på rätt plats

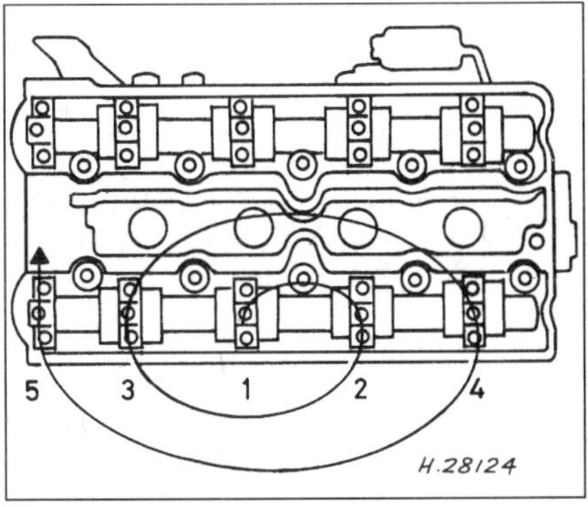

10.15 Åtdragningsordning för kamaxellageröverfall (avgaskamaxel visas, samma ordning gäller för insugskamaxeln)

kamaxeln om några fel hittas. Undersök lagerytornas skick både på kamaxeltapparna och i topplocket. Om ytorna i topplocket är mycket slitna måste topplocket bytas.

8 Stöd kamaxeltapparna på V-block och mät skevheten på den mittre axeltappen med en mätklocka. Om skevheten överskrider det angivna maxvärdet måste kamaxeln bytas.

9 Undersök ventillyftarnas ytor som kommer i kontakt med kamloberna och leta efter tecken på slitage och repor. Undersök ventillyftarna och deras lopp i topplocket och leta efter tecken på slitage eller skador. Om någon ventillyftare misstänks vara skadad eller är synligt sliten måste den bytas.

Montering

10 Smörj ventillyftarna med ren motorolja och skjut sedan försiktigt in var och en på sin ursprungliga plats i topplocket.

11 Smörj ventillyftartopparna med molybdendisulfidpasta och lägg sedan kamaxlarna på plats. Se till att vevaxeln fortfarande står i rätt position enligt beskrivningen i punkt 1. Sätt tillfälligt tillbaka dreven på kamaxlarna och placera varje kamaxel så att drevens tändinställningsmärken står ungefär 4 kuggar moturs från ÖD-inställningen (se avsnitt 3).

12 Se till att fogytorna på lageröverfallen och topplocket är rena och torra och smörj in kamaxeltapparna och loberna med ren motorolja.

13 Lägg lite tätningsmedel på fogytorna på både insugs- och avgaskamaxelns lageröverfall på kamremssidan (nr. 1 och 6) **(se bild)**. På tidiga C 20 XE motorer med fördelare, lägg lite tätningsmedel även på topplockets fogyta för avgaslageröverfallet på växellådssidan (nr. 11).

14 Se till att styrstiften (om sådana används) sitter på plats och montera sedan tillbaka kamaxellageröverfallen och fästbultarna, eller brickorna och muttrarna, på sina ursprungliga platser på topplocket **(se bild)**. Överfallen är numrerade (insugskamaxeln 1 till 5, avgaskamaxeln 6 till 10, eller 6 till 11 på tidiga C 20 XE motorer) från motorns kamremssida, och motsvarande siffror finns instansade på topplockets ovansida. Alla lageröverfallsnummer ska kunna läsas rättvända om man tittar på dem från bilens främre ände.

15 På insugskamaxeln, dra först åt lageröverfallens bultar eller muttrar enbart för hand, och dra sedan åt dem ett varv i taget i ett spiralmönster från mitten och utåt, så att trycket gradvis ökar på lageröverfallens ventilfjädrar **(se bild)**. Upprepa detta tills alla lageröverfall är i kontakt med topplocket, dra sedan åt överfallens bultar eller muttrar, i samma ordning, till angivet moment.

Varning: Om lageröverfallens bultar eller muttrar dras åt vårdslöst kan överfallen gå sönder. Om något lageröverfall går sönder måste hela topplocket bytas, eftersom det inte går att byta ett enstaka lageröverfall.

16 Dra åt bultarna eller muttrarna för lageröverfallen på avgaskamaxelsidan enligt beskrivningen i punkt 15 **(se bild)**.

17 Sätt på nya främre kamaxeloljetätningar enligt beskrivningen i avsnitt 9.

18 Montera kamaxeldreven enligt beskrivningen i avsnitt 8.

19 Passa in alla drevens tändinställningsmärken så att kamaxlarna och vevaxeln kommer tillbaka i ÖD-läge enligt beskrivningen i avsnitt 3 (vrid varje kamaxel och vevaxeln fyra kuggar medurs). Montera sedan tillbaka kamremmen enligt beskrivningen i avsnitt 7.

11 Topplock - demontering och montering

1.4 och 1.6 liters motorer

Observera: *Motorn måste vara kall när topplocket tas bort. En ny topplockspackning och nya topplocksbultar måste användas vid monteringen.*

Demontering

1 Tryckutjämna bränslesystemet enligt beskrivningen i kapitel 4A eller 4B, och koppla sedan ifrån batteriets minusledare.

2 Tappa av kylsystemet och skruva loss tändstiften enligt beskrivningen i kapitel 1.

3 Demontera kamremmen enligt beskrivningen i avsnitt 7. Innan kamremsspänningen släpps och remmen tas bort, vrid vevaxeln **moturs** ungefär 60° (4 kuggar på vevaxeldrevet). Detta placerar kamaxlarna så att

10.16 Arbeta enligt beskrivningen i texten, och dra åt lageröverfallsbultarna eller muttrarna till angivet moment

ventilfjädertrycket är jämnt fördelat längs hela axlarna, vilket minskar risken för att lageröverfallen skadas vid demontering och montering, samt risken för att ventilerna kommer i kontakt med kolvarna **(se bild)**.

4 Demontera hela insugsröret enligt beskrivningen i kapitel 4A eller 4B.

5 Demontera avgasgrenröret enligt beskrivningen i kapitel 4A eller 4B. Om inget arbete ska utföras på topplocket kan det demonteras tillsammans med grenröret när följande moment har utförts.

a) Skruva loss det främre avgasröret från grenröret.

b) Koppla loss syresensorns kontaktdon.

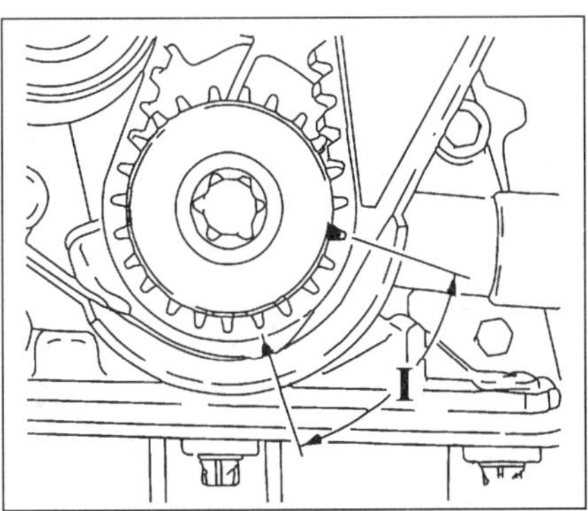

11.3 Innan kamremmen tas bort, vrid vevaxeln 60° bakåt så att kamaxlarna är korrekt placerade - 1.6 liters motor visas

11.13 Skruva loss topplocksbultarna . . .

11.14 . . . och lyft av topplocket

11.23 Se till att topplockspackningen är vänd med markeringen OBEN/TOP uppåt

c) Koppla loss luftslangen och vakuumslangen från luftinsprutningsventilen.

6 Demontera kamaxelkåpan enligt beskrivningen i avsnitt 4.

7 Demontera kamaxeldreven kamremmens överföringsremskivor enligt beskrivningen i avsnitt 8.

8 Skruva loss bultarna som håller fast den bakre kamremskåpan till topplocket.

9 Skruva loss servostyrningspumpen enligt beskrivningen i kapitel 10 och flytta bort den från topplocket.

10 Koppla loss kontaktdonen från DIS-modulen och kylvätsketemperaturgivarens enheter på topplocket. Lossa kablaget från fästklamrarna, notera hur de är dragna, och flytta bort dem från topplocket.

11 Lossa fästklamrarna och koppla sedan loss och ta bort den övre kylvätskeslangen mellan topplocket och kylaren. Lossa fästklammern och koppla loss topplockets kylvätskeslang från expansionskärlet.

12 Gör en sista kontroll för att se till att alla slangar, rör, kablar och liknande har kopplats loss.

13 Arbeta i **omvänd** ordning mot den som visas **(se bild 11.26a)** och lossa stegvis topplocksbultarna med ett tredjedels varv i taget tills alla bultar kan skruvas loss för hand. Ta bort varje bult i tur och ordning, tillsammans med tillhörande bricka **(se bild)**.

14 Lyft av topplocket från motorblocket **(se bild)**. Om det behövs, knacka försiktigt på topplocket med en mjuk klubba för att få loss det från motorblocket, men bänd **inte** mellan fogytorna. Notera hur de två styrstiften sitter monterade, och ta loss och spara dem om de sitter löst.

15 Ta loss och kasta topplockspackningen.

Förberedelser inför återmontering

16 Fogytorna mellan topplocket och motorblocket måste vara helt rena innan topplocket monteras tillbaka. Använd en skrapa för att få bort alla packningsrester och allt sot, och rengör även kolvarnas överdelar. Var extra försiktig med aluminiumytorna, eftersom den mjuka metallen lätt kan skadas. Se även till att avlagringar inte kommer in i olje- och vattenkanalerna – det är särskilt viktigt när det gäller oljeledningarna, eftersom sotpartiklar kan täppa till oljetillförseln till kamaxeln eller vevlagren. Täck över vattenkanaler, oljekanaler och bulthål i motorblocket med tejp och papper. Lägg också lite fett i gapet mellan kolvarna och loppen för att hindra sot från att tränga in. När kolven sedan är rengjord, vrid vevaxeln så att kolven rör sig nedåt i loppet och torka bort fett och sot med en tygtrasa. Rengör de övriga kolvkronorna på samma sätt.

17 Undersök motorblocket och topplocket och leta efter hack, djupa repor eller andra skador. Mindre skador kan slipas bort försiktigt med en fil. Omfattande skador kan eventuellt repareras med maskinslipning, men det arbetet måste överlåtas till en specialist.

18 Kontrollera topplocket med en stållinjal om det misstänks vara skevt. Se kapitel 2C om det behövs.

19 Kontrollera att hålen för topplocksbultarna i vevhuset är rena och fria från olja. Sug upp den olja som finns kvar i bulthålen med en hävert. Detta är av största vikt för att bultarna ska kunna dras åt till rätt moment, och för att inte motorblocket ska spricka på grund av hydrauliskt tryck när bultarna dras åt.

20 Byt topplocksbultarna oavsett skick.

Montering

21 Se till att vevaxeln fortfarande står ungefär 60° FÖD (se punkt 3) och torka rent fogytorna på topplocket och motorblocket.

22 Se till att de två styrstiften sitter på plats i ändarna av motorblockets/vevhusets yta.

23 Sätt på den nya topplockspackningen på blocket och se till att den sitter rättvänd, med markeringen OBEN/TOP uppåt **(se bild)**.

24 Sätt försiktigt tillbaka topplocket på stiften.

25 Sätt på brickorna på de **nya** topplocksbultarna och sätt dem sedan försiktigt på plats (låt inte bultarna **falla** på plats), och dra bara åt dem med fingrarna än så länge **(se bild)**.

26 Arbeta stegvis i den ordningsföljd som visas och dra först åt alla topplocksbultar till momentet för steg 1 **(se bilder)**.

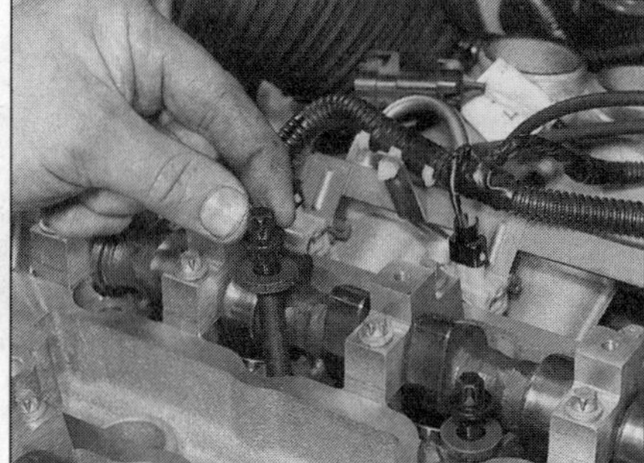

11.25 Sätt i de nya topplocksbultarna och dra åt dem endast för hand

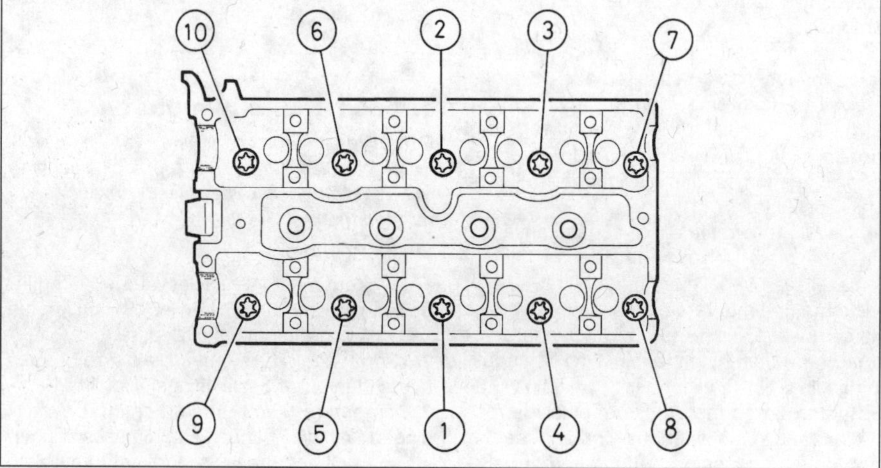

11.26a Åtdragningsordning för topplocksbultar (1.8 och 2.0 liters motor visas – samma ordning gäller för 1.4 och 1.6 liters motorer)

11.26b Dra åt topplocksbultarna till angivet moment för steg 1 . . .

27 När alla bultar dragits åt till momentet för steg 1 ska de vinkeldras med hylsnyckel i samma ordningsföljd till momentet för steg 2. En vinkelmätare bör användas så att bultarna garanterat dras åt korrekt **(se bild)**.

28 Arbeta i den angivna ordningsföljden och dra åt alla bultar till den angivna vinkeln för steg 3.

29 Fortsätt arbeta i den angivna ordningsföljden och dra åt alla bultar till den angivna vinkeln för steg 4.

30 Dra slutligen åt alla bultar till angiven vinkel för steg 5, fortfarande i samma ordningsföljd.

31 Återanslut kylvätskeslangarna och fäst dem med fästklamrarna.

32 Återanslut DIS-modulen och kylvätsketemperaturgivarens kontaktdon, och se till att härvan är korrekt dragen och hålls fast av alla relevanta klämmor.

33 Montera tillbaka servostyrningspumpen enligt beskrivningen i kapitel 10.

34 Sätt i fästbultarna till kamremmens bakre kåpa och dra åt dem ordentligt.

35 Montera tillbaka kamaxeldreven och överföringsremskivorna enligt beskrivningen i avsnitt 8.

36 Passa in alla drevens tändinställningsmärken så att kamaxlarna och vevaxeln kommer tillbaka i ÖD-läge, montera sedan kamremmen enligt beskrivningen i avsnitt 7.

37 Montera tillbaka kamaxelkåpan och kamremskåpan/kåporna enligt beskrivningen i avsnitt 4 och 6.

38 Montera tillbaka insugsgrenröret, och i förekommande fall avgasgrenröret, enligt beskrivningen i kapitel 4A eller 4B.

39 Om topplocket demonterades tillsammans med avgasgrenröret, utför följande moment enligt beskrivningen i kapitel 4A eller 4B.

a) Återanslut det främre avgasröret till grenröret.

b) Återanslut syresensorns kontaktdon.

c) Återanslut luftslangen och vakuumslangen till luftinsprutningsventilen.

40 Se till att alla rör och slangar är ordentligt anslutna, fyll sedan på kylsystemet och montera tillbaka tändstiften enligt beskrivningen i kapitel 1.

11.27 . . . och sedan till de vinklar som anges i texten

41 Återanslut batteriet, starta motorn och leta efter tecken på läckage.

1.8 och 2.0 liters motorer

Observera: *Motorn måste vara kall när topplocket tas bort. En ny topplockspackning och nya topplocksbultar måste användas vid monteringen.*

Demontering

42 Följ beskrivningen i punkt 1 till 3.

43 Demontera insugs- och avgasgrenrören enligt beskrivningen i kapitel 4B. Om inget arbete ska utföras på topplocket kan det demonteras tillsammans med grenrören när följande slangar/kablar etc. har kopplats loss (se kapitel 4B).

44 Demontera kamaxelkåpan enligt beskrivningen i avsnitt 4.

45 Demontera kamaxeldreven enligt beskrivningen i avsnitt 8.

46 På alla motorer utom C 20 XE motorer, demontera kamaxlarna enligt beskrivningen i avsnitt 10.

47 Skruva loss bultarna som håller fast den bakre kamremskåpan till topplocket.

48 Där tillämpligt, skruva loss de övre och mellersta hylsbultarna för den yttre kamremskåpans skruvar. Observera att den övre hylsbulten kan skruvas loss från topplocket, men att den mellersta hålls fast av en bult **(se bild)**.

49 På tidiga C 20 XE motorer, demontera fördelarlocket och tändkablarna, och koppla

11.51 Kylvätskeslangen kopplas loss från termostathuset - 2.0 liters motor

11.48 Skruva loss den yttre kamremskåpans övre hylsbult - 2.0 liters motor

loss fördelarens anslutningskontakt enligt beskrivningen i kapitel 5B.

50 Om det är tillämpligt, skruva loss bulten som håller fast vevhusventilationsslangens fäste till kanten av topplocket.

51 Demontera topplocket enligt beskrivningen i punkt 11 till 15 **(se bild)**.

Förberedelser inför återmontering

52 Följ beskrivningen i punkt 16 till 20.

Montering

53 Följ beskrivningen i punkt 21 till 31 **(se bild)**.

54 Återanslut kylvätskeslangarna och fäst dem med fästklamrarna.

55 Montera fästbultarna till kamremmens bakre kåpa och dra åt dem ordentligt.

56 Om det är tillämpligt, sätt tillbaka bulten som håller fast vevhusventilationsslangens fäste till kanten av topplocket.

57 På tidiga C 20 XE motorer, montera tillbaka fördelarlocket och tändkablarna, och återanslut fördelarens anslutningskontakt.

58 Om set är tillämpligt, sätt tillbaka den översta och mellersta hylsbulten för den yttre kamremskåpans skruvar.

59 Montera tillbaka kamaxeldreven enligt beskrivningen i avsnitt 8.

60 Utför momenten som beskrivs i punkt 36 till 41.

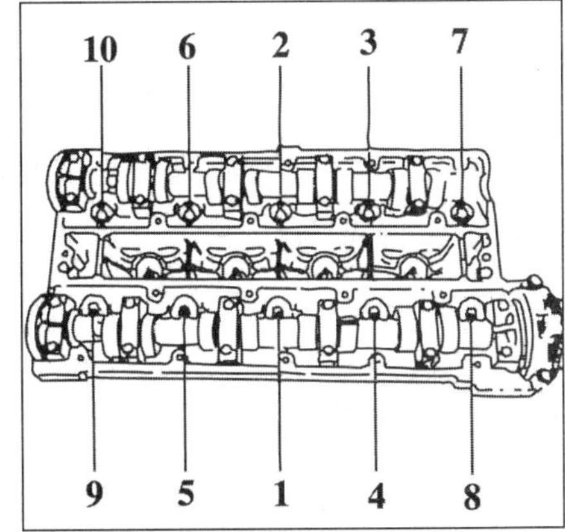

11.53 Åtdragningsordning för topplocksbultar - C 20 XE motorer

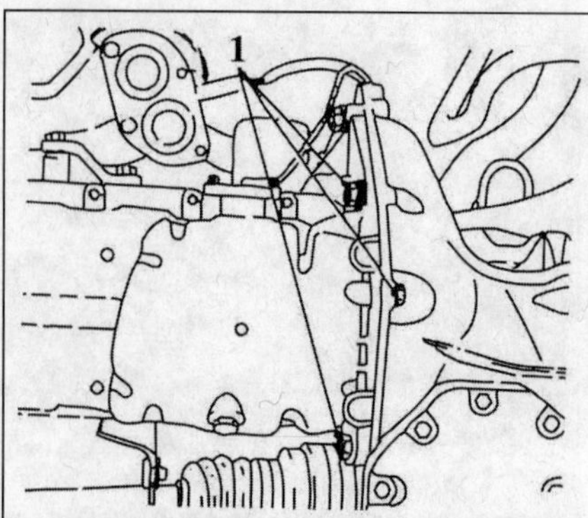

12.6 Bultar som håller oljesumpsflänsen till växellådshuset – 1.4 och 1.6 liters motorer

12 Oljesump – demontering och montering

1.4 och 1.6 liters motorer

Observera: *En ny oljesumpspackning behövs vid monteringen, och passande tätningsmedel till fogytorna runt oljepumphusets och de bakre ramlageröverfallens fogar. Passande gängläsmassa behövs också till sumpbultarnas gängor och, om tillämpligt, bultgängorna på oljepumpens oljeupptagare/sil.*

Demontering

1 Koppla loss batteriets minusledare.

2 Dra åt handbromsen, lyft upp framvagnen och ställ den på pallbockar (se *Lyftning och stödpunkter*). Om det behövs, skruva loss fästskruvarna och ta bort den undre skyddskåpan från motorn/växellådan.

3 Tappa av motoroljan enligt beskrivningen i kapitel 1 och sätt på en ny tätningsbricka. Montera sedan tillbaka avtappningspluggen och dra åt den till angivet moment.

4 Demontera det främre avgasröret enligt beskrivningen i kapitel 4B.

5 Koppla loss kontaktdonet från oljenivågivaren (om en sådan finns).

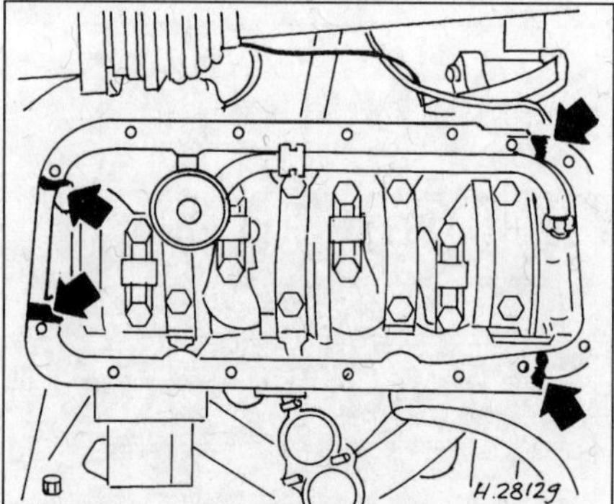

12.13 Applicera tätningsmedel på oljepumpens och det bakre ramlageröverfallets fogytor (vid pilarna) innan pumpen återmonteras – 1.4 och 1.6 liters motorer

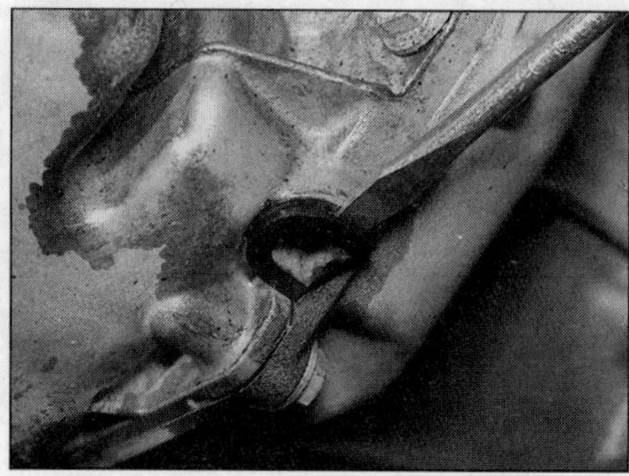

12.7 Ta bort gummipluggarna från oljesumpsflänsen så att det går att komma åt resten av oljesumpsbultarna – 1.4 och 1.6 liters motorer

6 Skruva loss bultarna som håller fast oljesumpsflänsen till växellådshuset **(se bild)**.

7 Ta bort gummipluggarna från oljesumpsflänsens växellådssida för att komma åt fästbultarna på oljesumpssidan **(se bild)**.

8 Skruva stegvis loss bultarna som håller fast oljesumpen längst ner på motorblocket/oljepumpen. Lossa oljesumpen genom att slå på den med handflatan, och dra den sedan nedåt och ta bort den från motorn. Ta bort packningen och kasta den.

9 Passa på att undersöka oljepumpens oljeupptagare/sil efter tecken på igensättning eller sprickor medan oljesumpen är borttagen. Om det behövs, skruva loss oljeupptagaren/silen och ta bort den från motorn tillsammans med tätningsringen. Silen kan sedan enkelt rengöras i lösningsmedel eller bytas ut.

Montering

10 Torka bort alla spår av smuts, olja och gammal packning från fogytorna på sumpen och motorblocket, samt (om de demonterats) oljepumpens oljeupptagare/sil. Torka även bort alla spår av fästmassa från bultarna på oljepumpens oljeupptagare (om den tagits loss).

11 Om det behövs, sätt på en ny tätningsring på oljepumpens oljeupptagare/sil och montera oljeupptagaren/silen. Lägg fästmassa på gängorna på bultarna till oljeupptagaren/silen, sätt sedan i bultarna och dra åt dem till angivet moment.

12 Se till att oljesumpens och motorblockets fogytor är rena och torra och torka bort alla spår av fästmassa från oljesumpens bultar.

13 Applicera lite tätningsmedel på motorblockets kontaktytor mot oljepumpshuset och det bakre ramlageröverfallet **(se bild)**.

14 Sätt på en ny packning på oljesumpen och applicera ett par droppar fästmassa på gängorna på bultarna som håller fast oljesumpen till motorblocket/oljepumpen/växellådan.

15 Passa in oljesumpen, se till att packningen sitter rätt, och sätt i alla fästbultar löst. Arbeta utåt från mitten i diagonal ordningsföljd och dra stegvis åt bultarna som håller fast oljesumpen till motorblocket/oljepumpen till angivet moment.

16 Dra åt bultarna som håller fast oljesumpsflänsen till växellådshuset till angivet moment. Sätt tillbaka gummipluggarna i oljesumpflänsens urtag.

17 Montera tillbaka det främre avgasröret enligt beskrivningen i kapitel 4B och, om det är tillämpligt, återanslut oljenivågivarens kontaktdon.

18 Om en sådan används, montera tillbaka den undre skyddskåpan, sänk ner bilen och fyll på motorn med ny olja enligt beskrivningen i kapitel 1. Återanslut batteriets minusledare.

1.8 och 2.0 liters motorer med oljesump i ett stycke

Demontering

19 Följ beskrivningen i punkt 1 till 5.

20 Om det är tillämpligt, skruva loss fästbultarna och ta bort plåten mellan motorn och växellådan från balanshjulskåpan.

21 Skruva loss fästbultarna och ta bort oljesumpen. Om det behövs, slå på oljesumpen med handflatan för att lossa den från motorblocket. Bänd ***inte*** mellan oljesumpens och motorblockets fogytor. Oljesumpens skvalpskott kommer antagligen att följa med sumpen från motorblocket, men kan inte tas bort förrän oljepumpens oljeupptagare/sil har demonterats.

22 Ta bort packningen, där tillämpligt.

23 Ta loss oljesumpens skvalpskott genom att skruva loss fästet/fästena som håller fast oljepumpens oljeupptagare/sil till motorblocket, och skruva loss de två bultar som håller fast oljeupptagaren/silen till oljepumpen (ta loss O-ringen). Ta sedan bort skvalpskottet och packningen. Observera att på vissa motorer sitter packningen ihop med skvalpskottet.

24 Passa på att undersöka om oljepumpens oljeupptagare/sil är igensatt eller sprucken medan oljesumpen är borttagen. Rengör silen med lösningsmedel, eller byt den om det behövs.

Montering

25 Torka bort alla spår av smuts, olja och gammal packning från fogytorna på oljesumpen och motorblocket, samt (om de demonterats) oljepumpens oljeupptagare/sil. Torka även bort alla spår av fästmassa från bultarna på oljepumpens oljeupptagare (om den demonterats).

26 Se till att oljesumpens, skvalpskottets och motorblockets fogytor är rena och torra, och torka bort alla spår av fästmassa från oljesumpens bultar.

27 Applicera lite tätningsmedel på motorblockets kontaktytor runt oljepumpshuset och de bakre ramlageröverfallens fogar **(se bild 12.13)**.

28 På modeller med separata oljesumps- och skvalpskottspackningar, sätt på en ny skvalpskottspackning, sätt sedan skvalpskottet på plats och montera oljepumpens oljeupptagare/sil med en ny tätningsring. Applicera fästmassa på gängorna på bultarna till oljeupptagaren/silen, sätt i bultarna och dra åt dem till angivet moment.

29 På modeller där packningen sitter ihop med skvalpskottet, sätt på ett nytt skvalpskott och montera sedan tillbaka oljepumpens oljeupptagare/sil enligt beskrivningen i föregående punkt.
30 Passa in oljesumpen, se till att packningen sitter rätt, och sätt i alla fästbultar löst. Arbeta utåt från mitten i diagonal ordningsföljd och dra stegvis åt bultarna som håller fast oljesumpen till motorblocket/oljepumpen till angivet moment.
31 Om det är tillämpligt, montera tillbaka plåten mellan motorn och växellådan till balanshjulskåpan och dra åt fästbultarna.
32 Fortsätt enligt beskrivningen i punkt 17 och 18.

1.8 och 2.0 liters motorer med tvådelad oljesump - oljesumpens nedre del

Demontering

33 Följ beskrivningen i punkt 1 till 5, men observera att det främre avgasröret inte behöver demonteras om inte den övre delen av oljesumpen ska tas bort.
34 Skruva loss bultarna som håller fast oljesumpens nedre del till den övre, och lossa sedan den nedre delen (om det behövs, lossa oljesumpen genom att slå på den med handflatan, eller genom att bända loss den med en bredbladig skrapa) och ta bort den tillsammans med packningen **(se bild)**.

Montering

35 Se till att fogytorna mellan oljesumpens övre och nedre del är rena och torra.
36 Sätt på en ny packning på oljesumpens nedre del och passa in den mot den övre delen. Sätt i den nedre delens fästbultar (om gängorna på de nya fästbultarna inte är bestrukna med låsmassa, täck dem med låsmassa före monteringen) och dra åt dem i diagonal ordningsföljd till angivet moment i de två steg som anges i specifikationerna.
37 Fortsätt enligt beskrivningen i punkt 17 och 18.

1.8 och 2.0 liters motorer med tvådelad oljesump - oljesumpens övre del

Demontering

38 Demontera oljesumpens nedre del enligt beskrivningen tidigare i detta avsnitt.
39 Om det inte redan gjorts, demontera det främre avgasröret enligt beskrivningen i kapitel 4B.
40 För att förbättra åtkomligheten, demontera oljefiltret enligt beskrivningen i kapitel 1.
41 Skruva loss bultarna som håller fast oljesumpens övre del till växellådan.
42 Skruva stegvis loss bultarna som håller fast oljesumpens övre del till motorblocket, och ta bort oljesumpen från motorn. Om det behövs, slå på oljesumpen med handflatan för att lossa den från motorblocket. Bänd ***inte*** mellan oljesumpens och motorblockets fogytor. Ta bort packningen.

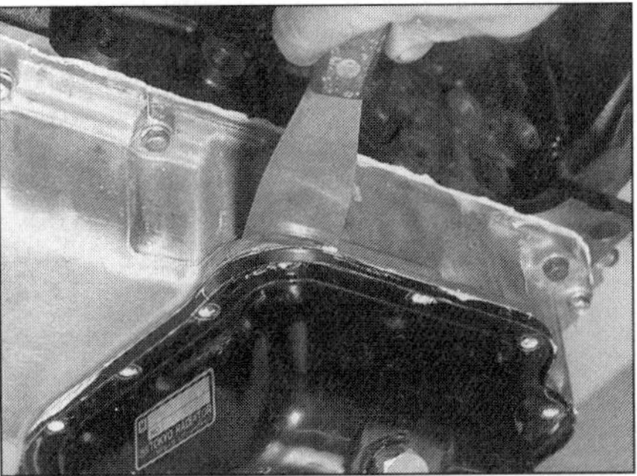

12.34 Om den nedre delen av sumpen sitter fast, bänd försiktigt loss den med en bredbladig skrapa

43 Passa på att undersöka om oljepumpens oljeupptagare/sil är igensatt eller sprucken medan oljesumpen är borttagen. Om det behövs, skruva loss oljeupptagaren/silen och ta bort den från motorn tillsammans med tätningsringen. Silen kan sedan enkelt rengöras i lösningsmedel eller bytas ut.

Montering

44 Följ beskrivningen i punkt 10 till 14.
45 Passa in oljesumpens övre del, se till att packningen sitter rätt, och sätt i alla fästbultar och dra åt dem löst.
46 Dra åt bultarna som håller fast oljesumpens övre del till växellådan till angivet moment.
47 Dra åt bultarna som håller fast oljesumpens övre del till motorblocket och oljepumpen till angivet moment.
48 Sätt på ett nytt oljefilter, montera sedan tillbaka oljesumpens nedre del enligt beskrivningen tidigare i detta avsnitt.

13 Oljepump - demontering, översyn och montering

Demontering

Observera: *Övertrycksventilen kan demonteras med pumpen på plats på motorn, men på vissa modeller krävs det att fästbyglarna skruvas loss från blocket för att ventilen ska kunna tas bort.*

13.10 Lyft ut kugghjulen från pumphuset

13.8 Skruva loss fästskruvarna och ta bort oljepumpens kåpa

1 Demontera kamremmen enligt beskrivningen i avsnitt 7.
2 Demontera den bakre kamremskåpan enligt beskrivningen i avsnitt 6.
3 Demontera oljesumpen och oljepumpens oljeupptagare/sil enligt beskrivningen i avsnitt 12.
4 Koppla loss kontaktdonet från oljetryckskontakten.
5 Om en sådan finns, skruva loss vevaxelgivarens fästbygel och flytta bort den från oljepumpen.
6 Där så är tillämpligt, skruva loss anslutningen och koppla ifrån oljekylarröret från adaptern på oljepumpen.
7 Skruva loss och ta bort fästbultarna, dra sedan bort oljepumpshuset från vevaxelns ände. Tappa inte bort styrstiften. Ta bort pumphuspackningen och kasta den.

Översyn

8 Skruva loss fästskruvarna och lyft bort pumpkåpan från husets baksida **(se bild)**.
9 Märk ytorna på pumpens inre och yttre kugghjul med en lämplig märkpenna, så att kugghjulen kan monteras tillbaka åt rätt håll.
10 Lyft bort inre och yttre kugghjul från pumphuset **(se bild)**.
11 Skruva loss bulten till oljeövertrycksventilen från husets framsida och ta bort fjädern och tryckkolven från huset, och notera hur tryckkolven är monterad. Ta bort tätningsbrickan från ventilbulten **(se bild)**.

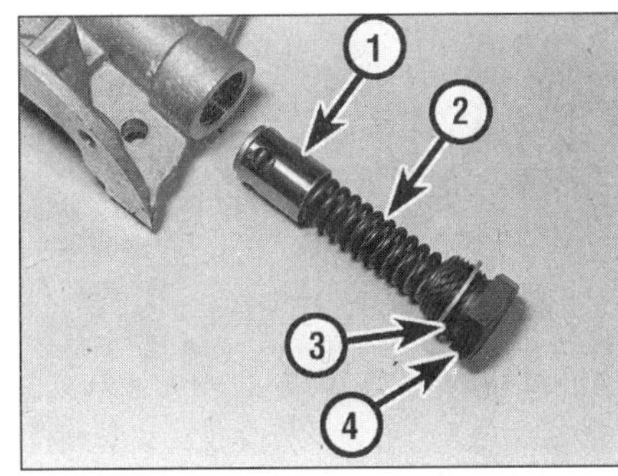

13.11 Övertrycksventilens komponenter

1 Tryckkolv
2 Fjäder
3 Tätningsbricka
4 Ventilbult

13.13a Mät spelet med ett bladmått

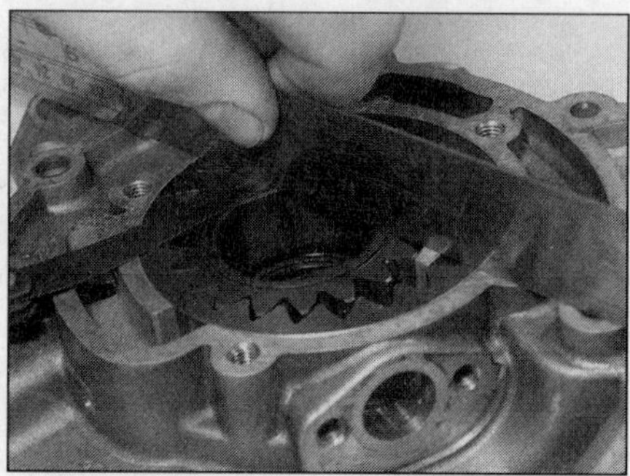
13.13b Mät drevens axialspel med en stållinjal och ett bladmått

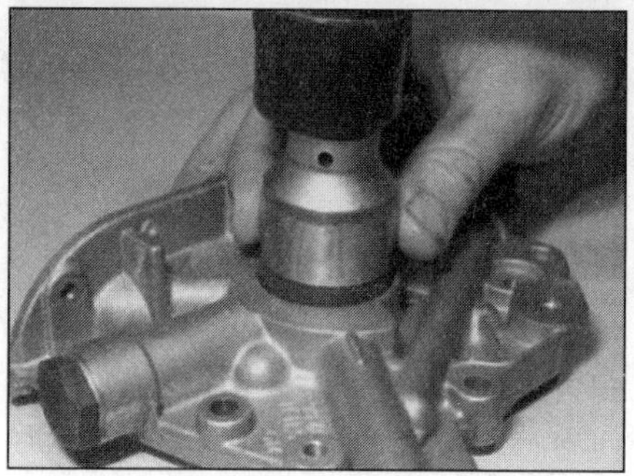
13.15 Montera en ny vevaxeloljetätning i oljepumphuset

12 Rengör komponenterna och undersök noggrant kugghjulen, pumphuset och övertrycksventilens tryckkolv med avseende på repor eller slitage. Byt alla komponenter som visar tecken på slitage eller skador. Om kugghjulen eller pumphuset har fått märken måste hela pumpenheten bytas ut.

13 Om komponenterna är i gott skick, mät spelet mellan det inre och yttre kugghjulet med hjälp av bladmått. Mät även axialspelet och kontrollera att ändkåpan är plan **(se bilder)**. Om spelen överskrider angivna maxvärden måste pumpen bytas ut.

14 Om pumpen är i tillfredsställande skick, montera tillbaka komponenterna i omvänd ordningsföljd och observera följande.

a) Se till att de båda kugghjulen monteras åt rätt håll.

b) Montera en ny tätningsring på övertrycksventilens bult och dra åt bulten till angivet moment.

c) Dra åt pumpkåpans skruvar till angivet moment.

d) Avsluta med att fylla oljepumpen med ren motorolja samtidigt som det inre kugghjulet vrids.

Montering

15 Före återmonteringen, bänd försiktigt ut vevaxelns oljetätning med hjälp av en flat skruvmejsel. Montera en ny oljetätning, med tätningsläppen vänd inåt, och tryck tätningen rakt in i huset med hjälp av en rörformig dorn som endast vilar på tätningens hårda yttre kant **(se bild)**. Tryck tätningen på plats så att den är helt i nivå med huset och smörj oljetätningsläppen med ren motorolja.

16 Se till att oljepumpens och motorblockets fogytor är rena och torra och att styrstiften sitter på plats.

17 Placera en ny packning på motorblocket.

18 Sätt försiktigt oljepumpen på plats och passa in det inre kugghjulet med vevaxeländen **(se bild)**. Sätt pumpen på plats på stiften, och se till att inte skada oljetätningens läpp.

19 Sätt tillbaka pumphusets fästbultar på sina ursprungliga platser och dra åt dem till angivet moment.

20 Om det är tillämpligt, återanslut oljekylarens rör och dra åt anslutningsmuttern.

21 Om det är tillämpligt, montera tillbaka vevaxelgivarens fästbygel på pumphuset och dra åt fästbulten till angivet moment.

22 Återanslut oljetrycksgivarens kontaktdon.

23 Montera tillbaka oljepumpens oljeupptagare/sil och oljesumpen enligt beskrivningen i avsnitt 12.

24 Montera tillbaka den bakre kamremskåpan på motorn och dra åt fästbultarna ordentligt.

25 Montera tillbaka kamremsdreven, överföringsremskivorna och spännaren enligt beskrivningen i avsnitt 8, montera sedan tillbaka remmen enligt beskrivningen i avsnitt 7.

26 Sätt till sist i ett nytt oljefilter och fyll motorn med ren olja enligt beskrivningen i kapitel 1.

14 Svänghjul/drivplatta – demontering, kontroll och montering

Se kapitel 2A, avsnitt 15.

15 Vevaxelns oljetätningar – byte

Kamremsändens (höger) oljetätning

1 Demontera vevaxeldrevet enligt beskrivningen i avsnitt 8.

2 Stansa eller borra försiktigt två hål mitt emot varandra i oljetätningen. Skruva i självgängande skruvar i hålen och dra i skruvarna med tänger för att få ut tätningen **(se bild)**.

Varning: Var mycket försiktig så att inte oljepumpen skadas

3 Rengör tätningshuset och putsa bort alla borrskägg eller upphöjda kanter som kan ha orsakat felet på tätningen.

4 Smörj läpparna på den nya tätningen med ren motorolja och sätt den på plats på änden av axeln. Tryck tätningen rakt in i sitt läge tills den är helt i nivå med huset. Om det behövs kan en rörformig dorn, t.ex. en hylsa, som endast vilar på tätningens hårda yttre kant användas för att knacka tätningen på plats **(se bild)**. Var mycket försiktig med att inte skada tätningsläpparna vid monteringen och se till att tätningsläpparna är riktade inåt.

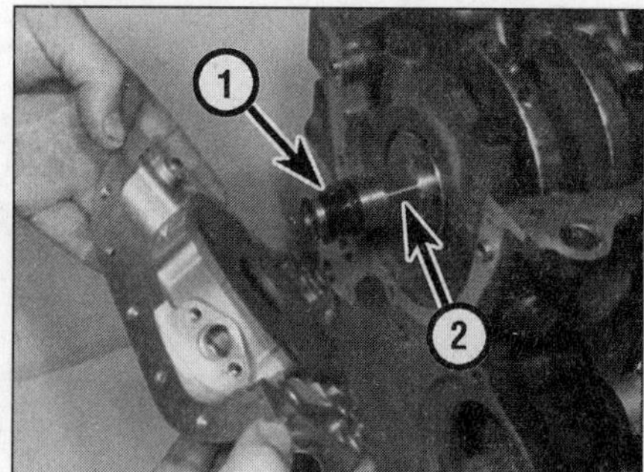

13.18 Vid återmonteringen, se till att inte skada oljetätningen mot vevaxelns kant (1) och passa in det inre drevet mot vevaxelns plana ytor (2)

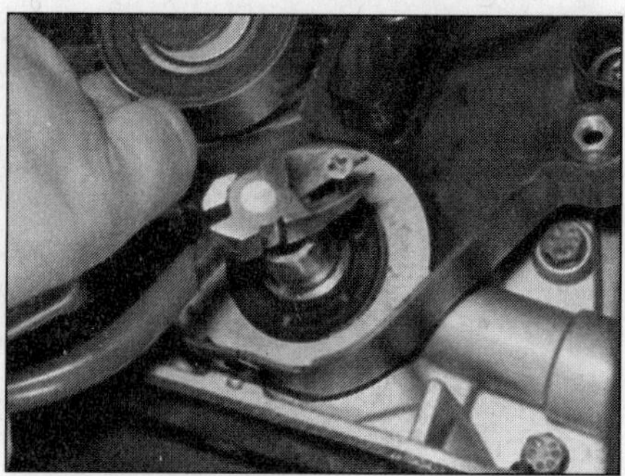
15.2 Demontering av vevaxelns främre oljetätning

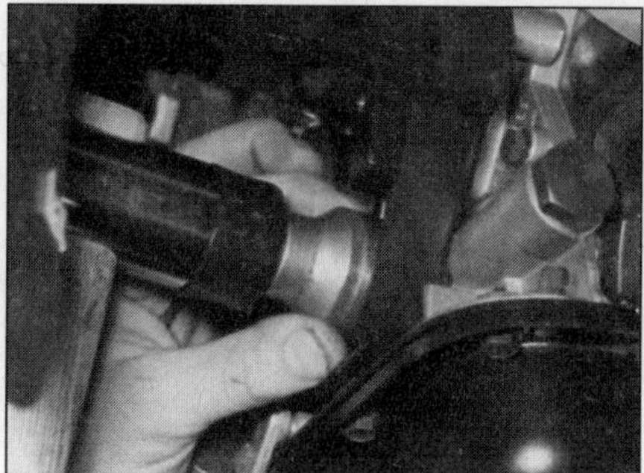
15.4 Montering av en ny främre vevaxeloljetätning

17.3 Oljekylarrörets fäste sett genom den främre stötfångaren

5 Tvätta bort alla spår av olja och montera sedan vevaxeldrevet enligt beskrivningen i avsnitt 8.

Svänghjuls-/drivplattsändens (vänster) oljetätning

6 Demontera svänghjulet/drivplattan enligt beskrivningen i kapitel 2A, avsnitt 15.
7 Byt tätningen enligt beskrivningen i punkt 2 till 4 i detta avsnitt.
8 Montera tillbaka svänghjulet/drivplattan enligt beskrivningen i kapitel 2A, avsnitt 15.

16 Motorns/växellådans fästen - kontroll och byte

Se kapitel 2A, avsnitt 17.

17 Oljekylare - demontering och montering

Demontering

1 För att få tillräckligt med plats så att oljekylaren kan tas bort, demontera kylaren enligt beskrivningen i kapitel 3. Alternativt kan den främre stötfångaren demonteras enligt beskrivningen i kapitel 11.
2 När de komponenter som behöver demonteras för åtkomlighetens skull har tagits bort, skruva loss röranslutningarna från oljekylaren. Var beredd på att olja kommer att rinna ut, och plugga igen rörens ändar för att förhindra att ytterligare olja läcker ut och att smuts kommer in.
3 Om det behövs, skruva loss oljekylarrören från sina fästen så att utrymmet blir tillräckligt stort för att demontera oljekylaren **(se bild)**.
4 Skruva loss de två fästmuttrarna och ta loss oljekylaren från dess fästbyglar **(se bild)**.

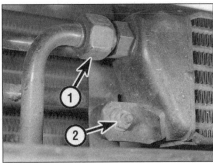

17.4 Oljekylarrörets anslutning (1) och oljekylarens fästmuttrar (2), sett genom den främre stötfångaren

Montering

5 Monteringen sker i omvänd ordning mot demonteringen. Avsluta med att kontrollera motoroljenivån och fyll på om det behövs enligt beskrivningen i *Veckokontroller*.

Kapitel 2 del C: Demontering och renovering av motor

Innehåll

Svårighetsgrader

Enkelt, passar novisen med lite erfarenhet 	**Ganska enkelt,** passar nybörjaren med viss erfarenhet 	**Ganska svårt,** passar kompetent hemmamekaniker 	**Svårt,** passar hemmamekaniker med erfarenhet 	**Mycket svårt,** för professionell mekaniker 

Specifikationer

Observera: *För de ställen i specifikationerna som anger E/T fanns ingen information tillgänglig i skrivande stund. Kontakta närmaste Opelverkstad för den senaste informationen.*

SOHC motorer

Topplock

Maximal skevhet för packningsyta	0,05 mm	
Topplockshöjd:		
1.4 och 1.6 liters motorer	95,90 till 96,10 mm	
1.8 och 2.0 liters motorer	95,75 till 96,25 mm	

Ventiler och styrningar

Ventilstyrningens höjd i topplocket:		
1.4 och 1.6 liters motorer	80,85 till 81,25 mm	
1.8 och 2.0 liters motorer	83,25 till 84,05 mm	
Ventilskaftets diameter*:	**Insug**	**Avgas**
Standard (K)	6,998 till 7,012 mm	6,978 till 6,992 mm
1:a överstorlek (0,075 mm - K1)	7,073 till 7,087 mm	7,053 till 7,067 mm
2:a överstorlek (0,150 mm - K2)	7,148 till 7,162 mm	7,128 till 7,142 mm
3:e överstorlek (0,250 mm - A)	7,248 till 7,262 mm	7,228 till 7,262 mm
Ventilskaftets skevhet	Mindre än 0,03 mm	
Diameter på ventilstyrningens lopp*:		
Standard (K)	7,030 till 7,050 mm	
1:a överstorlek (0,075 mm - K1)	7,105 till 7,125 mm	
2:a överstorlek (0,150 mm - K2)	7,180 till 7,200 mm	
3:e överstorlek (0,250 mm - A)	7,280 till 7,300 mm	
Spel mellan skaft och styrning:		
Insug	0,018 till 0,052 mm	
Avgas	0,038 till 0,072 mm	
Ventillängd:	**Produktion**	**Service**
1.4 liters motorer	105,0 mm	104,6 mm
1.6 liters motorer	101,5 mm	101,1 mm
1.8 och 2.0 liters motorer:		
Insug	104,2 mm	103,8 mm
Avgas	104,0 mm	103,6 mm

SOHC motorer (forts)

Ventilskaftets monterade höjd:		
1.4 och 1.6 liters motorer	13,75 till 14,35 mm	
1.8 och 2.0 liters motorer	17,85 till 18,25 mm	
Ventilhuvudets diameter:	**Insug**	**Avgas**
14NV och C 14 NZ motorer	33 mm	29 mm
14SE och C 14 SE motorer	38 mm	31 mm
1.6 liters motorer	38 mm	31 mm
1.8 och 2.0 liters motorer	41,8 mm	36,5 mm

**Identifikationsmarkering i parenteser*

Motorblock

Maximal skevhet för packningsyta	0,05 mm
Cylinderlopp, diameter:	
1.4 liters motorer:	
Standard:	
Storleksgrupp 6	77,555 till 77,565 mm
Storleksgrupp 7	77,565 till 77,575 mm
Storleksgrupp 8	77,575 till 77,585 mm
Storleksgrupp 99	77,585 till 77,595 mm
Storleksgrupp 00	77,595 till 77,605 mm
Storleksgrupp 01	77,605 till 77,615 mm
Storleksgrupp 02	77,615 till 77,625 mm
Storleksgrupp 07	77,665 till 77,675 mm
Överstorlek (0,5 mm)	78,065 till 78,075 mm
1.6 liters motorer:	
Standard:	
Storleksgrupp 5	78,945 till 78,955 mm
Storleksgrupp 6	78,955 till 78,965 mm
Storleksgrupp 7	78,965 till 78,975 mm
Storleksgrupp 8	78,975 till 78,985 mm
Storleksgrupp 99	78,985 till 78,995 mm
Storleksgrupp 00	78,995 till 79,005 mm
Storleksgrupp 01	79,005 till 79,015 mm
Storleksgrupp 02	79,015 till 79,025 mm
Storleksgrupp 03	79,025 till 79,035 mm
Storleksgrupp 04	79,035 till 79,045 mm
Storleksgrupp 05	79,045 till 79,055 mm
Storleksgrupp 06	79,055 till 79,065 mm
Storleksgrupp 07	79,065 till 79,075 mm
Storleksgrupp 08	79,075 till 79,085 mm
Storleksgrupp 09	79,085 till 79,095 mm
Överstorlek (0,5 mm)	79,465 till 79,475 mm
1.8 liters motorer:	
Standard:	
Storleksgrupp 8	84,775 till 84,785 mm
Storleksgrupp 99	84,785 till 84,795 mm
Storleksgrupp 00	84,795 till 84,805 mm
Storleksgrupp 01	84,805 till 84,815 mm
Storleksgrupp 02	84,815 till 84,825 mm
Överstorlek (0,5 mm)	85,265 till 85,275 mm
2.0 liters motorer:	
Standard:	
Storleksgrupp 8	85,975 till 85,985 mm
Storleksgrupp 99	85,985 till 85,995 mm
Storleksgrupp 00	85,995 till 86,005 mm
Storleksgrupp 01	86,005 till 86,015 mm
Storleksgrupp 02	86,015 till 86,025 mm
Överstorlek (0,5 mm)	86,465 till 86,475 mm
Maximal orundhet och konicitet för cylinderlopp	0,013 mm

Kolvbultar

	1.4 och 1.6 liters motorer	**1.8 och 2.0 liters motorer**
Diameter	18,0 mm	21,0 mm
Längd	55,0 mm	61,5 mm
Spel mellan kolvbult och kolv	0,009 till 0,012 mm	0,011 till 0,014 mm

Vevstake

Vevlagrets sidospel	0,07 till 0,24 mm

SOHC motorer (forts)

Kolvar och ringar

Kolvdiameter	Dra bort 0,02 mm från motsvarande loppdiameter i samma storleksgrupp
Spel mellan kolv och lopp	0,02 ± 0,01 mm
Kolvringens ändgap (monterad i loppet):	
Övre och andra kompressionsringen	0,3 till 0,5 mm
Oljekontrollring	0,4 till 1,4 mm
Kolvringstjocklek:	
Övre kompressionsring:	
1.4 , 1.8 och 2.0 liters motorer	1,5 mm
1.6 liters motorer	1,2 mm
Andra kompressionsringen	1,5 mm
Oljekontrollring	3,0 mm
Spel mellan kolvring och spår	E/T

Vevaxel

Axialspel	0,1 till 0,2 mm
Ramlagertapparnas diameter:	
Standard	54,980 till 54,997 mm
1:a (0,25 mm – blå) understorlek	54,730 till 54,747 mm
2:a (0,50 mm – vit) understorlek	54,482 till 54,495 mm
Vevstakslagertappens diameter:	
Standard	42,971 till 42,987 mm
1:a (0,25 mm – blå) understorlek	42,721 till 42,737 mm
2:a (0,50 mm – vit) understorlek	42,471 till 42,487 mm
Axeltapp, orundhet	0,04 mm
Axeltapp, koniskhet	E/T
Vevaxelns skevhet	Mindre än 0,03 mm
Ramlagerspel	0,017 till 0,047 mm
Vevstakslagerspel	0,019 till 0,071 mm

Åtdragningsmoment

Se kapitel 2A, Specifikationer

1.4 och 1.6 liters DOHC motorer

Topplock

Maximal skevhet för packningsyta	0,05 mm
Topplockshöjd	134,90 till 135,10 mm

Ventiler och styrningar

Ventilstyrningens höjd i topplocket	10,70 till 11,00 mm	
Ventilskaftets diameter*:	**Insug**	**Avgas**
Standard (K)	5,995 till 5,970 mm	5,935 till 5,950 mm
1:a överstorlek (0,075 mm – K1)	6,030 till 6,045 mm	6,010 till 6,025 mm
2:a överstorlek (0,150 mm – K2)	6,105 till 6,120 mm	6,085 till 6,100 mm
Ventilskaftets skevhet	Mindre än 0,03 mm	
Diameter på ventilstyrningens lopp*:		
Standard (K)	6,000 till 6,012 mm	
1:a överstorlek (0,075 mm – K1)	6,075 till 6,090 mm	
2:a överstorlek (0,150 mm – K2)	6,150 till 6,165 mm	
Spel mellan skaft och styrning:		
Insug	0,03 till 0,06 mm	
Avgas	0,04 till 0,07 mm	
Ventillängd:		
1.4 liters motorer:		
Insug	101,92 mm	
Avgas	100,96 mm	
1.6 liters motorer:		
Insug	103,1 mm	
Avgas	102,2 mm	
Ventilhuvudets diameter:		
Insug	31,0 mm	
Avgas	27,5 mm	

**Identifikationsmarkering i parenteser*

1.4 och 1.6 liters DOHC motorer (forts)

Motorblock

Maximal skevhet för packningsyta	0,05 mm
Cylinderlopp, diameter:	
1.4 liters motorer:	
Standard:	
Storleksgrupp 6	77,555 till 77,565 mm
Storleksgrupp 7	77,565 till 77,575 mm
Storleksgrupp 8	77,575 till 77,585 mm
Överstorlek (0,5 mm)	78,065 till 78,075 mm
1.6 liters motorer:	
Standard:	
Storleksgrupp 5	78,945 till 78,955 mm
Storleksgrupp 6	78,955 till 78,965 mm
Storleksgrupp 7	78,965 till 78,975 mm
Storleksgrupp 8	78,975 till 78,985 mm
Storleksgrupp 99	78,985 till 78,995 mm
Storleksgrupp 00	78,995 till 79,005 mm
Storleksgrupp 01	79,005 till 79,015 mm
Storleksgrupp 02	79,015 till 79,025 mm
Storleksgrupp 03	79,025 till 79,035 mm
Storleksgrupp 04	79,035 till 79,045 mm
Storleksgrupp 05	79,045 till 79,055 mm
Storleksgrupp 06	79,055 till 79,065 mm
Storleksgrupp 07	79,065 till 79,075 mm
Storleksgrupp 08	79,075 till 79,085 mm
Storleksgrupp 09	79,085 till 79,095 mm
Storleksgrupp 1	79,095 till 79,105 mm
Överstorlek (0,5 mm)	79,465 till 79,475 mm
Maximal orundhet och konicitet för cylinderlopp	0,013 mm

Kolvar och ringar

Kolvdiameter	Dra bort 0,02 mm från motsvarande storleksgrupp för loppdiameter
Spel mellan kolv och lopp	0,01 till 0,03 mm
Kolvringens ändgap (monterad i loppet):	
Övre och andra kompressionsring	0,3 till 0,5 mm
Oljekontrollring	0,4 till 1,4 mm
Kolvringstjocklek:	
Övre kompressionsring:	
1.4 liters motorer	1,5 mm
1.6 liters motorer	1,2 mm
Andra kompressionsring	1,5 mm
Oljekontrollring	2,5 mm
Spel mellan kolvring och spår	E/T

Kolvbultar

Diameter	18 mm
Längd	55 mm
Spel mellan kolvbult och kolv	0,007 till 0,010 mm

Vevstake

Vevlagrets sidospel	0,11 till 0,24 mm

Vevaxel

Axialspel	0,1 till 0,2 mm
Ramlagertapparnas diameter:	
Standard	54,980 till 54,997 mm
1:a (0,25 mm – blå) understorlek	54,730 till 54,747 mm
2:a (0,50 mm – vit) understorlek	54,482 till 54,495 mm
Vevstakslagrets axeltappdiameter:	
Standard	42,971 till 42,987 mm
1:a (0,25 mm – blå) understorlek	42,721 till 42,737 mm
2:a (0,50 mm – vit) understorlek	42,471 till 42,487 mm
Axeltapp, orundhet	0,04 mm
Axeltapp, konicitet	E/T
Vevaxelns skevhet	Mindre än 0,03 mm
Ramlagerspel	0,013 till 0,043 mm
Vevstakslagerspel	0,019 till 0,071 mm

Åtdragningsmoment

Se kapitel 2B, Specifikationer

1.8 och 2.0 liters DOHC motorer

Topplock

Maximal skevhet för packningsyta	0,05 mm	
Topplockshöjd:		
Alla utom C 20 XE motorer	134 mm	
C 20 XE motorer	135,58 till 135,68 mm	

Ventiler och styrningar

Ventilstyrningens höjd i topplocket:		
Alla utom C 20 XE motorer	13,70 till 14,00 mm	
C 20 XE motorer	10,70 till 11,00 mm	
Ventilskaftets diameter*:	**Insug**	**Avgas**
Standard (K):		
Alla utom C 20 XE motorer	5,955 till 5,970 mm	5,945 till 5,960 mm
C 20 XE motorer	6,955 till 6,970 mm	6,945 till 6,960 mm
1:a överstorlek (0,075 mm – K1):		
Alla utom C 20 XE motorer	6,030 till 6,045 mm	6,020 till 6,035 mm
C 20 XE motorer	7,030 till 7,045 mm	7,020 till 7,035 mm
2:a överstorlek (0,150 mm – K2):		
Alla utom C 20 XE motorer	6,105 till 6,120 mm	6,095 till 6,110 mm
C 20 XE motorer	7,105 till 7,120 mm	7,095 till 7,110 mm
Ventilskaftets skevhet	Mindre än 0,03 mm	
Diameter på ventilstyrningens lopp*:		
Standard (K):		
Alla utom C 20 XE motorer	6,000 till 6,015 mm	
C 20 XE motorer	7,000 till 7,015 mm	
1:a överstorlek (0,075 mm – K1):		
Alla utom C 20 XE motorer	6,075 till 6,090 mm	
C 20 XE motorer	7,075 till 7,090 mm	
2:a överstorlek (0,150 mm – K2):		
Alla utom C 20 XE motorer	6,150 till 6,165 mm	
C 20 XE motorer	7,150 till 7,165 mm	
Spel mellan skaft och styrning:		
Insug	0,030 till 0,060 mm	
Avgas	0,040 till 0,070 mm	
Ventillängd:	**Insug**	**Avgas**
Produktion:		
Alla utom C 20 XE motorer	102,1 mm	92,25 mm
C 20 XE motorer	105,0 mm	91,8 mm
Service:		
Alla utom C 20 XE motorer	101,7 mm	91,8 mm
C 20 XE motorer	104,6 mm	104,6 mm
Ventilhuvudets diameter:		
Alla utom C 20 XE motorer	32,0 mm	29,0 mm
C 20 XE motorer	33,0 mm	29,0 mm

**Identifikationsmarkering i fästbyglar*

Motorblock

Maximal skevhet för packningsyta	0,05 mm	
Cylinderlopp, diameter:	**1.8 liters motor**	**2.0 liters motor**
Standard:		
Storleksgrupp 8	81,575 till 81,585 mm	85,975 till 85,985 mm
Storleksgrupp 99	81,585 till 81,595 mm	85,985 till 85,995 mm
Storleksgrupp 00	81,595 till 81,605 mm	85,995 till 86,005 mm
Storleksgrupp 01	81,605 till 81,615 mm	86,005 till 86,015 mm
Storleksgrupp 02	81,615 till 81,625 mm	86,015 till 86,025 mm
Överstorlek (0,5 mm)	82,065 till 82,075 mm	86,465 till 86,475 mm
Maximal orundhet och konicitet för cylinderlopp	0,013 mm	

Kolvar och ringar

Kolvdiameter	Dra bort 0,02 mm från motsvarande loppdiameter i samma storleksgrupp
Spel mellan kolv och lopp	0,01 till 0,03 mm
Kolvringarnas ändgap (monterad i loppet):	
Övre och andra kompressionsring	0,3 till 0,5 mm
Oljekontrollring	0,4 till 1,4 mm
Kolvringstjocklek:	
Övre och andra kompressionsring	1,5 mm
Oljekontrollring	3,0 mm
Spel mellan kolvring och spår	E/T

1.8 och 2.0 liters DOHC motorer (forts)

Kolvbultar

Diameter	21 mm
Längd	61,5 mm
Spel mellan kolvbult och kolv	0,011 till 0,013 mm

Vevstake

Vevlagrets sidospel	0,07 till 0,24 mm

Vevaxel

Axialspel	0,05 till 0,15 mm
Ramlagertapparnas diameter:	
Standard:	
Storleksgrupp 1 (vit)	57,974 till 57,981 mm
Storleksgrupp 2 (grön)	57,981 till 57,988 mm
Storleksgrupp 3 (brun)	57,988 till 57,995 mm
1:a (0,25 mm) understorlek (grön/blå)	57,732 till 57,738 mm
1:a (0,25 mm) understorlek (brun/blå)	57,738 till 57,745 mm
2:a (0,50 mm) understorlek (grön/vit)	57,482 till 57,488 mm
2:a (0,50 mm) understorlek (brun/vit)	57,488 till 57,495 mm
Vevstakslagrets axeltappdiameter:	
Standard	48,970 till 48,988 mm
1:a (0,25 mm) understorlek (blå)	48,720 till 48,738 mm
2:a (0,50 mm) understorlek (vit)	48,470 till 48,488 mm
Axeltapp, orundhet	0,04 mm
Axeltapp, konicitet	N/A
Vevaxelns skevhet	Mindre än 0,03 mm
Ramlagerspel	0,015 till 0,040 mm
Vevstakslagerspel	0,006 till 0,031 mm

Åtdragningsmoment

Se kapitel 2B, Specifikationer

1 Allmän information

Den här delen av kapitel 2 redogör för hur man demonterar motorn/växellådan från bilen och för renovering av topplock, motorblock och andra inre komponenter i motorn.

Informationen omfattar allt från råd om hur man förbereder en renovering och inköp av reservdelar, till detaljerade steg-för-steg procedurer som behandlar demontering, inspektion, renovering och montering av motorns inre komponenter.

Från och med avsnitt 8 bygger alla instruktioner på antagandet att motorn har tagits ut ur bilen. Information om reparationer med motorn kvar i bilen och demontering och montering av de externa delar som är nödvändiga vid en fullständig renovering, finns i avsnitten om reparationer med motorn kvar i bilen (kapitel 2A eller 2B) samt i avsnitt 8 i det här kapitlet. Hoppa över de demonteringsanvisningar i avsnitten som behandlar reparationer med motorn kvar i bilen, som inte är aktuella när motorn väl tagits ut ur bilen.

2 Förutom åtdragningsmomenten, som anges i början av de kapitel som behandlar reparationer med motorn kvar i bilen (kapitel 2A och 2B), finns alla specifikationer för motorrenovering i inledningen till denna del av kapitel 2.

2 Motorrenovering – allmän information

Det är inte alltid så lätt att avgöra när, eller om, en motor ska genomgå en fullständig renovering, eftersom ett flertal faktorer måste beaktas.

En lång körsträcka betyder inte nödvändigtvis att en renovering behövs, lika lite som att en kort körsträcka är en garanti för att det inte behövs någon renovering. Servicegraden är förmodligen den viktigaste faktorn. En motor som får regelbundna och täta olje- och filterbyten, liksom annat nödvändigt underhåll, bör man kunna köra många tusen driftssäkra kilometer med. Å andra sidan kan en vanskött motor kräva en renovering på ett tidigt stadium.

Överdriven oljeförbrukning är ett tecken på att kolvringar, ventiltätningar och/eller ventilstyrningar behöver åtgärdas. Kontrollera dock att oljeläckage inte är orsaken till åtgången, innan ringarna och/eller styrningarna döms ut som slitna. Utför ett kompressionsprov, enligt beskrivningen i del A eller del B i det här kapitlet (efter tillämplighet), för att avgöra vad som är den troliga orsaken till problemet.

Kontrollera oljetrycket med en mätare som sätts in på oljetryckskontaktens plats, och jämför det uppmätta trycket med det angivna. Om trycket är ytterst lågt är troligen ram- och vevstakslagren och/eller oljepumpen utslitna.

Minskad motorstyrka, hackig körning, knackningar eller metalliska motorljud, kraftigt ventilregleringsljud och hög bränsleförbrukning är också tecken på att en renovering kan behövas, i synnerhet om alla symptom visar sig samtidigt. Om en grundlig service inte hjälper, kan en större mekanisk genomgång vara den enda lösningen.

En motorrenovering innebär att alla inre delar återställs till de specifikationer som gäller för en ny motor. Under en renovering byts alla kolvar och kolvringar ut. Ram- och vevstakslager byts ut och vid behov byts också vevaxeln så att axeltapparna förnyas. Även ventilerna måste gås igenom, eftersom de vid det här laget kan vara i ganska dåligt skick. Medan motorn renoveras kan man också passa på att renovera andra delar, t.ex. startmotorn och generatorn. Slutresultatet bör vara en nära nog ny motor som kan köras bekymmersfritt i många mil.

Observera: *Kylsystemets kritiska komponenter, som slangar, termostat och kylvätskepump, bör också bytas ut när motorn renoveras. Kylaren ska också undersökas noggrant så att den inte är tilltäppt eller läcker. Det är också en god idé att byta ut oljepumpen när motorn renoveras.*

Läs igenom hela arbetsbeskrivningen innan arbetet med renoveringen påbörjas, för att bekanta dig med arbetets omfattning och förutsättningar. Det är inte svårt att renovera en motor, förutsatt att alla instruktioner följs noga, att det finns tillgång till de verktyg och den utrustning som behövs samt att alla specifikationer iakttas. Däremot kan arbetet ta tid. Planera för att bilen kommer att stå stilla under minst två veckor, särskilt om delar måste tas till en verkstad för reparation eller renovering. Kontrollera att det finns reservdelar tillgängliga och att alla nödvändiga specialverktyg och utrustning kan erhållas i förväg. Större delen av arbetet kan utföras med vanliga handverktyg, men några precisionsmätverktyg krävs för att avgöra om vissa delar måste bytas ut. Ofta kan en verkstad åta sig att ansvara för inspektionen av delar och ge råd om renovering eller utbyte. **Observera:** *Demontera alltid hela motorn och undersök alla delar (speciellt motorblocket och vevaxeln) innan beslut tas om vilka service- och reparationsåtgärder som måste överlämnas till en verkstad. Delarnas skick spelar en avgörande roll när man ska bestämma sig för om man ska renovera den gamla motorn eller köpa en färdigrenoverad motor. Köp alltså inga delar och låt inte renovera några komponenter förrän de alla har kontrollerats noggrant.* Tiden är ofta den största utgiften vid en renovering, så det lönar sig inte att betala för att sätta in slitna eller undermåliga delar.

Slutligen vill vi framhålla att alla delar måste sättas samman med omsorg i en absolut ren arbetsmiljö, för att den renoverade motorn ska få maximal livslängd och fungera så problemfritt som möjligt.

3 Motordemontering - metoder och föreskrifter

Om motorn måste lyftas ut för att renoveras eller undergå större reparationer måste flera förberedande åtgärder vidtas.

Det är mycket viktigt att man har tillgång till en bra arbetsplats. Tillräckligt med arbetsutrymme behövs, samt plats för att förvara bilen. Om en verkstad eller ett garage inte finns tillgängligt krävs åtminstone en plan och ren arbetsyta.

En rengöring av motorrummet och motorn/växellådan före demonteringen gör det lättare att hålla verktygen rena och i ordning.

En motorhiss eller en travers kommer också att behövas. Se till att utrustningen klarar av vikter som överstiger motorns och växellådans sammanlagda vikt. Säkerheten är av största vikt. Arbetet med att lyfta ut motorn ur bilen innehåller ett antal riskfyllda moment.

Ta hjälp av en medhjälpare om det är första gången du demonterar en motor. Det är också bra om det finns en mer erfaren person som kan hjälpa till och ge råd. Många moment under arbetet kräver att flera åtgärder utförs samtidigt, och då räcker inte en person till.

Planera arbetet i förväg. Skaffa alla verktyg och all utrustning som behövs innan arbetet påbörjas. En del av den utrustning som

4.10 Bromsservons vakuumslang kopplas bort från insugsgrenröret - 1.6 liters SOHC motor

behövs för att demontera och montera motorn/växellådan på ett säkert och förhållandevis enkelt sätt är (tillsammans med en motorhiss) följande: en garagedomkraft för stora vikter, kompletta uppsättningar nycklar och hylsnycklar enligt beskrivningen längst bak i handboken, träblock och en mängd trasor och rengöringsmedel för att torka upp oljespill, kylvätska eller bränsle. Boka motorhissen i förväg om den måste hyras, och gör allt som går att göra utan hissen i förväg. Det sparar både tid och pengar.

Planera för att bilen inte kommer att kunna användas på ett långt tag framöver. Vissa moment kräver specialutrustning som en hemmamekaniker inte har tillgång till och dessa arbeten måste överlåtas till en verkstad. Verkstäder är ofta fullbokade, så det är bra att höra efter hur deras schema ser ut innan motorn demonteras, för att kunna uppskatta hur mycket tid som behövs för att bygga om eller reparera de komponenter som ska åtgärdas.

Var alltid ytterst försiktig vid demontering och montering av motorn/växellådan. Vårdslöshet kan orsaka allvarliga olyckor. Med god planering och gott om tid kan den här sortens arbete utföras framgångsrikt, trots att det är mycket omfattande.

4 Motor - demontering och montering (med den manuella växellådan kvar i bilen)

Demontering

1 Koppla loss de båda batteriledningarna och ta bort motorhuven.

2 Tappa av kylsystemet och demontera kylaren enligt beskrivningen i kapitel 3.

3 Tappa ur motoroljan enligt beskrivningen i kapitel 1. På 1.8 och 2.0 liters motorer, ta bort oljefiltret.

4 Om det är tillämpligt, skruva loss anslutningarna och koppla bort oljekylarens rör från motorn. Var beredd på oljespill.

5 På DOHC motorer, där tillämpligt, ta bort motorkåpan eller tändstiftskåpan från kamaxelkåpan.

6 Ta bort luftrenaren från karosspanelen och

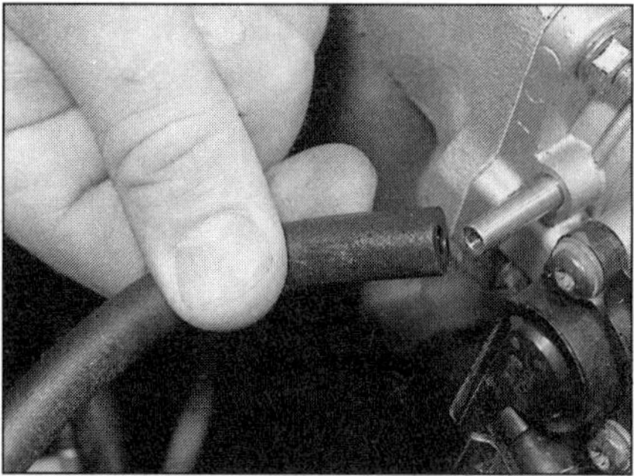

4.12 MAP-givarens vakuumslang kopplas bort från gasspjällhuset - 1.6 liters SOHC motor

ta bort luftintagskanalen och luftbehållaren från förgasaren eller gasspjällhuset enligt beskrivningen i kapitel 4A eller 4B, efter tillämplighet.

7 På modeller med förgasare, koppla loss varmluftsslangen från avgasgrenrörets varmluftshölje och luftrenaren och ta bort slangen.

8 Demontera växelströmsgeneratorn enligt beskrivningen i kapitel 5A.

9 Ta bort servostyrningspumpen, i tillämpliga fall, enligt beskrivningen i kapitel 10.

10 Koppla loss bromsservons vakuumslang från insugsgrenröret **(se bild)**.

11 Koppla bort gasvajern från gasspjällets arm och fästbygeln på förgasaren eller insugsgrenröret, efter tillämplighet.

12 Koppla loss vakuumslangen/slangarna från förgasaren eller gasspjällhuset (vad som är tillämpligt), observera den korrekta placeringen **(se bild)**.

13 På DOHC motorer, koppla loss vakuumslangarna från luftinsprutningens omkopplingsventil och kolkanisterns rensventil där så är tillämpligt. Om det är tillämpligt, koppla även bort luft- och vakuumslangarna från luftinsprutningens kombinationsventil.

14 Koppla loss kylvätskeslangen/slangarna från insugsgrenröret och/eller gasspjällhuset, vad som är tillämpligt **(se bild)**.

15 På förgasarmotorer, koppla bort kylvätskeslangarna från automatchokens hus och koppla bort kablarna från automatchokens värmare och chokens avstängningssolenoid. Koppla loss luftbehållarens vakuumslang från förgasaren.

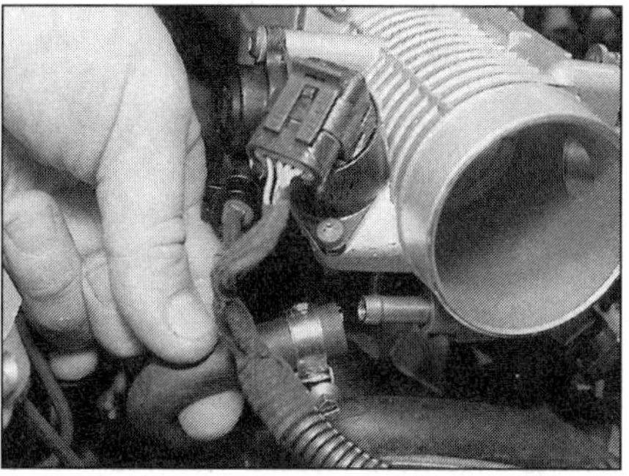

4.14 En kylvätskeslang kopplas bort från gasspjällhuset - 1.6 liters SOHC motor

4.19 Kylvätskeslangen (vid pilen) kopplas bort från insugsgrenröret – 1.6 liters SOHC motor

16 På modeller med bränsleinsprutning, tryckutjämna bränslesystemet enligt beskrivningen i kapitel 4B. Koppla loss bränsleslangarna från bränslepumpen och ångseparatorn på modeller med förgasare, eller från bränsleinsprutningsenheten, rören till insugsröret eller bränslefördelarskenan och tryckregulatorn (efter tillämplighet) på modeller med bränsleinsprutning. Var beredd på att bränsle kommer att läcka ut, och vidta brandförebyggande åtgärder. Plugga igen eller kläm ihop rörens och slangarnas öppningar för att hindra att ytterligare bränsle läcker ut och att smuts tränger in.

17 På modeller med bränsleinsprutning, koppla bort alla relevanta kabelanslutningar och kontakter, observera hur de är placerade och lägg bränsleinsprutningens kabelhärva åt sidan.

18 Lossa fästklamrarna och dra bort kabelhärvan från fästena på kamaxelkåpan, om det är tillämpligt.

19 Koppla loss värmarens kylvätskeslang från kylrören på motorblockets baksida och från topplocket eller insugsgrenröret, efter tillämplighet **(se bild)**.

20 Koppla loss kablarna från följande komponenter (om det inte redan är gjort). Observera att på vissa modeller räcker det med att koppla bort en enda stor anslutningskontakt för att skilja motorns kabelhärva från huvudnätet (kontaktdonet sitter ofta på ett fäste till batterilådan). Då lämnas kabelnätet anslutet till motorn och de enskilda komponenternas kontaktdon och anslutningar behöver inte tas bort.

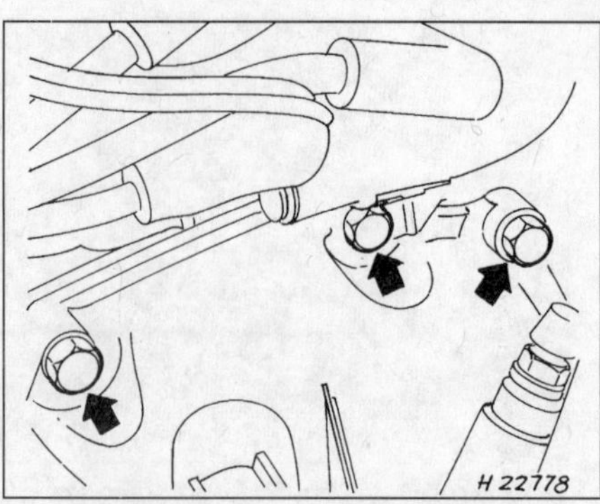

4.22 De tre övre bultarna mellan motorn och växellådan (vid pilarna)

a) Startmotor.
b) Strömfördelare/DIS-modul (efter tillämplighet, observera tändkablarnas placering).
c) Oljetryckskontakt.
d) ÖD-givare (om monterad).
e) Oljenivågivare (om monterad).
f) Temperaturgivare för kylvätska (om monterad).
g) Temperaturmätarens givare.
h) Knacksensor (om monterad)

21 Gör en sista kontroll för att se till att alla slangar, rör och kablar har kopplats loss och placerats ur vägen för motorn.

22 Skruva loss och ta bort de tre övre bultarna mellan motorn och växellådan som går att komma åt från motorrummet, observera hur eventuella fästen som sitter fast med bultarna är placerade **(se bild)**.

23 Dra åt handbromsen och stöd framvagnen på pallbockar om det inte redan är gjort (se *Lyftning och stödpunkter*).

24 Ta bort vevaxelns remskiva enligt beskrivningen i del A (SOHC motorer) eller del B (DOHC motorer) i detta kapitel.

25 Ta bort avgassystemets främre del enligt beskrivningen i kapitel 4A eller 4B.

26 På modeller där kopplingen kan demonteras utan att motorn och växellådan tas ur bilen, demontera kopplingen enligt beskrivningen i kapitel 6.

27 På modeller där det inte går att demontera kopplingen utan att motorn och växellådan också demonteras, dra bort växellådans ingående axel så att den inte hakar i det räfflade navet på kopplingens lamell. Det här momentet beskrivs i kapitel 6, i avsnittet för demontering av kopplingen på modeller där det går att ta bort kopplingen utan att demontera motorn och växellådan.

28 Skruva loss och ta bort skyddsplåten från växellådans balanshjulkåpa.

29 Koppla en hiss och en talja till motorns lyftfästen på topplocket och lyft motorn.

30 Stöd växellådan med en garagedomkraft med en träkloss för att sprida belastningen.

31 Skruva loss det högra motorfästet från motorblocket och karossen och dra bort fästbygeln **(se bild)**.

32 Skruva loss de fyra nedre bultarna mellan motorn och växellådan (observera även nu hur eventuella fästen som sitter fast med bultarna är placerade), flytta sedan motorn så mycket som behövs för att skilja den från växellådan. Växellådan sitter på styrstift i motorblocket.

33 Höj hissen långsamt och lyft ut motorn ur bilen, var noga med att inte skada de omgivande komponenterna i motorrummet **(se bild)**.

34 När motorn är demonterad kan växellådan stödjas med en träkloss som placeras mellan balanshjulkåpan och framfjädringens kryssrambalk. Ta bort domkraften från växellådans undersida när trästödet är på plats.

Montering

Observera: *Gängorna på bultarna mellan det högra motorfästet och karossen kommer att behöva täckas med gängtätning.*

35 När bilens framvagn står på pallbockar (se *Lyftning och stödpunkter*), stöd växellådan med en garagedomkraft och en träkloss och ta bort det stöd som tidigare placerades mellan balanshjulkåpan och kryssrambalken.

36 Stöd motorn med hissen och taljan och sänk ner motorn på sin plats i motorrummet.

37 För ihop motorn och växellådan och se till att växellådan placeras på styrstiften i motorblocket. Sätt i de tre övre bultarna mellan motorn och växellådan (och se till att alla eventuella fästen som observerades vid demonteringen monteras på rätt plats). Dra inte åt dem helt i det här stadiet.

38 Montera de fyra nedre bultarna mellan motorn och växellådan (se även nu till att alla eventuella fästen som observerades vid demonteringen monteras på rätt ställe). Inte heller här ska bultarna dras åt fullständigt i det här stadiet.

39 Montera det högra motorfästet på motorblocket och dra åt fästbultarna till angivet moment.

40 Täck gängorna på bultarna mellan motorn och karossen med gängtätning och justera motorn och växellådan så att bultarna kan monteras. Sätt i bultarna och dra åt dem till angivet moment.

41 Dra åt alla bultar mellan motorn och växellådan till angivet moment, koppla sedan loss taljan och hissen från motorn och ta bort domkraften under växellådan.

4.31 Höger motorfästbygel

4.33 Motorn lyfts bort från bilen – 1.6 liters SOHC motor

42 Montera tillbaka skyddsplåten till växellådans balanshjulkåpa.

43 Montera kopplingen, om det är tillämpligt, och haka fast växellådans ingående axel med det räfflade navet på kopplingens lamell (enligt beskrivningen i kapitel 6).

44 Montera avgassystemets främre del enligt beskrivningen i kapitel 4A eller 4B.

45 Montera vevaxelns remskiva enligt beskrivningen i del A eller del B i detta kapitel, efter tillämplighet.

46 Sänk ner bilen.

47 Montera och återanslut alla relevanta rör, kablar och slangar etc., i omvänd ordningsföljd enligt demonteringsbeskrivningen i punkt 10 till 20.

48 Om det är tillämpligt, montera servostyrningspumpen och, på 1.8 och 2.0 liters motorer, spänn pumpens drivrem enligt beskrivningen i kapitel 1.

49 Montera växelströmsgeneratorn och spänn drivremmen enligt beskrivningen i kapitel 1.

50 Montera luftrenarens komponenter, se kapitel 4A eller 4B om det behövs. På modeller med förgasare, återanslut varmluftsslangen till avgasgrenrörets varmluftshölje.

51 Fyll motorn med olja. Om det är tillämpligt, montera ett nytt oljefilter enligt beskrivningen i kapitel 1.

52 Montera kylaren och fyll på kylsystemet enligt beskrivningen i kapitel 3.

53 Montera motorhuven enligt beskrivningen i kapitel 11.

54 Återanslut batteriledningarna.

55 Avsluta med att lufta servostyrningens oljekrets enligt beskrivningen i kapitel 10 (om det är tillämpligt).

5 Motor/manuell växellåda - demontering och montering

Observera: *Nya bultar måste användas vid återmonteringen för att fästa det vänstra motor-/växellådsfästet vid karossen, och nya låsplattor måste användas till bultarna som fäster det bakre motor-/växellådsfästet vid växellådan. Gängorna på bultarna mellan det högra motorfästet och karossen kommer att behöva täckas med gängtätning. En gängtapp med måtten M10 x 1,25 mm kan komma att behövas under det här momentet - se texten.*

Demontering

1 Fortsätt enligt beskrivningen i avsnitt 4, punkt 1 till och med 20.

2 Arbeta i motorrummet, gör inställningsmärken mellan växelväljarstaget och klämhylsan, lossa sedan klämbulten och koppla loss växelväljarstaget från klämhylsan **(se bild)**.

3 Ta bort fästklammern och dra sedan bort kopplingsvajern från urtrampningsarmen. Tryck urtrampningsarmen bakåt mot torpedväggen om det behövs för att ta loss vajern. Dra bort vajerfästet från fästbygeln på växelhuset och flytta sedan vajern åt ena sidan där den inte är i vägen, observera hur den är dragen.

4 Koppla loss kablarna från backljuskontakten som är placerad på växellådshusets framsida.

5 Skruva loss fästhylsan och koppla loss hastighetsmätarens kabel från växellådan.

6 Skruva loss fästmuttern och koppla loss jordledningen från växellådans ändbricka.

7 Gör en sista kontroll för att se till att alla slangar, rör, kablar och liknande har kopplats loss och placerats ur vägen för motorn och växellådan.

8 Fortsätt enligt beskrivningen i avsnitt 4, punkt 23 till 25.

9 Koppla loss drivaxlarnas inre ändar från differentialen, se relevanta punkter i kapitel 8, avsnitt 2. Var beredd på visst oljespill när drivaxlarna dras bort och plugga differentialens öppningar för att hindra ytterligare oljespill och förhindra att smuts tränger in. Stöd drivaxlarna genom att hänga upp dem med ståltråd eller snöre. Låt dem ***inte*** hålla upp sin egen vikt.

10 Koppla en hiss och en talja till motorns lyftfästen på topplocket och lyft motorn.

11 Ta bort det vänstra motor-/växellådsfästet helt genom att skruva bort de två fästskruvarna som fäster gummifästet vid karossen och de tre bultarna som fäster fästbygeln vid växellådan.

12 Skruva loss det högra motorfästet från motorblocket och karossen och dra bort fästbygeln.

13 Arbeta under bilen, skruva loss de två muttrarna som fäster motorns/växellådans bakre fäste vid den främre kryssrambalken och de tre bultar som fäster fästbygeln vid växellådan. Dra sedan bort fästbygeln.

14 Sväng motorn/växellådan försiktigt över motorrummet så mycket som behövs för att enheten ska kunna lyftas rakt upp ur bilen med hissen. Var noga med att inte skada några omgivande komponenter i motorrummet.

15 Stöd den demonterade motorn/växellådan på träklossar på en arbetsbänk, eller på en ren yta på verkstadsgolvet.

16 Tvätta bort all yttre smuts med hjälp av fotogen eller vattenlösligt lösningsmedel och en hård borste.

17 Skruva loss och ta bort skyddsplåten från växellådans balanshjulskåpa.

18 Se till att både motorn och växellådan stöds ordentligt, skruva sedan loss bultarna mellan motorn och växellådan och observera placeringen av eventuella fästen som sitter fast med bultarna.

19 Dra försiktigt bort växellådan från motorn och se till att växellådans vikt inte tillåts vila på den ingående axeln medan denna är fäst vid kopplingens lamell. Observera att växellådan är placerad på styrstift som sitter i motorblocket.

Montering

20 Kontrollera före monteringen att de två originalbultarna som fäster motorns/växellådans gummifäste vid karossen kan rotera fritt i sina lopp i karossen. Om det behövs, gänga om hålen med hjälp av en M10 x 1,25 mm gängtapp.

21 På modeller där kopplingen kan demonteras och monteras med motorn och växellådan kvar i bilen, är det enklare att vänta med att montera kopplingen tills motorn/växellådan har monterats.

22 Passa försiktigt in växellådan på motorn tills balanshjulskåpan är placerad på styrstiften i motorblocket. Montera sedan bultarna mellan motorn och växellådan och dra åt dem till angivet moment. Se till att de eventuella fästen som sitter fast med hjälp av bultarna monteras på rätt platser. Se till att växellådans vikt inte tillåts vila på den ingående axeln så länge den hakar i kopplingens lamell, om kopplingen fortfarande är fäst vid svänghjulet.

23 Montera balanshjulskåpans täckplåt om kopplingen är på plats.

24 Se till att framvagnen stöds på pallbockar (se *Lyftning och stödpunkter*) och stöd motorn/växellådan med hissen och taljan. Sänk sedan försiktigt ner enheten i motorrummet.

25 Arbeta under bilen, montera motorns/växellådans bakre fäste vid växellådan, använd nya låsplattor under bultskallarna och dra åt bultarna till angivet moment.

26 Montera de två bultarna och muttrarna som fäster motorns/växellådans bakre fäste vid den främre kryssrambalken, men dra inte åt dem helt i det här stadiet.

27 Montera det högra motorfästet på motorblocket och dra åt fästbultarna till angivet moment.

28 Lägg gängtätning på bultarna som fäster det högra motorfästet vid karossen. Sätt sedan i bultarna, men dra inte åt dem helt i det här stadiet.

29 Montera växellådans vänstra fästbygel på växellådan och dra åt fästbultarna till angivet moment.

30 Sätt i bultarna till det vänstra fästet mellan växellådan och karossen och dra åt dem till angivet moment.

5.2 Växelväljarstagets klämhylsa (vid pilen)

31 Dra åt bultarna till det högra motorfästet och bultarna till det bakre fästet mellan motorn/växellådan och den främre kryssrambalken till angivna moment, ta sedan bort taljan och hissen från motorn.

32 Om det är tillämpligt kan kopplingen nu monteras och/eller växellådans ingående axel föras ihop med det räfflade navet på kopplingens lamell, enligt beskrivningen i kapitel 6. Montera balanshjulskåpans täckplåt om det är tillämpligt.

33 Återanslut drivaxelns inre ändar till differentialen, se relevanta punkter i kapitel 8, avsnitt 2. Använd nya låsringar.

34 Montera avgassystemets främre del enligt beskrivningen i kapitel 4A eller 4B.

35 Montera vevaxelns remskiva enligt beskrivningen i del A eller del B i detta kapitel, efter tillämplighet.

36 Återanslut växellådans jordledning och dra åt fästmuttern.

37 Sänk ner bilen.

38 Återanslut hastighetsmätarens kabel till växellådan och dra åt fästhylsan.

39 Återanslut kablarna till backljuskontakten.

40 Montera kopplingsvajern till fästbygeln på växellådshuset, återanslut sedan vajern till urtrampningsarmen och justera vajern enligt beskrivningen i kapitel 1. Se till att vajern dras på det sätt som noterades vid demonteringen.

41 Återanslut växelväljarstaget till klämhylsan. Se till att märkena som gjordes vid demonteringen är i linje med varandra och dra åt klämbulten.

42 Fortsätt enligt beskrivningen i avsnitt 4, punkt 47 till 52.

43 Fyll på växellådsolja enligt beskrivningen i kapitel 1.

44 Montera motorhuven enligt beskrivningen i kapitel 11.

45 Återanslut batteriledningarna.

6 Motor – demontering och montering (med automatväxellådan kvar i bilen)

Observera: *Vid monteringen måste nya bultar användas mellan momentomvandlaren och drivplattan, och om den gamla momentomvandlaren används kommer en gängtapp med måtten M10 x 1,25 mm att behövas. Gängorna på bultarna mellan det högra motorfästet och karossen kommer att behöva täckas med gängtätning.*

Demontering

1 Följ beskrivningen i avsnitt 4, punkt 1 till 20.

2 Gör en sista kontroll för att se till att alla slangar, rör och kablar har kopplats loss och placerats ur vägen för motorn.

3 Skruva loss och ta bort de tre övre bultarna mellan motorn och växellådan som går att komma åt från motorrummet. Observera hur eventuella fästen som sitter fast med bultarna är placerade.

4 Fortsätt enligt beskrivningen i avsnitt 4, punkt 23 till 25.

5 Skruva loss och ta bort skyddsplåten från växellådans balanshjulskåpa.

6 Gör inställningsmärken mellan momentomvandlaren och drivplattan om den ursprungliga momentomvandlaren och drivplattan ska återmonteras, för att garantera att komponenterna återmonteras på sina ursprungliga platser.

7 Arbeta genom balanshjulkåpans botten, skruva loss de tre bultarna mellan momentomvandlaren och drivplattan. Vevaxeln kommer att behöva vridas runt med en nyckel eller en hylsa på vevaxelns remskive- eller drevbult (efter tillämplighet) för att det ska gå att komma åt alla bultar i tur och ordning genom öppningen. Kila fast drivplattans startkrans med en skruvmejsel eller liknande, så att inte plattan vrids runt när bultarna lossas. Kasta bultarna.

8 Koppla en hiss och en talja till motorns lyftfästen på topplocket och lyft motorn.

9 Stöd växellådan med hjälp av en garagedomkraft och en träkloss för att sprida belastningen.

10 Skruva loss det högra motorfästet från motorblocket och karossen och dra bort fästbygeln.

11 Skruva loss de nedre bultarna mellan motorn och växellådan och flytta sedan motorn så mycket som behövs för att kunna skilja den från växellådan. Observera att växellådan är placerad på styrstift i motorblocket. Se till att momentomvandlaren hålls på plats i växellådshuset när motorn och växellådan separeras, annars kan den falla ut, med oljespill och eventuella skador till följd. Håll fast momentomvandlaren med en metallremsa som skruvas fast över balanshjulkåpans ändyta medan motorn är demonterad.

12 Höj hissen långsamt och lyft ut motorn ur bilen. Var noga med att inte skada de omgivande komponenterna i motorrummet.

13 När motorn är demonterad kan växellådan stödjas med en träkloss som placeras mellan balanshjulkåpan och framfjädringens kryssrambalk. Ta bort domkraften från växellådans undersida när trästödet är på plats.

Montering

14 Se till att framvagnen står uppställd på pallbockar (se *Lyftning och stödpunkter*) och stöd växellådan med en garagedomkraft och en träkloss. Ta bort pallbockarna mellan balanshjulkåpan och kryssrambalken.

15 Om den gamla momentomvandlaren fortfarande sitter på plats, börja återmonteringen med att efterskära gängorna för bultarna mellan momentomvandlaren och drivplattan med hjälp av en gängtapp med måtten M10 x 1,25 mm.

16 Stöd motorn med hissen och taljan och sänk försiktigt ner motorn på sin plats i motorrummet.

17 Där så är tillämpligt, ta bort metallremsan som håller fast momentomvandlaren i växellådshuset och håll momentomvandlaren på plats medan motorn monteras ihop med växellådan.

18 Se till att växellådan placeras på styrstiften i motorblocket, montera sedan de tre övre bultarna mellan motorn och växellådan (kontrollera att eventuella fästen sätts tillbaka på de platser som noterades vid demonteringen) – dra inte åt bultarna helt i det här stadiet.

19 Montera de fyra nedre bultarna mellan motorn och växellådan (se även nu till att alla eventuella fästen monteras på rätt ställe). Inte heller här ska bultarna dras åt fullständigt i det här stadiet.

20 Montera det högra motorfästet på motorblocket och dra åt fästbultarna till angivet moment.

21 Täck gängorna på bultarna mellan motorn och karossen med gängtätning och justera motorn och växellådan så att bultarna kan monteras. Sätt i bultarna och dra åt dem till angivet moment.

22 Dra åt alla bultar mellan motorn och växellådan till angivet moment, koppla sedan loss taljan och hissen från motorn och ta bort domkraften under växellådan.

23 Om originalmomentomvandlaren och drivplattan har monterats ska vevaxeln vridas försiktigt tills inställningsmärkena som gjordes vid demonteringen är i linje med varandra, innan bultarna mellan momentomvandlaren och drivplattan monteras.

24 Sätt i **nya** bultar mellan momentomvandlaren och drivplattan och dra åt dem till angivet moment. Vrid vevaxeln för att komma åt alla bultar i tur och ordning, och hindra drivplattan från att vridas på samma sätt som vid demonteringen.

25 Montera tillbaka skyddsplåten för växellådans balanshjulskåpa.

26 Fortsätt enligt beskrivningen i avsnitt 4, punkt 44 till 55.

27 Kontrollera växellådans oljenivå och fyll på om det behövs, enligt beskrivningen i kapitel 1.

7 Motor/automatväxellåda – demontering och montering

Observera: *Vid monteringen måste nya bultar användas mellan momentomvandlaren och drivplattan. Nya bultar måste också användas vid återmonteringen för att fästa det vänstra motor-/växellådsfästet vid karossen, och nya låsplattor måste användas till bultarna som fäster det bakre motor-/växellådsfästet vid växellådan. Gängorna på bultarna mellan det högra motorfästet och karossen kommer att behöva täckas med gängtätning. En gängtapp med måtten M10 x 1,25 mm kan komma att behövas under det här momentet. Se texten.*

Demontering

1 Fortsätt enligt beskrivningen i avsnitt 4, punkt 1 till 20.

2 Tappa ur växellådsoljan enligt beskrivningen i kapitel 7B, för att minimera oljespillet när drivaxlarna dras bort från växellådan.
3 Skruva loss fästhylsan och koppla loss hastighetsmätarens kabel från växellådan.
4 Dra åt handbromsen, hissa upp framvagnen och stöd den på pallbockar, om det inte redan är gjort (se *Lyftning och stödpunkter*).
5 Ta bort vevaxelns remskiva enligt beskrivningen i del A (SOHC motorer) eller del B (DOHC motorer) i detta kapitel.
6 Ta bort avgassystemets främre del enligt beskrivningen i kapitel 4A eller 4B.
7 Koppla loss växellådans oljekylarslangar, antingen vid växellådan eller vid kylaren, och observera hur de är dragna. Kläm ihop eller plugga igen slangarna för att minimera spill och hindra smuts från att tränga in.
8 Koppla loss kontaktdonet till växellådans kabelhärva och skruva loss kabelhärvans två fästen från växellådshuset.
9 Koppla loss ventilationsslangen från växellådan (slangen är placerad under batterilådan), och observera hur den är dragen.
10 Ta bort fästklammern och brickan och koppla loss väljarvajern från manöverstaget på växellådan. Flytta vajern åt ena sidan, på avstånd från växellådan.
11 Gör en sista kontroll för att se till att alla slangar, rör, kablar och liknande har kopplats loss och placerats ur vägen för motorn och växellådan.
12 Fortsätt enligt beskrivningen i avsnitt 5, punkt 9 till 14.
13 Stöd den demonterade motorn/växellådan på träklossar på en arbetsbänk, eller på en ren yta på verkstadsgolvet.
14 Tvätta bort all yttre smuts med hjälp av fotogen eller vattenlösligt rengöringsmedel och en hård borste.
15 Skruva loss och ta bort skyddsplåten från växellådans balanshjulkåpa.
16 Gör inställningsmärken mellan momentomvandlaren och drivplattan om den ursprungliga momentomvandlaren och drivplattan ska återmonteras, för att garantera att komponenterna sätts tillbaka på sina ursprungliga platser.
17 Se till att både motorn och växellådan har ordentligt stöd, arbeta sedan genom balanshjulkåpans botten och skruva loss de tre bultarna mellan momentomvandlaren och drivplattan. Vevaxeln kommer att behöva vridas runt med en nyckel eller en hylsa på vevaxelns remskive- eller drevbult (efter tillämplighet) för att det ska gå att komma åt alla bultar i tur och ordning genom öppningen. Kila fast drivplattans startkrans med en skruvmejsel eller liknande, så att inte plattan vrids runt när bultarna lossas. Kasta bultarna.
18 Skruva loss bultarna mellan motorn och växellådan och observera hur eventuella fästen som sitter fast med bultarna är placerade.
19 Dra försiktigt isär motorn och växellådan och se till att momentomvandlaren hålls på plats i växellådshuset, annars kan den falla ut, med oljespill och eventuella skador till följd. Enheterna kan behöva vickas lite fram och tillbaka innan de lossnar. Om växellådan inte ska monteras tillbaka på en tid bör momentomvandlaren hållas på plats med en metallremsa som skruvas fast över balanshjulkåpans ändyta.

Montering

20 Om den ursprungliga momentomvandlaren ska återmonteras, börja monteringen med att efterskära gängorna för bultarna mellan momentomvandlaren och drivplattan med hjälp av en gängtapp med måtten M10 x 1,25 mm.
21 Om en ny växellåda monteras rekommenderar tillverkarna att kylarens vätskekylarpassager spolas rena innan växellådan installeras. Använd helst tryckluft (se då till att följa säkerhetsanvisningarna för tryckluftshantering). Alternativt kan kylaren spolas ur med ren automatväxelolja tills all den gamla oljan har runnit ut och ren olja kommer ur kylarutloppet.
22 Kontrollera att de två originalbultarna som fäster motorns/växellådans gummifäste vid karossen kan rotera fritt i sina lopp i karossen. Om det behövs, gänga om hålen med hjälp av en M10 x 1,25 mm gängtapp.
23 Passa försiktigt in växellådan på motorn tills balanshjulkåpan är placerad på styrstiften i motorblocket (se till att momentomvandlaren hålls på plats i växellådshuset medan motorn och växellådan monteras ihop). Montera bultarna mellan motorn och växellådan och dra åt dem till angivet moment. Se till att de eventuella fästen som sitter fast med hjälp av bultarna sätts tillbaka på sina korrekta platser.
24 Om den ursprungliga momentomvandlaren och drivplattan ska monteras ska vevaxeln vridas försiktigt tills inställningsmärkena som gjordes vid demonteringen är i linje med varandra, innan bultarna mellan momentomvandlaren och drivplattan monteras.
25 Sätt i **nya** bultar mellan momentomvandlaren och drivplattan och dra åt dem till angivet moment. Vrid vevaxeln för att komma åt alla bultar i tur och ordning, och hindra drivplattan från att vridas på samma sätt som vid demonteringen.
26 Montera tillbaka skyddsplåten till växellådans balanshjulkåpa.
27 Fäst taljan vid motorn/växellådan, sänk sedan ner enheten i motorrummet och anslut fästena enligt beskrivningen i avsnitt 5, punkt 25 till 31.
28 Återanslut drivaxelns inre ändar till differentialen, se kapitel 8, avsnitt 2. Använd nya låsringar.
29 Återanslut växellådans ventilslang och se till att den dras på samma sätt som noterades vid demonteringen.
30 Återanslut väljarvajern till manöverstaget på växellådan, och justera vajern enligt beskrivningen i kapitel 7B.
31 Montera fästena till växellådans kabelhärva och återanslut kontaktdonet.
32 Återanslut växellådans oljekylarslangar, använd nya tätningsbrickor där det är tillämpligt och se till att slangarna dras korrekt.
33 Montera avgassystemets främre del enligt beskrivningen i kapitel 4A eller 4B.
34 Montera vevaxelns remskiva enligt beskrivningen i del A eller del B i detta kapitel, efter tillämplighet.
35 Sänk ner bilen.
36 Återanslut hastighetsmätarens kabel och dra åt fästhylsan.
37 Fortsätt enligt beskrivningen i avsnitt 4, punkt 47 till 52.
38 Fyll växellådan med olja av rätt kvantitet och kvalitet genom mätstickans rör.
39 Montera motorhuven enligt beskrivningen i kapitel 11.
40 Gör en sista kontroll för att se till att alla slangar, rör och kablar har återanslutits korrekt.
41 Återanslut batteriledningarna.
42 Om det är tillämpligt, avsluta med att lufta servostyrningens oljekrets enligt beskrivningen i kapitel 10 och fyll på automatväxellådans oljenivå enligt beskrivningen i kapitel 1.

8 Motorrenovering - ordningsföljd för isärtagning

1 Det är mycket enklare att ta isär och arbeta med en motor om den är uppsatt i ett flyttbart motorställ. Dessa kan ofta hyras från en verktygsuthyrningsfirma. Innan motorn monteras på motorstället ska svänghjulet/drivplattan demonteras så att ställets bultar kan dras fast i änden av motorblocket.
2 Om ett ställ inte finns tillgängligt går det att ta isär motorn på en stabil arbetsbänk eller på golvet. Var mycket försiktig så att motorn inte välter om arbetet sker utan ställ.
3 Om motorn ska ersättas med en renoverad motor måste alla yttre komponenter demonteras först, så att de kan flyttas över till utbytesmotorn (precis som om den ursprungliga motorn skulle renoveras). Dessa komponenter inkluderar följande:

a) Insugsgrenrör och avgasgrenrör (kapitel 4A eller 4B).
b) Generatorns/servostyrningspumpens/ luftkonditioneringskompressorns fästbygel/byglar (efter tillämplighet).
c) Kylvätskepumpen (kapitel 3).
d) Bränslesystemets komponenter (kapitel 4A eller 4B).
e) Kabelhärva och alla elektriska brytare/kontakter och givare.
f) Oljefiltret (kapitel 1).
g) Svänghjulet/drivplattan (se relevant avsnitt i detta kapitel).

Observera: *Vid demonteringen av yttre komponenter från motorn, var mycket uppmärksam på detaljer som kan underlätta*

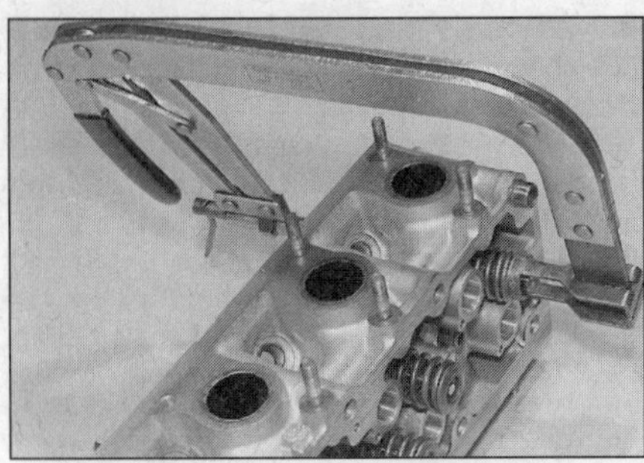

9.3a Ventilfjäderbåge monterad på avgasventil nr 1 – 2.0 liters SOHC motor visas

9.3b Ett knaster tas bort – SOHC motor visas

9.3c Lyft bort fjäderhållaren . . .

9.3d . . . och fjädern – SOHC motor visas

9.3e Ta bort ventilskaftets tätning . . .

9.3f . . . dra sedan bort fjädersätet – SOHC motor visas

eller vara viktiga vid hopsättningen. Anteckna hur packningar, tätningar, distanser, stift, brickor, bultar och andra smådelar sitter placerade.

4 Om en "kort" motor (som består av motorblock, vevaxel, kolvar och vevstakar hopsatta) införskaffas, måste topplocket, oljesumpen, oljepumpen och kamremmen/ kedjorna också demonteras.

5 Om en fullständig renovering planeras kan motorn tas isär och de inre komponenterna demonteras enligt ordningsföljden nedan. Se relevant avsnitt i det här kapitlet om inte annat anges.

a) Insugsgrenrör och avgasgrenrör (kapitel 4A eller 4B).
b) Kamrem, drev och spännare.
c) Topplock.
d) Svänghjul/drivplatta.
e) Oljesump.
f) Oljepump.
g) Kolvar och vevstakar.
h) Vevaxel.

6 Se till att alla nödvändiga verktyg finns på plats innan isärtagningen och renoveringen inleds. Se avsnittet *Verktyg och arbetsutrymmen* i den här handboken för närmare information.

Placera varje ventilenhet i en märkt plastpåse eller motsvarande liten behållare om komponenterna ska behållas och återanvändas. Observera att ventilerna, liksom cylindrarna, normalt är numrerande från motorns kamremsände.

9 Topplock – isärtagning

Observera: *Nya och renoverade topplock finns att köpa hos tillverkaren, och från specialister på motorrenoveringar. Kom ihåg att vissa specialverktyg är nödvändiga för isärtagning och kontroller, och att nya komponenter kanske måste beställas i förväg. Det kan därför vara mer praktiskt och ekonomiskt för en hemmamekaniker att köpa ett färdigrenoverat topplock än att ta isär och renovera det ursprungliga topplocket.*

1 På SOHC motorer, ta bort topplocket från motorn och lyft sedan ut kamaxelns ventillyftare, tryckklossar och hydrauliska ventillyftare från topplocket, se del A i detta kapitel.

2 På DOHC motorer , ta bort kamaxlarna och ventillyftarna enligt beskrivningen i del B i detta kapitel, ta sedan bort topplocket från motorn.

3 Använd en ventilfjäderbåge och tryck ihop varje ventilfjäder i tur och ordning, tills knastret kan tas bort. Lossa ventilbågen och lyft bort fjäderhållaren och fjädern. Använd en tång och dra försiktigt ut ventilskaftets tätning från styrningens överdel, dra sedan bort fjädersätet **(se bilder)**.

4 Om fjäderhållaren vägrar lossna så att man kommer åt knastren när ventilfjäderbågen är nedskruvad, kan man knacka försiktigt på verktygets överdel, direkt ovanför hållaren, med en lätt hammare. Då lossnar hållaren.

5 Dra bort ventilen genom förbränningskammaren. Det är viktigt att varje ventil förvaras tillsammans med tillhörande knaster, hållare, fjäder och fjädersäte. Ventilerna bör även förvaras i rätt ordning, om de inte är så slitna att de måste bytas ut **(se Haynes tips)**.

10 Topplock och ventiler – rengöring och kontroll

1 Noggrann rengöring av topplockets och ventilernas komponenter, följt av en detaljerad kontroll, gör det möjligt att avgöra hur mycket servicearbete som måste läggas ner på ventilerna under motorrenoveringen. **Observera:** *Om motorn har överhettats kraftigt är det bäst att förutsätta att topplocket är skevt – undersök det noga efter tecken på skevhet.*

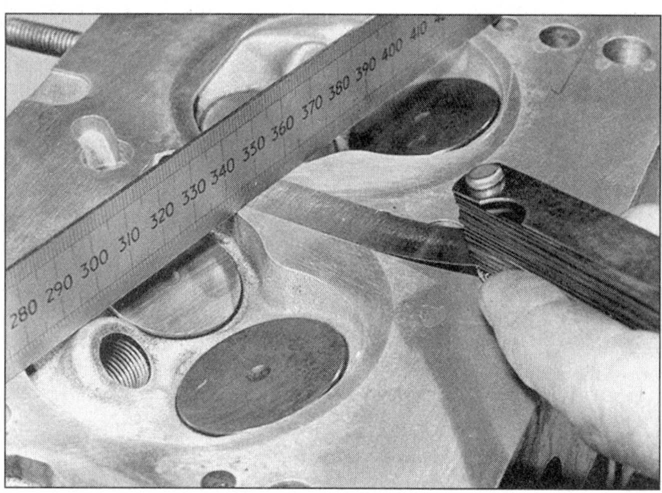

10.6 Undersök om topplockets yta är skev

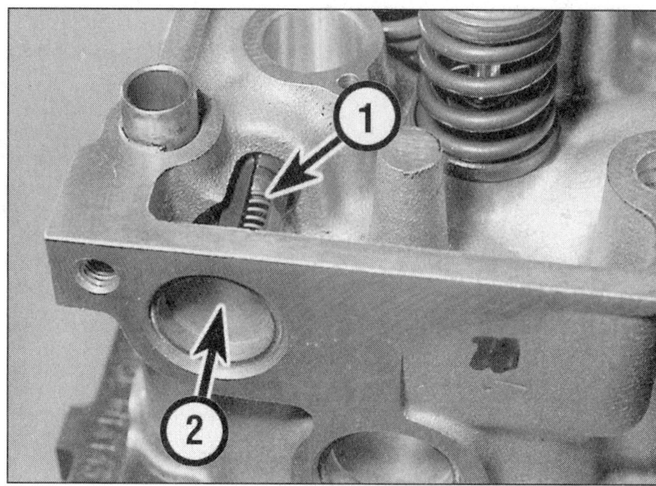

10.11 Topplockets oljetrycksreglerande ventil (1) och plugg (2) – 1.8 och 2.0 liters SOHC motorer

Rengöring

2 Skrapa bort alla spår av gamla packningsrester från topplocket.

3 Skrapa bort allt sot från förbränningskamrarna och portarna, tvätta sedan topplocket noga med fotogen eller lämpligt lösningsmedel.

4 Skrapa bort alla tunga sotavlagringar som samlats på ventilerna, använd sedan en elektrisk stålborste för att ta bort avlagringar från ventilhuvudena och skaften.

Kontroll

Observera: *Var noga med att utföra följande kontroller för att avgöra om en maskinverkstad eller en specialist på motorrenoveringar bör kontaktas. Gör en lista över alla komponenter som behöver åtgärdas.*

Topplock

5 Undersök topplocket mycket noga efter sprickor, tecken på kylvätskeläckage och andra skador. Förekommer sprickor måste topplocket bytas ut.

6 Använd en stållinjal och ett bladmått för att kontrollera att topplockets yta inte är skev **(se bild)**. Om topplocket är skevt kan det vara möjligt att slipa om det, förutsatt att inte angiven minimihöjd underskrids.

7 Undersök ventilsätena i förbränningskamrarna. Om de är överdrivet anfrätta, spruckna eller brända måste de gängas om av en specialist på motorrenoveringar. Om de endast är lite anfrätta kan problemet åtgärdas genom att ventilhuvudena och sätena slipas in med fin ventilslipningsmassa enligt beskrivningen nedan.

8 Om ventilstyrningarna är slitna (märks på att ventilen rör sig i sidled följt av att överdrivet mycket blå rök kommer ur avgasröret vid körning) måste nya styrningar monteras. Mät diametern på de befintliga ventilskaften (se nedan) och styrningarnas lopp, räkna sedan ut spelet och jämför resultatet med det angivna värdet. Om spelet inte ligger inom de angivna gränsvärdena ska ventilerna och/eller styrningarna bytas ut efter behov.

9 Arbetet med att byta ventilstyrningarna bör överlåtas till en specialist på motorrenoveringar. Om arbetet trots det ska utföras hemma, använd en avsatsförsedd dorn med dubbel diameter för att driva ut den slitna styrningen mot förbränningskammaren. När en ny styrning monteras, låt den först ligga i frysen i en timme, driv sedan in den i sitt lopp i topplocket från kamaxelsidan tills den skjuter ut så mycket över topplocksytan som anges i specifikationerna (kontakta en Opelverkstad om inget värde anges i specifikationerna).

10 Om ventilsätena ska gängas om får det göras först efter att styrningarna har bytts ut.

11 På 1.8 och 2.0 liters SOHC motorer finns en oljetrycksreglerande ventil monterad till oljeledningarna i topplocket **(se bild)**. Den ventilen kan bytas ut om den verkar vara skadad eller om den inte fungerar tillfredsställande. Man kommer åt ventilen genom den runda pluggen som täcker änden av ventilen. Den gamla ventilen måste krossas och sedan måste resterna tas bort och en gänga (M10) skäras in i ventilsätet för att det ska gå att ta bort med hjälp av en bult. En ny ventil och plugg kan sedan drivas på plats. Med tanke på svårigheterna med att byta ut ventilen är det dock troligen bäst att överlåta arbetet till en Opelverkstad.

12 På 1.8 och 2.0 liters motorer, byt alltid ut tätningsringen mellan topplocket och termostathuset när topplocket demonteras för renovering **(se bild)**.

Ventiler

13 Undersök huvudet på varje ventil efter tecken på anfrätning, brännskador, sprickor och allmänt slitage, och undersök ventilskaftet efter tecken på repor och slitage. Vrid ventilen och kontrollera om den verkar böjd. Leta efter anfrätningar och överdrivet slitage på ventilskaftens spetsar. Byt ut alla ventiler som visar tecken på slitage och skador.

14 Om ventilen verkar vara i gott skick så här långt, mät ventilskaftets diameter på flera ställen med hjälp av en mikrometer **(se bild)**. Om diameterns tjocklek varierar märkbart på de olika mätställena är det ett tecken på att ventilskaftet är slitet. Om så är fallet måste ventilen bytas ut.

15 Om ventilernas skick är tillfredsställande ska de slipas (poleras) in i respektive säte för att garantera en smidig, gastät tätning. Om sätet endast är lätt anfrätt, eller om det har frästs om, ska **endast** fin slipningsmassa användas för att få fram den önskade ytan. Grov ventilslipningsmassa ska **inte** användas

10.12 Termostathusets tätningsring byts ut – 1.8 och 2.0 liters SOHC motorer

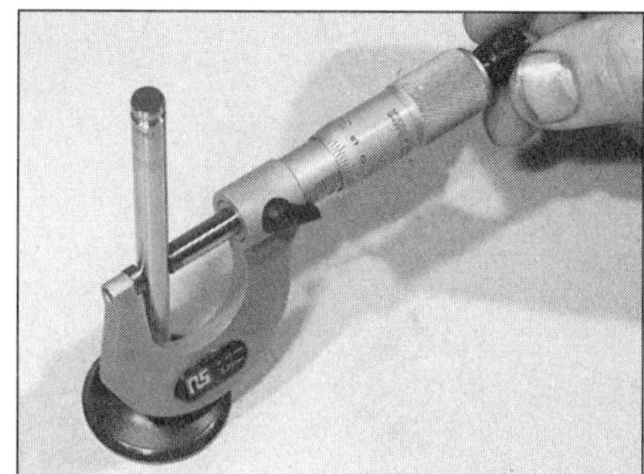
10.14 Ett ventilskafts diameter mäts

10.17 Ett ventilsäte slipas in

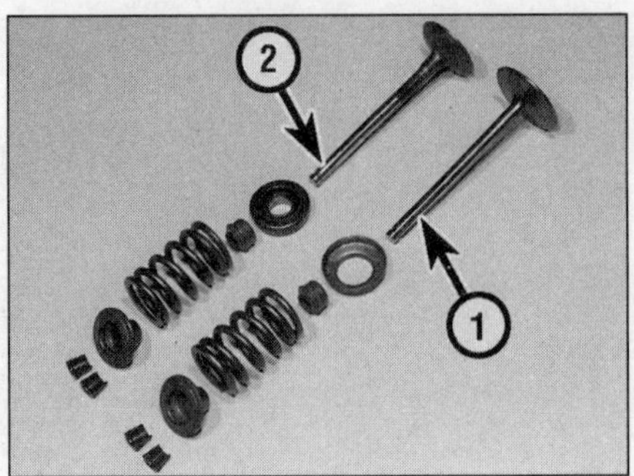

10.22 Insugsventil (1) och avgasventil (2) – SOHC motorer

om inte ett säte är svårt bränt eller djupt anfrätt. Om så är fallet bör topplocket och ventilerna undersökas av en expert som kan avgöra om sätena ska fräsas om eller om ventilen eller sätesinsatsen måste bytas ut.

16 Ventilslipningen beskrivs i följande punkter. Placera topplocket upp och ner på en bänk.

17 Smörj en aning ventilslipmassa av lämplig grad på sätesytan och tryck ett slipverktyg över ventilhuvudet. Slipa in ventilen i sätet med roterande rörelser, lyft ventilen ibland för att omfördela slipmassan **(se bild)**. Om en lätt fjäder placeras under ventilen går det lättare.

18 Om grov slipmassa används, arbeta endast tills en glanslös, jämnmatt yta uppnås på både ventilsätet och ventilen, torka sedan bort den använda slipmassan och upprepa proceduren med fin massa. När en mjuk, obruten ring med ljusgrå matt yta uppnås på både ventilen och sätet är inslipningen färdig. Slipa **inte** ventilerna längre än absolut nödvändigt, annars kan sätet sjunka in i topplocket.

19 Tvätta bort alla spår av slipmassa med fotogen eller lösningsmedel när alla ventiler har slipats in, innan topplocket sätts ihop.

Ventilkomponenter

20 Undersök ventilfjädrarna efter tecken på skador eller missfärgning. Jämför om möjligt också de befintliga fjädrarnas fria längd (utan tryck) med längden på nya komponenter.

21 Ställ alla fjädrar på en plan yta och kontrollera att de står vinkelrätt ut från ytan. Om någon av fjädrarna är skadad eller skev eller har förlorat sin elasticitet, måste alla fjädrar bytas ut.

22 På vissa SOHC motorer innehåller varje avgasventils fjädersäte ett lager. Lagret roterar ventilen vilket hjälper till att hålla ventilsätet rent **(se bild)**. Om något fjädersäteslager visar tecken på slitage eller inte roterar utan hinder måste det aktuella fjädersätet bytas ut.

11 Topplock – hopsättning

1 Smörj ventilskaften och sätt in dem på sina ursprungliga platser **(se bild)**. Om nya ventiler ska monteras ska de placeras på de platser där de har slipats in.

2 Arbeta på den första ventilen och montera fjädersätet. Doppa det nya ventilskaftet i ren motorolja och placera det sedan försiktigt över ventilen och på styrningen. Var noga med att inte skada tätningen när den förs över ventilskaftet. Använd en lämplig hylsa eller ett metallrör för att trycka fast tätningen ordentligt över styrningen.

Observera: *Använd oljetätningsskyddet som följer med tätningarna om äkta Opeltätningar används. Skyddet passar över ventilskaftet och hindrar oljetätningsläppen från att skadas på ventilen* **(se bilder)**.

3 Placera fjädern i sätet och montera fjäderhållaren **(se bilder)**.

4 Tryck ihop ventilfjädern och placera knastren i fördjupningen på ventilskaftet **(se bild)**. Lossa ventilbågen, upprepa sedan momentet på de återstående ventilerna.

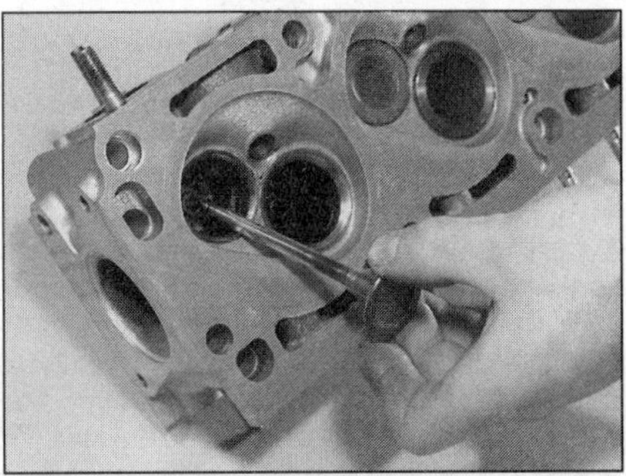

11.1 En avgasventil förs in i sin styrning – SOHC motor visas

11.2a Ett ventilsäte monteras – SOHC motor visas

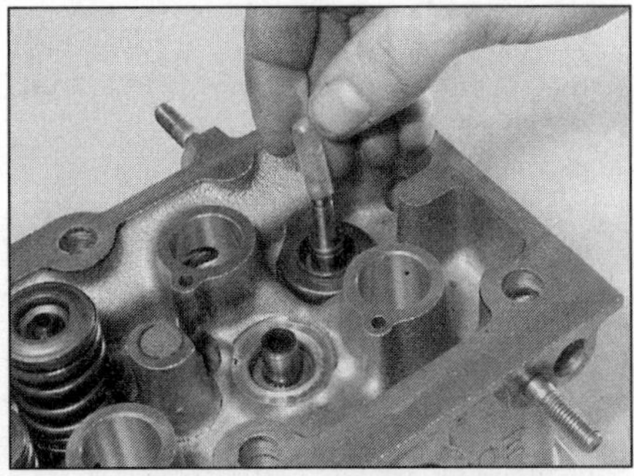

11.2b Dra ner oljetätningens monteringshylsa längs ventilskaftet, . . .

11.2c . . . montera sedan ventilskaftets tätning . . .

11.2d . . . och tryck hårt på styrningen med hjälp av en hylsa

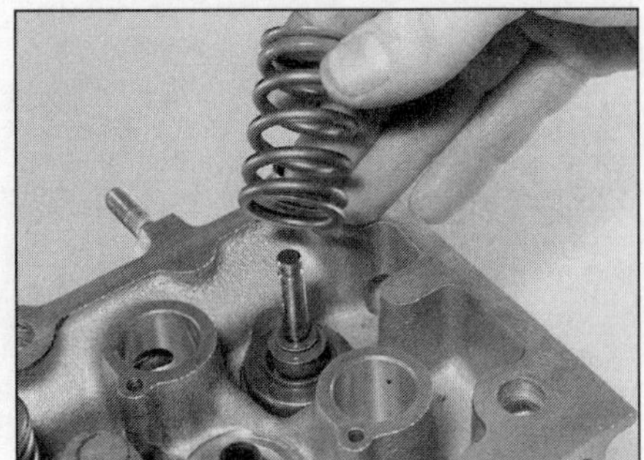

11.3a Placera fjädern i sätet . . .

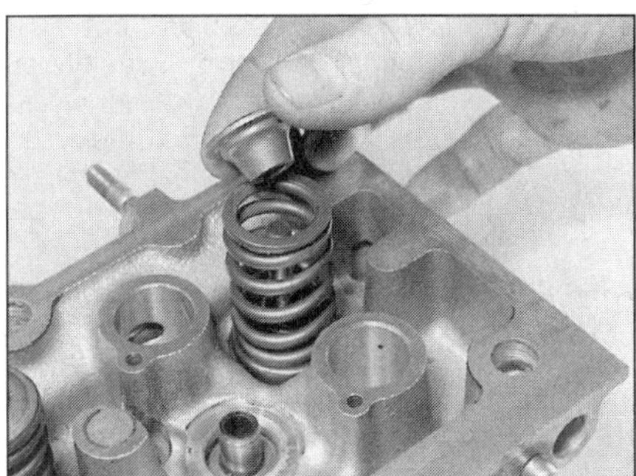

11.3b ... och montera fjäderhållaren

11.4 Använd lite fett för att hålla knastren på plats

5 När alla ventiler är monterade, placera topplocket plant på bänken och knacka i änden på varje ventilskaft med hjälp av en hammare och en mellanliggande träkloss för att passa in komponenterna.

6 På SOHC motorer, arbeta enligt beskrivningen i del A i det här kapitlet och montera de hydrauliska ventillyftarna, tryckplattorna och kamaxelföljarna på topplocket och montera sedan topplocket.

7 På DOHC bensinmotorer, arbeta enligt beskrivningen i del B i det här kapitlet, montera topplocket på motorn och montera ventillyftarna och kamaxlarna.

12 Kolv/vevstake - demontering

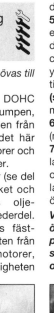

Observera: *Nya bultar kommer att behövas till vevlageröverfallen vid monteringen.*

1 På alla utom 1.8 och 2.0 liters DOHC motorer, ta bort topplocket och oljesumpen, skruva sedan bort oljeupptagaren/silen från oljepumpens nederdel. Se del A i det här kapitlet för information om SOHC motorer och del B för information om DOHC motorer.

2 På 1.8 och 2.0 liters DOHC motorer (se del B i det här kapitlet), ta bort topplocket och oljesumpen, skruva sedan loss oljeupptagaren/silen från oljepumpens nederdel. Om det är tillämpligt, skruva loss fästskruvarna och ta bort skvalpskottsplåten från motorblockets nederdel. På nyare motorer, om det är tillämpligt, förbättra åtkomligheten genom att skruva loss fästbultarna jämnt och stegvis och ta bort ramlagrens gjutgods från motorblockets nederdel.

3 På alla motorer, om det finns tydliga slitkanter längst upp i cylinderloppen, bör de tas bort med en skrapa eller en kantbrotsch så att inte kolvarna skadas vid demonteringen. En sådan kant är ett tecken på kraftigt slitage i cylinderloppet.

4 Före demonteringen, använd bladmått på varje kolv/vevstake i tur och ordning och mät vevlageröverfallets sidospel (mellan ändytorna på vevlageröverfall och vevsläng) **(se bild)**. Om spelet för någon av vevstakarna/överfallen överskrider angivet maxvärde måste den enheten bytas ut.

5 Använd en hammare och en pinndorn, färg eller liknande och märk varje vevstake och dess tillhörande överfall med respektive cylindernummer på den plana, maskinslipade ytan. Om motorn tagits isär tidigare ska tidigare gjorda markeringar observeras noga **(se bild)**. Observera att cylinder nr 1 sitter vid motorns kamremssida.

6 Vrid vevaxeln för att få kolv 1 och 4 till ND (nedre dödpunkt).

7 Skruva loss bultarna från vevstakslageröverfallet till kolv nr 1. Ta bort överfallet och ta loss lagerskålens nedre halva. Om lagerskålarna ska återanvändas, tejpa ihop överfallet och skålen med varandra.

Varning: På vissa motorer har vevstakens/överfallets fogytor inte maskinslipats plana. Överfallen har brutits av från vevstaken under produktionen och lämnats oslipade för att garantera en absolut perfekt passning. Om den här typen av vevstake är monterad måste största försiktighet iakttagas så att inte fogytorna mellan överfallet och staken märks eller skadas på något sätt. Skador på fogytorna kommer så småningom att påverka vevstakens styrka och kan leda till förtida haverier.

8 Använd ett hammarskaft för att trycka upp kolven genom loppet och ta bort den från motorblockets överdel. Ta loss lagerskålen och tejpa fast den på vevstaken så att den inte kommer bort.

9 Montera vevlageröverfallet löst på vevstaken och fäst det med bultar - då blir det lättare att hålla komponenterna i rätt ordning.

10 Ta bort kolv/vevstake nr 4 på samma sätt.

11 Vrid vevaxeln 180° för att få kolv nr 2 och 3 till ND (nedre dödpunkt), och ta bort dem på samma sätt

13 Vevaxel - demontering

Observera: *Nya bultar till ramlageröverfallen kommer att behövas vid monteringen.*

Alla utom 1.8 och 2.0 liters DOHC motorer

1 Demontera oljepumpen och svänghjulet/drivplattan. Se del A i det här kapitlet för information om SOHC motorer och del B för information om DOHC motorer.

2 Ta bort kolv- och vevstaksenheterna enligt beskrivningen i avsnitt 12. Om inget arbete måste utföras på kolvarna och vevstakarna, skruva loss överfallen och tryck in kolvarna tillräckligt långt i loppen för att vevstakarna ska gå fria från vevaxeltapparna.

3 Kontrollera vevaxelns axialspel enligt beskrivningen i avsnitt 16. Fortsätt sedan enligt följande.

4 Ramlageröverfallen ska vara numrerade från 1 till 5 från motorns kamremsände, och alla identifikationsnummer ska sitta åt rätt håll när man läser dem från insugsgrenrörets sida av motorblocket **(se bild)**. **Observera:** *På vissa motorer är svänghjuls-/drivplattsändens lageröverfall (nummer 5) inte numrerat, men det känns lätt igen i alla fall.* Om överfallen inte

12.4 Vevlageröverfallens sidospel kontrolleras

12.5 Identifikationsmärke på vevstakslagrets överfall (inringat)

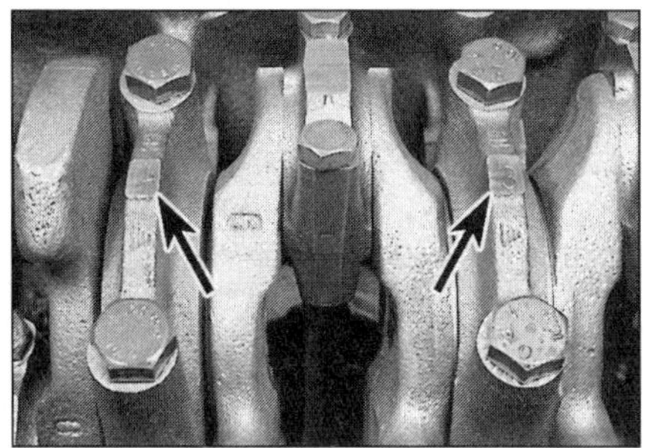

13.4 Ramlageröverfallens identifikationsmärken (vid pilarna) - 1.6 liters SOHC motor

är märkta, använd en hammare och dorn eller en lämplig märkpenna och numrera överfallen från 1 till 5 från motorns kamremsände, och märk alla lageröverfall på ett sätt som garanterar att de placeras åt rätt håll vid monteringen.

5 Arbeta i diagonal ordningsföljd, lossa de tio bultarna till ramlageröverfallen jämnt och stegvis med ett halvt varv i taget tills alla bultar är lösa. Ta bort bultarna.

6 Ta försiktigt bort alla överfall från motorblocket, se till att den nedre ramlagerskålen hålls på plats i överfallet.

7 Lyft försiktigt ut vevaxeln, var noga med att inte rubba de övre ramlagerskålarna **(se bild)**. Kasta vevaxelns bakre oljetätning.

8 Ta loss de övre lagerskålarna från motorblocket och tejpa fast dem med respektive överfall för säkert förvar.

1.8 och 2.0 liters DOHC

9 Ta bort svänghjulet/drivplattan och oljepumpen enligt beskrivningen i del B i detta kapitel.

10 Om det är tillämpligt, skruva loss fästskruvarna och ta bort skvalpskottsplåten från motorblockets nederdel.

11 På nyare motorer, om det är tillämpligt, skruva loss fästbultarna jämnt och stegvis och ta bort ramlagrens gjutgods från motorblockets nederdel.

12 Ta bort vevaxeln enligt beskrivningen i punkt 2 till 8.

14 Motorblock – rengöring och kontroll

Rengöring

1 Ta bort alla yttre komponenter och elektriska kontakter/givare från motorblocket. För en fullständig rengöring ska frostpluggarna helst tas ut. Borra ett litet hål i vardera pluggen och skruva i en plåtskruv. Dra ut pluggen genom att dra i skruven med en tång eller använd en glidhammare.

2 Skrapa bort alla packningsrester från motorblocket och från ramlagrens gjutgods (i förekommande fall). Var noga med att inte skada packnings-/tätningsytorna.

3 Ta bort alla oljekanalpluggar (om sådana finns). Dessa pluggar sitter vanligen mycket hårt – det kan bli nödvändigt att borra ur dem och gänga om hålen. Använd nya pluggar när motorn sätts ihop.

4 Om någon av gjutdelarna är extremt nedsmutsad bör alla ångtvättas.

5 Om motorblocket har ångtvättats, rengör alla oljehål och oljekanaler en gång till. Spola alla interna passager med varmt vatten till dess att rent vattnet rinner ut. Torka noga och lägg på en tunt oljelager på alla fogytor för att förhindra rost. Olja även in cylinderloppen. Använd om möjligt tryckluft för att skynda på torkandet och blåsa rent i alla oljehål och kanaler.

13.7 Vevaxeln lyfts ut ur vevhuset

Varning: Bär skyddsglasögon vid arbete med tryckluft.

6 Om gjutdelarna inte är alltför smutsiga går det att tvätta tillräckligt rent med hett vatten och en hård borste. Var noggrann vid rengöringen. Se till att rengöra alla oljehål och kanaler mycket noga och att torka alla delar ordentligt. Skydda cylinderloppen enligt ovan för att förhindra rost.

7 Alla gängade hål måste vara rena för att åtdragningsmomenten vid hopsättningen ska bli korrekta. Rengör gängorna genom att köra en gängtapp i korrekt storlek i hålen, för att ta bort rost, korrosion, tätningsmassa och slam och för att återställa skadade gängor. Använd om möjligt tryckluft för att rengöra hålen från det avfall som uppstår vid detta arbete. Ett fullgott alternativ är att spraya in vattenlösligt smörjmedel i hålen med hjälp av den långa pipen som brukar medfölja. Se till att hålen torkas ordentligt efteråt.

Varning: Bär skyddsglasögon om hålen rengörs på detta sätt.

8 Lägg på ett lämpligt tätningsmedel på de nya oljekanalpluggarna och sätt in dem i hålen i motorblocket. Dra åt ordentligt.

9 Om motorn inte ska sättas ihop på en gång, täck över den med plast så att den hålls ren och skydda alla fogytor och cylinderloppen enligt ovan för att förhindra rost.

Kontroll

10 Undersök om gjutdelarna är spruckna eller korroderade. Leta efter defekta gängor i hålen. Om det har förekommit internt vattenläckage kan det vara värt besväret att låta en renoveringsspecialist kontrollera motorblocket/vevhuset med specialutrustning. Om defekter upptäcks ska de repareras om så är möjligt, annars måste enheten bytas ut.

11 Kontrollera om cylinderloppen är skavda eller repiga.

12 Mät varje cylinderlopps diameter vid den övre änden (precis under slitkanten), i mitten och i den nedre delen av loppet, både parallellt med vevaxeln och i rät vinkel mot den så att totalt sex mätningar görs.

13 Jämför resultaten med specifikationerna i början av det här kapitlet. Om något mått överskrider den angivna servicegränsen måste motorblocket borras om, om det är möjligt, eller bytas ut och nya kolvenheter monteras. Observera att det finns olika storleksgrupper på standarddiametrar för lopp, för att kompensera för variationer mellan olika tillverkare. Storleksgruppen finns instämplad på motorblocket.

14 Om cylinderloppen är svårt skavda eller repade, eller om de är överdrivet slitna, orunda eller koniska, eller om spelet mellan kolven och loppet är för stort (se avsnitt 14), måste motorblocket borras om (om möjligt) eller bytas ut och nya kolvar monteras. Kolvar med överstorlek (0,5 mm) finns att få tag i till alla motorer.

15 Om loppen är i någorlunda gott skick och inte slitits ner till de angivna gränserna, ska kolvringarna bytas ut. Om så är fallet ska loppen honas (finslipas) så att de nya ringarna kan passas in ordentligt och ge bästa möjliga tätning. Den vanliga sortens honingsverktyg har fjäderbelastade stenar och används tillsammans med en borrmaskin. Fotogen (eller honingsolja) och trasor behövs också. Honingsverktyget ska röras upp och ner i loppet så att ett rutmönster skapas. Använd rikligt med honingsolja. Helst ska linjerna korsa varandra i ungefär 60° vinkel. Avlägsna inte mer material än vad som krävs för att ge önskad yta. Om nya kolvar ska monteras kan kolvtillverkarna ange en yta med annan vinkel. Då ska tillverkarens instruktioner följas. Ta inte ut honings-verktyget ur loppet medan det är igång – stäng av det först. När ett lopp är honat ska alla spår av honingsolja torkas bort. Om det skulle behövas kan en specialist på motorrenoveringar utföra det här arbetet för ett överkomligt pris.

15 Kolv/vevstake – kontroll

1 Innan kontrollen kan börja måste kolv-/vevstaksenheterna rengöras och de ursprungliga kolvringarna tas bort från kolvarna.

2 Töj försiktigt ut de gamla ringarna över kolvarnas överdelar. Använd två eller tre gamla bladmått för att hindra att ringarna ramlar ner i tomma spår **(se bild)**. Var noga

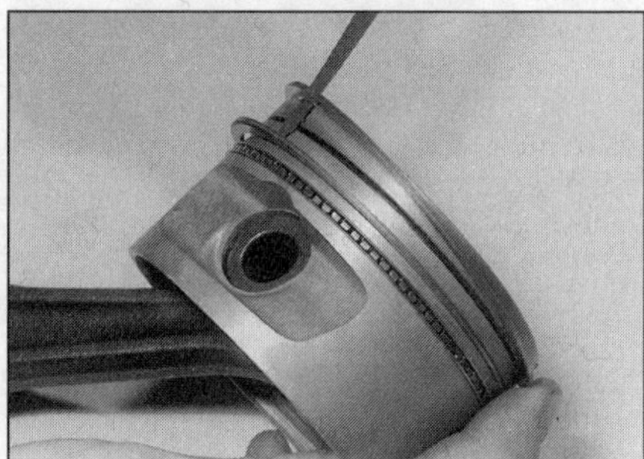

15.2 Bladmått används för att underlätta demonteringen av kolvringarna

med att inte repa kolven med ringkanterna. Ringarna är sköra och går sönder om de töjs för mycket. De är också mycket vassa – skydda händerna. Observera att den tredje ringen (oljekontrollringen) består av en distansbricka och två sidoskenor. Ta alltid bort ringarna från kolvens överdel. Förvara uppsättningarna med ringar tillsammans med respektive kolv om de gamla ringarna ska återanvändas.

3 Skrapa bort alla spår av sot från kolvens överdel. En handhållen stålborste (eller finkornig smärgelduk) kan användas när de kraftigaste avlagringarna skrapats bort. Kolvens identifikationsmärke ska nu synas.

4 Ta bort sotet från ringspåren i kolven med hjälp av en gammal ring. Bryt ringen i två delar (var försiktig så du inte skär dig – kolvringar är vassa). Var noga med att bara ta bort sotavlagringarna – ta inte bort någon metall och gör inga hack eller repor i sidorna på ringspåren.

5 När avlagringarna är borta ska kolvarna/ vevstakarna rengöras med fotogen eller lämpligt lösningsmedel och torkas noga. Kontrollera att oljereturhålen i ringspåren är helt rena.

6 Om cylinderloppen inte är skadade eller överdrivet slitna, och om motorblocket inte behöver borras om (se avsnitt 14) ska kolvarna kontrolleras enligt följande.

7 Undersök varje kolv noga efter sprickor runt kolvmanteln, runt kolvbultshålen och vid områdena mellan ringspåren.

8 Leta efter repor och skav på kolvmanteln och i hålen i kolvkronan, och efter brända områden runt kolvkronans kant. Om manteln är repad eller skavd kan motorn ha varit utsatt för överhettning och/eller onormal förbränning vilket har orsakat höga arbetstemperaturer. Kyl- och smörjsystemen ska undersökas noga. Brännmärken på kolvsidorna visar att genomblåsning har ägt rum. Ett hål i kolvkronan eller brända områden i kolvkronans kant är tecken på att onormal förbränning (förtändning, tändningsknack eller detonation) har förekommit. Om något av ovanstående problem föreligger måste orsakerna undersökas och åtgärdas, annars kommer skadan att uppstå igen. Orsakerna kan vara felaktig tändningsinställning, felaktig luft-/bränsleblandning, eller läckor i insugsluftsrören.

9 Korrosion på kolven i form av punktkorrosion är tecken på att kylvätska har läckt in i förbränningskammaren och/eller vevhuset. Även här måste den bakomliggande orsaken åtgärdas, annars kan problemet bestå i den ombyggda motorn.

10 Mät kolvdiametern i rät vinkel mot kolvbultsaxeln. Jämför sedan resultatet med värdet i specifikationerna i början av det här kapitlet. Observera att det finns olika storleksgrupper på standarddiametrar för kolvar för att kompensera för variationer mellan olika tillverkare. Storleksgruppen finns instämplad på kolvkronan.

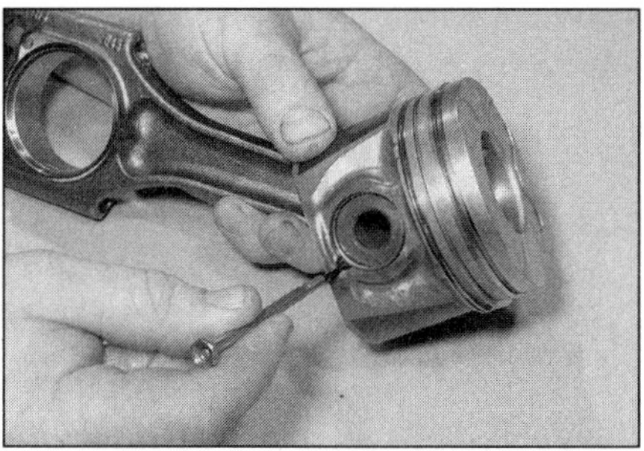

15.15a Bänd loss låsringarna och tryck ut kolvbultarna

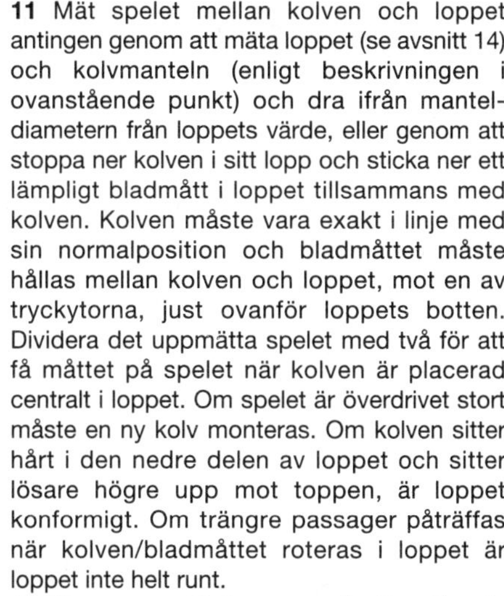

11 Mät spelet mellan kolven och loppet antingen genom att mäta loppet (se avsnitt 14) och kolvmanteln (enligt beskrivningen i ovanstående punkt) och dra ifrån manteldiametern från loppets värde, eller genom att stoppa ner kolven i sitt lopp och sticka ner ett lämpligt bladmått i loppet tillsammans med kolven. Kolven måste vara exakt i linje med sin normalposition och bladmåttet måste hållas mellan kolven och loppet, mot en av tryckytorna, just ovanför loppets botten. Dividera det uppmätta spelet med två för att få måttet på spelet när kolven är placerad centralt i loppet. Om spelet är överdrivet stort måste en ny kolv monteras. Om kolven sitter hårt i den nedre delen av loppet och sitter lösare högre upp mot toppen, är loppet konformigt. Om trängre passager påträffas när kolven/bladmåttet roteras i loppet är loppet inte helt runt.

12 Upprepa mätningarna på återstående kolvar och cylinderlopp. De kolvar som slitits ner bortom de angivna gränsvärdena måste bytas ut.

13 Undersök alla vevstakar noga efter tecken på skador, som sprickor runt vevlagret och lilländslagret. Kontrollera att vevstaken inte är böjd eller skev. Skador på vevstaken inträffar mycket sällan, om inte motorn har skurit ihop eller överhettats allvarligt. Detaljerad kontroll av vevstaksenheten kan endast utföras av en Opelmekaniker eller en specialist på motorreparationer med tillgång till nödvändig utrustning.

14 På alla motorer, utom C 20 XE DOHC motorer, är kolvbultarna presspassade i vevstakens lilländslager. Byte av kolv och/eller vevstake bör överlåtas till en Opelverkstad eller en specialist på motorreparationer, som har tillgång till alla nödvändiga verktyg för att ta bort och montera kolvbultar. Se till att kolvar av rätt storleksgrupp monteras i loppen om nya kolvar ska monteras.

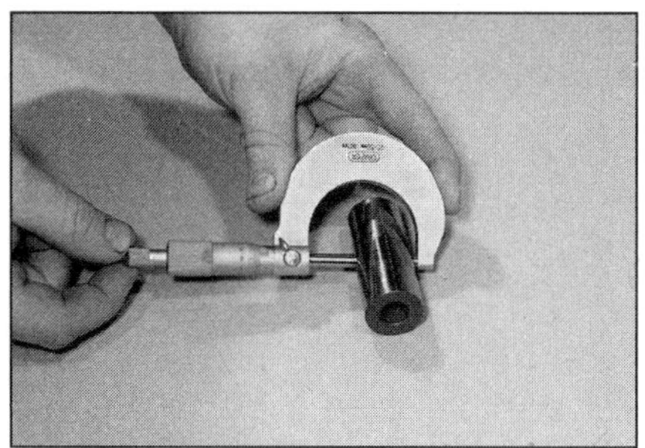

15.15b En kolvbults diameter mäts med mikrometer

Observera: *Opel hävdar att kolv-/vevstaksenheterna inte ska tas isär. Om någon komponent behöver bytas måste alltså hela enheten bytas ut. Montera inte en ny kolv till en gammal vevstake eller vice versa.*

15 På C 20 XE DOHC motorer är kolvbultarna av flottörtyp och hålls på plats av två låsringar. På dessa motorer kan kolvarna och vevstakarna skiljas åt på följande sätt.

a) *Använd en liten flatbladig skruvmejsel, bänd ut låsringarna och tryck ut kolvbulten **(se bild)**. Det ska räcka med handkraft för att få ut kolvbulten. Märk kolven och vevstaken för att garantera korrekt hopsättning. Kasta låsringarna – nya måste användas vid monteringen.*

b) *Undersök kolvbulten och vevstakens lilländslager efter tecken på slitage eller skador **(se bild)**. Vid slitage måste både kolvbulten och vevstaken bytas ut.*

c) *Undersök alla delar och skaffa nya från en Opelverkstad. Nya kolvar levereras komplett med kolvbultar och låsringar. Låsringar kan även köpas separat.*

d) *Applicera lite ren motorolja på kolvbulten. Tryck in den i kolven, genom vevstakens lilländе. Kontrollera att kolven svänger fritt på vevstaken, fäst sedan kolvbulten på sin plats med två nya låsringar och se till att låsringarna hamnar korrekt i sina spår i kolven **(se bilder)**.*

15.15c Tryck in kolvbulten i kolven och vevstaken . . .

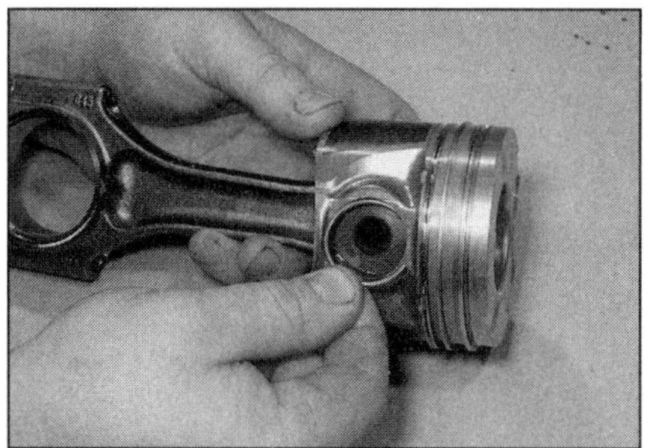

15.15d . . . och fäst den på sin plats med nya låsringar

16.2 Kontrollera vevaxelns axialspel med en mätklocka . . .

16.3 . . . eller ett bladmått

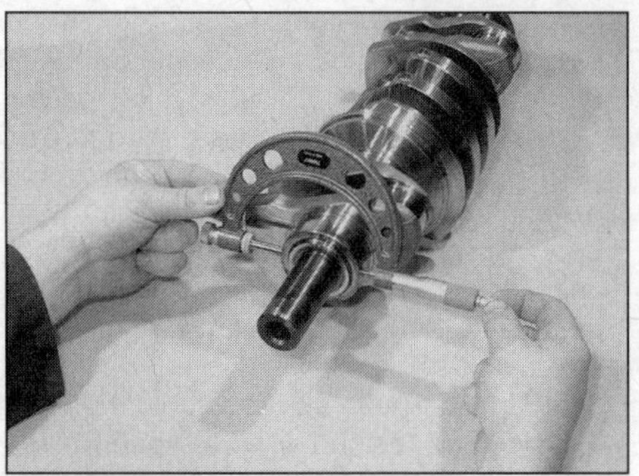

16.10 En mikrometer används för att mäta diametern på en av vevaxelns ramlagertappar

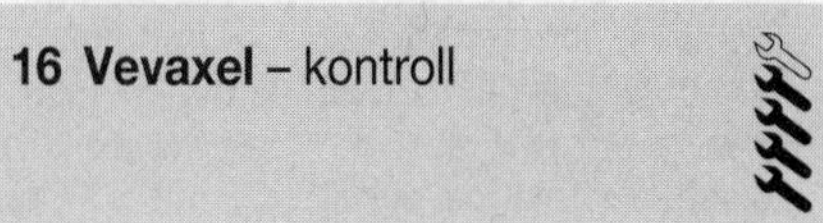

16 Vevaxel - kontroll

Kontroll av vevaxelns axialspel

1 Om vevaxelns axialspel ska kontrolleras måste detta göras medan vevaxeln fortfarande är monterad i motorblocket, men kan röra sig fritt (se avsnitt 13).

2 Kontrollera axialspelet med hjälp av en mätklocka i kontakt med vevaxelns ände. Tryck vevaxeln helt åt ena hållet och nollställ sedan mätaren. Tryck vevaxeln helt åt andra hållet och läs av axialspelet **(se bild)**. Resultatet kan jämföras med det angivna värdet och ger en uppfattning om i fall nya trycklagerskålar (ramlagerskålar nr 3) behövs.

3 Om en mätklocka inte finns tillgänglig kan bladmått användas. Tryck först vevaxeln helt mot svänghjulets/drivplattans sida av motorn, använd sedan bladmått för att mäta avståndet mellan vevstakstappens mellanstycke och sidan av trycklagerskålen **(se bild)**.

Inspektion

4 Rengör vevaxeln med fotogen eller lämpligt lösningsmedel och torka den, helst med tryckluft om det är möjligt. Var noga med att rengöra oljehålen med piprensare eller liknande för att se till att de inte är igentäppta.

Varning: Bär skyddsglasögon vid arbete med tryckluft.

17.1 Typiska identifikationsmarkeringar på en ramlagerskål

5 Kontrollera ramlager- och vevstakslagertapparna efter ojämnt slitage, repor, punktkorrosion och sprickbildning.

6 Slitage på vevstakslagret följs av tydliga metalliska knackningar när motorn körs (märks särskilt när motorn drar från låg fart) och viss minskning av oljetrycket.

7 Slitage på ramlagret följs av tydliga motorskakningar och mullrande ljud – som ökar stegvis med hastigheten – och av minskat oljetryck.

8 Kontrollera lagertapparna efter ojämnheter genom att dra ett finger löst över lagerytan. Om ojämnheter förekommer (vilket åtföljs av tydligt lagerslitage) är det ett tecken på att vevaxeln måste slipas om (om det är möjligt) eller bytas ut.

9 Leta efter borrskägg runt vevaxelns oljehål (hålen är oftast fasade, så borrskägg bör inte vara ett problem om inte hålen slipats om oförsiktigt). Ta bort eventuella borrskägg med en fin fil eller skrapa och rengör oljehålen noga enligt beskrivningen ovan.

10 Använd en mikrometer och mät diametern på ramlager- och vevstakslagertapparna, och jämför resultatet med värdena i specifikationerna **(se bild)**. Genom att mäta diametern på ett flertal ställen runt varje axeltapps omkrets går det att avgöra om axeltappen är oval eller inte. Utför mätningen i båda ändarna av axeltappen, nära vevslängen, för att avgöra om axeltappen är konisk. Jämför det uppmätta resultatet med värdena i specifikationerna.

11 Undersök oljetätningarnas fogytor i varje ände av vevaxeln efter slitage och skador. Om tätningen har slitit ett djupt spår i ytan på vevaxeln bör en specialist på motorrenoveringar kontaktas. Skadan kan gå att åtgärda, men annars måste vevaxeln bytas ut.

12 Fäst vevaxeln i V-block och placera en mätklocka ovanpå ramlagertapp nr 1. Nollställ mätklockan, vrid sedan vevaxeln långsamt två hela varv och observera axeltappens skevhet. Upprepa proceduren på de fyra återstående ramlagertapparna så att du får ett mått på skevheten för alla ramlagertapparna. Om skillnaden mellan skevheten hos två olika axeltappar överskriver servicegränsen i specifikationerna måste vevaxeln bytas ut.

13 Ram- och vevlagerskålar med understorlek (0,25 mm och 0,50 mm) tillverkas av Opel för alla motorer. Om vevaxelns axeltappar inte redan har efterslipats kan det gå att renovera vevaxeln och montera skålar med understorlek.

17 Ramlager och vevstakslager - kontroll

1 Även om ram- och vevstakslagren ska bytas vid renoveringen ska de gamla lagren behållas för undersökning, eftersom de kan ge värdefull information om motorns skick **(se bild)**.

2 Lagerhaveri kan uppstå på grund av otillräcklig smörjning, förekomst av smuts eller andra främmande partiklar, överbelastning av motorn eller korrosion **(se bild)**. Oavsett vilken orsaken är måste den åtgärdas (om det går) innan motorn sätts ihop för att hindra att lagerhaveriet inträffar igen.

3 När lagerskålarna undersöks ska de tas bort från motorblocket, ramlageröverfallen,

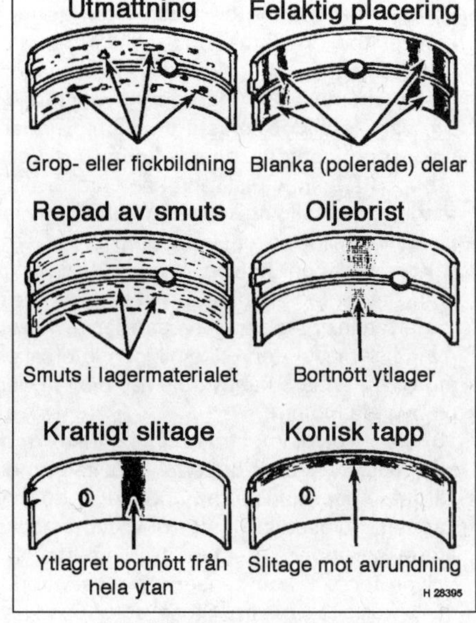

17.2 Typiska lagerdefekter

vevstakarna och vevstakslageröverfallen. Lägg ut dem på en ren yta i ungefär samma läge som deras placering i motorn. Därigenom kan lagerproblemen matchas med motsvarande vevtapp.

4 Smuts och andra främmande partiklar kan komma in i motorn på många sätt. Det kan bli kvarlämnat i motorn vid hopsättning, eller komma in genom filter eller vevhusventilation. Det kan också komma in i oljan och därmed till lagren. Metallspån från bearbetning och normalt slitage förekommer ofta. Slipmedel lämnas ibland kvar i motorn efter renovering, speciellt om delarna inte rengjorts noga på rätt sätt. Oavsett var de kommer ifrån hamnar dessa främmande partiklar ofta som inbäddningar i lagermaterialet och är där lätta att upptäcka. Större partiklar bäddas inte in i lagret utan orsakar repor på lager och axeltappar. Bästa sättet att förebygga lagerhaverier är att rengöra alla delar väldigt noga och hålla allt absolut rent under hopsättningen av motorn. Täta och regelbundna olje- och filterbyten är också att rekommendera.

5 Brist på smörjmedel (eller smörjmedelshaveri) har ett antal sammanhörande orsaker. Överhettning (som tunnar ut oljan), överbelastning (som tränger undan olja från lagerytan) och oljeläckage (från för stora lagerspel, sliten oljepump eller höga motorvarv) bidrar alla till avbrott i smörjningen. Igensatta oljekanaler, som vanligen är ett resultat av att oljehålen i lagerskålen inte är korrekt uppriktade, svälter lagren på olja och förstör dem. I de fall brist på smörjning orsakar lagerhaveri nöts eller pressas lagermaterialet bort från skålens stödplatta. Temperaturen kan stiga så mycket att stålplattan blånar av överhettning.

6 Körstil kan ha en betydande inverkan på lagers livslängd. Full gas från låga varv (segdragning) belastar lagren mycket hårt och tenderar att pressa ut oljefilmen. Dessa belastningar kan även orsaka att lagret flexar, vilket ger fina sprickor på lagerytan (uttröttning). Förr eller senare kommer stycken av lagermaterialet att lossna och slitas bort från skålens stålplatta.

7 Korta körsträckor leder till korrosion i lagren därför att det inte alstras tillräckligt med värme i motorn för att driva bort kondensvatten och frätande gaser. Dessa produkter samlas i stället i motoroljan och bildar syra och slam. När oljan leds till motorlagren angriper syran lagermaterialet.

8 Felaktig installation av lagren vid hopsättning leder också till haveri. Tätt åtsittande lager ger för litet spel och resulterar i oljesvält. Smuts eller främmande partiklar som fastnar bakom en lagerskål ger höga punkter i lagret vilket också leder till haveri.

9 Som nämndes i början av detta avsnitt ska lagerskålarna bytas som rutinåtgärd när motorn renoveras, allt annat är i längden oekonomiskt.

18 Motorrenovering - ordningsföljd för hopsättning

1 Innan hopsättningen påbörjas, kontrollera att alla nya delar har anskaffats och att alla nödvändiga verktyg finns tillgängliga. Läs igenom hela arbetsbeskrivningen och kontrollera att allt som behövs verkligen finns tillgängligt. Förutom alla normala verktyg och material behövs gängläsningsmedel. Tätningsmassa på tub av hög kvalitet krävs för de fogar som saknar packningar.

2 För att spara tid och undvika problem bör motorn sättas ihop i följande ordning:

a) Vevaxel.
b) Kolvar/vevstakar.
c) Oljepump.
d) Oljesump.
e) Svänghjul/drivplatta.
f) Topplock.
g) Kamremsspännare och drev samt remmar.
h) Insugs- och avgasgrenrör (Kap 4A eller 4B).
i) Motorns yttre komponenter.

3 I detta skede bör alla motorkomponenter var absolut rena och torra och alla fel ska vara åtgärdade. Komponenterna ska läggas ut (eller placeras i individuella behållare) på en fullständigt ren arbetsyta.

19 Kolvringar - montering

1 Innan nya kolvringar monteras måste ringarnas ändavstånd kontrolleras enligt följande.

2 Lägg ut kolv-/vevstaksenheterna och de nya kolvringsuppsättningarna så att ringuppsättningarna paras i hop med samma kolv och cylinder vid mätningen av ändgapen och under efterföljande hopsättning av motorn.

3 Stoppa in den övre ringen i den första cylindern och tryck ner den i loppet med hjälp av kolvens överdel. Då hålls ringen garanterat vinkelrätt mot cylinderns väggar. Tryck ner ringen i loppet tills den befinner sig 15 till 20 mm ner från loppets överkant, dra sedan bort kolven.

4 Mät ändgapet med bladmått och jämför det uppmätta värdet med specifikationerna **(se bild)**.

5 Om gapet är för litet (föga troligt om äkta Opeldelar används), måste det förstoras, annars kan ringändarna komma i kontakt med varandra när motorn körs och orsaka allvarliga skador. Helst ska nya kolvringar med korrekt ändgap monteras. Som en sista utväg kan ändgapet förstoras genom att ringändarna filas ner försiktigt med en fin fil. Fäst filen i ett skruvstäd med mjuka käftar, dra ringen över filen med ändarna i kontakt med filytan och rör ringen långsamt för att slipa ner

19.4 Kolvringens ändgap mäts med ett bladmått

materialet i ändarna. Var försiktig, kolvringar är vassa och går lätt sönder.

6 På nya ringar är det inte troligt att ändgapet är för stort. Om gapet trots allt är för stort, kontrollera att det är rätt sorts ringar för motorn och för den aktuella cylinderloppsstorleken.

7 Upprepa kontrollen på de återstående ringarna i den första cylindern, och sedan på ringarna i övriga cylindrar. Kom ihåg att förvara ringar, kolvar och cylindrar som hör ihop med varandra tillsammans.

8 När ringarnas ändgap har kontrollerats och eventuellt justerats kan ringarna monteras på kolvarna.

9 Montera ringarna med samma teknik som användes vid demonteringen. Montera den nedre mellanläggsbrickan (oljekontrollringen) först och därefter de båda sidoskenorna. Observera att det inte spelar någon roll åt vilket håll mellanläggsbrickan och sidoskenorna monteras.

10 De två kompressionsringarna är olika och kan skiljas åt på sina profiler. Den övre ringen är rak medan den andra ringen är fasad. Montera de båda kompressionsringarna och se till att de sätts åt rätt håll med identifikationsmarkeringen ('TOP') överst **(se bild)**. **Observera:** *Följ alltid tillverkarens instruktioner om sådana följer med den nya kolvringsuppsättningen – olika tillverkare kan ange olika metoder. Förväxla inte den övre och den nedre kompressionsringen med varandra. På vissa motorer har den övre ringen ingen identifikationsmarkering och kan monteras åt vilket håll som helst.*

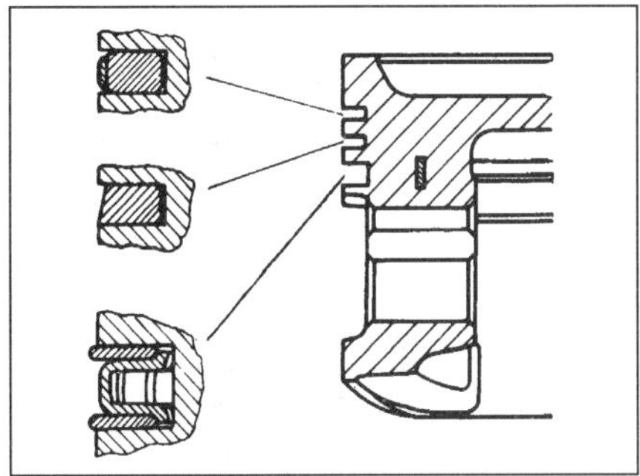

19.10 Bild i genomskärning som visar kolvringarnas korrekta placering

11 När kolvringarna är korrekt installerade, kontrollera att alla ringar kan rotera fritt i sina spår. Använd bladmått och kontrollera att spelet mellan ringen och spåret för varje ring håller sig inom de angivna gränsvärdena. Placera sedan ringarnas ändgap på det sätt som visas **(se bild)**.

20 Vevaxel – montering och kontroll av ramlagerspel

Observera: *Vi rekommenderar att nya ramlagerskålar alltid monteras, oavsett originalskålarnas skick.*

Val av lagerskålar

1 På alla motorer, även om de fabriksmonterade originallagerskålarna kan ha olika grader, har alla ersättningslagerskålar som säljs samma grad. Opel säljer både lagerskålar av standardstorlek och av understorlek som kan användas när vevaxeln har slipats om. Hur stora skålar som behövs kan avgöras genom att vevaxeltapparna mäts (se avsnitt 16).

Kontroll av ramlagerspel

2 Rengör baksidorna av lagerskålarna och lagersätena i både motorblocket och ramlageröverfallen.

3 Tryck lagerskålarna på plats och se till att fliken på varje skål hakar i urtaget i motorblocket eller ramlageröverfallet. Se till att skålarna monteras på sina rätta platser,

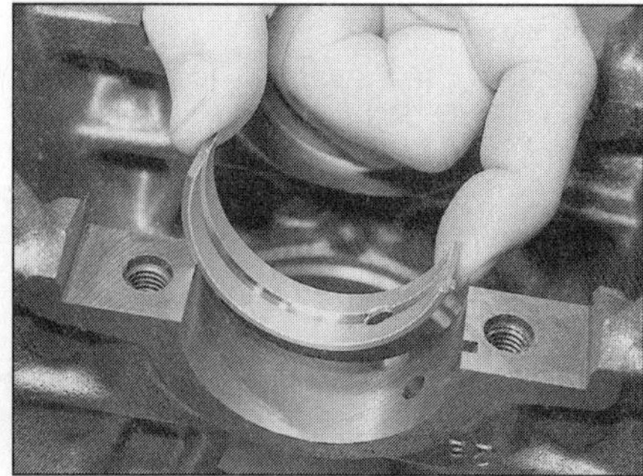

20.3a En ramlagerskål monteras på motorblocket

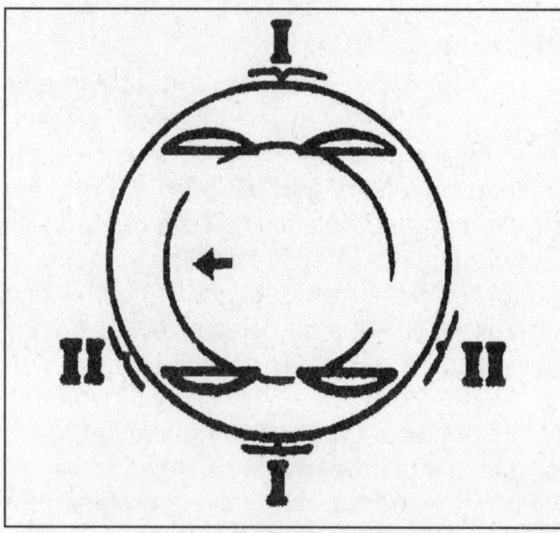

19.11 Placering av kolvringarnas ändgap

I Den övre och den andra kompressionsringen
II Oljekontrollringens sidoskenor

om de ursprungliga lagerskålarna används vid kontrollen. Spelet kan kontrolleras på följande två sätt. Observera att de mittre ramlagerskålarna har tryckflänsar som kontrollerar vevaxelns axialspel **(se bilder)**.

4 En metod (som är svår att genomföra utan en uppsättning mikrometrar för innermått eller skjutmått) är att montera ramlageröverfallen på motorblocket med lagerskålarna på plats. När överfallens fästbultar är korrekt åtdragna (använd originalbultarna för kontrollen, inte de nya), mäts den inre diametern hos varje par lagerskålar. Om diametern på vevaxelns motsvarande axeltappar mäts och sedan dras bort från lagrens inre diameter motsvarar resultatet ramlagerspelet.

5 Den andra (och mer tillförlitliga) metoden är att använda en produkt kallad Plastigauge. Plastigauge är en fin tråd av perfekt rundad plast som trycks in mellan lagerskålen och axeltappen. När skålen tas bort har plasten deformerats och kan då mätas med en speciell kortmätare som följer med utrustningen. Lagerspelet bestäms med hjälp av detta mätverktyg. Plastigauge kan ibland vara svårt att få tag i, men större bilverkstäder bör kunna hänvisa till en försäljare. Tillvägagångssättet för användning av Plastigauge är som följer.

6 Lägg försiktigt vevaxeln i läge när ramlagrets övre skålar är på plats. Använd inget smörjmedel, axeltapparna och lagerskålarna måste vara helt rena och torra.

7 Skär flera längder Plastigauge av rätt storlek (de ska vara något kortare än bredden på ramlagren) och placera en bit på varje vevaxeltapp **(se bild)**.

8 Med ramlagrets nedre skålar i läge, montera ramlageröverfallen och använd identifikationsmarkeringarna för att se till att de monteras korrekt. Sätt i de ursprungliga fästbultarna och dra åt dem till det angivna momentet för steg 1 och sedan till vinklarna för steg 2 och steg 3 (se specifikationerna). Var noga med att inte rubba Plastigauge-remsorna och vrid **inte** vevaxeln någon gång under det här momentet. Skruva bort ramlageröverfallens bultar jämnt och stegvis, lyft sedan bort överfallen och var mycket försiktig så att inte Plastigauge-tråden rubbas eller vevaxeln vrids.

9 Jämför bredden på de sammanpressade remsorna med skalan på förpackningen för att avgöra ramlagerspelet **(se bild)**. Jämför sedan de uppmätta värdena med det värde som anges i specifikationerna i början av detta kapitel.

10 Om spelet avviker betydligt från det förväntade kan lagerskålarna ha fel storlek (eller vara utslitna om de ursprungliga lagerskålarna återanvänds). Kontrollera att ingen smuts eller olja fastnat mellan lagerskålarna och överfallen eller motorblocket när spelet mättes, innan vevaxeln döms ut som sliten. Om tråden var bredare i ena änden än i den andra kan vevaxeln vara konisk.

11 Kontakta en Opelverkstad eller en specialist på motorreparationer innan de berörda komponenterna döms ut som oanvändbara. De kan informera om vilka åtgärder som måste vidtas och om ett komponentbyte är nödvändigt.

12 Om det behövs, skaffa nya lagerskålar av korrekt storlek och upprepa kontrollen av spelet enligt beskrivningen ovan.

13 Avsluta med att försiktigt skrapa bort alla rester av Plastigauge från vevaxeln och lagerskålarna med fingernaglarna eller annat föremål som inte repar lagerytorna.

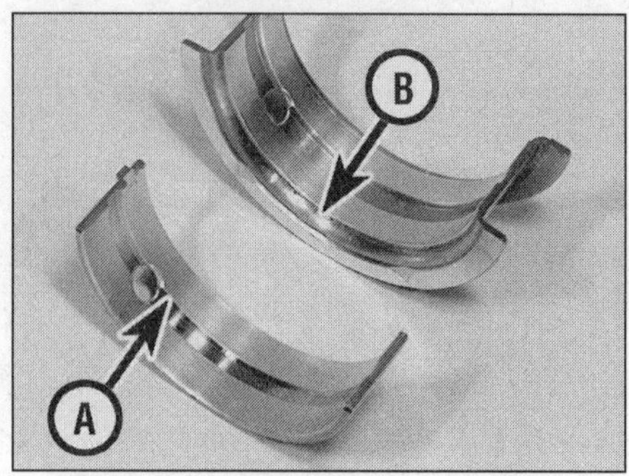

20.3b Ramlagerskål (A) och mittre ramlagerskål med tryckfläns (B)

20.7 Plastigauge på plats på vevaxelns ramlagertapp

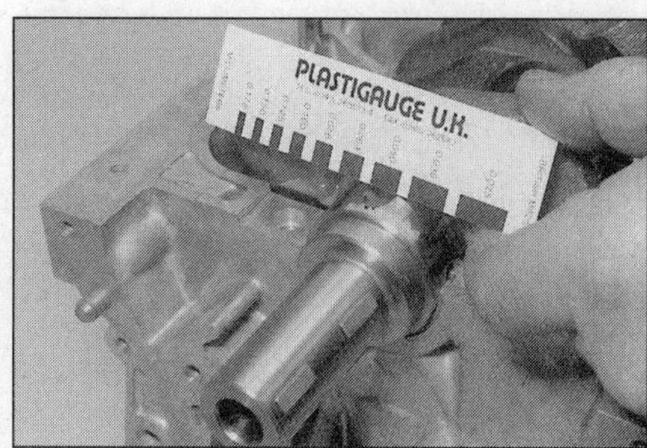

20.9 Mät bredden på den deformerade tråden med hjälp av skalan på förpackningen

20.16 Smörj ramlagerskålarna med ren motorolja innan vevaxeln monteras

20.18 Ett ramlageröverfall monteras

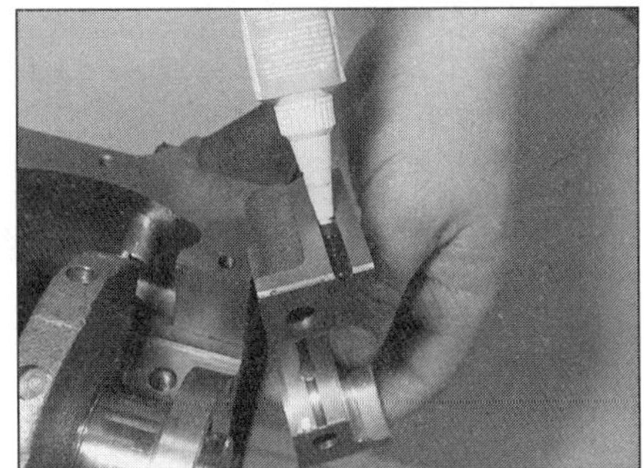
20.19 Fyll sidospåren på svänghjulsändens överfall (nr 5) med tätningsmassa före monteringen

Slutlig montering av vevaxeln

Alla utom 1.8 och 2.0 liters DOHC motorer

14 Lyft försiktigt ut vevaxeln ur motorblocket.

15 Placera lagerskålarna på sina platser enligt beskrivningen ovan i punkt 2 och 3. Tvätta bort alla spår av skyddsfett med fotogen från skålarna om nya skålar ska monteras. Torka skålarna och överfallen med en luddfri trasa.

16 Smörj de övre skålarna med ren motorolja, sänk sedan ner vevaxeln på sin plats **(se bild)**.

17 Se till att vevaxeln är korrekt placerad, kontrollera sedan axialspelet enligt beskrivningen i avsnitt 16.

18 Se till att lagerskålarna är korrekt placerade i överfallen och montera överfall nr 2 till 4 på motorblocket **(se bild)**. Se till att överfallen monteras på rätt platser (överfall nr 1 ska sitta i kamremsänden), och att de monteras åt rätt håll så att siffrorna är rätt när man ser dem från insugsgrenrörets sida av motorblocket.

19 Fyll sidospåren i lageröverfallen vid kamremsänden (nr 1 – om det är tillämpligt, alla motorer har inte spår i ramlageröverfall nr 1) och svänghjulsänden (nr 5) med tätningsmassa (Opel rekommenderar tätningsmassa med artikelnr 90485251 som finns hos Opelverkstäder) **(se bild)**. Montera överfallen på motorn och se till att de monteras åt rätt håll. Se till att överfall nr 1 är exakt i nivå med motorblockets ändyta.

20 Applicera lite ren motorolja på gängorna och under skallarna på ramlageröverfallens nya bultar. Sätt i bultarna och dra åt dem för hand **(se bild)**.

21 Arbeta i diagonal ordningsföljd från mitten och utåt och dra åt ramlageröverfallens bultar till angivet moment för steg 1 **(se bild)**.

22 När alla bultar dragits åt till det angivna momentet för steg 1, börja om och dra åt alla bultar till angiven vinkel för steg 2, börja sedan om ytterligare en gång och dra åt alla bultar till angiven vinkel för steg 3. En vinkelmätare bör användas under de sista stegen av åtdragningen för att garantera att bultarna dras åt korrekt **(se bild)**. Om en vinkelmätare inte finns tillgänglig, gör märken mellan bultskallen och kåpan med vit färg innan bulten dras åt. Använd sedan dessa märken för att kontrollera att bulten har dragits åt i rätt vinkel.

23 Lägg mer tätningsmassa i spåren i överfall nr 1 (om det är tillämpligt) och nr 5 tills tätningsmassan ses tränga ut genom skarvarna. När spåren i överfallen är helt fulla med tätningsmedel ska överskottet torkas bort med en ren trasa.

24 Kontrollera att vevaxeln kan rotera fritt. Om det krävs överdriven kraft för att vrida vevaxeln måste orsaken undersökas innan nästa moment påbörjas.

25 Montera tillbaka kolv-/vevstaksenheterna på vevaxeln enligt beskrivningen i avsnitt 21.

26 Se del A (SOHC motorer) eller del B (DOHC motorer) i det här kapitlet, montera en ny oljetätning på vevaxelns svänghjulssida, montera sedan svänghjulet/drivplattan, oljepumpen, topplocket, kamremsdrevet (dreven) samt en ny kamrem.

1.8 och 2.0 liters DOHC motorer

27 Montera vevaxeln enligt beskrivningen i punkt 14 till 25.

28 På motorer utrustade med gjutgods för ramlagren, se till att överfallens och gjutgodsets ytor är rena och torra, montera sedan gjutgodset på motorn. Sätt i fästbultarna och dra åt dem till angivet moment. Arbeta i diagonal ordningsföljd från mitten och utåt.

29 Om det är tillämpligt, montera skvalpskottsplåten på motorblocket och dra åt fästbultarna till angivet moment.

30 Arbeta enligt beskrivningen i del B i det här kapitlet, montera en ny oljetätning på vevaxelns svänghjulssida, montera sedan svänghjulet/drivplattan, oljepumpen, topplocket, kamremsdrevet(dreven) samt en ny kamrem.

21 Kolv/vevstake – montering och kontroll av vevlagerspel

Observera: *Nya kolvringar och vevstakslagerskålar bör alltid monteras oavsett de ursprungliga komponenternas skick.*

Val av lagerskålar

1 På alla motorer, även om de fabriksmonterade lagerskålarna kan ha olika grader, har alla ersättningslagerskålar som säljs

20.20 Smörj gängorna på de nya ramlageröverfallsbultarna . . .

20.21 . . . dra sedan åt bultarna till angivet moment för steg 1 . . .

20.22 . . . och därefter till de angivna vinklarna för steg 2 och 3

21.3 Montera lagerskålarna och se till att flikarna är korrekt placerade i vevstakens/överfallets urtag (vid pilen)

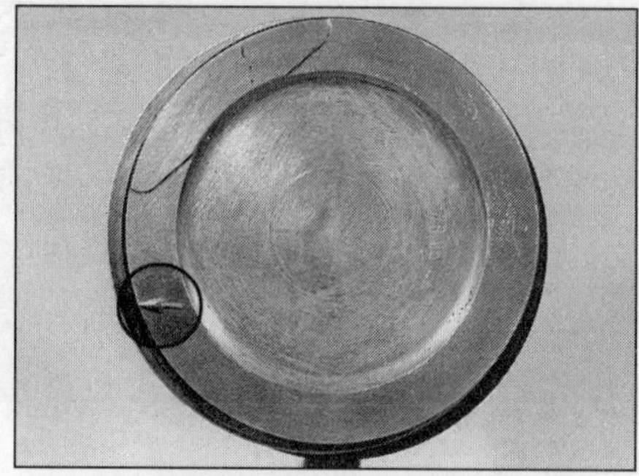
21.9a Pilmärket på kolvkronan ska peka mot motorns kamremsände

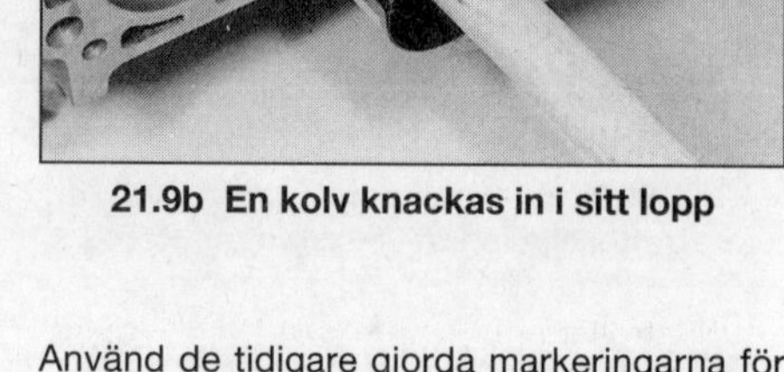
21.9b En kolv knackas in i sitt lopp

samma grad. Opel säljer lagerskålar både av standardstorlek och av understorlek som kan användas när vevaxeln har slipats om. Hur stora skålar som behövs kan avgöras genom att vevaxeltapparna mäts (se avsnitt 16).

Kontroll av vevstakslagerspel

2 Rengör baksidan på lagerskålarna och lagersätena i både vevstakarna och överfallen.

3 Tryck lagerskålarna på plats och se till att fliken på varje skål hakar i urtaget i vevstaken och överfallet **(se bild)**. Se till att skålarna monteras på sina rätta platser, om de ursprungliga lagerskålarna används vid kontrollen. Spelet kan kontrolleras på följande två sätt.

4 En metod är att montera lageröverfallet på vevstaken, med lagerskålarna på plats. När överfallets fästbultar (använd originalbultarna för kontrollen) är ordentligt åtdragna ska den inre diametern på varje par lagerskålar mätas med en mikrometer för invändiga mått eller med ett skjutmått. Om diametern på vevaxelns motsvarande axeltappar mäts och sedan dras bort från lagrens inre diameter motsvarar resultatet vevlagerspelet.

5 Den andra metoden är att använda Plastigauge enligt beskrivningen i avsnitt 20, punkt 5 till 13. Placera en bit Plastigauge på varje (rengjord) vevstakstapp och montera de (rena) kolv-/vevstaksenheterna, skålarna och vevstakslageröverfallen. Dra åt bultarna ordentligt och var noga med att inte rubba Plastigauge-remsan. Ta isär enheterna utan att vrida vevaxeln, och använd skalan på förpackningen för att fastställa spelet. Avsluta mätningen med att försiktigt skrapa bort alla rester av Plastigauge från axeltappen och skålarna med en fingernagel eller annat föremål som inte repar komponenterna.

Slutlig montering av kolv/vevstake

6 Se till att lagerskålarna är korrekt monterade enligt beskrivningen tidigare i punkt 2 och 3. Om nya skålar monteras måste alla spår av skyddsfett tvättas bort med fotogen. Torka av skålar och vevstakar med en luddfri trasa.

7 Smörj loppen, kolvarna och kolvringarna, placera sedan kolv-/vevstaksenheterna på respektive platser.

8 Börja med enhet nr 1 och se till att kolvringarnas ändgap fortfarande stämmer med beskrivningen i avsnitt 19. Kläm sedan fast dem med en kolvringskompressor.

9 Stick in kolven/vevstaken i överdelen av cylinder nr 1, och se till att pilmarkeringen på kolvkronan pekar mot motorns kamremsände. Använd en träkloss eller ett hammarskaft på kolvkronan och knacka ner enheten i cylindern tills kolvkronan är helt i nivå med cylinderns överdel **(se bilder)**.

10 Var noga med att inte göra märken i cylinderloppet. Smörj vevstakstappen och de båda lagerskålarna rikligt, dra sedan ner kolven/vevstaken i loppet och över vevstakstappen och montera vevstakslageröverfallet. Använd de tidigare gjorda markeringarna för att garantera att överfallet monteras åt rätt håll (tappen på överfallets nederdel ska vara vänd mot motorns svänghjuls-/drivplattssida). Skruva i de nya fästbultarna **(se bild)**.

11 På 1.4 och 1.6 liters motorer, dra åt överfallets bultar till angivet moment för steg 1 och dra sedan åt dem till angiven vinkel för steg 2. En vinkelmätare bör användas för att garantera att bultarna dras åt korrekt **(se bilder)**. Om en vinkelmätare inte finns tillgänglig kan märken mellan bultskallen och kåpan göras med vit färg innan bulten dras åt. Använd sedan dessa märken för att kontrollera att bulten har dragits åt i rätt vinkel.

12 På 1.8 och 2.0 liters motorer, dra åt de båda bultarna till överfallet till angivet moment för steg 1 dra sedan åt dem till angiven vinkel för steg 2 och slutligen till angiven vinkel för steg 3. En vinkelmätare rekommenderas för de sista åtdragningsstegen för exakthet. Om en vinkelmätare inte finns tillgänglig kan märken mellan bultskallen och överfallet göras med vit färg innan bulten dras åt. Använd sedan dessa märken för att kontrollera att bulten har dragits åt i rätt vinkel.

13 Montera de tre återstående kolvarna och vevstakarna på samma sätt.

14 Vrid vevaxeln och kontrollera att den kan vrida sig fritt, utan tecken på att fastna eller kärva.

15 På 1.8 och 2.0 liters DOHC motorer, om det är tillämpligt, se till att överfallens och gjutgodsets ytor är rena och torra. Montera

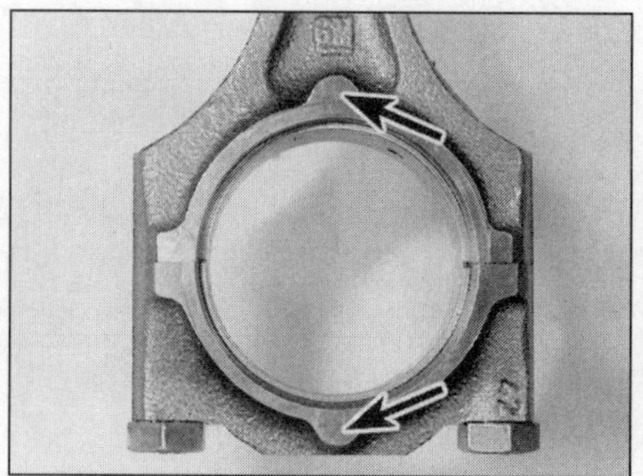
21.10 Montera överfallet vid vevstaken och se till att tapparna (vid pilarna) är vända mot motorns svänghjuls-/ drivplattsände

21.11a Dra åt vevstakslageröverfallets bultar till angivet moment . . .

21.11b . . . och sedan till angiven vinkel

gjutgodset på motorn och dra åt fästbultarna till angivet moment. Arbeta i diagonal ordningsföljd från mitten och utåt. Montera skvalpskottsplåten på motorblockets nedre del och dra åt fästbultarna till angivet moment.

16 På alla motorer, montera oljepumpssilen, oljesumpen och topplocket enligt beskrivningen i del A (SOHC motorer) eller del B (DOHC motorer) i det här kapitlet.

22 Motor - första start efter renovering

1 Kontrollera motorolje- och kylvätskenivån när motorn monterats i bilen (se *Veckokontroller*). Gör sedan en sista kontroll för att se till att allt har återanslutits och att det inte finns några verktyg eller trasor kvar i motorrummet.

2 Avaktivera tändsystemet genom att koppla loss spolens lågspänningsledning eller anslutningskontakt, eller genom att koppla bort kontaktdonet från tändningens DIS-modul, efter tillämplighet, och på modeller med bränsleinsprutning, avaktivera bränslesystemet genom att ta bort bränslepumpreläet från motorrummets relädosa (se kapitel 4A). Dra runt motorn på startmotorn tills varningslampan för oljetryck slocknar, stanna sedan och återanslut kontaktdonet och montera reläet.

3 Starta motorn som vanligt, observera att det kan ta lite längre tid än vanligt eftersom bränslesystemets komponenter har rubbats.

4 Låt motorn gå på tomgång och undersök om det förekommer läckage av bränsle, kylvätska eller olja. Bli inte rädd om det luktar konstigt och ryker från delar som blir varma och bränner bort oljeavlagringar.

5 Förutsatt att allt går bra, kör motorn på tomgång tills du kan känna att varmt vatten cirkulerar genom kylarens övre slang. Slå sedan av motorn.

6 Låt motorn svalna. Kontrollera sedan olje- och kylvätskenivån igen enligt beskrivningen i *Veckokontroller*, och fyll på om det behövs.

7 Om nya kolvar, ringar eller vevlager har monterats måste motorn behandlas som om den vore ny och köras in de första 800 km. *Ge inte* full gas och låt inte motorn arbeta på lågt varvtal i någon växel. Motoroljan och oljefiltret bör bytas ut efter denna körsträcka.

Kapitel 3
Kyl-, värme- och luftkonditioneringssystem

Innehåll

Svårighetsgrader

Enkelt, passar novisen med lite erfarenhet 

Ganska enkelt, passar nybörjaren med viss erfarenhet 

Ganska svårt, passar kompetent hemmamekaniker 

Svårt, passar hemmamekaniker med erfarenhet 

Mycket svårt, för professionell mekaniker 

Specifikationer

Termostat

Typ	Vax
Öppning börjar (alla modeller)	92°C
Helt öppen (alla modeller)	107°C

Elektrisk kylfläkt

Kopplar på vid (alla modeller)	100°C
Kopplar ifrån vid	95°C

Åtdragningsmoment	**Nm**
Kylfläns till topplock:	
1.4 och 1.6 liters DOHC motorer	25
1.8 och 2.0 liters DOHC motorer:	
M8 bultar	20
M10 bultar	30
Kylvätskepump till motorblock:	
1.4 och 1.6 liters motorer (M6 bultar)	8
1.8 och 2.0 liters motorer (M8 bultar)	25
Kylvätskeutlopp till termostathus	8
Oljerör till kylare (där tillämpligt)	22
Termostathus till topplock	
1.4 och 1.6 liters SOHC motorer	10
1.4 och 1.6 liters DOHC motorer	20
1.8 och 2.0 liters motorer	15

1 Allmän information och föreskrifter

Allmän information

Motorn kyls av ett pumpsystem som innehåller kylvätska under tryck. Systemet består av en kylare, en kylvätskepump som drivs av kamremmen, en elektrisk kylfläkt, en termostat, ett expansionskärl och ett antal slangar.

Systemet fungerar på följande sätt. Kall kylvätska från ena sidan av kylaren, som sitter längst fram i motorrummet, leds till kylvätskepumpen, som pumpar runt kylvätskan i passagerna i motorblocket och topplocket. Kylvätskan tar upp värme från motorn och leds sedan tillbaka till kylaren. När kylvätskan rinner igenom kylaren kyls den, och processen upprepas.

Luft strömmar genom kylaren och kyler den som ett resultat av bilens rörelse framåt. Om kylvätskans temperatur överskrider ett givet värde aktiverar en temperaturkänslig brytare i kylaren den elektriska kylfläkten, så att luftflödet genom kylaren ökar. Fläkten aktiveras bara om det behövs, vilket ger lägre ljudnivå och mindre energiåtgång.

För att minska den tid det tar för motorn att värmas upp när den kallstartas, förhindrar termostaten, som sitter i topplockets utlopp, att kylvätska rinner igenom kylaren tills dess att temperaturen har ökat tillräckligt. Istället leds kylvätskan från topplocket förbi kylaren och direkt tillbaka till motorn. När temperaturen når ett givet värde öppnas termostaten, så att kylvätskan rinner igenom kylaren. Termostaten styrs av expansionen hos en temperaturkänslig vaxkapsel.

Systemet inbegriper även ett expansionskärl, så att kylvätskan kan expandera. Systemet fylls på via ett påfyllningslock på expansionskärlet.

På modeller med automatväxellåda har kylaren en värmeväxlare som kyler växellådsoljan.

Föreskrifter

Varning: Försök inte ta av expansionskärlets lock eller lossa någon del av kylsystemet medan motorn är varm, eftersom detta medför stor risk för brännskador. Om systemet måste öppnas innan motor och kylare är kalla (rekommenderas inte) måste trycket först släppas ut ur systemet. Täck expansionskärlets lock med ett tjockt lager trasor, så att du inte skållar dig, och skruva sakta upp locket till dess att ett väsande hörs. När väsandet upphör anger detta att trycket sjunkit. Skruva då sakta upp locket till dess att det kan tas bort. Om mer väsande hörs, vänta till dess att det upphör innan locket skruvas av helt. Stå alltid så långt ifrån öppningen som möjligt.

Varning: Låt inte frostskyddsmedel komma i kontakt med huden eller lackerade ytor på bilen. Skölj omedelbart bort spill med stora mängder vatten. Lämna aldrig frostskyddsmedel i ett öppet kärl eller i en pöl på uppfarten eller garagegolvet. Barn och husdjur kan attraheras av den söta doften och frostskyddsmedel kan vara livsfarligt att förtära.

Varning: Om motorn är varm kan den elektriska kylfläkten börja snurra även om motorn inte är igång. Det finns därför risk för att fastna med händer, hår eller lösa klädespersedlar vid arbete i motorrummet.

2 Kylsystemets slangar – frånkoppling och byte

Observera: *Läs varningarna i avsnitt 1 innan arbetet fortsätts.*

Frånkoppling

1 Om de kontroller som beskrivs i kapitel 1 avslöjar en defekt slang, måste den bytas enligt följande.

2 Tappa först ur kylsystemet (se kapitel 1). Om det inte är dags att byta kylvätska kan den återanvändas om den förvaras i ett rent kärl.

3 Koppla bort slangen genom att först lossa slangklämmorna med en skruvmejsel och dra dem längs med slangen så att de går fria från det relevanta inloppet/utloppet. Lossa slangen försiktigt **(se bild)**. Slangarna kan tas bort relativt enkelt om de är nya, eller varma, men försök **inte** koppla loss delar av systemet medan det är hett.

4 Kylarens anslutningar är ömtåliga. Var därför försiktig vid frånkoppling av slangarna. Om en slang är svår att få bort, pröva att vrida dess ändar för att få loss den. Om det inte går att få loss slangen, skär upp den med en vass kniv och skala av den i två delar. Även om detta kan verka kostsamt om slangen i övrigt är oskadad, är det att föredra framför att tvingas att köpa en ny kylare.

2.3 Koppla loss kylarens övre slang

Byte

5 När en slang monteras, trä först på slangklämmorna på slangen och lirka slangen på plats. Om slangklämmor av klämtyp ursprungligen användes, är det en god idé att byta ut dem mot klämmor av skruvtyp när slangen monteras tillbaka. Om slangen är stel kan lite tvålvatten användas som smörjmedel, eller så kan slangen mjukas upp med ett bad i varmvatten.

6 Arbeta slangen på plats och kontrollera att den är korrekt dragen. Skjut sedan varje slangklämma tillbaka längs slangen över den utskjutande delen av relevant anslutning och dra åt klämman ordentligt.

7 Fyll på kylsystemet enligt beskrivningen i kapitel 1.

8 Leta noga efter läckor så snart någon del av kylsystemet rubbats.

3 Kylare – demontering, kontroll och montering

Observera: *Läs varningarna i avsnitt 1 innan arbetet fortsätter. Mindre läckor från kylaren kan lagas utan att kylaren demonteras, med ett vätskebaserat tätningsmedel som finns tillgängligt hos alla välsorterade biltillbehörsbutiker. I förekommande fall måste nya tätningsringar användas vid återanslutning av automatväxellådans oljekylarslangar.*

Demontering

1 Kylaren kan demonteras tillsammans med kylfläkten och fläktskyddet om det inte finns någon anledning att röra fläkten. Fläkten och fläktskyddet kan demonteras från kylaren enligt beskrivningen i avsnitt 6.

2 Koppla loss batteriets minusledare.

3 Tappa av kylsystemet enligt beskrivningen i kapitel 1.

4 Om tillämpligt, koppla loss anslutningskontakterna från kylfläkten och kylfläktsbrytaren längst ner på höger sida av kylaren.

5 På DOHC motorer, om tillämpligt, demontera den sekundära luftinsprutningsslangen samt kombinationsventilens och omkopplingsventilens fästbygel.

6 Koppla loss den övre slangen från kylaren.

7 På modeller med automatväxellåda, kläm igen växellådans oljekylarslangar. Koppla sedan loss dem från kylenheten på sidan av kylaren. Var beredd på spill och plugga genast igen öppningarna på kylaren och slangarna för att minimera spill och förhindra att smuts kommer in.

8 Skruva loss kylarfästbyglarnas två övre fästbultar och lyft bort byglarna från kylarens gummifästen **(se bild)**.

9 Lyft kylaren så att den lossnar från de nedre fästtapparna och ta bort den från bilen **(se bild)**.

3.8 Demontering av en övre kylarfästbygel

3.9 Lyft upp kylaren

3.15 Kylarens fästgummi (vid pilen) i den nedre karosspanelen

Kontroll

10 Om kylaren demonterats p.g.a. av misstänkt stopp, spola ur den baklänges enligt beskrivningen i kapitel 1. Rensa bort smuts från kylflänsarna med tryckluft (använd i så fall skyddsglasögon) eller en mjuk borste. Var försiktig – flänsarna kan lätt skadas och de är vassa.

11 Om det behövs kan en kylarspecialist utföra ett flödestest på kylaren för att ta reda på om den är blockerad.

12 En läckande kylare måste lämnas till en specialist för reparation. Försök inte svetsa eller löda ihop en läckande kylare, eftersom plastdelarna lätt kan skadas.

13 I nödfall kan mindre läckor i kylaren lagas med kylartätningsmedel med kylaren på plats. Följ då tillverkarens instruktioner.

14 Om kylaren ska skickas till reparation eller om den ska bytas ut, ta loss alla slangar och kylfläktsbrytaren.

15 Undersök kylarens fästgummin och byt ut dem om de är i dåligt skick **(se bild)**.

Montering

16 Montering sker i omvänd ordning mot demontering. Tänk på följande.

17 Se till att kylarens gummifästen är i gott skick och byt dem om det behövs, och se till att de nedre fästtapparna hakar i kylaren ordentligt när den monteras tillbaka.

18 Använd nya tätningsringar vid återanslutning av automatväxellådans oljekylarslangar, om det är tillämpligt. Kontrollera sedan oljenivån och fyll på olja om det behövs enligt beskrivningen i *Veckokontroller*.

19 Fyll på kylsystemet enligt beskrivningen i kapitel 1.

4 Expansionskärl - demontering och montering

Observera: *Läs varningarna i avsnitt 1 innan arbetet fortsätts.*

Demontering

1 Om det behövs, koppla ifrån batteriets minusledare och koppla loss kylvätskenivågivarens anslutningskontakt från expansionskärlets påfyllningslock.

2 Skruva loss de två fästmuttrarna och lyft bort expansionskärlet så att de två kylvätskeslanganslutningarna friläggs.

3 I förekommande fall, koppla loss oktankodningspluggen från sidan av expansionskärlet.

4 Koppla loss slangen från sidan av tanken, kläm ihop eller plugga igen slangen och häng upp den så högt som möjligt över motorn för att förhindra att kylvätska läcker ut.

5 Ställ en behållare under tanken, koppla sedan loss den nedre slangen och låt innehållet i tanken rinna ut i behållaren. Kläm ihop eller plugga igen den nedre slangen och häng upp den så högt som möjligt över motorn för att förhindra att kylvätska läcker ut.

6 Ta ut expansionskärlet från motorrummet.

Montering

7 Montering sker i omvänd ordning mot demonteringen. Kontrollera till sist kylvätskenivån och fyll på kylvätska om det behövs enligt beskrivningen i *Veckokontroller*. Kylvätskan som tömts ut ur expansionskärlet under demonteringen kan återanvändas, under förutsättning att den inte är förorenad.

5 Termostat - demontering, test och montering

Demontering

1.4 och 1.6 liters SOHC motorer

1 Tappa ur kylsystemet delvis enligt beskrivningen i kapitel 1.

2 Demontera den bakre kamremskåpan enligt beskrivningen i kapitel 2A.

3 Skruva loss termostathusets två fästbultar och lyft bort termostathuset **(se bild)**.

4 Koppla loss kylvätskeslangen från termostathuset och ta bort huset.

5 Ta bort termostaten från topplocket. Var beredd på att kylvätska kan läcka ut från kylarens nedre utlopp när termostaten tas ur, trots att kylsystemet är delvis avtappat.

6 Ta bort tätningsringen från termostatens kant.

7 Termostaten kan testas enligt beskrivningen längre fram i detta avsnitt.

Modeller med 1.8 eller 2.0 liters SOHC motor och alla modeller med DOHC motor

8 Tappa ur kylsystemet delvis enligt beskrivningen i kapitel 1.

9 Koppla loss kylarens övre slang från termostatkåpan.

10 Skruva loss termostatkåpans tre fästbultar och ta bort kåpan tillsammans med termostaten. Ta loss O-ringen **(se bilder)**.

11 Termostaten kan testas enligt beskrivningen längre fram i detta avsnitt.

12 Om termostaten måste bytas måste hela kåpan och termostaten bytas tillsammans, eftersom det inte går att köpa de olika delarna separat.

5.3 Lyft bort termostathuset så att termostaten friläggs (vid pilen) - 1.6 liters SOHC motor

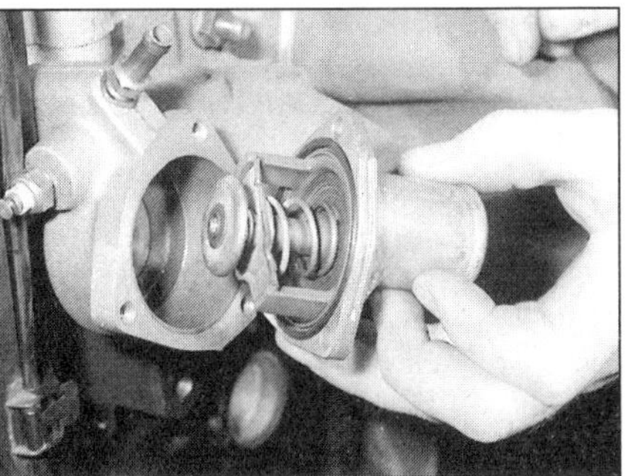

5.10a Dra bort termostatkåpan tillsammans med termostaten . . .

5.10b . . . och ta loss O-ringen - 2.0 liters SOHC motor

Test

13 Termostaten kan testas grovt genom att den hängs upp i ett snöre i en behållare full med vatten. Koka upp vattnet - termostaten måste ha öppnats när vattnet börjar koka. Om inte måste termostaten bytas ut.

14 En mer exakt metod är att med hjälp av en termometer ta reda på termostatens exakta öppningstemperatur och jämföra med värdena i specifikationerna. Öppningstemperaturen finns även angiven på termostaten **(se bilder)**.

15 En termostat som inte stänger när vattnet svalnar måste också bytas ut.

Montering

16 Monteringen sker i omvänd ordning mot demonteringen, men använd en ny tätningsring och tänk på följande.

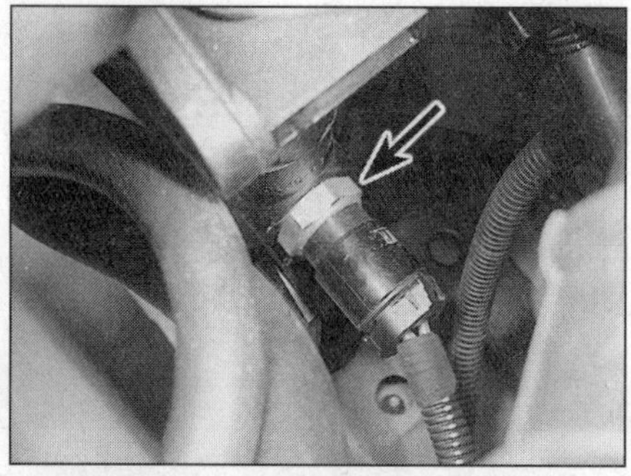

6.1 Kylfläktens termostatbrytare (vid pilen)

5.14a Testa termostatens öppningstemperatur

17 Se till att tapparna på termostaten passar in i motsvarande urtag i topplocket.

18 I förekommande fall, montera tillbaka den bakre kamremskåpan enligt beskrivningen i kapitel 2A.

19 Fyll på kylsystemet enligt beskrivningen i kapitel 1.

6 Kylfläkt - test, demontering och montering

Test

1 Kylfläkten får ström via tändningslåset och säkring nr 11 (som kan sitta i säkringsdosan eller under den, beroende på modell, se kapitel 12). Kretsen sluts av kylfläktens termostatbrytare, som sitter nedtill på kylarens högra sida **(se bild)**.

2 Om fläkten inte verkar fungera, kör motorn tills normal arbetstemperatur uppnås och låt sedan motorn gå på tomgång. Om fläkten inte startar inom ett par minuter, slå av tändningen och koppla loss anslutningskontakten från kylfläktskontakten. Kortslut de två polerna i anslutningskontakten med en bit kabel och slå på tändningen. Om fläkten nu går, är det antagligen brytaren som är defekt och måste bytas.

3 Om fläkten fortfarande inte går, kontrollera att full batterispänning går fram till brytarens bruna och vita poler. Om inte är det fel i

5.14b Termostat med markeringar för öppningstemperatur

matarkabeln till brytaren (möjligen beroende på ett fel i fläktmotorn, eller en trasig säkring). Om det inte är något problem med spänningen, kontrollera att det är god kontakt mellan brytarens bruna pol och en bra jordningspunkt på karossen. Om inte, är det jordningen som är felaktig och måste göras om.

4 Om både brytaren och kablaget är i gott skick måste felet ligga i själva motorn. Motorn kan kontrolleras genom att den kopplas loss från kablarna och ett 12 volts batteri ansluts direkt till motorn. Om motorn är defekt måste hela enheten bytas, eftersom det inte finns några separata reservdelar.

Demontering

5 Lossa batteriets minusledning.

6 Koppla loss kablaget från kylfläkten **(se bild)**.

7 Skruva loss fläktskyddets två fästbultar, luta alltihop något bakåt mot motorn och dra loss det uppåt bort från kylaren **(se bilder)**.

8 Skilj fläktmotorn från skyddet genom att skruva loss de tre fästmuttrarna.

9 Det finns inga separata reservdelar till fläktmotorn. Om det är något fel på den måste hela enheten bytas.

Montering

10 Montering sker i omvänd ordning mot demonteringen. Se till att fläktskyddets nedre vänstra sida hamnar rätt i klämman på kylaren **(se bild)**.

11 Avsluta med att starta motorn och köra

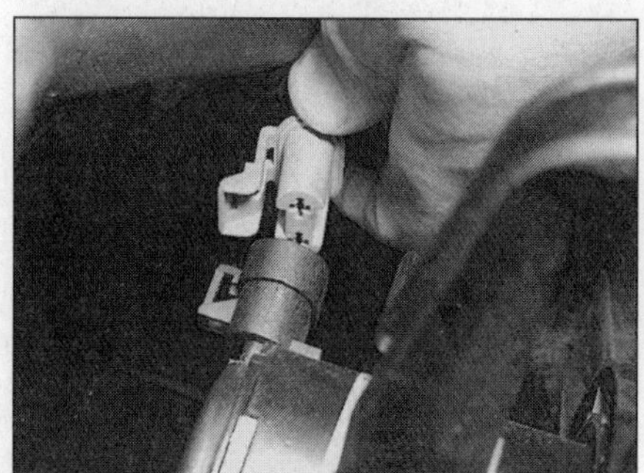

6.6 Koppla loss kylfläktens anslutningskontakt

6.7a Fästbult för fläktskydd (vid pilen) - 2.0 liters DOHC motor

6.7b Dra ut kylfläktskyddet - 1.6 liters SOHC motor

6.10 Se till att den nedre vänstra delen av fläktskyddet sitter korrekt i klämman på kylaren

den tills den når normal arbetstemperatur, fortsätt sedan köra motorn och kontrollera att kylfläkten startar och fungerar korrekt.

7 Kylsystemets elektriska brytare och givare – test, demontering och montering

Kylfläktens termostatbrytare

Test

1 Test av brytaren beskrivs i avsnitt 6, som en del av testet av kylfläkten.

Demontering

2 Brytaren sitter nedtill på kylarens högra sida. Motorn och kylaren måste vara kalla innan brytaren demonteras.

3 Tappa antingen av kylsystemet delvis (enligt beskrivningen i kapitel 1) till under brytarens nivå, eller ha en plugg till hands med vilken hålet i kylaren kan täppas till när brytaren demonteras. Om en plugg används, var noga med att inte skada kylaren och använd inte något som låter främmande partiklar komma in i kylaren.

4 Lossa batteriets minusledning.

5 Koppla loss kontaktdonet från brytaren.

6 Skruva försiktigt loss brytaren från kylaren och ta loss tätningsringen.

Montering

7 Montering sker i omvänd ordning mot demontering, men använd en ny tätningsring, fyll sedan på kylsystemet enligt beskrivningen i kapitel 1.

8 Avsluta med att starta motorn och köra den tills den når normal arbetstemperatur. Fortsätt sedan köra motorn och kontrollera att kylfläkten startar och fungerar korrekt.

Givare för kylvätsketemperaturmätaren

Observera: *Tätningsmedel måste appliceras på givarens gängor vid återmonteringen.*

Test

9 Kylvätskans temperaturmätare, som sitter på instrumentpanelen, matas med stabiliserad spänning från instrumentpanelens strömförsörjning (via tändningslåset och en säkring), och dess jordning kontrolleras av givaren.

10 Givaren sitter monterad antingen i insugsröret, termostathuset eller kylflänsen, beroende på modell **(se bilder)**. Givaren innehåller en termistor, som består av en elektronisk komponent vars elektriska motstånd sjunker med en förbestämd takt när temperaturen stiger. När kylvätskan är kall är givarens resistans hög, strömmen genom mätaren är låg och mätarens visare pekar mot den blå (kalla) delen av skalan. Om givaren är defekt måste den bytas.

11 Om mätaren visar fel, kontrollera först de övriga instrumenten. Om de inte heller fungerar, kontrollera instrumentpanelens strömförsörjning. Om de visade värdena hela tiden ändras, kan felet bero på spänningsstabilisatorn, som då måste bytas (se kapitel 12). Om enbart temperaturmätaren är defekt, kontrollera den enligt följande:

12 Om visaren ligger kvar vid den 'kalla' änden av skalan, koppla loss givarens kabel och jorda den mot topplocket. Om visaren sedan rör sig när tändningen slås på är givaren defekt och måste bytas. Om visaren fortfarande inte rör sig, demontera instrumentpanelen (kapitel 12) och kontrollera att den bruna/vita sladden mellan givaren och mätaren är felfri och att mätaren får ström. Om inga fel hittas, men felet på mätaren kvarstår, är mätaren defekt och måste bytas.

13 Om visaren ligger kvar vid den 'varma' änden av skalan, koppla loss givarens kabel. Om visaren sedan återgår till den kalla delen av skalan när tändningen slås på är givaren defekt och måste bytas. Om visaren fortfarande inte rör sig, kontrollera resten av kretsen enligt beskrivningen ovan.

Demontering

14 Tappa av kylsystemet delvis, enligt beskrivningen i kapitel 1, för att minimera kylvätskeläckaget.

15 Lossa batteriets jordledning (minuspolen).

16 Koppla loss kablaget från givaren och skruva sedan loss givaren.

Montering

17 Monteringen sker i omvänd ordning mot demonteringen, och tänk på följande.

18 Applicera tätningsmedel på givarens gängor före återmonteringen.

19 Fyll på kylsystemet enligt beskrivningen i *Veckokontroller*.

20 Avsluta med att starta motorn och kontrollera temperaturmätarens funktion. Leta även efter kylvätskeläckor.

Motorns kylvätsketemperaturgivare

21 Se kapitel 4B.

Givare för kylvätskenivå

Test

22 På modeller med givare för kylvätskenivå sitter givaren i kylvätskans expansionskärl, och är en del av expansionskärlets lock.

23 Testa givaren genom att först, med kall motor, långsamt skruva loss expansionskärlets lock för att släppa ut eventuellt övertryck i kylsystemet.

24 Skruva sedan loss locket helt och ta försiktigt bort det, tillsammans med givaren.

25 Håll locket/givaren vertikalt, på avstånd från kylvätskan i expansionskärlet men utan att belasta kablaget, och låt sedan en medhjälpare slå på tändningen (starta inte motorn).

26 Säg åt medhjälparen att titta på kontrollpanelen på instrumentbrädan, där det ska stå 'Coolant level'/'Kylvätskenivå'.

27 Slå av tändningen och sätt tillbaka locket/givaren. Slå sedan på tändningen igen och kontrollera att kontrollpanelen inte indikerar något problem.

28 Om givaren inte fungerar enligt

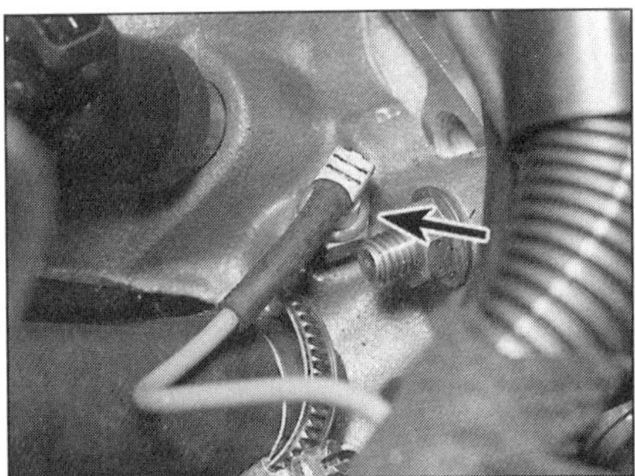

7.10a Temperaturmätarens givare för kylvätskan – 1.6 liters SOHC motor

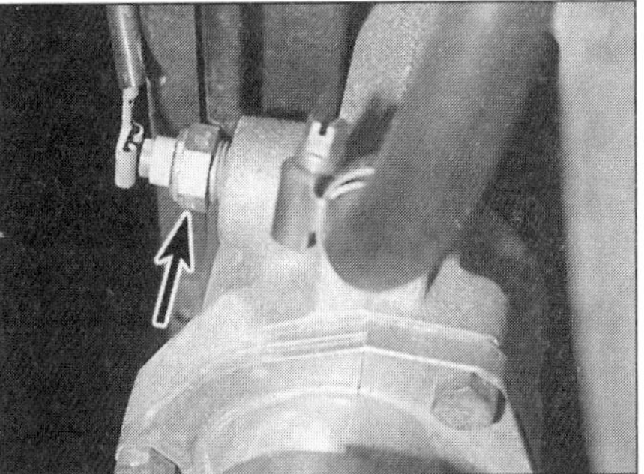

7.10b Temperaturmätarens givare för kylvätskan – 2.0 liters SOHC motor

7.10c Temperaturmätarens givare för kylvätskan – 2.0 liters DOHC motor

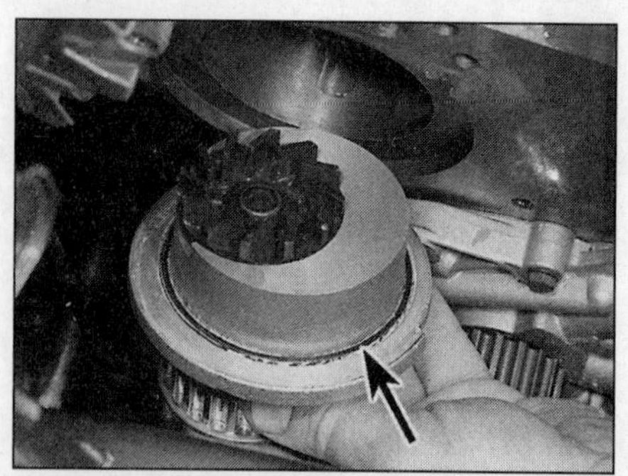

8.6 Ta loss kylvätskepumpen (pilen pekar på O-ringen) – 1.6 liters SOHC motor

beskrivningen, undersök kablaget efter uppenbara tecken på skada.

29 Om kablaget verkar vara intakt måste ytterligare feldiagnos överlåtas till en Opelverkstad. Observera att om givaren ska bytas, måste locket och givaren bytas tillsammans.

Demontering

30 Motorn måste vara kall innan expansionskärlets lock tas av.

31 Lossa batteriets jordledning (minuspolen).

32 Koppla loss kablaget från anslutningarna ovanpå expansionskärlets lock.

33 Skruva långsamt loss expansionskärlets lock så att eventuellt övertryck i kylsystemet släpps ut, ta sedan bort lock och givare.

34 Observera att givaren sitter ihop med locket och att de inte kan tas isär.

Montering

35 Montering sker i omvänd ordning mot demonteringen.

8 Kylvätskepump – demontering och montering

Observera: *En ny O-ring till pumpen krävs vid återmonteringen. Silikonfett (Opel 90167353 eller motsvarande) behövs till pumpens fogyta mot motorblocket.*

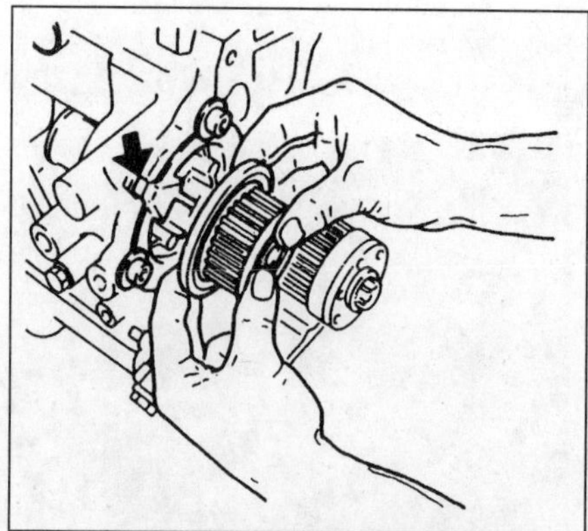

8.11a Tapparna (vid pilen) på kylvätskepumpen och motorblocket måste vara i linje – 2.0 liters DOHC motor

Demontering

1 Tappa av kylsystemet enligt beskrivningen i kapitel 1.

2 Demontera kamremmen enligt beskrivningen i kapitel 2A (SOHC motorer) eller 2B (DOHC motorer).

3 Om det behövs för att komma åt vattenpumpen, demontera den bakre kamremskåpan och, om det är tillämpligt, kamremsspännaren enligt beskrivningen i kapitel 2A (SOHC motorer) eller 2B (DOHC motorer).

4 På 1.8 och 2.0 liters SOHC motorer, där tillämpligt, skruva loss bulten som håller fast den mindre bakre kamremskåpan till kylvätskepumpen på motorblocket.

5 Skruva loss kylvätskepumpens tre fästbultar.

6 Ta loss kylvätskepumpen från motorblocket och ta bort O-ringen **(se bild)**. Om det behövs, knacka lätt på pumpen med en gummiklubba för att lossa den från motorblocket.

7 Pumpen kan inte renoveras. Om den är defekt måste den bytas ut.

8 På 1.8 och 2.0 liters SOHC motorer, om så önskas, kan den mindre bakre kamremskåpan tas bort från pumpen genom att kåpan vrids tills den lossnar från pumpflänsen.

Montering

9 Om den gamla pumpen monteras tillbaka, se till att fogytorna är rena. På 1.8 och 2.0 liters SOHC, montera i förekommande fall tillbaka den mindre bakre kamremskåpan på pumpen.

10 Stryk pumpens fogyta på motorblocket med silikonfett (Opel 90167353, eller motsvarande).

11 Sätt tillbaka pumpen med en ny O-ring. På 1.8 och 2.0 liters SOHC motorer från 1993 och alla 1.8 och 2.0 liters DOHC motorer, se till att tappen på kylvätskepumpens fläns passar in mot motsvarande urtag på motorblocket **(se bilder)**. På 1.4 och 1.6 liters DOHC motorer, se till att kanten på kylvätskepumpens fläns är inpassad mot markeringen på motorblocket.

12 Sätt tillbaka pumpens fästbultar och, på alla utom 1.4 och 1.6 liters SOHC motorer och 1.8 och 2.0 liters SOHC motorer fram till 1993, dra åt bultarna till angivet moment. På 1.4 och 1.6 liters SOHC motorer och 1.8 och 2.0 liters SOHC motorer fram till 1993, dra inte åt pumpens fästbultar förrän kamremmen har monterats och spänts enligt beskrivningen i kapitel 2A.

13 På 1.8 och 2.0 liters SOHC motorer, montera i tillämpliga fall tillbaka och dra åt bulten som håller fast den mindre bakre kamremskåpan på kylvätskepumpen till motorblocket.

14 Montera i tillämpliga fall tillbaka den bakre kamremskåpan och kamremsspännaren enligt beskrivningen i kapitel 2A (SOHC motorer) eller 2B (DOHC motorer).

15 Montera tillbaka och spänn kamremmen enligt beskrivningen i kapitel 2A (SOHC motorer) eller 2B (DOHC motorer).

16 Avsluta med att fylla på kylsystemet enligt beskrivningen i kapitel 1.

9 Värme- och ventilationssystem – allmänt

1 Värme-/ventilationssystemet består av ett pollenfilter, en fläktmotor med tre (eller fyra) hastigheter (som sitter i motorrummet), munstycken i mitten och på var sida av instrumentbrädan, samt luftkanaler till de främre och bakre fotbrunnarna **(se bilder)**. Under 1994 gavs vissa modeller extra sidomunstycken för att förbättra ventilationen av sidofönstren.

2 Styrenheten sitter i instrumentbrädan, och reglagen styr klaffventiler som riktar och blandar luften som strömmar igenom de olika delarna av värme-/ventilationssystemet. Klaffarna sitter i luftfördelningshuset, som fungerar som central fördelningsenhet och leder luften till de olika trummorna och munstyckena.

3 Kall luft kommer in i systemet via grillen längst bak i motorrummet och går igenom pollenfiltret. Om det behövs förstärks luftflödet av fläkten, sedan strömmar luften igenom de olika munstyckena enligt inställningen på instrumentbrädan. Gammal luft blåses ut genom luftkanaler bakom den bakre stötdämparen. Om varmluft krävs leds kalluften igenom värmepaketet, som värms av motorkylarvätskan.

4 Med hjälp av en återcirkuleringsomkopplare kan intaget av utomhusluft stängas av, så att luften inuti kupén återcirkuleras. Detta kan användas för att förhindra dålig lukt att komma in i bilen, men bör bara användas korta perioder, eftersom den återcirkulerade luften snabbt försämras.

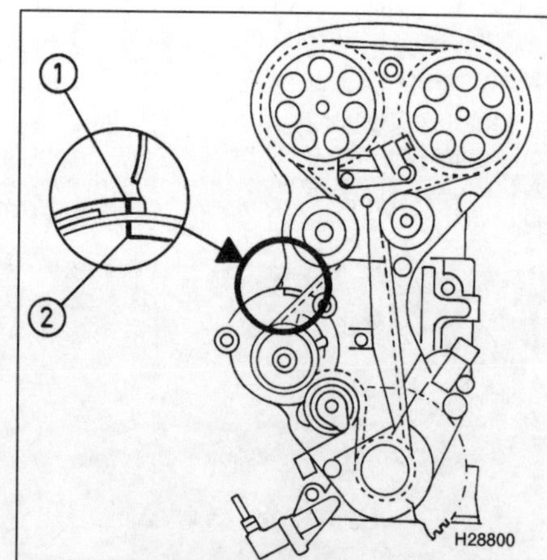

8.11b Kylvätskepumpens inställningsmärken – 1.4 och 1.6 liters DOHC motorer

1 Markering på motorblocket
2 Kanten på kylvätskepumpens fläns

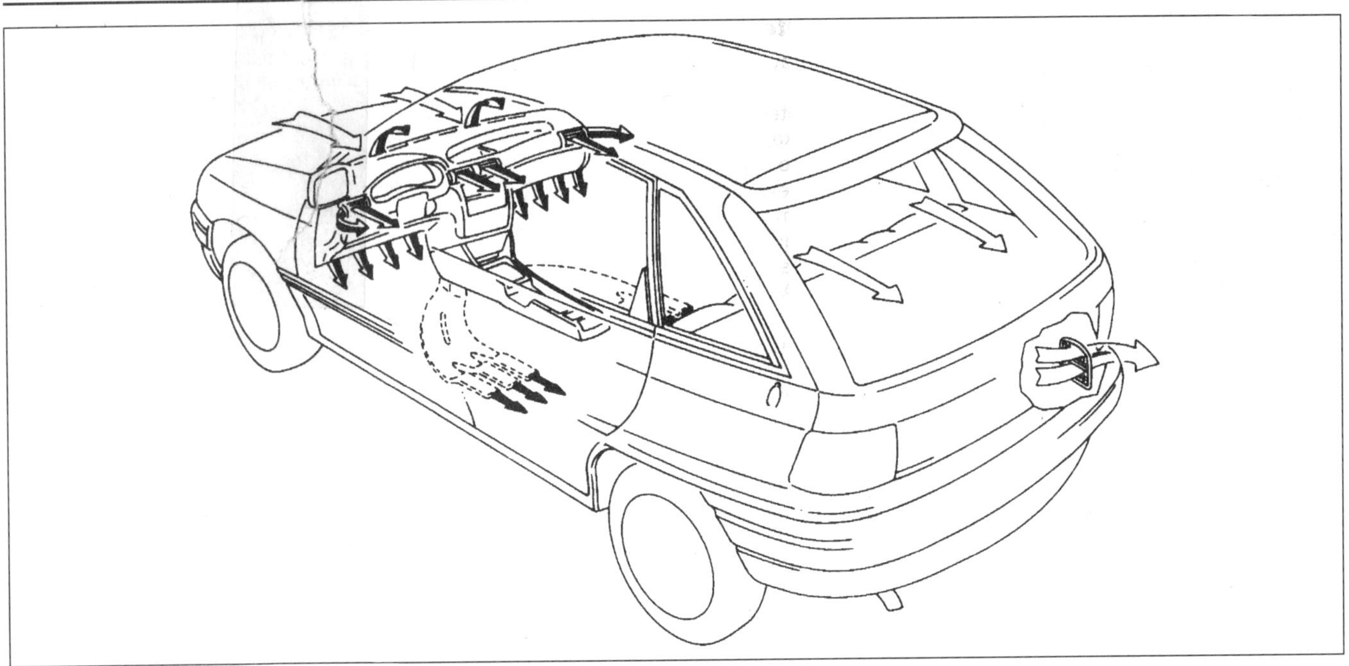

9.1a Värme-/ventilationssystemets luftflöde

9.1b Värme-/ventilationssystemets komponenter

1 *Luftfördelarhus*
2 *Värmepaket*
3 *Värmepaketets nedre kåpa*
4 *Instrumentbrädans mittre panel*
5 *Styrenhet för värme/ventilation*
6 *Pollenfilter*
7 *Pollenfilterhus*
8 *Hus för sidoventilationsmunstycke*
9 *Värmefläktens motor*
10 *Sidoluftkanal*
11 *Mittre luftkanal*
12 *Vattenavrinningsrör*
13 *Vattenavvisare*
14 *Vindrutans torpedplåt*

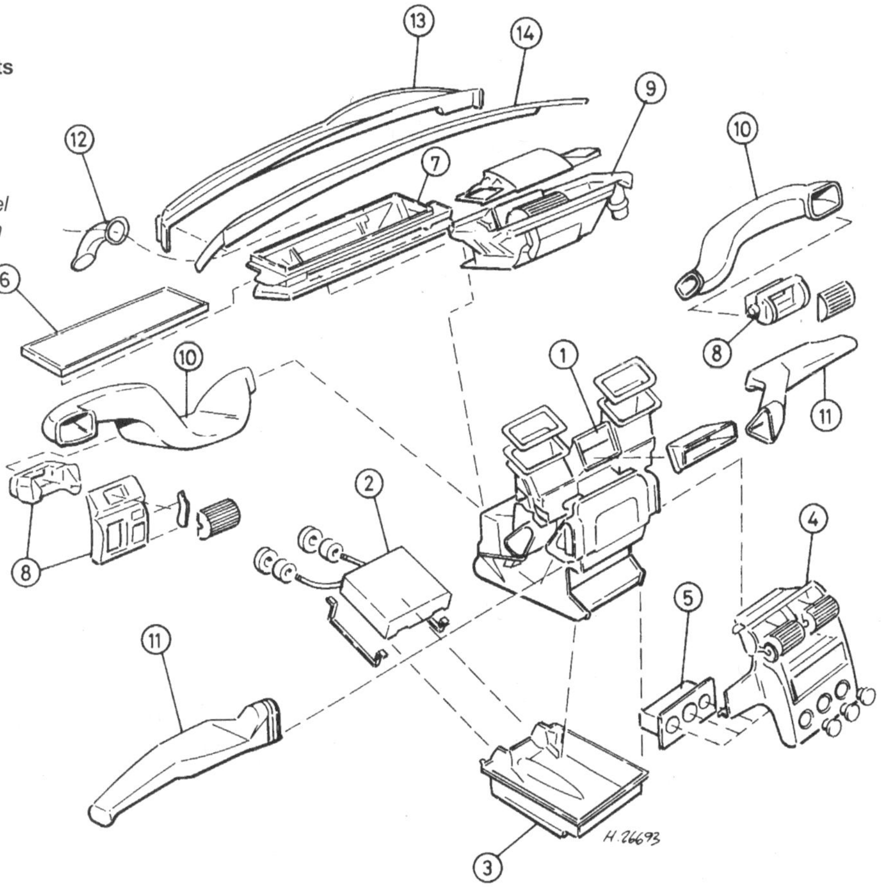

H.26693

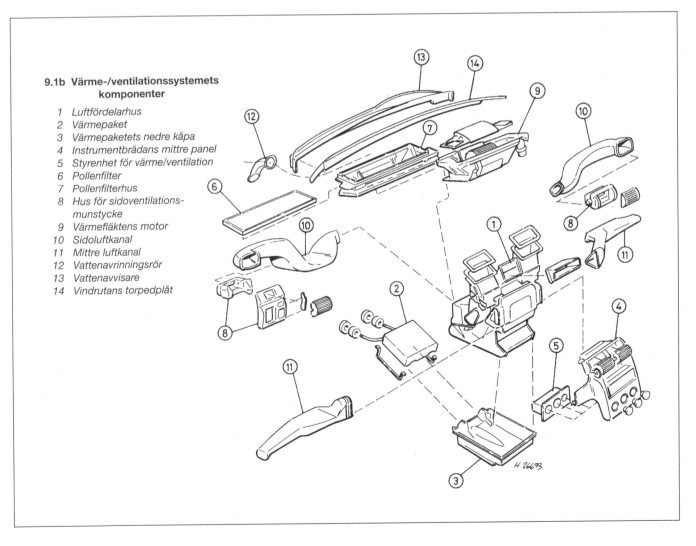

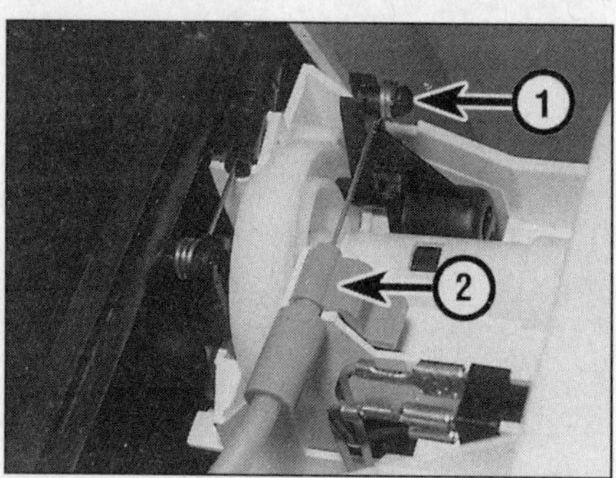

10.3 Anslutningar för värme-/ventilationsreglage

1 Kabelanslutning
2 Fästklämma

5 Vissa modeller kan ha uppvärmda framsäten. Värmen produceras av elektriskt uppvärmda mattor i sätet och ryggstödet. Temperaturen regleras automatiskt av en termostat och kan inte justeras.

10 Värme-/ventilationssystem – demontering och montering av komponenter

Reglageenhet för värme/ventilation

Demontering

1 Demontera instrumentbrädans mittpanel enligt beskrivningen i kapitel 11.
2 Dra försiktigt ut reglageenheten för värme/ventilation framåt från instrumentbrädan, utan att belasta några vajrar.
3 Lossa fästklämmorna och koppla loss vajrarna från brytarna för luftfördelning och temperaturkontroll (två vajrar på luftfördelarbrytaren, en vajer på temperaturkontrollbrytaren), och notera hur de är monterade **(se bild)**.
4 Koppla loss anslutningskontakten från enhetens baksida.
5 Koppla loss vakuumrören från baksidan av luftåtercirkulationsbrytaren och notera hur de är monterade.
6 Reglageenheten för värme/ventilation kan nu tas ut från bilen.
7 Lamporna på enheten kan bytas genom att vajrarna kopplas loss och lamphållaren dras ut från baksidan av enheten **(se bild)**. Glödlamporna trycks fast i hållarna.

Montering

8 Montering sker i omvänd ordning mot demonteringen. Tänk på följande.
9 Se till att vajrarna sitter fast ordentligt på sina rätta platser och att de inte är böjda eller hindrade på något sätt. Kontrollera att reglagen fungerar innan instrumentbrädans mittpanel monteras tillbaka.
10 Montera tillbaka instrumentbrädans mittpanel enligt beskrivningen i kapitel 11.

Brytare till värmefläkt/uppvärmd bakruta

Demontering

11 Bänd försiktigt loss brytarknoppen med en liten skruvmejsel.
12 Lossa brytarens fästklamrar och ta bort brytaren.
13 Lampan kan nu bytas om så behövs.

Montering

14 Monteringen sker i omvänd ordning mot demonteringen.

Reglagevajrar för värme/ventilation – byte

Nedre reglagevajer för luftfördelning

15 Dra reglageenheten för värme/ventilation framåt från instrumentbrädan, enligt beskrivningen tidigare i detta avsnitt.
16 Lossa fästklämmorna och koppla loss vajern från baksidan av enheten.
17 Följ vajern bakom instrumentbrädan, notera hur den är dragen, och koppla loss vajern från armen på luftfördelningshuset. Den sitter fast här på samma sätt som vid reglageenheten.
18 Montera den nya vajern i omvänd ordning mot demonteringen. Tänk på följande.
19 Se till att vajern är korrekt dragen och inte böjd eller hindrad på något sätt, och se till att vajerns fästklämmor sitter fast ordentligt.
20 Montera tillbaka reglageenheten enligt beskrivningen tidigare i detta avsnitt.

Övre reglagevajer för luftfördelning

21 Demontera instrumentpanelen enligt beskrivningen i kapitel 12.
22 Fortsätt enligt beskrivningen i punkt 15 och 16 i detta avsnitt.
23 Följ vajern bakom instrumentbrädan, notera hur den är dragen och, genom instrumentpanelens öppning, koppla loss vajern från armen på luftfördelningshuset. Den sitter fast här på samma sätt som vid reglageenheten.
24 Fortsätt enligt beskrivningen i punkt 18 till 20 i detta avsnitt.
25 Montera instrumentpanelen enligt beskrivningen i kapitel 12.

Reglagevajer för lufttemperaturkontroll

26 Lossa fästklämmorna och ta bort den nedre täckpanelen under instrumentbrädan på passagerarsidan.
27 I förekommande fall, skruva loss fästskruvarna och ta bort förvaringsbrickan under handskfacket.
28 Fortsätt enligt beskrivningen i punkt 15 och 16 i detta avsnitt.
29 Följ vajern bakom instrumentbrädan och notera hur den är dragen. Bakom fotbrunnen på passagerarsidan, koppla loss vajern från armen på luftfördelningshuset. Den sitter fast här på samma sätt som vid reglageenheten.
30 Fortsätt enligt beskrivningen i punkt 18 till 20 i detta avsnitt.
31 Montera tillbaka handskfacket och instrumentbrädans nedre panel i omvänd ordning mot demonteringen.

Värmefläktsmotor

Demontering

32 Lossa batteriets jordledning (minuspolen).
33 Demontera pollenfiltret enligt beskrivningen i kapitel 1.
34 Om det behövs, demontera vindrutetorkararmarna enligt beskrivningen i kapitel 12.
35 Demontera vindrutans torpedplåt enligt beskrivningen i kapitel 11.
36 Koppla loss fläktmotorns anslutningskontakt, bänd sedan loss kabelgenomföringen från pollenfilterhuset och dra kablaget genom öppningen i huset **(se bild)**.
37 På liknande sätt, koppla loss vakuumrören från kontaktdonet längst fram på huset och notera hur de är dragna **(se bild)**.

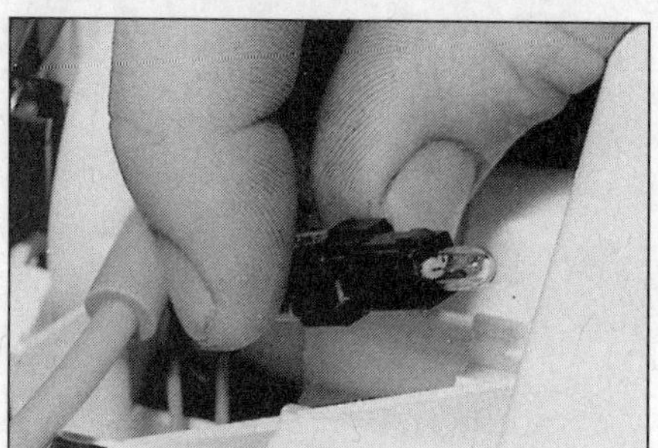

10.7 Dra ut lamphållaren för värmereglagebrytarna från baksidan av styrenheten

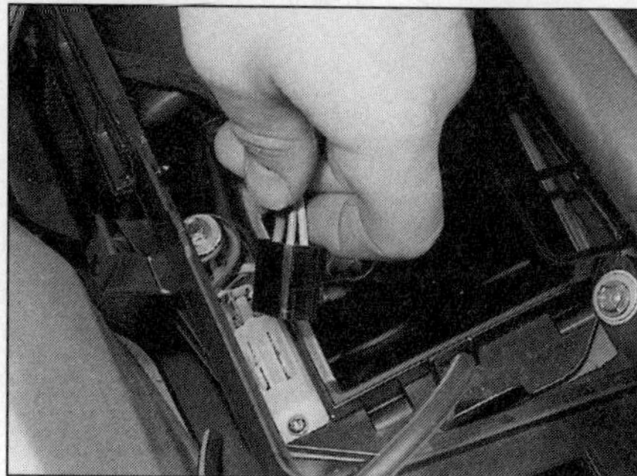

10.36 Koppla loss värmefläktmotorns anslutningskontakt

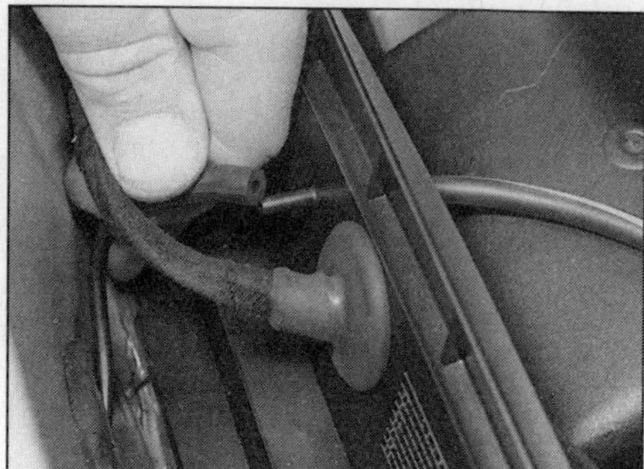

10.37 Ett vakuumrör kopplas loss från kontaktdonet i fläktmotorhuset

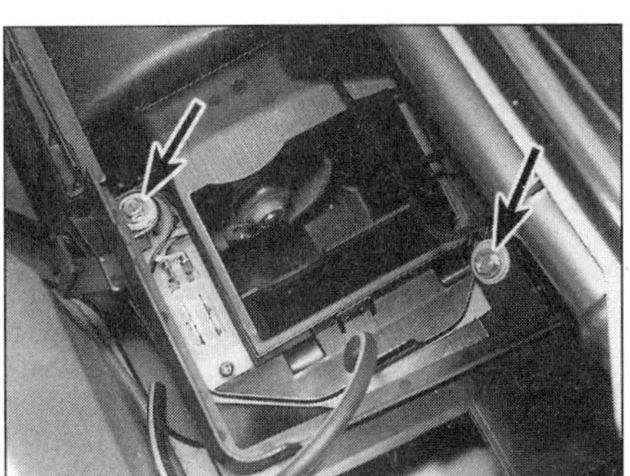

10.38a Pollenfilterhusets fästbultar (vid pilarna)

10.38b Dra ut pollenfilterhuset från torpedväggen

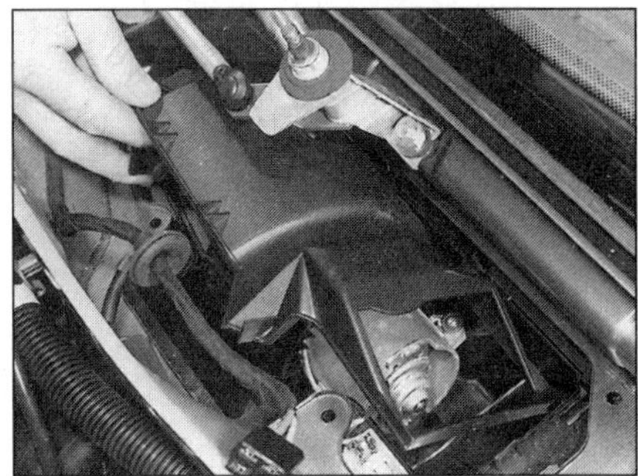

10.39 Demontera fläktmotorns övre kåpa

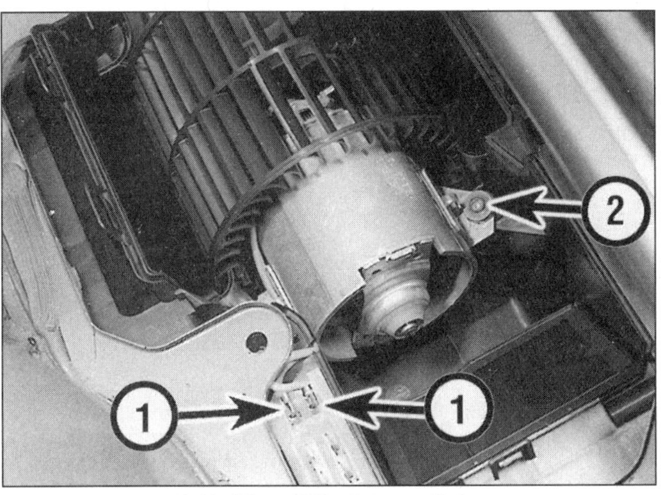

10.40 Värmefläktmotorns fästen

1 Kablar *2 Motorns fästskruv*

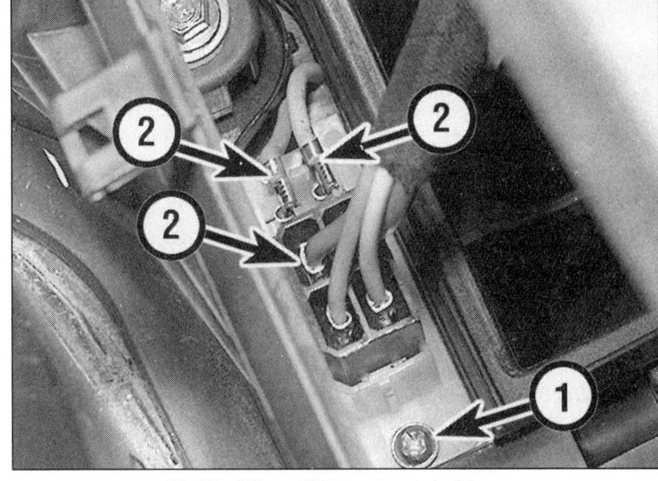

10.46a Värmefläktmotorns kablage

1 Motståndets fästskruv *2 Anslutningskontakter*

38 Skruva loss de fyra fästbultarna (två fram, två bak) och ta loss pollenfilterhuset från torpedväggen **(se bilder)**.

39 Lossa de två fästklämmorna och ta bort fläktmotorns övre kåpa **(se bild)**.

40 Koppla loss fläktmotorns två kablar från fläktmotormotståndet, skruva sedan loss fläktmotorns två fästskruvar och ta försiktigt loss motorn **(se bild)**.

Montering

41 Montering sker i omvänd ordning mot demontering. Tänk på följande.

42 Se till att kablaget och vakuumrören är ordentligt återanslutna och korrekt dragna.

43 Se till att alla paneler är ordentligt återmonterade, och att tätningsremsorna sitter fast på panelerna på rätt sätt.

44 Montera tillbaka vindrutetorkararmarna enligt beskrivningen i kapitel 12.

Värmefläktmotorns motstånd

Demontering

45 Demontera pollenfiltret enligt beskrivningen i kapitel 1, så att motståndet syns.

46 Skruva loss fästskruven, koppla loss kablaget och ta bort motståndet **(se bilder)**.

Montering

47 Monteringen sker i omvänd ordning mot demonteringen.

Värmepaket

Demontering

48 Tappa av kylsystemet enligt beskrivningen i kapitel 1, eller kläm ihop värmeslangarna (i motorrummet) vid torpedväggen så att så lite kylvätska som möjligt rinner ut när slangarna kopplas loss.

10.46b Demontera värmefläktmotorns motstånd

49 Placera en behållare under värmeslangarna, koppla sedan loss slangarna från värmepaketets anslutningar. Låt kylvätskan rinna ner i kärlet.

50 Demontera mittkonsolen enligt beskrivningen i kapitel 11.

51 Lossa försiktigt de två rören från undersidan av luftkanalerna framtill på värmepaketet **(se bild)**.

52 Skruva loss de fem skruvarna som håller fast värmepaketets nedre kåpa (den främre skruven håller även fast luftkanalerna), lyft

10.51 Koppla loss de två rören (vid pilarna) från undersidan av luftkanalerna

10.52a Skruva loss den främre . . .

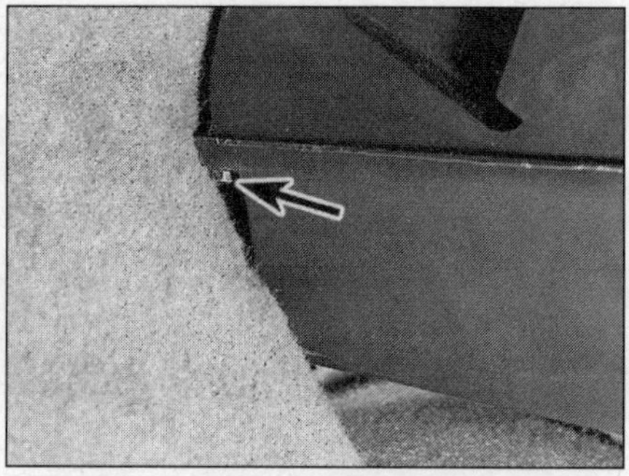
10.52b . . . och bakre fästskruven för värmepaketets nedre kåpa . . .

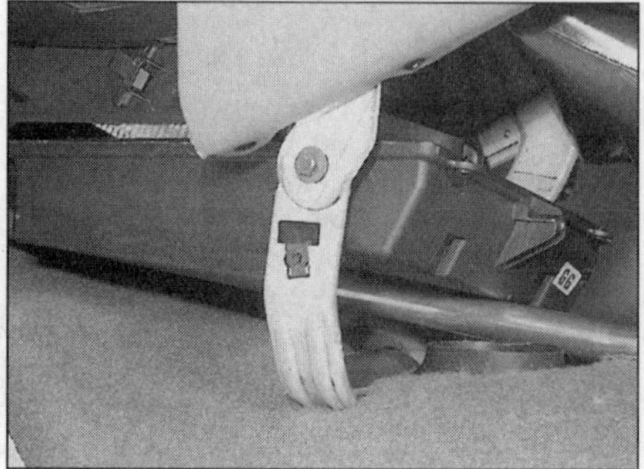
10.52c . . . och ta bort kåpan

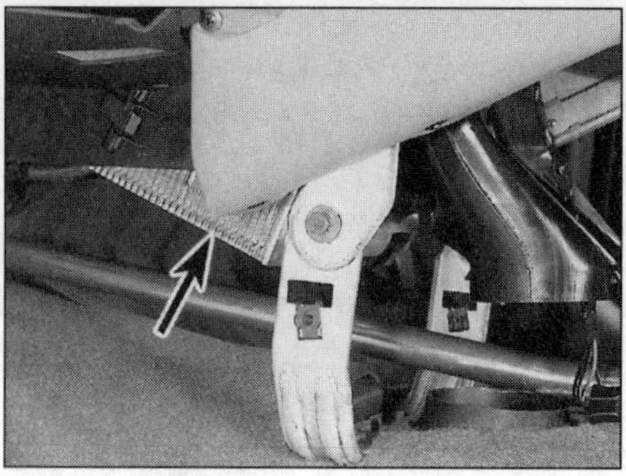
10.54 Dra ut värmepaketet (vid pilen) från huset

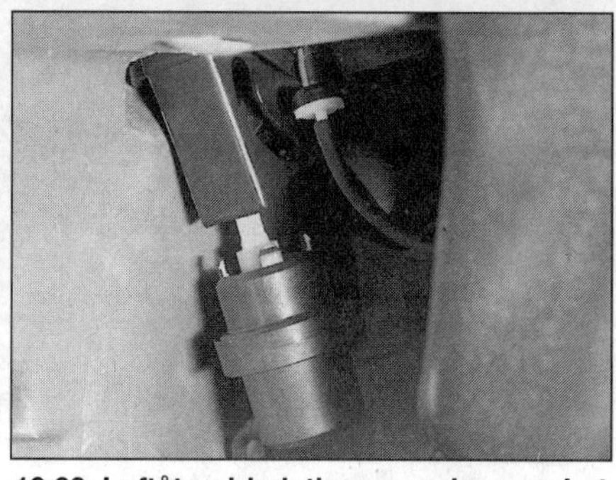
10.60 Luftåtercirkulationens vakuumenhet

10.64 Ett ventilationsmunstycke på instrumentbrädan demonteras

sedan upp luftkanalerna så att den nedre kåpan kan tas loss **(se bilder)**.

53 Vi rekommenderar att man lägger ett plastskynke eller liknande under värmepaketet, så att inte kylvätska som eventuellt läcker ut när värmepaketet tas bort skadar mattan.

54 Ta försiktigt loss värmepaketet från huset (metallflänsarna är vassa, och kan lätt skadas) och ta bort det från bilen **(se bild)**.

Montering

55 Montering sker i omvänd ordning mot demonteringen. Tänk på följande.

56 Se till att slangarna sätts fast ordentligt på luftkanalerna.

57 Se till att kylvätskeslangarna sätts fast ordentligt på värmepaketets anslutningar.

10.70 Skruva loss munstyckeshusets övre fästskruv - högerstyrd bil visad

58 Avsluta med att fylla på kylsystemet enligt beskrivningen i kapitel 1, om det behövs.

Luftåtercirkulationens vakuumenhet

Demontering

59 Demontera handskfacket enligt beskrivningen i kapitel 11, avsnitt 32.

60 Sträck in handen bakom instrumentbrädan och leta reda på vakuumenheten **(se bild)**. Åtkomligheten är begränsad.

61 Lossa reglerstaget från änden av enheten och koppla loss vakuumslangen.

62 Lossa vakuumenheten från dess fäste.

Montering

63 Monteringen sker i omvänd ordning mot demonteringen.

Värme-/ventilationsmunstycken

Ventilationsmunstycken

64 Lossa försiktigt relevant munstycke från instrumentbrädan med hjälp av en skruvmejsel. Lägg en kartongbit under bladet så att inte instrumentbrädan skadas. Dra ut munstycket **(se bild)**.

65 Tryck in munstycket i dess fäste i instrumentbrädan tills det snäpper på plats.

Ventilationsmunstyckets hus på förarsidan

66 Demontera rattstångskåpan enligt beskrivningen i kapitel 11, avsnitt 32.

67 Demontera instrumentpanelens sarg enligt beskrivningen i kapitel 11, avsnitt 32.

68 Demontera ventilationsmunstycket enligt beskrivningen tidigare i detta avsnitt.

69 Demontera belysningens vridströmbrytare enligt beskrivningen i kapitel 12, avsnitt 5.

70 Demontera munstyckeshusets övre fästskruv (längst upp i huset) och den nedre fästskruven (längst ner i belysningsbrytarens öppning) **(se bild)**.

71 Dra försiktigt loss husets fästklämma, bakom höger sida av huset **(se bild)**.

72 Ta försiktigt loss huset från instrumentbrädan och lossa anslutningskontakterna från baksidan av huset **(se bild)**.

73 Kvarvarande brytare kan tas bort från huset genom att de från baksidan försiktigt skjuts ut genom husets framsida **(se bild)**.

74 Montering sker i omvänd ordning mot demontering. Se till att huset passas in korrekt mot luftkanalen i instrumentbrädan.

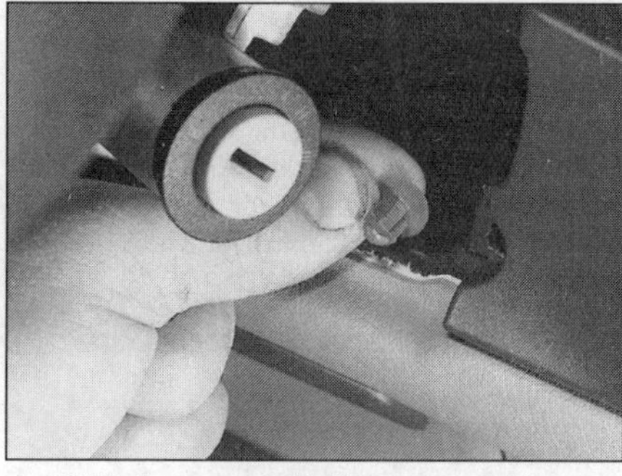
10.71 Lossa ventilationsmunstyckeshusets fästklämma - högerstyrd bil visad

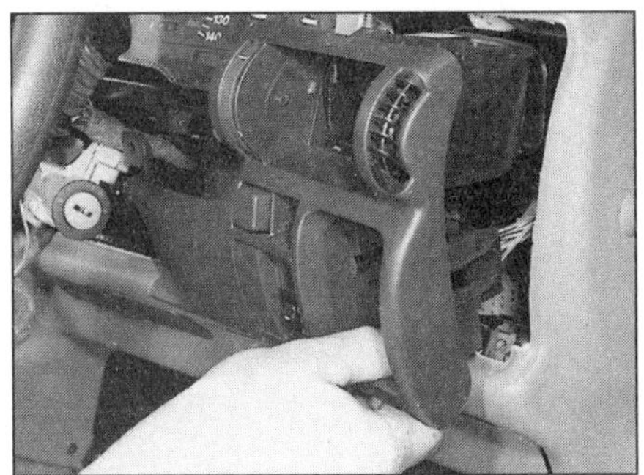

10.72 Dra ut munstyckeshuset från instrumentbrädan - högerstyrd bil visad

Ventilationsmunstyckets hus på passagerarsidan

75 Demontera handskfacket enligt beskrivningen i kapitel 11, avsnitt 32.

76 Demontera ventilationsmunstycket enligt beskrivningen tidigare i detta avsnitt.

77 Demontera munstyckeshusets övre fästskruv (längst upp i huset) och den nedre fästskruven (längst ner på huset, i handskfacksöppningen), och ta sedan försiktigt ut huset från instrumentbrädan.

78 Montering sker i omvänd ordningsföljd mot demonteringen. Se till att huset passas in korrekt mot luftkanalen i instrumentbrädan.

11 Uppvärmt framsäte - demontering och montering av komponenter

Brytare

Demontering

1 Koppla loss batteriets minusledare.

2 Tillverka en krok av en bit ståltråd **(se bild)**.

3 Kroka försiktigt fast ståltråden runt brytarens överdel så att fästtapparna släpper och dra brytaren framåt från mittkonsolen.

4 Koppla loss anslutningskontakten från brytarens baksida och ta bort brytaren.

Montering

5 Monteringen sker i omvänd ordning mot demonteringen.

Värmematta

6 För att komma åt värmemattorna måste sätet demonteras och klädseln tas bort (genom att man sprättar upp sömmarna). Detta involverar demontering av ryggstödet, vilket är fastnitat.

10.73 Strålkastarinställningens brytare lossas från ventilationsmunstyckets hus

7 På grund av svårigheten med att ta bort klädseln, och möjlig skaderisk för passagerarna om sätena monteras ihop felaktigt, anser vi denna uppgift vara för avancerad för att tas med i denna handbok.

12 Luftkonditioneringssystem - allmän information och föreskrifter

Allmän information

1 Vissa modeller har ett luftkonditioneringssystem. Det kan sänka den inkommande luftens temperatur och även avfukta luften, vilket ger snabbare avimning och ökad komfort.

2 Kylsidan av systemet fungerar på samma sätt som ett vanligt kylskåp. Kylmedel i gasform sugs in i en remdriven kompressor och passerar en kondensator som sitter framför kylaren, där gasen kyls av och övergår till vätskeform. Vätskan passerar genom en expansionsventil till en förångare där den omvandlas från vätska under högt tryck till gas under lågt tryck. Denna förändring åtföljs av ett temperaturfall som kyler ner förångaren. Kylmedlet återvänder sedan till kompressorn och cykeln upprepas.

3 Luft strömmar genom förångaren till luftfördelaren där den blandas med varmluft som passerat värmeelementet så att kupén får önskvärd temperatur.

4 Värmesidan av systemet fungerar som i bilar utan luftkonditionering.

Föreskrifter

Varning: Kylmedlet kan vara farligt och bör endast hanteras av utbildad personal. Om det stänker på huden kan det orsaka köldskador. Det är inte giftigt i sig, men bildar i närvaro av öppen eld (inklusive en tänd cigarett) en giftig gas.

5 Okontrollerade utsläpp av kylmedel är riskabla och miljöfarliga. Alltså **måste** allt arbete på luftkonditioneringssystemet som inbegriper öppning av kylkretsen utföras av en Opelverkstad eller luftkonditioneringsspecialist.

6 Använd inte luftkonditioneringssystemet om kylmedelsnivån är låg, eftersom detta kan skada kompressorn.

13 Luftkonditioneringssystem - demontering och montering av komponenter

Varning: Försök inte öppna kylkretsen. Läs föreskrifterna i slutet av avsnitt 12.

Den enda åtgärd som enkelt kan utföras utan att kylmedel kommer ut är byte av kompressorns drivrem, vilket beskrivs i kapitel 1. Alla övriga åtgärder måste utföras av en Opelverkstad eller luftkonditioneringsspecialist.

Om det behövs kan kompressorn skruvas loss och flyttas åt sidan, utan att kylrören kopplas loss, efter det att drivremmen demonterats.

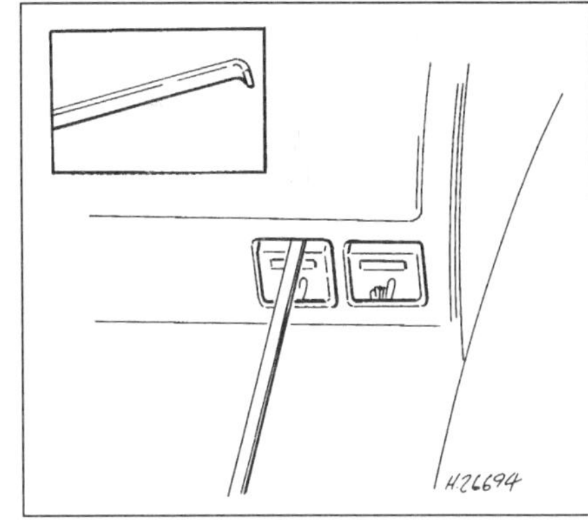

11.2 Krok för demontering av framsätesvärmarnas brytare

Kapitel 4 del A: Bränsle- och avgassystem – modeller med förgasare

Innehåll

Svårighetsgrader

Enkelt, passar novisen med lite erfarenhet 	**Ganska enkelt,** passar nybörjaren med viss erfarenhet 	**Ganska svårt,** passar kompetent hemmamekaniker 	**Svårt,** passar hemmamekaniker med erfarenhet 	**Mycket svårt,** för professionell mekaniker

Specifikationer

System

Förgasare	Pierburg 2E3	
Tillämpning *	14 NV motor	
Choke	Automatisk	

* *Information om chassinumrets placering finns i "Reservdelar och identifikationsnummer".*

Förgasardata

Tomgångsvarvtal	925 ± 25 varv per minut	
Tomgångsblandningens CO-halt	1,0 ± 0,5%	
Snabbtomgångsvarvtal	2200 till 2600 varv per minut	
Chokeventilgap	1,5 till 3,5 mm	
Chokens avstängning, avstånd:		
'Litet'	1,7 till 2,1 mm	
'Stort'	2,5 till 2,9 mm	
Tomgångsbränslemunstycke	45	
Tomgångsluftmunstycke	130	
	Primär	**Sekundär**
Stryphylsans diameter	20,0 mm	24,0 mm
Huvudmunstycke	X95	X110

Åtdragningsmoment

	Nm
Avgasgrenrörets muttrar	22
Bränslepumpens bultar	18
Bultar för främre avgasröret till grenröret	25
Insugsgrenrörets muttrar	22
Muttrar för bränsletankens fästband	20

1 Allmän information och föreskrifter

Allmän information

Bränslesystemet på förgasarmodeller består av en bränsletank, en bränslepump, en ångseparator (finns inte på alla modeller), en fallförgasare och en termostatstyrd luftrenare.

Bränsletanken sitter under bakvagnen, framför den bakre fjädringen. Tanken är ventilerad och fylls på från höger sida av bilen genom ett påfyllningsrör. Bränslemätarens givare sitter inuti tanken.

Bränslepumpen är av mekanisk membrantyp och styrs av en tryckstång som i sin tur aktiveras av en lob på kamaxeln.

Ångseparatorn (om en sådan finns) används till att stabilisera bränsletillförseln till förgasaren. Ånga separeras från förgasarens bränsletillförsel, vilket förbättrar varmstarterna.

Förgasaren är en Pierburg 2E3 och beskrivs i detalj i avsnitt 12.

Luftrenaren har ett vakuumstyrt luftintag som blandar varm och kall luft i den mängd som bäst passar motorns arbetsförhållanden för tillfället.

Föreskrifter

Vissa justeringspunkter i bränslesystemet skyddas av förseglade lock, pluggar eller tätningar. I vissa länder är det mot lagen att köra en bil om dessa förseglingar är skadade eller saknas. Innan en förseglad tätning rubbas, kontrollera att åtgärden inte innebär lagbrott eller brott mot föreskrifter. Montera en ny försegling när justeringen är klar, om så krävs i lag. Bryt inga förseglingar på en bil som fortfarande täcks av garantin.

Vid arbete med bränslesystemets komponenter måste absolut renlighet iakttas, och ingen smuts eller främmande partiklar får komma in i bränsleledningarna eller andra komponenter. Förgasare är särskilt känsliga, och inga komponenter bör röras i onödan. Innan arbetet med förgasaren påbörjas, se till att ha tillgång till de reservdelar som krävs. Om problemen kvarstår rekommenderar vi att en Opelverkstad eller förgasarspecialist kontaktas. De flesta verkstäder kan ge fullständig förgasarservice, och brukar ofta också sälja renoverade förgasare, om det skulle behövas.

Se kapitel 5B för föreskrifter som måste följas vid arbete på bilar med elektronisk styrenhet.

Varning: Många av momenten i detta kapitel kräver att bränsleslangar och anslutningar kopplas loss, vilket kan resultera i bränslespill. Innan något arbete med bränslesystemet påbörjas, läs föreskrifterna i "Säkerheten främst!" i början av denna handbok och följ dem noggrant. Bensin är en ytterst brandfarlig vätska och säkerhetsföreskrifterna för hantering kan inte nog betonas.

2 Blyfri bensin – allmän information och användning

Observera: *Informationen i detta avsnitt är korrekt i skrivande stund och gäller bara bensin som för tillfället går att köpa i EU. Vid minsta tvekan om vilken bensin som bör användas, eller om bilen används utanför EU, fråga en Opelverkstad eller någon motororganisation om vilka bensintyper som finns tillgängliga och hur lämpliga de är för bilen.*

Opel rekommenderar 95 oktan blyfri bensin till förgasarmodeller; 98 oktan blyfri bensin kan användas utan modifiering.

97 eller 98 oktan blyad bensin kan användas utan modifiering i förgasarmodeller utan katalysator. Använd **inte** blyad bensin i modeller med katalysator, eftersom denna då kan förstöras.

3 Temperaturstyrsystem för luftrenarens insugsluft – test

1 Luftrenaren är termostatstyrd, så att luften får den temperatur som passar bäst för förbränning med minimal luftförorening.

2 Den optimala lufttemperaturen uppnås genom att kall luft tas in via ett luftintag längst fram på bilen och blandas med varm luft från ett hölje på avgasgrenröret. Proportionerna mellan varm och kall luft styrs av en klaffventil i luftrenarens insug, som i sin tur styrs av ett vakuummembran. Vakuumet som leds till membranet styrs av en värmegivare som sitter i luftrenarhuset.

3 Om lufttemperaturstyrningens funktion ska kontrolleras måste motorn vara kall. Kontrollera först klaffventilens läge. Koppla loss varmluftsröret från luftrenarens anslutning och kontrollera (med ett finger) att klaffen är stängd, så att bara kall luft utifrån kommer in **(se bilder)**. Starta motorn och kontrollera att klaffen nu öppnas så att bara varm luft från avgasgrenröret kommer in.

4 Återanslut tillfälligt varmluftsröret till luftrenaren.

5 Kör motorn tills den når normal arbetstemperatur.

6 Koppla loss varmluftsröret igen och kontrollera att klaffen nu är stängd, så att bara kall luft utifrån bilen kommer in, eller, i varm väderlek, en blandning av varm och kall luft. Återanslut varmluftsröret när kontrollen är klar.

7 Om klaffen inte fungerar som den ska måste hela luftrenaren bytas, eftersom det inte går att köpa reservdelar separat.

4 Luftrenarhus – demontering och montering

Demontering

1 Koppla loss luftslangen från luftbehållaren på förgasaren.

2 Ta bort luftrenarfiltret enligt beskrivningen i kapitel 1.

3 Lossa luftrenarhusets fästmuttrar (en framtill och en baktill) och ta loss huset.

Montering

4 Monteringen sker i omvänd ordning mot demonteringen.

5 Bränslepump – test, demontering och montering

Observera: *Läs varningen i avsnitt 1 innan arbetet fortsätter.*

Test

1 Koppla loss tändkabeln.

2 Lägg en ren trasa under pumpens utlopp och koppla sedan loss pumpens utloppsslang. Var beredd på att bränsle kommer att läcka ut och vidta brandförebyggande åtgärder.

3 Låt en medhjälpare dra runt motorn med startmotorn. Bränsle ska spruta ut ur pumpens utlopp i distinkta stötar. Om inte, är

3.3a Varmluftsslang från avgasgrenröret till luftrenaren

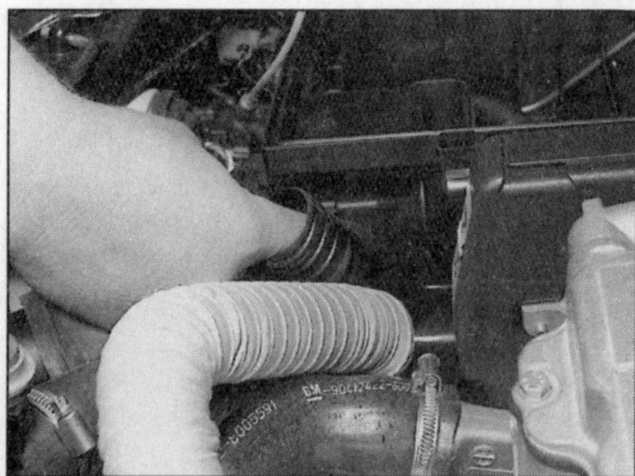

3.3b Ventilklaffens funktion kontrolleras

5.7 En bränsleslang kopplas loss från bränslepumpen

det antagligen fel på pumpen (eller så är tanken tom). Kasta den bränsleindränkta trasan. Tänk på brandrisken.

4 Man kan inte köpa reservdelar till pumpen, så om det är fel på den måste hela pumpen bytas.

Demontering

5 Bränslepumpen sitter på höger sida av kamaxelhuset.

6 Lossa batteriets jordledning (minuspolen).

7 Koppla loss bränsleslangarna från pumpen **(se bild)**. Om det behövs, märk slangarna så att de kan återanslutas på rätt plats. Var beredd på att bränsle kommer att läcka ut och vidta brandförebyggande åtgärder. Plugga igen slangarnas öppningar för att hindra smuts från att tränga in och ytterligare bränsle från att läcka ut.

8 Skruva loss de två fästbultarna och ta bort pumpen från kamaxelhuset **(se bild)**.

9 Ta loss det isolerande plastblocket.

Montering

10 Monteringen sker i omvänd ordning mot demonteringen. Se till att bränsleslangarna återansluts till rätt platser och dra åt fästbultarna till angivet moment.

11 Starta motorn och leta efter läckor. Om läckage upptäcks måste motorn stoppas och problemet åtgärdas omgående. Observera att det kan ta längre tid än vanligt för motorn att starta efter det att pumpen demonterats, eftersom det tar tid för pumpen att fyllas med bränsle.

5.8 Bränslepumpen och isoleringsblocket av plast tas bort

6 Bränslemätarens givare – demontering och montering

Observera: *Läs varningen i avsnitt 1 innan arbetet fortsätts.*

Demontering

1 Koppla loss batteriets minusledare.

2 Sug ut allt kvarvarande bränsle från tanken genom påfyllningsröret med en hävert. Samla upp bränslet i en ren behållare som kan förslutas.

3 Klossa framhjulen, hissa upp bakvagnen och stöd den på pallbockar (se *Lyftning och stödpunkter*).

4 Givaren sitter på framsidan av bränsletanken.

5 Gör inpassningsmärken på givaren och bränsletanken, så att givaren kan monteras tillbaka på sin ursprungliga plats.

6 Koppla loss anslutningskontakten från givaren **(se bild)**.

7 Dra loss plastkåpan **(se bild)**, koppla sedan loss bränsleslangen/slangarna från givaren. Var beredd på att bränsle kommer att läcka ut och vidta brandförebyggande åtgärder. Plugga igen slangens/slangarnas öppningar för att hindra smuts från att tränga in och ytterligare bränsle från att läcka ut.

8 Ta loss givaren genom att sticka in en platt metallbit och bända mellan två av spåren på givarens kant, och sedan vrida givaren moturs.

9 Ta loss enheten försiktigt så att inte flottörarmen böjs.

10 Ta loss tätningsringen.

Montering

11 Montering sker i omvänd ordningsföljd. Tänk på följande.

12 Undersök tätningsringens skick och byt den om det behövs.

13 Se till att markeringarna på givaren och bränsletanken som gjordes före demonteringen är korrekt inpassade.

14 Se till att slangarna återansluts till rätt platser.

15 Avsluta med att fylla bränsletanken och kör sedan motorn för att leta efter läckage. Kontrollera även att bränslemätaren visar rätt. Om läckage upptäcks, måste motorn stoppas och problemet åtgärdas omgående. Observera att det kan ta längre tid än vanligt för motorn att starta efter det att givaren demonterats, eftersom det tar tid för pumpen att fyllas med bränsle.

7 Ångseparator – demontering och montering

Observera: *Läs varningen i avsnitt 1 innan arbetet fortsätter.*

Demontering

1 Om det finns en ångseparator sitter den på en fästbygel på sidan av förgasaren.

2 Notera de tre bränsleslangarnas plats, märk dem om det behövs och koppla sedan loss slangarna från ångseparatorn. Var beredd på att bränsle kommer att läcka ut och vidta brandförebyggande åtgärder. Kläm ihop eller plugga igen slangarnas öppningar för att hindra smuts från att tränga in och ytterligare bränsle att läcka ut.

3 Skruva loss de två fästskruvarna och lyft av ångseparatorn från fästbygeln.

Montering

4 Kontrollera separatorhuset och leta efter sprickor eller läckor före återmonteringen. Byt separatorhuset om det behövs.

5 Montering sker i omvänd ordningsföljd. Se till att de tre slangarna sätts på rätt plats.

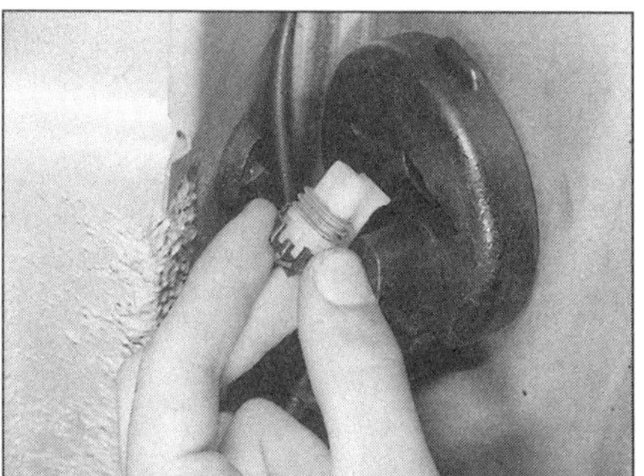

6.6 Koppla loss anslutningskontakten från bränslemätarens givare

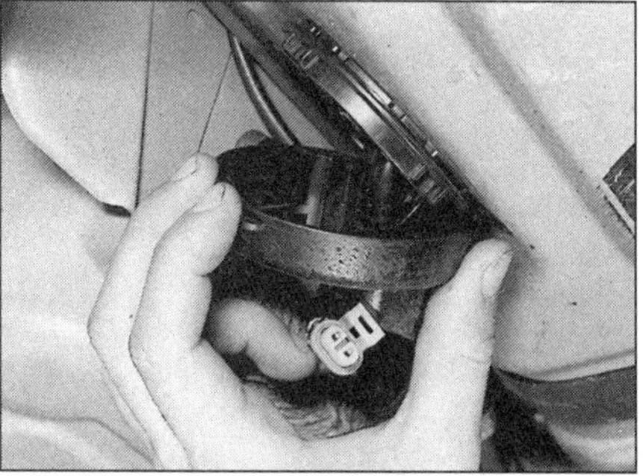

6.7 Dra loss plastkåpan från bränslemätarens givare

8 Bränslefilter – demontering och montering

Demontering

1 Bränslefiltret är placerat i förgasarens bränsleinloppsrör.

2 Koppla loss rören från luftrenaren, koppla sedan bort vakuumröret och ventilationsslangen från luftbehållaren. Skruva loss de tre fästskruvarna och lyft av luftbehållaren tillsammans med luftrören.

3 Placera en trasa under bränsleinloppsröret

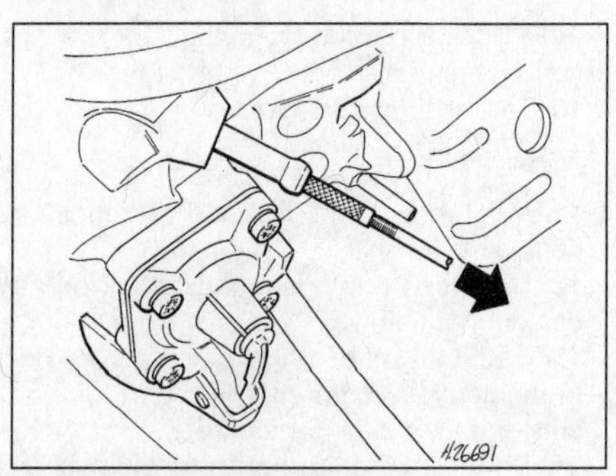

8.5 Ta bort bränslefiltret från förgasarens bränsleinloppsrör

vid förgasaren för att fånga upp eventuellt bränslespill under arbetet.

4 Koppla loss bränsleinloppsslangen från förgasaren. Var beredd på att bränsle kommer att läcka ut och kläm ihop eller plugga igen slangänden för att förhindra att ytterligare bränsle läcker ut. Vidta brandförebyggande åtgärder.

5 Ta bort filtret genom att försiktigt skruva i en M3 bult ungefär 5 mm i änden av filtret, och sedan dra i bulten så att filtret kommer ut ur inloppsröret **(se bild)**.

Montering

6 Tryck in det nya filtret i inloppsröret och se till att det hakar fast ordentligt. Återanslut sedan inloppsslangen för bränsle och montera luftbehållaren.

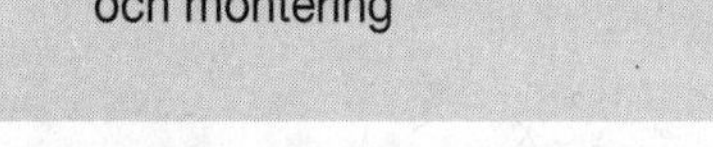

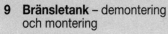

9 Bränsletank – demontering och montering

Observera: *Läs varningen i avsnitt 1 innan arbetet påbörjas.*

Sedan- och kombikupé

Demontering

1 Koppla loss batteriets minusledare.

2 Fortsätt enligt beskrivningen i avsnitt 6, punkt 1 till 3.

3 Koppla loss avgassystemets främre flexibla fog (se avsnitt 23). Häng upp avgassystemets främre del från underredet med ståltråd eller snöre.

4 Koppla loss avgassystemets bakre del från gummifästena och lägg den på den bakre fjädringens torsionsaxel. Det är klokt att hänga upp den mellersta delen av avgassystemet från underredet med ståltråd eller snöre för att undvika att systemet belastas.

5 Lossa handbromsvajrarna från klämmorna på tanken (höger vajer) och tankens fästband (vänster vajer), och flytta bort dem från tanken **(se bild)**. På vissa modeller kan det krävas att man lossar vajerjusteraren för att det ska gå att flytta vajrarna från tanken (se kapitel 9).

6 Om det är tillämpligt, demontera bränslefiltret från sidan av bränsletanken. Se avsnitt 8.

7 Kläm ihop bränsleslangen/slangarna som går till bränslemätarens givare. Den/de sitter nedtill på höger sida av tanken. Ställ sedan en behållare under givaren för att fånga upp det bränsle som rinner ut när slangen/slangarna kopplas loss.

8 Dra loss plastkåpan och koppla loss slangen/slangarna från givaren. Var beredd på att bränsle kommer att läcka ut, och vidta brandförebyggande åtgärder.

9 Koppla loss anslutningskontakten från bränslemätarens givare. Koppla loss slangen och kablaget från bränslepumpen, i tillämpliga fall.

10 Koppla loss påfyllnings- och ventilationsslangarna från baksidan av bränsletanken **(se bild)**.

11 Stöd bränsletanken på en domkraft, med en träkloss emellan.

12 Skruva loss fästmuttrarna från tankens fästband **(se bild)**, lossa sedan banden och sänk ner tanken så mycket som krävs för att det ska gå att koppla loss kvarvarande ventilationsslangar.

13 Sänk försiktigt ner tanken med hjälp av en medhjälpare och ta bort den från bilen. Observera att när tanken tas loss, kan kvarvarande bränsle läcka ut.

Montering

14 Om tanken innehåller sediment eller vatten kan det tas bort med två eller tre spolningar med rent bränsle. Skaka ordentligt med flera omgångar bränsle, men demontera först bränslemätarens givare enligt beskrivningen i avsnitt 6. *Detta arbetsmoment bör utföras i ett välventilerat utrymme, och det*

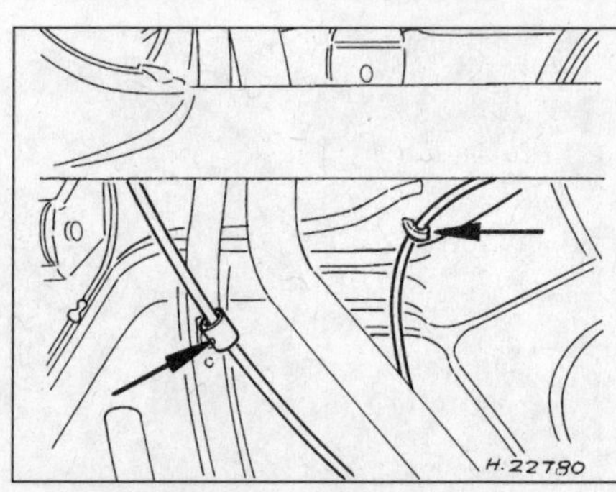

9.5 Handbromsvajrar (vid pilarna) fästa vid bränsletanken och tankens fästband – sedan- och kombikupé

är mycket viktigt att vidta brandförebyggande åtgärder i tillräcklig utsträckning.

15 Alla reparationer av bränsletanken måste utföras av en specialist. Försök **aldrig** under några som helst omständigheter svetsa eller löda en bränsletank. Borttagning av alla kvarvarande bränsleångor kräver flera timmars rengöring av en specialist.

16 Montering sker i omvänd ordningsföljd. Tänk på följande.

17 Se till att alla slangar och rör är ordentligt återanslutna till rätt plats, på samma sätt som före demonteringen.

18 Montera tillbaka bränslefiltret om det tagits bort. Se avsnitt 8.

19 Om handbromsvajerjusteraren har släppts, justera handbromsvajrarna enligt beskrivningen i kapitel 9.

20 Avsluta med att fylla bränsletanken. Kör sedan motorn och leta efter läckage. Om läckage upptäcks måste motorn stoppas och problemet åtgärdas omgående. Observera att det kan ta längre tid än vanligt för motorn att starta, eftersom det tar tid för pumpen att fyllas med bränsle.

Kombi och van

Demontering

21 Följ beskrivningen i avsnitt 6, punkt 1 till 3.

22 Koppla loss påfyllnings- och ventilationsslangarna från sidan av tanken.

23 Koppla loss slangarna som visas **(se bild)** från bränslepåfyllningsenheten.

24 Stöd bränsletanken på en domkraft, med en träkloss emellan.

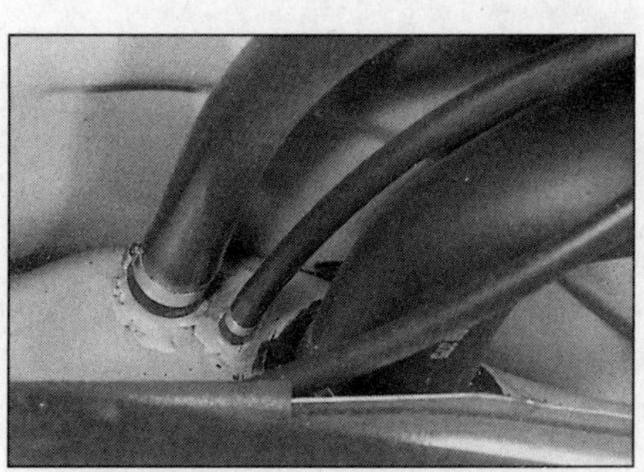

9.10 Påfyllnings- och ventilationsslangarnas anslutningar på baksidan av bränsletanken – kombikupé

9.12 Mutter till bränsletankens fästband

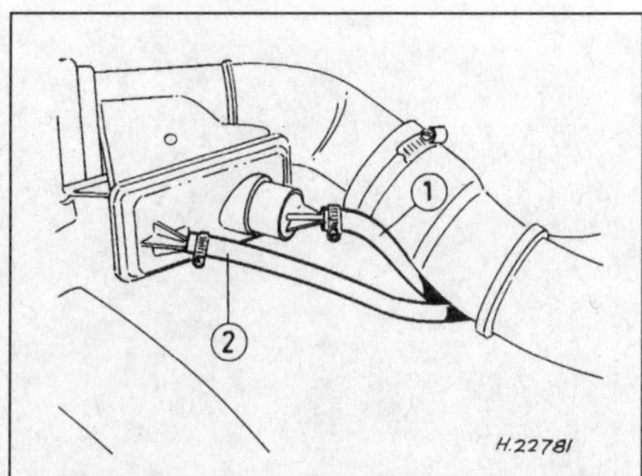

9.23 Koppla loss slangarna (1 och 2) från påfyllningshålet – kombi och van

10.2 Ta loss fästskruvarna från luftbehållaren

10.3a Lossa klämman från gasvajeränden . . .

10.3b . . . och dra loss muffen från fästbygeln

25 Skruva loss fästbultarna från tankens fästband, ta loss banden och sänk försiktigt ner tanken med hjälp av en medhjälpare och ta bort den från bilen. När tanken tas loss kan kvarvarande bränsle läcka ut.

Montering

26 Se punkt 14 och 15.
27 Montering sker i omvänd ordningsföljd. Se till att alla slangar och rör sätts fast ordentligt på rätt platser, på samma sätt som före demonteringen.
28 Avsluta med att fylla bränsletanken och kör sedan motorn för att leta efter läckage. Om läckage upptäcks måste motorn stoppas och problemet åtgärdas omgående. Observera att det kan ta längre tid än vanligt för motorn att starta, eftersom det tar tid för pumpen att fyllas med bränsle.

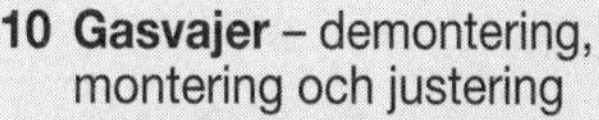

10 Gasvajer – demontering, montering och justering

Demontering

1 Koppla loss luftrören från luftrenaren. Koppla sedan loss vakuumröret och ventilationsslangen från luftbehållaren.
2 Skruva loss de tre fästskruvarna **(se bild)** och lyft av luftbehållaren tillsammans med luftrören.
3 Lossa klämman från vajern vid fästbygeln på förgasaren och dra loss vajermuffen från fästbygeln **(se bilder)**.
4 Lossa vajern från gasspjällets arm på förgasaren.
5 Från bilens insida, lossa fästklämmorna och ta loss den nedre klädselpanelen från fotbrunnen på förarsidan **(se bild)**.
6 Dra bort vajerhållaren från pedalens överdel och koppla loss vajeränden från pedalen.
7 Lägg noga märke till hur vajern är dragen och dra sedan ut den genom torpedväggen in till motorrummet.

Montering

8 Montering sker i omvänd ordningsföljd. Tänk på följande.
9 Se till att vajern dras korrekt, på samma sätt som före demonteringen.
10 Se till att torpedväggens muff sitter som den ska i dess öppning.
11 Avsluta med att kontrollera gasspjällets funktion och, om det behövs, justera vajern enligt beskrivningen i följande punkter.

Justering

12 Det finns två punkter där vajern kan justeras. Det sitter en stoppskruv på pedalarmen som styr pedalstoppets position när pedalen är fullt uppsläppt. Dessutom finns det en klämma på en gängad del av vajerhöljet vid fästbygeln på förgasaren, med vilken vajerns fria spel kan justeras **(se bild)**.
13 Vajern ska justeras så att det, när gaspedalen är uppsläppt, föreligger ett minimalt fritt spel i vajern vid förgasaren.
14 Kontrollera att gasspjället är helt öppet när gaspedalen är helt nedtryckt. Justera positionen för klämman på vajerhöljet och pedalens stoppskruv om det behövs.

11 Gaspedal – demontering och montering

Demontering

1 Arbeta inne i bilen, lossa fästklamrarna och ta bort den nedre klädselpanelen från fotbrunnen på förarsidan.
2 Dra bort vajerhållaren från pedalens överdel och koppla loss vajeränden från pedalen.
3 Ta bort låsringen från höger sida av pedalens axeltapp, dra sedan ut axeltappen från vänster sida av pedalen **(se bild)**. Ta loss bussningarna och pedalens returfjäder.

Montering

4 Undersök bussningarna efter tecken på slitage och byt dem om det behövs, innan pedalens delar återmonteras.
5 Montering sker i omvänd ordning mot demonteringen. Avsluta med att kontrollera gasspjällets funktion och gasvajerns justering enligt beskrivningen i avsnitt 10.

12 Förgasare – allmän information

1 Pierburg 2E3 förgasaren har dubbla stryphylsor och sekventiella gasspjäll med

10.5 Ta loss den nedre klädselpanelen från fotbrunnen på förarsidan

10.12 Gaspedalens stoppskruv

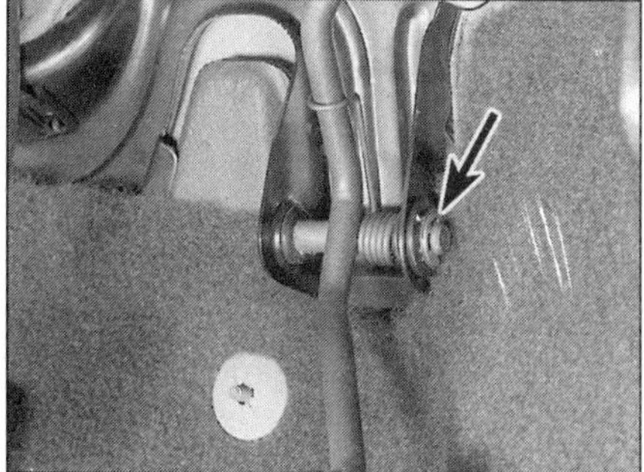

11.3 Gaspedalens axeltapp – låsringen vid pilen

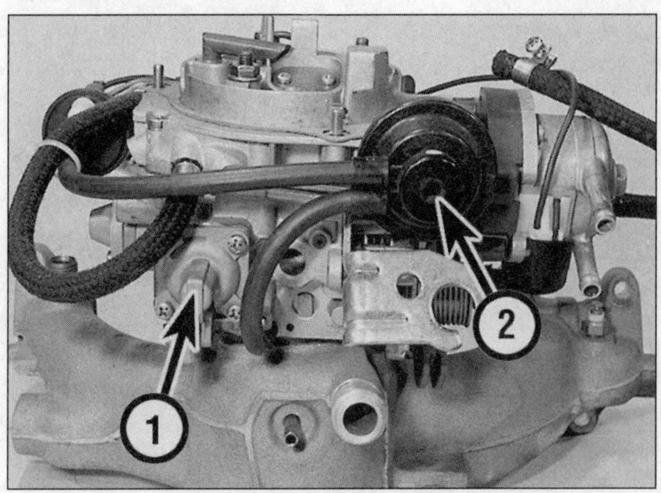

12.1a Förgasaren sedd från sidan

1 Accelerationspump
2 Membran till chokens avstängningsenhet

12.1b Förgasaren sedd från sidan

1 Automatchokehus
2 Ångseparator
3 Sekundär gasspjällsventil

fasta munstycken **(se bilder)**. Det primära gasspjället arbetar ensamt utom vid hög hastighet och hög belastning, då det sekundära gasspjället gradvis öppnas tills båda är helt öppna vid full gas. Detta borgar för god bränsleekonomi vid lätt acceleration och marschfart, men ger samtidigt maximal effekt vid full gas. Det sekundära gasspjället är vakuumstyrt och styrs av det vakuum som genereras i den primära stryphylsan. Diametern på den primära gasspjällscylindern och stryphylsan är mindre än på motsvarande sekundära enheter. Förgasaren är ett komplicerat instrument, med olika finesser och undersystem som lagts till för att förbättra körbarheten, ekonomin och utsläppsvärdena.

2 Ett separat tomgångssystem arbetar oberoende av huvudmunstyckessystemet, och tillhandahåller bränsle som styrs av en blandningskontrollskruv.

3 Huvudmunstyckena kalibreras så att de passar motorns krav vid medelgas. För att berika bränsleblandningen vid full gas, används en vakuumstyrd effektventil. Ventilen matar in extra bränsle vid de låga vakuum som genereras vid höga gaspådrag.

4 För att berika blandningen vid acceleration, matar en accelerationspump extra bränsle till den primära huvudstryphylsan. Accelerationspumpen styrs mekaniskt av en lyftkam i gasspjällets länksystem.

5 Motorn har en helt automatisk choke, som styrs av en bimetallspole som värms upp elektriskt och av kylvätska. När motorn är kall är bimetallspolen helt upprullad och håller chokeplattan (på den primära cylindern) stängd. När motorn värms upp värms även bimetallspolen upp som då rullas ut och stegvis öppnar chokeplattan. Ett vakuumstyrt avstängningssystem används där, om motorn arbetar med choke men bara går i marschfart (d.v.s. inte är tungt belastad), chokeplattan öppnas mot bimetallspolen. Avstängningssystemet förhindrar att blandningen blir för fet, vilket skulle försämra bränsleekonomin och orsaka onödigt motorslitage när motorn är kall. Det finns också en sekundär avstängningssolenoid, som arbetar tillsammans med huvudmembranet för att ändra avstängningsegenskaperna, vilket förbättrar bränsleekonomin.

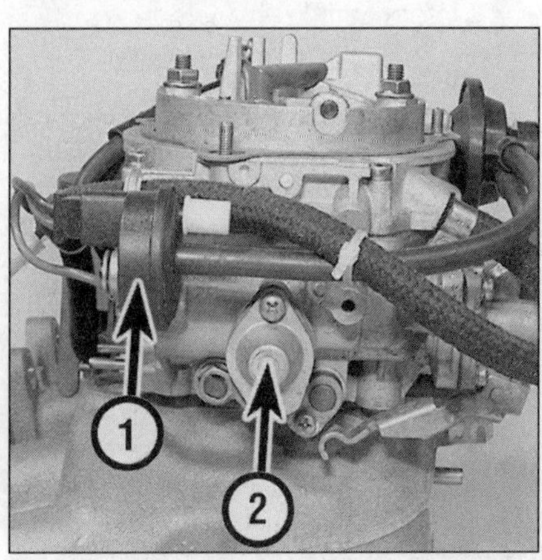

12.1c Förgasaren sedd från sidan

1 Chokens sekundära avstängningssolenoid
2 Effektventil

13.5 Koppla loss kylvätskeslangarna från automatchokehuset

6 En ovanlig egenhet för Pierburg förgasaren är att flottörnivån ställs in vid tillverkningen, och sedan inte kan justeras.

13 Förgasare – demontering och montering

Observera: *Läs varningen i avsnitt 1 innan arbetet fortsätts. Nya packningar måste användas när förgasaren monteras tillbaka.*

Demontering

1 Koppla loss batteriets minusledare.

2 Koppla loss rören från luftrenaren, koppla sedan bort vakuumröret och ventilationsslangen från luftbehållaren. Skruva loss de tre fästskruvarna och lyft av luftbehållaren tillsammans med luftrören.

3 Koppla loss bränsletillförselslangen från förgasaren, eller koppla loss bränsletillförsel- och returslangarna från ångseparatorn, efter tillämplighet. Var beredd på att bränsle kommer att läcka ut och vidta brandförebyggande åtgärder. Kläm ihop eller plugga igen slangarnas öppningar för att hindra smuts från att tränga in och ytterligare bränsle att läcka ut.

4 Lossa klämman från gasvajern vid fästbygeln på förgasaren, dra loss vajermuffen från fästbygeln och lossa vajern från armen på gasspjället.

5 Koppla loss kylvätskeslangarna från automatchokehuset och notera hur de är monterade **(se bild)**. Var beredd på att kylvätska kommer att rinna ut och kläm ihop eller plugga igen slangarna, eller häng upp dem med öppningarna uppåt, för att förhindra att ytterligare vätska läcker ut.

6 Koppla loss de två vakuumrören från framsidan av förgasaren och notera var de sitter och hur de är dragna **(se bild)**.

7 Koppla loss chokevärmarens anslutningskontakt **(se bild)**.

8 Skruva loss de tre fästmuttrarna och lossa förgasaren från insugsrörets pinnbultar **(se bild)**.

9 Ta loss packningen/packningarna och isolatorblocken mellan förgasaren och insugsgrenröret.

Montering

10 Montering sker i omvänd ordningsföljd, men byt packningen/packningarna.

11 Utför sedan följande kontroller och justeringar.

12 Kontrollera gasvajerns fria spel och justera den om det behövs, enligt beskrivningen i avsnitt 10.

13 Kontrollera kylvätskenivån och fyll på om det behövs, enligt beskrivningen i *'Veckokontroller'*.

14 Kontrollera och justera tomgångsvarvtalet och blandningen, om det behövs, enligt beskrivningen i kapitel 1.

14 Förgasare – feldiagnos, översyn och justering

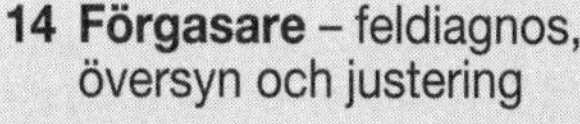

Observera: *Läs varningen i avsnitt 1 innan arbetet fortsätter. Alla packningar och tätningar måste bytas vid återmonteringen.*

Feldiagnos

1 Fel på förgasaren beror oftast på att smuts kommit in i flottörhuset och blockerar munstyckena, vilket ger en för svag blandning eller motorstopp vid vissa motorvarvtal. Om detta är fallet kan problemet oftast åtgärdas med en noggrann rengöring. Om förgasaren är mycket sliten, kan ojämn gång bero på att luft kommer in genom gasspjällets axellager.

2 Om ett fel på förgasaren misstänks, kontrollera alltid först (om möjligt) att tändningsinställningen är korrekt och att tändstiften är i gott skick och har rätt elektrodavstånd. Kontrollera också att gasvajern är korrekt justerad och att luftfiltret är rent. Tänk på att det är möjligt att en av de hydrauliska ventillyftarna kan vara defekt, vilket ger felaktigt ventilspel.

3 Om en noggrann kontroll av föregående punkter inte ger någon förbättring, bör förgasaren demonteras för rengöring och översyn.

Översyn och justering

4 Följande punkter beskriver rengöring och justering som kan utföras av en hemmamekaniker efter att förgasaren har demonterats från insugsgrenröret (se avsnitt 13). Om förgasaren är sliten eller skadad bör den antingen bytas eller renoveras av en specialist, som kan återställa den till dess ursprungliga kalibrering.

5 Med förgasaren demonterad, torka bort all smuts på utsidan av förgasaren och skruva sedan loss de fyra fästskruvarna på förgasarens övre kåpa. Notera skruvarnas plats, eftersom skruvar av olika längd används.

13.6 Ett vakuumrör kopplas loss från förgasarens framsida

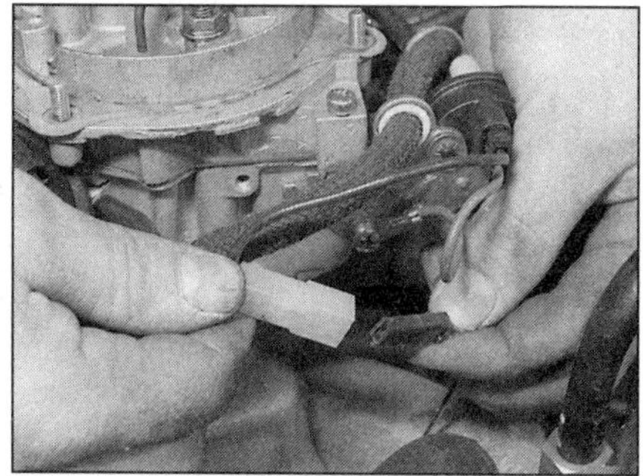

13.7 Koppla loss chokevärmarens anslutningskontakt

6 Lyft av den övre kåpan och ta bort packningen.

7 Nu går det att komma åt förgasarmunstyckena i den övre kåpan **(se bild)**.

8 Blås munstyckena och hålen rena med tryckluft (använd skyddsglasögon) eller luft från en fotpump – rengör dem inte med ståltråd eller liknande. Om munstyckena ska demonteras, skruva loss dem försiktigt med verktyg av rätt storlek.

9 Demontera bränslefiltret från insugsgrenröret genom att försiktigt skruva i en M3 bult ungefär 5 mm i änden av filtret, och sedan dra i bulten så att filtret kommer ut ur insugsgrenröret. Sätt i ett nytt filter i röret och se till att det fäster ordentligt.

10 Rensa försiktigt bort all eventuell smuts från flottörhuset.

11 Demontering och montering av flottören och automatchoken, samt byte av de olika membrandelarna, beskrivs i avsnitten som följer.

12 Ytterligare demontering rekommenderas inte.

13 Montering sker i omvänd ordningsföljd. Använd bara nya packningar och tätningar.

14 Montera tillbaka förgasaren enligt beskrivningen i avsnitt 13.

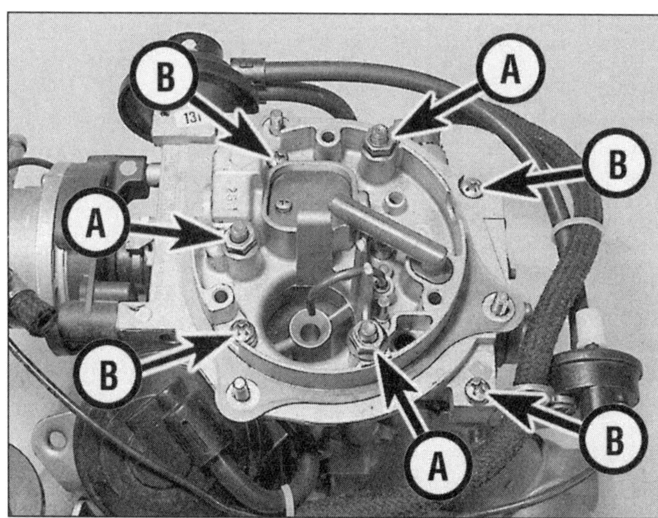

13.8 Förgasarens fästmuttrar (A) och fästskruvar för den övre kåpan (B)

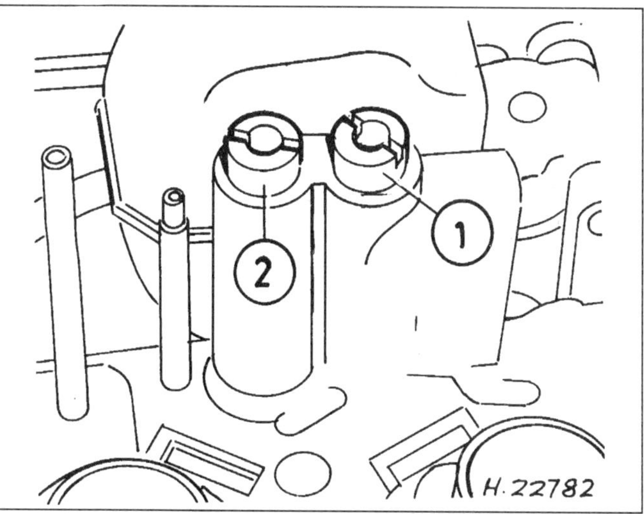

14.7 Förgasarmunstycken i den övre kåpan

1 Primärt huvudmunstycke *2 Sekundärt huvudmunstycke*

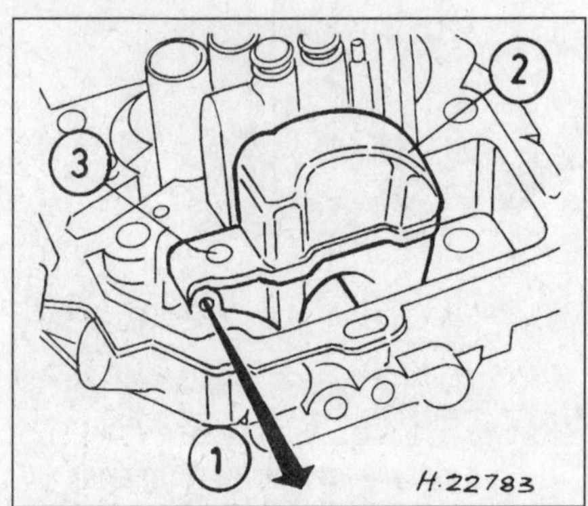

15.11 Flottörenheten i den övre kåpan

1 Flottörens fästsprint *2 Flottör* *3 Nålventil*

15 Förgasare - demontering, inspektion och montering av nålventil och flottör

Observera: *Läs varningen i avsnitt 1 innan arbetet fortsätts. En ny packning till förgasarens övre kåpa måste användas vid återmonteringen. En varvräknare och en avgasanalyserare krävs till kontroll av tomgångsvarvtalet och blandningen.*

Demontering

1 Koppla loss batteriets minusledare.
2 Koppla loss luftrören från luftrenaren, koppla sedan loss vakuumröret och ventilationsslangen från luftbehållaren.
3 Skruva loss de tre fästskruvarna och lyft av luftbehållaren tillsammans med luftrören.
4 Torka noggrant bort all smuts på utsidan av förgasaren.
5 Koppla loss bränsletillförselslangen från förgasaren. Var beredd på att bränsle kommer att läcka ut och vidta brandförebyggande åtgärder. Plugga igen slangens öppning för att hindra smuts från att tränga in och ytterligare bränsle från att läcka ut.
6 Märk ut placeringen för automatchokens kylvätskeslangar för att underlätta återmonteringen, koppla sedan loss slangarna. Var beredd på att kylvätska kommer att rinna ut och kläm ihop eller plugga igen slangarna, eller häng upp dem med öppningarna uppåt, för att förhindra att ytterligare vätska läcker ut.

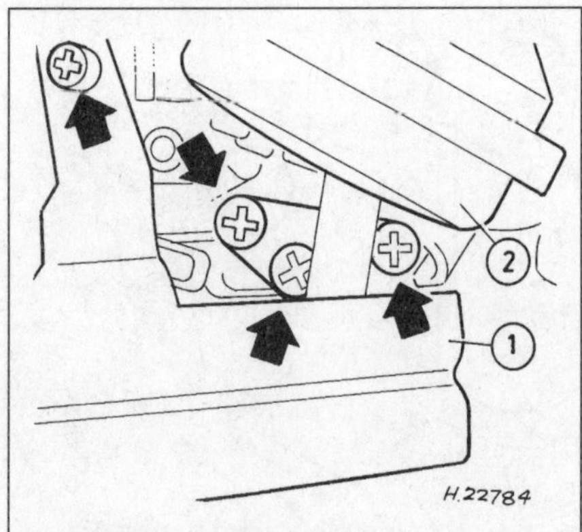

16.6 Sekundära gasspjällesventilens vakuummembran

1 Fästbygel *2 Membran*

7 Koppla loss chokevärmarens anslutningskontakt.
8 Koppla loss de två vakuumslangarna från chokens avstängningsenhet.
9 Skruva loss de fyra fästskruvarna på förgasarens övre kåpa. Notera var skruvarna sitter, eftersom de är olika långa.
10 Lyft av den övre kåpan och ta bort packningen.
11 Knacka ut flottörens fästsprint med en pinndorn på undersidan av den övre kåpan och ta bort flottören och nålventilen **(se bild)**.

Inspektion

12 Undersök delarna och leta efter tecken på skador, och byt dem om det behövs. Undersök nålventilen och leta efter tecken på slitage, och kontrollera att flottören inte läcker genom att skaka den och se om den innehåller bensin.

Montering

13 Rengör fogytorna på förgasarhuset och den övre kåpan.
14 Montering sker i omvänd ordningsföljd. Tänk på följande.
15 Efter återmonteringen, kontrollera att flottören och nålventilen kan röra sig obehindrat. Observera att det inte går att justera flottören.
16 Använd en ny packning mellan den övre kåpan och förgasarhuset.
17 Se till att alla slangar, rör och kablar är ordentligt återanslutna.
18 Avsluta med att kontrollera kylvätskenivån och fyll på om det behövs enligt beskrivningen i *Veckokontroller*, samt kontrollera tomgångsvarvtalet och blandningen och justera om det behövs enligt beskrivningen i kapitel 1.

16 Förgasare - byte av sekundära gasspjällets vakuummembran

Observera: *Membranenheten måste bytas i sin helhet, eftersom det inte går att få tag i separata reservdelar.*

1 Följ beskrivningen i avsnitt 15, punkt 2 och 3.
2 Koppla loss membranets vakuumrör från förgasaren.
3 Bänd loss spindelleden på membranets aktiveringsstag från det sekundära gasspjällets länksystem.
4 Om det är tillämpligt, skruva loss de två fästskruvarna och ta loss ångseparatorn från fästbygeln. Flytta ångseparatorn åt sidan, utan att belasta bränsleslangarna.
5 Om det behövs för bättre åtkomst, kan chokehuset demonteras enligt beskrivningen i avsnitt 19, punkt 2 och 3.
6 Skruva loss de fyra fästskruvarna och ta loss membranet, tillsammans med fästbygeln, från förgasarhuset **(se bild)**.
7 Sätt på det nya membranet i omvänd ordning mot demonteringen.
8 Om det är tillämpligt, vid återmontering av chokens bimetallhus, se till att bimetallfjädern sitter korrekt fast i chokearmen. Passa in markeringarna på bimetallhuset och chokehuset, precis som före demonteringen.

17 Förgasare - byte av effektventilens membran

Observera: *Läs varningen i avsnitt 1 innan arbetet påbörjas.*

1 Koppla loss batteriets minusledare.
2 Fortsätt enligt beskrivningen i avsnitt 15, punkt 2 och 3.
3 Torka noggrant bort all smuts runt effektventilen.
4 Skruva loss de två fästskruvarna och ta loss effektventilens kåpa, fjäder och membran **(se bild)**.
5 Rengör kåpans och husets fogytor.
6 Montera det nya membranet som följer.
7 Sätt på fjädern på kåpan och membranet, se till att den hamnar rätt, och tryck sedan ihop membranet och kåpan. Observera att vakuumhålet i membranet måste vara inpassat mot motsvarande hål i husets fläns och kåpa.
8 Ytterligare återmontering sker i omvänd ordningsföljd. Se till att membranet sitter som det ska.

18 Förgasare - byte av accelerationspumpens membran

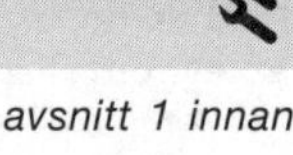

Observera: *Läs varningen i avsnitt 1 innan arbetet fortsätter.*

1 Fortsätt enligt beskrivningen i avsnitt 15, punkt 1 till 3.

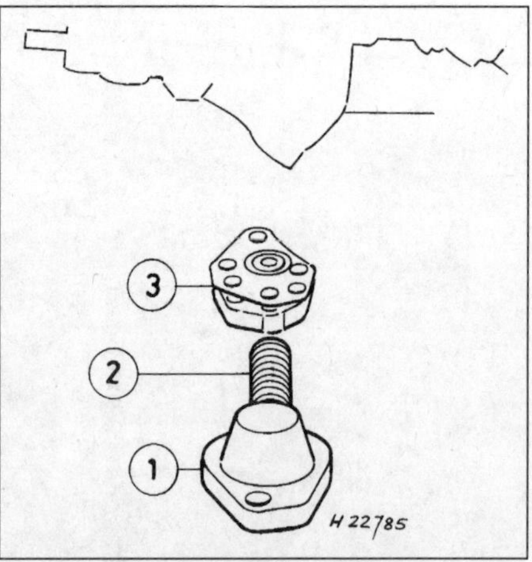

17.4 Effektventilens delar

1 Kåpa *3 Membran*
2 Fjäder

2 Torka noggrant bort all smuts runt accelerationspumpen.

3 Skruva loss de fyra fästskruvarna och lyft av accelerationspumpens kåpa. Ta loss membranet, fjädern, ventilhållaren och ventilen **(se bild)**. Notera hur ventilhållaren är monterad.

4 Rengör kåpans och husets fogytor.

5 Kontrollera ventilens skick och byt den om det behövs.

6 Börja monteringen av ett nytt membran genom att sätta i ventilen, ventilhållaren och fjädern i huset. Observera att ventilhållaren bara kan monteras på ett sätt. Fjäderns större ände ska sitta mot ventilhållaren.

7 Sätt på membranet på huset, se till att fjädern sitter rätt, och sätt tillbaka kåpan. Dra åt kåpans fästskruvar stegvis så att membranet inte skadas.

8 Ytterligare återmontering sker i omvänd ordningsföljd.

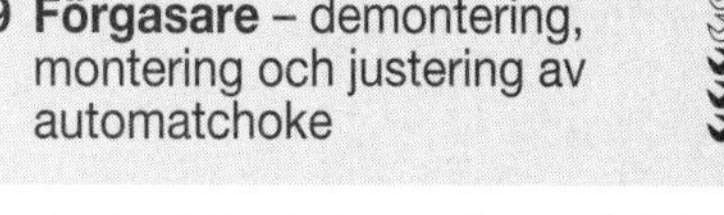
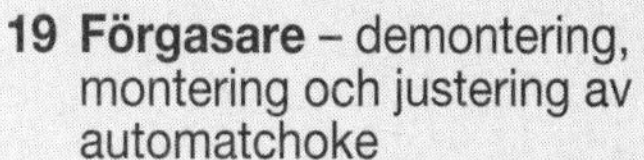

19 Förgasare – demontering, montering och justering av automatchoke

Observera: *Läs varningen i avsnitt 1 innan arbetet påbörjas. En varvräknare och en avgasanalyserare krävs för kontroll av tomgångsvarvtalet och blandningen. Om kylvätskehuset demonteras måste nya O-ringar användas vid återmonteringen.*

Demontering

1 Fortsätt enligt beskrivningen i avsnitt 15, punkt 1 till 3.

2 Notera bimetallhusets inpassningsmärken och gör ytterligare egna märken om det behövs **(se bild)**. Skruva sedan loss de tre fästskruvarna och lyft av bimetallhuset. Lägg huset åt sidan, utan att belasta kylvätskeslangarna eller chokevärmarens kablar.

3 Skruva loss de tre skruvarna som håller fast chokehuset till förgasarhuset och ta loss chokeenheten, utan att böja chokens aktiveringsstag.

4 Om det krävs att bimetallhuset demonteras för byte, fortsätt som följer. Gå annars till punkt 8.

5 Notera hur automatchokens kylvätske-

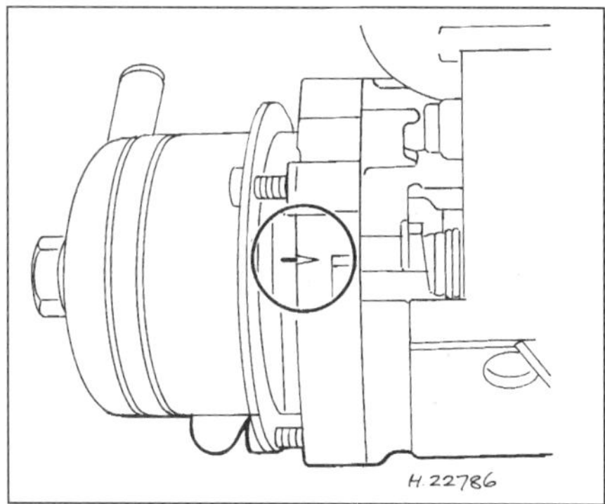

19.2 Inpassningsmärken för automatchokens bimetallhus (inringade)

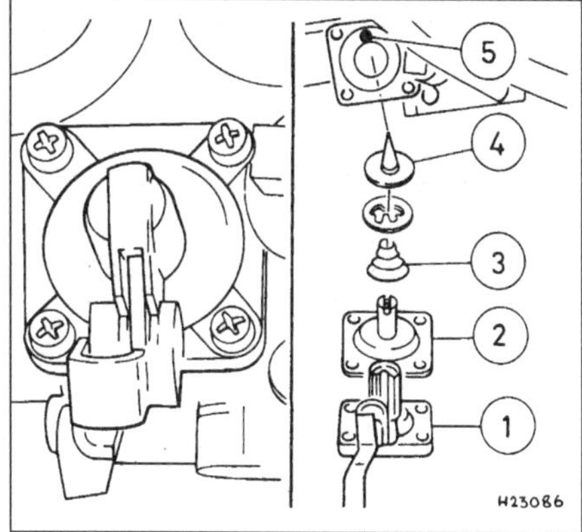

18.3 Accelerationspumpens delar

1 Kåpa med manöverarm
2 Membran
3 Fjäder
4 Ventil
5 Luftkanal

slangar sitter monterade, koppla sedan loss dem. Var beredd på att kylvätska kommer att rinna ut och kläm ihop eller plugga igen slangarna, eller häng upp dem med öppningarna uppåt, för att förhindra att ytterligare vätska läcker ut.

6 Koppla loss kablaget från chokevärmaren och ta loss bimetallhuset.

7 Kylvätskehuset kan skiljas från bimetallhuset genom att den mittre fästbulten skruvas loss. Ta loss O-ringarna under bultskallen och från kanten av kylvätskehuset.

Montering

8 Börja återmonteringen genom att sätta på chokeenheten på förgasarhuset, och se till att armen på chokeenheten hakar i chokens aktiveringsstag. Dra åt de tre fästskruvarna.

9 Kontrollera chokeventilgapet och snabbtomgångskammens position och justera om

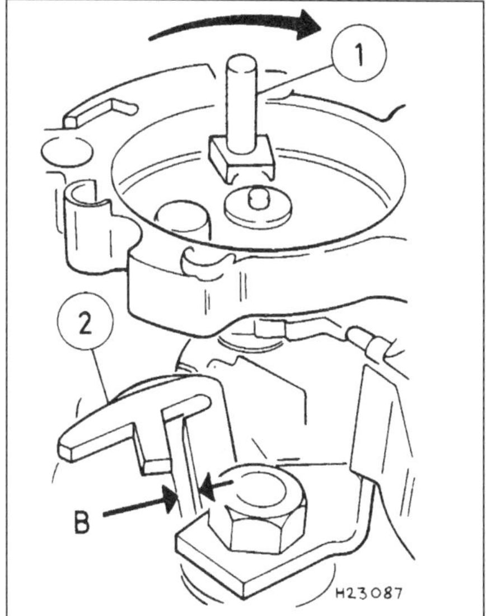

19.18 Justering av chokeventilgapet

1 Chokens manöverarm
2 Justerare
B Chokeventilgap

det behövs, enligt beskrivningen längre fram i detta avsnitt.

10 Anslut bimetallfjädern till chokearmen, placera bimetallhuset och chokehuset enligt markeringarna som gjordes före demonteringen och dra sedan åt fästskruvarna.

11 Om det är tillämpligt, montera tillbaka kylvätskehuset på bimetallhuset, med nya O-ringar om det behövs, och återanslut kylvätskeslangarna och chokevärmarens kablar.

12 Ytterligare återmontering sker i omvänd ordningsföljd men tänk på följande.

13 Om kylvätskeslangarna har kopplats loss, kontrollera kylvätskenivån enligt beskrivningen i *'Veckokontroller'*.

14 Kontrollera och, om det behövs, justera snabbtomgångsvarvtalet enligt beskrivningen längre fram i detta avsnitt.

Justering

Chokeventilgap

15 Demontera bimetallhuset enligt tidigare beskrivning och fortsätt sedan som följer.

16 Tryck chokens aktiveringsarm helt medurs och håll den på plats med ett gummiband.

17 Flytta gasspjällets arm till helt öppen position, och mät chokeventilgapet mellan den nedre sidan av chokeplattan och den primära cylinderns vägg. Kontrollera att gapet är så stort som anges i specifikationerna.

18 Om det behövs, justera chokeventilgapet genom att böja justeraren (2), **(se bild)**. Om gapet är för litet, gör det större (B) genom att bända med en skruvmejsel. Om gapet är för stort, gör det mindre (B) med en tång.

19 Om inga ytterligare justeringar krävs, montera tillbaka bimetallhuset enligt beskrivningen tidigare i detta avsnitt.

Snabbtomgångslyftkammens position

20 Fortsätt enligt följande när bimetallhuset är demonterat och chokeventilgapet "A" **(se bild)** är korrekt justerat enligt beskrivningen tidigare i detta avsnitt.

19.20 Justering av snabbtomgångslyftkam

1 Snabbtomgångslyftkam
2 Justeringsarm
3 Chokearm
4 Justerskruv för snabbtomgång
A Chokeventilgap

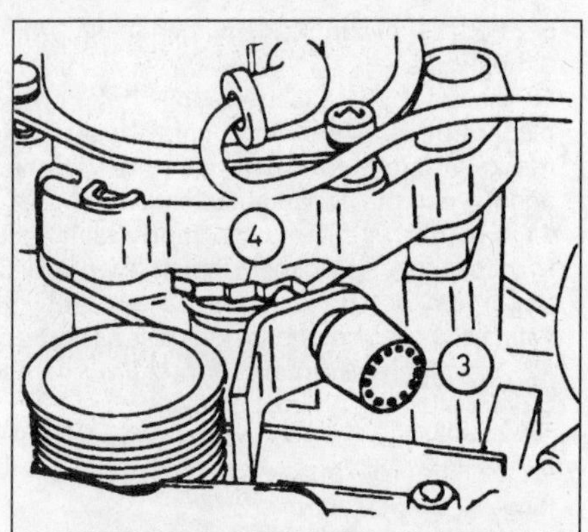

19.27 Justering av snabbtomgången

3 Justeringsskruv för snabbtomgång
4 Snabbtomgångslyftkam – skruven inställd på det näst högsta steget

21 Öppna gasspjället och stäng sedan chokeventilen genom att trycka lätt med fingret på chokearmen. Stäng gasspjället.

22 Kontrollera att snabbtomgångens justeringsskruv ligger mot stoppet på det näst högsta steget på snabbtomgångslyftkammen.

23 Om justering krävs, kontrollera först att chokens returfjäder sitter korrekt, och utför sedan justeringen genom att böja armen (2).

24 Montera tillbaka bimetallhuset enligt beskrivningen tidigare i detta avsnitt.

Justering av snabbtomgången

Observera: *Till justeringen krävs en exakt varvräknare och en avgasanalyserare.*

25 Kontrollera tomgångsvarvtalet och blandningen enligt beskrivningen i kapitel 1. Tomgångsvarvtalet **måste** vara korrekt innan försök görs att kontrollera eller justera snabbtomgången.

26 Med motorn vid normal arbetstemperatur och en varvräknare ansluten enligt tillverkarens instruktioner, fortsätt som följer.

27 Placera snabbtomgångens justeringsskruv på det näst högst steget på lyftkammen **(se bild)**.

28 Starta motorn utan att röra gaspedalen, och kontrollera att snabbtomgångsvarvtalet motsvarar värdet som anges i specifikationerna. Om justering krävs, stoppa motorn och fortsätt som följer.

20.11 Fästskruv och jordkabel för chokens sekundära avstängningssolenoid

29 Ta loss förseglingen från snabbtomgångens justeringsskruv – kontrollera att detta är tillåtet enligt lag**(se bild)**.

30 Kontrollera att justeringsskruven fortfarande ligger mot det näst högsta steget på lyftkammen, starta sedan motorn, återigen utan att röra gaspedalen.

31 Vrid justeringsskruven med en skruvmejsel tills det specificerade snabbtomgångsvarvtalet uppnås.

32 Om kylfläkten startar under justeringen, avbryt justeringen och fortsätt när fläkten stannar.

33 När justeringen är klar, stoppa motorn och koppla loss varvräknaren.

34 Sätt på en ny försegling på snabbtomgångens justeringsskruv om detta krävs i lag.

20 Förgasare – demontering, montering, justering av automatchokens avstängningsenheter

Observera: *Läs varningen i avsnitt 1 innan arbetet påbörjas. Om huvudmembranet demonteras krävs en ny stjärnklämma (som håller fast huvudmembranet till förgasarens övre kåpa) vid återmonteringen.*

Huvudmembran

Demontering

1 Fortsätt enligt beskrivningen i avsnitt 15, punkt 1 till 3.

2 Koppla loss membranets vakuumrör.

3 Knacka loss valstappen som håller fast membranet till förgasarens övre kåpa med en pinndorn.

4 Notera inpassningsmarkeringarna för bimetallhuset (gör egna märken om det behövs), skruva sedan loss de tre fästskruvarna och ta loss bimetallhuset. Lägg huset åt sidan, utan att belasta kylvätskeslangarna eller chokevärmarens kablar.

5 Skruva loss de tre fästskruvar som håller fast chokehuset till förgasarhuset. Släpp ner chokehuset, men koppla inte loss chokelänkaget.

6 Lossa stjärnklämman som håller fast membranet till förgasarens övre kåpa och ta ut membranet.

Montering

7 Montering sker i omvänd ordningsföljd, men använd en ny stjärnklämma som håller fast membranet till förgasarens övre kåpa. Innan luftbehållaren monteras tillbaka på förgasaren, kontrollera och justera chokens avstängning, om det behövs, enligt beskrivningen längre fram i detta avsnitt.

Sekundär avstängningssolenoid

Demontering

8 Denna enhet arbetar tillsammans med huvudmembranet.

9 Om solenoiden ska demonteras, följ först beskrivningen i avsnitt 15, punkt 1 till 3.

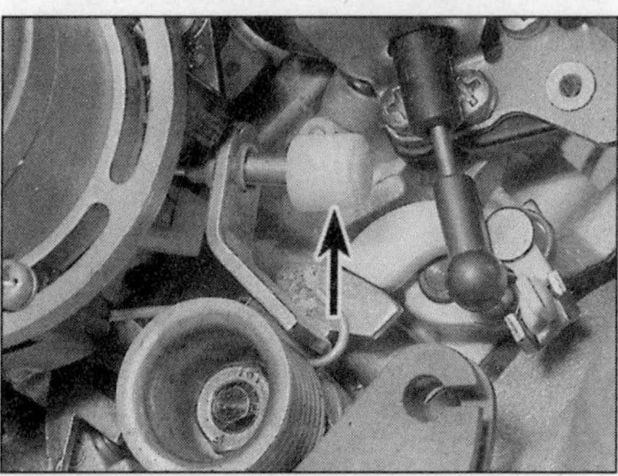

19.29 Förseglad kåpa som täcker justeringsskruven för snabbtomgång

10 Koppla loss membranets vakuumrör.

11 Koppla loss anslutningskontakten, skruva sedan loss fästskruven och ta loss solenoiden och dess fästbygel från förgasaren. Observera att fästskruven även håller fast anslutningskontaktens jordkabel **(se bild)**.

Montering

12 Montering sker i omvänd ordningsföljd. Se till att anslutningskontaktens jordkabel sitter på plats under solenoidfästbygelns fästskruv.

Justering av vakuumavstängning

13 Demontera luftbehållaren från förgasaren enligt beskrivningen i avsnitt 15, punkt 2 och 3, och fortsätt sedan som följer.

14 Notera positionen för bimetallhusets inpassningsmarkeringar (gör egna märken om det behövs), skruva sedan loss de tre fästskruvarna och ta loss bimetallhuset. Lägg huset åt sidan, utan att belasta kylvätskeslangarna eller chokevärmarens kablar.

15 Placera snabbtomgångens justeringsskruv på det högsta steget på snabbtomgångslyftkammen, och kontrollera att chokeventilen är stängd.

16 Flytta avstängningsarmen mot membranet genom att trycka på justeringsskruven tills motstånd känns. Håll fast armen i detta läge.

17 Kontrollera avståndet mellan chokeplattans nedre sida och primärcylinderns vägg med en borr av lämplig diameter, eller liknande **(se bild)**. Kontrollera att avståndet motsvarar det som angetts för 'litet' avstängningsavstånd i specifikationerna.

20.17 Kontrollera avstängningens avstånd med en spiralborr

21.4 Koppla loss kylvätskeslangen . . .

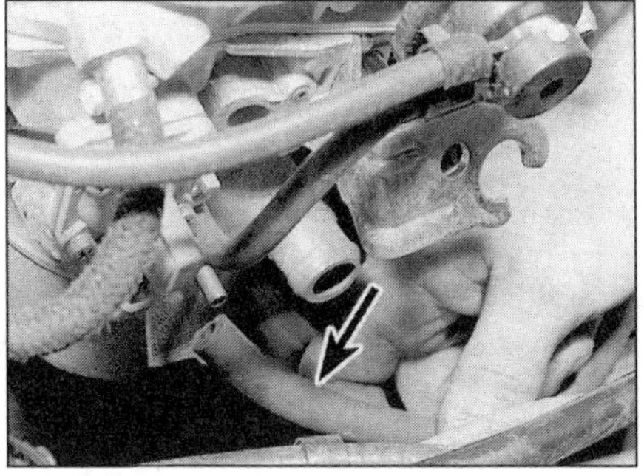
21.5 . . . och kamaxelkåpans ventilationsslang (vid pilen) från insugsröret

21.11 Dra ut insugsgrenröret

18 Om justering krävs, vrid justeringsskruven i rätt riktning med en insexnyckel tills avståndet är korrekt.
19 Tryck nu avstängningsarmen mot membranet ända mot stoppet, och håll fast armen i denna position.
20 Mät som tidigare avståndet mellan chokeplattans nedre sida och primärcylinderns vägg. Kontrollera att avståndet motsvarar det som angetts för 'stort' avstängningsavstånd i specifikationerna.
21 Om justering krävs, vrid justeringsskruven i rätt riktning tills avståndet är korrekt.
22 Anslut bimetallfjädern till chokearmen, placera bimetallhuset på chokehuset och sätt tillbaka fästskruvarna löst. Passa in markeringarna på bimetallhuset och chokehuset som gjordes före demonteringen och dra sedan åt fästskruvarna.
23 Avsluta med att montera tillbaka luftbehållaren på förgasaren.

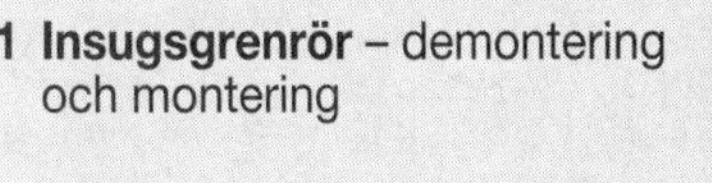

21 Insugsgrenrör - demontering och montering

Observera: *Läs varningen i avsnitt 1 innan arbetet påbörjas. En ny grenrörspackning måste användas vid återmonteringen.*

Demontering

1 Koppla loss batteriets minusledare.
2 Tappa av kylsystemet enligt beskrivningen i kapitel 1.
3 Fortsätt enligt beskrivningen i avsnitt 13, punkt 2 till 7, men hoppa över referensen till kylvätskeläckage i punkt 5.
4 Koppla loss kylvätskeslangen från baksidan av grenröret **(se bild)**.
5 Om det är tillämpligt, koppla loss kamaxelkåpans ventilationsslang från baksidan av grenröret **(se bild)**.
6 Skruva loss anslutningen och koppla loss bromsservons vakuumslang från grenröret.
7 Koppla loss kablarna från temperaturmätarens givare.
8 Skruva loss generatorns övre fästmutter och bult.
9 Ta bort slangen mellan vevhusets ventilationsrör och baksidan av kamaxelhuset.
10 Gör en sista kontroll för att se till att alla slangar, rör och kablar har kopplats loss.
11 Skruva loss fästmuttrarna och ta bort grenröret från topplocket **(se bild)**. Notera hur det bakre motorlyftfästet är monterat, det hålls fast av en av grenrörsmuttrarna, och ta loss grenrörspackningen.
12 Det kan hända att några av grenrörets pinnbultar skruvas loss från topplocket när grenrörets fästmuttrar tas bort. I så fall ska pinnbultarna skruvas tillbaka i topplocket när grenröret har tagits bort, med två hoplåsta grenrörsmuttrar.
13 Om så önskas kan förgasaren tas loss från grenröret enligt beskrivningen i avsnitt 13.

Montering

14 Montering sker i omvänd ordningsföljd. Tänk på följande.
15 Om förgasaren har demonterats från grenröret, montera tillbaka den med en ny packning.
16 Om generatorns fästbygel har skruvats loss från grenröret, montera tillbaka den innan grenröret monteras tillbaka, eftersom det är svårt att komma åt fästbulten när grenröret väl sitter på plats.
17 Montera grenröret med en ny packning och se till att motorns lyftfäste är i rätt position under relevant grenrörsmutter.
18 Se till att alla relevanta slangar, rör och kablar är ordentligt återanslutna.
19 Fyll på kylsystemet enligt beskrivningen i kapitel 1.
20 Kontrollera gasvajerns fria spel och justera den om det behövs, enligt beskrivningen i avsnitt 10.
21 Om förgasaren har flyttats, kontrollera tomgångsvarvtalet och blandningen och justera om det behövs, enligt beskrivningen i kapitel 1.

22 Avgasgrenrör - demontering och montering

Observera: *Nya packningar mellan grenröret och topplocket, samt mellan grenröret och det främre avgasröret måste användas vid återmonteringen.*

Demontering

1 Koppla loss batteriets minusledare.
2 Koppla loss tändkablarna från tändstiften, och märk dem om det behövs så att de kan monteras tillbaka på rätt platser.
3 Lossa klämskruven och koppla loss luftrenarens varmluftsslang från höljet på grenröret, om tillämpligt.
4 Skruva loss fästskruvarna och ta loss varmluftshöljet från grenröret.
5 Under grenröret, skruva loss de fyra bultar som håller fast det främre avgasröret till grenröret.
6 Skilj avgasröret från grenröret och häng upp det med ståltråd eller ett snöre. Låt inte den främre delen av avgassystemet hänga i sin egen vikt. Ta loss packningen.
7 Skruva loss fästmuttrarna och ta loss grenröret från topplocket. Notera hur det främre motorlyftfästet är monterat, det hålls fast av en av grenrörets pinnbultar, och ta loss grenrörspackningen.
8 Det kan hända att några av grenrörets pinnbultar skruvas loss från topplocket när grenrörets fästmuttrar skruvas bort. I så fall ska pinnbultarna skruvas tillbaka i topplocket när grenröret har tagits bort, med två hoplåsta grenrörsmuttrar.

Montering

9 Montera tillbaka grenröret med en ny packning och se till att motorns lyftfäste är i rätt position under relevant grenrörsmutter.
10 Återanslut det främre avgasröret till grenröret, med en ny packning.
11 Resten av monteringen sker i omvänd ordningsföljd mot demonteringen.

23 Avgassystem - allmän information och byte av komponenter

Allmän information

1 Undersök med jämna mellanrum om avgassystemet är skadat eller läcker. Undersök även systemets gummifästen och byt dem om det behövs.
2 Små hål eller sprickor kan lagas med

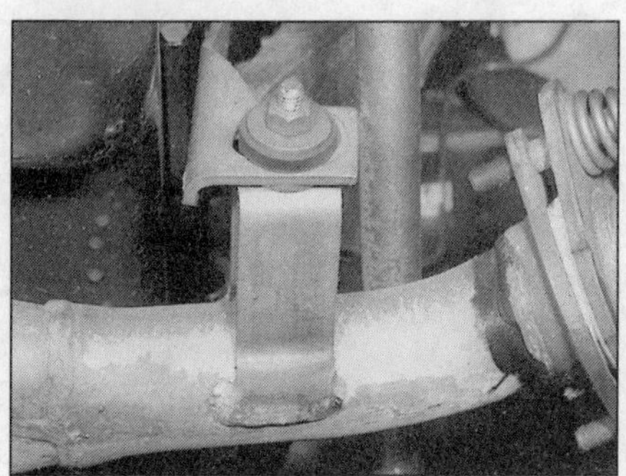

23.8 Fästbygel mellan avgassystemets främre del och motorblocket

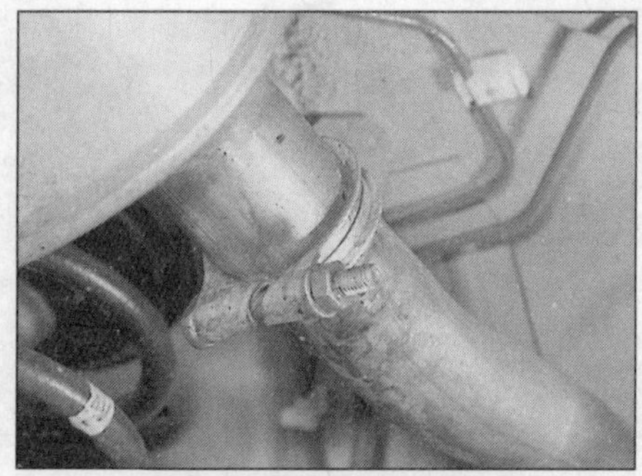

23.16 Klammer mellan avgassystemets mellersta och bakre del

speciella reparationsprodukter, som pasta eller bandage.

3 Det ursprungliga fabriksmonterade avgassystemet består av fyra separata delar, som alla kan bytas ut separat.

4 Innan någon del av avgassystemet byts ut, är det klokt att även undersöka de övriga delarna. Om tecken på korrosion eller skada hittas på flera delar, kan det vara billigare att byta hela systemet.

5 Enskilda delar av systemet kan bytas enligt följande.

Byte av komponenter

Observera: *Alla relevanta packningar och/eller tätningsringar måste bytas vid monteringen.*

Främre del

6 Hissa upp bilen och stöd den på pallbockar (se *Lyftning och stödpunkter*).

7 Skruva loss de två fästbultarna och koppla loss avgassystemets främre del från den främre expansionslådan vid den flexibla skarven. Ta loss tätningsringen och fjädrarna.

8 Skruva loss avgassystemets främre del från fästet på motorblocket **(se bild)**.

9 Skruva loss bultarna som håller fast det främre avgasröret till avgasgrenröret, och ta loss avgassystemets främre del. Ta loss packningen mellan det främre avgasröret och grenröret, och, om tillämpligt, ta loss fjädrarna från bultarna.

10 Monteringen sker i omvänd ordning mot demonteringen, men använd en ny packning när det främre avgasröret återmonteras på grenröret, och en ny tätningsring när fogen ansluts.

Främre expansionslåda

11 Följ beskrivningen i punkt 6 och 7.

12 Skruva loss fästbultarna (och muttrarna om det är tillämpligt) och koppla loss den främre expansionslådan från avgassystemets mittsektion. Ta loss tätningsringen/packningen och, om det är tillämpligt, fjädrarna.

13 Ta bort expansionslådan från bilen.

14 Monteringen sker i omvänd ordning mot demonteringen, men använd nya tätningsringar eller packningar, efter tillämplighet.

Mittsektion

15 Lyft upp bilen och ställ den på pallbockar (se *Lyftning och stödpunkter*).

16 Skruva loss klämbulten och koppla loss avgassystemets mittsektion från den bakre delen **(se bild)**. Om det behövs, knacka runt skarven med en hammare för att lossa delarna, och bänd försiktigt isär dem. Observera att slutet av mittsektionen sticker in i den bakre delen.

17 Skruva loss fästbultarna (och muttrarna om det är tillämpligt) och koppla loss avgassystemets mittsektion från den främre expansionslådan. Ta loss tätningsringen/packningen och, om det är tillämpligt, fjädrarna.

18 Lossa avgassystemets mittsektion från dess gummifästen på underredet och ta bort den från bilen.

19 Montering sker i omvänd ordningsföljd. Använd en ny tätningsring till den flexibla skarven och smörj rören med avgassystempasta när mittsektionen ansluts till den bakre delen.

Bakre del

20 Koppla loss avgassystemets bakre del från mittsektionen, enligt beskrivningen i punkt 15 och 16.

21 Lossa avgassystemets bakre del från dess gummifästen på underredet och ta bort den från bilen.

22 Monteringen sker i omvänd ordningsföljd. Smörj rören med avgassystempasta när den bakre delen ansluts till mittsektionen.

Kapitel 4 del B: Bränsle- och avgassystem – modeller med bränsleinsprutning

Innehåll

Svårighetsgrader

Enkelt, passar novisen med lite erfarenhet 	**Ganska enkelt,** passar nybörjaren med viss erfarenhet 	**Ganska svårt,** passar kompetent hemmamekaniker 	**Svårt,** passar hemmamekaniker med erfarenhet 	**Mycket svårt,** för professionell mekaniker 

Specifikationer

Allmänt

Typ av insprutningssystem*

C 14 NZ, X 14 NZ, C 16 NZ, X 16 SZ, X 16 SZR och C 18 NZ	Multec Central Fuel Injection (CFi)
14 SE, C 14 SE och C 16 SE	Multec M, Multi-Point Injection (MPi)
X 14 XE och X 16 XEL	Multec S (MPi)
C 18 XE	Simtec 56.0 (MPi)
C 18 XEL och X 20 XEV	Simtec 56.1 (MPi)
X 18 XE	Simtec 56.5 (MPi)
C 20 NE	Motronic M 1.5 (MPi)
C 20 XE (t.o.m. 1992)	Motronic M 2.5 (MPi)
C 20 XE (fr.o.m 1993)	Motronic M 2.8 (MPi)

** Se "Bilens identifikationsnummer" för information om chassinumrets placering.*

Bränsleoktantal*

Blyfri*	95 oktan
Blyad	98 oktan

Modeller utrustade med katalysator (motorkoden föregås av 'C' eller 'X'), får **endast köras på blyfri bensin.*

Bränslepump

Matningsvolym	85,0 liter/tim vid 12 volt

Bränsletryck

Observera: *Tryckregulatorns vakuumslang ansluten.*

Modeller med central (enpunkts) bränsleinsprutning (CFi)	0,76 bar
Modeller med flerpunktsinsprutning (MPi)	3,0 bar

Åtdragningsmoment

	Nm
Kamaxelgivare:	
Multec-S	5
Motronic 2.8 och Simtec	6
Kamaxelgivarens hus (Motronic 2.8)	15
Vevaxelns hastighets-/lägesgivare	
Multec CFi, Multec M och Motronic 1.5	6
Multec S, Motronic 2.5, 2.8 och Simtec	8
Främre avgasröret till grenröret	25
Avgasgrenrör	22
Bränsleinsprutning (Multec CFi)	22
Bränsleinsprutningens övre del till nedre del (Multec CFi)	6
Bränslefördelarskenans fästbultar:	
Multec M	9
Motronic 1.5, 2.8, Multec S och Simtec	8
Bränsletrycksregulator till hus (Multec CFi)	2,5
Bränsletrycksregulator till bränslefördelarskena:	
Multec M och Multec S	8
Motronic 2.5	4
Tomgångsstyrningens motor till huset (Multec CFi)	2,5
Insugsgrenrör:	
X 14 XE motorer:	
Insugsgrenrör	8
Insugsgrenrörets fläns	20
X 16 XEL motorer:	
Grenrörets övre del	8
Grenrörets nedre del	20
Alla motorer utom X 14 XE och X 16 XEL	22
Insugsgrenrörets luftintagshölje:	
C 18 NZ och C 20 NE motorer	8
Insugsluftens temperaturgivare till insugsröret (Multec M)	27
Knacksensor:	
Multec CFi och Multec S	13
Motronic 2.5 och 2.8, samt Simtec	20
Syresensor (se texten)	30
Gasspjällhus	
Multec S	8
Multec M, Motronic och Simtec	9

1 Allmän information och föreskrifter

Allmän information

Fyra grundläggande typer av bränsleinsprutningssystem används i Astramodellerna. De är Multec CFi, Multec MPi, Bosch Motronic MPi och Simtec MPi. Systemen beskrivs närmare i avsnitt 10.

Bränsle matas från en tank under bilens bakvagn, via en elektrisk bränslepump monterad i tanken. Bränslet passerar genom ett filter till bränsleinsprutningssystemet, som innehåller flera givare och aktiverare, samt en elektronisk styrenhet.

Den intagna luften passerar genom en luftrenare som innehåller ett pappersfilter. På Cfi modeller har luftrenaren ett vakuumstyrt luftintag som blandar varm och kall luft i den mängd som bäst passar motorns arbetsförhållanden.

Styrenheten styr både bränsleinsprutningssystemet och tändsystemet och kombinerar de två systemen till ett komplett motorstyrningssystem. Se kapitel 5B för mer information om tändningens del av systemet.

Avgassystemet liknar det som beskrivs för modeller med förgasare i del A i detta kapitel, men en katalysator finns monterad för att minska avgasutsläppen.

Föreskrifter

Se föreskrifterna och varningen i avsnitt 1 i del A av det här kapitlet, men observera att bränsleinsprutningssystemet är trycksatt – största försiktighet måste iakttagas när bränsleledningarna kopplas loss. När en bränslelednings anslutning eller slang ska kopplas loss, lossa anslutnings- eller klämskruven långsamt för att undvika plötsliga tryckförändringar som kan få bränslet att spruta ut.

För alla modeller med bränsleinsprutning gäller att systemet måste tryckutjämnas genom att bränslepumpsreläet demonteras (se kapitel 12), och motorn dras runt på startmotorn i minst 5 sekunder, innan några bränsleledningar kopplas bort.

När arbetsmoment utförts där bränsleledningarna demonterats bör anslutningarna kontrolleras med avseende på läckage. Trycksätt systemet genom att slå på och av tändningen flera gånger.

Elektroniska styrenheter är väldigt känsliga komponenter. Vidta säkerhetsåtgärderna nedan för att undvika att enheten skadas vid arbete på en bil som är utrustad med motorstyrningssystem.

Vid svetsningsarbeten med elektrisk svetsutrustning ska batteriet och växelströmsgeneratorn vara urkopplade.

Även om moduler monterade under motorhuven normalt tål villkoren under motorhuven kan de påverkas av överdriven hetta eller fukt. Om svetsutrustning eller högtryckstvätt används i närheten av en elektronisk styrenhet får värmen eller vatten-/ångstrålarna inte riktas direkt mot enheten. Om detta inte går att undvika ska enheten tas bort från bilen och dess anslutningskontakt skyddas med en plastpåse.

Kontrollera alltid att tändningen är avstängd innan några kablar kopplas loss eller komponenter demonteras.

Försök inte skynda på feldiagnoser med en kontrollampa eller multimeter. Det kan ge bestående skador på systemet.

Vid avslutat arbete med bränsleinsprutningens eller motorstyrningssystemets komponenter, se till att alla kablar ansluts ordentligt innan batteriet återansluts eller tändningen slås på.

2 Blyfri bensin – allmän information och användning

Observera: *Informationen i detta avsnitt är korrekt vid tryckningen och gäller bara bensin som för tillfället går att köpa i EU. Vid minsta tvekan om vilken bensin som bör användas, eller om bilen används utanför EU, fråga en Opelverkstad eller någon motororganisation om vilka bensintyper som finns tillgängliga och hur de lämpar sig för bilen.*

1 Opel rekommenderar att 95-oktanig blyfri bensin används för alla bränsleinsprutningsmodeller.

2 Vissa modeller (se specifikationerna) kan även köras på 98-oktanig blyfri bensin om justeraren för oktankod ställs om i kontaktdonet på batterilådan **(se bild)**. Där så är tillämpligt är justeraren märkt med '95' på ena sidan, som motsvarar läget för användning av 95-oktanig blyfri bensin, och '98' på den andra sidan, som motsvarar läget för användning av 98-oktanig blyfri bensin.

3 Om det behövs (till exempel vid resor i områden där 95-oktanig blyfri bensin inte går att få tag på), kan vissa modeller (se specifikationerna) köras på 91-oktanig blyfri bensin med hjälp av en särskild oktankodsjusterare som finns att köpa hos Opelhandlare.

4 Blyad bensin **får inte** användas i modeller med bränsleinsprutning, eftersom det orsakar bestående (och kostsamma) skador på katalysatorn.

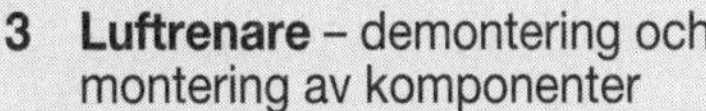

3 Luftrenare – demontering och montering av komponenter

Luftbehållare – modeller med Multec CFi bränslesystem

Demontering

1 Koppla loss ventilationsslangen från luftbehållaren.

2 Koppla loss de två vakuumrören från luftbehållaren och notera hur de är placerade.

3 Lossa klämskruven och koppla loss luftledningarna från luftbehållarens ände.

2.2 Oktankodsjusterare – i bilden inställd för 95-oktanigt bränsle

4 Ta bort de två fästskruvarna och lyft bort luftbehållaren från bränsleinsprutningsenheten. Ta reda på tätningen.

Montering

5 Montering sker i omvänd ordning, men tänk på följande:

6 Undersök om tätningsringen är skadad eller sliten och byt ut den om det behövs. Se till att tätningsringen placeras korrekt i spåret på luftbehållarens nederdel.

7 Återanslut vakuumrören på det sätt som noterades före demonteringen.

Luftbehållare – modeller med Motronic bränslesystem

Observera: *Tätningskitt (GM P/N 90293725, eller liknande) kommer att behövas vid monteringen för att täcka tätningsringens säte i luftbehållaren.*

Demontering

8 Lossa klämskruven som fäster luftledningen vid luftflödesmätarens vänstra sida.

9 Använd en insexnyckel eller en sexkantsbit och skruva loss de fyra bultarna som fäster luftbehållaren vid gasspjällhuset **(se bild)**.

10 Lyft bort luftbehållaren från gasspjällhusets ovansida och koppla loss slangen från luftbehållarens nederdel **(se bild)**.

11 Dra bort luftbehållaren och ta loss tätningsringen från luftbehållarens nederdel, om den sitter löst.

Montering

12 Ta bort tätningsringen från luftbehållarens nederdel före monteringen, om det inte redan är gjort **(se bild)**.

13 Undersök tätningsringen och byt ut den om den är sliten eller skadad.

14 Rengör tätningsringens säte i luftbehållaren noga, täck sedan tätningsytan med rikligt med kitt (GM P/N 90293725, eller liknande).

3.9 Skruva loss luftbehållarens bultar – Motronic M 2.5 modeller

15 Montera tätningsringen på luftbehållaren och se till att den hamnar korrekt, montera sedan enheten i omvänd ordning mot demonteringen.

Luftrenare

Demontering

16 Koppla loss luftslangen från luftbehållaren eller gasspjällhuset, efter tillämplighet.

17 Observera att på vissa modeller är luftmätaren fäst vid luftrenarens kåpa, och lufttemperarturgivaren är placerad i luftledningarna. Koppla loss batteriets minusledare och koppla loss relevant givarkontakt när luftrenaren eller luftledningarna demonteras.

18 Ta bort luftfiltret enligt beskrivningen i kapitel 1.

19 Lossa luftrens fästmuttrar (en fram och en bak) och dra bort enheten från karossen.

Montering

20 Montering sker i omvänd ordningsföljd.

Luftrenarens resonatorlåda

Demontering

21 På vissa modeller sitter luftrenarhusets nederdel fäst i en resonatorlåda monterad under framskärmen.

22 Ta bort luftrenaren enligt beskrivningen tidigare i detta avsnitt.

23 Ta bort det främre hjulhusets innerskärm enligt beskrivningen i avsnitt 25 i kapitel 11, för att komma åt bättre.

24 Ta bort fästskruven och sänk ner resonatorlådan från hjulhuset **(se bild)**.

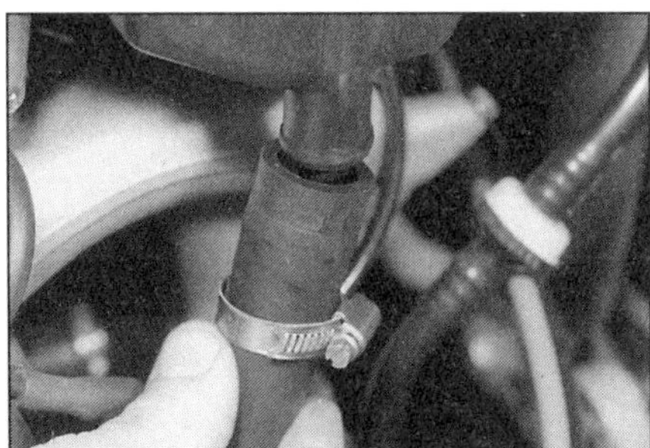

3.10 Koppla loss slangen från luftbehållaren – Motronic M 2.5 modeller

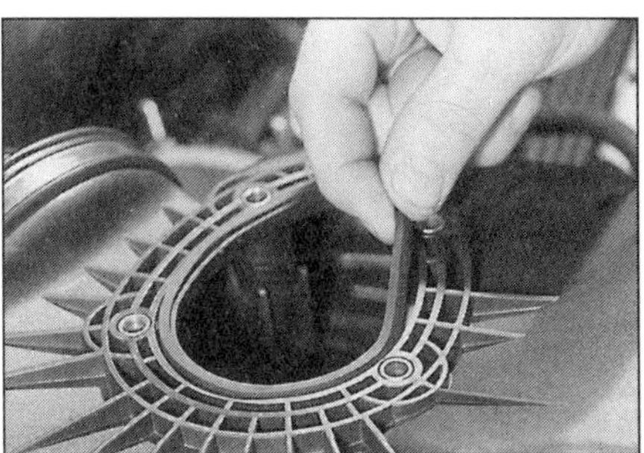

3.12 Tätningsringen tas bort från luftbehållaren – Motronic M 2.5 modeller

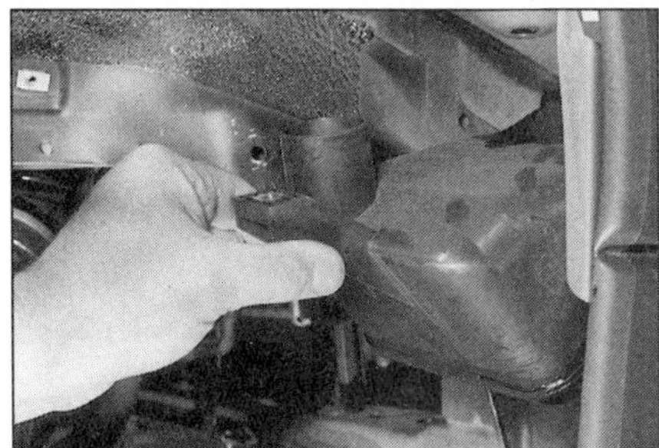

3.24 Dra ut luftrenarens resonatorlåda under hjulhuset

4.9 Plastkåpan borttagen för åtkomst av bränslepumpen - kombikupé

Montering

25 Montering sker i omvänd ordningsföljd. Se dock till att anslutningen mellan resonatorn och den nedre delen av luftrenarhuset sitter säkert.

4 Bränslepump - test, demontering och montering

Observera: *Läs föreskrifterna i avsnitt 1 innan arbetet påbörjas. En ny packning måste användas vid monteringen av pumpen, och tätningsmassa måste användas för att täcka fästbultarnas gängor.*

Sedan och kombikupé

Test

1 Om pumpen fungerar ska man kunna höra den "surra" när man lyssnar under bilens bakvagn när tändningen slås på. Om motorn inte startas ska bränslepumpen slås av efter ungefär en sekund. Om ljudet som hörs är överdrivet högt kan det bero på att pumpen är defekt.

2 Om pumpen inte verkar fungera alls, kontrollera pumpens kablar och undersök relevant säkring och relä.

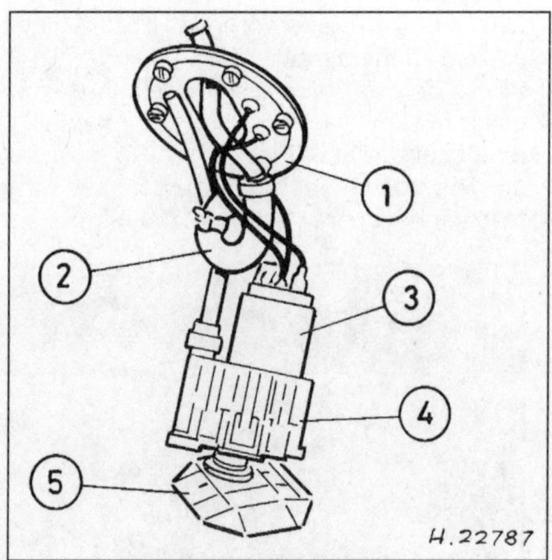

4.20 Bränslepump

1 *Fästplatta*	4 *Gummihylsa*
2 *Bränsleslang*	5 *Bränslefilter*
3 *Pump*	

3 Det krävs specialutrustning för att testa pumpen och vid misstänkta defekter bör pumpen lämnas till en Opelverkstad.

Demontering

4 Tryckutjämna bränslesystemet genom att ta bort bränslepumpsreläet (se kapitel 12) och dra runt motorn på startmotorn i minst 5 sekunder.

5 Lossa batteriets jordledning (minuspolen).

6 Sug ut allt kvarvarande bränsle från tanken genom påfyllningsröret med en hävert. För över bränslet i en ren behållare som kan förslutas.

7 Fäll fram baksätet.

8 Lyft upp mattan på golvets högra sida för att frigöra bränslepumpens plastkåpa.

9 Bänd försiktigt loss plastkåpan från golvet för att komma åt bränslepumpen **(se bild)**.

10 Koppla loss pumpens anslutningskontakt.

11 Lossa slangklämman och koppla försiktigt loss bränsleslangen från pumpens ovansida. Var beredd på att bränsle kommer att läcka ut, och vidta brandförebyggande åtgärder. Kläm ihop eller plugga igen slangens öppning för att hindra smuts från att tränga in och ytterligare bränsle att läcka ut.

12 Skruva loss de sex fästbultarna och brickorna och dra försiktigt bort pumpenheten från bränsletanken. Var även nu beredd på bränslespill och vidta förebyggande åtgärder.

13 Om det behövs kan pumpen kopplas loss från enheten för att bytas ut enligt följande.

14 Dra bort bränslefiltret från pumpens undersida.

15 Lossa slangklämman och koppla loss bränsleslangen från pumpens ovansida.

16 Observera hur pumpens två kablar är monterade för att underlätta korrekt återmontering, använd sedan en lödkolv för att löda loss de två kablarna från pumpens ovansida.

17 Dra försiktigt bort pumpen från dess gummifäste.

Montering

18 Montering sker i omvänd ordningsföljd, men tänk på följande.

19 Se till att kablarna löds fast ordentligt på korrekt plats när pumpen återmonteras, om pumpen tagits loss från enheten.

20 Undersök om filtret under pumpen är mycket förorenat eller igentäppt och byt ut det om det behövs **(se bild)**.

21 Använd en ny pumppackning.

22 Rengör gängorna på pumpens fästbultar noga och täck dem med tätningsmassa innan de monteras.

Kombi och van

Test

23 Följ beskrivningen i punkt 1 till 3.

Demontering

24 Klossa framhjulen, hissa upp bakvagnen och stöd den på pallbockar (se *Lyftning och stödpunkter*).

25 Bränslepumpen är placerad i bränsletankens främre ände, under bilen **(se bild)**.

26 Fortsätt enligt beskrivningen i punkt 10 till 17.

Montering

27 Följ beskrivningen i punkt 18 till 22.

5 Bränslemätarens givare - demontering och montering

Se avsnitt 6 i del A i detta kapitel.

6 Bränslefilter - demontering och montering

Se avsnittet *Bränslefilter - byte* i kapitel 1.

7 Bränsletank - demontering och montering

Börja enligt beskrivningen i avsnitt 9 i del A i detta kapitel, men koppla loss bränsleslangen och anslutningskontakten från bränslepumpen enligt beskrivningen i avsnitt 4.

8 Gasvajer - demontering, montering och justering

Demontering och montering

1 Se avsnitt 10 i del A i detta kapitel, men observera följande.

2 Om tillämpligt, ignorera hänvisningarna till demonteringen av luftbehållaren.

3 På förgasarmodeller, byt ut gasspjällhuset eller bränsleinsprutningsenheten (efter tillämplighet) och observera att vajerfästet är fastskruvat vid insugsgrenröret.

4 På vissa modeller är gasvajeränden ansluten till en spindelled på gasspjällarmen

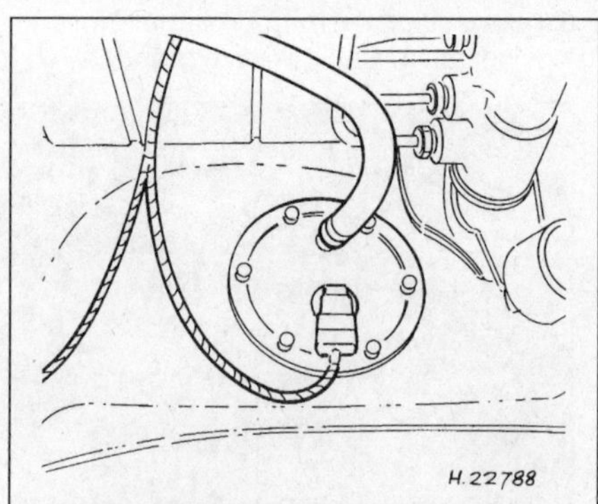

4.25 Bränslepumpens placering i bränsletanken - kombi och van

och hålls på plats med en klammer. Vajern hålls även på plats med en muff placerad i ett fäste som sitter fast på insugsgrenröret **(se bilder)**.

Justering

5 Se avsnitt 10 i del A i det här kapitlet, men byt ut gasspjällhuset eller bränsleinsprutningsenheten på förgasarmodeller, vilket som är tillämpligt.

9 Gaspedal – demontering och montering

Se avsnitt 11 i del A i detta kapitel.

10 Bränslesystem – allmän information

Multec CFi

1 Insprutningssystemet styrs av motorstyrningssystemet Multec som även styr tändsystemet (se kapitel 5B).

2 Bränsle matas från bränsletanken med hjälp av en elektrisk pump monterad i tanken, via ett bränslefilter, till Multecs insprutningsenhet. En bränsletrycksregulator fäst på insprutningsenheten upprätthåller ett konstant bränsletryck till bränsleinsprutaren. Överflödigt bränsle leds tillbaka från regulatorn till tanken.

3 Bränsleinsprutningsenheten (liknar en förgasare) rymmer gasspjället, tomgångsstyrningens motor, gasspjällets lägesgivare, bränsleinsprutare och en tryckregulator.

4 Längden på den elektriska puls som skickas till bränsleinsprutaren avgör hur stor mängd bränsle som sprutas in. Pulsens varaktighet räknas ut av den elektroniska styrenheten med hjälp av informationen från följande givare **(se bild)**.

a) Gasspjällets lägesgivare (alla motorer).
b) Tomgångsstyrningens motor (alla motorer).
c) Kylvätskans temperaturgivare (alla motorer).
d) Syresensorn (alla motorer).
e) Givaren för absolut tryck i insugsröret (MAP) (C14 NZ, X 14 NZ, C 16 NZ och C 18 NZ motorer).
f) Strömfördelaren (C 14 NZ, X 14 NZ och C 16 NZ motorer).
g) Vevaxelns hastighets-/lägesgivare (X 16 SZ, X 16 SZR och C 18 NZ motorer).
h) Knacksensorn (X 16 SZ och X 16 SZR).

5 Systemet har en katalysator monterad för att minska skadliga avgasutsläpp.

Multec M MPi

6 Insprutningssystemet kontrolleras av motorstyrningssystemet Multec som även kontrollerar tändsystemet (se kapitel 5B).

7 Bränsle leds från bränsletanken, genom ett bränslefilter och en tryckregulator, till bränslefördelarskenan. Överflödigt bränsle leds tillbaka från regulatorn till tanken. Bränslefördelarskenan fungerar som en behållare för de fyra bränsleinsprutarna. Bränsle sprutas sedan in i cylindrarnas insugsledningar, uppströms från insugsventilerna. Bränsleinsprutarna arbetar parvis. Bränsleinsprutarna för cylinder nr 1 och 2 arbetar samtidigt och på samma sätt arbetar bränsleinsprutarna för cylinder nr 3 och 4 samtidigt.

8 Längden på de elektriska pulser som skickas till bränsleinsprutarna avgör hur stor mängd bränsle som sprutas in. Pulsernas varaktighet räknas ut av den elektroniska

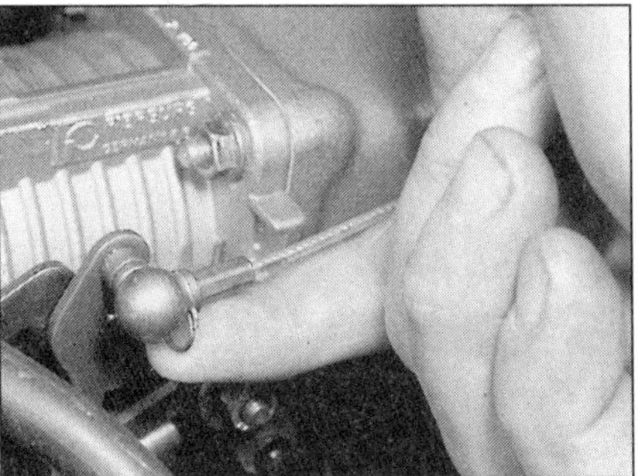

8.4a Lossa spindelledens klammer . . .

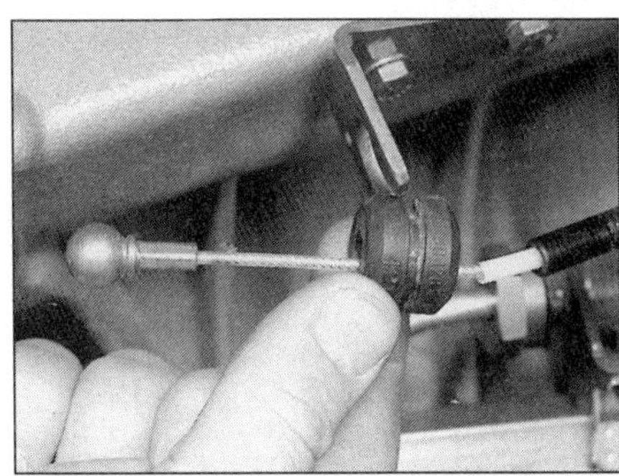

8.4b . . . och lossa vajermuffen från fästet – 1.6 liters SOHC motor

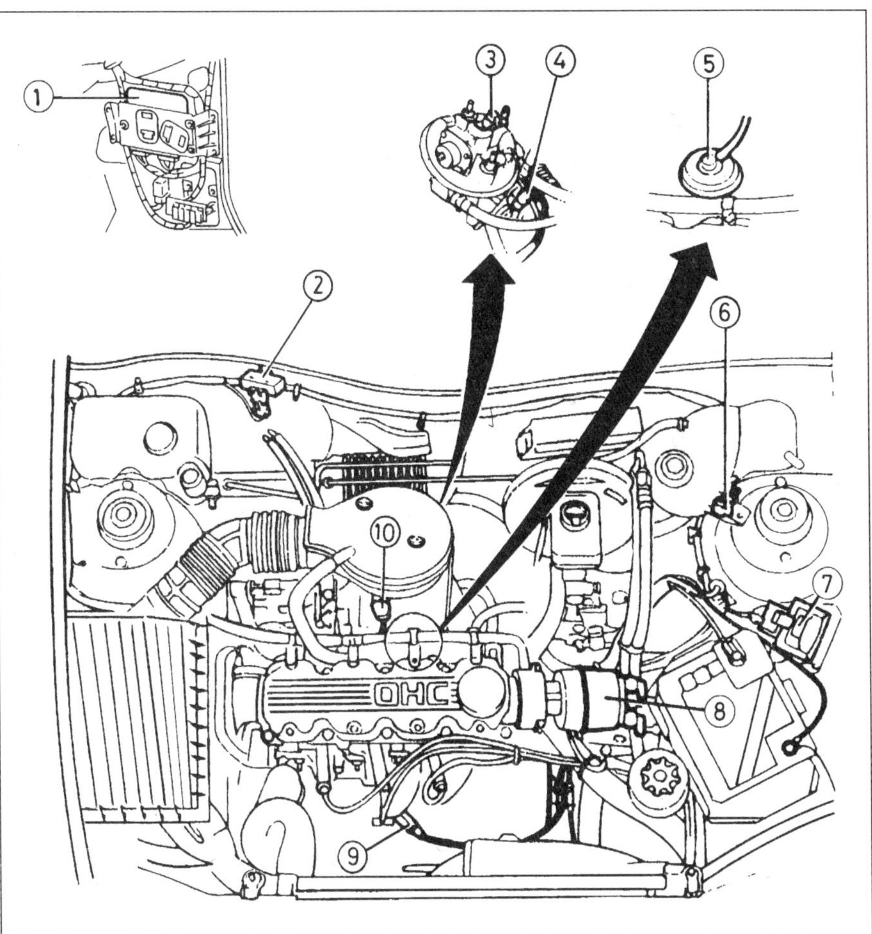

10.4 Multec CFi enpunkts bränsleinsprutningssystem

1 Elektronisk styrenhet (i höger fotbrunn)
2 Givare för absolut grenrörstryck (MAP)
3 Bränsleinsprutare
4 Gasspjällägesgivare
5 EGR-ventil (endast 1.6 liters modell)
6 Oktanjusterare (se kapitel 5)
7 Tändspole
8 Fördelare
9 Avgasernas syresensor
10 Tomgångsstyrmotor

styrenheten med hjälp av informationen från följande givare **(se bild)**.

a) Givare för absolut tryck i insugsröret (MAP) (alla motorer).
b) Gasspjällets lägesgivare (alla motorer).
c) Tomgångsstyrningens motor (alla motorer).
d) Insugsluftens temperaturgivare (alla motorer).
e) Kylvätskans temperaturgivare (alla motorer).
f) Syresensor (alla motorer utom 14 SE).
g) Strömfördelare (14 SE motorer och C 14 SE motorer före 1993).
h) Vevaxelns hastighets-/lägesgivare (C 14 SE motorer fr.o.m. 1993 och C 16 SE motorer).

9 Informationen från gasspjällets lägesgivare används även för att stänga av bränsletillförseln vid motorbroms, vilket ger bättre bränsleekonomi och minskar avgasutsläppen.

10 Det går inte att justera tomgångshastigheten direkt.

11 Alla modeller utom modeller med 14 SE motor har katalysator för att minska skadliga avgasutsläpp.

Multec-S MPi

12 Förutom komponenternas placering är det här systemet i princip likadant som systemet Multec M som beskrivs ovan. Den huvudsakliga skillnaden är att varje bränsleinsprutare aktiveras individuellt, i ordningsföljd, precis innan relevanta insugsventiler öppnas.

13 Utöver de komponenter som beskrivs för Multec M systemet innehåller det här systemet även en knacksensor som känner av förtändning (spikning), samt en kamaxelgivare.

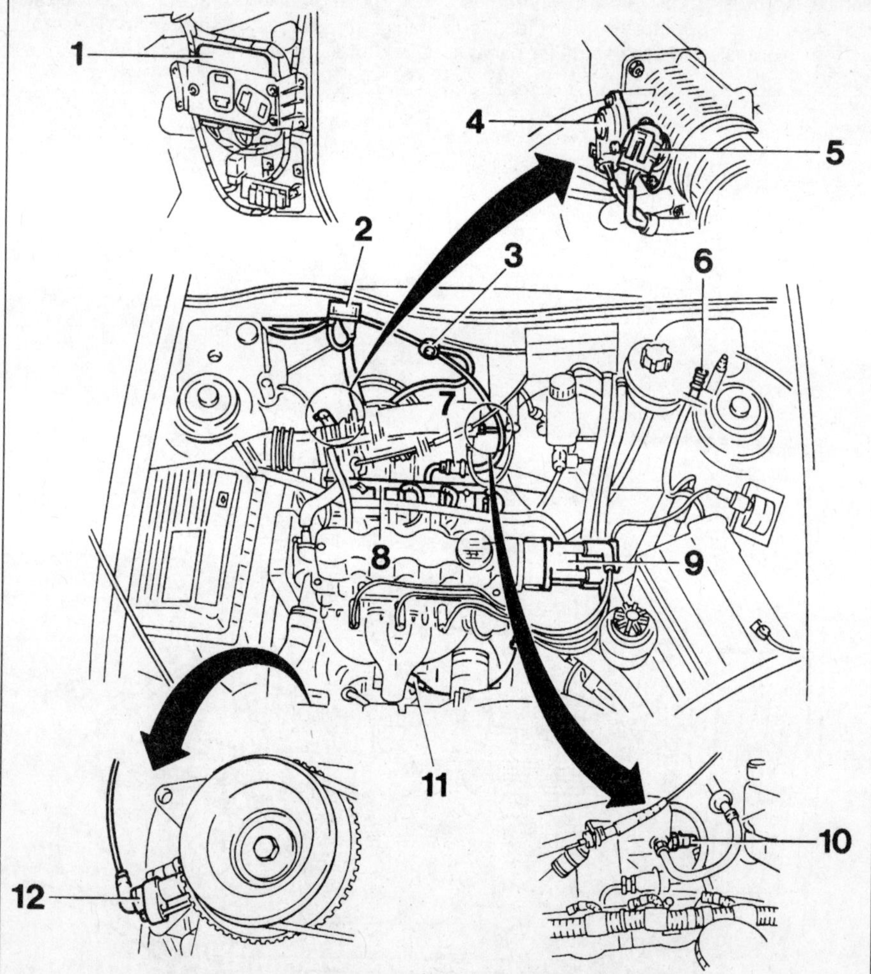

10.8 Multec M MPi flerpunkts bränsleinsprutningssystem

1 Elektronisk styrenhet (i höger fotbrunn)
2 Givare för absolut grenrörstryck (MAP)
3 Bränsletankens ventilationsventil
4 Gasspjällägesgivare
5 Tomgångsstyrmotor
6 Oktanjusterare
7 Bränsletrycksregulator
8 Bränsleinsprutare
9 Fördelare
10 Insugsluftens temperaturgivare
11 Avgassystemets syresensor
12 Vevaxelns hastighets-/lägesgivare

Motronic MPi

14 Systemet Bosch Motronic finns i tre versioner beroende på modell. Motronic M 1.5 används på C 20 NE modeller, Motronic M 2.5 används på C 20 XE modeller före 1993 och Motronic M 2.8 används på C 20 XE modeller fr.o.m. 1993. Systemet kontrolleras helt av motorstyrningssystemet Motronic, som även kontrollerar tändsystemet (se kapitel 5B).

15 Bränsle matas från bränsletanken med hjälp av en elektrisk bränslepump i tanken, genom ett bränslefilter och en bränsletrycksregulator, till en bränslefördelarskena. Överflödigt bränsle leds tillbaka från regulatorn till tanken. Bränslefördelarskenan fungerar som en behållare för de fyra bränsleinsprutarna, som sprutar in bränsle i cylindrarnas insugsledningar, uppströms från insugsventilerna. På C 20 NE modeller får bränsleinsprutarna en elektrisk puls varje vevaxelvarv, som aktiverar alla fyra insprutarna samtidigt. På C 20 XE modeller arbetar bränsleinsprutarna i ordningsföljd. Varje bränsleinsprutare får en individuell elektrisk puls som gör det möjligt för de fyra bränsleinsprutarna att arbeta oberoende av varandra vilket leder till finare kontroll av bränsletillförseln till varje cylinder. Längden på den elektriska pulsen avgör hur stor mängd bränsle som sprutas in, och pulsens längd beräknas av Motronics styrenhet med hjälp av information från de olika givarna **(se bilder)**.

a) Luftmängdsmätare (alla motorer).
b) Insugsluftens temperaturgivare (alla motorer).
c) Gasspjällets lägesgivare (alla motorer).
d) Kylvätskans temperaturgivare (alla motorer).
e) Knacksensor (C 20 XE motorer).
f) Strömfördelare (C 20 NE motorer).
g) Vevaxelns hastighets-/lägesgivare (C 20 XE motorer innan 1993).
h) Kamaxelns lägesgivare (C 20 XE motorer fr.o.m. 1993).
i) Syresensorn (alla motorer).

16 Gasspjällhuset innehåller två gasspjällventiler som öppnas stegvis och möjliggör ett högt moment vid halv gas, och höghastighets luftintagskapacitet vid full gas.

17 Vissa modeller har ett elektroniskt antispinnsystem (ETC). Systemet fungerar genom att modulera en gasspjällventil för att styra motoreffekten om hjulen börjar spinna. Antispinnsystemets gasspjällventil arbetar oberoende av Motronicsystemet. Se avsnitt 22 för ytterligare information.

18 Systemet har en katalysator monterad för att minska skadliga avgasutsläpp.

Simtec MPi

19 Det här systemet fungerar på ett liknande sätt som de Motronic system som beskrivs ovan, men är något mer avancerat.

20 Motorstyrningssystemet Simtec kontrollerar bränsle- och tändsystemet med hjälp av information från följande givare.

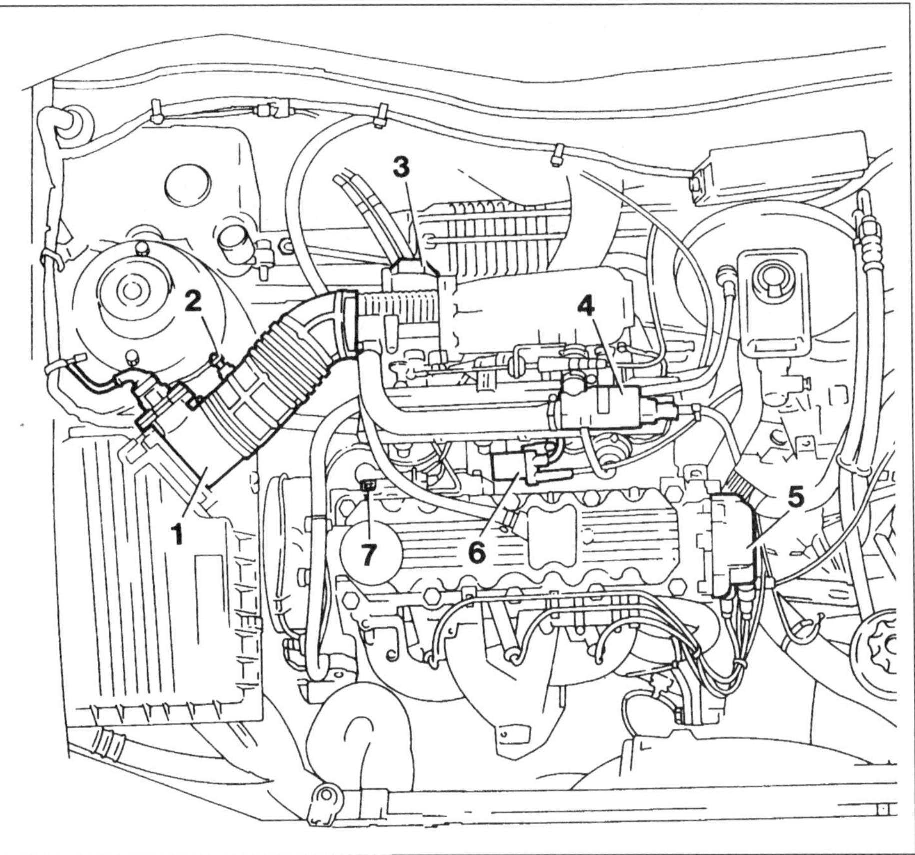

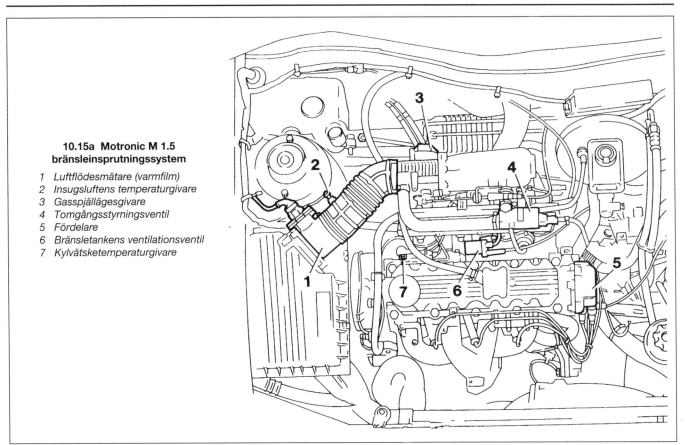

10.15a Motronic M 1.5 bränsleinsprutningssystem

1 *Luftflödesmätare (varmfilm)*
2 *Insugsluftens temperaturgivare*
3 *Gasspjällägesgivare*
4 *Tomgångsstyrningsventil*
5 *Fördelare*
6 *Bränsletankens ventilationsventil*
7 *Kylvätsketemperaturgivare*

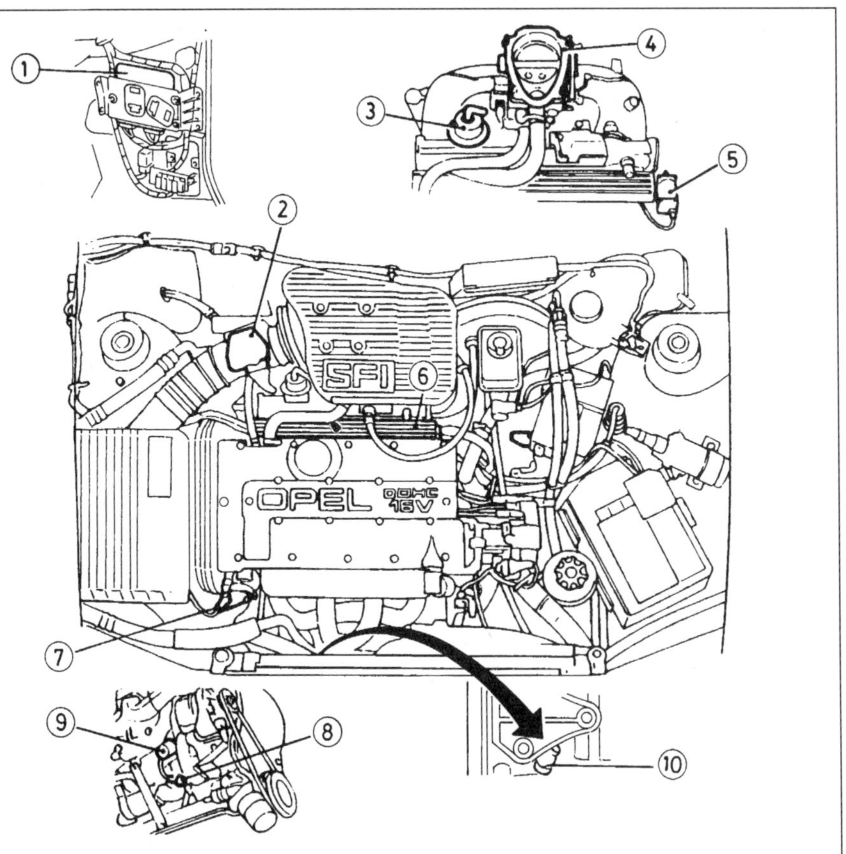

10.15b Motronic M 2.5 bränsleinsprutningssystem

1 *Elektronisk styrenhet (i höger fotbrunn)*
2 *Luftflödesmätare (varmtråd)*
3 *Bränsletrycksregulator*
4 *Gasspjällhus*
5 *Bränsletankens ventilationsventil*
6 *Hus för bränsleinsrutningens kabelhärva*
7 *Kylvätsketemperaturgivare*
8 *Knacksensor*
9 *Tomgångsstyrventil*
10 *Vevaxelns hastighets-/lägesgivare*

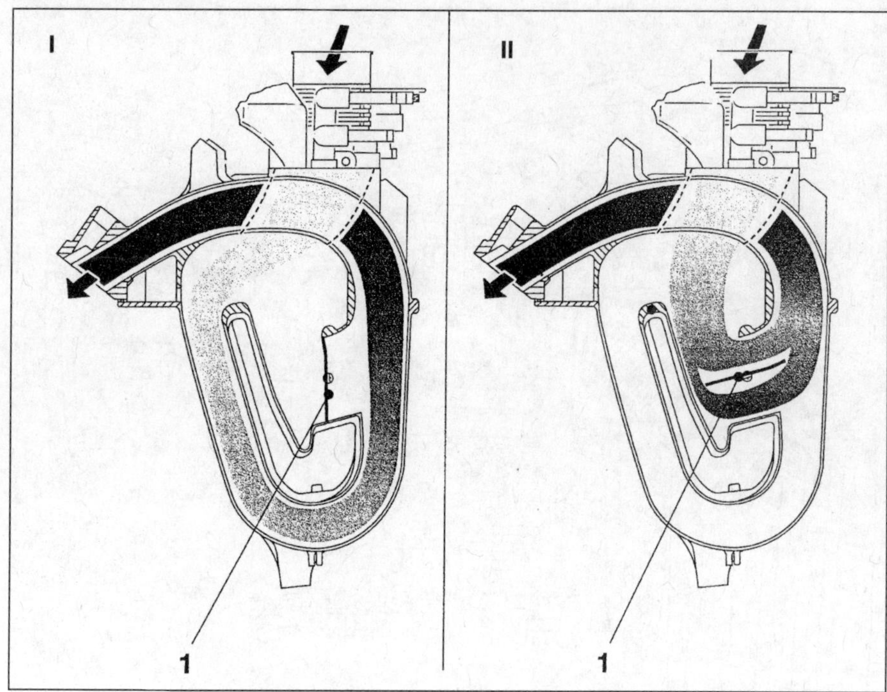

10.22 Insugsgrenrör med variabelt inlopp - Simtec 56.5 system

I Lång inloppskanal *II Kort inloppskanal* *1 Omkopplingsventil*

a) Luftmängdsmätaren (alla motorer).
b) Insugsluftens temperaturgivare (alla motorer).
c) Gasspjällets lägesgivare (alla motorer).
d) Kylvätskans temperaturgivare (alla motorer).
e) Vevaxelns hastighets-/lägesgivare (alla motorer).
f) Kamaxelns lägesgivare (alla motorer).
g) Syresensorn (alla motorer).

21 En katalysator är monterad för att minska skadliga avgasutsläpp.

22 1.8 liters DOHC motorer, utrustade med systemet Simtec 56.5, har ett variabelt insugsgrenrör för att underlätta ökad momenteffekt vid låga motorvarvtal. Varje grenrörsdel är utrustad med en ventil. Ventilen kontrolleras av styrenheten via en solenoidventil och en vakuummembranenhet **(se bild)**.

23 Vid låga motorvarvtal (under 3600 varv per minut) hålls ventilerna stängda. Luften som kommer in i motorn tvingas då att ta den långa vägen genom grenröret vilket leder till en ökning i motorns vridmomenteffekt.

24 Vid högre varvtal ställer styrenheten om solenoidventilen som då gör det möjligt för vakuum att påverka membranenheten. Membranenheten är länkad till ventilenheterna och öppnar var och en av de fyra ventilerna så att luft kan passera genom grenröret för att ta den kortare insugsvägen, som är bättre lämpad för högre motorvarvtal.

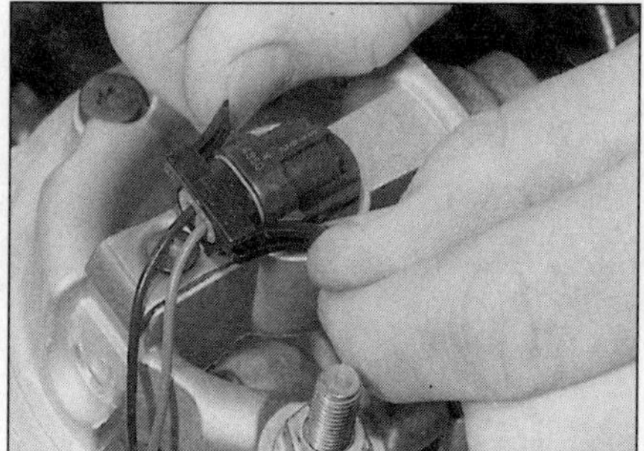

12.4 Lossa fästtapparna från insprutarens kontakt - Multec CFi modeller

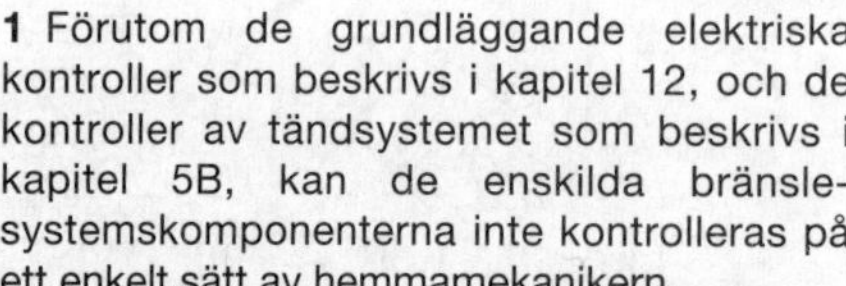

11 Bränsleinsprutningssystem - kontroll av komponenter

1 Förutom de grundläggande elektriska kontroller som beskrivs i kapitel 12, och de kontroller av tändsystemet som beskrivs i kapitel 5B, kan de enskilda bränslesystemskomponenterna inte kontrolleras på ett enkelt sätt av hemmamekanikern.

2 Om ett fel uppstår kommer styrenheten i de flesta fall att göra det möjligt att ändå köra motorn. Styrenheten kommer att använda ett reservprogram med lagrade värden för att hålla motorn igång, dock med minskad effektivitet och möjligen körbarhet. Även om felet är uppenbart för föraren kan det lätt döljas av reservprogrammet på ett sådant sätt att det blir mycket svårt att ställa feldiagnos.

3 Styrenheten har en självanalyserande funktion som lagrar felkoder i modulminnet. Dessa felkoder kan sedan tydas med hjälp av speciell testutrustning.

4 Om ett fel uppstår (kan upptäckas genom att en varningslampa tänds på instrumentpanelen) och orsaken inte är uppenbar, kan det vara idé att utföra kontrollerna som beskrivs i följande punkter. Om dessa kontroller inte löser problemet är det bästa man kan göra att kontrollera hela systemet med en felkodsläsare eller professionell diagnosutrustning.

5 Om ett fel uppstår, kontrollera först att det inte beror på bristande underhåll. Kontrollera att luftfiltret är rent och att tändstiften är i gott skick och har korrekta elektrodavstånd. Se även till att vevhusventilationens slangar inte är igentäppta eller skadade (se del C i detta kapitel) och att gasvajern är korrekt justerad (se avsnitt 8).

6 Om motorn går väldigt ojämnt, utför ett kompressionsprov (se kapitel 2A) och kom ihåg att en av de hydrauliska ventillyftarna kan vara defekt och orsaka ett felaktigt ventilspel.

7 Om problemet verkar bero på en smutsig eller igentäppt bränsleinsprutare, försök använda ett rengöringsmedel för bränsleinsprutare (som normalt hälls i bränsletankens innehåll) i enlighet med tillverkarens instruktioner.

8 Om felet består, kontrollera tändsystemets komponenter (så gott det går), enligt beskrivningen i kapitel 5B.

9 Om felet fortfarande inte är åtgärdat, arbeta metodiskt genom systemet, kontrollera alla säkringar, kontaktdon, kablar och vakuumslangar med avseende på lösa anslutningar, skador, smuts, läckage eller andra fel.

10 När systemkomponenterna kontrollerats efter tecken på uppenbara fel ska bilen tas till en Opelverkstad med lämplig utrustning så att hela systemet kan kontrolleras med speciell diagnosutrustning.

11 Försök inte kontrollera några av komponenterna, särskilt inte styrenheten, med hjälp av något annat än korrekt testutrustning. Det finns risk för allvarliga (och troligen dyra!) skador på komponenterna.

12 Bränsleinsprutning (Multec CFi enpunkts) - demontering och montering av komponenter

Bränsleinsprutningsenhet

Observera: *Läs föreskrifterna i avsnitt 1 innan arbetet påbörjas. Alla packningar och tätningar måste bytas ut vid monteringen, och fästmassa måste användas för att täcka gängorna på enhetens fästmuttrar.*

Demontering

1 Tryckutjämna bränslesystemet genom att ta bort bränslepumpreläet (se kapitel 12) och dra igång motorn på startmotorn i minst 5 sekunder.

2 Koppla loss batteriets minusledare.

3 Ta bort luftbehållaren från ovansidan av bränsleinsprutningsenheten enligt beskrivningen i avsnitt 3.

4 Lossa fästtapparna och koppla loss kontakten från bränsleinsprutaren **(se bild)**.

12.5 Bränsleinsprutarens gummimuff tas bort från insprutningsenheten – Multec CFi modeller

12.9 Koppla loss MAP-givarens slang från bränsleinsprutningsenheten – Multec CFi modeller

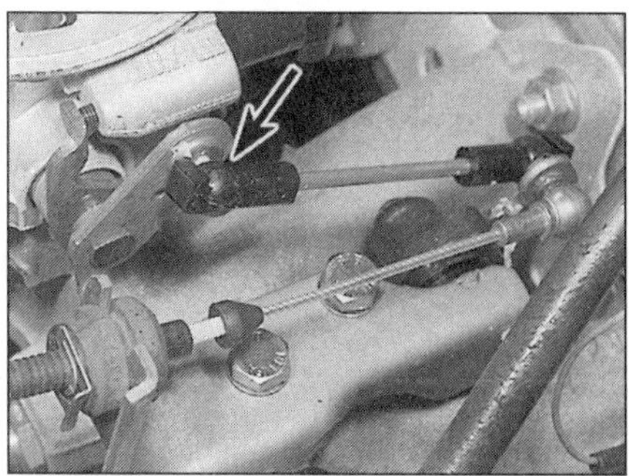

12.10 Koppla loss aktiveringsstaget (vid pilen) från gasspjällarmen – Multec CFi modeller

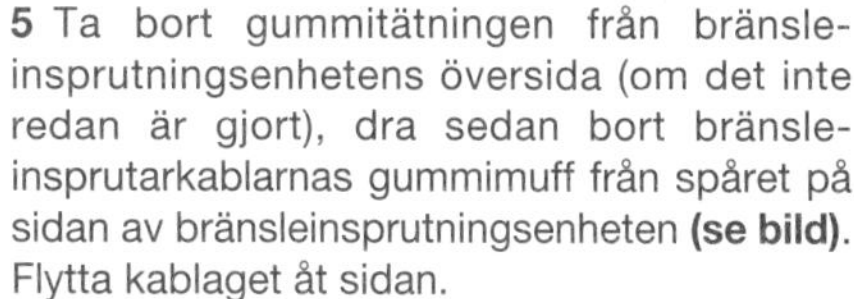

5 Ta bort gummitätningen från bränsleinsprutningsenhetens översida (om det inte redan är gjort), dra sedan bort bränsleinsprutarkablarnas gummimuff från spåret på sidan av bränsleinsprutningsenheten **(se bild)**. Flytta kablaget åt sidan.

6 Koppla loss anslutningskontakterna från tomgångsstyrningens motor och gasspjällets lägesgivare.

7 Koppla loss bränslematar- och retur-slangarna från bränsleinsprutningsenheten. Observera hur de sitter placerade för att underlätta återmonteringen. Var beredd på att bränsle kommer att läcka ut och vidta brandförebyggande åtgärder. Kläm ihop eller plugga igen slangarnas öppna ändar för att minimera ytterligare bränslespill.

8 Koppla loss vakuumslangarna från bränsleinsprutningsenheten. Observera hur de sitter och hur de är dragna för att underlätta korrekt återmontering.

9 Koppla loss MAP-givarens slang från bränsleinsprutningsenhetens baksida **(se bild)**.

10 Koppla loss aktiveringsstaget från gasspjällventilens arm **(se bild)**.

11 Gör en sista kontroll för att se till att alla slangar och kablar har kopplats loss för att underlätta demonteringen av bränsleinsprutningsenheten.

12 Skruva loss de två fästmuttrarna och ta bort brickorna. Ta bort hylsorna över grenrörets pinnbultar och lyft sedan försiktigt bort bränsleinsprutningsenheten från insugsröret **(se bilder)**. Ta loss packningen.

13 Bränsleinsprutningsenheten kan nu delas i en övre och en nedre del genom att de två fästskruvarna tas bort **(se bild)**. Vakuumslangens fläns och bränsleslangens anslutningar kan också tas bort om så önskas.

Montering

14 Montering sker i omvänd ordningsföljd, men tänk på följande:

15 Om det är tillämpligt, använd en ny packning när bränsleinsprutningens två delar sätts ihop. Om det är tillämpligt, använd även en ny packning när vakuumslangens fläns monteras. Om bränsleslangarnas anslutningar har demonterats, se till att brickorna sitter på plats vid monteringen.

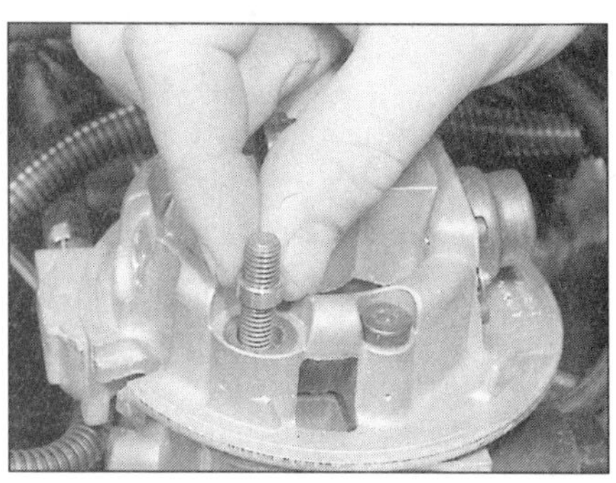

12.12a Ta vara på hylsorna som sitter på grenrörets pinnbultar – Multec CFi modeller

16 Montera bränsleinsprutningsenheten vid grenröret med en ny packning och se till att hylsorna är på plats över grenrörets pinnbultar. Täck fästmuttrarnas gängor med fästmassa före monteringen. Se till att brickorna är på plats under muttrarna.

17 Se till att alla slangar ansluts och dras korrekt, på det sätt som noterades vid demonteringen. Vakuumslangarna ska vara anslutna så som visas **(se bild)**.

18 Avsluta med att kontrollera gasvajerns fria spel och justera det om det behövs enligt beskrivningen i avsnitt 8.

Bränsleinsprutare

Observera: *Läs föreskrifterna i avsnitt 1 innan arbetet påbörjas. Om den ursprungliga bränsleinsprutaren återmonteras måste nya O-ringar användas. Klämfästesskruvens gängor måste täckas med lämplig fästmassa.*

12.13 Skruva loss skruvarna som håller enhetens övre del till den nedre – Multec CFi modeller

12.12b Bränsleinsprutningsenheten lyfts bort från grenröret – Multec CFi modeller

Demontering

19 Tryckutjämna bränslesystemet genom att ta bort bränslepumprelät (se kapitel 12) och dra igång motorn på startmotorn i minst 5 sekunder.

20 Lossa batteriets jordledning (minuspolen).

21 Ta bort luftbehållaren från ovansidan av bränsleinsprutningsenheten enligt beskrivningen i avsnitt 3.

22 Kläm ihop fästtapparna och koppla loss anslutningskontakten från bränsleinsprutaren.

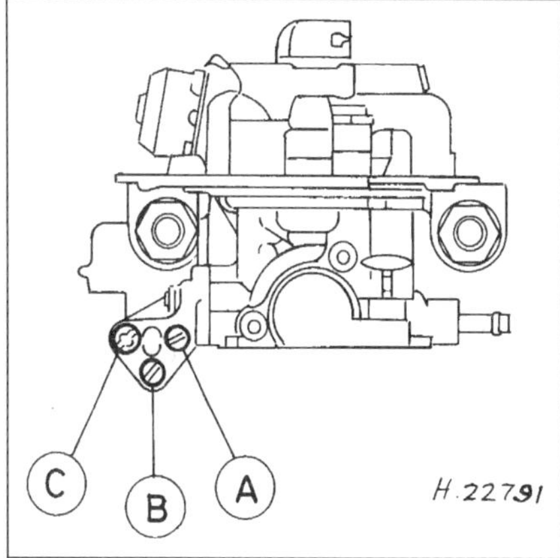

12.17 Vakuumslangarnas anslutningar på insprutningsenheten – Multec CFi modeller

A *Insugsluftens temperaturstyrning*
B *Avgasåterföring (EGR) (där tillämpligt)*
C *Bränsletankens ventilationsventil (där tillämpligt)*

12.23a Skruva loss fästskruven . . .

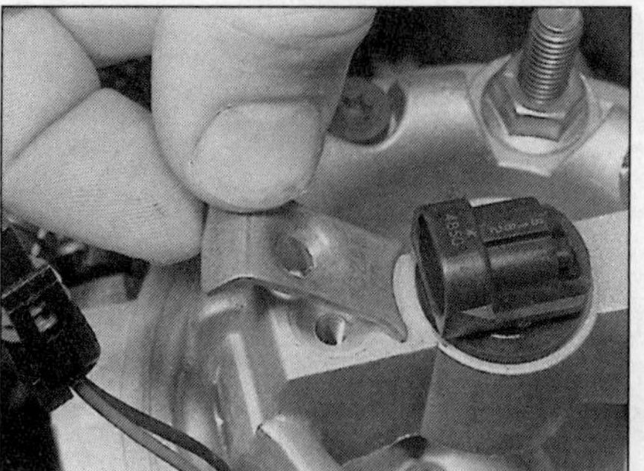

12.23b . . . och ta bort insprutarens klämfäste – Multec CFi modeller

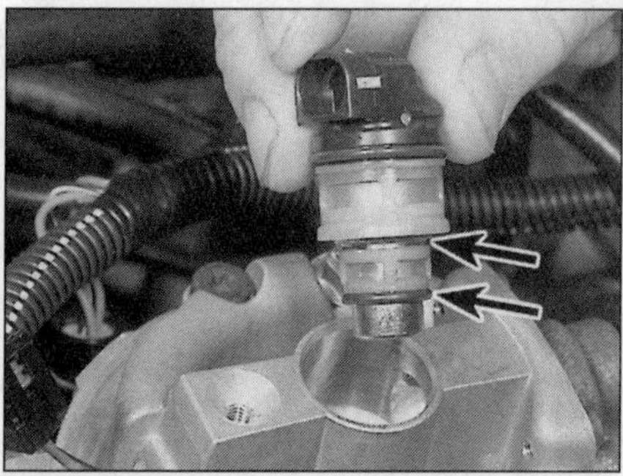

12.24 Demontering av insprutaren. Notera O-ringen (vid pilen) – Multec CFi modeller

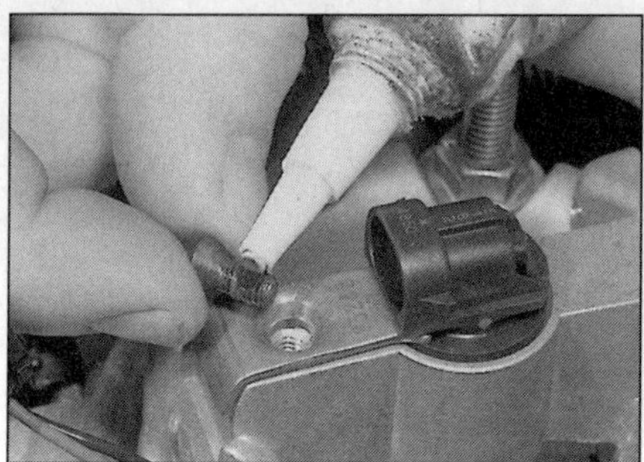

12.28 Täck gänorna på klämfästets skruv med fästmassa – Multec CFi modeller

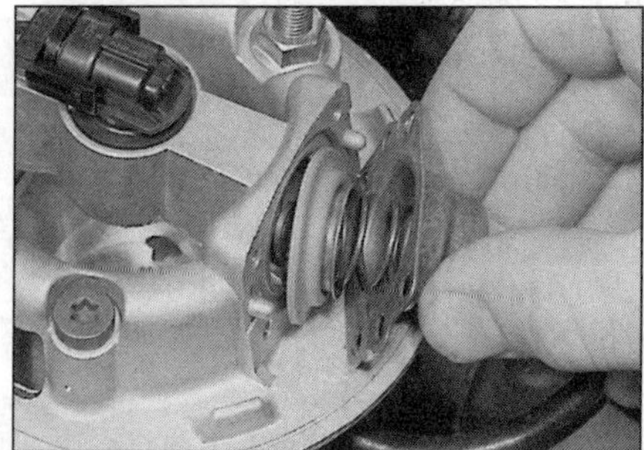

12.32 Ta bort bränsletrycksregulatorns kåpa – Multec CFi modeller

23 Ta bort fästskruven av torx-typ och dra bort bränsleinsprutarens klämfäste **(se bilder)**.

24 Dra försiktigt bort bränsleinsprutaren från bränsleinsprutningsenheten **(se bild)**.

Montering

25 Om den ursprungliga bränsleinsprutaren ska återmonteras ska de två O-ringarna i bränsleinsprutarens nederdel bytas ut.

26 Placera försiktigt bränsleinsprutaren i bränsleinsprutningsenheten, med kabelhylsan riktad mot klämfästesskruvens hål.

27 Montera bränsleinsprutarens klämfäste och se till att det hakar i bränsleinsprutaren ordentligt (fästet ska haka i spåret under kabelhylsan i bränsleinsprutaren).

28 Täck gängorna på klämfästets skruv med fästmassa, montera sedan skruven och dra åt den **(se bild)**.

29 Anslut bränsleinsprutarens kontakt och återanslut batteriets minusledare.

Bränsletrycksregulator

Observera: *Läs föreskrifterna i avsnitt 1 innan arbetet påbörjas. Tryckregulatorns membran måste bytas ut varje gång regulatorkåpan tas bort. Gängorna på regulatorkåpans fästbultar kommer att behöva täckas med fästmassa.*

Demontering

30 Tryckutjämna bränslesystemet genom att ta bort bränslepumpreläet (se kapitel 12) och dra runt motorn på startmotorn i minst 5 sekunder.

31 Ta bort luftbehållaren från ovansidan av bränsleinsprutningsenheten enligt beskrivningen i avsnitt 3.

32 Skruva loss de fyra fästbultarna av torx-typ från tryckregulatorns kåpa och dra försiktigt bort kåpan **(se bild)**.

33 Ta loss fjädersätet och fjäderenheten och lyft ut membranet **(se bild)**.

Montering

34 Montering sker i omvänd ordningsföljd. Se till att membranet sitter korrekt placerat i spåret på bränsleinsprutningsenheten, och täck gängorna på kåpans fästbultar med fästmassa före monteringen.

Gasspjällets lägesgivare

Observera: *Gängorna på givarens fästbultar måste täckas med fästmassa vid monteringen.*

Demontering

35 Lossa batteriets jordledning (minuspolen).

36 Ta bort luftbehållaren från ovansidan av bränsleinsprutningsenheten enligt beskrivningen i avsnitt 3.

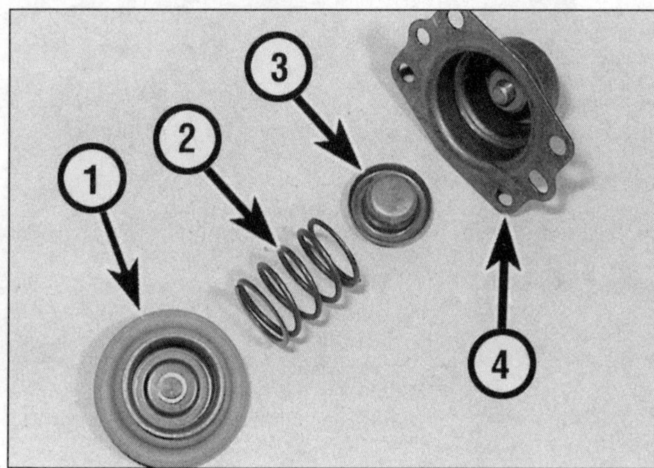

12.33 Bränsletrycksregulatorns delar – Multec CFi modeller

1 Membran 2 Fjäder 3 Fjädersäte 4 Kåpa

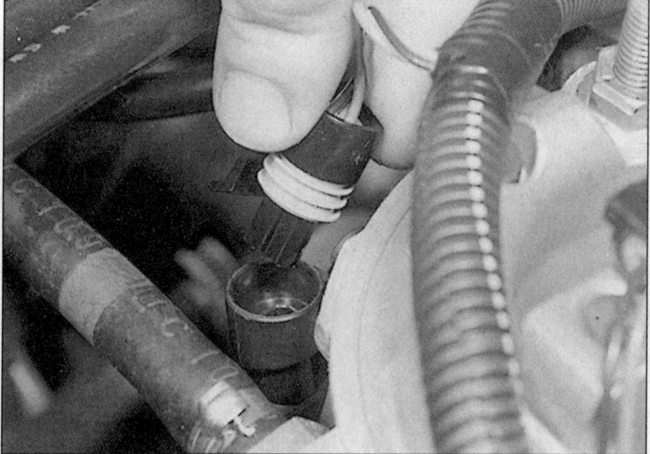

12.37 Koppla loss gasspjällägesgivarens kontakt – Multec CFi modeller

12.38 Demontering av gasspjällägesgivaren – Multec CFi modeller

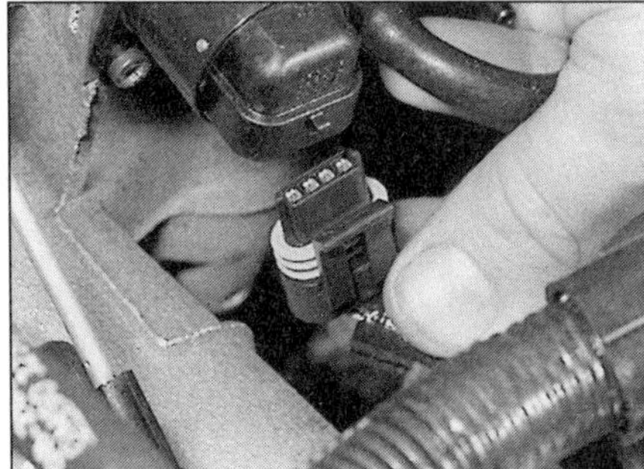

12.44 Koppla loss kontakten från tomgångsstyrningens motor – Multec CFi modeller

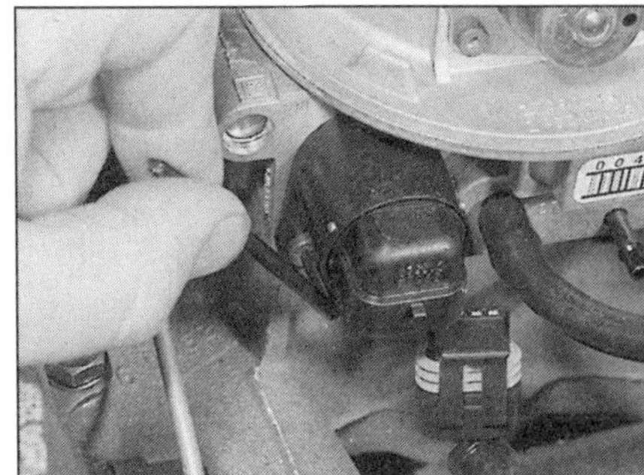

12.45a Skruva loss fästskruvarna . . .

12.45b . . . och ta bort motorn. Observera O-ringen (vid pilen) – Multec CFi modeller

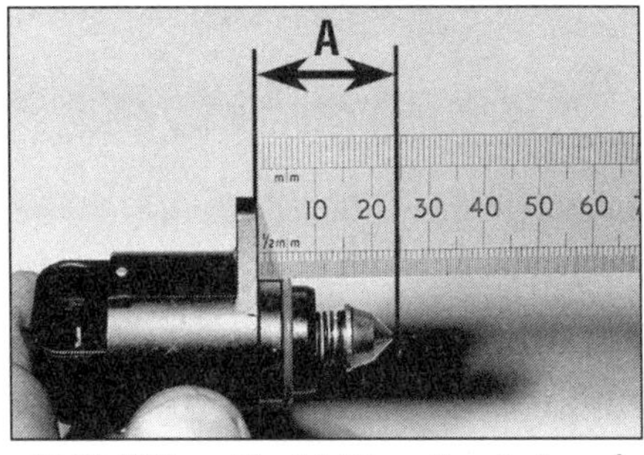

12.47 Mät avståndet (A) mellan änden på motorns kolv och ändytan på flänsen – Multec CFi modeller

12.50 Insugsgrenrörets tryckgivare (MAP-givare) (vattenavvisaren lyft för bättre sikt) – Multec CFi modeller

37 Koppla loss anslutningskontakten från gasspjällets lägesgivare **(se bild)**.

38 Ta bort de två skruvarna och dra bort givaren från dess hus i insprutningsenheten **(se bild)**.

Montering

39 Se till att gasspjällventilen är stängd, montera sedan givaren på huset och se till att givararmen är korrekt fasthakad i gasspjällventilens axel.

40 Täck givarens fästbultar med fästmassa, sätt dem sedan på plats och dra åt dem.

41 Ytterligare återmontering sker i omvänd ordningsföljd.

Tomgångsstyrningens motor

Observera: *En ny O-ring måste användas vid monteringen, och gängorna till motorns fästbultar måste täckas med fästmassa.*

Demontering

42 Lossa batteriets jordledning (minuspolen).

43 Ta bort luftbehållaren från ovansidan av bränsleinsprutningsenheten enligt beskrivningen i avsnitt 3.

44 Lossa fästtapparna och koppla loss anslutningskontakten från tomgångsstyrningens motor **(se bild)**.

45 Ta bort de två fästskruvarna och dra bort motorn från sidan av bränsleinsprutningsenheten. Ta loss O-ringstätningen om tillämpligt **(se bilder)**.

Montering

46 Montering sker i omvänd ordningsföljd, men tänk på följande.

47 För att undvika skador på huset under monteringen bör avståndet mellan änden på motorkolven och ändytan på motorns stomfläns inte överstiga 28,0 mm **(se bild)**. Mät det visade avståndet, och om avståndet är större än det angivna värdet, tryck försiktigt in kolven i motorstommen ända in till dess stopp.

48 Montera motorn med nya O-ringstätningar, med kabelhylsan riktad nedåt.

49 Täck gängorna på motorns fästbultar med fästmassa före monteringen.

Givare för absolut tryck i grenröret (MAP-givare)

Demontering

50 Givaren är placerad på motorrummets torpedvägg, under vattenavvisarens kant **(se bild)**.

51 Lossa batteriets jordledning (minuspolen).

52 Lyft upp kanten av vattenavvisaren för att komma åt givaren.

53 Koppla loss givarens anslutningskontakt och vakuumröret.

54 Dra givaren uppåt för att lossa den från fästet och ta bort den från bilen.

Montering

55 Montering sker i omvänd ordningsföljd.

Temperaturgivare för kylvätskan

Observera: *En ny tätningsring måste användas vid monteringen. På Multec-S modeller går det lättare att komma åt givaren om luftrenarenheten demonteras.*

Demontering

56 Givaren är placerad på insugsgrenrörets högra sida.

57 Lossa batteriets jordledning (minuspolen).

58 Tappa ur kylsystemet delvis, enligt beskrivningen i kapitel 1.

59 Koppla loss givarens anslutningskontakt **(se bild)**.

60 Skruva loss givaren och dra bort den. Ta loss tätningsringen om tillämpligt.

Montering

61 Montering sker i omvänd ordningsföljd, men använd en ny tätningsring.

62 Avsluta med att fylla på kylsystemet enligt beskrivningen i *Veckokontroller*.

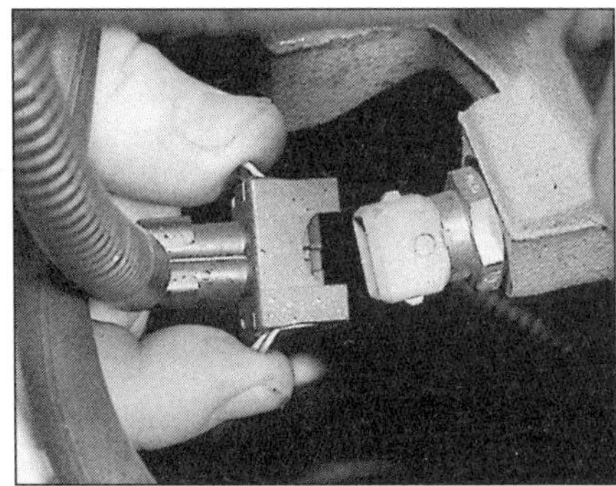

12.59 Koppla loss temperaturgivarens kontakt – 1.4 liter SOHC motor

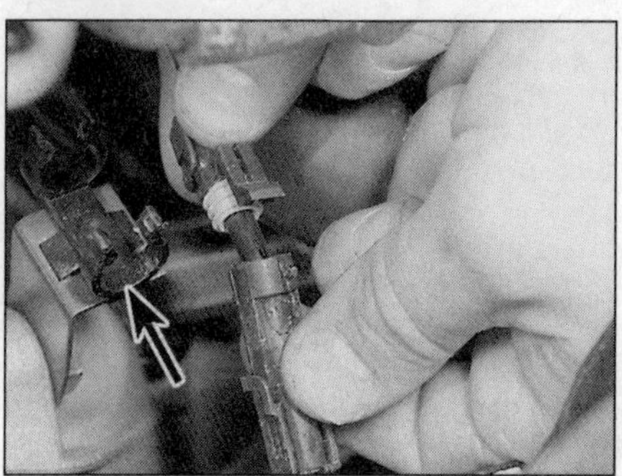
12.64 Koppla loss syresensorns kontakt. Observera fästet på växellådan (vid pilen) – 1.4 liter SOHC motor

12.75 Skruva loss fästskruven till vevaxelns hastighets-/lägesgivare (motorns fästbygel och servostyrningspumpen demonterade) – 1.8 liter SOHC motor

Syresensor

Observera: *Om den ursprungliga sensorn ska återmonteras måste gängorna smörjas in med ett specialfett (Opel artikelnr 90295397) vid monteringen. Låt inte sensorn komma i kontakt med bränsle eller silikon. Den här sensorn kallas även för lambdasond.*

Demontering

63 Starta motorn och kör den tills den når normal arbetstemperatur. Stanna motorn.

64 Koppla loss batteriets minusledare, följ sedan kablarna bakåt från syresensorn och koppla loss sensorns anslutningskontakt. Notera hur den är placerad **(se bild)**.

65 Använd en nyckel och skruva loss sensorn från avgasgrenröret.

Varning: Använd skyddshandskar, avgassystemet är mycket hett.

66 Dra bort sensorn och dess kablar, var noga med att inte bränna kablarna på avgassystemet. Observera hur kablarna är dragna.

Montering

67 Sensorn måste monteras medan motorn och avgassystemet fortfarande har normal arbetstemperatur.

68 Om en ny sensor monteras levereras den med gängorna täckta av specialfett, för att hindra att sensorn skär i avgasgrenröret.

69 Om den ursprungliga givaren monteras måste gängorna rengöras noga. Gängorna måste täckas med specialfett (Opel artikelnr 90295397). Använd endast det rekommenderade fettet, som består av flytande grafit och glaspärlor. När avgassystemet värms upp bränns grafiten bort och lämnar glaspärlorna mellan gängorna för att hindra sensorn från att skära.

70 Monteringen sker i omvänd ordning.

Vevaxelns hastighets-/lägesgivare – 1.8 liters motorer

Observera: *Det kan hända att en ny tätningsring krävs vid återmonteringen.*

Demontering

71 Givaren är placerad på avgasgrenrörets sida av motorn, i det nedre motorblocket, bakom oljepumpen.

72 Lossa batteriets jordledning (minuspolen).

73 Om det är tillämpligt, lossa de relevanta fästklamrarna från den yttre kamremskåpan och lossa givarkablarna från kamremskåpan.

74 Koppla loss givarens kontaktdon. Notera hur det är placerat.

75 Skruva loss fästskruven och dra bort givaren från motorblocket **(se bild)**.

Montering

76 Undersök givarens tätningsring och byt ut den om det behövs **(se bild)**.

77 Montering sker i omvänd ordningsföljd, se till att givarkablarna är korrekt placerade på kamremskåpan (om tillämpligt), och att kontaktdonet är korrekt placerat.

Elektronisk styrenhet

Observera: *På tidiga 1.6 och 1.8 liters modeller består styrenheten av två komponenter – den grundläggande styrenheten samt programminnet, som sitter fäst vid en kretspanel i styrenheten. De två komponenterna kan bytas ut oberoende av varandra om ett fel misstänks, men orsaken till felet kan endast fastställas med den professionella testutrustning som finns hos Opelverkstäder. På 1.4 liters modeller kan de två komponenterna inte skiljas åt, och hela enheten måste bytas ut om ett fel misstänks.*

Demontering

78 Styrenheten är placerad bakom den högra fotbrunnssidans/tröskelns klädselpanel.

79 Lossa batteriets jordledning (minuspolen).

80 Ta bort klädselpanelen från fotbrunnens sida/tröskeln enligt beskrivningen i kapitel 11, avsnitt 30.

81 Om det är tillämpligt, skruva loss de två fästmuttrarna och dra bort anslutningskontaktens fäste från fotbrunnen tillräckligt långt för att det ska gå att komma åt att dra bort styrenheten **(se bild)**.

82 På vissa vänsterstyrda modeller kan det vara nödvändigt att ta bort handskfacket (se kapitel 11, avsnitt 32) för att komma åt styrenheten.

83 Lokalisera styrenheten uppe i fotbrunnen.

84 Ta loss styrenhetens fäste (kan vara fäst med en skruv eller en klämma), sänk sedan ner fästet och koppla loss anslutningskontakten (kontakterna) från styrenheten. Var noga med att inte vidröra kontaktanslutningarna.

85 Koppla loss styrenheten från fästet. Notera dess placering.

86 På tidiga 1.6 och 1.8 liters modeller kan programminnet kopplas bort från kretspanelen i styrenheten när kåpan tagits bort från styrenhetens bakre del. Kåpan är fäst med två skruvar **(se bilder)**.

Montering

87 Monteringen sker i omvänd ordning. Se till att anslutningskontakten (kontakterna) återansluts ordentligt.

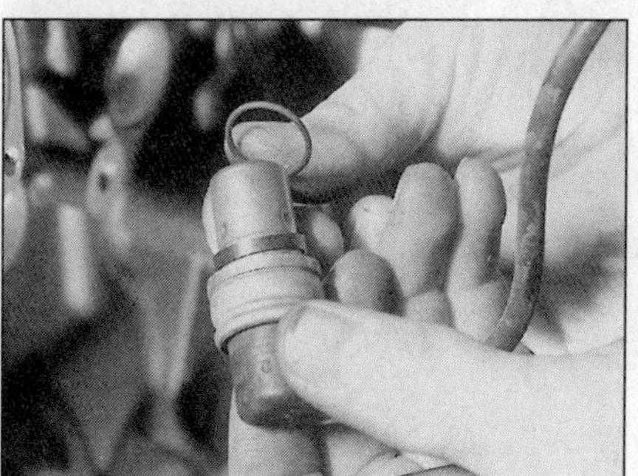
12.76 Undersök givarens O-ring

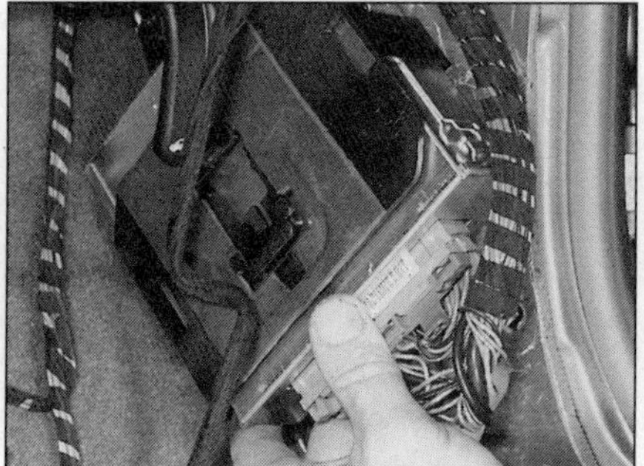
12.81 Sänk ner bränsleinsprutningens styrenhet och fäste från fotbrunnen

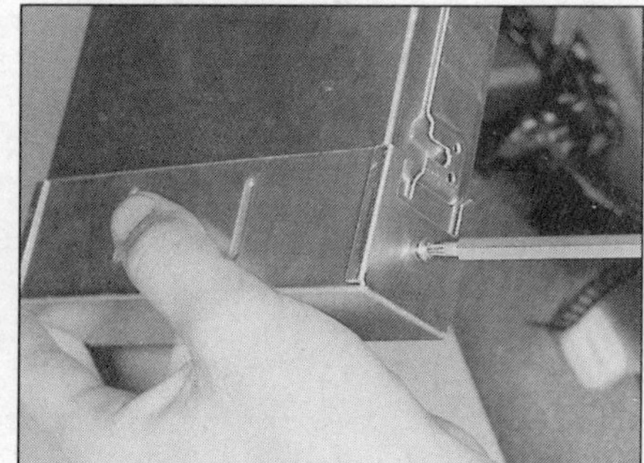
12.86a Ta bort styrenhetens bakre kåpa . . .

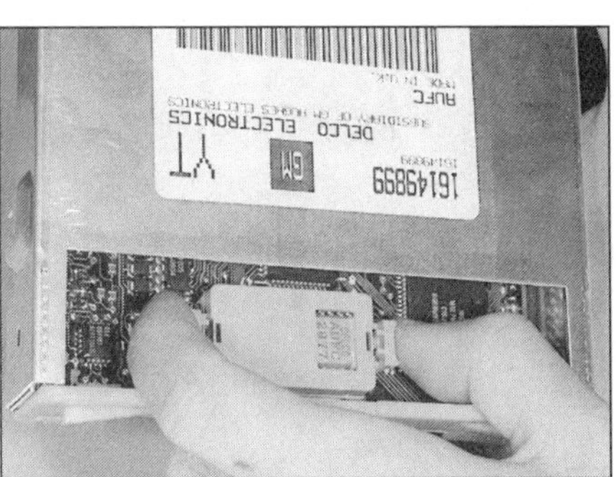

12.86b . . . för att komma åt programminnet

13.2 En klämskruv lossas från luftledningen

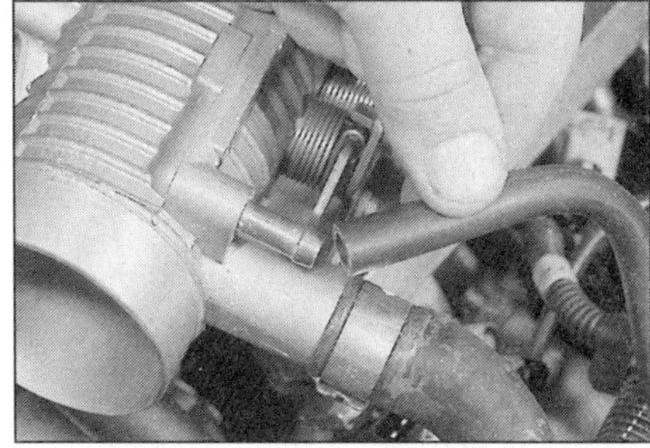

13.3 Koppla loss kamaxelkåpans ventilationsslang från gasspjällhuset – Multec M MPi modeller

Bränslepumprelä

Demontering

88 Bränslepumpsreläet är placerat i motorrummets säkrings-/relädosa.

89 Lossa kåpan från säkrings-/relädosan. Bränslepumpsreläet är lila. Se till att tändningen är av, dra sedan ut reläet.

Montering

90 Monteringen sker i omvänd ordning.

Avgasåterföringssystem (EGR) – komponenter (1.6 och 1.8 liters modeller)

91 Se del C i detta kapitel.

Bränsleförångningssystem – komponenter

92 Se del C i detta kapitel.

13 Bränsleinsprutning (Multec M flerpunkts) – demontering och montering av komponenter

Gasspjällhus

Observera: *En ny packning måste användas vid återmonteringen.*

Demontering

1 Koppla loss batteriets minusledare.

2 Lossa klämskruvarna som fäster luftledningen vid gasspjällhuset och luftrenarkåpan. Dra sedan bort luftledningarna **(se bild)**.

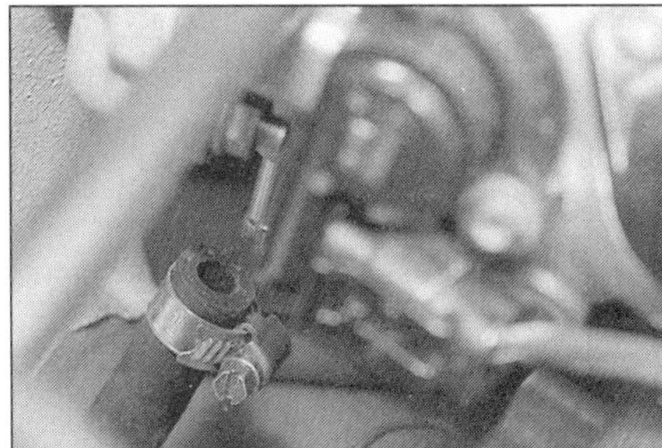

13.4 Koppla loss bränsletankens ventilvakuumslang från gasspjällhuset – Multec M MPi modeller

3 Koppla loss kamaxelkåpans ventilationsslangar från gasspjällhuset **(se bild)**.

4 Koppla loss bensintankens ventilvakuumslang från gasspjällhuset **(se bild)**.

5 Koppla loss vakuumslangen till givaren för absolut tryck i insugsröret (MAP) från gasspjällhuset.

6 Koppla loss kylvätskeslangen från gasspjällhuset. Var beredd på att kylvätska kommer att rinna ut, och kläm ihop eller plugga igen slangarnas ändar för att förhindra att ytterligare vätska läcker ut.

7 Koppla loss anslutningskontakterna från gasspjällets lägesgivare och tomgångsstyrningens motor.

8 Lossa fästklammern, koppla sedan loss spindelleden från gasvajeränden av gasspjällventilens arm.

9 Dra bort gasvajerns muff från fästet på insugsgrenröret, haka sedan loss gasspjällets returfjäder från fästet. Om det behövs, haka loss fjädern från muffen i gasspjällsventilens länksystem och lägg fjädern åt sidan där den inte är i vägen (notera fjäderns placering för att underlätta korrekt montering) **(se bild)**.

10 Gör en sista kontroll för att se till att alla slangar och kablar har kopplats loss för att underlätta demonteringen av gasspjällhuset.

11 Skruva loss de fyra fästmuttrarna och dra bort gasspjällhuset från insugsröret.

12 Ta loss packningen.

13 Gasspjällets lägesgivare och tomgångsstyrningens motor kan demonteras från gasspjällhuset enligt beskrivningen senare i detta avsnitt.

Montering

14 Montering sker i omvänd ordningsföljd, men tänk på följande:

15 Om det är tillämpligt, montera gasspjällets lägesgivare och/eller tomgångsstyrningens motor, enligt beskrivningen senare i detta kapitel.

16 Rengör gasspjällhusets och insugsrörets fogytor noga och montera gasspjällhuset med en ny packning.

17 Se till att alla kablar och slangar är korrekt dragna och återanslutna.

18 Kontrollera kylvätskenivån och fyll på om det behövs, enligt beskrivningen i *Veckokontroller*.

19 Avsluta med att kontrollera gasvajerns fria spel och justera om det behövs, enligt beskrivningen i avsnitt 8.

Bränsleinsprutare

Observera: *Läs föreskrifterna i avsnitt 1 innan arbetet påbörjas. Tätningarna i bränsleinsprutarens/insprutarnas båda ändar måste bytas ut vid monteringen.*

Demontering

20 Tryckutjämna bränslesystemet genom att ta bort bränslepumpreläet (se kapitel 12) och dra runt motorn på startmotorn i minst 5 sekunder.

21 Lossa batteriets jordledning (minuspolen).

22 Placera en trasa under bränslerörsanslutningen vid bränsletrycksregulatorn och släpp sedan ut det återstående övertrycket i bränslesystemet genom att långsamt lossa på bränslerörsanslutningen. Två fasta nycklar behövs för att regulatorn ska kunna hållas på plats under tiden som muttern lossas. Var beredd på att bränsle kommer att läcka ut, och vidta brandförebyggande åtgärder. Dra åt anslutningen när övertrycket har släppts ut.

23 Koppla loss anslutningskontakterna från bränsleinsprutarna, flytta sedan kablarna ur vägen för bränslefördelarskenan **(se bild på nästa sida)**.

24 Koppla loss vakuumröret från bränsletrycksregulatorns ände.

25 Skruva loss bränslefördelarskenans två fästbultar, lyft sedan bränslefördelarskenan

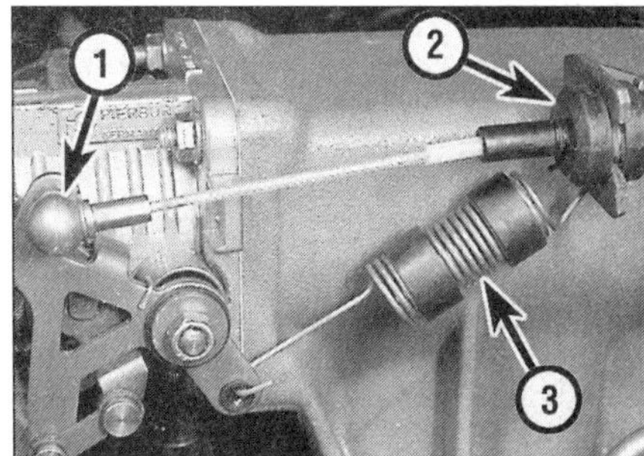

13.9 Gasspjällets länksystem – Multec M MPi modeller

1 *Vajeränden spindelled*
2 *Vajermuff*
3 *Returfjäder (notera hur den är monterad)*

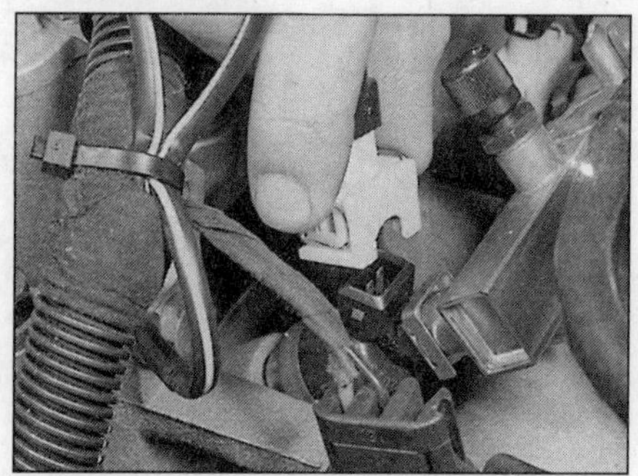

13.23 Kontakten kopplas loss från en insprutare – Multec M MPi modeller

tillsammans med bränsleinsprutarna tillräckligt mycket för att bränsleinsprutarna ska kunna tas bort **(se bilder)**. Var noga med att inte sträcka bränsleslangarna under bränsle-fördelarskenan. Var beredd på att bränsle kommer att läcka ut och vidta brandföre-byggande åtgärder.

26 Bränsleinsprutare tas bort från bränslefördelarskenan på följande sätt: Bänd ut metallklämman med hjälp av en skruvmejsel eller en tång, dra sedan bort bränsleinsprutaren från bränslefördelarskenan **(se bilder)**.

27 Bränsleinsprutarna kan inte renoveras och man kan inte köpa reservdelar till dem. Om det är fel på en bränsleinsprutare måste den bytas.

28 Bränslefördelarskenans enhet kan tas bort från bilen när de två bränsleslangarna, som är kopplade till bränsletillförsel- och returrören under bränslefördelarskenan, kopplats bort.

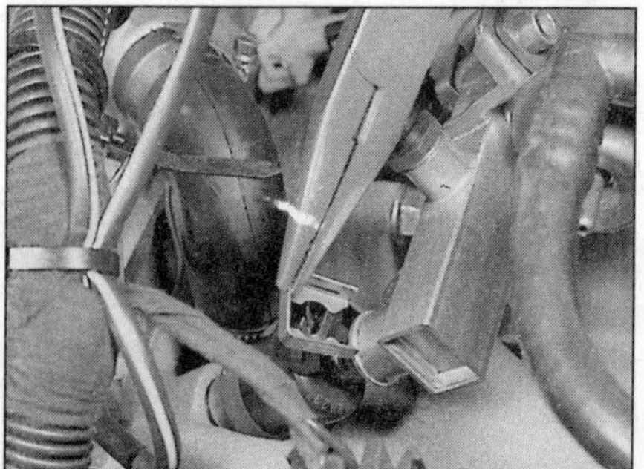

13.26a En bränsleinsprutares klämma tas bort – Multec M MPi modeller

13.33 Lossa bränsletrycksregulatorns bränslerörsanslutning – Multec M MPi modeller

13.25a Bränslefördelarskenans fästbultar (vid pilarna) – Multec M MPi modeller

Det är lättast att komma åt de två slangarna från bilens undersida. Markera slangarnas placering innan de kopplas loss, för att garantera att de återansluts korrekt.

Montering

29 Börja med att montera nya tätningar i bränsleinsprutarens/insprutarnas båda ändar.

30 Montering sker i omvänd ordningsföljd. Se till att alla rör och kablar återansluts korrekt.

Bränsletrycksregulator

Observera: *Läs föreskrifterna i avsnitt 1 innan arbetet påbörjas. Nya tätningsringar måste användas vid monteringen.*

Demontering

31 Tryckutjämna bränslesystemet genom att ta bort bränslepumpreläet (se kapitel 12) och dra runt motorn på startmotorn i minst 5 sekunder.

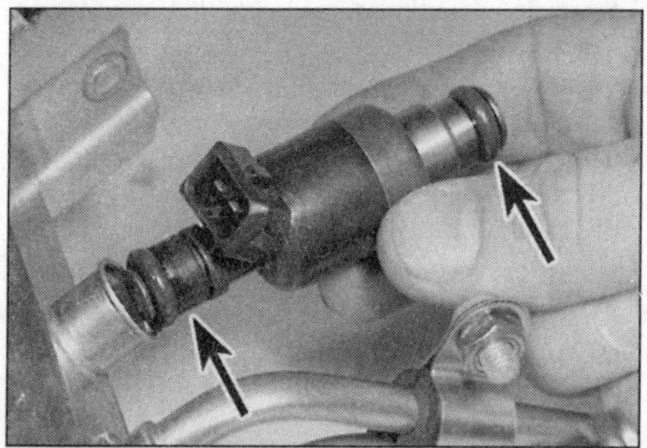

13.26b Insprutaren tas bort från bränslefördelarskenan. O-ringar vid pilarna – Multec M MPi modeller

13.34 Demontering av bränsletrycksregulatorn – Multec M MPi modeller

13.25b Lyft upp skenan från grenröret – Multec M MPi modeller

32 Lossa batteriets jordledning (minuspolen).

33 Koppla loss vakuumslangarna från tryckregulatorns ände, lossa sedan anslutningsmuttern från bränsletrycksregulatorns bränslerör (håll emot anslutningen med en andra nyckel) och koppla loss bränsleröret från regulatorn **(se bild)**. Var beredd på att bränsle kommer att läcka ut, och vidta brandförebyggande åtgärder. Plugga igen rörets öppna ände för att hindra smuts från att tränga in och bränsle från att läcka ut.

34 Skruva loss fästbulten och dra bort tryckregulatorn från bränsleröret och bränslefördelarskenan **(se bild)**.

Montering

35 Montering sker i omvänd ordningsföljd. Använd nya tätningsringar till anslutningarna mellan regulatorn och bränsleröret samt mellan regulatorn och bränslefördelarskenan.

Gasspjällets lägesgivare

Demontering

36 Lossa batteriets jordledning (minuspolen).

37 Lossa fästklamrarna och koppla loss anslutningskontakten från gasspjällets lägesgivare.

38 Ta bort de tre fästskruvarna och dra bort givaren från gasspjällhuset.

Montering

39 Montering sker i omvänd ordningsföljd, men se till att givarens kontakt hakar i gasspjällsventilens axel korrekt, och se till att givaren är korrekt placerad i sitt säte på gasspjällhuset.

Tomgångsstyrningens motor

Observera: *Det kan hända att en ny tätningsring krävs vid återmonteringen.*

Demontering

40 Lossa batteriets jordledning (minuspolen).

41 Lossa fästklammern och koppla loss anslutningskontakten från motorn **(se bild)**.

42 Ta loss de två fästskruvarna och dra bort motorn. Ta loss O-ringstätningen om tillämpligt.

Montering

43 Undersök tätningsringen och byt ut den om den är i dåligt skick, innan motorn återmonteras.

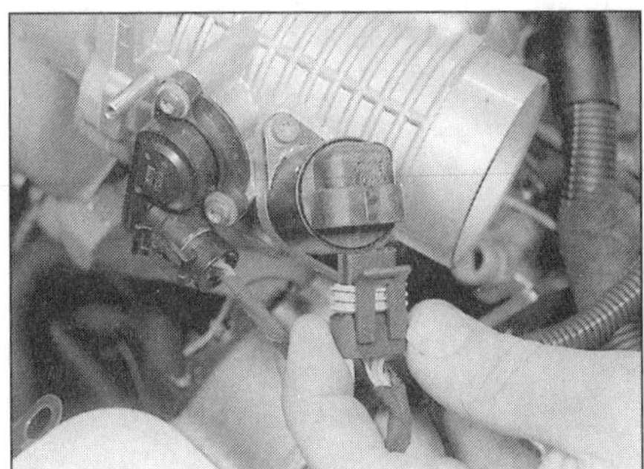

13.41 Koppla loss tomgångsstyrmotorns kontakt – Multec M MPi modeller

13.48 Induktiv pulsgivare sedd underifrån (fästbult vid pilen) – Multec M MPi modeller

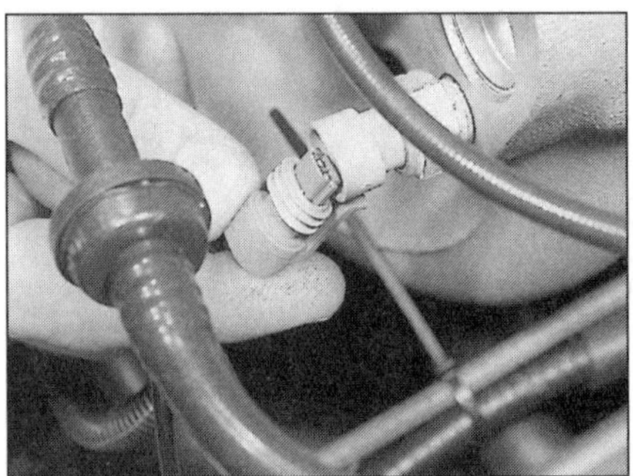

13.58 Koppla loss kontakten från insugsluftens temperaturgivare – Multec M MPi modeller

44 Montering sker i omvänd ordningsföljd, men se till att tätningsringen är korrekt placerad och att motorns kabelhylsa är riktad nedåt.

Givare för absolut tryck i grenröret (MAP)

45 Fortsätt enligt beskrivningen i avsnitt 12 för Multec CFi modeller.

Temperaturgivare för kylvätskan

46 Fortsätt enligt beskrivningen i avsnitt 12 för Multec CFi modeller, men observera att givaren är placerad i topplockets vänstra ändyta, under strömfördelaren eller spolen (efter tillämplighet).

Lambdasond

47 Fortsätt enligt beskrivningen i avsnitt 12 för Multec CFi modeller.

Vevaxelns hastighets-/ lägesgivare

Observera: *Det kan hända att en ny tätningsring krävs vid återmonteringen.*

Demontering

48 Givaren är placerad i ett fäste som sitter fastskruvat på det nedre motorblocket, på sidan mot insugsgrenröret, bredvid vevaxelns remskiva **(se bild)**.

49 Lossa batteriets jordledning (minuspolen).

50 Koppla loss givarens kontaktdon, som sitter fäst vid en fästbygel på kamaxelkåpan. Ta loss kontaktdonet från fästet.

51 Det är lättast att komma åt givaren från bilens undersida. Om så behövs, hissa upp framvagnen och ställ den på pallbockar (se *Lyftning och stödpunkter*).

52 Ta loss fästskruven och dra bort givaren från fästbygeln. Notera hur kablarna är dragna för att underlätta monteringen.

Montering

53 Undersök givarens tätningsring och byt ut den om det behövs.

54 Montering sker i omvänd ordning. Se till att kablarna och kontaktdonet är korrekt placerade.

55 Avsluta med att kontrollera avståndet mellan givarens ändyta och det kuggförsedda givarhjulet som sitter fäst vid vevaxelns remskiva med hjälp av ett bladmått. Avståndet ska stämma överens med det värde som anges i specifikationerna. Om avståndet inte är lika stort som det angivna värdet måste givarens fästbygel bytas ut eftersom det inte går att justera avståndet.

Insugsluftens temperaturgivare

Demontering

56 Givaren är placerad på den högra änden av insugsrörets utjämningskammare.

57 Lossa batteriets jordledning (minuspolen).

58 Koppla loss givarens anslutningskontakt **(se bild)**.

59 Skruva loss givaren från grenröret.

Montering

60 Montering sker i omvänd ordningsföljd.

Elektronisk styrenhet (ECU)

61 Fortsätt enligt beskrivningen i avsnitt 12 för Multec CFi modeller, observera att den grundläggande styrenheten och programminnet kan bytas ut oberoende av varandra.

Bränslepumprelä

62 Fortsätt enligt beskrivningen i avsnitt 12 för Multec CFi modeller.

Bränsleförångningssystem – komponenter

63 Se del C i detta kapitel.

14 Bränsleinsprutning (Multec S flerpunkts) – demontering och montering av komponenter

Gasspjällhus – 1.4 liters motorer

Observera: *Läs föreskrifterna i avsnitt 1 innan arbetet påbörjas. En ny packning till gasspjällhuset behövs vid återmonteringen.*

Demontering

1 Tryckutjämna bränslesystemet genom att ta bort bränslepumpreläet (se kapitel 12) och dra runt motorn på startmotorn i minst 5 sekunder.

2 Koppla loss batteriets minusledare.

3 Ta bort motorns oljepåfyllningslock och motorkåpan, koppla sedan loss de två ventilationsslangarna från kamaxelkåpans baksida.

4 Koppla loss anslutningskontakten från insugsluftens temperaturgivare, lossa sedan slangklämmorna och ta bort luftledningarna mellan luftrenaren och gasspjällhuset.

5 Koppla loss gasvajern från gasspjällarmen och fästbygeln på gasspjällhuset, enligt beskrivningen i avsnitt 8.

6 Lossa kamaxelgivarens kontaktdon och anslutningskontakterna till den sekundära luftinsprutningens omkopplingsventil från fästbygeln på gasspjällhuset.

7 Koppla loss anslutningskontakterna från gasspjällets lägesgivare och tomgångsstyrningens motor.

8 Tappa ur kylsystemet delvis enligt beskrivningen i kapitel 1 och koppla sedan loss kylvätskeslangarna från gasspjällhuset. Var beredd på kylvätskespill.

9 Koppla loss slangen till kolkanisterns rensventil från gasspjällhuset.

10 Skruva loss fästbultarna och ta bort gasspjällhuset från insugsgrenröret. Ta loss packningen (om det är tillämpligt).

Montering

11 Inled återmonteringen med en noggrann rengöring av gasspjällhusets och grenrörets fogytor.

12 Montering sker i omvänd ordningsföljd, men tänk på följande:

13 Montera gasspjällhuset med en ny packning och dra åt fästbultarna till angivet moment.

14 Se till att alla slangar och anslutningskontakter är ordentligt återanslutna.

15 Återanslut gasvajern och justera om det behövs, enligt beskrivningen i avsnitt 8.

16 Avsluta med att kontrollera kylvätskenivån och fyll på om det behövs enligt beskrivningen i *Veckokontroller*.

Gasspjällhus – 1.6 liters motorer

Observera: *Läs föreskrifterna i avsnitt 1 innan arbetet påbörjas. En ny packning till gasspjällhuset behövs vid återmonteringen.*

Demontering

17 Följ beskrivningen i punkt 1 och 2.

18 Ta bort motorns oljepåfyllningslock, skruva sedan loss fästskruvarna och lyft bort motorkåpan. Sätt tillbaka oljepåfyllningslocket.

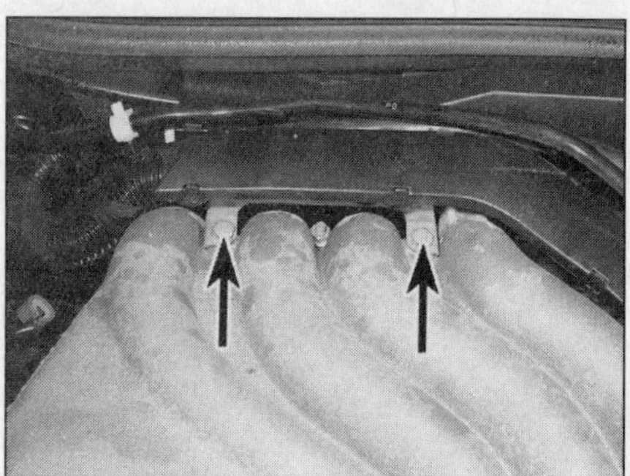

14.19a Skruva loss fästbultarna . . .

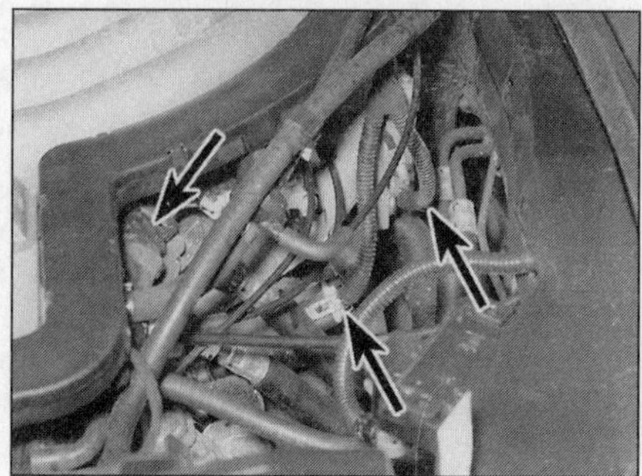

14.19b . . . koppla loss de olika kontaktdonen (vid pilarna) . . .

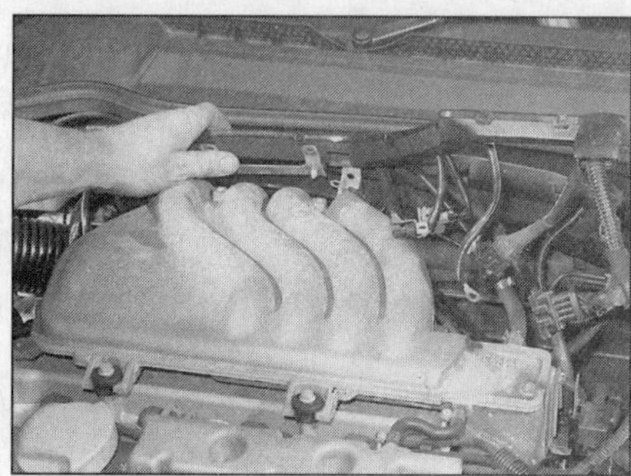

14.19c . . . och ta loss kabelhärvans plastbricka från grenröret – 1.6 liters motor

19 Skruva loss bultarna som håller fast kabelhärvans plastbricka till baksidan av insugsgrenröret. Börja längst fram och arbeta bakåt, koppla loss kontaktdonen från syresensorn, DIS-modulen, kolkanisterns rensventil samt de olika kontaktdonen på vänster sida av grenröret. Skruva loss muttrarna som håller fast jordledningarna till topplocket och grenröret, och lossa sedan kabelhärvans plastbricka och flytta bort den från grenröret **(se bilder)**.

20 Ta bort DIS-modulen enligt beskrivningen i kapitel 5B.

21 Lossa kolkanisterns rensventil från grenrörets vänstra ände och koppla loss ventilslangen från grenröret **(se bild)**.

22 Lossa anslutningsmuttern och koppla loss bromsservons slang från grenröret. Koppla även loss ventilations-/vakuumslangarna som sitter placerade bredvid servoanslutningen **(se bild)**.

23 Lossa fästklammern och koppla loss luftintagsledningen från gasspjällhuset.

24 Skruva loss bultarna som fäster gasvajerns fästbygel vid grenröret. Koppla loss gasvajern från gasspjällarmen och fästet, enligt beskrivningen i avsnitt 8.

25 Skruva loss gasspjällhusets fästbultar och lösgör gasspjällhuset från grenröret. Ta loss packningen och kasta den, en ny måste användas vid återmonteringen.

26 Lossa anslutningsmuttrarna och koppla loss bränsleslangarna från bränslefördelarskenan. Håll bränslefördelarskenans tillsatser på plats med en fast nyckel medan anslutningsmuttrarna lossas.

27 Vrid gasspjällhuset tills det går att komma åt kylvätskeslangarnas anslutningar. Märk slangarna för att underlätta återmonteringen, lossa sedan fästklamrarna och koppla loss slangarna från gasspjällhuset. Plugga igen slangändarna för att minimera kylvätskespill.

28 Koppla loss kontaktdonen från gasspjällets lägesgivare och tomgångsstyrningens motor, ta sedan bort gasspjällhuset från motorrummet.

Montering

29 Montering sker i omvänd ordningsföljd, men tänk på följande.

a) Se till att kontaktdonen och kylvätskeslangarna är korrekt och ordentligt återanslutna innan gasspjällhuset skruvas fast på grenröret.
b) Montera en ny packning och dra åt gasspjällhusets bultar till angivet moment.
c) Dra åt bränsleslangens anslutningsmutter ordentligt.
d) Se till att alla slangar är korrekt och fast återanslutna.
e) Återanslut gasvajern och justera om det behövs, enligt beskrivningen i avsnitt 8.

Bränsleinsprutare – 1.4 liters motorer

Observera: *Om en bränsleinsprutare misstänks vara defekt kan det vara en bra idé att försöka rengöra insprutaren med en därför avsedd behandling, innan den döms ut. Nya tätningsringar till bränsleinsprutarna krävs vid återmonteringen.*

Demontering

30 Tryckutjämna bränslesystemet genom att ta bort bränslepumpreläet (se kapitel 12) och dra runt motorn på startmotorn i minst 5 sek.

31 Lossa batteriets jordledning (minuspolen).

32 Ta bort motorns oljepåfyllningslock, skruva loss fästskruvarna och lyft bort motorkåpan. Sätt tillbaka oljepåfyllningslocket.

33 Koppla loss ventilationsslangarna från kamaxelkåpans baksida.

34 Koppla loss anslutningskontakten från insugsluftens temperaturgivare, lossa sedan slangklämmorna och koppla loss luftintagskanalen från luftrenaren och gasspjällhuset. Ta bort kanalen.

35 Koppla loss alla relevanta anslutningskontakter och kablar från kabelhärvans plastbricka ovanför bränsleinsprutarna.

36 Lossa fästklamrarna och koppla loss bränsleinsprutarnas anslutningskontakter. Lägg sedan undan kabelhärvan och plastbrickan så att det inte är i vägen, mot den bakre delen av motorn.

37 Skruva loss bränslefördelarskenans två fästbultar, lyft sedan försiktigt bort bränslefördelarskenan/bränsleinsprutarna från grenröret. Ta bort de nedre tätningsringarna från bränsleinsprutarna och kasta dem. De måste bytas ut varje gång de rubbas.

38 Ta bort relevant fästklammer och dra bort bränsleinsprutaren från bränslefördelarskenan. Ta bort den övre tätningsringen från bränsleinsprutaren och kasta den. Alla tätningsringar som rubbats måste bytas ut.

Montering

39 Montering sker i omvänd arbetsordning men tänk på följande:

a) Byt ut alla rubbade tätningsringar och smörj de nya tätningsringarna med lite motorolja för att underlätta monteringen.
b) Passa in bränsleinsprutaren (insprutarna) i bränslefördelarskenan. Se till att tätningsringen (ringarna) hålls på plats och fäst med fästklamrar.
c) Var noga med att inte skada bränsleinsprutarna och se till att alla tätningsringar är på plats vid monteringen av bränslefördelarskenan. Dra åt bränslefördelarskenans fästbultar till angivet moment när skenan sitter på plats.

14.21 Ta loss rensventilen från grenrörets vänstra sida – 1.6 liters motor

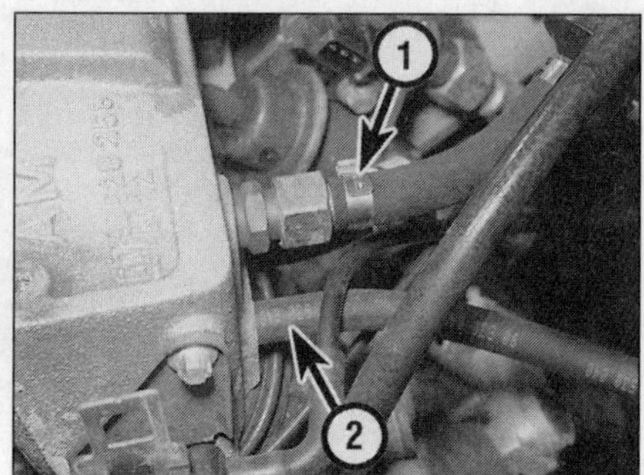

14.22 Koppla loss bromsservoslangen (1) och ventilations-/vakuumslangen (2) från grenröret – 1.6 liters motor

14.53 Bränsletrycksregulatorn (vid pilen) sitter på den vänstra änden av bränslefördelarskenan – 1.6 liters motor

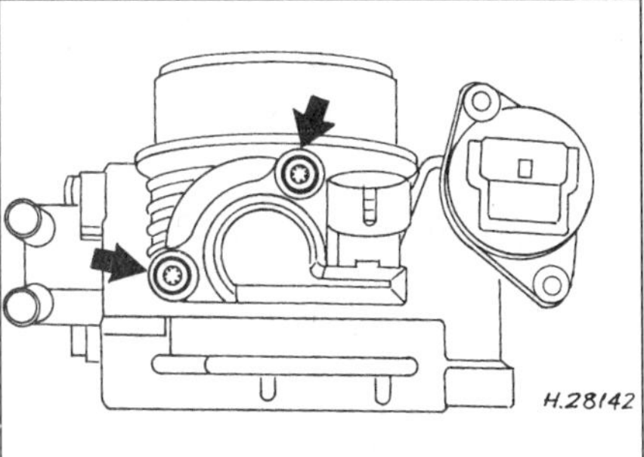

14.59 Gasspjällägesgivarens fästskruvar (vid pilarna) – 1.6 liters motor (visas med gasspjällhuset demonterat)

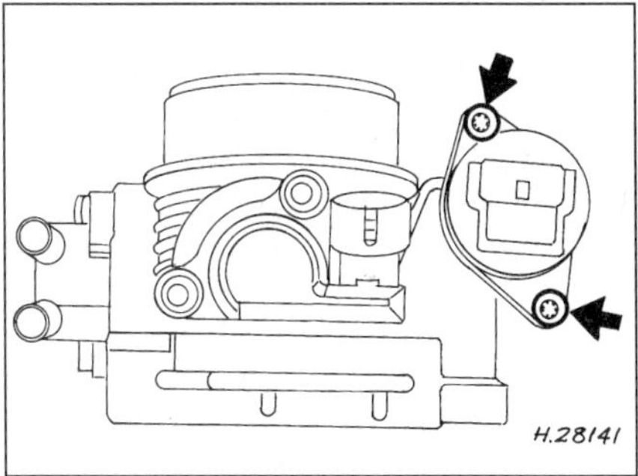

14.64 Tomgångsstyrmotorns fästskruvar (vid pilarna) – 1.6 liters motor (visat med gasspjällhuset demonterat)

d) *Avsluta med att starta motorn och leta efter bränsleläckage.*

Bränsleinsprutare – 1.6 liters motorer

Observera: *Om en bränsleinsprutare misstänks vara defekt kan det vara en bra idé att försöka rengöra bränsleinsprutaren med en därför avsedd behandling, innan den döms ut. Nya tätningsringar krävs vid återmonteringen.*

Demontering

40 Följ beskrivningen i punkt 17 och 18.

41 Ta bort insugsgrenrörets övre del enligt beskrivningen i avsnitt 19.

42 Koppla loss kontaktdonen från de fyra bränsleinsprutarna, lösgör sedan kabelhärvan från bränslefördelarskenan.

43 Skruva loss anslutningsmuttrarna och koppla loss bränsleslangarna från bränslefördelarskenan. Håll bränslefördelarskenans tillsatser på plats med en fast nyckel medan anslutningsmuttrarna lossas. Var beredd på att bränsle kommer att läcka ut, och vidta brandförebyggande åtgärder.

44 Skruva loss bränslefördelarskenans tre fästbultar, för sedan försiktigt bort bränslefördelarskenan/bränsleinsprutarna ur läge och ta bort dem från grenröret. Ta bort de nedre tätningsringarna från bränsleinsprutarna och kasta dem. De måste bytas ut varje gång de rubbas.

45 Ta bort relevant fästklammer och dra bort bränsleinsprutaren från bränslefördelarskenan. Ta bort den övre tätningsringen från bränsleinsprutaren och kasta den. Alla tätningsringar som rubbats måste bytas ut.

Montering

46 Montering sker i omvänd ordningsföljd, men tänk på följande:

a) *Byt ut alla rubbade tätningsringar och smörj de nya tätningsringarna med lite motorolja för att underlätta monteringen.*

b) *Passa in bränsleinsprutaren (insprutarna) i bränslefördelarskenan, se till att tätningsringen(ringarna) hålls på plats och fäst med fästklamrar.*

c) *Var noga med att inte skada bränsleinsprutarna och se till att alla tätningsringar är på plats vid monteringen av bränslefördelarskenan. Dra åt bränslefördelarskenans fästbultar till angivet moment när skenan sitter på plats.*

d) *Avsluta med att starta motorn och leta efter bränsleläckage.*

Bränsletrycksregulator – 1.4 liters motorer

Observera: *Nya O-ringstätningar måste användas vid monteringen.*

Demontering

47 Fortsätt enligt beskrivningen i punkt 1 och 2.

48 Koppla loss vakuumslangen från regulatorn.

49 Skruva loss klämskruven och ta bort klämman som fäster regulatorn vid bränslefördelarskenan.

50 Notera hur regulatorn är monterad och dra sedan försiktigt bort den från bränslefördelarskenan. Kasta O-ringstätningarna – nya tätningar måste användas vid återmonteringen.

Montering

51 Montering sker i omvänd ordningsföljd, men montera nya O-ringstätningar på regulatorn och se till att regulatorn placeras korrekt på det sätt som noterades vid demonteringen. Avsluta med att starta motorn och leta efter läckage.

Bränsletrycksregulator – 1.6 liters motorer

Observera: *En ny tätningsring behövs vid återmonteringen.*

Demontering

52 Fortsätt enligt beskrivningen i punkt 1 och 2.

53 Bränsletrycksregulatorn är svår att komma åt, men det går lättare om kabelhärvans plastbricka tas bort från insugsgrenröret (se avsnitt 19) **(se bild)**.

54 Håll regulatorn på plats med en fast nyckel och skruva loss bränsleslangens anslutningsmutter. Koppla loss bränsleslangen och vakuumslangen från regulatorn. Var beredd på bränslespill.

55 Skruva loss fästbulten och lösgör kabelfästet från bränslefördelarskenan.

56 Ta ut regulatorn från änden av bränslefördelarskenan och ta bort den tillsammans med tätningsringen.

Montering

57 Montering sker i omvänd ordningsföljd, men använd en ny tätningsring. Avsluta med att starta motorn och leta efter bränsleläckage.

Gasspjällets lägesgivare

Observera: *Gängorna till givarens fästskruvar måste täckas med fästmassa vid monteringen.*

Demontering

58 På 1.6 liters motorer, ta bort gasspjällhuset enligt beskrivningen tidigare i detta avsnitt.

59 Koppla loss givarens anslutningskontakt (om det inte redan är gjort), skruva sedan loss fästskruvarna och dra bort givaren från gasspjällhuset **(se bild)**.

Montering

60 Montera givaren och se till att givarens kontakt hakar i gasspjällventilens axel ordentligt.

61 Lägg fästmassa på fästskruvarnas gängor, sätt i dem och dra åt dem ordentligt. Anslut givarens anslutningskontakt om det är tillämpligt.

62 På 1.6 liters motorer, montera gasspjällhuset enligt beskrivningen tidigare i detta avsnitt.

Tomgångsstyrningens motor

Observera: *Gängorna till motorns fästskruvar måste täckas med fästmassa vid monteringen.*

Demontering

63 På 1.6 liters motorer, ta bort gasspjällhuset enligt beskrivningen tidigare i detta avsnitt.

64 Koppla loss anslutningskontakten till tomgångsstyrningens motor (om det inte redan är gjort), skruva sedan loss fästskruvarna och dra bort tomgångsstyrningens motor från gasspjällhuset **(se bild)**. Ta reda på tätningen.

Montering

65 Montering sker i omvänd ordningsföljd, men tänk på följande:

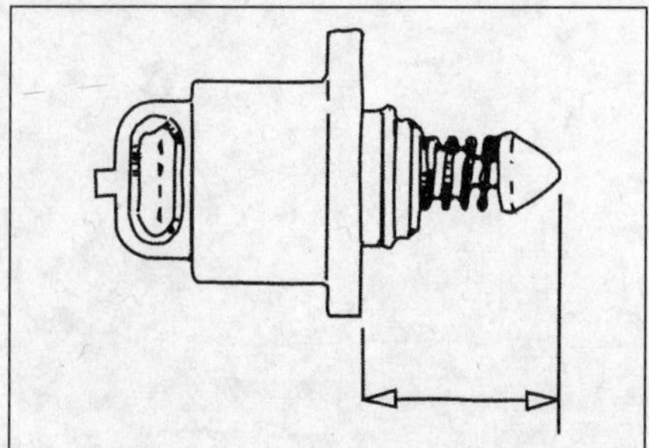

14.65 Maximalt utstick för tomgångsstyrmotorns tryckkolv är 33.0 mm – Multec S modeller

a) Undersök tätningsringen och byt ut den om den är i dåligt skick.

*b) Innan monteringen, kontrollera att spetsen på motorns tryckkolv inte sticker ut mer än 33 mm från motorns fästfläns **(se bild)**. Om det behövs, tryck försiktigt in tryckkolven i huset tills den är korrekt placerad. I annat fall kan motorn skadas.*

c) Se till att motorn monteras med kontaktdonet nedåt.

d) Täck fästskruvarnas gängor med fästmassa.

e) På 1.6 liters motorer, montera gasspjällhuset enligt beskrivningen tidigare i detta avsnitt.

Givare för absolut tryck i grenröret (MAP)

66 Följ beskrivningen i avsnitt 12 för Multec CFi modeller.

Temperaturgivare för kylvätskan

67 Följ beskrivningen i avsnitt 12 för Multec CFi modeller, men observera att givaren är placerad i termostathuset. Man kommer åt givaren genom att ta bort luftrenarenheten enligt beskrivningen i avsnitt 3.

Lambdasond

68 Fortsätt enligt beskrivningen i avsnitt 12 för Multec CFi modeller.

Vevaxelns hastighets-/lägesgivare

Demontering

69 Lossa batteriets jordledning (minuspolen).

70 Lossa kabelhärvans plastbricka från fästena för att lättare komma åt givarens kontaktdon.

71 Följ kablaget bakåt från givaren, lossa sedan givarens kontaktdon från fästet i motorrummet och sära på kontaktdonets två halvor.

72 Anteckna noga hur givarens kablage är draget.

73 Om man vill kan man knyta fast ett två meter långt snöre i givarens anslutningskontakt för att underlätta dragningen av kablaget vid återmonteringen.

74 Arbeta vid kablagets givarände, dra försiktigt ner kablaget från motorrummet och, om det är tillämpligt, knyt loss snöret och lämna det på plats för att underlätta monteringen.

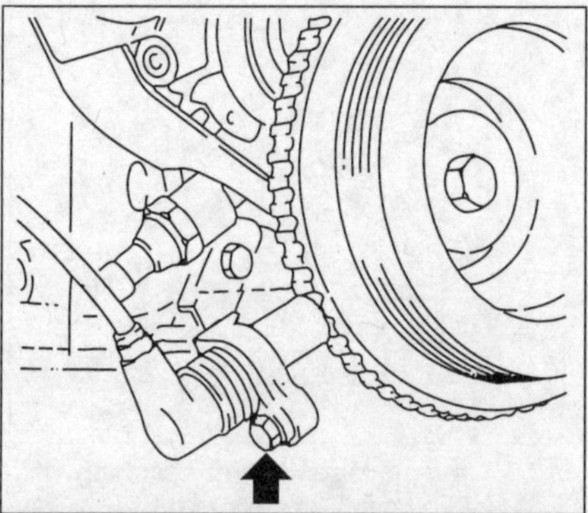

14.75 Fästbult till vevaxelns hastighets-/lägesgivare (vid pilen) – Multec S modeller

75 Skruva loss givarens fästbult och dra bort givaren från fästet på oljepumpen **(se bild)**.

Montering

76 Montering sker i omvänd ordningsföljd, men tänk på följande:

a) Om det är tillämpligt, använd snöret för att dra tillbaka kablaget på plats i motorrummet.

*b) Avsluta med att mäta avståndet mellan givarens ände och givarhjulets tandning med hjälp av bladmått. Avståndet ska vara 1,0 ± 0,7 mm. Om avståndet inte överensstämmer med det angivna värdet ska oljeupptagarens fäste bytas ut **(se bild)**.*

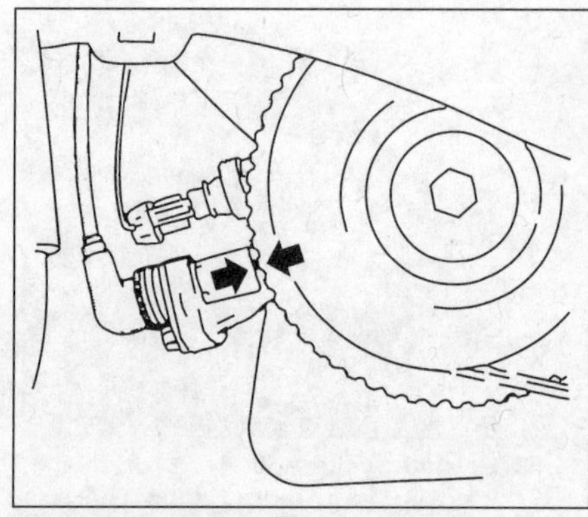

14.76 Luftgap för vevaxelns hastighets-/lägesgivare (vid pilen) – Multec S modeller

Insugsluftens temperaturgivare

Demontering

77 Lossa batteriets jordledning (minuspolen).

78 Koppla loss anslutningskontakten från givaren, som är placerad i luftintagsröret.

79 Dra försiktigt ut givaren ur gummitätningsringen, dra sedan ut tätningsringen och var noga med att inte skada den.

Montering

80 Montera tätningsringen på givaren och se till att ringen monteras med flänsen närmast kontaktdonets ände av givaren **(se bild)**.

81 Tryck försiktigt in givaren och ringen i luftingtagsröret.

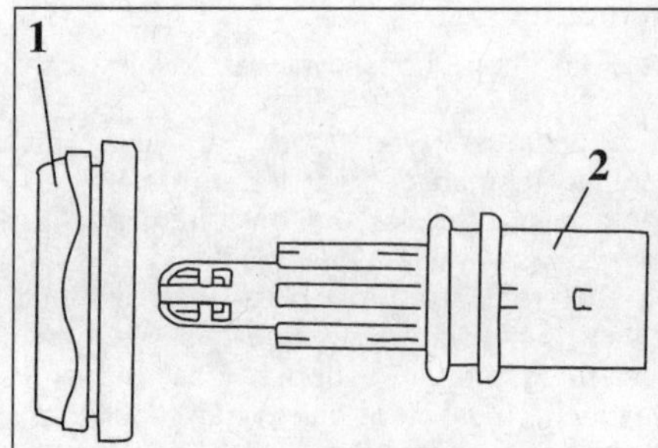

14.80 Tätningsringen ska monteras med flänsen (1) närmast givarens kontaktände (2)

82 Återanslut givarens anslutningskontakt och därefter batteriets minusledare.

Kamaxelgivare

Demontering

83 Lossa batteriets jordledning (minuspolen).

84 Lossa kamaxelgivarens kontaktdon från fästet på bränslefördelarskenan och sära på kontaktdonets två halvor.

85 Ta bort den övre kamremskåpan enligt beskrivningen i kapitel 2B.

86 Koppla loss givarens kabel från kamremskåpan. Notera hur den är dragen.

87 Skruva loss de två fästbultarna och dra bort givaren från topplocket **(se bild)**.

Montering

88 Montering sker i omvänd ordningsföljd, men se till att givarens kablage dras på det sätt som noterades vid demonteringen.

Knacksensor

Demontering

89 Dra åt handbromsen, hissa upp framvagnen och ställ den på pallbockar (se *Lyftning och stödpunkter*). Knacksensorn är placerad på motorblockets baksida, direkt till höger om startmotorn, och går att komma åt från bilens undersida.

90 Följ kablaget bakåt från givaren, notera hur det är draget och sära på kontaktdonets två halvor.

91 Skruva loss fästbulten och ta bort givaren från motorn.

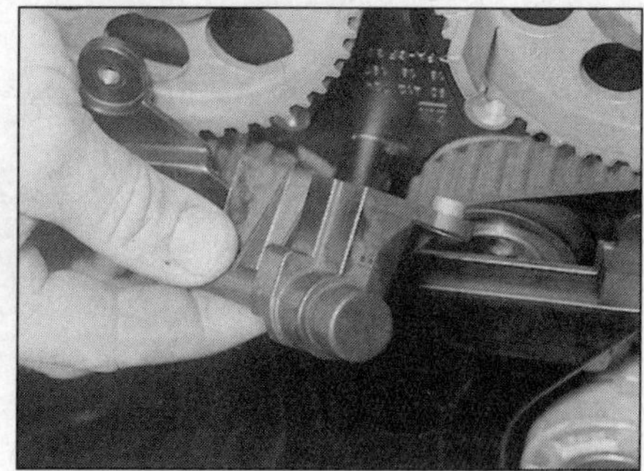

14.87 Demontering av kamaxelgivaren – 1.6 liters motor

Montering

92 Se till att givarens och motorblockets fogytor är rena och torra vid återmonteringen, montera sedan givaren och dra åt fästbulten till angivet moment. Se till att kablaget dras korrekt och ansluts ordentligt, sänk sedan ner bilen.

Elektronisk styrenhet (ECU)

93 Följ beskrivningen i avsnitt 12 för Multec CFi modeller, men observera följande.

a) *Ta bort bränslepumpsreläet från dess hylsa nedanför styrenheten innan styrenheten tas bort.*

b) *För modeller fram till mitten av 1996 gäller att om en ny styrenhet anskaffas, levereras den utan programminne och moduler för knackreglering, som ska pluggas in i huvudstyrenheten (modulerna är monterade bakom en panel i styrenheten). Därför måste dessa moduler flyttas över från den gamla styrenheten. När modulerna är överförda ska artikel- och kodnummerinformationen från den gamla styrenheten föras över till den nya enheten för framtida referenser.*

c) *För modeller fr.o.m. mitten av 1996 gäller att styrenheten är en förseglad enhet, och om programminnet eller knackregleringsmodulen är defekt måste hela styrenheten bytas ut. Den nya styrenheten måste programmeras med speciell Opelutrustning för att passa bilen.*

Bränslepumprelä

Demontering

94 Reläet sitter tillsammans med ECU-enheten bakom det högra fotbrunnens sidopanel. Ta bort fotbrunnens/sidans klädselpanel enligt beskrivningen i kapitel 11, avsnitt 30.

95 Dra bort reläet från kontaktdonet och ta bort det.

Montering

96 Montering sker i omvänd ordningsföljd

Bränsleförångningssystem – komponenter

97 Se del C i detta kapitel.

EGR-systemets komponenter

98 Se del C i detta kapitel.

Sekundärt luftinsprutningssystem – komponenter

99 Se del C i detta kapitel.

15 Bränsleinsprutning (Motronic M 1.5 flerpunkts) – demontering och montering av komponenter

Gasspjällhus

Observera: *En ny packning måste användas vid återmonteringen.*

Demontering

1 Koppla loss batteriets minusledare.

2 Lossa fästklammern och koppla loss anslutningskontakten från insugsluftens temperaturgivare (placerad i luftledningen). Dra i kontakten, inte kabeln.

3 Lossa klämskruvarna som fäster luftledningen vid gasspjällhuset och luftmätaren och dra bort luftledningen.

4 Koppla loss slangen till tomgångshastighetens styrventil från gasspjällhuset.

5 Koppla loss kamaxelkåpans ventilationsslang från gasspjällhuset.

6 Koppla loss bensintankens ventilvakuumslang från gasspjällhuset.

7 Koppla loss kylvätskeslangarna från gasspjällhuset. Var beredd på att kylvätska kommer att rinna ut och kläm ihop eller plugga igen slangarnas ändar för att förhindra att ytterligare vätska läcker ut.

8 Lossa fästklammern och koppla loss anslutningskontakten från gasspjällets lägesgivare.

9 Lossa fästklammern och koppla sedan loss gasvajeränden spindelled från gasspjällets ventilarm.

10 Dra bort gasvajerns muff från fästet på insugsgrenröret och haka sedan loss gasspjällets returfjäder från fästet. Om det behövs, haka loss fjädern från muffen i gasspjällventilens länksystem och lägg fjädern åt sidan där den inte är i vägen (notera fjäderns placering för att underlätta korrekt montering) **(se bild)**.

11 Gör en sista kontroll för att se till att alla slangar och kablar har kopplats loss för att underlätta demonteringen av gasspjällhuset.

12 Skruva loss de fyra fästmuttrarna **(se bild)** och dra bort gasspjällhuset från insugsgrenröret. Det kan vara nödvändigt att flytta de två bränsleslangarna åt sidan för att komma åt de nedre muttrarna. Var noga med att inte sträcka slangarna.

13 Ta loss packningen.

14 Gasspjällets lägesgivare kan demonteras från gasspjällhuset enligt beskrivningen senare i detta avsnitt.

Montering

15 Montering sker i omvänd ordningsföljd, men tänk på följande.

16 Om det är tillämpligt, montera gasspjällets lägesgivare enligt beskrivningen senare i detta avsnitt.

17 Rengör gasspjällhusets och insugsgrenrörets fogytor noga och montera gasspjällhuset med en ny packning.

18 Se till att alla kablar och slangar är korrekt dragna och återanslutna.

19 Kontrollera kylvätskenivån och fyll på om det behövs, enligt beskrivningen i *Veckokontroller*.

20 Avsluta med att kontrollera gasvajerns fria spel och justera om det behövs, enligt beskrivningen i avsnitt 8.

Bränsleinsprutare

Observera: *Läs föreskrifterna i avsnitt 1 innan arbetet påbörjas. Tätningarna i bränsleinsprutarens/insprutarnas båda ändar måste bytas ut vid monteringen.*

Demontering

21 Tryckutjämna bränslesystemet genom att ta bort bränslepumpreläet (se kapitel 12) och dra runt motorn på startmotorn i minst 5 sekunder.

22 Lossa batteriets jordledning (minuspolen).

23 Skruva loss anslutningsmuttern och koppla loss bromsservons vakuumslang från insugsgrenröret.

24 Ta bort tomgångshastighetens styrventil, tillsammans med slangarna, enligt beskrivningen senare i detta avsnitt.

25 Koppla loss vakuumslangen från bränsletrycksregulatorns ovansida.

26 Koppla loss kabelhärvans hus från bränsleinsprutarna och flytta det åt sidan. Var noga med att inte sträcka kablarna. Dra i kabelhärvans hus och tryck ihop anslutningskontaktens fästklamrar för att lossa huset från bränsleinsprutarna.

27 Ta bort de fyra bultarna från fästena som fäster bränslefördelarskenan vid insugsgrenröret och lyft sedan bränslefördelarskenan och bränsleinsprutarna tillräckligt mycket för att bränsleinsprutaren(insprutarna) ska kunna tas bort. Var noga med att inte sträcka bränsleslangarna. Var beredd på att bränsle kommer att läcka ut, och vidta brandförebyggande åtgärder.

28 Bränsleinsprutare tas bort från bränslefördelarskenan på följande sätt: Bänd ut

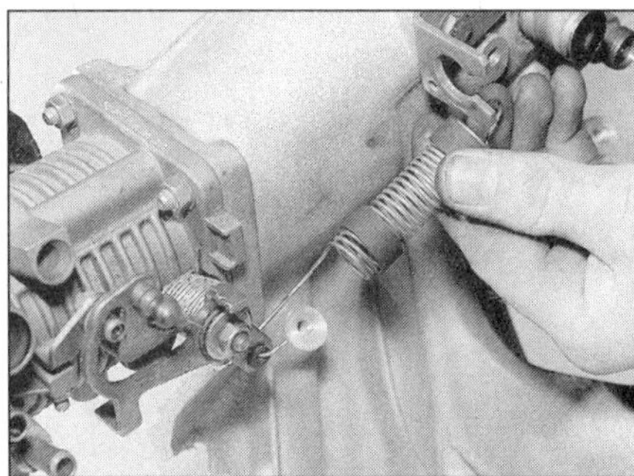

15.10 Haka loss gasspjällets returfjäder från fästet på grenröret – Motronic M 1.5 modeller

15.12 Skruva loss gasspjällhusets fästmutter (vid pilen) – Motronic M 1.5 modeller

15.30 En ny O-ring sätts på insprutaren – Motronic M 1.5 modeller

metallklämman med hjälp av en skruvmejsel, dra sedan bort bränsleinsprutaren från bränslefördelarskenan.

29 Bränsleinsprutarna kan inte renoveras och man kan inte köpa reservdelar till dem. Om det är fel på en bränsleinsprutare måste den bytas.

Montering

30 Inled monteringen med att montera nya tätningar till bränsleinsprutarens (insprutarnas) båda ändar **(se bild)**.

31 Montering sker i omvänd ordningsföljd, men se till att alla slangar, rör och kablar återansluts korrekt.

Bränsletrycksregulator

Observera: *Läs föreskrifterna i avsnitt 1 innan arbetet påbörjas.*

Demontering

32 Lossa batteriets jordledning (minuspolen).

33 Ta bort tomgångshastighetens styrventil enligt beskrivningen senare i detta avsnitt för att komma åt bättre och koppla sedan loss kabelhärvan från bränsleinsprutarna och flytta den åt ena sidan. Var noga med att inte sträcka kablarna. Dra i kabelhärvans hus och tryck ihop anslutningskontaktens fästklamrar för att lossa huset från bränsleinsprutarna.

34 Placera en trasa under tryckregulatorn för att suga upp det bränsle som eventuellt läcker ut när regulatorn tas bort.

35 Lossa klämskruvarna långsamt och koppla loss bränsleslangarna från regulatorn. Var beredd på att bränsle kommer att läcka ut och vidta brandförebyggande åtgärder.

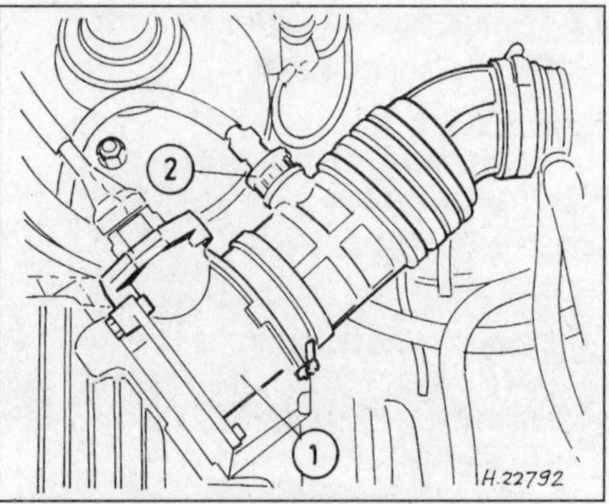

15.39 Luftmängdsmätare (1) och insugsluftens temperaturgivare (2) – Motronic M 1.5 modeller

36 Koppla loss vakuumslangen från regulatorns ovansida och dra bort regulatorn.

Montering

37 Montering sker i omvänd ordning.

Luftmängdsmätare

Observera: *Använd en ny tätningsring vid återmonteringen och täck fästbultarnas gängor med fästmassa.*

Demontering

38 Lossa batteriets jordledning (minuspolen).

39 Lossa fästklammern och koppla loss anslutningskontakten från insugsluftens temperaturgivare (placerad i luftledningarna). Dra i kontakten, inte i kablarna **(se bild)**.

40 Koppla bort anslutningskontakten från luftflödesmätaren på samma sätt.

41 Lossa klämskruvarna som fäster luftledningen vid gasspjällhuset och luftflödesmätaren och dra bort luftledningen.

42 Ta bort luftrenarens kåpa tillsammans med luftmängdsmätaren, enligt beskrivningen i avsnitt 3.

43 Skruva loss de två fästbultarna och ta bort luftmängdsmätaren från luftrenarkåpan **(se bild)**. Ta reda på tätningen.

Montering

44 Montering sker i omvänd ordningsföljd, men använd en ny tätningsring när luftmängdsmätaren monteras på luftrenarkåpan och täck fästbultarnas gängor med fästmassa.

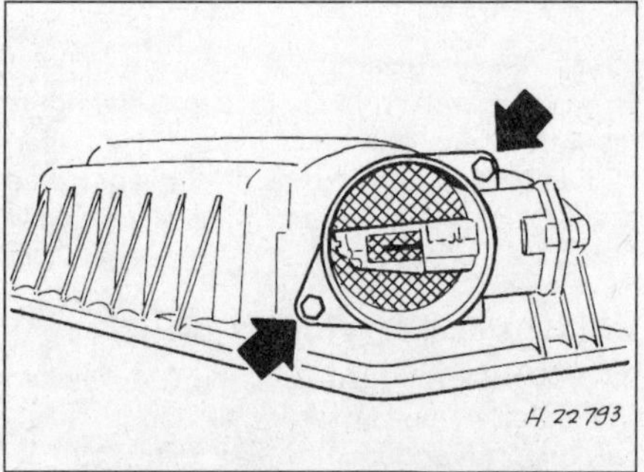

15.43 Luftmängdsmätarens fästskruvar (vid pilarna) – Motronic M 1.5 modeller

Gasspjällets lägesgivare

45 Fortsätt enligt beskrivningen i avsnitt 13 för Multec M modeller.

Tomgångshastighetens styrventil

Demontering

46 Lossa batteriets jordledning (minuspolen).

47 Lossa fästklammern och koppla loss anslutningskontakten från tomgångshastighetens styrventil **(se bild)**.

48 Ventilen kan tas bort helt tillsammans med sina anslutningsslangar, eller separat, med slangarna kvar på plats.

49 Lossa relevanta klämskruvar, koppla sedan loss slangarna och dra bort ventilen **(se bild)**.

Montering

50 Montering sker i omvänd ordningsföljd.

Temperaturgivare för kylvätskan

51 Följ beskrivningen i avsnitt 12 för Multec CFi modeller, men observera att givaren är placerad i änden av termostathuset på insugsgrenrörets sida av motorn, nedanför växelströmsgeneratorns övre fästbygel **(se bild)**.

Lambdasond

52 Följ beskrivningen i avsnitt 12 för Multec CFi modeller, men observera att givaren är monterad i den främre delen av avgassystemet och att man kommer åt den från bilens undersida. Om så behövs, hissa upp

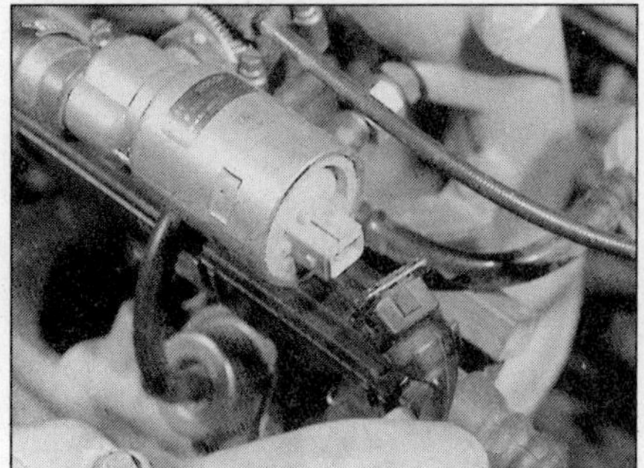
15.47 Koppla loss kontakten från tomgångsstyrventilen – Motronic M 1.5 modeller

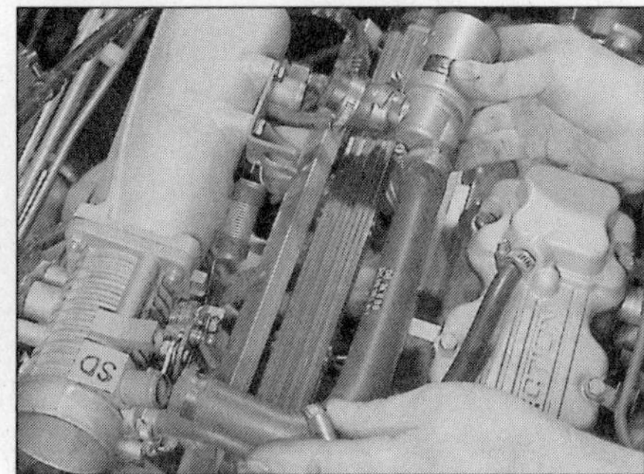
15.49 Ta bort tomgångsstyrventilen komplett med slangar – Motronic M 1.5 modeller

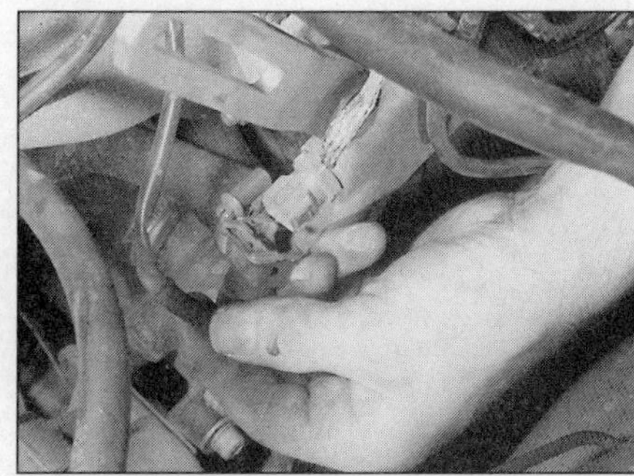
15.51 Koppla loss kontakten till kylvätskans temperaturgivare – Motronic M 1.5 modeller

16.5 Koppla loss gasvajern från gasspjällventilens arm – Motronic M 2.5 modeller

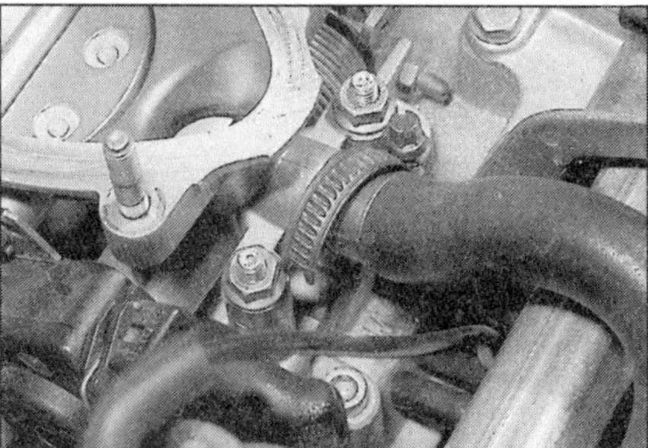
16.6 Koppla loss ventilationsslangen från gasspjällhuset – Motronic M 2.5 modeller

16.8 Två av fästmuttrarna till huvudgasspjällhuset (vid pilarna) – Motronic M 2.5 modeller

framvagnen och ställ den på pallbockar (se *Lyftning och stödpunkter*).

Vevaxelns hastighets-/ lägesgivare

53 Följ beskrivningen i avsnitt 12 för 1.8 liters Multec CFi modeller.

Insugsluftens temperaturgivare

54 Följ beskrivningen i avsnitt 13 för Multec M modeller, men observera att givaren är placerad i luftledningen mellan insugsröret och luftmängdsmätaren. Var noga med att inte skada luftledningen.

Elektronisk styrenhet (ECU)

55 Följ beskrivningen i avsnitt 12 för Multec CFi modeller, men hoppa över hänvisningarna till den grundläggande styrenheten och programminnet.

Bränslepumprelä

56 Fortsätt enligt beskrivningen i avsnitt 12 för Multec CFi modeller.

Bränsleförångningssystem – komponenter

57 Se del C i detta kapitel.

16 Bränsleinsprutning (Motronic M 2.5 och M 2.8) – demontering och montering av komponenter

Huvudgasspjällhus

Observera: *En ny packning måste användas vid monteringen.*

Demontering

1 Koppla loss batteriets minusledare.

2 Ta bort luftbehållaren från gasspjällhusets ovansida, enligt beskrivningen i avsnitt 3.

3 Lossa fästklammern och koppla loss anslutningskontakten från gasspjällets lägesgivare. Dra i kontakten, inte i kabeln.

4 Skruva loss fästmuttern och koppla loss bränsleslangens fäste från gasspjällhusets vänstra sida.

5 Dra bort gasvajeränden från gasspjällventilens arm **(se bild)**.

6 Koppla loss ventilationsslangen från gasspjällhusets framsida **(se bild)**.

7 Gör en sista kontroll för att se till att alla slangar, rör och kablar har kopplats loss och flyttats ur vägen för gasspjällhuset.

8 Skruva loss de fyra fästmuttrarna och ta bort gasspjällhuset från insugsgrenröret **(se bild)**. Ta loss packningen.

9 Gasspjällets lägesgivare kan demonteras från gasspjällhuset, enligt beskrivningen senare i detta avsnitt.

10 Försök inte under några som helst omständigheter justera gasspjällventilens länksystem. Om gasspjällventilens länksystem är defekt måste en Opelverkstad kontaktas.

Montering

11 Montering sker i omvänd ordningsföljd, men tänk på följande:

12 På modeller med Motronic M 2.5 bränsleinsprutning, kontrollera gasspjällets lägesgivare enligt beskrivningen i punkt 61 till 63 i detta avsnitt, innan gasspjällhuset monteras.

13 Rengör noggrant fogytorna på gasspjällhusets och det elektroniska antispinnsystemets gasspjällhus (om det är tillämpligt), och montera gasspjällhuset med en ny packning.

14 Se till att alla slangar, rör och kablar är korrekt dragna och återanslutna.

15 Montera luftbehållaren enligt beskrivningen i avsnitt 3.

16 Avsluta med att kontrollera gasvajerns fria spel och justera om det behövs, enligt beskrivningen i avsnitt 8.

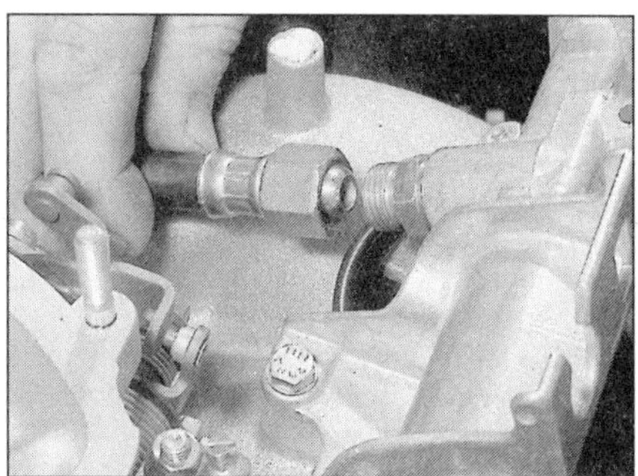
16.21 Koppla loss bränsleslangen från fördelarskenan – Motronic M 2.5 modeller

Elektroniska antispinnsystemets gasspjällhus

17 Se avsnitt 22.

Bränsleinsprutare

Observera: *Läs föreskrifterna i avsnitt 1 innan arbetet påbörjas. Tätningarna i bränsleinsprutarens/insprutarnas båda ändar måste bytas ut vid monteringen.*

Demontering

18 Lossa batteriets jordledning (minuspolen).

19 Ta bort luftbehållaren enligt beskrivningen i avsnitt 3.

20 Placera en trasa under en av bränsleslangens anslutningar på bränslefördelarskenan för att suga upp det bränsle som läcker ut när anslutningen kopplas loss.

21 Lossa bränsleslangens anslutning långsamt för att släppa på trycket i bränsleledningen, koppla sedan loss slangen från bränslefördelarskenan **(se bild)**. Var beredd på att bränsle kommer att läcka ut och vidta brandförebyggande åtgärder. Kläm ihop eller plugga igen bränsleslangens öppning för att hindra smuts från att tränga in och ytterligare bränsle att läcka ut.

22 Upprepa punkt 3 och 4 för de återstående anslutningarna mellan bränsleslangarna och bränslefördelarskenan.

23 Koppla loss de två ventilationsslangarna från kamaxelkåpans baksida. Koppla loss den större slangen från gasspjällhuset och ta bort slangen helt.

24 Koppla loss vakuumröret från bränsletrycksregulatorns ovansida.

25 Koppla loss anslutningskontakten från luftflödesmätaren. Ta vara på tätningen.

26 Koppla loss anslutningskontakten från gasspjällets lägesgivare.

27 Dra bort gasvajeränden från gasspjällventilens arm på gasspjällhuset. Skruva sedan loss vajerfästet från insugsröret och flytta det åt sidan.

28 Koppla loss kabelhärvan från bränsleinsprutarna och flytta den åt sidan. Var noga med att inte sträcka på kablarna. Dra i

16.28 Lyft kabelhärvans hus från bränsleinsprutarna - Motronic M 2.5 modeller

kabelhärvans hus och tryck ihop anslutningskontaktens fästklamrar för att lossa huset från bränsleinsprutarna **(se bild)**.

29 Skruva loss bränslefördelarskenans två fästmuttrar och dra bort bränslefördelarskenan tillsammans med bränsleinsprutarna från insugsgrenröret. Notera jordledningarnas placering på bränslefördelarskenans pinnbultar **(se bild)**.

30 Bränsleinsprutare tas bort från bränslefördelarskenan genom att man bänder ut metallklämman och drar bort insprutaren från bränslefördelarskenan **(se bilder)**.

31 Bränsleinsprutarna kan inte renoveras och man kan inte köpa reservdelar till dem. Om det är fel på en bränsleinsprutare måste den bytas.

Montering

32 Börja med att montera nya tätningar i bränsleinsprutarens/insprutarnas båda ändar.

33 Ytterligare återmontering sker i omvänd ordningsföljd, men tänk på följande.

34 Anslutningskontaktsremsan för bränsleinsprutarna måste "knäppa" på plats ordentligt, om tillämpligt.

35 Se till att alla slangar, rör och kablar är ordentligt återanslutna.

36 Montera luftbehållaren enligt beskrivningen i avsnitt 3.

37 Avsluta med att kontrollera gasvajerns fria spel och justera om det behövs enligt beskrivningen i avsnitt 8.

Bränsletrycksregulator

Observera: *Läs föreskrifterna i avsnitt 1 innan arbetet påbörjas.*

16.43 Koppla loss vakuumröret från bränsletrycksregulatorn - Motronic M 2.5 modeller

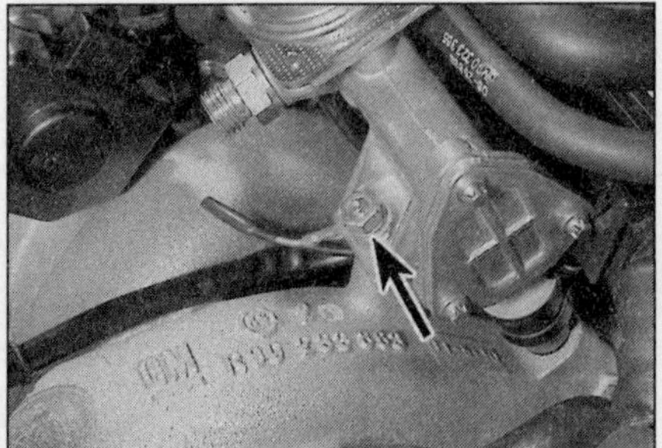

16.29 Bränslefördelarskenans fästmutter (vid pilen). Notera jordledningens placering - Motronic M 2.5 modeller

Demontering

38 Tryckutjämna bränslesystemet genom att ta bort bränslepumpreläet (se kapitel 12) och dra igång motorn på startmotorn i minst 5 sekunder.

39 Lossa batteriets jordledning (minuspolen).

40 Ta bort luftbehållaren från gasspjällhusets ovansida, enligt beskrivningen i avsnitt 3.

41 Lossa fästklammern och koppla loss anslutningskontakten från luftmätaren. Dra i kontakten, inte kabeln. Ta loss tätningsringen om tillämpligt.

42 Lossa fästklammern och koppla loss anslutningskontakten från gasspjällets lägesgivare.

43 Koppla loss vakuumröret från bränsletrycksregulatorns ovansida **(se bild)**.

44 Placera en trasa under regulatorn för att suga upp det bränsle som kan läcka ut när regulatorn tas bort.

45 Använd en nyckel eller hylsnyckel och arbeta under regulatorn, skruva loss fästbultarna av torx-typ och dra sedan bort regulatorn. Var beredd på att bränsle kommer att läcka ut, och vidta brandförebyggande åtgärder.

Montering

46 Montering sker i omvänd ordningsföljd. Tänk på följande.

47 Se till att alla slangar, rör och kablar ansluts ordentligt.

48 Montera luftbehållaren enligt beskrivningen i avsnitt 3.

Luftmängdsmätare

Demontering

49 Lossa batteriets jordledning (minuspolen).

50 Notera hur luftmängdsmätaren är placerad i luftledningen.

51 Lossa fästklammern och koppla loss anslutningskontakten från luftmängdsmätaren **(se bild)**. Dra i kontakten, inte kabeln. Ta loss tätningsringen (om tillämpligt).

52 Lossa klämskruvarna och koppla loss luftledningarna från mätarens ändar. Dra sedan bort mätaren.

53 Det går inte att ta isär luftmängdsmätaren. Om den är defekt måste hela enheten bytas ut.

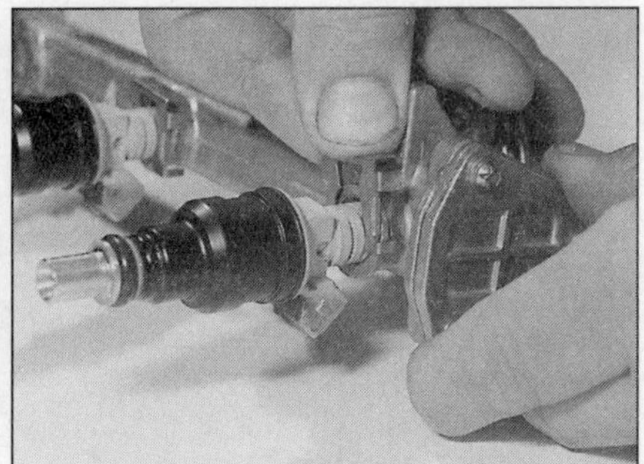

16.30a Bänd ut metallklämman . . .

16.30b . . . och dra bort insprutaren från skenan - Motronic M 2.5 modeller

Montering

54 Undersök kontaktens tätningsring och byt ut den om det behövs.

55 Montering sker i omvänd ordningsföljd, men se till att mätaren placeras på det sätt som noterades vid demonteringen och se till att slanganslutningarna är korrekt placerade i spåren på mätaren.

Gasspjällets lägesgivare - Motronic M 2.5

Demontering

56 Lossa batteriets jordledning (minuspolen).

57 Ta loss luftbehållaren enligt beskrivningen i avsnitt 3, och luftmängdsmätaren enligt beskrivningen tidigare i detta avsnitt. Observera att om den anslutande luftledningen lämnas kvar kan de två komponenterna demonteras som en enhet.

58 Lossa fästklammern och koppla loss

16.51 Koppla loss kontakten från luftmängdsmätaren - Motronic M 2.5 modeller

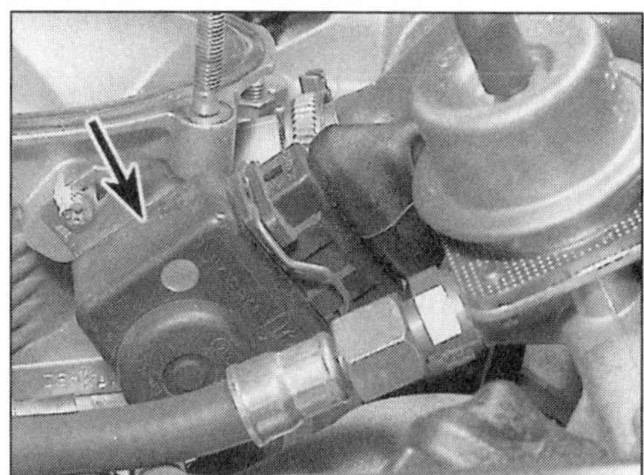

16.58 Gasspjällägesgivaren (vid pilen) – Motronic M 2.5 modeller

anslutningskontakten från gasspjällets lägesgivare **(se bild)**.

59 Ta bort de två fästskruvarna och dra bort givaren från gasspjällhuset.

Montering

60 Montera givaren, men justera givarens läge på följande sätt innan fästskruvarna dras åt.

61 Vrid givarhuset moturs tills det tar emot och dra sedan åt fästskruvarna.

62 När gasspjällventilen öppnas ska ett klick höras från givaren. Ett klick ska också höras när gasspjällventilen stängs.

63 Om det behövs, justera givarens läge tills ett klick hörs precis när gasspjällventilen börjar öppnas.

64 Montera luftmätaren enligt beskrivningen tidigare i detta avsnitt, och luftbehållaren enligt beskrivningen i avsnitt 3.

Gasspjällets lägesgivare – Motronic M 2.8

Demontering

65 Lossa batteriets jordledning (minuspolen).

66 Koppla loss anslutningskontakterna till insugsluftens temperaturgivare och luftmängdsmätaren.

67 Ta bort luftbehållaren enligt beskrivningen i avsnitt 3.

68 Koppla loss anslutningskontakten till gasspjällets lägesgivare.

69 Skruva loss de två fästskruvarna och ta bort givaren från gasspjällhuset.

Montering

70 Montering sker i omvänd ordningsföljd. Se till att alla anslutningskontakter återansluts ordentligt.

Tomgångshastighetens styrventil

Demontering

71 Lossa batteriets jordledning (minuspolen).

72 Lossa klämskruven och koppla loss slangen under luftbehållaren på gasspjällhuset. Ta bort klämman från slangen.

73 Dra åt handbromsen, hissa upp framvagnen med hjälp av en domkraft och ställ den på pallbockar (se *Lyftning och stödpunkter*).

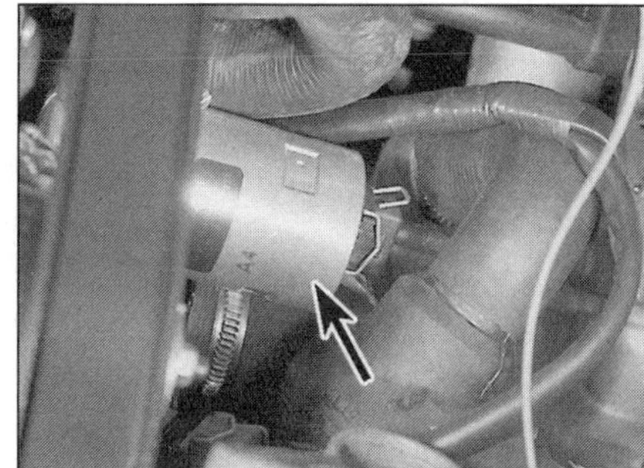

16.75 Tomgångsstyrventil (vid pilen) – Motronic M 2.5 modeller

74 Ta bort motorns undre skyddskåpa, om det är tillämpligt, enligt beskrivningen i avsnitt 25 i kapitel 11.

75 Arbeta under bilen, koppla loss anslutningskontakten från tomgångshastighetens styrventil, som är placerad under insugsröret, ovanför startmotorn **(se bild)**.

76 Lossa klämskruven och koppla loss den kvarvarande slangen till tomgångshastighetens styrventil från insugsgrenröret. Dra sedan bort ventilen nedåt, tillsammans med slangarna.

77 Märk slangarna om de ska tas bort från ventilen, så att de kan återanslutas korrekt. När ventilen har monterats är det mycket svårt att ändra slangarnas placering.

Montering

78 Montering sker i omvänd ordningsföljd, men se till att ventilen vilar horisontellt, med kablarna dragna över kylvätskeslangen. Om kablarna är dragna under kylvätskeslangen kan ventilen böjas nedåt, och då kan luftslangen till insugsröret gå sönder.

Vevaxelns hastighets-/lägesgivare – Motronic M 2.5

79 Fortsätt enligt beskrivningen i avsnitt 12 för 1.8 liters Multec CFi modeller.

Vevaxelns hastighets-/lägesgivare – Motronic M 2.8

Demontering

80 Lossa batteriets jordledning (minuspolen).

81 Följ kablarna bakåt från givaren och lokalisera givarens kontaktdon, som är

16.86 Kylvätskans temperaturgivare – Motronic M 2.5 modeller

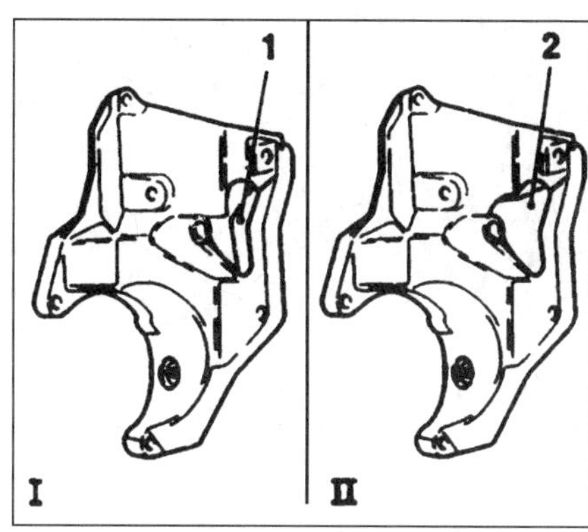

16.83 Två typer av fäste för servostyrningspump – Motronic M 2.8 modeller

I Version med liten öppning (1)
II Version med stor öppning (2)

placerat mellan luftrenarhuset och framfjädringens fäste. Sära på kontaktdonets två halvor.

82 Lossa givarens kablage från fästbanden och fästena. Notera hur det är draget.

83 Två olika sorters fästen för servostyrningspumpen kan förekomma, en med en liten öppning i fästets bakre del och en med en stor öppning **(se bild)**. På modeller med ett fäste med liten öppning måste servostyrningspumpen (oljeledningarna behöver inte kopplas bort) och fästet skruvas loss och flyttas åt sidan för att givarens kablage ska kunna passera igenom. Se kapitel 10 om det behövs.

84 Skruva loss fästskruven och dra bort givaren från motorblocket.

Montering

85 Montering sker i omvänd ordningsföljd. Se till att kablaget inte kan komma i kontakt med rörliga eller varma komponenter, t.ex. drivremmar eller avgassystem, när det återansluts. Om det är tillämpligt, montera tillbaka servostyrningspumpen enligt beskrivningen i kapitel 10.

Temperaturgivare för kylvätskan

86 Fortsätt enligt beskrivningen i avsnitt 12 för Multec CFi modeller, men observera att givarna är placerade i änden av termostathuset på insugsgrenrörets sida av motorn **(se bild)**.

Lambdasond

87 Fortsätt enligt beskrivningen i avsnitt 12 för Multec CFi modeller, men observera att sonden är monterad i den främre delen av avgassystemet och att man kommer åt den från bilens undersida. Om så behövs, hissa upp framvagnen och ställ den på pallbockar (se *Lyftning och stödpunkter*) **(se bild på nästa sida)**.

Insugsluftens temperaturgivare

88 Fortsätt enligt beskrivningen i avsnitt 13 för Multec M modeller, men observera att

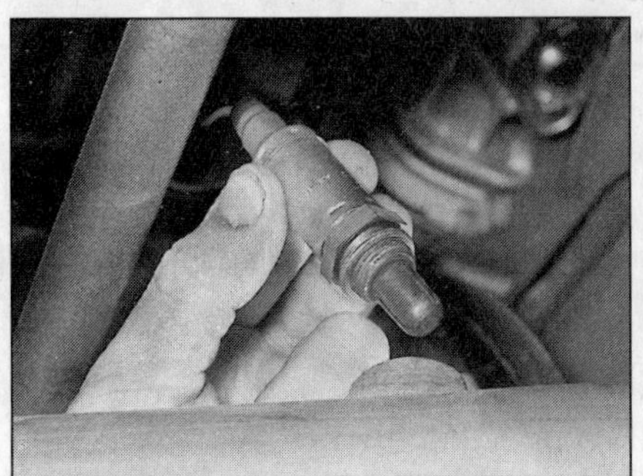

16.87 Demontering av Lambdasond - Motronic M 2.5 modeller

givaren är placerad i luftledningen mellan insugsröret och luftmängdsmätaren. Var noga med att inte skada luftledningen.

Knacksensor

Demontering

89 Sensorn är placerad nedtill på det nedre insugsgrenrörets sida av motorblocket, nedanför tomgångshastighetens styrventil, och går endast att komma åt från bilens undersida (om inte grenröret har tagits bort).

90 Lossa batteriets jordledning (minuspolen).

91 Dra åt handbromsen, hissa upp framvagnen med hjälp av en domkraft och ställ den på pallbockar (se *Lyftning och stödpunkter*).

92 Ta bort motorns undre skyddskåpa enligt beskrivningen i kapitel 11, avsnitt 25.

93 Koppla loss sensorns anslutningskontakt.

94 Skruva loss fästbulten och dra bort sensorn från motorblocket.

Montering

95 Montering sker i omvänd ordningsföljd, men se till att sensorn och dess säte är fullständigt rena och att sensorn sitter ordentligt. I annat fall kan motorn skadas, eftersom en dåligt monterad sensor förhindrar upptäckt av tändningsknack och tändningen således inte heller kan justeras för att motverka problemet.

Kamaxelgivare - Motronic M 2.8

Observera: *En ny tätningsring måste användas vid monteringen av skivan.*

Demontering

96 Koppla loss batteriets minusledare och koppla sedan loss givarens anslutningskontakt.

97 Skruva loss fästbulten och dra bort givaren från huset på topplocket **(se bild)**. Ta loss tätningsringen.

Montering

98 Montering sker i omvänd ordningsföljd, men använd en ny tätningsring till givaren.

Elektronisk styrenhet (ECU)

99 Fortsätt enligt beskrivningen i avsnitt 12 för Multec CFi modeller, men hoppa över hänvisningarna till den grundläggande styrenheten och programminnet.

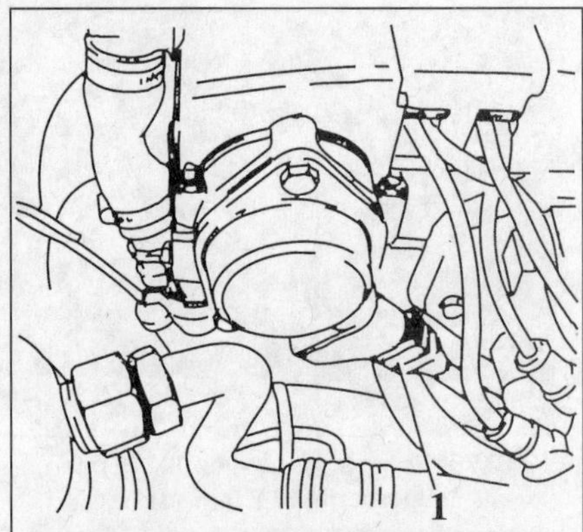

16.97 Kamaxelgivarens placering - Motronic 2.8 modeller

1 Kamaxelgivare

Bränslepumprelä

Demontering

100 Reläet sitter tillsammans med styrenheten bakom den högra fotbrunnens sidopanel. Ta bort fotbrunnens/sidans klädselpanel enligt beskrivningen i kapitel 11, avsnitt 30.

101 Dra loss reläet från kontaktdonet och ta bort det.

Montering

102 Montering sker i omvänd ordningsföljd.

Bränsleförångningssystem - komponenter

103 Se del C i detta kapitel.

EGR-systemets komponenter

104 Se del C i detta kapitel.

Komponenter i det sekundära luftinsprutningssystemet

105 Se del C i detta kapitel.

17 Bränsleinsprutning (Simtec flerpunktsins) - demontering och montering av komponenter

Gasspjällhus

Observera: *En ny packning behövs vid återmonteringen.*

Demontering

1 Koppla loss batteriets minusledare.

2 Koppla loss de två ventilationsslangarna från kamaxelkåpan.

3 På modeller fr.o.m. mitten av 1996, lokalisera knacksensorns kontaktdon som är fäst vid ett fäste bredvid gasspjällhuset, sära sedan på kontaktdonets två halvor och ta loss kontaktdonet från fästet.

4 Koppla loss anslutningskontakterna från tomgångsstyrningens motor och gasspjällets lägesgivare.

5 Koppla loss gasvajern från gasspjällarmen och fästet, enligt beskrivningen i avsnitt 8.

6 Koppla loss bränsletrycksregulatorns vakuumslang och bensintanksventilens vakuumslang från gasspjällhuset.

7 Tappa ur kylsystemet delvis enligt beskrivningen i kapitel 1 och koppla loss kylvätskeslangarna från gasspjällhuset.

8 Skruva loss de fyra fästmuttrarna och ta bort gasspjällhuset. Ta loss packningen.

Montering

9 Montering sker i omvänd ordningsföljd, men tänk på följande:

a) Rengör gasspjällhusets och grenrörets fogytor noga och montera sedan gasspjällhuset med en ny packning.

b) Återanslut gasvajern och kontrollera inställningen enligt beskrivning i avsnitt 8.

c) Kontrollera kylvätskenivån och fyll på om det behövs enligt beskrivningen i "Veckokontroller".

Bränsleinsprutare

Observera: *Läs föreskrifterna i avsnitt 1 innan arbetet påbörjas. Nya tätningar till bränsleinsprutarna krävs vid återmonteringen.*

Demontering

10 Tryckutjämna bränslesystemet genom att ta bort bränslepumpreläet (se kapitel 12) och dra runt motorn på startmotorn i minst 5 sekunder.

11 Koppla loss batteriets minusledare och koppla sedan loss anslutningskontakterna från insugsluftens temperaturgivare, luftmängdsmätaren och tomgångsstyrningens motor.

12 Koppla loss de två ventilationsslangarna från kamaxelkåpan.

13 Lossa fästklamrarna, ta sedan bort ledningen mellan luftrenaren och gasspjällhusets luftintag.

14 Koppla loss vakuumslangen från bränsletrycksregulatorn.

15 Ta bort fästskruvarna och koppla loss jordkabeln från bränslefördelarskenan.

16 Koppla loss gasvajern från gasspjällarmen och fästet, enligt beskrivningen i avsnitt 8.

17 Placera en ren trasa runt bränsletrycksregulatorns kontaktdon på bränslefördelarskenan för att suga upp det bränsle som kan läcka ut. Ta bort kåpan från tryckregulatorns kontaktdon, tryck sedan försiktigt ner ventilen för att släppa ut eventuellt kvarvarande övertryck från bränslesystemet. Var beredd på att bränsle kommer att läcka ut, och vidta brandförebyggande åtgärder.

18 Bränsleinsprutarnas kabelhus måste nu tas bort från bränsleinsprutarnas ovansida. Tryck fästklamrarna till insprutarnas anslutningskontakter för cylinder nr 1 och nr 4 samtidigt mot bränslefördelarskenan (använd en skruvmejsel om det behövs) och dra bort kabelhuset från bränsleinsprutarna.

19 På modeller fram till mitten av 1996, koppla loss anslutningskontakterna till vevaxelns hastighets-/lägesgivare och knacksensor från kabelhuset. Flytta kabelhuset ur vägen för arbetet.

20 Skruva loss bränslefördelarskenans

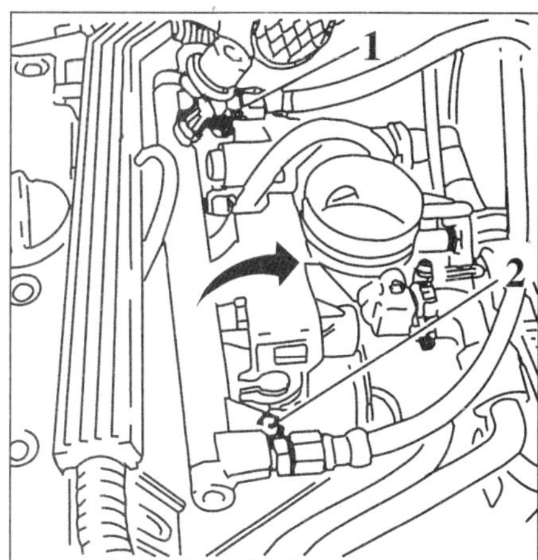

17.20 Lossa bränslefördelarskenan – Simtec modeller

1 Fästsprint *2 Fästbult*

fästbult och ta bort sprinten, lyft sedan bränslefördelarskenan/bränsleinsprutarna från grenröret **(se bild)**.

21 Bränsleinsprutare tas bort från bränslefördelarskenan genom att man bänder bort metallklämman och drar bort bränsleinsprutaren från skenan **(se bild)**.

22 Bränsleinsprutarna kan inte renoveras och man kan inte köpa reservdelar till dem. Om det är fel på en bränsleinsprutare måste den bytas.

Montering

23 Börja med att montera nya tätningar i bränsleinsprutarens/insprutarnas båda ändar.

24 Ytterligare återmontering sker i omvänd ordningsföljd. Tänk på följande.

a) När bränsleinsprutarnas kabelhus monteras på bränsleinsprutarna, se till att anslutningskontakternas fästklamrar är korrekt inställda för att huset ska kunna "knäppa" på plats på bränsleinsprutarna.

b) Återanslut gasvajern och kontrollera inställningen enligt beskrivning i avsnitt 8.

Bränsletrycksregulator

Observera: *Läs föreskrifterna i avsnitt 1 innan arbetet påbörjas. Nya O-ringar till tryckregulatorn behövs vid återmonteringen.*

Demontering

25 Tryckutjämna bränslesystemet genom att ta bort bränslepumpreläet (se kapitel 12) och dra runt motorn på startmotorn i minst 5 sekunder, koppla sedan bort batteriets minusledare.

26 Koppla loss ventilationsslangen från kamaxelkåpan för att lättare komma åt tryckregulatorn.

27 Koppla loss vakuumslangen från tryckregulatorn.

28 Lossa klämskruven och ta försiktigt bort tryckregulatorns fästbygel.

29 Gör inställningsmärken mellan tryckregulatorn och bränslefördelarskenan för att underlätta korrekt återmontering och dra sedan försiktigt bort tryckregulatorn från

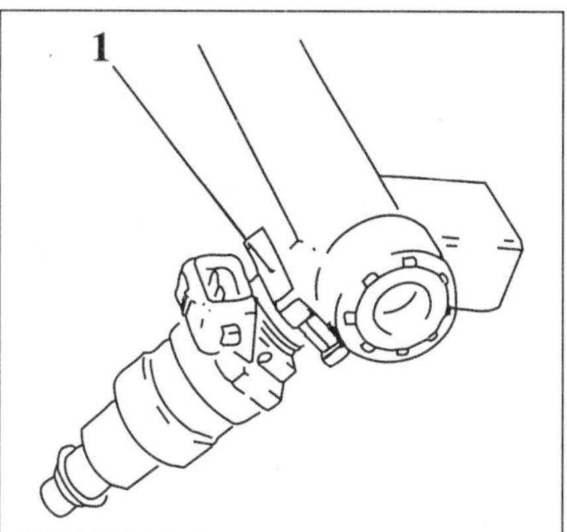

17.21 Bränsleinsprutarens fästklämma (1) - Simtec modeller

bränslefördelarskenan. Ta bort O-ringarna och kasta dem – nya ringar måste användas vid monteringen.

Montering

30 Inled återmonteringen med att montera nya O-ringar på tryckregulatorn.

31 Montering sker sedan i omvänd ordningsföljd, men se till att märkena som gjordes på tryckregulatorn och bränslefördelarskenan före demonteringen är i linje med varandra.

Gasspjällets lägesgivare

Demontering

32 Koppla loss batteriets minusledare. Koppla sedan loss givarens anslutningskontakt.

33 Skruva loss fästskruvarna och dra bort givaren från gasspjällhuset.

Montering

34 Montera givaren och se till att givarens avstrykare hakar i gasspjällsventilens axel ordentligt.

35 Lägg fästmassa på fästskruvarnas gängor, montera dem och dra åt dem ordentligt. Återanslut givarens anslutningskontakt och återanslut sedan batteriets minusledare.

Tomgångsstyrmotor

Observera: *En ny packning till tomgångsstyrningens motor kommer att behövas vid monteringen.*

Demontering

36 Koppla loss batteriets minusledare. Koppla sedan loss anslutningskontakterna från insugsluftens temperaturgivare och luftmängdsmätaren.

37 Koppla loss ventilationsslangen från kamaxelkåpan. Lossa sedan fästklamrarna och ta bort ledningen mellan luftrenaren och gasspjällhusets luftintag.

38 Koppla loss anslutningskontakten från tomgångsstyrningens motor.

39 Skruva loss de två fästbultarna och ta bort tomgångsstyrningens motor från gasspjällhuset **(se bild)**. Ta loss packningen.

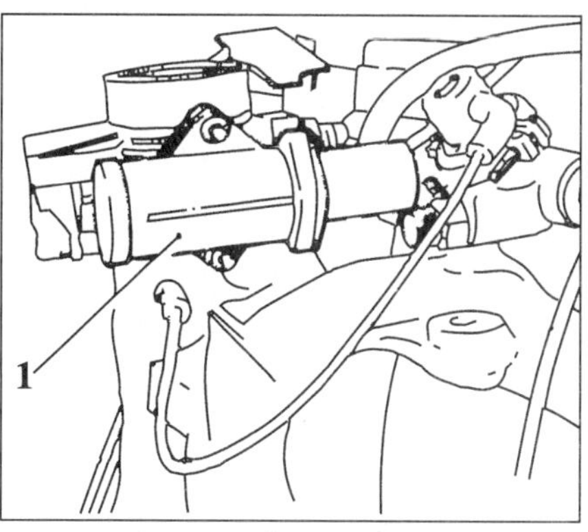

17.39 Tomgångsstyrmotor – Simtec modeller

1 Motor

Montering

40 Börja med en noggrann rengöring av motorns och gasspjällhusets fogytor.

41 Montering sker sedan i omvänd ordningsföljd, men använd en ny packning.

Temperaturgivare för kylvätska

42 Följ beskrivningen i avsnitt 12 för Multec CFi modeller, men observera att givaren är placerad i kylflänsen, bredvid DIS-modulen.

Lambdasond

43 Fortsätt enligt beskrivningen i avsnitt 12 för Multec CFi modeller, men observera att givaren är monterad i den främre delen av avgassystemet och att man kommer åt den från bilens undersida. Om så behövs, hissa upp framvagnen och ställ den på pallbockar (se *Lyftning och stödpunkter*).

Vevaxelns hastighets-/lägesgivare - modeller utan luftkonditionering

Demontering

44 Lossa batteriets jordledning (minuspolen).

45 På modeller fram till mitten av 1996, fortsätt enligt följande.

a) Tryck fästklamrarna till bränsleinsprutarnas anslutningskontakter för cylinder nr 1 och nr 4 samtidigt mot bränslefördelarskenan (använd en skruvmejsel om det behövs) och dra bort kabelhuset från bränsleinsprutarna.

b) Koppla loss anslutningskontakten till vevaxelns hastighets-/lägesgivare från kabelhuset.

46 På modeller fr.o.m. mitten av 1996, följ kablaget bakåt från vevaxelns hastighets-/lägesgivare och sära på kontaktdonets två halvor.

47 Lossa vevaxelns hastighets-/lägesgivares kabage från alla fästen och klamrar.

48 Ta bort luftrenaren enligt beskrivningen i avsnitt 3.

49 Ta bort servostyrningspumpen (oljeledningarna behöver inte kopplas bort) enligt beskrivningen i kapitel 10. Skruva sedan loss servostyrningspumpens fäste från motorn.

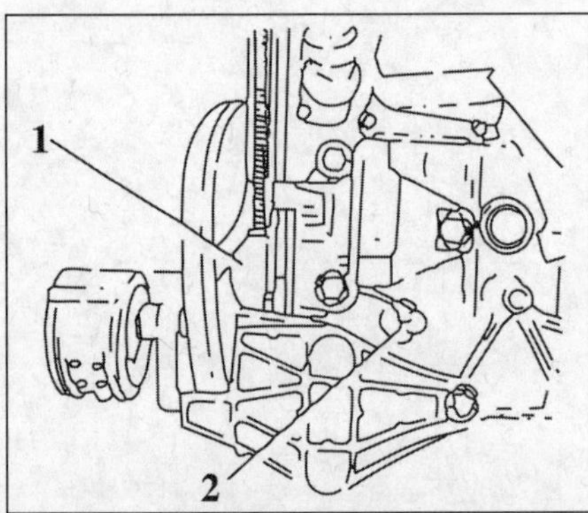

17.49 Vevaxelns hastighets-/lägesgivare (modeller utan luftkonditionering) - Simtec modeller

1 Servostyrningspumpens fäste
2 Vevaxelns hastighets-/lägesgivare

Givarkablaget går mellan motorblocket och servostyrningspumpens fäste **(se bild)**.

50 Skruva loss fästskruven och dra bort givaren från motorblocket. Notera hur kablaget är draget.

Montering

51 Montering sker i omvänd ordningsföljd, men se till att kablaget inte kan komma i kontakt med rörliga eller varma komponenter när de återansluts, t.ex. drivremmar och avgassystem. Montera servostyrningspumpen enligt beskrivningen i kapitel 10.

Vevaxelns hastighets-/lägesgivare – modeller med luftkonditionering

Demontering

52 Följ beskrivningen i punkt 44 till 46.

53 Knyt ett snöre eller en vajer (ungefär 2 m lång) vid den fria änden av givarens kablage.

54 Lossa givarens kablge från klämmorna på kamremskåpan. Notera hur det är draget.

55 Om oljemätstickan är placerad på motorblockets främre högra sida, dra ut mätstickan och dess rör. Ta loss O-ringarna.

56 Ta bort avgassystemets främre del enligt beskrivningen senare i detta avsnitt.

57 Arbeta under bilen, skruva loss fästskruven och dra bort givaren från motorblocket. Dra ner kablaget från motorrummets övre del, knyt sedan loss snöret och lämna det på plats för att underlätta monteringen.

Montering

58 Montering sker i omvänd ordningsföljd, men tänk på följande:

a) *Om det är tillämpligt, använd snöret för att dra tillbaka kablarna på plats i motorrummet.*
b) *Montera avgassystemets främre del enligt beskrivningen senare i detta avsnitt.*
c) *Om det är tillämpligt, montera mätstickans rör med nya O-ringar.*

Insugsluftens temperaturgivare

59 Följ beskrivningen i avsnitt 14 för Multec S modeller.

Kamaxelgivare

Demontering

60 Ta bort fästskruvarna och dra bort tändkabelkåpan från kamaxelkåpans överdel.

61 Koppla loss batteriets minusledare och koppla sedan loss kamaxelgivarens kontaktdon.

62 Ta bort den yttre kamremskåpan enligt beskrivningen i kapitel 2B.

63 Skruva loss fästbulten och dra sedan bort kamaxelgivaren uppåt från topplocket.

Montering

64 Montering sker i omvänd arbetsordning.

Knacksensor

65 Sensorn är placerad på det nedre insugsrörets sida av motorblocket, och går endast att komma åt från bilens undersida (om inte insugsgrenröret har tagits bort).

66 Lossa batteriets jordledning (minuspolen).

67 På modeller fram till mitten av 1996, fortsätt enligt följande.

a) *Tryck fästklamrarna till bränsleinsprutarnas anslutningskontakter för cylinder nr 1 och nr 4 samtidigt mot bränslefördelarskenan (använd en skruvmejsel om det behövs) och dra bort kabelhuset från bränsleinsprutarna.*
b) *Koppla loss anslutningskontakten till vevaxelns hastighets-/lägesgivare från kabelhuset.*

68 På modeller fr.o.m. mitten av 1996, följ kablaget bakåt från knacksensorn och sära på kontaktdonets två halvor.

69 Dra åt handbromsen. Hissa upp framvagnen med hjälp av en domkraft och ställ den på pallbockar (se *Lyftning och stödpunkter*).

70 Ta bort motorns undre skyddskåpa, enligt beskrivningen i kapitel 11, avsnitt 25.

71 Koppla loss sensorns anslutningskontakt.

72 Skruva loss fästbulten och dra bort sensorn från motorblocket.

Montering

73 Montering sker i omvänd ordningsföljd, men se till att sensorn och dess säte är fullständigt rena och att sensorn sitter ordentligt. I annat fall kan motorn skadas, eftersom en dåligt monterad sensor försvårar upptäckten av tändningsknack och tändningen således inte heller justeras för att motverka detta problem.

Elektronisk styrenhet (ECU)

74 Följ beskrivningen i avsnitt 12 för Multec CFi modeller, men hoppa över hänvisningarna till den grundläggande styrenheten och programminnet.

Bränslepumprelä

Demontering

75 Reläet sitter tillsammans med styrenheten bakom den högra fotbrunnens sidopanel. Ta bort fotbrunnens/sidans klädselpanel enligt beskrivningen i kapitel 11, avsnitt 30.

76 Dra bort reläet från kontaktdonet och ta bort det.

Montering

77 Monteringen sker i omvänd ordning.

Bränsleförångningssystem – komponenter

78 Se del C i detta kapitel.

EGR-systemets komponenter

79 Se del C i detta kapitel.

Komponenter i det sekundära luftinsprutningssystemet

80 Se del C i detta kapitel.

18 Insugsgrenrör (SOHC motor) - demontering och montering

Multec CFi enpunkts bränsleinsprutning

Observera: *Läs föreskrifterna i avsnitt 1 innan arbetet påbörjas. En ny packning måste användas vid återmonteringen.*

Demontering

1 Tryckutjämna bränslesystemet genom att ta bort bränslepumpreläet (se kapitel 12) och dra runt motorn på startmotorn i minst 5 sekunder.

2 Koppla loss batteriets minusledare.

3 Ta bort luftbehållaren från ovansidan av bränsleinsprutningsenheten enligt beskrivningen i avsnitt 3.

4 Lossa fästtapparna och koppla loss anslutningskontakten från bränsleinsprutaren.

5 Ta bort gummitätningen från bränsleinsprutningsenhetens översida (om det inte redan är gjort) och dra sedan bort bränsleinsprutarkablarnas gummimuff från spåret i sidan av bränsleinsprutningsenheten. Flytta kablaget åt sidan.

6 Koppla loss anslutningskontakterna från tomgångsstyrningens motor och gasspjällets lägesgivare.

7 Koppla loss bränslematar- och retur-slangarna från bränsleinsprutningsenheten. Notera hur de är placerade för att underlätta återmonteringen. Var beredd på att bränsle kommer att läcka ut och vidta brandförebyggande åtgärder. Kläm ihop eller plugga igen slangarnas öppna ändar för att minimera ytterligare bränslespill.

8 Koppla loss vakuumslangarna från bränsleinsprutningsenheten. Notera hur de sitter och hur de är dragna för att underlätta korrekt återmontering.

9 Koppla loss MAP-givarens slang från bränsleinsprutningsenhetens baksida.

10 Lossa fästklammern och koppla sedan loss gasvajerändens spindelled från gasspjällets ventilarm. Dra bort gasvajerns muff

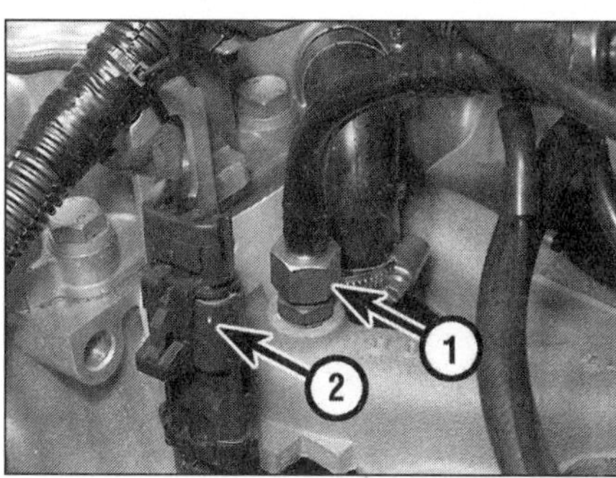

18.11 Bromsservoslangens anslutningsmutter (1) och kontakt (2) ansluten till insugsrörets vänstra ände - Multec CFi

från fästet på insugsgrenröret och flytta gasvajern åt sidan där den inte är i vägen.

11 Skruva loss anslutningsmuttern och koppla loss bromsservons vakuumslang från insugsgrenröret **(se bild)**.

12 Om det är tillämpligt, koppla loss slangen från EGR-ventilen.

13 Koppla loss kablaget från temperaturmätarens givare.

14 Om det är tillämpligt, koppla loss kablaget från temperaturgivaren för kylvätskan.

15 Sära på kontaktdonets två halvor. Kontaktdonet är placerat i fästet som sitter på insugsgrenrörets vänstra ände. Ta loss kontaktdonet från fästet.

16 Tappa ur kylsystemet delvis enligt beskrivningen i kapitel 1 och koppla sedan loss kylvätskeslangen från insugsgrenrörets bakre del. Var beredd på att kylvätska kommer att rinna ut och plugga igen slangens öppna ände för att minska spillet.

17 Skruva loss växelströmsgeneratorns övre fästmutter och bult. Notera hur jordkabeln är placerad på bulten **(se bild)**.

18 Gör en sista kontroll för att se till att alla slangar, rör och kablar har kopplats loss.

19 Skruva loss fästmuttrarna och ta loss grenröret från topplocket. Ta loss packningen.

20 Det kan hända att några av grenrörets pinnbultar skruvas loss från topplocket när grenrörets fästmuttrar skruvas loss. I så fall ska pinnbultarna skruvas tillbaka i topplocket när grenröret har tagits bort, med två ihoplåsta grenrörsmuttrar.

21 Om så önskas kan hjälpaggregaten

18.17 Jordkabel (vid pilen) ansluten till det övre generatorfästet - Multec CFi modell

demonteras från grenröret enligt beskrivning i relevant avsnitt i detta kapitel.

Montering

22 Montering sker i omvänd ordningsföljd. Tänk på följande.

23 Montera alla eventuella hjälpaggregat vid grenröret enligt beskrivningen i relevanta avsnitt i detta kapitel.

24 Om växelströmsgeneratorns fästbygel har skruvats loss från grenröret ska den sättas tillbaka innan grenröret monteras, eftersom åtkomligheten är begränsad när grenröret sitter på plats.

25 Montera grenröret med en ny packning och dra åt fästmuttrarna till angivet moment.

26 Se till att alla slangar, rör och kablar är korrekt dragna och återanslutna.

27 Avsluta med att kontrollera kylvätskenivån och fyll på om det behövs, enligt beskrivningen i *Veckokontroller*.

28 Kontrollera gasvajerns fria spel och justera om det behövs, enligt beskrivningen i avsnitt 8.

Multec M flerpunktsinsprutning

Observera: *Läs föreskrifterna i avsnitt 1 innan arbetet påbörjas. En ny packning måste användas vid återmonteringen.*

Demontering

29 Tryckutjämna bränslesystemet genom att ta bort bränslepumpreläet (se kapitel 12) och dra runt motorn på startmotorn i minst 5 sekunder. Koppla sedan bort batteriets minusledare.

30 Lossa fästklammern och koppla loss gasvajerändens spindelled från gasspjällets ventilarm. Dra bort gasvajerns muff från fästet på insugsgrenröret och flytta gasvajern åt sidan där den inte är i vägen.

31 Lossa klämskruven och koppla loss luftröret från gasspjällhuset.

32 Skruva loss anslutningsmuttern och koppla loss bromsservons vakuumslang från insugsgrenröret **(se bild)**.

33 Koppla loss kamaxelkåpans ventilationsslangar från gasspjällhuset.

34 Koppla loss vakuumslangarna från gasspjällhuset och notera hur de sitter monterade för att underlätta återmonteringen.

35 Koppla loss kylvätskeslangarna från gasspjällhuset (två slangar) och insugsgrenröret (en slang). Notera hur de är dragna för att underlätta återmonteringen. Var beredd på att kylvätska kommer att rinna ut, och kläm ihop eller plugga igen slangarnas ändar för att förhindra att ytterligare vätska läcker ut. Om det är tillämpligt, lossa kylvätskeslangen från grenrörets bakre del.

36 Koppla loss anslutningskontakterna från gasspjällets lägesgivare och tomgångsstyrningens motor i gasspjällhuset, och från insugsluftens temperaturgivare i insugsrörets utjämningskammare.

37 Skruva loss de två fästbultarna och koppla loss de två jordkablarna från topplockets högra ände **(se bild)**.

38 Koppla loss jordkabeln från bulten till motorns lyftögla på insugsgrenrörets vänstra ände.

39 Koppla loss kablaget från temperaturgivaren för kylvätskan i insugsgrenröret.

40 Koppla loss anslutningskontakterna från bränsleinsprutarna.

41 Sära på kontaktdonets två halvor. Kontaktdonet är placerat i fästet som sitter på insugsgrenrörets övre vänstra pinnbult.

42 Koppla loss bränsleslangarna från bränslerören under bränslefördelarskenan. Notera hur de är placerade för att garantera korrekt återmontering. Det är lättast att komma åt dem från bilens undersida **(se bild)**. Lossa klämskruvarna långsamt för att släppa ut eventuellt kvarvarande övertryck ur systemet. Var beredd på att bränsle kommer att läcka ut och vidta brandförebyggande

18.32 Bromsservoslangens anslutningsmutter - Multec M MPi modell

18.37 Jordkablarnas fästbultar (vid pilarna) på topplockets högra ände - Multec M MPi modell

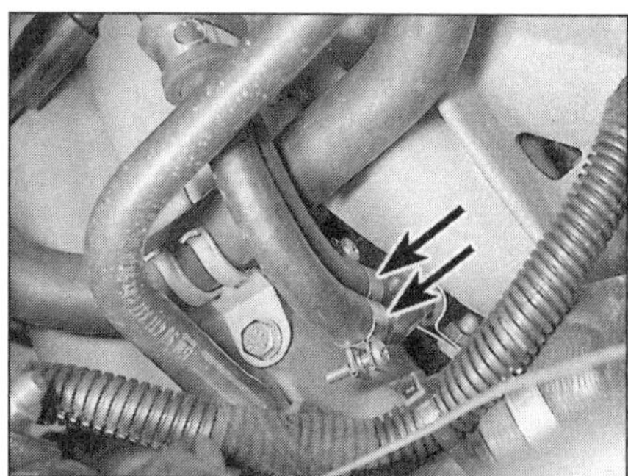
18.42a Bränslerörsanslutningar (vid pilarna) under insugsgrenröret (sett från bilens undersida) - Multec M MPi modell

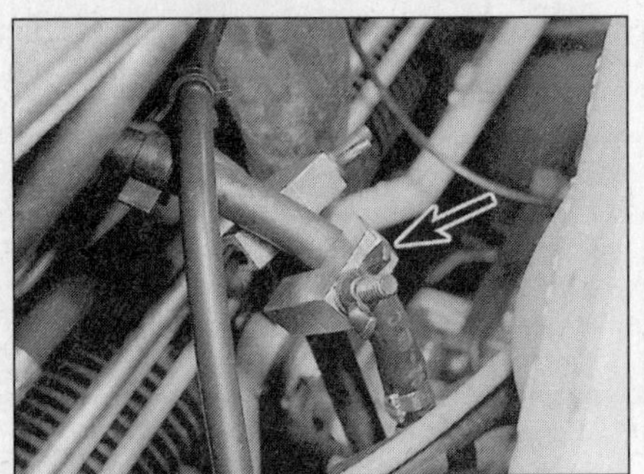

18.42b Kläm ihop slangarna (vid pilen) för att förhindra bränslespill

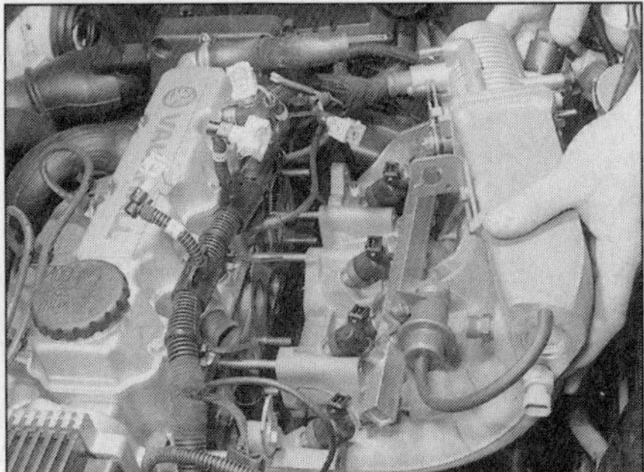

18.45 Lyft upp insugsgrenröret från motorn – Multec M MPi modell

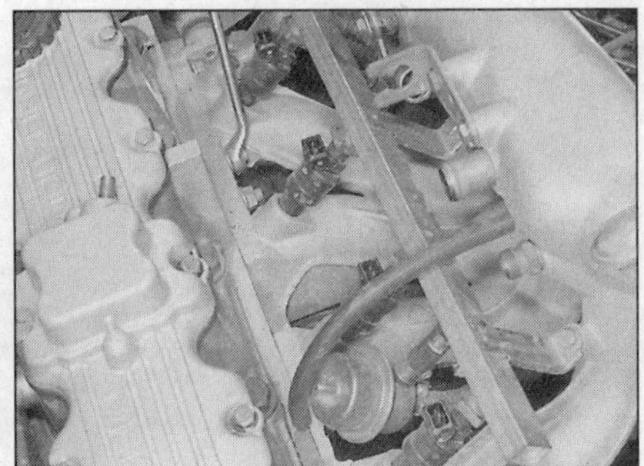

18.60a En grenrörsmutter skruvas loss – Motronic M 1.5 modell

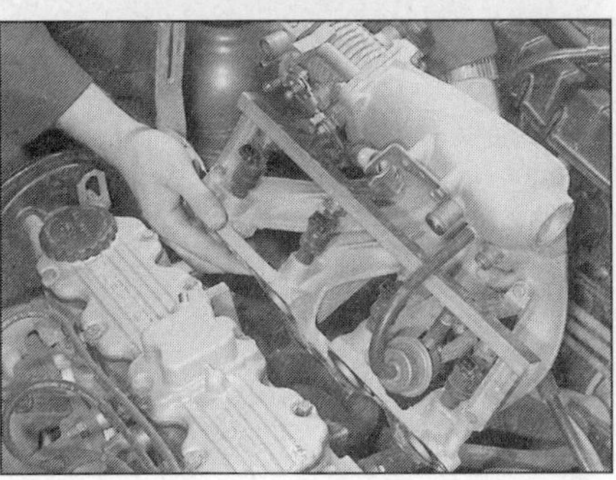

18.60b Demontering av insugsgrenröret – Motronic M 1.5 modell

åtgärder. Kläm ihop eller plugga igen slangarnas öppna ändar för att hindra smuts från att tränga in och ytterligare bränsle från att läcka ut **(se bilder)**.

43 Skruva loss och ta bort generatorns övre fästmutter och bult.

44 Gör en sista kontroll för att se till att alla slangar, rör och kablar har kopplats loss.

45 Fortsätt enligt beskrivningen i punkt 19 till 21 **(se bild)**.

Montering

46 Monteringen sker enligt beskrivningen tidigare i detta avsnitt för Multec CFi modeller med enpunkts bränsleinsprutning.

Motronic M 1.5 flerpunkts bränsleinsprutningssystem

Observera: *Läs föreskrifterna i avsnitt 1 innan arbetet påbörjas. Nya packningar måste användas vid återmonteringen.*

Demontering

47 Tryckutjämna bränslesystemet genom att ta bort bränslepumpreläet (se kapitel 12) och dra runt motorn på startmotorn i minst 5 sekunder. Koppla sedan bort batteriets minusledare.

48 Ta bort tomgångshastighetens styrventil och dess slangar. Se avsnitt 15 om så behövs.

49 Lossa fästklammern och koppla sedan loss spindelleden från gasvajeränden av gasspjällets ventilarm. Dra bort gasvajerns muff från fästet på insugsgrenröret och flytta vajern åt sidan där den inte är i vägen.

50 Lossa klämskruven och koppla loss luftröret från gasspjällhuset.

51 Skruva loss anslutningsmuttern och koppla loss bromsservons vakuumslang från insugsgrenröret.

52 Koppla loss kamaxelkåpans ventilationsslang från gasspjällhuset.

53 Koppla loss kylvätskeslangarna från gasspjällhuset. Var beredd på kylvätskespill och kläm ihop eller plugga igen slangarnas öppna ändar för att förhindra att ytterligare vätska läcker ut.

54 Koppla loss anslutningskontakten från gasspjällets lägesgivare.

55 Koppla loss vakuumröret från bränsletrycksregulatorns ovansida.

56 Koppla loss kabelhärvans hus från bränsleinsprutarna och flytta det åt sidan. Var noga med att inte sträcka kablarna. Dra i kabelhärvans hus och tryck ihop anslutningskontaktens fästklamrar för att lossa huset från bränsleinsprutarna.

57 Koppla loss bränsleslangarna från bränslefördelarskenan. Lossa klämmorna långsamt för att släppa ut eventuellt kvarvarande övertryck från bränslesystemet. Var beredd på att bränsle kommer att läcka ut och vidta brandförebyggande åtgärder. Kläm ihop eller plugga igen slangarnas öppningar för att hindra smuts från att tränga in och ytterligare bränsle att läcka ut.

58 Skruva loss och ta bort generatorns övre fästmutter och bult.

59 Gör en sista kontroll för att se till att alla slangar, rör och kablar har kopplats loss.

60 Fortsätt enligt beskrivningen i punkt 19 till 21 **(se bilder)**.

Montering

61 Montering sker enligt beskrivningen för Multec CFi modeller i punkt 22 till 28.

19 Insugsgrenrör (DOHC motor) - demontering och montering

Multec S flerpunkts bränsleinsprutning (1.4 liters motorer) – insugsgrenrör

Observera: *Läs föreskrifterna i avsnitt 1 innan arbetet påbörjas. En ny packning måste användas vid återmonteringen.*

Demontering

1 Tryckutjämna bränslesystemet genom att ta bort bränslepumpreläet (se kapitel 12) och dra runt motorn på startmotorn i minst 5 sekunder. Koppla sedan bort batteriets minusledare.

2 Demontera luftrenaren enligt beskrivning i avsnitt 3.

3 Ta bort växelströmsgeneratorns drivrem enligt beskrivningen i kapitel 1.

4 Ta bort motorns oljepåfyllningslock. Ta sedan bort motorkåpan och montera oljepåfyllningslocket igen.

5 Koppla loss anslutningskontakten från insugsluftens temperaturgivare.

6 Koppla loss de två ventilationsslangarna från kamaxelkåpan.

7 Lossa klämman och koppla loss luftintagsledningen från gasspjällhuset.

8 Arbeta längs med kabelhuset av plast på motorns bakre del och koppla loss alla kontaktdon från kabelhuset och dess kabelhärva. Notera kontaktdonens placering för att underlätta monteringen.

9 Tryck ned fästklamrarna och lossa kabelhuset från bränsleinsprutarna. Flytta sedan huset mot motorns bakre del, ur vägen för arbetet.

10 Koppla loss vakuumslangen från bensintanksventilen.

11 Koppla loss gasvajern från gasspjällarmen och fästet, enligt beskrivningen i avsnitt 8.

12 Koppla loss bromsservons vakuumslang och MAP-givarens vakuumslang från grenröret.

13 Tappa ur kylsystemet delvis enligt beskrivningen i kapitel 1 och koppla sedan loss kylvätskeslangarna från gasspjällhuset.

14 Skruva loss anslutningsmuttrarna och koppla loss bränsleslangarna från bränslefördelarskenan och bränsletrycksregulatorn. Var beredd på att bränsle kommer att läcka ut och vidta brandförebyggande åtgärder.

15 Skruva loss fästbultarna och ta bort växelströmsgeneratorns övre fästbygel. Skruva sedan loss generatorns nedre fästbult och sväng generatorn mot motorns bakre del **(se bild)**.

16 Dra åt handbromsen och stöd framvagnen på pallbockar om det inte redan är gjort (se *Lyftning och stödpunkter*).

17 Arbeta under bilen och skruva loss

19.15 Fästbultar till generatorns övre fästbygel (vid pilarna) – 1.4 liter Multec S MPi modell

insugsgrenrörets stödfäste från grenröret och motorblocket.

18 Skruva loss fästbultarna och ta bort grenröret från fästfläns. Ta loss packningen.

Montering

19 Inled återmonteringen med en noggrann rengöring av fogytorna på grenröret och fästflänsen.

20 Montering sker i omvänd ordningsföljd, men tänk på följande:

a) *Montera grenröret med en ny packning.*
b) *Se till att alla anslutningskontakter och vakuumslangar återansluts och dras korrekt på det sätt som noterades före demonteringen.*
c) *Kontrollera kylvätskenivån och fyll på om det behövs enligt beskrivningen i "Veckokontroller".*
d) *Montera och spänn växelströmsgeneratorns drivrem enligt beskrivningen i kapitel 1.*

Multec S flerpunkts bränsleinsprutning (1.4 liters motorer) – insugsgrenrörets fästfläns

Observera: *En ny packning krävs vid återmonteringen.*

Demontering

21 Demontera insugsgrenröret enligt beskrivningen tidigare i detta avsnitt.

22 Koppla loss kylvätskeslangen från grenrörsflänsen. Var beredd på kylvätskespill.

23 Skruva loss fästmuttrarna och ta bort grenrörsflänsen från topplocket. Det kan hända att några av grenrörets pinnbultar skruvas bort från topplocket när grenrörets fästmuttrar skruvas loss. I så fall ska pinnbultarna skruvas tillbaka i topplocket när grenröret har tagits bort, med två hoplåsta grenrörsmuttrar.

24 Skruva loss kylvätskeflänsen från topplocket och ta sedan bort grenrörets/kylvätskeflänsens packning **(se bild)**.

Montering

25 Inled återmonteringen med en noggrann rengöring av grenrörsflänsens, kylvätskeflänsens och topplockets fogytor.

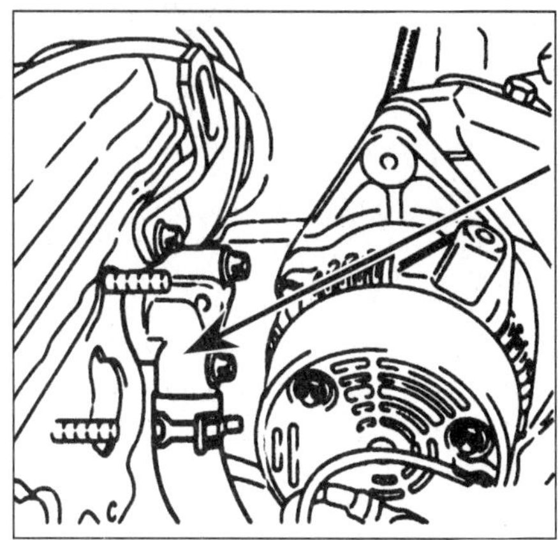

19.24 Skruva loss kylvätskeflänsen (vid pilen) från topplocket – 1.4 liter Multec S MPi modell

26 Montering sker i omvänd ordningsföljd, men använd en ny packning och montera insugsgrenröret enligt beskrivningen tidigare i detta avsnitt.

Multec S flerpunkts bränsleinsprutning (1.6 liters motorer) – insugsgrenrörets övre del

Observera: *En ny packning krävs vid återmonteringen.*

Demontering

27 Lossa batteriets jordledning (minuspolen).

28 Ta bort motorns oljepåfyllningslock. Ta sedan bort motorkåpan och montera oljepåfyllningslocket igen.

29 Arbeta längsmed kabelhuset av plast på motorns bakre del och koppla loss alla kontaktdon från kabelhuset och dess kabelhärva. Notera kontaktdonens placering för att underlätta monteringen.

30 Lossa kabelhuset från de tre fästklamrarna och flytta sedan huset mot motorns bakre del, ur vägen för arbetet.

31 Koppla loss följande vakuumslangar från insugsgrenröret. Notera hur de sitter monterade för att underlätta återmonteringen.

a) *Motorns ventilationsslang.*
b) *Slangen till den sekundära luftinsprutningens omkopplingsventil.*
c) *Bromsservoslangen.*
d) *Slangen till insugsgrenrörets tryckgivare.*
e) *Kolkanisterns slang.*

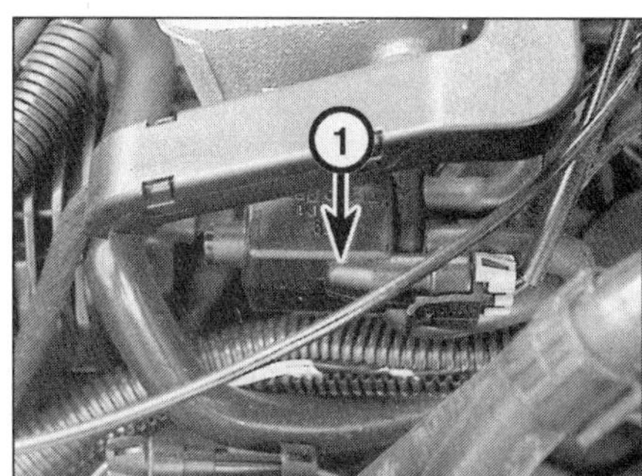

19.33 Bränsletryckregulatorns vakuumslang (1) – 1.6 liter Multec S MPi modell

1 *Kolkanisterns ventil*

32 Dra bränsletankens ventil uppåt från fästet och flytta ventilen åt ena sidan.

33 Koppla loss bränsletrycksregulatorns vakuumslang från insugsgrenröret **(se bild)**.

34 Lossa klammern som fäster insugsluftens ledning vid grenrörets övre del.

35 Skruva loss de fem bultarna som fäster grenrörets övre del vid den nedre delen, och de två bultarna som fäster grenrörets övre del vid kamaxelkåpan. Lyft sedan av grenrörets övre del. Ta loss packningen.

Montering

36 Inled monteringen med att rengöra fogytorna på grenrörets övre och nedre del noga.

37 Montering sker i omvänd ordningsföljd, men tänk på följande:

a) *Använd en ny packning mellan grenrörets övre och nedre del.*
b) *Se till att alla vakuumslangar och anslutningskontakter är korrekt anslutna på det sätt som noterades före demonteringen.*

Multec S flerpunkts bränsleinsprutning (1.6 liters motorer) – insugsgrenrörets nedre del

Observera: *Läs föreskrifterna i avsnitt 1 innan arbetet påbörjas. En ny packning måste användas vid återmonteringen.*

Demontering

38 Tryckutjämna bränslesystemet genom att ta bort bränslepumpreläet (se kapitel 12) och dra runt motorn på startmotorn i minst 5 sekunder.

39 Demontera luftrenaren enligt beskrivningen i avsnitt 3.

40 Ta bort grenrörets övre del enligt beskrivningen tidigare i detta avsnitt.

41 Skruva loss anslutningsmuttrarna och koppla loss bränsleslangarna från bränslefördelarskenan och bränsletrycksregulatorn. Var beredd på att bränsle kommer att läcka ut och vidta brandförebyggande åtgärder.

42 Lossa klämman och koppla loss luftintagsledningen från gasspjällhuset.

43 Sära på vevaxelns hastighets-/lägesgivares kontaktdon (två halvor). Kontaktdonet är placerat vid fästet ovanför bränsletrycksregulatorn. Ta sedan loss kontaktdonet från fästet och för ner kablaget mellan insugsrörstrummorna. Notera hur de är dragna.

44 Ta bort fästskruven (skruvarna) och ta loss kabelhuset av plast från gasspjällhuset. Lägg kabelhuset mot motorrummets bakre del, ur vägen för arbetet.

45 Koppla loss gasvajern från gasspjällarmen och fästet och flytta vajern ur vägen för arbetet, enligt beskrivningen i avsnitt 8.

46 Skruva loss fästbultarna och ta bort gasspjällhuset. Sänk ner gasspjällhuset och lämna det i motorrummet.

47 Koppla loss kontakterna från tomgångsstyrningens motor och gasspjällets lägesgivare.

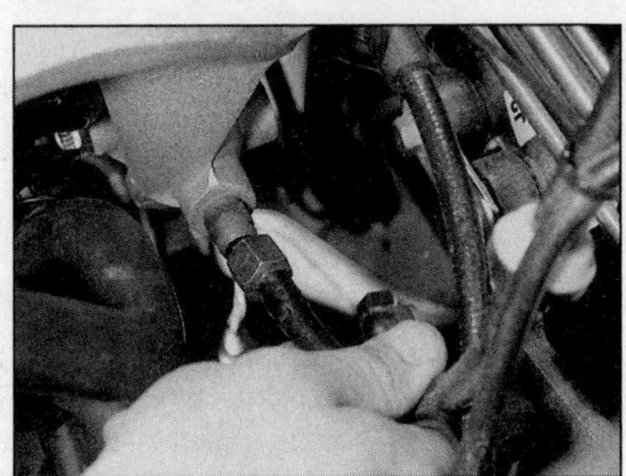
19.71 Koppla loss bromsservons slang från grenröret - Motronic M 2.5 modell

48 Skruva loss fästbultarna och ta bort gasspjällhusets fläns från insugsgrenrörets nedre del. Notera hur bultarna är placerade (bultar med olika längd används).

49 Tappa ur kylsystemet enligt beskrivning i avsnitt 3.

50 Ta bort växelströmsgeneratorns drivrem enligt beskrivningen i kapitel 1.

51 Skruva loss växelströmsgeneratorns övre fästbygel, lossa sedan generatorns nedre fästbult och sväng generatorn mot motorns bakre del.

52 Skruva loss kabelhusets fäste från grenrörets nedre del och lägg det mot motorrummets bakre del.

53 Koppla loss kylvätskeslangen från insugsrörets nedre del.

54 Skruva loss fästmuttrarna och ta bort grenrörets nedre del från topplocket.

55 Skruva loss kylvätskeflänsen från topplocket och ta sedan bort grenrörs-/kylvätskeflänsens packning.

Montering

56 Inled återmonteringen med en noggrann rengöring av grenrörsflänsens, kylvätskeflänsens och topplockets fogytor.

57 Montering sker i omvänd ordningsföljd, men tänk på följande:

a) Använd en ny packning.

d) Montera och spänn växelströmsgeneratorns drivrem enligt beskrivningen i kapitel 1.

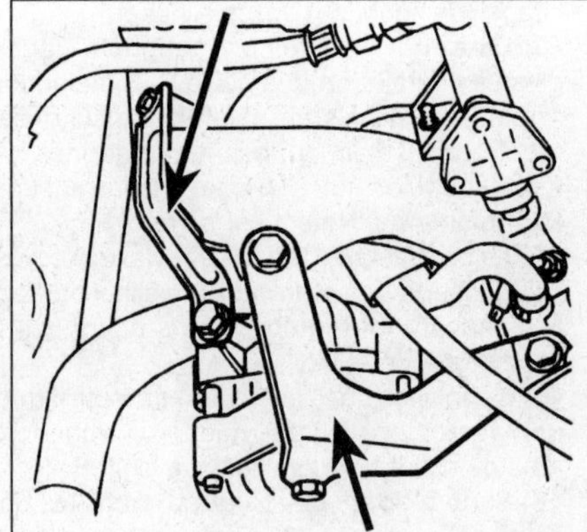
19.76 Ta bort generatorns övre stödfästen (vid pilarna) - Motronic M 2.8 modeller

c) Fyll på kylsystemet enligt beskrivningen i kapitel 1.

d) Se till att bultarna till gasspjällhusets fläns monteras på rätt platser på det sätt som noterades före demonteringen.

e) Se till att alla anslutningskontakter och slangar återansluts och dras korrekt på det sätt som noterades före demonteringen.

f) Montera insugsgrenrörets övre del enligt beskrivningen tidigare i detta avsnitt.

Motronic M 2.5 och M 2.8 flerpunkts bränsleinsprutningssystem

Observera: *Läs föreskrifterna i avsnitt 1 innan arbetet påbörjas. Nya packningar måste användas vid återmonteringen.*

Demontering

58 Tryckutjämna bränslesystemet genom att ta bort bränslepumpreläet (se kapitel 12) och dra runt motorn på startmotorn i minst 5 sekunder. Koppla sedan bort batteriets minusledare.

59 Koppla loss kablarna från luftmängdsmätaren. Ta loss tätningsringen (om tillämpligt).

60 Lossa klämskruven som fäster luftledningen vid luftmängdsmätarens högra sida.

61 Använd en insexnyckel eller en sexkantsbit och skruva loss de fyra bultarna som fäster luftbehållaren vid gasspjällhuset. Lyft bort luftbehållaren från gasspjällhuset och koppla loss slangen från luftbehållarens nederdel. Dra sedan bort luftbehållaren/luftmängdsmätaren.

62 Koppla loss anslutningskontakten från gasspjällets lägesgivare och insugsluftens temperaturgivare (om tillämpligt).

63 Dra gasvajeränden från gasspjällventilens arm. Dra sedan vajeränden muff från fästet på insugsgrenröret och flytta gasvajern åt ena sidan, där den inte är i vägen.

64 Koppla loss de två ventilationsslangarna från kamaxelkåpans baksida. Koppla loss den större slangen från huvudgasspjällhuset och ta bort slangen helt.

65 Placera en trasa under en av bränsleslangens anslutningar på bränslefördelarskenan för att suga upp det bränsle som läcker ut när anslutningen kopplas loss.

66 Lossa bränsleslangens anslutningar långsamt för att gradvis släppa på trycket i bränsleledningen. Koppla sedan loss slangen från bränslefördelarskenan. Var beredd på att bränsle kommer att läcka ut och vidta brandförebyggande åtgärder. Plugga igen bränsleslangens öppning för att hindra smuts från att tränga in och ytterligare bränsle från att läcka ut.

67 Upprepa punkt 65 och 66 för de återstående anslutningarna mellan bränsleslangarna och bränslefördelarskenan.

68 Om det är tillämpligt, koppla loss vakuumrören från framsidan på det elektroniska antispinnsystemets gasspjällhus.

69 Om det är tillämpligt, koppla loss kylvätskeslangarna från antispinnsystemets gasspjällhus. Notera hur de är placerade och dragna för att underlätta återmonteringen. Var beredd på att kylvätska kommer att rinna ut, och kläm ihop eller plugga igen slangarnas ändar för att minimera vätskespillet.

70 Koppla loss kabelhärvans hus från bränsleinsprutarna och flytta det åt sidan. Var noga med att inte sträcka kablarna. Dra kabelhärvans hus uppåt och tryck ihop anslutningskontaktens fästklamrar för att lossa huset från bränsleinsprutarna.

71 Skruva loss anslutningsmuttern och koppla loss bromsservons vakuumslang från insugsgrenrörets vänstra sida **(se bild)**.

72 Skruva loss fästmuttern och ta bort bränsleslangens fäste från gasspjällhusets vänstra sida.

73 Skruva loss fästmuttrarna och koppla loss jordkablarna från pinnbultarna i bränslefördelarskenans ändar.

74 Skruva loss fästbulten och ta bort vajer-/slangfästet från insugsgrenrörets vänstra ände.

75 Ta bort tomgångshastighetens styrventil, enligt beskrivningen i avsnitt 16.

76 Ta bort växelströmsgeneratorns drivrem enligt beskrivningen i kapitel 1 och skruva sedan bort generatorns övre fästmutter och bult. På Motronic M 2.8 modeller med bränsleinsprutning, skruva loss generatorns övre stödfästen **(se bild)**.

77 Kontrollera en sista gång att alla slangar, rör och kablar har kopplats loss.

78 Skruva loss fästmuttrarna och ta loss grenröret från topplocket. Ta loss packningen.

79 Det kan hända att några av grenrörets pinnbultar skruvas bort från topplocket när grenrörets fästmuttrar skruvas loss. I så fall ska pinnbultarna skruvas tillbaka i topplocket när grenröret har tagits bort, med två hoplåsta grenrörsmuttrar.

80 Om så önskas kan hjälpaggregaten demonteras från grenröret enligt beskrivning i relevant avsnitt i detta kapitel.

Montering

81 Montering sker i omvänd ordningsföljd. Tänk på följande.

a) Montera alla eventuella hjälpaggregat vid grenröret enligt beskrivningen i relevanta avsnitt i detta kapitel.

b) Om växelströmsgeneratorns fästbygel har skruvats loss från grenröret ska den sättas tillbaka innan grenröret monteras, eftersom åtkomligheten är begränsad när grenröret sitter på plats.

c) Montera grenröret med en ny packning och dra åt fästmuttrarna till angivet moment.

d) Se till att alla slangar, rör och kablar är korrekt dragna och återanslutna.

e) Se till att kylvätskeslangarna till antispinnsystemets gasspjällhus är korrekt dragna och återanslutna, på det sätt som noterades före demonteringen.

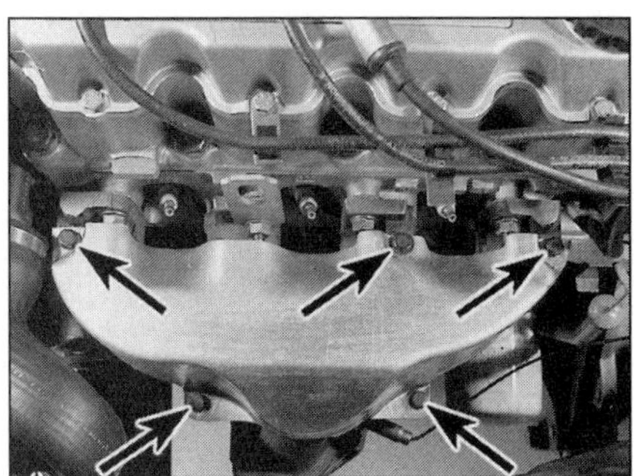
20.3 Fästskruvar till avgasgrenrörets värmeskydd (vid pilarna) – 1.6 liter SOHC motor

20.7a Ta loss avgasgrenröret . . .

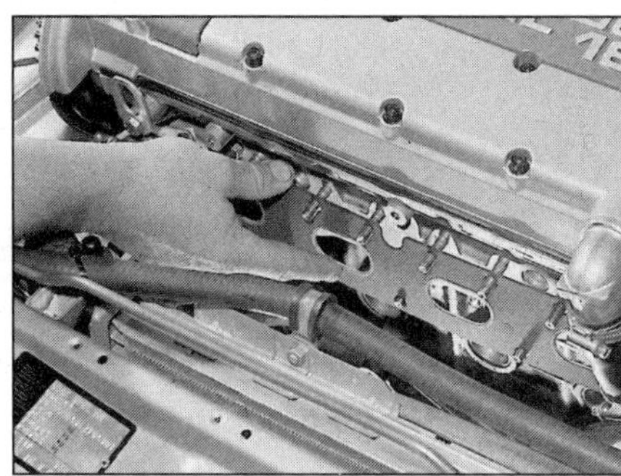
20.7b . . . och ta vara på packningen – 1.6 liter SOHC motor

f) Avsluta med att kontrollera kylvätskenivån och fyll på om det behövs, enligt beskrivningen i "Veckokontroller".

Simtec flerpunkts bränsleinsprutningssystem

Observera: *Läs föreskrifterna i avsnitt 1 innan arbetet påbörjas. Nya packningar måste användas vid återmonteringen.*

Demontering

82 Tryckutjämna bränslesystemet genom att ta bort bränslepumpreläet (se kapitel 12) och dra runt motorn på startmotorn i minst 5 sek..

83 Lossa batteriets jordledning (minuspolen).

84 Ta bort luftrenaren enligt beskrivningen i avsnitt 3.

85 Koppla loss anslutningskontakterna från insugsluftens temperaturgivare och luftmängdsmätaren.

86 Koppla bort de två ventilationsslangarna från kamaxelkåpan och koppla loss luftintagledningen från gasspjällhuset.

87 Koppla loss gasvajern från gasspjällets arm och stödfästet (fästena), enligt beskrivningen i avsnitt 8.

88 Skruva loss anslutningsmuttrarna och koppla loss bränsletillförsel- och retur-slangarna från bränslefördelarskenan. Var beredd på att bränsle kommer att läcka ut och vidta brandförebyggande åtgärder.

89 Koppla loss anslutningskontakten från tomgångsstyrningens motor och skruva loss jordkabeln från insugsröret.

90 Arbeta längs med kabelhuset av plast på motorns bakre del och koppla loss alla kontaktdon från huset och dess kabelhärva. Notera kontaktdonens placering för att underlätta monteringen. Notera att det kan vara omöjligt att koppla bort knacksensorn och kontakten till vevaxelns hastighets-/lägesgivare innan kabelhuset har tagits bort.

91 Tryck fästklamrarna till insprutarnas anslutningskontakter för cylinder nr 1 och nr 4 samtidigt mot bränslefördelarskenan (använd en skruvmejsel om det behövs) och dra bort kabelhuset från bränsleinsprutarna.

92 Tappa ur kylsystemet delvis enligt beskrivningen i kapitel 1 och koppla sedan loss kylvätskeslangarna från gasspjällhuset.

93 Koppla loss följande slangar från insugsgrenröret.

a) Bromsservoslangen.
b) Avgasåterföringens (EGR) vakuumslang.
c) Bränsletanksventilens slang.
d) Den sekundära luftinsprutningens kombinationsventil (om tillämpligt).

94 Skruva loss och ta bort växelströmsgeneratorns övre stödfästen. Ta sedan bort växelströmsgeneratorns drivrem enligt beskrivningen i kapitel 1.

95 Lossa växelströmsgeneratorn nedre fästbult och sväng sedan generatorn bakåt mot motorn.

96 Dra åt handbromsen och stöd framvagnen på pallbockar om det inte redan är gjort (se *Lyftning och stödpunkter*).

97 Arbeta under bilen, skruva loss insugsrörets stödfäste från grenröret och motorblocket och ta bort fästet.

98 Kontrollera en sista gång att alla slangar, rör och kablar har kopplats loss.

99 Följ nu beskrivningen i punkt 77 till 79.

Montering

100 Inled monteringen med en noggrann rengöring av grenrörets och topplockets fogytor.

101 Montering sker i omvänd ordningsföljd. Tänk på följande:

a) Montera och spänn generatorns drivrem enligt beskrivningen i kapitel 1.
b) Se till att alla anslutningskontakter och slangar återansluts och dras korrekt på det sätt som noterades före demonteringen.
c) Kontrollera kylvätskenivån och fyll på om det behövs enligt beskrivningen i "Veckokontroller".
d) Återanslut gasvajern och kontrollera inställningen enligt beskrivning i avsnitt 8.

20 Avgasgrenrör – demontering och montering

Demontering

Observera: *En ny packning krävs vid återmonteringen.*

1 Fortsätt enligt följande på alla motorer utom C 20 XE. På denna motor finns ett rörformigt avgasgrenrör monterat, som utgör främre delen av avgassystemet – se avsnitt 21 för information om demontering och montering.

2 Om det är tillämpligt, koppla bort syresensorns anslutningskontakt.

3 Om det är tillämpligt, skruva loss värmeskyddet från grenröret **(se bild)**.

4 Om det är tillämpligt, koppla loss varmluftsslangen från höljet på avgasgrenröret.

5 Om det är tillämpligt, ta bort den sekundära luftinsprutningens rör enligt beskrivningen i del C i detta kapitel.

6 Koppla bort avgassystemets främre del från grenröret enligt beskrivningen i avsnitt 21.

7 Skruva loss fästmuttrarna och ta loss grenröret från topplocket. Ta loss packningen (packningarna) **(se bilder)**.

8 Det kan hända att några av grenrörets pinnbultar skruvas bort från topplocket när grenrörets fästmuttrar skruvas loss. I så fall ska pinnbultarna skruvas tillbaka i topplocket när grenröret har tagits bort, med två hoplåsta grenrörsmuttrar.

Montering

9 Inled återmonteringen med en noggrann rengöring av grenrörets och topplockets fogytor.

10 Montering sker i omvänd ordningsföljd. Tänk på följande punkter **(se bild)**.

a) Använd en ny packning.
b) Dra åt fästmuttrarna till angivet moment.
c) Återanslut avgassystemets främre del till grenröret enligt beskrivningen i avsnitt 21.
d) Om det är tillämpligt, montera den sekundära luftinsprutningens rör enligt beskrivningen i del C i detta kapitel.

20.10 Dra åt avgasgrenrörets fästmuttrar. Notera motorns lyftögla (vid pilen) – 1.6 liter SOHC motor

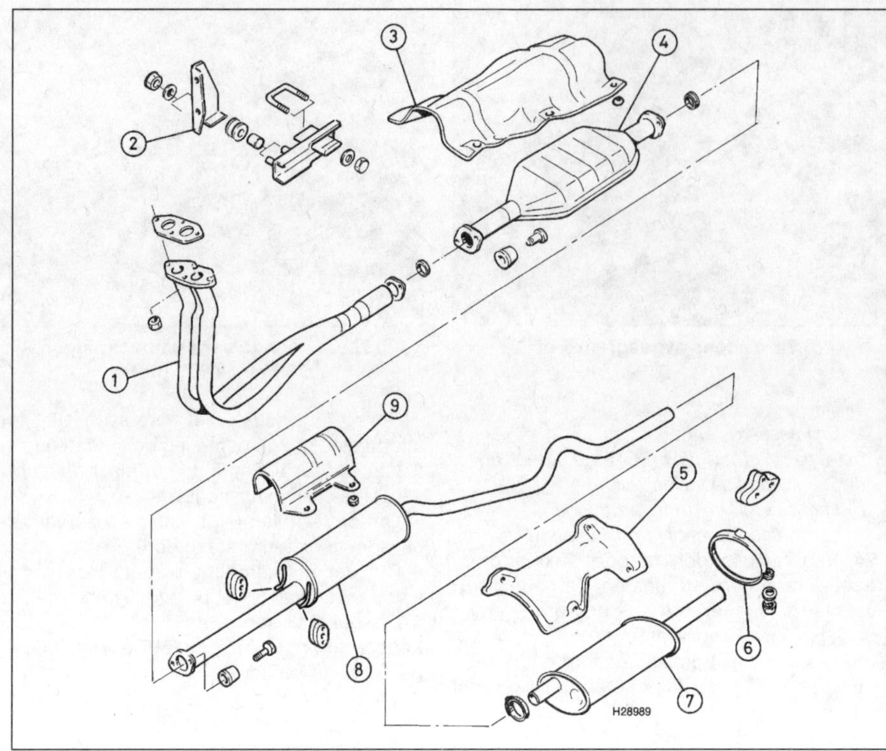

21.2 Avgassystem med katalysator (typexempel)

1 *Främre avgasrör*
2 *Främre avgasrörets fästbygel*
3 *Värmesköld – katalysator*
4 *Katalysator*
5 *Värmesköld – bakre ljuddämpare*
6 *Klämma*
7 *Bakre ljuddämpare och ändrör*
8 *Främre ljuddämpare och mellanrör*
9 *Värmesköld – främre ljuddämpare*

21.8 Avgassystemets främre del, fäste och skarv – modell med 1.6 liter SOHC motor

1 *Fäste* 2 *Fjäderbelastad fog*

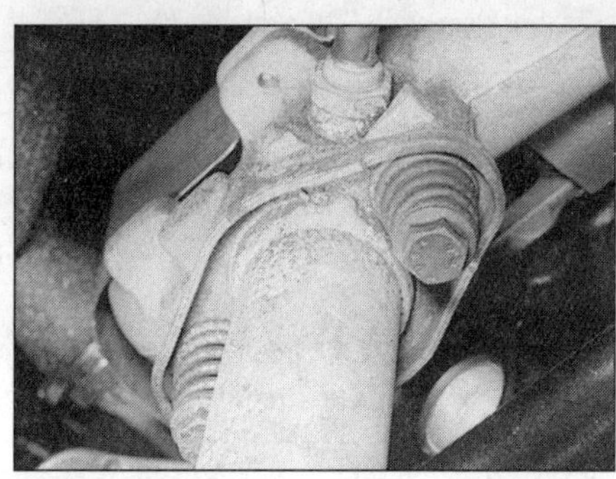

21.10a Fog mellan avgassystemets främre del och grenröret – 1.4 liter SOHC motor

21.10b Fog mellan avgassystemets främre del och grenröret – 1.6 liter SOHC motor

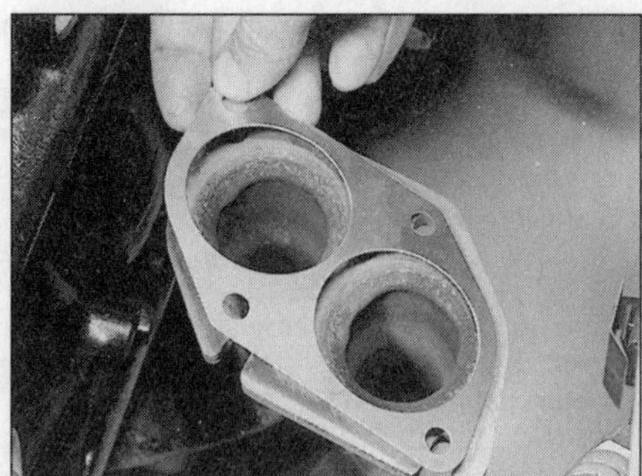

21.10c Montering av ny packning mellan avgassystemets främre del och grenröret – 1.6 liter SOHC motor

21 Avgassystem – allmän information och byte av komponenter

Allmän information

Alla utom C 20 XE modeller

1 Se avsnitt 23 i del A i detta kapitel och observera följande.

2 Det fabriksmonterade avgassystemet består av fyra separata delar (inklusive katalysatorn), som alla kan bytas ut separat **(se bild)**. Tillverkarna anger inga bytesintervall för katalysatorn. På vissa modeller sitter en syresensor i avgassystemets främre del.

3 När avgassystemet kontrolleras ska även katalysatorn undersökas med avseende på skador eller korrosion. Undersök också om syresensorn är skadad.

C 20 XE modeller

4 Se informationen ovan för andra modeller, men observera att ett rörformigt avgasgrenrör är monterat, som utgör avgassystemets främre del.

Byte av komponenter

Observera: *Alla relevanta packningar och/eller tätningsringar ska bytas ut vid monteringen.*

Främre delen – alla utom C 20 XE modeller

5 Hissa upp bilen och stöd den på pallbockar (se *Lyftning och stödpunkter*).

6 Om det är tillämpligt, koppla loss syresensorns anslutningskontakt, som oftast sitter i ett fäste vid en av de övre bultarna mellan motorn och växellådan.

7 Skruva loss de två fästbultarna och koppla loss avgassystemets främre del från katalysatorn. Ta loss tätningsringen och, om tillämpligt, fjädrarna.

8 Skruva loss avgassystemets främre del från fästet på motorblocket **(se bild)**.

9 Skruva loss och ta bort bultarna som fäster det främre avgasröret vid avgasgrenröret och ta bort avgassystemets främre del. Ta loss packningen mellan det främre avgasröret och grenröret och, om tillämpligt, ta loss fjädrarna från bultarna.

10 Montering sker i omvänd ordningsföljd. Använd en ny packning när det främre avgasröret återansluts till grenröret, och en ny tätningsring när skarven ansluts till katalysatorn **(se bilder)**.

Främre delen – C 20 XE modeller

11 Följ beskrivningen i punkt 5 och 6.

12 Ta bort motorns undre skyddskåpa enligt beskrivningen i avsnitt 25 i kapitel 11.

21.10d Använd en ny tätningsring när avgassystemets främre del sätts ihop med katalysatorn

21.15 Skruva loss bultarna till avgasgrenrörets värmeskydd - C 20 XE motor

13 Skruva loss de två fästbultarna och koppla loss avgassystemets främre del från katalysatorn vid den flexibla fogen. Ta loss tätningsringen och fjädrarna.
14 Skruva loss avgassystemets främre del från fästet på motorblocket.
15 Arbeta i motorrummet, ta bort bultarna som fäster avgasgrenrörets värmeskydd vid topplocket **(se bild)**.
16 Skruva loss avgasgrenrörets två nedre fästmuttrar som även fäster värmeskyddets fästen, och ta bort värmeskyddet.
17 Skruva loss grenrörets återstående fästmuttrar. Ta sedan bort grenröret/avgassystemets främre del från bilen. Ta loss grenrörspackningen.
18 Det kan hända att några av grenrörets pinnbultar skruvas bort från topplocket när grenrörets fästmuttrar skruvas loss. I så fall ska pinnbultarna skruvas tillbaka i topplocket när grenröret har tagits bort, med två hoplåsta grenrörsmuttrar.
19 Montering sker i omvänd ordningsföljd, men använd en ny grenrörspackning och använd en ny tätningsring när den flexibla fogen återmonteras.

Katalysator

20 Fortsätt enligt beskrivningen för den främre expansionslådan i avsnitt 23 i del A i detta kapitel. Katalysatorns inre komponenter är ömtåliga – var noga med att inte stöta i den under demonteringen eller tappa den när den är borttagen.

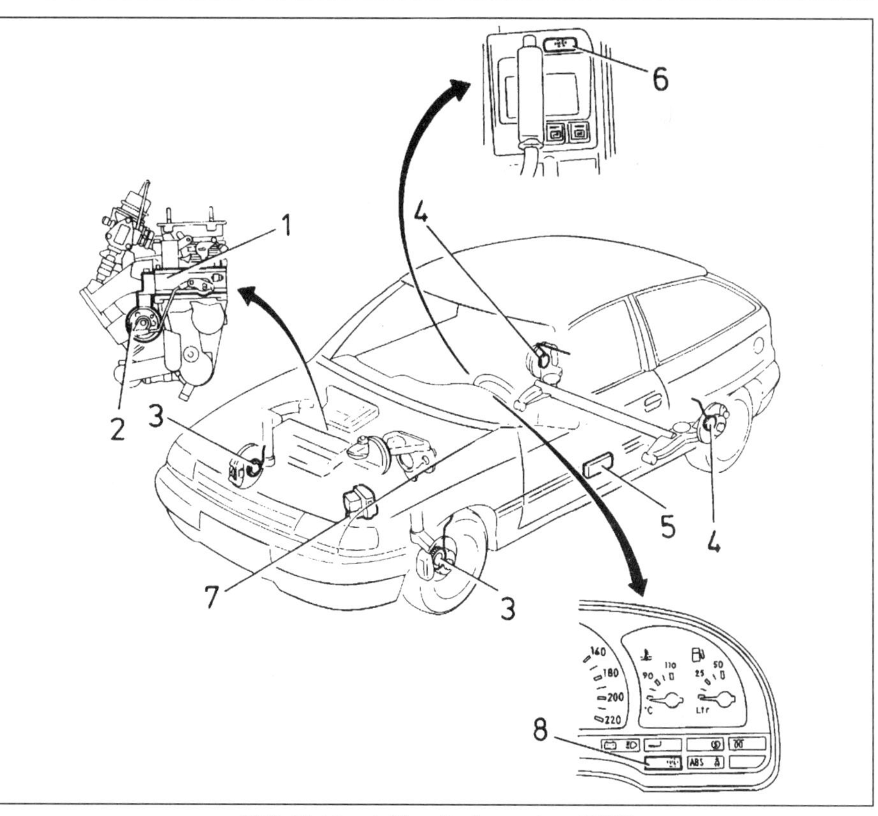

22.2 Elektroniskt antispinnsystem (ETC)

1 *Gasspjällhus*
2 *Gasspjällventilens styrmotor*
3 *Framhjulens ABS-givare*
4 *Bakhjulens ABS-givare (se kapitel 10)*
5 *Elektronisk styrenhet*
6 *Avstängningsknapp*
7 *ABS hydraulmodulator*
8 *Varningslampa*

Mittsektion

21 Se avsnitt 23 i del A i detta kapitel. Observera att mittsektionens främre ände måste kopplas bort från katalysatorn i stället för den främre expansionslådan.

Bakre delen

22 Se avsnitt 23 i del A i detta kapitel.

22 Elektroniskt antispinnsystem (ETC) - allmän information

1 Vissa DOHC motorer är försedda med ett elektroniskt antispinnsystem. Systemet övervakar de drivna (främre) hjulens dragkraft och hindrar dem från att spinna, oavsett vägens skick och däckens fäste. Systemet är särskilt andvändbart för att öka hjulens framdrivning vid körning på hala vägar vid regn, snö eller is.
2 Antispinnsystemet styrs av en elektronisk styrenhet, som får information från motorstyrningssystemets och ABS-systemets elektroniska styrenheter. De fyra ABS-hjulgivarna (se kapitel 9) övervakar ständigt framhjulens dragkraft genom att jämföra framhjulens hastighet med bakhjulens hastighet. Så fort en hastighetsskillnad mellan fram- och bakhjulen registreras skickas en signal till antispinnsystemets elektroniska styrenhet. Antispinnsystemets styrenhet aktiverar en hjälpgasspjällventil, som minskar motorvarvtalet (och således momentet) så att nivån i relation till hjulens rotation ska bli optimal, även om föraren ger full gas (huvudgasspjällventilen helt öppen). I undantagsfall, som när man ger full gas från stillastående på isigt underlag, skickar antispinnsystemets styrenhet en signal till motorstyrningens styrenhet för att avbryta bränsleinsprutningen och tändsystemet periodvis, så att motorns vridmoment minskar snabbare **(se bild)**.
3 Antispinnsystemets gasspjällventil är placerad mellan huvudgasspjällhuset och insugsröret. Gasspjällventilen aktiveras av en styrmotor, via ett kopplingsstag. En lägesgivare sitter monterad i styrmotorn för att förse antispinnsystemets styrenhet med information om läget på antispinnsystemets gasspjällventil.
4 Om så önskas kan systemet slås av med en knapp på mittkonsolen. Det kan vara bra vid vissa förhållanden som vid körning i djup snö, eller när bilen ska ta sig loss från ett mjukt underlag.

23.7 Gasspjällventilens reglerstag - anslutning (vid pilen) till antispinnsystemets gasspjällventil

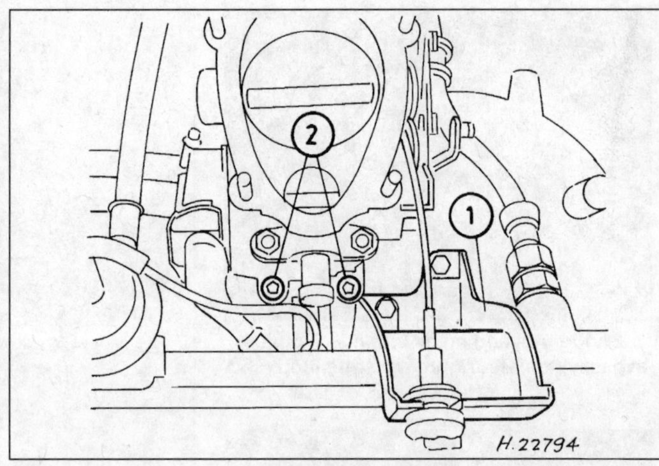

23.24 Gasspjällventilmotorns fästskruvar (2) och gasspjällvajerns fäste (1)

23 Elektroniskt antispinnsystem (ETC) - demontering och montering av komponenter

Gasspjällhus

Observera: *Nya packningar måste användas vid monteringen*

Demontering

1 Koppla loss batteriets minusledare.

2 Ta bort huvudgasspjällhuset enligt beskrivningen i avsnitt 16 eller 17, vad som är tillämpligt.

3 Koppla loss kamaxelkåpans ventilationsslang från den vänstra sidan av antispinnsystemets gasspjällventilhus.

4 Koppla loss kylvätskeslangarna från antispinnsystemets gasspjällventilhus. Notera hur de är placerade och dragna för att underlätta återmonteringen. Var beredd på att kylvätska kommer att rinna ut, och kläm ihop eller plugga igen slangarnas ändar för att minimera vätskespillet.

5 Skruva loss de två bultarna som fäster gasspjällventilens styrmotor vid gasspjällventilens hus.

6 Koppla loss de två vakuumslangarna från husets framsida. Notera hur de är placerade för att underlätta återmonteringen.

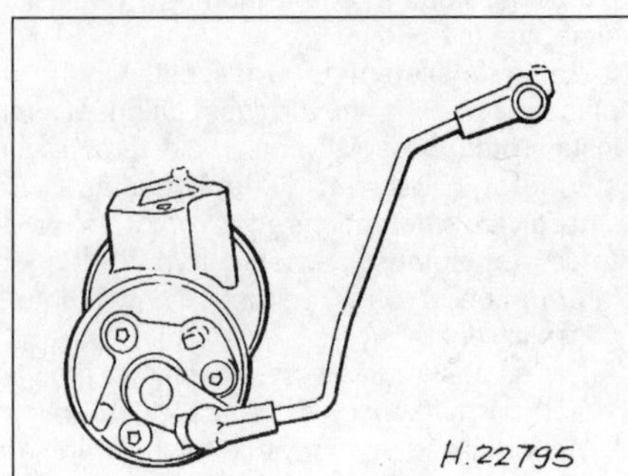

23.25 Antispinnsystemets gasspjällventilmotor

7 Koppla loss gasspjällventilens reglerstag från armen på sidan av huset **(se bild)**.

8 Lyft bort antispinnsystemets gasspjällventilshus från insugsgrenröret. Ta loss packningen.

Montering

9 Rengör antispinnsystemets gasspjällventilhus och insugsgrenrörets fogytor noga före monteringen.

10 Montera huset på insugsgrenröret med en ny packning.

11 Ytterligare montering sker i omvänd ordningsföljd, men tänk på följande.

12 Se till att kylvätskeslangarna återansluts och dras korrekt, på det sätt som noterades vid demonteringen.

13 Se till att fästklammern hakar fast när gasspjällventilens reglerstång återansluts till armen på huset.

14 Se till att vakuumslangarna placeras korrekt på det sätt som noterades tidigare, när de återansluts till gasspjällsventilens hus.

15 Montera huvudgasspjällhuset med en ny packning, enligt beskrivningen i avsnitt 16 eller 17, vad som är tillämpligt.

16 Avsluta med att kontrollera kylvätskenivån och fyll på om det behövs, enligt beskrivningen i *Veckokontroller*.

Gasspjällventilens styrmotor

Demontering

17 Lossa batteriets jordledning (minuspolen).

18 Ta bort luftbehållaren från gasspjällhusets ovansida, enligt beskrivningen i avsnitt 3.

19 Koppla loss vevhusventilationens slang från huvudgasspjällhuset.

20 Lossa generatorns fästbultar. Ta sedan bort den övre fästbulten, dra bort drivremmen från generatorns remskiva och sväng generatorn åt sidan, bort från motorn.

21 Skruva loss de två fästskruvarna och koppla loss gasvajerfästet från grenröret.

22 Koppla loss anslutningskontakten till gasspjällventilens styrmotor, som man kommer åt från gasspjällhusets generatorsida.

23 Koppla loss antispinnsystemets gasspjällventils aktiveringsstag från ventilen.

24 Skruva loss de två bultarna som fäster gasspjällventilens styrmotor vid antispinnsystemets gasspjällventilhus och ta sedan försiktigt bort motorenheten **(se bild)**.

25 Om gasspjällventilens aktiveringsstag ska kopplas bort från motorn, anteckna noga hur staget ska placeras för att underlätta korrekt återmontering **(se bild)**.

Montering

26 Montering sker i omvänd ordningsföljd. Tänk på följande.

27 Om det är tillämpligt, se till att gasspjällventilens aktiveringsstag är korrekt placerad, på det sätt som noterades före demonteringen.

28 Spänn drivremmen enligt beskrivningen i kapitel 1 innan växelströmsgeneratorns fästbultar dras åt.

29 Montera luftbehållaren enligt beskrivningen i avsnitt 3.

Elektronisk styrenhet

Demontering

30 Antispinnsystemets styrenhet är placerad inuti bilen bredvid det vänstra framsätet, under en kåpa i tröskeln.

31 Se till att tändningen är avstängd och koppla sedan loss batteriets minusledning.

32 Bänd upp de två klaffarna som döljer fästmuttrarna till styrenhetens kåpa och skruva loss fästmuttrarna **(se bild)**.

33 Ta försiktigt bort kåpan från styrenheten. Observera att den sitter fasthakad i sätesskenans panel.

34 Ta bort styrenheten. Ta sedan bort anslutningskontaktens fästskruv, lossa klamrarna för att koppla loss kontakten och ta bort enheten **(se bild)**.

Montering

35 Montering sker i omvänd ordning, se till att kåpan hakar i sätesskenans panel ordentligt.

23.32 Fästmuttrar för den elektroniska styrenhetens kåpa

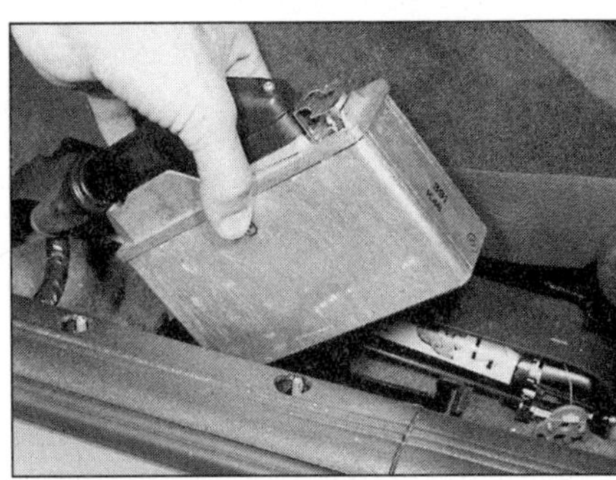

23.34 Antispinnsystemets elektroniska styrenhet demonteras

Brytare för manuell avstängning

Demontering

36 Brytaren är placerad i mittkonsolen.
37 Lossa batteriets jordledning (minuspolen).
38 Bänd försiktigt bort det mittersta förvaringsutrymmet från mittkonsolen.
39 Koppla loss kablaget från brytaren.
40 Tryck försiktigt ut brytaren genom mittkonsolens överdel.

Montering

41 Montering sker i omvänd ordningsföljd.

Kapitel 4 del C: Avgasreningssystem

Innehåll

Svårighetsgrader

Enkelt, passar novisen med lite erfarenhet 	**Ganska enkelt,** passar nybörjaren med viss erfarenhet 	**Ganska svårt,** passar kompetent hemmamekaniker 	**Svårt,** passar hemmamekaniker med erfarenhet 	**Mycket svårt,** för professionell mekaniker 

Specifikationer

Åtdragningsmoment	**Nm**
EGR-ventilens fästbultar	20
Sekundära luftinsprutningens metallrör till avgasgrenröret:	
X 14 XE och X 16 XEL motorer	20
X 18 XE och X 20 XEV motorer	8
Sekundära luftinsprutningspumpens fästbygel	20
Sekundär luftinsprutningspump till fästbygel	10

1 Allmän information och föreskrifter

Allmän information

Alla modeller kan köras på blyfri bensin (modeller med katalysator kan **bara** köras på blyfri bensin), men dessutom kan olika system finnas monterade (beroende på modell) för att minska utsläppen. Systemen beskrivs närmare i punkterna som följer. Alla modeller har ett vevhusventilationssystem.

Vevhusventilationssystem

Ett vevhusventilationssystem finns på alla modeller, men systemen skiljer sig åt beroende på modell.

Oljeångor och genomblåsningsgaser (förbränningsgaser som har läckt förbi kolvringarna) sugs från vevhuset till topplocket ovanför kamaxeln/axlarna genom en slang. Härifrån sugs gaserna till insugsgrenröret/gasspjällhuset (efter tillämplighet) och/eller luftbehållaren på förgasaren/gasspjällhuset, där de blandas med frisk luft/bränsleblandning och förbränns, vilket minskar de skadliga utsläppen.

Vissa modeller har ett nätfilter i kamaxelkåpan, som bör rengöras i fotogen om det börjar sättas igen.

Katalysator

För att minimera utsläppen har alla bränsleinsprutningsmodeller en katalysator (se del B av detta kapitel) i avgassystemet. Ett slutet system används, där en syresensor (lambdasond) i avgasgrenröret eller det främre avgasröret (beroende på modell) skickar en signal till bränslesystemets elektroniska styrenhet. Detta gör att luft/bränsleblandningen justeras mycket noggrant. Tack vare detta kan katalysatorn hela tiden arbeta med maximal effektivitet.

Syresensorn mäter mängden syre i avgaserna, vilken motsvarar luft/bränsleblandningen. En fet blandning ger avgaser med låg syrehalt, och syrehalten ökar ju magrare blandningen blir. Katalysatorn arbetar som effektivast när luft/bränsleblandningen har de kemiskt korrekta proportionerna för att bensinen ska förbrännas helt, och med hjälp av signalen från syresensorn kan den elektroniska styrenheten hålla dessa proportioner mycket nära det optimala värdet under alla arbetsförhållanden.

Bränsleförångningssystem

För att minimera utsläppen av icke förbrända kolväten finns ett bränsleförångningssystem på vissa modeller. Bränsletankens påfyllningslock är tätat så att bränsleångor inte ska läcka ut i luften, och en kolkanister sitter monterad under höger hjulhus, som samlar upp de bränsleångor som annars skulle läcka ut ur tanken när bilen står parkerad. Ångorna lagras i kanistern tills en luftningsventil öppnas av vakuumet i grenröret eller av bränslesystemets styrenhet (beroende på modell). Luftningsventilen suger in ångorna i motorns insug, där de förbränns under den normala förbränningen.

Avgasåterföringssystem (EGR)

Avgasåterföringssystemets syfte är att återcirkulera små avgasmängder till insuget och vidare in i förbränningsprocessen. Detta minskar halten kväveoxider i avgaserna. Hur stor avgasmängd som återcirkuleras styrs av vakuumet i grenröret via en ventil i insugsgrenröret.

Avgaser leds från avgassidan av topplocket till avgasåterföringsventilen i insugsröret.

Sekundärt luftinsprutningssystem

Det sekundära luftinsprutningssystemet använder en elektrisk luftpump som blåser in luft i avgasgrenröret under vissa förhållanden. Detta höjer avgasernas temperatur, vilket oxiderar en större del av föroreningarna i avgaserna och därmed ger minskade utsläpp. Systemet hjälper även katalysatorn att uppnå arbetstemperatur snabbare.

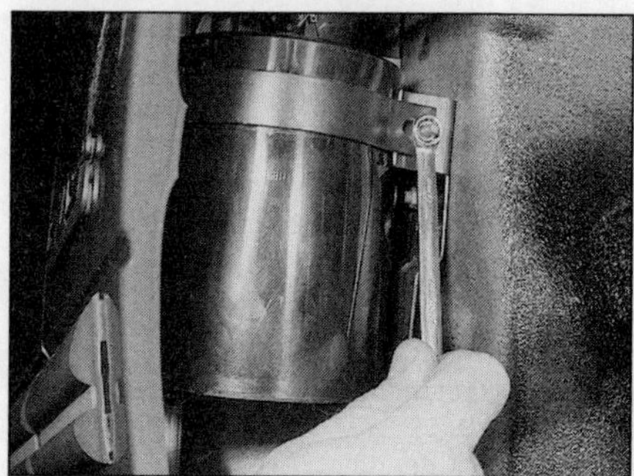
4.4a Skruva loss kolkanisterns fästmutter

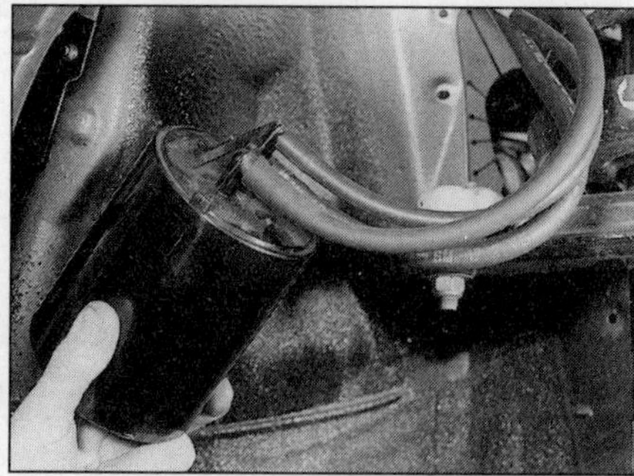
4.4b Ta loss kolkanistern

Föreskrifter

Under körning når katalysatorn mycket höga temperaturer, vilket man bör komma ihåg när man parkerar bilen. Undvik att ställa bilen över torrt gräs etc., vilket kan börja brinna om katalysatorn är varm.

Tänk på att det tar lång tid för katalysatorn att svalna om arbete ska utföras under bilen. Vidta åtgärder för att förebygga brännskador och brandrisk.

Om ett fel i tändsystemet misstänks, åtgärda problemet eller lämna in bilen så snart som möjligt, särskilt vid feltändning, eftersom katalysatorn annars kan skadas.

Om oförbränt bränsle kommer in i katalysatorn kan bränslet antändas i katalysatorn, vilket leder till överhettning och allvarliga skador på katalysatorn. För att undvika detta bör följande undvikas.

a) Flera kallstarter efter varandra.

b) Inkoppling av startmotorn under överdrivet lång tid (bränsle sprutas in under start).

c) Mycket låg bränslenivå i tanken (oregelbunden bränslematning kan orsaka överhettning).

d) Start av motorn genom att bilen knuffas eller bogseras igång (oförbränt bränsle kan komma in i katalysatorn). Använd alltid startkablar.

För att undvika skador på katalysatorn måste motorn få regelbunden service, och blyfri bensin måste **alltid** användas. Blyad bensin 'förgiftar' katalysatorn och får **inte** användas.

2 Vevhusventilationssystem – test, demontering och montering av komponenter

Test

1 Om det misstänks vara något fel på systemet, kontrollera först att ingen slang är igensatt. På bilar som gått långt, särskilt om de ofta använts till korta resor, kan en geléliknande avlagring avsättas inuti vevhusventilationssystemets slangar. Föreligger stora avlagringar bör slangen/slangarna demonteras och rengöras.

2 Undersök periodvis systemets slangar och kontrollera att de sitter säkert och inte är skadade, och byt dem om det behövs. Observera att skadade eller lösa slangar kan orsaka olika typer av problem med motorn (ojämn tomgång, motorstopp, etc.), som kan vara svåra att spåra.

Demontering och montering

3 Vevhusventilationens slang kan skruvas loss från motorblocket efter att den kopplats loss. Använd en ny packning vid återmonteringen. Observera att på vissa motorer sitter mätstickans rör ihop med vevhusventilationens slang.

4 Vissa modeller har ett nätfilter i kamaxelkåpan, som bör rengöras i fotogen om det börjar sättas igen. Filtret går att komma åt genom att kamaxelkåpan demonteras enligt beskrivningen i kapitel 2A eller 2B, vilket som är tillämpligt. Filtret kan demonteras från kamaxelkåpan för rengöring efter att de två fästskruvarna skruvats loss.

3 Katalysator – test, demontering och montering

Test

1 Systemet kan bara testas med specialutrustning. Misstänkta fel bör överlåtas till en Opelverkstad.

Demontering och montering

2 Se relevant avsnitt i del B i detta kapitel.

4.6 Bränsletankens luftningsventil – Multec CFi modell

4 Bränsleförångningssystem – test, demontering och montering av komponenter

Test

1 Om det misstänks vara något fel på systemet, koppla loss slangarna från kolkanistern och luftningsventilen och kontrollera att de inte är igensatta genom att blåsa igenom dem. Rengör eller byt slangarna, om det behövs.

2 Om det misstänks vara något fel på själva luftningsventilen eller kolkanistern, är det enda alternativet att byta dem.

Demontering och montering

Kolkanister

3 Demontera innerskärmen från främre högra hjulhuset, enligt beskrivningen i kapitel 11, avsnitt 25.

4 Skruva loss fästmuttern och lossa bandet som håller fast kanistern till fästbygeln under hjulhuset. Ta loss kanistern och koppla loss slangarna **(se bilder)**.

5 Montering sker i omvänd ordning mot demontering.

Bränsletankens luftningsventil – Multec CFi och Multec M Mpi bränsleinsprutningssystem

6 Ventilen sitter under vattenavvisaren på torpedväggen i motorrummet **(se bild)**.

7 Ta loss ventilen genom att lyfta vattenavvisaren så att ventilen syns. Koppla sedan loss de tre slangarna, notera hur de sitter monterade och ta loss ventilen från torpedväggen (lossa fästklämman om det finns en sådan).

8 Montering sker i omvänd ordning mot demontering. Se till att slangarna återansluts korrekt.

Bränsletankens luftningsventil – Multec S bränsleinsprutningssystem (1.4 liters motorer)

9 Ventilen sitter på vänster sida av insugsgrenröret.

10 Om så önskas kan åtkomsten förbättras genom att rören för insugsluft demonteras.

11 Kontrollera att tändningen är avslagen, tryck sedan ner fästklammern och koppla loss kontaktdonet från ventilen.

12 Koppla loss slangarna från ventilen och notera hur de är monterade.

13 Böj upp ventilens fästflik på fästbygeln med en liten skruvmejsel och ta sedan loss ventilen från fästbygeln.

14 Montering sker i omvänd ordningsföljd mot demonteringen. Innan ventilen sätts tillbaka måste fästfliken på fästbygeln böjas tillbaka till sin ursprungliga position. Se också till att vakuumslangarna monteras tillbaka korrekt.

Bränsletankens luftningsventil – Multec S bränsleinsprutningssystem (1.6 liters motorer)

15 Ventilen sitter baktill på insugsgrenröret.

16 Skruva loss bultarna som håller fast kabelhärvans plastbricka till baksidan av insugsgrenröret. Börja längst fram och arbeta bakåt. Koppla loss kontaktdonen från syresensorn, DIS-modulen, kolkanisterns rensventil samt de olika kontaktdonen på vänster sida av grenröret. Skruva loss muttrarna som håller fast jordledningarna till topplocket och grenröret, lossa sedan kabelhärvans plastbricka och flytta bort den från grenröret.

17 Fortsätt enligt beskrivningen i punkt 11 till 14.

18 Avsluta med att montera tillbaka kabelhärvans plastbricka och se till att alla kontaktdon är korrekt återanslutna.

Bränsletankens luftningsventil – Motronic M 1.5 bränsleinsprutningssystem

19 Ventilen sitter på en fästbygel på baksidan av topplocket.

20 Lossa batteriets jordledning (minuspolen).

21 Koppla loss anslutningskontakten från bränsletankens luftningsventil.

22 Koppla loss de två slangarna från ventilen och notera hur de sitter monterade.

23 Lossa ventilen från fästbygeln och ta loss den.

24 Montering sker i omvänd ordning mot demontering. Se till att slangarna återansluts korrekt.

Bränsletankens luftningsventil – Motronic M 2.5 och M 2.8 bränsleinsprutningssystem

25 Bränsletankens luftningsventil sitter baktill till vänster på motorn **(se bild)**.

26 Lossa batteriets jordledning (minuspolen).

27 Koppla loss kontaktdonet från ventilen.

28 Koppla loss de två slangarna från ventilen och notera hur de sitter monterade.

29 Skruva loss fästskruven och ta loss ventilen från fästbygeln.

30 Montering sker i omvänd ordning mot demontering. Se till att slangarna återansluts korrekt.

Bränsletankens luftningsventil – Simtec bränsleinsprutningssystem

31 Bränsletankens luftningsventil sitter baktill på DIS-modulen, på vänster sida av topplocket.

32 Koppla loss anslutningskontakten från DIS-modulen.

33 Koppla loss de två vakuumslangarna från ventilen och notera hur de sitter monterade.

34 Koppla loss anslutningskontakten från luftningsventilen och lossa sedan ventilen från fästbygeln.

35 Montering sker i omvänd ordning mot demontering. Se till att vakuumslangarna återansluts korrekt.

5 Avgasåterföringssystem (EGR) – test, demontering och montering av komponenter

Test

1 Starta motorn och kör den tills den når normal arbetstemperatur.

2 Stanna motorn och demontera luftbehållaren från bränsleinsprutningsenheten enligt beskrivningen i kapitel 4B, avsnitt 3.

3 Anslut en noggrann varvräknare till motorn enligt tillverkarens instruktioner.

4 Koppla loss vakuumslangen från ventilen, starta motorn och läs av tomgångsvarvtalet.

5 Koppla loss vakuumslangen från ventilen och applicera sedan vakuum till ventilen med en handpump. När vakuum appliceras ska tomgångsvarvtalet sjunka med minst 100 varv per minut.

6 Om varvtalet inte sjunker enligt beskrivningen, kontrollera först att ventilens vakuumslang inte är igensatt eller läcker. Rensa slangen eller byt den om det behövs.

7 Om slangen är i bra skick men ett fel ändå misstänks, är det troligen fel på ventilen. I så fall, rengör eller byt ventilen enligt beskrivningen i tillämpligt avsnitt.

8 Koppla loss varvräknaren, återanslut vakuumslangen och montera tillbaka luftbehållaren när allt är klart.

Demontering och montering

EGR-ventil – C 16 NZ och C 18 NZ motorer

Observera: *En ny packning krävs vid återmonteringen.*

9 Demontera luftbehållaren från bränsleinsprutningsenheten enligt beskrivningen i kapitel 4B, avsnitt 3.

10 Koppla loss vakuumslangen från ventilen.

11 Skruva loss de två fästbultarna och ta loss ventilen från insugsgrenröret. Ta loss packningen.

12 Rengör husets och ventilens fogytor noggrant med en styv borste.

13 Om den ursprungliga ventilen ska monteras tillbaka, rensa bort alla avlagringar från ventilsätet med en borste eller ett spetsigt verktyg. Var mycket försiktig så att ventilsätet inte skadas.

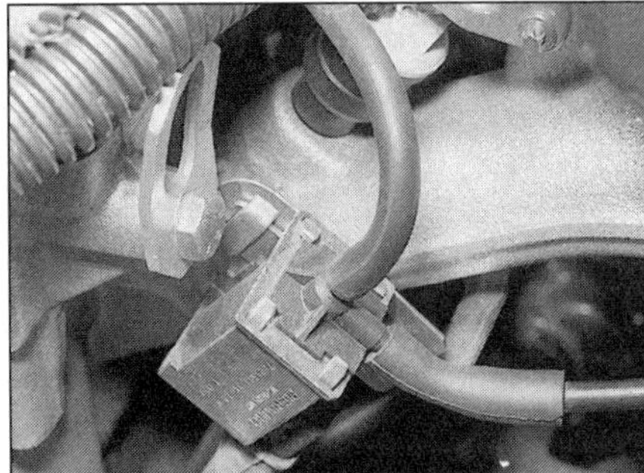

4.25 Bränsletankens luftningsventil – Motronic M 2.5 modell

14 Montera tillbaka ventilen med en ny packning, montera sedan tillbaka vakuumslangen och luftbehållaren.

EGR-ventil – X 16 SZ och X 16 SZR motorer

Observera: *En ny packning krävs vid återmonteringen.*

15 Se till att tändningen är avstängd och koppla sedan loss anslutningskontakten från ventilen.

16 Fortsätt enligt beskrivningen i punkt 11 till 13.

17 Montera tillbaka ventilen med en ny packning och återanslut sedan ventilens anslutningskontakt.

EGR-ventil – X 14 XE motorer

Observera: *En ny packning krävs vid återmonteringen.*

18 Ventilen sitter baktill till vänster på topplocket.

19 Skruva loss påfyllningslocket för motorolja, demontera motorkåpan och sätt tillbaka locket.

20 Se till att tändningen är avstängd och koppla sedan loss anslutningskontakten från ventilen.

21 Skruva loss de två fästbultarna och demontera sedan ventilen, och notera hur den sitter monterad. Ta loss packningen.

22 Fortsätt enligt beskrivningen i punkt 12 och 13.

23 Montera ventilen med en ny packning. Se till att ventilen sitter på rätt sätt, som före demonteringen. Återanslut anslutningskontakten och montera tillbaka motorkåpan.

EGR-ventil – X 16 XEL motorer

Observera: *En ny packning krävs vid monteringen.*

24 Tryckutjämna bränslesystemet genom att ta bort bränslepumpreläet (se kapitel 12) och dra runt motorn på startmotorn i minst 5 sekunder.

25 Lossa batteriets jordledning (minuspolen).

26 Lossa klämman och koppla loss luftintagsrören från luftrenarhuset.

27 Koppla loss kontaktdonet för insugsluftens temperaturgivare.

28 Skruva loss bulten som håller fast luftintagsröret till den nedre delen av insugsgrenröret.

29 Koppla loss motorns ventilationsslang från luftintagsröret, lossa sedan klämman och koppla loss röret från gasspjällhuset. Ta bort röret.

30 Se till att tändningen är avstängd och koppla sedan loss anslutningskontakten från ventilen.

31 Skruva loss de två fästbultarna och ta sedan bort EGR-ventilen. Notera hur den sitter monterad. Ta loss packningen.

32 Fortsätt enligt beskrivningen i punkt 12 och 13.

33 Montera ventilen med en ny packning. Se till att ventilen sitter på rätt sätt, som före demonteringen. Återanslut kontakten.
34 Resten av monteringen sker i omvänd ordning mot demonteringen.

EGR-ventil - X 18 XE och X 20 XEV motorer

Observera: *En ny packning behövs vid monteringen.*
35 Ventilen sitter på vänster sida av topplocket, framför DIS-modulen.
36 Se till att tändningen är avstängd, koppla sedan loss vakuumslangen och anslutningskontakten från ventilen.
37 Skruva loss de två fästbultarna och ta loss ventilen. Ta loss packningen.
38 Fortsätt enligt beskrivningen i punkt 12 och 13.
39 Monteringen sker i omvänd ordning mot demonteringen, men montera tillbaka ventilen med en ny packning och se till att ventilen sitter rätt, som före demonteringen.

EGR-systemets styrmodul - X 16 SZ motorer

40 Modulen sitter till vänster i motorrummet, framför fjädringsfästet.
41 Lossa knacksensormodulen från dess fästbygel och flytta modulen åt sidan.
42 Se till att tändningen är avstängd, koppla sedan loss anslutningskontakten från EGR-modulen och lossa modulen från dess fästbygel.
43 Monteringen sker i omvänd ordning mot demonteringen.

6 Sekundärt luftinsprutningssystem - test, demontering och montering av komponenter

Test

1 Systemet kan bara testas noggrant med specialutrustning. Alla misstänkta fel bör överlåtas till en Opelverkstad.

Demontering och montering

Observera: *Montera alltid alla slangar i det sekundära luftinsprutningssystemet torra. Använd inga smörjmedel (t.ex. tvålvatten, fett, etc).*

Pump

2 Dra åt handbromsen, lyft upp framvagnen och ställ den på pallbockar.
3 Ta bort vänster framhjul och innerskärm.
4 Lossa fästklämman och koppla loss luftslangen från pumpen.
5 Koppla loss batteriets minusledare, koppla sedan loss anslutningskontakterna från pumpen och signalhornet.
6 Skruva loss de två övre fästmuttrarna och lossa den nedre fästmuttern, och sänk ner pumpen och dess fästbygel från hjulhuset.
7 Lossa pumpen från fästbygeln på följande sätt.

6.18 Omkopplingsventil - X 16 XEL motorer fram till mitten av 1996
1 Anslutning servoslang
2 Anslutning AIR kombinationsventil

a) Lossa anslutningskontakten från pumpen.
b) Lossa klämmorna och koppla loss luftslangen från pumpen och pumpens luftrenare.
c) Rita inpassningsmärken mellan pumpen och fästbygeln för att underlätta monteringen, skruva sedan loss fästbultarna och ta loss pumpen från fästbygeln.
d) Återmonteringen av pumpen till fästbygeln sker i omvänd ordning mot demonteringen. Se till att markeringarna på pumpen och fästbygeln som gjordes före demonteringen är inpassade mot varandra.

8 Montering av pumpen sker i omvänd ordning mot demontering.

Luftfilter

9 Demontera pumpen enligt beskrivningen tidigare i detta avsnitt.
10 Lossa klämman och koppla loss pumpens luftslang från luftfiltret.
11 Lossa fästmuttern och ta bort luftfiltret från pumpens fästbygel.
12 Montering sker i omvänd ordning mot demontering.

Omkopplingsventil - X 14 XE motorer

13 Ventilen sitter på insugsgrenröret.
14 Koppla loss vakuumslangarna från ventilen och notera hur de sitter monterade.
15 Koppla loss batteriets minusledare och koppla sedan loss anslutningskontakten från ventilen.

6.28 Kombinationsventil - X 16 XEL motor

16 Lossa ventilen från insugsgrenröret.
17 Montering sker i omvänd ordning mot demontering. Se till att vakuumslangarna återansluts korrekt, på samma sätt som innan demonteringen.

Omkopplingsventil - X 16 XEL motorer fram till mitten av 1996

18 Ventilen sitter framtill i motorrummet, till höger om behållaren för servostyrningsolja **(se bild)**.
19 Fortsätt enligt beskrivningen i punkt 14 och 15.
20 Skruva loss de två bultarna som håller fast ventilen till fästbygeln och ta bort ventilen.
21 Montering sker i omvänd ordningsföljd mot demontering. Se till att vakuumslangarna återansluts korrekt, på samma sätt som innan demonteringen.

Omkopplingsventil - X 16 XEL motorer från mitten av 1996

22 Ventilen sitter baktill på insugsgrenröret.
23 Skruva loss bultarna som håller fast kabelhärvans plastbricka vid baksidan av insugsgrenröret. Börja längst fram och arbeta bakåt och koppla loss kontaktdonen från syresensorn, DIS-modulen, kolkanisterns rensventil samt de olika kontaktdonen på vänster sida av grenröret. Skruva loss muttrarna som håller fast jordledningarna till topplocket och grenröret, lossa sedan kabelhärvans plastbricka och flytta bort den från grenröret.
24 Fortsätt enligt beskrivningen i punkt 14 och 15.
25 Skruva loss de två fästbultarna och ta bort ventilen från den nedre delen av insugsgrenröret.
26 Montering sker i omvänd ordning mot demontering. Se till att vakuumslangarna återansluts korrekt, på samma sätt som innan demonteringen.

Omkopplingsventil - X 18 XE och X 20 XEV motorer

27 Fortsätt enligt beskrivningen i punkt 13 till 17 för X 14 XE motorer.

Kombinationsventil - X 14 XE och X 16 XEL motorer

Observera: *En ny packning behövs vid monteringen.*
28 Ventilen sitter framtill på motorn ovanpå avgasgrenröret **(se bild)**.
29 Koppla loss vakuumslangen och luftslangen från ventilen.
30 Notera hur ventilen är monterad, skruva sedan loss de två fästbultarna och ta bort ventilen från luftinsprutningsröret. Ta loss packningen.
31 Rengör ventilens och luftinsprutningsrörets fogytor noggrant.
32 Montering sker i omvänd ordning mot demontering, men använd en ny packning och se till att ventilen sitter som före demonteringen.

Kombinationsventil - X 18 XE och X 20 XEV motorer

Observera: *En ny packning behövs vid återmonteringen.*

33 Ventilen sitter framtill till vänster på motorn.

34 Följ beskrivningen i punkt 29 till 32 för X 18 XE och X 20 XEV motorer.

Luftinsprutningsrör - X 14 XE och X 16 XEL motorer

Observera: *En ny packning och passande högtemperaturfett krävs vid återmonteringen.*

35 Ta bort kombinationsventilen enligt beskrivningen tidigare i detta avsnitt.

36 Skruva loss de två fästbultarna och ta loss luftinsprutningsrörets fästbygel.

37 Skruva loss de två fästbultarna och ta loss avgasgrenrörets värmesköld.

38 Skruva loss fästbultarna och koppla loss luftinsprutningsröret från avgasgrenröret. Ta loss packningen.

39 Monteringen sker i omvänd ordning, men tänk på följande.

a) Se till att fogytorna är rena och torra och använd en ny packning.

b) Lägg lite högtemperaturfett på gängorna på rörets fästbultar före återmonteringen.

Luftinsprutningsrör - X 18 XE och X 20 XEV motorer

Observera: *En ny packning och passande högtemperaturfett krävs vid återmonteringen.*

40 Skruva loss de två fästbultarna och ta loss avgasgrenrörets värmesköld.

41 Skruva loss fästbultarna på kombinationsventilen och skruva sedan loss fästbultarna och ta bort luftinsprutningsröret. Ta loss packningen.

42 Fortsätt enligt beskrivningen i punkt 39.

Kapitel 5 del A:
Start- och laddningssystem

Innehåll

Svårighetsgrader

Enkelt, passar novisen med lite erfarenhet 

Ganska enkelt, passar nybörjaren med viss erfarenhet 

Ganska svårt, passar kompetent hemmamekaniker 

Svårt, passar hemmamekaniker med erfarenhet

Mycket svårt, för professionell mekaniker 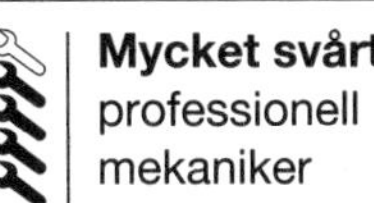

Specifikationer

Batteri

Typ	Underhållsfritt (livstidsförseglat) bly och syra
Kapacitet	36, 44, 66 eller 70 ampere
Laddningsförhållanden:	
Dåligt	12,5 volt
Normalt	12,6 volt
Bra	12,7 volt

Växelströmsgenerator

Typ	Bosch eller Delco-Remy
Arbetseffekt	55 eller 70 ampere, beroende på modell
Minsta borstlängd:	
Bosch generator (alla utom kodnummer 0 120 488 193)	5,0 mm
Bosch generator (kodnummer 0 120 488 193)	11,0 till 12,0 mm
Delco-Remy generator	total längd 12,0 mm

Startmotor

Typ	Föringreppad Bosch, Delco-Remy eller Valeo
Minsta borstlängd:	
Bosch DM startmotor	3,0 mm
Bosch DW startmotor	8,0 mm
Delco-Remy startmotor (alla utom kodnummer 09 000 756)	4,0 mm
Delco-Remy startmotor (kodnummer 09 000 756)	8,5 mm
Valeo startmotor	Inga uppgifter finns tillgängliga när detta skrivs

Åtdragningsmoment

	Nm
Startmotor till motorblock:	
SOHC motorer:	
Motorns sida	45
Växellådans sida	60
1.6 liters DOHC motorer	25
1.8 och 2.0 liters DOHC motorer	45
Växelströmsgeneratorns fästbultar:	
M8 bultar	30
M10 bultar	40

1 Allmän information och föreskrifter

Allmän information

Motorns elsystem består i huvudsak av laddnings- och startsystemet. På grund av deras motorrelaterade funktioner behandlas dessa komponenter separat från karossens elektriska enheter som instrument och belysning etc. (dessa tas upp i kapitel 12). Se del B i detta kapitel för information om tändsystemet.

Elsystemet är av typen 12 V negativ jord.

Batteriet är av typen lågunderhåll eller underhållsfritt (livstidsförseglat) och laddas av växelströmsgeneratorn som drivs med en rem från vevaxelns remskiva.

Startmotorn är av föringreppad typ med en integrerad solenoid. Vid start trycker solenoiden drevet mot startkransen på svänghjulet innan startmotorn ges ström. När motorn startat förhindrar en envägskoppling att startmotorn drivs av motorn tills drevet släpper från startkransen.

Föreskrifter

Ytterligare information om de olika systemen finns i relevanta avsnitt i detta kapitel. Även om vissa reparationer beskrivs är det normala tillvägagångssättet att byta defekta komponenter. Ägare vars intresse går utöver enbart komponentbyte bör skaffa ett exemplar av *"Bilens elektriska och elektroniska system"* från detta förlag.

Man måste vara mycket försiktig när man arbetar med elsystemet för att undvika skador på halvledare (dioder och transistorer) och personskador. Läs föreskrifterna i *Säkerheten främst!* i början av den här handboken samt iakttag följande vid arbete med elsystemet:

Ta alltid av ringar, klocka och liknande innan något arbete utförs på elsystemet. Även med urkopplat batteri kan urladdning inträffa om en komponents strömstift jordas vid ett metallföremål. Detta kan ge upphov till stötar eller allvarliga brännskador.

Kasta inte om batteripolerna. Generatorn och andra komponenter som innehåller halvledare kan skadas så allvarligt att de inte går att reparera.

Om motorn startas med hjälp av startkablar och ett laddningsbatteri ska batterierna anslutas *plus till plus* och *minus till minus* (se *Starthjälp*). Detta gäller även vid inkoppling av batteriladdare.

Koppla aldrig loss batteripolerna, växelströmsgeneratorn, elektriska kablar eller testutrustning medan motorn är igång.

Låt inte motorn driva växelströmsgeneratorn när denna inte är ansluten.

Testa aldrig växelströmsgeneratorn genom att "gnistra" strömkabeln mot jord.

Använd aldrig en ohmmätare av den typ som har en handvevad generator vid testning av kretsar eller kontinuitet.

Kontrollera alltid att batteriets jordledning är urkopplad innan arbete med elsystemet inleds.

Före elsvetsning i bilen måste batteriet, generatorn och komponenter som styrenheten för bränsleinsprutning/tändning kopplas ur för att förhindra att de skadas.

Den ljudanläggning som monteras av Opel som standardutrustning har en inbyggd stöldskyddskod. Om strömmen till anläggningen bryts aktiveras stöldskyddet. Även om strömmen omedelbart återställs kommer enheten inte att fungera förrän korrekt kod knappats in. Undvik att lossa batteriets jordledning eller ta ut enheten ur bilen om du inte känner till koden för ljudanläggningen. Se avsnittet *Koppla loss batteriet* i *Referenser* för ytterligare information.

2 Felsökning - allmän information

Se kapitel 12.

3 Batteri - test och laddning

Standard- och lågunderhållsbatterier - test

1 Om bilen körs en kort årlig sträcka är det värt mödan att kontrollera batterielektrolytens specifika vikt var tredje månad för att avgöra batteriets laddningsstatus. Använd en hydrometer för kontrollen och jämför resultatet med följande tabell. Notera att värdena för densiteten förutsätter en elektrolyttemperatur på 15°C. För varje 10°C under 15°C måste 0,007 dras bort. För varje 10°C över 15°C måste 0,007 läggas till.

	Omgivande temperatur över 25°C	Omgivande temperatur under 25°C
Fulladdat	*1,210 till 1,230*	*1,270 till 1,290*
70% laddat	*1,170 till 1,190*	*1,230 till 1,250*
Urladdat	*1,050 till 1,070*	*1,110 till 1,130*

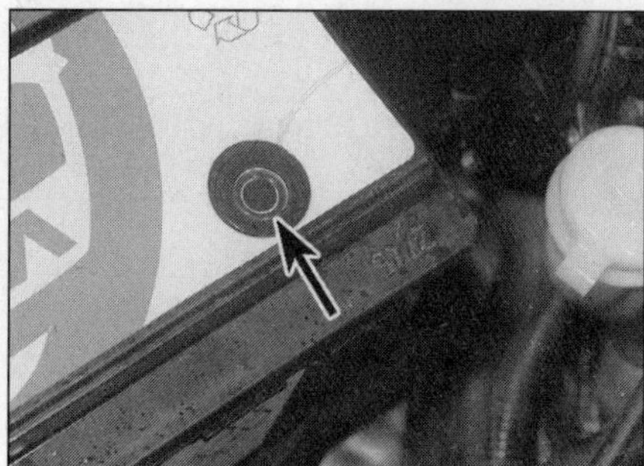

3.5 Batteriets laddningsindikator (vid pilen) - batteri av typen Delco

2 Om batteriets skick kan misstänkas vara försämrat, kontrollera först elektrolytens specifika vikt i varje cell. En variation överstigande 0,040 mellan några celler indikerar förlust av elektrolyt eller nedbrytning av plattor.

3 Om skillnader över 0,040 förekommer i den specifika vikten ska batteriet bytas ut. Om variationen mellan cellerna är tillfredsställande men batteriet är urladdat, ska det laddas upp enligt beskrivning längre fram i detta avsnitt.

Underhållsfritt batteri - test

4 Om ett underhållsfritt "livstidsförseglat" batteri är monterat kan elektrolyten inte testas eller fyllas på. Batteriets skick kan därför bara testas med en batteriindikator eller en voltmätare.

5 Vissa modeller kan vara utrustade med ett underhållsfritt batteri av typen Delco med inbyggd laddningsindikator. Indikatorn är placerad på batterihöljets ovansida och anger batteriets skick med olika färger **(se bild)**. Om indikatorn är grön är batteriet i gott skick. Om indikatorn mörknar, möjligen ända till svart, behöver batteriet laddas enligt beskrivning längre fram i detta avsnitt. Om indikatorn är klar/gul är elektrolytnivån för låg för fortsatt användning och batteriet ska bytas ut. Försök **inte** ladda eller hjälpstarta ett batteri om indikatorn är klar/gul.

6 Om batteriet testas med hjälp av en voltmätare ska denna anslutas över batteriet och resultatet jämföras med värdena i specifikationerna under "Laddningsförhållanden". Testet fungerar endast om batteriet inte utsatts för någon typ av laddning inom de senaste sex timmarna. Om så inte är fallet, tänd strålkastarna under 30 sekunder och vänta 5 minuter innan batteriet testas. Alla andra kretsar ska vara frånslagna, så kontrollera att dörrar och baklucka verkligen är stängda när testen görs.

7 Om den uppmätta spänningen understiger 12,2 volt är batteriet urladdat medan en avläsning på mellan 12,2 och 12,4 volt anger delvis urladdning.

8 Om batteriet ska laddas, ta ut det ur bilen (avsnitt 4) och ladda det enligt beskrivningen senare i detta avsnitt.

Standard- och lågunderhållsbatterier - laddning

Observera: *Följande är endast avsett som riktlinjer. Följ alltid tillverkarens rekommendationer (ofta på en tryckt etikett på batteriet) vid laddning av ett batteri.*

9 Ladda batteriet vid 3,5 till 4 ampere och fortsätt ladda batteriet tills ingen ytterligare ökning av batteriets densitet noteras under en fyra timmars period.

10 Alternativt kan en droppladdare med takten 1,5 ampere stå och ladda hela natten.

11 Speciella "snabbladdare" som gör anspråk på att återställa batteriets styrka på 1-2 timmar är inte att rekommendera eftersom de kan orsaka allvarliga skador på plattorna genom överhettning.

12 När ett batteri laddas får elektrolytens temperatur aldrig överstiga 38°C.

Underhållsfritt batteri - laddning

Observera: *Följande är endast avsett som riktlinjer. Följ alltid tillverkarens rekommendationer (ofta på en tryckt etikett på batteriet) vid laddning av ett batteri.*

13 Denna batterityp tar avsevärt längre tid att ladda fullt, jämfört med standardtypen. Tidsåtgången beror på hur urladdat det är, men det kan ta ända upp till tre dygn.

14 En laddare för konstant spänning behövs och den ska ställas till mellan 13,9 och 14,9 volt med en laddström understigande 25 ampere. Med denna metod bör batteriet vara användbart inom 3 timmar med en spänning på 12,5 V, men detta gäller ett delvis urladdat batteri. Full laddning kan, som nämndes ovan, ta avsevärt längre tid.

15 Låt en Opelverkstad eller bilelektriker ladda batteriet om det ska laddas från fullständig urladdning (under 12,2 volt), eftersom laddningstakten är högre och konstant övervakning krävs.

4 Batteri - demontering och montering

Demontering

1 Batteriet är placerat i motorrummets främre vänstra hörn.

2 Koppla först loss batteriets minusledning (jord eller "-") genom att skruva loss fästmuttern och ta loss polklämman.

3 Koppla loss batteriets pluskabel (-kablar) på samma sätt.

4 Skruva loss klämbulten tillräckligt mycket för att batteriet ska kunna lyftas bort från sin plats. Håll batteriet upprätt så att inte elektrolyt spills ut på karossen.

Montering

5 Montering sker i omvänd ordningsföljd, men smörj vaselin på batteripolerna när kablarna återansluts. Återanslut alltid plusledaren först och minusledaren sist.

5 Laddningssystem - test

Observera: *Se föreskrifterna i Säkerheten främst! och i avsnitt 1 innan arbetet påbörjas.*

1 Om laddningslampan inte tänds när tändningen slås på, ska växelströmsgeneratorns kabelanslutningar undersökas i första hand. Om de är felfria, kontrollera att inte glödlampan har gått sönder och att

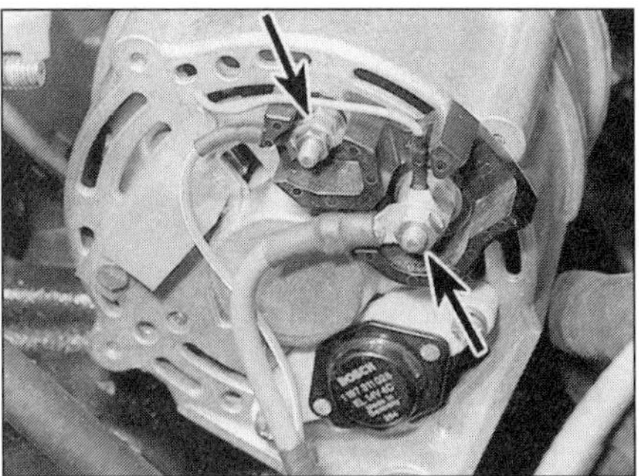

6.3 Kabelanslutningar (vid pilarna) på generatorns baksida (Bosch) - SOHC motorer med kilrem

glödlampssockeln sitter fast ordentligt i instrumentbrädan. Om lampan fortfarande inte tänds, kontrollera att ström går genom ledningen från generatorn till lampan. Om allt är som det ska är det fel på generatorn, som måste bytas eller tas till en bilelektriker för test och reparation.

2 Om tändningens varningslampa tänds när motorn är igång, stoppa bilen och kontrollera att generatorns drivrem är korrekt spänd (kapitel 1) och att generatorns anslutningar är säkra. Om allt är tillfredsställande så långt ska generatorns borstar kontrolleras (se avsnitt 7 eller 8, alltefter tillämplighet). Om felet består måste generatorn bytas ut eller lämnas till en bilelektriker för test och reparation.

3 Om generatorns utmatningseffekt misstänks vara felaktig trots att laddningslampan fungerar korrekt, kan spänningen kontrolleras på följande sätt.

4 Anslut en voltmätare över batteripolerna och starta motorn.

5 Öka varvtalet tills voltmätaren ger ett stadigt värde. Det ska vara ungefär mellan 12 och 13 V och får inte överstiga 14 V.

6 Slå på så många elektriska funktioner som möjligt (t.ex. strålkastarna, bakrutans uppvärmning och värmefläkten) och kontrollera om växelströmsgeneratorn behåller spänningen runt 13 till 14 volt.

7 Om spänningen inte ligger inom dessa värden kan felet vara slitna borstar, svaga borstfjädrar, defekt spänningsregulator, defekt diod, kapad fasledning eller slitna/skadade släpringar. Borstarna kan kontrolleras (se avsnitt 7 eller 8), men om felet kvarstår måste generatorn bytas ut eller tas till en bilelektriker för test och reparation.

6 Generator - demontering och montering

Modeller med SOHC motor och kilrem

Demontering

1 Koppla loss batteriledningarna.

2 Ta loss luftintagsröret och luftrenaren enligt beskrivningen i kapitel 4A eller 4B för att komma åt bättre.

6.5 Jordledning (vid pilen) fäst vid generatorns övre fästbult - SOHC motorer med kilrem

3 Koppla loss kablarna från anslutningarna på generatorns baksida, notera hur de är placerade, eller koppla loss anslutningskontakten (efter tillämplighet) **(se bild)**.

4 Markera drivremmens rörelseriktning innan den tas bort enligt beskrivningen i kapitel 1.

5 Skruva loss de två fästbultarna och muttrarna och ta loss eventuella brickor eller isoleringshylsor. Notera hur de är placerade. Observera att en jordledning sitter fäst vid den översta fästbulten på vissa modeller **(se bild)**.

6 Ta bort generatorn **(se bild)**. Var noga med att inte stöta eller tappa den, det kan orsaka skador som är omöjliga att reparera.

Montering

7 Montering sker i omvänd ordning men tänk på följande.

8 Om tillämpligt, se till att jordledningen är på sin plats på den översta fästbulten.

9 Montera och spänn drivremmen enligt beskrivningen i kapitel 1, innan fästbultarna och muttrarna dras åt.

Modeller med SOHC motor och kuggrem

Demontering

10 Följ beskrivningen i punkt 1 till 4.

11 Skruva loss fästbultarna och ta bort fästena som fäster växelströmsgeneratorn vid insugsröret och topplocket. Observera att

6.6 Generatorn demonteras - SOHC motorer med kilrem

bultarna som fäster fästena vid generatorn är olika långa.

12 Skruva loss generatorns nedre fästbult och lyft bort generatorn från motorrummet.

Montering

13 Följ beskrivningen i punkt 7 till 9.

1.4 och 1.6 liters DOHC motorer

Demontering

14 Följt beskrivningen i punkt 1 och 2.

15 Markera drivremmens rörelseriktning innan den tas bort enligt beskrivningen i kapitel 1.

16 Skruva loss generatorns övre fästbult och skruva sedan loss de nedre bultarna som fäster generatorns fästbygel vid motorn.

17 Stöd generatorn, skruva loss fästmuttrarna (efter tillämplighet) och koppla ifrån kablarna från polerna på generatorns baksida. Notera hur de är placerade.

18 Ta bort generatorn tillsammans med fästbygeln.

Montering

19 Följ beskrivningen i punkt 7 till 9.

1.8 och 2.0 liters DOHC motorer och kilrem

Demontering

20 Koppla loss batteriledningarna.

21 Lossa slangklämmorna och ta bort insugsluftsröret som kopplar luftrenaren vid gasspjällhuset för att komma åt bättre.

22 Skruva loss generatorns övre fästbult, sväng sedan generatorn och ta bort drivremmen.

23 Koppla loss kablarna från sina ändfästen på generatorns baksida. Observera hur de är monterade eller koppla loss anslutningskontakten, om det är lämpligt.

24 Skruva loss generatorns nedre fästbult och ta bort generatorn.

Montering

25 Följ beskrivningen i punkt 7 till 9.

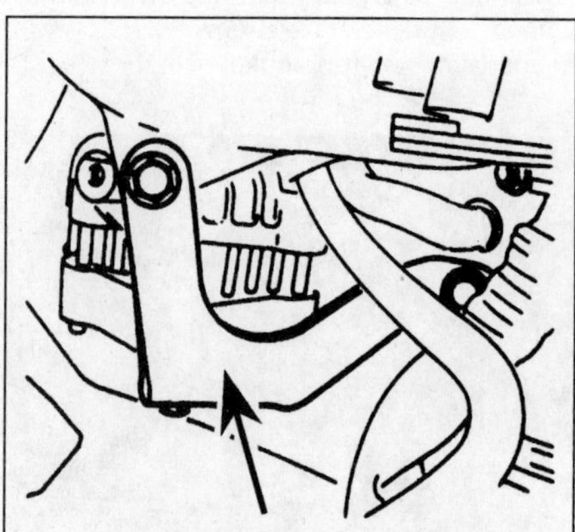

6.34 Växelströmsgeneratorns övre stödfäste (vid pilen) - 1.8 och 2.0 liters DOHC motorer med kuggrem

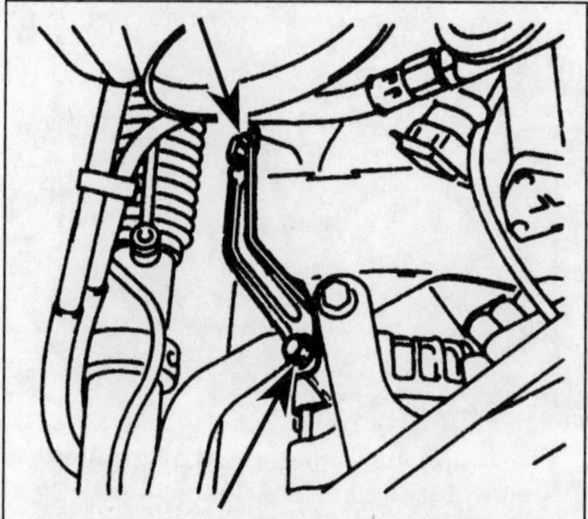

6.33 Skruva loss de två bultarna (vid pilarna) som fäster generatorns bakre fästbygel - 1.8 och 2.0 liters DOHC motorer med kuggrem

1.8 och 2.0 liters DOHC motorer och kuggrem

Demontering

26 Koppla loss batteriledningarna.

27 Fortsätt enligt följande på alla motorer utom C 20 XE motorer.

a) *Koppla loss anslutningskontakten från insugsluftens temperaturgivare och luftmätaren samt koppla loss motorns ventilationsslang från insugsluftröret.*

b) *Lossa slangklämmorna och ta bort insugsluftröret som ansluter luftrenaren till gasspjällhuset.*

28 Fortsätt enligt följande på C 20 XE motorer.

a) *Koppla loss luftintagsröret från luftrenarhuset.*

b) *Koppla loss luftmätarens anslutningskontakt.*

c) *Om det är tillämpligt, koppla loss anslutningskontakten från insugsluftens temperaturgivare.*

d) *Ta bort luftbehållaren tillsammans med luftröret från gasspjällhusets översida, enligt beskrivningen i kapitel 4B.*

29 Ta bort luftrenaren enligt beskrivningen i kapitel 4B.

7.4 Drivaxeländens hus separeras från släpringsändens hus - Delco-Remy generator

30 Markera drivremmens rörelseriktning innan den tas bort enligt beskrivningen i kapitel 1.

31 Koppla loss kablarna från sina kabelfästen på generatorns baksida och notera hur de är monterade, eller koppla loss anslutningskontakten (efter tillämplighet).

32 Skruva loss generatorns nedre fästbult.

33 Skruva loss de två bultarna som fäster generatorns bakre fästbygel och ta bort fästbygeln **(se bild)**.

34 Skruva loss bultarna som fäster generatorns övre stödfäste vid insugsgrenröret och generatorn (observera att bultarna är olika långa). Ta sedan bort fästbygeln och generatorn **(se bild)**.

Montering

35 Montering sker i omvänd ordningsföljd, men montera drivremmen enligt beskrivningen i kapitel 1.

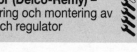

7 Generator (Delco-Remy) - demontering och montering av borstar och regulator

Demontering

1 Borsthållaren och spänningsregulatorn sitter ihop som en enhet. För att enheten ska gå att komma åt måste generatorn delvis tas isär enligt beskrivningen nedan. Om spänningsregulatorn är defekt måste hela enheten bytas ut.

2 Demontera generatorn enligt beskrivningen i avsnitt 6.

3 Rista in en linje över drivaxeländens hus och släpringsändens hus för att garantera korrekt inställning vid hopsättningen.

4 Skruva loss de tre genomgående bultarna och bänd bort drivaxeländens hus och rotor från släpringsändens hus och stator **(se bild)**.

5 Kontrollera släpringarnas skick och rengör dem om det behövs med en trasa eller mycket fint sandpapper **(se bild)**.

6 Ta bort de tre muttrarna och brickorna som fäster statorledningarna vid likriktaren och lyft bort statorenheten **(se bild)**.

7 Ta bort polskruven och lyft ur diodenheten.

8 Ta loss de två skruvarna som fäster

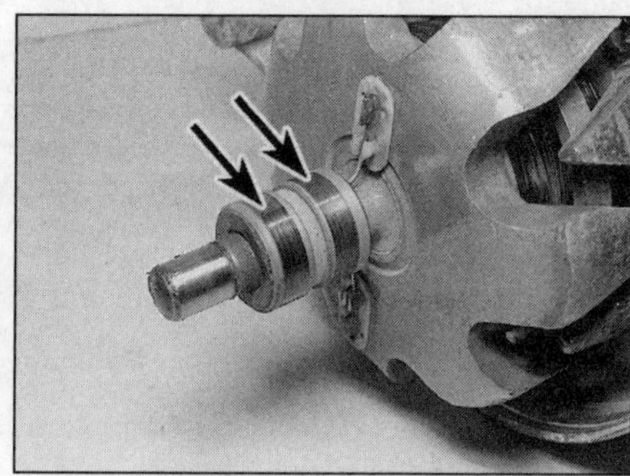

7.5 Växelströmsgeneratorns släpringar (vid pilarna) - Delco-Remy generator

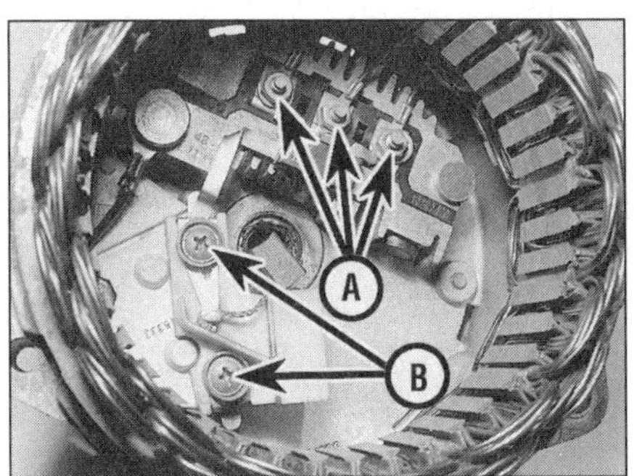

7.6 Statorledningarnas fästmuttrar (A) och borsthållarens/spänningsregulatorns fästskruvar (B) - Delco-Remy generator

borsthållaren och spänningsregulatorn vid släpringsändens hus, och ta bort borsthållarenheten. Observera isoleringsbrickorna under skruvskallarna.

9 Kontrollera att borstarna kan röra sig fritt i styrningarna och att borstarnas längd ligger inom de värden som anges i specifikationerna. Vid tveksamheter angående borstarnas skick är det bäst att byta ut dem.

10 Byt borstar genom att löda loss de gamla borstledningarna från borsthållaren och löda fast nya på exakt samma plats.

11 Kontrollera att de nya borstarna rör sig fritt i styrningarna.

Montering

12 Tryck tillbaka borstarna i det indragna läget med hjälp av en bit ståltråd eller en

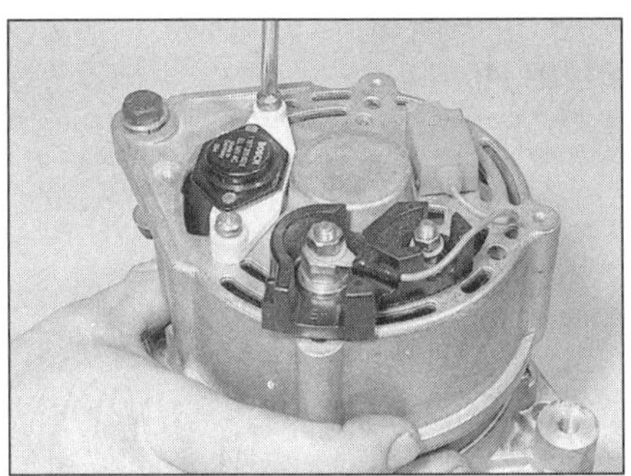

8.5a Ta bort fästskruvarna . . .

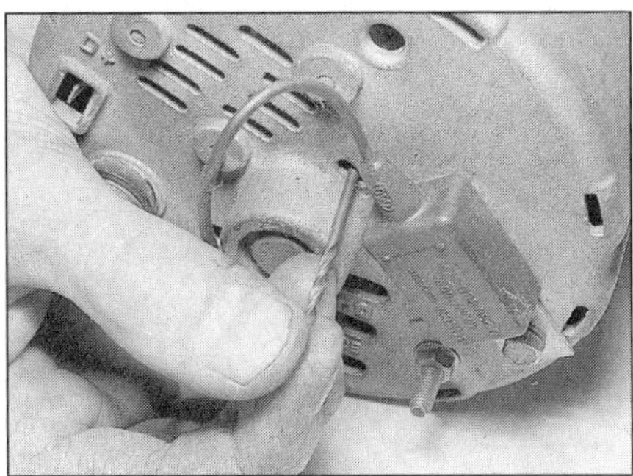

7.16 Ta bort borren som använts för att hålla borstarna i indraget läge - Delco-Remy generator

spiralborr, innan borsthållarenheten monteras.

13 Montera borsthållarenheten så att ståltråden eller borren sticker ut genom skåran i släpringsändens hus, och dra åt fästskruvarna.

14 Montera diodenheten och statorenheten vid huset. Se till att statorledningarna sitter på rätt plats och montera polskruvarna och muttrarna.

15 Sätt ihop drivaxeländens hus och rotor med släpringsändens hus och se till att de tidigare gjorda märkena fortfarande är i linje med varandra. Sätt i och dra åt de tre genomgående bultarna.

16 Dra ståltråden/borren från springan i släpringsändens hus, så att borstarna vilar på rotorns släpringar **(se bild)**.

17 Montera generatorn enligt beskrivningen i avsnitt 6.

8 Generator (Bosch) - demontering och montering av borstar och regulator

Demontering

1 Borsthållaren och spänningsregulatorn sitter ihop i en enhet som sitter monterad på växelströmsgeneratorns baksida. Om spänningsregulatorn är defekt måste hela enheten bytas ut.

2 Koppla loss luftröret från luftrenaren och från luftbehållaren eller gasspjällhuset, efter tillämplighet, och ta bort det för att komma åt bättre.

3 Koppla loss batteriets minusledare.

4 Växelströmsgeneratorn kan demonteras enligt beskrivningen i avsnitt 6 om bättre åtkomlighet behövs.

5 Ta bort de två fästskruvarna och dra bort borsthållaren/spänningsregulatorn **(se bilder)**.

6 Kontrollera att borstarna kan röra sig fritt i sina styrningar och att borstarnas längder ligger inom de angivna värdena i specifikationerna **(se bild)**. Vid tveksamheter angående borstarnas skick är det bäst att byta ut dem på följande sätt.

7 Håll borstledningen med en tång och löd bort den från borsthållaren. Lyft bort borsten. Upprepa proceduren med återstående borste.

Montering

8 Observera att när nya borstar monteras ska även nya borstfjädrar monteras.

9 När de nya fjädrarna är monterade på borsthållaren, sätt i de nya borstarna och kontrollera att de rör sig fritt i styrningarna. Om de fastnar, polera försiktigt med ett mycket fint sandpapper.

10 Löd fast borstens kabeländar vid borsthållaren och var noga med att inte låta lödtenn nå den flätade kabeln.

11 Kontrollera släpringarnas skick och rengör dem om det behövs med en trasa eller mycket fint sandpapper **(se bild)**.

12 Montera borsthållaren/spänningsregulatorn och dra åt fästskruvarna.

13 Om det är tillämpligt, montera generatorn enligt beskrivningen i avsnitt 6.

14 Återanslut batteriledningarna.

15 Montera luftröret.

9 Startsystem - test

Observera: *Se föreskrifterna i Säkerheten främst! och i avsnitt 1 innan arbetet påbörjas.*

1 Om startmotorn inte arbetar när startnyckeln vrids till startläget kan något av följande vara orsaken.

a) Batteriet är defekt.

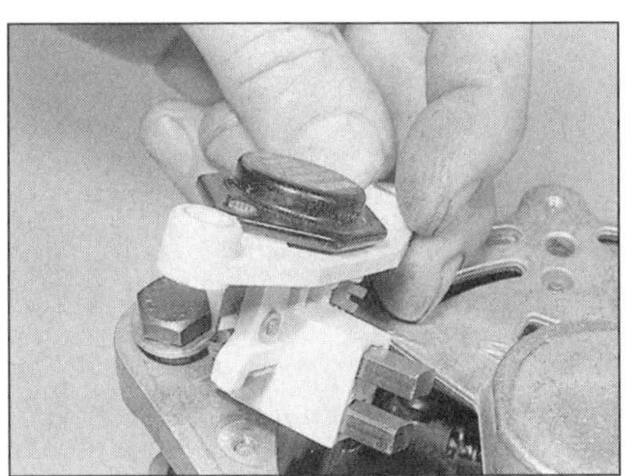

8.5b . . . och ta bort borsthållaren/spänningsregulatorn - Bosch generator

8.6 Längden på en generatorborste mäts - Bosch generator

8.11 Generatorns släpringar (vid pilarna) - Bosch generator

b) De elektriska anslutningarna mellan startnyckeln, solenoiden, batteriet och startmotorn släpper inte igenom ström från batteriet till jord genom startmotorn.
c) Defekt solenoid.
d) Elektrisk eller mekanisk defekt i startmotorn.

2 Kontrollera batteriet genom att tända strålkastarna. Om de försvagas efter ett par sekunder är batteriet urladdat. Ladda (se avsnitt 3) eller byt batteri. Om strålkastarna lyser klart, vrid om startnyckeln. Om strålkastarna då försvagas betyder det att strömmen når startmotorn, vilket anger att felet finns i startmotorn. Om strålkastarna lyser klart (och inget klick hörs från solenoiden) indikerar detta ett fel i kretsen eller solenoiden - se följande punkter. Om startmotorn snurrar långsamt, trots att batteriet är i bra skick, indikerar detta antingen ett fel i startmotorn eller ett avsevärt motstånd någonstans i kretsen.

3 Vid ett misstänkt fel på kretsen, koppla loss batterikablarna (inklusive jordningen till karossen), startmotorns/solenoidens kablar och motorns/växellådans jordledning. Rengör alla anslutningar noga och anslut dem igen. Använd sedan en voltmätare eller testlampa och kontrollera att full batterispänning finns vid strömkabelns anslutning till solenoiden och att jordförbindelsen är god. Smörj in batteripolerna med vaselin så att korrosion undviks - korroderade anslutningar är en av de vanligaste orsakerna till elektriska systemfel.

4 Om batteriet och alla anslutningar är i bra skick, kontrollera kretsen genom att lossa ledningen från solenoidens bladstift. Koppla en voltmätare eller testlampa mellan ledningen och en bra jord (exempelvis batteriets minuspol) och kontrollera att ledningen är strömförande när startnyckeln vrids till startläget. I så fall är kretsen hel - om inte, fortsätt med punkt 5.

5 Solenoidens kontakter kan kontrolleras med en voltmätare eller testlampa mellan strömkabeln på solenoidens startmotorsida och jord. När startnyckeln vrids till start ska mätaren ge utslag eller lampan tändas. Om inget sker är solenoiden defekt och måste bytas.

6 Om både krets och solenoid är felfria måste felet finnas i startmotorn.

10 Startmotor - demontering och montering

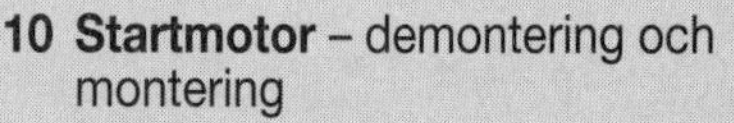

Demontering

1 Koppla loss batteriets minusledare.

2 Dra åt handbromsen, hissa upp framvagnen med hjälp av en domkraft och ställ den på pallbockar (se *Lyftning och stödpunkter*).

3 I förekommande fall, ta bort motorns undre skyddskåpa, enligt beskrivningen i kapitel 11, avsnitt 25.

10.5 Startmotorsolenoidens kabelanslutningar

4 På 1.8 och 2.0 liters DOHC motorer, koppla loss bromsservons vakuumslang och skruva loss stödfästet mellan insugsgrenröret och motorblocket om det behövs för att komma åt bättre.

5 Notera hur kabelanslutningarna sitter på solenoiden, ta sedan loss dem **(se bild)**.

6 Om det är tillämpligt, skruva loss bulten som fäster startmotorns fästbygel vid motorblocket.

7 Skruva loss startmotorns två fästbultar och observera att den övre bulten på vissa modeller monteras från växellådans sida och då även håller kabelhärvans fäste **(se bild)**. Om det är tillämpligt, notera även placeringen av motorns jordledning, som kan sitta fäst på en av startmotorns fästbultar på vissa modeller.

8 Ta bort startmotorn.

Montering

9 Montering sker i omvänd ordningsföljd. I tillämpliga fall, se till att kabelhärvans fäste sitter på plats på den övre fästbulten och dra åt alla bultar till angivet moment.

11 Startmotor - test och renovering

Om startmotorn misstänks vara defekt ska den demonteras och tas till en bilelektriker för kontroll. De flesta bilverkstäder kan erbjuda och montera borstar till överkomliga priser.

10.7 Startmotorns övre bult (vid pilen) - sedd ovanifrån

Kontrollera dock reparationskostnaderna först, det kan vara billigare med en ny eller begagnad startmotor.

12 Tändningslås - demontering och montering

Se kapitel 12, avsnitt 5.

13 Varningslampa för oljetryck - demontering och montering av kontakt

Demontering

1 Kontakten är inskruvad i oljepumpens ände, på insugsgrenrörets sida av motorn.

2 Koppla loss batteriets minusledare.

3 På de flesta modeller kan man komma åt kontakten ovanifrån, men på vissa modeller kan man komma åt bättre om man hissar upp framvagnen och stöder den på pallbockar, för att sedan skruva loss det högra hjulet (se *Lyftning och stödpunkter*). I förekommande fall, ta loss luckan från motorns undre skyddskåpa **(se bild)**.

4 Koppla loss kablaget från kontakten.

5 Placera en behållare under kontakten för att fånga upp den olja som slipper ut när kontakten demonteras.

6 Skruva loss kontakten med en nyckel. Var beredd på oljespill och plugga igen hålet i oljepumpen för att hindra oljan från att läcka ut och smuts från att tränga in.

Montering

7 Montering sker i omvänd ordningsföljd, men avsluta med att kontrollera oljenivån och fylla på motorolja om det behövs, enligt beskrivningen i *Veckokontroller*.

14 Oljenivågivare - demontering och montering

Demontering

1 Om en oljenivågivare finns sitter den på oljesumpens framsida **(se bild)**.

13.3 Kontakt till varningslampan för oljetryck, sedd från bilens undersida - C 20 XE motor

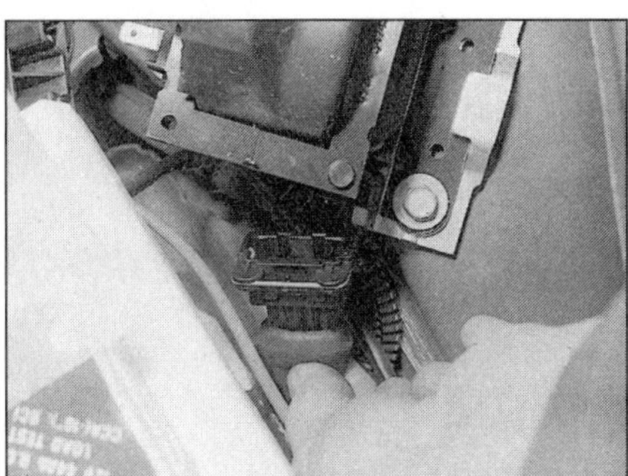

14.1 Motorns oljenivågivare – C 20 XE-motor

2 Om det är tillämpligt, ta loss luckan från motorns undre skyddskåpa.
3 Koppla loss batteriets minusledare och koppla sedan loss anslutningskontakten från givaren.
4 Placera en behållare under oljesumpen för att samla upp den olja som kan slippa ut när givaren skruvas loss.
5 Skruva loss fästskruvarna och ta bort givaren från oljesumpen.
6 Ta loss tätningsringen.

Montering

7 Montering sker i omvänd ordningsföljd. Undersök tätningsringens skick och byt ut den om det behövs, innan givaren monteras.

Kapitel 5 del B: Tändsystem

Innehåll

Svårighetsgrader

Enkelt, passar novisen med lite erfarenhet 	**Ganska enkelt,** passar nybörjaren med viss erfarenhet 	**Ganska svårt,** passar kompetent hemmamekaniker 	**Svårt,** passar hemmamekaniker med erfarenhet 	**Mycket svårt,** för professionell mekaniker 

Specifikationer

Tändsystem

Typ:*

14 NV	Bosch High Energy Ignition (HEI) induktivt urladdningsfördelarsystem
14 SE, C 14 SE (t.o.m. 1992), C 14 NZ, X 14 NZ, C 16 NZ och C 20 XE motorer (t.o.m. 1992)	MSTS (Multec Microprocessor-controlled Spark Timing System) med strömfördelare av typen halleffekt
X 14 XE, C 16 SE, X 16 SZ, X 16 SZR, X 16 XEL, C 18 XE, C 18 XEL, X 18 XE, C 20 XE (fr.o.m. 1993) och X 20 XEV motorer	Direct Ignition System (DIS)
C 14 SE (fr.o.m. 1993), C 18 NZ och C 20 NE motorer	Vevaxelhastighets-/lägesgivare och högspänningsfördelarkomponenter

* *Information om chassinumrets placering finns i handbokens referensavsnitt.*

Tändningsföljd

Alla modeller	1 – 3 – 4 – 2

Placering av cylinder nr 1

Alla modeller	Motorns kamremsände

Tändinställning (stroboskopiskt, vid tomgångsvarvtal, med vakuumslangen urkopplad):

14 NV motorer	5° före övre dödpunkt
C 14 NZ, C 14 SE (t.o.m. 1992) och C 16 NZ motorer	10° före övre dödpunkt**
Alla övriga motorer	Styrs av den elektroniska styrenheten (ECU)

* *Information om chassinumrets placering finns i handbokens referensavsnitt.*
** *Kontroll och grundläggande justering kan endast utföras med specialutrustning.*

Strömfördelare

Rotorarmens rotationsriktning	Moturs (sett från locket)

Åtdragningsmoment

	Nm
Tändstift	25

1 Allmän information och föreskrifter

Allmän information

Tändsystemet ser till att luft/bränsleblandningen tänds i varje cylinder i rätt ögonblick i förhållande till motorns varvtal och belastning. Ett antal olika typer av tändsystem finns monterade på bilar inom Astraserien, från grundläggande brytarlösa elsystem till helt integrerade motorstyrningssystem som styr både tändning och bränsleinsprutning. De olika systemen beskrivs mer detaljerat längre fram i detta avsnitt.

Tändsystemet fungerar genom att lågspänning matas från batteriet till spolen där den omvandlas till högspänning. Högspänningen är tillräckligt kraftig för att hoppa över tändstiftets elektrodavstånd i cylindern flera gånger i sekunden under högt kompressionstryck, förutsatt att systemet är i gott skick. Lågspänningskretsen (eller primärkretsen) består av batteriet, kabeln till tändningslåset, kabeln från tändningslåset till lågspänningspolens lindningar samt till tillförselpolen på den elektroniska modulen och kabeln från lågspänningsspolen till den elektroniska modulens styrning. Högspänningskretsen (eller sekundärkretsen) består av tändspolens lindningar, tändkabeln (eller högspänningskabeln) från spolen till strömfördelarlocket (om tillämpligt), rotorarmen (om tillämpligt), tändkablarna till tändstiften samt tändstiften.

Systemet fungerar på följande sätt. Ström som flödar genom lågspänningsspolens lindningar skapar ett magnetfält runt högspänningslindningarna. När motorn roterar skapar en givare en elektrisk impuls som skickas till den elektriska modulen och används för att slå av lågspänningskretsen.

Magnetfältets efterföljande kollaps över högspänningslindningarna skapar en högspänning som sedan matas till relevanta tändstift, antingen direkt från spolen, eller via strömfördelarlocket och rotorarmen, efter tillämplighet. Lågspänningskretsen slås automatiskt på igen av den elektroniska modulen, så att magnetfältet byggs upp igen tills efterföljande tändstift tänds. Tändningen är avancerad och sänks automatiskt för att garantera att gnistan uppstår vid rätt tillfälle i förhållande till motorns varvtal och belastning.

HEI system (High-Energy Ignition) – förgasarmotorer

Det här systemet består av en brytarlös strömfördelare och en elektronisk omkopplings- och förstärkarmodul förutom spolen och tändstiften.

Den elektriska impuls som krävs för att slå av lågspänningskretsen genereras av en magnetisk utlösningsspole i strömfördelaren.

Tändningsförställningen är en funktion på strömfördelaren och styrs både mekaniskt och av ett vakuumstyrt system.

Multec MSTS (Microprocessor-controlled Spark Timing System) – Multec CFi motorer

Multecs motorstyrningssystem styr både tändsystemet och bränsleinsprutningssystemet och består av olika givare och reglage (se kapitel 4B), Multecs styrenhet, samt spolen, den elektroniska modulen och tändstiften.

På 1.4 och 1.6 liters motorer genereras den elektriska impuls som krävs för att slå av lågspänningskretsen av en givare i strömfördelaren.

På 1.8 liters motorer genereras den elektriska impuls som krävs för att slå av lågspänningskretsen av vevaxelns hastighets-/lägesgivare, som aktiveras av ett kuggförsett hjul på vevaxeln. Strömfördelaren består helt enkelt av en rotorarm och ett strömfördelarlock, och används enbart för att fördela högspänningsströmmen till tändstiften.

Styrenheten väljer den optimala tändningsförställningen med hjälp av informationen från de olika givarna. Graden av förinställning kan varieras konstant för att passa motorns rådande villkor. Styrenheten avger även effekt för att styra bränsleinsprutningssystemet, som beskrivs i kapitel 4B.

Multec MSTS (Microprocessor-controlled Spark Timing System) – Multec M och Multec S Mpi modeller

Systemet liknar det som beskrivs ovan för CFi modeller, men observera följande skillnader.

Den elektriska impuls som krävs för att stänga av lågspänningskretsen genereras av en hastighets-/lägesgivare för vevaxeln, liknande den som beskrivs ovan för 1.8 liters CFi motorer.

På 1.4 liters SOHC motorer består strömfördelaren helt enkelt av en rotorarm och ett strömfördelarlock, och används enbart för att fördela högspänningen till tändstiften.

På 1.6 liters SOHC motorer, och DOHC motorer, används en DIS-modul (Direct Ignition System) i stället för strömfördelare och spole. DIS-modulen är fäst vid kamaxelhuset på den plats som normalt innehas av fördelaren och består av två tändspolar och en elektronisk styrmodul, inne i ett gjutet hölje. Varje spole förser två tändstift med högspänning, en gnista till en cylinder där kolven är i sitt kompressionsslag och en gnista till en cylinder där kolven är i sitt avgasslag. Det betyder att en gnista går förlorad under varje tändningscykel, men denna gnista har ingen skadlig effekt. Det här systemet har fördelen att det inte innehåller några rörliga delar och alltså inte utsätts för något slitage, utan är i det närmaste underhållsfritt.

Motronic M 1.5 system

Det här motorstyrningssystemet från Motronic styr både tändningen och bränsleinsprutningssystemet och består av olika givare och reglage (se kapitel 4B), Multecs styrenhet samt spolen, strömfördelarens komponenter och tändstiften.

Den elektriska impuls som krävs för att stänga av lågspänningskretsen genereras av en hastighets-/lägesgivare för vevaxeln, liknande den som beskrivs ovan för 1.8 liters CFi motorer.

Strömfördelaren består helt enkelt av en rotorarm och ett strömfördelarlock, och används enbart för att fördela högspänningsströmmen till tändstiften.

Styrenheten väljer den optimala tändningsförställningen med hjälp av informationen från de olika givarna. Graden av förinställning kan varieras konstant för att passa motorns rådande villkor. Styrenheten avger även effekt för att styra bränsleinsprutningssystemet, som beskrivs i kapitel 4B.

Motronic M 2.5 system

Systemet liknar det Motronic M 1.5 system som beskrivs ovan, med följande undantag.

Förutom vevaxelns hastighets-/lägesgivare finns även en halleffektfördelare monterad. Den elektriska impuls som krävs för att stänga av lågspänningskretsen genereras av vevaxelns hastighets-/lägesgivare, och givaren i strömfördelaren skickar ut en signal för igenkänning av cylindrarna.

Dessutom får Motronics styrenhet information från en knacksensor på motorblocket (se kapitel 4B), som känner av tändningsknack (förtändning) precis när det uppstår, så att styrenheten kan sänka tändningen och på så sätt förhindra motorskada.

Motronic M 2.8 system

I mitten av 1993 ersattes det Motronic M 2.5 system som monterats på C 20 XE modeller med Motronic M 2.8 systemet.

En DIS-modul (Direct Ignition System) används i stället för strömfördelare och spole. DIS-systemet fungerar enligt beskrivningen ovan för Multec M och Multec S MPi modeller.

Simtec system

Det här systemet styr, liksom de tidigare beskrivna Motronicsystemen, både tändningen och bränsleinsprutningssystemet, och består av olika givare och reglage (se kapitel 4B) samt Simtecs styrenhet tillsammans med DIS-modulen och tändstiften. DIS-systemet fungerar enligt beskrivningen ovan för Multec M och Multec S MPi modeller.

Föreskrifter

Varning: Läs föreskrifterna i Säkerheten främst! i början av handboken innan något arbete utförs på elsystemet.

Varning: Den högspänning som genereras i ett elektronisk tändsystem är extremt hög och kan, under vissa förhållanden, vara dödlig. Var noga med att undvika stötar från tändsystemets högspänningssida. Hantera inte tändkablarna och rör inte strömfördelaren eller spolen när motorn är igång. Om fel spåras till högspänningskretsen måste välisolerade verktyg användas för att hantera strömförande kablar. Personer med pacemaker får inte vistas i närheten av tändningskretsar, komponenter och testutrustning.

Största försiktighet måste iakttagas vid arbete på elsystemet för att undvika skador på halvledare (dioder och transistorer) och personskador. Läs föreskrifterna i *Säkerheten främst!* i början av den här handboken samt iakttag följande vid arbete med elsystemet:

Ta alltid av ringar, klocka och liknande innan något arbete utförs på elsystemet. Även med urkopplat batteri kan urladdning inträffa om en komponents strömstift jordas genom ett metallföremål. Detta kan ge stötar och allvarliga brännskador.

Kasta inte om batteripolerna. Komponenter som växelströmsgeneratorn, bränsleinsprutningens/tändsystemets styrenhet (i förekommande fall), eller andra komponenter med halvledande kretsar kan få skador som är omöjliga att reparera.

Om motorn startas med hjälp av startkablar och ett laddningsbatteri ska batterierna anslutas plus till plus och minus till minus. Detta gäller även vid inkoppling av batteriladdare.

Koppla aldrig loss batterikablarna, generatorn, testinstrument eller elkontakter medan motorn går.

Låt aldrig motorn dra runt generatorn när generatorn inte är ansluten.

"Testa" aldrig en generator genom att kortsluta strömkabeln mot jord.

Använd aldrig en ohmmätare av en typ som har en handvevad generator för testning av kretsar eller kontinuitet.

Kontrollera alltid att batteriets jordkabel är urkopplad innan arbete med elsystemet inleds.

Koppla ur batteriet, generatorn och komponenter som bränsleinsprutningens/ tändsystemets styrenhet (om tillämpligt) innan elsvetsning utförs på bilen, för att förhindra att komponenterna skadas.

Se informationen i kapitel 4B om gällande föreskrifter vid arbete på modeller med styrenhet.

2 Tändsystem - test

Förgasarmotorer

Observera: *Läs föreskrifterna i avsnitt 1 innan arbetet påbörjas.*

1 Elsystemets komponenter är normalt mycket pålitliga. De flesta felen beror snarare på lösa eller smutsiga anslutningar eller på "spårning" av högspänning beroende på smuts, fukt eller skadad isolering, än på defekta systemkomponenter. Kontrollera **alltid** alla kablar ordentligt innan en elektrisk komponent döms ut, och arbeta metodiskt för att undanröja alla andra möjligheter innan en komponent bedöms som defekt.

2 Metoden att leta efter gnistor genom att hålla den strömförande änden av en tändkabel på kort avstånd från motorn är inte att rekommendera - förutom kraftiga elchocker riskerar man att förstöra spolen eller den elektroniska modulen.

Motorn startar inte

3 Om motorn inte vrids runt alls, eller endast vrids runt mycket långsamt, ska batteriet och startmotorn kontrolleras. Anslut en voltmätare över batteripolerna (mätarens plussond till batteriets pluspol), koppla loss tändspolens tändkabel från strömfördelarlocket och jorda den. Läs sedan av spänningen medan motorn dras runt på startmotorn i ungefär tio sekunder (inte mer). Om det uppnådda värdet understiger 8 volt ska batteriet, startmotorn och laddsystemet kontrolleras.

4 Om motorn vrids runt i normal hastighet men inte startar, ska högspänningskretsen kontrolleras genom att en tändinställningslampa ansluts till kretsen (följ tillverkarens instruktioner) och motorn vrids runt på startmotorn. Om lampan blinkar når spänningen tändstiften, vilket anger att tändstiften bör kontrolleras först. Om lampan inte blinkar, kontrollera själva tändkablarna följt av strömfördelarlocket, kolborsten och rotorarmen (se kapitel 1 och avsnitt 3). Använd även en ohmmätare eller en kontinuitetsmätare för att kontrollera att det inte finns någon kontinuitet mellan strömfördelarlockets kontakter. Kontrollera också att det inte finns någon kontinuitet mellan rotorarmens hus och dess metallkontakt - observera att armen har ett inbyggt motstånd.

5 Om en gnista syns ska bränslesystemet kontrolleras med avseende på defekter (se kapitel 4A).

6 Om fortfarande ingen gnista syns ska spänningen vid tändspolens pluspol (svarta kablar) kontrolleras. Den ska ha samma batterispänning (d.v.s. minst 11,5 volt). Om spänningen vid spolen är märkbart lägre (mer än 1,0 volt) än batterispänningen ska matningen kontrolleras bakåt, genom säkringsdosan och tändningslåset till batteriet och dess jord tills felet upptäcks.

7 Om matningen till spolen är tillfredsställande ska spolens lindningar kontrolleras enligt beskrivningen i avsnitt 4. Byt ut spolen om den är defekt, men var noga med att först kontrollera skicket på lågspänningsanslutningarna, för att se till att felet inte beror på smutsiga eller lösa anslutningar.

8 Om spolen är i gott skick ligger felet troligen hos den elektroniska modulen eller strömfördelaren. Kontrollera modulen och strömfördelaren genom att ansluta en kontrollmanometer över spolens lågspänningspoler i enlighet med tillverkarens rekommendationer. Om tändningen slås på och motorn vrids runt på startmotorn ska mätarens utslag ändras varje gång modulen aktiverar en högspänningspuls i spolen. Om mätarens utslag ändras när motorn vrids runt fungerar den elektroniska modulen och strömfördelaren som de ska.

9 Om den elektroniska modulen och strömfördelaren fungerar och hela lågspänningskretsen är i gott skick måste felet, om det ligger i tändsystemet, ligga hos högspänningskretsens komponenter. Dessa ska kontrolleras noga enligt beskrivningen ovan.

Motorn misständer

10 Oregelbunden misständning är tecken på antingen en lös anslutning eller ett intermittent fel i primärkretsen, eller också ett högspänningsfel på rotorarmens spolsida.

11 Se till att tändningen är avslagen och kontrollera systemet noga. Se till att alla anslutningar är rena och sitter säkert. Om utrustning finns tillgänglig, kontrollera lågspänningskretsen enligt beskrivningen tidigare i punkt 6 till 8.

12 Kontrollera att spolen, strömfördelarlocket och tändkablarna är rena och torra. Kontrollera själva kablarna och tändstiften (genom att byta ut dem om det behövs), kontrollera sedan strömfördelarlocket, kolborsten och rotorarmen.

13 Regelbunden misständning beror oftast på ett fel i strömfördelarlocket, tändkablarna eller tändstiften. Använd en tändinställningslampa (se punkt 4) för att kontrollera om högspänning finns i alla kablarna.

14 Om någon kabel är utan högspänning ligger felet i den aktuella kabeln eller i strömfördelarlocket. Om alla kablar har högspänning måste felet ligga hos tändstiften. Kontrollera dem och byt ut dem om det råder tveksamhet om deras skick.

15 Om ingen högspänning finns, undersök spolen eftersom sekundärlindningarna kan gå sönder under belastning.

Motorer med bränsleinsprutning

Observera: *På modeller med DIS-moduler ska tester endast utföras med lämplig specialtestutrustning.*

16 De allmänna kommentarerna ovan beträffande förgasarmotorer gäller även för motorer med bränsleinsprutning. Observera dock att extrem noggrannhet måste iakttagas vid test av systemet eftersom styrenheten är mycket känslig och mycket dyr att byta ut.

17 Om det råder tveksamhet om hur testerna bör utföras, eller om korrekt testutrustning inte finns tillgänglig, ska test och felsökning överlåtas till en Opelverkstad. Det är mycket bättre att betala arbetskostnaderna för att få bilen kontrollerad av en kvalificerad person än att riskera att skada systemet eller dig själv.

18 I skrivande stund håller testutrustning, inklusive felkodsläsare för styrenheten, på att släppas på den allmänna marknaden av vissa företag. Om sådan utrustning används måste tillverkarens instruktioner följas noga. En lista över felkoderna ska levereras tillsammans med testutrustningen.

Motorn startar inte

19 Kontrollera om felet ligger i tändsystemet innan momenten som beskrivs i punkt 3 och 4 utförs, och kontrollera högspänningskretsen på det sätt som beskrivs.

20 Om högspänningskretsen verkar hel kan matningen till spolen kontrolleras enligt beskrivningen i punkt 6. Observera att styrenheten styr spolmatningen. Försök **inte** testa styrenheten med något annat än korrekt testutrustning, som bara går att få tag på hos en välutrustad Opelverkstad. Om några av kablarna som går till styrenheten ska kontrolleras (även om detta inte rekommenderas utan korrekt testutrustning) måste alltid relevanta anslutningar kopplas loss från styrenheten (med tändningen avstängd) så att det inte finns någon risk att enheten skadas av felaktig spänning från testutrustningen.

21 Om alla komponenter har undersökts efter tecken på uppenbara defekter, som smutsiga eller lösa anslutningar, fuktighet eller "spårning", och om de har testats i den utsträckning som är möjlig, men systemet fortfarande verkar defekt, måste bilen lämnas in till en Opelverkstad för test med korrekt testutrustning.

Motorn misständer

22 Se punkt 10 till 15, men observera att de möjliga orsaker till defekter som kan orsaka misständning är alldeles för många för att kunna åtgärdas utan testutrustning. När tändsystemets komponenter har kontrollerats efter tecken på uppenbara defekter, som smutsiga eller lösa anslutningar, fukt eller "spårning" och har testats i den utsträckning som är möjlig, men fortfarande misstänks vara defekt, ska bilen lämnas till en Opelverkstad så att hela motorstyrningssystemet kan testas med rätt testutrustning.

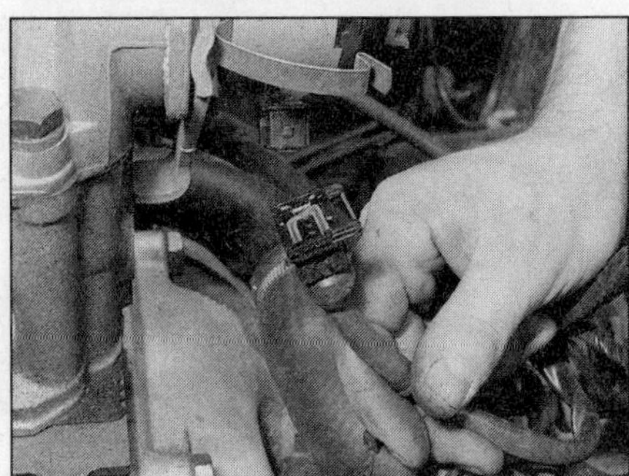

3.4 Strömfördelarens anslutningskontakt kopplas loss – förgasarmotor

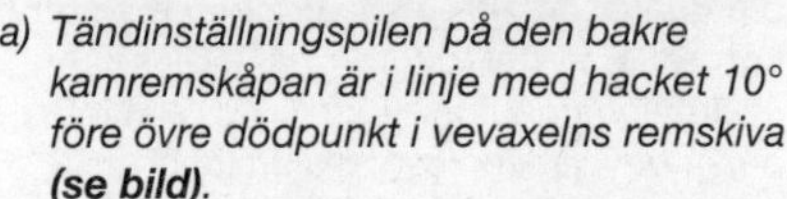

3.7 Pilen på den bakre kamremskåpan är i linje med hacket 10° före övre dödpunkt i vevaxelns remskiva – förgasarmotor

3.8a Skruva loss klämmuttern . . .

3 Strömfördelare – demontering, renovering och montering

Förgasarmotorer

Demontering

1 Koppla loss batteriets minusledare.

2 Märk alla tändkablar om det behövs för att underlätta korrekt återmontering. Koppla sedan loss kablarna från tändstiften genom att dra i kontaktdonen, inte i kablarna. Koppla loss tändkabeln från spolen på samma sätt. Dra bort kablarna från klämmorna på kamaxelkåpan.

3 Lossa de två fästklamrarna med hjälp av en skruvmejsel och lyft upp strömfördelarlocket tillsammans med tändkablarna från strömfördelaren.

4 Koppla loss strömfördelarens kontakt **(se bild)**.

5 Koppla loss vakuumröret från membranenheten på sidan av strömfördelaren.

6 Om den ursprungliga strömfördelaren ska återmonteras, gör inställningsmärken mellan fördelardosan och kamaxelhuset så att strömfördelaren kan monteras på sin ursprungliga plats.

7 Använd en hylsa eller en nyckel på bulten till vevaxelns remskiva, eller lägg i den högsta växeln (manuell växellåda) och knuffa bilen bakåt eller framåt efter behov (med handbromsen urlagd!) för att vrida vevaxeln så att kolv nr 1 hamnar i sitt förbränningsslag. Kolv nr 1 är i sitt förbränningsslag när:

a) Tändinställningspilen på den bakre kamremskåpan är i linje med hacket 10° före övre dödpunkt i vevaxelns remskiva ***(se bild)****.*

b) Rotorarmens spets pekar på den plats som innehas av tändkabelpolen till cylinder nr 1 i strömfördelarlocket.

c) Rotorarmen är i linje med hacket i fördelardosan (ta bort rotorarmen och plastskyddet, montera sedan rotorarmen för att kontrollera inställningen mot hacket).

8 Skruva loss klämmuttern och ta bort klämplåten, ta sedan bort strömfördelaren från kamaxelhuset **(se bilder)**.

Renovering

9 När strömfördelaren är borttagen, dra bort rotorarmen och ta bort plastskyddet.

10 Även om den övre lagerplattan kan tas bort när de två fästskruvarna är bortskruvade är detta endast av teoretiskt intresse, eftersom det inte går att byta ut några av strömfördelarens delar förutom vakuummembranenheten, och eftersom inga justeringar krävs.

11 Vakuummembranenheten kan demonteras genom att de två fästskruvarna tas bort och manöverstaget hakas loss från strömfördelarens basplatta. Observera att skruvarna är olika långa. Den längre skruven fäster även en av strömfördelarlockets klamrar.

12 Vakuumenheten kan testas genom att man kopplar ett sug till vakuumporten och sedan kontrollerar att manöverstaget rör sig i enheten när suget slås på. Ta bort suget och kontrollera att manöverstaget återvänder till sin ursprungliga plats. Om manöverstaget inte rör sig enligt beskrivningen ovan måste vakuumenheten bytas ut.

13 Kontrollera strömfördelarlocket med avseende på korrosion på segmenten och efter tecken på spårning, (visar sig som en tunn svart linje mellan segmenten). Kontrollera att kolborsten i mitten av locket kan röra sig fritt och att den inte vidrör locket. Byt ut locket om det behövs.

14 Om rotorarmens metalldel är svårt bränd eller lös, måste armen bytas. Om den är lätt bränd eller korroderad kan den rengöras med en fin fil.

15 Undersök tätningsringen på fördelardosans baksida och byt vid behov ut den.

16 Hopsättningen sker i omvänd ordning. Se till att vakuumenhetens manöverstag hakar i stiftet på basplattan ordentligt. Det kan behövas flera försök för att återansluta den **(se bild)**.

Montering

17 Börja återmonteringen med att kontrollera att cylinder nr 1 fortfarande är i sitt förbränningsslag (se punkt 7). Relevanta

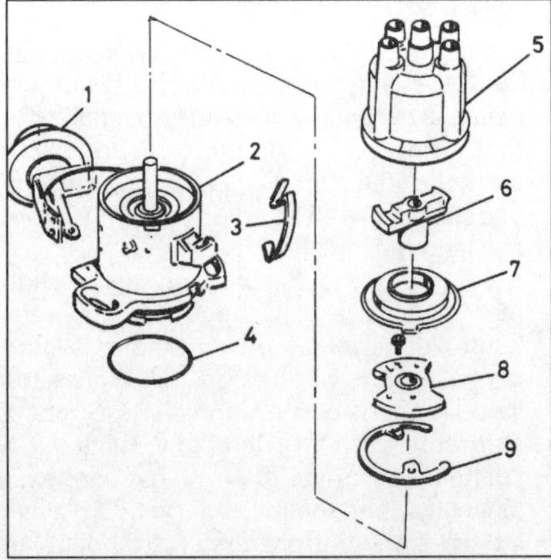

3.16 Sprängskiss över strömfördelare monterad på 14 NV modeller

1 Vakuum-membranenhet
2 Hus
3 Kåpans fästklammer
4 Tätningsring
5 Fördelarlock
6 Rotorarm
7 Plastskydd
8 Övre lagersköld
9 Stödring

3.8b . . . ta bort klämplåten . . .

3.8c . . . och ta bort strömfördelaren – 14 NV modeller

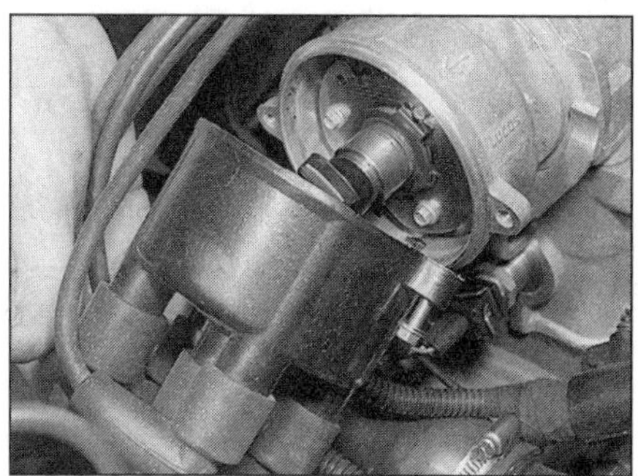

3.28 Strömfördelarlocket tas bort – 1.4 liters bränsleinsprutningsmodell

3.29 Strömfördelarens anslutningskontakt kopplas loss – 1.4 liters Multec CFi modell

3.30a Inställningsmärken (inringade) mellan fördelardosan och kamaxelhuset – 1.4 liters Multec CFi modell

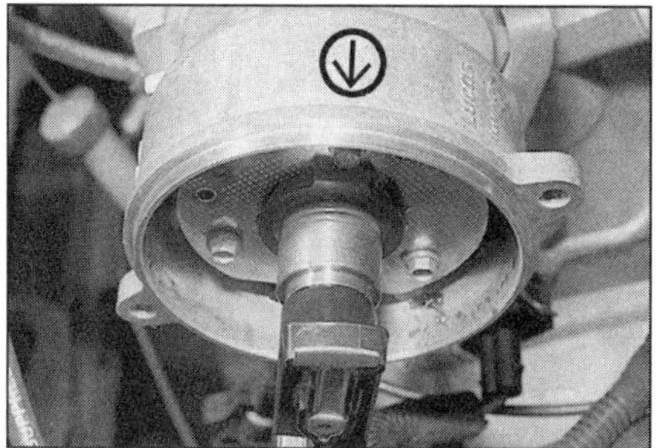

3.30b Rotorarm i linje med den stämplade pilen (inringad) på fördelardosan – 1.4 liters Multec CFi modell

3.30c Ta bort plastskyddet . . .

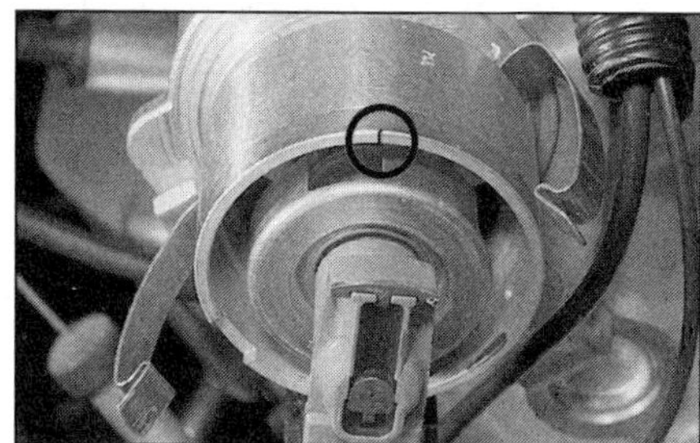

3.30d . . . och kontrollera att rotorarmen är i linje med hacket (inringat) i fördelardosans kant – 1.4 liters Multec M MPi modell

tändinställningsmärken ska vara i linje med varandra. Om motorn har vridits medan strömfördelaren varit demonterad, kontrollera att cylinder nr 1 är i sitt förbränningsslag genom att ta bort tändstiftet till cylinder nr 1 och placera ett finger över tändstiftshålet. Vrid vevaxeln tills ett tryck känns som tecken på att kolv nr 1 höjs i sitt kompressionsslag. Fortsätt vrida vevaxeln tills relevanta tändinställningsmärken är i linje med varandra.

18 Vrid rotorarmen till det läge som noterades i punkt 7(c), och håll rotorarmen i det här läget medan strömfördelaren monteras. Observera att strömfördelarens drivaxel bara hakar i kamaxeln i ett speciellt läge. Om den ursprungliga strömfördelaren återmonteras ska de märken som gjordes på fördelardosan och kamaxelhuset före demonteringen passas in mot varandra.

19 Montera klämplåten och muttern, men dra inte åt muttern helt i det här stadiet.

20 Ta bort rotorarmen, montera sedan plastskyddet och sätt tillbaka rotorarmen.

21 Återanslut vakuumröret till membranenheten.

22 Återanslut strömfördelarens kontakt.

23 Montera strömfördelarlocket och se till att tändkablarna är korrekt återanslutna.

24 Återanslut batteriets minuspol.

25 Kontrollera tändningsinställningen och justera om det behövs, enligt beskrivningen i kapitel 1.

1.4 och 1.6 liters modeller med bränsleinsprutning

Demontering

26 Följ beskrivningen i punkt 1 och 2.

27 Observera att olika typer av strömfördelare kan vara monterade beroende på modell.

28 Lossa de två fästskruvarna eller lossa de två fästklamrarna, efter tillämplighet, och ta bort strömfördelarlocket tillsammans med tändkablarna från strömfördelaren **(se bild)**.

29 Om det är tillämpligt, koppla loss strömfördelarens anslutningskontakt **(se bild)**.

30 Fortsätt enligt beskrivningen i punkt 6 till 8, observera följande **(se bilder)**:

a) Vissa strömfördelare kan redan vara utrustade med inställningsmärken på fördelardosan och kamaxelhuset.

b) På vissa modeller är kolv nr 1 i sitt förbränningsslag när rotorarmen är i linje med pilen för ÖD som finns stämplad på fördelardosan (i stället för ett hack i fördelardosan).

Renovering

31 På vissa Bosch strömfördelare kan drivkragen bytas ut om det behövs när den fästande valstappen dragits bort **(se bild)**. I övrigt går det inte att få tag på några

3.30e Klämplåten tas loss . . .

3.30f . . . och strömfördelaren dras bort – 1.4 liters Multec M MPi modell

3.31 Valstappen drivs ut ur strömfördelarens drivkrage – 1.4 liters Multec M MPi modell

3.36 En av fördelarlockets fästskruvar skruvas loss – 2.0 liters SOHC motor

3.37 Ta bort plastskyddet från rotorarmens hus – 2.0 liters SOHC motor

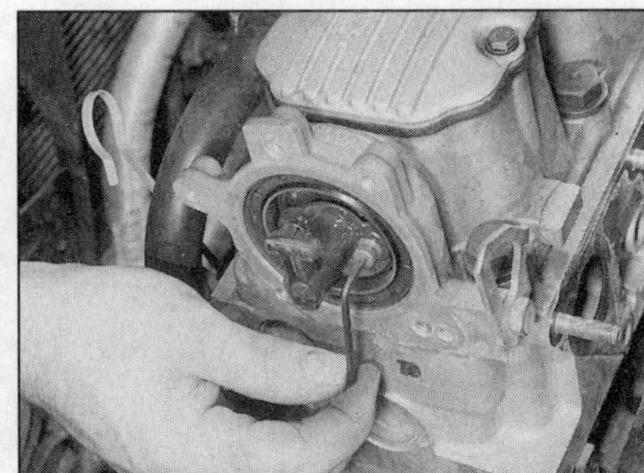

3.38a Ta loss fästskruvarna . . .

reservdelar till strömfördelaren, så om den är defekt måste hela enheten bytas ut. Strömfördelarlocket och rotorarmen kan undersökas enligt beskrivningen i punkt 13 och 14.

Montering

32 Om det är tillämpligt, undersök skicket på O-ringstätningen på strömfördelarens nederdel och byt ut den om det behövs.

33 Fortsätt enligt beskrivningen i punkt 17 till 24. Observera kommentarerna i punkt 30.

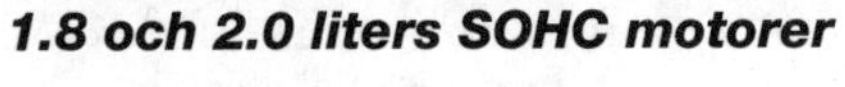

1.8 och 2.0 liters SOHC motorer

Demontering

34 Strömfördelaren består helt enkelt av ett lock, en rotorarm och ett plastskydd monterat på änden av kamaxelhuset, som kan tas bort på följande sätt.

35 Följ beskrivningen i punkt 1 och 2.

36 Använd en torxhylsa och skruva loss de tre säkrade fästskruvarna **(se bild)** och ta bort strömfördelarlocket (tillsammans med tändkablarna) från strömfördelaren.

37 Dra bort plastskyddet från rotorarmens hus. Skyddet är presspassat in i huset med hjälp av en O-ringstätning placerad i ett spår runt huset. Lirka ut skyddet och var noga med att inte skada rotorarmen **(se bild)**.

38 Använd en insexnyckel eller en sexkantsbit, ta ur de två fästskruvarna och dra bort rotorarmen så att rotornavet av metall stannar kvar i huset **(se bilder)**.

Renovering

39 Undersök strömfördelarlocket och rotorarmen enligt beskrivningen i punkt 13 och 14.

Montering

40 Undersök O-ringen på plastskölden och byt ut den om det behövs.

41 Montering sker i omvänd ordningsföljd. Observera att rotorarmen endast kan monteras i ett läge. Om det behövs, vrid rotorarmens metallnav så att skruvhålen hamnar i linje med hålen i rotorarmen och med kamaxelns ände. Se till att tändkablarna är korrekt återanslutna.

DOHC motorer

Demontering

42 Lossa batteriets jordledning (minuspolen).

43 Ta bort fästskruvarna och lyft tändstiftskåpan från kamaxelkåpan, koppla sedan loss tändkablarna från tändstiften och lossa ledningarna från fästet på kamaxelkåpans ände. Koppla även loss tändkabeln från spolen. Märk kablarna för att underlätta placeringen vid återmonteringen om det behövs.

44 Använd en torxhylsa och skruva loss de tre säkrade fästskruvarna och ta bort strömfördelarlocket (tillsammans med tändkablarna) från strömfördelaren.

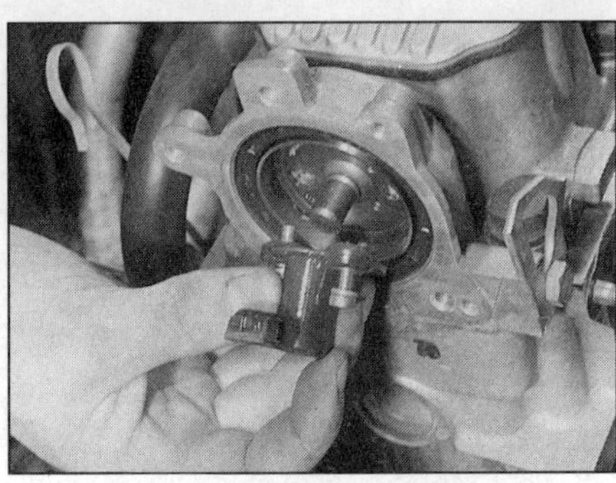

3.38b . . . och ta bort rotorarmen – 2.0 liters SOHC motor

45 Koppla loss strömfördelarens kontakt.

46 Skruva loss de två bultarna som fäster strömfördelaren vid topplocket och ta bort strömfördelaren. Observera att det förskjutna stiftet på strömfördelarens drev hakar i motsvarande hål i änden av kamaxeln **(se bilder)**.

Renovering

47 Det finns inga reservdelar att få tag på till strömfördelaren, om den är defekt måste hela enheten bytas ut. Strömfördelarlocket och rotorarmen kan undersökas enligt beskrivningen i punkt 13 och 14.

3.46a En av strömfördelarens fästbultar skruvas loss – DOHC motor

3.46b Det förskjutna stiftet (A) hakar i hålet (B) i kamaxeln – DOHC motor

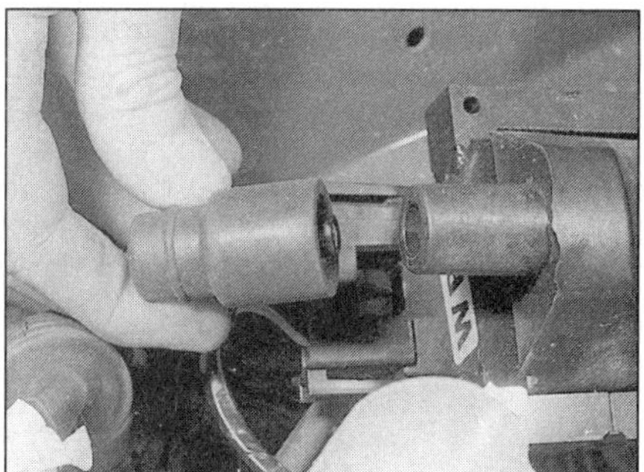

4.3 Tändkabeln kopplas loss från spolen – 1.4 liters Multec M MPi modell

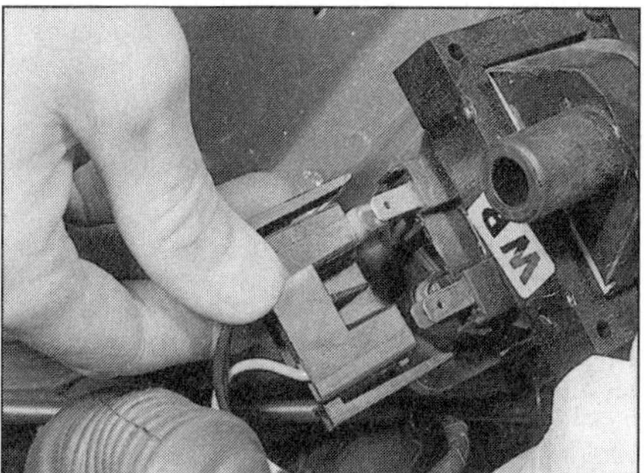

4.4 Spolens anslutningskontakt kopplas loss . . .

4.5 . . . och förstärkarmodulens kontakt – 1.4 liters Multec M MPi modell

Montering

48 Undersök O-ringstätningen på strömfördelarens nederdel och byt ut den vid behov.
49 Montering sker i omvänd ordningsföljd. Observera att strömfördelaren endast kan monteras i ett läge.

4 Tändspole – demontering, test och montering

Observera: *Ytterligare information om DIS-modulen finns i avsnitt 6.*

Demontering

1 Spolen är monterad till vänster i motorrummet, framför fjädertornet.
2 Koppla loss batteriets minusledare.
3 Koppla loss tändkabeln från spolen **(se bild)**.
4 Koppla loss lågspänningskablarna från spolen och/eller koppla loss spolens anslutningskontakt, efter tillämplighet **(se bild)**. Observera att lågspänningskablarna kan vara fästa med "bladanslutningar" eller med muttrar beroende på modell. Om det är tillämpligt, notera lågspänningskablarnas anslutningar för att underlätta monteringen.
5 Om det är tillämpligt, koppla loss kontakten från tändningsförstärkarmodulen som sitter monterad under spolen **(se bild)**.
6 Skruva loss spolens två fästbultar och ta bort spolen tillsammans med förstärkarmodulen och fästplattan, där så är tillämpligt **(se bilder)**. Observera att på vissa modeller med servostyrning säkrar spolens fästbultar även fästet till servostyrningens oljebehållare. Observera även placeringen för spolens avstörning som kan sitta fast med en av spolens fästskruvar på vissa modeller.
7 Om det är tillämpligt, ta loss spolen från förstärkarmodulens fästplatta.
8 På modeller med cylinderformad spole kan fästklammern tas bort från spolen genom att klämskruven lossas.

Test

9 Anslut en ohmmätare mellan de båda lågspänningspolerna och kontrollera primärlindningen efter kontinuitet. Anslut mätaren mellan högspänningspolen och någon av lågspänningspolerna och kontrollera sekundärlindningen efter kontinuitet. Om det inte finns någon kontinuitet måste spolen bytas ut.
10 Använd en ohmmätare eller en kontinuitetsmätare och kontrollera att det inte finns kontinuitet mellan högspänningspolen och spolens hölje. Om det förekommer kontinuitet måste spolen bytas ut.

Montering

11 Montering sker i omvänd ordning. Se till att spolens avstörning sitter på plats (om tillämpligt) innan spolens fästbultar skruvas fast. Se till att alla kablar återansluts korrekt på det sätt som noterades före demonteringen och att alla anslutningar är säkra.

5 Tändningsförstärkarmodul – demontering och montering

Demontering

1 Om en förstärkarmodul är monterad sitter den i ett fäste under tändspolen.
2 Ta bort tändspolen och förstärkarmodulens fästbygel enligt beskrivningen i avsnitt 4.
3 Modulen kan tas bort från fästplattan genom att de två fästskruvarna skruvas loss **(se bild)**.

Montering

4 Innan modulen monteras ska speciell kylmassa läggas på fästplattan för att förbättra värmeavledningen. Om en ny modul monteras bör den vara försedd med kylmassa. Massan kan köpas i elbutiker.
5 Montera spolens fästplatta och spolenheten enligt beskrivningen i avsnitt 4.

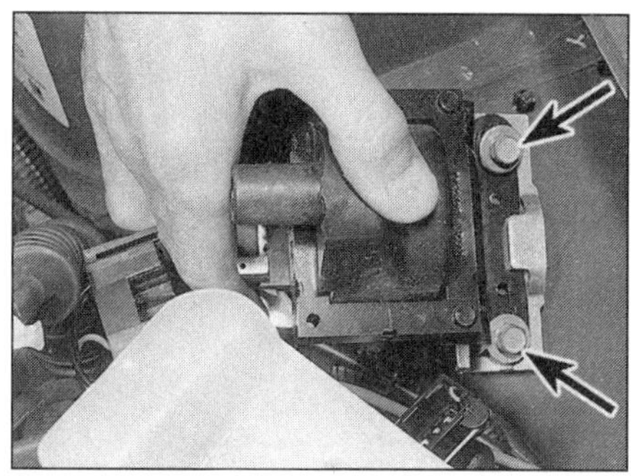

4.6b Tändspolens fästbultar (vid pilarna) – 1.4 liters Multec M MPi modell

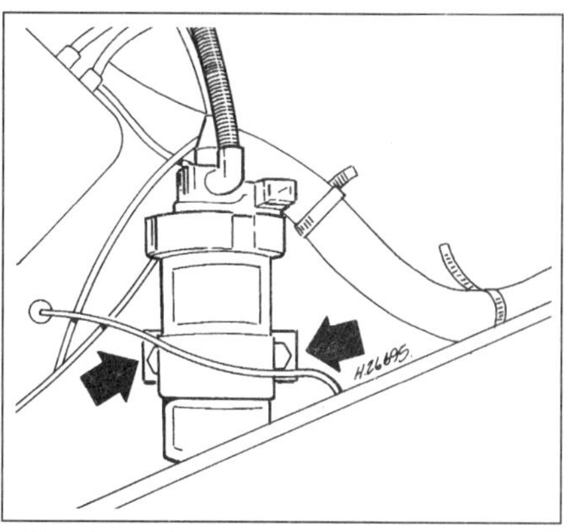

4.6a Fästbultar till en cylindrisk tändspole (vid pilarna) – förgasarmotor

6 DIS-modul (Direct Ignition System) – demontering, test och montering

Demontering

1 DIS-modulen är placerad på kamaxelhusets eller topplockets vänstra sida, på den plats som normalt innehas av strömfördelaren, eller på en av kylflänsarna på topplockets vänstra sida på modeller med ett Simtec motorstyrningssystem.

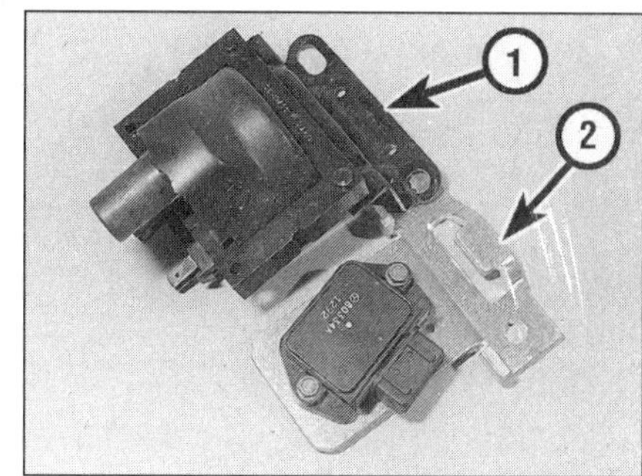

5.3 Tändspole (1) och förstärkarmodul samt fästbygel (2)

6.3 Tändkablarnas cylindernummer (vid pilarna) är markerade på DIS-modulen (visas demonterad) – 1.6 liters Multec M MPi modell

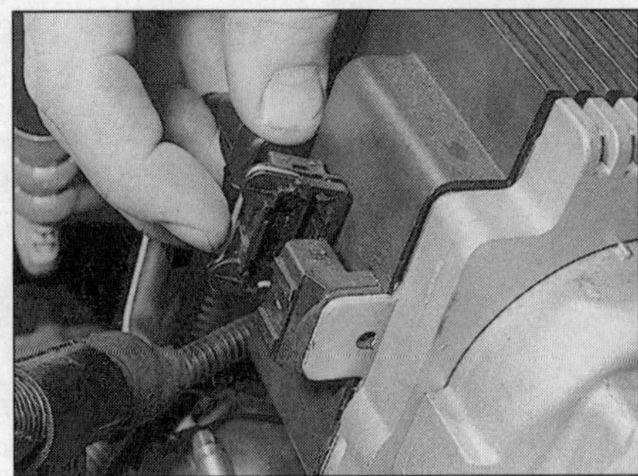

6.4 DIS-modulens anslutningskontakt kopplas loss – 1.6 liters Multec M MPi modell

6.5 En av DIS-modulens fästskruvar skruvas loss – 1.6 liters Multec M MPi modell

2 Koppla loss batteriets minusledare.

3 Koppla loss tändkablarna från DIS-modulen. Observera hur de är placerade för att garantera korrekt återmontering. Tändkablarnas cylindernummer är stämplade i spolens hölje **(se bild)**.

4 Koppla loss spolens kontakt **(se bild)**.

5 Skruva loss fästskruvarna och ta bort DIS-modulen från fästplattan **(se bild)**.

Test

6 På grund av DIS-modulens konstruktion måste alla tester utföras med särskild testutrustning hos en Opelverkstad.

Montering

7 Montering sker i omvänd ordningsföljd.

Kapitel 6
Koppling

Innehåll

Svårighetsgrader

Enkelt, passar novisen med lite erfarenhet 	**Ganska enkelt,** passar nybörjaren med viss erfarenhet 	**Ganska svårt,** passar kompetent hemmamekaniker 	**Svårt,** passar hemmamekaniker med erfarenhet 	**Mycket svårt,** för professionell mekaniker 

Specifikationer

Lamell

Diameter:	
1.4 liters SOHC motorer	190 mm
1.4 liters DOHC motorer och alla 1.6 liters motorer	200 mm
1.8 och 2.0 liters motorer (utom C 20 XE)	216 mm
C 20 XE motorer	228 mm
Beläggens tjocklek (nytt, alla modeller)	3,5 mm

Åtdragningsmoment	**Nm**
Balanshjulkåpans skyddsplåt:	
Legering	6
Stål	12
Bultar mellan växellåda och motorblock	75
Bultar till differentialhusets skyddsplåt:	
Alla växellådor utom F 18 och F 18+:	
Stålplatta	30
Lättmetallplatta	18
F18 och F18+ växellådor	40
Bultar till växellådans ändkåpa:	
M7 bultar	15
M8 bultar	20
Ingående axelns hylshuvudskruv	15
Kopplingskåpa till svänghjul	15
Urtrampningsgaffel till urtrampningsarm	35

1 Allmän information

Alla modeller med manuell växellåda har en enkel torrlamellkoppling, som består av fem huvudsakliga delar: lamell, tryckplatta, tallriksfjäder, kåpa och urtrampningslager.

Lamellen kan glida längs räfflorna på växellådans ingående axel, och hålls på plats mellan svänghjulet och tryckplattan på grund av trycket på tryckplattan från tallriksfjädern. Friktionsbelägget är fastnitat på båda sidor av lamellen, och fjädrar mellan friktionsbelägget och navet absorberar stötar från växellådan, och hjälper till att få till en mjuk kraftöverföring när kopplingen aktiveras.

Tallriksfjädern sitter monterad på sprintar och hålls på plats i kåpan av stödringar.

Urtrampningslagret sitter på en styrhylsa längst fram på växellådan, och lagret kan glida fritt på hylsan styrt av urtrampningsarmen som sitter på en svängtapp inuti balanshjulkåpan.

Urtrampningsarmen styrs av kopplingspedalen via en vajer. Allt eftersom lamellen slits ner, kommer kopplingspedalen successivt att höja sig i förhållande till dess ursprungliga position. Inget justeringsintervall för kopplingsvajern anges av tillverkaren.

När kopplingspedalen är nedtryckt aktiveras urtrampningsarmen via en vajer. Urtrampningsarmen trycker urtrampningslagret framåt mot mitten av tallriksfjädern, vilket trycker tallriksfjäderns mitt inåt. Tallriksfjädern trycker mot stödringarna i kåpan. Så när fjäderns mitt trycks in, trycks dess kant utåt, vilket gör att tryckplattan kan röra sig bakåt bort från lamellen.

När kopplingspedalen släpps upp, tvingar tallriksfjädern tryckplattan i kontakt med lamellens friktionsbelägg och trycker samtidigt lamellen framåt på dess spår mot svänghjulet. Lamellen sitter nu fastklämd mellan tryckplattan och svänghjulet, och kraften överförs.

På vissa modeller kan kopplingen, urtrampningslagret och styrhylsans oljetätning

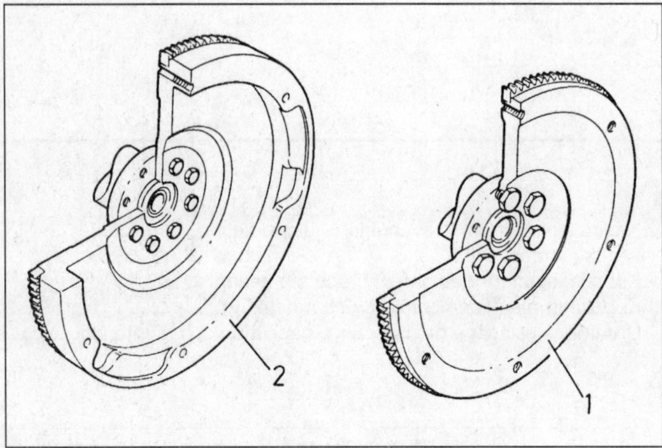

1.9 Två olika typer av svänghjul

1 Standardsvänghjul
2 'Skålformat' svänghjul monterat på vissa modeller under 1992

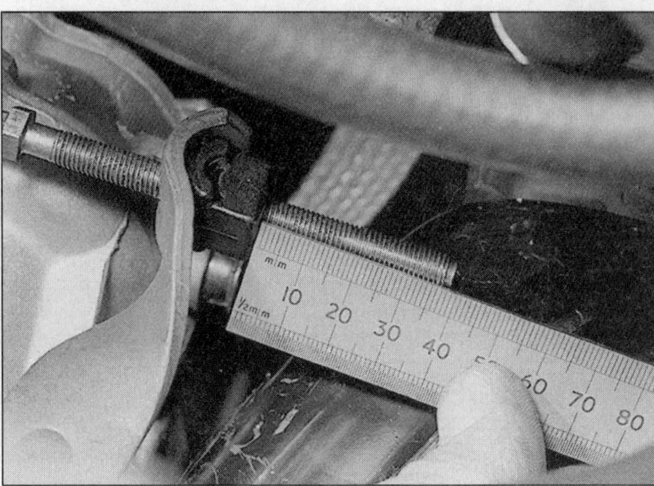

2.1 Mät längden på det utstickande gängstaget i änden av kopplingsvajern

bytas utan att man behöver demontera motorn eller växellådan från bilen.

Under 1992 försågs vissa modeller med ett 'skålformat' svänghjul **(se bild)**. Denna utformning ger mjukare gång och minskar vibrationerna från växellådan. På dessa bilar måste växellådan demonteras om kopplingen ska bytas.

2 Kopplingsvajer - demontering och montering

Demontering

1 I motorrummet, mät längden på gängstaget som sticker ut från plastblocket på urtrampningsarmens ände av vajern **(se bild)**. Därigenom blir det möjligt att göra en ungefärlig förjustering av vajern vid återmonteringen.

2 Ta loss klämman från gängstaget vid urtrampningsarmen och dra sedan loss staget från urtrampningsarmen **(se bild)**. Tryck urtrampningsarmen mot motorn och lossa kabeljusteraren för att underlätta demonteringen, om det behövs.

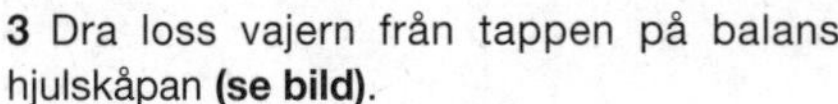

3 Dra loss vajern från tappen på balanshjulskåpan **(se bild)**.

4 Från bilens insida, lossa fästklämmorna och ta bort den nedre klädselpanelen från fotbrunnen på förarsidan.

5 Haka av returfjädern från kopplingspedalen och koppla loss vajern från pedalen. Observera att änden av returfjädern håller fast vajern till pedalen. Utrymmet är begränsat, och det kan visa sig enklare att demontera kopplingspedalen enligt beskrivningen i avsnitt 3 innan vajern kopplas loss.

6 Nu kan vajern dras in i motorrummet genom torpedväggen. Se till så att inte torpedväggens genomföring skadas när vajern dras igenom.

Montering

7 Montering sker i omvänd ordning mot demontering, men tänk på följande.

8 Placera gängstaget så att lika lång del sticker ut genom plastblocket som före demonteringen och justera sedan vajern enligt beskrivningen i kapitel 1.

9 Se till att torpedväggens genomföring sitter som den ska.

3 Kopplingspedal - demontering och montering

Demontering

1 Följ beskrivningen i avsnitt 2, punkt 1 och 2.

2 Från bilens insida, lossa fästklämmorna och ta bort den nedre klädselpanelen från fotrummet på förarsidan.

3 Lossa låssprinten från höger sida av pedalaxeln **(se bild)**, skruva sedan loss pedalens fästmutter och ta loss brickan/brickorna.

4 Skjut ut axeln ur pedalfästet (åt vänster), sänk sedan ner pedalen och returfjädern. Notera positionen för alla brickor och/eller distansbrickor på axeln, så att de kan monteras tillbaka på samma plats.

5 Koppla loss vajern från pedalen genom att lossa returfjädern, och ta ut pedalen och returfjädern från bilen **(se bilder)**.

Montering

6 Monteringen sker i omvänd ordning, men smörj in ytan med lite molybdendisulfidfett innan pedalens axel monteras tillbaka.

2.2 Ta loss klämman från gängstaget vid urtrampningsarmen

2.3 Kopplingsvajerns anslutning till tappen på balanshjulskåpan

3.3 Kopplingspedalens axellåssprint (vid pilen)

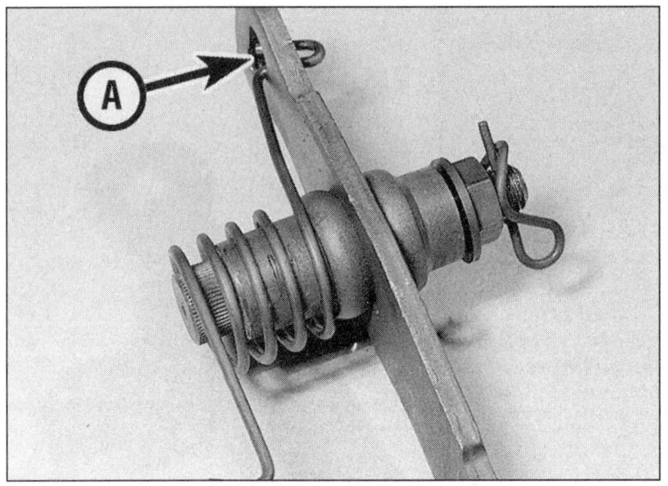

3.5a Kopplingspedalens delar ihopsatta som när de sitter i bilen. Kopplingsvajern hålls fast av returfjädern vid 'A'

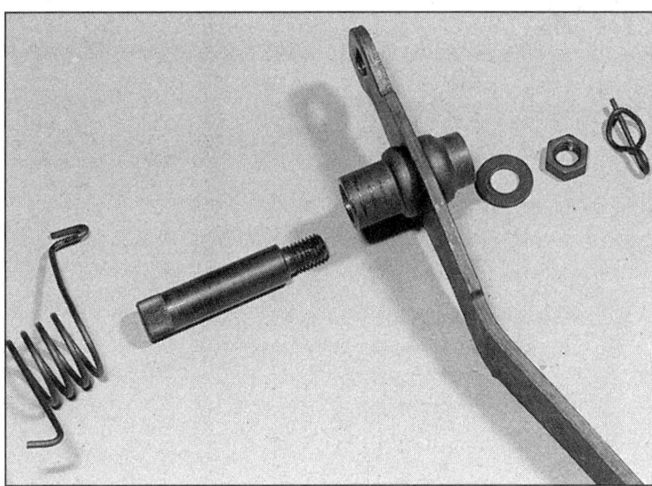

3.5b Kopplingspedalaxelns delar

7 Avsluta med att justera kopplingsvajern enligt beskrivningen i kapitel 1 om det behövs.

4 Koppling (standardsvänghjul) - demontering, inspektion och montering

Varning: Dammet från kopplingsslitage som avlagrats på kopplingskomponenterna kan innehålla hälsovådlig asbest. Blås INTE bort det med tryckluft, och andas inte in det. Torka INTE bort dammet med bensin (eller något petroleumbaserat lösningsmedel). Bromssystemrengöring eller T-sprit bör användas för att spola ner dammet i en behållare. När kopplingens komponenter har torkats rena med trasor måste trasorna och rengöringsmedlet kastas i en tät, märkt behållare.

Observera: *Under 1992 fick vissa modeller ett urholkat svänghjul. Det urholkade svänghjulet är mycket bredare än ett standardsvänghjul, och därför finns det inte tillräckligt med plats mellan svänghjulet och balanshjulskåpan för att kopplingen ska kunna demonteras med motorn och växellådan på plats. Innan kopplingen demonteras, skruva loss balanshjulkåpans skyddsplåt och se efter vilken typ av svänghjul som är monterat, och fortsätt sedan enligt beskrivningen nedan för alla modeller med standardsvänghjul, eller enligt beskrivningen i avsnitt 5 för modeller med urholkat svänghjul. Opel rekommenderar att specialverktyg används till denna procedur. Dock beskrivs en alternativ metod i texten. Vi rekommenderar att detta avsnitt läses igenom noga innan arbetet påbörjas, så att rätt verktyg kan plockas fram i förväg.*

Demontering

1 Om det behövs, ta bort navkapseln/hjulsidan på vänster framhjul och lossa sedan hjulbultarna. Dra åt handbromsen, lyft upp framvagnen och ställ den på pallbockar (se *Lyftning och stödpunkter*). Demontera hjulet för att komma åt lättare. Om motorn har en undre skyddskåpa, demontera denna enligt beskrivningen i kapitel 11, avsnitt 25.

2 Skruva loss fästbultarna och ta bort skyddsplåten från undersidan av balanshjulskåpan **(se bild)**.

3 För att komma åt bättre, ta bort hjulhusets innerskärm enligt beskrivningen i kapitel 11, avsnitt 25.

4 Skruva loss fästmuttern och koppla loss jordledningen från växellådans ändkåpa, om en sådan finns **(se bild)**.

5 Ställ en behållare under ändkåpan, för att fånga upp olja som eventuellt läcker ut. Skruva sedan loss fästbultarna och demontera ändkåpan **(se bild)**. Notera var bultarna sitter (inklusive pinnbulten till jordledningen, om det är tillämpligt), eftersom de är olika långa.

6 Ta bort packningen.

7 Dra loss låsringen från änden av växellådans ingående axel med en låsringstång **(se bild)**.

8 Skruva loss bulten från den ingående axeln med hjälp av en tolvuddad kil **(se bild på nästa sida)**.

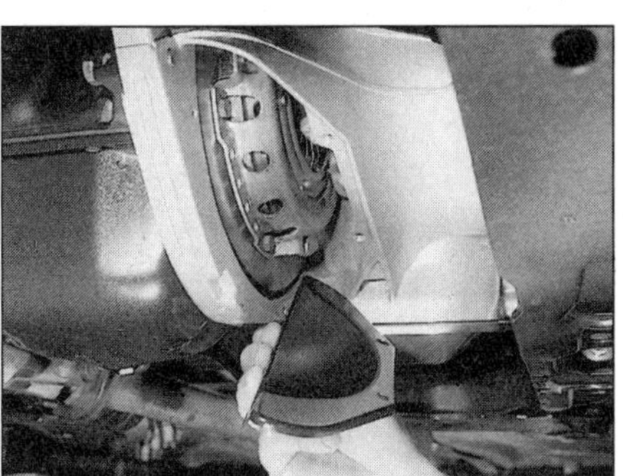

4.2 Demontera skyddsplåten från kopplingens balanshjulskåpa

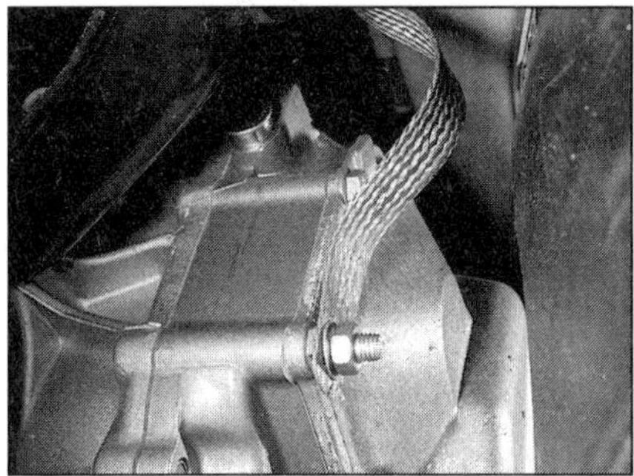

4.4 Jordledning på växellådans ändkåpa

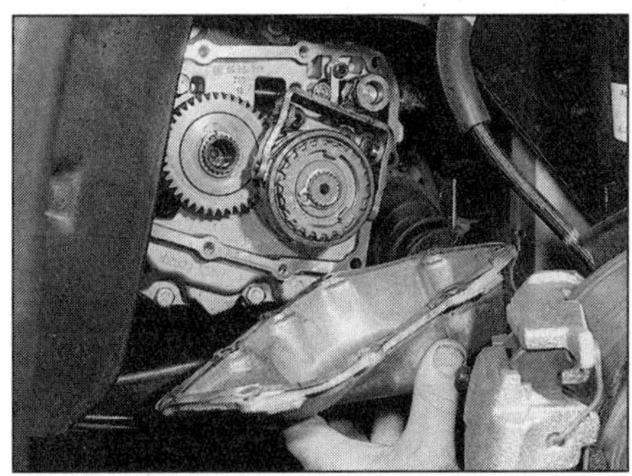

4.5 Demontera växellådans ändkåpa

4.7 Ta loss låsringen (vid pilen) från änden av växellådans ingående axel

4.8 Skruva loss bulten från änden av den ingående axeln

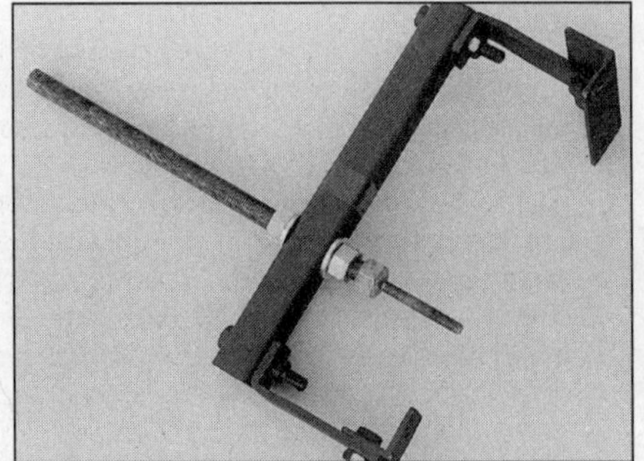
4.9a Egenhändigt tillverkat verktyg för losskoppling av växellådans ingående axel från kopplingen

4.9b Ta loss den ingående axeln från kopplingen med specialverktyget

9 Nu kan den ingående axeln dras från kopplingslamellens räfflade nav. Tillverkaren anger att specialverktyg ska användas till detta (GM-verktyg nr. KM-556-1-A och KM-556-4), men ett alternativ kan tillverkas **(se bilder)**. Verktyget skruvas fast på änden av växellådan med hjälp av ändkåpans fästbultar. Verktygets mått varierar beroende på typ av växellåda.

10 Alternativt, skruva i en M7 bult i änden av den ingående axeln och använd sedan bulten för att dra ut axeln till stoppet. Axeln kommer antagligen att sitta mycket hårt och kan vara svår att dra ut utan specialverktyget. I extrema fall kan en glidhammare kopplas till änden av axeln för att den ska gå att få ut. Denna metod kan dock skada växellådans delar, så använd den bara om det är absolut nödvändigt.

11 Innan kopplingen kan demonteras måste tryckplattan tryckas ihop mot tallriksfjäderns spänning. Annars kommer hela enheten att vara för tjock för att dras ut mellan svänghjulet och balanshjulkåpans kant.

12 Tre specialklämmor finns tillgängliga från tillverkaren för detta syfte (GM-verktyg nr. KM-526-A), men alternativ kan tillverkas av metallstycken. Klämmorna ska vara U-formade och ha de mått som ges nedan **(se bild)**. Fasa av kanterna på klämmorna så att de går lättare att sätta på, och skär ett urtag i ett av U-benen för tryckplattans nitar.

a) Metallstyckets tjocklek – 3,0 mm

b) Avstånd mellan U-ben – 15,0 mm

13 Låt en medhjälpare trampa ner kopplingspedalen helt, sätt sedan på varje klämma ordentligt över kanten på tryckplattan i urtagen runt kåpans kant **(se bilder)**. Vrid runt vevaxeln med en hylsnyckel eller skiftnyckel på remskivans/drevets bult, så att varje klämplats kommer fram i tur och ordning.

14 När klämmorna har satts på plats kan medhjälparen släppa upp kopplingspedalen.

15 Lossa stegvis och ta bort de sex bultar och fjäderbrickor som håller fast balanshjulskåpan. Som tidigare, vrid runt vevaxeln så att varje bult kommer fram. I förekommande fall (och om den ursprungliga kopplingen ska monteras tillbaka), notera positionen för det märke på svänghjulet som passar in mot inskärningen i kåpans kant **(se bilder)**.

16 Kopplingen kan nu tas bort nedåt från balanshjulskåpan **(se bild)**. Var beredd på att fånga upp lamellen, som kan falla ut från kåpan när den tas bort, och notera hur lamellen sitter monterad. Navets större utskjutande sida är vänd bort från svänghjulet.

17 Klämmorna kan tas bort genom att tryckplattan trycks ihop mot tallriksfjäderns

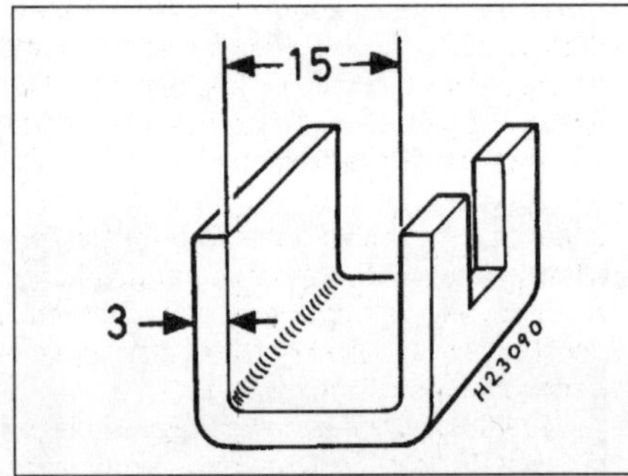

4.12 Mått i mm för kopplingstryckplattans fästklämma

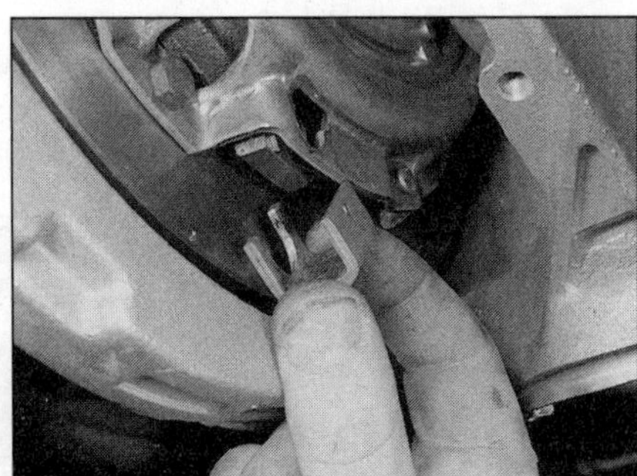
4.13a Sätta på en klämma . . .

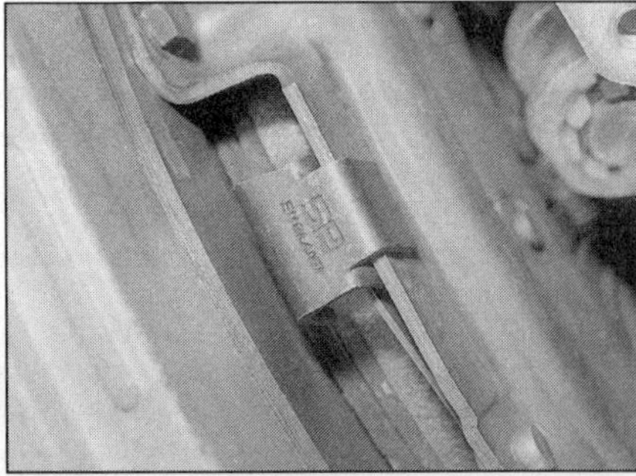
4.13b . . . för att trycka ihop tryckplattan före demontering

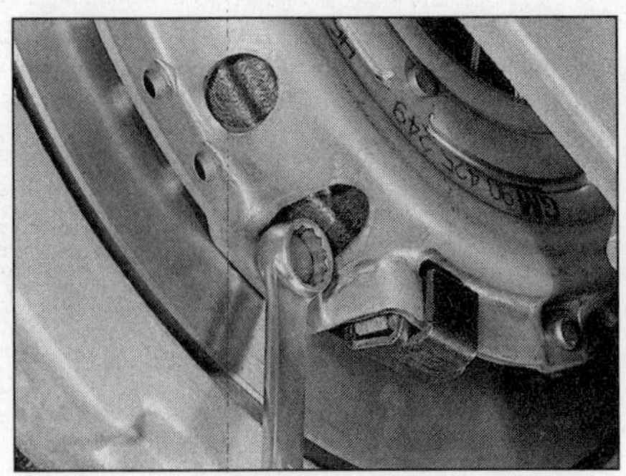
4.15a Lossa bultarna som håller fast kåpan till svänghjulet

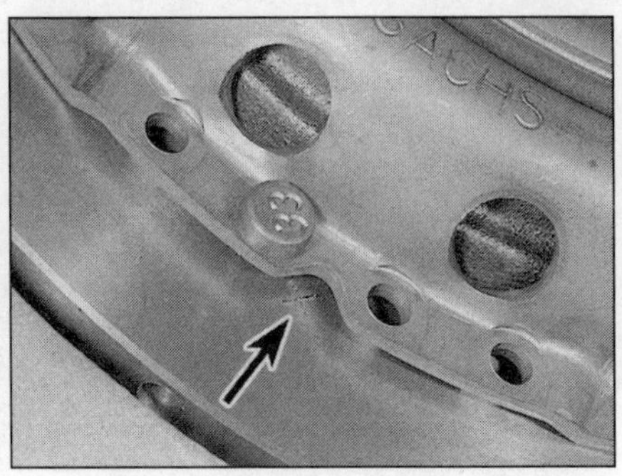
4.15b Markering på svänghjulet (vid pilen) inpassad mot inskärning i kopplingskåpan

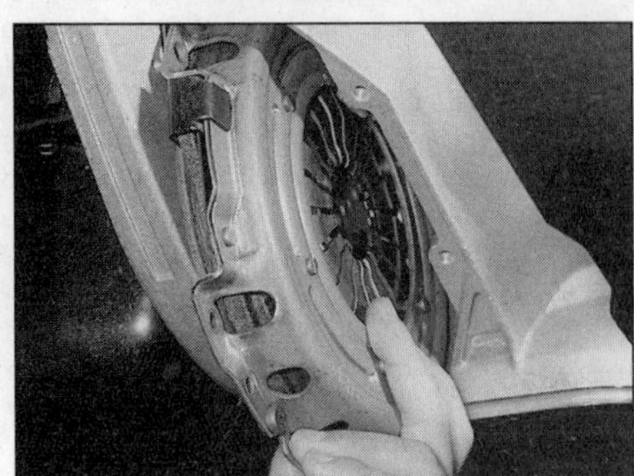
4.16 Dra ut kopplingen från balanshjulskåpan

spänning i ett skruvstäd med mjuka käftskydd.

Inspektion

18 Med kopplingen demonterad, torka bort allt damm med en torr trasa. Trots att de flesta lameller numera har asbestfria belägg gäller detta inte alla, och det är en god idé att vidta försiktighetsåtgärder. Asbestdamm är skadligt och inandning måste undvikas.

19 Undersök lamellens belägg och leta efter tecken på slitage och lösa nitar, och undersök om själva lamellen är skev, har sprickor, trasiga fjädrar och slitna räfflor. Det kan hända att ytan på friktionsbeläggen är glaserad, men så länge beläggets mönster kan ses tydligt är lamellen brukbar. Om några tecken på oljenedsmutsning påträffas, vilket indikeras av en kontinuerlig eller fläckig blank, svart missfärgning, måste lamellen bytas. Nedsmutsningskällan måste spåras och felet åtgärdas innan nya kopplingskomponenter monteras. Ofta kan en läckande vevaxeloljetätning eller oljetätning på växellådans ingående axel, eller båda, behöva bytas (se kapitel 2C och/eller 7A). Lamellen måste även bytas om beläggens tjocklek har nötts ner till, eller precis över, nitskallarna.

20 Undersök svänghjulets och tryckplattans svarvade sidor. Om de är spåriga, eller djupt repade, måste de bytas. Tryckplattan måste också bytas om den har sprickor, eller om tallriksfjädern är skadad eller misstänks ha tappat spänning.

21 Med kopplingen demonterad, undersök urtrampningslagrets skick enligt beskrivningen i avsnitt 6.

Montering

Observera: *Låsringen på änden av den ingående axeln och växellådans ändkåpspackning bör bytas vid monteringen.*

22 Vissa kopplingsreservdelar kommer med tryckplattan redan hoptryckt med de tre klämmorna som beskrivs i punkt 12. Om inte måste tryckplattan tryckas ihop mot tallriksfjäderns spänning. Använd ett skruvstäd med mjuka käftskydd och de klämmor som användes vid demonteringen.

23 Det är viktigt att se till att inte olja eller fett kommer i kontakt med lamellbeläggen eller tryckplattans och svänghjulets ytor. Montera tillbaka kopplingen med rena händer. Torka av tryckplattan och svänghjulet med en ren trasa före monteringen.

24 Lägg lite långverkande fett (molybdendisulfid) på lamellnavets räfflor, och passa sedan in lamellen mot svänghjulet med navets större utstickande sida vänd bort från svänghjulet. Håll lamellen mot svänghjulet medan tryckplattan sätts på plats.

25 Den ingående axeln måste nu skjutas igenom lamellens nav tills dess ände hakar i lagret i änden av vevaxeln. Axeln får **aldrig** hamras på plats, eftersom växellådan då kan skadas. Om axeln inte kan tryckas på plats för hand, ska ett jämnt tryck appliceras på axelns ände. Tillverkaren rekommenderar ett specialverktyg till detta (verktyg nr. KM-564), men det improviserade verktyg som användes till att dra ut axeln vid demonteringen kan användas genom att muttern flyttas.

26 Med den ingående axeln helt inskjuten, placera tryckplattan så att markeringen på svänghjulet passar in mot inskärningen på kanten. Montera sedan tillbaka och dra stegvis åt de sex bultarna som håller fast balanshjulkåpan (och se till att fjäderbrickorna är monterade) i diagonal ordningsföljd. Vrid runt vevaxeln med en hylsnyckel eller skiftnyckel på remskivans/drevets bult så att varje bult kan åtgärdas i tur och ordning, och dra till sist åt alla bultar till angivet moment.

27 Låt en medhjälpare trampa ner kopplingspedalen. Ta sedan bort de tre klämmorna från tryckplattans kant och vrid återigen runt vevaxeln så att det går att komma åt alla klämmor.

28 När klämmorna har tagits bort kan medhjälparen släppa upp kopplingspedalen.

29 Sätt tillbaka skruven på änden av växellådans ingående axel och sätt på en ny låsring.

30 Montera tillbaka växellådans ändkåpa med en ny packning och dra åt fästbultarna till angivet moment. I förekommande fall, se till att pinnbulten som håller fast jordledningen sitter på rätt plats, som före demonteringen.

31 I förekommande fall, återanslut växellådans jordledning och sätt på fästmuttern.

32 Montera tillbaka skyddsplåten på undersidan av balanshjulskåpan och dra åt fästbultarna. I tillämpliga fall, montera tillbaka hjulhusets innerskärm.

33 Montera tillbaka hjulet och sänk ner bilen, och dra till sist åt hjulbultarna. Sätt tillbaka navkapseln/hjulsidan och den undre skyddskåpan, i förekommande fall.

34 Kontrollera kopplingsvajerns justering enligt beskrivningen i kapitel 1.

35 Kontrollera växellådans oljenivå och fyll på om det behövs, enligt beskrivningen i kapitel 1.

5 Koppling ('skålformat' svänghjul) - demontering, inspektion och montering

Demontering

1 På grund av det 'skålformade' svänghjulets form finns det inte plats att ta ut kopplingen genom öppningen i balanshjulskåpan, enligt beskrivningen för modeller med ett platt svänghjul.

2 Om inte hela motor-/växellådspaketet ska tas bort från bilen, går det att komma åt kopplingen genom att antingen demontera motorn eller (för de flesta modeller) växellådan (se kapitel 2C och 7A).

3 Demontera motorn eller växellådan och fortsätt som följer.

4 Där tillämpligt (och om den ursprungliga kopplingen ska monteras tillbaka), notera positionen för det märke på svänghjulet som passar in mot inskärningen i kåpans kant. Lossa sedan stegvis och ta bort de sex bultar och fjäderbrickor som håller fast balanshjulskåpan.

5 När alla bultar är bortskruvade, lyft av kopplingen. Var beredd på att fånga upp lamellen, som kan falla ut från kåpan när den tas bort, och notera hur lamellen sitter monterad. Navets större utskjutande sida är vänd bort från svänghjulet.

Inspektion

6 Undersök kopplingen enligt beskrivningen i avsnitt 4.

Montering

7 Fortsätt enligt beskrivningen i avsnitt 4, punkt 23 och 24.

8 Sätt tillbaka kåpan. Om så är tillämpligt, passa in märket på svänghjulet med inskärningen på kåpans kant. Sätt i de sex bultarna och fjäderbrickorna och dra åt dem med fingrarna, så att lamellen hålls fast men fortfarande kan röras.

9 Nu måste lamellen centreras, så att räfflorna på växellådans ingående axel kommer att passa in i räfflorna på lamellnavet när motorn och växellådan passas ihop.

10 Centreringen kan utföras genom att en rund stav eller lång skruvmejsel sticks in i hålet i mitten av lamellen, så att änden av staven vilar på lagret mitt på vevaxeln. Använd om möjligt ett trubbigt verktyg, men om en skruvmejsel används, vira tejp runt bladet så att inte lagerytan skadas. Genom att flytta staven i sidled eller uppåt och nedåt, kan lamellen flyttas i den riktning som krävs för att centrera den. Ta bort staven och titta på lamellnavet i förhållande till hålet i mitten av vevaxeln och cirkeln som skapas av ändarna av tallriksfjäderns fingrar. När navet sitter exakt i mitten är inpassningen korrekt. Alternativt kan ett speciellt centreringsverktyg användas, vilket eliminerar alla gissningar och behovet av visuell inpassning.

11 Dra åt kåpans fästbultar stegvis i diagonal ordningsföljd till angivet moment. Ta bort inpassningsverktyget.

12 Montera tillbaka motorn eller växellådan enligt beskrivningen i kapitel 2C eller 7A.

13 Avsluta med att kontrollera kopplingsvajerns justering enligt beskrivningen i kapitel 1.

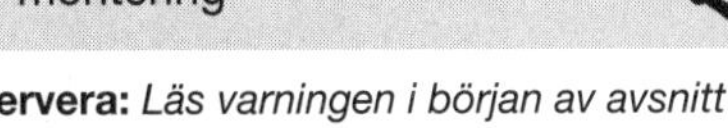

6 Urtrampningslager - demontering, inspektion och montering

Observera: *Läs varningen i början av avsnitt 4 innan arbetet påbörjas.*

Demontering

1 På modeller med standardsvänghjul går det att komma åt urtrampningslagret med motorn

6.3 Skruva loss klämbulten som håller fast urtrampningsgaffeln mot urtrampningsarmens axel (modell med standardsvänghjul)

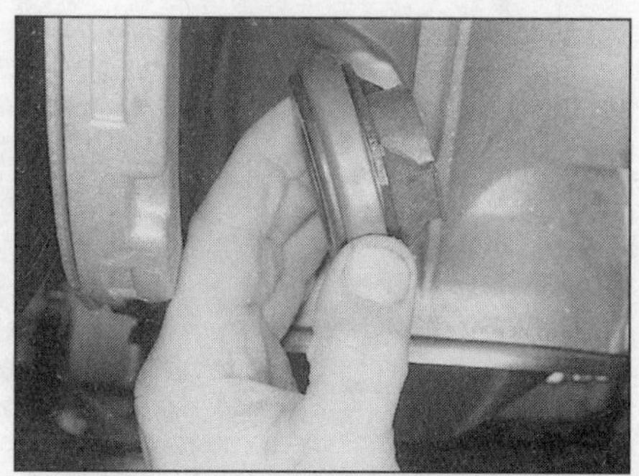

6.5 Dra loss urtrampningslagret (modell med standardsvänghjul)

och växellådan kvar i bilen, efter det att kopplingen demonterats enligt beskrivningen i avsnitt 4. Det går dock bättre med växellådan demonterad.

2 På modeller med urholkat svänghjul måste växellådan (på vissa modeller både motorn och växellådan) demonteras för att det ska gå att komma åt urtrampningslagret. Se kapitel 7A och 2C, alltefter tillämplighet.

3 Skruva loss klämbulten som håller fast urtrampningsgaffeln mot urtrampningsarmens axel **(se bild)**.

4 Om det inte redan gjorts, koppla loss kopplingsvajern från urtrampningsarmen genom att ta bort klämman från gängstaget och dra sedan loss gängstaget från urtrampningsarmen.

5 Dra urtrampningsarmens axel uppåt och bort från balanshjulskåpan, dra sedan loss urtrampningsgaffeln och lagret **(se bild)**. Om det behövs, dra loss lagret från urtrampningsgaffeln och, efter tillämplighet, dra loss lagret från plastkragen.

6 Den ingående axelns oljetätning kan bytas efter det att urtrampningslagrets styrhylsa demonterats, enligt beskrivningen i kapitel 7A.

Inspektion

7 Snurra på urtrampningslagret och kontrollera att det går jämnt. Håll fast den yttre lagerbanan och försök flytta den i sidled mot den inre banan. Om tröghet eller stort glapp förekommer, måste lagret bytas. Om en ny koppling har monterats är det en god idé att även byta urtrampningslagret.

8 De nylonbussningar som håller fast urtrampningsarmens axel kan bytas om det behövs, genom att man knackar loss dem från tapparna i balanshjulskåpan med en dorn. Detta är svårt att göra med växellådan monterad i bilen. Driv de nya bussningarna på plats och se till att positionsflikarna passar in mot urtagen på balanshjulskåpans tappar.

Montering

9 Montering av urtrampningslagret och armen sker i omvänd ordning mot demontering, men tänk på följande.

10 Lägg lite långtidsverkande fett (molybdendisulfid) på de inre ytorna på urtrampningsarmens pivåbussningar och på de yttre ytorna av urtrampningslagrets styrhylsa.

11 I tillämpliga fall, sätt på urtrampningslagret på plastkragen. Sätt sedan ihop urtrampningslagret och gaffeln, och dra åt urtrampningsgaffelns klämbult till angivet moment.

12 Montera tillbaka kopplingen enligt beskrivningen i avsnitt 4, eller montera tillbaka växellådan enligt beskrivningen i kapitel 7A, efter tillämplighet.

13 Avsluta med att kontrollera kopplingsvajerns justering enligt beskrivningen i kapitel 1.

Kapitel 7 del A: Manuell växellåda

Innehåll

Svårighetsgrader

Enkelt, passar novisen med lite erfarenhet

Ganska enkelt, passar nybörjaren med viss erfarenhet

Ganska svårt, passar kompetent hemmamekaniker

Svårt, passar hemmamekaniker med erfarenhet

Mycket svårt, för professionell mekaniker

Specifikationer

Tillverkarens benämning	**Växellådskoder**	**Förhållande mellan motorns och bakaxelns varvtal**
Observera: *Växellådans kod är antingen ingjuten i växellådshuset eller finns på en platta fäst vid ändskyddet.*		
14 NV, C 14 NZ och X 14 NZ:		
T.o.m. 1993	F 10	4,18 : 1
Fr.o.m. 1994	F 13	4,18 : 1
14 SE och C 14 SE:		
T.o.m. 1994	F 10	3,94/4,18 : 1
Fr.o.m. 1994:		
Sportmodeller	F 13 eller F 15 Close Ratio (CR)	3,94 : 1
X 14 XE och C 16 NZ	F 13	4,18/3,94/3,74 : 1
C 16 SE	F 13, F 13 CR eller F 15 CR	3,94/3,74 : 1
X 16 SZ och X 16 SZR	F 13 eller F 13 CR	3,74 : 1
X 16 XEL	F 15 eller F 15 CR	3,55 : 1
C 18 NZ, C 18 XE, C 18 XEL och C 20 NE	F 16, F 16 CR, F 18 eller F 18 CR	3,55/3,57/3,72/3,74 :1
X 18 XE	F 18 CR	3,57 : 1
C 20 XE	F 20 CR och F 18 CR	3,42/3,45 : 1
X 20 XEV	F 18	3,45 : 1

Åtdragningsmoment	**Nm**
Backljuskontakt	20
Bult till hastighetsmätardrevets spännbricka	4
Bultar mellan motor och växellåda	75
Bultar mellan motorns/växellådans bakre fäste och tvärbalken	40
Bultar mellan motorns/växellådans bakre fäste och växellådans fästbygel	45
Bultar mellan motorns/växellådans fästbygel och växellådan	60
Bultar mellan motorns/växellådans vänstra fäste och karossen*	65
Bultar mellan motorns/växellådans vä fäste och växellådans fästbygel	60
Bultar mellan sump och växellåda (1.6 liters DOHC motorer)	40
Bultar till differentialhusets skyddsplåt:	
Alla växellådor utom F 18 och F 18+:	
Stålplatta	30
Lättmetallplatta	18
F 18 F 18+ växellådor	40
Bultar till urtrampningslagrets styrhylsa	5
Bultar till växellådans ändkåpa:	
M7 bultar	15
M8 bultar	20
Ingående axelns hylshuvudskruv	15
Växelspakens hus till golvet	6
Växelväljarstagets klämbult	15

**Använd nya bultar*

3.1 Bult mellan växelväljarstaget och klämhylsan (vid pilen)

3.2 Ta loss pluggen från justerhålet . . .

3.3 . . . och stick in en spiralborr och haka i växelspaken

1 Allmän beskrivning

Alla modeller är utrustade med en femväxlad växellåda. Sex olika typer av växellåda används, beroende på modell och avgiven motoreffekt (se specifikationerna), men det finns endast mindre inre skillnader mellan de olika typerna av växellådor.

Drivning från kopplingen fångas upp av den ingående axeln, som löper parallellt med huvudaxeln. Den ingående axelns och huvudaxelns kugghjul griper ständigt i varandra och växlingen sker med glidande synkroniserade nav, som låser huvudaxelns valda kugghjul vid huvudaxeln.

Den femte växelns komponenter är placerade i ett förlängningshus i änden av växellådan.

Back uppnås genom att ett överföringskugghjul glider så att det griper in i två rakskurna kugghjul på den ingående axeln och huvudaxeln.

Alla kuggar på de framåtdrivande växlarna är fasade för att minska ljudnivån och förbättra slitstyrkan.

Differentialen är monterad i huvudväxelhuset och drivkraft överförs till differentialen av ett drev på änden av huvudaxeln. Drivaxlarnas inre ändar är placerade direkt i differentialen. Växellådan och differentialenheten delar samma smörjolja.

Växlingen utförs med en golvmonterad växelspak, via ett länksystem.

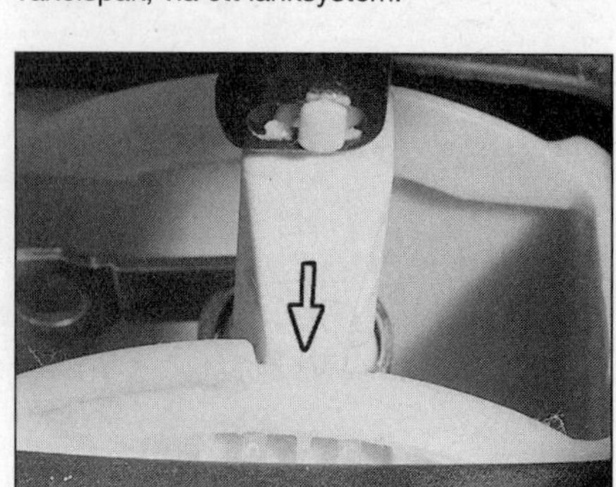

3.5 Pil på växelspaken i linje med hacket i backstoppet

2 Växellådsolja – avtappning och påfyllning

Avtappning

1 Om det är tillämpligt, ta bort motorns undre skyddskåpa enligt beskrivningen i kapitel 11, avsnitt 25.

2 Placera en behållare under differentialens täckplåt och skruva sedan bort fästbultarna och ta bort täckplåten så att växeloljan rinner ner i behållaren.

3 När oljan har runnit ut, sätt tillbaka differentialens täckplåt och dra åt fästbultarna.

4 Om det är tillämpligt, montera inte motorns undre skyddskåpa förrän växellådan har fyllts med olja.

Påfyllning

5 Fortsätt enligt beskrivningen för kontroll av växellådans oljenivå i kapitel 1.

3 Utväxlingens länksystem/mekanism – justering

Observera: *En ny plugg ska monteras i länksystemets justerhål i växelväljarkåpan när justeringen är klar.*

1 Arbeta i motorrummet, lossa klämbulten som fäster växelväljarstaget vid klämhylsan **(se bild)**.

2 Ta ut pluggen från justerhålet i växelväljarkåpan **(se bild)**.

3 Stå vänd mot motorrummets torpedvägg och ta tag i växelväljarstaget. Vrid det moturs tills en spiralborr med 4,5 mm diameter kan stickas in i justerhålet i växelväljarkåpan för att haka i hålet i växelspaken **(se bild)**.

4 Arbeta inuti bilen, dra tillbaka den främre kanten av växelspakens damask och lösgör dess nedre ände från mittkonsolen för att komma åt växelspakens nederdel.

5 Ta hjälp av en medhjälpare för att hålla växelspaken i neutralläge i nivå med ettans/tvåans växel. Spaken ska vila mot backstoppet och pilen och hacket ska vara i linje med varandra på det sätt som visas **(se bild)**.

6 Utan att flytta växelspaken, dra åt klämbulten som fäster växelväljarstaget vid klämhylsan i motorrummet.

7 Kontrollera att det fria spelet mellan haken (A) och stoppet (B) i nederdelen av växelspaken stämmer överens med specifikationerna **(se bild)**.

8 Montera växelspaksdamasken på mittkonsolen.

9 Ta bort spiralborren från justerhålet i växelväljarkåpan och täta hålet med en **ny** plugg.

10 Kontrollera slutligen att det går lätt att lägga i alla växlar när bilen står still, motorn går och kopplingspedalen är nedtryckt.

4 Växelspak – demontering, renovering och montering

Demontering

1 Se till att växelspaken är i neutralläge.

2 Dra tillbaka den främre kanten av växelspakens damask och lösgör dess nedre ände från mittkonsolen för att komma åt växelspakens nederdel.

3 Lossa klammern från nederdelen av växelspakens axel, ta sedan bort svängtappen och lyft ut växelspaken **(se bilder)**.

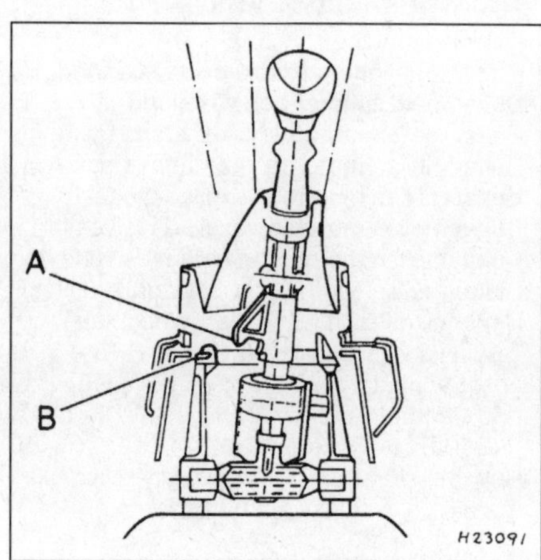

3.7 Växelspakens fria spel mellan haken (A) och stoppet (B) ska vara max 3,0 mm

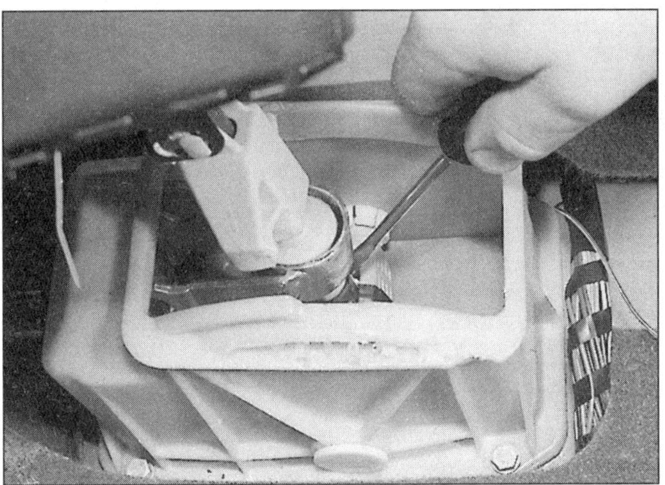

4.3a Lossa klammern från nederdelen av växelspakens axel . . .

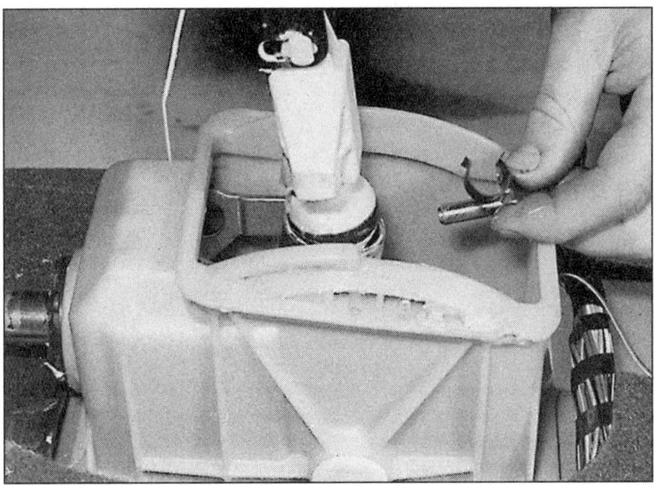

4.3b . . . ta sedan bort svängtappen

Renovering

4 Växelspaksdamasken och/eller knoppen byts ut enligt följande.

5 På växelspakar med plastknopp, sänk ner knoppen i varmt vatten (ungefär 80°C) i några minuter, vrid sedan knoppen och knacka bort den från spaken. På växelspakar med läderklädd knopp, kläm fast spaken i ett skruvstäd med mjuka käftskydd och placera en fast nyckel under metallinsatsen vid knoppens nederdel. Knacka sedan loss knoppen från spaken så att nyckeln fungerar som isolering för att skydda knoppen. Risken är stor att knoppen går sönder under demonteringen.

6 Om damasken ska bytas ut, dra bort den gamla damasken från växelspaken och montera den nya. Använd lite diskmedel eller liknande för att underlätta monteringen om det behövs.

7 Montera tillbaka knoppen (eller montera den nya knoppen, efter tillämplighet). Om knoppen är av plast kan den värmas i vatten på samma sätt som vid demonteringen. Om knoppen är lädertäckt kan metallinsatsen vid knoppens nederdel förvärmas med en hårtork eller en varmluftspistol. Se till att knoppen monteras åt rätt håll.

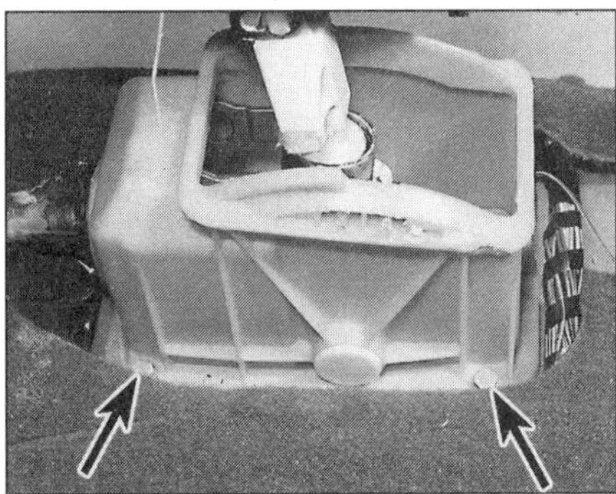

5.4 Växelspakshusets fästbultar (vid pilarna)

Montering

8 Montering sker i omvänd ordningsföljd.

5 Växelspakshus – demontering, renovering och montering

Demontering

1 Arbeta i motorrummet, lossa klämbulten som fäster växelsväljarstaget vid klämhylsan.

2 Ta bort växelspaken enligt beskrivningen ovan i avsnitt 4.

3 Ta bort mittkonsolen enligt beskrivningen i kapitel 11.

4 Skruva loss de fyra bultarna som fäster växelspakshuset vid golvet **(se bild)**.

5 Huset och klämskruven kan nu tas bort. Dra enheten bakåt i bilen för att mata klämhylsan genom torpedväggen. Låt en medhjälpare ta bort klämman från änden av klämhylsan i motorrummet medan klämhylsan matas genom torpedväggen, för att undvika skador på damasken på torpedväggen.

Renovering

6 Damasken kan bytas ut genom att den gamla damasken dras bort från torpedväggen och en ny damask trycks på plats. Se till att den nya damasken placeras korrekt.

7 Klämhylsans bussning i växelspakshuset kan tas bort när klämhylsan dragits bort från huset. Bänd bort bussningsinsatsen från husets framsida och bänd sedan bort bussningen från insatsen. Montera den nya bussningen i omvänd ordningsföljd, men smörj bussningens insida med lite silikonfett.

Montering

8 Montering av enheten sker i omvänd ordningsföljd, men justera växelväljarens länksystem enligt beskrivningen i avsnitt 3 innan klämbulten dras åt.

6 Växelväljarens länksystem – demontering, renovering och montering

Demontering

1 Lossa klämbulten som fäster klämhylsan vid länksystemet.

2 Bänd loss fästklammern, dra sedan bort svängtappen från länksystemets kardanknut.

3 Lossa fjäderklammern och ta bort vinkelstagets svängtapp från fästbygeln på det bakre motor-/växellådsfästet **(se bild)**.

4 Ta bort länksystemet från bilen.

Renovering

5 Undersök om länksystemets komponenter är slitna och byt ut komponenter om det behövs. Pivåbussningarna kan bytas ut genom att de gamla bussningarna bänds ut och nya trycks in, och länken kan bytas ut genom att den dras bort från spindellederna. Ytterligare demontering rekommenderas inte.

Montering

6 Montering sker i omvänd ordning, men justera växelväljarens länksystem enligt beskrivningen i avsnitt 3 innan klämbulten dras åt.

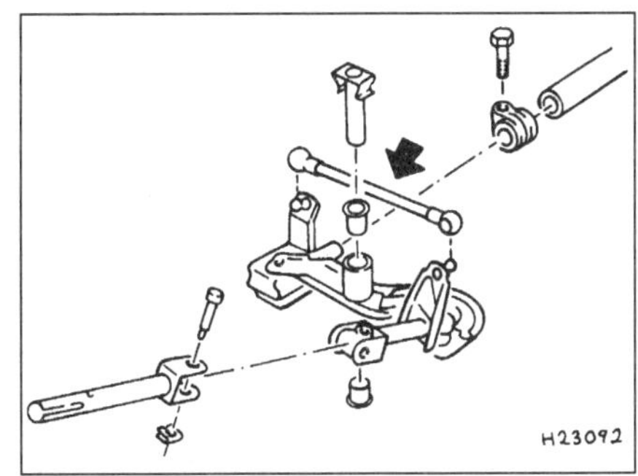

6.3 Komponenter i växelväljarens länksystem – länkstaget märkt med pil

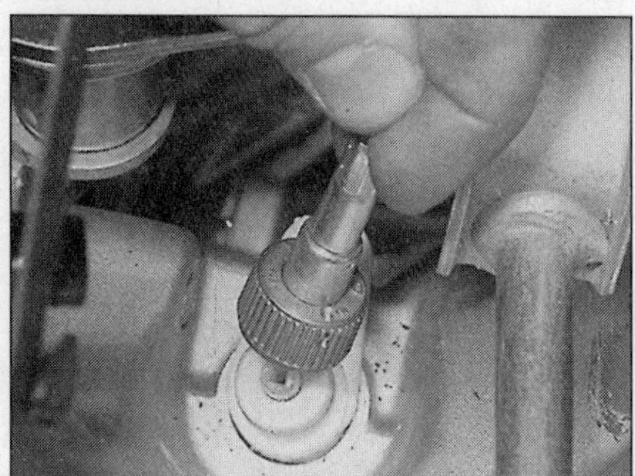

7.2 Hastighetsmätarens vajer kopplas bort från växellådan

7.3a Skruva loss spännbrickan . . .

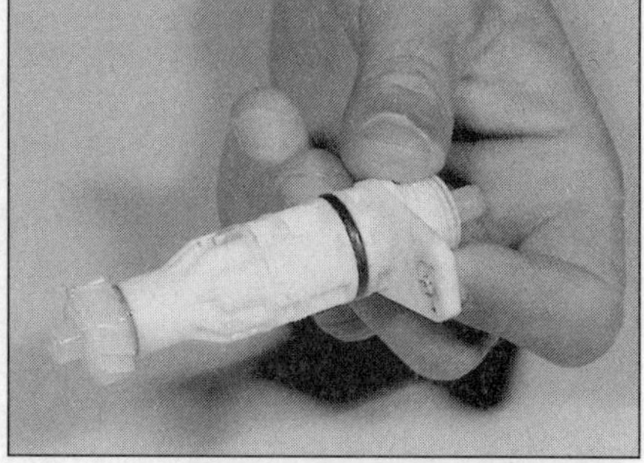

7.3b . . . och ta bort hastighetsmätardrivningen

7 Hastighetsmätardrivning – demontering och montering

Demontering

1 Om det är tillämpligt, koppla loss batteriets minusledare och koppla loss anslutningskontakten från bilens hastighetsgivare.

2 Skruva loss fästhylsan och koppla loss hastighetsmätarens vajer från växellådans ovansida **(se bild)**.

3 Skruva loss spännbrickan och ta bort hastighetsmätardrivningen **(se bilder)**.

4 Hastighetsmätarens drivna drev kan tas bort från hylsan. Om så görs, observera tryckbrickan under drevet **(se bild)**.

Montering

5 Om det drivna drevet har tagits bort från hylsan, smörj drevaxeln med lite silikonfett. Skjut sedan in drevet i hylsan och se till att tryckbrickan är på plats på drevaxeln.

6 Undersök O-ringstätningen på hylsan och byt ut den om den är sliten eller skadad.

7 Ytterligare återmontering sker i omvänd ordningsföljd.

8 Differentialens sidooljetätningar (drivaxel) – demontering och montering

Observera: *En spindelledsavdragare behövs för detta moment. Drivaxelns låsring(ar) och låssprinten(sprintarna) mellan länkarmen och fjäderbenets spindelled måste bytas ut vid hopsättningen.*

Demontering

1 Hissa upp framvagnen och stöd den på pallbockar, demontera sedan relevant hjul.

2 Tappa ur växellådsoljan enligt beskrivningen i avsnitt 2.

3 Ta bort låssprinten, skruva sedan loss kronmuttern från spindelleden mellan den länkarmen och fjäderbenet.

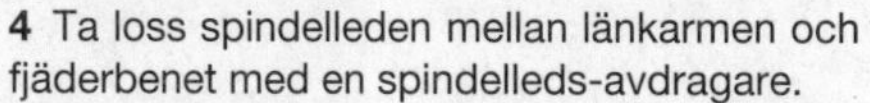

4 Ta loss spindelleden mellan länkarmen och fjäderbenet med en spindelleds-avdragare.

5 Nu behövs ett verktyg för att lossa drivaxelns inre ände från differentialen. En platt stålstav med en tydlig fasning i ena änden kan användas för att lossa den högra drivaxeln. På vissa modeller är den vänstra drivaxeln svårare att få loss, och en kvadratisk eller rektangulär stav kan behövas.

6 Bänd isär drivaxeln och differentialhuset så att drivaxelns låsring lossnar från differentialen. Olja kommer troligtvis att läcka ut när drivaxeln dras bort från differentialen, även om växellådan har tömts på olja. Stötta drivaxeln genom att hänga upp den med ståltråd eller snöre. Låt den inte bära upp sin egen vikt.

7 Bänd bort oljetätningen, som nu går att komma åt, från differentialen med hjälp av en skruvmejsel eller liknande **(se bild)**.

Montering

8 Smörj den nya oljetätningens tätningsläpp med lite växellådsolja. Använd sedan ett metallrör eller en hylsa med lämplig diameter och driv in den nya tätningen i differentialen tills tätningens yttre yta är precis i nivå med differentialhusets yttre yta **(se bild)**.

9 Montera en ny låsring på drivaxelns inre ände och tryck sedan in drivaxeln i differentialen så långt det går.

10 Placera en skruvmejsel eller liknande på svetssträngen på den inre drivaxelleden, **inte** på metallkåpan, och driv in axeln i differentialen tills låsringen fäster korrekt. Dra i ledens **yttre** omkrets för att kontrollera att fästningen är korrekt.

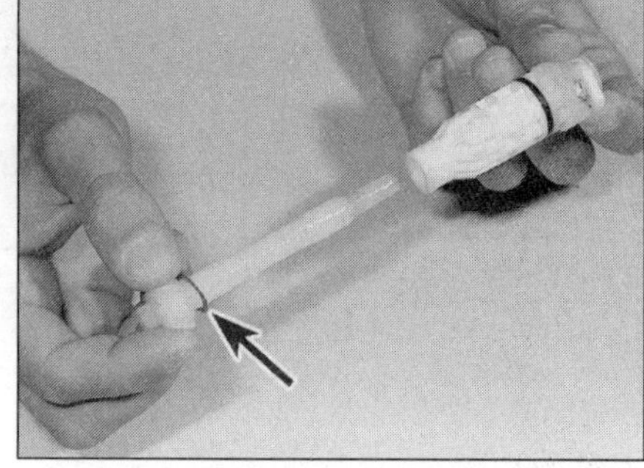

7.4 Ta bort drevet från hylsan. Observera tryckbrickan (vid pilen)

11 Återanslut spindelleden mellan länkarmen och fjäderbenet, montera sedan kronmuttern och dra åt till angivet moment. Säkra muttern med en ny låssprint.

12 Montera hjulet, sänk sedan ner bilen och dra åt hjulbultarna. Montera eventuell navkapsel/hjulsida.

13 Fyll växellådan med olja enligt beskrivningen i avsnitt 2.

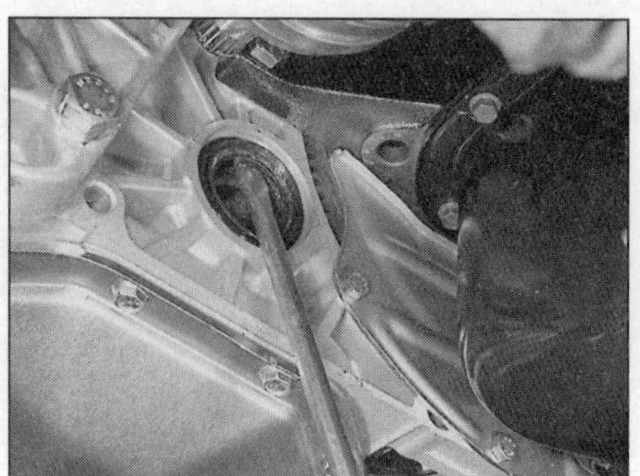

8.7 En oljetätning bänds ut från differentialen

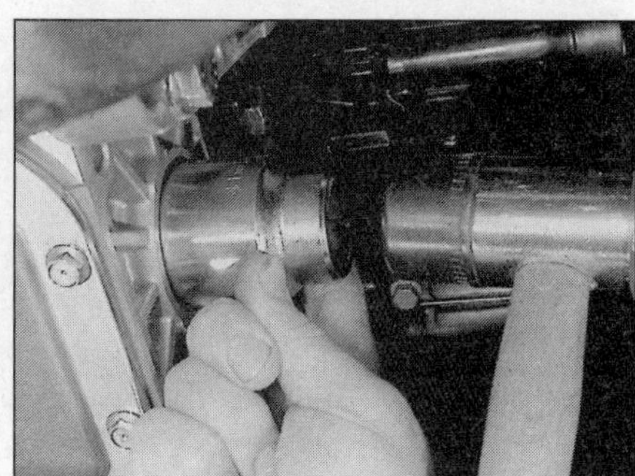

8.8 En ny oljetätning drivs in på sin plats i differentialen

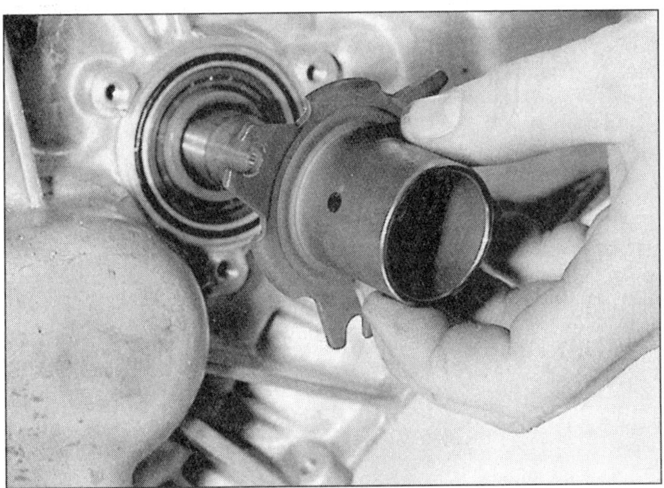

9.2a Ta bort urtrampningslagrets styrhylsa . . .

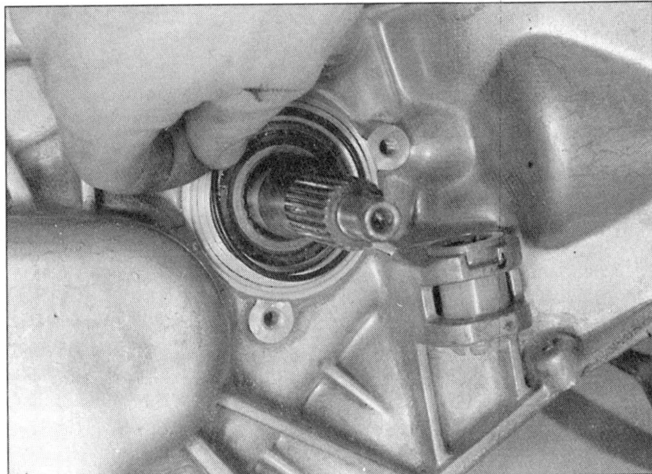

9.2b . . . och ta loss O-ringen

9 Ingående axelns oljetätning (koppling) - demontering och montering

Observera: *En ny O-ring till urtrampningslagrets styrhylsa måste användas vid monteringen.*

Demontering

1 Ta bort urtrampningslagret och gaffeln enligt beskrivningen i kapitel 6.

2 Skruva loss fästbultarna och dra bort urtrampningslagrets styrhylsa från balanshjulskåpan. Ta loss O-ringen som sitter mellan styrhylsan och balanshjulskåpan **(se bilder)**.

3 Ta bort den gamla oljetätningen från styrhylsan **(se bild)** och montera en ny tätning med hjälp av ett rör eller en hylsa.

Montering

4 Tryck in den nya tätningen på sin plats – driv inte in den eftersom tätningen lätt skadas.

5 Fyll utrymmet mellan den nya tätningens läppar med litiumbasfett, montera sedan styrhylsan med en ny O-ring. O-ringen ska vara torr vid monteringen.

6 Montera styrhylsan på balanshjulskåpan och dra åt fästbultarna.

7 Montera urtrampningslagret och gaffeln enligt beskrivningen i kapitel 6.

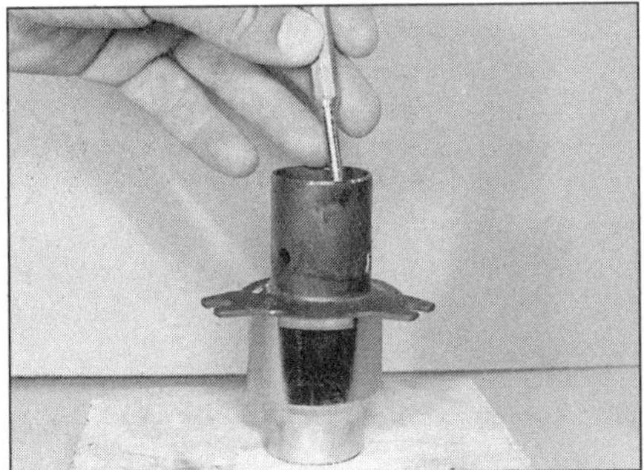

9.3 Oljetätningen drivs ut från urtrampningslagrets styrhylsa

10 Backljuskontakt - test, demontering och montering

Test

1 Backljuskretsen styrs av en kontakt av tryckkolvstyp som sitter monterad framtill på växellådshuset.

2 Kontrollera kontaktens funktion genom att koppla loss kablaget och använda en mätare, eller en testkrets av ett batteri och en glödlampa, för att leta efter kontinuitet mellan kontaktpolerna. Kontinuitet ska bara förekomma när backen är ilagd. Om så inte är fallet, och kablaget inte är synbart trasigt eller defekt, är brytaren defekt och måste bytas ut.

Demontering

3 Backljuskontakten är placerad i växellådshusets framdel och går att komma åt från motorrummet.

4 Koppla loss batteriets minuspol och koppla sedan loss kablaget från kontakten **(se bild)**.

5 Skruva loss kontakten från växellådan.

Montering

6 Monteringen sker i omvänd ordning.

11 Växellåda - demontering och montering

Observera: *Det här är en invecklad procedur och det är i många fall enklare att demontera växellådan tillsammans med motorn som en enhet, enligt beskrivningen i kapitel 2C. Läs igenom det här avsnittet noga innan arbetet påbörjas, om växellådan ska demonteras för sig. Olika komponenter måste bytas ut vid hopsättningen, en lyft eller liknande kommer att behövas för att stötta motorn och ett specialverktyg kommer att behövas för att haka i växellådans ingående axel med kopplingen vid monteringen.*

Demontering

Observera: *Nya vänsterbultar mellan motorns-/växellådans fäste och karossen, nya låsringar till drivaxeln samt en ny packning till växellådans ändkåpa måste användas vid monteringen.*

1 Koppla loss batteriets minusledare. Om det är tillämpligt, ta bort kåpan från motorns överdel.

2 Arbeta i motorrummet, lossa klämbulten som fäster växelväljarstaget till länksystemet, dra sedan väljarens rör mot motorrummets torpedvägg för att skilja den från länksystemet.

3 Ta bort fästklammern och dra sedan bort kopplingsvajern från urtrampningsarmen. Tryck bak urtrampningsarmen mot torpedväggen om det behövs för att ta loss vajern. Dra bort vajerfästet från fästbygeln på växellådshuset och flytta sedan vajern åt ena sidan där den inte är i vägen. Notera hur den är dragen.

4 Koppla loss kablaget från backljuskontakten som är placerad på växellådshusets framsida, ovanför den vänstra fästbygeln.

5 Om det är tillämpligt, koppla loss kablaget från bilens hastighetsgivare och, på 2.0 liters motorer, om det är tillämpligt, sära på syresensorns kontaktdons två halvor.

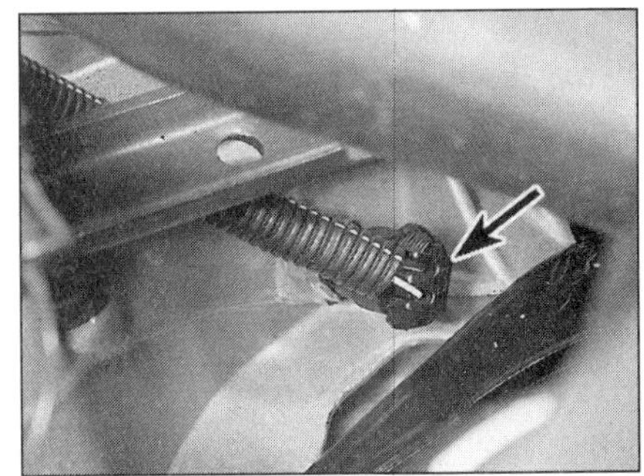

10.4 Backljuskontaktens kontaktdon (vid pilen)

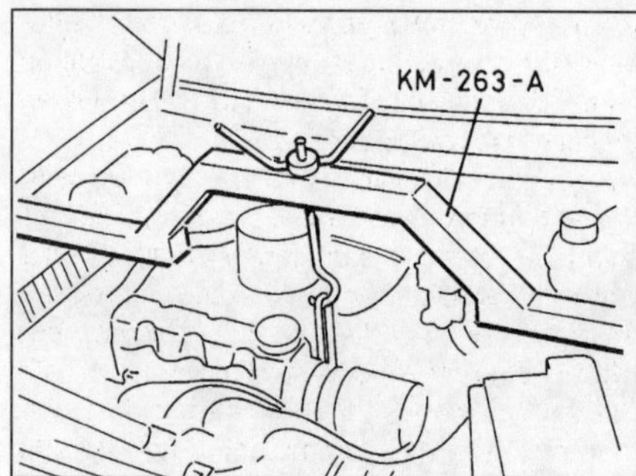

11.8 Opels specialverktyg nr KM-263 används för att stötta motorn

Kontaktdonet är placerat bakom kylarens expansionskärl.

6 Skruva loss fästhylsan och koppla loss hastighetsmätarens kabel från växellådans ovansida.

7 På alla utom 1.6 liters DOHC motorer, skruva loss och ta bort de tre övre bultarna mellan motorn och växellådan. Notera hur eventuella fästen eller klamrar är fästa med bultarna. På 1.6 liters DOHC motorer kan de tre övre bultarna endast tas bort om framfjädringens kryssrambalk först tagits bort.

8 Motorn måste nu stöttas i det vänstra lyftfästet. Helst ska motorn stöttas med en kraftig trä- eller metallbalk som placeras stadigt i kanalerna på sidorna av motorrummet. Opels specialverktyg som är utformat för just det här syftet visas **(se bild)**. Alternativt kan motorn stöttas med en hiss och talja. Om en hiss används måste den vara utformad så att motorn kan lyftas när bilen står upphissad tillräckligt högt för att växellådan ska kunna tas bort under bilens framvagn.

9 Hissa upp framvagnen och stöd den på pallbockar. Observera att bilen måste hissas upp tillräckligt högt för att växellådan ska kunna tas bort under bilens framvagn.

10 Om det är tillämpligt, ta bort motorns undre skyddskåpa enligt beskrivningen i avsnitt 25 i kapitel 11.

11 Se till att motorn har ordentligt stöd enligt beskrivningen i punkt 8, ta sedan bort framfjädringens kryssrambalk, enligt beskrivningen i kapitel 10.

12 Tappa ur växellådsoljan enligt beskrivningen i avsnitt 2.

13 Drivaxelns inre ändar måste nu lossas från differentialen. En platt stålstav med en tydlig fasning i ena änden kan användas för att lossa den högra drivaxeln. På vissa modeller är den vänstra drivaxeln svårare att få loss, och en kvadratisk eller rektangulär stav kan behövas.

14 Bänd isär drivaxeln och differentialhuset så att drivaxelns låsring lossnar från differentialen. Olja kommer troligtvis att läcka ut när drivaxeln dras bort från differentialen, även om växellådan har tömts på olja. Stöd drivaxlarna genom att hänga upp dem med ståltråd eller snöre, låt dem inte bära upp sin egen vikt.

15 Om det är tillämpligt, skruva loss fästmuttern och koppla loss jordledningen från växellådans ändkåpa.

16 Placera en behållare under växellådans ändkåpa för att fånga upp den olja som kommer att läcka ut, skruva sedan bort fästbultarna och ta bort ändkåpan. Notera var bultarna sitter (inklusive pinnbulten till jordledningen, om tillämpligt), eftersom de är olika långa.

17 Ta loss packningen.

18 Dra loss låsringen från änden av växellådans ingående axel med hjälp av en låsringstång.

19 Skruva loss bulten från den ingående axeln med en tolvuddad räfflad kil.

20 Den ingående axeln kan nu dras fri från det räfflade navet på kopplingens lamell. Tillverkarna anger att specialverktyg bör användas vid det här momentet (Opels verktyg nr KM-556-1-A och KM-556-4), men alternativ finns (för närmare information, se kapitel 6). Verktyget skruvas fast på änden av växellådan med hjälp av ändkåpans fästbultar. Verktygets mått varierar beroende på typ av växellåda.

21 Alternativt, skruva i en M7 bult i änden av den ingående axeln och använd sedan bulten för att dra ut axeln ur stoppet. Axeln kommer antagligen att sitta mycket hårt och kan vara svår att dra ut utan specialverktyget. I extrema fall kan en glidhammare fästas på änden av axeln så att den kan tas bort, men detta rekommenderas inte eftersom det kan resultera i skador på växellådans komponenter.

22 Stöd växellådan med en garagedomkraft med en träkloss för att sprida belastningen.

23 Ta bort det vänstra motor-/växellådsfästet helt genom att skruva bort de två fästskruvarna som fäster gummifästet vid karossen och de tre bultarna som fäster fästbygeln vid växellådan. På 1.6 liters DOHC motorer, ta bort de tre övre bultarna mellan växellådan och motorn och lossa hjulhusinnerskärmens fästen **(se bilder)**.

24 På alla utom 1.6 liters DOHC motorer, skruva loss fästbultarna och ta bort täckplåten från nederdelen av balanshjulskåpan. På 1.6 liters DOHC motorer, skruva loss de tre bultarna som fäster växellådan vid motorblocket och de tre bultarna som fäster växellådan vid sumpen.

25 Se till att växellådan har tillräckligt stöd,

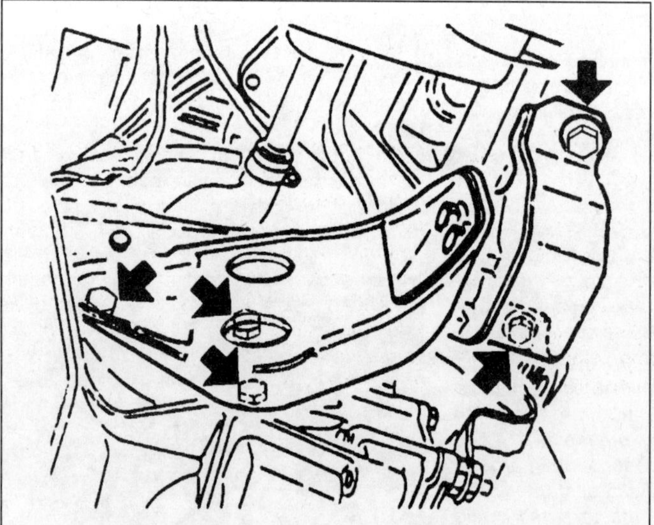

11.23a Ta bort det vänstra motor-/växellådsfästet genom att skruva loss de fem bultarna (vid pilarna)

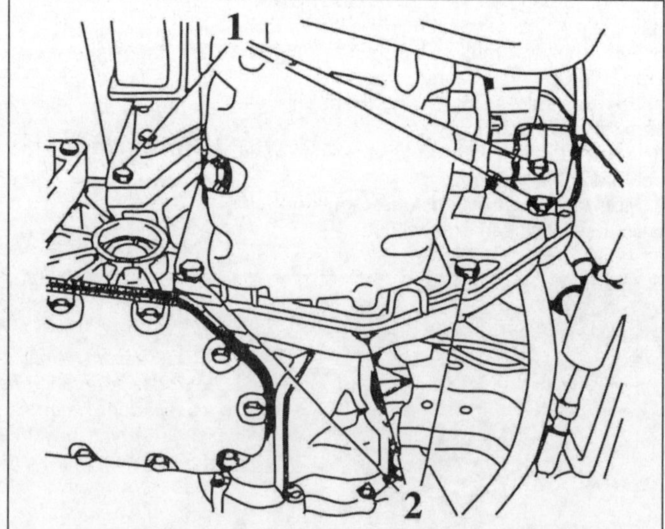

11.23b Växellådans fästen – 1.6 iters DOHC motorer

1 Bultar mellan motorblock och växellåda (3)

2 Bultar mellan sump och växellåda (3)

skruva sedan loss de återstående bultarna mellan motorn och växellådan.

26 Växellådan kan nu sänkas ner och tas bort under bilens framvagn. Det här momentet går betydligt lättare om man tar hjälp av en medhjälpare.

Montering

27 Kontrollera före monteringen att de två originalbultarna som fäste motorns/växellådans fäste vid karossen kan rotera fritt i sina lopp i karossen. Om det behövs, gänga om hålen med hjälp av en M10 x 1,25 mm gängtapp.

28 Börja med att placera växellådan under framvagnen på en garagedomkraft med ett träblock emellan, precis som vid demonteringen.

29 Hissa upp växellådan tillräckligt mycket för att de nedre bultarna mellan motorn och växellådan ska kunna monteras, sätt sedan i bultarna. På alla modeller utom 1.6 liters DOHC motorer, ska bultarna inte dras åt helt i det här stadiet (på modeller med 1.6 liters DOHC motorer måste bultarna dras åt ordentligt i det här stadiet).

30 Montera det vänstra motor-/växellådsfästet och använd två nya bultar för att fästa gummifästet vid karossen. Dra åt alla bultar till angivet moment.

31 På alla modeller utom 1.6 liters DOHC motorer, dra åt de tidigare monterade nedre bultarna mellan motorn och växellådan till angivet moment. Dra sedan bort garagedomkraften från växellådans undersida.

32 Växellådans ingående axel måste nu tryckas igenom kopplingslamellens nav tills dess ände hakar i tapplagret i änden av vevaxeln. Axeln får **under inga som helst omständigheter** hamras tillbaka, eftersom det kan leda till skador på växellådan. Om den ingående axeln inte kan tryckas tillbaka för hand ska axelns ände utsättas för ett jämnt tryck. Tillverkaren anger att ett specialverktyg ska användas under det här momentet (verktyg nr KM-564), men det hemgjorda verktyget som användes för att ta bort axeln vid demonteringen kan användas om muttern flyttas (se kapitel 6).

33 Sätt i bulten på den ingående axelns ände och montera sedan en ny låsring.

34 Använd en ny packning, montera växellådans ändkåpa och dra åt fästbultarna till angivet moment. Om det är tillämpligt, se till att pinnbulten som håller fast jordledningen monteras på rätt plats, på det sätt som noterades vid demonteringen.

35 Om det är tillämpligt, anslut växellådans jordledning och montera fästmuttern.

36 Montera täckplåten på nederdelen av balanshjulskåpan och dra åt fästbultarna.

37 Montera nya låsringar på drivaxlarnas inre ändar och tryck sedan in drivaxlarna i differentialen så långt det går.

38 Placera en skruvmejsel eller liknande på svetssträngen på varje inre drivaxelled, **inte** på metallkåpan, och driv in axeln i differentialen tills låsringen fäster korrekt. Dra i ledens **yttre** omkrets för att kontrollera att den är korrekt fäst.

39 Montera framfjädringens kryssrambalk enligt beskrivningen i kapitel 10.

40 Montera framhjulen.

41 Om en hiss och en talja har använts för att stötta motorn ska antingen lyftöglan lossas eller hissen sänkas tillräckligt för att bilen ska kunna sänkas ner.

42 Sänk ner bilen och ta bort eller koppla loss den utrustning som använts för att stötta motorn, om det inte redan är gjort.

43 Sätt i de tre övre bultarna mellan motorn och växellådan och dra åt dem till angivet moment.

44 Återanslut hastighetsmätarens kabel och dra åt fästhylsan.

45 Om det är tillämpligt, återanslut kablaget till bilens hastighetsgivare.

46 Återanslut kablaget till backljuskontakten.

47 Montera kopplingsvajerstödet till fästbygeln på växellådshuset, återanslut sedan vajern till urtrampningsarmen och justera vajern enligt beskrivningen i kapitel 1. Se till att vajern dras på det sätt som noterades vid demonteringen.

48 Återanslut växelväljarstaget till länksystemet och justera sedan länksystemet enligt beskrivningen i avsnitt 3, innan klämbulten dras åt.

49 Fyll växellådan med olja enligt beskrivningen i kapitel 1.

50 Återanslut batteriets minuspol.

12 Växellåda, renovering – allmänt

En fullständig renovering av en manuell växellåda är ett komplicerat arbete som kräver ett antal specialverktyg. Tidigare erfarenhet är till stor nytta. Därför rekommenderas att ägare, om så önskas, demonterar växellådan på egen hand, men sedan antingen monterar en ny eller färdigrenoverad enhet, eller överlåter renoveringen av den ursprungliga växellådan till en Opelverkstad eller till en specialist på växellådor.

Att ta isär växellådan i dess huvuddelar är ett någorlunda enkelt arbete. Det kan utföras för att underlätta bedömningen av slitage eller skador. Utifrån denna bedömning kan beslut tas om huruvida en fullständig renovering bör utföras eller inte. Observera dock att allt renoveringsarbete innebär isärtagning och hopsättning av många små och komplicerade enheter, liksom vissa mätningar för att värdera slitage.

Detta kräver tillgång till ett antal specialverktyg och tidigare erfarenhet är av högsta värde. Följande verktyg krävs som minimum:

a) Inre och yttre låsringstänger
b) Ett urval av pinndornar
c) Ett urval av torxnycklar och räfflade bits
d) En lageravdragare
e) En hydraulisk tving
f) En glidhammare
g) Ett antal värmekänsliga märkpennor

Även om avsnittet *Felsökning* i den här boken ger information om de flesta växellådsfel för att man ska kunna besluta vilka åtgärder som måste vidtas, ska man komma ihåg att ur ekonomisk synpunkt kan synbart enkla reparationer bli kostsamma. En vanlig orsak till att växellådor tas isär är till exempel för att de synkroniserade enheterna ska bytas ut. Slitage eller defekter i dessa enheter märks på oljud vid växling. Om växlarna hoppar ur läge eller det inte går att välja vissa växlar, kan det bero på slitna väljargafflar eller synkroniseringsmuffar. Allmänt oljud vid användning kan bero på slitna lager, axlar eller kugghjul. Den sammanlagda kostnaden för att byta ut alla slitna komponenter kan göra det mer ekonomiskt att byta ut hela växellådan.

För att avgöra om en renovering av växellådan är ekonomiskt försvarbar måste först kostnaden för byte av växellåda kontrolleras och kostnaden för en helt ny enhet jämföras med kostnaden för en färdigrenoverad enhet (om det finns), eller till och med en bra begagnad enhet (med garanti) från en bilhandlare. Jämför dessa kostnader med den troliga kostnaden för reservdelarna som kommer att behövas om den befintliga växellådan ska renoveras. Glöm inte att ta med alla delar som måste bytas ut när de rubbas, som oljetätningar, O-ringar, valstappar, låsringar, etc.

Kapitel 7 del B: Automatväxellåda

Innehåll

Svårighetsgrader

Enkelt, passar novisen med lite erfarenhet 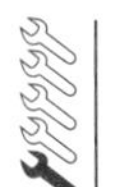	**Ganska enkelt,** passar nybörjaren med viss erfarenhet 	**Ganska svårt,** passar kompetent hemmamekaniker 	**Svårt,** passar hemmamekaniker med erfarenhet 	**Mycket svårt,** för professionell mekaniker 

Specifikationer

Växellådans kod

Alla förutom C 18 NZ och X 20 XEV	AF 13
C 18 NZ och X 20 XEV	AF 20

Åtdragningsmoment

	Nm
Avtappningsplugg	35
Bultar till balanshjulskåpans täckplåt	7
Främre vänstra motorfästet till växellådan	60
Fäste till främre underrede *	65
Hastighetsgivare	6
Kylarrörens anslutningar	22
Manöverstag till växelspaksaxel	16
Momentomvandlare till drivplatta (se texten) *	50
Mutter mellan startspärrkontakt/backljuskontakt och växelspaksaxel	8
Mutter till mätsticka och påfyllningsrör	20
Startspärrens/backljuskontaktens fästmutter	25
Temperaturgivare	25
Temperaturgivarens täckplåt till växellådan	25
Växellåda till motor	75
Växelväljarvajerns klämbult	6

**Använd nya bultar*

1 Allmän beskrivning

En fyrväxlad automatväxellåda finns som tillval på vissa modeller. Växellådan består av en momentomvandlare, planetväxel samt hydrauliskt styrda kopplingar och bromsar. Differentialen är inbyggd i växellådan och liknar den som används i modeller med manuell växellåda.

Momentomvandlaren har en hydraulisk koppling mellan motorn och växellådan som fungerar som en automatisk "koppling", och ger en viss momentökning vid acceleration.

Planetväxeln ger antingen en av de fyra framåtdrivande växlarna eller back, beroende på vilken av dess komponenter som hålls på plats eller tillåts rotera. Planetväxelns komponenter hålls eller frigörs av bromsar och kopplingar, som aktiveras av en hydraulisk styrenhet. En oljepump inuti växellådan ger nödvändigt hydrauliskt tryck för att bromsarna och kopplingarna ska gå att styra.

Växellådan styrs elektroniskt och har tre körlägen: ekonomi, sport och vinter. Växellådans elektroniska styrenhet arbetar tillsammans med motorns elektronisk styrenhet för att kontrollera utväxlingen. Den elektroniska styrenheten tar emot information om växellådans oljetemperatur, gasspjällets läge, motorns kylvätsketemperatur och ingående hastighet jämfört med utgående hastighet. Styrenheten styr de hydraulstyrda kopplingarna och bromsarna via fyra solenoider. Styrsystemet kan även sänka motorns tändningsinställning genom motorns elektronisk styrenhet för att ge mjukare utväxling **(se bilder)**.

Under 1993 lanserades AF 13 växellådan. Även om den är grundad på den tidigare AF 20 enheten är den mer kompakt och innehåller en elektronisk backspärr. Det gör att man inte kan lägga i backen när hastigheten framåt överskrider 8 km/tim.

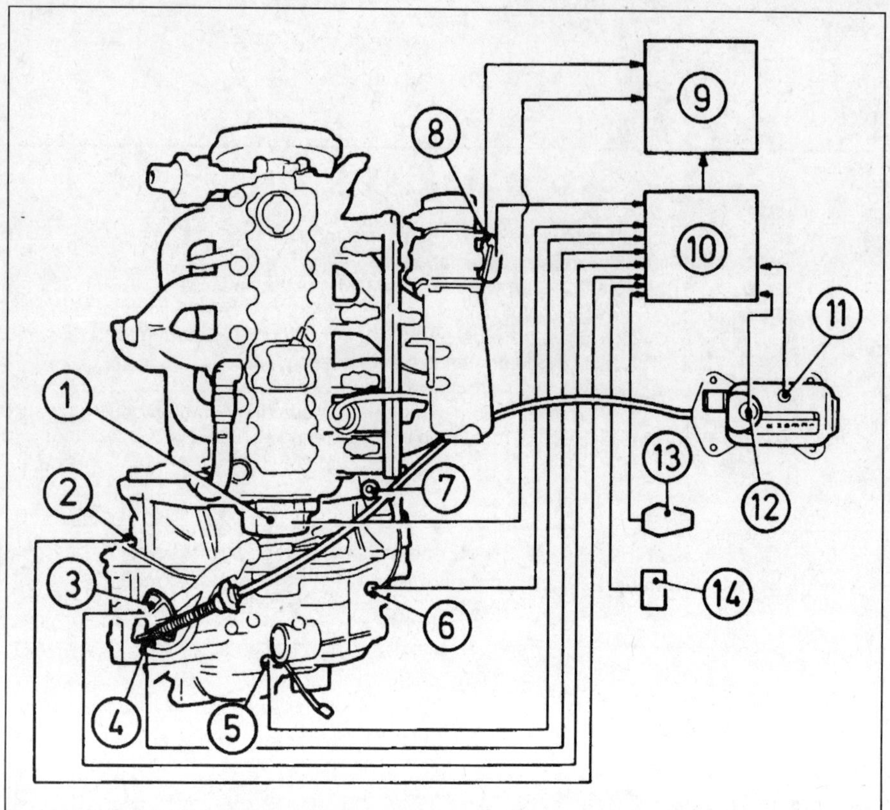

1.4a Elektroniskt styrsystem - AF 20 modeller

1 *Fördelare*
2 *Växellådsoljans temperaturgivare*
3 *Startspärr/backljuskontakt*
4 *Anslutning för tryckregleringssolenoider*
5 *Växellådans ingångshastighetsgivare*
6 *Växellådans utgångshastighetsgivare*
7 *Hastighetsmätarvajerns anslutning*
8 *Gasspjällets lägesgivare*
9 *Motorns elektroniska styrenhet*
10 *Automatväxellådans elektroniska styrenhet*
11 *Lägesomkopplare "vinter"*
12 *Lägesomkopplare "ekonomi/sport"*
13 *Kickdownkontakt*
14 *Bromsljuskontakt*

På grund av att automatväxellådan är så komplex måste alla reparations- och renoveringsarbeten överlåtas till en Opel-verkstad som har nödvändig utrustning och kunskap för feldiagnoser och reparationer.

2 Växelväljarvajer - demontering, montering och justering

Demontering

1 Dra åt handbromsen och kontrollera att växelspaken är i läge "P".
2 Koppla loss batteriets minusledare.
3 Ta bort fästklammern och brickan och koppla loss väljarvajern från manöverstaget på växellådan.
4 Skruva loss fästmuttrarna och ta bort vajerns fästbygel från växellådan.
5 Ta bort mittkonsolen enligt beskrivningen i kapitel 11.
6 Lossa vajerns klämbult och skruva loss vajerns låsmutter, föremål 1 och 2 **(se bild)**, ta sedan bort vajern och dra den genom torpedväggen in i motorrummet. Bänd ut torpedväggens gummimuff om det behövs.

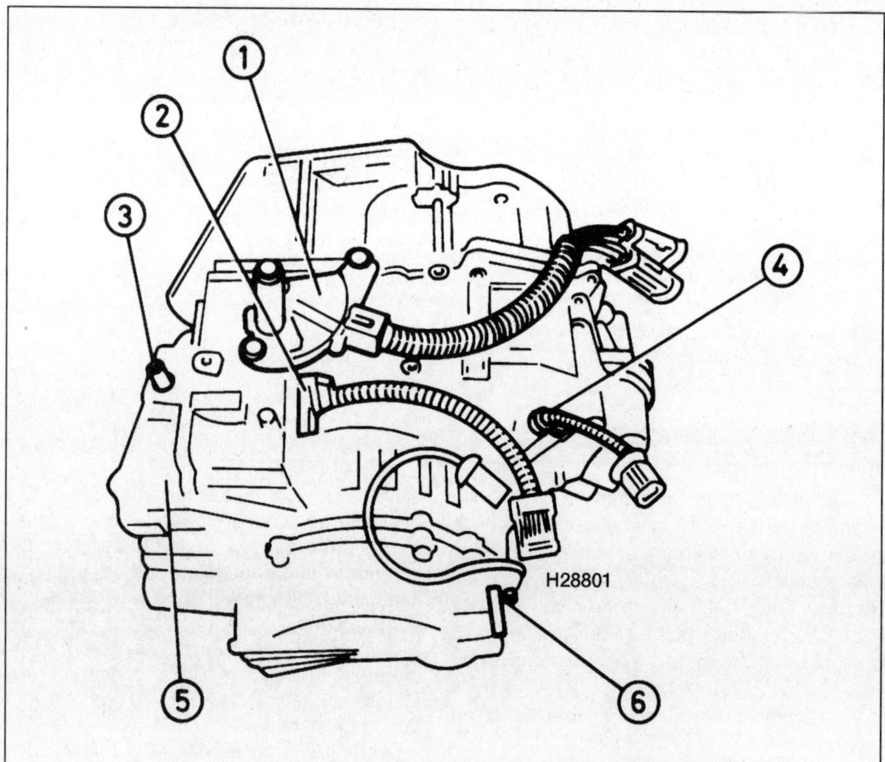

1.4b Externa elektriska komponenter - AF 13 modeller

1 *Växelspakens lägesomställare*
2 *Solenoidventilernas kabelhärva*
3 *Växellådsventil*
4 *Givare ingående hastighet*
5 *Ventilhuskåpa*
6 *Givare utgående hastighet*

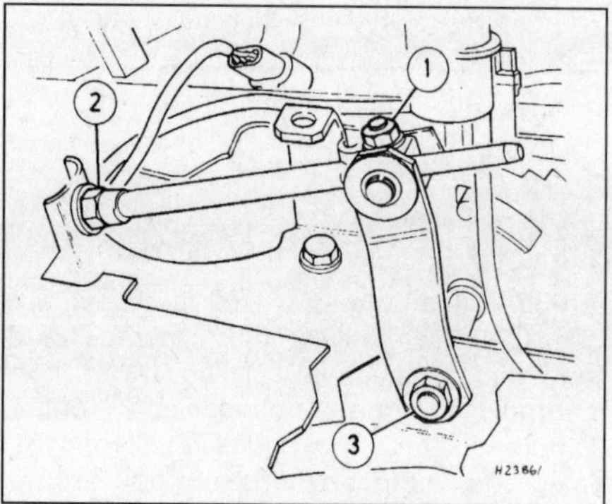

2.6 Automatväxellådans växelvajeranslutning vid växelspaken

1 *Klämbult*
2 *Låsmutter*
3 *Spakens axelmutter*

Montering

7 Montering sker i omvänd ordningsföljd, men se till att torpedväggens gummimuff placeras korrekt och justera vajern enligt beskrivningen i följande punkter, innan vajerns klämbult dras åt och växelväljarkåpan monteras.

Justering

8 Arbeta i motorrummet, kontrollera att manöverstaget på växellådan rör sig till rätt läge medan en medhjälpare flyttar växelspaken inuti bilen mellan alla växlarnas lägen. Observera att läge P och N är utmärkta på växellådan men att de övriga lägena är omärkta.

9 Om justering behövs, flytta växelspaken till läge P. Kontrollera att spaken är låst i läge P genom att försöka flytta den bakåt och framåt utan att lyfta spakens knopp.

10 Arbeta inuti bilen, lossa växelväljarkåpan från mittkonsolen (kåpan sitter fäst med klamrar på sidorna) och vrid sedan kåpan tills vajerns klämbultsöppning blir synlig.

11 Använd en hylsnyckel med långt skaft och lossa vajerns klämbult **(se bild)**.

12 Arbeta i motorrummet igen, vrid manöverstaget på växellådan åt höger (d.v.s. mot batterihållaren), tills den når sitt stopp.

13 Försök vrida framhjulen och kontrollera att parkeringsspärren fäster och låser hjulen på sina platser.

14 Låt en medhjälpare hålla manöverstaget mot stoppet medan vajerns klämbult i bilen dras åt till angivet moment.

15 Kontrollera väljarens funktion enligt beskrivningen i punkt 1.

16 Avsluta med att montera växelväljarkåpan.

3 Växelspak - demontering och montering

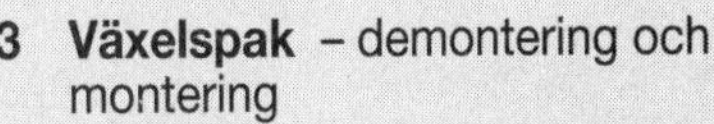

Demontering

1 Dra åt handbromsen och kontrollera att växelspaken är i läge "P".

2 Koppla loss batteriets minusledare.

3 Lossa växelväljarkåpan från mittkonsolen (kåpan sitter fäst med klamrar på sidorna). Dra bort glödlampshållaren från växelväljarkåpan och koppla loss kontaktdonet till växellådans "vinterläges"-omkopplare.

4 Lossa väljarvajerns klämbult och skruva loss kabelns låsmutter (föremål 1 och 2 i bild 2.6) och koppla sedan bort vajern från växelspaken.

5 Koppla loss kontaktdonet till växellådans omkopplare för "ekonomi/sport-lägena".

6 Skruva loss fästmuttern och dra bort växelspaken från änden av svängaxeln, dra sedan bort enheten.

7 Försök inte ta isär växelspaksenheten.

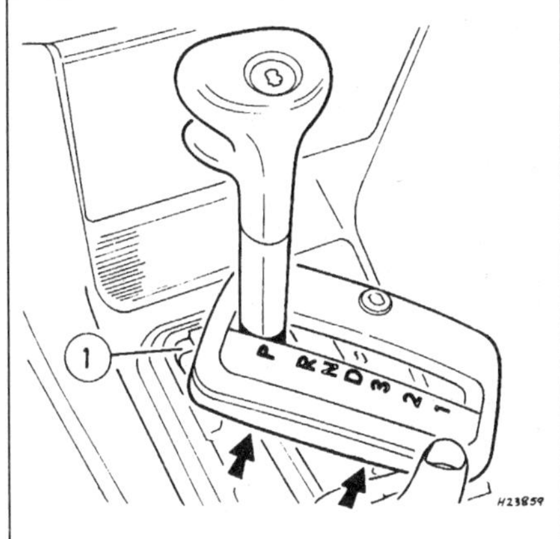

2.11 Justering av växelväljarvajer

1 En lång hylsnyckel kan stickas in i öppningen för att lossa vajerns klämbult
Pilarna pekar på växelväljarkåpans klamrar

Montering

8 Montering sker i omvänd ordningsföljd, men avsluta med att justera vajern enligt beskrivningen i avsnitt 2.

4 Differentialens sidooljetätningar (drivaxel) - byte

1 Proceduren går till på samma sätt som enligt beskrivningen för manuella växellådor i kapitel 7A, men tänk på följande.

a) *Tappa ur växellådsoljan i en behållare genom att ta bort avtappningspluggen som sitter under växellådshusets högra sida* **(se bild)**.
b) *Smörj den nya oljetätningens tätningsring med växellådsolja.*
c) *Avsluta med att fylla på växellådan genom mätstickans rör med rätt mängd och grad av olja. Kontrollera nivån enligt beskrivningen i kapitel 1.*

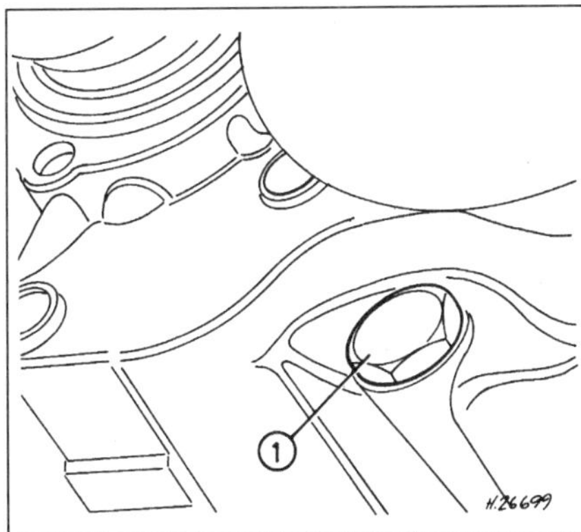

4.1 Avtappning av växellådsolja

1 Avtappningsplugg

5 Oljekylare - allmän information

Växellådans oljekylare sitter i kylarenheten och demontering och montering beskrivs i kapitel 3.

Slangarna från växellådan till kylaren ska kontrolleras regelbundet och bytas ut om det råder tvivel om deras skick.

Notera alltid rör- och slanganslutningarnas placeringar innan de rubbas, och notera alltid hur slangarna är dragna.

Minimera oljespill och hindra smuts från att tränga in i systemet genom att klämma igen slangarna innan de kopplas loss, och plugga igen anslutningarna när slangarna har tagits bort.

Se till att slangarna ansluts på sina ursprungliga platser när de sätts tillbaka och dra dem så att de inte är veckade eller vridna. Ge även utrymme för motorns rörelse i sina fästen och se till att slangarna inte kommer att sträckas eller störas av omgivande komponenter.

Byt alltid ut tätningsbrickorna om banjoanslutningens bultar rubbas och dra åt bultarna till angivet moment. Var extra försiktig när kylaranslutningarna dras åt.

6 Kickdownkontakt - demontering, montering och justering

Demontering

1 Koppla loss batteriets minusledare.

2 Lossa mattan från hållaren under gaspedalen och lyft upp mattan för att komma åt kontaktens fäste.

3 Koppla loss kontaktens kablage och lossa kontakten från hållaren.

Montering

4 Montering sker i omvänd ordningsföljd. Tryck in kontakten i hållaren till stoppet och kontrollera kontaktens justering enligt beskrivningen i följande punkter.

Justering

5 Arbeta i motorrummet, där så är tillämpligt, ta bort luftbehållaren från bränsleinsprutningsenhetens överdel för att komma åt gasspjällventilen.

6 Låt en medhjälpare trycka ner gaspedalen tills den kommer i kontakt med kontakten på bilens golv, kontrollera sedan att gasspjällventilen är helt öppen och att pedalen hamnar rakt mitt på kontaktknappen.

7 Om pedalens/knappens kontaktpunkt behöver justeras, måste detta utföras genom att gasvajerns fria spel justeras – se kapitel 4A eller 4B.

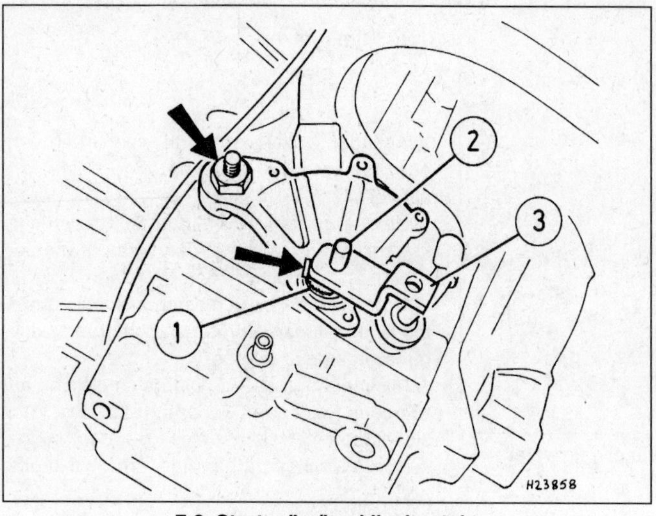

7.6 Startspärr/backljuskontakt

1 Stor mutter 2 Växelspaksaxel 3 Manöverstag

Pilarna pekar på kontaktfästena

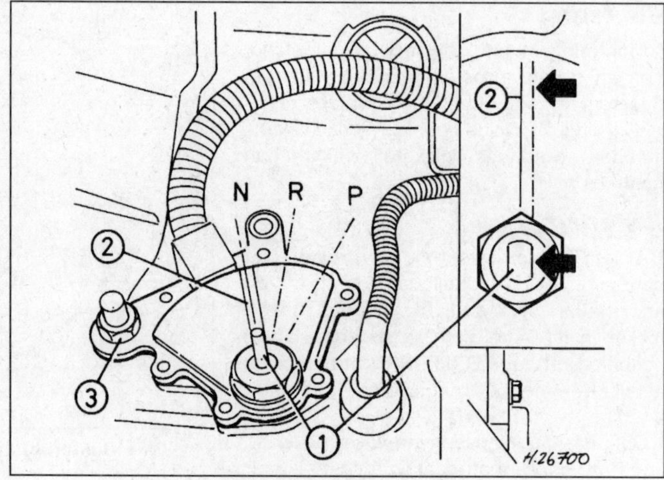

7.15 Justering av startspärr/backljuskontakt

1 Växelspaksaxel 2 Spår i kontakthuset 3 Kontaktens fästmutter

Pilarna visar armen justerad mot spåret i kontakthuset

7 Startspärr/backljuskontakt – demontering, montering och justering

Observera: *O-ringen till mätstickans rör måste bytas ut vid monteringen.*

Demontering

1 Dra åt handbromsen och välj läge N med växelspaken.

2 Koppla loss batteriets minusledare.

3 Arbeta i motorrummet, skruva loss fästmuttern från pinnbulten till startspärrens/ backljuskontaktens fäste och dra bort mätstickans rör uppåt från växellådan.

4 Ta bort fästklammern och brickan och koppla loss väljarvajern från manöverstaget på växellådan.

5 Koppla loss kablaget från kontakten.

6 Använd en tång för att hålla emot axeln, skruva loss muttern som fäster manöverstaget vid växelspakens axel, ta sedan bort låsplattan och skruva loss den stora muttern och brickan som fäster kontakten vid axeln **(se bild)**.

7 Skruva loss muttern som fäster kontakten vid växellådan och ta bort kontakten.

Montering

8 Se till att växelspakens axel är i läge N (den tredje spärrhaken framifrån). Sänk ner kontakten på axeln och vrid den tills axelns plana yta är i linje med spåret i kontakthöljet. Montera sedan muttern som fäster kontakten vid växellådan och dra åt till angivet moment.

9 Montera brickan, montera sedan den stora muttern som fäster kontakten vid växelspakens axel och dra åt den. Dra åt muttern till angivet moment, montera sedan låsplattan.

10 Sätt på muttern som fäster manöverstaget vid växelspakens axel. Använd en tång för att hålla emot axeln när muttern dras åt, på samma sätt som vid demonteringen.

11 Montera mätstickans rör med en ny O-ring, montera sedan fästmuttern och dra åt den.

12 Återanslut kontaktens kablage och batteriets minusledare.

13 Återanslut väljarvajern till manöverstaget på växellådan och justera vajern enligt beskrivningen i avsnitt 2.

Justering

14 Ta bort fästklammern och brickan och koppla loss väljarvajern från manöverstaget på växellådan.

15 Flytta manöverstaget helt åt höger mot stoppet och för sedan staget bakåt två hack till neutralläge N **(se bild)**.

16 Observera änden på växelspakens axel. Axelns plana yta ska vara i linje med spåret i kontakthöljet. Om det behövs, lossa muttern som fäster kontakten vid växellådan och vrid kontakten tills inställningen är korrekt.

17 Avsluta justeringen med att dra åt kontaktens fästmutter till angivet moment.

18 Återanslut väljarvajern till manöverstaget på växellådan och justera vajern enligt beskrivningen i avsnitt 2.

8.2 Demontera lägesomkopplarna

1 Svetsstav 2 Lödda kontaktdon

8 Växellådans lägesomkopplare – demontering och montering

Ekonomi/sportlägesomkopplare

Demontering

1 Ta bort växelspaksenheten enligt beskrivningen i avsnitt 3.

2 Stick in en bit svetsstav eller liknande genom växelspakens nedre ände och tryck ut omkopplaren **(se bild)**.

3 Observera hur kablarna är anslutna, löd sedan försiktigt loss dem från omkopplaren.

Montering

4 Montering sker i omvänd ordningsföljd. Se till att kabelanslutningarna sätts tillbaka korrekt på det sätt som noterades före demonteringen, och montera växelspaksenheten enligt beskrivningen i avsnitt 3.

Vinterlägesomkopplare

Demontering

5 Lossa batteriets jordledning (minuspolen).

6 Lossa växelväljarkåpan från mittkonsolen (kåpan sitter fast med klamrar på sidorna), tryck sedan försiktigt ut omkopplaren från väljarkåpan och koppla loss anslutningskontakten.

Montering

7 Montering sker i omvänd ordningsföljd.

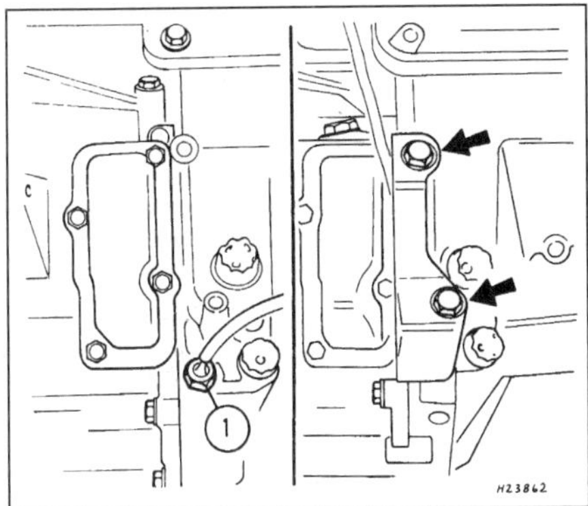

9.2 Demontera temperaturgivaren

1 Temperaturgivare

Pilarna pekar på skärmens fästbultar

9 Oljetemperaturgivare - demontering och montering

Observera: *En ny tätningsring måste användas till givaren vid monteringen.*

Demontering

1 Koppla loss batteriets minusledare.

2 Skruva loss de två fästmuttrarna och ta bort givarhöljet från växellådans framsida **(se bild)**.

3 Koppla loss givarens kontaktdon.

4 Skruva loss givaren och ta bort den från växellådan. Var beredd på oljespill och plugga igen öppningen i växellådan för att hindra att smuts tränger in och för att minimera oljespillet. Ta vara på tätningen.

Montering

5 Montering sker i omvänd ordningsföljd, men använd en ny tätningsring. Avsluta med att kontrollera oljenivån och fylla på om det behövs, enligt beskrivningen i kapitel 1.

10 Hastighetsgivare för ingående/utgående hastighet - demontering och montering

Observera: *En ny tätningsring måste användas till givaren vid monteringen.*

Demontering

1 Hastighetsgivarna är placerade på växellådshusets övre yta. Hastighetsgivaren för ingående hastighet sitter närmast växellådans vänstra ände **(se bild)**.

2 Koppla loss batteriets minusledare.

3 Koppla loss relevant kontaktdon.

4 Skruva loss givarens fästskruv och ta bort givaren från växellådan. Var beredd på oljespill och plugga igen öppningen i växellådan för att hindra att smuts tränger in och för att minimera oljespillet. Ta vara på tätningen.

Montering

5 Montering sker i omvänd ordningsföljd, men använd en ny tätningsring. Avsluta med att kontrollera oljenivån och fylla på om det behövs, enligt beskrivningen i kapitel 1.

11 Elektronisk styrenhet - demontering och montering

Demontering

1 Den elektroniska styrenheten är placerad bakom handskfacket på passagerarsidan av instrumentbrädan **(se bild)**.

2 Koppla loss batteriets minusledare.

3 Ta bort handskfacket enligt beskrivningen i kapitel 11.

4 Koppla loss anslutningskontakten från styrenheten.

5 Lossa styrenheten från fästet och ta bort den från instrumentbrädan.

Montering

6 Montering sker i omvänd ordningsföljd.

12 Växellåda - demontering och montering

Observera: *Det här är ett invecklat arbetsmoment och det är i många fall enklare att demontera växellådan tillsammans med motorn som en enhet, enligt beskrivningen i kapitel 2C. Läs igenom det här avsnittet noga innan arbetet påbörjas, om växellådan ska demonteras för sig. Ett antal komponenter måste bytas ut vid monteringen och en motorhiss eller liknande behövs för att stötta motorn.*

Demontering

1 Koppla loss batteriets minusledare.

2 Arbeta i motorrummet, ta loss fästklammern och brickan och koppla loss växelväljarvajern från manöverstaget på växellådan.

3 Koppla loss ventilslangen från växellådan (ventilslangen är placerad under batterilådan).

4 Koppla loss anslutningskontakten till växellådans kabelhärva och skruva loss kabelhärvans fäste(n) från växellådan, om det är tillämpligt.

5 Skruva loss fästhylsan och koppla loss hastighetsmätarens vajer från växellådans ovansida.

6 Skruva loss och ta bort de tre övre bultarna mellan motorn och växellådan. Notera hur eventuella fästen eller klamrar som är fästa med bultarna sitter placerade. Demontera syresensorn (placerad bakom kylarens expansionskärl), om tillämpligt.

7 Fortsätt enligt beskrivningen i kapitel 7A, avsnitt 11, punkt 8 till 14, men tappa ur växellådsoljan innan avtappningspluggen tas bort. Pluggen är placerad på växelhusets nedre högra sida.

8 Kläm igen växellådans oljekylarslangar och koppla sedan loss dem från växellådan.

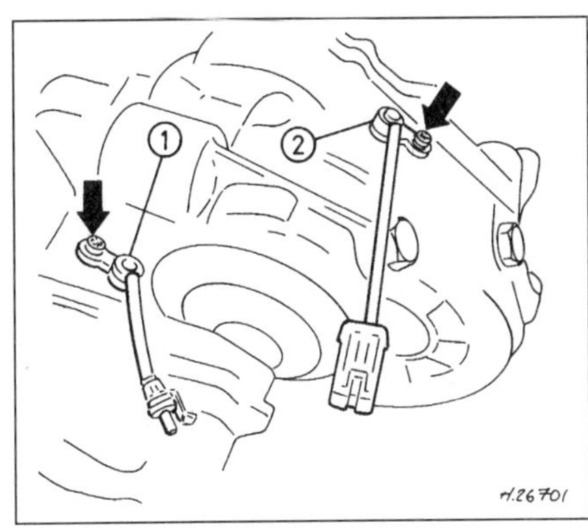

10.1 Hastighetsgivarnas plats

1 Givare ingående hastighet

2 Givare utgående hastighet

Pilarna pekar på fästskruvarna

Observera hur de är monterade. Vissa AF 13 modeller är utrustade med "snabbutlösningshylsor" **(se bild på nästa sida)**. De kan lossas med en liten skruvmejsel. Var beredd på oljespill och plugga igen de öppna ändarna på slangarna och växellådan för att minimera spill och hindra smuts från att tränga in.

9 Skruva loss och ta bort täckplåten från växellådans balanshjulskåpa.

10 Gör inställningsmärken mellan momentomvandlaren och drivplattan om den ursprungliga momentomvandlaren och drivplattan ska återmonteras, för att garantera att komponenterna kan sättas tillbaka på sina ursprungliga platser.

11 Arbeta genom balanshjulskåpans botten och skruva loss de tre bultarna mellan momentomvandlaren och drivplattan. Vevaxeln kommer att behöva vridas runt med en nyckel eller en hylsa på vevaxelns remskive-/drevbult (efter tillämplighet) för att det ska gå att komma åt alla bultar i tur och ordning genom öppningen. Kila fast drivplattans startkrans med en skruvmejsel eller liknande, så att inte plattan vrids runt när bultarna lossas. Kasta bultarna.

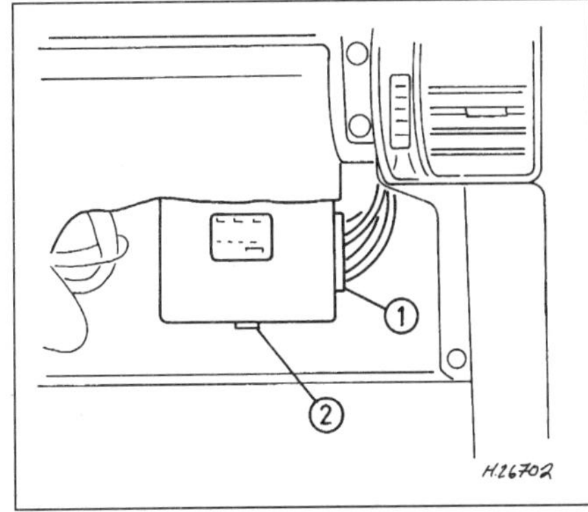

11.1 Automatväxellådans elektroniska styrenhet

1 Anslutningskontakt

2 Klämma som håller styrenhet till fästbygel

12 Stöd växellådan med en garagedomkraft med en träkloss som mellanlägg för att sprida belastningen.

13 Ta bort det vänstra motor-/växellådsfästet helt genom att skruva bort de två fästskruvarna som håller gummifästet vid karossen och de tre bultarna som håller fästbygeln vid växellådan.

14 Se till att växellådan har tillräckligt stöd, skruva sedan loss de återstående bultarna mellan motorn och växellådan. Se till att momentomvandlaren hålls på plats i växellådshuset när motorn och växellådan separeras, annars kan den falla ut, med oljespill och eventuella skador som följd. Säkra momentomvandlaren på plats genom att skruva fast en metallremsa över balanshjulskåpans ändyta.

15 Växellådan kan nu sänkas ner och tas bort under bilens framvagn. Det här momentet går betydligt lättare om man tar hjälp av en medhjälpare.

Montering

Observera: *Vid monteringen måste nya bultar användas mellan momentomvandlaren och drivplattan. Om originalmomentomvandlaren används kommer en gängtapp med måtten M10 x 1,25 mm att behövas. Nya vänsterbultar mellan motorns-/växellådans fäste och karossen samt nya låsringar till drivaxeln måste användas vid monteringen.*

16 Börja med att efterskära gängorna för bultarna mellan momentomvandlaren och drivplattan (i momentomvandlaren) med hjälp av en gängtapp med måtten M10 x 1,25 mm (om originalmomentomvandlaren ska återmonteras) **(se bild)**.

17 Om en ny växellåda monteras rekommenderar tillverkarna att kylarens oljekylarpassager spolas rena innan växellådan monteras. Helst bör tryckluft användas (se i så fall till att vidta relevanta försiktighetsåtgärder), men kylaren kan också sköljas ur med ren automatväxellådsolja tills all den gamla oljan har tömts ut och den olja som rinner från utloppet är ren och ny.

18 Börja med att placera växellådan på en garagedomkraft med ett träblock som mellanlägg under bilens framvagn, precis som vid demonteringen.

19 Om det är tillämpligt, ta bort metallremsan som håller fast momentomvandlaren i växellådshuset och håll momentomvandlaren på plats medan växellådan monteras ihop med motorn.

20 Hissa upp växellådan tillräckligt mycket för att de övre och nedre bultarna mellan motorn och växellådan ska kunna sättas i, men dra inte åt dem helt i det här stadiet. Se till att alla eventuella fästen eller klamrar som noterades vid demonteringen fästs på sina platser med bultarna.

21 Montera det vänstra motor-/växellådsfästet och använd två nya bultar för att fästa gummifästet vid karossen. Dra åt alla bultar till angivet moment.

22 Dra åt de tidigare monterade bultarna mellan motorn och växellådan till angivet moment, ta sedan bort domkraften från växellådans undersida.

23 Om originalmomentomvandlaren och drivplattan har monterats ska vevaxeln vridas försiktigt tills inställningsmärkena som gjordes vid demonteringen är i linje med varandra, innan bultarna mellan momentomvandlaren och drivplattan monteras.

24 Sätt i **nya** bultar mellan momentomvandlaren och drivplattan och dra åt dem till angivet moment. Vrid vevaxeln för att komma åt alla bultar i tur och ordning, och hindra drivplattan från att vridas på samma sätt som vid demonteringen.

25 Montera tillbaka täckplåten på balanshjulskåpan.

26 Fortsätt enligt beskrivningen i kapitel 7A, avsnitt 11, punkt 37 till 42.

27 Anslut växellådans oljekylarslangar till växellådan med nya tätningsbrickor.

28 Anslut hastighetsmätarens vajer till växellådan.

29 Montera fästena till växellådans kabelhärva och anslut kabelhärvans kontakt.

30 Anslut växellådans ventilslang.

31 Anslut växelväljarvajern till manöverstaget på växellådan och justera vajern enligt beskrivningen i avsnitt 2.

32 Fyll växellådan med olja av angiven typ och mängd genom röret till mätstickan.

33 Återanslut batteriets minuspol.

34 Avsluta med att kontrollera växellådans oljenivå och fyll på om det behövs, enligt beskrivningen i kapitel 1.

13 Växellåda, renovering – allmänt

Om ett fel uppstår i växellådan måste man börja med att ta reda på om problemet är av elektrisk, mekanisk eller hydraulisk natur, och för att göra det måste man ha tillgång till specialutrustning. Därför måste arbetet utföras av en Opelverkstad om man misstänker att det är fel på växellådan.

Ta inte bort växellådan från bilen för reparation innan en professionell feldiagnos har utförts, eftersom de flesta tester kräver att växellådan sitter kvar i bilen.

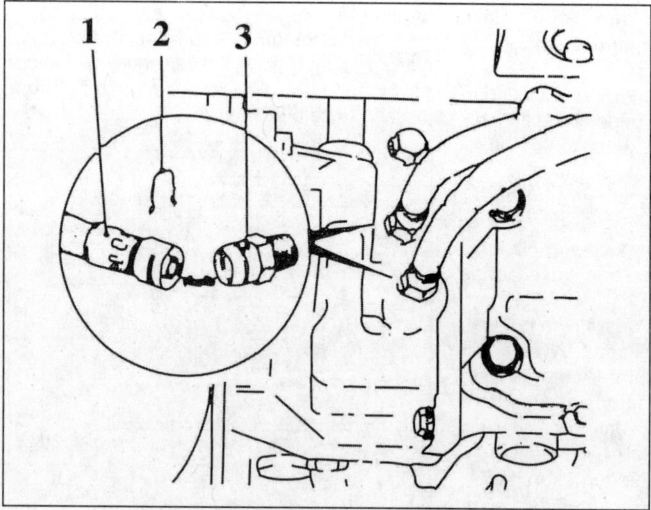

12.8 Kylslanganslutningar – AF 13 modeller

1 Kylslang *2 Fästklämma* *3 Anslutning*

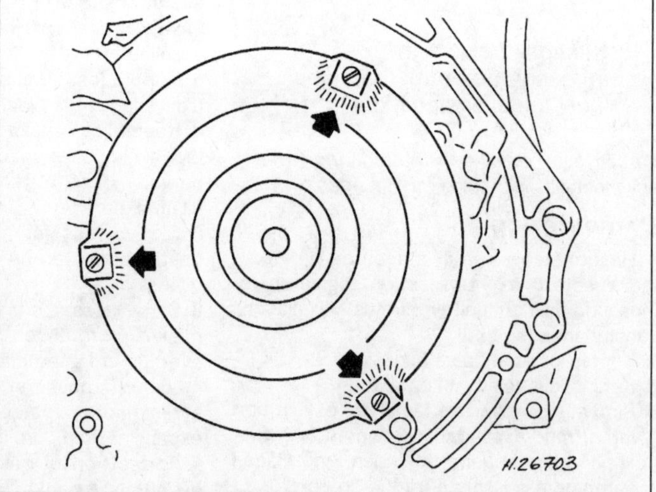

12.16 Gängorna i hålen för bultarna mellan momentomvandlaren och drivplattan (vid pilarna) måste gängas om vid återmonteringen

Kapitel 8
Drivaxlar

Innehåll

Svårighetsgrader

Enkelt, passar novisen med lite erfarenhet	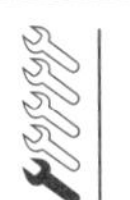	**Ganska enkelt,** passar nybörjaren med viss erfarenhet		**Ganska svårt,** passar kompetent hemmamekaniker		**Svårt,** passar hemmamekaniker med erfarenhet		**Mycket svårt,** för professionell mekaniker	

Specifikationer

Drivknutsfett	GM P/N 90094176
Åtdragningsmoment	**Nm**
Framnav (se texten):	
Steg 1	100
Steg 2	Lossa muttern helt
Steg 3	20
Steg 4	Vinkeldra ytterligare 80° (plus upp till 9°, om det behövs)
Länkarm till fjäderbenets spindelled	70

1 Allmän beskrivning

Kraften från differentialen överförs till hjulen via två öppna drivaxlar med en drivknut i var ände. Drivaxlarna är räfflade i båda ändar.

De inre ändarna passar in i differentialen och hålls fast av låsringar, medan de yttre ändarna passar in i framnaven och hålls fast av framnavsmuttrarna.

Höger drivaxel är längre än vänster, på grund av differentialens position. Vissa modeller har en tvådelad vibrationsdämpare monterad på höger drivaxel.

2 Drivaxlar – demontering och montering

Observera: *Till detta krävs en spindelledsavdragare. Följande delar måste bytas när drivaxeln monteras tillbaka: navmutter, bricka och låssprint, drivaxelns låsring och låssprinten för muttern som håller fast länkarmen till fjäderbenets spindelled.*

Demontering

1 Lyft upp framvagnen och ställ den på pallbockar (se *Lyftning och stödpunkter*). Demontera relevant hjul.

2 Dra ut låssprinten från navets kronmutter i änden av drivaxeln.

3 Nu måste navmuttern lossas. Muttern sitter extremt hårt, det krävs ett förlängningsskaft för att man ska få loss den. För att förhindra att drivaxeln vrider sig, skruva i två hjulbultar

2.4 Skruva loss navmuttern och ta bort brickan från drivaxeln

2.5a Dra ut låssprinten (vid pilen) . . .

2.5b . . . och skruva loss spindelledens kronmutter

2.6 Koppla loss spindelleden med en avdragare

2.9 Lossa änden av drivaxeln från differentialen med ett metallstag

2.11 Dra ut drivaxelns yttre ände från navet

och sätt en metallstång mellan dem och håll emot navet.

4 Skruva loss navmuttern och ta bort brickan från drivaxeln **(se bild)**.

5 Dra ut låssprinten och skruva loss kronmuttern från spindelleden mellan länkarmen och fjäderbenet **(se bilder)**.

6 Koppla loss den nedre spindelleden mellan armen och fjäderbenet med en spindelledsavdragare **(se bild)**.

7 Om det är tillämpligt, demontera motorns undre skyddskåpa enligt beskrivningen i kapitel 11, avsnitt 25.

8 Ett passande verktyg krävs nu för att lossa höger drivaxel. Ett platt metallstag med en fasad yta i ena änden kan användas. Vänster drivaxel kan vara svårare att få loss, och ett fyrkantigt stag kan behövas.

9 Bänd isär drivaxeln och differentialhuset så att drivaxelns låsring lossnar från differentialen **(se bild)**. Ha en behållare till hands till att fånga upp den olja som kommer att rinna ut när drivaxeln dras ut från differentialen. Häng upp drivaxeln med ståltråd eller ett snöre. Låt den inte bära upp sin egen vikt.

10 Plugga igen differentialens öppning för att förhindra att ytterligare olja läcker ut och att smuts kommer in.

11 Dra ut drivaxelns yttre ände från navet och ta bort drivaxeln från bilen **(se bild)**. Det ska gå att dra loss drivaxeln från navet för hand, men om det behövs kan man lossa axeln genom att knacka på den med en mjuk klubba.

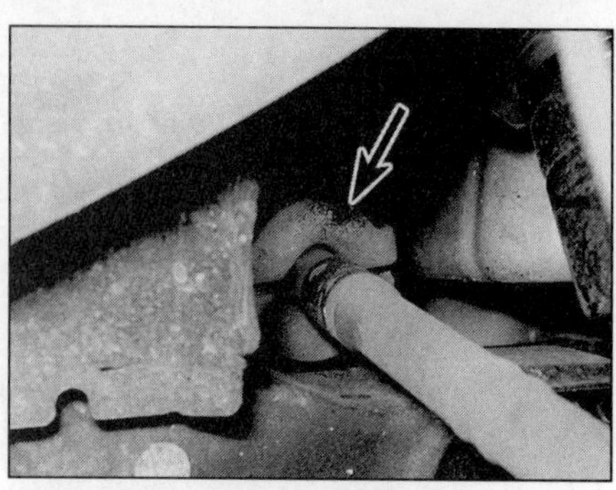
2.13a Drivaxelns vibrationsdämpare (vid pilen) - DOHC modell, sett genom höger hjulhus

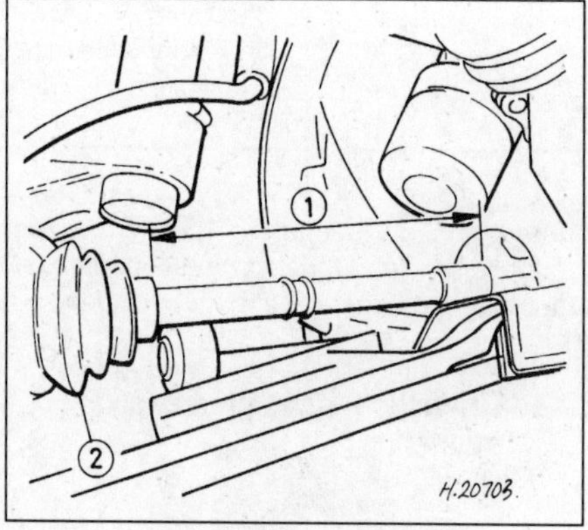

2.13b Avstånd mellan den yttre sidan av dämparen och den yttre drivknutsdamasken (2)

1 = 268 till 270 mm

Varning: Slå inte hårt - drivknutarna kan skadas.

Varning: Låt inte bilen stå på hjulen med en eller båda drivaxlarna demonterade, eftersom detta kan skada hjullagren.

12 Om bilen måste flyttas, sätt tillfälligt tillbaka drivaxlarnas yttre ändar i naven och dra åt navmuttrarna. I detta fall måste drivaxlarnas inre ändar stöttas, t.ex. genom att de hängs upp med ett snöre i underredet.

Varning: Låt inte drivaxeln hänga i sin egen vikt.

13 Vissa modeller har en tvådelad vibrationsdämpare monterad på höger drivaxel. Om dämparen demonteras av någon anledning, är det viktigt att den sätts tillbaka så att avståndet mellan den inre änden av den yttre drivknutsdamasken och den yttre sidan av dämparen är som visas **(se bilder)**.

Montering

14 Innan en drivaxel monteras tillbaka, se till att fogytorna på axeln och hjullagret är helt rena **(se bild)**.

15 Börja återmonteringen genom att lägga lite molybdendisulfidfett på drivaxelns räfflor, och sätt sedan i den yttre änden av axeln i navet. Sätt på en ny bricka och skruva på en ny navmutter och dra åt den med fingrarna.

16 Sätt på en ny låsring på den inre änden av drivaxeln **(se bild)**, och ta sedan bort pluggen från öppningen i differentialen och skjut in drivaxeln i differentialen så långt det går.

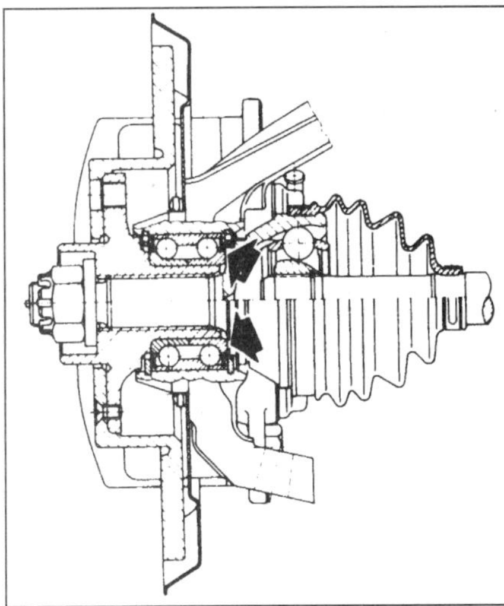

2.14 Genomskärning av framnavet

Rengör fogytorna (vid pilarna) på drivaxeln och hjullagret

17 Placera en skruvmejsel eller liknande på svetssträngen på den inre drivknuten, **inte** på metallkåpan, och driv in axeln i differentialen tills låsringen fäster ordentligt. Dra i ledens **yttre** omkrets för att kontrollera att den fäst ordentligt.

18 Sätt tillbaka spindelleden mellan länkarmen och fjäderbenet, sätt sedan tillbaka kronmuttern och dra åt den till angivet moment. Säkra muttern med en ny låssprint.

19 Dra åt den nya navmuttern till angivet moment i de steg som anges i specifikationerna. Förhindra att drivaxeln vrids precis som vid demonteringen **(se bilder)**. Om hålen för låssprinten i drivaxeln inte passar in mot något urtag i muttern, lossa (dra **inte** åt) muttern tills hålen passar in mot de närmaste urtagen, så att låssprinten kan sättas i. Använd en ny låssprint och böj dess ändar så att den sitter säkert.

2.19a Dra åt navmuttern till angivet moment . . .

2.19b . . . och sedan till angiven vinkel (se specifikationerna)

2.16 Byt alltid drivaxelns låsring vid monteringen

20 Montera tillbaka hjulet och sänk ner bilen.

21 Kontrollera växellådsoljans nivå och fyll på om det behövs, enligt beskrivningen i kapitel 1.

22 Om det är tillämpligt, montera tillbaka motorns undre skyddskåpa.

3 Drivknut – demontering och montering

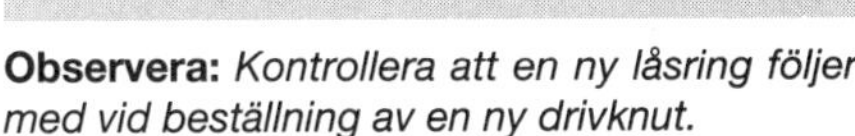

Observera: *Kontrollera att en ny låsring följer med vid beställning av en ny drivknut.*

Demontering

1 En sliten drivknut måste bytas, eftersom den inte kan renoveras. Om drivknuten är sliten på en bil där drivaxeln har gått längre än 80 000 km, rekommenderar tillverkaren att hela drivaxeln byts.

2 Med drivaxeln demonterad enligt beskrivningen i avsnitt 2, lossa metallfästbandet och dra bort gummidamasken från den slitna knuten.

3 Öppna därefter låsringen som håller fast knuten till drivaxeln med en låsringstång **(se bild)**.

4 Knacka loss knuten från drivaxeln med en mjuk klubba **(se bild)**.

Montering

5 Kontrollera att det sitter en ny låsring på den nya knuten, knacka sedan fast den nya knuten på drivaxeln tills låsringen hakar i sitt spår.

6 Fyll knuten med angivet fett.

7 Sätt tillbaka gummidamasken på den nya knuten enligt beskrivningen i avsnitt 4.

8 Montera tillbaka drivaxeln på bilen enligt beskrivningen i avsnitt 2.

4 Drivknutsdamask – demontering och montering

Demontering

1 Med drivaxeln demonterad enligt beskrivningen i avsnitt 2, demontera relevant knut enligt beskrivningen i avsnitt 3. Observera att om båda damaskerna på en drivaxel ska bytas behöver ändå bara en knut demonteras.

2 Lossa det kvarvarande fästbandet och dra loss damasken från drivaxeln.

Montering

3 Torka bort det gamla fettet från knuten och fyll den med nytt angivet fett. Om drivknuten är skadad eller mycket sliten måste den bytas enligt beskrivningen i avsnitt 3.

4 Sätt på den nya damasken på drivaxeln så att den mindre öppningen sitter i spåret på drivaxeln.

5 Montera tillbaka knuten med en ny låsring. Knacka fast knuten på drivaxeln tills låsringen hakar i sitt spår.

6 Dra damasken över knuten, kläm sedan

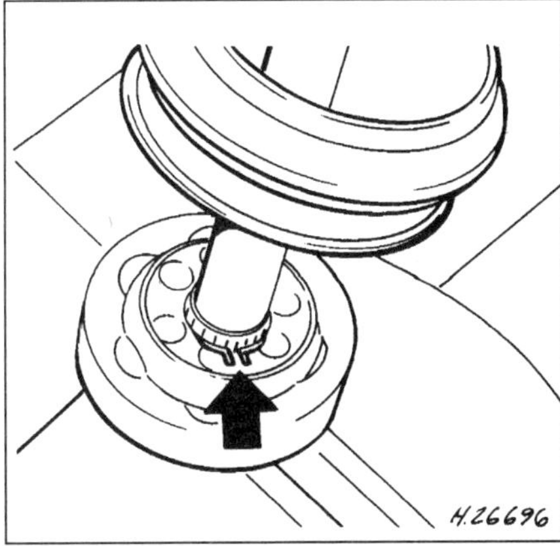

3.3 Drivknutens låsring (vid pilen)

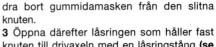

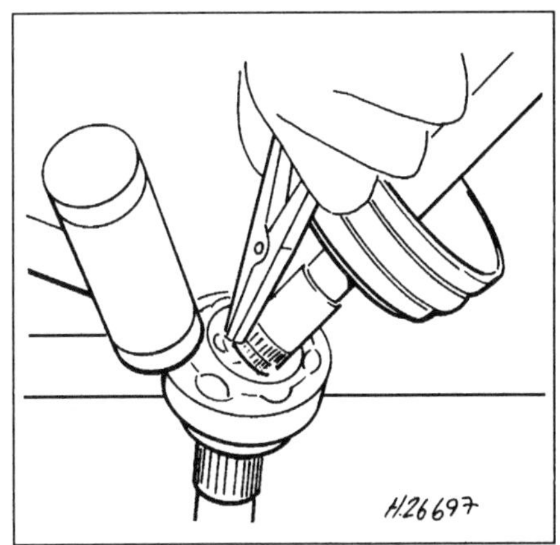

3.4 Knacka loss knuten från drivaxeln

ihop damasken för att pressa ut så mycket luft som möjligt.

7 Fäst damasken med nya fästband. Sätt på ett fästband genom att vira det runt damasken och sedan, samtidigt som bandet dras åt så hårt som möjligt, passa in tappen i ena änden av bandet med ett av urtagen. Använd en skruvmejsel om det behövs för att dra åt bandet så hårt som möjligt innan tappen och urtaget hakas i. Dra till sist åt bandet genom att trycka ihop den upphöjda fyrkantiga delen av bandet med en tång.

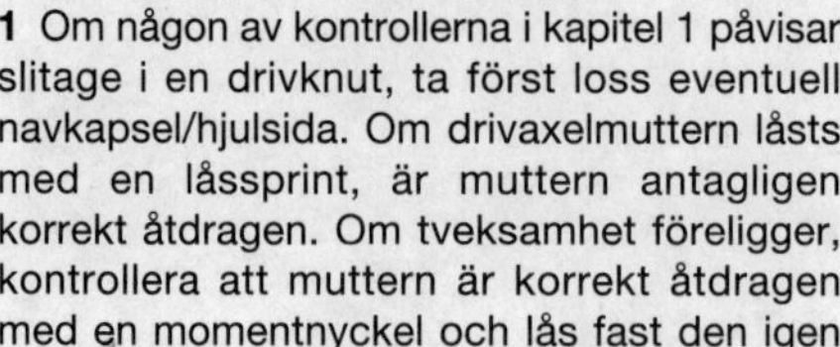

5 Drivaxel, renovering – allmänt

1 Om någon av kontrollerna i kapitel 1 påvisar slitage i en drivknut, ta först loss eventuell navkapsel/hjulsida. Om drivaxelmuttern låsts med en låssprint, är muttern antagligen korrekt åtdragen. Om tveksamhet föreligger, kontrollera att muttern är korrekt åtdragen med en momentnyckel och lås fast den igen (se avsnitt 2), sätt sedan tillbaka navkapseln/hjulsidan. Upprepa denna kontroll på den andra drivaxelmuttern.

2 Provkör bilen och lyssna efter metalliska klick från framvagnen när bilen körs långsamt i en cirkel med fullt rattutslag. Om ett klickande hörs indikerar detta slitage i den yttre drivknuten. Knuten måste då bytas, eftersom den inte kan renoveras (se avsnitt 3).

3 Om vibrationer som följer hastigheten känns i bilen vid acceleration, kan det bero på slitage i de inre drivknutarna.

Kapitel 9
Bromssystem

Innehåll

Svårighetsgrader

Enkelt, passar novisen med lite erfarenhet 	**Ganska enkelt,** passar nybörjaren med viss erfarenhet 	**Ganska svårt,** passar kompetent hemmamekaniker 	**Svårt,** passar hemmamekaniker med erfarenhet 	**Mycket svårt,** för professionell mekaniker 

Specifikationer

Främre bromsar

Skivtjocklek – nya :
- Solida skivor . . . . 12,7 mm
- Ventilerade skivor:
  - 1.4, 1.6 och 1.8 liters SOHC motorer . . . . 20,0 mm
  - 2.0 liters SOHC motorer och DOHC motorer . . . . 24,0 mm

Minsta tillåtna tjocklek efter maskinslipning:*
- Solida skivor . . . . 10,7 mm
- Ventilerade skivor:
  - 1.4, 1.6 och 1.8 liters SOHC motorer . . . . 18,0 mm
  - 2.0 liters SOHC motorer och DOHC motorer . . . . 22,0 mm

Minsta tillåtna tjocklek (vid vilken skivorna måste bytas ut):
- Solida skivor . . . . 9,7 mm
- Ventilerade skivor:
  - 1.4, 1.6 och 1.8 liters SOHC motorer . . . . 17,0 mm
  - 2.0 liters SOHC motorer och DOHC motorer . . . . 21,0 mm

Maximalt kast . . . . 0,1 mm

** När den här tjockleken uppnås får bromsklossarna endast bytas en gång till, sedan måste skivorna bytas ut.*

Bakre trumbromsar

Trummans inre diameter:
- Nya . . . . 200,0 mm
- Högsta tillåtna diameter efter maskinslipning . . . . 201,0 mm

Bakre skivbromsar

Skivtjocklek:
- Nya . . . . 10,0 mm
- Minsta tillåtna tjocklek efter maskinslipning * . . . . 8,0 mm
- Minsta tillåtna tjocklek (vid vilken skivorna måste bytas ut) . . . . 7,0 mm

Maximalt kast . . . . 0,1 mm

** När den här tjockleken uppnås får bromsklossarna endast bytas en gång till, sedan måste skivorna bytas ut.*

Åtdragningsmoment

	Nm
Avluftningsnipplar	6
Bakhjulscylinderns bultar	9
Bakre bromsoksfäste	80
Bakre bromsskivans fästskruv	8
Bromshuvudcylinder till servo	22
Bromsokets styrbult	30
Bromsoljerörens anslutningsmuttrar	16
Bromsslang till bromsok	40
Bromstrummans fästskruv	4
Fästbult till ABS-systemets hjulgivare	8
Fästmuttrar till ABS-systemets hydraulmodulator	8
Fästmuttrar till bakre bromsens fästplatta/nav: *	
Steg 1	50
Steg 2	Vinkeldra ytterligare 30 till 45°
Främre bromsok till hjulspindel	95
Främre bromsskivans fästskruv	4
Främre bromssköldens skruvar	4
Handbromsspakens fästbultar	20
Huvudcylinderns stoppskruv (ATE-typ)	6
Servo till fäste	20
Servon med fäste till torpedväggen	22
Tryckregleringsventilens fästskruvar (kombi och van)	20

**Använd nya muttrar*

1 Allmän information och föreskrifter

Allmän information

Fotbromsen verkar på alla fyra hjulen. Solida eller ventilerade skivbromsar är monterade fram och självjusterande trumbromsar eller solida skivbromsar är monterade bak, beroende på modell. Manövreringen är hydraulisk med vakuumservoassistans. Handbromsen är vajerstyrd och verkar endast på bakhjulen.

Hydraulsystemet är indelat i två kretsar. På modeller utan låsningsfria bromsar (ABS) är systemet delat diagonalt, och på modeller med låsningsfria bromsar är systemet delat i en främre och en bakre del. Om bromsolja läcker ut ur den ena kretsen kommer den återstående kretsen fortfarande att fungera så att viss bromskapacitet finns kvar.

Tillförseln av bromsolja till bakbromsarna regleras så att frambromsarna alltid låser sig först vid kraftig bromsning (det minskar risken för att bilen slirar). På sedan och kombikupé modeller styrs oljetrycket till bakbromsarna av två ventiler, en för varje broms, som sitter monterade på den bakre delen av underredet. På kombi och van styrs oljetrycket till bakbromsarna av en ensam belastningskänslig ventil som verkar i förhållande till belastningen på den bakre fjädringen.

Bromsservon är direktverkande och sitter mellan pedalen och huvudcylindern. Servon drivs av vakuum som utvecklas i insugsgrenröret. Om servon går sönder kommer bromsarna fortfarande att fungera, men det kommer att krävas starkare pedaltryck.

Se avsnitt 25 för ytterligare information om ABS-systemet.

Föreskrifter

Vid arbete med någon del av systemet ska arbetet utföras varsamt och metodiskt. Var extremt noga med renligheten vid allt renoveringsarbete på bromssystemet. Byt alltid ut komponenter (axelvis, inte bara på ett hjul, om så är tillämpligt) om tvivel råder om deras skick, och använd endast ersättningsdelar från Opel eller åtminstone delar av erkänt god kvalitet. Observera varningarna i *Säkerheten främst!* och i relevanta punkter i det här kapitlet angående farorna med asbestdamm och bromsolja.

2 Bromssystem – luftning

Varning: Bromsolja är giftigt. Tvätta omedelbart bort olja som kommer på huden och sök omedelbar läkarhjälp vid förtärning eller stänk i ögonen. Vissa bromsoljor är lättantändliga och kan självantända om de kommer i kontakt med heta komponenter. Vid arbete med bromssystem är det säkrast att anta att oljan ÄR lättantändlig och att vidta säkerhetsåtgärder mot brand på samma sätt som vid hantering av bensin. Bromsolja är även ett effektivt lösningsmedel för färg och angriper vissa plaster. Oljespill ska omedelbart tvättas bort med stora mängder rent vatten. Slutligen absorberar oljan också fukt från den omgivande luften. Använd enbart olja av rekommenderad typ vid påfyllning eller byte. Använd endast olja från helt nya, förseglade förpackningar.

Varning: Opel rekommenderar att en tryckluftningssats används när bromssystemet ska luftas – se punkt 24 till 27.

Allmänt

1 Ett bromssystem kan fungera tillfredsställande först när all luft tömts ut från komponenterna och kretsen. Om någon av de hydrauliska komponenterna i bromssystemet har demonterats eller kopplats bort, eller om oljenivån har tillåtits sjunka märkbart är det oundvikligt att luft har trängt in i systemet. All luft måste tömmas ur systemet för att bromsarna ska kunna fungera korrekt och metoden som används för att ta bort luften kallas helt enkelt för att "lufta" systemet.

2 Vid luftning ska endast ren, färsk bromsolja av rekommenderad typ användas. Återanvänd inte olja som tappats ur systemet. Se till att ha tillräckligt med olja till hands innan arbetet påbörjas.

3 Om det finns någon möjlighet att fel typ av olja finns i systemet måste hela kretsen spolas med ren olja av rätt grad, och samtliga komponenters oljetätningar måste bytas.

4 Om systemet förlorat bromsolja eller luft trängt in från en läcka måste problemet åtgärdas innan arbetet fortsätter.

5 Parkera bilen på plant underlag, stäng av motorn och lägg i ettans växel eller backen på modeller med manuell växellåda (eller P på modeller med automatväxellåda). Klossa sedan hjulen och lossa handbromsen.

6 Kontrollera att alla rör och slangar sitter fast, att anslutningarna är täta och att luftningsnipplarna är stängda. Avlägsna all smuts från områdena kring avluftningsnipplarna.

7 Fyll bromsoljebehållaren upp till MAX-markeringen. Sätt tillbaka locket löst och håll oljenivån ovanför MIN-markeringen under hela momentet, annars finns det risk för att ytterligare luft kommer in i systemet genom behållaren.

8 Det finns ett antal olika typer av luftningssatser att köpa från tillbehörsbutiker, som gör det möjligt för en ensam person att lufta systemet. Vi rekommenderar att en sådan sats används närhelst möjligt eftersom de i hög grad förenklar arbetet och dessutom minskar risken för att avtappad olja och luft sugs tillbaka in i systemet (se varningen i början av detta avsnitt). Om en sådan sats inte finns tillgänglig måste grundmetoden (för två personer) användas. Den beskrivs i detalj längre fram i detta avsnitt.

9 Om en luftningssats ska användas, förbered bilen enligt beskrivningen ovan och följ tillverkarens instruktioner – tillvägagångssättet kan variera någon mellan olika satstyper. Allmänna instruktioner för hur man luftar med en luftningssats följer nedan i relevant underavsnitt.

10 Oavsett vilken metod som används måste ordningen för luftningen vara följande, om hela systemet ska luftas (punkt 11 och 12) för att systemet garanterat ska bli helt fritt från luft.

11 Om ett arbete bara har påverkat en av hydraulsystemets kretsar (systemet är delat diagonalt på modeller utan ABS, och i en fram- och en bakdel på modeller med ABS), behöver bara den relevanta kretsen luftas. Om huvudcylindern har kopplats bort och återanslutits, eller om oljenivån har tillåtits sjunka avsevärt, måste hela systemet luftas.

12 Om hela systemet ska luftas måste den främre bromskretsen luftas först på modeller med ABS.

Luftning – grundmetod (för två personer)

13 Skaffa en ren glasburk, en bit plast- eller gummislang som sitter hårt runt luftningsnipplarna, och en blocknyckel som passar nipplarna. Dessutom behövs en medhjälpare.

14 Ta bort dammkåpan från den första luftningsnippeln i ordningsföljden **(se bilder)**. Montera nyckeln och slangen över nippeln, placera slangens andra ände i burken och häll i tillräckligt mycket bromsolja i burken för att slangänden ska täckas helt.

15 Se till att bromsoljebehållarens nivå hela tiden överstiger MIN-markeringen under hela luftningsproceduren.

16 Låt medhjälparen trampa bromsen i botten ett flertal gånger, så att trycket byggs upp, och sedan hålla kvar bromsen i botten.

17 Medan pedaltrycket upprätthålls, skruva upp nippeln (cirka ett varv) och låt oljan strömma ut i burken. Medhjälparen måste hålla trycket på pedalen, ända ner till golvet om så behövs, och inte släppa förrän klartecken ges. När flödet avstannar ska luftningsnippeln dras åt igen. Ge medhjälparen klartecken för att långsamt släppa pedalen och kontrollera behållarens oljenivå ännu en gång.

18 Upprepa momenten i punkt 16 och 17 till dess att oljan som kommer ut ur nippeln är fri från luftbubblor.

19 När inga fler luftbubblor syns, dra åt nippeln ordentligt, ta bort nyckeln och slangen och montera dammskyddet. Dra inte åt luftningsnippeln för hårt.

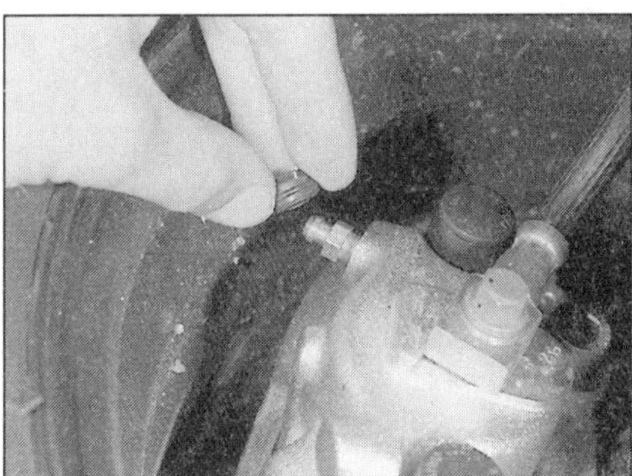

2.14a Dammkåpan tas bort från luftningsnippeln på ett främre bromsok

20 Upprepa proceduren med de återstående nipplarna tills all luft släppts ut ur systemet och bromspedalen åter känns fast.

Luftning – med en backventil

21 Som namnet anger består de här luftningssatserna av en slang med en backventil monterad för att hindra att uttömd luft och olja dras tillbaka in i systemet. Vissa satser innehåller en genomskinlig behållare som kan placeras så att luftbubblorna lättare kan ses flöda från änden av slangen **(se bild)**.

22 Satsen ansluts till luftningsnippeln som sedan öppnas. Användaren återvänder till förarsätet och trycker ner bromspedalen med ett mjukt, fast tryck och släpper sedan långsamt upp den. Det här upprepas tills all olja som rinner ur slangen är fri från luftbubblor.

23 Observera att även om de här satserna förenklar arbetet är det lätt att glömma bort bromsoljebehållarens oljenivå. Se till att nivån hela tiden hålls över MIN-markeringen, annars dras mer luft in i systemet.

Luftning – med en tryckluftssats

24 De här luftningssatserna drivs vanligen av lufttrycket i reservdäcket. Observera dock att trycket i däcket troligen måste minskas till under normaltryck. Se instruktionerna som följer med luftningssatsen.

25 Genom att ansluta en trycksatt, oljefylld behållare till bromsoljebehållaren kan luftningen utföras genom att nipplarna helt enkelt öppnas i tur och ordning (i den angivna ordningsföljden) så att oljan kan strömma ut tills den är helt fri från bubblor.

26 Den här metoden har extra fördel av att den stora oljebehållaren hindrar luft från att tränga in under luftningen.

27 Trycksatt luftning är speciellt effektiv för luftning av "svåra" system och vid rutinbyte av all olja.

Alla metoder

28 Efter avslutad avluftning och när pedalen känns fast, spola bort eventuellt spill och dra åt nipplarna till angivet moment, samt sätt på dammkåporna. Dra inte åt luftningsnipplarna för hårt.

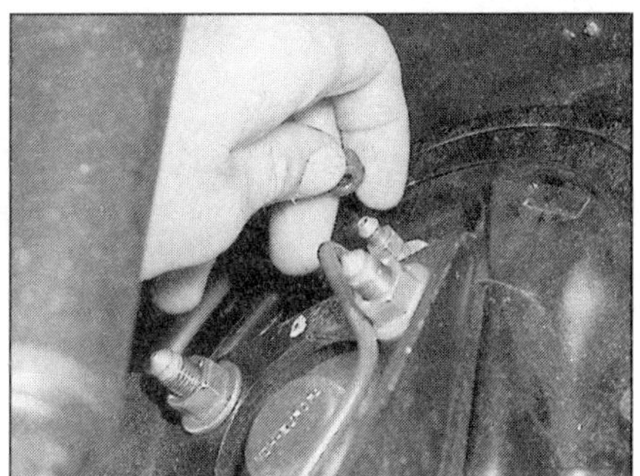

2.14b Dammkåpan tas bort från luftningsnippeln på ett bakre bromsok – modell med bakre trumbromsar

29 Kontrollera bromsoljenivån och fyll på om det behövs.

30 Kassera all bromsolja som tappats ur systemet. Den kan inte återanvändas.

31 Tryck ner bromspedalen som vanligt för att kontrollera hur den känns. Om den känns "svampig" finns det fortfarande luft kvar i systemet som då måste luftas ytterligare. Om fullständig luftning inte uppnås efter ett rimligt antal luftningsförsök kan detta bero på slitna tätningar i huvudcylindern.

3 Bromsrör och slangar – kontroll, demontering och montering

Observera: *Läs anmärkningen i början av avsnitt 2 innan arbetet påbörjas.*

Kontroll

1 Bromsoljerören, slangarna, slanganslutningarna och röranslutningarna ska undersökas regelbundet.

2 Leta först efter tecken på läckage vid röranslutningarna och undersök sedan om slangarna är spruckna, skavda eller nötta.

3 Undersök om bromsrören har hack, är korroderade eller på annat sätt skadade. Korrosion kan skrapas bort, men om punktkorrosionen är djup måste rören bytas ut. Detta händer oftast i områdena under bilen där rören är utsatta och oskyddade.

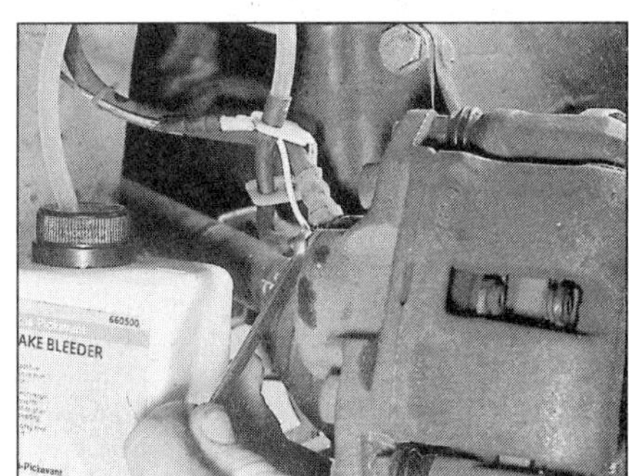

2.21 Bromsarna luftas med en vanligt förekommande backventilsats

3.4 En bromsslangklämma minskar oljespillet när bromsslangarna kopplas loss

Demontering

4 Om någon del av ett rör eller en slang ska tas bort kan oljespillet minskas genom att man tar bort bromsoljebehållarens påfyllningslock och fäster en bit plastfolie över påfyllningshålet med ett gummiband. Om en del av ett rör ska kopplas bort från huvudcylindern ska behållaren tömmas genom att oljan sugs ut med en hävert eller en pipett. Alternativt kan slangar tätas med bromsslangklämmor om det behövs **(se bild)**, medan metallrörsanslutningarna kan pluggas igen (om man är noga med att inte låta smuts komma in i systemet) eller täckas över så fort de kopplas loss.

5 För att ta bort en del av ett rör, skruva loss anslutningsmuttrarna i rörets ändar och lossa röret från klamrarna som fäster det vid karossen. Vissa anslutningsmuttrar kan sitta mycket hårt, särskilt om de utsätts för

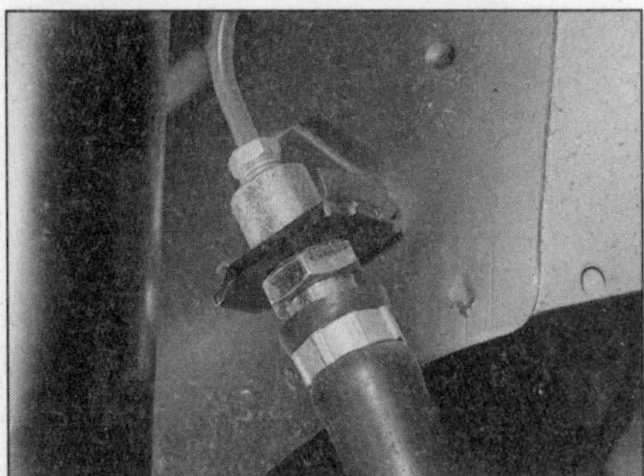

3.6 Typisk anslutningsmutter mellan bromsrör och slang

vägsmuts och liknande under bilen. Om en fast nyckel används är det vanligt att den glider på och skadar muttrarnas plana ytor. Därför är det bättre att använda en öppen polygonnyckel som fäster på alla de flata ytorna. Om en sådan nyckel inte finns tillgänglig kan en självlåsande tång användas, även om det INTE rekommenderas.

6 När en slang ska tas bort måste först slangens ändar och omgivande områden rengöras, skruva sedan loss anslutningsmuttern(muttrarna) eller bulten(bultarna), efter tillämplighet, från slangänden(ändarna). Om det är tillämpligt, ta loss slangen från fästbygeln och ta bort slangen **(se bild)**.

7 Bromsrör med vidgade ändar och monterade anslutningsmuttrar kan köpas separat eller i uppsättningar från Opelverkstäder eller tillbehörsbutiker. Röret böjs sedan till rätt form med det gamla röret som mall, och kan sedan monteras i bilen.

Montering

8 Monteringen av rör och slangar sker i omvänd ordningsföljd. Se till att bromsrören stöds ordentligt i klämmorna och se till att slangarna inte är veckade. Kontrollera även att slangarna inte kommer åt fjädringens komponenter och underredets delar, och att de inte heller kommer att göra det när fjädringen och styrningen rör sig. Ta bort plastfolien från behållaren och lufta bromsarnas hydraulsystem enligt beskrivningen i avsnitt 2 efter monteringen.

4 Främre bromsklossar - demontering och montering

Varning: Byt båda främre bromsklossuppsättningarna samtidigt. Byt aldrig ut bromsklossarna på bara ett hjul eftersom hjulet kan dra åt ena sidan vid inbromsning. Notera att dammet från bromsklossarnas slitage kan innehålla asbest vilket är en hälsorisk. Blås aldrig bort dammet med tryckluft och undvik inandning. Ansikts-mask ska bäras vid arbete med bromsarna. ANVÄND INTE petroleumbaserade lösningsmedel för att rengöra bromskomponenter - använd endast bromsrengöringsvätska eller denaturerad sprit.

Demontering

1 Dra åt handbromsen och ställ framvagnen på pallbockar.

2 Om det är tillämpligt, dra bort bromsklossarnas slitagegivare från den inre bromsklossen och koppla loss kablaget från kontakten under hjulhuset, bredvid fjäderbenet **(se bild)**. Notera hur kablaget är draget.

3 Använd en skruvmejsel och bänd bort bromsklossens fästklammer från bromsokets ytterkant, notera hur den är placerad **(se bild)**.

4 Bänd ut de två styrbultarnas dammkåpor från bromsokets innerkant. Använd en insexnyckel eller en sexkantsbit, skruva loss styrbultarna och lyft bort bromsoket och den inre bromsklossen från fästet **(se bilder)**. Ta loss den yttre bromsklossen. Häng upp bromsoket med ståltråd eller snöre för att undvika att sträcka bromsoljeslangen.

4.2 Kontaktdon till slitagegivare för bromsklossar (och ABS-givare) (vid pilarna) under främre hjulhuset

4.3 Bromsklossens fästklammer tas bort från kanten på bromsoket

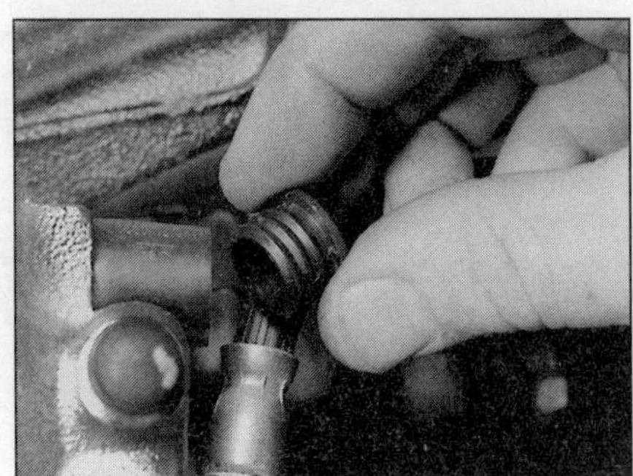

4.4a Bänd ut dammkåporna . . .

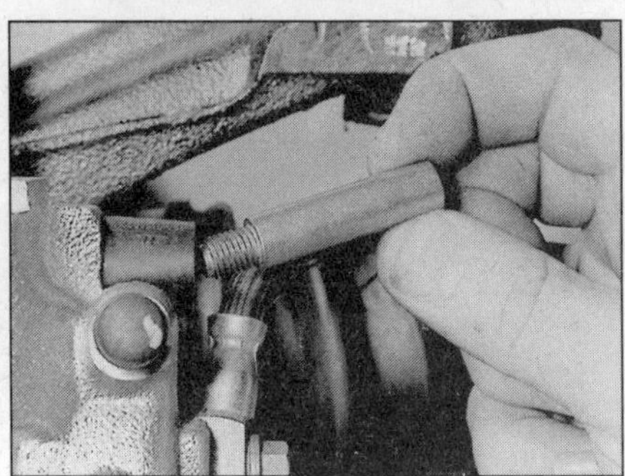

4.4b . . . ta sedan bort bromsokets styrbultar . . .

4.4c . . . och ta bort bromsoket och den inre bromsklossen

4.5 Den inre bromsklossen dras bort från bromsokskolven

4.12 Bromsokets styrbult dras åt

4.14 Bromsklossens fästklammer korrekt placerad på bromsoket

5 Dra bort den inre bromsklossen från bromsokskolven. Notera att den sitter fast med en klammer på bromsokets fästplatta **(se bild)**.

Montering

6 Borsta bort smuts och damm från bromsoket. Var noga med att inte andas in dammet. Ta försiktigt bort all rost från bromsskivans kanter.

7 För att de nya tjockare bromsklossarna ska få plats måste bromsokskolven tryckas in helt i cylinderloppet med hjälp av en slät metallstång, som t.ex. ett ringjärn. Bänd inte mellan kolven och skivan för att trycka ner kolven. När kolven trycks ner i loppet höjs oljenivån i behållaren, så sug ut lite olja med en (ren) gammal batterihydrometer eller en pipett för att undvika oljespill.

Varning: Det är mycket viktigt att bromsokskolven trycks ner så långsamt som möjligt, med minsta möjliga kraft.

8 Kontrollera att fördjupningarna i kolven är placerade vertikalt. Vrid kolven försiktigt till rätt läge om det behövs.

9 Applicera lite bromsfett på de nya bromsklossarnas fogytor.

10 Montera den nya inre bromsklossen på bromsokskolven och se till att klammern placeras korrekt.

11 Placera den yttre bromsklossen på bromsoksfästet, med friktionsbelägget mot skivan.

12 Montera bromsoket på fästet och dra åt styrbultarna till angivet moment **(se bild)**.

13 Montera styrbultarnas dammkåpor.

14 Montera bromsklossens fästklammer så att den placeras på det sätt som noterades före demonteringen **(se bild)**.

15 Om det är tillämpligt, montera en ny slitagegivare på den inre bromsklossen och anslut kablaget vid kontaktdonet under hjulhuset. Dra kablaget på det sätt som noterades vid demonteringen.

16 Upprepa åtgärderna på andra sidan.

17 Montera hjulen och sänk ner bilen.

18 Tryck ner fotbromsen flera gånger för att placera bromsklossarna mot skivorna.

19 Kontrollera bromsoljenivån och fyll på om det behövs (se *Veckokontroller*).

20 Nya bromsklossar måste köras in försiktigt, så undvik i möjligaste mån kraftiga inbromsningar under de första 160 km efter att de nya bromsklossarna monterats.

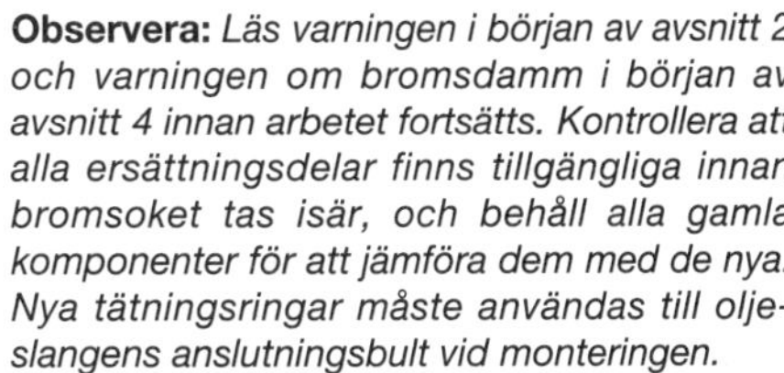

5 Främre bromsok – demontering, renovering och montering

Observera: *Läs varningen i början av avsnitt 2 och varningen om bromsdamm i början av avsnitt 4 innan arbetet fortsätts. Kontrollera att alla ersättningsdelar finns tillgängliga innan bromsoket tas isär, och behåll alla gamla komponenter för att jämföra dem med de nya. Nya tätningsringar måste användas till oljeslangens anslutningsbult vid monteringen.*

Demontering

1 Dra åt handbromsen och ställ upp framvagnen på pallbockar (se *Lyftning och stödpunkter*).

2 Ta bort bromsklossarna enligt beskrivningen i avsnitt 4.

3 Arbeta under motorhuven, ta bort bromsoljebehållarens lock, lägg en bit plastfolie över påfyllningshålet och fäst den med en gummisnodd eller sätt på locket igen. Detta minskar läckaget under proceduren som följer.

4 Skruva loss bromsoljeslangens anslutningsbult från bromsokets baksida och koppla loss slangen. Ta loss de två tätningsringarna från anslutningsbulten (en på varje sida av slangens ändfäste). Var beredd på spill och plugga igen öppningarna för att förhindra ytterligare spill och att smuts kommer in.

5 Ta bort bromsokshuset från bilen.

6 Bromsoksfästet kan tas bort från navet genom att de två fästbultarna skruvas loss **(se bild)**.

Renovering

7 Borsta bort smuts och damm från bromsoket. Var noga med att inte andas in dammet.

8 Använd en skruvmejsel och bänd försiktigt bort dammtätningen från änden av kolven och bromsokshuset och ta bort den.

9 Placera en tunn träkloss framför kolven för att hindra den från att falla ur sitt lopp och skadas. Tillför sedan lågt tryck – t.ex. från en fotpump – till bromsoljeanslutningshålet i bromsokshusets baksida, för att skjuta ut kolven från loppet.

10 Ta bort träklossen och dra försiktigt ut kolven.

11 Bänd försiktigt bort tätningen från spåret i bromsokskolvens lopp med hjälp av ett plast- eller träverktyg **(se bild)**.

12 Undersök ytorna på kolven och loppet i bromsoket med avseende på repor och tecken på att metall har varit i kontakt med metall. Vid uppenbara tecken på ovanstående ska hela bromsoksenheten bytas ut.

13 Om kolven och loppet är i gott skick, kasta tätningarna och skaffa en renoveringssats med alla nödvändiga utbytbara delar.

14 Rengör kolven och cylinderloppet med bromsolja eller T-sprit, inget annat.

15 Inled hopsättningen med att montera dammtätningen i bromsoksloppet.

16 Placera dammtätningen i spåret i kolven. Doppa kolven i ren bromsolja och för den vinkelrätt rakt in i cylindern. Kontrollera att fördjupningarna i kolven är placerade vertikalt.

5.6 Bromsoksfästets fästbultar (vid pilarna)

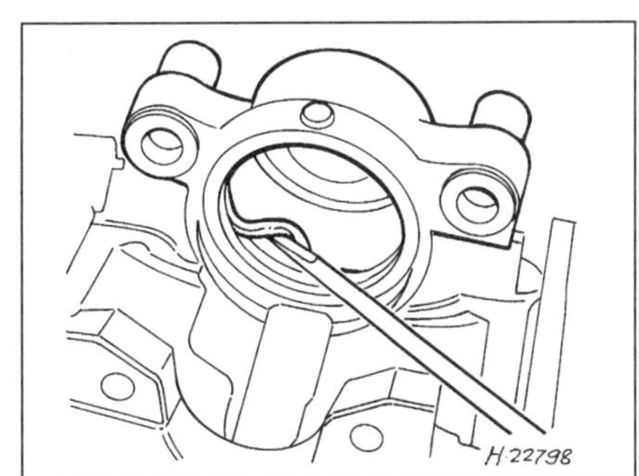

5.11 Tätningen bänds bort från spåret i den främre bromsokskolvens lopp

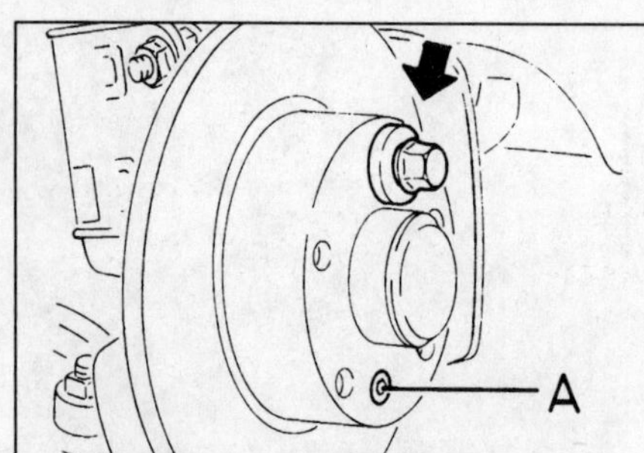

6.2 Montera en hjulbult och en distansbricka (vid pilen) mitt emot fästskruven (A) innan bromsskivans skevhet kontrolleras

Vrid kolven försiktigt till rätt läge om det behövs.

17 Fäst dammtätningen i bromsoksloppets kant när kolven är delvis nedtryckt.

18 Tryck kolven längre in i loppet, men inte så långt som till stoppet. Se till att den inte fastnar.

19 Styrbultshylsorna kan bytas ut om det behövs. Ta loss komprimeringshylsan av nylon från insidan av gummit. Tryck sedan försiktigt ihop gummiklacken och tryck gummit genom hålet i bromsokshuset för att ta bort det från den inre änden.

20 Montera nya hylsor i omvänd ordningsföljd.

Montering

21 Om det är tillämpligt, montera bromsoksfästet på navet och dra åt fästbultarna till angivet moment.

22 Återanslut bromoljeslangsanslutningen med nya tätningsringar på anslutningsbulten.

23 Montera bromsklossarna enligt beskrivningen i avsnitt 4.

24 Ta bort plastfolien från bromsoljebehållarens påfyllningsrör och lufta relevant bromshydraulkrets enligt beskrivningen i avsnitt 2.

25 Montera hjulet och sänk ner bilen.

6 **Bromsskiva** – kontroll, demontering och montering

Observera: *Läs varningen om bromsdamm i början av avsnitt 4 innan arbetet fortsätts.*

Kontroll

1 Om en främre bromsskiva ska kontrolleras, dra åt handbromsen, och om en bakre skiva ska kontrolleras, klossa framhjulen. Hissa sedan upp relevant ände av bilen och stöd den på pallbockar.

2 Kontrollera att bromsskivans fästskruv sitter ordentligt. Montera sedan en ca 10,0 mm tjock distansbricka på en av hjulbultarna och sätt i och dra åt bulten i hålet mitt emot skivans fästskruv **(se bild)**.

3 Vrid bromsskivan och undersök om den har djupa repor eller spår. Lätt spårning är normalt, men vid överdriven spårning måste

6.11 Fästskruven skruvas loss från den främre bromsskivan

skivan tas bort och antingen bytas ut eller maskinslipas (inom de angivna gränsvärdena) av en verkstad.

4 Använd en mätklocka eller en platt metallkloss och bladmått, kontrollera att skivans skevhet inte överskrider det angivna värdet i specifikationerna.

5 Om skivan är överdrivet skev, demontera den enligt beskrivningen längre fram i detta avsnitt och kontrollera att ytorna mellan skivan och navet är helt rena.

6 Kontrollera navets skevhet när skivan är demonterad. Om skevheten överskrider maxvärdet för skivans skevhet är navlagren troligen allvarligt slitna eller skadade. Se kapitel 10 för information om byte.

7 Montera skivan och kontrollera skivans skevhet igen. Om navlagren är i gott skick måste felet bero på skivan, som i så fall måste bytas ut.

Demontering

Främre skiva

8 Om det är tillämpligt, ta bort hjulbulten och distansbrickan som användes vid skivkontrollen.

9 Ta bort bromsklossarna enligt beskrivningen i avsnitt 4.

10 Skruva loss de två fästbultarna och ta bort bromsoksfästet.

11 Ta loss fästskruven **(se bild)** och ta bort skivan från navet.

Bakre skiva

12 Om det är tillämpligt, ta bort hjulbulten och distansbrickan som användes vid kontrollen av skivan

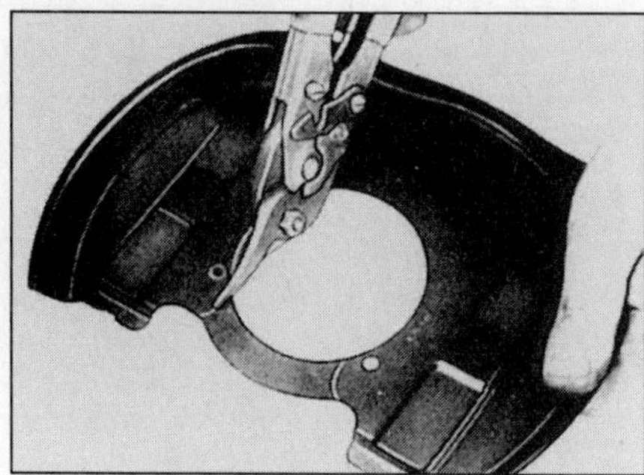

7.5 En bit metall klipps bort från en ny bromssköld före monteringen

6.15 En bakre bromsskiva demonteras

13 Demontera bromsklossarna enligt beskrivningen i avsnitt 11.

14 Demontera bromsoket enligt beskrivningen i avsnitt 12, men lämna hydraulröret anslutet. Flytta bromsoket åt ena sida och häng upp det med ståltråd eller snöre för att inte utsätta röret för påfrestningar.

15 Skruva loss fästskruven och ta bort skivan från navet **(se bild)**. Om skivan sitter hårt, tryck ihop handbromsbackarna genom att sticka in en skruvmejsel genom justerhålet i skivan och vrida justerhjulet.

Montering

16 Montering sker i omvänd ordningsföljd, men se till att skivans och navets fogytor är helt rena. Montera bromsklossarna enligt beskrivningen i avsnitt 4 eller 11, efter tillämplighet.

7 **Främre bromssköld** – demontering och montering

Observera: *Läs varningen om bromsdamm i början av avsnitt 4 innan arbetet fortsätts.*

Demontering

1 Dra åt handbromsen och ställ framvagnen på pallbockar. Ta av det relevanta hjulet.

2 Ta bort bromsskivan enligt beskrivningen i avsnitt 6.

3 Stick in en skruvmejsel genom hålen i navflänsen och ta loss de tre skruvarna som fäster skölden vid navhållaren.

4 Använd en plåtsax eller ett annat lämpligt verktyg och klipp bort den del av metallen från sköldens bakre ände som behövs för att det ska gå att dra bort skölden över navet. Ta sedan bort skölden.

Montering

5 Om en ny sköld ska monteras, klipp av metallbiten som visas i bilden så att det går att montera skölden **(se bild)**. Slipa bort borrskäggen från snittytorna och måla dem med rostskyddsfärg.

6 Ytterligare montering sker i omvänd ordningsföljd. Montera bromsskivan enligt beskrivningen i avsnitt 6.

8.5a Lossa bromsbackens nedhållningsskål . . .

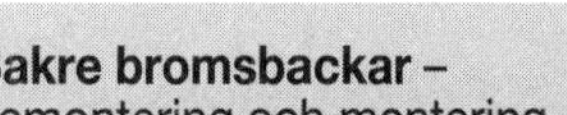

8 Bakre bromsbackar - demontering och montering

Observera: *Byt ut båda bromsbacksuppsättningarna samtidigt - byt aldrig ut bromsbackarna på bara ett hjul, eftersom det kan ge ojämn bromsverkan. Läs varningen om bromsdamm i början av avsnitt 4 innan arbetet påbörjas.*

Demontering

1 Klossa framhjulen, hissa upp bakvagnen och stöd den på pallbockar. Ta av bakhjulen.

2 Arbeta på bilens ena sida och ta bort bromstrumman enligt beskrivningen i avsnitt 9.

3 Notera noggrant var och hur alla komponenter sitter innan isärtagningen för att underlätta hopsättningen.

4 Rengör trumman och bromsbackarna från damm och smuts, men var noga med att inte andas in dammet.

5 Ta bort bromsbackarnas nedhållningssprintar, fjädrar och skålar genom att trycka ner skålarna och vrida dem 90° med en tång **(se bilder)**. Observera att nedhållningssprintarna tas bort genom fästplattans baksida.

6 Koppla loss handbromsvajern från manöverstaget **(se bild)**.

7 De övre och nedre fjädrarna kan nu hakas loss och bromsbackarna tas loss separat, eller också kan bromsbackar, justerstag och fjädrar tas bort tillsammans som en enhet. Det sistnämnda alternativet går lättast om navet är demonterat - se kapitel 10. Var noga med att inte skada hjulcylinderns damask. Observera fjädrarnas och justerstagets placering och lägen innan returfjädrarna demonteras.

8.8 Gummiband monterat på hjulcylindern för att hålla kvar kolvarna

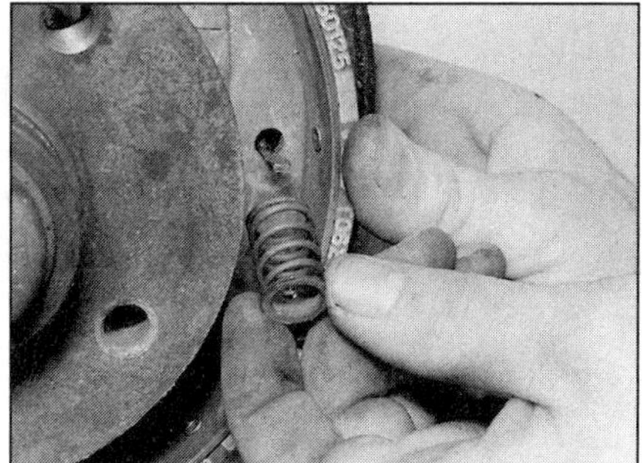

8.5b . . . och ta bort skålen och fjädern

8 Om bromsbackarna ska vara demonterade under en längre tid, montera ett kraftigt gummiband eller en fjäderklammer till hjulcylindern för att hindra kolvarna från att tryckas ut ur sina lopp **(se bild)**. Tryck **inte** ner bromspedalen medan bromstrumman är demonterad.

Montering

9 Rengör bromsfästplattan från damm och smuts, men var noga med att inte andas in dammet.

10 Applicera lite bromsfett på bromsbackarnas gummidelar på fästplattan.

11 Om beläggen som tagits bort är nedsmutsade med bromsolja eller fett måste orsaken till nedsmutsningen undersökas och åtgärdas innan nya belägg monteras (oljetätningsläckage i hjulcylinder eller nav).

12 Även om separata bromsbelägg (utan backar) finns att få tag på är byte av kompletta backar enklare, såvida inte de kunskaper och verktyg som behövs för byte av enbart belägg finns tillgängliga.

13 Ta isär bromsbackarna, justerstaget och fjädrarna, om det inte redan är gjort. Notera hur komponenternas är placerade.

14 Var noga med att inte blanda ihop komponenterna om båda bromsenheterna tas isär samtidigt. Observera att de vänstra och högra justerkomponenterna är märkta; gängstaget är märkt med "L" (Left = vänster) eller "R" (Right = höger) och de andra sidberoende komponenterna är färgkodade med svart för vänster sida och silver för höger sida.

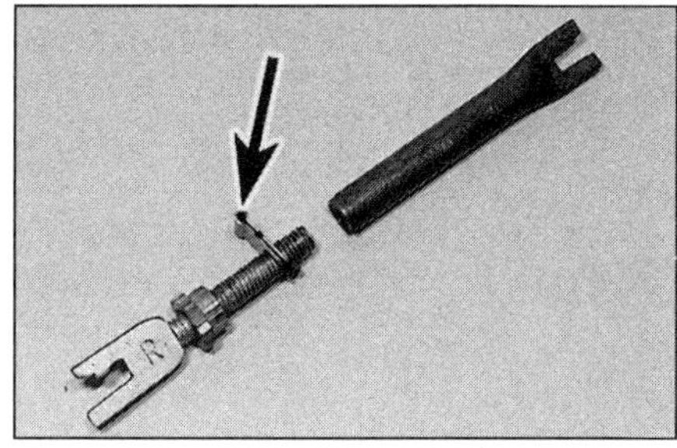

8.15 Komponenter i justerstaget på höger bromsback - termoklammern är märkt med pil

8.6 Handbromsvajern kopplas bort från manöverstaget (navet demonterat för bättre tydlighet)

15 Ta isär och rengör justerstaget. Applicera lite silikonfett på justergängorna. Om nya bromsbelägg eller bromsbackar ska monteras måste termoklammern på justerstaget också bytas ut **(se bild)**.

16 Undersök returfjädrarna. Om de är slitna eller om de utsatts för service ett flertal gånger bör de bytas ut. Svaga fjädrar kan få bromsarna att låsa sig.

17 Flytta över det gamla manöverstaget från de gamla bromsbackarna om det inte följer med ett nytt manöverstag till de nya bromsbackarna (om tillämpligt). Staget kan vara fäst med en sprint och en låsring eller med en nit, som i så fall behöver borras ut.

18 Sätt ihop de nya bromsbackarna, fjädrarna och justerkomponenterna om komponenterna ska monteras som en enhet. Dra ut justerstaget för att underlätta montering.

19 Passa in bromsbackarna på fästplattan. Var noga med att inte skada hjulcylinderdamaskerna, eller att rubba kolvarna. Kom ihåg att ta loss gummibandet eller fjäderklammern från hjulcylindern, om tillämpligt.

20 När bromsbackarna är på plats, stick i nedhållningssprintarna och fäst dem med fjädrarna och skålarna.

21 Återanslut handbromsvajern och montera sedan navet, om tillämpligt.

22 Om det är för komplicerat att montera bromsbackarna och fjädrarna som en enhet är det möjligt att montera bromsbackarna separat och fästa dem med nedhållningssprintarna. Montera sedan justerstaget, returfjädrarna och justeraren.

23 Vrid tillbaka justerhjulet för att minska justerstagets längd, tills bromstrumman kan passera över bromsbackarna.

24 Se till att handbromsens manöverstag är korrekt placerat, med sprinten på kanten av bromsbackseggen, och inte balanserande ovanpå den. Montera sedan bromstrumman och fäst den **(se bild på nästa sida)**.

25 Upprepa procedurerna på andra sidan.

26 Justera bromsarna genom att trycka ner

8.24 Bakre trumbromskomponenter korrekt ihopsatta. Navet borttaget för tydlighetens skull

fotbromsen minst femton gånger. Ett klickande ljud hörs vid trummorna när de automatiska justerarna arbetar. När klickandet upphör är justeringen klar.

27 Kontrollera handbromsvajerns inställning enligt beskrivningen i avsnitt 19.

28 Montera hjulen och sänk ner bilen.

29 Nya bromsbelägg måste köras in försiktigt. Undvik i möjligaste mån kraftiga inbromsningar ungefär 160 km efter att de nya bromsbeläggen monterats.

9 Bakre bromstrumma - demontering, kontroll och montering

Observera: *Läs varningen om bromsdamm i början av avsnitt 4 innan arbetet fortsätts.*

Demontering

1 Klossa framhjulen, hissa upp bakvagnen och stöd den på pallbockar.

2 Lägg ur handbromsen helt.

3 Skruva loss trummans fästskruv **(se bild)** och ta bort trumman. Om trumman sitter hårt, ta loss pluggen från inspektionshålet i fästplattan och tryck handbromsens manöverstag mot bromsbacken för att flytta bort bromsbackarna från trummorna. Om det behövs, lossa handbromsvajerns justerare (se avsnitt 19).

Kontroll

4 Borsta ren trumman från damm och smuts. Var noga med att inte andas in dammet.

9.3 Bromstrummans fästskruv skruvas loss

5 Undersök trummans inre friktionsytor. Om de är djupt repade eller om bromsbackarna har skapat slitkanter, måste båda trummorna bytas ut.

6 Omslipning av friktionsytorna rekommenderas inte eftersom trummans inre diameter inte längre kommer att passa ihop med bromsbacksbeläggens kontaktdiameter.

Montering

7 Montera bromstrumman och dra åt fästskruven. Om det behövs, vrid tillbaka justerhjulet tills trumman kan passera över bromsbackarna.

8 Justera bromsarna genom att trycka ner fotbromsen ett antal gånger. Ett klickande ljud hörs vid trumman när den automatiska justeraren arbetar. När klickandet upphör är justeringen klar.

9 Montera hjulet och sänk ner bilen.

10 Bakre hjulcylinder - demontering, renovering och montering

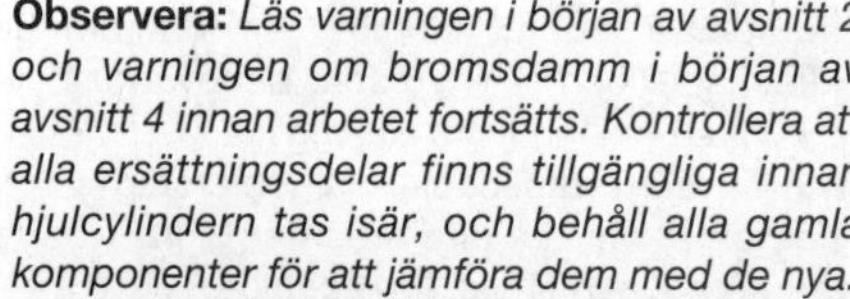

Observera: *Läs varningen i början av avsnitt 2 och varningen om bromsdamm i början av avsnitt 4 innan arbetet fortsätts. Kontrollera att alla ersättningsdelar finns tillgängliga innan hjulcylindern tas isär, och behåll alla gamla komponenter för att jämföra dem med de nya.*

Demontering

1 Klossa framhjulen, hissa upp framvagnen och stöd den på pallbockar. Ta av det relevanta hjulet.

2 Ta bort bromstrumman enligt beskrivningen i avsnitt 9.

3 Använd en tång, haka loss den övre returfjädern från bromsbackarna, notera dess läge och tryck sedan isär bromsbackarnas övre ändar tills de går fria från hjulcylindern.

4 I motorrummet, ta bort bromsoljebehållarens lock, lägg en bit plast över hålet och fäst med en gummisnodd eller genom att sätta på locket igen. Detta minskar läckaget under proceduren som följer.

5 Skruva loss bromsoljerörets anslutningsmutter från hjulcylinderns baksida och koppla loss röret **(se bild)**. Var noga med att inte sträcka röret. Var beredd på spill och plugga igen öppningarna för att förhindra ytterligare spill och att smuts kommer in.

10.5 Bromsoljerörets anslutningsmutter skruvas bort från den bakre hjulcylindern

6 Skruva loss de två fästbultarna från fästplattans baksida och ta bort hjulcylindern.

Renovering

7 Borsta bort smuts och damm från hjulcylindern. Var noga med att inte andas in dammet.

8 Dra bort dammtätningarna av gummi från cylinderhusets ändar.

9 Kolvarna trycks normalt ut av trycket från spiralfjädern, men om så inte är fallet, knacka på änden av cylinderhuset med en träkloss, eller tillför lågt tryck – t.ex. från en fotpump – till bromsoljeanslutningshålet i cylinderhusets baksida, för att skjuta ut kolvarna från loppen.

10 Undersök ytorna på kolvarna och loppen i cylinderhuset med avseende på repor och tecken på att metall har varit i kontakt med metall. Vid tydliga tecken, byt ut hela hjulcylinderenheten.

11 Om kolvarna och loppen är i gott skick, kasta tätningarna och skaffa en renoveringssats med alla utbytbara delar **(se bild)**.

12 Smörj kolvtätningarna med ren bromsolja och för in dem i cylinderloppen, med fjädern emellan dem. Använd bara fingerstyrka.

13 Doppa kolvarna i ren bromsolja och för in dem i cylinderloppen.

14 Montera nya dammtätningar och kontrollera att kolvarna kan röra sig fritt i sina lopp.

Montering

15 Montera hjulcylindern på fästplattan och dra åt fästbultarna.

16 Återanslut bromsoljeröret till cylindern och dra åt anslutningsmuttern.

17 Tryck bromsbackarna mot kolvarna och montera sedan den övre returfjädern på det sätt som noterades innan demonteringen.

18 Montera bromstrumman och dra åt fästskruven. Om det behövs, vrid tillbaka justerhjulet tills trumman kan passera över bromsbackarna.

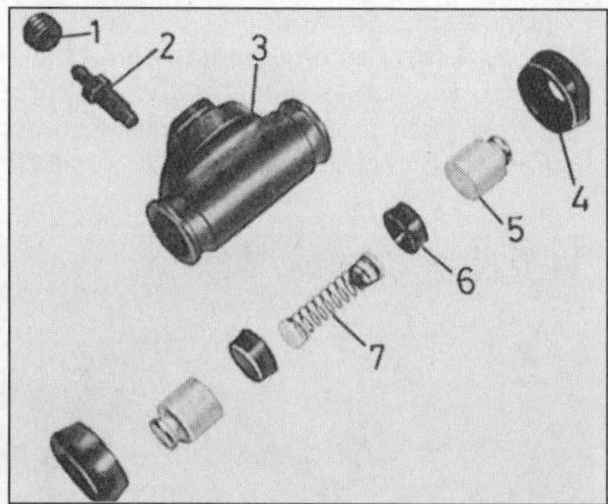

10.11 Sprängskiss av en bakre hjulcylinder

1 Dammkåpa
2 Luftningsnippel
3 Cylinderhus
4 Dammtätning
5 Kolv
6 Kolvtätning
7 Fjäder

19 Ta bort plastfolien från bromsoljebehållarens påfyllningsrör och lufta relevant bromskrets enligt beskrivningen i avsnitt 2.
20 Justera bromsarna genom att trycka ner fotbromsen ett antal gånger. Ett klickande ljud hörs vid trumman när den automatiska justeraren arbetar. När klickandet upphör är justeringen klar.
21 Montera hjulet och sänk ner bilen.

11 Bakre bromsklossar (skivbromsar) - demontering och montering

Observera: *Läs varningen om bromsdamm i början av avsnitt 6 innan arbetet fortsätts.*

Demontering

1 Klossa framhjulen, hissa upp bakvagnen och stöd den på pallbockar. Ta av bakhjulen.
2 Observera hur den stötdämpande fjädern är monterad och driv sedan ut fästsprintarna till den övre och nedre bromsklossen från utsidan av bromsoket med hjälp av en pinndorn **(se bilder)**.
3 Ta bort den stötdämpande fjädern.
4 Tryck bort bromsklossarna från skivan något. Använd sedan en tång och dra bort den yttre bromsklossen och, om tillämpligt, det gnisseldämpande mellanlägget mellan bromsklossen och bromsokshuset.
5 Dra bort den inre bromsklossen **(se bild)** och, om tillämpligt, det gnisseldämpande mellanlägget.
6 Borsta bort smuts och damm från bromsoket. Var noga med att inte andas in dammet. Ta försiktigt bort all rost från bromsskivans kant.

Montering

7 För att de nya tjockare bromsklossarna ska få plats måste bromsokskolven tryckas in helt i cylinderloppet med hjälp av en platt metallstång, som t.ex. ett ringjärn. Bänd inte mellan kolven och skivan för att trycka ner kolven. När kolven trycks ner i loppet höjs oljenivån i behållaren, så sug ut lite olja med en (ren) gammal batterihydrometer eller en pipett för att undvika oljespill.

Varning: Det är mycket viktigt att bromsokskolven trycks ner så långsamt som möjligt, med minsta möjliga kraft.

8 Kontrollera att fördjupningarna i kolvarna är riktade nedåt, med ungefär 23° vinkel mot vågrätt läge. En mall av kartong kan användas för att kontrollera inställningen **(se bild)**. Vrid försiktigt kolvarna till rätt läge om det behövs.
9 Applicera lite bromsfett på fästplattornas övre och nedre kanter på de nya bromsklossarna.
10 Placera de nya bromsklossarna och de gnisseldämpande mellanläggen i bromsoket. Se till att belägget är riktat mot skivan och kontrollera att klossarna kan röra sig något.
11 Placera den stötdämpande fjädern på bromsklossarna. Stick sedan in bromsklossarnas fästsprintar från bromsokets inre ände medan fjädern trycks ned. Knacka in sprintarna ordentligt i bromsoket.
12 Upprepa procedurerna på andra sidan.
13 Montera hjulen och sänk ner bilen.
14 Tryck ner fotbromsen hårt flera gånger för att placera bromsklossarna mot skivorna.
15 Kontrollera bromsoljenivån och fyll på om det behövs.
16 Nya bromsklossar måste köras in försiktigt. Undvik i möjligaste mån kraftiga inbromsningar ungefär 160 km efter att de nya bromsklossarna monterats.

12 Bakre bromsok (skivbromsar) - demontering, renovering och montering

Observera: *Läs varningen i början av avsnitt 2 och varningen om bromsdamm i början av avsnitt 4 innan arbetet fortsätts. Kontrollera att alla ersättningsdelar finns tillgängliga innan bromsoket tas isär, och behåll alla gamla komponenter för att jämföra dem med de nya.*

Demontering

1 Klossa framhjulen, hissa upp bakvagnen och stöd den på pallbockar. Ta av det relevanta hjulet.
2 Ta bort bromsklossarna enligt beskrivningen i avsnitt 11.
3 Arbeta under motorhuven, ta bort bromsoljebehållarens lock, lägg en bit plastfolie över påfyllningshålet och fäst den med en gummisnodd eller sätt på locket igen. Detta minskar läckaget under proceduren som följer.
4 Skruva loss bromsoljerörets anslutningsmutter från bromsokets baksida och koppla loss röret. Var noga med att inte sträcka röret. Var beredd på spill och plugga igen öppningarna för att förhindra ytterligare spill och att smuts kommer in.
5 Skruva loss de två fästbultarna och ta bort bromsoket från bilen **(se bild)**.

Renovering

6 Borsta bort smuts och damm från bromsoket. Var noga med att inte andas in dammet.
7 Observera att bromsokets två halvor inte får tas isär.
8 Använd en skruvmejsel, bänd ut fästklamrarna från kolvarnas dammtätningar och bänd sedan försiktigt bort dammtätningarna.

11.2a Bakre bromsklossens stötdämpande fjäder korrekt placerad. Observera att den nedre bromsklossens fästsprint delvis har drivits ut

11.2b Den övre bromsklossens fästsprint drivs ut

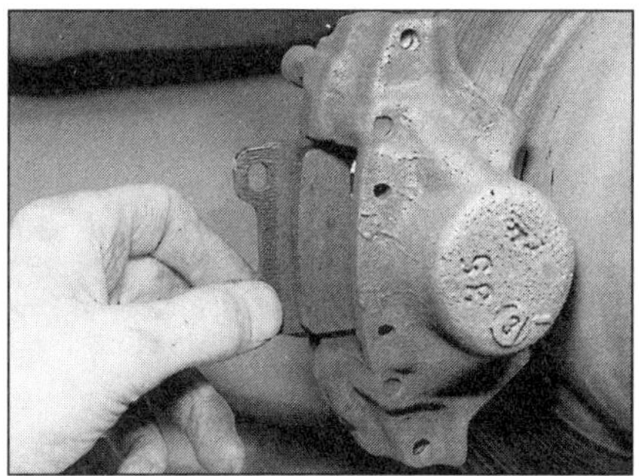

11.5 Den bakre inre bromsklossen tas bort

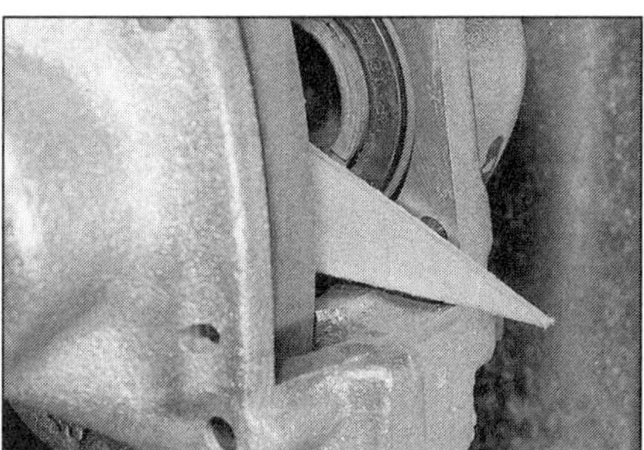

11.8 Vinkeln på fördjupningen i en bromsokskolv kontrolleras med en kartongmall

12.5 Bakre bromsokets fästbultar (vid pilarna)

9 Använd en klämma och fäst den ena kolven i helt tillbakadraget läge. Tillför sedan lågt tryck - t.ex. från en fotpump - till bromsoljeanslutningshålet i bromsokshusets baksida för att skjuta ut den återstående kolven ur sitt lopp. Var noga med att inte tappa kolven eftersom det kan leda till skador.

10 Täpp tillfälligt igen loppet till den demonterade kolven med en platt träbit eller liknande. Ta sedan bort klämman från den återstående kolven och tillför ännu en gång lite tryck på bromsoksanslutningen för att skjuta ut kolven.

11 Bänd försiktigt bort tätningarna från spåren i bromsokskolvarnas lopp med hjälp av ett trä- eller plastverktyg.

12 Undersök ytorna på kolvarna och loppen i bromsoket med avseende på repor och tecken på att metall har varit i kontakt med metall. Vid uppenbara tecken på ovanstående ska hela bromsoksenheten bytas ut.

13 Om kolvarna och loppen är i gott skick, kasta tätningarna och skaffa en renoveringssats med alla nödvändiga utbytbara delar. Införskaffa även en tub med bromscylinderpasta.

14 Rengör kolven och cylinderloppet med bromsolja eller T-sprit, inget annat.

15 Applicera lite bromscylinderpasta på kolvarna, cylinderloppen och kolvtätningarna.

16 Inled hopsättningen med att montera tätningarna i spåren i bromsoksloppen.

17 Placera dammtätningarna i spåren i kolvarna, för sedan försiktigt in kolvarna i loppen tills de går in i tätningarna. Det kan vara nödvändigt att vrida kolvarna för att hindra dem från att fastna i tätningarna.

18 När kolvarna är delvis intryckta, haka i dammtätningarna med kanterna på bromsoksloppen och montera fästklamrarna.

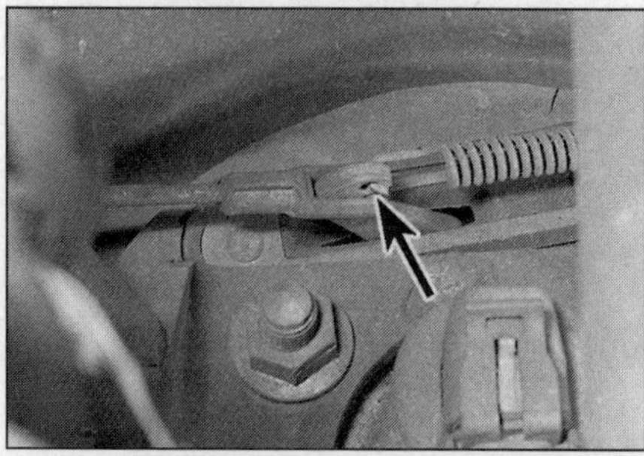

13.4 Handbromsvajerns och returfjäderns anslutning till handbromsens manöverstag - modell med bakre skivbromsar

Montering

19 Montera bromsoket och dra åt fästbultarna till angivet moment.

20 Återanslut bromsoljeröret på bromsoket och dra åt anslutningsmuttern.

21 Montera bromsklossarna enligt beskrivningen i avsnitt 11.

22 Montera hjulet och sänk ner bilen.

23 Ta bort plastfolien från bromsoljebehållarens påfyllningsrör och lufta relevant bromskrets enligt beskrivningen i avsnitt 2.

13 Handbromsbackar (bakre skivbromsar) - demontering och montering

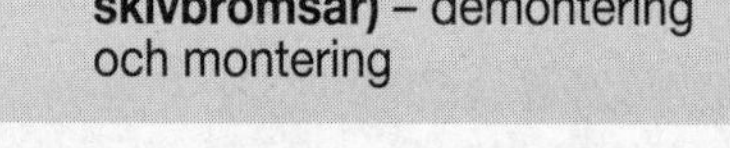

Observera: *Läs varningen om bromsdamm i början av avsnitt 4 innan arbetet fortsätts.*

Demontering

1 Hissa upp bilen och ställ den på pallbockar som placeras under karossens sidobalkar (se *Lyftning och stödpunkter*).

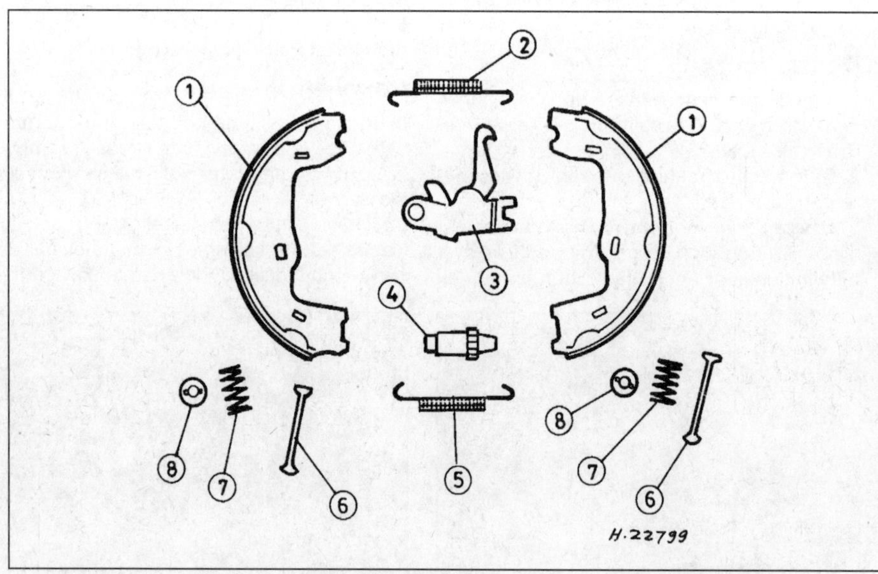

13.7 Bakre handbromsbackarnas komponenter - modeller med bakre skivbromsar

1 Bromsbackar	*4 Justerare*	*7 Nedhållningsfjäder*
2 Övre returfjäder	*5 Nedre returfjäder*	*8 Nedhållningsklammer*
3 Handbroms manöverstag	*6 Nedhållningssprint*	

2 Ta bort bromsskivan enligt beskrivningen i avsnitt 6.

3 Rengör de olika komponenterna från damm och smuts, men var noga med att inte andas in dammet.

4 Koppla loss handbromsvajern och returfjädern från handbromsens manöverstag vid fästplattan **(se bild)**. Om det behövs, lossa handbromsvajerns justering enligt beskrivningen i avsnitt 19.

5 Ta bort bromsbackarnas nedhållningssprintar, fjädrar och skålar genom att trycka ner skålarna och vrida dem 90° med en tång. Observera att nedhållningssprintarna tas bort genom fästplattans baksida.

6 Bromsbackarna, justeraren, handbromsens manöverstag och returfjädrarna kan nu tas bort tillsammans som en enhet.

7 Notera var och hur alla komponenter sitter. Haka loss övre och nedre returfjäder från bromsbackarna och ta loss handbromsens manöverstag och justerare **(se bild)**.

Montering

8 Lägg lite bromsfett på justerarens gängor, skruva sedan ihop den till dess minimilängd. Lägg även lite bromsfett på bromsbackarnas gummidelar på fästplattan.

9 Montera en av de nya bromsbackarna och fäst den på fästplattan med nedhållningssprinten, fjädern och skålen.

10 Placera handbromsens manöverstag på sin plats.

11 Montera den återstående bromsbacken och fäst den med nedhållningssprinten, fjädern och skålen.

12 Haka fast den övre returfjädern på bromsbackarna.

13 Montera justeraren mellan bromsbackarnas nedre kanter, på samma sätt som noterades före demonteringen och montera sedan den nedre returfjädern.

14 Återanslut handbromsvajern och returfjädern till handbromsens manöverstag.

15 Montera bromsskivan enligt beskrivningen i avsnitt 6, men montera inte hjulet i det här stadiet.

16 Upprepa åtgärderna på andra sidan.

17 Kontrollera handbromsvajerns inställning enligt beskrivningen i avsnitt 19.

18 Montera hjulen och sänk ner bilen.

14 Bakre bromsfästplatta - demontering och montering

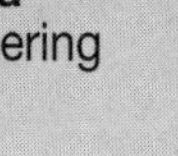

Modeller med bakre trumbromsar

Demontering

1 Klossa framhjulen, hissa upp bakvagnen och stöd den på pallbockar (se *Lyftning och stödpunkter*). Ta av det relevanta hjulet.

2 Demontera bromsbackarna enligt beskrivningen i avsnitt 8.

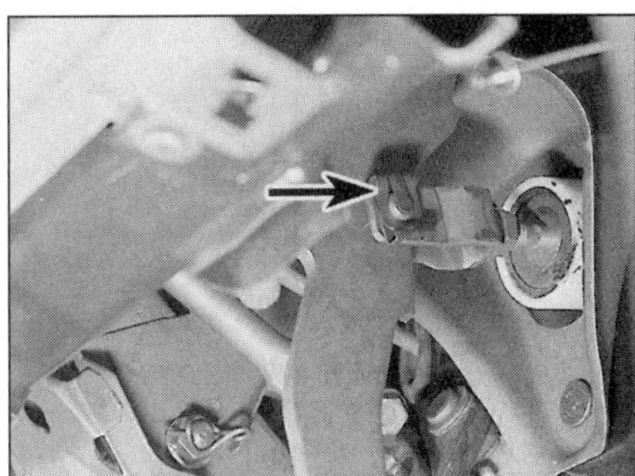

15.4 Fjäderklammer mellan bromsservons gaffel och pedalens svängtapp (vid pilen)

3 Demontera den bakre hjulcylindern enligt beskrivningen i avsnitt 10.
4 Använd en tång och bänd ut klammern som fäster handbromsvajern vid fästplattan.
5 Ta bort den bakre navenheten enligt beskrivningen i kapitel 10 och ta bort fästplattan.

Montering

6 Montera fästplattan och det bakre navet enligt beskrivningen i kapitel 10. Använd nya muttrar och dra åt dem i två steg enligt specifikationerna.
7 Placera handbromsvajern i fästplattan och montera fästklammern.
8 Montera den bakre hjulcylindern enligt beskrivningen i avsnitt 10.
9 Montera bromsbackarna enligt beskrivningen i avsnitt 8.
10 Kontrollera handbromsen och justera den om det behövs enligt beskrivningen i avsnitt 19, innan hjulet monteras och bilen sänks ner.
11 Lufta relevant bromskrets enligt beskrivningen i avsnitt 2.

Modeller med bakre skivbromsar

Demontering

12 Klossa framhjulen, hissa upp bakvagnen och stöd den på pallbockar (se *Lyftning och stödpunkter*). Ta av det relevanta hjulet.
13 Ta bort bromsskivan enligt beskrivningen i avsnitt 6.
14 Ta bort handbromsbackarna enligt beskrivningen i avsnitt 13.
15 Ta bort den bakre navenheten enligt beskrivningen i kapitel 10 och ta bort fästplattan.

Montering

16 Montera fästplattan och det bakre navet enligt beskrivningen i kapitel 10. Använd nya muttrar och dra åt dem i två steg enligt specifikationerna.
17 Montera handbromsbackarna enligt beskrivningen i avsnitt 13.
18 Montera bromsskivan enligt beskrivningen i avsnitt 6.
19 Kontrollera handbromsen och justera den om det behövs enligt beskrivningen i avsnitt 19, innan hjulet monteras och bilen sänks ner.

15 Bromspedal - demontering och montering

Demontering

1 Koppla loss batteriets minusledare.
2 Ta bort den nedre klädselpanelen från förarsidans fotbrunn.
3 Koppla loss anslutningskontakten från bromsljuskontakten. Vrid sedan kontakten moturs och ta bort den från fästet.
4 Dra ut fjäderklammern från den högra änden av svängtappen mellan servogaffeln och pedalen **(se bild)**.
5 Använd en tång, dra tillbaka änden av pedalens returfjäder från pedalen för att kunna ta bort svängtappen mellan servogaffeln och pedalen. tappen **(se bild)**.
6 Dra bort låsklammern från den vänstra änden av pedalens svängtapp.
7 Skruva loss muttern från svängtappens vänstra ände och dra sedan bort svängtappen från pedalfästets högra ände. Om det behövs, knacka på svängtappens ena ände med en mjuk hammare för att få loss räfflorna från fästbygeln. Ta loss alla brickor som kan sitta monterade på svängtappen. Notera hur de är placerade.
8 Ta bort pedalen och returfjädern.

Montering

9 Montering sker i omvänd ordningsföljd, men tänk på följande.
10 Se till att pedalens returfjäder är korrekt placerad på pedalen före monteringen.
11 Täck pedalens svängtapp med lite molybdendisulfidfett.
12 Se till att alla brickor på pedalens svängtapp är placerade på det sätt som noterades innan demonteringen.

16 Servoenhet - test, demontering och montering

Högerstyrda modeller

Test

1 Testa servofunktionen genom att trycka ner fotbromsen tre eller fyra gånger för att häva vakuumet. Starta sedan motorn medan bromspedalen hålls nedtryckt. När motorn startar ska det finnas ett spel i pedalen medan vakuumet byggs upp. Låt motorn gå i minst två minuter och stäng sedan av den. Om pedalen trycks ner igen ska man kunna höra ett väsande ljud från servon. Efter fyra eller fem nedtryckningar ska väsandet inte höras längre och ett större motstånd ska kännas i pedalen.

Demontering

Observera: *Vid monteringen måste tätningsmassa (Opel P/N 90485251 eller liknande) användas för att täcka fogytorna på servons fästbygel, och fästmassa kommer att behövas för att täcka gängorna på servons fästbultar.*
2 Koppla loss batteriets minusledare.
3 Arbeta inuti bilen, loss fästklamrarna och ta bort den nedre klädselpanelen från förarsidans fotbrunn.
4 Koppla loss kontaktdonet från bromsljuskontakten, vrid sedan kontakten moturs och ta bort den från fästet.
5 Dra bort fjäderklammern från den högra änden av svängtappen mellan servogaffeln och pedalen.
6 Använd en tång, dra tillbaka änden av pedalens returfjäder från pedalen för att kunna ta bort svängtappen mellan servogaffeln och pedalen. Ta bort svängtappen.
7 Demontera vindrutans torpedplåt enligt beskrivningen i kapitel 11 och ta sedan bort vindrutetorkarens motor och länksystem enligt beskrivningen i kapitel 12.
8 Ta bort spolarvätskebehållaren enligt beskrivningen i kapitel 12.
9 Koppla loss vakuumröret från bromsservon.
10 Skruva loss de två fästmuttrarna och ta försiktigt bort bromshuvudcylindern från pinnbultarna på servon. Flytta huvudcylindern något framåt och se till att inte belasta bromsrören.
11 Ta bort de två pluggarna som täcker servons fästbultar från torpedplåten **(se bild)**.
12 Använd en insexnyckel eller sexkantsbit,

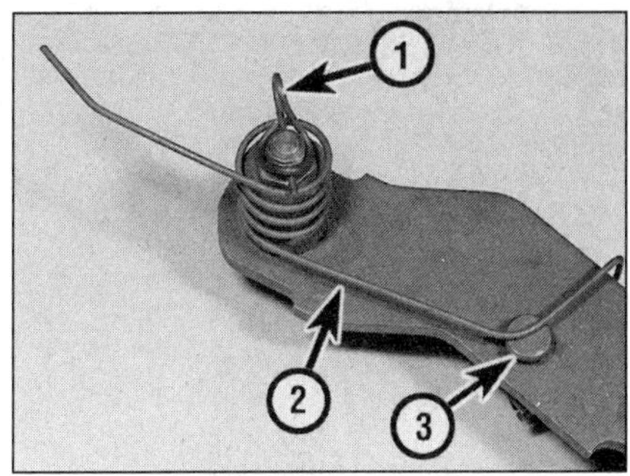

15.5 Bromspedalen demonterad från bilen

1 Låssprint
2 Pedalens returfjäder
3 Pedalens svängtapp

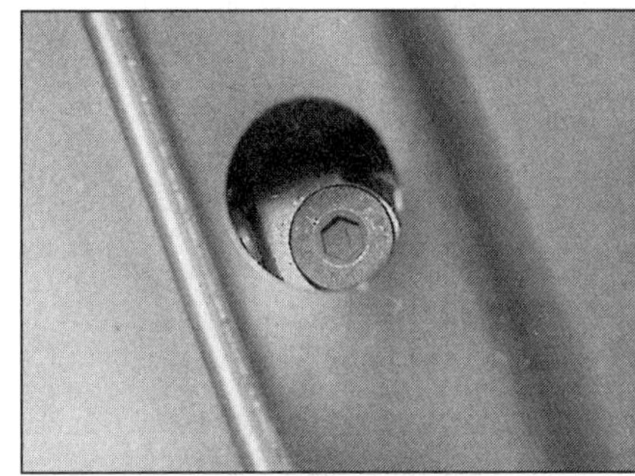

16.11 Pluggen borttagen från torpedplåten för att visa bromsservons fästbult

16.12 Bromsservons fästbult skruvas loss

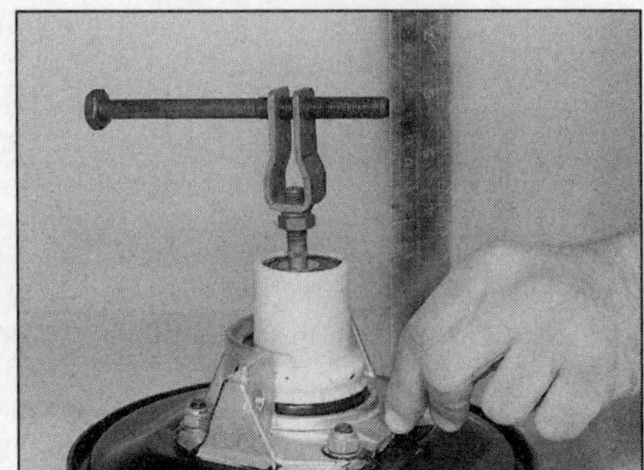

16.16 Servogaffelns dimensioner mäts med en bult instucken genom svängtappshålet

skruva loss servons fästbultar och ta bort dem **(se bild)**. Lyft sedan bort servon tillsammans med fästbygeln från torpedväggen. Observera att fästet kan sitta fast på torpedväggen eftersom det är monterat med tätningsmassa.

13 Fästbygeln kan tas bort från servon genom att de fyra fästmuttrarna skruvas loss. Observera att fästet kommer att sitta fast på servon eftersom det är monterat med tätningsmassa.

14 Servon kan inte renoveras. Om den är defekt måste hela enheten bytas ut.

Montering

15 Innan servon monteras, kontrollera att gaffelns mått är korrekta enligt följande.

16 Mät avståndet från servohusets ändyta till svängtappshålets mitt i änden av gaffeln. Avståndet ska vara 147,70 mm. För att underlätta mätningen, stoppa i en bult eller en stång med rätt diameter i svängtappshålet och mät till mitten av bulten eller stången **(se bild)**.

17 Om justering behövs, lossa låsmuttern och vrid gaffeln för att uppnå de angivna dimensionerna, dra sedan åt låsmuttern.

18 Täck fästbygelns fogytor med tätningsmassa (Opel P/N 90485251 eller liknande) och montera sedan fästbygeln på servon.

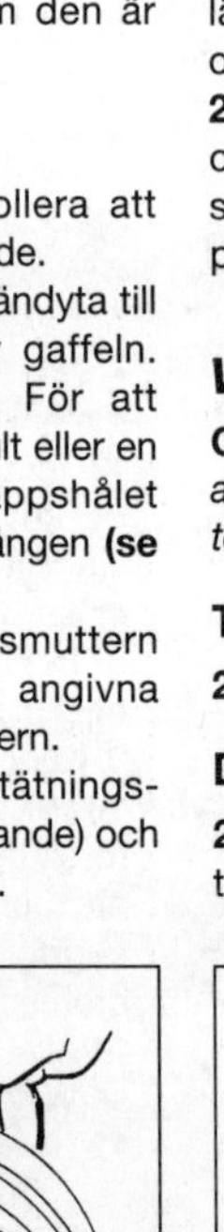

19 Täck gängorna på servons fästbultar med fästmassa, montera sedan servon på torpedväggen och dra åt fästbultarna.

20 Sätt tillbaka fästbultarnas täckpluggar på torpedplåten.

21 Montera huvudcylindern till servon och dra åt fästmuttrarna till angivet moment.

22 Återanslut vakuumröret till servon.

23 Montera spolarvätskebehållaren.

24 Montera vindrutetorkarens motor och länksystem enligt beskrivningen i kapitel 12 och montera sedan vindrutans torpedplåt.

25 Ytterligare återmontering sker i omvänd ordningsföljd. Avsluta med att kontrollera att servon fungerar enligt beskrivningen i punkt 16.

Vänsterstyrda modeller

Observera: *Nya självlåsande muttrar kommer att behövas när servons fästbygel monteras på torpedväggen.*

Test

26 Se punkt 1.

Demontering

27 Fortsätt enligt beskrivningen i punkt 2 till 6.

28 Koppla loss vakuumröret från bromsservon.

29 Skruva loss de två fästmuttrarna och ta försiktigt bort bromshuvudcylindern från pinnbultarna på servon. Flytta huvudcylindern något framåt, och se till att inte belasta bromsrören.

30 Skruva loss servofästets fyra fästmuttrar från torpedväggen (en flexibel hylsnyckel behövs för att komma åt den nedre bulten), vicka sedan servon/fästet och dra enheten uppåt från motorrummet **(se bild)**.

31 Fästbygeln kan tas bort från servon genom att de fyra fästmuttrarna skruvas loss. Gummihylsan kan nu tas bort från bromsservon.

32 Gaffeln tas bort från hylsan till servons manöverstag genom att fästklammern bänds ut **(se bild)**.

Montering

33 Innan servon monteras, kontrollera att gaffelns mått är korrekta på följande sätt.

34 Mät avståndet från servohusets ändyta till svängtappshålets mitt i änden av gaffeln. Avståndet ska vara 255,5 mm **(se bild)**. För att underlätta mätningen, stoppa i en bult eller liknande stag med rätt diameter i svängtappshålet och mät till mitten av bulten eller staget.

35 Om justering behövs, lossa låsmuttern på manöverstagets hylsa och vrid sedan gaffeln för att uppnå den angivna dimensionen och dra åt låsmuttern.

36 Om det är tillämpligt, montera gummihylsan och montera servon i fästbygeln. Dra åt muttrarna mellan servon och fästbygeln till angivet moment.

37 Sänk ner servon och fästbygeln på plats, montera sedan enheten på torpedväggen med nya självlåsande muttrar och dra åt muttrarna till angivet moment.

38 Montera huvudcylindern till servon och dra åt fästmuttrarna till angivet moment.

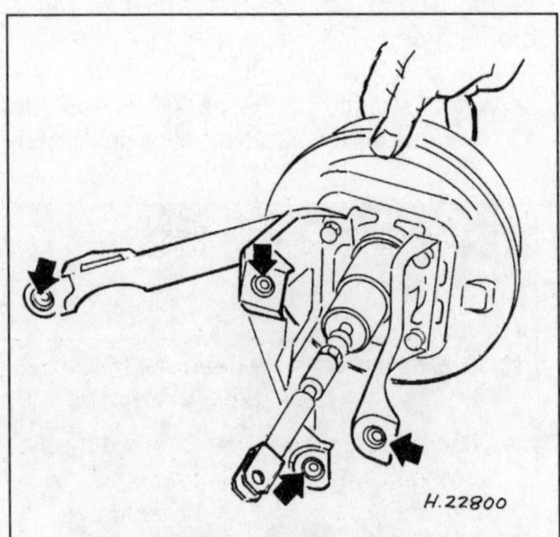

16.30 Bromsservon och fästbygeln är demonterade så att fästmuttrarnas placeringar visas (vid pilarna) - vänsterstyrda modeller

H.22801

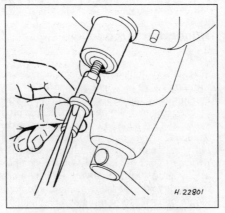

16.32 Fästklammern bänds ut för att gaffeln ska kunna tas bort från hylsan till servons manöverstag - vänsterstyrda modeller

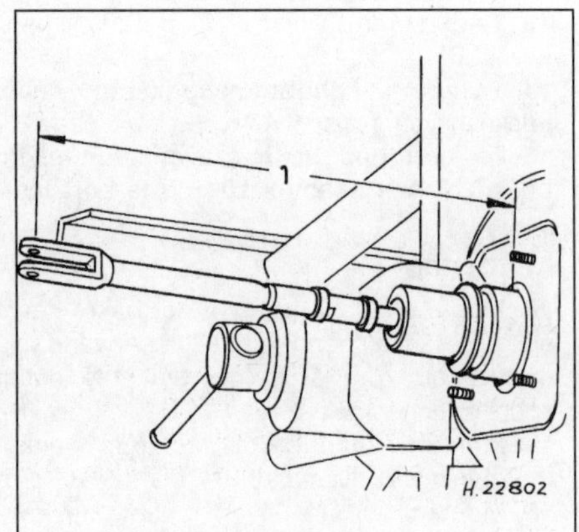

16.34 Bromsservogaffelns dimensioner (1) på vänsterstyrda modeller

39 Återanslut vakuumröret till servon.
40 Ytterligare montering sker i omvänd ordningsföljd. Avsluta med att kontrollera att servon fungerar enligt beskrivningen i punkt 1.

17 Bromsservons backventil - test, demontering och montering

Test

1 Ventilen fungerar så att luft bara tillåts flöda i ena riktningen, ut från servoenheten. Om ventilen låter luft flöda i båda riktningarna är den defekt och måste bytas ut.
2 Testa ventilen genom att först ta bort slang-/ventilenheten enligt beskrivningen nedan.
3 Blås genom slangen på servons sida av ventilen. Luften ska passera fritt genom ventilen.
4 Blås nu genom slangen på insugsgrenrörets sida av ventilen. Ingen luft ska kunna passera genom ventilen.
5 Om ventilen är defekt måste den bytas ut.

Demontering

6 Plastventilen är placerad i vakuumslangen som leder från insugsgrenröret till bromsservon.
7 Även om ventilen går att få tag på separat, utan slangar, måste slangarna skäras sönder för att ventilen ska kunna tas bort och därför måste även de bytas ut. Om ventilen ska bytas ut är det därför lättare att ta bort hela slang-/ventilenheten och byta ut hela enheten.
8 Koppla försiktigt bort slangadaptern från vakuumservons enhet. Skruva sedan loss slanganslutningen från insugsgrenröret och ta bort enheten.

Montering

9 Montering sker i omvänd ordningsföljd, men var noga med att inte skada tätningsmuffen när slangadaptern återansluts till servon. Avsluta med att starta motorn och kontrollera eventuellt luftläckage.

18 Huvudcylinder - demontering, renovering och montering

Observera: *Läs anmärkningen i början av avsnitt 2 innan arbetet fortsätts.*

Demontering

1 Koppla loss batteriets minusledare.
2 Tryck ner bromspedalen flera gånger för att få bort vakuumet från servoenheten.
3 Koppla loss anslutningskontakten från bromsoljenivågivaren i behållarens påfyllningslock.
4 Använd om möjligt en pipett eller en (ren) gammal batterihydrometer för att ta bort bromsoljan från behållaren. Detta minskar läckaget senare under proceduren.
5 Placera en behållare under huvudcylindern för att fånga upp den bromsolja som kommer att läcka ut.
6 Märk bromsoljerören för att underlätta monteringen. Skruva sedan loss anslutningsmuttrarna och koppla loss rören från huvudcylindern.
7 Skruva loss de två fästmuttrarna och dra bort huvudcylindern från pinnbultarna på vakuumservoenheten.
8 Rengör cylinderns yttre ytor, använd sedan en skruvmejsel och bänd försiktigt bort oljebehållaren och dess tätningar från cylinderns överdel.

Renovering

Observera: *Kontrollera tillgången på delar innan huvudcylindern renoveras. Jämför de nya delarna med de gamla före monteringen.*
9 På modeller med ett vanligt bromssystem (utan ABS) kan huvudcylindern renoveras, enligt beskrivningen i följande punkter. På modeller med ABS kan huvudcylindern inte renoveras.
10 Fortsätt enligt följande, beroende på typ, när huvudcylindern är demonterad.

Huvudcylinder av GMF-typ

11 Sätt fast huvudcylindern i ett skruvstäd med mjuka käftar.
12 Bänd försiktigt bort tätningsringen från änden av cylinderloppet.
13 Tryck ner primärkolven något med ett verktyg av trä eller plast. Håll sedan kolven nedtryckt genom att sticka in en slät sprint med 3,0 mm diameter genom oljebehållarens primärport i cylindern **(se bild)**.
14 Ta ut låsringen från änden av cylinderloppet med en skruvmejsel. Var noga med att inte skada kolven eller cylinderloppet.
15 Ta bort sprinten som håller kvar kolven.
16 Ta bort primärkolvenheten från cylindern. Knacka cylindern mot en träkloss om det behövs för att få loss kolven från loppet.
17 Tillför lågt tryck – t.ex. från en fotpump – till den främre oljebehållarporten i cylindern för att skjuta ut den sekundära kolvenheten.
18 Rengör alla komponenter, använd endast ren bromsolja eller T-sprit, och undersök om de är slitna eller skadade. Var extra noga med att kontrollera kolvarnas och cylinderloppens ytor efter repor och korrosion **(se bild)**. Om loppen visar tecken på slitage ska hela huvudcylinderenheten bytas ut.
19 Om cylinderloppet är i gott skick, skaffa en reparationssats som innehåller alla nödvändiga reservdelar. En redan hopsatt uppsättning delar kan köpas hos Opel-verkstäder och enheten ska sedan monteras enligt följande.
20 Smörj cylinderloppet med ren bromsolja eller bromsfett, skruva sedan fast cylindern i ett skruvstäd med mjuka käftar, med loppet horisontellt.
21 Ta bort pluggen från änden av enhetens rör och stick in den korta delen av röret i cylinderloppet så lång som till rörets klack.

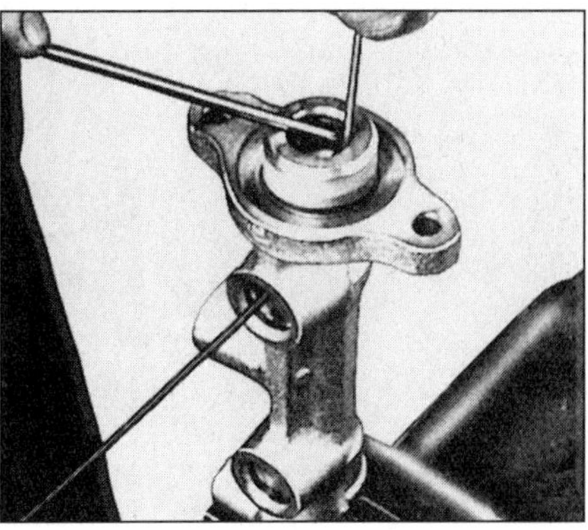

18.13 Den primära kolven hålls nedtryckt medan låsringen tas bort från cylinderhuset - huvudcylinder av GMF-typ

22 Använd en bit trä eller plast för att trycka ut komponenterna ur röret och in i cylinderloppet. Håll sedan primärkolven i nedtryckt läge genom att sticka in sprinten eller stången som användes vid demonteringen genom cylinderns primära oljebehållarport.
23 Montera en ny låsring i änden av cylinderloppet, se till att den sitter korrekt och att kolven är fri att röra sig.

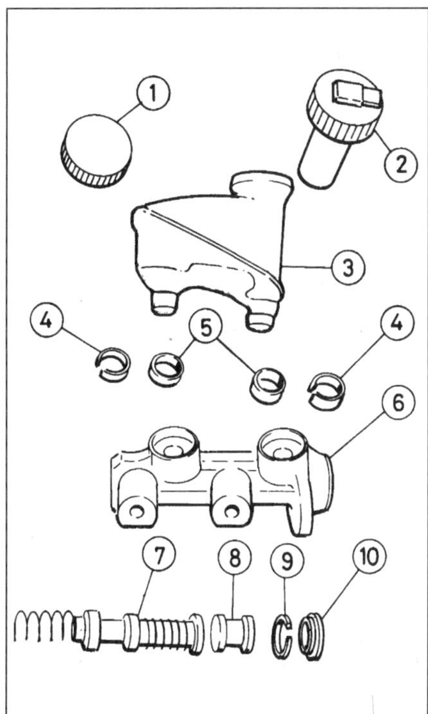

18.18 Sprängskiss av huvudcylinder av GMF-typ

1 *Påfyllningslock (standard)*
2 *Påfyllningslock (med nivågivare)*
3 *Oljebehållare*
4 *Oljebehållarens fästklamrar*
5 *Oljebehållarens tätningar*
6 *Cylinderhus*
7 *Sekundärkolv och fjädrar*
8 *Primärkolv*
9 *Låsring*
10 *Tätningsring*

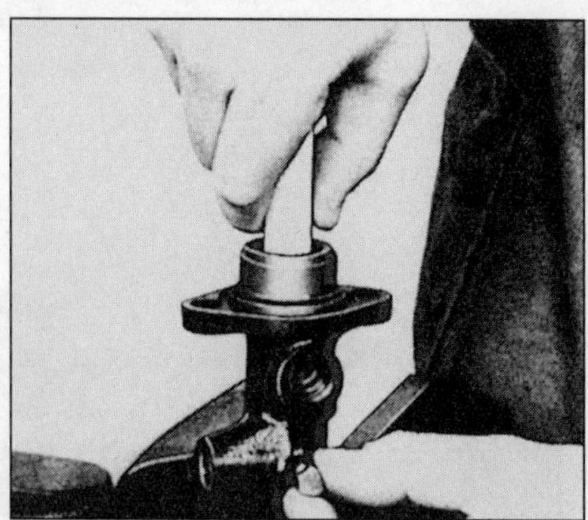

18.30 Sekundärkolven trycks ned medan stoppskruven tas bort - huvudcylinder av ATE-typ

24 Tryck ner primärkolven och ta bort sprinten från oljebehållarporten.

25 Montera en ny tätningsring på kanten av cylinderloppet.

Huvudcylinder av ATE-typ

26 Sätt fast huvudcylindern i ett skruvstäd med mjuka käftar.

27 Bänd försiktigt bort tätningsringen från änden av cylinderloppet.

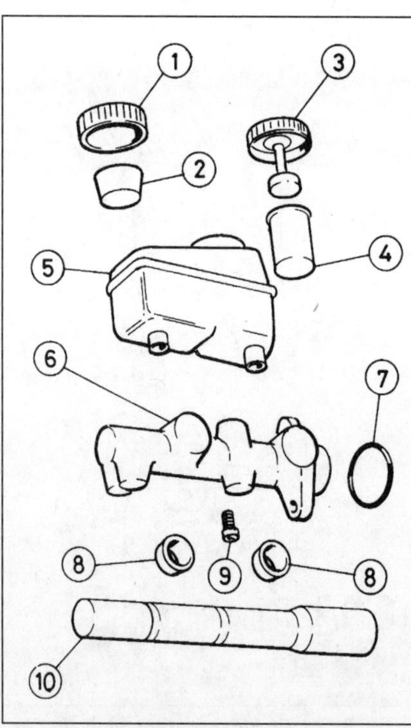

18.32 Sprängskiss av huvudcylinder av ATE-typ

1 Påfyllningslock (standard)
2 Sil
3 Påfyllningslock (med nivågivare)
4 Styrhylsa för flottör
5 Oljebehållare
6 Cylinderhus
7 Tätningsring
8 Oljebehållarens tätningar
9 Stoppskruv
10 Renoveringssats

28 Tryck ner primärkolven något med en bit trä eller plast. Ta sedan loss låsringen från änden av cylinderloppet.

29 Ta bort primärkolvenheten och observera hur stoppbrickorna är placerade.

30 Tryck ner sekundärkolven med en bit trä eller plast och dra bort stoppskruven från änden av cylinderhuset **(se bild)**.

31 Ta bort sekundärkolvenheten från cylindern, knacka cylindern mot en träkloss om det behövs för att få loss kolven från loppet.

32 Rengör alla komponenter, använd endast ren bromsolja eller T-sprit, och undersök om de är slitna eller skadade. Var extra noga med att undersöka om kolvarnas och cylinderloppens ytor är repade eller korroderade **(se bild)**. Om loppen visar tecken på slitage ska hela huvudcylinderenheten bytas ut.

33 Om cylinderloppet är i gott skick, skaffa en reparationssats som innehåller alla nödvändiga reservdelar. En redan hopsatt uppsättning delar kan köpas hos Opelverkstäder och enheten ska sedan monteras enligt följande.

34 Smörj cylinderloppet med ren bromsolja eller bromsfett och skruva sedan fast cylindern i ett skruvstäd med mjuka käftar, med loppet horisontellt.

35 Montera en ny tätningsring på stoppskruven och skruva sedan in den en bit i cylinderhuset, men inte så långt att den sticker ut i loppet.

36 Ta bort pluggarna från ändarna på ersättningsenhetens rör. Ta sedan bort alla komponenter från rörets korta del och tryck in den korta delen i den långa delen tills kanterna är i nivå med varandra.

37 Stick in enhetsröret i cylinderloppet så långt som till kragen på den korta hylsan. Använd sedan en bit trä eller plast för att trycka ut sekundärkolvenheten i loppet tills den kommer i kontakt med cylinderänden.

38 Dra åt stoppskruven något, ta sedan bort trä- eller plastbiten och enhetsröret och dra åt stoppskruven helt.

39 Placera huvudcylindern i skruvstädet igen med loppet uppåt.

40 Smörj primärkolvens mantel och tätningsspåren med det specialfett som följde med renoveringssatsen. Montera stoppbrickan på kolven.

41 Justera enhetsröret så att kanten på den långa delen är helt i nivå med den korta delens inre klack.

42 Montera den främre tätningen på primärkolven, med tätningens öppna ände mot huvudcylinderns framsida.

43 Placera enhetsröret över cylindern för att trycka ihop tätningen. Stick in kolven och röret delvis i loppet och dra bort röret.

44 Placera den mellanliggande ringen på primärkolven och montera sedan den återstående tätningen med hjälp av enhetsröret enligt beskrivningen ovan.

45 Placera stoppbrickan på primärkolven, tryck sedan ner kolven något med en bit trä eller plast och montera en ny låsring i änden av cylinderloppet. Se till att låsringen är korrekt placerad och att kolven kan röra sig fritt.

46 Montera en ny tätningsring på kanten av cylinderloppet.

Montering

47 Montering sker i omvänd ordningsföljd, men avsluta med att lufta hela broms-hydraulsystemet enligt beskrivningen i avsnitt 2.

19 Handbroms - justering

Modeller med bakre trumbromsar

1 Handbromsen hålls normalt korrekt justerad av de bakre bromsbackarnas självjustering. Trots detta kan handbromsspaken verka slappare efter en tid, på grund av att vajern sträcks. I så fall måste följande åtgärder vidtas.

2 Klossa framhjulen och ställ bakvagnen på pallbockar. Ta av bakhjulen.

3 Lägg ur handbromsen helt.

4 På modeller med katalysator, skruva loss fästmuttrarna och dra bort den mittersta avgasbehållarens värmeskydd genom att försiktigt skjuta det runt behållaren.

5 Vrid justeringsmuttern på vajerjusteraren som man nu kan komma åt **(se bild)**, tills bromsbackarna precis kan höras gnugga emot när bakhjulen vrids för hand i den normala rotationsriktningen.

6 Lossa justeringsmuttern tills hjulen precis kan vrida sig fritt.

7 Handbromsen måste börja verka med spaken på det andra hacket i tandningen.

8 Avsluta justeringen med att kontrollera att handbromsvajrarna kan röra sig fritt och lägg lite fett på justerarens gängor för att hindra korrosion.

9 Om det är tillämpligt, montera avgassystemets värmeskydd.

10 Montera hjulen och sänk ner bilen.

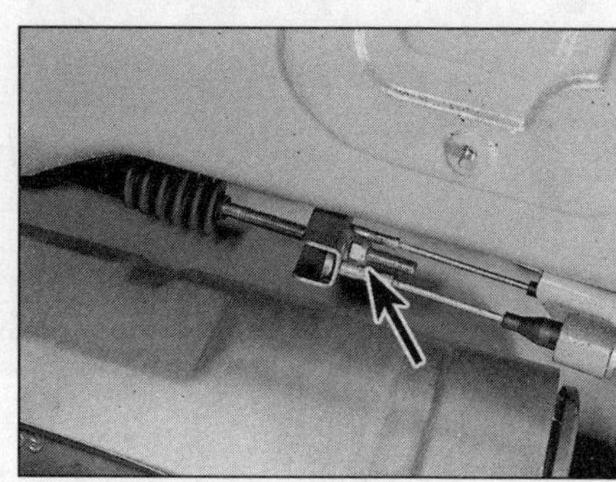

19.5 Handbromsvajerns justeringsmutter (vid pilen)

Modeller med bakre skivbromsar

11 Klossa framhjulen, hissa upp bakvagnen och stöd den på pallbockar (se *Lyftning och stödpunkter*). Ta av bakhjulen.

12 Dra handbromsspaken så långt som till det andra hacket i tandningen.

13 På modeller med katalysator, skruva loss fästmuttrarna och dra bort den mittersta avgasbehållarens värmeskydd genom att försiktigt skjuta det runt behållaren.

14 Lossa muttern på vajerjusteraren som nu går att komma åt.

15 Stick in en skruvmejsel genom justerhålet i en av skivorna och vrid justerhjulet tills bromsbackarna kan höras gnida emot när skivan vrids för hand i den normala rotationsriktningen **(se bild)**.

16 Vrid tillbaka justerhjulet tills skivan precis kan vridas fritt.

17 Upprepa punkt 15 och 16 på den andra sidan.

18 Dra åt muttern på vajerjusteraren tills bromsbackarna precis börjar verka. Kontrollera att bromsbackarna verkar lika mycket på båda hjulen.

19 Lägg ur handbromsen helt, dra sedan åt den igen.

20 Skivorna måste låsa när handbromsspaken når det sjätte hacket i tandningen. Om det behövs, vrid muttern på justeraren för att uppnå detta.

21 Om det är tillämpligt, montera avgassystemets värmeskydd.

22 Montera hjulen och sänk ner bilen.

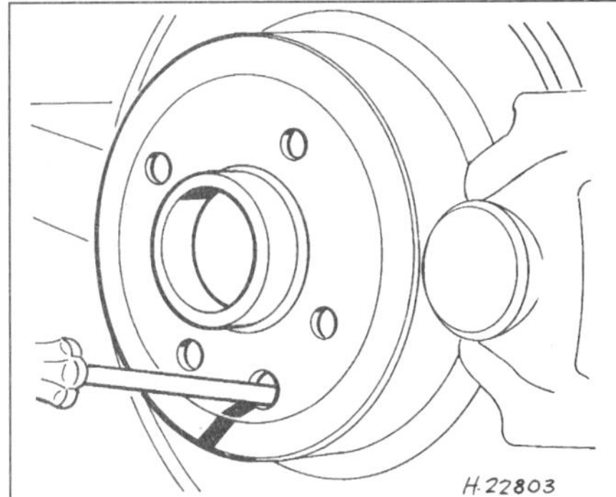

19.15 En skruvmejsel används för att vrida handbromsens justerhjul - modeller med bakre skivbromsar

20 Handbromsspak - demontering, renovering och montering

Observera: *En ny självlåsande mutter måste användas till att fästa handbromsvajern till handtaget vid monteringen.*

Demontering

1 Koppla loss batteriets minusledare.

2 Hissa upp bilen och ställ den på pallbockar som placeras under karossens sidobalkar (se *Lyftning och stödpunkter*).

3 På modeller med katalysator, skruva loss fästmuttrarna och dra bort den mittersta avgasbehållarens värmeskydd genom att försiktigt skjuta det runt behållaren.

4 Notera längden på den gängade delen av handbromsvajerns justerare som nu är synlig och ta sedan bort justeringsmuttern för att kunna koppla bort vajerfästet från handbromsspakens manöverstag.

5 Koppla loss vajerfästet från manöverstaget och dra bort gummitätningsmuffen från underredet och manöverstaget.

6 Demontera förarsätet (passagerarsätet på högerstyrda modeller) enligt beskrivningen i kapitel 11. Uppmärksamma varningarna angående säkerhetsbältets spännarmekanism.

7 Ta bort mittkonsolen enligt beskrivningen i kapitel 11.

8 Lyft upp mattan runt handbromsspakens hus för att komma handbromsspakens två fästbultar **(se bild)**. Alternativt kan skåror skäras i mattan för att det ska gå att komma åt bultarna.

9 Skruva loss fästbultarna och dra undan handbromsspaken tillräckligt för att kunna koppla loss kablaget till kontakten för handbromsens varningslampa.

10 Koppla loss kablaget och dra bort handbromsspaken och manöverstaget från bilen.

Renovering

11 Ett slitet kuggsegment kan bytas ut genom att fästhylsan drivs ut från handbromsspaken med en metallstång eller en bult med lämplig diameter.

12 Driv in den nya hylsan, som följde med det nya segmentet, i spaken för att tillåta lite spel mellan segmentet och spaken **(se bild)**.

13 En ny spärrhake kan monteras om den ursprungliga svängtappsniten borras ut **(se bild)**.

14 Nita fast den nya spärrhaken så att den fortfarande kan röra sig fritt.

15 Kontakten till handbromsens varningslampa kan tas bort från spaken när fästbulten skruvats loss.

Montering

16 Montering sker i omvänd ordningsföljd, men tänk på följande.

17 Montera sätet enligt beskrivningen i kapitel 11.

18 Använd en ny självlåsande mutter för att fästa handbromsvajerfästet på manöverstaget och skruva åt muttern på staget till det läge som noterades innan demonteringen.

19 Justera handbromsen enligt beskrivningen i avsnitt 19, innan bilen sänks ner.

21 Handbromsvajrar - demontering och montering

Modeller med bakre trumbromsar

Observera: *En ny självlåsande mutter måste användas till att fästa handbromsvajern till handtaget vid återmonteringen.*

Demontering

1 Handbromsvajerenheten består av två vajrar (en till varje bakbroms), anslutna vid ett fäste på handbromsspakens manöverstag. De två vajrarna kan inte demonteras var för sig utan de måste demonteras som en enhet.

2 Hissa upp bilen och ställ den på pallbockar som placeras under karossens sidobalkar (se *Lyftning och stödpunkter*).

3 På modeller med katalysator, skruva loss fästmuttrarna och dra bort den mittersta avgasbehållarens värmeskydd genom att försiktigt skjuta det runt behållaren.

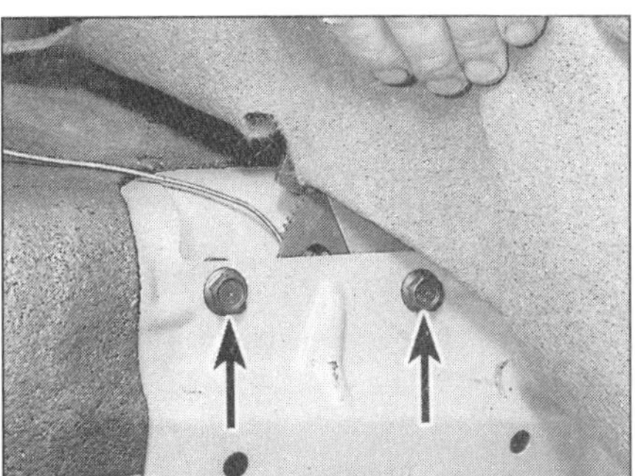

20.8 Mattan upplyft för att visa handbromsspakens fästbultar (vid pilarna)

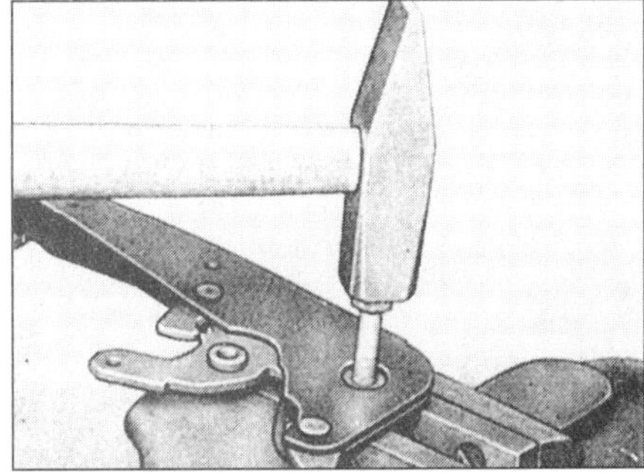

20.12 Fästhylsan till handbromsspakens tandade segment drivs in

20.13 Svängtappsniten till handbromsspakens spärrhake borras ut

21.7 En av handbromsvajerns fästklamrar (vid pilen) tas bort från fästplattan – modeller med bakre trumbromsar

4 Notera längden på den gängade delen av handbromsvajerns justerare som nu är synlig och ta sedan bort justeringsmuttern för att kunna koppla loss vajerfästet från handbromsspakens manöverstag.

5 Koppla loss vajerfästet från manöverstaget.

6 Ta bort bromsbackarna och koppla loss handbromsvajrarna från bromsbackarna enligt beskrivningen i avsnitt 8.

7 Använd en tång och bänd ut klamrarna (en för varje vajer) som fäster handbromsvajrarna vid bromsfästplattorna **(se bild)**.

8 Koppla loss vajrarna från styrningarna på underredet och bakfjädringen. Observera att vajrarna kan matas genom vissa styrningar, men i vissa fall måste styrningsfästena böjas bort från underredet för att vajern ska kunna dras bort.

9 Dra bort vajerenheten från bilen.

Montering

10 Montering sker i omvänd ordningsföljd, men tänk på följande.

11 Se till att alla kablar dras på samma sätt som före demonteringen.

12 Montera bromsbackarna enligt beskrivningen i avsnitt 8.

13 Använd en ny självlåsande mutter för att fästa handbromsvajerfästet på manöverstaget och skruva åt muttern på staget till det läge som noterades innan demonteringen.

14 Justera handbromsen enligt beskrivningen i avsnitt 19, innan hjulen monteras och bilen sänks ner.

22.1 Bakre bromstryckregleringsventil (vid pilen) - kombikupé

Modeller med bakre trumbromsar

Observera: *En ny självlåsande mutter måste användas till att fästa handbromsvajern till handtaget vid återmonteringen.*

Demontering

15 Proceduren följer beskrivningen för modeller med bakre trumbromsar, men kom ihåg följande.

16 Bortse från hänvisningarna till demontering och montering av bromstrumman.

17 Observera att det inte finns någon låsplatta som fäster handbromsvajern vid bromsfästplattan, utan returfjädern måste hakas loss från vajeränden.

Montering

18 Montering sker i omvänd ordningsföljd, men tänk på följande.

19 Se till att alla kablar dras på samma sätt som innan demonteringen.

20 Använd en ny självlåsande mutter för att fästa handbromsvajerfästet på manöverstaget och skruva åt muttern på staget till det läge som noterades innan demonteringen.

21 Justera handbromsen enligt beskrivningen i avsnitt 19, innan hjulen monteras och bilen sänks ner.

22 Bakre bromstrycksregleringsventil - demontering, montering och justering

Sedan och kombikupé

Observera: *Läs anmärkningen i början av avsnitt 2 innan arbetet fortsätts. Observera även att ventilerna endast får bytas ut i par och att båda ventilerna måste ha samma kalibrering.*

Demontering

1 Två ventiler sitter monterade under bilens bakvagn, en för varje hydraulkrets **(se bild)**.

2 Klossa framhjulen och ställ bakvagnen på pallbockar.

3 Arbeta under motorhuven, ta bort bromsoljebehållarens lock, lägg en bit plastfolie över påfyllningshålet och fäst med en gummisnodd eller sätt på locket igen. Detta minskar läckaget under proceduren som följer.

4 Arbeta under bakvagnen, skruva loss anslutningsmuttern och koppla loss bromsröret från en av ventilerna. Var beredd på att olja kommer att rinna ut, och plugga igen rörets ändar för att förhindra att ytterligare olja läcker ut och att smuts kommer in.

5 Koppla loss slangen från ventilen på samma sätt.

6 Dra bort ventilens fästklammer från fästet på underredet (observera att på vissa modeller håller fästklammern även ABS-givarens kablage) och ta bort ventilen.

7 Upprepa proceduren för den återstående ventilen.

Montering

8 Montering sker i omvänd ordningsföljd, men avsluta med att ta bort plastfolien från bromsoljebehållarens påfyllningsrör och lufta hela hydraulsystemet enligt beskrivningen i avsnitt 2.

Justering

9 Ventilerna kalibreras på fabriken och ingen justering är möjlig.

Kombi och van

Demontering

10 På dessa modeller används en tandemventil som sitter monterad under bilens bakvagn, ovanför bakfjädringens torsionsaxel.

11 Fortsätt enligt beskrivningen i punkt 2 och 3.

12 Haka loss fjädern från ventilens manöverstag.

13 Skruva loss anslutningsmuttrarna och koppla loss bromsrören från ventilen. Var beredd på att olja kommer att rinna ut, och plugga igen rörets ändar för att förhindra att ytterligare olja läcker ut och att smuts kommer in. Notera att anslutningsmuttrarna är olika stora, för att garantera korrekt återmontering.

14 Ta bort de två fästskruvarna och ta bort ventilen från fästet på underredet.

15 Om ventilen ska bytas ut ska skyddsskölden tas bort från den gamla ventilen och flyttas över till den nya. Skölden är fäst med en mutter.

Montering

16 Montera ventilen i fästet på underredet och dra åt de två fästbultarna.

17 Återanslut de två bromsrören till ventilen och dra åt anslutningsmuttrarna. Observera att de två anslutningsmuttrarna är olika stora. Var också noga med att inte dra åt muttrarna för hårt.

18 Återanslut fjädern till ventilens manöverstag.

19 Montera hjulen och sänk ner bilen.

20 Lufta hela bromssystemet enligt beskrivningen i avsnitt 2, se sedan kapitel 1 och justera ventilen.

Justering

21 Se kapitel 1.

23 Bromsljuskontakt - demontering och montering

Demontering

1 Koppla loss batteriets minusledare.

2 Lossa fästklamrarna och ta bort den nedre klädselpanelen under instrumentbrädan på förarsidan.

3 Koppla loss kontaktdonet från bromsljuskontakten, vrid sedan kontakten moturs och ta bort den från fästet **(se bild)**.

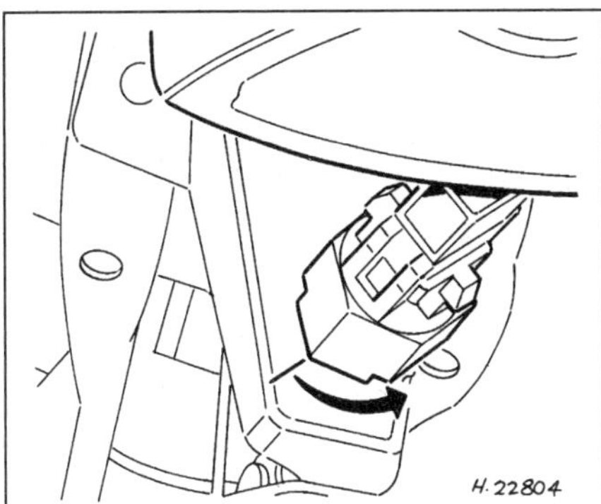

23.3 Vrid bromsljuskontakten moturs för att ta bort den från fästet

4 Det är inte möjligt att justera kontakten, förutom genom att böja fästbygeln, vilket dock inte rekommenderas.

Montering

5 Montering sker i omvänd ordningsföljd.

24 Bromssystemets varningslampor - allmänt

Bromsljus

1 Bromsljuskretsen styrs av en kontakt av tryckkolvstyp som sitter på bromspedalfästet.

2 Om kontakten misstänks vara defekt kan den testas genom att man kopplar loss kablaget och sedan ansluter antingen en multimätare (sätt den till resistansfunktionen) eller en testkrets med batteri och glödlampa, över kontaktpolerna. Kontakten ska endast släppa fram ström när tryckkolven är utskjuten. Om kontakten är defekt måste den bytas.

3 Ytterligare information om demontering och montering av kontakten finns i avsnitt 23.

Varningslampa för låg oljenivå

4 Varningslampans krets aktiveras av en givare av flottörtyp som sitter fäst på bromsoljebehållarens påfyllningslock.

5 Om givaren misstänks vara defekt, skruva loss påfyllningslocket och anslut test-utrustningen som beskrivs i punkt 2 över givarens poler på locket. Givaren ska endast släppa fram ström när flottören hänger i bottenläget. Om givaren är defekt måste påfyllningslocket och givaren bytas ut som en enhet.

Handbromsens varningslampa

6 Varningslampan aktiveras av en kontakt av tryckkolvstyp som sitter fäst på handbromsspakens nederdel.

7 Lampan ska tändas så fort handbromsen dras åt och ska slockna så fort handbromsen lossas.

8 Om kontakten misstänks vara defekt, ta bort den enligt beskrivningen i avsnitt 20, och anslut testutrustningen som beskrivs ovan i punkt 2. Kontakten ska endast släppa igenom ström när tryckkolven är helt ute. Om kontakten är defekt måste den bytas.

ABS-systemets varningslampa

9 ABS-systemets varningslampa tänds när tändningen först slås på och ska slockna efter några sekunder. Om varningslampan fortsätter lysa eller tänds under körning är det ett tecken på att något är fel i ABS-systemet. Bilen är fortfarande säker att köra (det vanliga bromssystemet fungerar fortfarande), men lämna ändå in bilen till en Opelverkstad så fort som möjligt och låt testa hela systemet med korrekt testutrustning.

Extra varningssystem

10 På modeller utrustade med ett varningssystem varnas föraren automatiskt vid tecken på slitna bromsklossar och trasiga bromsljusglödlampor. Ytterligare information om det här systemet finns i kapitel 12, avsnitt 14.

25 Låsningsfria bromsar (ABS) - allmän information och föreskrifter

Allmän information

Låsningsfria bromsar (ABS) finns som standard på vissa modeller och som tillval för andra modeller.

Systemet består av en elektronisk styrenhet, hjulgivare, en hydraulmodulator och de nödvändiga ventilerna och reläerna. Syftet med systemet är att förhindra att hjulen låser sig vid hård inbromsning. Detta uppnås genom att bromsen på det låsta hjulet släpps upp för att sedan åter läggas an. Den här proceduren utförs flera gånger i sekunden av en hydraulisk modulator. Modulatorn styrs av den elektroniska styrenheten, som själv får signaler från hjulgivarna som känner av om hjulen är låsta eller inte. De två frambromsarna moduleras separat, men de två bakbromsarna moduleras tillsammans. ABS-enheten är monterad mellan huvudcylindern och bromsarna. Vakuumservon och huvudcylindern är av samma typ för både modeller utan ABS och modeller med ABS.

Framhjulsgivarna är monterade på naven, och följer hjulens rotation via kuggförsedda skivor på drivaxlarna. De bakre hjulgivarna är inbyggda i de bakre navenheterna.

Föreskrifter

Om ABS-systemet går sönder måste hela systemet testas på en Opelverkstad som har tillgång till nödvändig specialutrustning för att göra snabba och korrekta feldiagnoser. Eftersom specialutrustning krävs är det inte lämpligt att en hemmamekaniker utför testproceduren.

Förhindra skador på den elektroniska styrenheten genom att alltid koppla ur styrenhetens anslutningskontakt innan några elsvetsningsarbeten utförs.

Det rekommenderas att styrenheten tas bort när bilen ska utsättas för höga temperaturer, som t.ex. vid vissa lackerings- och färgtorkningsprocesser.

Om en ångtvätt används får vatten-/ångstrålen inte riktas direkt mot styrenheten.

Koppla inte loss styrenhetens anslutningskontakt när tändningen är på.

Använd inte en batteriladdare för att starta motorn.

Vid avslutat arbete på ABS-systemets komponenter ska alla anslutningskontakter återanslutas korrekt. Helst ska hela systemet testas av en Opelverkstad med speciell ABS-testutrustning så snart som möjligt.

På modeller med elektroniskt antispinnsystem skickar ABS-systemets hjulgivare också signaler till antispinnsystemet.

26 Låsningsfria bromsar (ABS) - demontering och montering av komponenter

Hydraulmodulator

Observera: *Läs anmärkningen i början av avsnitt 2 innan arbetet fortsätts.*

Demontering

1 Koppla loss batteriets minusledare.

2 Ta bort bromsoljebehållarens lock, lägg en bit plastfolie över påfyllningshålet och fäst med en gummisnodd eller sätt på locket igen. Detta minskar läckaget under proceduren som följer.

3 Ta bort fästskruven och ta bort plastkåpan från hydraulmodulatorn **(se bild)**.

4 Koppla loss styrenhetens anslutningskontakt samt solenoidventilens anslutningskontakt. Observera att styrenhetens kontakt är fäst med en skruv **(se bilder på nästa sida)**.

5 Skruva loss bromsoljerörens anslutningsmuttrar och koppla loss rören från modulatorn. Var beredd på spill och plugga igen öppningarna för att förhindra ytterligare

26.3 Plastkåpan tas bort från ABS-systemets hydraulmodulator

26.4a Fästskruven till ABS-styrenhetens anslutningskontakt tas bort

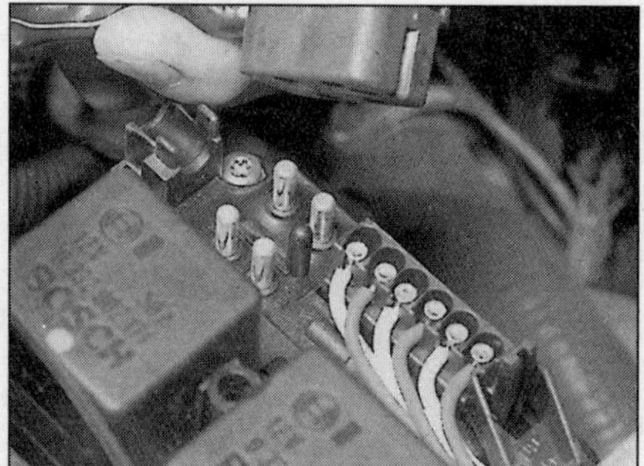

26.4b Anslutningskontakten till ABS-enhetens solenoidventil kopplas loss

26.6a Hydraulmodulatorns jordledning och fästmutter

spill och att smuts kommer in. Flytta rören så att de precis går fria från modulatorn. Var noga med att inte sträcka dem.

6 Skruva loss de tre fästmuttrarna, vicka sedan modulatorn något och dra bort den uppåt från fästet, tillräckligt mycket för att komma åt jordledningens fästmutter på modulatorns nedre framkant **(se bilder)**.

7 Skruva loss fästmuttern och koppla loss jordledningen. Ta sedan bort modulatorn från bilen men var noga med att inte spilla bromsolja på lacken.

8 Om en ny modulator ska monteras, dra bort de två reläerna från den gamla modulatorns överdel och flytta över dem till den nya enheten. Försök inte ta isär modulatorn.

Montering

9 Innan modulatorn monteras, kontrollera att bultarna som fäster fästbygeln vid karossen sitter ordentligt och att modulatorns gummifästen är i gott skick. Byt ut gummifästena om det behövs.

10 Montering sker i omvänd ordningsföljd, men tänk på följande.

11 Se till jordledningen återansluts innan modulatorn monteras i fästbygeln.

12 Avsluta med att ta bort plastfolien från bromsoljebehållarens påfyllningsrör och lufta hela hydraulsystemet, enligt beskrivningen i avsnitt 2.

13 Kontrollera att ABS-systemets varningslampa slocknar när motorn startas första gången efter att modulatorn har demonterats. Bilen måste så snart som möjligt tas till en Opelverkstad och få hela systemet testat med riktig testutrustning.

Framhjulsgivare

Demontering

14 Lossa batteriets jordledning (minuspolen).

15 Dra åt handbromsen, hissa upp framvagnen med hjälp av en domkraft och ställ den på pallbockar (se *Lyftning och stödpunkter*).

16 Lossa givarens kontaktdon från fästklammern under hjulhuset. Sära sedan på kontaktdonets två halvor och bänd i sär dem med en skruvmejsel om det behövs.

17 Använd en insexnyckel eller en sexkantsbit, skruva loss bulten som fäster hjulgivaren vid fästbygeln **(se bild)** och bänd sedan försiktigt bort givaren från fästbygeln med hjälp av en skruvmejsel. Ta vara på tätningen.

Montering

18 Undersök tätningsringens skick och byt den om det behövs.

19 Montering sker i omvänd ordningsföljd, men tänk på följande.

20 Smörj lite fett på givarhöljet innan den monteras i fästet.

21 Kontrollera att varningslampan till ABS-bromsarna slocknar när motorn startas. Bilen måste så snart som möjligt tas till en Opelverkstad och få hela systemet testat med riktig testutrustning.

Bakhjulsgivare

22 Bakhjulsgivarna sitter inne i baknaven och kan inte separeras från navenheterna. Se kapitel 10 för närmare information om demontering och montering av nav.

Elektronisk styrenhet

Observera: *Se föreskrifterna i avsnitt 25 angående ABS-systemet innan arbetet fortsätts.*

Demontering

23 Se till att tändningen är avstängd och koppla sedan loss batteriets minusledning.

24 Enheten är fäst vid den hydrauliska modulatorn i motorrummet.

25 Skruva loss fästskruven och ta bort plastkåpan från modulatorn.

26 Koppla loss styrenhetens anslutningskontakt och därefter solenoidventilens anslutningskontakt **(se bild)**.

27 Ta bort de två reläerna från enhetens överdel.

28 Koppla loss den återstående anslutningskontakten från styrenheten.

29 Skruva loss de sju fästskruvarna och ta bort styrenheten från modulatorn.

Montering

30 Montering sker i omvänd ordningsföljd, men var noga med att inte dra åt styrenhetens fästskruvar för hårt.

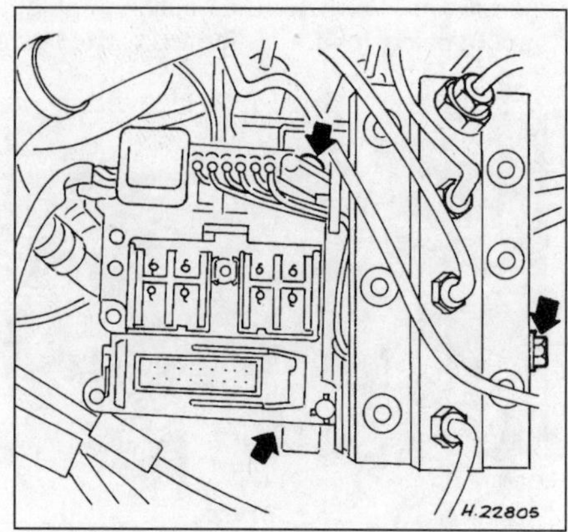

26.6b Fästmuttrar till ABS-systemets hydraulmodulator (vid pilarna)

26.17 Fästbulten till ABS-systemets framhjulsgivare (vid pilen)

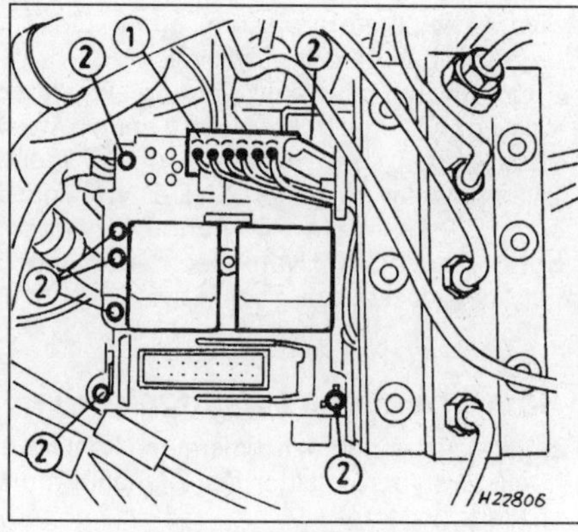

26.26 ABS-systemets elektroniska styrenhet

1 Kontakt 2 Fästskruvar

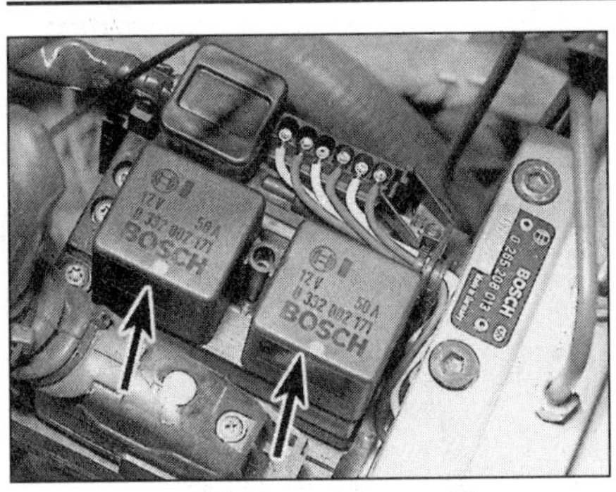

26.31 ABS-systemets reläer

Reläer

Demontering

31 Två reläer används, ett för solenoidventilen och ett för pumpmotorn. Båda reläerna är monterade på styrenheten **(se bild)**.

32 Lossa batteriets jordledning (minuspolen).

33 Skruva loss fästskruven och ta bort plastkåpan från den hydrauliska modulatorn.

34 Dra ut relevant relä.

Montering

35 Monteringen sker i omvänd ordning.

36 Kontrollera att varningslampan till ABS-bromsarna slocknar när motorn startas. Bilen måste så snart som möjligt tas till en Opelverkstad och få hela systemet testat med riktig testutrustning.

Kapitel 10
Fjädring och styrning

Innehåll

Svårighetsgrader

Enkelt, passar novisen med lite erfarenhet 	**Ganska enkelt,** passar nybörjaren med viss erfarenhet 	**Ganska svårt,** passar kompetent hemmamekaniker 	**Svårt,** passar hemmamekaniker med erfarenhet 	**Mycket svårt,** för professionell mekaniker

Specifikationer

Främre fjädring

Typ	Individuell, med McPherson fjäderben och krängningshämmare

Bakre fjädring

Typ	Halvt individuell torsionsaxel, med hjälparmar, spiralfjädrar och teleskopstötdämpare. Krängningshämmare på vissa modeller. Manuellt nivåkontrollsystem finns på vissa modeller

Styrning

Typ	Kuggstång. Servostyrning finns på vissa modeller

Däck

Storlek:	
51/2J x 13 hjul	155 R13 78S/T eller 175/70 R13 82T/H
51/2J x 14 hjul	175/65 R14 82T/H, 175/70 R14 84T, 185/60 R14 82 H, 185/60 R14 82T/H eller 195/60 R14 85H/V *
6J x 15-hjul	195/55 R15 84 H/V eller 205/50 R15 85V

** Får endast användas med Opel snökedjor*

Hjul

Typ	Stål eller legering
Storlek	51/2J x 13, 51/2J x 14 eller 6J x 15

Hjulinställning och styrningsvinklar

Främre cambervinkel (lastad* – ej justeringsbar):	
Alla modeller	1°50' negativ till 0°20' negativ
Maximal cambervariation mellan sidorna	1° 00'
Främre castervinkel (lastad* – ej justeringsbar):	
Sedan och kombikupé	1°15' positiv till 3°15' positiv
Kombi och van	0°30' positiv till 2°30' positiv
Maximal castervariation mellan sidorna	1°
Främre toe-inställning (alla modeller)	0° 25' toe-ut till 0° 5' toe-ut
Bakhjulens cambervinkel (ej justerbar)	2 °10' negativ till 1°10' negativ
Bakhjulens toe-inställning (ej justerbar)	10' toe-ut till 40' toe-in

** För dessa värden anses en bil vara 'lastad' om den har en belastning på 70 kg i varje framsäte.*

Åtdragningsmoment

	Nm
Främre fjädring	
Bakre bult för länkarm till främre kryssrambalk (bakre bult för kryssrambalk till underrede): *	
Steg 1	100
Steg 2	Vinkeldra ytterligare 75°
Steg 3	Vinkeldra ytterligare 15°
Bultar för länkarmens dämparvikter (om tillämpligt)	20
Bultar för kryssrambalk till underrede: *	
Främre bultar (ej tillämpligt på vissa tidiga modeller – se text)	115
Mittre bultar (främre bultar på tidiga modeller – se text)	170
Bakre bultar (bakre bultar för länkarm till främre kryssrambalk):	
Steg 1	100
Steg 2	Vinkeldra ytterligare 75°
Steg 3	Vinkeldra ytterligare 15°
Bultar för krängningshämmare till kryssrambalk	20
Fjäderbenets axelmutter	200
Fjäderbenets övre fästmuttrar	30
Framnavsmutter (se texten):*	
Steg 1	100
Steg 2	Lossa muttern helt
Steg 3	20
Steg 4	Vinkeldra ytterligare 80° (plus ytterligare 9°, om det behövs)
Låsmuttrar för krängningshämmare till länkarm*	20
Mutter för fjäderbenets kolvstång	55
Mutter för länkarm till fjäderbenets spindelled*	70
Muttrar för spindelled till länkarm	60
Styrbult för länkarm till främre kryssrambalk (horisontell): *	
Steg 1	100
Steg 2	Vinkeldra ytterligare 60°
Steg 3	Vinkeldra ytterligare 15°
Bakre fjädring	
Baknavets fästmuttrar (se texten): *	
Steg 1	50
Steg 2	Vinkeldra ytterligare 30°
Steg 3	Vinkeldra ytterligare 15°
Extra krängningshämmarens fästbultar (om monterad): *	
Steg 1	60
Steg 2	Vinkeldra ytterligare 60°
Steg 3	Vinkeldra ytterligare 15°
Fästen för hjälparm till underrede	105
Huvudkrängningshämmarens fästbultar: *	
Steg 1	30
Steg 2	Vinkeldra ytterligare 30°
Steg 3	Vinkeldra ytterligare 15°
Stötdämparens nedre fästbult (sedan och kombikupé)	70
Stötdämparens nedre fästmutter (kombi och van)	12
Stötdämparens övre fästmutter (sedan och kombikupé)	20
Stötdämparens övre fästbult	70

Åtdragningsmoment (forts)

	Nm
Styrning	
Bultar för servostyrningspumpens remskiva (1.4 och 1.6 liters modeller med kilrem)	25
Bultar för styrstag till styrväxel	95
Fästen för styrväxel till torpedvägg	22
Klämbult för rattstång till gummikoppling	22
Klämbult för styrväxeldrev till gummikoppling	22
Låsmutter för styrväxelns dämparjusterare	60
Mutter för styrstagsände till fjäderbenets spindelled	60
Rattens fästmutter	25
Rattstångens fästen	22
Servostyrningens röranslutningar	28
Servostyrningspumpens fästbultar:	
SOHC modeller:	
med kilremmar	30
med ribbade kilremmar	20
DOHC modeller:	
med kilremmar	30
Bult 'A' och 'C' (se texten)	25
Bult 'B' (se texten)	40
med ribbade kilremmar	20
Bult 'A' och 'C' (se texten)	25
Bult 'B' (se texten)	18
Styrstagsändens klämbultar	20
Styrväxeldrevets mutter	40
Hjul	
Hjulbultar	Se kapitel 1

* *Använd nya bultar/muttrar.*

1 Allmän information

1 Den främre fjädringen består av fjäderben av typen MacPherson, länkarmar och en krängningshämmare. Länkarmarna och krängningshämmaren sitter på en löstagbar U-formad främre kryssrambalk, på vilken även det bakre motor-/växellådsfästet sitter **(se bild)**.

2 Varje länkarm är fäst till kryssrambalken med en horisontell främre bussning och en vertikal bakre bussning.

3 Naven sitter monterade mellan fjäderbenens nedre ändar och länkarmarna, och på dem sitter hjullager av dubbelradig kultyp samt bromskomponenterna.

4 Bakfjädringen är av halvt individuell typ och består av en torsionsaxel och hjälparmar, med dubbelkoniska spiralfjädrar och teleskopstötdämpare, samt (på vissa modeller) en krängningshämmare. Hjälparmarnas främre ändar är fästa till underredet med horisontella bussningar, och de bakre ändarna sitter fast i stötdämparna, som i sin tur är fastskruvade i underredet i sina övre ändar. Spiralfjädrarna är monterade oberoende av stötdämparna, och arbetar direkt mellan hjälparmarna och underredet. Vissa modeller har en krängningshämmare som sitter mellan torsionsaxeln och hjälparmarna. DOHC modeller har dubbla

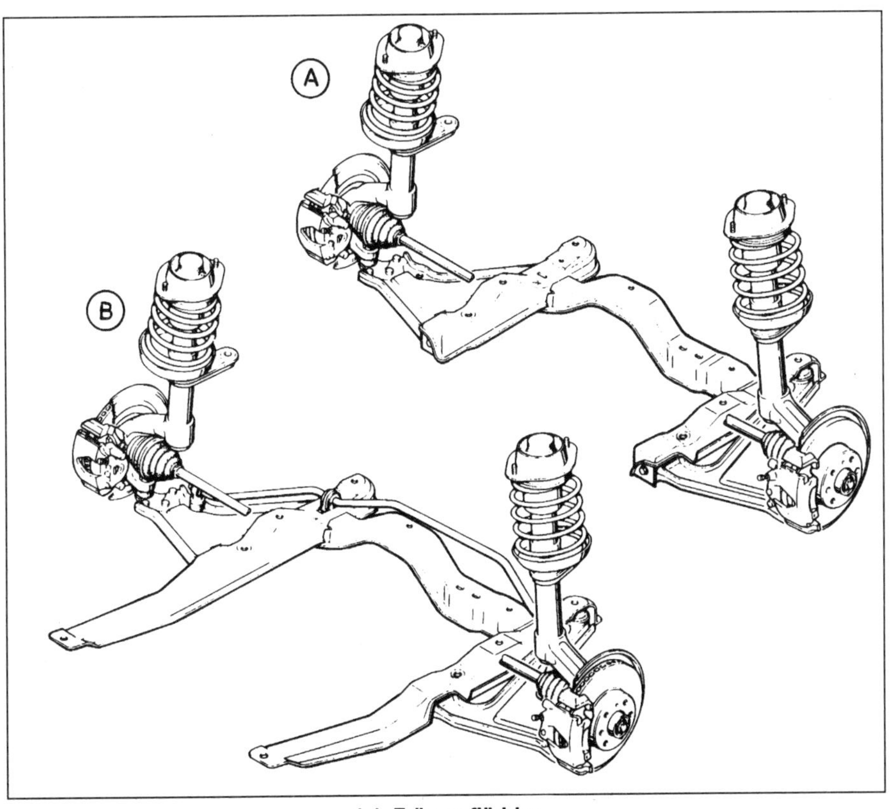

1.1 Främre fjädring

A Tidiga modeller (se avsnitt 10) *B Senare modeller*

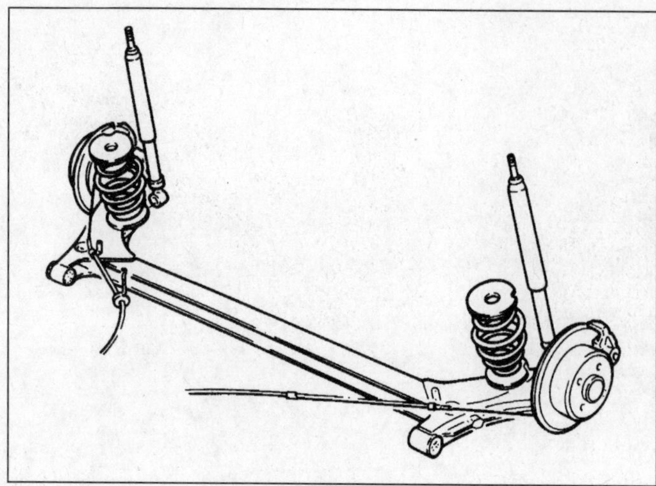

1.4a Bakre fjädring – sedan och kombikupé med bakre skivbromsar

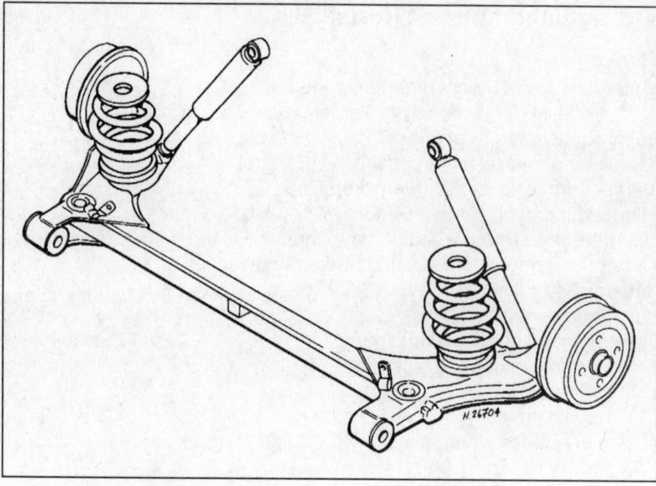

1.4b Bakre fjädring – kombi och van med bakre trumbromsar

bakre krängningshämmare. På alla modeller utgör varje bakhjulslager, nav och axeltapp en förseglad enhet, som inte kan tas isär **(se bilder)**.

5 Ett manuellt bakre nivåkontrollsystem finns på kombi och van. Systemet använder stötdämpare fyllda med tryckluft. Bakfjädringens nivå styrs genom att lufttrycket i stötdämparna ändras via en ventil i bagageutrymmet.

6 Styrväxeln är av kuggstångstyp. Rörelsen överförs till framhjulen via styrstag, som är anslutna till kuggstången via en glidande hylsa på deras inre ändar och till fjäderbenen via spindelleder på deras yttre ändar.

7 Rattstången består av en yttre stång som har en hoptryckbar del och en axel som är ansluten till en flexibel koppling i dess nedre ände.

8 Servostyrning finns som standard på vissa modeller och som tillval på andra. Servostyrningen är hydraulstyrd, och trycket kommer från en vätskepump som drivs av en rem från motorns vevaxel. På vissa modeller med större motorer sitter vätskekylrör under kylaren, som håller hydrauloljans temperatur inom givna värden.

2 Främre fjäderben – demontering och montering

Observera: *En spindelledsavdragare behövs till detta moment. Muttern till styrstagsändens spindelled, låssprinten för muttern mellan länkarmen och fjäderbenets spindelled, samt navmuttern, brickan och låssprinten måste bytas vid återmonteringen.*

Demontering

1 Dra åt handbromsen, lyft upp framvagnen och ställ den på pallbockar (se *Lyftning och stödpunkter*). Ta bort relevant hjul.

2 Om det är tillämpligt, demontera ABS-givaren från navet, se kapitel 9 om det behövs, och koppla loss kablaget från benet.

3 Demontera bromsoket från navet enligt beskrivningen i kapitel 9. Bromsoket kan hängas upp med ståltråd eller snöre, så att man slipper koppla loss hydraulslangen.

4 Skruva loss den självlåsande muttern från spindelleden mellan änden av styrstaget och fjäderbenet.

5 Koppla loss spindelleden mellan styrstagsänden och fjäderbenet med en spindelledsavdragare.

6 Dra ut låssprinten från navets kronmutter i änden av drivaxeln.

7 Nu måste navmuttern skruvas loss. Muttern sitter extremt hårt, och det krävs ett förlängningsskaft för att man ska få loss den. För att förhindra att drivaxeln vrider sig, skruva i två hjulbultar och placera en metallstång mellan dem och håll emot navet.

8 Skruva loss navmuttern och ta bort brickan från drivaxeln.

9 Ta bort låssprinten, skruva sedan loss kronmuttern från spindelleden mellan länkarmen och fjäderbenet.

10 Koppla loss spindelleden mellan länkarmen och fjäderbenet med en spindelledsavdragare.

2.12 Fjäderbenets fästmuttrar

2.13 Fjäderbenet/navet tas loss

11 Dra ut drivaxelns yttre ände från navet. Det ska gå att dra loss drivaxeln från navet för hand, men om det behövs kan man lossa axeln genom att knacka på den med en mjuk klubba. Slå **inte** *hårt, eftersom drivaxellederna då kan skadas.* Stötta drivaxeln genom att hänga upp den med ståltråd eller snöre. Låt den **inte** bära upp sin egen vikt.

12 I motorrummet, skruva loss de två muttrar som håller fast fjäderbenet mot fjäderbenstornet **(se bild)**. Håll fast fjäderbenet när muttrarna skruvas loss, eftersom benet kan lossna när muttrarna tagits bort.

13 Ta loss fjäderbenet/navet **(se bild)**.

Montering

14 Sätt fjäderbenets övre ände i tornet, skruva sedan på fästmuttrarna och dra åt dem till angivet moment.

15 Lägg lite molybdendisulfidfett på drivaxelns räfflor, sätt därefter in axelns yttre ände i navet. Sätt på en ny bricka och skruva på en ny navmutter och dra åt den med fingrarna.

16 Återanslut spindelleden mellan länkarmen och fjäderbenet, sätt sedan på kronmuttern och dra åt till angivet moment. Säkra muttern med en ny låssprint.

17 Dra åt den nya navmuttern till angivet

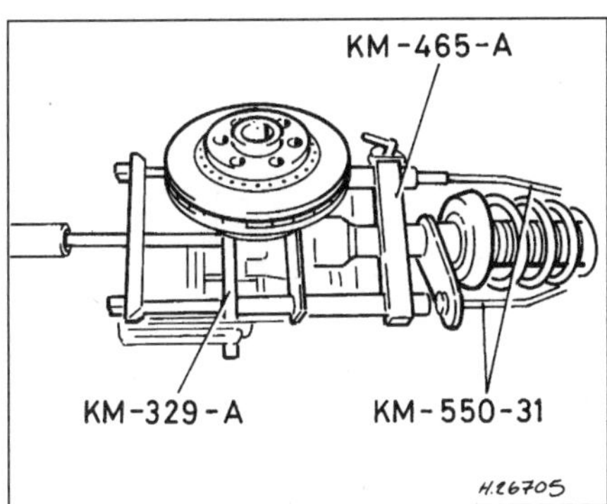

3.3 Opels fjäderspännare på plats på främre fjäderbenet

3.9a Fjäderbenets axelmutter skruvas loss

3.9b Skruva loss axelmuttern . . .

moment i de steg som anges i specifikationerna. Förhindra att drivaxeln vrids precis som vid demonteringen. Om hålen för låssprinten i drivaxeln inte passar in mot något urtag i muttern, dra åt muttern ytterligare 9° (inte mer), tills hålen passar in mot de närmaste urtagen, så att låssprinten kan sättas i. Använd en ny låssprint och böj dess ändar så att den sitter säkert.

18 Återanslut styrstagets spindelled till fjäderbenet och dra åt en ny självlåsande mutter till angivet moment.

19 Montera tillbaka bromsoket till navet enligt beskrivningen i kapitel 9.

20 Om det är tillämpligt, montera tillbaka ABS-givaren till navet, se kapitel 9 om det behövs, och återanslut kablaget till benet.

21 Montera hjulet och sänk ner bilen.

22 Avsluta med att kontrollera framhjulsinställningen och justera om det behövs, enligt beskrivningen i avsnitt 35.

3 Främre fjäderben - översyn

Observera: *En fjäderspännare krävs till detta moment.*

1 Demontera benet enligt beskrivningen i avsnitt 2 och fortsätt som följer.

2 Navet, hjullagret och bromsskivans sköld kan demonteras enligt beskrivningen i avsnitt 4.

3 Lägg fjäderbenet på en bänk eller skruva fast det i ett skruvstäd, sätt på en fjäderspännare och tryck ihop spiralfjädern så att trycket på det övre fjädersätet tas bort. Se till att fjäderspännaren sitter fast ordentligt på fjädern enligt tillverkarens instruktioner **(se bild)**.

4 Bänd loss plastkåpan ovanpå benet.

5 Håll fast benets kolvstång med en hylsnyckel och skruva loss kolvstångsmuttern.

6 Lyft av benets övre fästgummi och lager.

7 Lyft av det övre fjädersätet och dämparringen, lossa sedan försiktigt fjäderspännaren och ta bort fjädern. Notera hur fjädern är monterad.

8 Dra loss damasken, och gummibufferten inuti damasken, från benet.

9 För att kunna ta loss stötdämparen måste man skruva loss axelmuttern från ovansidan av fjäderbenshylsan. Muttern sitter extremt hårt. En metod att skruva loss muttern är att vända på benet och skruva fast muttern i ett skruvstäd. Vrid sedan runt benet med hjälp av ett långt stag och en bult genom styrstagets fäste **(se bilder)**.

10 När axelmuttern är borttagen kan stötdämparen tas ut **(se bild)**.

11 Stötdämparen kan testas genom att den nedre änden skruvas fast i ett skruvstäd, och sedan dras stötdämparen ut och pressas ihop helt flera gånger. Om rörelsen är ryckig eller om inget motstånd känns måste stötdämparen bytas.

12 Undersök alla delar och leta efter tecken på slitage eller skador, och byt dem om det behövs. Var särskilt noga med fästgummit och lagret **(se bild)**.

13 Börja återmonteringen genom att skjuta in stötdämparen i benet och sätta tillbaka axelmuttern. Ta inte bort vaxhöljet från muttern.

14 Skruva fast benet i ett skruvstäd och dra åt axelmuttern till angivet moment med en stor hylsnyckel.

15 Sätt tillbaka och tryck ihop spiralfjädern, och se till att fjäderns nedre del ligger mot klacken på det nedre fjädersätet.

16 Montera tillbaka gummibufferten och damasken.

17 Montera tillbaka det övre fjädersätet och dämparringen.

18 Smörj lagret med lite fett och montera sedan tillbaka det med den synliga delen av lagerbanan uppåt.

19 Montera tillbaka fjäderbenets övre fästgummi.

20 Håll emot benets kolvstång och dra åt kolvstångsmuttern till angivet moment. Detta kan göras genom att kolvstången hålls fast med en räfflad kil fäst vid en momentnyckel, och att muttern dras åt med en skiftnyckel tills angivet moment uppnås.

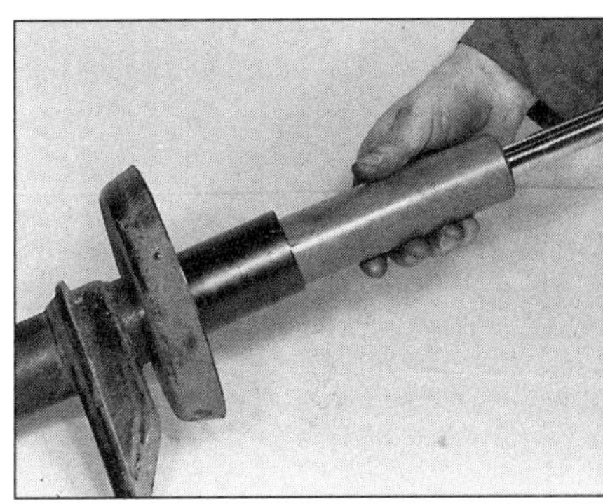

3.10 . . . och ta ut stötdämparen

21 Lossa fjäderspännaren försiktigt och ta bort den, och se till att fjädern sitter korrekt i båda ändar. Kontrollera att fjäderns nedre ände fortfarande sitter mot klacken på det nedre fjädersätet.

22 Montera tillbaka benet enligt beskrivningen i avsnitt 2.

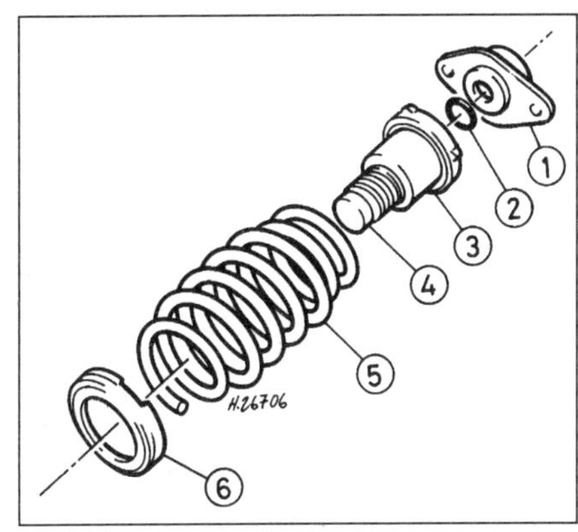

3.12 Främre fjäderbenets delar

1 Övre fästgummi
2 Lager
3 Övre fjädersäte och dämparring
4 Damask och gummibuffert
5 Fjäder
6 Nedre fjädersäte

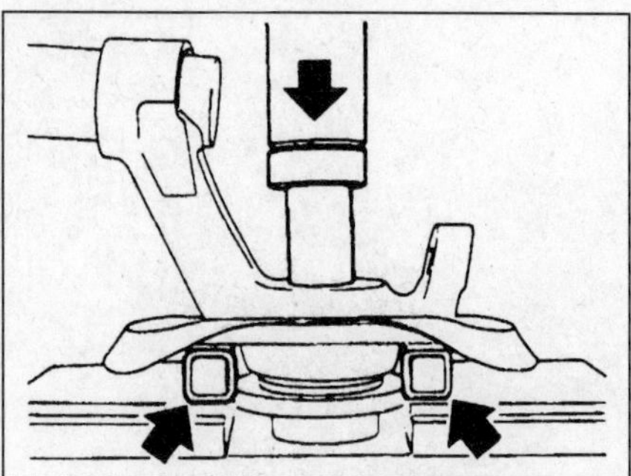

4.3 Tryck framnavet från hjullagret

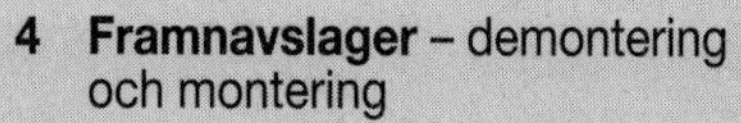

4 Framnavslager - demontering och montering

Observera: *Det föreligger stor risk för att lagret går sönder vid demonteringen. En avdragare underlättar arbetet avsevärt.*

Demontering

1 Demontera relevant fjäderben/nav enligt beskrivningen i avsnitt 2.

2 Skruva loss fästskruven och demontera bromsskivan från navet.

3 Stöd navet på två metallstänger som placeras på det sätt som visas **(se bild)**. Tryck eller driv sedan bort navet från hjullagret med en metallstång. Alternativt, skruva in två hjulbultar i navet och, med stegvis tjockare packningsbitar, dra åt bultarna för att tvinga bort navet från lagret. Observera att ena halvan av den inre lagerbanan kommer att sitta kvar på navet.

4.6a Dra loss lagrets yttre låsring

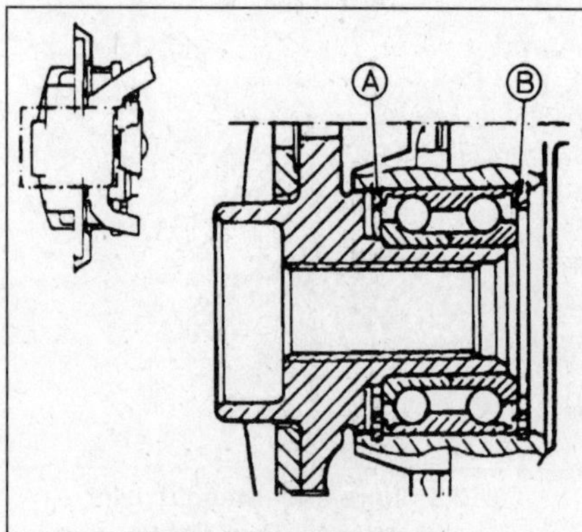

4.6b Genomskärning av framhjulslagret/navet

A Lagrets yttre låsring
B Lagrets inre låsring

4.4 Ta bort halva inre lagerbanan från navet

4 Dra loss den halva inre lagerbanan från navet med en avdragare **(se bild)**. Alternativt kan lagerbanan stödjas på tunna metallstänger, och navet tryckas eller drivas från lagerbanan.

5 Skruva loss de tre fästskruvarna **(se bild)** och lyft av bromsskivans sköld från navet.

6 Ta loss lagrets inre och yttre låsringar **(se bilder)**.

7 Dra loss lagret från navet med en avdragare, med tryck på den yttre lagerbanan. Alternativt kan navet stödjas och lagret tryckas eller drivas ut.

Montering

8 Innan ett nytt lager monteras, rengör lagrets plats i navet noga och sätt på lagrets yttre låsring 'A' **(se bild 4.6b)**. Observera att låsringens flikar ska vara riktade mot navhållarens nederdel.

9 Tryck eller driv det nya lagret på plats tills det kommer i kontakt med den yttre låsringen, med tryck på den yttre lagerbanan **(se bild)**.

10 Sätt på lagrets inre låsring, med flikarna riktade mot navets nederdel.

11 Sätt på bromsskivans sköld.

12 Tryck eller dra in navet i lagret. Den inre lagerbanan **måste** stödjas under detta moment. Detta kan göras som visas med en hylsnyckel, en lång bult, en bricka och en metallstång **(se bild)**.

13 Montera tillbaka bromsskivan.

14 Montera tillbaka fjäderbenet/navet enligt beskrivningen i avsnitt 2.

4.9 Ett nytt framhjulslager monteras med hjälp av en hylsnyckel, mutter, bult, brickor och ett metallstag

4.5 En fästskruv skruvas loss från bromsskivans sköld

5 Främre fjädringens länkarm - demontering och montering

Observera: *En spindelledsavdragare behövs för detta moment. Den länkarmens bakre styrbult, låssprinten för muttern mellan länkarmen och fjäderbenets spindelled, samt fästmuttrar och låsmuttrar för krängningshämmaren till länkarmen måste bytas vid återmonteringen.*

Observera: *Regelbunden inspektion av främre fjädringens länkarmar rekommenderas för att upptäcka skador eller skevhet som i längden skulle kunna leda till brott. Alla tecken på sprickbildning, veckning eller andra skador måste undersökas, och armen bytas om det behövs. Vid osäkerhet, rådfråga närmaste Opelverkstad.*

Demontering

1 Dra åt handbromsen, lyft upp framvagnen och ställ den på pallbockar (se *Lyftning och stödpunkter*). Ta bort relevant hjul.

2 Skruva loss och kasta muttrarna som håller fast krängningshämmarens ände till länkarmen. Observera att den mutter som ligger

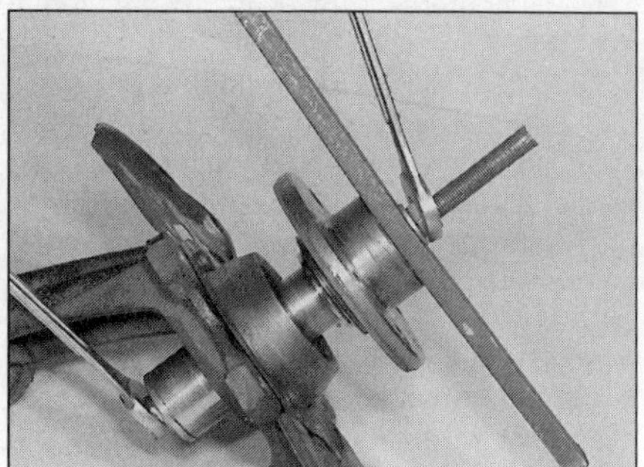

4.12 Navet dras in i lagret med hemmagjorda verktyg

5.5 Länkarmens främre styrbult

mot den kupade brickan är en vanlig mutter, och den andra en låsmutter. Ta loss de kupade brickorna och fästgummina.

3 Dra ut låssprinten och skruva loss kronmuttern från spindelleden mellan länkarmen och fjäderbenet.

4 Koppla loss spindelleden mellan länkarmen och fjäderbenet med en spindelledsavdragare.

5 Skruva loss de två styrbultarna som håller fast länkarmen till kryssrambalken **(se bild)**. Observera att den bakre styrbulten även håller fast kryssrambalken till underredet. Båda bultarna sitter mycket hårt, och det kommer antagligen att krävas ett förlängningsskaft för det ska gå att få loss dem.

6 Dra loss länkarmen från kryssrambalken och ta bort den från bilen.

Montering

7 Observera att på vissa modeller kan en dämparvikt vara fastskruvad på höger länkarm. Om höger länkarm ska bytas på en sådan bil måste dämparvikten flyttas till den nya armen.

8 Observera att metallhylsorna i den bakre fästbussningen kan kastas vid monteringen av länkarmen.

9 Börja återmonteringen genom att skjuta länkarmen på plats i kryssrambalken.

10 Sätt på de två styrbultarna, håll fast länkarmen horisontellt och dra åt bultarna till angivet moment. Observera att en ny bakre styrbult måste användas, och att den nya bulten måste dras åt till angivet moment i de tre steg som anges i specifikationerna.

11 Återanslut spindelleden mellan länkarmen och fjäderbenet och dra åt kronmuttern till angivet moment. Säkra muttern med en ny låssprint.

12 Återanslut krängningshämmarens ände till länkarmen, och se till att de kupade brickorna som håller fast fästgummina sitter med de konkava sidorna vända mot länkarmen.

13 Sätt på en ny fästmutter för krängningshämmaren till länkarmen och dra åt den så att gummibussningen trycks ihop så mycket som visas **(se bild)**. Byt gummibussningarna om det behövs.

14 Sätt på en ny låsmutter för krängningshämmaren till länkarmen och dra åt den till angivet moment.

15 Montera hjulet och sänk ner bilen.

16 Avsluta med att kontrollera och eventuellt justera framhjulsinställningen enligt beskrivningen i avsnitt 35.

6 Bussningar på främre fjädringens länkarm - byte

1 Demontera länkarmen enligt beskrivningen i avsnitt 5.

2 Bussningarna sitter hårt i länkarmen och måste tryckas ut.

3 Om ingen press finns tillgänglig kan bussningarna dras ut med en lång bult, mutter, brickor och en hylsnyckel eller ett stycke metallrör.

4 Den vertikala bussningen ska tryckas ut genom länkarmens överdel, underifrån, och den horisontella bussningen ska tryckas ut mot länkarmens framsida, bakifrån.

5 Smörj de nya bussningarna med tvålvatten och sätt sedan i dem i länkarmen enligt beskrivningen i punkt 3.

6 Den nya vertikala bussningen ska tryckas in i länkarmen underifrån, och den nya horisontella bussningen ska tryckas in i länkarmen framifrån. Den horisontella bussningen ska sticka ut från armen lika mycket på båda sidor.

7 Montera tillbaka länkarmen enligt beskrivningen i avsnitt 5.

7 Spindelled på främre fjädringens länkarm - byte

Observera: *Tre specialbultar, fjäderbrickor och muttrar (finns hos Opelverkstäder) krävs vid återmontering av den nya spindelleden.*

1 Demontera länkarmen enligt beskrivningen i avsnitt 5.

2 Skruva fast länkarmen i ett skruvstäd och borra sedan bort huvudena från de tre nitar som håller fast spindelleden till länkarmen med en 12 mm borr.

3 Om det behövs, knacka loss nitarna från länkarmen, ta sedan bort spindelleden.

4 Den nya spindelleden ska monteras med tre specialbultar, fjäderbrickor och muttrar, som finns att köpa hos Opelverkstäder.

5 Se till att spindelleden monteras rättvänd, med fästmuttrarna på länkarmens undersida.

6 Dra åt muttrarna som håller spindelleden till länkarmen till angivet moment.

7 Montera tillbaka länkarmen enligt beskrivningen i avsnitt 5.

5.13 Hoptryckningen av främre krängningshämmarens gummibussning (1) ska vara mellan 38 och 39 mm

8 Främre krängningshämmare - demontering och montering

Observera: *En lyft eller liknande krävs för att ta upp motorns vikt under detta moment. Kryssrambalkens bakre fästbultar, och fästmuttrarna och låsmuttrarna som håller krängningshämmaren till länkarmen, måste bytas vid monteringen.*

Demontering

1 Innan krängningshämmaren demonteras måste motorn stödjas i dess vänstra lyftfäste. Helst ska motorn stödjas med en kraftig trä- eller metallbalk som placeras stadigt i kanalerna på sidorna av motorrummet. Opels specialverktyg som är utformat för just det här syftet visas i kapitel 7A. Alternativt kan motorn stödjas med en lyft och en talja. I detta fall måste dock lyften kunna stödja motorn med bilen upplyft, så att den främre kryssrambalken kan sänkas ner.

2 Dra åt handbromsen, lyft upp framvagnen och ställ den på pallbockar (se *Lyftning och stödpunkter*). Lyft av framhjulen.

3 Om det är tillämpligt, demontera motorns undre skyddskåpa enligt beskrivningen i kapitel 11, avsnitt 25.

4 För bättre arbetsutrymme, demontera den främre delen av avgassystemet enligt beskrivningen i avsnitt 23 i kapitel 4A, eller avsnitt 21 i kapitel 4B.

5 Under bilen, skruva loss de muttrar som håller fast krängningshämmarens ändar till länkarmarna. Ta loss de kupade brickorna och fästgummina **(se bild)**.

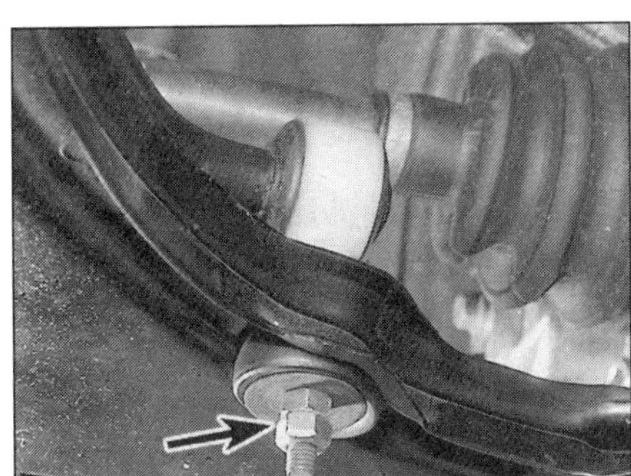

8.5 Fästmuttrar som håller främre krängningshämmaren till länkarmen

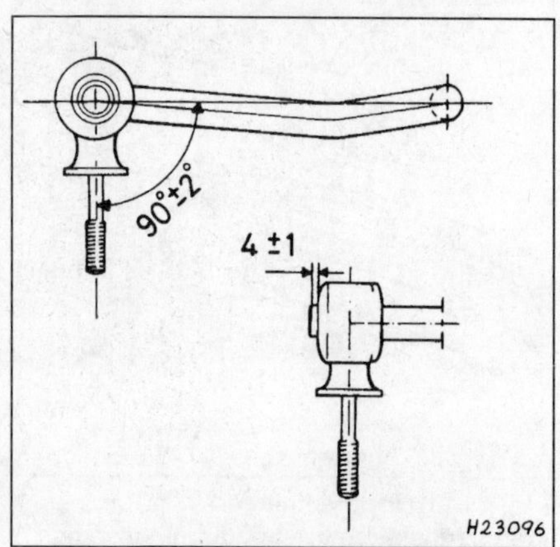

9.6 Korrekt position för främre krängningshämmarens ändlänk

Mått i mm

6 Se till att motorn har ordentligt stöd, skruva sedan loss de två muttrar och brickor som håller fast det bakre motor-/växellådsfästet till kryssrambalken.

7 Stöd kryssrambalken på en garagedomkraft, med en träbjälke emellan för att fördela lasten.

8 Skruva loss de två bakre och två mittre bultar som håller fast kryssrambalken till underredet. Observera att de bakre bultarna även håller fast länkarmarna till kryssrambalken. Bultarna sitter mycket hårt, och det kommer antagligen att krävas ett förlängningsskaft för att det ska gå att få loss dem. **Observera:** *På vissa tidiga modeller används en kort främre kryssrambalk, som hålls fast av fyra bultar istället för sex. På dessa modeller, skruva loss kryssrambalkens alla fyra fästbultar och sänk ner hela kryssrambalken från bilen.*

9 Lossa, men ta inte bort, de två främre fästbultarna för kryssrambalken till underredet (ej tillämpligt på vissa tidiga modeller – se punkt 8).

10 Sänk försiktigt ner kryssrambalken tills det går att komma åt bultarna som håller krängningshämmaren till kryssrambalken och skruva loss bultarna.

11 Lyft krängningshämmaren från kryssrambalken och länkarmarna och ta bort den från bilen.

Montering

12 Krängningshämmarens fästbussningen kan bytas enligt beskrivningen i avsnitt 9.

13 Montering sker i omvänd ordningsföljd. Tänk på följande.

14 Använd nya bakre fästbultar när kryssrambalken återmonteras till underredet, och dra åt dem till angivet moment i de tre steg som anges i specifikationerna.

15 Återanslut krängningshämmarens ändar till länkarmarna och se till att de kupade brickorna som håller fast fästgummina sitter med de konkava sidorna vända mot länkarmen.

16 Sätt på nya fästmuttrar för krängningshämmaren till länkarmen, och dra åt dem så att gummibussningen trycks ihop så mycket som anges i punkt 13 i avsnitt 5. Byt gummibussningarna om det behövs.

17 Sätt på nya låsmuttrar för krängningshämmaren till länkarmarna och dra åt dem till angivet moment.

18 Dra åt alla muttrar och bultar till angivet moment.

19 Om det är tillämpligt, montera tillbaka den främre delen av avgassystemet enligt beskrivningen i avsnitt 23 i kapitel 4A, eller avsnitt 21 i kapitel 4B.

9 Främre krängningshämmarens bussningar – byte

Observera: *En spindelledsavdragare underlättar arbetet avsevärt.*

1 Demontera krängningshämmaren enligt beskrivningen i avsnitt 8.

2 Om någon av krängningshämmarens ändlänkbussningar (mellan ändlänken och krängningshämmaren) måste bytas, måste hela ändlänken bytas ut.

3 För att demontera en ändlänk, skruva fast krängningshämmaren i ett skruvstäd, ta sedan loss ändlänken med hjälp av en spindelledsavdragare och stegvis tjockare distansbitar. Alternativt kan ändlänken demonteras genom att den drivs från krängningshämmaren med lätta hammarslag på en drivdorn, men detta kan lätt skada ändlänken om det inte utförs mycket försiktigt.

4 Om det behövs, upprepa på den kvarvarande ändlänken.

5 Med endera ändlänken demonterad kan fästbussningarna mellan krängningshämmaren och kryssrambalken bytas genom att bussningarna skjuts längs staget tills de kan dras loss från ena änden. Sätt på de nya bussningarna på liknande sätt.

6 Tryck eller driv ändlänken/länkarna på krängningshämmaren till visad plats **(se bild)**. Använd ett metallrör eller en hylsnyckel för att undvika att skada ändlänken/länkarna.

7 Innan krängningshämmaren monteras, undersök bussningarna mellan krängningshämmaren och länkarmarna, och byt dem om det behövs.

8 Montera tillbaka krängningshämmaren enligt beskrivningen i avsnitt 8.

10 Främre fjädringens kryssrambalk – demontering och montering

Observera: *En lyft av något slag krävs för att bära upp motorns vikt under denna procedur, samt en spindelledsavdragare. Kryssrambalkens fästbultar och låssprintarna för muttrarna till spindelleden mellan länkarmen och fjäderbenet måste bytas vid monteringen.*

Demontering

1 Kryssrambalken demonteras som en enhet tillsammans med länkarmarna och krängningshämmaren.

2 Innan kryssrambalken demonteras måste motorn stödjas på dess vänstra lyftfäste. Helst ska motorn stödjas med en kraftig träeller metallbalk som placeras stadigt i kanalerna på sidorna av motorrummet. Opels specialverktyg som är utformat för just det här syftet visas i kapitel 7A. Alternativt kan motorn stödjas med en lyft och en talja. I detta fall måste dock lyften kunna stödja motorn med bilen upplyft, så att kryssrambalken kan tas ut under framvagnen.

3 Dra åt handbromsen, lyft upp framvagnen och ställ den på pallbockar (se *Lyftning och stödpunkter*). Ta bort framhjulen.

4 Om det är tillämpligt, demontera motorns undre skyddskåpa enligt beskrivningen i kapitel 11.

5 Demontera avgassystemets främre del enligt beskrivningen i avsnitt 23 i kapitel 4A, eller avsnitt 21 i kapitel 4B. I förekommande fall, skruva loss oljekylarslangens fäste från höger sida av kryssrambalken.

6 På ena sidan av bilen, dra ut låssprinten och skruva loss kronmuttern från spindelleden mellan länkarmen och fjäderbenet.

7 Koppla loss spindelleden mellan länkarmen och fjäderbenet med en spindelledsavdragare.

8 Upprepa punkt 6 och 7 för den andra länkarmen.

9 Se till att motorn har ordentligt stöd, skruva sedan loss de två muttrar och brickor som håller fast det bakre motor-/växellådsfästet till kryssrambalken.

10 Stöd kryssrambalken på en garagedomkraft, med en träbjälke emellan så att kryssrambalken inte välter när den tas ut.

11 Skruva loss de sex bultar som håller fast kryssrambalken till underredet. *Observera att på vissa tidiga modeller används en kort främre kryssrambalk, som hålls fast av fyra bultar istället för sex.* Observera att de bakre bultarna även håller fast länkarmarna till kryssrambalken **(se bilder)**. Bultarna sitter mycket hårt, och det kommer antagligen att krävas ett förlängningsskaft för att det ska gå att få loss dem.

12 Sänk ner domkraften som håller upp

10.11a Främre kryssrambalkens främre fästbult

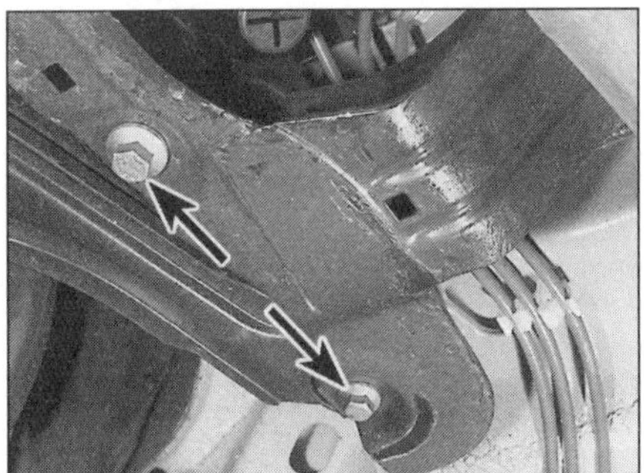

10.11b Främre kryssrambalkens mittre och bakre fästbultar

kryssrambalken och ta ut balken under framvagnen.

13 Krängningshämmaren och/eller länkarmarna kan demonteras från kryssrambalken enligt beskrivningen i avsnitt 8 och/eller avsnitt 5, efter tillämplighet.

Montering

14 Montering sker i omvänd ordningsföljd. Tänk på följande.

15 Om krängningshämmaren och/eller länkarmarna har demonterats från kryssrambalken, montera tillbaka dem enligt

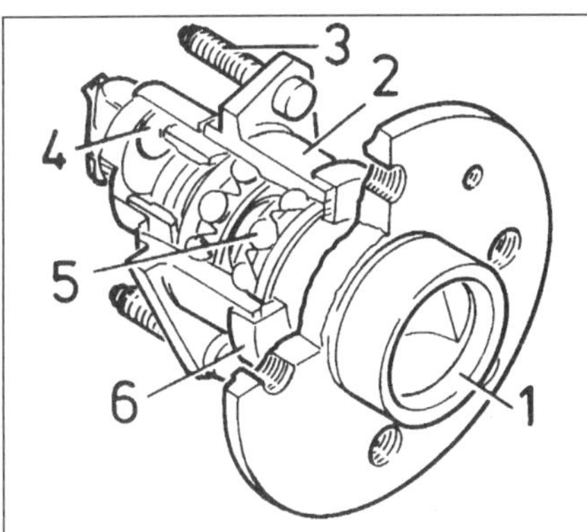

11.6c Genomskärning av navenheten

1 *Nav*
2 *Axeltapp*
3 *Gängad bult*
4 *Dammkåpa med inbyggd ABS-givare*
5 *Lager*
6 *Oljetätning*

11.8 En baknavsmutter dras åt med en vinkelmätare

11.6a Baknavets fästmuttrar - modell med bakre trumbromsar

beskrivningen i avsnitt 8 och/eller avsnitt 5, efter tillämplighet.

16 Sätt på nya fästbultar på kryssrambalken och dra åt dem till angivet moment. Observera att kryssrambalkens/länkarmens bakre fästbultar måste dras åt i tre steg.

17 Säkra muttrarna för spindelleden mellan länkarmen och fjäderbenet med nya låssprintar.

18 Montera tillbaka avgassystemets främre del enligt beskrivningen i avsnitt 23 i kapitel 4A, eller avsnitt 21 i kapitel 4B och, om det är tillämpligt, montera tillbaka oljekylarens fäste på kryssrambalken, följt av motorns undre skyddskåpa.

11 Baknav - demontering och montering

Observera: *Navets fästmuttrar måste bytas vid återmonteringen.*

Demontering

1 Klossa framhjulen, hissa upp bakvagnen och stöd den på pallbockar (se *Lyftning och stödpunkter*). Ta bort relevant hjul.

2 På modeller med bakre trumbromsar, demontera bromstrumman enligt beskrivningen i kapitel 9.

3 På modeller med bakre skivbromsar, demontera bromsoket och bromsskivan enligt beskrivningen i kapitel 9. Bromsoket kan hängas upp åt sidan med ståltråd eller snöre så att man slipper koppla loss hydrauloljeröret.

4 På modeller med bakre skivbromsar, koppla loss returfjädern från handbromsens bromsbackarm och bromsens fästplatta.

5 På modeller med ABS, koppla loss ABS-givarens anslutningskontakt på baksidan av navet.

6 Skruva loss de fyra fästmuttrarna och ta loss navet **(se bilder)**. På modeller med bakre skivbromsar kan navet tas loss tillsammans bromsens fästplatta. Koppla i så fall loss handbromsvajern från handbromsens bromsbackarm när navet tas loss. På modeller med bakre trumbromsar kan bromsens fästplatta lämnas fäst vid den bakre fjädringens torsionsaxel.

11.6b Demontering av nav - modell med bakre trumbromsar

Montering

7 Montering sker i omvänd ordningsföljd, men tänk på följande.

8 Nya navfästmuttrar måste användas, och de måste dras åt i de tre steg som anges i specifikationerna. Observera att en hylsnyckelförlängning och kardanknut kan behövas för att en vinkelmätare ska kunna användas **(se bild)**.

9 På modeller med bakre skivbromsar, se till att handbromsvajern och returfjädern ansluts korrekt.

10 På modeller med bakre skivbromsar, montera tillbaka bromsskivan och bromsoket enligt beskrivningen i kapitel 9.

11 På modeller med bakre trumbromsar, montera tillbaka bromstrumman enligt beskrivningen i kapitel 9.

12 Innan hjulet monteras tillbaka och bilen sänks ner, kontrollera handbromsvajerns justering enligt beskrivningen i kapitel 9.

12 Bakre stötdämpare - demontering, inspektion och montering

Observera: *Demontera endast en stötdämpare i taget. Stötdämpare ska alltid bytas i par.*

Sedan och kombikupé

Demontering

1 I bagageutrymmet, dra loss plastkåpan från stötdämparens övre fäste.

2 Håll emot på stötdämparens kolvstång och skruva loss den övre fästmuttern **(se bild)**. Ta loss brickan och det övre fästgummit.

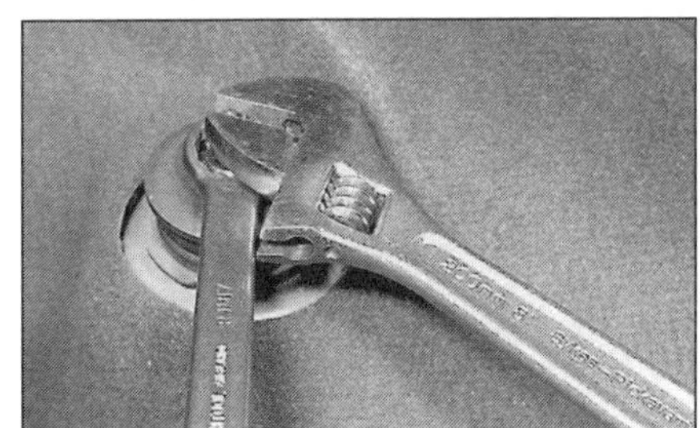

12.2 Stötdämparens övre fästmutter skruvas loss medan kolvstången hålls fast

12.4 Bakre stötdämparens nedre fästbult – kombikupé

3 För att komma åt bättre, kör upp bakvagnen på en ramp och klossa framhjulen. Alternativt, klossa framhjulen, lyft upp bakvagnen och ställ den på pallbockar (se *Lyftning och stödpunkter*). Om bilen lyfts upp **måste** relevant hjälparm stödjas med en domkraft när bilen lyfts, för att förhindra att hjälparmen tvingas nedåt av spiralfjädern.

4 Skruva loss den bult som håller fast stötdämparens nedre ände mot hjälparmen **(se bild)**.

5 Tryck ihop stötdämparen för hand, bänd loss den nedre änden för att lossa den från hjälparmen om det behövs.

6 Ta bort stötdämparen och ta loss fästgummit och distanshylsan ovanpå stötdämparen.

Inspektion

7 Undersök stötdämparens fästgummin och leta efter tecken på slitage eller skada. Byt dem om det behövs.

8 Stötdämparen kan testas genom att den nedre fästöglan skruvas fast i ett skruvstäd och stötdämparen dras ut och pressas ihop helt flera gånger. Om rörelsen går ryckigt eller är utan motstånd måste stötdämparen bytas.

Montering

9 Montering sker i omvänd ordningsföljd. Dra åt stötdämparens nedre fästbult till angivet moment.

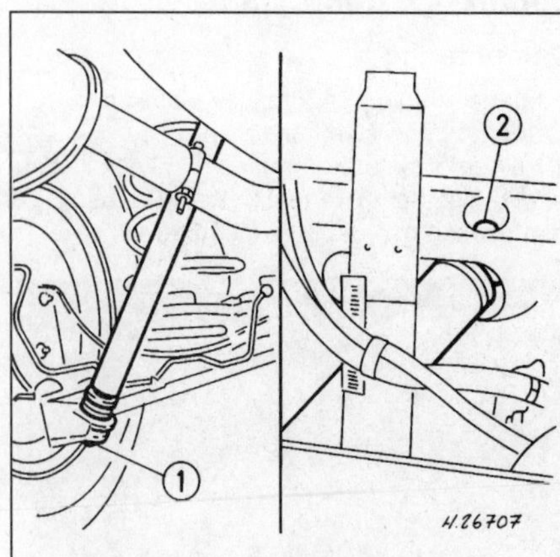

12.14 Bakre stötdämparfästen – kombi och van

1 *Nedre fäste* 2 *Övre fäste*

Kombi och van

Demontering

10 På modeller med manuellt nivåkontrollsystem, tryckutjämna systemet genom att släppa ut luft genom ventilen i bagageutrymmet.

11 Fortsätt enligt beskrivningen i punkt 3.

12 Om det är tillämpligt, koppla loss nivåkontrollsystemets luftledning från stötdämparen.

13 Håll emot stötdämparens kolvstång och skruva bort stötdämparens nedre fästmutter från hjälparmen. Ta loss brickan och det övre fästgummit.

14 Skruva loss den bult som håller fast stötdämparens övre ände till underredet **(se bild)**.

15 Tryck ihop stötdämparen för hand, bänd loss den övre änden för att lossa den från karossen om det behövs.

16 Ta bort stötdämparen och ta loss fästgummit och distanshylsan från stötdämparens nederdel.

Inspektion

17 Följ beskrivningen i punkt 7 och 8, men sätt fast den övre fästöglan i skruvstädet när stötdämparen testas.

Montering

18 Montering sker i omvänd ordningsföljd, men tänk på följande.

19 Om det är tillämpligt, se till att stötdämparen monteras med luftledningens anslutning rättvänd.

20 Dra åt stötdämparens övre fästbult till angivet moment.

21 På modeller med manuell fjädringsnivåkontroll, trycksätt systemet till 0,8 bar och kontrollera eventuella luftläckor.

13 Bakre stötdämpares fästgummin – byte

Observera: *Endast en stötdämpare i taget bör demonteras.*

Sedan och kombikupé

1 Bussningen i stötdämparens nedre fästögla går inte att köpa separat, så om den är sliten eller skadad måste hela stötdämparen bytas.

2 Stötdämparens övre fästgummin kan bytas utan att stötdämparen behöver demonteras, enligt följande.

3 Följ beskrivningen i avsnitt 12, punkt 1 och 2.

4 Med hjulen på marken, lyft upp bakvagnen något så att stötdämparen kan tryckas ihop för hand så mycket att det övre fästet kan lossas från karossen.

5 Ta loss fästgummit ovanpå stötdämparen.

6 Montera de nya fästgummina i omvänd ordningsföljd.

Kombi och van

7 Bussningen i stötdämparens övre fästögla går inte att köpa separat, så om den är sliten eller skadad måste hela stötdämparen bytas.

8 Stötdämparens nedre fästgummin kan bytas utan att stötdämparen behöver demonteras, enligt följande.

9 På modeller med manuell fjädringsnivåkontroll, tryckutjämna systemet genom att släppa ut luft genom ventilen i bagageutrymmet.

10 Håll emot stötdämparens kolvstång och skruva bort stötdämparens nedre fästmutter från hjälparmen. Ta loss brickan och fästgummit.

11 Tryck ihop stötdämparen för hand så mycket som behövs för att den nedre änden ska kunna lossas från hjälparmen.

12 Ta loss fästgummit och distanshylsan från stötdämparens nederdel.

13 Montera de nya fästgummina i omvänd ordningsföljd.

14 På modeller med manuell fjädringsnivåkontroll, avsluta med att trycksätta systemet till 0,8 bar.

14 Bakre fjädringens spiralfjäder – demontering och montering

Observera: *På grund av utformningen av den bakre fjädringen, är det viktigt att tänka på att endast en spiralfjäder i taget bör demonteras. Observera att de bakre fjädrarna måste bytas i par, och om fjädrarna ska bytas är det bäst att samtidigt byta fjädrarnas dämpgummin.*

Demontering

1 På modeller med manuell nivåkontroll av bakfjädringen, tryckutjämna systemet genom att släppa ut luft genom ventilen i bagageutrymmet.

2 Klossa framhjulen, lyft bakvagnen och stöd den på pallbockar (se *Lyftning och stödpunkter*).

3 Lyft relevant hjälparm något med en domkraft.

4 Skruva loss bulten och brickan som håller fast stötdämparens nedre ände till hjälparmen, och lossa stötdämparens nedre ände.

5 Sänk försiktigt ned domkraften som håller upp hjälparmen och ta bort spiralfjädern och dess dämpgummin. Bänd hjälparmen något nedåt om det behövs för att få bort fjädern.

Montering

6 Montering sker i omvänd ordningsföljd, men tänk på följande.

7 Se till att fjädern sitter korrekt på hjälparmen och underredet.

8 Dra åt stötdämparens nedre fästbult till angivet moment.

9 Om fjädrarna ska bytas, upprepa momentet på andra sidan av bilen.

15.3 Bakre krängningshämmarens fästmutter och bult

15.5 Bakre krängningshämmarens isoleringsgummi

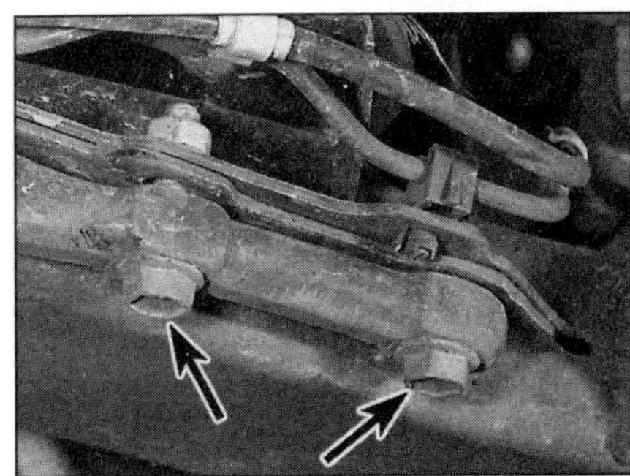

15.12 Extra krängningshämmarens fästbultar

10 På modeller med manuell bakfjädringskontroll, avsluta med att trycksätta systemet till 0,8 bar.

15 Bakre krängningshämmare – demontering och montering

Huvudkrängningshämmare

Observera: *Nya muttrar och bultar måste användas när krängningshämmaren monteras tillbaka.*

Demontering

1 På alla modeller med en bakre krängningshämmare sitter denna inuti bakfjädringens torsionsaxel. På vissa modeller finns ytterligare en bakre krängningshämmare, som är fastskruvad till utsidan av torsionsaxeln – demontering och montering beskrivs i följande underavsnitt.

2 Klossa framhjulen, lyft upp bakvagnen och stöd den på pallbockar (se *Lyftning och stödpunkter*). Ta bort ett av bakhjulen.

3 I ena änden av krängningshämmaren, håll emot fästbulten och skruva loss fästmuttern **(se bild)**.

4 Upprepa proceduren för den andra fästmuttern i andra änden av krängningshämmaren.

5 Bänd loss krängningshämmarens isoleringsgummi från torsionsaxelns mitt **(se bild)**.

6 På den sida av bilen där hjulet har demonterats, dra ut krängningshämmaren ur torsionsaxelns ände.

Montering

7 Montering sker i omvänd ordningsföljd, men tänk på följande.

8 För att underlätta återmonteringen, smörj krängningshämmaren tunt med något smörjmedel, till exempel tunn olja.

9 Se till att isoleringsgummit sitter korrekt återmonterat mitt på torsionsaxeln.

10 Använd nya fästmuttrar och bultar till krängningshämmaren. Håll emot fästmuttrarna och dra åt bultarna i de tre steg som anges i specifikationerna.

Extra krängningshämmare

Observera: *Nya muttrar och bultar måste användas när krängningshämmaren monteras tillbaka.*

Demontering

11 För att komma åt bättre, klossa framhjulen, lyft upp bakvagnen och ställ den på pallbockar (se *Lyftning och stödpunkter*).

12 Skruva loss de fyra fästbultarna – två i var ände av krängningshämmaren **(se bild)** och håll samtidigt emot på muttrarna, sänk sedan ner krängningshämmaren från torsionsaxeln.

Montering

13 Monteringen sker i omvänd ordningsföljd. Använd nya fästmuttrar och bultar. Håll emot fästmuttrarna och dra åt bultarna i de tre steg som anges i specifikationerna.

16 Bakre fjädringens torsionsaxel/hjälparmar – demontering och montering

Demontering

1 Klossa framhjulen, lyft bakvagnen och stöd den på pallbockar (se *Lyftning och stödpunkter*). Ta av bakhjulen.

2 På modeller med manuell bakfjädringskontroll, tryckutjämna systemet genom att släppa ut luft genom ventilen i bagageutrymmet.

3 På modeller med katalysator, skruva loss värmeskölden till avgassystemets mittre låda.

4 Notera längden på de synliga gängorna på handbromsvajerns justerare, skruva sedan loss justeringsmuttern för att kunna koppla bort vajerfästet från handbromsspakens manöverstag.

5 Lossa handbromsvajrarna från fästena på underredet.

6 I motorrummet, ta bort påfyllningslocket från bromsoljebehållaren, sätt en bit plastfolie över påfyllningshålet och sätt tillbaka locket. Detta minimerar läckaget när bromsledningarna kopplas loss.

7 Koppla loss de flexibla slangarna från de stela bromsrören längst fram på varje hjälparm. Var beredd på spill och plugga genast igen öppningarna på rören och slangarna, för att minimera ytterligare spill och förhindra att smuts kommer in.

8 Om det är tillämpligt, koppla loss kontakterna från ABS-givarna och lossa kablaget från fästena på hjälparmarna.

9 På kombi och van, koppla loss fjädern till bromsarnas tryckregleringsventil från fästet på torsionsaxeln.

10 Lossa, men ta **inte** bort de muttrar och bultar som håller fast hjälparmarnas främre ändar till underredet **(se bild)**.

11 Stöd torsionsaxeln på en garagedomkraft med en träkloss emellan. Ställ domkraften stadigt mitt under torsionsaxeln.

12 På sedan och kombikupé, skruva loss bultarna som håller fast stötdämparnas nedre ändar till hjälparmarna.

13 På kombi och van, håll emot stötdämparnas kolvstänger och skruva loss muttrarna som håller fast stötdämparnas nedre ändar till hjälparmarna.

14 Sänk försiktigt ner domkraften som håller upp torsionsaxeln tills spiralfjädrarna kan tas bort. Demontera spiralfjädrarna enligt beskrivningen i avsnitt 14.

15 Se till att torsionsaxeln har ordentligt stöd, skruva sedan loss de muttrar och bultar som håller fast hjälparmarnas främre ändar till underredet. En medhjälpare gör det hela mycket enklare – se till att torsionsaxeln inte glider av domkraften.

16 Ta bort torsionsaxeln/hjälparmarna från bilen.

16.10 Fästmutter som håller hjälparmen till underredet (sett genom det bakre hjulhuset)

17 Om så önskas kan bromskomponenterna demonteras från hjälparmarna enligt beskrivningarna i relevanta avsnitt av kapitel 9. Naven kan demonteras enligt beskrivningen i avsnitt 11 och, i tillämpliga fall, krängningshämmarna demonteras enligt beskrivningen i avsnitt 15.

18 Om det behövs kan hjälparmsbussningarna bytas enligt beskrivningen i avsnitt 17.

Montering

19 Börja monteringen genom att montera tillbaka alla komponenter som demonterats från torsionsaxeln/hjälparmarna, enligt beskrivningarna i relevanta avsnitt i detta kapitel och/eller kapitel 9.

20 Stöd torsionsaxeln/hjälparmarna på garagedomkraften och skjut in dem under bakvagnen.

21 Lyft domkraften och sätt i de bultar och muttrar som håller fast hjälparmarnas främre ändar till underredet. Dra inte åt dem helt än.

22 Montera tillbaka spiralfjädrarna enligt beskrivningen i avsnitt 14.

23 Lyft hjälparmarnas bakre ändar och sätt tillbaka bultarna eller muttrarna, vilket som är tillämpligt, som håller fast stötdämparnas nedre ändar till hjälparmarna. Dra åt fästena till angivet moment, och håll emot stötdämparnas kolvstänger på kombi och van. Ta bort domkraften.

24 Om det är tillämpligt, återanslut ABS-givarens kablage och montera tillbaka kablaget till fästena på hjälparmarna.

25 Ta bort pluggarna från bromsrören och slangarna och återanslut dem.

26 Montera tillbaka handbromsvajrarna till fästena på underredet och återanslut sedan handbromsvajerns fästbygel till handbromsspakens manöverstag.

27 Sätt på en ny justeringsmutter på handbromsvajern och skruva på muttern på staget till den position som noterades före demonteringen. Kontrollera handbromsens justering enligt beskrivningen i kapitel 9.

28 På modeller med katalysator, montera tillbaka värmeskölden till avgassystemet.

29 På kombi och van, återanslut fjädern till bromsarnas tryckregleringsventil till fästet på torsionsaxeln.

30 Montera tillbaka hjulen och sänk ner bilen.

31 På modeller med manuell bakfjädringskontroll, avsluta med att trycksätta systemet till 0,8 bar.

32 Ta bort klossarna från framhjulen.

33 Se till att bilen står plant och, med en belastning som motsvarar 70 kg i båda framsätena, 'studsa' bilen så att fjädringen sätter sig på plats.

34 Utan att flytta bilen, klossa framhjulen båda framtill och baktill, så att bilen inte kan röra sig.

35 Under bakvagnen, dra åt fästena som håller fast hjälparmarnas främre ändar till underredet till angivet moment.

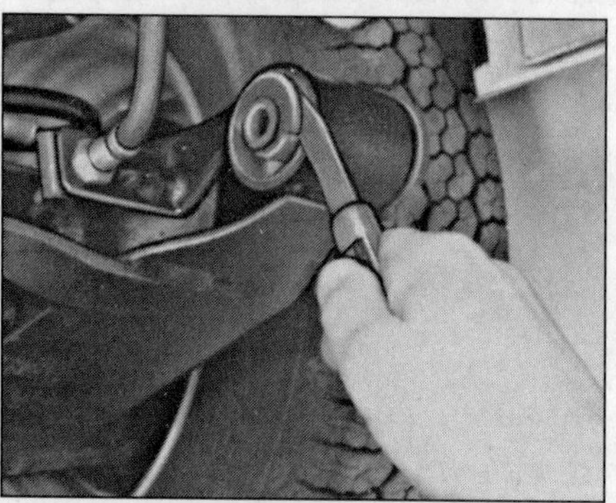

17.10 Den inre flänsen på en hjälparmsbussning skärs av

36 Kontrollera till sist handbromsvajerns justering en gång till, och ta bort plastfolien från undersidan av bromsoljebehållarens lock, samt lufta hela bromssystemet enligt beskrivningen i kapitel 9.

37 På kombi och van, kontrollera inställningen på bromsarnas tryckregleringsventil, enligt beskrivningen i kapitel 1.

17 Bakre fjädringens hjälparmsbussningar – byte

Observera: *Hjälparmsbussningar ska alltid bytas i par – d.v.s. på båda sidor av bilen.*

1 Hjälparmsbussningarna kan bytas utan att torsionsaxeln/hjälparmarna demonteras, som följer.

2 Klossa framhjulen, hissa upp bakvagnen och stöd den på pallbockar (se *Lyftning och stödpunkter*). Ta av bakhjulen.

3 På modeller med manuell bakfjädringskontroll, tryckutjämna systemet genom att släppa ut luft genom ventilen i bagageutrymmet.

4 På kombi och van, koppla loss fjädern till bromsarnas tryckregleringsventil från fästet på torsionsaxeln.

5 Koppla loss de flexibla slangarna och de bakre ändarna av de stela bromsrören från underredet. Lossa även handbromsvajrarna och ABS-givarens kablage, om det är tillämpligt.

6 Stöd torsionsaxeln på en garagedomkraft med en träkloss emellan. Ställ domkraften mitt under torsionsaxeln.

7 Skruva loss de muttrar och bultar som håller fast hjälparmarna till underredet.

8 Sänk domkraften försiktigt tills det går att komma åt hjälparmsbussningarna, stöd sedan torsionsaxeln på pallbockar (se *Lyftning och stödpunkter*). Var noga med att inte belasta bromsrören.

9 Det finns ett speciellt verktyg från Opel för demontering och montering av bussningarna, men det går också bra med ett egenhändigt tillverkat verktyg av en lång bult, mutter, brickor och ett stycke metallrör eller en hylsnyckel.

10 Innan en bussning demonteras, skär av flänsen från bussningens inre ände med en vass kniv (där tillämpligt) **(se bild)**.

11 Det blir lättare att ta bort bussningen om bussningsfästet i hjälparmen värms till ungefär 70°C med en värmepistol eller hårtork. Använd **inte** en öppen låga, på grund av närheten till bränsletanken.

12 Dra loss bussningen från hjälparmen med det verktyg som beskrivs i punkt 9.

13 Smörj den nya bussningen med lite tvålvatten och dra den sedan på plats, och se till att den smala delen av bussningen pekar uppåt.

14 Upprepa momentet på den andra hjälparmen.

15 Lyft torsionsaxeln med domkraften och sätt på de bultar och muttrar som håller fast hjälparmarnas främre ändar i underredet. Dra inte åt dem helt än. Ta bort pallbockarna (se *Lyftning och stödpunkter*).

16 Fäst de stela bromsrören och flexibla slangarna till underredet.

17 På kombi och van, återanslut fjädern till bromsarnas tryckregleringsventil till fästet på torsionsaxeln.

18 Fortsätt enligt beskrivningen i avsnitt 16, punkt 30 till 35.

19 På kombi och van, kontrollera inställningen på bromsarnas tryckregleringsventil, enligt beskrivningen i kapitel 1.

18 Bakre fjädringens nivåkontrollsystem – allmän information

Nivåkontrollsystemet styrs manuellt, och nivån justeras genom att lufttrycket i de bakre stötdämparna ändras via en ventil i bagageutrymmet.

Av säkerhetsskäl, om bilen ska köras med full last, får nivåkontrollsystemet inte vara fullt trycksatt så länge bilen är olastad.

Systemet justeras på följande sätt.

Med bilen olastad, kontrollera att systemtrycket är 0,8 bar med en däcktrycksmätare på luftventilen. Justera trycket om det behövs.

Ställ bilen plant och mät avståndet från mitten av den bakre stötfångaren till marken. Dra bort 50 mm från det uppmätta avståndet och notera det nya värdet.

Lasta bilen och öka trycket i systemet, om det behövs, tills det noterade värdet för stötfångarhöjden uppnås. Överskrid inte 5,0 bar.

När bilen lastats av, minska systemtrycket till minimitrycket 0,8 bar.

Kör inte en olastad bil med systemet fullt trycksatt.

19 Bakre fjädringens nivåkontrollsystem - demontering och montering av komponenter

Luftventil

Demontering

1 Vik undan mattan i bagageutrymmet för att komma åt luftventilen.
2 Tryckutjämna systemet helt.
3 Ta bort locket och fästhylsan från ventilen, tryck sedan ihop fästtapparna och tryck ventilen nedåt. Se till att inte skada luftledningarna **(se bild)**.
4 Skruva loss luftledningens anslutningar från ventilen och ta bort ventilen.

Montering

5 Montering sker i omvänd ordningsföljd. Avsluta med att trycksätta systemet och leta efter luftläckor.

Luftledningar

Demontering

6 Om en luftledning ska demonteras, börja med att tryckutjämna systemet helt.
7 Skruva loss anslutningarna vid stötdämparen och luftventilen, lossa sedan luftledningen från klämmorna på underredet.

Montering

8 Montering sker i omvänd ordningsföljd. Avsluta med att trycksätta systemet och leta efter luftläckor.

Stötdämpare

9 Demontering och montering av stötdämparna beskrivs i avsnitt 12.

20 Ratt - demontering och montering

Modeller utan krockkudde på förarsidan

Observera: *En tvåarmad avdragare behövs för detta moment.*

Demontering

1 Koppla loss batteriets minusledare.
2 Rikta framhjulen rakt fram och, om det inte är oundvikligt, rör dem inte förrän ratten har monterats tillbaka.
3 Bänd loss signalhornets tryckplatta från ratten och koppla loss kablaget.
4 Bänd tillbaka flikarna på låsbrickan som håller fast rattens fästmutter med en skruvmejsel.
5 Skruva loss rattens fästmutter och ta bort låsbrickan.
6 Gör inställningsmärken på ratten och rattstången.

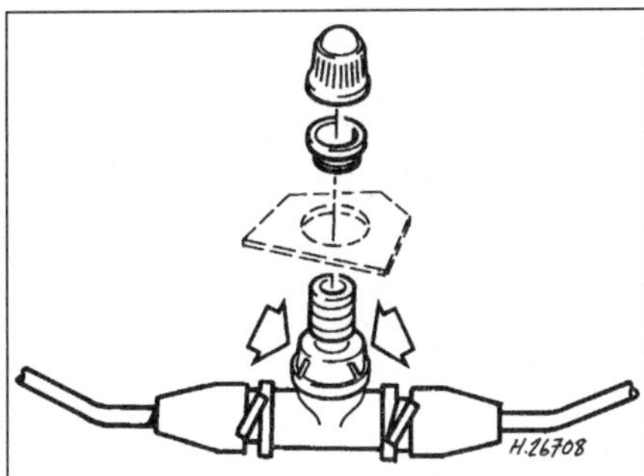

19.3 Luftventil för nivåkontrollsystemet. Tryck ihop fästtapparna (vid pilarna) för att ta bort ventilen

7 En liten tvåarmad avdragare måste nu monteras på ratten, så att den kan dras loss från rattstången. Observera att ratten sitter mycket hårt på stången.

Montering

8 Börja med att försiktigt knacka ratten på plats på rattstången med ett metallrör eller en hylsnyckel, och se till att märken som gjordes före demonteringen är inpassade mot varandra. Innan ratten knackas helt på plats, kontrollera centreringen enligt beskrivningen i avsnitt 21.
9 Sätt tillbaka låsbrickan och rattens fästmutter och dra åt muttern till angivet moment. Bänd upp låsbrickans flikar så att muttern låses.
10 Sätt tillbaka signalhornets tryckplatta. Se till att kablaget ansluts korrekt och återanslut batteriets minusledare.

Modeller med krockkudde på förarsidan

Observera: *Läs föreskrifterna i avsnitt 30 i kapitel 12 innan arbetet påbörjas. En tvåarmad avdragare krävs.*

Demontering

11 Demontera krockkudden på förarsidan enligt beskrivningen i kapitel 12.
12 Demontera rattstångskåporna enligt beskrivningen i kapitel 11, avsnitt 32.
13 Ta bort kabelklämman och koppla loss anslutningen för krockkuddens kontaktenhet och signalhornet.
14 Se till att framhjulen pekar rakt fram.
15 Fortsätt enligt beskrivningen i punkt 4 till 7. Observera att ratten demonteras tillsammans med krockkuddens kontaktenhet.

Montering

16 Fortsätt enligt beskrivningen i punkt 8 och 9.
17 Sätt tillbaka anslutningen för krockkuddens kontaktenhet och signalhorn, och säkra med en ny kabelklämma. Se till att kabelhärvan dras under tändningslåset.
18 Montera tillbaka rattstångskåporna.
19 Montera tillbaka krockkudden enligt beskrivningen i kapitel 12.

21 Ratt - centrering

1 Styrningen är centrerad när avståndet mellan mitten av låsplattan (plattorna) för bulten (bultarna) som håller styrstag till styrväxel och mitten av kanten på styrväxelns vänstra fästklammer (höger fästklammer på högerstyrda modeller) är som visas. I denna position ska den flexibla gummikopplingens övre klämbult ligga horisontellt ovanpå rattstången **(se bilder)**.
2 Kontrollera att ratten är centrerad.
3 Om ratten är vriden mer än 5° bör den demonteras, vridas tills den är centrerad och sedan monteras tillbaka enligt beskrivningen i avsnitt 20.

22 Rattlås - demontering och montering

Demontering

1 Koppla loss batteriets minusledare.
2 Demontera rattstångskåporna enligt beskrivningen i kapitel 11, avsnitt 32.
3 Sätt i startnyckeln i tändningslåset och vrid den till position 'II'.

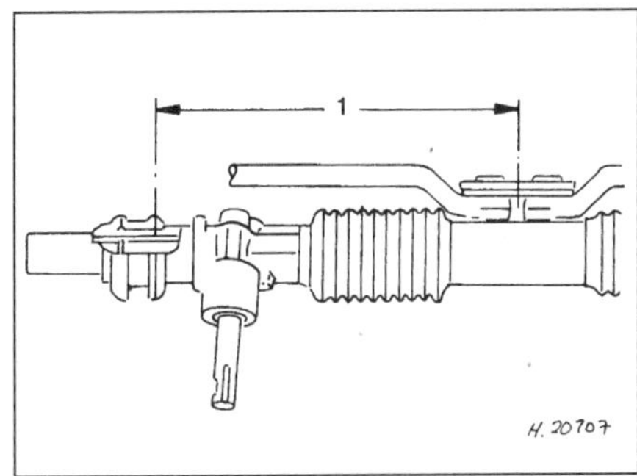

21.1a Styrväxeln centrerad för inställning av rattens 'rakt fram-läge'

1 = 325 mm

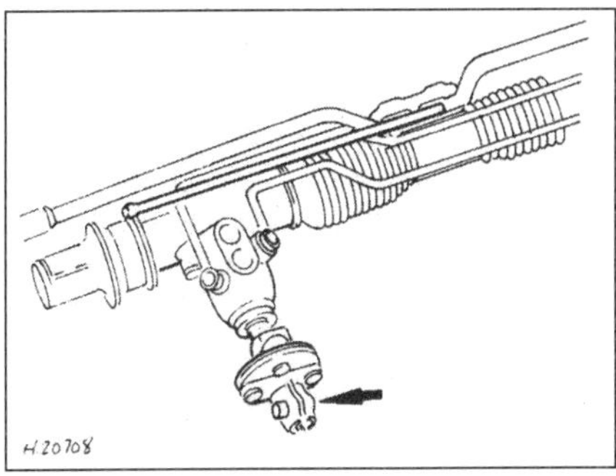

21.1b Inställning för den flexibla kopplingens övre klämbult (vid pilen) med styrväxeln centrerad

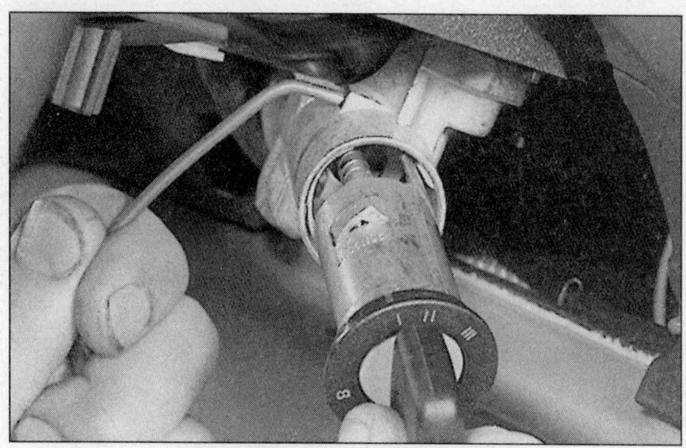

22.4 Demontera rattslåsets cylinder

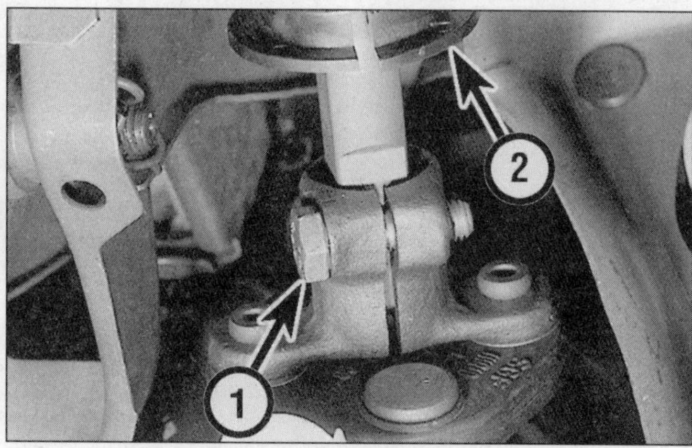

23.8 Klämbult (1) och plastskiva (2) till rattstångsaxelns flexibla gummikoppling

4 Stick in en tunn stav i hålet i låshuset, tryck på staven så att spärrhaken lossas och dra ut låscylindern med nyckeln **(se bild)**.

5 Demontering och montering av låshuset beskrivs i avsnitt 24 som en del av demontering och montering av rattstången.

Montering

6 Efter tillämplighet, montera tillbaka låshuset enligt beskrivningen i avsnitt 24.

7 Montera tillbaka låscylindern, med nyckeln i position 'II', genom att skjuta den på plats i huset. Vrid tillbaka nyckeln till '0' och ta ut den.

8 Ytterligare montering sker i omvänd ordning mot demonteringen.

23 Rattstång – demontering och montering

Demontering

Observera: *En bult-/pinnbultsutdragare behövs för detta moment. En ny säkerhetsbult måste användas vid återmonteringen.*

1 Koppla loss batteriets minusledare.

2 Ställ framhjulen så att de pekar rakt fram.

3 Lossa fästklamrarna i fotbrunnen på förarsidan och ta bort den nedre klädselpanelen.

4 Demontera ratten enligt beskrivningen i avsnitt 20 för att komma åt bättre.

5 Demontera rattlåset enligt beskrivningen i avsnitt 22.

6 Tryck ner fästklämmorna så att de två brytarspakarna lossas från rattstången, koppla sedan loss anslutningskontakterna och dra ut brytarna.

7 Öppna säkringsdosans lock och ta bort kåpan från öppningen i instrumentbrädan under rattstången.

8 På rattstångsaxelns nedre ände, skruva loss den övre klämbulten som håller fast axeln till den flexibla gummikopplingen **(se bild)**.

9 Leta reda på plastskivan som ska sitta löst på den nedre delen av rattstångsaxeln, och skjut upp den längs axeln tills den hakar i rattstångsröret.

10 Skruva loss den bult som håller fast rattstången till instrumentbrädesfästet med en hylsnyckel **(se bild)**.

11 Två fästen måste nu tas loss från rattstångens övre fästbygel. En vanlig mutter används på höger sida av stången (vänster sida på en högerstyrd modell) och en säkerhetsbult på den andra sidan.

12 Säkerhetsbulten måste tas bort med körning, borrning och en bult-/pinnbultsutdragare. Se till så att instrumentbrädan inte skadas när bulten borras loss **(se bild)**.

13 Dra ut rattstången in i bilen och ta bort den. Hantera rattstången försiktigt så att den inte utsätts för stötar, eftersom den hoptryckbara delen då kan skadas.

14 Om så önskas kan rattstången tas isär enligt beskrivningen i avsnitt 24.

Montering

15 Börja återmonteringen genom att kontrollera att framhjulen fortfarande är riktade rakt fram och att plastskivan på rattstångsaxeln är ihakad i rattstångsröret.

16 Den flexibla kopplingen ska vara placerad så att den övre klämbulten sitter horisontellt ovanpå rattstången.

17 Sätt rattstången på plats och återanslut den flexibla kopplingen. Sätt tillbaka klämbulten, men dra inte åt den helt än.

18 Sätt tillbaka de övre fästena löst med en ny säkerhetsbult.

23.10 Fästbult som håller rattstången till instrumentbrädan (vid pilen), sedd genom öppningen i instrumentbrädan

19 Sätt tillbaka bulten som håller fast rattstången till instrumentbrädesfästet och dra åt till angivet moment.

20 Dra åt de övre fästena. Säkerhetsbulten ska dras åt tills huvudet bryts av, och den vanliga muttern ska dras åt till angivet moment.

21 Dra rattstångsaxeln uppåt tills den kommer i kontakt med lagerstoppet och dra sedan åt den flexibla kopplingens övre klämbult.

22 Bänd loss plastskivan från nederdelen av rattstångsröret och lämna den lös på rattstångsaxeln.

23 Resten av monteringen sker i omvänd ordningsföljd. Montera tillbaka ratten enligt beskrivningen i avsnitt 20.

24 Avsluta med att först köra bilen i låg hastighet, och sedan köra bilen en längre bit längs en väg med många kurvor för att kontrollera att styrningsmekanismen fungerar smidigt.

24 Rattstång – isärtagning och hopsättning

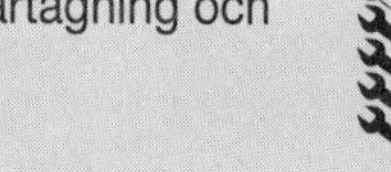

Isärtagning

1 Om rattstången sitter på plats i bilen, följ beskrivningen i avsnitt 22, punkt 1 till 4.

2 Bänd loss tändningslåshusets säkerhets-

23.12 Borra ut rattstångens säkerhetsbult

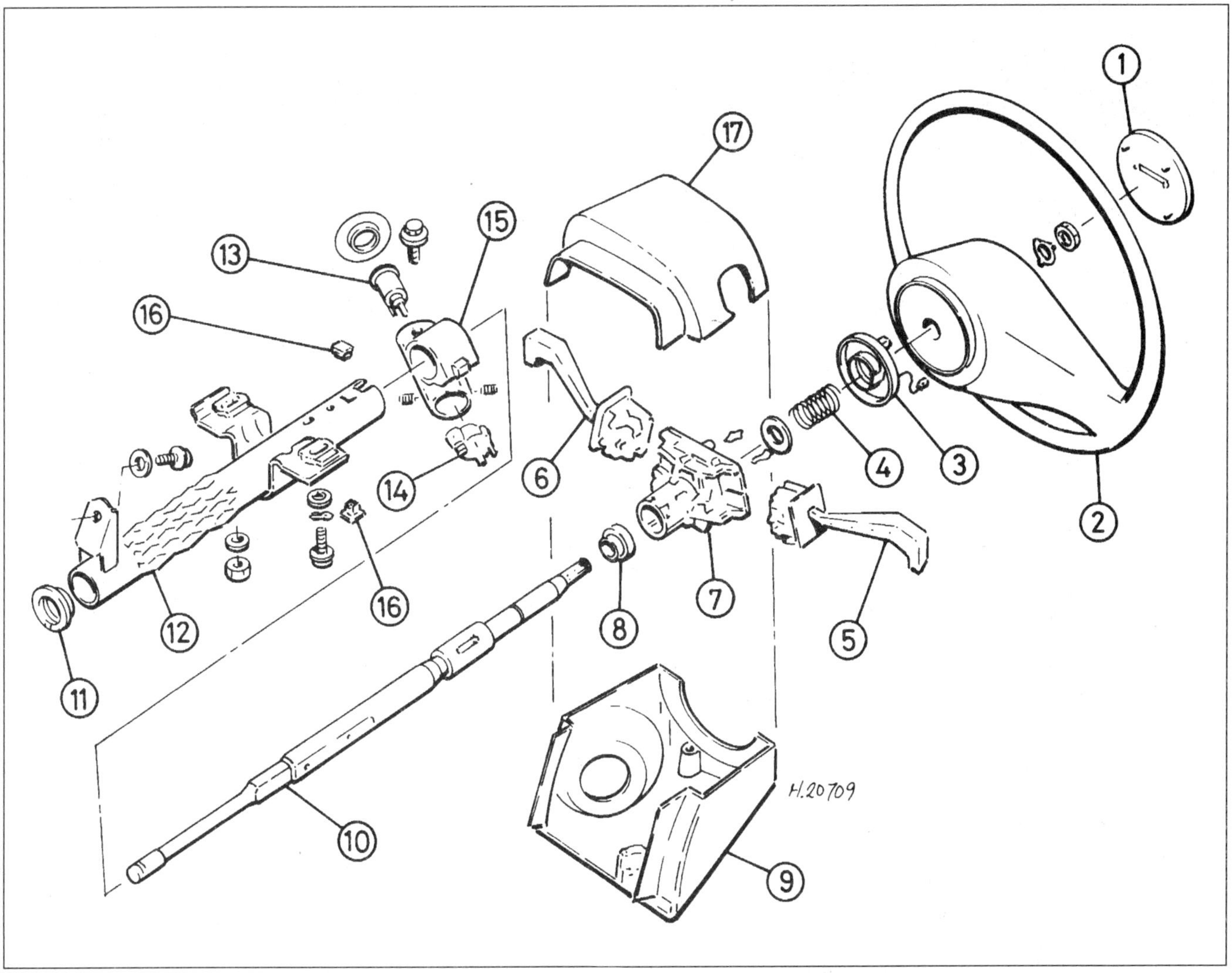

24.3 Sprängskiss av rattstången och dess delar

1 *Signalhornsplatta*
2 *Ratt*
3 *Lyftkam*
4 *Fjäder*
5 *Strålkastarbrytare*
6 *Vindrutespolarbrytare*
7 *Brytarhus*
8 *Lager*
9 *Nedre rattstångskåpa*
10 *Rattstångsaxel*
11 *Centrerande plastskiva*
12 *Rattstångsrör*
13 *Låscylinder*
14 *Låscylinder*
15 *Låshus*
16 *Brytarhusets säkerhetspluggar*
17 *Övre rattstångskåpa*

pluggar och vrid sedan huset moturs och dra bort det från rattstången.

3 Lagret kan tas loss från tändningslåshuset genom att dess två fästspärrar bänds isär och lagret trycks eller drivs ut med ett rörstycke på den yttre lagerbanan. Se till att tryckbrickan och kontaktfjädrarna sitter korrekt när det nya lagret trycks in **(se bild)**.

4 Tändningslåset hålls fast i låshuset av två skruvstift. Ta loss tändningslåset genom att skruva loss de två skruvarna. Vi rekommenderar att tändningslåsets brytare och låscylindern inte tas bort samtidigt, eftersom deras inbördes justering då blir svår att återställa **(se bild)**.

5 Om rattstången sitter på plats i bilen, skruva loss den övre klämbulten från rattstångsaxelns flexibla koppling i fotbrunnen på förarsidan.

6 Dra ut rattstångsaxeln ur röret.

Hopsättning

7 Börja med att sätta på plastskivan som följer med en ny rattstång/axel i botten av rattstångsröret.

8 Sätt i rattstångsaxeln i röret och, om stången sitter på plats i bilen, passa in axelns nedre ände med den flexibla kopplingen och sätt tillbaka den övre klämbulten, men dra inte åt den än.

9 Om tillämpligt, montera tillbaka tändningslåset och dra åt skruvstiften.

10 Montera tillbaka tändningslåshuset med nya säkerhetspluggar.

11 Om rattstången sitter på plats i bilen, dra rattstångsaxeln uppåt tills den kommer i kontakt med lagerstoppet, dra sedan åt den flexibla kopplingens övre klämbult. Se till att

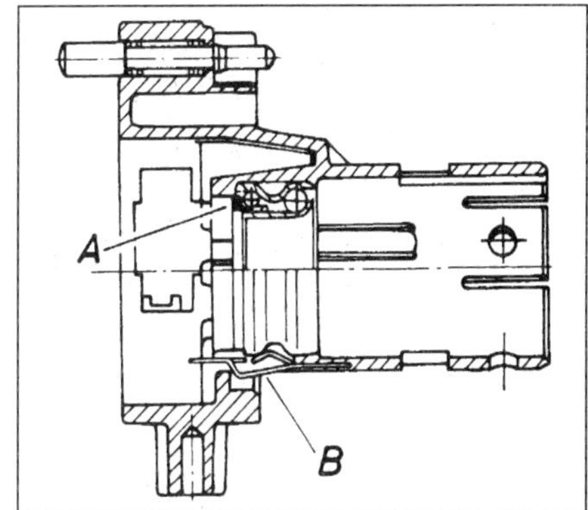

24.4 Genomskärning av tändningslåsets hus

A Tryckbricka *B Kontaktfjädrar*

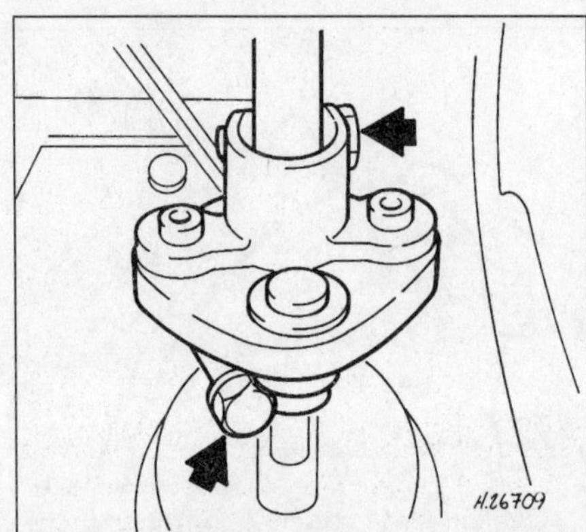

25.3 **Klämbultar för rattstångens flexibla gummikoppling (vid pilarna)**

framhjulen är riktade rakt fram och att den flexibla kopplingen är placerad så att den övre klämbulten sitter horisontellt ovanpå rattstångsaxeln.

12 Eventuell ytterligare demontering sker i omvänd ordning mot demonteringen. Montera tillbaka ratten enligt beskrivningen i avsnitt 20.

13 Avsluta med att först köra bilen i låg hastighet, och sedan köra bilen ett längre stycke på en väg med många kurvor för att kontrollera att styrningsmekanismen fungerar smidigt.

25 Rattstångens flexibla gummikoppling - byte

1 Ställ framhjulen så att de pekar rakt fram.

2 Lossa fästklämmorna i fotbrunnen på förarsidan och ta bort den nedre klädselpanelen.

3 Skruva loss de två klämbultarna som håller fast gummikopplingen till rattstångsaxeln och styrväxeldrevets axel **(se bild)**.

4 Skruva loss de bultar som håller fast styrväxeln till torpedväggen i motorrummet och flytta sedan bort styrväxeln från torpedväggen så att kopplingen kan kopplas loss från styrväxelns drev.

5 Dra loss kopplingen från rattstångsaxeln och notera hur den är monterad.

6 Kontrollera att ratten och framhjulen fortfarande är riktade rakt fram.

7 Sätt på kopplingen på styrväxelns drev och dra åt klämbulten.

8 Skjut tillbaka styrväxeln på plats på torpedväggen och se till att rattstången hakar i kopplingen och dra sedan åt styrväxelns fästbultar till angivet moment.

9 Dra rattstångsaxeln uppåt tills den kommer i kontakt med lagerstoppet och dra sedan åt den flexibla kopplingens övre klämbult.

10 Kontrollera att ratten är centrerad enligt beskrivningen i avsnitt 21.

26 Styrväxelns gummidamasker - byte

Observera: *Nya fästklämmor behövs vid monteringen.*

1 Demontera styrväxeln enligt beskrivningen i avsnitt 27.

2 Demontera fästklämman och gummit från styrväxelns högra ände (vänstra ände på högerstyrda modeller).

3 På en modell med servostyrning, koppla loss röranslutningarna på styrväxelns högra ände (vänstra ände på högerstyrda modeller).

4 Lossa de yttre fästklämmorna i var ände av styrväxeln och dra sedan av damaskerna/röret.

5 Lossa de inre fästklämmorna och ta loss damaskerna från röret.

6 Sätt på de nya damaskerna på röret med nya klämmor. Klämmorna ska sitta så att ändarna pekar uppåt när styrväxeln monteras.

7 Sätt på damaskerna/röret på styrväxeln och fäst med nya klämmor, återigen med klämmornas ändar pekande uppåt. Se till att damaskerna inte är vridna.

8 På en modell med servostyrning, återanslut röranslutningarna med nya O-ringar.

9 Sätt tillbaka fästklämman och gummit, montera sedan tillbaka styrväxeln enligt beskrivningen i avsnitt 27.

27 Styrväxel - demontering och montering

Observera: *Nya bultar som håller styrväxeln till torpedväggen, samt en ny låsplatta till bultarna mellan styrstag och styrväxel krävs vid monteringen. På modeller med servostyrning måste O-ringarna mellan slang och rör bytas vid monteringen.*

Demontering

1 Koppla loss batteriets minusledare.

2 Ställ framhjulen så att de pekar rakt fram.

3 Där tillämpligt, demontera luftbehållaren från förgasaren eller gasspjällhuset (se kapitel 4A eller 4B, efter tillämplighet).

4 Demontera kylvätskans expansionskärl enligt beskrivningen i kapitel 3. På vissa modeller går det att flytta expansionskärlet så mycket att det går att demontera styrväxeln utan att slangarna kopplas loss.

5 Om det är tillämpligt, koppla loss kabelhärvan från stöldskyddslarmets kontakt på vänster fjäderbenstorn, och flytta bort kabelhärvan från styrväxeln. Alternativt kan kontakten demonteras.

6 Bänd loss låsplattan från bultarna mellan styrstag och styrväxel, skruva sedan loss bultarna och ta bort brickorna och distansplattan **(se bild)**.

7 På modeller med servostyrning, koppla loss slangarna från rören på vänster sida av motorrummet (bredvid expansionskärlet). Ta loss O-ringarna, om det är tillämpligt. Var beredd på spill och plugga genast igen öppningarna på rören och slangarna för att minimera ytterligare spill och förhindra att smuts kommer in.

8 Lossa fästklämmorna i fotbrunnen på förarsidan och ta bort den nedre klädselpanelen.

9 Skruva loss den övre klämbult som håller fast rattstångsaxeln till den flexibla gummikopplingen.

10 I motorrummet, skruva loss de två klämmor som håller fast styrväxeln till torpedväggen **(se bild)**. Skjut sedan höger ände av styrväxeln genom den stora gummimuffen i höger hjulhus, och för styrväxeln uppåt ut ur motorrummet. En medhjälpare kan behövas som lossar den flexibla gummikopplingen från rattstångsaxeln när styrväxeln dras ut. Observera att på vissa modeller kan olika kablar och slangar sitta på styrväxelns kabelklämmor - se till att (där tillämpligt) alla kablar och slangar lossas innan styrväxeln tas bort.

Montering

11 Montering sker i omvänd ordningsföljd. Tänk på följande.

12 Använd nya fästbultar som håller fast styrväxelns klämmor till torpedväggen.

13 Återanslut den flexibla gummikopplingen till rattstångsaxeln (med kuggstången och ratten centrerade), så att den övre klämbulten ligger horisontellt ovanpå rattstångsaxeln **(se bild 21.1b)**.

14 På modeller med servostyrning, byt O-ring/ringar när slangarna återansluts till rören.

15 Låsplattan för bultarna mellan styrstag och styrväxel måste bytas vid monteringen.

16 Efter tillämplighet, när expansionskärlet

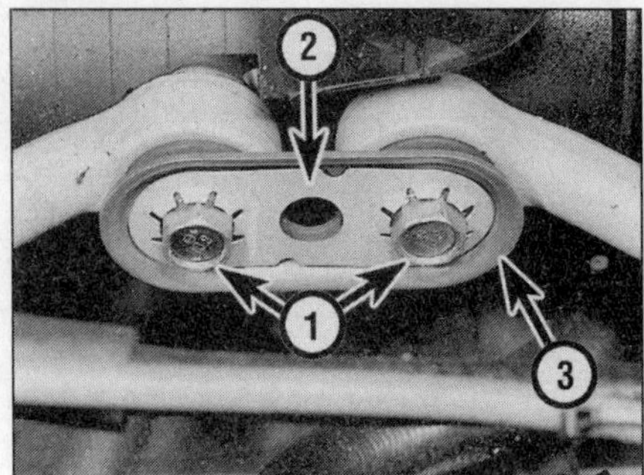

27.6 **Bultar (1), låsplatta (2) och distansplatta (3) som håller styrstag till styrväxel**

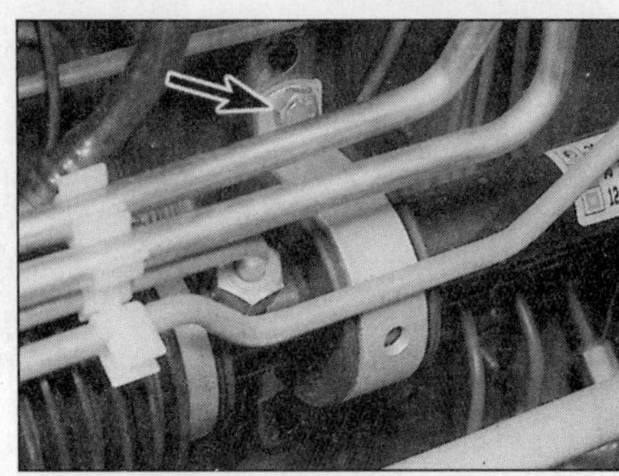

27.10 **Styrväxelns klämbult (vid pilen) - modell med servostyrning**

30.3 Demontera servostyrningspumpens remskiva – 1.6 liters motor med kilrem

30.6a Skruva loss servostyrningspumpens röranslutning (vid pilen) – 1.6 liters motor med kilrem

30.6b Servostyrningspumpens rör- och slangändar täckta för att förhindra att smuts kommer in och att olja läcker ut

monterats tillbaka, fyll på kylvätska enligt beskrivningen i *Veckokontroller*.

17 På modeller med servostyrning, avsluta med att lufta hydraulsystemet enligt beskrivningen i avsnitt 29.

18 Avsluta med att kontrollera rattens centrering enligt beskrivningen i avsnitt 21.

28 Styrväxel – översyn

Manuell styrväxel

1 Undersök styrväxeln och leta efter tecken på slitage eller skada. Kontrollera att kuggstången kan röra sig fritt i hela sin längd, utan ojämnhet eller överdrivet stort glapp mellan styrväxeldrevet och kuggstången. Det är visserligen möjligt att renovera styrväxelns delar själv, men det är säkrast att överlåta detta arbete till en Opelverkstad.

2 De enda delar man enkelt kan byta själv är styrväxeldamaskerna, styrstagens spindelleder och styrstagen (se avsnitt 26, 33 respektive 34).

Styrväxel med servostyrning

3 Renovering av den här styrväxeln rekommenderas inte av tillverkaren, och ingen justering bör utföras.

4 Läckage från hydraulrörens anslutningar kan normalt korrigeras genom att anslutningarnas tätningar byts med kuggstången på plats.

5 Byte av gummidamaskerna beskrivs i avsnitt 26.

6 Alla fel på styrväxeln måste överlåtas till en Opelverkstad, även om byte av hela enheten antagligen är den enda lösningen.

29 Servostyrningens hydraulsystem – luftning

1 Med motorn avslagen, fyll behållaren till märket 'MAX' på mätstickan som sitter fast i påfyllningslocket.

2 Starta motorn och fyll genast på vätskenivån till märket 'MIN' på mätstickan. Låt **aldrig** behållaren bli tom. Det här momentet går lättare om man tar hjälp av en medhjälpare.

3 Med motorn på tomgång, vrid ratten långsamt två, tre gånger ungefär 45° åt vänster och höger från mittläget, och vrid sedan ratten två gånger från ytterläge till ytterläge. Håll inte kvar ratten i ytterläge, eftersom detta anstränger hydraulsystemet.

4 Stanna motorn och kontrollera oljenivån. Vid arbetstemperatur (80°C) ska nivån nå upp till 'MAX'-märket, och med kall olja (20°C) ska nivån nå upp till 'MIN'-märket. Fyll på mer olja om det behövs.

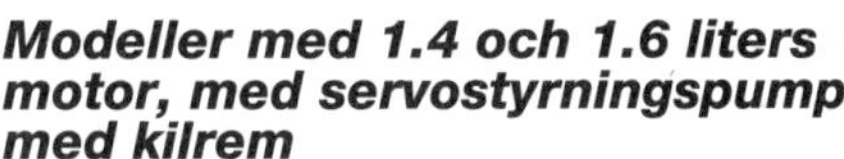

30 Servostyrningspump – demontering och montering

Modeller med 1.4 och 1.6 liters motor, med servostyrningspump med kilrem

Observera: *En ny O-ring till röranslutningarna måste användas vid återmonteringen.*

Demontering

1 För att komma åt bättre, demontera luftrenarhuset från högre framskärm enligt beskrivningen i kapitel 4A eller 4B.

2 Demontera servostyrningspumpens drivrem enligt beskrivningen i kapitel 1.

3 Håll emot servostyrningspumpens remskiva med en gammal drivrem och skruva loss remskivans tre fästbultar och ta bort remskivan **(se bild)**.

4 För att komma åt bättre, demontera den övre yttre kamremskåpan enligt beskrivningen i kapitel 2A eller 2B, efter tillämplighet.

5 Skruva loss fästbultarna och ta försiktigt loss pumpen.

6 Ha en lämplig behållare beredd för att fånga upp olja. Koppla sedan loss oljerörsanslutningen och oljeslangen från pumpen. Var beredd på spill och plugga igen eller täck öppningarna på pump, rör och slang för att förhindra ytterligare läckage samt att smuts kommer in i systemet **(se bilder)**.

7 Ta bort pumpen från motorrummet. Det är dåligt om utrymme, så var försiktig så att inte karossen skadas **(se bild)**.

8 Det går inte att renovera pumpen – om den är defekt måste den bytas ut.

Montering

9 Montering sker i omvänd ordningsföljd. Byt ut O-ringen när röranslutningen återansluts **(se bild)** och montera tillbaka och spänn servostyrningspumpens drivrem enligt beskrivningen i kapitel 1.

10 Avsluta med att fylla på servostyrningsolja (se *Veckokontroller*) och lufta kretsen enligt beskrivningen i avsnitt 29.

Modeller med servostyrningspump med ribbad drivrem

Observera: *En ny O-ring till röranslutningen måste användas vid återmonteringen.*

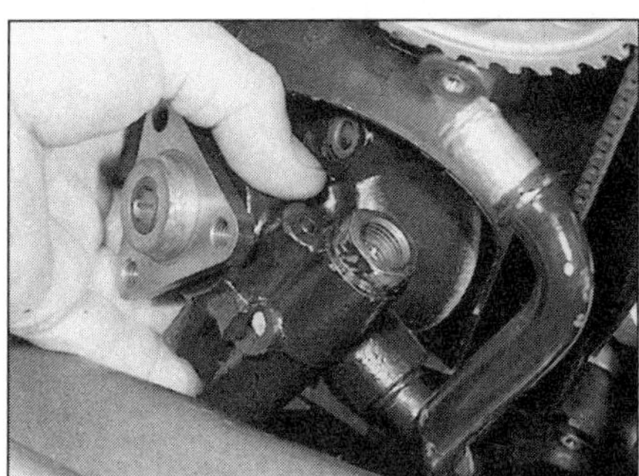

30.7 Demontera servostyrningspumpen – 1.6 liters motor med kilrem

30.9 Byt O-ring på servostyrningspumpens rör (vid pilen) vid montering

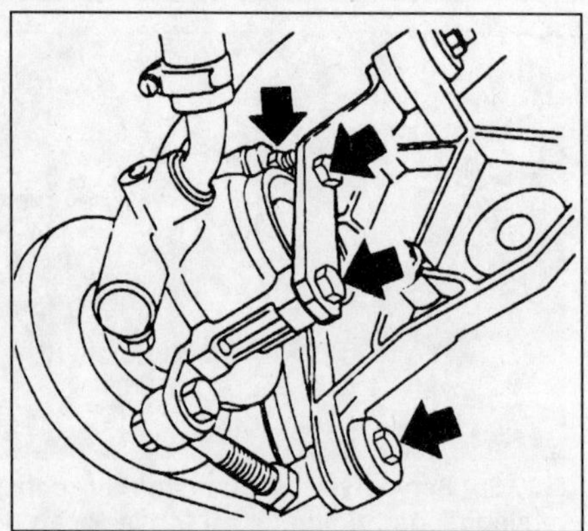

30.14 Servostyrningspumpens fästbultar (vid pilarna) - modell med SOHC motor med ribbad kilrem

Demontering

11 På modeller med SOHC motorer går det att komma åt pumpen bättre om handbromsen dras åt och framvagnen lyfts upp och ställs på pallbockar (se *Lyftning och stödpunkter*).

12 Följ beskrivningen i punkt 1 och 2.

13 Ha en lämplig behållare beredd för att samla upp olja, koppla sedan loss röranslutningen och slangen från pumpen. Var beredd på spill och plugga igen eller täck öppningarna på pump, rör och slang för att förhindra att smuts kommer in och att mer olja läcker ut.

14 Skruva loss fästbultarna och ta försiktigt loss pumpen **(se bild)**. Ta loss pumpen nedåt på modeller med SOHC motorer och uppåt på modeller med DOHC motorer.

15 Det går inte att renovera pumpen - om den är defekt måste den bytas ut.

Montering

16 Följ beskrivningen i punkt 9 och 10.

31 Servostyrningsoljans behållare - demontering och montering

Demontering

1 Behållaren kan demonteras från fästbygeln genom att klämskruven skruvas loss och klämman tas bort.

2 Ha en behållare beredd att samla upp olja, koppla sedan loss slangarna från behållaren och töm ut oljan. Plugga igen slangarnas öppningar för att hindra smuts från att tränga in och ytterligare olja att läcka ut.

3 Om så önskas kan fästbygeln skruvas loss från karosspanelen, men observera att på vissa modeller kan bultarna som håller fast fästbygeln även hålla fast tändspolen och avstöraren - se kapitel 3. Om det är tillämpligt, lossa bromsoljerören och eventuellt kablage från fästbygeln före demonteringen.

32.3 Servostyrningsoljans kylrör (vid pilen) sett från bilens undersida

Montering

4 Montering sker i omvänd ordningsföljd. Avsluta med att lufta kretsen enligt beskrivningen i avsnitt 29.

32 Servostyrningsoljans kylrör - demontering och montering

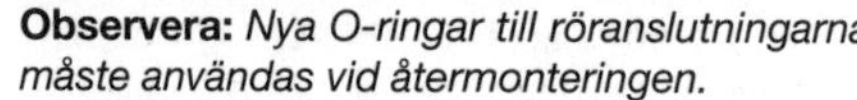

Observera: *Nya O-ringar till röranslutningarna måste användas vid återmonteringen.*

Demontering

1 Åtkomligheten kan förbättras genom att handbromsen dras åt och framvagnen ställs på pallbockar (se *Lyftning och stödpunkter*).

2 Om det är tillämpligt, demontera motorns undre skyddskåpa enligt beskrivningen i kapitel 11, avsnitt 25.

3 Koppla loss kylrörens anslutningar **(se bild)**. Var beredd på att olja kommer att rinna ut, och plugga igen rörens ändar för att förhindra att ytterligare olja läcker ut och att smuts kommer in. Ta loss O-ringarna.

4 Lossa de tre plastklämmor som håller fast rören till den nedre karosspanelen **(se bild)**, ta sedan ut rören ur motorrummet.

Montering

5 Montering sker i omvänd ordningsföljd. Byt O-ringar när röranslutningarna återansluts.

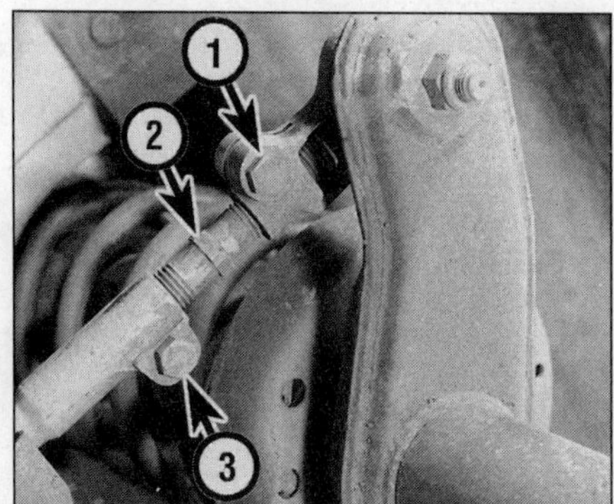

33.2 Styrstagsänden sedd underifrån

1 Styrstagsändens klämbult
2 Gängat justeringsstag
3 Styrstagets klämbult

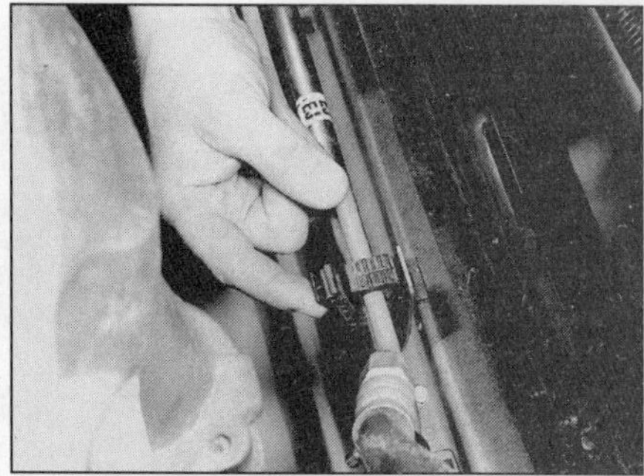

32.4 Lossa fästklämmorna för servostyrningsoljans kylrör (sett ovanifrån med kylaren demonterad)

6 Avsluta med att fylla på olja och lufta kretsen enligt beskrivningen i avsnitt 29.

33 Styrstagsände/spindelled - demontering och montering

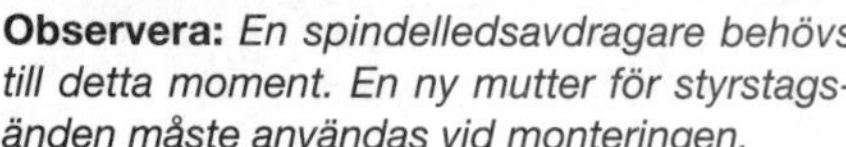

Observera: *En spindelledsavdragare behövs till detta moment. En ny mutter för styrstagsänden måste användas vid monteringen.*

Demontering

1 Dra åt handbromsen, lyft upp framvagnen och ställ den på pallbockar (se *Lyftning och stödpunkter*). Ta bort relevant framhjul.

2 Lossa den klämbult som håller styrstagsänden till det gängade justeringsstiftet på styrstaget **(se bild)**.

3 Skruva loss den självlåsande muttern från spindelleden mellan styrstagsänden och fjäderbenet.

4 Koppla loss spindelleden mellan styrstagsänden och fjäderbenet med en spindelledsavdragare **(se bild)**.

5 Notera styrstagsändens position på justeringsstiftet, antingen genom att markera stiftet med färg eller tejp, eller genom att räkna antalet gängor som syns, och skruva sedan loss styrstagsänden från styrstaget.

6 Observera att styrstagsändarna är sidberoende. Höger styrstagsände är märkt R, men vänster styrstagsände saknar markering.

33.4 Koppla loss spindelleden mellan styrstagsänden och fjäderbenet med en spindelledsavdragare

Montering

7 Börja monteringen med att skruva på styrstagsänden på justeringsstaget till ungefär samma position som noterades före demonteringen.
8 Återanslut styrstagsändens spindelled till fjäderbenet, och dra åt en ny självlåsande mutter till angivet moment.
9 Dra åt styrstagsändens klämbult.
10 Montera tillbaka hjulet och sänk ner bilen.
11 Kontrollera framhjulsinställningen enligt beskrivningen i avsnitt 35, och justera den om det behövs. Det är ingen fara att köra bilen en kortare sträcka för att kontrollera inställningen.

34 Styrstag - demontering och montering

Observera: *Vid monteringen behövs en ny låsplatta för bultarna mellan styrstagsänden och styrväxeln och, om det är tillämpligt, en ny mutter för styrstagsändens spindelled.*

Demontering

1 Styrstaget kan antingen demonteras med styrstagsänden kvar på plats, eller som en enhet tillsammans med styrstagsänden.
2 Dra åt handbromsen, lyft upp framvagnen och ställ den på pallbockar (se *Lyftning och stödpunkter*). Demontera relevant framhjul.
3 Om styrstaget ska demonteras tillsammans med styrstagsänden, fortsätt enligt beskrivningen i avsnitt 33, punkt 3 och 4.
4 Om styrstaget ska demonteras separat från styrstagsänden, lossa då klämbulten som håller fast styrstaget på det gängade justeringsstaget på styrstagsänden.
5 Bänd loss låsplattan från bultarna som håller styrstagsänden till styrväxeln, och skruva sedan loss bultarna och ta bort brickorna och distansplattan.
6 Om styrstaget ska demonteras tillsammans med styrstagsänden kan enheten nu tas bort från bilen.
7 Om styrstaget ska demonteras separat från styrstagsänden, notera styrstagsändens position på justeringsstaget. Gör detta antingen genom att markera staget med färg eller tejp, eller genom att räkna antalet gängor som syns. Skruva sedan loss styrstaget från styrstagsänden och ta bort det från bilen.

Montering

8 Montering sker i omvänd ordningsföljd, men tänk på följande.
9 Låsplattan för bultarna som håller styrstaget till styrväxeln måste bytas vid monteringen.
10 Om styrstaget monteras tillbaka tillsammans med styrstagsänden, återanslut styrstagsändens spindelled till fjäderbenet och dra åt en ny självlåsande mutter till angivet moment.
11 Om styrstaget monteras tillbaka med styrstagsänden redan på plats i bilen, skruva på styrstaget på justeringsstaget till ungefär samma position som noterades under demonteringen och dra åt klämbulten.
12 Avsluta med att kontrollera framhjulsinställningen enligt beskrivningen i avsnitt 35, och justera den om det behövs. Det är ingen fara att köra bilen en kortare sträcka för att kontrollera inställningen.

35 Hjulinställning och styrvinklar - allmänt

1 Noggrann framhjulsinställning är avgörande för exakt styrning och goda köregenskaper, och för jämnt däckslitage. Innan någon kontroll eller justering utförs, kontrollera att däcken har korrekt lufttryck. Kontrollera även att alla styrnings- och fjädringsleder och länksystem är i bra skick, och att fälgarna inte är buckliga eller skeva, särskilt runt kanterna. Bilen måste även stå plant, med tillräckligt med plats att skjuta bilen framåt och bakåt ungefär halva dess längd.
2 Framhjulsinställningen är beroende av fyra faktorer **(se bild)**:
Camber är den vinkel med vilken hjulen avviker från en vertikal linje, sett framifrån eller bakifrån. Positiv camber föreligger om hjulens ovankant lutar utåt från vertikallinjen.
Caster är vinkeln mellan styraxeln och en vertikal linje sett från sidan. Positiv caster föreligger om styraxeln lutar bakåt upptill.
Styraxelns lutning är vinkeln, sett framifrån eller bakifrån, mellan vertikalplanet och en tänkt linje mellan de övre och nedre främre fjäderbensfästena.
Toe-inställningen är avståndsskillnaden mellan hjulens främre och bakre inre kanter, mätt i navhöjd. Om avståndet mellan framkanterna är mindre än det mellan bakkanterna kallas det 'toe-in'. Om det är större än det mellan bakkanterna kallas det 'toe-ut'.
3 Camber, caster och styraxelns lutning ställs in vid tillverkningen och kan inte justeras. Förutsatt att bilen inte har krockat, eller att fjädringsfästena eller lederna inte är mycket slitna, kan man anta att dessa inställningar är korrekta. Om det misstänks att de av någon anledning inte är korrekta, bör de kontrolleras av en Opelverkstad som har den specialutrustning som krävs för att mäta de små vinklar det rör sig om.
4 Det är dock möjligt för en hemmamekaniker att kontrollera och justera framhjulens toe-inställning. Till detta krävs en hjulinställningsmätare. Det finns två olika typer. Den ena typen mäter avståndet mellan hjulens främre och bakre inre kanter, som tidigare beskrivits, med bilen stillastående. Den andra typen, en så kallad hasplåt, mäter den faktiska positionen för däckens kontaktyta i relation till vägbanan med bilen i rörelse. Detta uppnås genom att man skjuter eller kör framhjulet över en platta. Plattan rör sig något i enlighet med däckets hasning, vilket visas på en skala. Båda typerna har för- och nackdelar men båda kan ge goda resultat om de används korrekt. Alternativt kan en hjulinställningsmätare tillverkas av ett stycke stålrör som

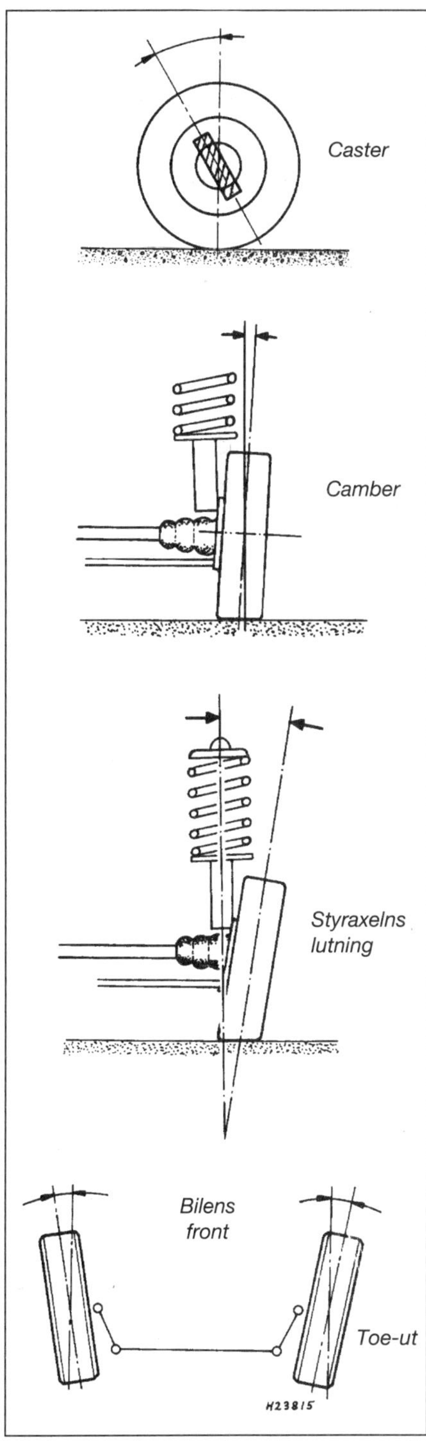

35.2 Hjulinställning och styrvinklar

böjts för att inte ta i oljesumpen och kopplingens balanshjulskåpa, med en inställningsskruv och låsmutter i ena änden.

5 Många däckspecialister kontrollerar toe-inställningen till en låg kostad.

6 Se till att ratten och framhjulen är riktade rakt fram när mätningarna görs.

7 Om någon justering måste göras, rengör styrstagsändarna runt justeringsstaget och klämbultarna.

8 Lossa klämbultarna (en på varje styrstags-spindelled och en på varje styrstag), och vrid runt justeringsstaget på varje styrstag lika mycket i samma riktning. Vrid varje stag bara ett kvarts varv innan inställningen kontrolleras igen.

9 När inställningen är korrekt, dra åt klämbultarna till angivet moment. Kontrollera att styrstagens längd inte skiljer sig mer än 5 mm, och att ratten är centrerad.

Kapitel 11
Kaross och detaljer

Innehåll

Svårighetsgrader

Enkelt, passar novisen med lite erfarenhet		**Ganska enkelt,** passar nybörjaren med viss erfarenhet		**Ganska svårt,** passar kompetent hemmamekaniker		**Svårt,** passar hemmamekaniker med erfarenhet		**Mycket svårt,** för professionell mekaniker	

Specifikationer

Åtdragningsmoment

	Nm
Framsätenas fästbultar	20
Fästbultar för säkerhetsbältets höjdjusterare	20
Säkerhetsbältenas fästbultar	35

1 Allmän beskrivning

Ytterkarossen och underredet är tillverkade av pressat stål och formar tillsammans bilens struktur, utan behov av separat chassi. Astra finns i utförandena 4-dörrars sedan, 3- och 5-dörrars kombikupé, 5-dörrars kombi och 2-dörrars van.

Vissa delar är förstärkta för att ge goda fästpunkter för fjädring, styrning och motor samt för att fördela lasten. En anmärkningsvärd egenskap hos alla Astramodeller är de rörformade förstärkningsbalkarna i dörrarna som ger passagerarna extra skydd vid en sidokollision.

Alla nya bilar är rostskyddsbehandlade utvändigt. Ett antal olika typer av rostskyddsbehandlingar används, inklusive galvanisering, zinkfosfatbehandling och underredsbehandling med PVC. Skyddsvax används i tröskellådor och andra ihåliga delar.

Yttre komponenter som kylargrill, stötfångare och navkapslar, och många delar av den inre dekoren, tillverkas av plast i större utsträckning än tidigare.

De inre detaljerna är av hög klass på alla modeller, och ett stort utbud av extrautrustning finns som tillval för samtliga modeller.

2 Underhåll - kaross och underrede

Rengöring av bilens utsida

Karossens allmänna skick är en av de faktorer som väsentligt påverkar bilens värde. Underhållet är enkelt men måste vara regelbundet. Underlåtenheter att göra detta, speciellt efter smärre skador, kan snabbt leda till värre skador och dyra reparationer. Det är även viktigt att hålla ett öga på de delar som inte är direkt synliga, exempelvis underredet, under hjulhusen och de nedre delarna av motorrummet.

Det grundläggande underhållet av karossen är tvättning, helst med stora mängder vatten från en slang. Detta tar bort all lös smuts som har fastnat på bilen. Det är viktigt att spola bort smutsen på ett sätt som förhindrar att lacken skadas. Hjulhusen och underredet bör tvättas på samma sätt. Ansamlad lera som innehåller fukt kan leda till rost. Rengöringen är särskilt viktig på vintern då salt (från vägarna) måste tvättas bort. Paradoxalt nog är den bästa tidpunkten för tvätt av underrede och hjulhus när det regnar eftersom leran då är blöt och mjuk. Vid körning i mycket våt väderlek spolas underredet ofta av automatiskt och därför är våt väderlek ett bra tillfälle för kontroller.

Om bilen är mycket smutsig, särskilt undertill eller i motorrummet, är det frestande att använda en högtryckstvätt eller en ångtvätt. Men även om sådan utrustning både är snabb och effektiv, i synnerhet för att få bort de feta, oljiga smutsansamlingar som ibland skapas i vissa områden, så har de vissa nackdelar. Om smutssjok bara trycks bort från lacken blir denna snabbt repig och matt, och trycket kan göra att vatten tränger in i dörr- och fönstertätningar och i låsmekanismer. Om en stråle riktas med fullt tryck rakt emot bilens kaross kan det vaxbaserade skyddslagret lätt skadas och vatten och rengöringsmedel kan tränga in i springor eller komponenter som det normalt inte skulle ha kunnat nå. Om sådan utrustning används för att rengöra motorrummet kan vatten på samma sätt tränga in i bränslesystemets och elsystemens komponenter och de skyddslager som appliceras på många av de små komponenterna vid tillverkningen kan spolas bort. Detta kan leda till korrosion (särskilt inuti elektriska kontaktdon) och senare motorproblem eller elektriska fel. Om en högtrycksstråle riktas rakt mot en oljetätning kan vatten dessutom tvingas förbi tätningsläpparna och in i motorn eller växellådan. Man måste därför vara mycket försiktig vid användning av sådan utrustning och i allmänhet bör regelbunden rengöring med sådana metoder undvikas.

En mycket bättre metod i längden är att helt enkelt spola bort så mycket lös smuts som möjligt med en slang, även om motorrummet kan se smutsigt ut efteråt. Om ett oljeläckage har uppstått eller om någon ansamling av olja eller fett måste tvättas bort finns det utmärkta fettlösningsmedel att köpa som penslas på fläckarna. Sedan är det bara att skölja av smutsen med slangen. Var noga med att ersätta det vaxbaserade skyddslagret om det utsätts för lösningsmedel vid rengöring.

Normal rengöring av bilens kaross görs bäst med kallt eller varmt vatten och ett lämpligt bilschampo. Tjärfläckar kan tas bort med sprit, följt av såpvatten för att få bort spriten. Försök att inte utsätta motorhuvens luftintag för vatten och kontrollera efteråt att dräneringsröret till värmarens luftintagsbehållare är tomt, så att allt eventuellt vatten har runnit ur behållaren.

Torka av lacken med sämskskinn efter tvätten, så får den en fin yta. Ett lager genomskinligt skyddsvax ger förbättrat skydd mot kemiska föroreningar i luften. Om lacken mattats eller oxiderats kan ett kombinerat tvätt- och polermedel återställa glansen. Detta kräver lite arbete, men sådan mattning orsakas vanligen av slarv med regelbundenheten i tvättning. Metalliclacker kräver extra försiktighet och speciella slipmedelsfria rengörings-/polermedel behövs för att inte ytan skall skadas.

Alla polerade metalldetaljer ska behandlas på samma sätt som lacken.

Glasytor kan hållas rena från smutshinnor med hjälp av glasrengöringsmedel. Vax eller andra medel för polering av lack eller krom ska inte användas på glas.

Kontroll av lack och karosspaneler

När bilen har tvättats och alla tjärfläckar och andra fläckar tagits bort ska lacken kontrolleras noga med avseende på skav och repor. Kontrollera ömtåliga områden som fronten (motorhuv och spoiler) och runt hjulhusen extra noga. Skador på lacken måste åtgärdas så snart som möjligt för att uppfylla tillverkarens utseendemässiga och rostskyddsgarantier. Kontrollera med en Opelverkstad för detaljer.

Om en flaga eller en (lätt) repa skulle hittas som är färsk och fri från rost kan den åtgärdas med lämplig påbättringspenna. Dessa finns att köpa hos Opelverkstäder. Allvarligare skador eller rostiga stenskott kan repareras enligt beskrivningen i avsnitt 4, men om skadan eller rosten är så allvarlig att en panel måste bytas, bör professionell hjälp sökas så snart som möjligt.

Kontrollera alltid att dräneringshål och rör i dörrar och ventilation är öppna så att vatten kan rinna ut.

Kontroll av underredets tätning

Underredets vaxbaserade skyddshinna ska kontrolleras varje år, helst strax före vintern. Tvätta underredet så noga men varligt som möjligt (se ovan angående ångtvättar etc.) och reparera alla skador på skyddslagret. Om några karossdelar demonteras för reparation eller byte, glöm inte att åtgärda beläggningen och att spruta in vax i dörrpaneler, trösklar etc., så att skyddet bibehålls.

3 Underhåll – klädsel och mattor

Mattorna ska borstas eller dammsugas med jämna mellanrum så att de hålls rena. Om de är svårt nedsmutsade kan de tas ut ur bilen och skrubbas. Se i så fall till att de är helt torra innan de läggs tillbaka i bilen. Säten och klädselpaneler kan torkas rena med fuktig trasa och speciella rengöringsmedel. Om de smutsas ner (vilket ofta kan vara mer synligt i ljusa inredningar) kan lite flytande tvättmedel och en mjuk nagelborste användas till att skrubba ut smutsen ur materialet. Glöm inte takets insida, håll det rent på samma sätt som klädseln. När flytande rengöringsmedel används inne i en bil får de tvättade ytorna inte överfuktas. För mycket fukt kan komma in i sömmar och stoppning och framkalla fläckar, störande lukter och till och med röta. Om insidan av bilen blir mycket blöt är det mödan värt att torka ur den ordentlig, speciellt mattorna. *Lämna inte olje- eller eldrivna värmare i bilen för detta ändamål.*

4 Mindre karosskador – reparation

Reparation av mindre repor i karossen

Om en repa är mycket ytlig och inte trängt ned till karossmetallen är reparationen mycket enkel att utföra. Gnugga det skadade området helt lätt med lackrenoveringsmedel eller en mycket finkornig slippasta så att lös lack tas bort från repan och det omgivande området befrias från vax. Skölj med rent vatten.

Lägg på bättringslack på skråman med en fin pensel. Lägg på i många tunna lager till dess att ytan i skråman är i jämnhöjd med den omgivande lacken. Låt den nya lacken härda i minst två veckor och jämna sedan ut den mot omgivande lack genom att gnugga hela området kring repan med lackrenoveringsmedel eller en mycket finkornig slippasta. Avsluta med en vaxpolering.

Om en skråma gått ned till karossmetallen och denna börjat rosta krävs en annan teknik. Ta bort lös rost från botten av repan med ett vasst föremål och lägg sedan på rostskyddsfärg så att framtida rostbildning förhindras. Fyll sedan upp repan med spackelmassa och en spackel av gummi eller nylon. Vid behov kan spacklet tunnas ut med thinner så att det blir mycket tunt vilket är idealiskt för smala repor. Innan spacklet härdar, linda ett stycke mjuk bomullstrasa runt en fingertopp. Doppa fingret i thinner och stryk snabbt över spackelytan i repan. Detta gör att ytan på spackelmassan blir en liten aning urgröpt. Lacka sedan över repan enligt tidigare anvisningar.

Reparation av bucklor i karossen

När en djup buckla uppstått i bilens kaross blir den första uppgiften att räta ut bucklan såpass att den i det närmaste återtar ursprungsformen. Det finns ingen anledning att försöka återställa formen helt, eftersom metallen i det skadade området sträckt sig vid skadans uppkomst och aldrig helt kommer att återta sin gamla form. Det är bättre att försöka ta bucklans nivå upp till ca 3 mm under den omgivande karossens nivå. I de fall bucklan är mycket grund är det inte värt besväret att räta ut den. Om undersidan av bucklan är åtkomlig kan den knackas ut med en träklubba eller plasthammare. När detta görs ska ett mothåll av trä användas på plåtens utsida för att fånga upp kraften från hammaren så att inte större delar knackas ut.

Skulle bucklan finnas i en del av karossen som har dubbel plåt eller om den av någon annan anledning är oåtkomlig från insidan krävs en annan teknik. Borra ett flertal hål genom metallen i bucklan – speciellt i de djupare delarna. Skruva sedan in långa plåtskruvar precis så långt att de får ett fast grepp i metallen. Dra sedan ut bucklan genom att dra i skruvskallarna med en tång.

Nästa steg är att ta bort lacken från det skadade området och ca 3 cm av den omgivande friska plåten. Detta görs enklast med stålborste eller slipskiva monterad på borrmaskin, men kan även göras för hand med slippapper. Fullborda underarbetet genom att repa den nakna plåten med en skruvmejsel eller filspets, eller genom att borra små hål i det område som ska spacklas. Detta gör att spacklet fäster bättre.

Fullborda arbetet enligt anvisningarna för spackling och lackering.

Reparation av rosthål och revor i karossen

Ta bort lacken från det drabbade området och ca 3 cm av den omgivande friska plåten med en sliptrissa eller stålborste monterad i en borrmaskin. Om detta inte finns tillgängligt kan ett antal ark slippapper göra jobbet lika effektivt. När lacken är borttagen kan rostskadans omfattning uppskattas mer exakt och därmed kan man avgöra om hela panelen (om möjligt) ska bytas ut eller om rostskadan ska repareras. Nya plåtdelar är inte så dyra som de flesta tror och det är ofta snabbare och ger bättre resultat med plåtbyte än att försöka reparera större rostskador.

Ta bort all dekor från det drabbade området, utom den som styr den ursprungliga formen av det drabbade området, exempelvis lyktsarger. Ta sedan bort lös eller rostig metall med plåtsax eller bågfil. Knacka kanterna något inåt så att det bildas en grop för spacklingsmassan.

Borsta av det drabbade området med en stålborste så att rostdamm tas bort från ytan av kvarvarande metall. Måla det drabbade området med rostskyddsfärg, om möjligt även på baksidan.

Innan spacklingen kan ske måste hålet blockeras på något sätt. Detta kan göras med nät av plast eller aluminium eller med aluminiumtejp.

Nät av plast eller aluminium eller glasfiberväv är i regel det bästa materialet för ett stort hål. Skär ut en bit som är ungefär lika stor som det hål som ska fyllas, placera det i hålet så att kanterna är under nivån för den omgivande plåten. Ett antal klickar spackelmassa runt hålet fäster materialet.

Aluminiumtejp kan användas till små eller mycket smala hål. Klipp till en bit av ungefärlig storlek, dra bort eventuellt täckpapper och fäst tejpen över hålet. Flera remsor kan läggas bredvid varandra om bredden på en inte räcker till. Tryck ner tejpkanterna med ett skruvmejselhandtag eller liknande så att tejpen fäster ordentligt på metallen.

Karossreparationer - spackling och lackering

Innan anvisningarna i detta avsnitt följs, läs informationen om reparationer av bucklor, repor, rosthål och revor ovan.

Många typer av spackelmassa förekommer. Generellt sett är de som består av grundmassa och härdare bäst vid denna typ av reparationer. En bred och följsam spackel av nylon eller gummi är ett ovärderligt verktyg för att skapa en väl formad spackling med fin yta.

Blanda lite massa och härdare på en skiva av exempelvis kartong eller masonit. Följ tillverkarens instruktioner och mät härdaren noga, i annat fall härdar spacklingen för snabbt eller för långsamt. Bred ut massan på det förberedda området med spackeln, dra spackeln över massan så att rätt form och en jämn yta uppstår. Sluta arbeta när massan har fått en form som motsvarar originalet. Om massan arbetas för länge blir den klibbig och fastnar på spackeln. Fortsätt lägga på tunna lager med ca 20 minuters mellanrum till dess att massan är något högre än den omgivande plåten.

När massan härdat kan överskottet tas bort med hyvel eller fil och sedan slipas ned med gradvis finare papper. Börja med nr 40 och avsluta med nr 400 våt- och torrpapper. Linda alltid papperet runt en slipkloss, annars blir inte den slipade ytan plan. Vid slutpoleringen med torr- och våtpapper ska detta då och då sköljas med vatten. Detta skapar en mycket slät yta på massan i slutskedet.

I detta läge bör bucklan vara omgiven av en ring med ren plåt som i sin tur omges av en lätt ruggad kant av frisk lack. Skölj av reparationsområdet med rent vatten tills allt slipdamm försvunnit.

Spruta ett tunt lager grundfärg på hela reparationsområdet. Detta avslöjar mindre ytfel i spacklingen. Laga dessa med ny spackelmassa eller filler och slipa av ytan igen. Spackelmassa kan tunnas ut med thinner så att den blir mer lämpad för riktigt små gropar.

Upprepa sprutningen och reparationen tills du är helt nöjd med spackelytan och den ruggade lacken. Rengör reparationsytan med rent vatten och låt den torka helt.

Reparationsytan är nu klar för lackering. Färgsprutning måste utföras i ett varmt, torrt, drag- och dammfritt utrymme. Detta kan åstadkommas inomhus om det finns tillgång till ett större arbetsområde, men om arbetet måste göras utomhus är valet av dag av stor betydelse. Vid arbete inomhus kan golvet spolas av med vatten eftersom detta binder damm som annars skulle vara i luften. Om reparationsytan är begränsad till en panel ska de omgivande panelerna täckas. Detta minskar effekten av en mindre missanpassning mellan färgerna. Dekorer och detaljer (kromlister, handtag med mera) ska även de täckas. Använd riktig maskeringstejp och flera lager tidningspapper för att göra detta.

Före sprutning, skaka burken ordentligt och spruta på en provbit, exempelvis en konservburk, tills tekniken behärskas. Täck sedan arbetsytan med ett tjockt lager grundfärg, uppbyggt av flera tunna skikt. Polera sedan grundfärgsytan med nr 400 våt- och torrpapper, till dess att den är slät. Medan detta utförs ska ytan hållas våt och pappret ska periodvis sköljas i vatten. Låt torka innan mer färg läggs på.

Spruta på färglagret och bygg även nu upp tjockleken med flera tunna lager färg. Börja spruta i ena kanten och arbeta med sidledes rörelser till dess att hela reparationsytan och ca 5 cm av den omgivande lackeringen täckts. Ta bort maskeringen 10–15 minuter efter det sista färglagret sprutats på.

Låt den nya lacken härda i minst två veckor innan en lackrenoverare eller mycket fin slippasta används till att jämna ut den nya lackens kanter mot den gamla. Avsluta med en vaxpolering.

Plastdelar

På grund av den ökande användningen av plastdetaljer i karosserna (t.ex. stötfångare, spoilers och i vissa fall större karosspaneler), blir åtgärdandet av allvarligare skador på sådana detaljer oftast en fråga om att antingen lämna över arbetet till en specialist för reparation, eller byte av hela komponenter. Gör-det-själv reparationer av sådana skador är inte rimliga på grund av kostnaden för den specialutrustning och de speciella material som krävs. Principen för dessa reparationer är dock att en skåra tas upp längs med skadan med en roterande rasp i en borrmaskin. Den skadade delen svetsas sedan ihop med en varmluftspistol och en plaststav i skåran. Plastöverskott tas bort och ytan slipas ned. Det är viktigt att rätt typ av plaststav används – karosskomponenterna kan vara tillverkade av ett antal olika sorters plast (t.ex. PCB, ABS eller PPP).

Mindre allvarliga skador (skrapningar, små sprickor och liknande) kan lagas av en hemmamekaniker med en tvåkomponents epoximassa. Den blandas i lika delar och används på liknande sätt som spackelmassa på plåt. Epoxin härdar i regel inom 30 minuter och kan sedan slipas och målas.

Om ägaren byter en komplett del själv, eller har reparerat med epoximassa, dyker problemet med målning upp. Svårigheten är att hitta en färg som är kompatibel med den plast som används. Tidigare kunde inte någon universalfärg användas på grund av det breda utbudet av plaster i karossdelar. Generellt sett fastnar inte standardfärger på plast och gummi, men numera finns det satser för plastlackering att köpa, som består av förprimer, grundfärg och ett färgat ytlack. Kompletta instruktioner följer normalt med satserna, men grundmetoden är att först lägga på förprimern på aktuell del och låta den torka i 30 minuter. Sedan ska grundfärgen läggas på och lämnas att torka i ungefär en timme innan det färgade ytlacket läggs på. Resultatet blir en korrekt färgad del där lacken kan flexa med materialet. Det senare är en egenskap som standardfärger vanligtvis saknar.

5 Större karosskador - reparation

Större krock- eller rostskador som kräver byte och insvetsning av större paneler bör endast repareras av en Opelverkstad eller annan kompetent specialist. Om det är fråga om krockskador måste hela ytterkarossen kontrolleras så att den inte är skev. Detta kan endast utföras av en Opelverkstad med speciella uppriktningsriggar. För det första är en skev kaross farlig (eftersom bilen inte reagerar normalt) och för det andra innebär det ojämna påfrestningar på styrningen, fjädringen och eventuellt växellådan, med onormalt slitage eller fullständiga skador som följd, i synnerhet på delar som däcken.

6 Stötfångare - demontering och montering

Främre stötfångare

Demontering

1 Stötfångaren tas bort som en enhet tillsammans med den främre karosspanelen. På modeller med främre dimljus, koppla loss batteriets minusledare och koppla loss dimljusens anslutningskontakter.

2 Dra åt handbromsen och ställ framvagnen på pallbockar för att komma åt bättre (se *Lyftning och stödpunkter*).

3 Demontera kylargrillen enligt beskrivningen i avsnitt 7.

4 Arbeta under hjulhusen, ta bort skruvarna och/eller klamrarna som fäster stötfångarens bakre kanter vid hjulhusens innerskärmar.

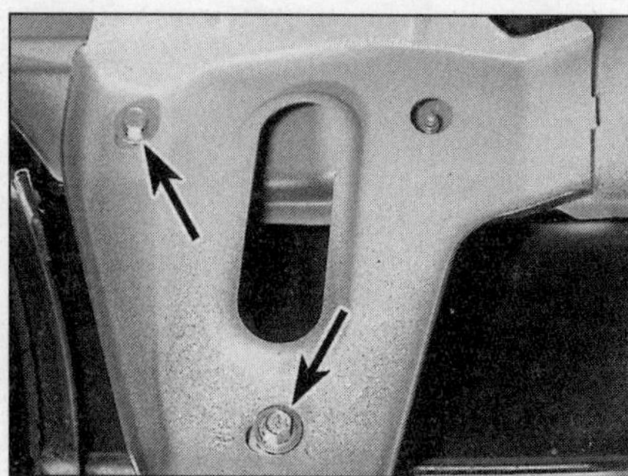

6.5 Främre stötfångarens sidofästskruvar (vid pilarna)

6.6 Fästmutter som håller den främre stötfångaren till karossens främre panel

6.7 En fästklammer tas bort från den främre stötfångaren

5 Skruva loss de två skruvarna som fäster stötfångarens båda sidor vid fästena på karossen **(se bild)**.

6 Skruva loss de två muttrarna (en på varje sida av stötfångaren) som fäster stötfångaren vid karossens främre panel **(se bild)**. Ta loss brickorna.

7 Ta loss de fyra plastklamrarna som fäster stötfångarens nedre kant vid den nedre karosspanelen. Ta bort klamrarna genom att bända ut de mittre sprintarna, använd en skruvmejsel om det behövs och dra sedan bort klamrarna från stötfångaren **(se bild)**.

8 Dra försiktigt bort stötfångaren från bilen.

Montering

9 Monteringen sker i omvänd ordning.

Bakre stötfångare

Demontering

10 Stötfångaren tas bort som en enhet tillsammans med den bakre karosspanelen.

11 På sedan och kombikupé, ta bort den bakre nummerplåtsbelysningen enligt beskrivningen i kapitel 12, avsnitt 8.

12 Arbeta under hjulhusen och skruva loss de två skruvarna som fäster stötfångarens båda sidor i fästena på karossen **(se bild)**.

13 Om det är tillämpligt, ta bort bagageutrymmets bakre klädselpanel för att komma åt muttrarna mellan stötfångaren och den bakre karosspanelen. På kombi och van, observera att reservhjulets skydd kommer att behöva lyftas upp för att den ena av stötfångarens fästmuttrar ska gå att komma åt.

14 Skruva loss de två muttrarna mellan stötfångaren och den bakre karosspanelen (en på varje sida av stötfångaren) **(se bild)**. Ta loss brickorna.

15 Dra försiktigt bort stötfångaren från bilen.

Montering

16 Montering sker i omvänd arbetsordning.

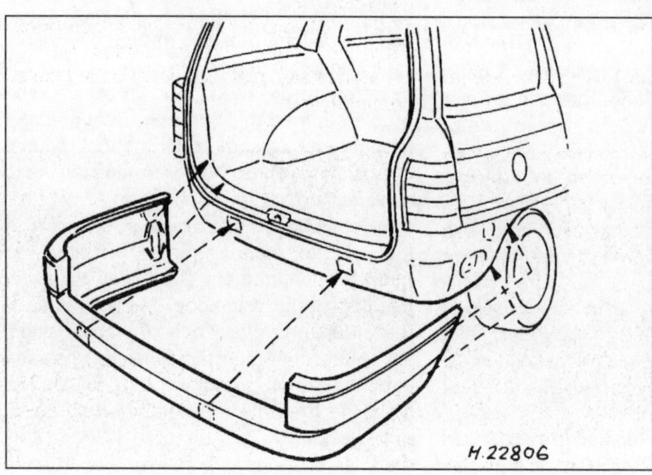

6.12 Placering av den bakre stötfångarens fästskruvar och muttrar

6.14 Fästmutter som håller den bakre stötfångaren till karossens bakre panel - kombikupé

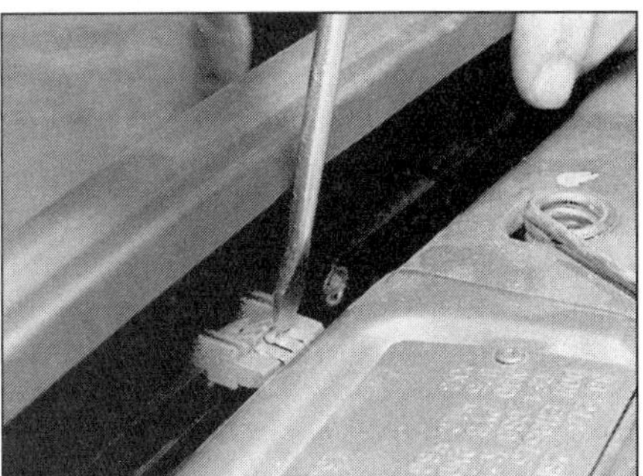

7.2 Kylargrillens övre fästklammer lossas

7.3 Kylargrillens ändfästklammer lossas nedanför strålkastaren

7.4 Kylargrillens nedre fästklammer lossas från karossens främre panel

7 Kylargrill - demontering och montering

Demontering

1 Öppna motorhuven.
2 Bänd grillens överdel försiktigt framåt för att lossa de övre fästklamrarna **(se bild)**.
3 Använd en skruvmejsel och lossa försiktigt klamrarna från grillens ändar, under strålkastarna **(se bild)**.
4 Dra grillen mot bilens högra sida för att lossa de nedre fästklamrarna. Lyft sedan bort grillen från bilen **(se bild)**.
5 Om det är tillämpligt, koppla loss vätskeslangarna från strålkastarspolarnas munstycken, som sitter inne i grillpanelen.
6 Lirka försiktigt bort grillen från den främre panelen och dra bort den från bilen.

Montering

7 Montering sker i omvänd ordningsföljd, men se till att klamrarna fästs ordenligt.

8 Vindrutans torpedplåt - demontering och montering

Demontering

1 Öppna motorhuven.
2 Ta bort vindrutetorkarnas armar enligt beskrivningen i kapitel 12.
3 Skruva loss de två stora muttrarna från vindrutetorkararmarnas axlar.
4 Bänd loss de två skruvkåporna från torpedplåten och ta bort fästskruvarna **(se bild)**.
5 Observera hur torpedplåten hakar i tätningsremsan i vindrutans nederkant. Lossa sedan försiktigt torpedplåtens ändar från torpedväggen (plåtens ändar är fästa med kardborrband) och dra bort plåten från bilen **(se bild)**.

Montering

6 Montering sker i omvänd ordningsföljd, men tänk på följande.
7 Se till att plåten hakar i tätningsremsan ordentligt.

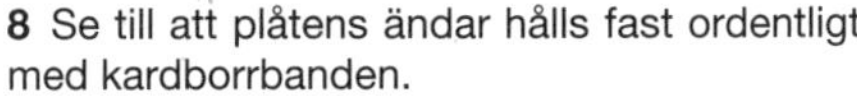

8 Se till att plåtens ändar hålls fast ordentligt med kardborrbanden.
9 Montera vindrutetorkarnas armar enligt beskrivningen i kapitel 12.

9 Motorhuv och gångjärn - demontering och montering

Motorhuv

Demontering

1 Öppna motorhuven och stöd den i helt öppet läge.
2 Koppla loss vindrutans spolarvätskeslang från anslutningen i motorhuven. Det är en bra idé att knyta ett snöre i anslutningen för att hindra den från att glida in i motorhuven där den inte går att komma åt.
3 Om den ursprungliga motorhuven ska sättas tillbaka, markera gångjärnens placering på motorhuven för att underlätta korrekt inställning vid monteringen.
4 Dra försiktigt bort isoleringen från motorhuvens gångjärn.
5 Ta hjälp av någon som kan hålla upp motorhuvens vikt, skruva sedan loss fästbultarna från gångjärnen och lyft bort motorhuven från bilen. Lägg motorhuven försiktigt på mattor så att lacken inte skadas (om motorhuven ska sättas tillbaka).

Montering

6 Montering sker i omvänd ordningsföljd. Tänk på följande.
7 Om en ny motorhuv ska monteras ska alla utbytbara detaljer (gummistopp, låsgrepp, etc.) flyttas över från den gamla huven.
8 Om det är tillämpligt, rikta in gångjärnen med de tidigare gjorda markeringarna på motorhuven.
9 Om låsgreppet har rubbats ska det justeras efter måtten i bild 10.4. Dra sedan åt låsmuttern.
10 Om det behövs, justera gångjärnsbultarna och de främre gummistoppen tills en god passning uppnås när motorhuven är stängd.

Gångjärn

Observera: *En ny bult och bricka kommer att behövas för att fästa gångjärnet vid återmonteringen.*

Demontering

11 Ta bort motorhuven enligt beskrivningen tidigare i detta avsnitt.
12 Ta bort vindrutans torpedplåt enligt beskrivningen i avsnitt 8.
13 Motorhuvens gångjärn är fastnitade på karossen och nitskallarna måste borras ut för att gångjärnen ska kunna tas bort.
14 Knacka bort niten från gångjärnen när nitskallen är borta och ta bort gångjärnet.

Montering

15 En ny bult och bricka kommer att behövas för att ersätta niten när gångjärnet ska återmonteras.
16 Fäst gångjärnet med bulten och brickan (finns att köpa på Opelverkstäder). Se till att komponenterna placeras enligt bilden **(se bild på nästa sida)**.

8.4 En fästmutter till vindrutans torpedplåt tas bort från torkararmens axel. Torpedplåtens fästskruv märkt med pil

8.5 Vindrutans torpedplåt tas bort

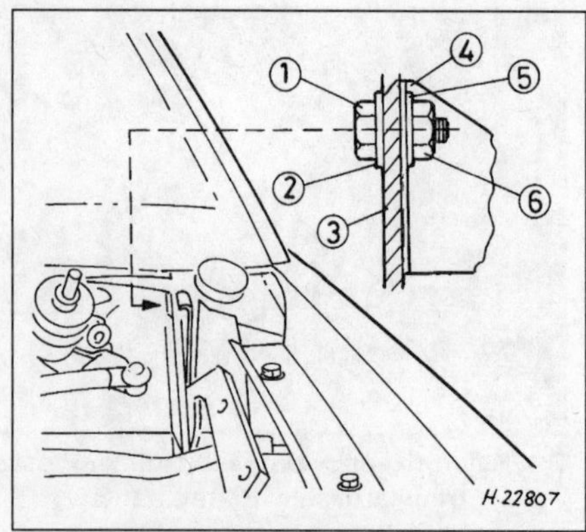

9.16 Fästanordningen mellan motorhuvens gångjärn och karossen

1 Bult
2 Fjäderbricka
3 Gångjärn
4 Karossfäste
5 Bricka
6 Mutter

17 Sätt tillbaka vindrutans torpedplåt, se avsnitt 8.

18 Montera motorhuven enligt beskrivningen tidigare i detta avsnitt.

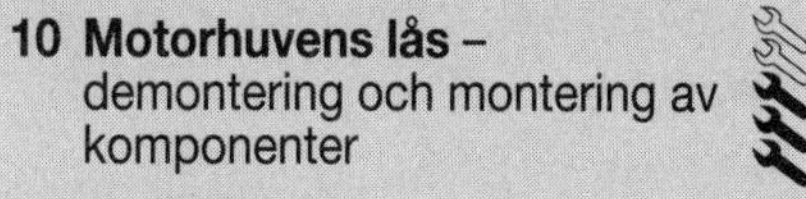

10 Motorhuvens lås - demontering och montering av komponenter

Låshake

Demontering

1 Motorhuvens låshake är fastnitad på motorhuven och om den ska tas bort måste niten borras ut.

Montering

2 Montering sker i omvänd ordning, men använd en ny nit.

Låsgrepp

Demontering

3 Demontera låsgreppet från motorhuven genom att lossa låsmuttern, skruva loss låsgreppet och ta bort brickan och fjädern.

Montering

4 Montering sker i omvänd ordning, men justera låsgreppets inställning på det sätt som visas **(se bild)**, innan låsmuttern dras åt.

12.2 Framdörrens kontaktdon

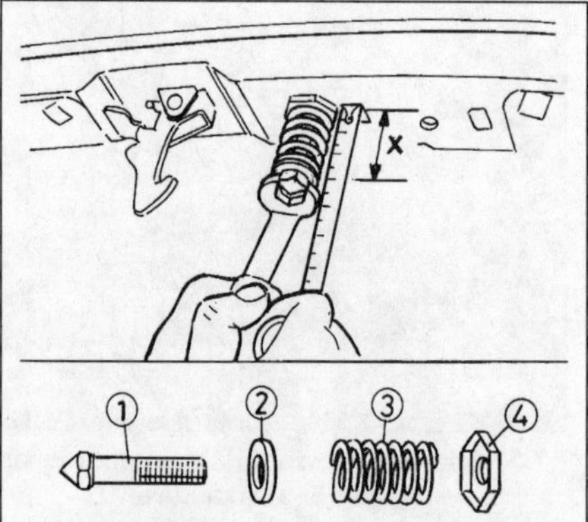

10.4 Justering av motorhuvens låsgrepp

1 Låsgrepp
2 Bricka
3 Spiralfjäder
4 Låsmutter

X = 40 till 45 mm

Låsfjäder

Demontering

5 Koppla loss änden av motorhuvens låsvajer från fjädern och haka sedan loss änden av fjädern från skåran i den främre karosspanelen. Var noga med att inte skada lacken.

Montering

6 Monteringen sker i omvänd ordning.

11 Motorhuvens låsvajer - demontering och montering

Demontering

1 Öppna motorhuven och stöd den i helt öppet läge.

2 Skruva loss låsvajerklammern från den främre karosspanelen.

3 Koppla loss låsvajerns ände från låsfjädern under den främre karosspanelen.

4 Koppla loss låsvajern från öppningshandtaget i förarens fotbrunn. Om det behövs, ta bort handtaget från hållaren för att kunna komma åt vajeränden.

5 Dra vajerenheten genom muffen i motorrummets torpedvägg och in i motorrummet.

6 Notera hur vajern är dragen, lossa sedan vajern från eventuella återstående klamrar och vajerklämmor och ta bort den från motorrummet.

Montering

7 Montering sker i omvänd ordning. Se till att vajern dras korrekt och avsluta med att kontrollera att öppningsmekanismen fungerar tillfredsställande.

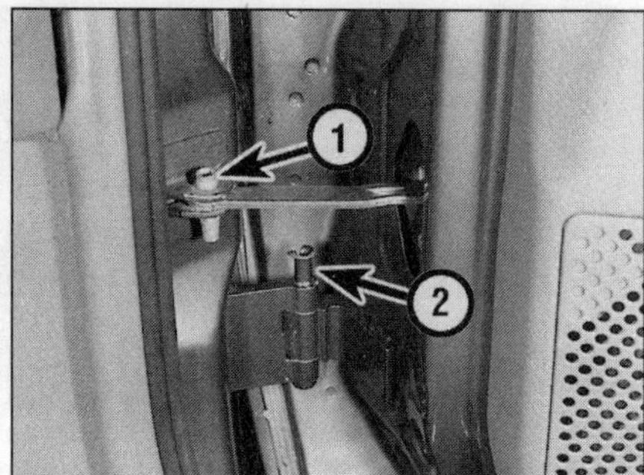

12.3 Dörrstoppets valstapp (1) och gångjärnssprint (2)

12 Dörrar - demontering, montering och justering

Framdörr

Demontering

1 Börja med att öppna dörren helt och stödja dess nederkant på klossar eller pallbockar täckta med mattbitar.

2 Koppla loss kontaktdonet från dörrens framkant. Lossa kontaktdonet genom att vrida låskragen och dra bort kontaktdonet från hylsan i dörren **(se bild)**.

3 Driv ut den stora valstappen från dörrstoppets svängtapp med en pinndorn **(se bild)**.

4 Om det är tillämpligt, ta bort plastskydden från gångjärnssprintarna och driv ut sprintarna med en pinndorn. Låt en medhjälpare stötta dörren när sprintarna drivs ut och ta sedan bort dörren från bilen.

Montering

5 Montering sker i omvänd ordning, men använd en ny valstapp till dörrstoppet.

Justering

6 Dörrens gångjärn är fastsvetsade på dörramen och karosstolpen, så det finns inget utrymme för justering.

7 Om dörren kan flyttas upp och ner på gångjärnen på grund av slitage i gångjärnssprintarna eller deras hål, kan det vara möjligt att borra ut hålen och montera något för stora sprintar. Fråga en Opelmekaniker om råd.

8 Dörrstängningen kan justeras genom att låsgreppets läge på karosstolpen ändras med hjälp av en insexnyckel eller en sexkantsbit.

Bakdörr

Demontering

9 På modeller med centrallås, ta bort dörrens inre klädselpanel enligt beskrivningen i avsnitt 30 och koppla loss kontaktdonet inuti dörren. Notera hur kablarna är dragna och hur kontaktdonet är placerat, mata sedan försiktigt ut kablarna genom muffen i dörrens framkant.

10 Fortsätt enligt beskrivningen i punkt 3 och 4.

Montering

11 Montering sker i omvänd ordningsföljd, men använd en ny valstapp till dörrstoppet.

12 Om det är tillämpligt, se till att kablarna och kontaktdonen dras och placeras på de sätt som noterades vid demonteringen.

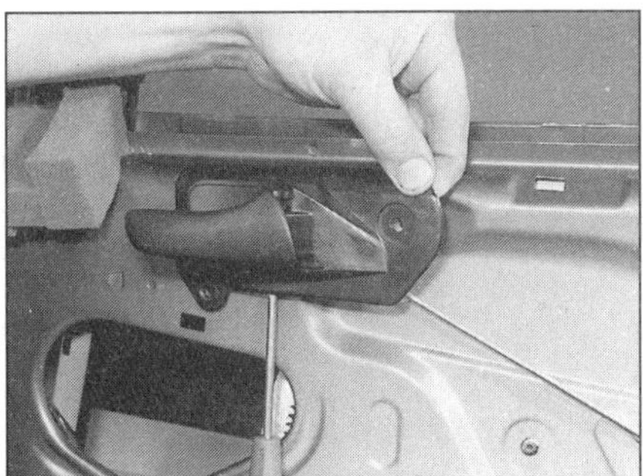

13.2a Fästklammern lossas från framdörrens inre handtag

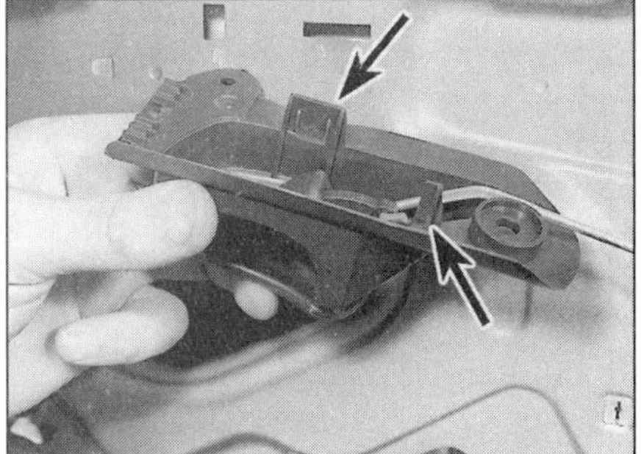

13.2b Framdörrens inre handtag – fästklamrar vid pilarna

13.5 Det yttre handtagets fästmuttrar (1) och centrallåsets mikrobrytare (2)

13 Dörrhandtag och låskomponenter – demontering och montering

Inre dörrhandtag

Demontering

1 Ta bort dörrens inre klädselpanel enligt beskrivningen i avsnitt 30.

2 Använd en skruvmejsel, lossa försiktigt fästklamrarna och dra bort handtagsenheten från dörren. Haka sedan loss manöverstaget och ta bort enheten **(se bilder)**.

Montering

3 Montering sker i omvänd ordning, men kontrollera att mekanismen fungerar innan dörrens inre klädselpanel monteras. Montera sedan klädselpanelen enligt beskrivningen i avsnitt 30.

Framdörrens ytterhandtag

Demontering

4 Ta bort dörrens inre klädselpanel och plastisolering för att komma åt handtaget, enligt beskrivningen i avsnitt 30.

5 Skruva loss de två muttrarna som fäster dörrens ytterhandtag **(se bild)**.

6 Om det är tillämpligt, koppla loss centrallåsets mikrobrytare från handtagets bakre kant.

7 Lossa de två nedre fästklamrarna, lirka sedan ut ytterhandtagets yttre plastdel genom

13.7 Den yttre delen av framdörrens ytterhandtag tas bort

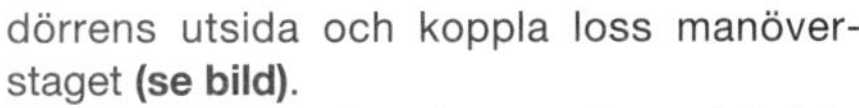

dörrens utsida och koppla loss manöverstaget **(se bild)**.

8 Dra bort ytterhandtagets inre del från dörrens insida och koppla loss låscylinderns manöverstag.

Montering

9 Montering sker i omvänd ordningsföljd, men kontrollera att mekanismen fungerar innan dörrens inre klädselpanel monteras. Montera sedan klädselpanelen enligt beskrivningen i avsnitt 30.

Bakdörrens ytterhandtag – sedan och kombikupé

Demontering

10 Ta bort dörrens inre klädselpanel och plastisolering för att komma åt handtaget, enligt beskrivningen i avsnitt 30.

11 Dra bort tätningsremsorna från fönsteröppningens inre och yttre nederkant.

12 Skruva loss den övre fästbulten till fönstrets bakre styrskena, som går att komma åt i bakkanten av fönsteröppningen.

13 Skruva loss den nedre fästmuttern till fönstrets bakre styrskena (torx-typ), som går att komma åt genom dörrens innerklädsel och dra sedan bort styrskenan från dörren. Om det är tillämpligt kan tätningsremsan lämnas fäst vid styrskenan. Placera i så fall styrskenan på ena sidan där den inte är i vägen. Var noga med att inte skada lacken.

14 Skruva loss de två muttrarna som fäster dörrens ytterhandtag.

15 Lossa de två nedre fästklamrarna, lirka sedan ut ytterhandtaget genom dörrens utsida och koppla loss manöverstagen.

Montering

16 Montering sker i omvänd ordning, men kontrollera att mekanismen fungerar innan dörrens inre klädselpanel monteras. Montera sedan klädselpanelen enligt beskrivningen i avsnitt 30.

Bakdörrens ytterhandtag – kombi

Demontering

17 Ta bort dörrens inre klädselpanel och plastisolering för att komma åt handtaget, enligt beskrivningen i avsnitt 30.

18 Skruva loss de två muttrarna som fäster dörrens ytterhandtag.

19 Lossa de två nedre fästklamrarna, lirka sedan ut ytterhandtaget genom dörrens utsida och koppla loss manöverstagen.

Montering

20 Montering sker i omvänd ordning, men kontrollera att mekanismen fungerar innan dörrens inre klädselpanel sätts tillbaka. Montera sedan klädselpanelen enligt beskrivningen i avsnitt 30.

Framdörrslås

Demontering

21 Ta bort dörrens inre klädselpanel och plastisolering från dörrens bakkant, enligt beskrivningen i avsnitt 30.

22 Skruva loss fästbulten till fönstrets bakre styrskena från dörrens bakkant och lirka sedan ut styrskenan genom den nedre öppningen i dörren.

23 Om det är tillämpligt, koppla loss plastkåpan från låset inne i dörrens öppning.

24 Arbeta genom dörrens öppningar, koppla loss de tre manöverstagen från låsenheten.

25 På modeller med centrallås, koppla loss batteriets minusledare (om det inte redan är gjort) och koppla sedan loss anslutningskontakten från centrallåsmotorn inne i dörrens öppning **(se bild)**.

26 Skruva loss de tre torx-skruvarna som fäster låsenheten vid dörrens bakkant, lirka sedan låsenheten (tillsammans med låsknappens manöverstag och centrallåsmotorn,

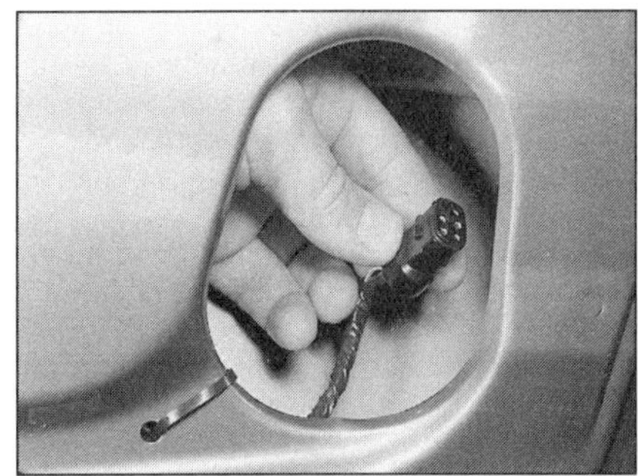

13.25 Centrallåsmotorns anslutningskontakt kopplas loss från framdörrens lås

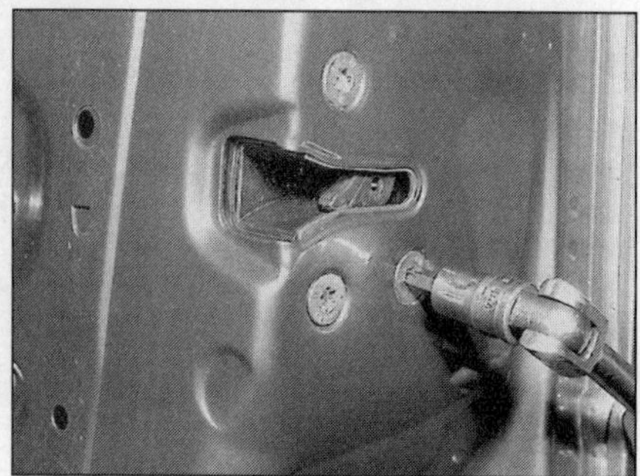

13.26a Fästskruven skruvas loss från framdörrens lås

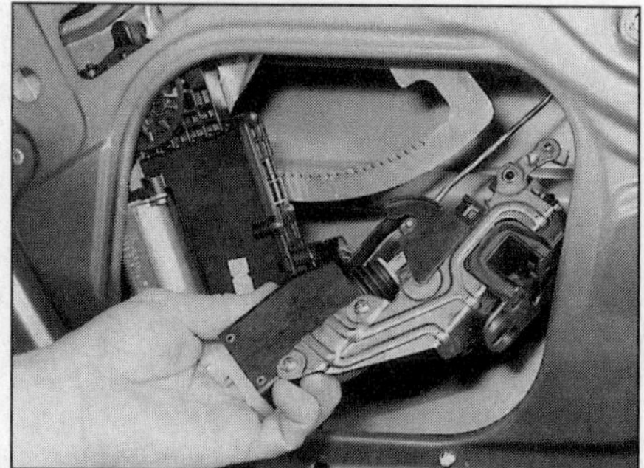

13.26b Framdörrens låsenhet dras bort genom dörrens nedre öppning

13.43 Låsring till framdörrens låscylinder (vid pilen)

om tillämpligt) runt fönsterhissmekanismen och ut genom den nedre öppningen i dörren **(se bilder)**.

Montering

27 Montering sker i omvänd ordning, men kontrollera att dörrlåset, handtaget och fönsterhissen fungerar innan dörrens klädselpanel sätts tillbaka. Montera sedan klädselpanelen enligt beskrivningen i avsnitt 30. Observera att det yttre handtagets styrstag kan justeras med det räfflade vredet i änden av staget om låset inte fungerar tillfredsställande.

Bakdörrslås - sedan och kombikupé

Demontering

28 Veva ner fönstret helt. Ta sedan bort dörrens inre klädselpanel och plastisolering enligt beskrivningen i avsnitt 30.
29 Dra bort tätningsremsorna från fönsteröppningens inre och yttre nederkant.
30 Skruva loss den övre fästbulten till fönstrets bakre styrskena, som går att komma åt i bakkanten av fönsteröppningen.
31 Skruva loss den nedre fästmuttern till fönstrets bakre styrskena (torx-typ), som går att komma åt genom dörrens innerklädsel och dra sedan bort styrskenan från dörren. Om det är tillämpligt kan tätningsremsan lämnas fäst vid styrskenan. Placera i så fall styrskenan på ena sidan där den inte är i vägen. Var noga med att inte skada lacken.
32 Om det är tillämpligt, koppla loss plastkåpan från låset inne i dörrens öppning.
33 Arbeta genom dörrens öppningar, koppla loss manöverstagen från låsenheten.
34 På modeller med centrallås, koppla loss batteriets minusledare (om det inte redan är gjort) och koppla sedan loss anslutningskontakten från centrallåsmotorn.
35 Skruva loss de tre torx-skruvarna som fäster låsenheten vid dörrens bakkant, lirka sedan låsenheten (tillsammans med låsknappens manöverstag och centrallåsmotorn, om tillämpligt) runt fönsterhissmekanismen och ut genom den nedre öppningen i dörren.

Montering

36 Montering sker i omvänd ordning, men kontrollera att dörrlåset, handtaget och fönsterhissen fungerar innan dörrens klädselpanel monteras, och montera sedan klädselpanelen enligt beskrivningen i avsnitt 30. Observera att det yttre handtagets styrstag kan justeras med det räfflade vredet i änden av staget om låset inte fungerar tillfredsställande.

Bakdörrslås - kombi

Demontering

37 Veva ner fönstret helt. Ta sedan bort dörrens inre klädselpanel och plastisolering enligt beskrivningen i avsnitt 30.
38 Arbeta i fönsteröppningens överdel och ta bort de två övre fästskruvarna till bakfönstrets bakre styrskena.
39 Arbeta i fönsteröppningens nederdel, ta bort den nedre fästskruven till bakfönstrets styrning, ta sedan bort bakfönstrets fästbult och mutter och dra bort fönsterstyrningen uppåt genom fönsteröppningen.
40 Fortsätt enligt beskrivningen i punkt 32 till 35.

Montering

41 Montering sker i omvänd ordning, men kontrollera att dörrlåset, handtaget och fönsterhissen fungerar innan dörrens klädselpanel monteras, och montera sedan klädselpanelen enligt beskrivningen i avsnitt 30. Observera att det yttre handtagets styrstag kan justeras med det räfflade vredet i änden av staget om låset inte fungerar tillfredsställande.

Framdörrens låscylinder

Demontering

42 Ta bort dörrens ytterhandtag enligt beskrivningen tidigare i detta avsnitt.
43 Sätt i nyckeln i låset, ta sedan loss låsringen från änden av låscylindern **(se bild)**.
44 Dra bort låscylindern med hjälp av nyckeln och ta loss armen.

Montering

45 Montering sker i omvänd ordningsföljd, men kontrollera att dörrlåset, handtaget och fönsterhissmekanismen fungerar innan dörrens klädselpanel sätts tillbaka. Montera sedan klädselpanelen enligt beskrivningen i avsnitt 30.

Låsgrepp

Demontering

46 Låsgreppet är fastskruvat i dörrstolpen på karossen.
47 Markera låsgreppets placering innan det demonteras så att det kan återmonteras i exakt samma läge.
48 Ta bort låsgreppet genom att skruva loss fästskruven med en insexnyckel eller en sexkantsbit.

Montering

49 Montering sker i omvänd ordningsföljd, men justera låsgreppets placering om det behövs för att dörren ska kunna gå att stänga tillfredsställande.

Centrallåsets komponenter

50 Se avsnitt 19.

14 Dörrfönsterglas och fönsterhissar - demontering och montering

Framdörrens fönsterglas

Demontering

1 Ta bort dörrens inre klädselpanel och plastisolering enligt beskrivningen i avsnitt 30.
2 Dra bort tätningsremsorna från fönsteröppningens inre och yttre nederkant. Observera att på vissa modeller måste man ta bort sidobackspegeln (se avsnitt 21) för att kunna ta bort den yttre tätningsremsan **(se bilder)**.

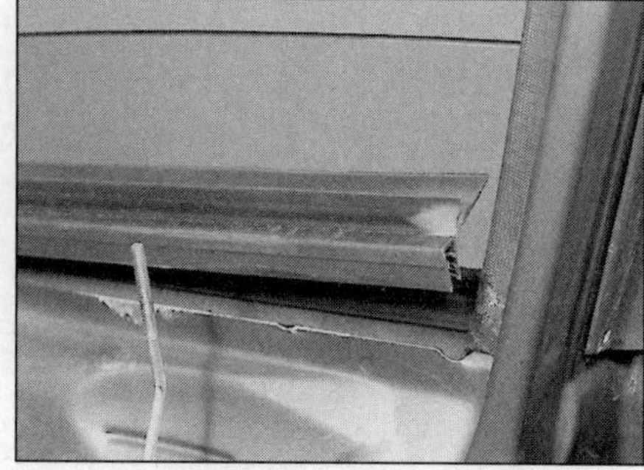

14.2a Tätningsremsan tas bort från insidan av framdörrens fönsteröppning

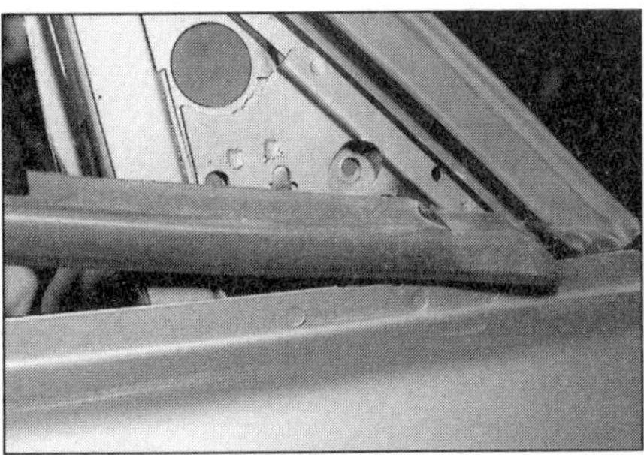

14.2b Tätningsremsan tas bort från utsidan av framdörrens fönsteröppning (sidospegeln demonterad)

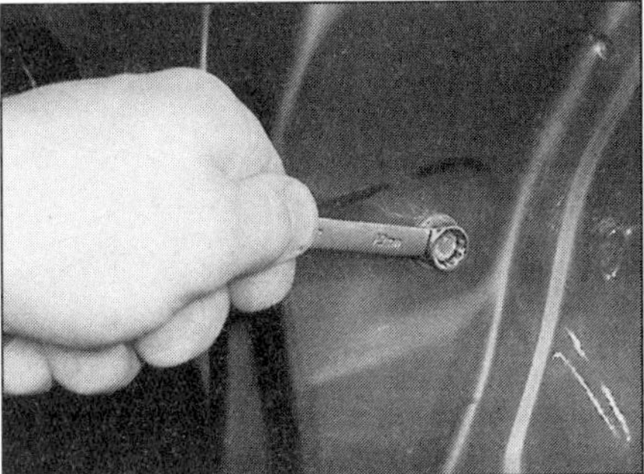

14.3a Fästbulten till fönstrets bakre styrskena skruvas loss från framdörren . . .

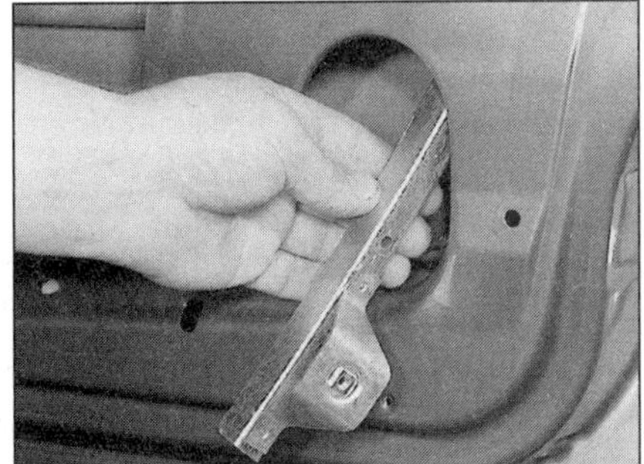

14.3b . . . och den bakre styrskenan tas bort

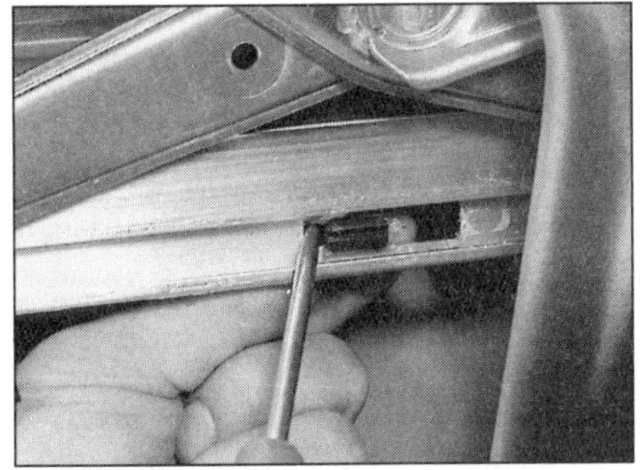

14.5 Ändstoppet bänds bort från fönsterglasets styrningskanal

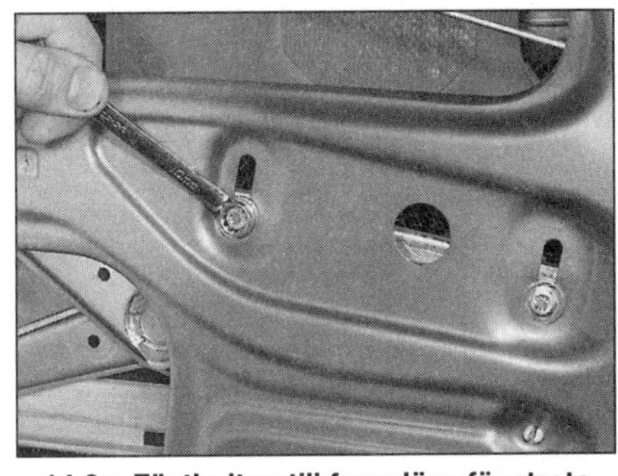

14.6a Fästbulten till framdörrsfönstrets nedre styrskena skruvas loss . . .

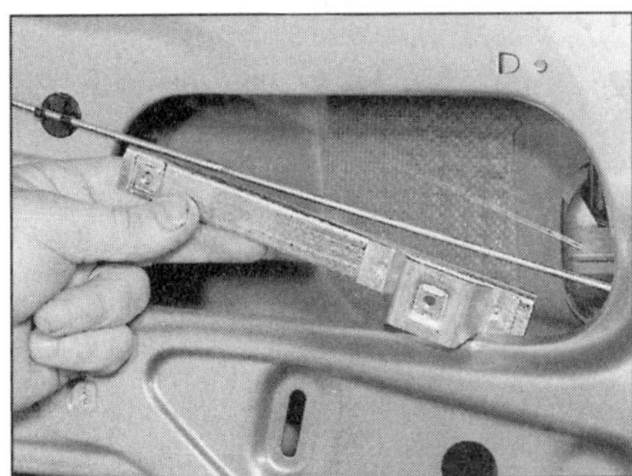

14.6b . . . och styrskenan tas bort

3 Skruva loss fästbulten till fönstrets bakre styrskena från dörrens bakkant och lirka sedan ut styrskenan genom den nedre öppningen i dörren **(se bilder)**.

4 Om det är tillämpligt, återanslut batteriets minusledare och kablaget till fönsterhissbrytaren. Sänk sedan ner fönstret tills styrningskanalen av metall i fönsterglasets nederkant går att komma åt genom öppningen i dörren.

5 Bänd loss ändstoppet av plast från fönsterglasets styrningskanal **(se bild)**.

6 Skruva loss de två fästbultarna och ta bort fönstrets nedre styrskena från dörren **(se bilder)**.

7 Flytta runt fönsterhissmekanismen så mycket som behövs och vicka fönsterglaset framåt tills det kan dras bort från dörrens utsida genom fönsteröppningen **(se bild)**.

Montering

8 Montering sker i omvänd ordning. Justera vinkeln på den nedre styrskenan med de två fästskruvarna tills fönstret går att manövrera utan hinder samt montera dörrens inre klädselpanel enligt beskrivningen i avsnitt 30.

Bakdörrens fönsterglas - sedan och kombikupé

Demontering

9 Veva ner fönstret helt. Ta sedan bort dörrens inre klädselpanel och plastisolering enligt beskrivningen i avsnitt 30.

10 Dra bort tätningsremsorna från fönsteröppningens inre och yttre nederkant.

11 Skruva loss den övre fästbulten till fönstrets bakre styrskena, som går att komma åt i bakkanten av fönsteröppningen.

12 Skruva loss den nedre fästbulten till fönstrets bakre styrskena (torx-typ), som går att komma åt genom dörrens innerklädsel, dra sedan bort styrskenan från dörren **(se bild)**. Om det är tillämpligt kan tätningsremsan lämnas fäst vid styrskenan. Placera i så fall styrskenan på ena sidan där den inte är i vägen. Var noga med att inte skada lacken.

13 Flytta fönsterhissmekanismen så mycket som behövs och vicka fönsterglaset framåt tills det kan dras bort från dörrens utsida genom fönsteröppningen.

Montering

14 Montering sker i omvänd ordning, men montera dörrens inre klädselpanel enligt beskrivningen i avsnitt 30.

Bakdörrsfönstrets justerbara glas - kombi

Demontering

15 Följ instruktionerna i punkt 9 och 10.

16 Demontera därefter fönsterhissmekanismen enligt beskrivningen senare i detta avsnitt.

17 Arbeta i fönsteröppningens överdel, ta bort de två övre fästskruvarna till fönstrets bakre styrskena.

18 Arbeta i fönsteröppningens nederdel, ta bort den nedre fästskruven till bakfönstrets styrning, ta sedan bort bakfönstrets fästbult och mutter och dra bort fönsterstyrningen uppåt genom fönsteröppningen **(se bild på nästa sida)**.

19 Dra bort fönsterglaset uppåt, genom fönsteröppningen.

14.7 Framdörrens fönsterglas dras bort

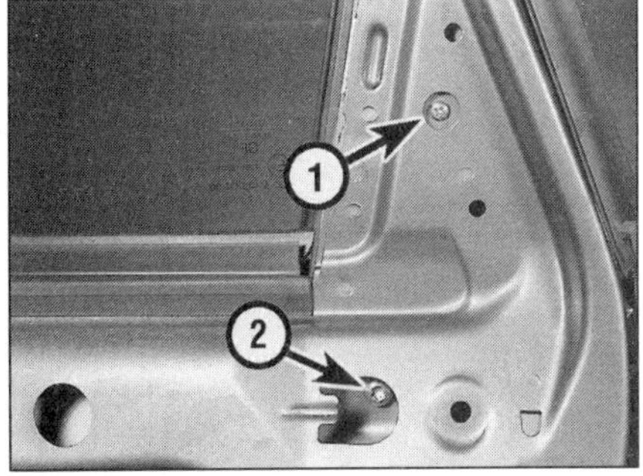

14.12 Övre (1) och nedre (2) fästbultar till bakdörrsfönstrets bakre styrskena - kombikupé

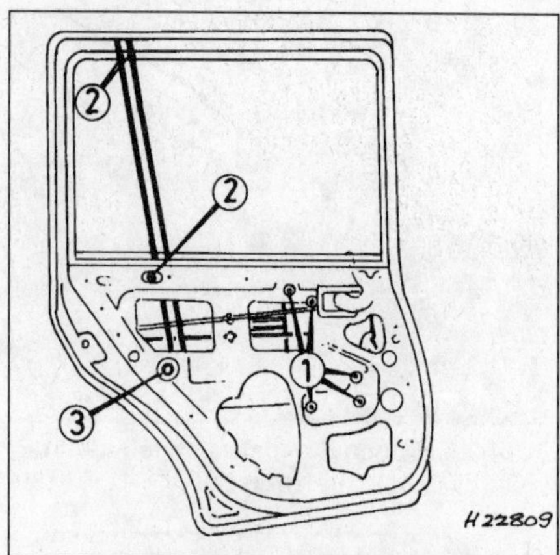

14.18 Bakdörrens bakre fönsterstyrningsfästen - kombi

1 Fönsterhissens fästnitar
2 Skruvar
3 Mutter och bult

Montering

20 Montering sker i omvänd ordning. Montera fönsterhissmekanismen enligt beskrivningen i avsnitt 20, och montera dörrens inre klädselpanel enligt beskrivningen i avsnitt 30.

Bakdörrsfönstrets fasta glas - kombi

Demontering

21 Ta bort det justerbara glaset enligt beskrivningen tidigare i detta avsnitt.

22 Dra det fasta glaset framåt från karmen och dra sedan bort det från dörren.

14.26 En fästnit till framdörrens fönsterhiss borras ut

Montering

23 Monteringen sker i omvänd ordning.

Framdörrens fönsterhiss

Demontering

24 Veva ner fönstret ungefär halvvägs, ta sedan bort dörrens inre klädselpanel och plastisolering enligt beskrivningen i avsnitt 30.

25 Stöd fönstret i det halvöppna läget genom att placera en träplugg under det. Se till att pluggen inte är i vägen för fönsterhissmekanismen.

26 Borra ut de fyra nitarna som fäster fönsterhissmekanismen vid dörren, med en borr med 8,5 mm diameter **(se bild)**. Var noga med att inte skada dörrpanelen.

27 Bänd loss ändstoppet av plast från fönsterglasets styrningskanal.

28 Skruva loss de två fästbultarna och ta bort fönstrets nedre styrskena från dörren **(se bild)**.

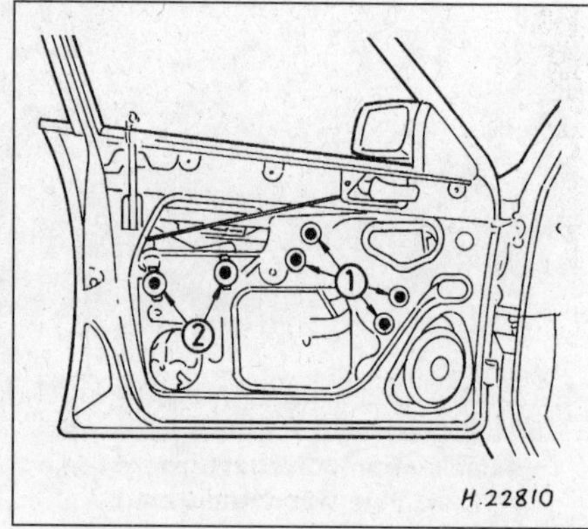

14.28 Fästnitar till framdörrens fönterhiss (1) och fästbultar till fönstrets nedre styrskena (2)

29 På modeller med elektriska fönsterhissar, koppla loss batteriets minusledare (om det inte redan är gjort), koppla sedan loss anslutningskontakten från fönsterhissmotorn **(se bild)**.

30 Lirka försiktigt ut fönsterhissenheten genom öppningen i dörren **(se bild)**.

Montering

31 Montering sker i omvänd ordning, men tänk på följande.

32 Se till att fönsterhissarmarna är korrekt placerade i styrskenorna innan fönsterhissenheten fästs i dörren.

33 Fäst fönsterhissenheten i dörren med nya nitar **(se bild)**.

34 Justera vinkeln på den nedre styrskenan med de två fästskruvarna tills fönstret fungerar utan hinder.

35 Montera dörrens inre klädselpanel enligt beskrivningen i avsnitt 30.

Bakdörrens fönsterhiss

Demontering

36 Följ beskrivningen i punkt 24 till 26 och punkt 29 och 30. Observera att enheten är fäst med fem nitar (två övre och tre nedre) **(se bilder)**.

14.29 Kontakten till framdörrens fönsterhissmotor kopplas loss

14.30 Framdörrens fönsterhiss tas bort

14.33 Använd nya nitar för att fästa framdörrens fönsterhiss

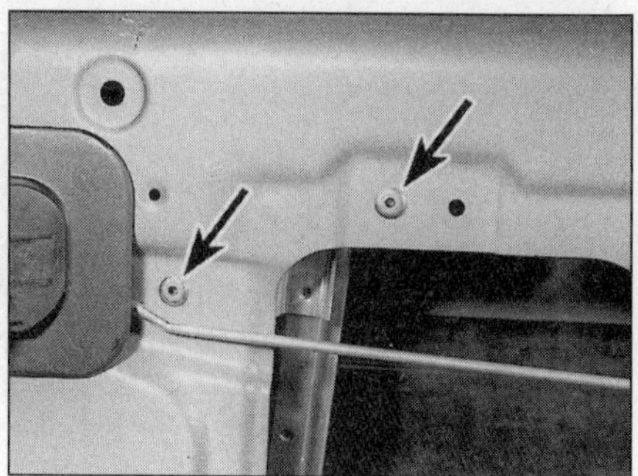

14.36a Bakdörrens fönsterhissenhet - övre . . .

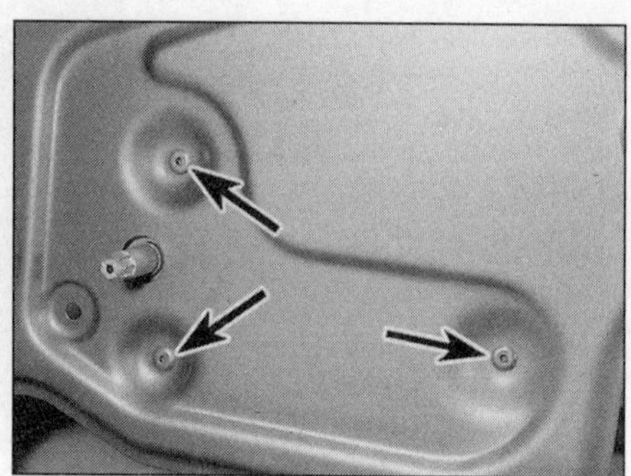

14.36b . . . och nedre fästnitar (vid pilarna)

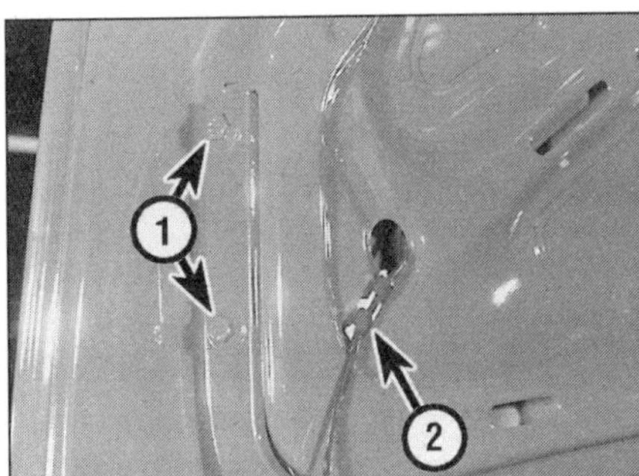

15.4 Fästbultar till bagageluckans gångjärn (1) och centrallåsmotorns kablar (2) - sedan

Montering

37 Montering sker i omvänd ordning, men tänk på följande.
38 Se till att fönsterhissarmen är korrekt placerad i styrskenan innan fönsterhissenheten fästs i dörren.
39 Fäst fönsterhissenheten i dörren med nya nitar.
40 Kontrollera att fönsterhissmekanismen fungerar tillfredsställande innan dörrens klädselpanel monteras. Montera sedan panelen enligt beskrivningen i avsnitt 30.

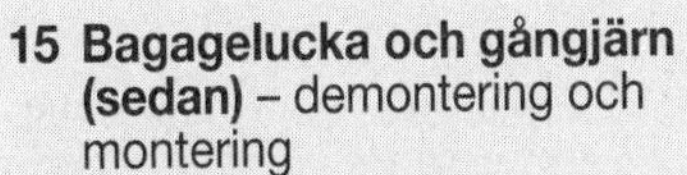

15 Bagagelucka och gångjärn (sedan) - demontering och montering

Bagagelucka

Demontering

1 Öppna bagageluckan helt.
2 På modeller med centrallås, koppla loss batteriets minusledare och koppla sedan bort kabeln från låsmotorn. Knyt ett snöre runt kabeländen om den ursprungliga bagageluckan ska sättas tillbaka. Mata ut kabeln genom bagageluckan, knyt sedan loss snöret och lämna det på plats i bagageluckan för att underlätta monteringen.
3 Markera gångjärnens lägen på bagageluckan.
4 Låt en medhjälpare stötta bagageluckans vikt, skruva sedan loss fästbultarna från gångjärnen **(se bild)**, och lyft bort bagageluckan från bilen.

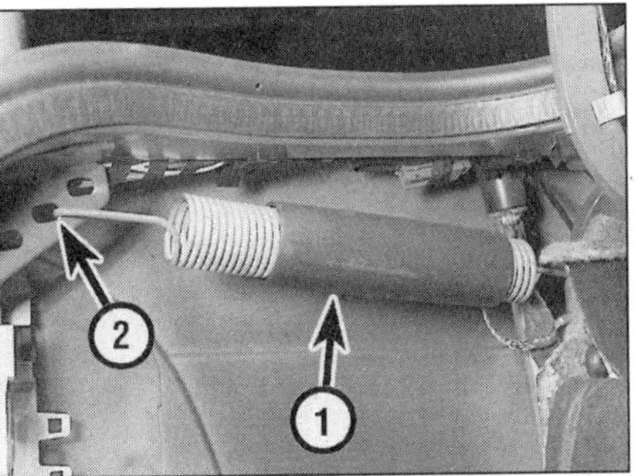

15.13 Bagageluckans gångjärnsfjäder (1). Notera hur fjädern är placerad i fästet (2) - sedan

Montering

5 Om en ny bagageluckan ska monteras ska alla utbytbara detaljer (gummistopp, låsmekanism etc.) flyttas över från den gamla.
6 Montering sker i omvänd ordningsföljd, men tänk på följande.
7 Rikta in gångjärnen med de tidigare gjorda markeringarna på bagageluckan.
8 Om det är tillämpligt, dra centrallåsmotorns kabel genom bagageluckan med hjälp av snöret.
9 Om det behövs, justera gångjärnsbultarna och gummistoppen tills en god passning uppnås när bagageluckan är stängd.
10 Justera låsgreppets placering på karossen om det behövs för att låset ska fungera tillfredsställande.

Gångjärn

Demontering

11 Ta bort bagageluckan enligt beskrivningen tidigare i detta avsnitt.
12 Ta bort den bakre sidopanelen enligt beskrivningen i avsnitt 30.
13 Notera hur gångjärnens motviktsfjäder är placerad i fästet på karossen, så att den kan sättas tillbaka på sin ursprungliga plats, haka sedan loss fjädern från karossen **(se bild)**. Använd en hävarm för att lossa fjädern om det behövs.
14 Skruva loss fästbulten **(se bild)** och ta bort gångjärnet från karossen.

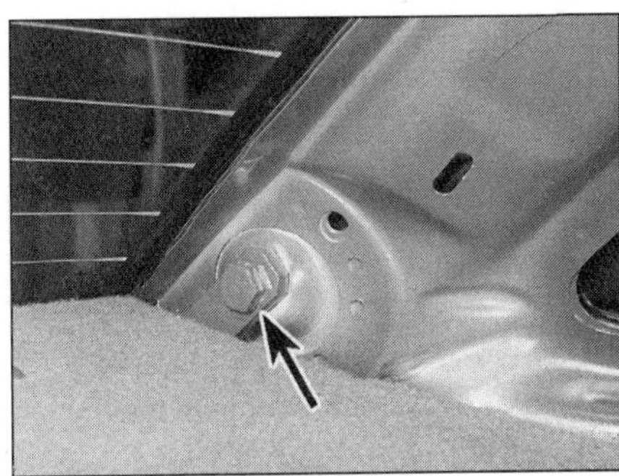

15.14 Fästbult mellan bagageluckans gångjärn och karossen (vid pilen) - sedan

Montering

15 Montering sker i omvänd ordning, men tänk på följande.
16 Se till att motviktsfjädern placeras på det sätt som noterades innan demonteringen.
17 Montera bagageluckan enligt beskrivningen tidigare i detta avsnitt.

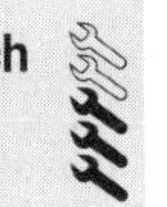

16 Bagageluckans handtag och låskomponenter (sedan) - demontering och montering

Handtag

Demontering

1 Öppna bagageluckan, ta sedan bort de fyra fästskruvarna och dra bort låscylinderenhetens täckpanel.
2 Skruva loss de två fästmuttrarna och ta sedan bort handtaget från bagageluckans utsida. Observera att fästmuttrarna även fäster låscylinderenheten vid bagageluckan.

Montering

3 Montering sker i omvänd ordning.

Lås

Demontering

4 Fortsätt enligt beskrivningen i punkt 1.
5 Skruva loss de två fästbultarna och ta bort låset från bagageluckan **(se bild)**.

Montering

6 Montering sker i omvänd ordningsföljd, men justera låsgreppets placering på karossen om det behövs, för att låset ska fungera tillfredsställande.

Låscylinder

Demontering

7 Öppna bagageluckan helt.
8 Ta bort de fyra fästskruvarna och dra bort låscylinderenhetens täckpanel.
9 Skruva loss de två fästmuttrarna **(se bild)**, dra bort låscylinderenheten och haka loss låsets manöverstag medan enheten dras bort. Observera att fästmuttrarna även fäster bagageluckans handtag.

16.5 Bagageluckans lås - sedan

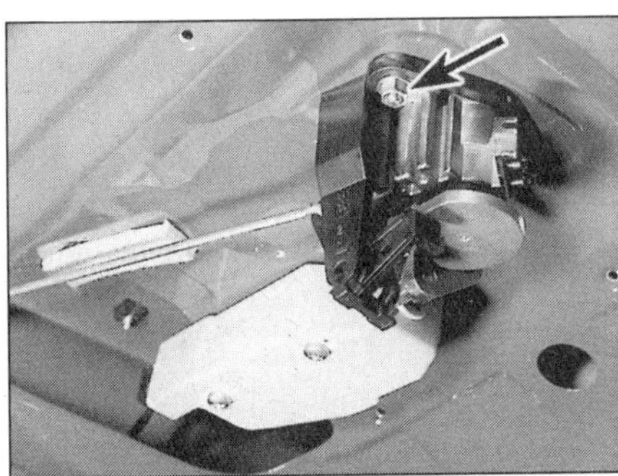

16.9 Låscylinderns fästmutter (vid pilen) - sedan

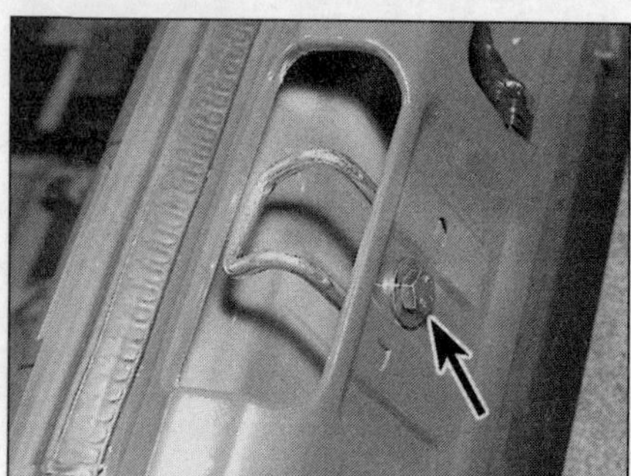

16.13 Fästbult till bagageluckans låsgrepp

10 Man kan inte köpa reservdelar till låscylindern, om någon del är defekt måste hela enheten bytas ut.

Montering

11 Monteringen sker i omvänd ordning.

Låsgrepp

Demontering

12 Låsgreppet är fastskruvat i den nedre karosspanelen.

13 Ta bort fästskruvarna, lossa sedan bagageluckans nedre klädselpanel för att komma åt låsgreppets fästbult **(se bild)**.

14 Markera låsgreppets placering innan det demonteras så att det kan sättas tillbaka i exakt samma läge.

15 Ta loss låsgreppet genom att skruva loss fästskruven.

Montering

16 Montering sker i omvänd ordningsföljd, men justera låsgreppets placering om det behövs för att bagageluckan ska gå att stänga tillfredsställande.

Centrallåsets motor

17 Se avsnitt 19.

17 Bakluckans gångjärn och stöttor - demontering och montering

Baklucka

Demontering

1 Öppna bakluckan helt.

2 Koppla loss batteriets minusledare.

3 Ta loss fästskruvarna och ta bort bakluckans bakre klädselpaneler.

4 Koppla loss alla relevanta kablar som nu går att komma åt, och koppla loss spolarslangen från spolarmunstycket.

5 Om den ursprungliga bakluckan ska återmonteras, knyt ett snöre runt ändarna på alla relevanta kablar, och runt spolarslangen om det behövs, mata sedan ut kablarna och slangen genom bakluckans överdel. Knyt loss snöret och lämna det i bakluckan för att underlätta återmonteringen.

6 Låt en medhjälpare stödja bakluckan, koppla loss bakluckans stöttor från sina kulledsfästen enligt beskrivning i punkt 22.

7 Bänd loss fästklamrarna frän ändarna av bakluckans gångjärnssprintar **(se bild)**.

8 Se till att bakluckan har tillräckligt stöd, knacka bort gångjärnssprintarna från gångjärnen med en pinndorn och lyft försiktigt bort bakluckan från bilen.

Montering

9 Om en ny baklucka ska monteras ska alla utbytbara detaljer (gummistopp, låsmekanism etc.) flyttas över från den gamla.

10 Montering sker i omvänd ordning, men tänk på följande.

11 Om den ursprungliga bakluckan ska återmonteras, dra kablarna och spolarslangen (efter tillämplighet) genom bakluckan med hjälp av snöret.

12 Om det behövs, justera gummistoppen för att uppnå bra passning när bakluckan är stängd.

13 Justera låsgreppets placering på karossen om det behövs för att låset ska fungera tillfredsställande.

Gångjärn

Demontering

14 Ta bort bakluckan enligt beskrivningen tidigare i detta avsnitt.

15 Bänd loss den bakre takklädselpanelen. Var noga med att inte ha sönder fästklamrarna (se avsnitt 29) och sänk ner den bakre takklädseln något för att komma åt fästskruvarna till bakluckans gångjärn.

16 Markera gångjärnens placering på karossen.

17 Skruva loss fästskruvarna och dra bort gångjärnet.

Montering

18 Montering sker i omvänd ordning, men tänk på följande.

19 Rikta in gångjärnen med de tidigare gjorda markeringarna på karossen.

20 Montera bakluckan enligt beskrivningen tidigare i detta avsnitt.

Stöttor

Demontering

21 Öppna bakluckan helt och låt en medhjälpare stötta den.

22 Lossa stöttan från spindelledfästena genom att bända ut fjäderklamrarna en aning **(se bild)** och dra bort stöttan från spindellederna.

Montering

23 Monteringen sker i omvänd ordning.

18 Bakluckans handtag och låskomponenter - demontering och montering

Handtag - kombikupé

Demontering

1 Öppna bakluckan, ta bort fästskruvarna och dra bort bakluckans bakre klädselpanel.

2 Arbeta genom öppningen i bakluckan. Skruva loss de två fästmuttrarna och dra bort handtaget från bakluckans utsida. Observera att fästmuttrarna även fäster låscylinderenheten.

Montering

3 Montering sker i omvänd ordning.

Handtag - kombi och van

Demontering

4 Fortsätt enligt beskrivningen i punkt 1.

5 Ta bort bakluckans låscylinderenhet enligt beskrivningen tidigare i detta avsnitt.

6 Ta bort bakluckans torkarmotor enligt beskrivningen i kapitel 12.

7 Ta bort den bakre nummerplåtsbelysningen enligt beskrivningen i kapitel 12, avsnitt 8.

8 Arbeta genom öppningarna i bakluckan. Skruva loss de fyra fästmuttrarna och dra bort handtaget från bakluckans utsida.

Montering

9 Montering sker i omvänd ordning, men montera bakluckans torkarmotor enligt beskrivningen i kapitel 12.

Lås

Demontering

10 Följ beskrivningen i punkt 1.

11 Arbeta genom öppningen i bakluckan, koppla loss manöverstaget(stagen) från låset **(se bild)**.

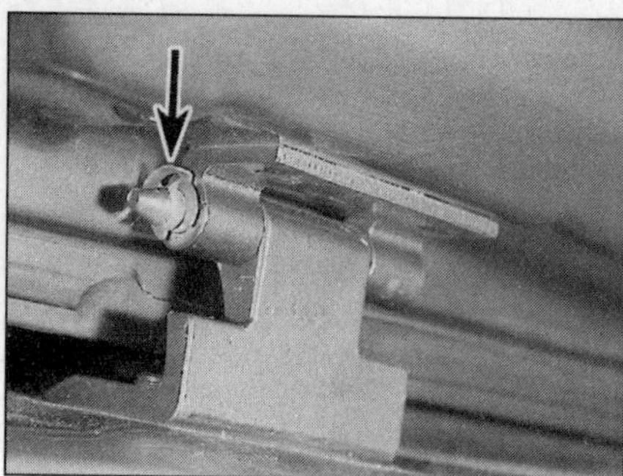

17.7 Fästklammer till bakluckans gångjärnssprint (vid pilen) - kombikupé

17.22 Fjäderklammer till bakluckans stötta bänds ut - kombikupé

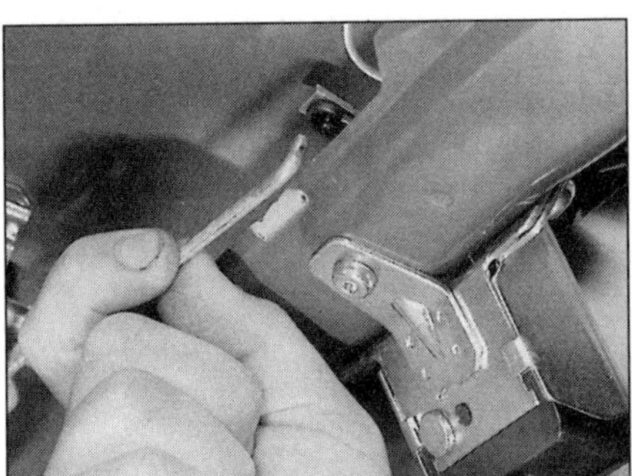

18.11 Manöverstaget till bakluckans lås kopplas loss - kombikupé

12 Skruva loss fästskruvarna (tre på kombikupé, fyra på kombi) och dra bort låset **(se bild)**.

Montering

13 Montering sker i omvänd ordning, men justera låsgreppets placering på karossen om det behövs, för att låset ska fungera tillfredsställande.

Låscylinder

Demontering

14 Ta bort fästskruvarna och dra bort bakluckans bakre klädselpanel.

15 Koppla loss manöverstaget(stagen) från låscylinderenheten **(se bild)**.

16 Skruva loss de två fästmuttrarna **(se bild)** och dra bort låscylinderenheten. Observera att på kombikupé fäster fästmuttrarna även bakluckans handtag.

17 Man kan inte köpa reservdelar till låscylindern. Om någon del är defekt måste hela enheten bytas ut.

Montering

18 Monteringen sker i omvänd ordning.

Låsgrepp

Demontering

19 Låsgreppet är fastskruvat i den nedre karosspanelen.

20 Om det är tillämpligt, ta loss fästskruvarna och ta bort bagageutrymmets bakre klädselpanel för att komma åt låsgreppets fästbultar.

21 Markera låsgreppets placering innan det demonteras så att det kan sättas tillbaka i exakt samma läge.

18.12 Bakluckans lås tas bort - kombikupé visad

22 Ta bort låsgreppet genom att skruva loss fästskruvarna **(se bild)**.

Montering

23 Montering sker i omvänd ordningsföljd, men justera låsgreppets placering om det behövs för att bakluckan ska gå att stänga tillfredsställande.

Centrallåsets motor

24 Se avsnitt 19.

19 Centrallåssystem - demontering och montering av komponenter

Elektronisk styrenhet

Demontering

1 Styrenheten är placerad bakom panelen på den högra fotbrunnens sida/tröskeln.

2 Koppla loss batteriets minusledare.

3 Ta bort klädselpanelen från fotbrunnens sida/tröskeln enligt beskrivningen i avsnitt 30.

4 Om det är tillämpligt, skruva loss de två fästmuttrarna och dra bort anslutningskontaktens fäste från fotbrunnen.

5 Dra bort de två fästklamrarna från pinnbultarna i fotbrunnen och dra bort mattan från pinnbultarna för att komma åt styrenheten **(se bilder)**.

18.15 Manöverstaget kopplas bort från låscylindern - kombikupé

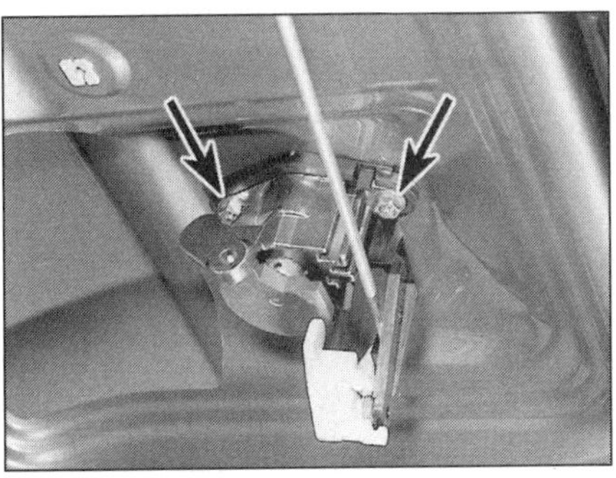

18.16 Låscylinderenhetens fästmuttrar (vid pilarna) - kombikupé

6 Skruva loss de två fästskruvarna och lyft bort enheten från sin plats i fotbrunnen. Koppla sedan loss kontaktdonet och ta bort enheten.

Montering

7 Montering sker i omvänd ordning.

Mikrobrytare

Demontering

8 Mikrobrytarna är fästa inuti framdörrarna, bakom ytterhandtagen.

9 Ta bort dörrens inre klädselpanel och isolering tillräckligt mycket för att komma åt ytterhandtaget, enligt beskrivningen i avsnitt 30.

10 Koppla loss mikrobrytaren från ytterhandtagets bakre kant, koppla sedan loss brytarens kontaktdon från dörrens kabelhärva och dra bort brytaren **(se bild på nästa sida)**.

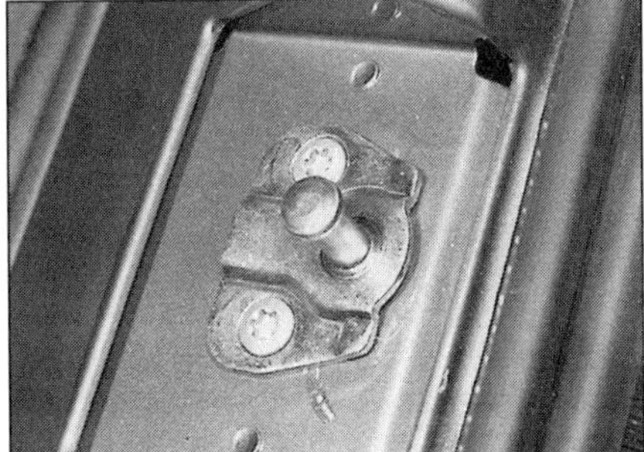

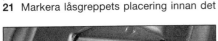

18.22 Bakluckans låsgrepp - kombikupé

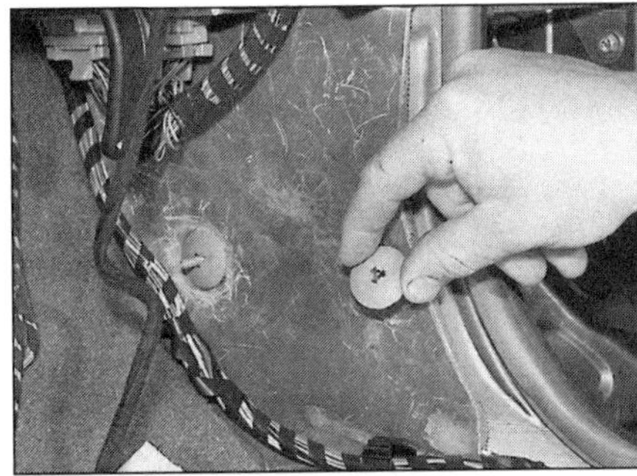

19.5a Dra bort fästklamrarna från pinnbultarna i fotbrunnen . . .

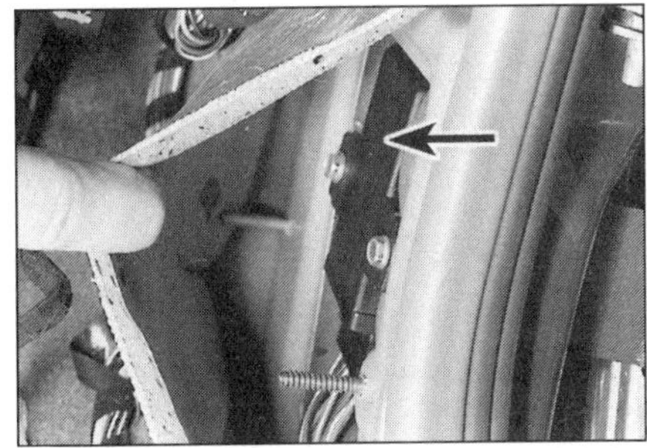

19.5b . . . och dra undan mattan för att komma åt centrallåsets elektroniska styrenhet (vid pilen)

19.10 Centrallåsets mikrobrytare (vid pilen)

19.14 Centrallåsmotorns fästskruvar (vid pilarna)

19.19 Anslutningskontakten kopplas loss från bagageluckans låsmotor – sedan

Montering

11 Montering sker i omvänd ordning. Montera dörrens inre klädselpanel enligt beskrivningen i avsnitt 30.

Dörrlåsets motor

Demontering

12 Ta bort dörrlåset enligt beskrivningen i avsnitt 13.

13 Koppla loss låsets manöverstag från motorn.

14 Ta bort de två fästskruvarna och dra bort motorn från låsenheten **(se bild)**.

Montering

15 Monteringen sker i omvänd ordningsföljd.

Bagageluckans/bakluckans låsmotor

Demontering

16 Lossa batteriets jordledning (minuspolen).

17 Öppna bagageluckan/bakluckan.

18 Ta loss fästskruvarna och dra bort låscylinderenhetens kåpa (sedan), eller bakluckans bakre klädselpanel (kombikupé och kombi).

19 Koppla loss anslutningskontakten från motorn **(se bild)**.

20 Skruva loss de två fästskruvarna och ta bort motorn från bagageluckan/bakluckan, haka loss låsets manöverstag när motorn tas bort **(se bilder)**.

Montering

21 Monteringen sker i omvänd ordning.

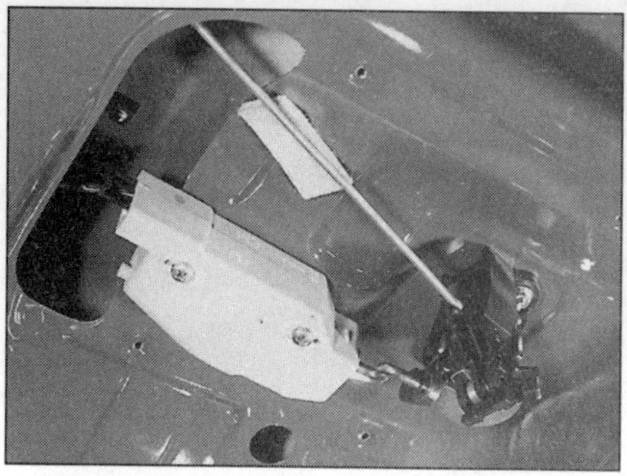
19.20a Bagageluckans låsmotor – sedan

19.20b Bakluckans låsmotor tas bort – kombikupé

Tankluckans styrmotor – sedan och kombi

Demontering

22 Lossa batteriets jordledning (minuspolen).

23 Lossa klädselpanelen på bagageutrymmets högra sida från karossen, enligt beskrivningen i avsnitt 30.

24 Koppla loss motorns anslutningskontakt.

25 Ta bort de två skruvarna, lirka försiktigt bort motorn från sin plats och haka loss manöverstaget medan enheten dras bort **(se bild)**.

Montering

26 Monteringen sker i omvänd ordning.

Tankluckans styrmotor – kombikupé

Demontering

27 Lossa batteriets jordledning (minuspolen).

28 Ta bort klädselpanelen från bagageutrymmets högra sida, enligt beskrivningen i avsnitt 30.

29 Ta bort den högra bakljusenheten enligt beskrivningen i kapitel 12, avsnitt 8.

30 Dra mattan bakåt från hjulhuset för att komma åt de två fästskruvarna till motorns fäste **(se bild)**.

31 Ta bort fästskruvarna, ta därefter försiktigt bort motorn och fästet och haka loss manöverstaget medan enheten dras bort. Lirka ut motorn genom bakljusenhetens öppning och koppla loss anslutningskontakten **(se bild)**.

32 Motorn kan separeras från fästet genom att fästskruvarna skruvas loss.

Montering

33 Montering sker i omvänd ordningsföljd mot demonteringen.

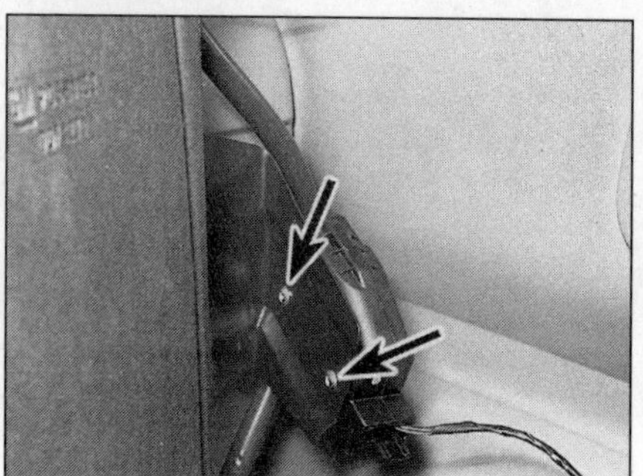
19.25 Fästskruvar till tankluckans låsmotor (vid pilarna) – sedan

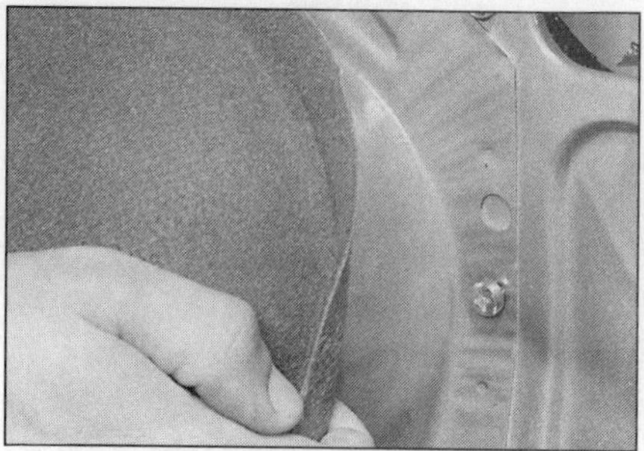
19.30 Dra undan mattan för att komma åt fästskruvarna till fästet för tankluckans låsmotor – kombikupé

19.31 Tankluckans låsmotor sedd genom bakljusenhetens öppning

20 Elfönsterhissar - demontering och montering av komponenter

Brytare

Demontering

1 Brytarna är placerade i dörrarna på förar- och passagerarsidan.
2 Ta bort dörrens inre klädselpanel enligt beskrivningen i avsnitt 30.
3 Bänd försiktigt bort brytarenheten från klädselpanelen när kontaktdonet är bortkopplat **(se bild)**.

Montering

4 Montering sker i omvänd ordning. Montera dörrens inre klädselpanel enligt beskrivningen i avsnitt 30.

Fönsterhissmotorer

Demontering

5 Ta bort dörrens fönsterhiss enligt beskrivningen i avsnitt 14.
6 Skruva loss de tre fästskruvarna för att ta bort motorenheten från fönsterhissen **(se bild)**.
7 Man kan inte köpa reservdelar till motorn, om någon del är defekt måste hela enheten bytas ut.

Montering

8 Montering sker i omvänd ordning. Montera fönsterhissen enligt beskrivningen i avsnitt 14.

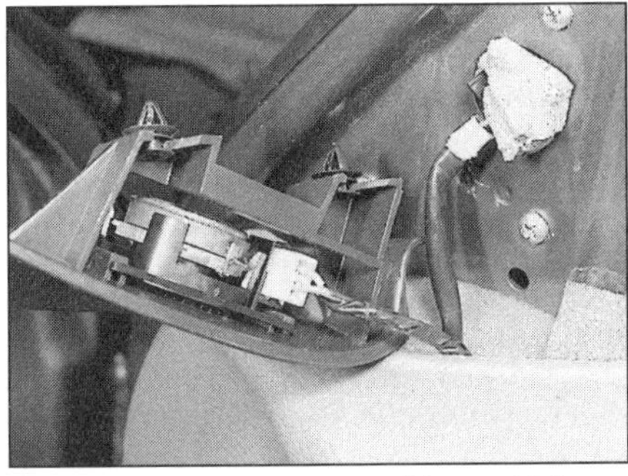

21.3 Sidospegelns panel lossad från dörrens framkant - elstyrd spegel

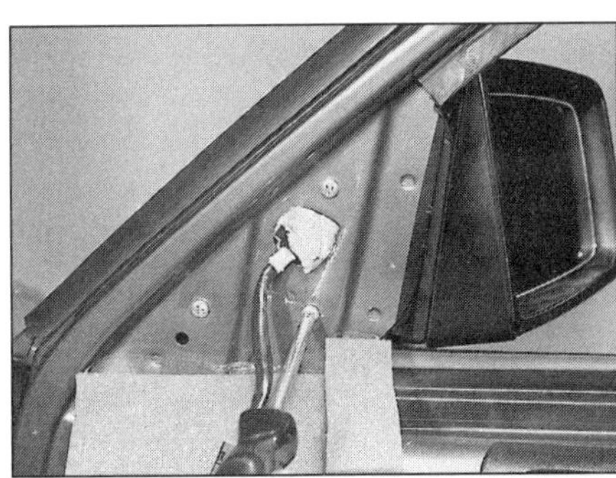

21.4 Sidospegelns fästskruv skruvas loss - elstyrd spegel

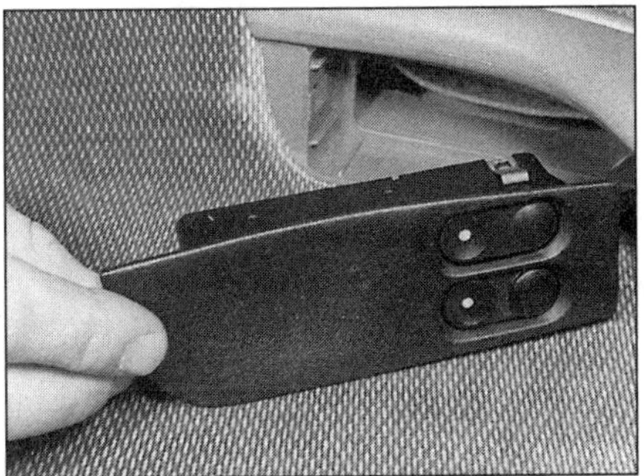

20.3 Reglaget till den elektriska fönsterhissen tas bort från förarsidans dörr

21 Speglar - demontering och montering av komponenter

Sidobackspegel

Demontering

1 På modeller med elstyrda sidobackspeglar, koppla loss batteriets minusledare.
2 Om det är tillämpligt, dra bort justerarmen på modeller med manuellt justerade sidobackspeglar.
3 Bänd bort spegelns lilla klädselpanel från insidan av dörrens framkant och koppla loss kablaget från högtalaren som är monterad i panelen **(se bild)**.
4 Ta loss de tre fästskruvarna som nu syns och dra bort spegeln från dörren. På modeller med elstyrda speglar, koppla bort anslutningskontakten **(se bild)**.

Montering

5 Montering sker i omvänd ordningsföljd, men se till att tätningsremsorna av gummi placeras korrekt på spegelhuset.

Byte av spegelglas

6 Spegelglaset kan tas bort och bytas ut utan att själva spegeln måste demonteras. På modeller med elstyrda sidobackspeglar, koppla loss batteriets minusledare innan arbetet fortsätts.
7 Bänd försiktigt bort glaset från kulederna

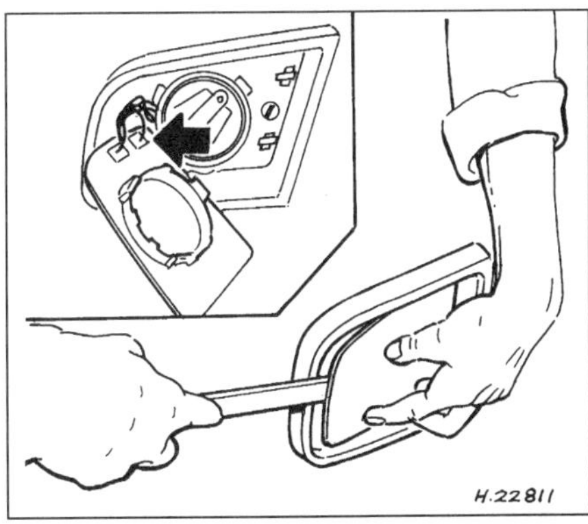

21.7 Spegelglaset bänds bort från en elstyrd spegel - värmarkablarna visas

20.6 Fästskruvar till den elektriska fönsterhissens motor (vid pilarna)

med hjälp av en skruvmejsel, och koppla loss eventuella värmarkablar från glaset. Var försiktig eftersom glaset lätt går sönder om det utsätts för påfrestningar **(se bild)**.
8 Montera glaset genom att trycka fast det på kulederna (se till att eventuella värmarkablar är anslutna).

Strömbrytare till elstsyrd spegel - demontering och montering

9 Strömbrytaren kan bändas bort från dörrens inre klädselpanel efter att denna tagits bort (enligt beskrivningen i avsnitt 30) och anslutningskontakten kopplats loss **(se bild)**.
10 Montera dörrens inre klädselpanel enligt beskrivningen i avsnitt 30 när strömbrytaren monterats tillbaka.

Motor till elstyrd spegel - demontering och montering

11 Ta bort spegelglaset enligt beskrivningen tidigare i detta avsnitt.
12 Skruva loss motorns tre fästskruvar, koppla loss anslutningskontakten och dra bort motorn.
13 Montering sker i omvänd ordning, men se till att kablarna dras bakom motorn för att förhindra att de hamnar i vägen för justeringsmekanismen.

Inre backspegel

Demontering

14 Spegeln kan tas bort från fästplattan på vindrutan, efter att fästskruven skruvats bort med en 2 mm insexnyckel.
15 Fästplattan sitter fast vid vindrutan med

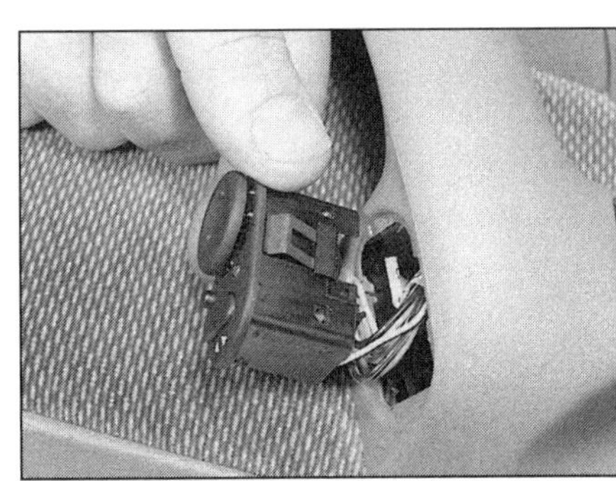

21.9 Den elstyrda spegelns brytare tas bort från dörrens inre klädselpanel

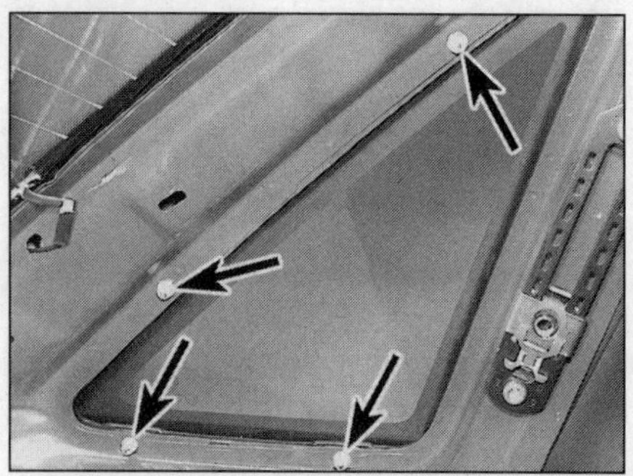

23.2 Det bakre sidofönstrets fästmuttrar (vid pilarna)

ett speciellt lim och bör inte tas bort om det inte är nödvändigt. Observera att det finns en risk för att vindrutan spricker om man försöker ta bort en fästplatta som sitter hårt.

Montering

16 Om det behövs kan det speciella lim som används för att fästa fästplattan vid vindrutan köpas på en Opelverkstad.

22 Vindruta och bakruta - allmänt

Förutom de bakre sidofönstren är alla fasta glas fästa med speciellt lim.

Specialverktyg, lim och expertkunskaper

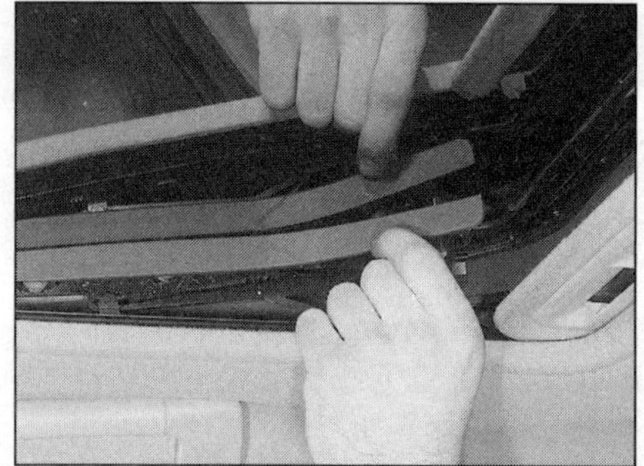

24.4 En plastlist tas bort från styrskenan

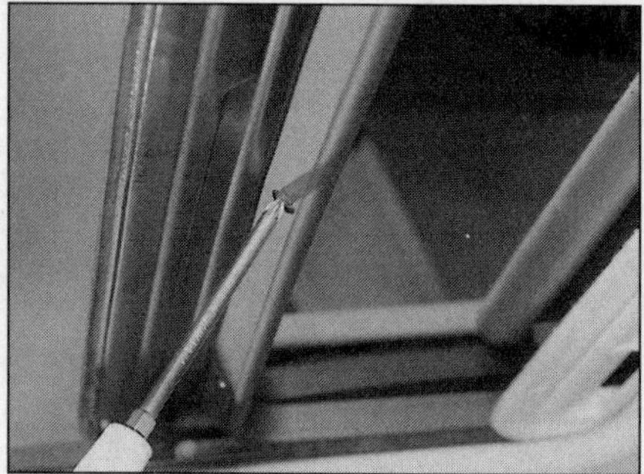

24.2a Ta bort de fyra fästskruvarna . . .

krävs för att demontering och montering av glas fästa med denna metod ska kunna utföras på ett bra sätt. Sådana arbeten måste därför överlåtas till en Opelverkstad eller annan specialist.

23 Bakre sidofönster - demontering och montering

Observera: *Tillverkaren rekommenderar att nya plastmuttrar används för att fästa glaset vid monteringen.*

Demontering

1 Ta bort den bakre sidopanelen enligt beskrivningen i avsnitt 30.

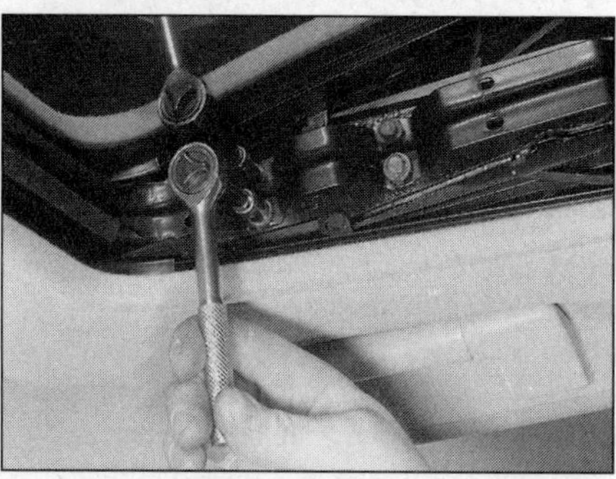

24.5 Glaspanelens fästskruvar lossas

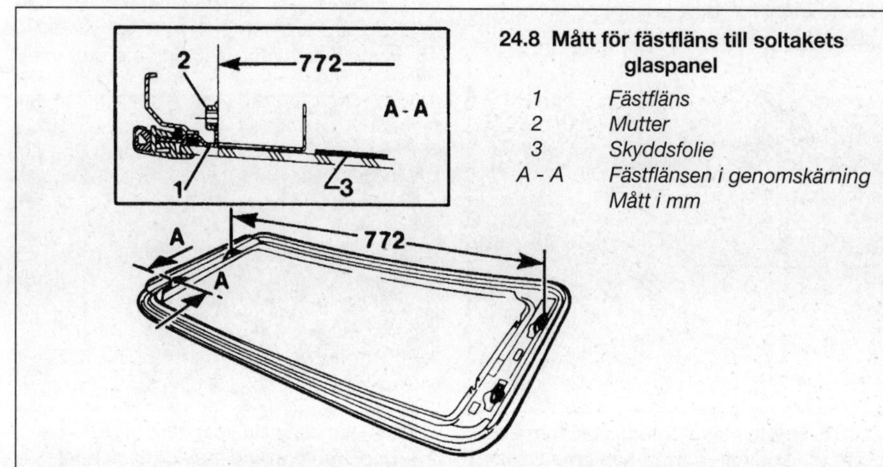

24.8 Mått för fästfläns till soltakets glaspanel

1 *Fästfläns*
2 *Mutter*
3 *Skyddsfolie*
A - A *Fästflänsen i genomskärning*
Mått i mm

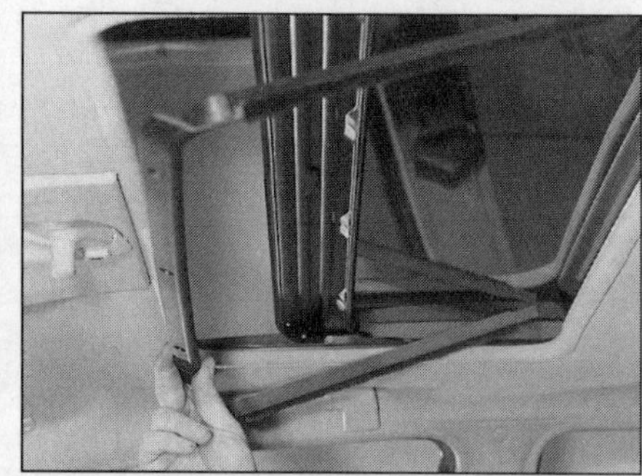

24.2b . . . och dra bort plastinfattningen från soltakets styrskena

2 Låt en medhjälpare stötta det bakre sidofönstret från bilens utsida, skruva sedan loss plastmuttrarna **(se bild)** och bultarna och tryck ut fönstret från karossen.

Montering

3 Montering sker i omvänd ordningsföljd, men se till att tätningen på fönsterglasets baksida placeras korrekt mot karossen när fönstret monteras och använd nya plastmuttrar för att fästa glaset.

24 Soltak - demontering och montering av komponenter

Observera: *Soltaket är en komplex enhet som består av ett stort antal komponenter. Det rekommenderas starkt att soltakets mekanism inte rubbas om det inte är nödvändigt. Om soltakets mekanism är defekt eller behöver renoveras bör en Opelverkstad kontaktas för rådgivning.*

Glaspanel

Demontering

1 Skjut solskyddet helt bakåt och öppna sedan glaspanelen halvvägs.

2 Skruva ur de fyra fästskruvarna från framkanten av styrskenans plastinfattning och dra bort infattningen genom soltakets öppning **(se bilder)**.

3 Flytta glaspanelen framåt och öppna den på gångjärnen.

4 Bänd bort plastlisterna från styrskenorna för att komma åt glasluckans fästskruvar **(se bild)**.

5 Skruva ut de tre fästskruvarna från varje styrskena **(se bild)** och ta vara på eventuella låsbrickor.

6 Lyft försiktigt bort glaspanelen från öppningen, var noga med att inte skada lacken.

Montering

7 Montering sker i omvänd ordning, men tänk på följande.

8 Mät avståndet mellan fästflänsarna innan glaspanelen monteras. Böj flänsarna om det behövs för att få nödvändigt avstånd **(se bild)**.

9 Om det är tillämpligt, se till att låsbrickorna till glasluckans fästskruvar hakar i styrsprintarna på styrskenorna.

10 Stäng soltaket och justera glaspanelens läge efter de mått som visas, innan glaspanelens fästskruvar dras åt helt **(se bild)**.

11 Om en ny glaspanel har monterats, avsluta monteringen med att dra bort skyddsfolien.

Ränna

Demontering

12 Ta bort glaspanelen enligt beskrivningen tidigare i detta avsnitt.

13 Ta loss de två fästskruvarna, lyft sedan bort rännan från soltakets öppning.

Montering

14 Montera rännan i soltakets öppning i vinkel och tryck upp den mot stoppet på båda sidor tills fästtapparna hakar i rännans styrningar.

15 Sätt i och dra åt fästskruvarna.

16 Montera och justera glaspanelen enligt beskrivningen tidigare i detta avsnitt.

Solskydd

Demontering

17 Ta bort glaspanelen och rännan enligt beskrivningen tidigare i detta avsnitt.

18 Bänd försiktigt ut solskyddets fyra fjäderklamrar från soltaksstyrningarna (använd ett verktyg av trä eller plast för att undvika skador) och dra sedan bort solskyddet från styrningarna **(se bild)**.

Montering

19 Montering sker i omvänd ordning. Se till att fjäderklamrarna hakar i soltakets styrningar ordentligt.

Vevens drevenhet

Demontering

20 Bänd loss klädseldelen och skruva loss vevhandtagets fästskruv. Bänd loss veven från drevaxeln.

21 Koppla loss batteriets minusledare, bänd sedan loss kupélampan från takklädseln och koppla loss kablaget.

22 Ta bort klädselns två fästskruvar och dra bort klädseln från taket.

23 Ta bort de två fästskruvarna och ta bort vevens drevenhet.

Montering

24 Montering sker i omvänd ordning, men tänk på följande.

25 Vevens drev måste justeras enligt följande innan vevhandtaget dras åt.

26 Montera vevhandtaget temporärt och placera det så att det är riktat nedåt, tryck sedan in låsknappen.

27 Ta bort vevhandtaget och vrid vevens drev moturs för hand så långt som till stoppet.

28 Montera vevhandtaget så att det är riktat rakt framåt. Dra sedan åt fästskruven och montera takklädseln.

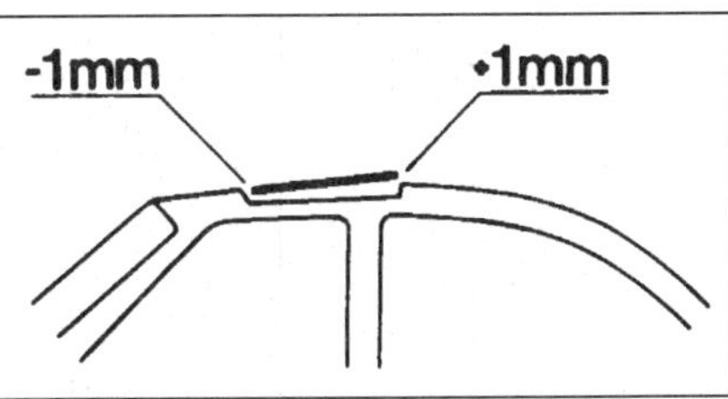

24.10 Monteringsläge för soltakets glaspanel

25 Yttre karossdetaljer – demontering och montering

Hjulhusens innerskärmar

1 Innerskärmarna av plast sitter fast med en kombination av självgängande skruvar samt muttrar och klamrar av plast. Det behövs inga särskilda anvisningar om hur demontering och montering går till, men tänk på följande.

2 Några av fästklamrarna kan hållas på plats med en sprint i mitten som måste knackas ut för att klammern ska lossna.

3 Klamrarna går lätt sönder under demonteringen och det är därför klokt att ha några reservklamrar till monteringen.

4 Vissa modeller kan ha extra underredeskåpor och stänkskydd monterade, som kan sitta fästa i innerskärmarna.

Motorns undre skyddskåpa

Demontering

5 Dra åt handbromsen, hissa upp framvagnen med hjälp av en domkraft och ställ den på pallbockar (se *Lyftning och stödpunkter*).

6 Om det är tillämpligt, ta bort de två fästskruvarna och ta bort oljefiltrets lucka.

7 Arbeta runt skyddskåpans kanter och ta bort de självgängande skruvarna som fäster skyddskåpan vid underredet. Observera att några av skruvarna även kan fästa hjulhusens innerskärmar **(se bild)**.

8 Ta hjälp av en medhjälpare, dra bort skyddskåpan från bilen och lägg den åt sidan för att undvika skador.

Montering

9 Monteringen sker i omvänd ordning.

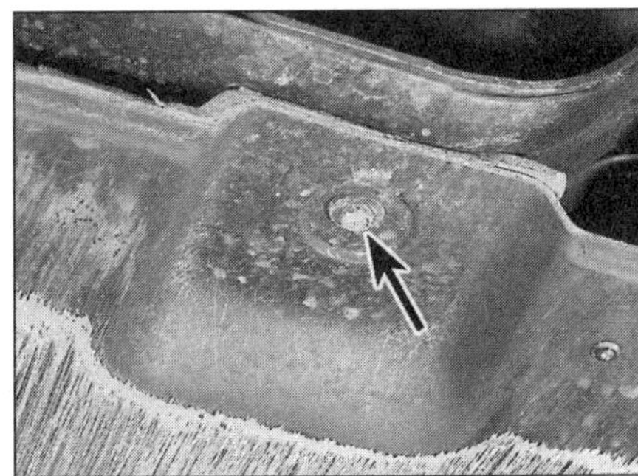

25.7 Fästskruv till motorns undre skyddskåpa

24.18 Solskyddets fjäderklamrar (vid pilarna)

Tanklucka

Demontering

10 Öppna tankluckan för att komma åt de två fästskruvarna.

11 Skruva loss fästskruvarna och ta bort luckan.

Montering

12 Monteringen sker i omvänd ordningsföljd.

Bagageluckans spoiler - sedan

Demontering

13 Öppna bagageluckan, ta bort fästskruvarna och dra bort låsenhetens täckpanel.

14 Skruva loss de tre bultarna och de åtta muttrarna som fäster spoilern vid bagageluckan.

15 På vissa modeller kan spoilern sitta fast med självhäftande tejp. Om så är fallet måste största försiktighet vidtas för att undvika skador på lacken när spoilern tas bort. En metod är att värma tejpen med varmluftspistol eller hårtork, tills värmen mjukar upp limmet tillräckligt för att spoilern ska kunna tas bort. Var försiktig så att värmen inte skadar den omgivande lacken.

16 Ta bort spoilern från bagageluckan.

Montering

17 Om det är tillämpligt, tvätta bort alla spår av lim med ofärgad sprit och rengör sedan området med varmt såpvatten för att få bort spritresterna. Om självhäftande tejp ska användas för att fästa spoilern måste berörda områdena vara rena och fria från smuts och fett.

18 Om självhäftande tejp används för att montera spoilern, följ de medföljande instruktionerna för montering (fråga en Opelmekaniker om råd om det behövs). Det kan vara nödvändigt att använda en värmekälla på samma sätt som vid demonteringen för att mjuka upp limmet innan tejpen appliceras.

19 Montera spoilern och se till att den är

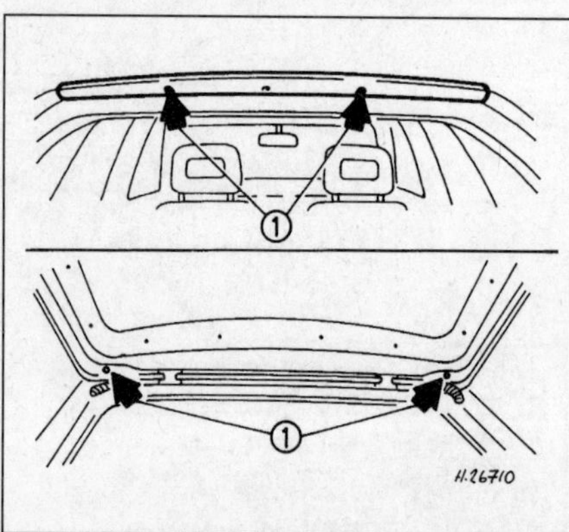

25.22 Fästskruvar till bakluckans spoiler (1) - alla utom 'Sportmodeller'

korrekt inriktad innan den trycks på plats och dra sedan åt fästmuttrarna och bultarna.

20 Avsluta med att montera låsenhetens täckpanel.

Bakluckans spoiler (alla modeller utom "Sportmodeller")

Demontering

21 På utsidan av bakluckan, ta bort spoilerns två fästskruvar.

22 Öppna bakluckan och skruva loss de två återstående skruvarna från bakluckans hörn **(se bild)**.

23 Se punkt 15.

24 Ta bort spoilern.

25 Spolarmunstycket kan bändas bort från spoilerns fästbygel när spoilern har tagits bort.

26 Spoilerns fästbygel kan tas bort från bakluckan när fästmuttrarna och skruvarna har tagits bort.

Montering

27 Om det är tillämpligt, montera spoilerns fästbygel och spolarmunstycket i omvänd ordningsföljd.

28 Se punkt 17 och 18.

29 Montera spoilern och se till att den är korrekt inriktad innan den trycks på plats. Dra sedan åt fästbultarna.

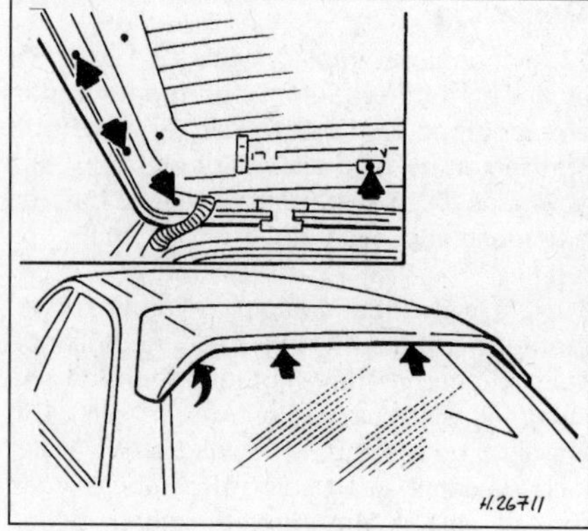

25.31 Fästen till bakluckans spoiler (vid pilarna) - "Sportmodeller"

Bakluckans spoiler ("Sportmodeller")

Demontering

30 Öppna bakluckan, skruva loss fästskruvarna och dra bort bakluckans övre, inre klädselpanel.

31 På insidan av bakluckan, vid spoilerns yttre nederkant, ta bort de sex bultarna och de fyra muttrarna som fäster spoilern vid bakluckan **(se bild)**.

32 Fortsätt enligt beskrivningen i punkt 23 till 26.

Montering

33 Fortsätt enligt beskrivningen i punkt 27 till 29.

Sidolister

Demontering

34 Fäst maskeringstejp längs kanterna på den list som ska demonteras för att underlätta korrekt återmontering.

35 Använd en varmluftspistol eller en hårtork för att värma listen tills limmet mjukas upp tillräckligt för att listen enkelt ska kunna tas bort. Var försiktig så att värmen inte skadar den omgivande lacken.

Montering

36 Tvätta bort alla spår av lim med ofärgad sprit och rengör sedan området med varmt såpvatten för att få bort spritresterna. Se till att ytan där den nya listen ska monteras är helt ren och fri från smuts och fett.

37 Använd varmluftspistol eller hårtork för att värma den nya listen till ungefär 80°C, dra sedan bort skyddsfolien och tryck fast listen ordentligt på sin plats. Använd maskeringstejpen som riktmärke. Ta bort tejpen när listen sitter på plats.

Modellbeteckningar

Demontering

38 De olika modellbeteckningarna är fästa med lim. Om de ska demonteras, mjuka upp limmet med en varmluftspistol eller en hårtork (var försiktig så att inte lacken skadas), eller ta loss märket från karossen genom att "såga" genom limmet med en bit nylonlina.

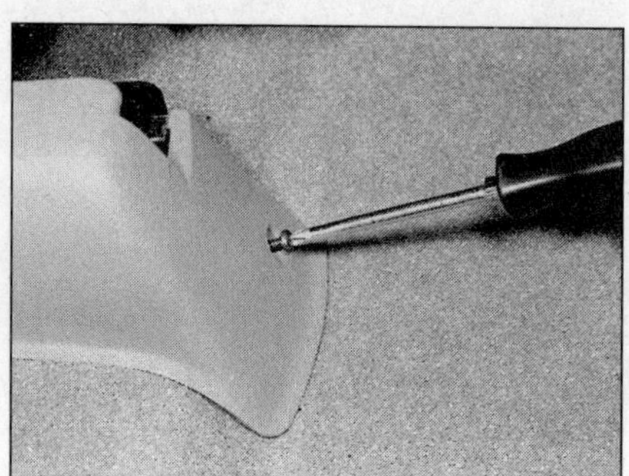

26.1 Fästskruven tas bort från den yttre sätesskenans kåpa

Montering

39 Tvätta bort alla spår av lim med ofärgad sprit och rengör sedan området med varmt såpvatten för att få bort spritresterna. Se till att ytan där den nya modellbeteckningen ska monteras är helt ren och fri från smuts och fett.

40 Använd en varmluftspistol för att mjuka upp limmet på det nya modellbeteckningen och tryck sedan fast den på sin plats.

Sidokjolar och extra spoilers

41 På vissa modeller kan karossen vara utrustad med sidokjolar och en extra spoiler på bakluckan.

42 Dessa komponenter är fästa med en kombination av skruvar, lim och nitar. Även om grundprinciperna för de liknande komponenter som beskrivs i det här avsnittet gäller även för dessa komponenter, bör demontering och montering av sådana detaljer överlåtas till en Opelverkstad eller till en specialist på karosser. Största försiktighet måste iakttagas för att inte den omgivande lacken eller själva komponenterna ska skadas.

26 Säten - demontering och montering

Framsäte

Varning: De bältesspännare som sitter monterade på framsätena kan orsaka skador om de utlöses av misstag. Innan något arbete utförs på framsätena måste säkerhetsgaffeln stickas in i bältesspännarens cylinder för att förhindra att spännaren utlöses (se punkt 3 och 4 nedan). Sätena ska alltid transporteras och monteras med säkerhetsgaffeln monterad. Om ett säte ska kasseras måste spännaren utlösas innan sätet tas bort från bilen. Man utlöser spännaren genom att sticka in säkerhetsgaffeln och slå på spännarröret hårt med en hammare. Om spännaren har utlösts på grund av en kraftig stöt eller vid en olycka måste enheten bytas ut och får inte återmonteras. Av säkerhetsskäl bör byte av spännare överlåtas till en Opelverkstad.

Demontering

Observera: *Tillverkarna rekommenderar att nya bultar används när sätena monteras.*

1 Ta bort fästskruven från framkanten av sätesskenans kåpa **(se bild)** och ta bort kåpan.

2 Lossa fästklamrarna och ta loss kåpan från framkanten av den inre sätesskenan **(se bild)**.

3 Leta reda på bältesspännarens säkerhetsgaffel av plast, som normalt sitter fasttejpad på spännarcylinderns utsida **(se bild)**.

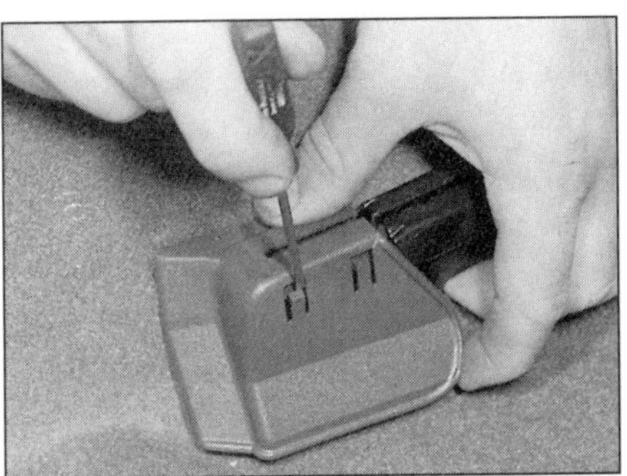

26.2 Klamrarna lossas från den inre sätesskenans kåpa

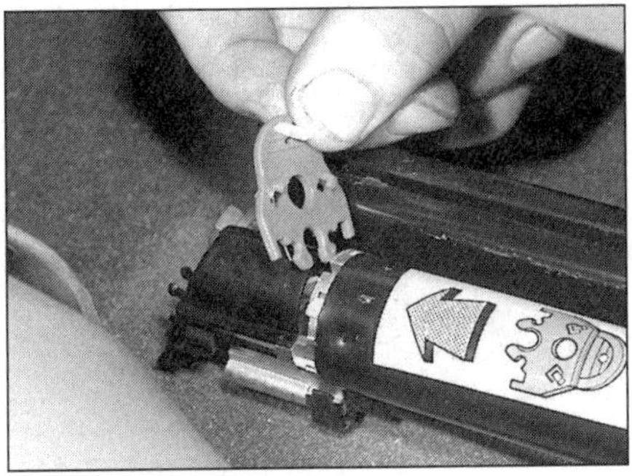

26.3 Säkerhetsgaffeln sticks in i springan i bältesspännarens cylinder

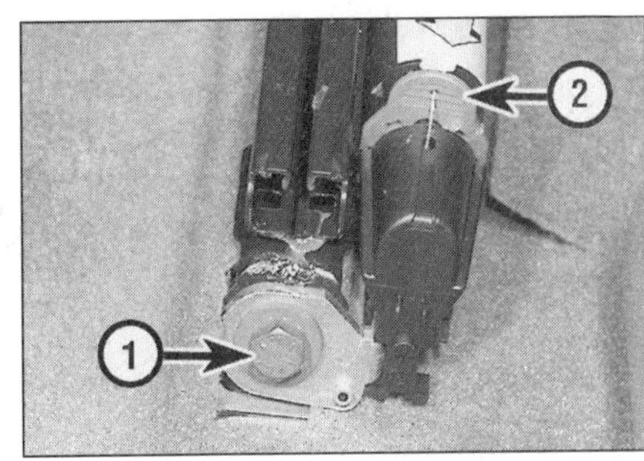

26.5a Främre, yttre sätesskenans fästbult (1) - observera bältesspännarens säkerhetsgaffel (2) i springan

4 Stick in säkerhetsgaffeln i springan i spännarcylindern och se till att gaffeln fäster ordentligt.

5 Ta bort de fyra bultarna som fäster sätesskenorna vid golvet och ta sedan loss sätet tillsammans med skenorna **(se bilder)**. Ta loss brickorna och plattorna.

6 Ta ut sätet och skenorna från bilen.

7 Om så önskas kan sätena tas bort från skenorna för kontroll av justeringsmekanismen.

Montering

8 Monteringen sker i omvänd ordning, men tänk på följande.

9 Använd nya fästbultar till sätena och dra åt dem i den visade ordningsföljden **(se bild)**.

10 Ta bort säkerhetsgaffeln från bältesspännarcylindern och tejpa fast den på cylinderns utsida innan skyddskåporna monteras på sätesskenorna.

Baksätets sits

Demontering

11 Med sätena i upprätt position, om tillämpligt, lossa kåpan från gångjärnets framsida **(se bild)**.

12 Bänd loss fästklamrarna från gångjärnssprintarnas ändar **(se bild)** och ta bort sprintarna från gångjärnen.

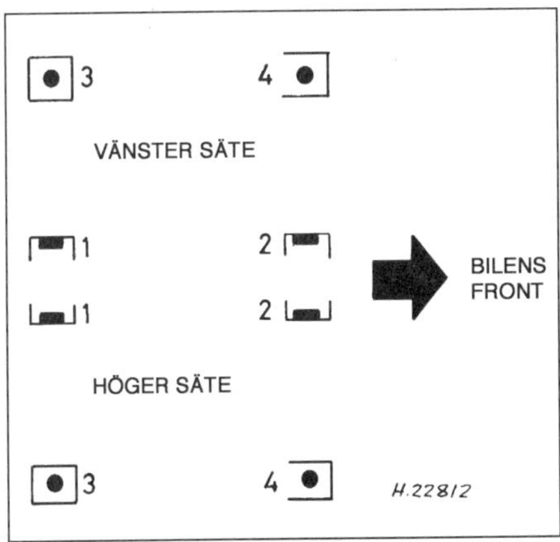

26.9 Åtdragningsföljd för framsätets bultar

26.5b Bakre, yttre sätesskenans fästbult - observera brickan och plattan

13 När gångjärnssprintarna är borttagna kan sätet dras ut ur bilen.

Montering

14 Monteringen sker i omvänd ordning.

Baksätets ryggstöd

Demontering

15 Fäll ner baksätets ryggstöd.

16 Lossa försiktigt fästklamrarna med ett gaffelformat verktyg eller en skruvmejsel, och dra bort klädseln som täcker gångjärnen på ryggstödet.

17 Skruva loss de två bultarna på sidorna som fäster ryggstödet vid gångjärnen och dra sedan bort ryggstödet från bilen.

Montering

18 Monteringen sker i omvänd ordningsföljd.

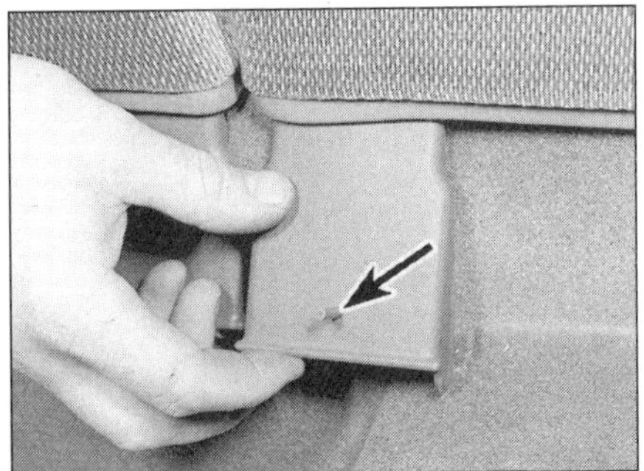

26.11 Klädselkåpan tas bort från baksätets gångjärn - observera fästklammern vid pilen

26.5c Bakre, inre sätesskenans fästbult

27 Säkerhetsbältenas spännarsystem - allmän information

1 Alla modeller är utrustade med ett spännarsystem för de främre säkerhetsbältena. Detta är utformat för att omedelbart fånga upp spelrum i säkerhetsbältet vid plötsliga frontalkrockar och på så sätt minska risken för skador för framsätets passagerare. Varje framsäte är utrustat med sitt eget system vars komponenter är placerade i sätets ram **(se bild på nästa sida)**.

2 Bältesspännaren utlöses av frontalkrockar som orsakar en hastighetsminskning motsvarande en kraft sex gånger tyngdkraften eller mer. Mindre krockar, inklusive påkörningar bakifrån, utlöser inte systemet.

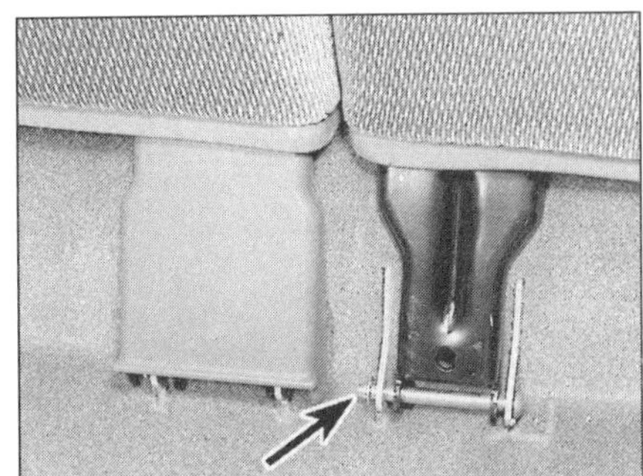

26.12 Fästklammer till baksätets gångjärnssprint (vid pilen)

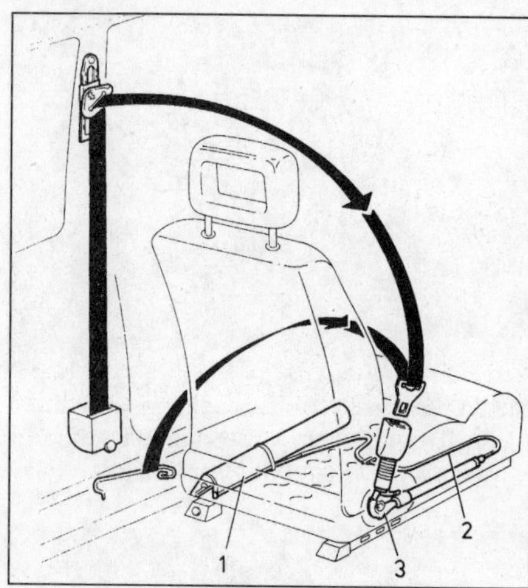

27.1 Främre säkerhetsbältets spännarsystem

1 Fjäder 2 Vajer 3 Stödpunkt

3 När systemet utlöses drar en förspänd fjäder tillbaka säkerhetsbältet med en vajer. Denna vajer är fäst vid en stödpunkt som verkar på säkerhetsbältets låsdel som sitter fäst på sätesramen. Vajern och stödpunkten kan flyttas upp till 80,0 mm, och minskar därför bältesspelet med lika mycket runt passagerarnas axlar och midja.

4 Det finns risk för skador om systemet utlöses av misstag vid arbete på bilen, och därför rekommenderas det å det starkaste att allt arbete med bältesspännarsystemet överlåts till en Opelverkstad. Se varningen i början av avsnitt 26 innan några arbeten med framsätena planeras.

28 Säkerhetsbälten - demontering och montering av komponenter

Främre säkerhetsbälte - alla modeller utom 3-dörrars kombikupé

Demontering

1 Ta bort B-stolpens nedre klädselpanel enligt beskrivningen i avsnitt 30.

2 Bänd bort täckkåpan och skruva loss säkerhetsbältets övre fäste från B-stolpen. Ta loss distansbrickan.

3 Skruva loss säkerhetsbältets nedre fäste från karossen och ta loss distansen och brickorna, notera hur de sitter placerade.

4 Skruva loss fästbulten **(se bild)**, ta bort spolen från B-stolpen och ta bort hela bältesenheten från bilen.

Montering

5 Montering sker i omvänd ordning. Se till att bältet inte monteras vridet och se till att brickorna och distanserna på de övre och nedre fästena monteras på det sätt som noterades innan demonteringen. Dra åt alla fästen till angivet moment.

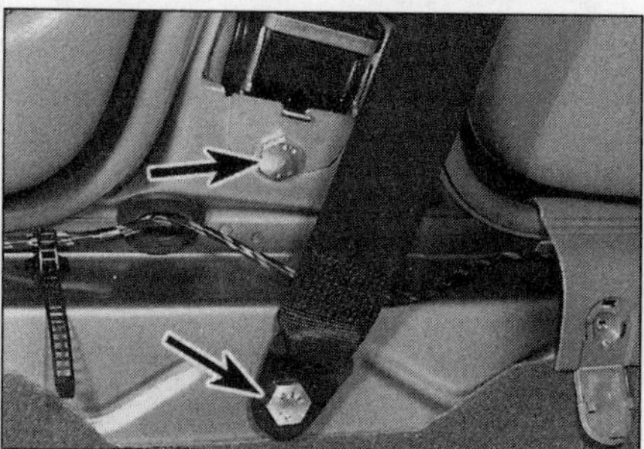

28.4 B-stolpens nedre klädselpanel borttagen för att visa spolen och fästbultarna till säkerhetsbältets nedre fäste

Främre säkerhetsbälte - 3-dörrars kombikupé

Demontering

6 Bänd bort täckkåpan och skruva loss säkerhetsbältets övre fäste från B-stolpen. Ta loss distansbrickan.

7 Ta bort den bakre sidoklädselpanelen enligt beskrivningen i avsnitt 30.

8 Skruva loss fästbulten, dra bort spolen från B-stolpen och ta bort hela bältesenheten från bilen.

Montering

9 Montering sker i omvänd ordning. Dra åt alla fästen till angivet moment.

Främre säkerhetsbältets höjdjusterare

Demontering

10 Ta bort B-stolpens övre klädselpanel enligt beskrivningen i avsnitt 30.

11 Skruva loss de två fästbultarna av torx-typ och ta bort höjdjusteraren från B-stolpen.

Montering

12 Montering sker i omvänd ordning. Se till att höjdjusteraren monteras åt rätt håll. Justerarens överdel är märkt med två pilar som ska peka mot bilens tak.

Främre säkerhetsbältets spännare

13 Mekanismen till den främre säkerhetsbältesspännaren är monterad på framsätets ram. Av säkerhetsskäl (se varningen i början av avsnitt 26) bör inget försök till arbete utföras på spännarmekanismen. Eventuella problem ska överlåtas till en Opelverkstad.

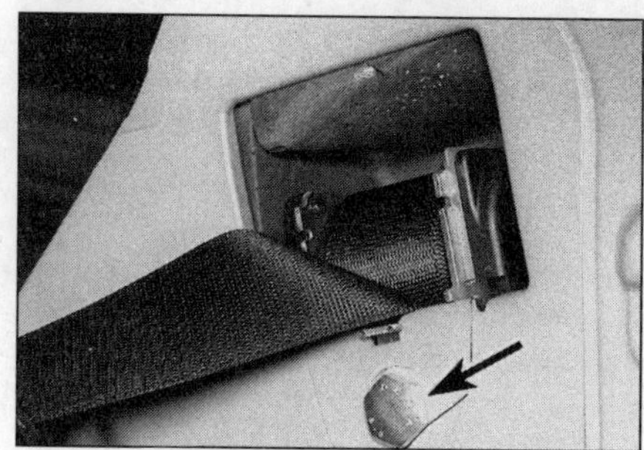

28.22a Fästbult (vid pilen) till ett av de bakre säkerhetsbältenas spole - 5-dörrars kombikupé

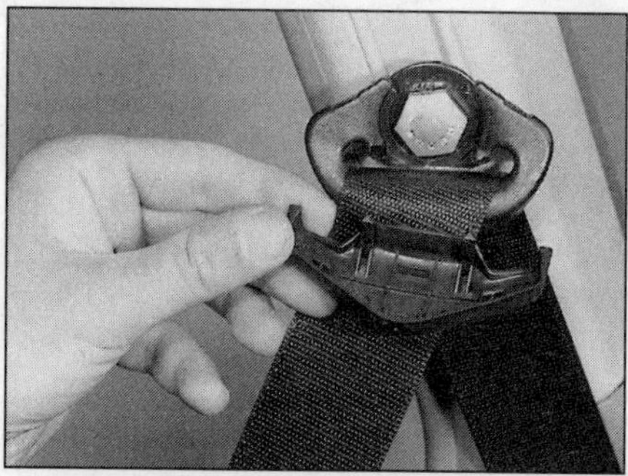

28.17 Täckkåpan bänds bort från ett bakre säkerhetsbältes övre fäste

Bakre säkerhetsbälte

Demontering

14 Vik fram baksätets sits för att komma åt säkerhetsbältenas nedre fästen.

15 Vik upp mattan för att komma åt säkerhetsbältenas nedre fästbultar och skruva loss relevanta bultar från golvet. Notera hur eventuella distansplattor och brickor är placerade på fästbultarna.

16 Om ett av sidobältena ska demonteras, fortsätt enligt följande.

17 Bänd loss täckkåpan och skruva loss säkerhetsbältets övre fäste från karosstolpen **(se bild)**. Ta loss distansbrickan.

18 På sedan och 5-dörrars kombikupé, ta bort den bakre sidopanelen enligt beskrivningen i avsnitt 30.

19 På 3-dörrars kombikupé, ta bort bagagehyllans bakre stödpanel enligt beskrivningen i avsnitt 30.

20 På kombi och van, ta bort bagageutrymmets sidoklädselpanel enligt beskrivningen i avsnitt 30.

21 På sedan, ta bort bagageutrymmets sidoklädselpanel enligt beskrivningen i avsnitt 30.

22 Skruva loss fästbulten till spolen - man kommer åt bulten genom bagageutrymmet på sedanmodeller **(se bilder)** - ta bort spolen från karossen och dra bort hela bältesenheten från bilen.

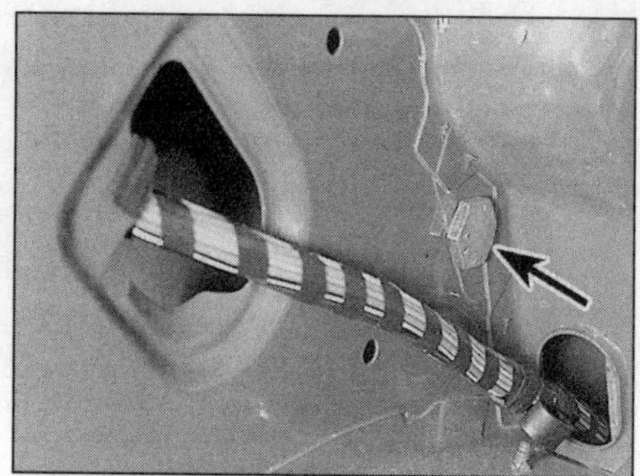

28.22b Fästbult (vid pilen) till ett av de bakre säkerhetsbältenas spole - sedan

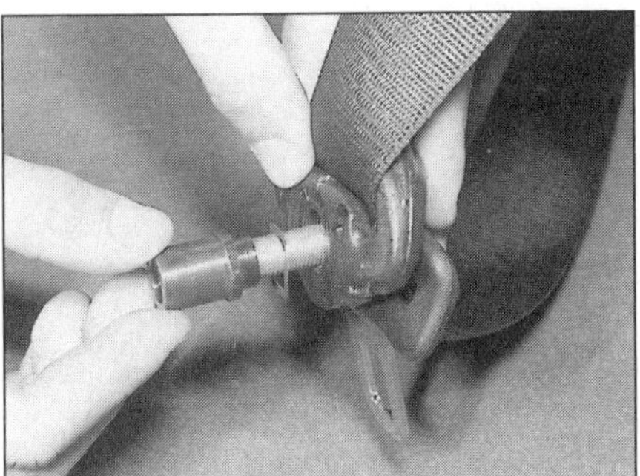

28.23 Det bakre bältesfästets övre distans och bricka monteras

Montering

23 Montering sker i omvänd ordning. Se till att bältet inte monteras vridet och se till att brickorna och distansplattorna på de övre (om tillämpligt) och nedre fästena monteras på det sätt som noterades före demonteringen **(se bild)**. Dra åt alla fästen till angivet moment.

Bakre säkerhetsbältets höjdjusterare

24 Följ beskrivningen i punkt 10 till 12 för det främre säkerhetsbältets höjdjusterare, men ta bort den bakre sidopanelen (se avsnitt 30) i stället för B-stolpens klädselpanel för att komma åt höjdjusteraren **(se bild)**.

29 Innerklädsel - allmän information

Klädselpaneler

1 De inre klädselpanelerna sitter fast med antingen skruvar eller olika typer av plastfästen.

2 Undersök en panel noga om den ska demonteras, för att se efter hur den är fäst. Ofta måste andra paneler eller komponenter som bältesfästen eller handtag demonteras först, innan en särskild panel kan tas bort.

3 När de hindrande komponenterna har tagits bort, kontrollera att inga andra paneler överlappar den som ska demonteras. Normalt måste demonteringen ske i en viss ordning som visar sig vid närmare undersökning.

4 Ta bort alla uppenbara fästen, som t.ex. skruvar. Flera av fästena är täckta med små plastkåpor. Om panelen inte kan tas loss sitter det antagligen dolda fästen eller klamrar på panelens baksida. Sådana fästen sitter oftast runt panelens kanter och lossnar om de bänds upp. Observera att plastklamrar lätt går sönder och att det därför är klokt att ha några reservklamrar av korrekt typ tillhands för monteringen. Normalt är det bästa sättet att lossa klamrar av den här typen med ett gaffelformat verktyg **(se bild)**. Om ett sådant inte finns tillgängligt kan en gammal bredbladig skruvmejsel med avrundade

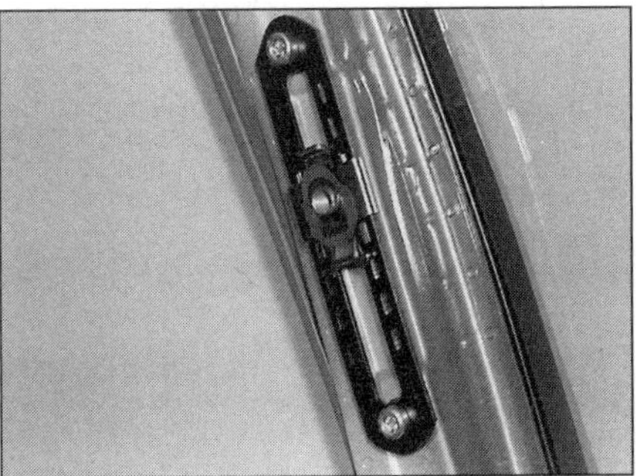

28.24 Bakre säkerhetsbältets höjdjusterare

kanter, inlindad i isoleringstejp, användas i stället.

5 Följande avsnitt och tillhörande bilder beskriver demontering och montering av alla större klädselpaneler. Observera att antalet fästen och typen av fästen ofta varierar under produktionen av en viss modell och att proceduren för vissa bilar därför kan skilja sig något från anvisningarna.

6 Använd **aldrig** överdriven kraft för att ta bort en panel, då kan panelen skadas. Kontrollera alltid noga att alla fästen har tagits bort eller lossats innan försök görs att dra bort panelen.

7 Montering sker i omvänd ordning. Tryck fästena på plats och kontrollera att alla komponenter som rubbats sätts tillbaka korrekt för att förhindra att de skallrar. Om lim har använts för att fästa någon panel, tvätta bort alla spår av det gamla limmet med sprit, tvätta sedan bort spriten med såpvatten. Använd ett lim särskilt avsett för klädselpaneler vid monteringen (en Opelåterförsäljare bör kunna rekommendera en lämplig produkt).

Mattor

8 Kupéns golvmatta är delad i två delar, en främre och en bakre, och de båda delarna är fästa med plastklamrar.

9 Det är ganska enkelt att demontera och montera mattorna, men det tar lång tid eftersom flera av de närliggande panelerna måste demonteras först, liksom komponenter som sätena och deras fästen, mittkonsolen etc.

29.4 Ett gaffelformat verktyg används för att ta bort klädselpanelens fästklammer

Innertak

10 Den inre takklädseln är fäst vid taket med klamrar och kan dras bort när alla detaljer, som sidohandtag, solskydd, soltakets klädsel (om tillämpligt), dörrstolparnas klädselpaneler, de bakre sidopanelerna, tätningsremsorna, etc., har tagits bort eller lossats.

11 Observera att demontering av innertaket kräver avsevärd skicklighet och erfarenhet för att det ska kunna utföras utan skador och det bör därför överlåtas till en expert.

30 Inre klädselpaneler - demontering och montering

Framdörrens inre klädselpanel

Demontering

1 Koppla loss batteriets minusledare.

2 Bänd bort den lilla plattan från dörrlåsknappen och dra bort låsknappen från manöverstaget **(se bilder)**.

3 På modeller med manuellt reglerade fönster, lossa fästklammern och ta bort fönstrets reglerhandtag. Lossa fästklammern genom att sticka in en bit ståltråd med krokad ände mellan handtaget och infattningen på dörrens klädselpanel, och lirka bort fästklammern från handtaget. Var noga med att inte skada dörrpanelen. Ta loss infattningen.

4 Om det är tillämpligt (manuellt justerbara speglar), dra bort sidospegelns justerarm, bänd sedan loss spegelns klädselpanel från

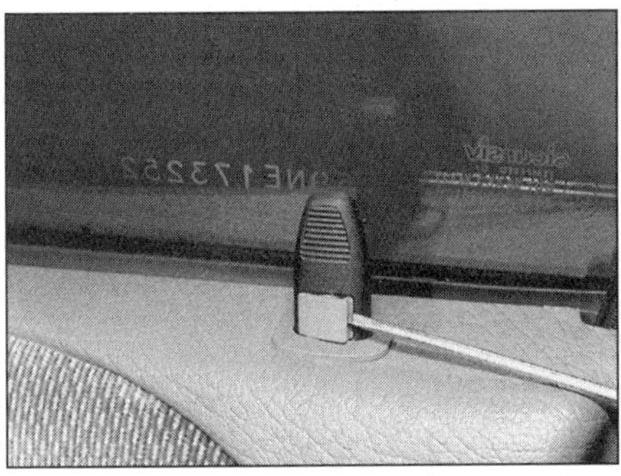

30.2a Bänd bort plattan från dörrens låsknapp . . .

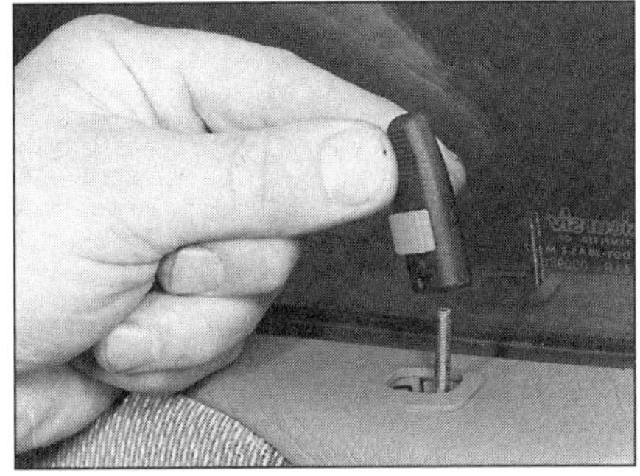

30.2b . . . och dra bort låsknappen från manöverstaget

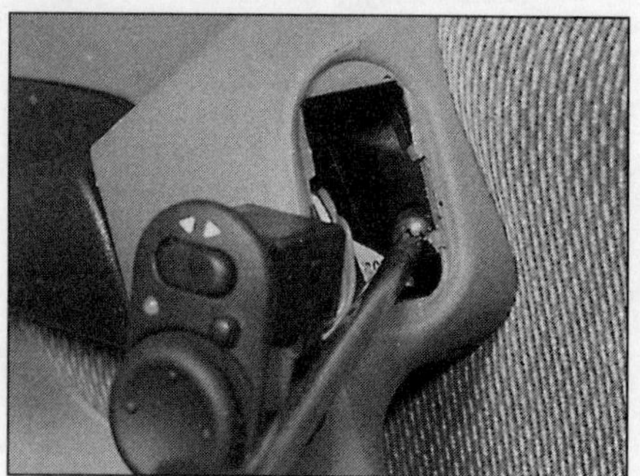
30.5 Den övre fästskruven till framdörrens inre klädselpanel skruvas loss

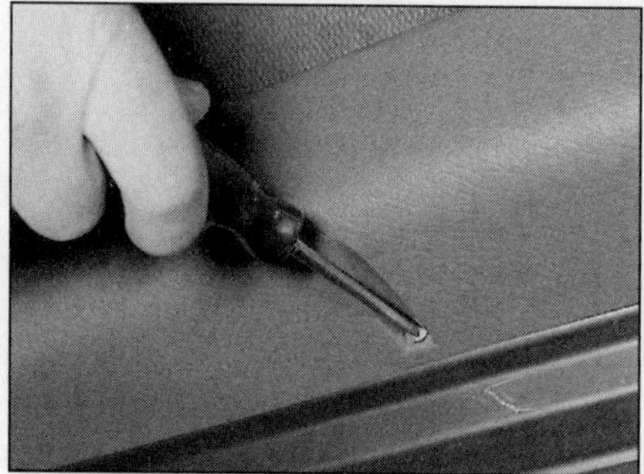
30.6a Den nedre fästskruven till framdörrens inre klädselpanel tas bort

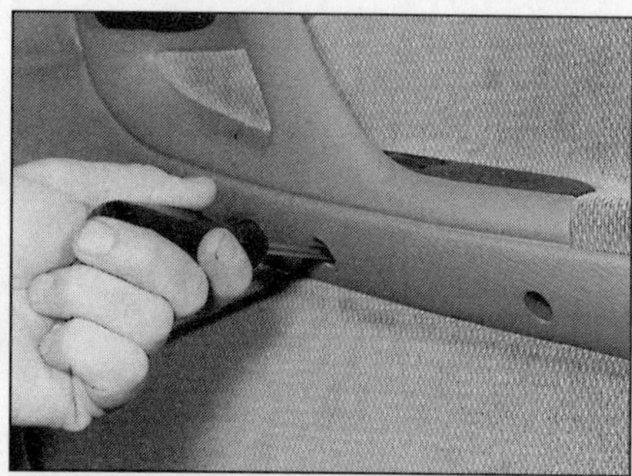
30.6b En av fästskruvarna till framdörrens inre klädselpanel tas bort från armstödet

dörren och koppla loss kablaget från högtalaren som sitter monterad i klädselpanelen.

5 Bänd bort sidospegelns brytare (förarsidans dörr), brytaren till den elektriska fönsterhissen (passagerarsidans dörr) eller täckplattan, efter tillämplighet, från dörrhandtagets karm för att komma åt dörrklädselpanelens övre fästskruv. Ta bort skruven **(se bild)**.

6 Ta bort klädselpanelens fem återstående fästskruvar, som är placerade längs dörrens nederkant (tre skruvar), och runt armstödets nederkant (två skruvar) **(se bilder)**.

7 Plastklamrarna som fäster klädselpanelen vid dörren måste nu lossas. Det kan göras med hjälp av en skruvmejsel, men det är bättre att använda ett gaffelformat verktyg för att undvika risken att skada klädselpanelen och klamrarna. Klamrarna är placerade runt klädselpanelens ytterkant.

8 Dra sedan bort klädselpanelen från dörren.

9 Vid arbete på modeller med elstyrda sidospeglar och/eller elektriska fönsterhissar, måste anslutningskontakterna kopplas loss när klädselpanelen dras bort. Observera kontaktdonets (kontaktdonens) placering i fästet (fästena) på dörren **(se bilder)**.

10 Ta bort klädselpanelen från dörren.

11 Plastisoleringen kan dras bort från dörren **(se bild)**. Dra bort isoleringen långsamt för att förhindra skador på tätningsmedlet, och var noga med att inte skada isoleringen.

Montering

12 Monteringen sker i omvänd ordning, men tänk på följande.

13 Om plastisoleringen har tagits bort från dörren måste den återmonteras i oskadat skick och fästas ordentligt vid dörren. Om isoleringen togs bort försiktigt ska ingen ny fästmassa behöva användas vid monteringen. Om isoleringen är skadad eller sitter löst kan regnvatten läcka in i bilen eller skada dörrklädseln.

14 Om det är tillämpligt, se till att kontaktdonet(kontaktdonen) placeras korrekt i fästet (fästena) på dörren innan klädselpanelen återmonteras.

15 Se till att klädselpanelens alla fästklamrar fäster ordentligt när panelen monteras, och att klamrar som gått sönder vid demonteringen byts ut.

Bakdörrens inre klädselpanel

Demontering

16 Följ beskrivningen i punkt 2 och 3 **(se bild)**.

17 Bänd loss plastinfattningen från dörrens inre handtag **(se bild)**.

18 Bänd loss klädselpanelen från fönsteröppningens nedre bakkant **(se bild)**.

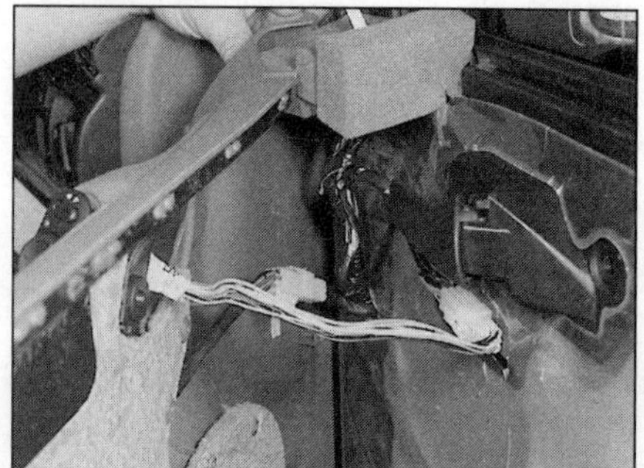
30.9a Framdörrens inre klädselpanel borttagen för att visa kontaktdonen

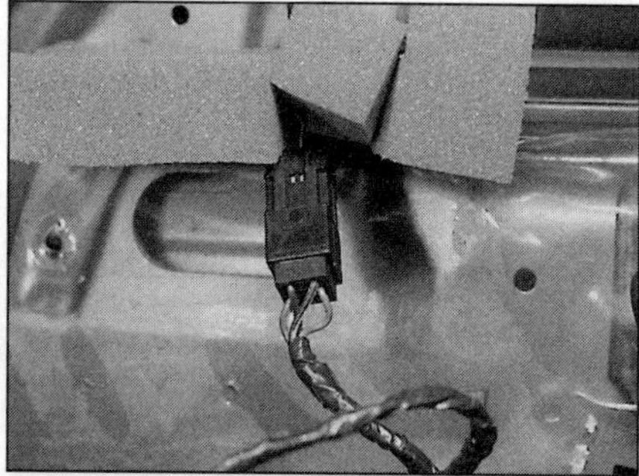
30.9b Spegelns kontaktdon sitter under skumgummistoppningen

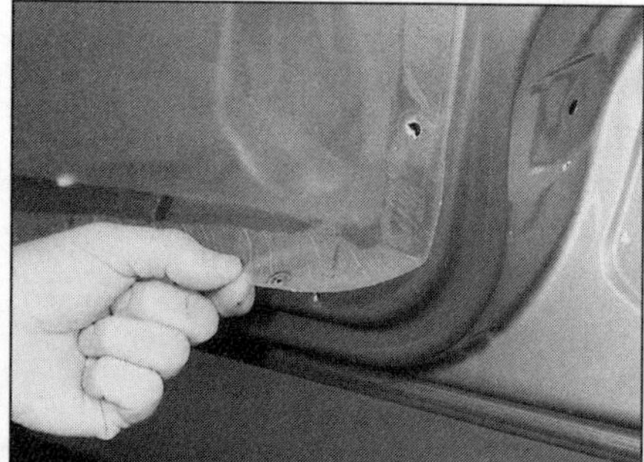
30.11 Plastisoleringen dras bort från dörren

30.16 Bakrutans justeringshandtag tas bort – fästklammern märkt med pil

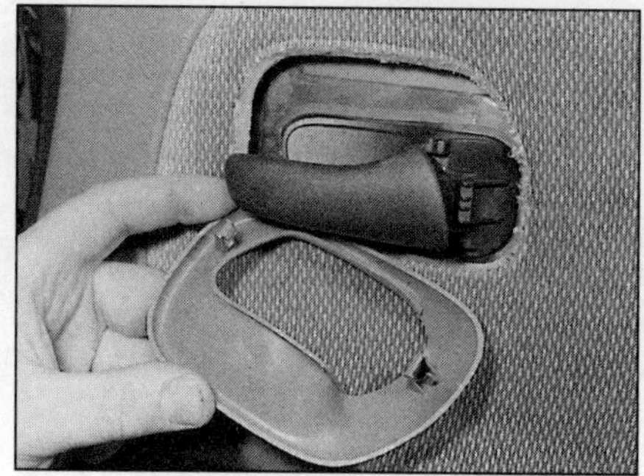
30.17 Plastinfattningen tas bort från bakdörrens innerhandtag

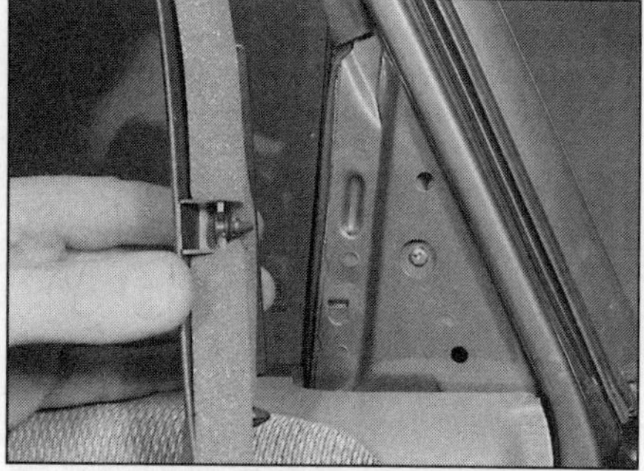
30.18 Klädselpanelen tas bort från kanten av bakdörrens fönsteröppning

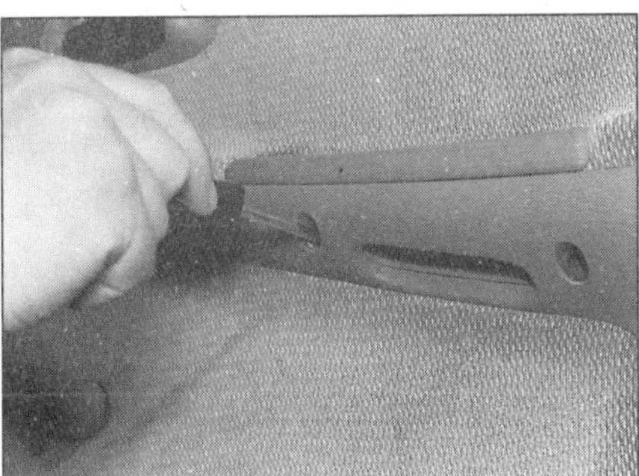
30.19 En fästskruv till bakdörrens inre klädselpanel tas bort

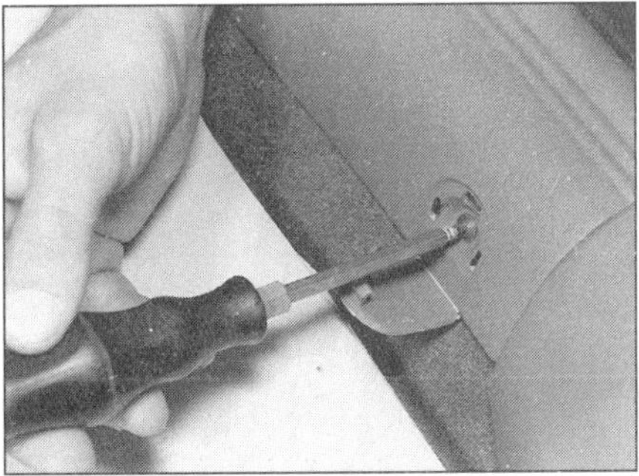
30.23 En fästskruv lossas från den främre fotbrunnssidans/tröskelns klädselpanel

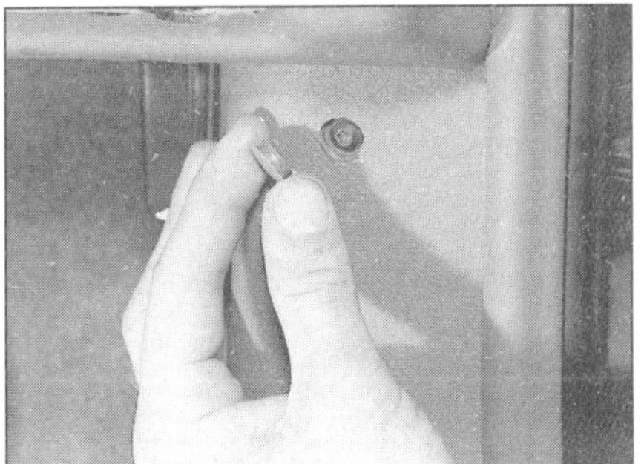
30.24a Täcklocket tas bort från klädselpanelens fästskruv

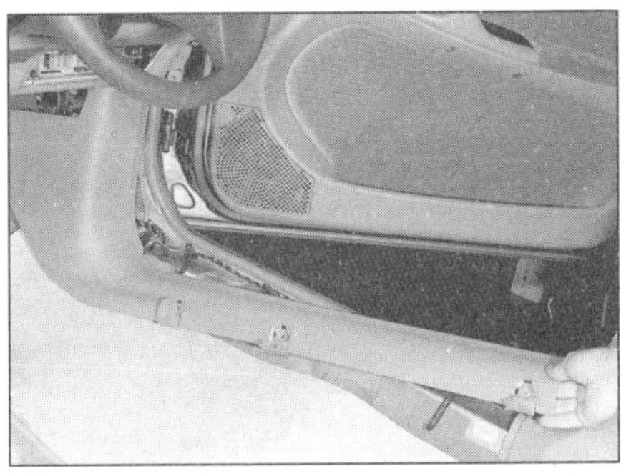
30.24b Den främre fotbrunnssidans/ tröskelns klädselpanel tas bort

19 Ta bort klädselpanelens fyra fästskruvar. Två är placerade i dörrens nederkant och två under armstödet **(se bild)**.

20 Följ beskrivningen i punkt 7 och 8.

21 Ta bort klädselpanelen från dörren.

Montering

22 Följ beskrivningen i punkt 12 till 15.

Främre fotbrunnssidans/tröskelns klädselpanel

Demontering

23 Arbeta längs tröskeln, bänd ner de tre täcklocken och ta bort de tre fästskruvarna **(se bild)**.

24 Arbeta vid panelens övre framkant, bänd loss täcklocket och ta loss den återstående fästskruven. Dra sedan bort panelen **(se bilder)**.

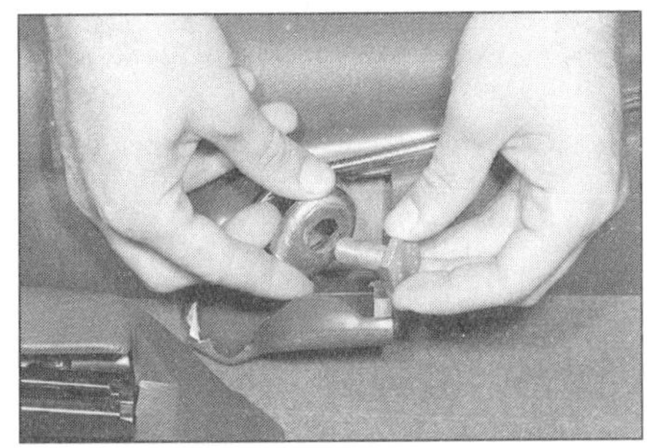
30.30 Fästbulten och distansplattan till säkerhetsbältets fästskena tas bort – 3-dörrars kombikupé

Montering

25 Monteringen sker i omvänd ordning.

Bakre tröskelns klädselpanel – alla modeller utom 3-dörrars kombikupé

Demontering

26 Fäll fram baksätet.

27 Bänd ner de två täcklocken på tröskeln, ta bort fästskruvarna och ta sedan bort panelen.

Montering

28 Monteringen sker i omvänd ordning.

Bakre tröskelns klädselpanel – 3-dörrars kombikupé

Demontering

29 Bänd ner täcklocken och ta bort de två bakre fästskruvarna från den främre fotbrunnssidans/tröskelns klädselpanel.

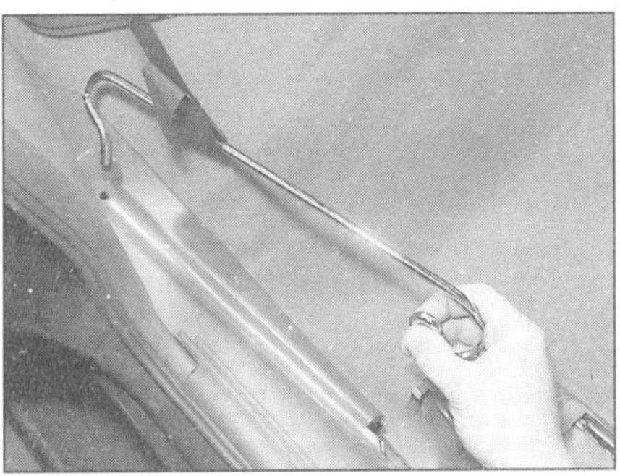
30.31 Säkerhetsbältets fästskena tas bort – 3-dörrars kombikupé

30 Bänd ner täcklocket och skruva loss bulten som fäster säkerhetsbältets nedre fästskena vid tröskeln. Ta loss distansplattan **(se bild)**.

31 Dra bort den bakre delen av säkerhetsbältets fästskena från hålet i tröskelns klädselpanel och dra bort den nedre delen av säkerhetsbältet från skenan **(se bild)**.

32 Fäll fram baksätets sits.

33 Bänd ut täcklocken och ta loss klädselpanelens två fästskruvar och dra sedan försiktigt bort panelen. Dra panelens framkant under den främre fotbrunnssidans/tröskelns klädselpanel **(se bilder)**.

Montering

34 Montering sker i omvänd ordning. Dra åt bulten till säkerhetsbältets fästskena till angivet moment.

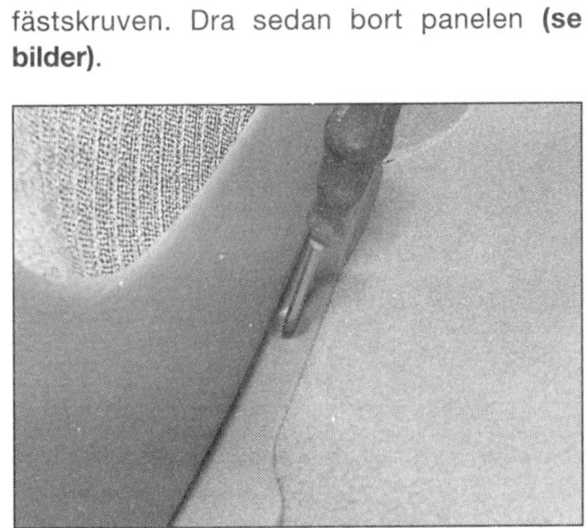
30.33a Ta bort den bakre tröskelns klädselpanels bakre. . .

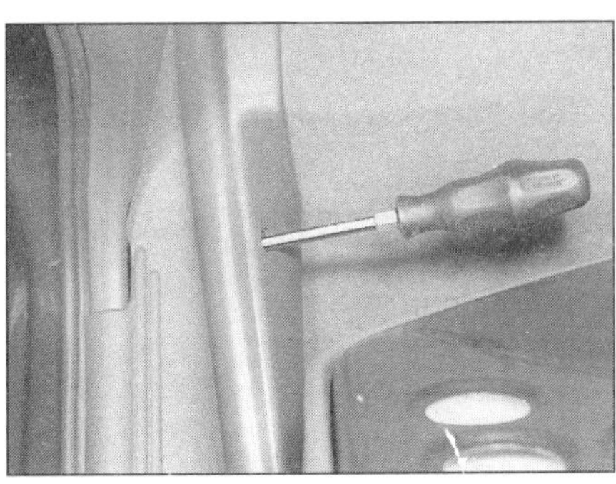
30.33b . . . och främre fästskruvar . . .

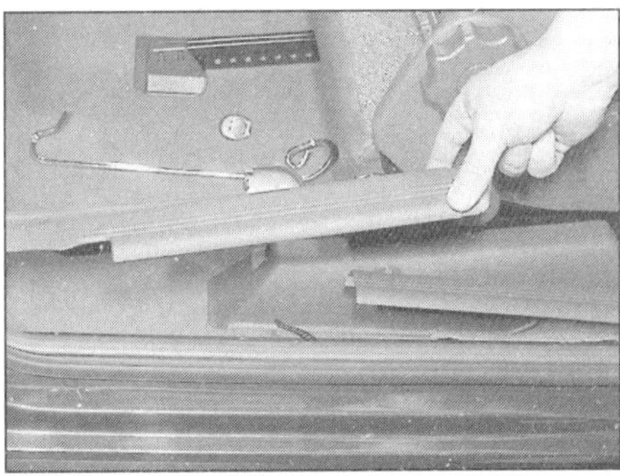
30.33c . . . och ta bort panelen – 3-dörrars kombikupé

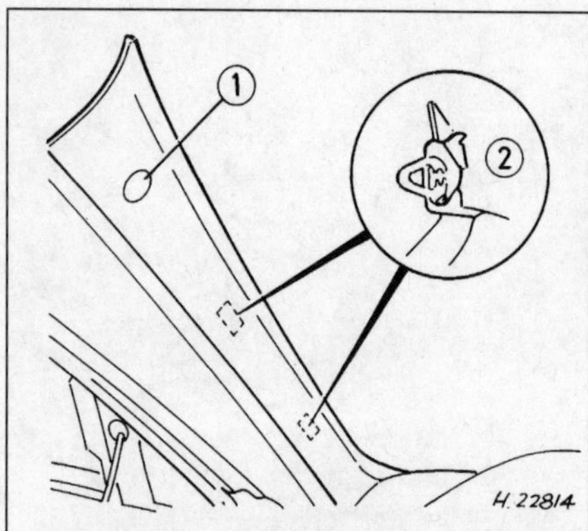

30.36 A-stolpens klädselpanelfästen

1 Skruv och kåpa 2 Klamrar

A-stolpens klädselpanel

Demontering

35 Bänd ut täcklocket och ta bort fästskruven från klädselpanelens överdel.

36 Bänd försiktigt bort panelen från stolpen för att lossa de två fästklamrarna **(se bild)**.

Montering

37 Montering sker i omvänd ordning.

B-stolpens nedre klädselpanel - alla modeller utom 3-dörrars kombikupé

Demontering

38 Bänd ner täcklocket och skruva loss den främre fästskruven från den bakre tröskelns klädselpanel.

39 Öppna båda dörrarna och bänd loss tätningsremsorna från B-stolpens kanter.

40 Lossa panelen försiktigt från pelaren och ta loss fästklamrarna, om tillämpligt.

Montering

41 Monteringen sker i omvänd ordning.

B-stolpens övre klädselpanel - alla modeller utom 3-dörrars kombikupé

Demontering

42 Ta bort B-stolpens nedre klädselpanel enligt beskrivningen tidigare i detta avsnitt.

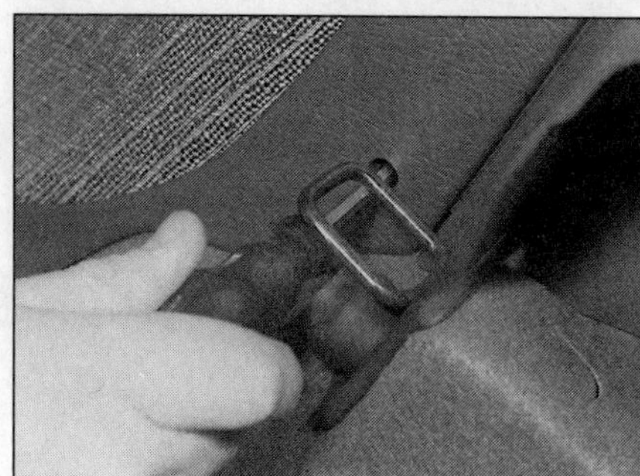

30.56 En fästskruv skruvas loss från en bakre sidoklädselpanel - 3-dörrars kombikupé

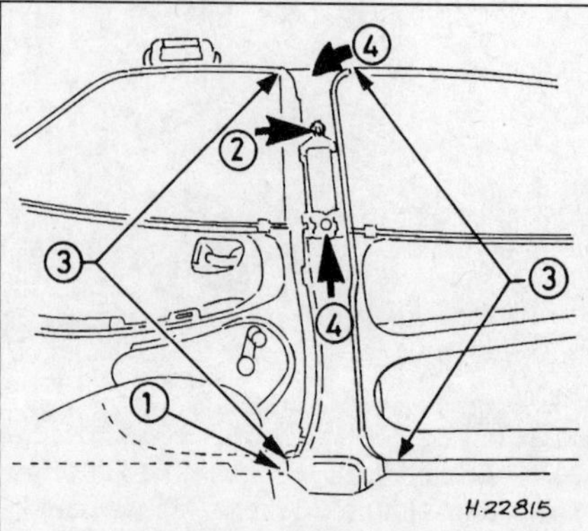

30.44 B-stolpens övre klädselpanelfästen - alla modeller utom 3-dörrars kombikupé

1 Fästskruv till tröskelns bakre panel
2 Säkerhetsbältets övre fästbult
3 Tätningsremsor
4 Klädselpanelens fästskruvar

43 Bänd loss klädselpanelen och skruva loss säkerhetsbältets övre fäste från B-stolpen. Ta loss distansplattan.

44 Bänd ut täcklocken och ta bort de två fästskruvarna från den övre klädselpanelen (en i överkanten och en i nederkanten) **(se bild)**.

45 Bänd försiktigt bort panelen från stolpen.

Montering

46 Montering sker i omvänd ordning. Dra åt säkerhetsbältets fäste till angivet moment.

B-stolpens övre klädselpanel - 3-dörrars kombikupé

Demontering

47 Ta bort den bakre sidoklädselpanelen enligt beskrivningen senare i detta avsnitt.

48 Bänd loss klädselpanelen och skruva loss säkerhetsbältets övre fäste från B-stolpen. Ta loss distansbrickan.

49 Ta loss de två fästskruvarna och ta bort sidohandtaget från B-stolpens övre klädselpanel.

50 Ta loss fästskruven och ta bort klädkroken från B-stolpen **(se bild)**.

51 Bänd ut täcklocket och ta bort den nedre fästskruven från klädselpanelen.

52 Bänd försiktigt bort panelen från karossen och lossa klammern från panelens baksida när den dras bort.

Montering

53 Montering sker i omvänd ordning. Dra åt säkerhetsbältets fäste till angivet moment.

Bakre sidoklädselpanel - 3-dörrars kombikupé

Demontering

54 Ta bort den bakre tröskelns klädselpanel enligt beskrivningen tidigare i detta avsnitt.

55 Öppna dörren och dra försiktigt bort tätningsremsan från den bakre klädselpanelens framkant.

56 Bänd ut täcklocket och ta bort fästskruven från sidoklädselpanelens baksida **(se bild)**.

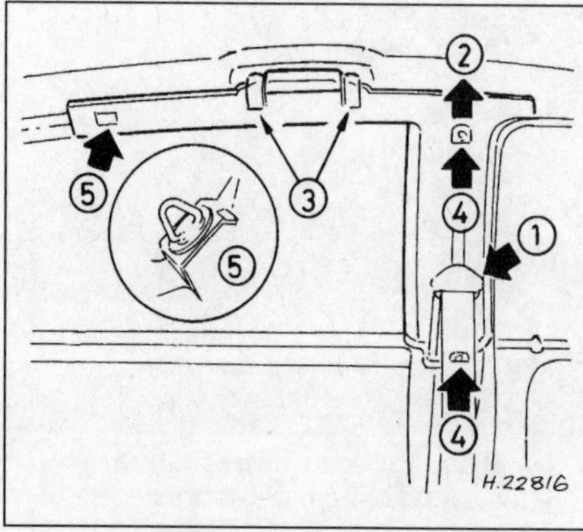

30.50 B-stolpens övre klädselpanelfästen - 3-dörrars kombikupé

1 Säkerhetsbältets övre fästbult
2 Klädkrok
3 Sidohandtag
4 Klädselpanelens fästskruvar
5 klädselpanelens fästklammer

57 Dra försiktigt bort panelen från karossen för att lossa fästklamrarna **(se bild)**.

Montering

58 Monteringen sker i omvänd ordning.

Bakre bagagehyllans stödpanel - 3-dörrars kombikupé

Demontering

59 Öppna bakluckan, ta bort bagagehyllan och fäll fram baksätets ryggstöd.

60 I bagageutrymmet, koppla loss kablaget från högtalaren.

61 Inuti bilen, om det är tillämpligt, bänd ut täcklocket och ta bort klädselpanelens fästskruv.

62 Arbeta i bagageutrymmet igen och ta bort panelens fem återstående fästskruvar.

63 Dra försiktigt bort panelen från karossen och lossa fästklammern i panelens framkant när den dras loss.

64 För säkerhetsbältet och kablaget genom hålen i panelen och ta bort panelen från bilen.

Montering

65 Monteringen sker i omvänd ordning.

30.57 Bakre sidoklädselpanelen borttagen för att visa fästklamrarna (märkta med pilar, sedda genom bakrutan) - 3-dörrars kombikupé

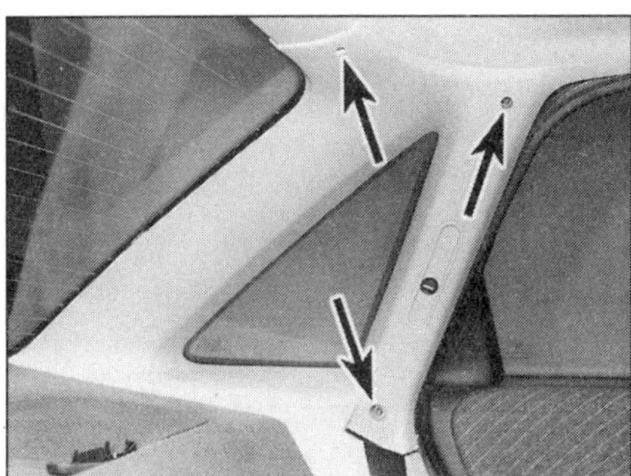

30.69 Bakre sidopanelens fästskruvar (vid pilarna) - sedan

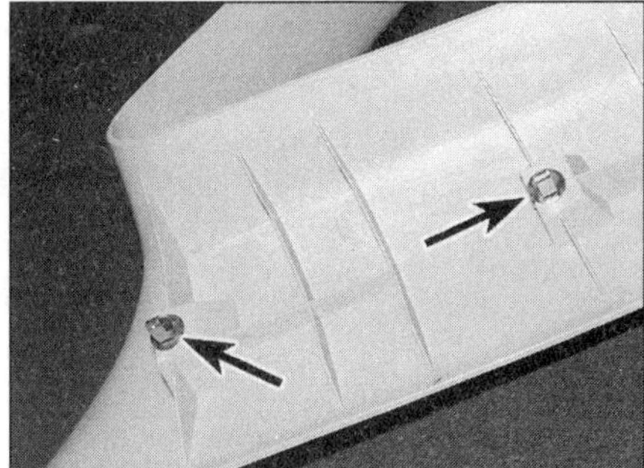

30.70 Bakre sidopanelen borttagen för att visa två av fästklamrarna - sedan

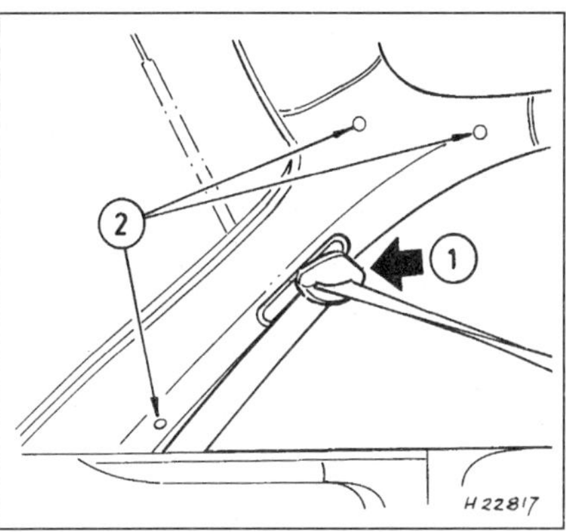

30.74 Bakre sidopanelens fästen (C-stolpen) - 3-dörrars kombikupé

1 Säkerhetsbältets övre fäste
2 Klädselpanelens fästskruvar och täcklock

Bakre sidopanel - sedan

Demontering

66 Fäll fram ryggstödet på baksätet.

67 Bänd bort täckkåpan och skruva loss säkerhetsbältets övre fäste från C-stolpen. Ta loss distansplattan.

68 Öppna bakdörren och bänd försiktigt loss tätningsremsan från klädselpanelens framkant.

69 Om det är tillämpligt, bänd loss täckkåporna och ta bort klädselpanelens tre fästskruvar (två övre skruvar och en nedre), **(se bild)**.

70 Dra försiktigt bort panelen från karossen för att lossa fästklamrarna. Mata säkerhetsbältet genom springan i panelen när panelen dras bort **(se bild)**.

Montering

71 Montering sker i omvänd ordning. Dra åt säkerhetsbältets fäste till angivet moment.

Bakre sidopanel (C-stolpen) - 3-dörrars kombikupé

Demontering

72 Bänd loss klädselpanelen och skruva loss säkerhetsbältets övre fäste från C-stolpen. Ta loss distansplattan.

73 Öppna bakluckan och bänd försiktigt bort tätningsremsan från klädselpanelens bakkant.

74 Bänd ut täcklocken och ta bort de tre fästskruvarna, dra sedan bort panelen **(se bild)**.

Montering

75 Montering sker i omvänd ordningsföljd, men dra åt säkerhetsbältets fäste till angivet moment.

Bakre sidopanel - 5-dörrars kombikupé

Demontering

76 Ta bort bagagehyllan och fäll fram baksätets ryggstöd.

77 Bänd loss klädselpanelen och skruva loss säkerhetsbältets övre fäste från C-stolpen. Ta loss distansplattan.

78 Öppna bakdörren och bakluckan och bänd försiktigt bort tätningsremsorna från kanterna runt klädselpanelen.

79 Arbeta i bagageutrymmet och koppla loss kablaget från högtalaren.

80 Arbeta från baksätet och, om det är tillämpligt, bänd ut kåporna och ta bort klädselpanelens fyra fästskruvar.

81 Arbeta i bagageutrymmet och ta bort panelens fem återstående fästskruvar **(se bild)**.

82 Bänd försiktigt bort sidopanelen från karossen och lossa fästklammern i panelens framkant när panelen dras loss **(se bild)**.

83 För säkerhetsbältet och kablaget genom hålen i panelen och ta bort panelen från bilen.

Montering

84 Montering sker i omvänd ordning. Dra åt säkerhetsbältets fäste till angivet moment.

Bakre sidopanel - kombi

Demontering

85 Fäll fram baksätets ryggstöd.

86 Bänd loss klädselpanelen och skruva loss säkerhetsbältets övre fäste från C-stolpen. Ta loss distansplattan.

87 Öppna bakdörren och bakluckan och bänd försiktigt bort tätningsremsorna från kanterna runt klädselpanelen.

88 Om det är tillämpligt, ta bort bagagenätet och bagageutrymmets skydd.

89 Bänd loss täcklocken och ta bort klädselpanelens tre fästskruvar.

90 Dra försiktigt bort panelen från karossen för att kunna lossa fästklamrarna och ta bort panelen från bilen **(se bild)**.

Montering

91 Montering sker i omvänd ordning. Dra åt säkerhetsbältets fäste till angivet moment.

Klädselpaneler i bagageutrymme, baklucka och bagagelucka

92 Bagageutrymmets klädselpaneler är fästa med plastklamrar och/eller skruvar på alla modeller. Hur panelerna demonteras och

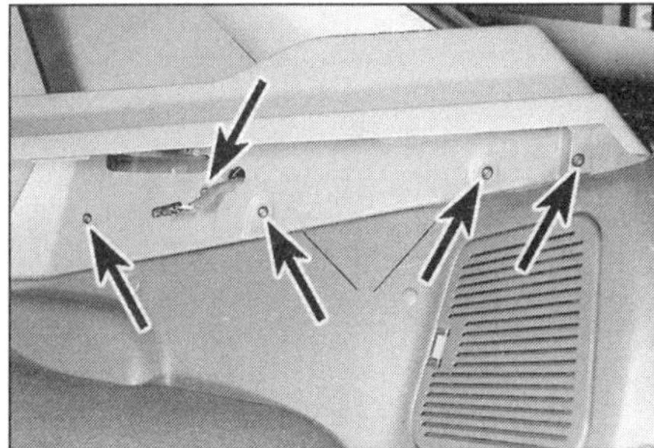

30.81 Bakre sidopanelens fästskruvar (vid pilarna) - 5-dörrars kombikupé

30.82 Den bakre sidopanelen tas bort - 5-dörrars kombikupé

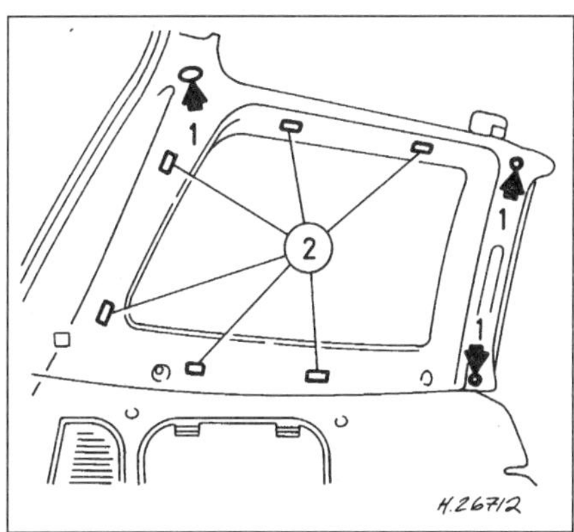

30.90 Bakre sidopanelens fästen - kombi

1 Fästskruvar och kåpor
2 Klamrar

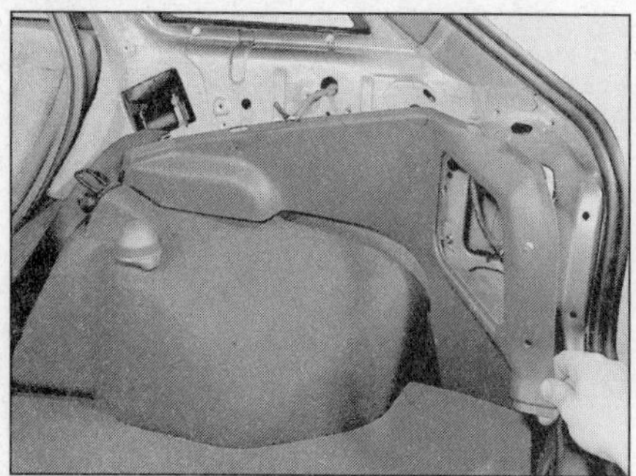

30.93 Bagageutrymmets sidoklädselpanel tas bort - 5-dörrars kombikupé

monteras kräver inga speciella anvisningar, men kom ihåg anmärkningarna i avsnitt 29, samt följande anmärkningar.

93 För att kunna ta bort bagageutrymmets sidoklädselpanel på kombikupé och kombi måste man först ta bort den bakre sidopanelen, enligt beskrivningen tidigare i detta avsnitt **(se bild)**.

94 Olika detaljer, som bagageutrymmets belysning och bulten till första hjälpenutrustningens fästband, kan behöva tas bort innan vissa paneler går att lossa.

31 Mittkonsol - demontering och montering

Demontering

1 Koppla loss batteriets minusledare.

2 Bänd försiktigt loss den bakre askkoppen från mittkonsolen.

3 Ta på samma sätt bort det mittersta förvaringsfacket från mittkonsolen **(se bild)**. Observera att på modeller utrustade med uppvärmningsbara framsäten och/eller elektroniskt antispinnsystem, måste batteriets minusledare kopplas loss och sedan måste kablarna kopplas loss från relevanta brytare i förvaringsfacket, innan facket kan tas bort.

4 Lossa handbromsspakens damask från mittkonsolen och, på modeller med manuell växellåda, lossa växelspakens damask från mittkonsolen.

5 På modeller med automatväxellåda, lossa växelväljarkåpan från mittkonsolen (kåpan är fäst med klamrar på sidorna). Dra bort glödlampshållaren från växelväljarkåpan och koppla loss kontaktdonet till växellådans "vinterläges"-omkopplare.

6 Ta bort de två fästskruvarna från den bakre askkoppens hus **(se bild)**.

7 Ta bort de två fästskruvarna från det mittre förvaringsfackets hus **(se bild)**.

8 Ta bort de två skruvarna från mittkonsolens främre ände, en skruv på varje sida **(se bild)**. Dra hela mittkonsolen bakåt och dra bort cigarrettändarens kontakt och glödlampan från enhetens baksida.

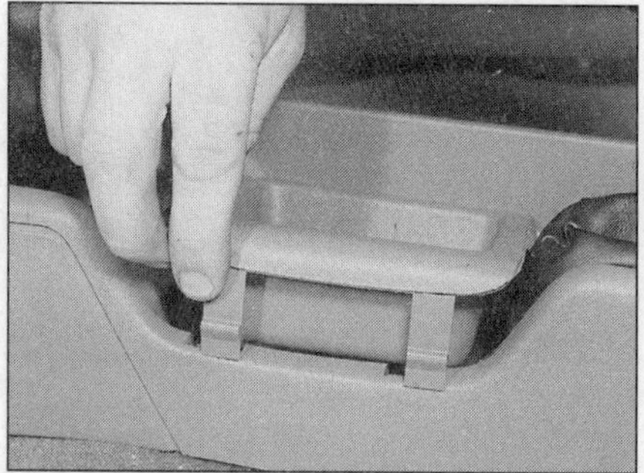

31.3 Det mittre förvaringsutrymmet tas bort från mittkonsolen

9 Dra bort enheten, lirka växelspaksdamasken/växelspaken och kåpan (efter tillämplighet) genom öppningen i mittkonsolen och dra bort handbromsspakens damask från enheten när denna dras bort.

Montering

10 Montering sker i omvänd ordning.

32 Instrumentbrädans paneler - demontering och montering

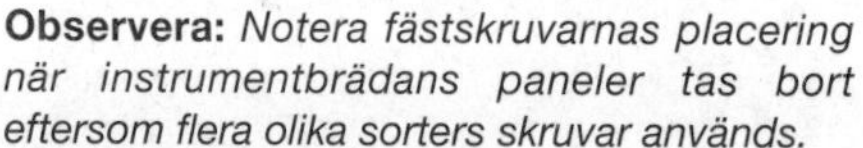

Observera: *Notera fästskruvarnas placering när instrumentbrädans paneler tas bort eftersom flera olika sorters skruvar används.*

Instrumentbrädans mittpanel

Demontering

1 Koppla loss batteriets minusledare.

2 Ta bort rattstångens kåpor och instrumentpanelens infattning enligt beskrivningen senare i detta avsnitt.

3 Ta loss brytarspaken till spolaren/torkarna (strålkastarna på högerstyrda modeller) enligt beskrivningen i kapitel 12, del 5.

4 Ta bort varningsblinkersbrytaren enligt beskrivningen i kapitel 12, avsnitt 5.

5 Ta bort radion/bandspelaren och flerfunktionsdisplayen enligt beskrivningen i kapitel 12.

6 Ta bort ventilationsmunstyckena från instrumentbrädans mitt enligt beskrivningen i kapitel 3.

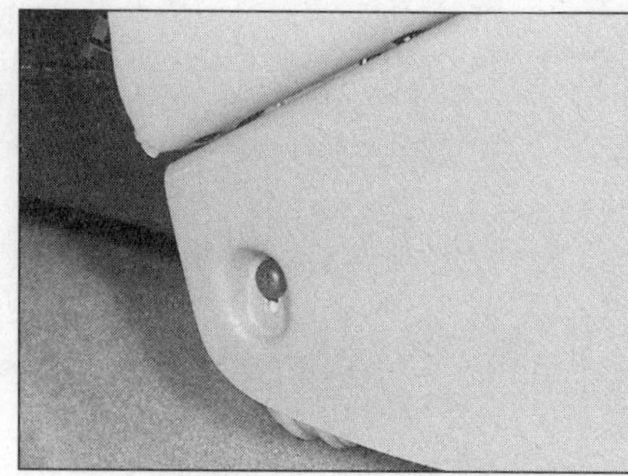

31.8 Mittkonsolens främre fästskruv

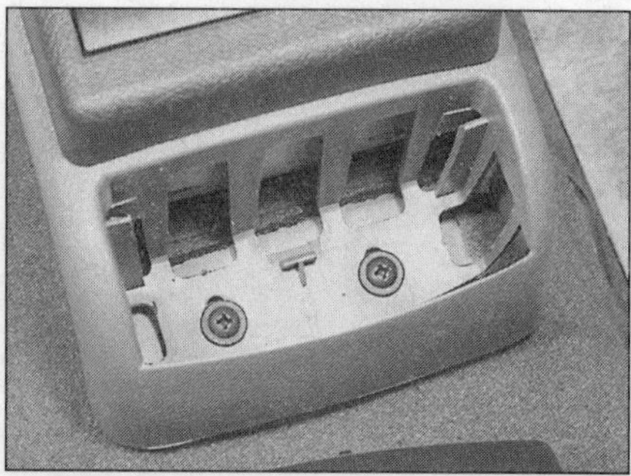

31.6 Ta bort den bakre askkoppen för att komma åt mittkonsolens bakre fästskruvar

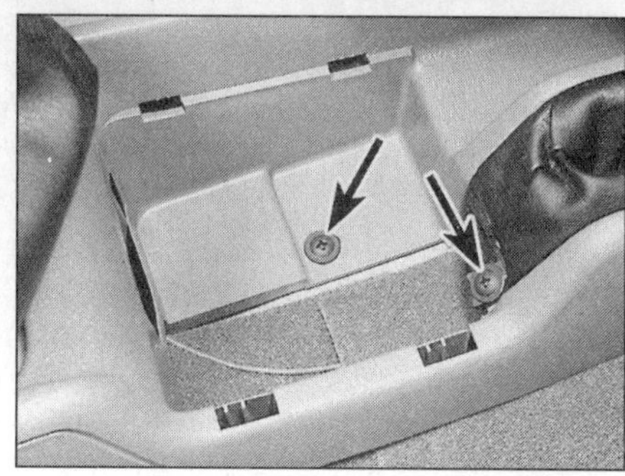

31.7 Förvaringsfacket borttaget för att visa mittkonsolens fästskruvar

7 Arbeta genom öppningarna till ventilationsmunstyckena i instrumentbrädans mitt, lossa fästklammern försiktigt med en skruvmejsel eller liknande verktyg och koppla loss ventilklaffens reglerstång **(se bild)**.

8 Ta bort de två nedre fästskruvarna från instrumentbrädans panel. Skruvarna syns i panelens nederdel **(se bild)**.

9 Dra försiktigt bort reglageknopparna till varmluftsfördelningen och temperaturreglaget för att komma åt två av mittpanelens fästskruvar, ta sedan loss skruvarna **(se bilder)**.

10 Vrid värmefläktens strömbrytare till läge 3, stick sedan in en liten skruvmejsel eller liknande genom hålet i botten av strömbrytaren för att trycka ner brytarens fästklammer. Dra loss knoppen från brytaren.

11 Ta bort mittpanelens två övre fästskruvar. Man kommer åt dem genom öppningarna till

32.7 Reglerstången till instrumentbrädans mittre ventilklaff tas bort

32.8 En nedre fästskruv skruvas loss från instrumentbrädans mittpanel

32.9a Dra bort värmereglagets knoppar . . .

32.9b . . . och ta loss fästskruvarna från instrumentbrädans mittpanel

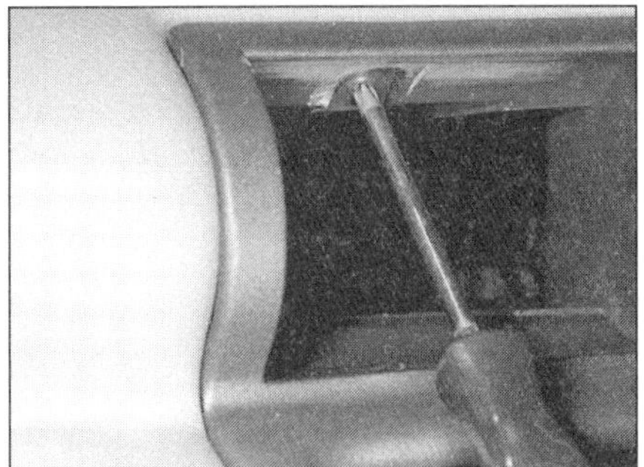
32.11 En övre fästskruv skruvas loss från instrumentbrädans mittpanel

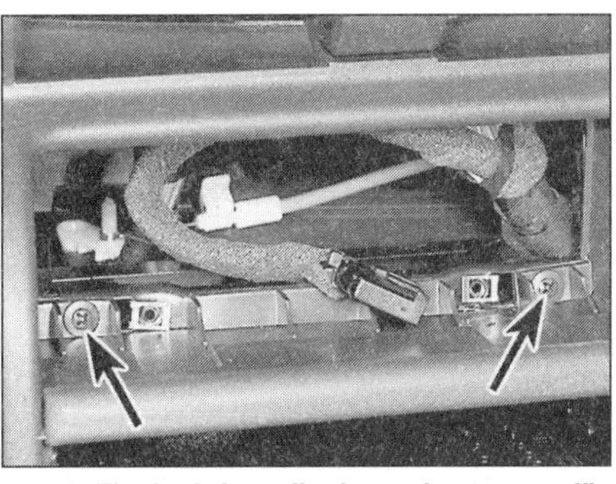
32.12 Flerfunktionsdisplayen borttagen för att visa fästskruvarna till instrumentbrädans mittpanel (vid pilarna)

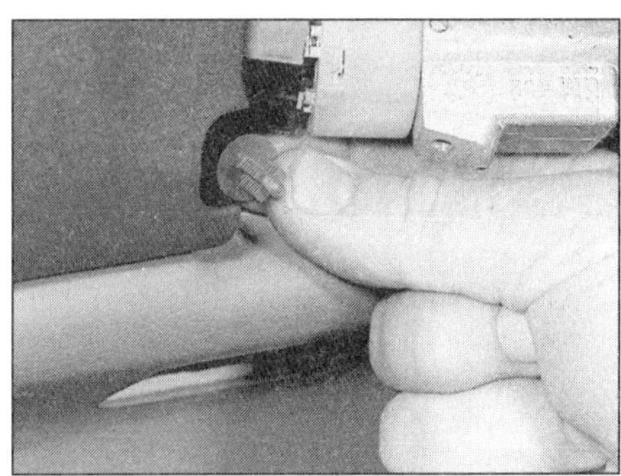
32.13 Fästklammern till instrumentbrädans mittpanel tas bort

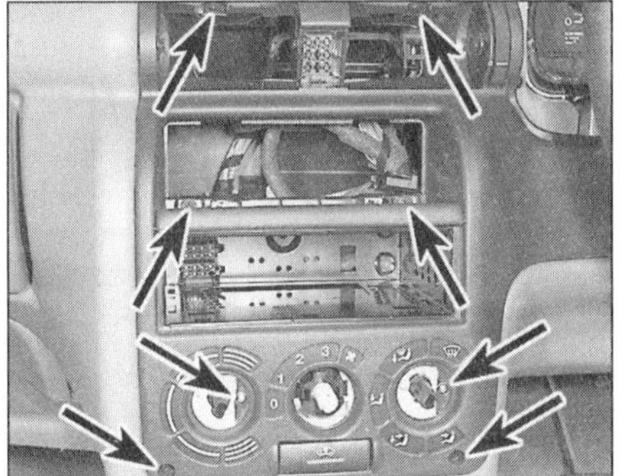
32.14a Fästskruvarna till instrumentbrädans mittpanel

ventilationsmunstyckena i instrumentbrädans mitt **(se bild)**.

12 Ta bort mittpanelens två mittre fästskruvar, det går att komma åt skruvarna genom öppningen till flerfunktionsdisplayen **(se bild)**.

13 Dra försiktigt ut mittpanelens fästklammer, det går att komma åt klammern från baksidan på vänster sida (höger sida på högerstyrda modeller) av panelen **(se bild)**.

14 Instrumentbrädans mittpanel kan nu försiktigt dras bort från instrumentbrädan. Koppla loss radions antennsladd, anslutningskontakten till radion/kassettbandspelaren samt anslutningskontakten till varningsblinkersbrytaren från enhetens baksida **(se bilder)**.

Montering

15 Montering sker i omvänd ordningsföljd, men tänk på följande.

16 Se till att alla elektriska kontakter är ordentligt anslutna till enhetens baksida och, medan enheten monteras, mata ut kablarna till flerfunktionsdisplayen genom displayöppningen för att underlätta återanslutningen.

17 Se till att den mittersta ventilklaffens reglerstång är ordentligt återansluten innan ventilationsmunstyckena monteras.

Rattstångskåpor

Demontering

18 Lossa batteriets jordledning (minuspolen).

19 Vrid ratten för att komma åt täcklocken till rattstångskåpornas två främre fästskruvar.

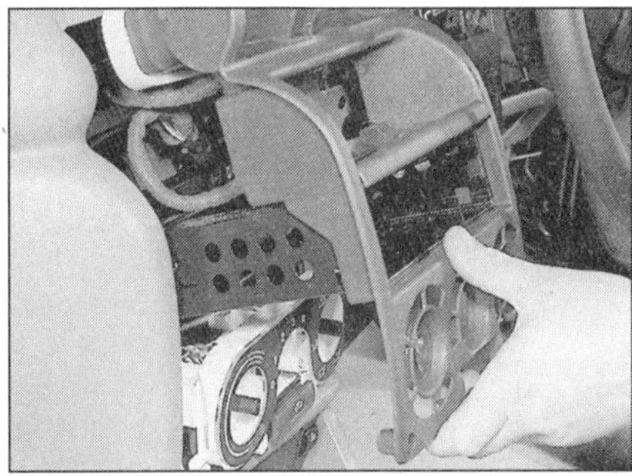
32.14b Instrumentbrädans mittpanel tas bort

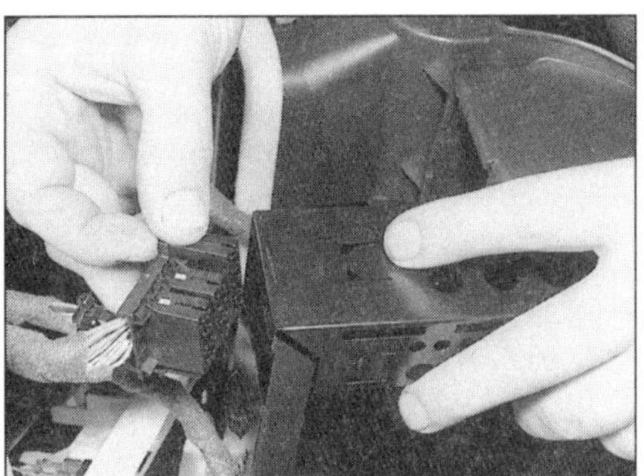
32.14c Radions/kassettenhetens anslutningskontakt . . .

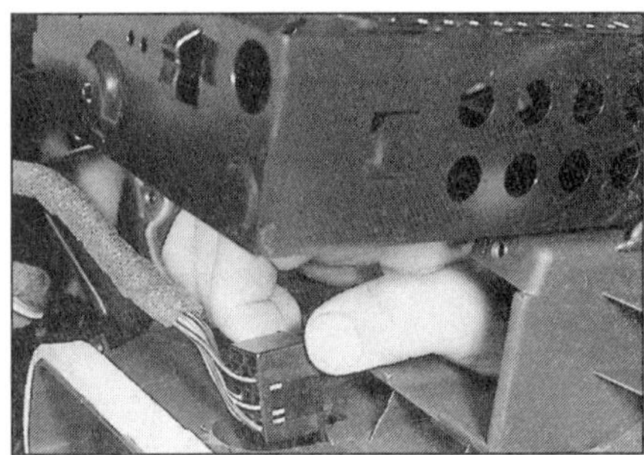
32.14d . . . och anslutningskontakten till varningsblinkersbrytaren kopplas loss från baksidan av panelen

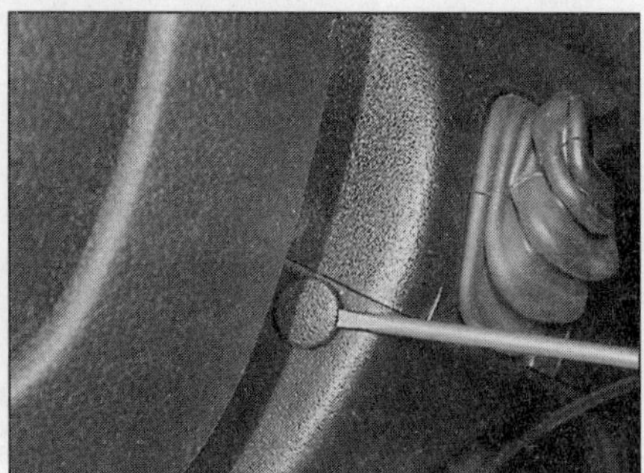

32.20a Bänd loss täcklocken . . .

20 Bänd loss täcklocken och ta bort fästskruvarna **(se bilder)**.

21 Arbeta under den nedre rattstångskåpan och ta bort de tre nedre fästskruvarna. Notera hur skruvarna är placerade eftersom de är olika långa **(se bild)**.

22 Dra bort gummimuffen från tändningslåset.

23 Lossa den nedre kåpan från den övre (två klamrar på baksidan och en på varje sida) och dra bort den nedre kåpan **(se bild)**.

24 Haka loss brytarspakarnas damasker från den övre kåpan och dra bort kåpan **(se bild)**.

Montering

25 Montering sker i omvänd ordning. Se till att brytarspakarnas damasker och tändningslåsets muff återansluts korrekt och se till att fästskruvarna till den nedre kåpan monteras på sina ursprungliga platser.

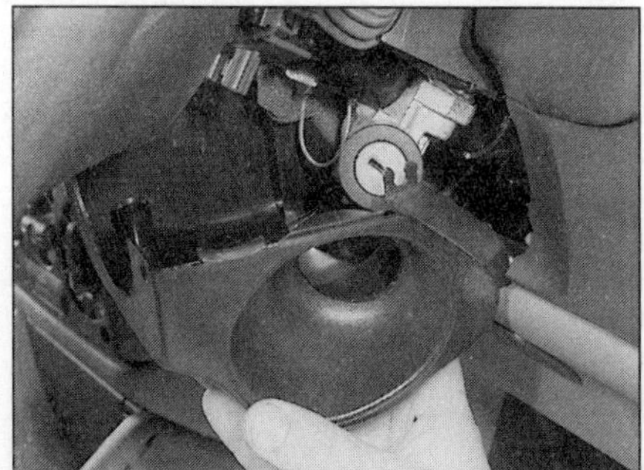

32.23 Den nedre rattstångskåpan tas bort

32.27a Den nedre fästskruven skruvas loss från instrumentpanelens infattning

32.20b . . . för att komma åt rattstångskåpans främre fästskruvar

Instrumentpanelens infattning

Demontering

26 Ta bort rattstångskåporna enligt beskrivningen tidigare i detta avsnitt.

27 Om det är tillämpligt, bänd loss skruvlocken, ta sedan bort de fyra fästskruvarna (två övre och två nedre) och ta bort instrumentpanelens infattning **(se bilder)**.

Montering

28 Monteringen sker i omvänd ordning.

Ventilationsmunstycken

29 Se kapitel 3.

Ventilationsmunstyckeshus på förarsidan

30 Det här huset innehåller även strålkastarbrytaren, brytaren för strålkastarinställning, och brytaren (brytarna) till dimljusen. Demontering och montering av panelen beskrivs i kapitel 3.

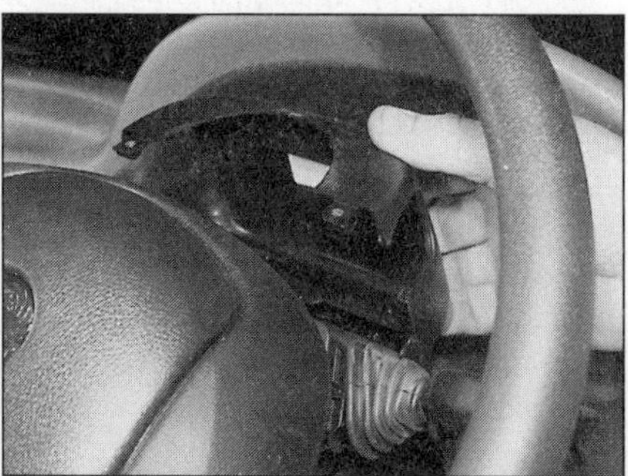

32.24 Den övre rattstångskåpan tas bort

32.27b Instrumentpanelens infattning tas bort

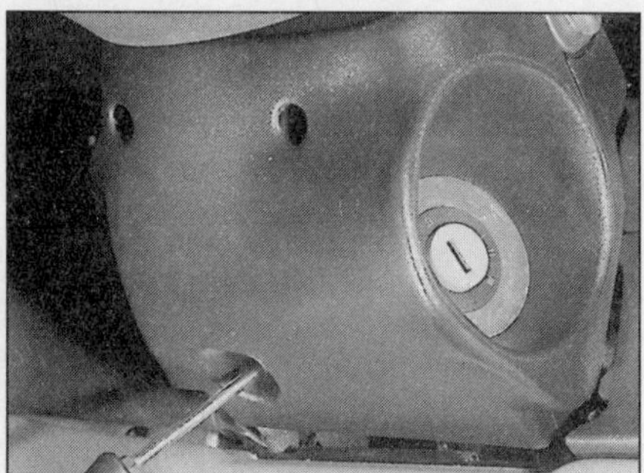

32.21 Rattstångskåpans nedre fästskruv skruvas loss

Ventilationsmunstyckeshus på passagerarsidan

31 Se kapitel 3.

Handskfack

Observera: *Om det finns en krockkudde på passagerarsidan måste varningen i avsnitt 30 i kapitel 12 läsas innan arbetet påbörjas.*

Demontering

32 Låt handskfacket vara stängt och skruva loss de två nedre fästskruvarna som man kommer åt under handskfacket.

33 Öppna handskfacket och bänd loss belysningen från sidan av handskfacket. Koppla loss kablaget och ta loss belysningsenheten.

34 Skruva loss de två övre fästskruvarna som nu går att komma åt i handskfackets överdel.

35 Dra bort handskfacket från instrumentbrädan och mata ut belysningskablaget genom öppningen i handskfackets sida när det dras bort **(se bild)**.

Montering

36 Monteringen sker i omvänd ordning.

Handskfackets låscylinder

Demontering

37 Kläm ihop de två fästtapparna och ta bort kåpan från handskfackets spärr.

38 Stick in nyckeln i låscylindern, vrid sedan nyckeln och cylindern till låst läge och dra bort låscylindern från huset med hjälp av nyckeln.

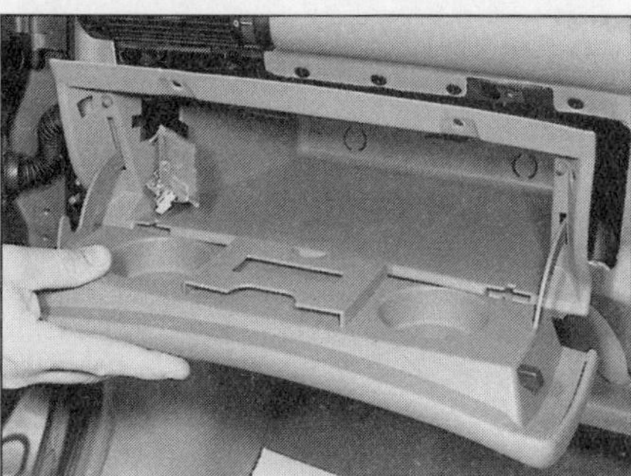

32.35 Handskfacket tas bort

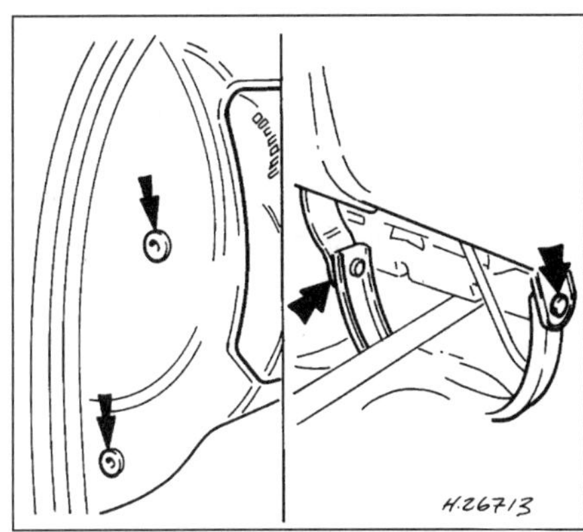

32.50 Skruvar till instrumentbrädans invändiga fästen (vid pilarna)

32.52 Bultar som håller panelen till torpedväggen (vid pilarna)

Montering

39 Montering sker i omvänd ordning.

Fotbrunnens nedre klädselpaneler

Demontering

40 Fotbrunnens nedre klädselpaneler är fästa vid instrumentbrädans nederdel med fästklamrar av plast.

41 Lossa klamrarna genom att vrida dem med en skruvmejsel och dra sedan bort panelen under instrumentbrädan.

Montering

42 Monteringen sker i omvänd ordning.

Komplett instrumentbräda

Demontering

43 Lossa batteriets jordledning (minuspolen).

44 Demontera mittkonsolen enligt beskrivningen i avsnitt 31.

45 Ta bort instrumentbrädans mittpanel, rattstångskåporna, fotbrunnarnas nedre klädselpaneler, handskfacket och instrumentpanelens infattning enligt beskrivningarna tidigare i detta avsnitt.

46 Ta bort värmens/ventilationens reglage och huset till förarsidans ventilationsmunstycke enligt beskrivningen i kapitel 3.

47 Demontera ratten enligt beskrivningen i kapitel 10.

48 Ta bort rattstångens brytarspakar, instrumentpanelen och säkringsdosan enligt beskrivningen i kapitel 12.

49 Öppna framdörrarna, bänd sedan loss täcklocken och skruva loss de två fästbultarna från instrumentbrädans sidor.

50 Arbeta under instrumentbrädans mitt och skruva loss instrumentbrädans två nedre fästskruvar från fästbygeln **(se bild)**.

51 Ta bort vindrutetorkarnas motor och länksystem enligt beskrivningen i kapitel 12.

52 Skruva loss instrumentbrädans tre fästbultar från torpedväggen i motorrummet **(se bild)**.

53 Ta hjälp av någon och dra in instrumentbrädan i bilen. Koppla försiktigt bort alla kablar och slangar från instrumentbrädans baksida.

54 Kontrollera att alla relevanta kablar och slangar har kopplats loss och ta sedan ut instrumentbrädan genom en av de öppna framdörrarna.

Montering

55 Montering sker i omvänd ordning, men tänk på följande.

56 Se till att alla relevanta kablar och slangar är säkert återanslutna och dragna så att de inte spänns.

57 Montera vindrutetorkarnas och länksystem enligt beskrivningen i kapitel 12.

58 Montera instrumentpanelen enligt beskrivningen i kapitel 12.

59 Montera ratten enligt beskrivningen i kapitel 10.

60 Montera värmens/ventilationens reglage och huset till förarsidans ventilationsmunstycke enligt beskrivningen i kapitel 3.

61 Montera instrumentbrädans mittpanel enligt beskrivningen tidigare i detta avsnitt.

Kapitel 12
Karossens elsystem

Innehåll

Svårighetsgrader

Enkelt, passar novisen med lite erfarenhet		**Ganska enkelt,** passar nybörjaren med viss erfarenhet		**Ganska svårt,** passar kompetent hemmamekaniker		**Svårt,** passar hemmamekaniker med erfarenhet		**Mycket svårt,** för professionell mekaniker	

Specifikationer

Säkringar - säkringsdosa med 30 säkringar

Säkring nr.	Ampere	Krets
1	20	Centrallås
2	20	Bränslepump
3	30	Signalhorn, vindrute- och bakrutespolare/torkare
4	10	Vänster halvljus, vänster strålkastarinställningsmotor, givare för trasig glödlampa
5	10	Höger halvljus, höger strålkastarinställningsmotor, givare för trasig glödlampa
6	10	Automatväxellådans styrenhet, ABS-systemets styrenhet
7	10	Varningslampor, varningssummer för strålkastare, elstyrda speglar, handskfacksbelysning, radio/bandspelare, belysning för instrumentbrädesbrytare, uppvärmd bakruta
8	20	Bogseringsanordningens koppling
9	-	Används ej
10	-	Används ej
11	-	Används ej
12	10	Vänster helljus
13	10	Höger helljus, helljusvarningslampa
14	15	Antispinnsystemets styrenhet
15	30	Elektriska fönsterhissar
16	-	Används ej
17	20	Främre dimljus
18	10	Vänster parkeringsljus, vänster bakljus, givare för trasig glödlampa
19	10	Höger parkeringsljus, höger bakljus, nummerplåtsbelysning, givare för trasig glödlampa, belysning för instrumentbrädesbrytare, belysning för mittkonsolens brytare, radio/bandspelare, strålkastarspolarpump, varningssummer för strålkastare
20	20	Centrallås, automatchoke, automatväxellådsbrytare, backljus, cigarettändare, sätesvärme
21	-	Används ej
22	10	Stöldlarmets signalhorn
23	-	Används ej
24	20	Elektrisk antenn, körriktningsvisare, radio/bandspelare, innerbelysning
25	10	Automatväxellådans styrenhet
26	-	Används ej
27	10	Varselljus
28	15	Bromslampor, styrenheter för ABS/TC/AT, varningsblinkers
29	10	Bakre dimljus och brytare
30	20	Uppvärmd bakruta

Säkringar - säkringsdosa med 28 säkringar

Som för säkringsdosa med 30 säkringar, utom följande.

Säkring nr.	Ampere	Krets
9	15	Antispinnsystemets styrenhet
10	30	Elfönsterhissmotorer
11	10	Bakre dimljus
14	30	Värmefläkt
15	30	Kylfläkt
16	30	Uppvärmd bakruta
22	-	Används ej
23	30	Strålkastarspolare

Åtdragningsmoment

	Nm
Krockkudde till ratt	10
Krockkuddens styrenhet	10
Passagerarsidans krockkudde till fästbygel	8

1 Allmän information och föreskrifter

Varning: Innan något arbete utförs på elsystemet, läs igenom föreskrifterna i "Säkerheten främst!" i början av denna handbok, och i kapitel 5A och 5B.

Elsystemet är av typen 12 V negativ jord. Strömmen till lamporna och alla andra elektriska tillbehör kommer från ett bly-/syrabatteri som laddas av generatorn.

Detta kapitel beskriver reparations- och servicearbeten för de elkomponenter som inte är associerade med motorn. Information om batteriet, generatorn och startmotorn finns i kapitel 5A.

Innan arbete på komponenter i elsystemet utförs, lossa batteriets jordledning för att undvika kortslutningar och/eller brandrisk.

Varning: Innan batteriet kopplas loss, läs informationen i "Koppla loss batteriet" i referenskapitlet i denna handbok.

2 Elsystem - felsökning, allmän information

Allmänt

En elkrets består normalt av en elektrisk komponent och alla tillhörande kontakter, reläer, motorer, säkringar, smältsäkringar eller kretsbrytare, samt de ledare och kontaktdon som kopplar komponenten till batteriet och karossen. För att underlätta felsökningen av en elkrets medföljer kopplingsscheman i slutet av detta kapitel.

Innan du försöker diagnostisera ett elfel, studera alltid relevant kopplingsschema för att helt och hållet förstå vilka komponenter som ingår i kretsen. De möjliga felkällorna kan reduceras genom att man undersöker om andra komponenter relaterade till kretsen fungerar som de ska. Om flera komponenter eller kretsar felar samtidigt är möjligheten stor att felet beror på en delad säkring eller jord.

Elproblem har ofta enkla orsaker, som lösa eller korroderade kontakter, jordfel, trasiga säkringar, smälta smältsäkringar eller ett defekt relä (se avsnitt 3 för detaljer om relätestning). Se över skicket på alla säkringar, kablar och kontakter i en felaktig krets innan komponenterna testas. Utgå från kopplingsschemana för att se vilken anslutning som måste kontrolleras för att hitta felet.

I den nödvändiga basutrustningen för elektrisk felsökning ingår en kretstestare eller voltmätare (en 12 volts glödlampa med testkablar kan användas till vissa test), en självdriven testlampa (kallas ibland kontinuitetsmätare), en ohmmätare (för att mäta motstånd), ett batteri och en uppsättning testkablar, samt en extrakabel, helst med en kretsbrytare eller säkring, som kan användas till att koppla förbi misstänkta kablar eller elektriska komponenter. Innan ansträngningar görs för att hitta ett problem med hjälp av testinstrument, använd kopplingsschemat för att bestämma var kopplingarna skall göras.

För att hitta källan till ett periodiskt återkommande kabelfel (vanligen orsakat av en felaktig eller smutsig kontakt, eller skadad isolering), kan ett vicktest göras på kabeln. Detta innebär att man vickar på kabeln för hand för att se om felet uppstår när kabeln rubbas. Det ska därmed vara möjligt att härleda felet till en speciell del av kabeln. Denna testmetod kan användas tillsammans med vilken annan testmetod som helst i de följande underavsnitten.

Utöver problem som uppstår p.g.a. dåliga kontakter, kan två typer av fel uppstå i en elkrets - kretsbrott eller kortslutning.

Kretsbrottsfel orsakas av ett brott någonstans i kretsen, vilket gör att ström inte kan flöda genom kretsen. Ett kretsbrott gör att komponenten inte fungerar, men utlöser inte säkringen.

Kortslutningar orsakas av att ledarna går ihop någonstans i kretsen, vilket gör att strömmen tar en annan, lättare väg (med mindre motstånd), vanligtvis till jordningen. Kortslutning orsakas oftast av att isoleringen nötts, varvid en ledare kan komma åt en annan ledare eller jord (t.ex. karossen). En kortslutning bränner i regel kretsens säkring.

Att hitta ett kretsbrott

För att kontrollera om en krets är bruten, koppla den ena ledaren på en kretsprovare eller voltmätare till antingen batteriets negativa pol eller annan tillgänglig jord.

Koppla den andra ledaren till ett kontaktdon i den krets som skall testas, helst närmast batteriet eller säkringen.

Slå på kretsen, men tänk på att vissa kretsar bara är strömförande med tändningslåset i ett visst läge.

Om spänning ligger på (indikeras av att testlampan lyser eller att voltmätaren ger utslag), betyder det att den delen mellan kontakten och batteriet är felfri.

Kontrollera resten av kretsen på samma sätt.

När en punkt nås där ingen spänning finns, måste problemet ligga mellan den punkt som nu testas och den föregående med spänning. De flesta fel kan härledas till en trasig, korroderad eller lös kontakt.

Att hitta en kortslutning

För att leta efter en kortslutning, koppla bort strömförbrukarna från kretsen (strömförbrukare är delar som drar ström i en krets, t.ex. lampor, motorer, värmeelement, etc.).

Ta bort relevant säkring från kretsen och koppla på en kretsprovare eller voltmätare på säkringsanslutningen.

Slå på kretsen, men tänk på att vissa kretsar bara är strömförande med tändningslåset i ett visst läge.

Om spänning ligger på (testlampan lyser/voltmätarutslag), betyder det att en kortslutning föreligger.

Om ingen spänning ligger på, men säkringen ändå går då strömförbrukarna är påkopplade, anger detta att ett internt fel föreligger i någon av de strömförbrukande komponenterna.

Att hitta ett jordfel

Batteriets minuspol är kopplad till "jord" - metallen i motorn/växellådan och karossen - och de flesta system är kopplade så att de bara tar emot en positiv matning, och strömmen leds tillbaka genom metallen i karossen. Det innebär att komponentfästet och karossen utgör en del av kretsen. Lösa eller korroderade fästen kan därför orsaka flera olika elfel, allt ifrån totalt haveri till svårhittade, partiella fel. Vanligt är att lampor lyser dåligt (särskilt om en annan krets delar samma jordpunkt), motorer (t.ex. torkarmotorer eller kylfläkten) kan gå långsamt och påkoppling av en krets kan ha en synbarligen oförklarlig effekt på en annan. Observera att på många bilar används särskilda jordledningar mellan vissa komponenter, som motorn/växellådan och karossen, vanligtvis där det inte finns någon direkt metallkontakt mellan komponenterna på grund av gummiupphängningar o.s.v.

För att kontrollera om en komponent är korrekt jordad, koppla bort batteriet och anslut den ena ledaren på en ohmmätare till en känd bra jord. Koppla den andra ledaren till den kabel eller jordkoppling som skall testas. Motståndet ska vara noll. Om så inte är fallet, kontrollera anslutningen på följande sätt.

Om en jordanslutning misstänks vara felaktig, plocka isär anslutningen och putsa upp metallen på både karossen och kabelanslutningen, eller fogytan på komponentens jordanslutning. Se till att ta bort alla spår av rost och smuts, och skrapa sedan bort lacken med en kniv så att en ren metallyta erhålls. Dra åt kopplingsfästena ordentligt vid monteringen. Om en kabelanslutning monteras tillbaka, använd låsbrickor mellan polen och karossen för att garantera en ren och säker koppling. När återanslutningen gjorts, förhindra ytterligare korrosion genom att lägg på vaselin eller silikonbaserat fett. Alternativt kan (med regelbundna intervall) tändningstätning eller ett vattenavvisande smörjmedel sprayas på.

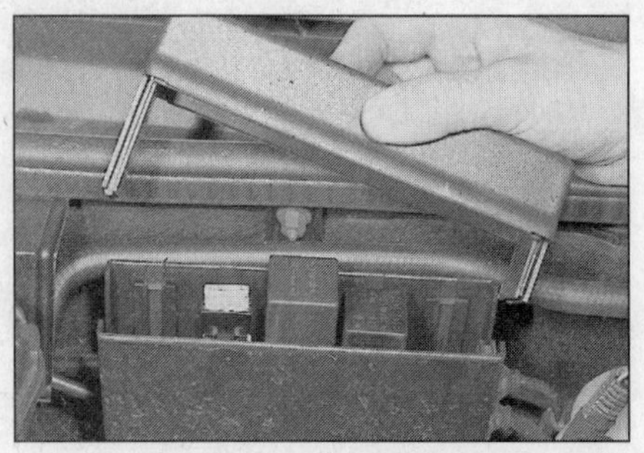

3.3 Ta bort kåpan från säkringsdosan på torpedväggen i motorrummet - modell med 2.0 liters DOHC motor

3 Säkringar och reläer - allmän information

Säkringar

1 Säkringarna är till för att bryta en krets när en viss strömstyrka uppnås, för att skydda komponenter som kan skadas av för stark ström. En för stark ström beror på något fel i kretsen, vanligen en kortslutning (se avsnitt 2).

2 Huvudsäkringarna sitter i en säkringsdosa, på nedre delen av instrumentbrädan på förarsidan, under en löstagbar kåpa.

3 På vissa modeller finns det ytterligare säkringar i en sekundär säkringsdosa som sitter på torpedväggen i motorrummet **(se bild)**.

4 Vilka kretsar de olika säkringarna hör till visas på insidan av säkringsdosans kåpa.

5 En bränd säkring känns igen på att tråden är smält eller trasig.

6 Innan en säkring tas bort, se först till att relevant krets är avstängd.

7 Ta loss säkringsdosans kåpa och dra

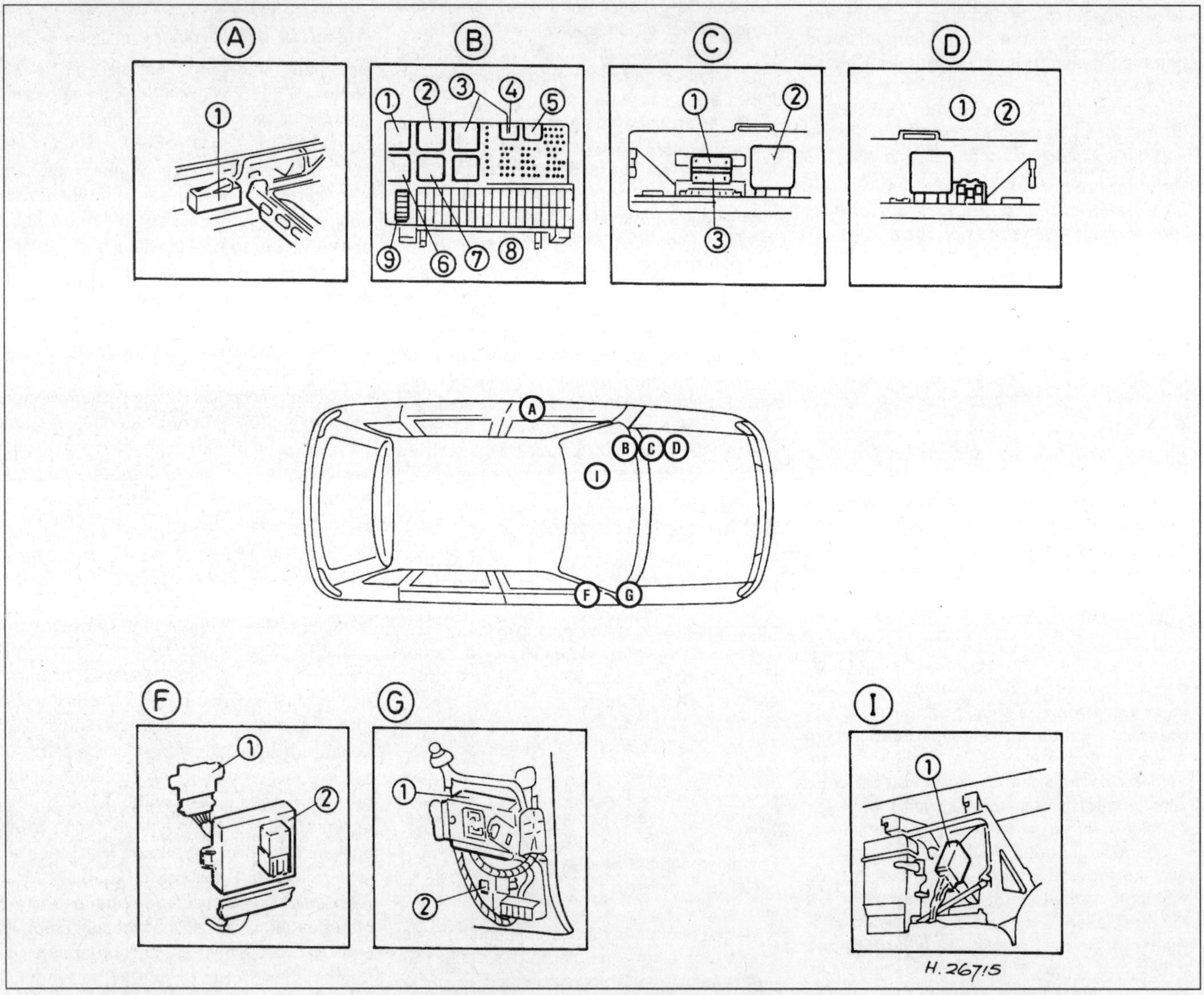

3.11a Schema över säkringar och reläer

A Vänster tröskel
1 Antispinnsystemets ECU
B Säkringsdosa - framsida
1 Sidospegel värmarrelä
2 Körriktningsvisarrelä
3 Bakrutans spolar-/torkarrelä
4 Främre dimljusrelä
5 Bakre dimljusrelä
6 Vindrutans spolar-/torkarrelä
7 Bakrutevärmarrelä
8 Varningssummer
9 Diagnostikkontakt
C Säkringsdosa - baksida
1 Kylfläktsäkring
2 Startmotorrelä
3 Värmefläktsmotor säkring
D Säkringsdosa - baksida
1 Startmotorrelä
2 Stöldlarmssäkring
F Höger fotbrunn
1 Centrallåsets styrenhet
2 Stöldlarmets styrenhet
G Höger fotbrunn
1 Motorstyrningens styrenhet
2 Bränslepumprelä
I Rattstångens fästbygel
1 Varselljusrelä

relevant säkring från dess plats i säkringsdosan.

8 Innan en trasig säkring byts ut, försök spåra och rätta till orsaken. Använd alltid en säkring med korrekt kapacitet. Säkringar går sällan sönder utan god orsak – byt inte ut samma säkring flera gånger utan att hitta orsaken till problemet. Om samma säkring går sönder upprepade gånger, kan de associerade kablarna blir för varma, med påföljande brandrisk (se *Säkerheten främst!*). Använd aldrig en säkring med högre kapacitet, eller ståltråd eller metallfolie, eftersom det kan orsaka allvarligare skador eller t.o.m. brand.

9 Säkringarna är färgkodade enligt följande. Se specifikationerna för information om säkringarnas kapacitet och vilka kretsar de tillhör.

Röd 10A
Blå 15A
Gul 20A
Grön 30A

Reläer

10 Ett relä är en elektriskt styrd brytare som används av följande orsaker.

a) *Ett relä kan slå på eller av starkström på avstånd från den krets där strömmen går, och använda tunnare kablar och kontakter.*
b) *Ett relä kan ta emot flera olika styrsignaler, till skillnad från en mekanisk brytare.*
c) *Ett relä kan ha en timerfunktion, t.ex. för en intervalltorkare.*

11 Huvudreläerna sitter i säkringsdosan ovanför säkringarna. Ytterligare reläer sitter på olika platser, som visas i bilderna **(se bilder)**.

12 Om en krets som styrs av ett relä uppvisar ett fel och reläet misstänks, aktivera kretsen. Om reläet fungerar bör man kunna höra det klicka när det aktiveras. Om så är fallet ligger felet i komponenterna eller kablarna till systemet. Om reläet inte aktiveras får det antingen ingen ström eller så kommer inte ställströmmen fram, men det kan också bero på att själva reläet är defekt. (Glöm inte bort reläernas anslutningar vid felsökningen.) Test av detta görs genom att man byter ut reläet mot ett nytt som man vet fungerar. Var dock försiktig – vissa reläer ser likadana ut och utför samma funktioner, medan andra har olika funktioner trots att de ser likadana ut.

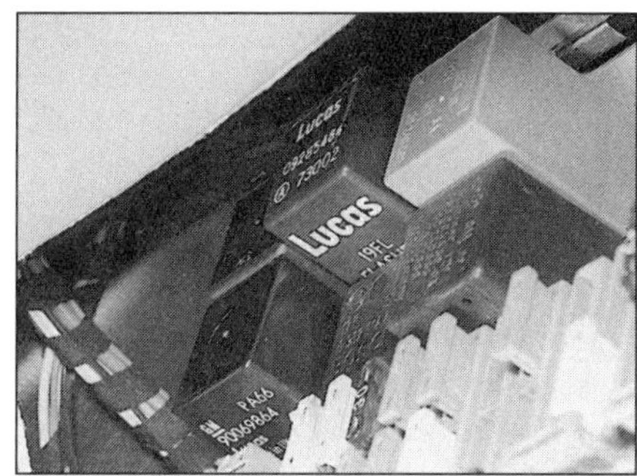

3.11c Reläer ovanför säkringarna i säkringsdosan

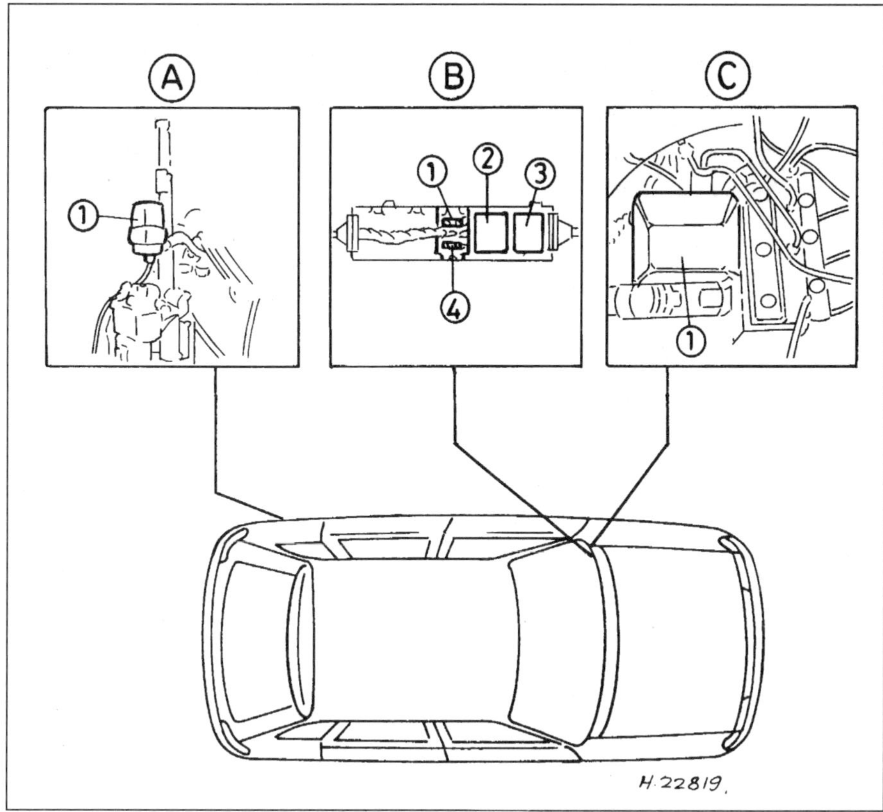

3.11b Schema över säkringar och reläer

A Vänster bakflygel
1 Relä för elektrisk antenn
B Motorrummets torpedvägg
1 Strålkastarspolarsäkring
2 Strålkastarspolarrelä
3 Signalhornsrelä
4 Signalhornssäkring
C Motorrummet
1 ABS-systemets styrenhet

4 Säkringsdosa - demontering och montering

Demontering

1 Koppla loss batteriets minusledare.

2 Ta loss säkringsdosans kåpa.

3 Skruva loss de två fästskruvarna **(se bild)**, lossa enheten från fästbyglarna och sänk ner enheten så mycket att det går att koppla loss anslutningskontakterna.

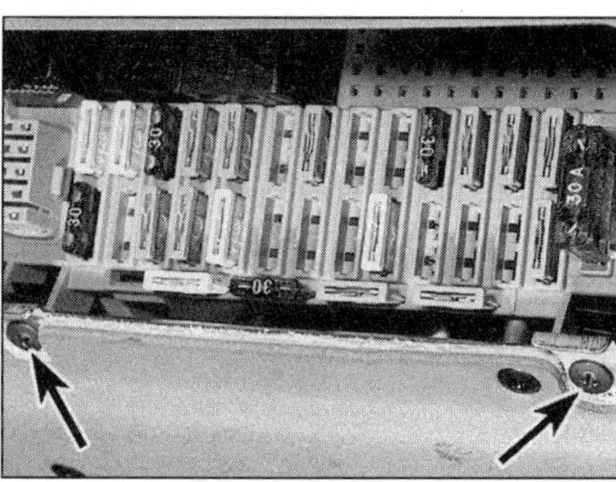

4.3 Säkringsdosans lock borttaget så att fästskruvarna syns (vid pilarna)

4 Koppla loss anslutningskontakterna. Notera var de sitter så att de inte blandas ihop vid återmonteringen och ta sedan loss enheten från instrumentbrädan.

Montering

5 Monteringen sker i omvänd ordning mot demonteringen.

5 Brytare och kontakter - demontering och montering

Tändningslåsets kontakt

Demontering

1 Koppla loss batteriets minusledare.

2 Demontera rattstångskåporna enligt beskrivningen i kapitel 11, avsnitt 32.

3 Tändningslåsets kontakt hålls fast i rattlåshuset av två låsskruvar.

4 Koppla loss kablaget, skruva loss skruvarna och ta loss kontakten **(se bilder på nästa sida)**. Vi rekommenderar att kontakten och låscylindern inte tas bort samtidigt, eftersom deras inbördes justering då blir svår att återställa.

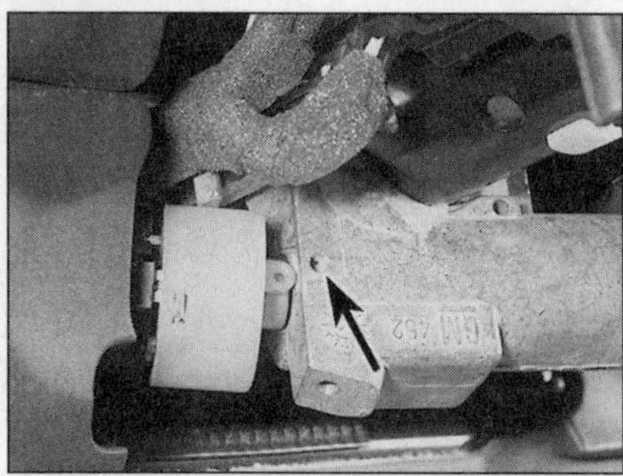

5.4a Tändningslåskontaktens låsskruv (vid pilen)

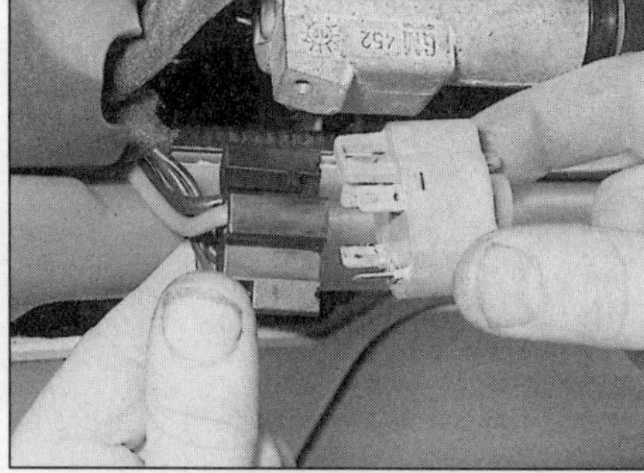

5.4b Koppla loss kontaktdonet från tändningslåset

5.7 En brytarspak tas loss från rattstången

5.8 En brytarspaks anslutningskontakt kopplas loss

5.11 Lossa fästklämman till strålkastarbrytarens knopp

5.12 Ta bort strålkastarbrytaren

Montering

5 Monteringen sker i omvänd ordning.

Rattstångens brytarspakar

Demontering

6 Följ beskrivningen i punkt 1 och 2.

7 Tryck ner fästklämmorna och lossa relevant brytarspak från rattstången **(se bild)**.

8 Koppla loss kontakten/kontakterna och ta loss brytarspaken **(se bild)**.

Montering

9 Monteringen sker i omvänd ordning mot demonteringen.

Strålkastarbrytare

Demontering

10 Koppla loss batteriets minusledare.

11 Stick in en liten skruvmejsel eller liknande i hålet på undersidan av knoppen så att fästklämman trycks in **(se bild)**. Dra loss knoppen från brytaren.

12 Tryck de två fästklämmor som nu syns mot brytarens axel **(se bild)**, dra loss brytaren från instrumentbrädan och koppla loss anslutningskontakten.

13 Observera att brytaren inte kan tas isär, och att hela brytaren måste bytas om någon del av den är felaktig.

Montering

14 Monteringen sker i omvänd ordning mot demonteringen.

Tryckknappsbrytare på instrumentbrädan

Demontering

15 Koppla loss batteriets minusledare.

16 Bänd försiktigt loss brytaren från instrumentbrädan med en skruvmejsel, men var försiktig så att inte instrumentbrädans panel skadas. Om det är tillämpligt, koppla loss anslutningskontakten **(se bilder)**.

Montering

17 Monteringen sker i omvänd ordning mot demonteringen.

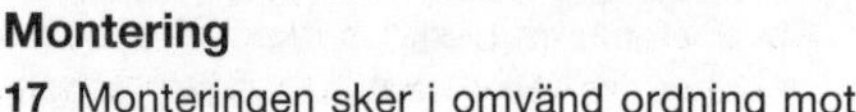

Strålkastarinställningens brytare

18 Följ proceduren för tryckknapparna på instrumentbrädan, enligt beskrivningen ovan.

Varningsblinkerbrytare

Demontering

19 Koppla loss batteriets minusledare.

20 Ställ brytaren i läget 'På'.

21 Bänd försiktigt loss knappen med en skruvmejsel, så att brytaren syns.

22 Bänd försiktigt loss brytaren från dess hus med en skruvmejsel.

Montering

23 Monteringen sker i omvänd ordning mot demonteringen.

Signalhornsbrytare

24 Bänd försiktigt loss mittplattan från ratten och koppla loss kabeln.

25 Om så önskas kan signalhornsbrytaren demonteras från ratten efter det att ratten demonterats enligt beskrivningen i kapitel 10.

Bromsljuskontakt

Demontering

26 Koppla loss batteriets minusledare.

27 Lossa fästklämmorna i fotbrunnen på förarsidan och ta bort den nedre klädselpanelen.

5.16a Bänd försiktigt loss brytaren . . .

5.16b . . . och ta bort den från instrumentbrädan

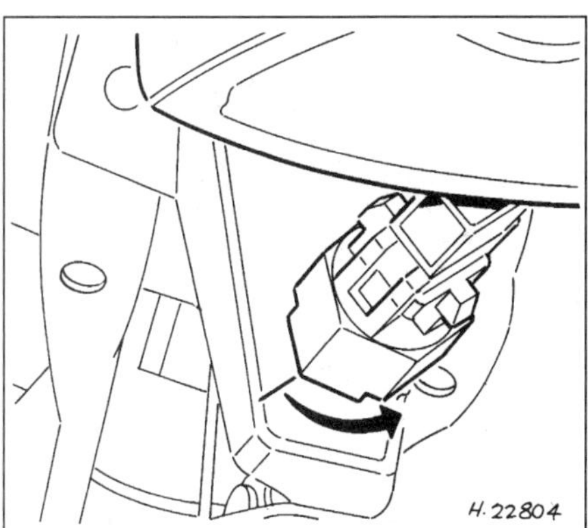

5.30 Bromsljuskontaktens plats (vid pilen) - vrid kontakten moturs för att ta bort den

28 Kontakten sitter på en fästbygel bredvid rattstången, ovanpå bromspedalen.

29 Koppla loss kontaktdonet från kontakten.

30 Vrid kontakten moturs och ta loss den från fästbygeln **(se bild)**.

Montering

31 Montering sker i omvänd ordning mot demontering. Notera att bromsljusen ska tändas när bromspedalen trycks ner ungefär 15 till 20 mm. Kontakten kan bara justeras genom att fästbygeln försiktigt böjs, men detta rekommenderas inte.

Kontakt för handbromsens varningslampa

32 Proceduren beskrivs i kapitel 9, som en del av demontering, översyn och montering av handbromsspaken.

Backljuskontakt

33 Se kapitel 7A.

Kontakt för varningslampa för oljetryck

34 Se kapitel 5A.

Värmefläktmotorns kontakt

35 Se kapitel 3.

Centrallåskontakt

36 Se kapitel 11.

Elfönsterhissarnas reglage

37 Se kapitel 11.

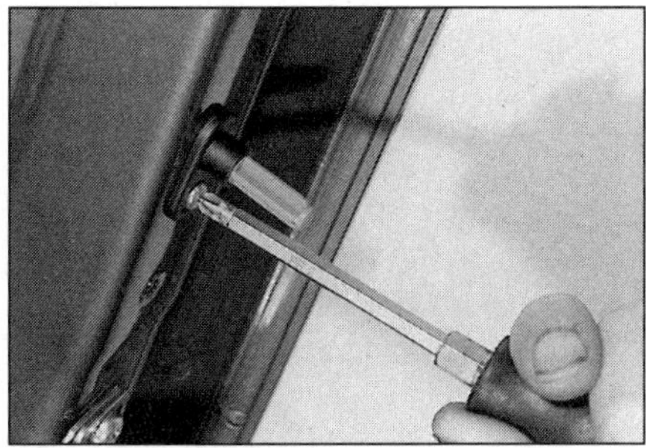

5.45a Skruva loss fästskruven för bagageutrymmesbelysningens kontakt - kombikupé

Elstyrd backspegels reglage

38 Se kapitel 11.

Sätesvärmebrytare

39 Följ proceduren för tryckknapparna på instrumentbrädan, enligt beskrivningen tidigare i detta avsnitt.

Innerbelysningens kontakter

Demontering

40 Innerbelysningens kontakter sitter i de främre dörrposterna.

41 Lossa batteriets minusledning.

42 Öppna relevant dörr.

43 Skruva loss fästskruven, dra loss kontakten från dörrposten och koppla loss kablaget. Om det finns risk för att kablaget faller in i dörrposten, bind fast ett snöre i det.

Montering

44 Montering sker i omvänd ordning.

Bagageutrymmesbelysningens kontakt

45 Kontakten sitter längst ner på bakluckan på kombikupé, kombi och van, och i främre vänstra hörnet av bagageutrymmet på sedanmodeller **(se bilder)**.

46 Demontering och montering utförs enligt beskrivningen ovan för innerbelysningens kontakter.

Handskfacksbelysningens kontakt

47 Kontakten sitter ihop med själva lampan, och styrs av handskfackets vänstra gångjärn.

5.45b Placering för bagageutrymmesbelysningens kontakt - sedan

48 Demontering och montering beskrivs i avsnitt 7.

Det elektroniska antispinnsystemets manuella urkopplingsbrytare

49 Proceduren beskrivs i kapitel 4B.

Automatväxellådans brytare

50 Se kapitel 7B.

6 Glödlampor (yttre lysen) - byte

Allmänt

1 När en glödlampa byts, tänk på följande:

a) *Koppla loss batteriets minusledare innan arbetet påbörjas.*

b) *Tänk på att om lampan nyss har använts kan lampan vara mycket het.*

c) *Undersök alltid glödlampans kontakter och/eller hållare (efter tillämplighet). Se till att metallytorna är rena mellan glödlampans kontakter och kontakterna i hållaren, och/eller hållaren och anslutningskontakten. Avlägsna all korrosion och smuts innan en ny lampa sätts i.*

d) *Se alltid till att den nya glödlampan är av rätt typ, och att den är helt ren innan den sätts i. Detta gäller särskilt strålkastarlampor.*

Strålkastare

Observera: *Det kan vara nödvändigt att demontera luftfiltret för att komma åt strålkastarlampan på förarsidan (se kapitel 4A eller 4B).*

2 I motorrummet, dra loss anslutningskontakten från strålkastarlampans baksida **(se bild)**.

3 Lossa gummikåpan från strålkastarens baksida.

4 Lossa glödlampans fjäderklämma, ta tag i glödlampans kontakter och dra försiktigt ut den från strålkastaren **(se bild)**.

5 När den nya glödlampan hanteras bör den hållas med ett stycke hushållspapper eller en ren trasa så att inte glaset vidrörs med fingrarna. Fukt och fett från fingrarna kan göra

6.2 Koppla loss kontakten från strålkastarlampan

6.4 En strålkastarlampa tas bort

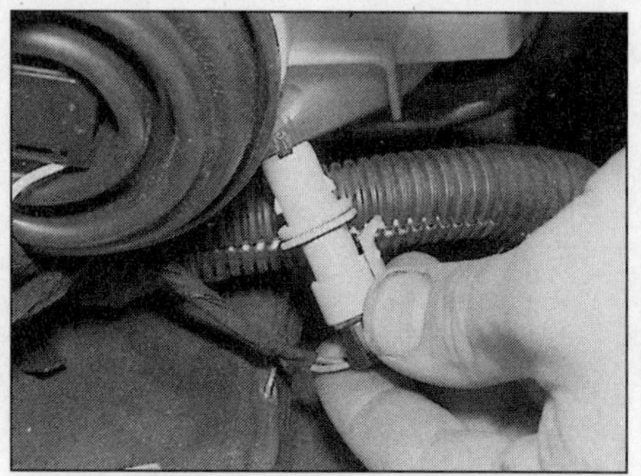

6.8 En lamphållare för parkeringsljus tas bort

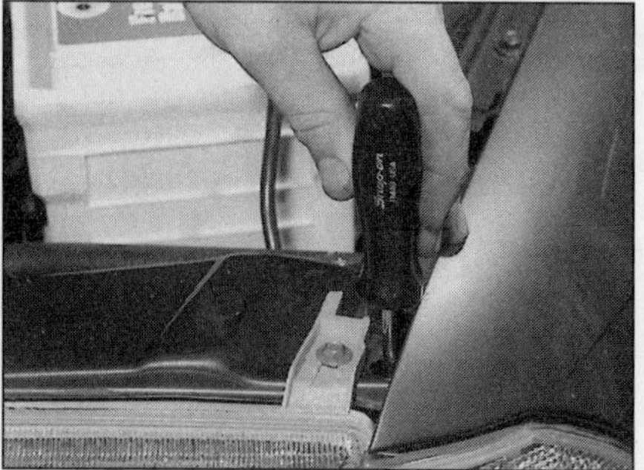

6.11 Fästskruven till en främre körriktningsvisare lossas

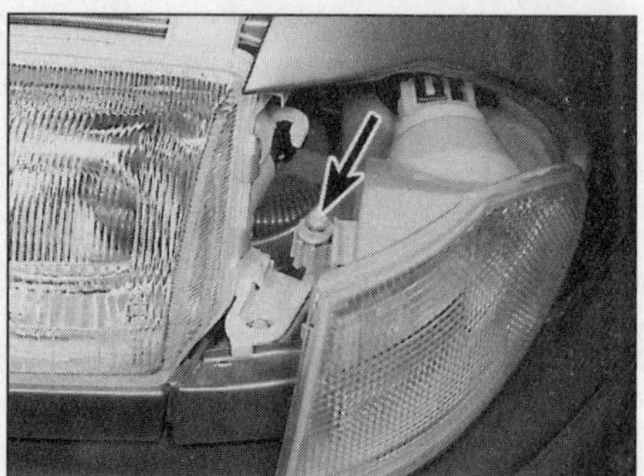

6.12 Främre körriktningsvisare lossad, så att fästskruven syns (vid pilen)

att livslängden för denna typ av glödlampa minskar dramatiskt. Om glaset råkar vidröras, torka av det med T-sprit.

6 Montering sker i omvänd ordning mot demontering. Se till att glödlampans styrtappar passar in i urtagen på strålkastarens reflektor och att gummikåpan sätts tillbaka ordentligt på strålkastarens baksida.

Främre parkeringsljus

7 I motorrummet, leta reda på parkeringsljusets lamphållare, som sitter nere till höger på strålkastaren, på sidan närmast grillen.

8 Tryck in lamphållaren i strålkastaren och vrid den moturs för att ta bort den **(se bild)**.

9 Glödlampan trycks fast i hållaren.

10 Montering sker i omvänd ordning mot demonteringen.

Främre körriktningsvisare

11 I motorrummet, lossa - men ta inte bort - skruven som håller fast ovankanten av körriktningsvisaren till strålkastaren **(se bild)**.

12 Dra loss körriktningsvisaren framåt från innerskärmen, utan att belasta kablaget **(se bild)**.

13 Tryck in lamphållaren i armaturen och vrid den moturs för att ta bort den.

14 Glödlampan fästs med bajonettfattning i lamphållaren.

15 Montering sker i omvänd ordning mot demonteringen.

Främre sidoblinkers

16 Vrid lyktglaset moturs och dra loss det från lampan **(se bild)**.

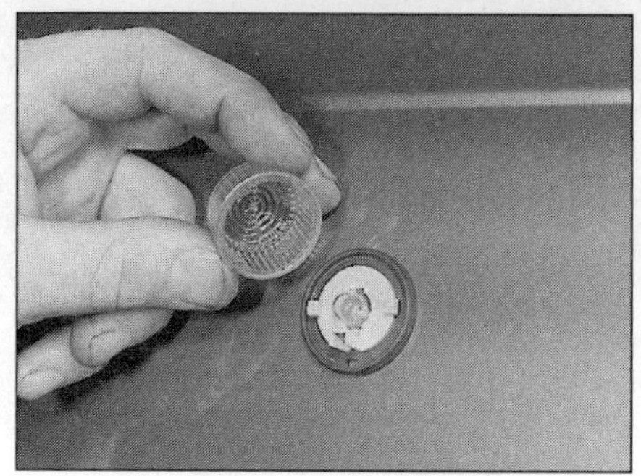

6.16 Lyktglaset tas bort från en sidoblinkers

17 Glödlampan trycks fast i hållaren.

18 Montering sker i omvänd ordning mot demonteringen. Se till att gummitätningsringen sitter korrekt mellan lyktglaset och karossen.

Främre dimljus

19 För att komma åt bättre, dra åt handbromsen, lyft upp framvagnen och ställ den på pallbockar (se *Lyftning och stödpunkter*).

20 Ta bort plastkåpan från armaturens baksida genom att vrida den moturs och dra loss den **(se bild)**.

21 Lossa fästklämman, dra loss glödlampan och koppla loss kablaget.

22 Montering sker i omvänd ordning mot demonteringen.

Bakljusenhet

23 I bagageutrymmet, lossa kåpan från enhetens baksida.

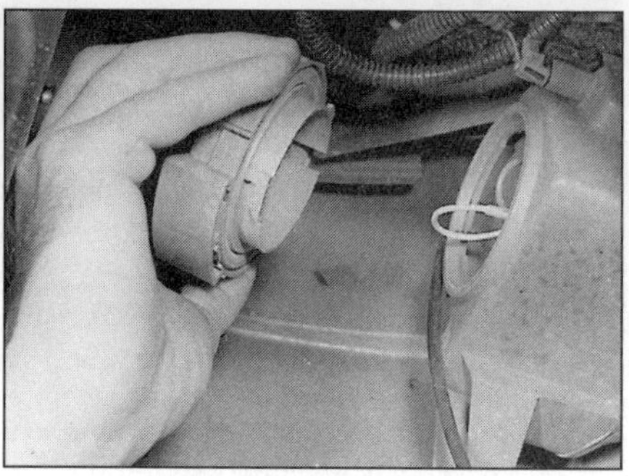

6.20 Plastkåpan tas bort från ett främre dimljus

24 På sedan och kombikupé, lossa fästtappen, på kombi och van, kläm ihop de två fästklämmorna mot lamphållarens mitt, och dra sedan loss lamphållaren från armaturen utan att belasta kablarna **(se bilder)**.

25 Glödlamporna sitter med bajonettfattning i lamphållaren **(se bild)**. Observera att broms-/bakljuslampan har förskjutna bajonettstift, så att den bara kan monteras på ett sätt. Se till att rätt typ av lampa används.

26 Monteringen sker i omvänd ordning mot demonteringen.

Bakre nummerplåtsbelysning - sedan och kombikupé (utom sportmodeller)

27 Bänd försiktigt loss lampsargen från stötfångaren med en tunnbladig skruvmejsel **(se bild)**.

28 Dra loss armaturen från stötfångaren, utan att belasta kablaget.

6.24a Fästtapp för bakljusets lamphållare (vid pilen) - kombikupé

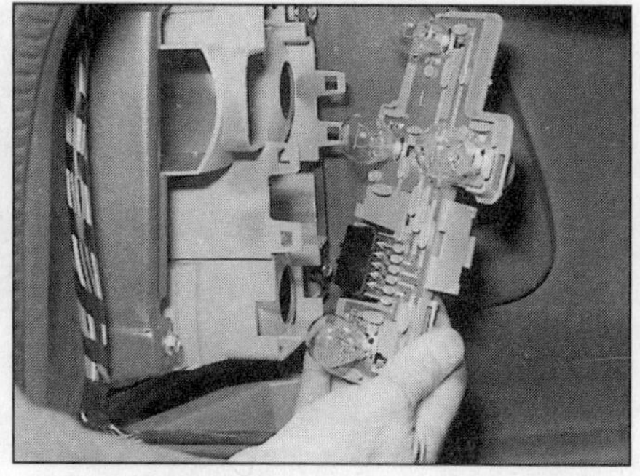

6.24b Bakljusets lamphållare tas bort - sedan

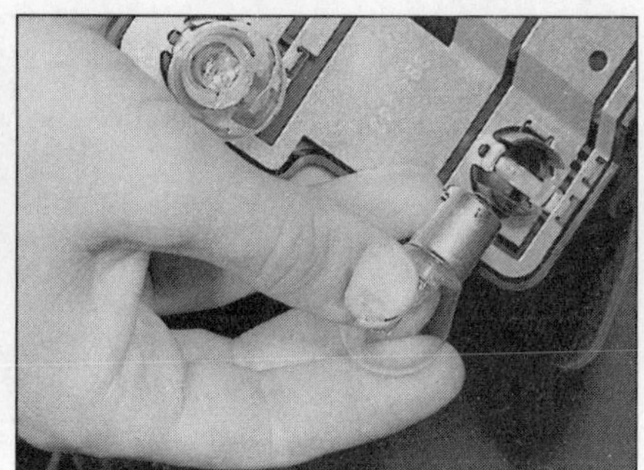

6.25 En bakljuslampa tas bort - kombikupé

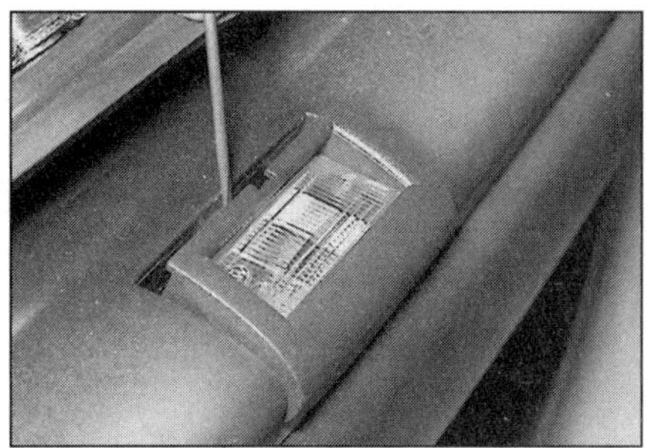

6.27 Bänd loss den bakre nummerplåtsbelysningens sarg från stötfångaren - kombikupé

29 Lossa kåpan från armaturen, så att glödlampan syns **(se bild)**.
30 Glödlampan fästs med bajonettfattning i lamphållaren.
31 Montering sker i omvänd ordning.

Bakre nummerplåtsbelysning - sportmodeller

32 Följ beskrivningen i punkt 27.
33 Ta loss glödlampan genom att försiktigt bända loss den med en skruvmejsel.
34 Montering sker i omvänd ordning mot demonteringen.

Bakre nummerplåtsbelysning - kombi och van

35 Skruva loss de två skruvar som håller fast relevant lampa till bakluckans handtag och ta loss lampan från bakluckan.
36 Bänd försiktigt loss glödlampan från armaturen.
37 Montering sker i omvänd ordning.

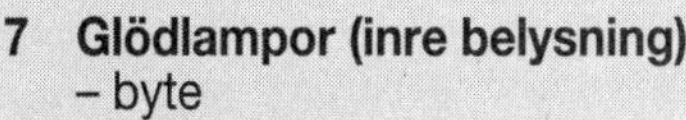

7 Glödlampor (inre belysning) - byte

Allmänt

1 Se avsnitt 6, punkt 1.

Kupélampor och bakre läslampor

2 Bänd försiktigt loss lampan från dess plats med en tunnbladig skruvmejsel **(se bilder)**.

6.29 Ta bort kåpan från den bakre nummerplåtsbelysningen

3 I tillämpliga fall, lossa skärmen från glödlampan, ta sedan bort glödlampan genom att försiktigt bända loss den från kontakterna i armaturen **(se bild)**.
4 Montering sker i omvänd ordning.

Handskfacksbelysning

5 Följ beskrivningen ovan angående kupélampor **(se bild)**.

Bagageutrymmets belysning

6 Följ beskrivningen ovan angående kupélampor **(se bild)**.

Glödlampor för instrumentbelysning och varningslampor

7 Proceduren beskrivs i avsnitt 12.

Glödlampa till värme-/ventilationsreglagens belysning

8 Proceduren beskrivs som en del av demontering och montering av styrenheten för värme/ventilation i kapitel 3.

Cigarrettändarbelysningens glödlampa

9 Proceduren beskrivs som en del av demontering och montering av cigarrettändaren i avsnitt 17.

Glödlampor till belysningen av instrumentbrädans/mittkonsolens brytare

10 Om en glödlampa går sönder i någon av dessa brytare måste hela brytaren bytas enligt

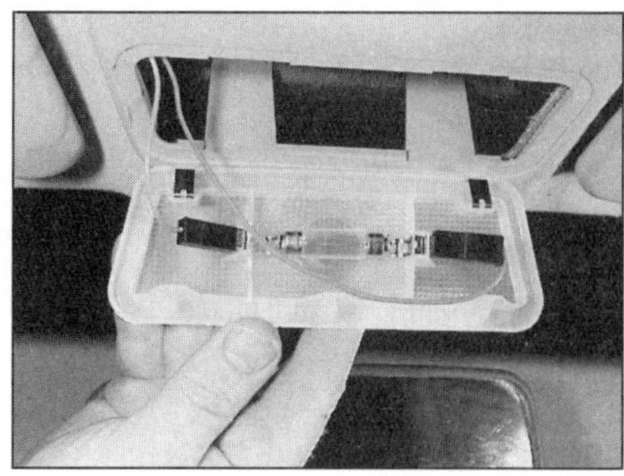

7.2a Ta loss den främre kupébelysningen så att lampan syns

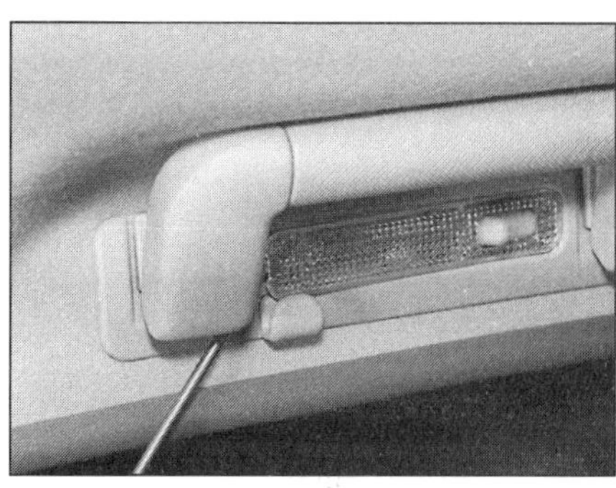

7.2b Den bakre läslampan lossas

beskrivningen i avsnitt 5, eftersom det inte går att skaffa separata reservdelar.

8 Yttre lampor - demontering och montering

Strålkastare

Demontering

1 Koppla loss batteriets minusledare.
2 Demontera kylargrillen enligt beskrivningen i kapitel 11.
3 I motorrummet, lossa men ta inte bort, skruven som håller fast ovankanten av körriktningsvisaren till strålkastaren.
4 Dra loss körriktningsvisaren framåt från framflygeln och koppla loss anslutningskontakten.

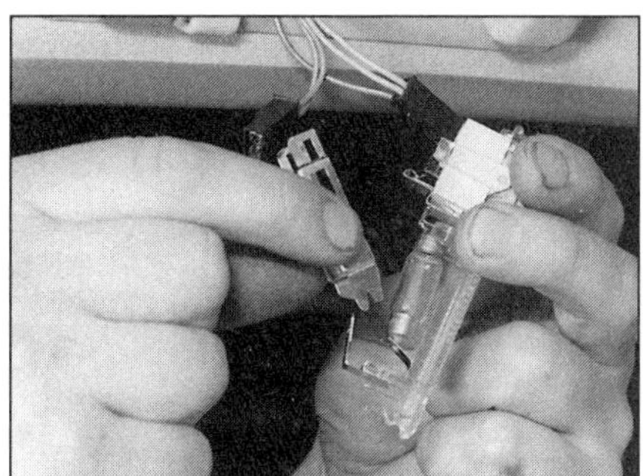

7.3 Skärmen lossas från glödlampan i en bakre läslampa

7.5 Handskfacksbelysningen lossad från sin plats

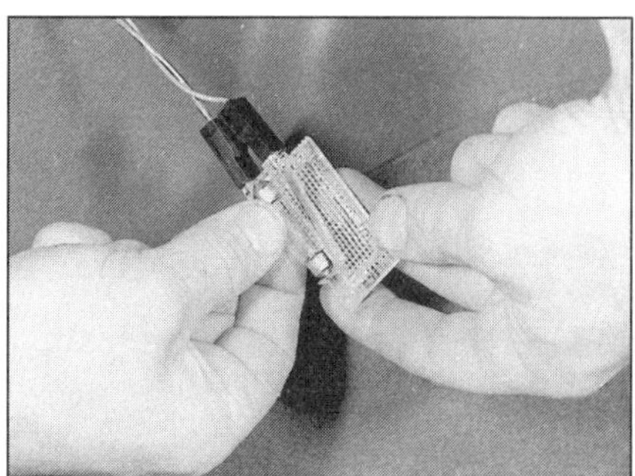

7.6 En glödlampa tas ut från bagageutrymmesbelysningen

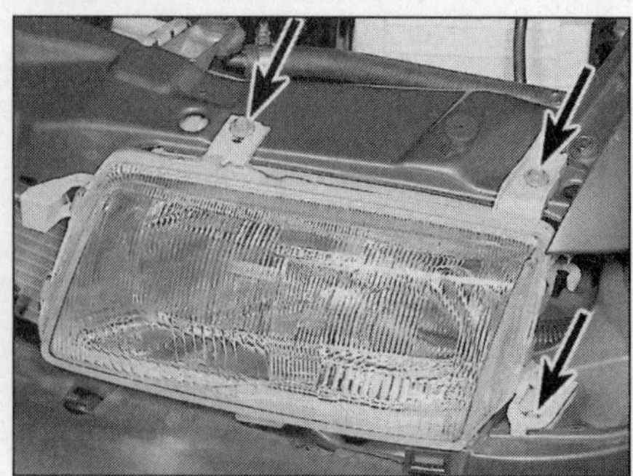

8.6a Strålkastarens fästskruvar (vid pilarna)

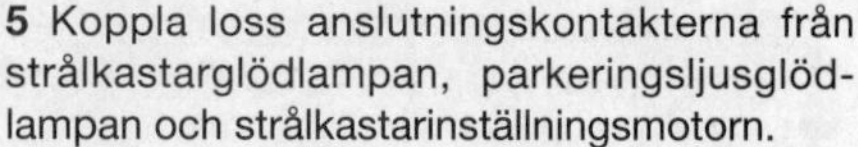

8.6b Ta loss strålkastaren

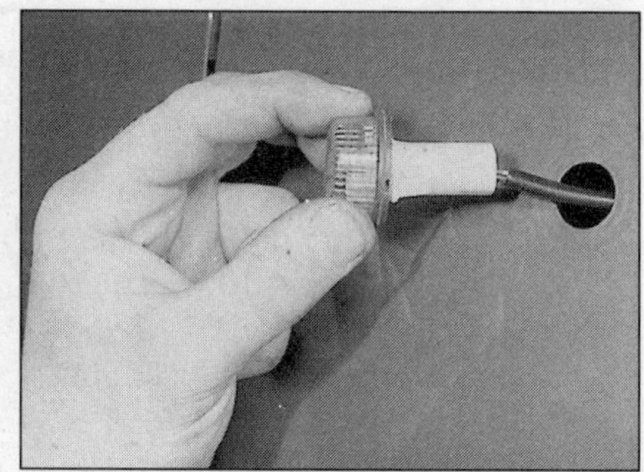

8.15 En sidoblinkers tas bort

5 Koppla loss anslutningskontakterna från strålkastarglödlampan, parkeringsljusglödlampan och strålkastarinställningsmotorn.

6 Skruva loss de tre fästskruvarna (två övre och en nedre) och ta loss strålkastaren **(se bilder)**.

7 Med undantag av glödlampor och inställningsmotor går det inte att skaffa några strålkastardelar separat, så om någon del är felaktig eller skadad måste hela enheten bytas.

Montering

8 Montering sker i omvänd ordning mot demonteringen. Avsluta med att kontrollera strålkastarinställningen enligt beskrivningen i avsnitt 9.

Främre körriktningsvisare

Demontering

9 Koppla loss batteriets minusledare.

10 Följ beskrivningen i punkt 3 och 4.

Montering

11 Montering sker i omvänd ordning mot demonteringen.

Främre sidoblinkers

Demontering

12 Koppla loss batteriets minusledare.

13 Demontera hjulhusets innerskärm enligt beskrivningen i kapitel 11, avsnitt 25.

14 I motorrummet, leta reda på sidoblinkersens kontaktdon och sära på donets två halvor.

15 Under hjulhuset, tryck ner fästflikarna och skjut ut armaturen genom flygeln och dra ut kablaget och muffen från skärmen **(se bild)**.

16 Lyktglaset kan tas bort från lampan genom att det vrids så att fästklämmorna lossar.

17 Kontrollera gummitätningsringens skick och byt den om det behövs.

Montering

18 Montering sker i omvänd ordning mot demonteringen.

Främre dimljus

Demontering

19 Koppla loss batteriets minusledare.

20 För att komma åt bättre, dra åt handbromsen, lyft upp framvagnen och ställ den på pallbockar (se *Lyftning och stödpunkter*).

21 Koppla loss dimljusets anslutningskontakt bakom framspoilern.

22 Skruva loss de tre fästskruvarna (två längst ner på lampan och en väl dold ovanför lampan) och dra loss lampan från den främre stötfångaren/spoilern **(se bild)**.

Montering

23 Montering sker i omvänd ordning mot demonteringen.

Bakljusenhet

Demontering

24 Koppla loss batteriets minusledare.

25 I bagageutrymmet, lossa kåpan från armaturens baksida.

26 På sedan och kombikupé, lossa fästtappen, på kombi och van, kläm ihop de två fästklämmorna mot lamphållarens mitt. Dra sedan loss lamphållaren från armaturen utan att belasta kablarna.

27 På sedan och kombikupé, skruva loss enhetens fyra fästskruvar, och på kombi och van, skruva loss de tre fästskruvarna (en övre och två nedre). Dra loss enheten från utsidan av bakflygeln **(se bilder)**.

28 Observera att linsen inte kan bytas separat, så om den har skadats måste hela enheten bytas.

Montering

29 Montering sker i omvänd ordning mot demonteringen.

Bakre nummerplåtsbelysning – sedan och kombikupé

Demontering

30 Bänd försiktigt loss lampsargen från stötfångaren med en tunnbladig skruvmejsel.

31 Dra loss armaturen från stötfångaren och koppla loss kablarna.

Montering

32 Montering sker i omvänd ordning.

Bakre nummerplåtsbelysning – kombi och van

Demontering

33 Skruva loss de två skruvar som håller fast relevant armatur till bakluckans handtag.

34 Dra loss armaturen från handtaget och koppla loss kablaget.

Montering

35 Montering sker i omvänd ordning.

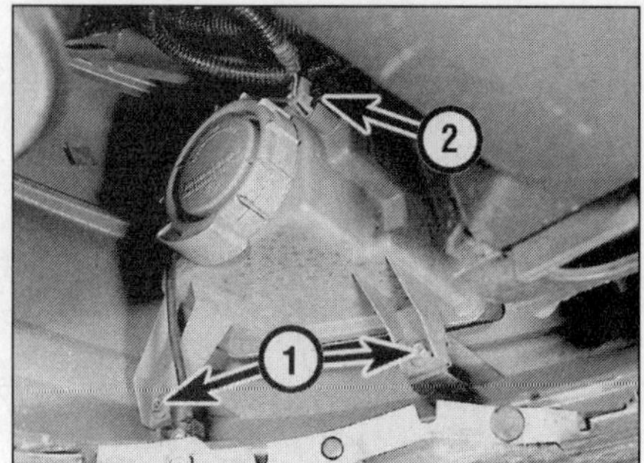

8.22 Främre dimljusets nedre fästskruvar (1) och anslutningskontakt (2)

8.27a Bakljusenhetens fästskruvar (vid pilarna) – sedan

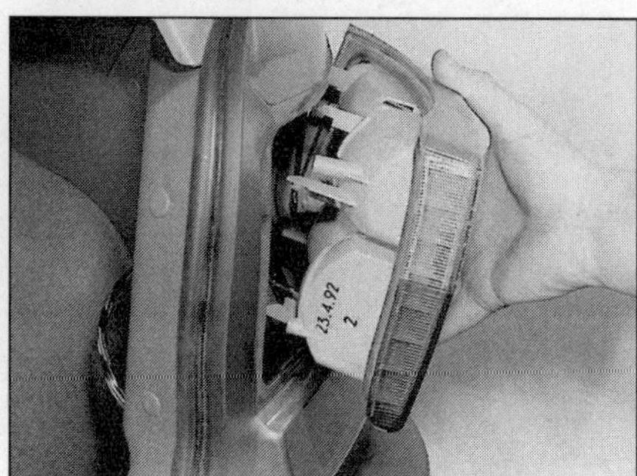

8.27b Bakljusenheten tas bort – kombikupé

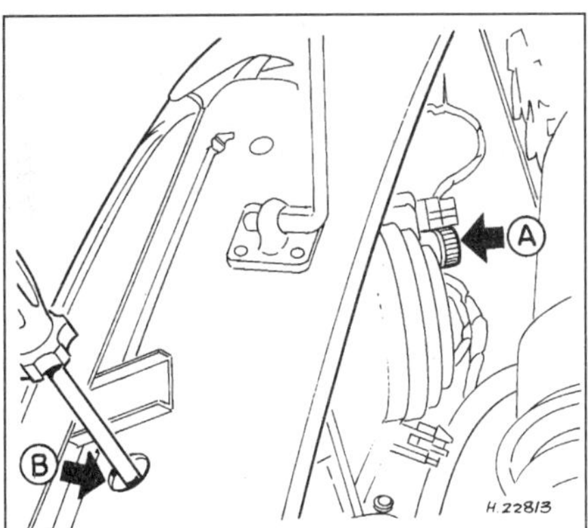

9.3 Strålkastarens inställningsskruvar

A Vertikal inställning
B Horisontell inställning

9 Strålkastarinställning - allmänt

1 Det rekommenderas att strålkastarinställningen kontrolleras och vid behov justeras av en Opelverkstad med specialutrustning. Korrekt inställning av strålkastarna är mycket viktig, inte bara för att ge föraren god sikt, utan även för att förhindra att andra bilister bländas.

2 Strålkastarinställningen kan justeras för att kompensera för den aktuella lasten med inställningskontrollen på instrumentbrädan. Inställningarna på kontrollen är:

0 *Person i förarsätet.*
1 *Personer i alla säten.*
2 *Personer i alla säten och last i bagageutrymmet.*
3 *Person i förarsätet och last i bagageutrymmet.*

3 I nödfall kan strålkastarinställningen justeras med hjälp av de inställningsskruvar som sitter ovanpå och baktill på varje strålkastare. Den övre skruven styr den horisontella inställningen och den bakre skruven styr den vertikala inställningen **(se bild)**.

4 Om inställningen ändras bör den kontrolleras med specialutrustning så snart som möjligt. Observera att när inställningen kontrolleras, måste strålkastarinställningskontrollen stå på '0'.

10 Strålkastarinställningsmotor - demontering och montering

Demontering

1 Demontera strålkastaren enligt beskrivningen i avsnitt 8.

2 Demontera parkeringsljusets lamphållare enligt beskrivningen i avsnitt 6.

3 Vrid motorn ungefär 60° mot strålkastarens ovankant. Skjut sedan försiktigt bort strålkastarreflektorn från motorn, och håll den på plats så att motorn och kulleden delvis skjuts ut ur strålkastaren **(se bild).**

4 På modeller med 'Carello' strålkastare, dra försiktigt bort motorn och kulleden från strålkastaren **(se bild)**.

5 På modeller med 'Bosch' strålkastare, lossa kulleden med en liten skruvmejsel och dra sedan försiktigt motorn och kulleden från strålkastaren **(se bild)**.

Montering

6 Tryck försiktigt bort strålkastarreflektorn från motorns plats och se till att kulledsfästet är öppet på modeller med 'Carello' strålkastare **(se bild)**. (Annars kan strålkastaren skadas allvarligt). Håll även reflektorn på plats när motorns kulled trycks på plats.

7 Med kulleden återansluten, lås motorn på plats genom att vrida den mot strålkastarens underkant.

8 Sätt tillbaka parkeringsljusets lamphållare och montera sedan tillbaka strålkastaren enligt beskrivningen i avsnitt 8.

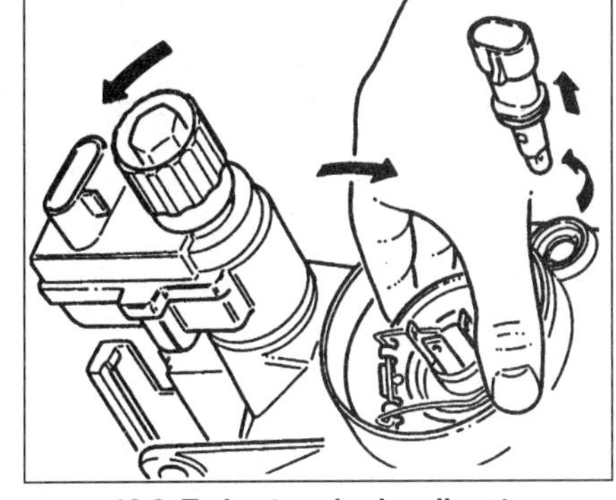

10.3 Ta bort parkeringsljusets lamphållare, vrid strålkastarinställningsmotorn och skjut reflektorn åt sidan

11 Instrumentpanel - demontering och montering

Demontering

1 Koppla loss batteriets minusledare.

2 I motorrummet, skruva loss fästhylsan och koppla loss hastighetsmätarens vajer från växellådan.

3 Demontera rattstångskåporna enligt beskrivningen i kapitel 11, avsnitt 32.

4 Om det är tillämpligt, bänd ut täcklocken, ta bort de fyra fästskruvarna (två övre och två nedre) och ta bort instrumentpanelens infattning.

5 Skruva loss instrumentpanelens tre fästskruvar (en övre och två nedre) **(se bild på nästa sida)**, och dra instrumentpanelen försiktigt framåt.

6 Tryck nedåt (mot hastighetsmätarens baksida) på spärren som håller fast hastighetsmätarens vajer till mätarens baksida, och ta loss vajern **(se bild på nästa sida)**.

7 Lossa fästklämmorna och koppla loss anslutningskontakterna från instrumentpanelens baksida **(se bild på nästa sida)**.

8 Ta loss instrumentpanelen.

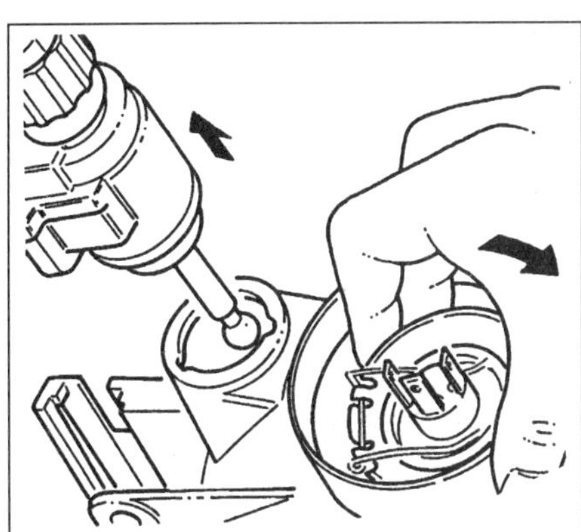

10.4 Dra bort inställningsmotorn från strålkastaren - Carello strålkastare

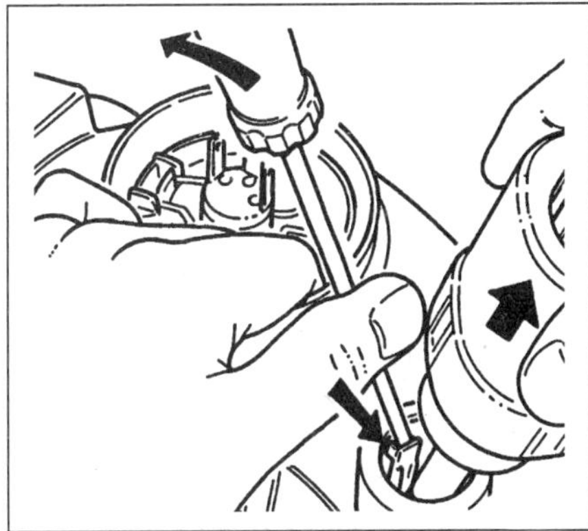

10.5 Lossa inställningsmotorns kulled med en skruvmejsel - Bosch strålkastare

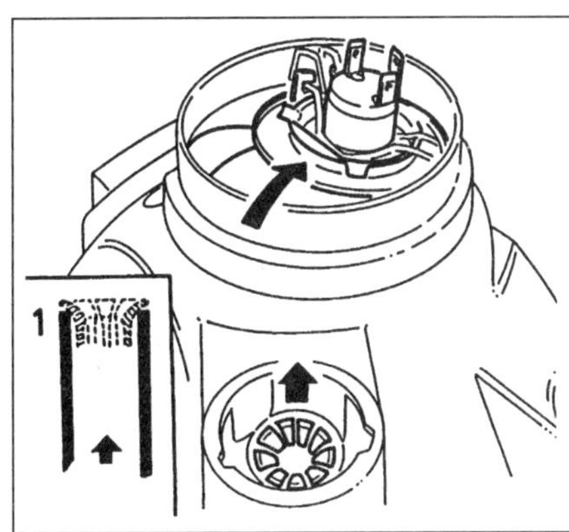

10.6 Kulledshylsan (1) måste vara öppen innan inställningsmotorns kulled trycks på plats - Carello strålkastare

11.5 En av instrumentpanelens nedre fästskruvar skruvas loss

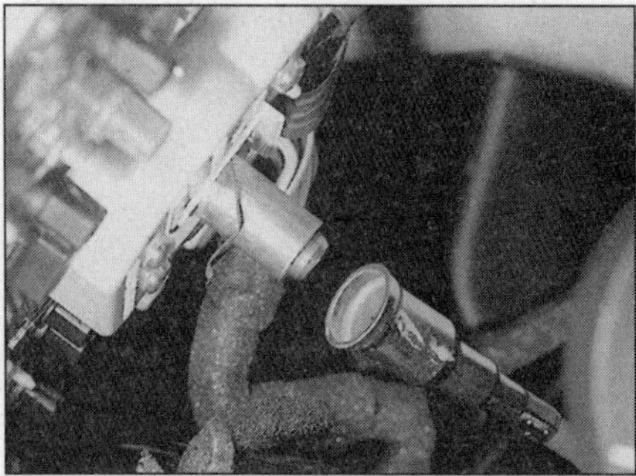
11.6 Hastighetsmätarens vajer losskopplad från mätaren

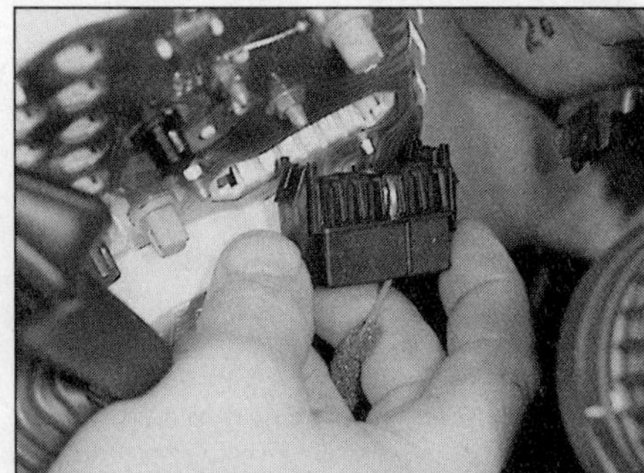
11.7 Koppla loss kontakterna från baksidan av instrumentbrädan

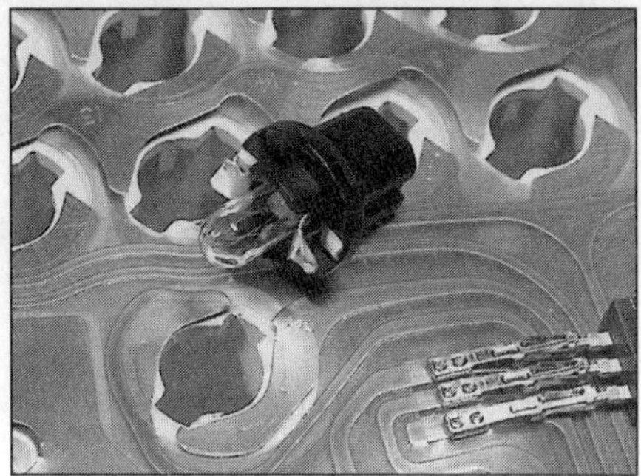
12.2 Varningslampa losstagen från dess plats på instrumentpanelen

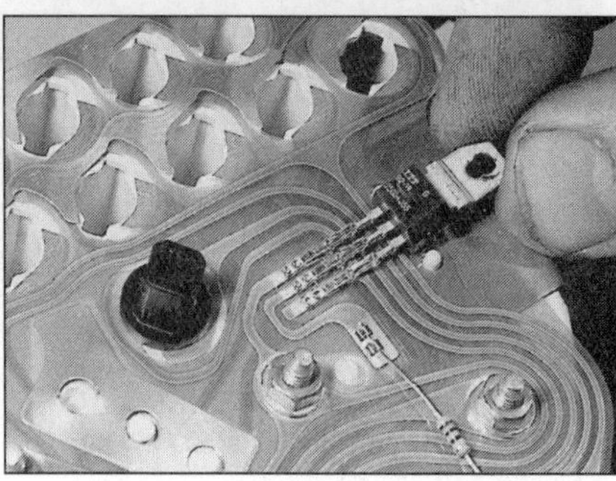
12.5 Dra loss instrumentpanelens spänningstabilisator från kretskortet

12.8 Lossa fästklämmorna till instrumentpanelens kåpa

Montering

9 Montering sker i omvänd ordning mot demonteringen. Se till att hastighetsmätarens vajer inte vrids eller böjs mellan instrumentpanelen och torpedväggen vid monteringen.

12 Instrumentpanel – demontering och montering av komponenter

Allmänt

1 Demontera panelen enligt beskrivningen i avsnitt 11 och fortsätt som följer.

Glödlampor för instrumentbelysning och varningslampor

Demontering

2 Vrid relevant lamphållare moturs och dra loss den från kretskortet på baksidan av instrumentpanelen **(se bild)**.

3 Glödlamporna och lamphållarna sitter ihop och måste bytas som en enhet.

Montering

4 Monteringen sker i omvänd ordning.

Spänningsstabilisator

Demontering

5 Skruva loss den enda fästskruven från instrumentpanelens baksida och dra sedan loss spänningsstabilisatorn från kontakterna på kretskortet **(se bild)**.

Montering

6 Montering sker i omvänd ordning mot demontering. Se till att inte skada kontakterna på spänningsstabilisatorn och kretskortet.

Bränsle- och temperaturmätare – modeller utan varvräknare

Demontering

7 Dra loss trippmätarens återställningsstift från instrumentpanelens framsida.

8 Lossa de två fästklämmorna längst upp på instrumentpanelen och ta loss kåpan **(se bild)**.

9 Skruva loss de två fästmuttrarna och dra ut relevant mätare genom panelens framsida.

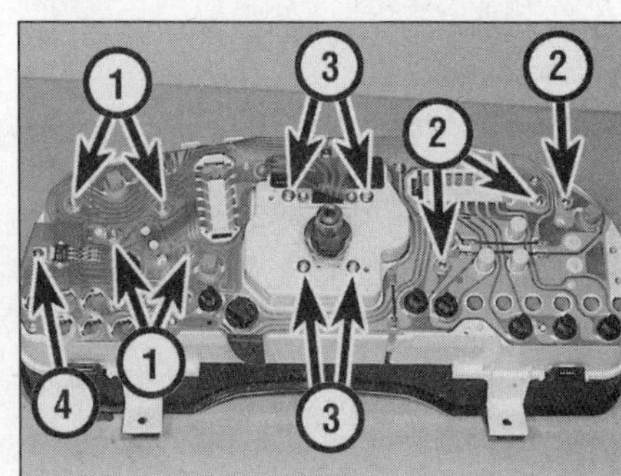

12.11 Instrumentpanelen sedd bakifrån – modell med varvräknare

1 Bränsle- och temperaturmätarnas fästmuttrar
2 Varvräknarens fästmuttrar
3 Hastighetsmätarens fästskruvar
4 Spänningsstabilisatorns fästskruv

Montering

10 Montering sker i omvänd ordning.

Bränsle- och temperaturmätare – modeller med varvräknare

11 Följ beskrivningen i punkt 7 till 10, men observera att mätaren hålls fast av fyra muttrar **(se bild)**.

Varvräknare

12 Följ beskrivningen i punkt 7 till 10, men observera att varvräknaren hålls fast av tre muttrar.

Hastighetsmätare

Demontering

13 Följ beskrivningen i punkt 7 och 8.

14 Skruva loss de fyra fästskruvarna från instrumentpanelens baksida och ta loss hastighetsmätaren från panelens framsida.

Montering

15 Montering sker i omvänd ordning.

Kretskort

Demontering

16 Ta bort alla glödlampor, instrument och spänningsstabilisatorn enligt beskrivningen tidigare i detta avsnitt.

17 Ta försiktigt loss kretskortet från instrumentpanelen.

Montering

18 Montering sker i omvänd ordning mot demontering. Se till att kretskortet sätts fast korrekt på instrumentbrädans baksida.

13 Klocka/flerfunktionsdisplay – demontering och montering

Demontering

1 Koppla loss batteriets minusledare.
2 Demontera radion/bandspelaren enligt beskrivningen i avsnitt 25.
3 Ta bort gummimattan från brickan framför klockan/flerfunktionsdisplayen **(se bild)**.
4 Skruva loss de två mittre fästskruvar som nu syns **(se bild)**.
5 Sträck in handen genom radions/bandspelarens öppning och tryck loss klockan/flerfunktionsdisplayen från instrumentbrädan **(se bild)**.
6 Koppla loss anslutningskontakten och ta bort enheten.

Montering

7 Montering sker i omvänd ordning mot demonteringen. Montera tillbaka radion/bandspelaren enligt beskrivningen i avsnitt 25.

14 Extra varningssystem – allmän information

Det extra varningssystemet visar information på flerfunktionsdisplayen som varnar föraren för låg motoroljenivå, låg motorkylvätskenivå, låg spolarvätskenivå, bromsklosslitage, trasiga bromsljuslampor samt trasiga strålkastar-/bakljuslampor.

Varningarna visas automatiskt på flerfunktionsdisplayen och de åsidosätter all annan information som visas.

Demontering och montering av det extra varningssystemets komponenter beskrivs i avsnitt 15.

15 Extra varningssystem – demontering och montering av komponenter

Styrmodul

1 Styrmodulen sitter ihop med flerfunktionsdisplayen. Se avsnitt 13 för information om demontering och montering.

Flerfunktionsdisplay

2 Se avsnitt 13.

Givare för kylvätskenivå

Observera: *Läs föreskrifterna i avsnitt 1 i kapitel 3 innan givaren demonteras.*

Demontering

3 Kylvätskenivågivaren sitter ihop med expansionskärlets påfyllningslock.
4 Innan påfyllningslocket/kylvätskenivågivaren demonteras, koppla loss batteriets minusledare och koppla loss anslutningskontakten ovanpå givaren.

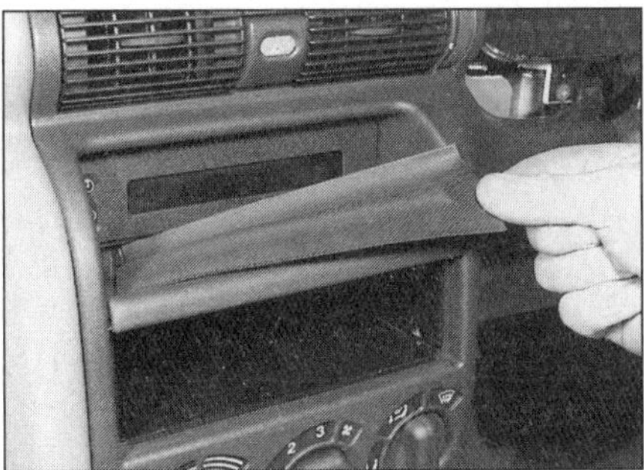

13.3 Ta bort gummimattan från brickan framför klockan/flerfunktionsdisplayen

Montering

5 Montering sker i omvänd ordning mot demonteringen.

Spolarvätskenivågivare

Demontering

6 Om möjligt, töm vätskebehållaren genom att köra spolarna, för att minimera spill när nivågivaren demonteras.
7 Koppla loss batteriets minusledare.
8 Koppla loss anslutningskontakten från givaren, som sitter på sidan av spolarvätskebehållaren.
9 Skruva loss givaren från behållaren.

Montering

10 Monteringen sker i omvänd ordning mot demonteringen.

Bromsoljenivågivare

Varning: Bromsoljan är giftig. Tvätta av huden omedelbart och sök omedelbar läkarhjälp vid förtäring eller stänk i ögonen. Vissa bromsoljor är lättantändliga och kan antändas om de kommer i kontakt med heta komponenter. Vid arbete med bromssystem är det säkrast att anta att oljan ÄR lättantändlig och att vidta säkerhetsåtgärder mot brand på samma sätt som vid hantering av bensin. Bromsolja är även ett effektivt lösningsmedel för färg och angriper vissa plaster. Oljespill ska omedelbart tvättas bort med stora mängder rent vatten. Slutligen absorberar oljan fukt från luften. Använd alltid olja av rekommenderad typ. Använd endast nya oöppnade förpackningar.

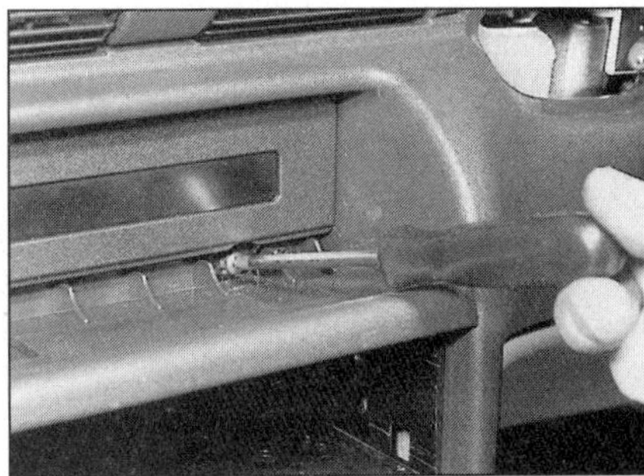

13.4 Skruva loss fästskruvarna för klockan/flerfunktionsdisplayen

Demontering

11 Bromsoljenivågivaren sitter ihop med oljebehållarens påfyllningslock.
12 Innan påfyllningslocket/nivågivaren demonteras, koppla loss batteriets minusledare och koppla loss anslutningskontakten ovanpå givaren.

Montering

13 Montering sker i omvänd ordning mot demontering.

Motoroljenivågivare

14 Se kapitel 5A.

Givare för bromsklosslitage

15 Givarna består av kablar i de främre bromsklossarna.
16 Demontering och montering beskrivs i kapitel 9 som en del av byte av de främre bromsklossarna.

Yttertemperaturgivare

Demontering

17 Givaren sitter fäst vid framspoilerns nedre kant.
18 Koppla loss batteriets minusledare.
19 För att komma åt bättre, dra åt handbromsen, lyft upp framvagnen och ställ den på pallbockar (se *Lyftning och stödpunkter*).
20 Lossa givaren från spoilern, koppla sedan loss kontaktdonet och notera dess plats **(se bild)**.

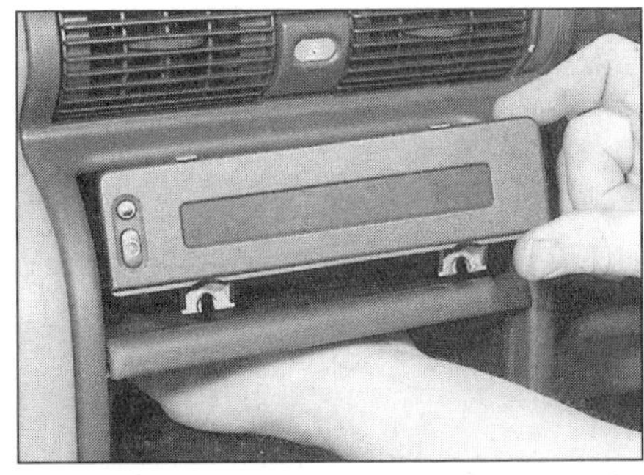

13.5 Klockan/flerfunktionsdisplayen trycks loss från instrumentbrädan

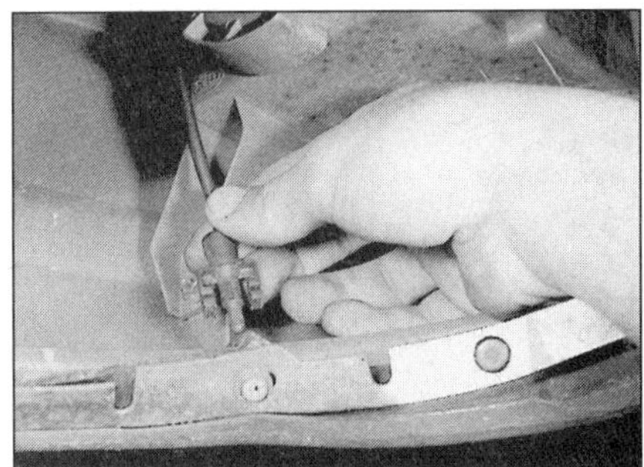

15.20 Lossa yttertemperaturgivaren från spoilern

18.4 Signalhornets plats visad med grillen borttagen (fästmutter vid pilen) - modell med entonshorn

Montering

21 Montering sker i omvänd ordning mot demontering. Se till att kontaktdonet sitter som före demonteringen.

16 Färddator - allmänt

Färddatorn visar information på flerfunktionsdisplayen om bränsleförbrukning, medelhastighet, hur långt bensinen räcker, yttertemperatur och förlupen tid (stoppur). Vilken information som ska visas väljs med två tryckknappar på änden av rattstångens högra brytarspak.

Färddatorn arbetar tillsammans med det extra varningssystemet, och alla varningar åsidosätter färddatorns visning.

Demontering och montering av det extra varningssystemets komponenter beskrivs i avsnitt 15.

17 Cigarettändare - demontering och montering

Demontering

1 Koppla loss batteriets minusledare.

2 Demontera mittkonsolen enligt beskrivningen i kapitel 11.

3 Demontera cigarettändaren genom att helt

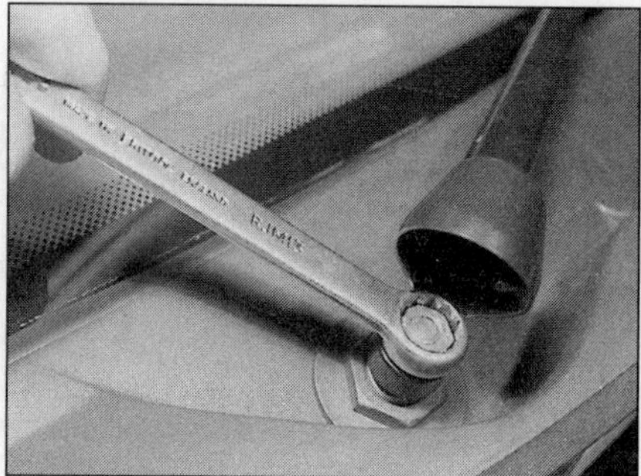

20.2a Skruva loss torkararmens fästmutter

18.9 Signalhornets plats (vid pilen) - modell med flertonshorn

enkelt dra ut den från dess hållare. Demontera hållaren genom att trycka ihop fästklämmorna och dra ut den.

Montering

4 Monteringen sker i omvänd ordning mot demonteringen.

18 Signalhorn - demontering och montering

Modeller med entonshorn

Demontering

1 Koppla loss batteriets minusledare.

2 Demontera kylargrillen enligt beskrivningen i kapitel 11.

3 Koppla loss kablaget från signalhornets baksida.

4 Skruva loss fästmuttern och dra loss signalhornet från fästbygeln **(se bild)**.

Montering

5 Montering sker i omvänd ordning mot demonteringen.

Modeller med flertonshorn

Demontering

6 Koppla loss batteriets minusledare.

7 Dra åt handbromsen, lyft upp framvagnen och ställ den på pallbockar (se *Lyftning och stödpunkter*).

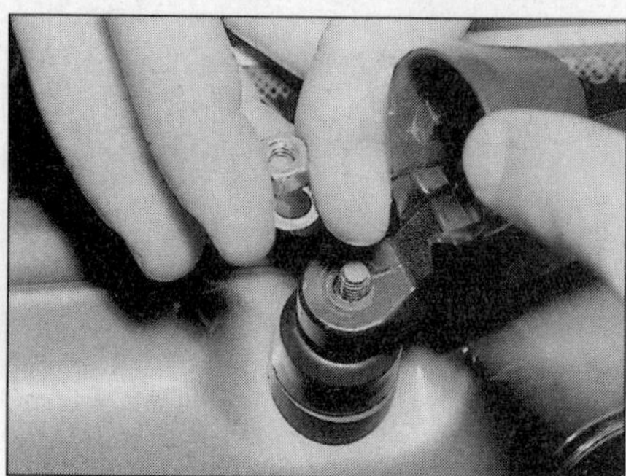

20.2b Ta bort bakrutetorkararmens fästmutter och bricka - kombikupé

8 Koppla loss kablaget från relevant signalhorn i den främre delen av vänster hjulhus.

9 Skruva loss relevant fästmutter och ta loss signalhornet från fästbygeln **(se bild)**.

10 På vissa modeller kan det vara enklare att komma åt signalhornets fästmuttrar om hela signalhornet först demonteras genom att fästbygelns fästmutter skruvas loss.

Montering

11 Montering sker i omvänd ordning mot demonteringen.

19 Hastighetsmätarvajer - demontering och montering

Demontering

1 Demontera instrumentpanelen enligt beskrivningen i avsnitt 11.

2 Dra försiktigt hastighetsmätarens vajer genom torpedväggen in i motorrummet, och notera hur den är dragen. Det kommer antagligen att vara nödvändigt att bända loss vajergenomföringen från torpedväggen.

3 Nu kan vajern tas bort från bilen. Notera hur den är dragen så att den kan monteras tillbaka på samma sätt.

Montering

4 Montering sker i omvänd ordning mot demontering. Se till att dra vajern korrekt och att inte vrida eller böja den mellan instrumentbrädan och torpedväggen vid monteringen. Se också till att vajergenomföringen sitter ordentligt i torpedväggen.

20 Torkararmar - demontering och montering

Demontering

1 Torkarmotorn ska vara i viloläget innan torkararmen demonteras.

Märk ut bladets position på rutan med tejp för att underlätta monteringen.

2 Lyft upp den gängade kåpan och skruva loss muttern och brickan som håller fast armen till axeln **(se bilder)**.

3 Bänd loss armen från axeln med en skruvmejsel om det behövs - se till att inte skada panelen eller lacken.

Montering

4 Montering sker i omvänd ordning mot demonteringen. Placera armarna så att bladen passar in mot tejpmarkeringarna på rutan som gjordes före demonteringen. Observera att torkarbladet på förarsidan har en vindavvisare.

21.3a Ta bort den främre . . .

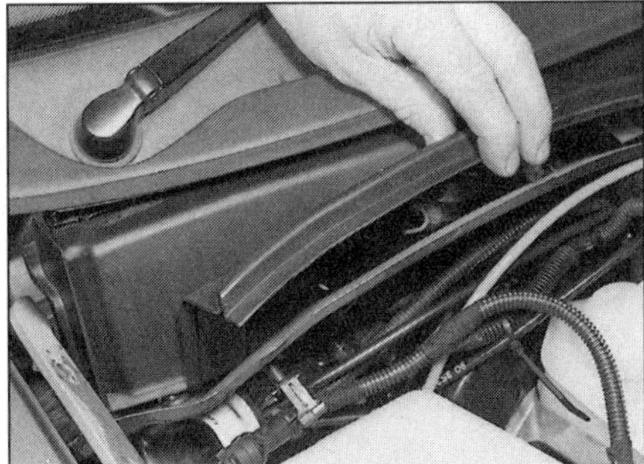
21.3b . . . och bakre vattenavvisaren från torpedplåten

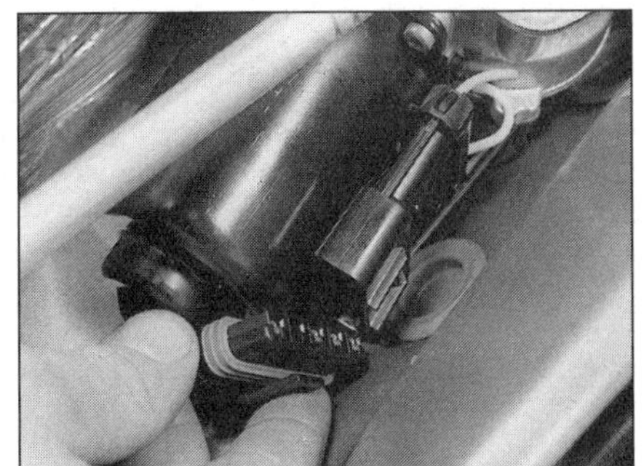
21.5 Koppla loss kontakten från vindrutetorkarmotorn

21 Vindrutetorkarmotor och länksystem - demontering och montering

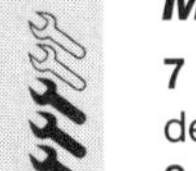

Demontering

1 Koppla loss batteriets minusledare.
2 Demontera vindrutetorkararmarna enligt beskrivningen i avsnitt 20.
3 Demontera torpedplåtens vattenavvisarpaneler, och notera hur de sitter monterade över torpedplåtens flänsar **(se bilder)**.
4 Demontera vindrutans torpedplåt enligt beskrivningen i kapitel 11.
5 Koppla loss anslutningskontakten från motorn **(se bild)**.
6 Skruva loss de tre fästbultarna och ta loss hela motorn och länksystemet från torpedväggen **(se bild)**.

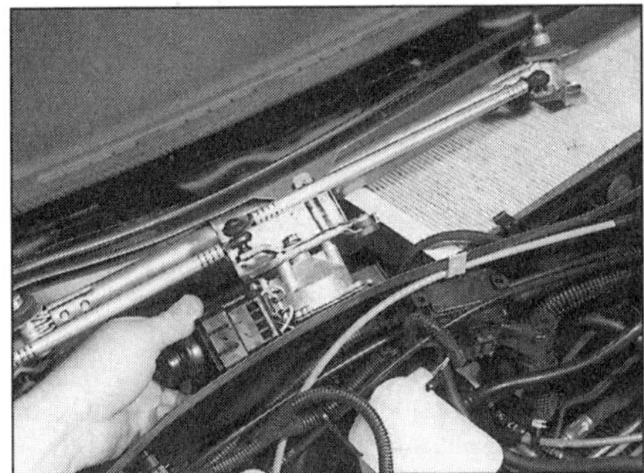
21.6 Ta loss vindrutetorkarmotorn och länksystemet

Montering

7 Montering sker i omvänd ordning mot demontering, men tänk på följande.
8 Montera tillbaka vindrutans torpedplåt enligt beskrivningen i kapitel 11.
9 Montera tillbaka torkararmarna enligt beskrivningen i avsnitt 20.

22 Bakrutetorkarmotor och länksystem - demontering och montering

Demontering

1 Koppla loss batteriets minusledare.
2 Demontera bakrutetorkararmen enligt beskrivningen i avsnitt 20.
3 Ta bort plastkåpan från änden av torkaraxeln, skruva sedan loss axelmuttern och ta loss brickan **(se bild)**.
4 Demontera bakluckans klädselpanel enligt beskrivningen i kapitel 11, avsnitt 17.
5 Leta reda på motorns kontaktdon och sära på donets två halvor **(se bild)**.
6 Skruva loss de två fästbultarna, notera platserna för eventuella jordkablar som hålls fast av bultarna **(se bild)** och ta loss motorn från bakluckan. Observera att axelns fästgummin kan lossna från bakluckan när motorn tas bort.

Montering

7 Montering sker i omvänd ordning mot demonteringen. Se till att axelns fästgummin sitter på plats och att alla jordkablar sätts på samma plats som före demonteringen.

23 Vindrute-/bakrutespolarsystem - demontering och montering av komponenter

Vätskebehållare

Demontering

1 Koppla loss batteriets minusledare.
2 I motorrummet, koppla loss anslutningskontakten/kontakterna från vätskepumpen/pumparna i behållaren.
3 Koppla loss vätskeslangen/slangarna från pumpen/pumparna. Var beredd på spill.
4 Skruva loss fästskruven från behållarens främre högra kant och ta ut behållaren ur motorrummet.

Montering

5 Montering sker i omvänd ordning mot demonteringen.

Vätskepump

Demontering

6 Koppla loss batteriets minusledare.
7 I motorrummet, koppla loss anslutningskontakten från pumpen.
8 Koppla loss vätskeslangen/slangarna från pumpen. Var beredd på spill.
9 Dra bort pumpen från behållaren. Var beredd på oljespill om behållaren fortfarande innehåller olja.

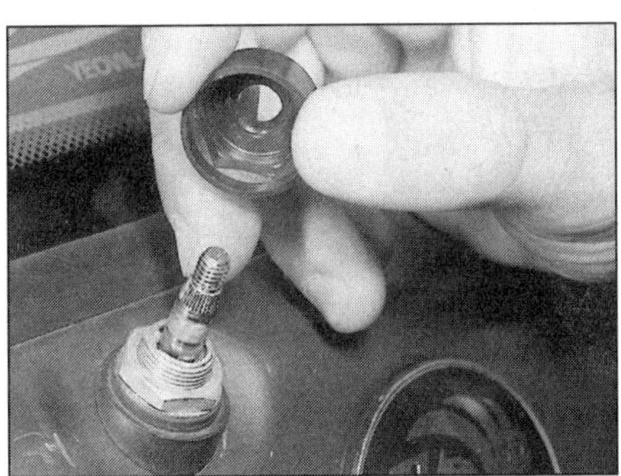
22.3 Ta bort plastkåpan från bakrutetorkarens axel - kombikupé

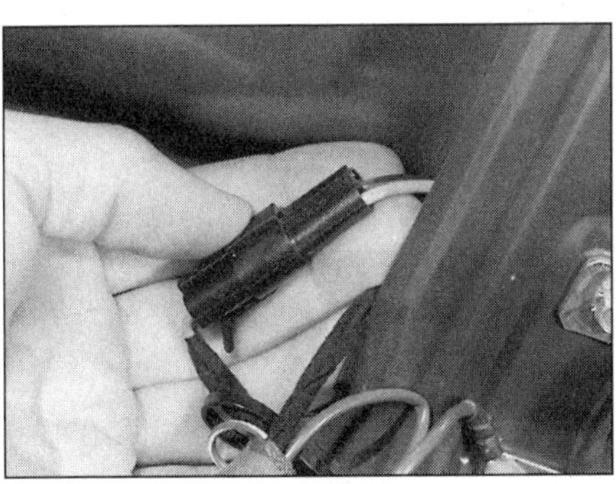
22.5 Bakrutetorkarmotorns kontaktdon - kombikupé

22.6 Bakrutetorkarmotorns fästbultar (vid pilarna)

25.3 Skruva loss låsskruvarna från radion/bandspelaren

Montering

10 Undersök filtret i änden av pumpens insug och rengör det eller byt om det behövs.

11 Montering sker i omvänd ordning mot demontering. Se till att pumpen sitter ordentligt i behållaren.

Vindrutespolarmunstycke

Demontering

12 Bänd försiktigt loss munstycket från motorhuven, och se till att inte skada lacken.

13 Koppla loss vätskeslangen och ta bort munstycket.

Montering

14 Vid monteringen, återanslut spolarslangen till munstycket och tryck munstycket på plats.

15 Justera vid behov munstycket genom att sticka in en nål i hålet och vrida munstycket till rätt position.

Bakrutespolarmunstycke - kombikupé

Demontering

16 Spolarmunstycket kan demonteras efter att bakluckespoilern demonterats enligt beskrivningen i avsnitt 25 i kapitel 11. Se till att slangen inte faller in i bakluckan.

Montering

17 Montering sker i omvänd ordning mot demonteringen. Montera tillbaka spoilern enligt beskrivningen i kapitel 11, avsnitt 25. Justera vid behov munstycket genom att sticka in en nål i hålet och vrida munstycket till rätt position.

Bakrutespolarmunstycke - kombi

Demontering

18 Öppna bakluckan och demontera bakluckans övre inre klädselpanel enligt beskrivningen i kapitel 11, avsnitt 17.

19 Koppla loss vätskeslangen från munstycket och tryck ut munstycket genom bakluckan.

Montering

20 Montering sker i omvänd ordning mot demonteringen.

25.5 Ta loss radion/bandspelaren från instrumentbrädan

24 Strålkastarspolarsystem - demontering och montering av komponenter

Spolarmunstycken

Demontering

1 Demontera kylargrillen enligt beskrivningen i kapitel 11.

2 Demontera de två fästskruvarna och dra ut munstyckena från grillen.

Montering

3 Montering sker i omvänd ordning mot demonteringen.

4 Justera vid behov munstyckena genom att sticka in en nål i hålet och vrida munstyckena till rätt position.

Vätskebehållare

Demontering

5 Behållaren för strålkastarspolarvätska sitter baktill till vänster i motorrummet.

6 Koppla loss batteriets minusledare.

7 I motorrummet, skruva loss påfyllningsröret från behållaren.

8 Demontera hjulhusets innerskärm enligt beskrivningen i kapitel 11, avsnitt 25.

9 Skruva loss behållarens tre fästskruvar och vrid behållaren så att det går att koppla loss pumpens anslutningskontakt och vätskeslangen. Var beredd på spill när slangen kopplas loss.

10 Ta bort behållaren från hjulhuset.

Montering

11 Montering sker i omvänd ordning mot demonteringen.

Vätskepump

Demontering

12 Demontera vätskebehållaren enligt beskrivningen tidigare i detta avsnitt.

13 Dra bort pumpen från behållaren, och var beredd på spill om behållaren fortfarande innehåller olja.

Montering

14 Undersök tätningsmuffen mellan pumpen och behållaren och byt ut den om det behövs.

15 Montering sker i omvänd ordning mot demonteringen.

25 Radio/kassettbandspelare - demontering och montering

Demontering

1 Alla radioapparater/bandspelare har DIN-standardanslutningar. Två specialverktyg, som finns hos bilradiospecialister, krävs vid demonteringen.

2 Koppla loss batteriets minusledare.

3 Skruva loss de fyra låsskruvarna från hörnen av radion/bandspelaren med en insexnyckel **(se bild)**.

4 Stick in verktygen i skruvhålen och tryck tills de snäpper på plats. Dra sedan verktygen bakåt (bort från instrumentbrädan).

5 Dra ut radion/bandspelaren från instrumentbrädan **(se bild)**.

Montering

6 För att montera tillbaka radion/bandspelaren, tryck helt enkelt in den i instrumentbrädan tills fästtapparna snäpper på plats, och skruva sedan tillbaka låsskruvarna.

26 Högtalare - demontering och montering

Främre diskanthögtalare

Demontering

1 Koppla loss batteriets minusledare.

2 Bänd försiktigt loss sidospegelns klädselpanel från dörren.

3 Koppla loss anslutningskontakten från högtalaren.

4 Tryck försiktigt loss högtalaren från klädselpanelen **(se bild)**.

Montering

5 Montering sker i omvänd ordning mot demonteringen.

26.4 En diskanthögtalare demonteras från spegelns klädselpanel

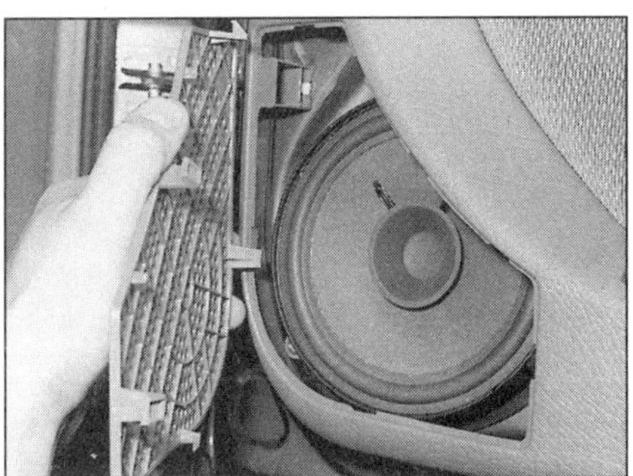
26.7 Ta bort den främre bashögtalarens klädselpanel från dörren

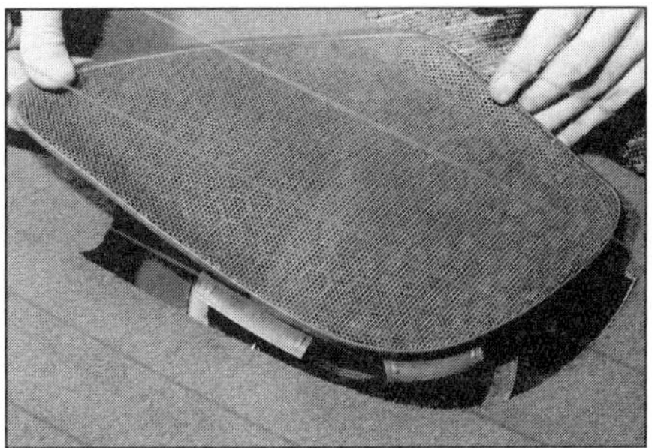
26.12 Ta bort den bakre högtalarens kåpa från bagagehyllan (sett genom bakrutan) - sedan

26.13 Skruva loss högtalarens fästskruvar (sett genom bakrutan) - sedan

Främre bashögtalare

Demontering

6 Koppla loss batteriets minusledare.

7 Lossa försiktigt högtalarens klädselpanel från dörren **(se bild)**.

8 Skruva loss de tre fästskruvarna, dra sedan ut högtalaren från dörren och koppla loss kablaget.

Montering

9 Monteringen sker i omvänd ordning mot demonteringen.

Bakre högtalare - sedan

Demontering

10 Koppla loss batteriets minusledare.

11 I bagageutrymmet, koppla loss kontakten från högtalaren.

12 Inne i kupén, bänd försiktigt loss högtalarens kåpa från bagagehyllan (skjut kåpan mot mitten av kupén) **(se bild)**.

13 Skruva loss högtalarens fyra fästskruvar som nu syns, och dra försiktigt ut högtalaren in i bagageutrymmet **(se bild)**.

Montering

14 Montering sker i omvänd ordning mot demonteringen.

Bakre högtalare - kombikupé

Demontering

15 Koppla loss batteriets minusledare.

16 I bagageutrymmet, koppla loss anslutningskontakten från högtalaren.

17 Skruva loss de fyra fästskruvarna och ta loss högtalaren från undersidan av bagagehyllan **(se bild)**.

Montering

18 Montering sker i omvänd ordning mot demonteringen.

Bakre högtalare - kombi och van

Demontering

19 Koppla loss batteriets minusledare.

20 Demontera bakluckans nedre klädselpanel enligt beskrivningen i kapitel 11, avsnitt 17.

21 Skruva loss de tre fästskruvarna, ta sedan loss högtalaren från bakluckan och koppla loss kablaget.

Montering

22 Montering sker i omvänd ordning mot demonteringen.

27 Radioantenn - demontering och montering

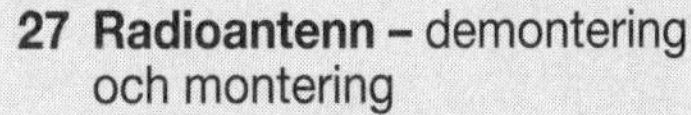

Sedan

Demontering

1 På modeller med elantenn, se till att antennen är helt indragen och koppla sedan loss batteriets minusledare.

2 Ta loss bagageutrymmets bakre klädselpanel och vänstra sidoklädselpanel enligt beskrivningen i kapitel 11.

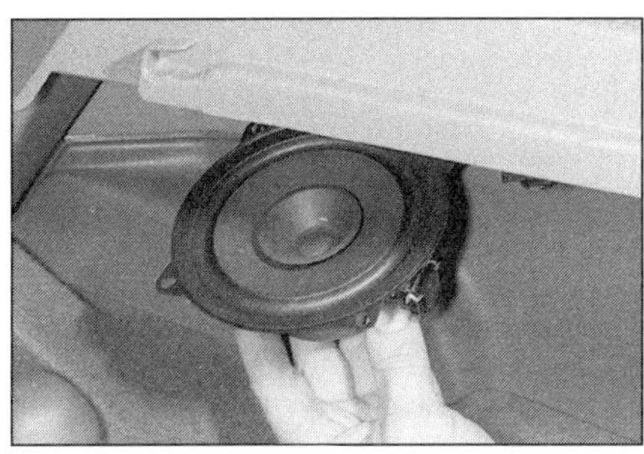
26.17 En högtalare demonteras - kombikupé

3 I tillämpliga fall, skruva loss skruven som håller fast antennens jordledning till karossen.

4 Skruva loss skruven som håller fast antennens nedre ände till karossen, dra sedan antennen genom muffen i bakskärmen och sänk den så mycket att antennsladden och, om det är tillämpligt, motorns anslutningskontakt kan kopplas loss.

5 Dra ut antennen in i bagageutrymmet.

Montering

6 Montering sker i omvänd ordning. Se till att antennmuffen sitter korrekt i bakflygeln.

Kombikupé (utom sportmodeller)

Demontering

7 Följ beskrivningen i punkt 1 och 2.

8 Demontera vänster bakljus enligt beskrivningen i avsnitt 8.

9 Fortsätt enligt beskrivningen i punkt 3 och 4 **(se bilder)**.

27.9a Elantennens jordledning (vid pilen) - kombikupé

27.9b Sänk antennen för att koppla loss antennsladden (vid pilen) . . .

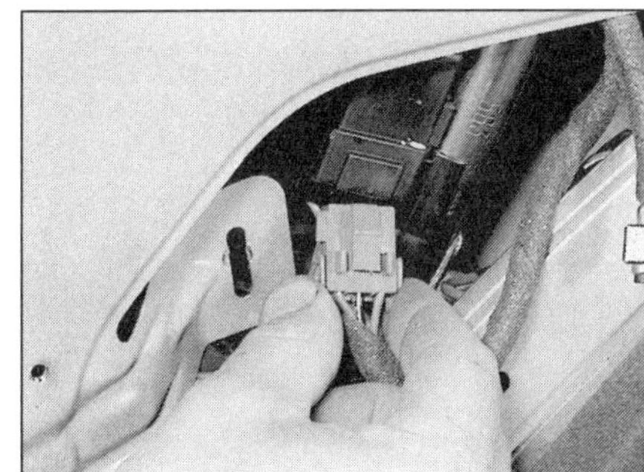
27.9c . . . och motorns anslutningskontakt - kombikupé

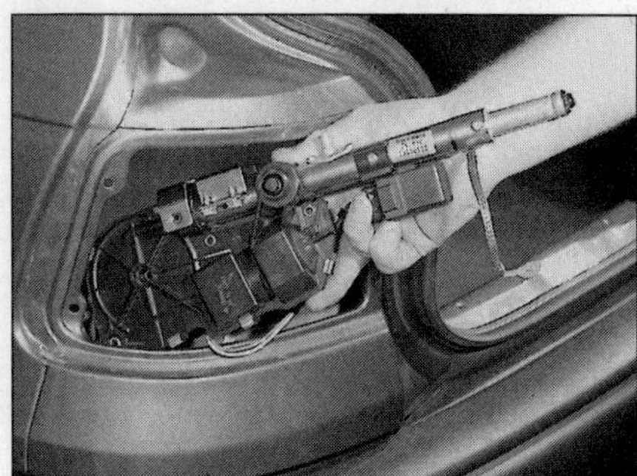

27.10 Dra ut antennen genom öppningen för bakljuset - kombikupé

10 Vrid antennen försiktigt så att den kan dras ut genom bakljusets öppning **(se bild)**.

Montering

11 Se punkt 6.

Kombi och kombikupé sport

Demontering

12 Demontera den inre takklädseln enligt beskrivningen i kapitel 11, avsnitt 29.

13 Koppla loss antennsladden från antennen genom hålet i taket.

14 Skruva loss antennens fästmutter och dra ut antennen från taket.

Montering

15 Montering sker i omvänd ordning.

Elantenn

Demontering

16 Masten på fabriksmonterade, helautomatiska elantenner kan bytas separat.

17 Fäll ut antennen så långt det går genom att slå på radion.

18 Skruva loss fästmuttern.

19 Dra hylsan uppåt från basen.

20 Nu kan enheten tas loss från kopplingsmekanismen, genom att enheten dras uppåt.

Montering

21 Sätt i mastens kulände i basen.

22 Skjut försiktigt ner masten så långt det går, tills den hakar i kopplingsmekanismen.

23 Dra in antennen genom att slå av radion.

24 Om antennen inte dras in helt i basen, skjut in resten för hand.

25 Sätt i hylsan i basen och dra åt fästmuttern.

26 Kontrollera att antennen fungerar som den ska genom att slå på och av radion ett par gånger.

28 Stöldlarm - allmänt

1 Vissa modeller har stöldlarm som standard.

2 Larmet är kopplat till centrallåsets kontakt, och utlöses om någon dörr, motorhuven eller bakluckan öppnas, eller om någon mixtrar med radion/bandspelaren **(se bild)**.

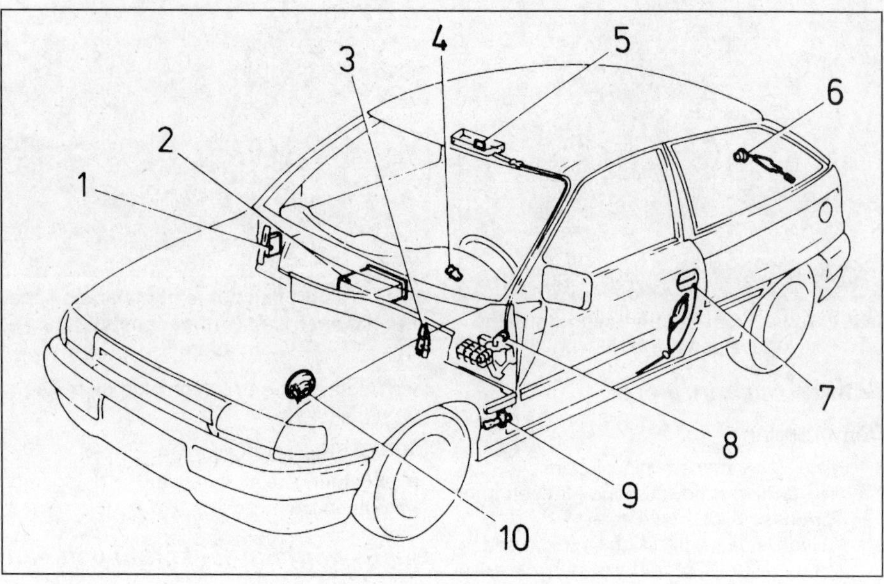

28.2 Stöldlarmssystemets komponenter

1 Elektronisk styrenhet
2 Sensor radio/bandspelare
3 Motorhuvskontakt
4 Tändningslås
5 Lysdiod ihopbyggd med kupélampan
6 Bakluckans kontakt
7 Dörrlåskontakt
8 Relä (isolerar startmotor)
9 Kupébelysningens kontakt
10 Signalhorn

3 Larmet har en självdiagnosfunktion, och alla fel bör överlåtas till en Opelverkstad som har den specialutrustning som krävs.

29 Stöldlarm - demontering och montering av komponenter

Elektronisk styrenhet

Demontering

1 Styrenheten sitter bakom den högra fotbrunnssidans/tröskelns klädselpanel **(se bild)**.

2 Koppla loss batteriets minusledare.

3 Ta loss fotbrunnssidan/tröskelns klädselpanel enligt beskrivningen i kapitel 11, avsnitt 30.

4 Skruva loss de två plastfästmuttrarna, lyft bort styrenheten från fotbrunnen, koppla loss anslutningskontakten och ta loss enheten.

Montering

5 Montering sker i omvänd ordning.

Motorhuvskontakt

Demontering

6 Koppla loss batteriets minusledare.

7 Lossa försiktigt fästklämman med en skruvmejsel och ta loss kontakten från fästbygeln på fjädringsfästet **(se bild)**.

8 Koppla loss kontaktdonet och ta bort kontakten.

Montering

9 Montering sker i omvänd ordning mot demonteringen.

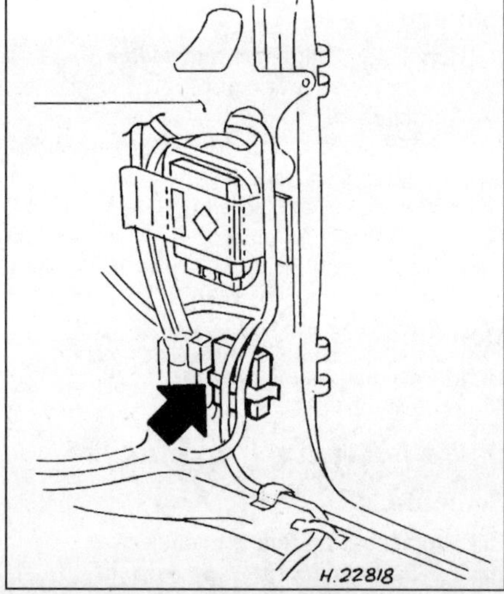

29.1 Plats för stöldlarmets elektroniska styrenhet (vid pilen) i höger fotbrunn

29.7 Stöldlarmets motorhuvskontakt (vid pilen)

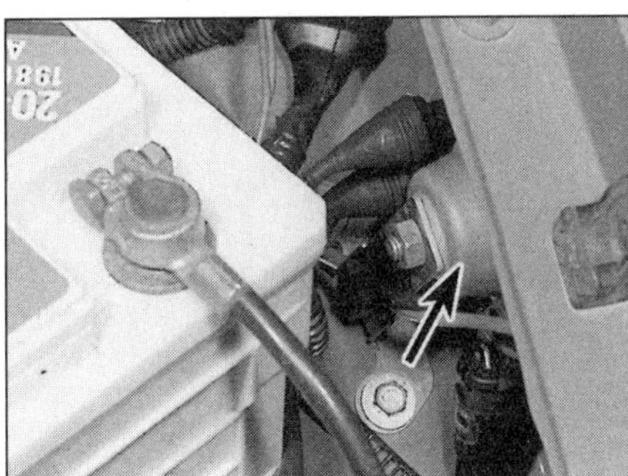

29.10 Stöldlarmets signalhorn (vid pilen)

Signalhorn

Demontering

10 Signalhornet sitter på den främre vänstra innerskärmen, bredvid batteriet **(se bild)**.

11 Koppla loss batteriets minusledare och koppla loss kablaget från signalhornet.

12 Skruva loss fästmuttern och ta loss signalhornet från fästbygeln. Alternativt, skruva loss fästbulten och ta loss fästbygeln tillsammans med signalhornet.

Montering

13 Montering sker i omvänd ordning mot demonteringen.

30 Krockkudde - allmänt

Allmän information

En krockkudde på förarsidan finns som standard på alla modeller. Krockkudden sitter under rattens mittplatta. En krockkudde kan även finnas på passagerarsidan, antingen som standard eller som tillval, beroende på modell.

Systemet aktiveras först när tändningen slå på, men en reservströmkälla förser systemet med ström om ett fel skulle uppstå på elsystemet. Systemet utlöses av en retardationsgivare som sitter i den elektroniska styrenheten.

Krockkuddarna blåses upp av gasgeneratorer, som tvingar ut kuddarna ur ratten respektive instrumentbrädan på passagerarsidan.

Om ett fel skulle uppstå på krockkuddssystemet (en varningslampa tänds på instrumentbrädan), måste bilen tas till en Opelverkstad.

Föreskrifter

Varning: Följande föreskrifter måste följas när man arbetar på en bil med krockkudde för att förhindra risk för personskada.

Allmänna föreskrifter

Följande föreskrifter **måste** följas när man arbetar med en bil som har krockkudde.

a) Koppla inte loss batteriet med motorn igång.

b) Innan något arbete utförs i närheten av en krockkudde, innan någon av krockkuddens komponenter demonteras eller något svetsarbete utförs i bilen, måste systemet avaktiveras enligt beskrivningen i följande underavsnitt.

c) Försök inte testa någon av krockkuddssystemets kretsar med någon typ av testutrustning.

*d) Om krockkuddssystemets varningslampa tänds, eller om något fel i systemet misstänks, måste bilen omedelbart tas till närmaste Opelverkstad. Försök **inte** utföra någon feldiagnos eller ta isär någon av komponenterna.*

Föreskrifter för hantering av en krockkudde

a) Transportera krockkudden separat, med självakudden vänd uppåt.

b) Lägg inte armarna runt krockkudden.

c) Bär krockkudden nära kroppen, med kudden utåt.

d) Utsätt inte krockkudden för stötar.

e) Försök inte ta isär krockkudden.

f) Anslut inte någon typ av elektrisk utrustning till någon del av krockkuddens krets.

g) Låt inte krockkudden komma i kontakt med lösningsmedel eller rengöringsmedel. Den får bara rengöras med en fuktad trasa.

Föreskrifter för lagring av en krockkudde

a) Lagra krockkudden i ett skåp med kudden uppåt.

b) Utsätt inte krockkudden för temperaturer över 90°C.

c) Utsätt inte krockkudden för öppen låga.

d) Kasta inte bort krockkudden – kontakta en Opelverkstad.

e) Montera aldrig tillbaka en krockkudde som är felaktig eller skadad.

Avaktivering av systemet

Systemet måste avaktiveras enligt följande anvisningar innan något arbete utförs på krockkuddens komponenter eller intilliggande delar.

a) Slå av tändningen.

b) Ta ur startnyckeln.

c) Slå av all elektrisk utrustning.

d) Koppla loss batteriets minusledare (se kapitel 5A).

e) Isolera batteriets minuspol och änden av batteriets minusledare för att förhindra att de kommer i kontakt med varandra av misstag.

f) Vänta minst en minut innan arbetet fortsätts. Detta ger systemets kondensator tid att ladda ur.

31 Krockkudde (förarsida) - demontering och montering

Varning: Läs föreskrifterna i avsnitt 30 innan arbetet påbörjas. Ställ enheten med kåpan överst och utsätt den inte för temperaturer över 90°C. Försök inte öppna eller reparera krockkudden, eller ansluta spänning till den. Använd inte en krockkudde som är synbarligen skadad eller som har mixtrats med.

Observera: *Särskilt på servostyrningsmodeller är det en fördel att lyfta framvagnen och ställa den på pallbockar under karossens sidobalkar så att ratten lättare kan vridas.*

Demontering

1 Avaktivera krockkuddesystemet enligt beskrivningen i avsnitt 30.

2 Kontrollera att framhjulen pekar rakt fram, vrid sedan ratten 90° medurs så att det går att komma åt vänster ratteker från baksidan.

3 Skruva loss krockkuddens fästbult från rattens undersida med en insexhylsnyckel.

4 Vrid ratten 180° moturs så att det går att komma åt höger ratteker från baksidan.

5 Skruva loss krockkuddens andra fästbult från baksidan av ratten.

6 Centrera ratten igen och lyft försiktigt bort krockkudden från ratten.

7 Koppla loss anslutningskontakten bakpå krockkudden och ta bort krockkudden från bilen.

Montering

8 Monteringen sker i omvänd ordning mot demonteringen.

32 Krockkuddekontakt - demontering och montering

Varning: Läs föreskrifterna i avsnitt 30 innan arbetet påbörjas.

Demontering

1 Demontera krockkudden enligt beskrivningen i avsnitt 31, och ratten enligt beskrivningen i kapitel 10.

2 Koppla loss signalhornets kontaktdon om det inte redan gjorts.

3 Skruva loss de två fästskruvarna och dra loss kontakten från ratten – notera hur den är monterad **(se bild på nästa sida)**.

Montering

4 Montera tillbaka kontakten och dra åt fästskruvarna, och se till att den sitter som före demonteringen.

5 Om en ny kontakt har monterats, skruva loss säkerhetsskruven.

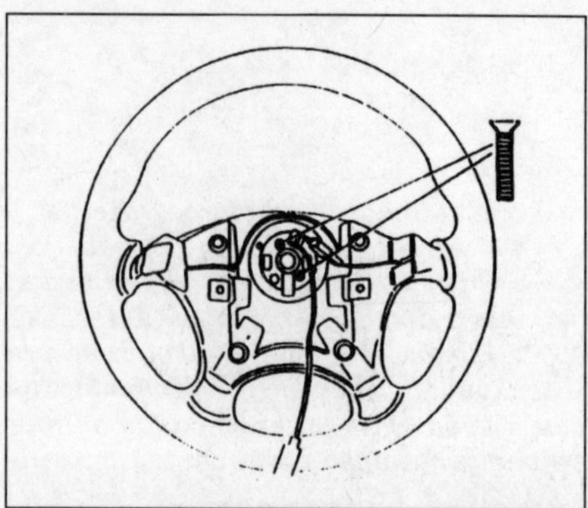

32.3 Krockkuddekontaktens fästskruvar (vid pilarna)

6 Återanslut signalhornets kontaktdon.
7 Montera tillbaka ratten enligt beskrivningen i kapitel 10, montera sedan tillbaka krockkudden enligt beskrivningen i avsnitt 31.

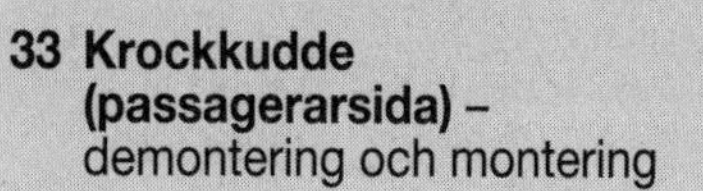

33 Krockkudde (passagerarsida) – demontering och montering

Varning: Läs föreskrifterna i avsnitt 30 innan arbetet påbörjas.

Observera: *Om krockkudden har utlösts måste fästbyglarna bytas – vilket bör utföras av en Opelverkstad. Krockkuddens fästmuttrar måste bytas vid återmonteringen.*

Demontering

1 Avaktivera systemet till krockkudden enligt beskrivningen i avsnitt 30.
2 Demontera vindrutans torpedplåt och handskfacket enligt beskrivningen i kapitel 11.
3 Demontera ventilationsmunstyckets hus på passagerarsidan enligt beskrivningen i kapitel 3.
4 Demontera den nedre klädselpanelen i fotbrunnen på passagerarsidan enligt beskrivningen i kapitel 11, avsnitt 30.

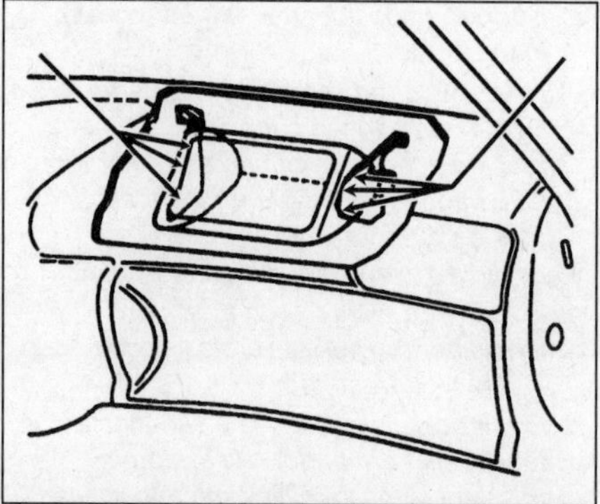

33.8 Passagerarkrockkuddens fästmuttrar (vid pilarna)

5 Demontera förvaringshyllan från instrumentbrädan på passagerarsidan.
6 Demontera lufttrummorna till fotbrunnen samt ventilationsmunstycket på passagerarsidan, och notera hur de är monterade.
7 Koppla loss krockkuddens kontaktdon.
8 Skruva loss de sex fästmuttrarna och ta loss krockkudden från instrumentbrädan **(se bild)**.

Montering

9 Montering sker i omvänd ordning mot demonteringen. Använd nya fästmuttrar och dra åt dem till angivet moment.

34 Krockkuddens styrenhet – demontering och montering

Varning: Läs föreskrifterna i avsnitt 30 innan arbetet påbörjas.

Demontering

1 Avaktivera systemet till krockkudden enligt beskrivningen i avsnitt 30.
2 Demontera mittkonsolen enligt beskrivningen i kapitel 11.

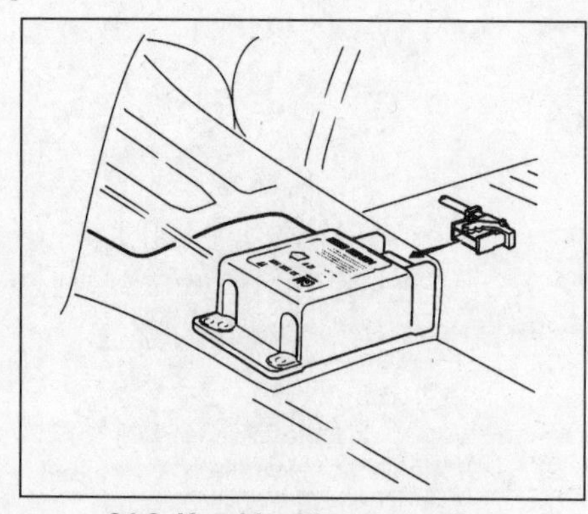

34.3 Krockkuddens styrenhet

3 Koppla loss styrenhetens anslutningskontakt, skruva sedan loss de tre fästmuttrarna och ta bort styrenheten från golvet **(se bild)**.

Montering

4 Monteringen sker i omvänd ordning mot demonteringen.

35 Kopplingsscheman – förklaringar

1 Två uppsättningar kopplingsscheman medföljer för modeller fram till 1994, ett schema för tidiga modeller med 30 säkringar i säkringsdosan, och ett för senare modeller med 28 säkringar **(se bild)**.
2 Kopplingsschemana är av strömflödestyp, där varje krets visas i enklast möjliga form. Observera att eftersom schemana ursprungligen framställts i Tyskland (enligt DIN-standard), är alla kabelfärger och förkortningar som används på tyska. Se informationen på nästa sida för förklaringar.
3 Den nedersta linjen i schemat representerar jordanslutning (eller negativ anslutning), och siffrorna under denna linje är spårnummer, så att kretsar och komponenter kan hittas.
4 Linjerna längst upp i schemat representerar spänningsanslutning (eller positiv anslutning). Linjen märkt '30' har alltid spänning, medan den märkt '15' bara har spänning när tändningen är påslagen.
5 Siffrorna som står i en ruta i schemat i slutet av en kabel anger det spårnummer vid vilken kabeln fortsätter. Vid den angivna punkten står ett annat nummer i en ruta, som refererar tillbaka till den föregående kretsen.

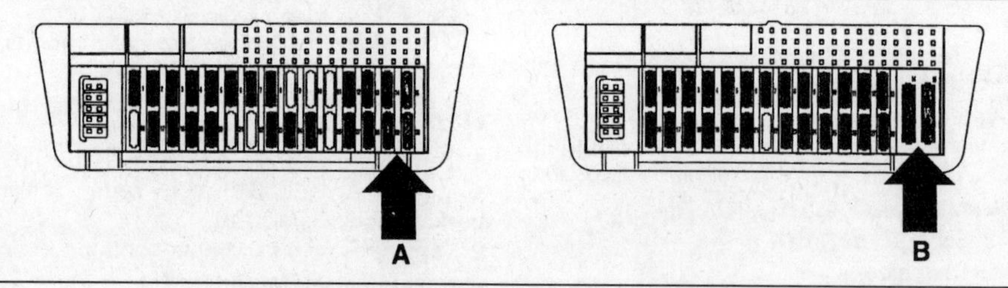

35.1 Tidigare och senare typ av säkringsdosa

A Tidiga modeller med 30 säkringar
B Senare modeller med 28 säkringar

Förklaringar till förkortningar

Observera: *Följande lista är endast avsedd som en guide - en mer omfattande lista fanns inte tillgänglig i skrivande stund.*

ABS Låsningsfria bromsar
AC Luftkonditionering
AT Automatväxellåda
ATC Automatisk temperaturstyrning
AZV Bogserkrok för släpvagn
BR OBD (On-board computer)
CC Glödlampsövervakning
CRC Farthållare
D Diesel
DID Tvåfunktionsdisplay
DIS Direkttändningssystem
DS Stöldskydd
DWA Stöldvarningssystem
DZM Varvräknare
EFC Elstyrd sufflett (Cabriolet)
EKS Säkerhetsvakt (elfönsterhiss)
EMP Radio/kassettbandspelare
ETC Elektroniskt antispinnsystem
EUR Euronorm motor
EZ + El Plus med självdiagnos
EZV Ecotronic
FH Elfönsterhissar
GB Storbritannien
HRL Bagageutrymmets lampa
HS Uppvärmd bakruta
HW Bakrutetorkare
HZG Värme
INS Instrument
IRL Innerbelysning
KAT Katalysator
KBS Kabelhärva
KV Kontakt, fördelare
L3.1 Bränsleinsprutning (Bosch L3.1-Jetronic)
LCD LCD instrument
LHD Vänsterstyrd
LWR Strålkastarjustering
M1.5 Bränsleinsprutning (Bosch Motronic M1.5)
M2.5 Bränsleinsprutning (Bosch Motronic M2.5)
MID Flerfunktionsdisplay
MOT Motronic system (allmänt)
MT Manuell växellåda
MUL Bränsleinsprutning (Multec)
N Norge
NSL Bakre dimljus
NSW Dimljus
OEL Oljenivåkontroll (oljetryck)
OPT Tilläggsutrustning
PBSL Växellådslås
P/N Park/Neutral (startspärr - automatväxellåda)
POT Potentiometer
RC Anpassningsbar dämpning
RFS Backljus
RHD Högerstyrd
S Sverige
SD Skjutbart soltak
SH Sätesvärme
SRA Strålkastarspolare
TANK Bränslemätare
TD Turbodiesel
TEMP Temperaturmätare
TFL Varselljus
TKS Dörrens innerbelysningskontakt
TSZI Högenergitändning (HEI)
VGS Förgasare
WEG Bilens hastighetsgivare
WHR Bilens nivåkontroll
WS Varningssummer
ZV Centrallås
ZYL Cylinder
4WD Fyrhjulsdrift

Kabelidentifikation

Exempel: GE WS 1.5
GE - Basfärg
WS - Identifikationsfärg
1.5 - Kabelns tvärsnitt (mm²)

Färgkoder

BL Blå
BR Brun
GE Gul
GN Grön
GR Grå
HBL Ljusblå
LI Lila
RT Röd
SW Svart
VI Violett
WS Vit

Kretsarnas förbindelse

Ett inramat nummer - t.ex. 180 - hänvisar till kretsens fortsättning i ett annat schema

Komponentförteckning till kopplingsschema för modeller fram till 1994

Alla komponenter finns inte på alla modeller — **Modell med tidigare typ av säkringsdosa (30)* — ***Modell med senare typ av säkringsdosa (28)*

Nr	Beskrivning	Spår
E01	Parkeringsljus, vänster	604
E02	Bakljus, vänster	501, 602
E03	Nummerplåtsbelysning	613 to 616
E04	Parkeringsljus, höger	609
E05	Bakljus, höger	503, 611
E07	Strålkastarens helljus, vänster	629
E08	Strålkastarens helljus, höger	631
E09	Strålkastarens halvljus, vänster	505, 630
E10	Strålkastarens halvljus, höger	507, 632
E11	Instrumentbelysning	546
E12	Automatväxellådans växelväljare, belysning	296, 297
E13	Bagageutrymmets belysning	687
E14	Innerbelysning	689, 750, 752
E15	Handskfacksbelysning	857
E16	Cigarettändarbelysning	855
E17	Backljus, vänster	698
E18	Backljus, höger	699
E19	Uppvärmd bakruta	756
E20	Dimljus, vänster fram	650
E21	Dimljus, höger fram	651
E24	Dimljus, vänster bak	645
E25	Sätesvärme, vänster	860
E27	Bakre läslampa, vänster	692
E28	Bakre läslampa, höger	694
E30	Sätesvärme, höger	864
E34	Värmereglagens belysning	756
E39	Dimljus, höger bak	646
F01 till F30	Säkringar i säkringsdosa	Olika
F14**	Värmefläktssäkring (av typ 'maxi')	762
F35	Spänningsstabilisator	548
F36	Bränslefiltrets värmesäkring (diesel, motorrum)	450, 495
F38**	Stöldskyddssignalhorn, säkring	743
F41	Glödstiftssäkring (av typ 'maxi', motorrum)	440, 487
F42	Säkring, kylarens kylfläkt	120
F45	Signalhornets säkring	830
F46*	Värmefläktens säkring (av typ 'maxi')	762
F48*	Stöldskyddssignalhorn, säkring	743
G01	Batteri	100
G02	Generator	115
G06	Generator (diesel)	469 to 472
H01	Radio/kassettbandspelare	571 to 587
H02	Signalhorn (entons)	826
H03	Körriktningsvisare varningslampa	554
H04	Oljetrycksvarningslampa	561
H05	Bromsolja varningslampa	563
H06	Varningsblinkers varningslampa	674
H07	Generator-/laddningslampa	565
H08	Helljus varningslampa	558
H09	Bromsljus, vänster	509, 659
H10	Bromsljus, höger	511, 660
H11	Körriktningsvisare, vänster fram	675
H12	Körriktningsvisare, vänster bak	676
H13	Körriktningsvisare, höger fram	683
H14	Körriktningsvisare, höger bak	684
H15	Låg bränslenivå/reserv varningslampa	551
H16	Glödstift varningslampa	539
H17	Släpvagnsblinkers varningslampa	542
H18	Signalhorn (tvåtons)	830
H19	'Strålkastare på' varningssummer	695, 696
H21	'Handbroms på' varningslampa	566
H25	Uppvärmd spegel varningslampa	842
H26	ABS varningslampa	537
H30	Motor varningslampa	559
H33	Sidoblinkers, vänster	679
H34	Sidoblinkers, höger	681
H37	Högtalare, vänster fram	576, 577
H38	Högtalare, höger fram	581 582
H39	Högtalare, vänster bak	576 577
H40	Högtalare, höger bak	581, 582
H42	Automatväxellåda varningslampa	540
H47	Stöldskyddssignalhorn	743
H48	Signalhorn (tvåtons)	832
H51	Antispinnsystem (ETC) varningslampa	538
H52	Högtonshögtalare, vänster fram	576
H53	Högtonshögtalare, höger fram	581
K01	Uppvärmd bakruta, relä	756, 757
K03	Relä startmotor (stöldvarningsenhet, 70A)	111, 112
K05	Främre dimljus, relä	651, 652
K08	Vindrutetorkarnas fördröjningsrelä	803 till 806
K10	Körriktningsvisarnas blinkenhet	670 till 672
K20	Tändningsmodul/tändspole	137 till 141, 170 till 172, 239, 240, 302, 303, 362 till 365
K25	Glödtidsrelä (70A)	437 till 440
K30	Bakrutetorkarens fördröjningsrelä	813 till 815
K35	Uppvärmd spegel, relä	847 till 849
K37	Centrallås, styrenhet	705 till 711
K57	Multec enpunkts insprutn styrenhet	175 till 194, 211 till 230, 242 till 261
K58	Bränslepumprelä (Multec enpunkts insprutn)	196, 197, 231, 232, 261, 262, 332, 333
K59	Varselljus relä	619 till 625
K61	Motronic styrenhet	367 till 397, 402 till 426
K63	Tvåtorns signalhorn relä	829,830
K68	Bränsleinsprutningsenhet relä	395 till 399, 428 till 432
K76	Glödtid styrenhet	479 till 484
K77	Glödstiftsrelä	486, 487
K78	För-motstånd relä	489,490
K79	Laddningsindikator relä	472 till 474
K80	Bränslefiltrets värmerelä (diesel)	449, 450, 494, 495
K82	Motorhastighet relä	444, 445
K85	Automatväxellåda styrenhet	271 till 294
K89	Bakre dimljus relä	639 till 641
K91	Multec flerpunktsinsprutn styrenhet	305 till 332, 345
K94	Stöldskyddslarm styrenhet	737 till 750
K95	Antispinnsystem styrenhet	926 till 941
K97	Strålkastarspolarnas fördröjningsrelä	820 till 822
L01	Tändspole	138, 172, 205, 239, 303, 362, 406
L02	Tändspole (DIS)	338 till 343
M01	Startmotor	105, 106
M02	Vindrutetorkarmotor	801 till 804
M03	Värmefläktsmotor	761 till 763
M04*	Kylarens kylfläktsmotor	120, 123
M04**	Kylarens kylfläktsmotor	120, 123, 127
M08	Bakrutetorkarmotor	811 till 813
M15	Elfönsterhissmotor, främre passagerardörr	783, 785
M18	Centrallåsmotor, förardörr	706 till 709
M19	Centrallåsmotor, vänster bakdörr	717 till 719
M20	Centrallåsmotor, höger bakdörr	721 till 723
M21	Bränslepump	197, 232, 262, 333, 399, 429
M24	Strålkastarspolarpump	822
M26	Elantenn motor	587, 588
M26.1	Elantenn motor, relä	590
M30	Elstyrd spegel (förarsidan)	838 till 841
M31	Elstyrd spegel (passagerarsidan)	844 till 847
M32	Centrallåsmotor, främre passagerardörr	717 till 720
M33	Tomg.hastighet, aktiverare/kraftenhet	377, 378, 414, 415
M39	Strålkastarjusteringsmotor, vänster	592 till 594
M40	Strålkastarjusteringsmotor, höger	596 till 598
M41	Centrallåsmotor, tanklucka	725,726

Komponentförteckning till kopplingsschema för modeller fram till 1994

Alla komponenter finns inte på alla modeller **Modell med tidigare typ av säkringsdosa (30)* ***Modell med senare typ av säkringsdosa (28)*

Nr	Beskrivning	Spår
M47	Elfönsterhissmotor, förardörr	773 till 776
M55	Vindrute-/bakrutespolarpump	817
M60	Centrallåsmotor, bagage-/baklucka	726, 728
M65	Gasspjällaktiverare (antispinnsystem)	930 till 934
M66	Stegmotor för tomgång	178 till 181, 215 till 218, 249 till 252, 314 till 317
P01	Bränslemätare	550
P02	Kylvätsketemperaturmätare	553
P04	Bränslenivågivare	550
P05	Kylvätsketemperaturgivare	553
P07	Varvräknare	543
P12	Kylvätsketemperaturgivare	371 till 373, 413
P13	Yttertemperaturgivare	524
P14	Distansgivare	478, 479
P17	Hjulgivare, vänster fram	910, 953
P18	Hjulgivare, höger fram	913, 956
P19	Hjulgivare, vänster bak	916, 959
P20	Hjulgivare, höger bak	919, 962
P21	Distansgivare	556
P23	MAP-givare	188 till 190, 217 till 219, 249 till 251, 319 till 321
P25	Glödlampstestgivare	500 till 513
P27	Slitagegivare bromskloss, vänster fram	516
P28	Slitagegivare bromskloss, höger fram	516
P29	Insugsgrenrörets temperaturgivare	315, 410
P30	Kylvätsketemperaturgivare	186, 215, 247, 317
P32	Avgassystemets syresensor (uppvärmd)	392, 393, 426, 427
P33	Avgassystemets syresensor	190, 229, 256, 330
P34	Gasspjällpotentiometer	191 till 193, 221 till 223, 252 till 254, 323 till 325, 411, 412
P35	Vevaxelns impulsgivare	244 till 246, 311 till 313, 381, 383, 421 till 423
P38	Automatväxellådans vätsketemperaturgivare	290
P44	Luftmängdsmätare	394 till 398, 417 till 419
P45	Automatväxellådans motorhastighetsgivare	287, 288
P46	Knacksensor	385, 386
P47	Hallgivare (cylinderidentifikation)	388, 389
P48	Automatväxellådans distansgivare	285, 286
P55	Kylvätsketemperaturgivare	482
P57	Antenn	587
P58	Stöldlarmssensor för krossat glas, vänster bak	754
P59	Stöldlarmssensor för krossat glas, höger bak	754
R02	Förgasarens förvärmning	135
R03	Cigarettändare	854
R05	Glödstift	438 till 440, 485 till 487
R19*	Förmotstånd, kylarens kylfläktsmotor	123
R19**	Förmotstånd, kylarens kylfläktsmotor	123, 127
R22	Glödstiftens förmotstånd	490
S01	Tändningslås/startkontakt	105, 106
S02	Ljusströmbrytarenhet	
S02.1	Ljusströmbrytare	604 till 607
S02.2	Innerbelysningsbrytare	689
S02.3	Instrumentbelysning dimmer	533
S03	Värmefläktens/uppvärmda bakrutans brytare	760 till 764
S05	Körriktningsvisare brytarenhet	
S05.2	Halvljusbrytare	630 till 631
S05.3	Körriktningsvisare brytare	682 till 684
S07	Backljuskontakt	698
S08	Bromsljuskontakt	660
S09	Torkarnas brytarenhet	
S09.2	Vindrutetorkarnas fördröjningsbrytare	801 till 804
S09.5	Bakrutans torkar-/spolarbrytare	814 till 816
S010	Automatväxellådans växelväljarbrytare	271 till 277
S011	Bromsvätskans nivåkontakt	563
S013	'Handbroms på' kontakt	566

Nr	Beskrivning	Spår
S014	Oljetrycksgivare/kontakt	561
S015	Bagageutrymmesbelysning brytare	687
S017	Innerbelysningskontakt, passagerarsidans dörr	694
S021	Främre dimljus brytare	652 till 654
S022	Bakre dimljus brytare	645 till 647
S029**	Kylvätskans temperaturkontakt	120
S030	Sätesvärmebrytare, vänster fram	860 till 862
S031	Innerbelysningskontakt, vänster bakdörr	691
S032	Innerbelysningskontakt, höger bakdörr	692
S033	Antispinnsystem brytare	929, 930
S034	Flerfunktionsdisplay brytare	526, 527
S037	Elfönsterhissarnas reglage (i förardörren)	774, 775
S037.1	Elfönsterhissreglage, förarsida	774, 775
S037.2	Elfönsterhissreglage, passagerarsida	772 till 777
S041	Centrallåskontakt, förardörr	702 till 704
S042	Centrallåskontakt, främre passagerardörr	714
S047	Innerbelysningskontakt, förarsidans dörr	695, 696
S052	Varningsblinkers brytare	672 till 676
S055	Sätesvärmebrytare, höger fram	864 till 866
S064	Signalhornskontakt	826
S068	Elstyrda speglar brytarenhet	
S068.1	Elstyrda speglar justeringsbrytare	836 till 840
S068.2	Elstyrda speglar värmebrytare	842
S068.3	Elstyrda speglar vänster/höger väljarbrytare	836 till 841
S078	Elfönsterhissens reglage (i passagerardörren)	782 till 785
S082	Spolarvätskans nivåkontakt	518
S088*	Kylvätskans temperaturkontakt	119 till 124
S088**	Kylvätskans temperaturkontakt	123 till 128
S093	Kylvätskans nivåkontakt	520
S095	Motoroljans nivåkontakt	522
S098	Strålkastarnas justeringsbrytare	591 till 593
S104	Automatväxellådans kickdownkontakt	289
S105	Automatväxellåda, brytare 'Vinter'-läge	293 till 295
S106	Automatväxellåda, brytare 'Ekonomi/Sport'-läge	288
S107	Gasspjällägeskontakt	374 till 379
S120	Stöldskyddslarmets motorhuvskontakt	739
S127	Bagage-/bakluckans centrallåskontakt	735
U04	ABS hydraulenhet	
U04.1	Pumpmotorrelä	902, 903, 945, 946
U04.2	Solenoidventilrelä	904, 905, 947, 948
U04.3	Pumpmotor	902, 945
U04.4	Diod	905, 948
U04.5	Solenoidventil, vänster fram	909, 952
U04.6	Solenoidventil, höger fram	911, 954
U04.7	Solenoidventil, bakaxel	913, 956
U04.8	ABS styrenhet	906 till 912, 949 till 963
U12	Uppvärmt bränslefilter	449, 450, 494, 495
U13	Automatväxellåda, solenoidventilblock	280 till 283
U14	Klocka displayenhet	515 till 533
U15	Klocka/radio displayenhet	515 till 533
U16	Klocka/radio/dator displayenhet	515 till 533
U17	Antennförstärkare	584, 585
V01	Bromsvätskenivåns testlampa, diod	564
V03	Stöldskyddslarmets lampa/diod	749
X01	Släpvagnsuttag	606, 607, 657, 658
X02 till X90	Kontaktdon	Various
Y05	Bränslesolenoidventil	442, 476
Y07	Bränsleinsprutare	323 till 330, 380 till 387, 416 till 423
Y10	Fördelare (HEI system)	174 till 179
Y23	Fördelare(HEI system)	140 till 144, 201 till 208
Y30	Kallstart accelerationsventil	445
Y32	Enpunkts bränsleinsprutare	181, 212, 244
Y33	Fördelare (MHDI system)	237, 303 till 305, 361 till 363, 401
Y34	Bränsletankens ventilationsventil	391, 422

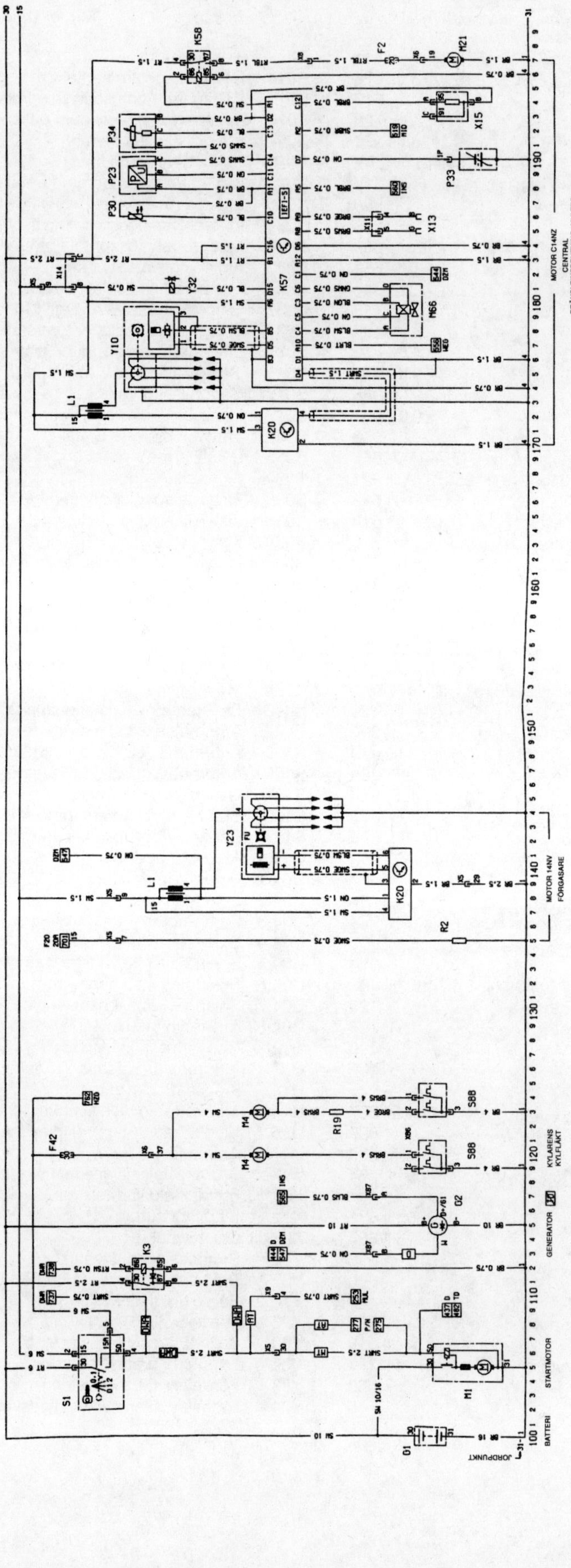

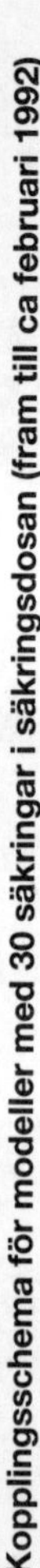

Kopplingsschema för modeller med 30 säkringar i säkringsdosan (fram till ca februari 1992)

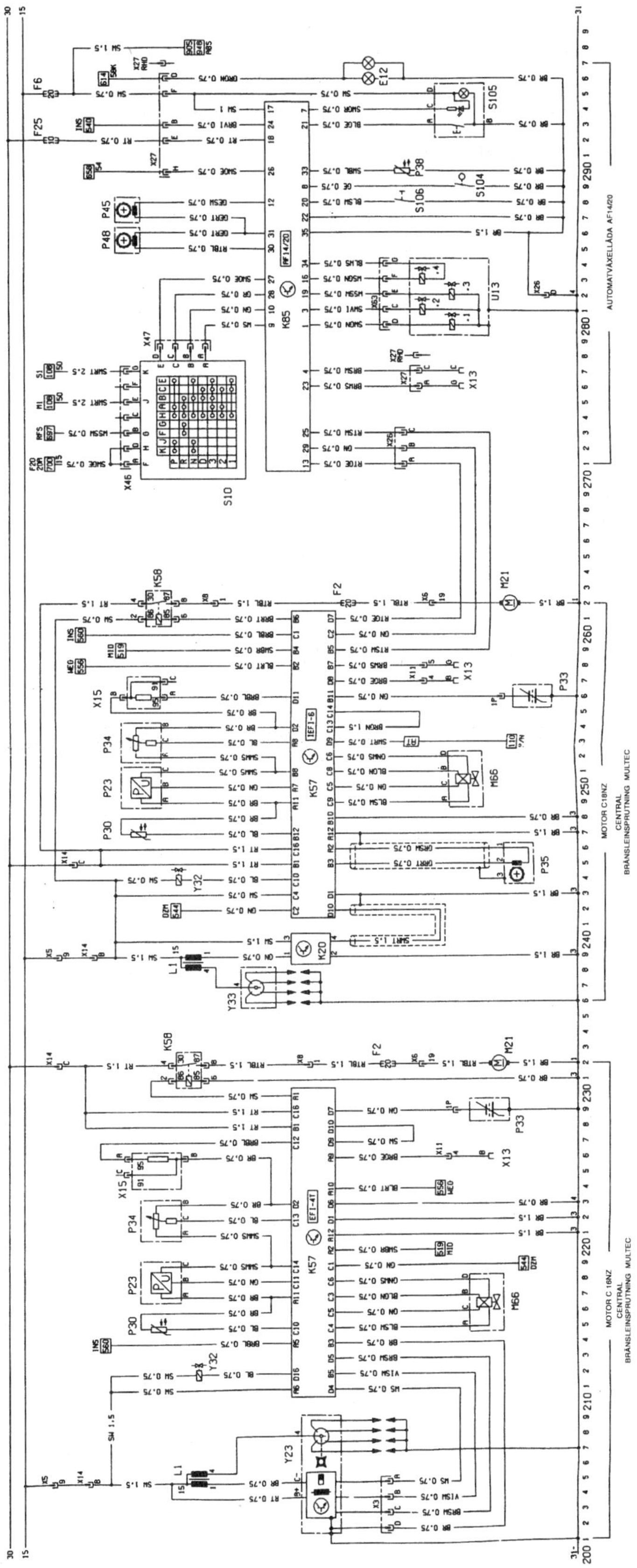

Kopplingsschema för modeller med 30 säkringar i säkringsdosan (fram till ca februari 1992) – fortsättning

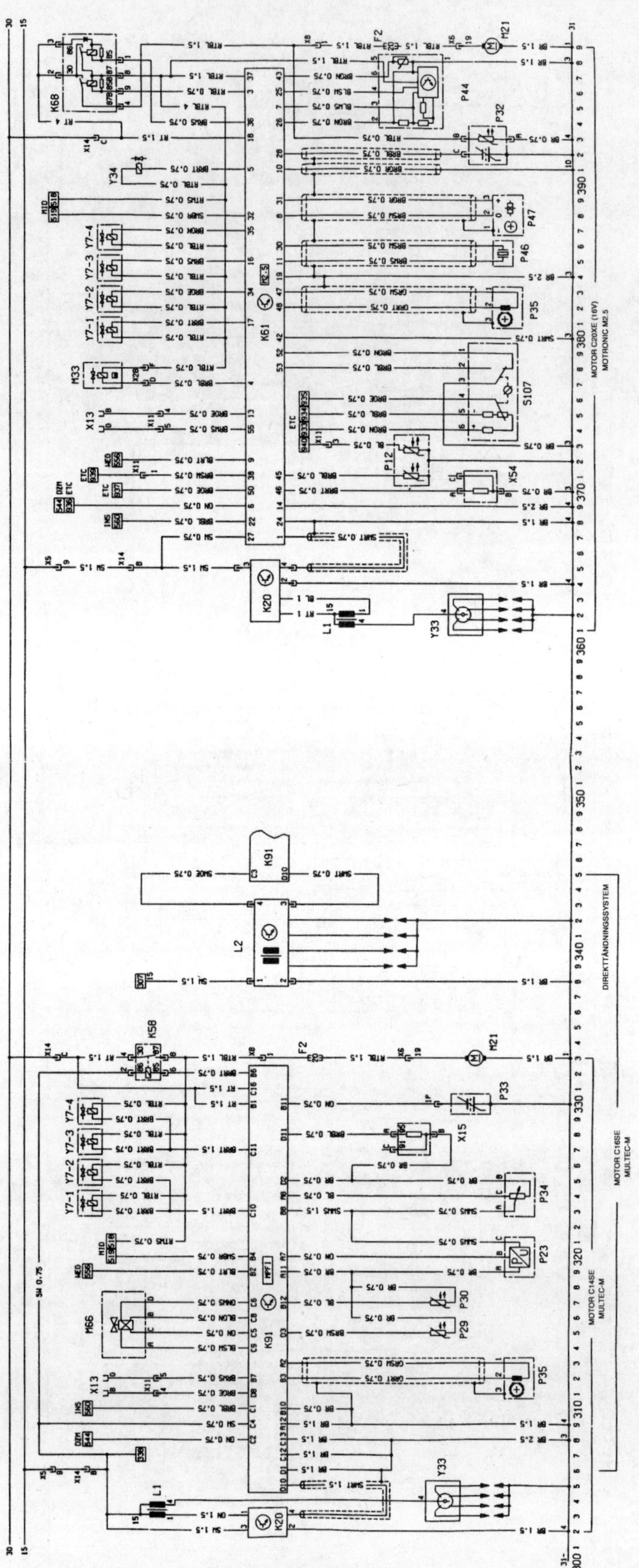

Kopplingsschema för modeller med 30 säkringar i säkringsdosan (fram till ca februari 1992) – fortsättning

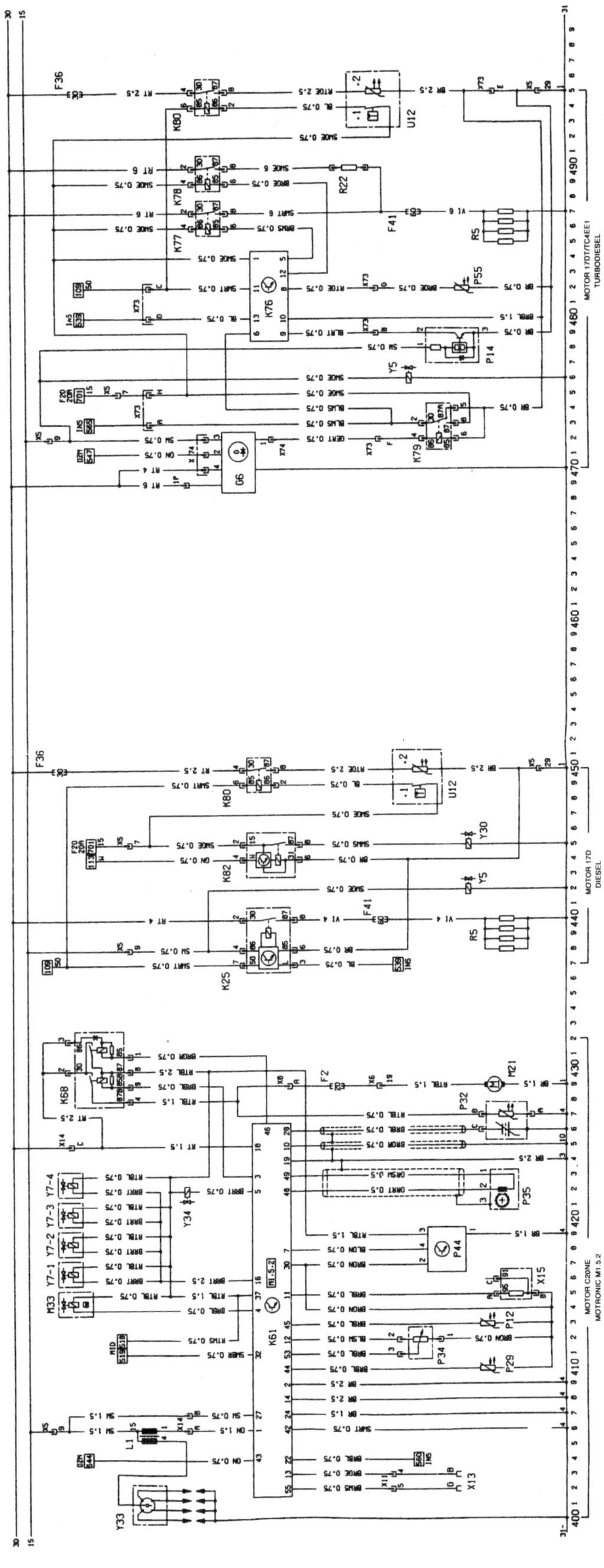

Kopplingsschema för modeller med 30 säkringar i säkringsdosan (fram till ca februari 1992) – fortsättning

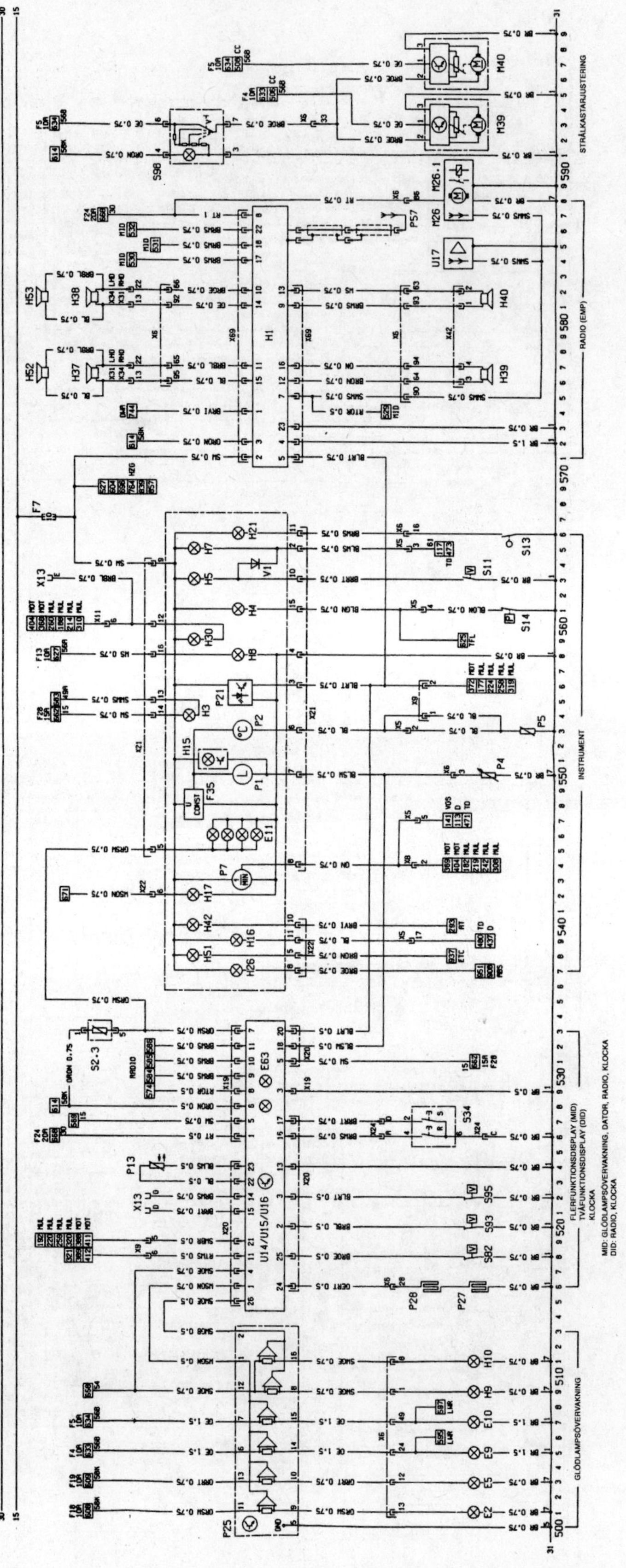

Kopplingsschema för modeller med 30 säkringar i säkringsdosan (fram till ca februari 1992) – fortsättning

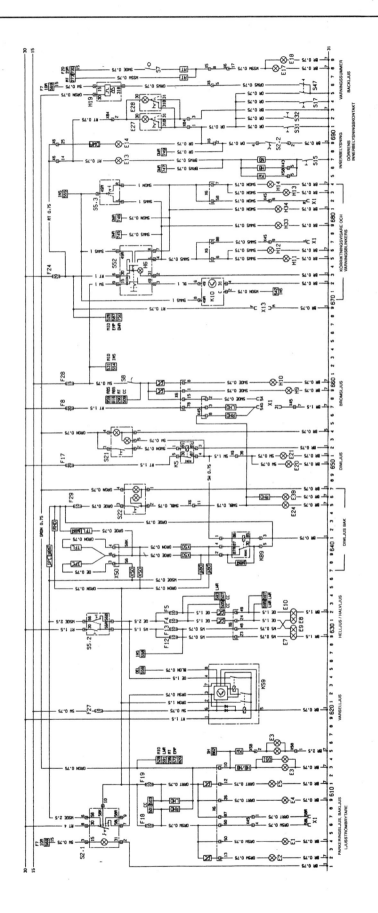

Kopplingsschema för modeller med 30 säkringar i säkringsdosan (fram till ca februari 1992) – fortsättning

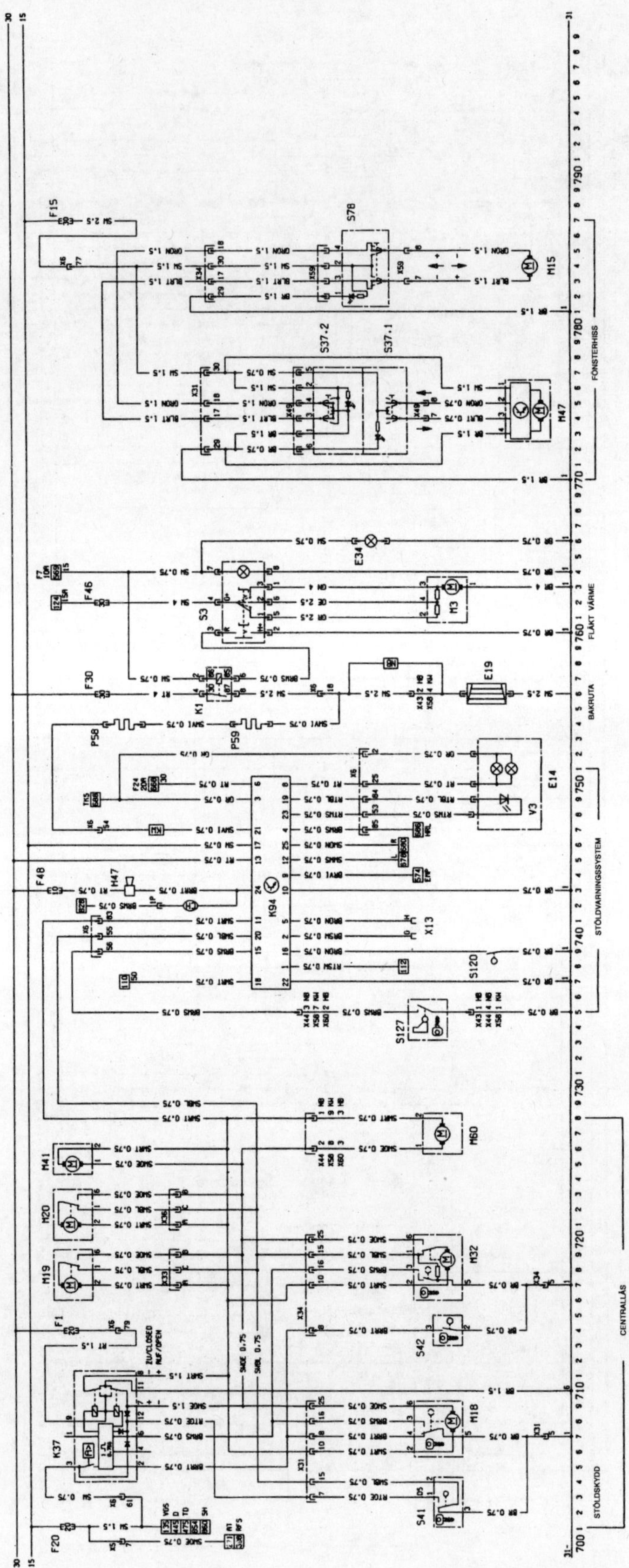

Kopplingsschema för modeller med 30 säkringar i säkringsdosan (fram till ca februari 1992) – fortsättning

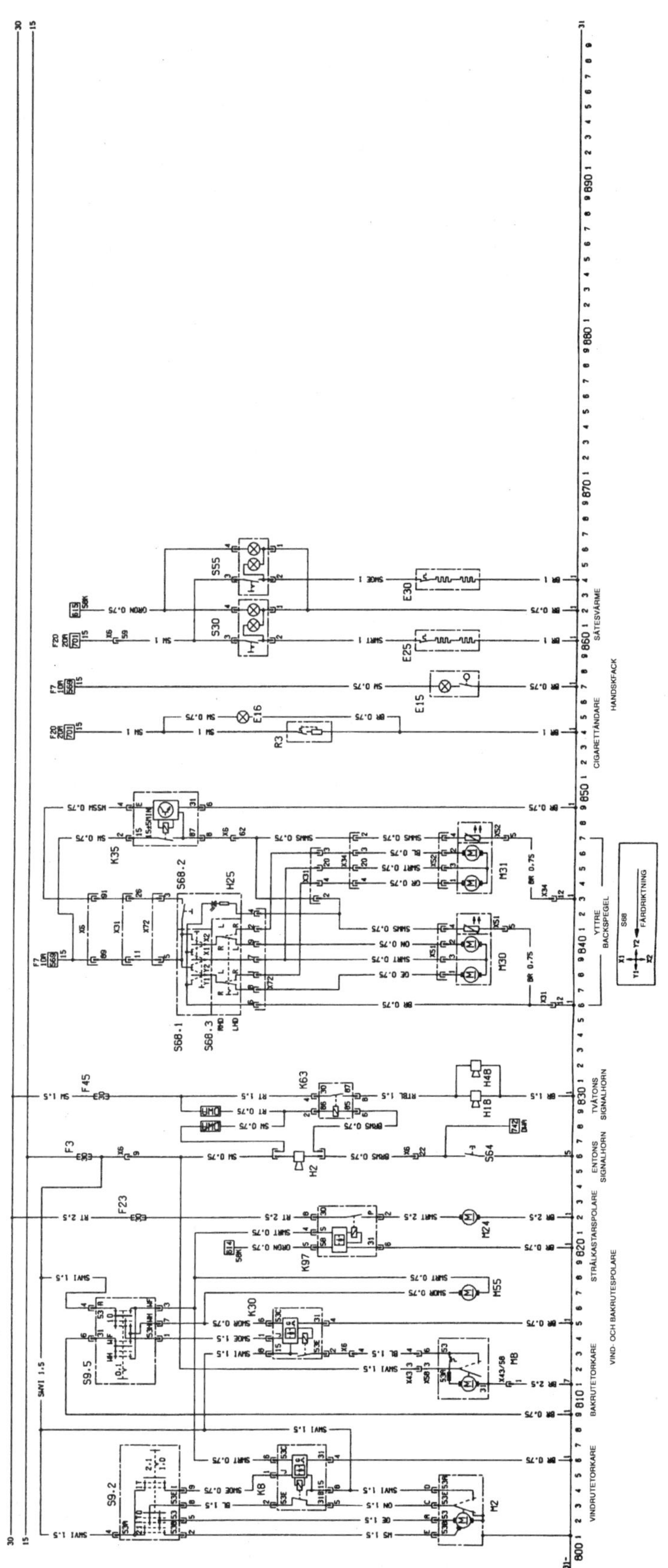

Kopplingsschema för modeller med 30 säkringar i säkringsdosan (fram till ca februari 1992) – fortsättning

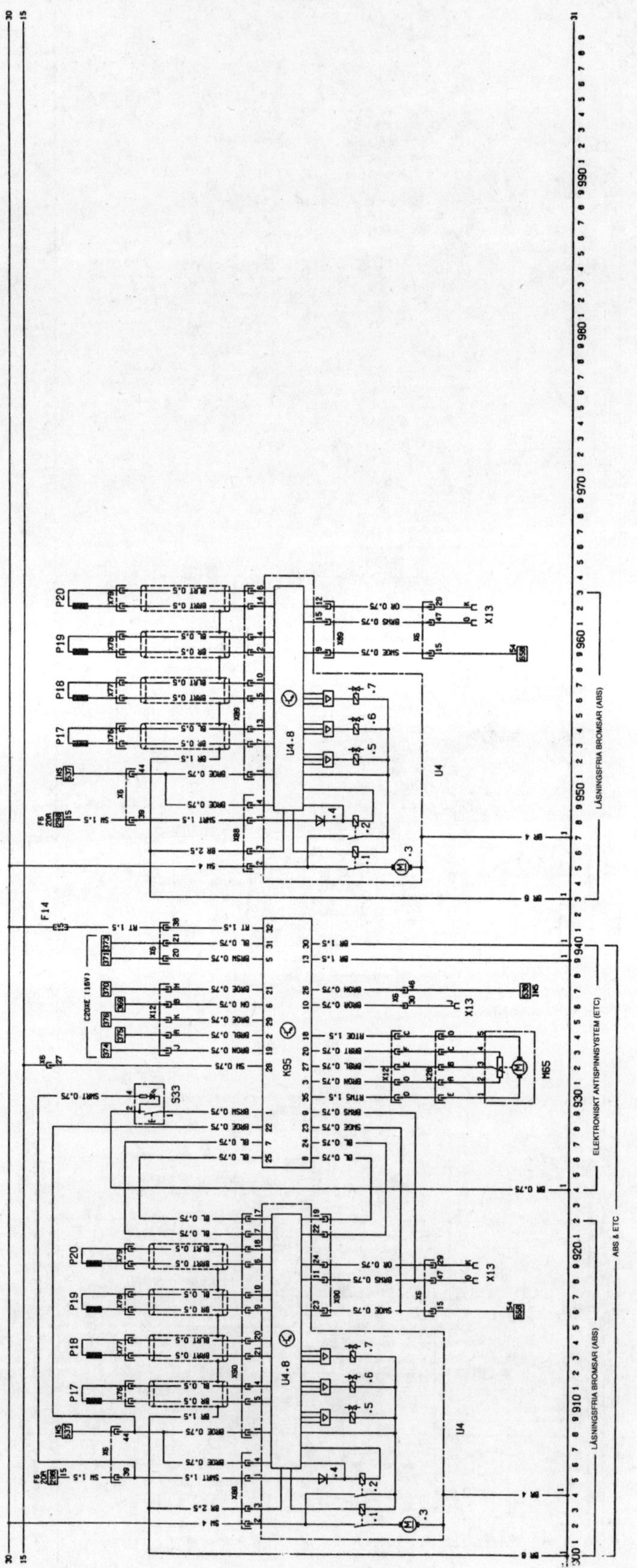

Kopplingsschema för modeller med 30 säkringar i säkringsdosan (fram till ca februari 1992) – fortsättning

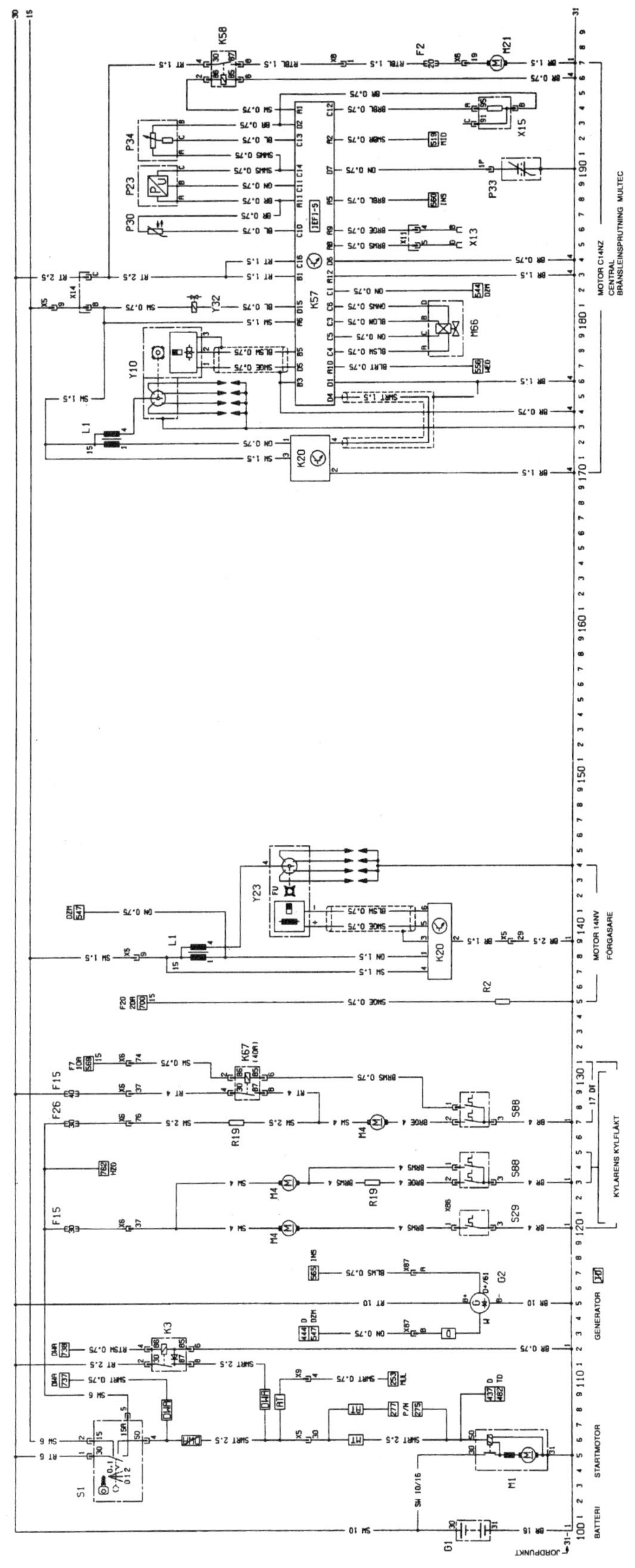

Kopplingsschema för modeller med 28 säkringar i säkringsdosan (från och med ca mars 1992)

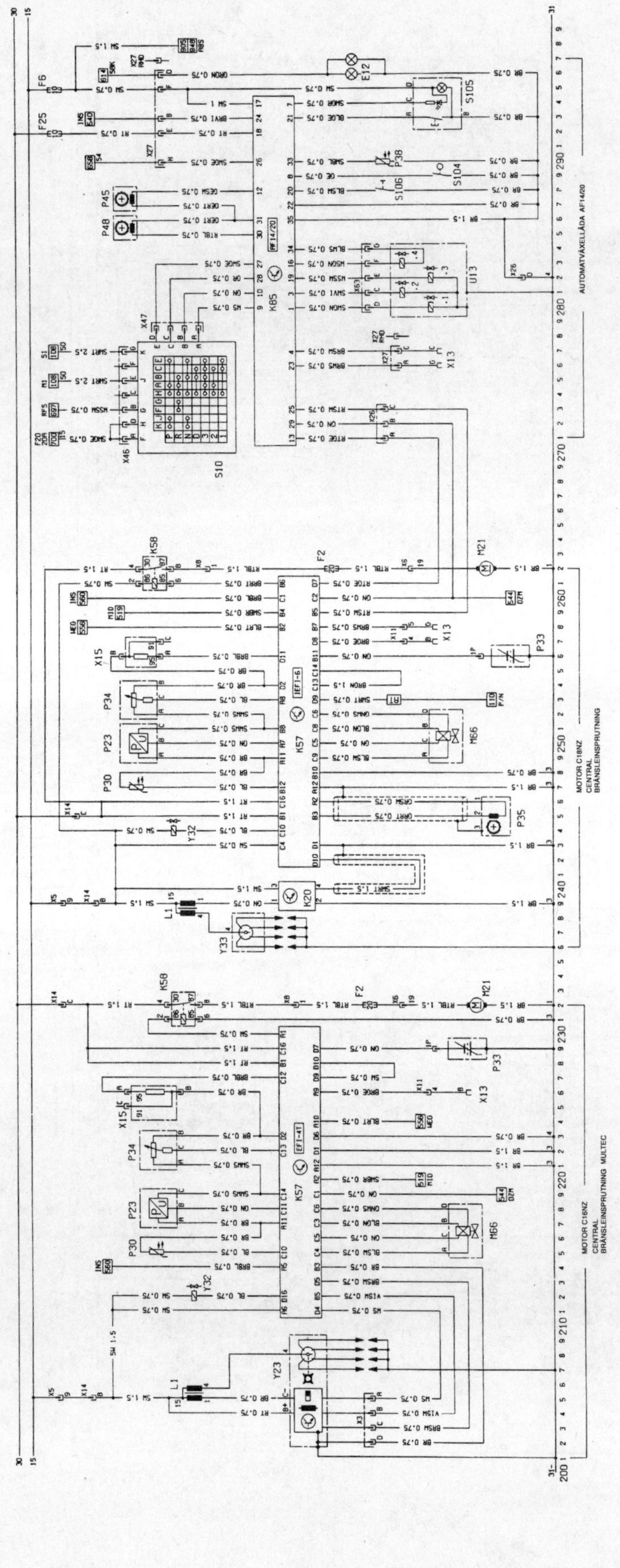

Kopplingsschema för modeller med 28 säkringar i säkringsdosan (från och med ca mars 1992) – fortsättning

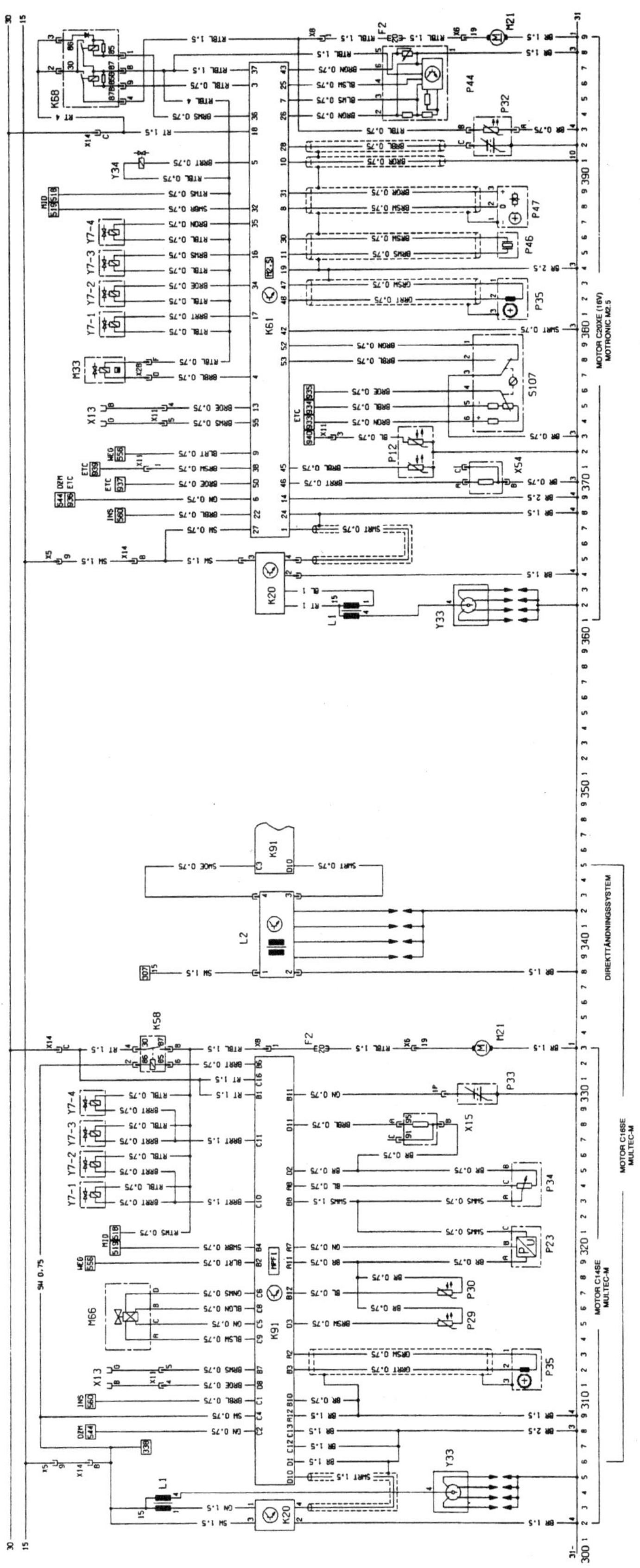

Kopplingsschema för modeller med 28 säkringar i säkringsdosan (från och med ca mars 1992) – fortsättning

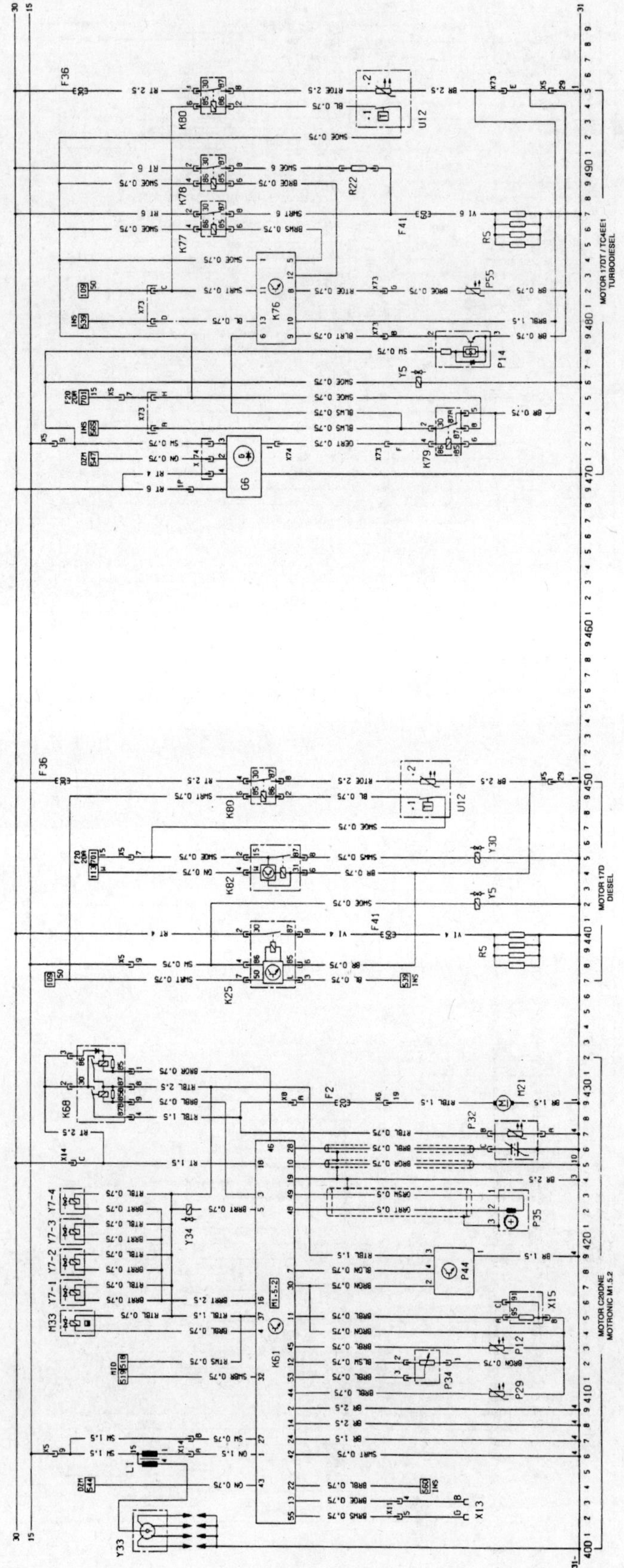

Kopplingsschema för modeller med 28 säkringar i säkringsdosan (från och med ca mars 1992) – fortsättning

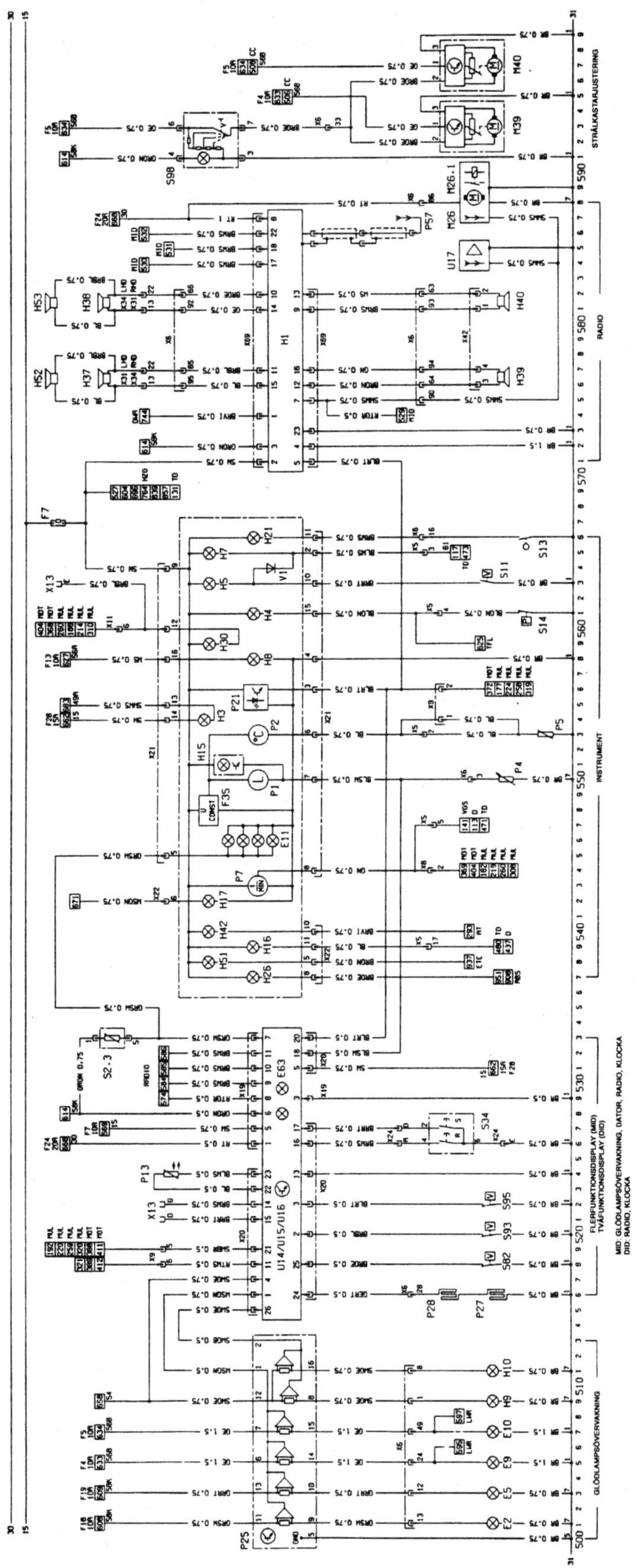

Kopplingsschema för modeller med 28 säkringar i säkringsdosan (från och med ca mars 1992) – fortsättning

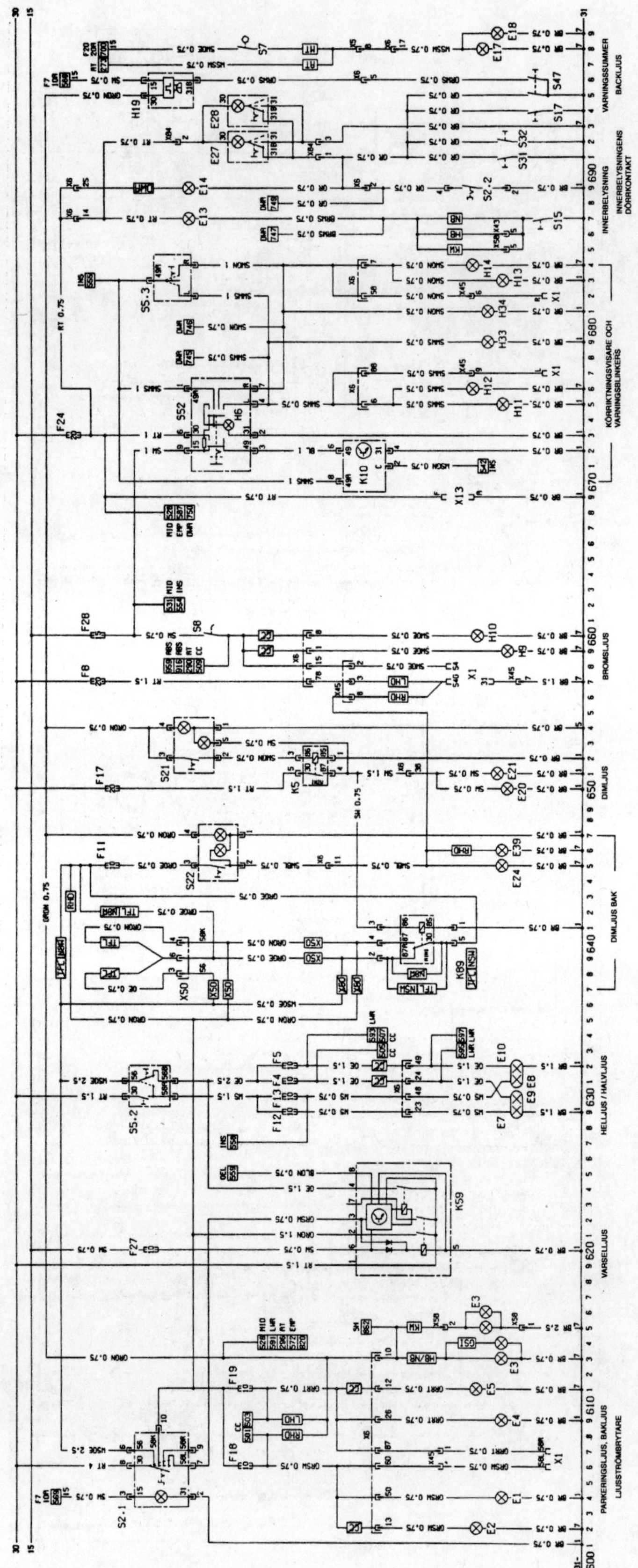

Kopplingsschema för modeller med 28 säkringar i säkringsdosan (från och med ca mars 1992) - fortsättning

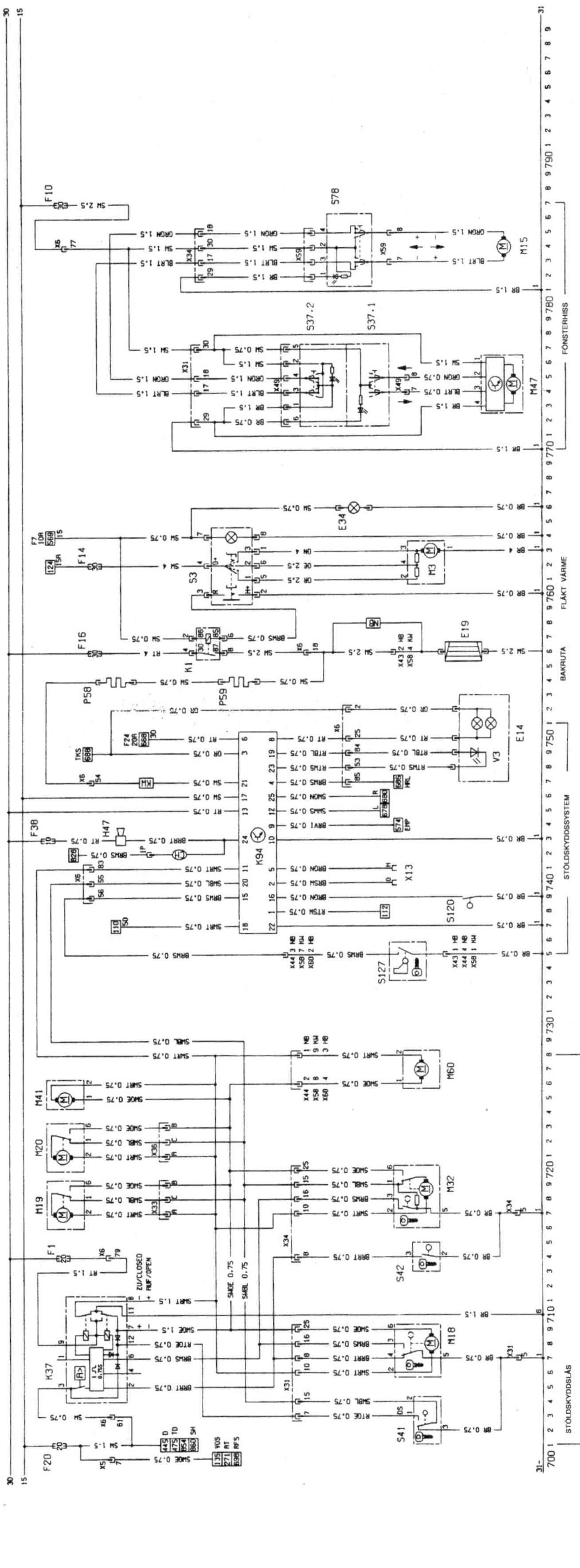

Kopplingsschema för modeller med 28 säkringar i säkringsdosan (från och med ca mars 1992) – fortsättning

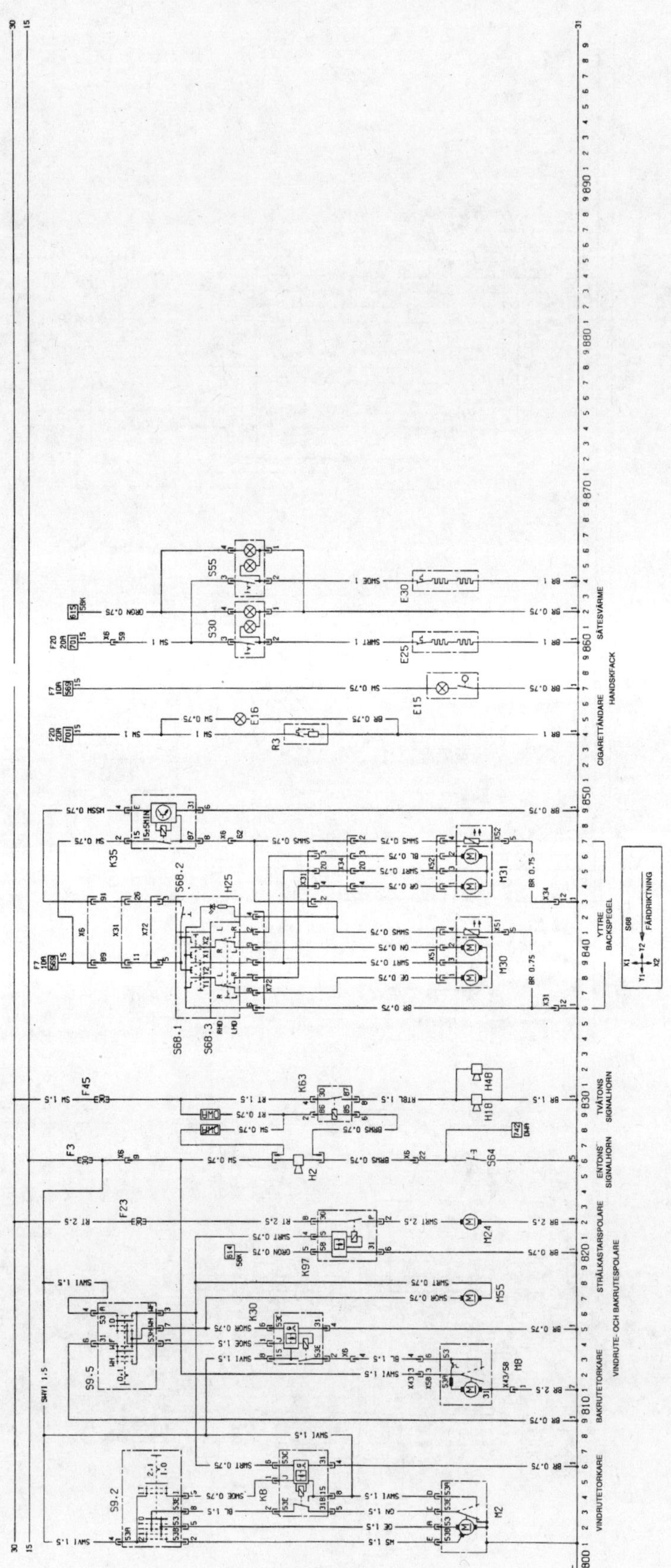

Kopplingsschema för modeller med 28 säkringar i säkringsdosan (från och med ca mars 1992) - fortsättning

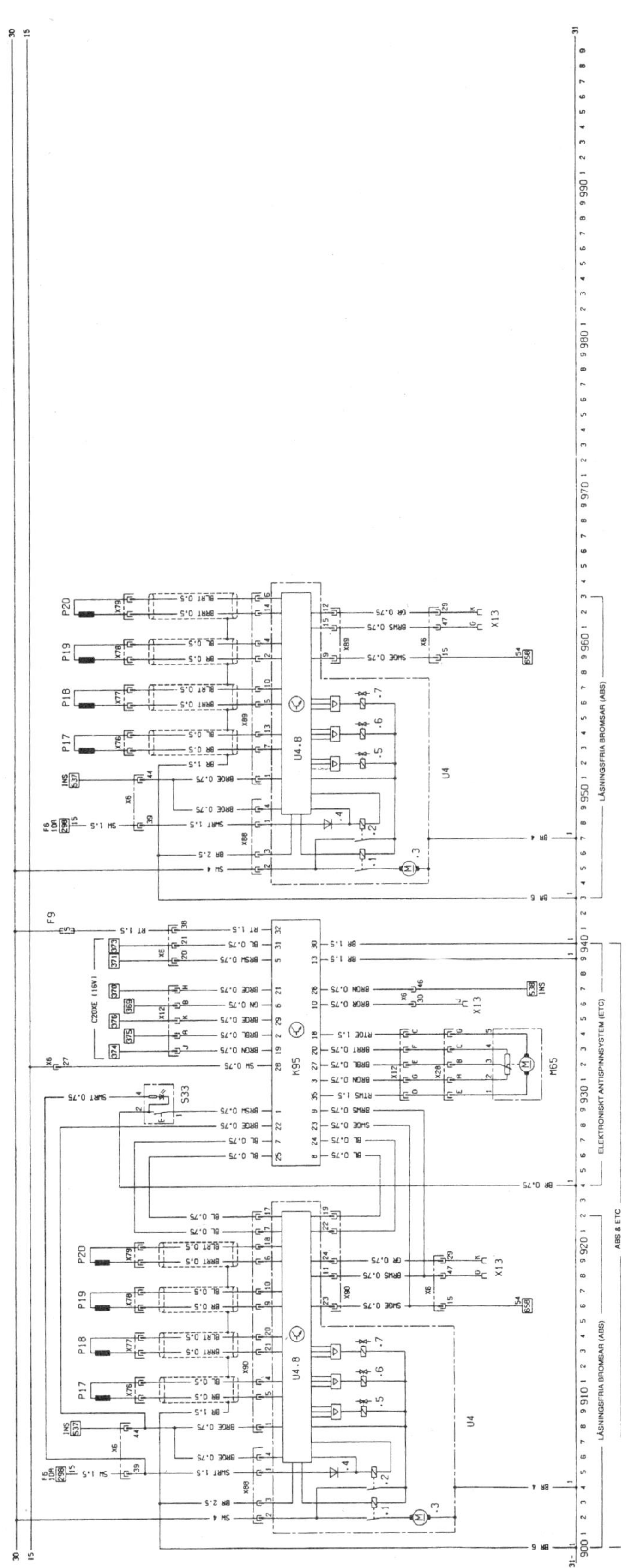

Kopplingsschema för modeller med 28 säkringar i säkringsdosan (från och med ca mars 1992) – fortsättning

Komponentförteckning till kopplingsscheman för 1994 till 1996 års modeller

Alla komponenter finns inte på alla modeller

Nr	Beskrivning	Spår
E1	Parkeringsljus, vänster	604
E2	Bakljus, vänster	501, 602
E3	Nummerplåtsbelysning	613 till 616
E4	Parkeringsljus, höger	609
E5	Bakljus, höger	503, 611
E7	Strålkastarens helljus, vänster	629
E8	Strålkastarens helljus, höger	631
E9	Strålkastarens halvljus, vänster	505, 630
E10	Strålkastarens halvljus, höger	507, 632
E11	Instrumentbelysning	546
E12	Automatväxellådans växelväljarbelysning	296, 297
E13	Bagageutrymmesbelysning	687
E14	Innerbelysning	689
E15	Handskfacksbelysning	774
E16	Cigarettändarbelysning	773
E17	Backljus, vänster	698
E18	Backljus, höger	699
E19	Uppvärmd bakruta	756
E20	Dimljus, vänster fram	650
E21	Dimljus, höger fram	651
E24	Dimljus, vänster bak	645
E25	Sätesvärme, vänster	776
E27	Bakre läslampa, vänster	692
E28	Bakre läslampa, höger	694
E30	Sätesvärme, höger	780
E39	Dimljus, höger bak	646
E63	Display belysning	528, 530
F1 till F28	Säkringar i säkringsdosa	Olika
F35	Spänningsstabilisator	548
F36	Bränslefiltrets värmesäkring (diesel, motorrum)	450, 495
F38	Stöldlarmssignalhorn säkring	743
F41	Glödstiftssäkring (av typ 'maxi', motorrum)	440, 487
F44	Hydraulpumpssäkring	1102
F45	Signalhornssäkring	832
G1	Batteri	101
G2	Generator	115
G6	Generator (diesel)	469 till 472
H1	Radio/kasettbandspelare	571 till 587
H2	Signalhorn (entons)	828
H3	Körriktningsvisare varningslampa	554
H4	Oljetryck varningslampa	561
H5	Bromsolja varningslampa	564
H6	Varningsblinkers varningslampa	674
H7	Generator-/laddningslampa	567
H8	Helljusvarningslampa	558
H9	Bromsljus, vänster	509, 659
H10	Bromsljus, höger	511, 660
H11	Körriktningsvisare, vänster fram	675
H12	Körriktningsvisare, vänster bak	676
H13	Körriktningsvisare, höger fram	683
H14	Körriktningsvisare, höger bak	684
H15	Låg bränslenivå/bränslereserv varningslampa	551
H16	Glödstift varningslampa	539
H17	Släpvagns körriktningsvisare varningslampa	542
H18	Signalhorn (tvåtons)	832
H19	'Strålkastare på' varningssummer	695, 696
H22	Bakre dimljus varningslampa	541
H23	Krockkudde varningslampa	536
H25	Uppvärmd spegel varningslampa	842
H26	ABS varningslampa	537
H30	Motor varningslampa	559
H33	Körriktningsvisarens sidoblinkers, vänster	679
H34	Körriktningsvisarens sidoblinkers, höger	681
H37	Högtalare, vänster fram	576, 577
H38	Högtalare, höger fram	581, 582
H39	Högtalare, vänster bak	576, 577
H40	Högtalare, höger bak	581, 582
H42	Automatväxellåda varningslampa	540
H46	Katalysatorns temperaturvarningslampa	542
H47	Stöldlarmssignalhorn	743
H48	Signalhorn (tvåtons)	834
H51	Elektroniskt antispinnsystem varningslampa	538
H52	Högtonshögtalare, vänster fram	576
H53	Högtonshögtalare, höger fram	581
K1	Uppvärmd bakruta, relä	756, 757
K3	Relä, startmotor (stöldvarningsenhet, 70A)	111, 112
K5	Främre dimljus relä	651, 652
K6	Luftkonditioneringsrelä	852, 853
K7	Luftkonditioneringens fläktrelä	862, 863
K8	Vindrutetorkarnas fördröjningsrelä	803 till 806
K10	Körriktningsvisarnas blinkenhet	670 till 672
K18	Signalhorn (entons) - endast med krockkudde	824, 825
K20	Tändningsmodul/tändspole	170 till 172, 239, 240, 360 till 364
K25	Glödtidsrelä (70A)	437 till 440
K26	Kylarens fläktrelä	882 till 884
K30	Bakrutans torkarrelä	813 till 815
K31	Krockkuddens styrenhet	792 till 798
K35	Uppvärmd spegel, relä	847 till 849
K37	Centrallås styrenhet	705 till 711
K51	Kylarens fläktrelä, steg 1	129, 130, 887, 888
K52	Kylarens fläktrelä	893 till 895
K57	Multec enpunkts insprutn styrenhet	175 till 194, 211 till 230, 242 till 261, 1008 till 1032
K58	Bränslepumprelä (Multec enpunkts insp)	196, 197, 231, 232, 261, 262, 332, 333, 1036, 1037
K59	Varselljusrelä	619 till 625
K60	Kompressorfläktrelä	874, 875
K61	Motronic styrenhet	366 till 396, 402 till 426
K63	Tvåtons signalhorn, relä	831, 832
K67	Kylarens fläktrelä, steg 2	134, 135, 898, 899
K68	Bränsleinsprutningsenhet relä	393 till 397, 428 till 432, 1092 till 1096
K69	Simtec 56 styrenhet	1059 till 1095
K76	Glödtidsstyrenhet	479 till 484
K77	Glödstiftsrelä	486, 487
K79	Laddningsindikator relä	472 till 474
K80	Bränslefiltrets värmerelä (diesel)	449, 450, 494, 495
K82	Motorns hastighetsrelä	444, 445
K85	Automatväxellådans styrenhet	271 till 294
K88	Katalysatorns temperaturstyrenhet	454 till 456
K89	Bakre dimljus relä	639 till 641
K90	Kompressorrelä, automatväxellåda	879, 880
K91	Multec flerpunkts bränsleinsprutn styrenhet	306 till 332
K94	Stöldskyddslarm styrenhet	737 till 749
K95	Antispinnsystem styrenhet	926 till 940
K97	Strålkastarspolarnas fördröjningsrelä	820 till 822
K100	Säkerhetsvakt, relä	1162 till 1164
K102	Växellådslås styrenhet	461 till 463
K104	Hydraulpumpsrelä	1101 till 1103
K105	Hydraulpumpsrelä	1107 till 1109
K106	Justering kontrollrelä	1117 till 1119
L1	Tändspole	172, 205, 239, 406
L2	Tändspole (DIS)	301 till 304, 359 till 363, 1001 till 1003, 1057 till 1060
M1	Startmotor	105, 106
M2	Vindrutetorkarmotor	801 till 804
M3	Värmefläktsmotor	761 till 764
M4	Kylarens kylfläktsmotor	120, 124, 129, 895
M8	Bakrutans torkarmotor	811 till 813
M10	Luftkonditioneringens fläktmotor	858 till 861
M11	Kylarens fläktmotor	884
M14	Elfönsterhissens motor, förardörr	1141
M15	Elfönsterhissens motor, främre passagerardörr	1146
M16	Elfönsterhissens motor, vänster bakdörr	1151

Komponentförteckning till kopplingsscheman för 1994 till 1996 års modeller

Alla komponenter finns inte på alla modeller

Nr	Beskrivning	Spår
M17	Elfönsterhissens motor, höger bakdörr	1156
M18	Centrallåsmotor, förardörr	706 till 709
M19	Centrallåsmotor, vänster bakdörr	717 till 719
M20	Centrallåsmotor, höger bakdörr	721 till 723
M21	Bränslepump	197, 232, 249 till 252, 333, 398, 429, 735, 1037, 1099
M24	Strålkastarspolarpump	822
M26	Elantenn motor	587 till 590
M26.1	Elantenn motor, relä	590
M30	Elstyrd spegel (förarsidan)	838 till 841
M31	Elstyrd spegel (passagerarsidan)	844 till 847
M32	Centrallåsmotor, främre passagerardörren	717 till 720
M33	Tomg.hastighet aktiverare/kraftenhet	379, 380, 414, 415, 1071, 1072
M39	Strålkastarjusteringsmotor, vänster	592 till 594
M40	Strålkastarjusteringsmotor, höger	596 till 598
M41	Centrallåsmotor, tanklock	725, 726
M47	Elfönsterhissmotor, förardörren	973 till 976
M48	Elfönsterhissmotor, passagerardörren	985 till 988
M55	Vindrutans/bakrutans spolarpump	817
M60	Centrallåsmotor, bagage-/baklucka	726, 728
M64	Hydraulisk pump, motor	1105
M65	Gasspjällaktiverare (ETC system)	930 till 934
M66	Stegmotor tomgångsluft	178 till 181, 215 till 218, 314 till 317,1015 till 1018
P1	Bränslemätare	550
P2	Kylvätsketemperaturmätare	553
P4	Bränslenivågivare	550
P5	Kylvätsketemperaturgivare	553
P7	Varvräknare	543
P12	Kylvätsketemperaturgivare	413
P13	Yttertemperaturgivare	531
P17	Hjulgivare, vänster fram	910, 953
P18	Hjulgivare, höger fram	913, 956
P19	Hjulgivare, vänster bak	916, 959
P20	Hjulgivare, höger bak	919, 962
P21	Distansgivare	555, 556
P23	MAP-givare	188 till 190, 217 till 219, 249 till 251, 319 till 321, 1020 till 1022
P25	Glödlampstestgivare	500 till 513
P27	Bromsklossens slitagegivare, vänster fram	515
P28	Bromsklossens slitagegivare, höger fram	515
P29	Insugsgrenrörets temperaturgivare	315, 375, 410, 1068
P30	Kylvätsketemperaturgivare	186, 215, 247, 317, 376, 1018, 1069
P32	Avgassystemets syresensor (uppvärmd)	393, 394, 426, 427, 1089 till 1092
P33	Avgassystemets syresensor	190, 230, 256, 328, 1024
P34	Gasspjällpotentiometer	191 till 193, 221 till 223, 252 till 254, 322 till 324, 377, 378, 411, 412, 1023 till 1025, 1071 till 1073
P35	Vevaxelns impulsgivare	244 till 246, 311 till 313, 384 till 386, 420 till 422, 1007 till 1009, 1079 till 1082
P38	Automatväxellådans oljetemperaturgivare	286
P44	Luftmängdsmätare	396, 397, 417 till 419, 1094 till 1097
P45	Automatväxellådans motorhastighetsgivare	287, 288
P46	Knacksensor	381, 382, 1030, 1075, 1076
P47	Hallgivare (cylinderidentifikation)	387 till 389, 1085 till 1087
P48	Automatväxellådans distansgivare	285, 286
P50	Katalysatorns temperaturgivare	455, 456
P57	Antenn	587
P58	Stöldlarmssensor för krossat glas, vä bak	754
P59	Stöldlarmssensor för krossat glas, hö bak	754
R3	Cigarettändare	772
R5	Glödstift	438, 440, 485 till 487
R19	Förmotstånd, kylarens kylfläktsmotor	124, 129
S1	Tändningslås/startkontakt	105, 106

Nr	Beskrivning	Spår
S1.2	Nyckelkontaktbrytare	572
S2	Ljusströmbrytarenhet	
S2.1	Ljusströmbrytare	604 till 607
S2.2	Innerbelysningsbrytare	689
S2.3	Instrumentbelysningsdimmer	533
S3	Värmefläkt/uppvärmd bakruta brytare	760 till 765
S5	Körriktningsvisare brytarenhet	
S5.2	Strålkastarnas halvljusbrytare	630, 631
S5.3	Körriktningsvisare brytare	682 till 684
S7	Backljuskontakt	698
S8	Bromsljuskontakt	660
S9	Torkarbrytarenhet	
S9.2	Vindrutetorkarnas fördröjningsbrytare	801 till 804
S9.5	Bakrutans spolar-/torkarbrytare	814 till 816
S10	Automatväxellådans väljarbrytare	271 till 277
S11	Bromsoljans nivåkontakt	564
S13	'Handbroms på' kontakt	565, 1119
S14	Oljetrycksgivare/kontakt	561
S15	Bagageutrymmets belysningskontakt	687
S17	Innerbelysningskontakt, främre passagerardörr	694
S20	Tryckkontaktsenhet	
S20.1	Kompressorns lågtryckskontakt	866
S20.2	Kompressorns högtryckskontakt	866
S20.3	Kompressorns högtryckskontakt	893
S21	Främre dimljus, brytare	652 till 654
S22	Bakre dimljus, brytare	645 till 647
S24	Luftkonditioneringens fläktkontakt	857 till 861
S29	Kylvätsketemperaturkontakt	120, 888
S30	Sätesvärmesbrytare, vänster fram	776 till 778
S31	Innerbelysningskontakt, vänster bakdörr	691
S32	Innerbelysningskontakt, höger bakdörr	692
S33	Antispinnsystem brytare	929, 930
S34	Flerinformationsdisplay brytare	524, 525
S37	Elfönsterhissarnas reglage (i förardörren)	
S37.1	Elfönsterhissens reglage, förardörr	974, 975, 1140, 1141
S37.2	Elfönsterhissens reglage, passagerardörr	972 till 977, 1145, 1146
S37.3	Elfönsterhissens reglage, vänster bak	1150, 1151
S37.4	Elfönsterhissens reglage, höger bak	1155, 1156
S37.5	Säkerhetskontakt	1159
S41	Centrallåskontakt, förardörr	702 till 704
S42	Centrallåskontakt, främre passagerardörr	714
S47	Innerbelysningskontakt, förardörr	695, 696
S52	Varningsblinkers brytare	671 till 676
S55	Sätesvärmesbrytare, höger fram	780 till 782
S64	Signalhornsbrytare	789, 828
S68	Elstyrda speglar	
S68.1	Elstsyrda speglar, justeringsbrytare	836 till 840
S68.2	Elstyrda speglar, värmebrytare	842
S68.3	Elstyrda speglar, vänster/höger väljarbrytare	836 till 841
S78	Elfönsterhissens reglage, passagerardörr	985 to 988, 1144 till 1146
S79	Elfönsterhissens reglage, vänster bak	1149 till 1151
S80	Elfönsterhissens reglage, höger bak	1149 till 1151
S82	Spolarvätskans nivåkontakt	517
S88	Kylvätskans temperaturkontakt	124 till 135
S93	Kylvätskans nivåkontakt	519
S95	Motoroljans nivåkontakt	521
S98	Strålkastarjusteringsbrytare	591 till 593
S101	Kompressorkontakt	866
S104	Automatväxellådans kickdownkontakt	288
S105	Automatväxellåda, brytare 'Vinter'-läge	293 till 295
S106	Automatväxellåda, brytare 'Ekonomi/Sport'-läge	290
S109	Kompensationskontakt tomgångshastighet	870
S114	Kylvätskans temperaturkontakt	482
S116	Bromsljuskontakt	663, 664

Komponentförteckning till kopplingsscheman för 1994 till 1996 års modeller

Alla komponenter finns inte på alla modeller

Nr	Beskrivning	Spår
S120	Stöldskyddslarmets motorhuvskontakt	739
S127	Bagage-/bakluckans centrallåskontakt	733
S128	Kylvätskans temperaturkontakt, kompressorfläkt	898, 899
S132	Suflett brytare	1111 till 1113
U4	ABS hydraulenhet	
U4.1	Pumpmotorrelä	902, 903, 945, 946
U4.2	Solenoidventilrelä	904, 905, 947, 948
U4.3	Pumpmotor	902, 945
U4.4	Diod	905, 948
U4.5	Solenoidventil, vänster fram	909, 952
U4.6	Solenoidventil, höger fram	911, 954
U4.7	Solenoidventil, bakaxel	913, 956
U4.8	ABS styrenhet	906 till 913, 949 till 963
U4.9	Solenoidventilstift	952 till 956
U12	Uppvärmt bränslefilter	
U12.1	Temperaturkontakt	449, 494
U12.2	Värmemotstånd	450, 495
U13	Automatväxellåda, solenoidventilblock	
U13.1	Solenoidventil, 1:ans växel	279
U13.2	Solenoidventil, 2:ans växel	280
U13.3	Solenoidventil, omvandlarkoppling	281
U13.4	Solenoidventil, hydraultryckskontroll	282
U13.5	Givare, automatväxellådsoljans temperatur	284
U14	Klockans display	515 till 533
U15	Klockans/radions display	515 till 533
U16	Klockans/radions/datorns display	515 till 533

Nr	Beskrivning	Spår
U17	Antennförstärkare	584 till 585
U20	Kontaktenhet	789 till 794
U21	Krockkudde förarsidan	792 till 794
U21.1	Krockkuddens antändare, förarsidan	792 till 794
V3	Stöldskyddslarmets lampa/diod	671
V8	Kompressordiod	877
V10	Justeringskontrolldiod	1112, 1113
V12	Diod (i kabelhärva)	1119
V14	Knacksignalfilter	1031, 1032
V15	EGR förstärkare	1031, 1032
X1	Släpvagnsuttag	606, 607
X2 till X98	Kontaktdon	Olika
Y1	Luftkonditioneringskompressorns koppling	879
Y5	Bränslesolenoidventil	442, 477
Y7	Bränsleinsprutare	323 till 330, 383 till 390, 416 till 423, 1080 till 1087
Y10	Fördelare (HEI system)	174 till 179
Y18	EGR solenoid	1026 till 1029
Y23	Fördelare (HEI system)	202 till 208
Y30	Kallstart accelerationsventil	445
Y32	Enpunkts bränsleinsprutare	181, 211, 244, 1012
Y33	Fördelare (MHDI system)	237, 401
Y34	Bränsletankens ventilationsventil	377, 378, 422, 1010, 1074, 1075
Y47	PBSL lyftmagnet	461

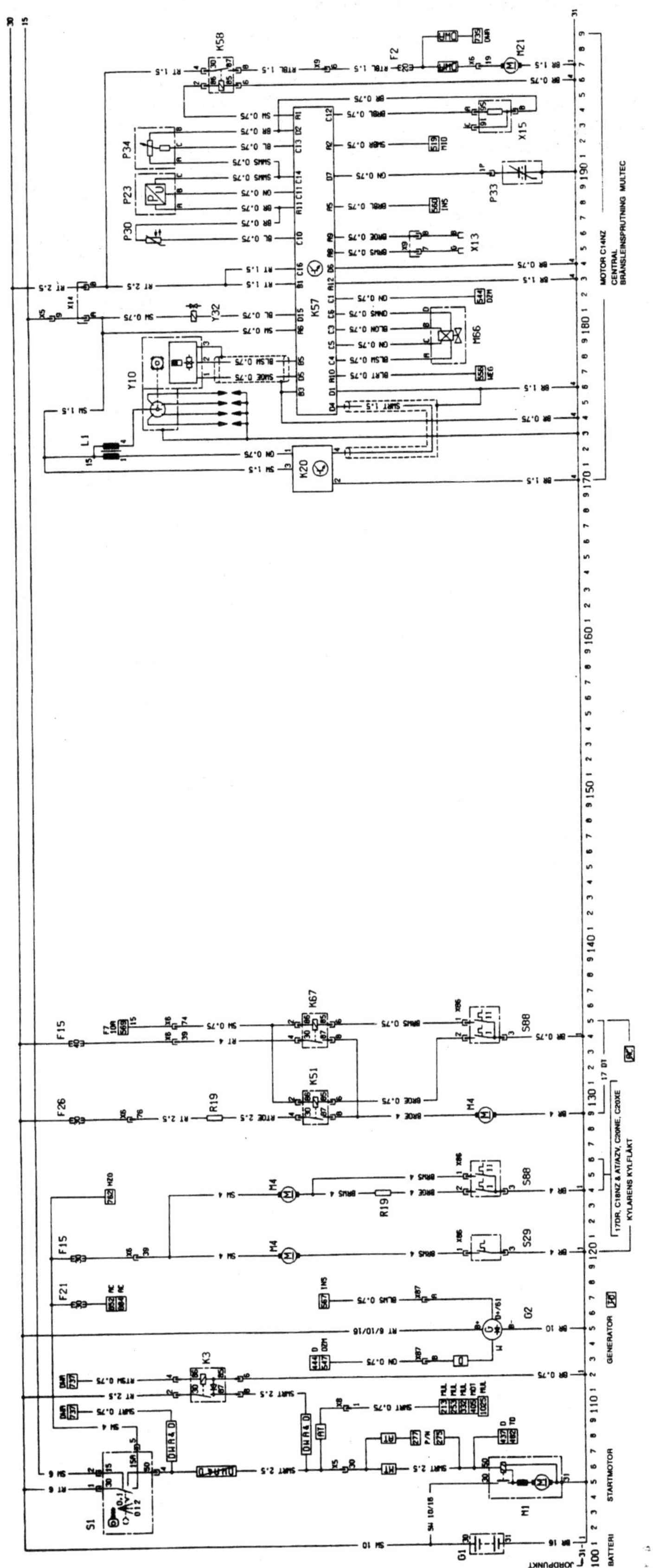

Kopplingsschema för modeller från 1994 till 1996

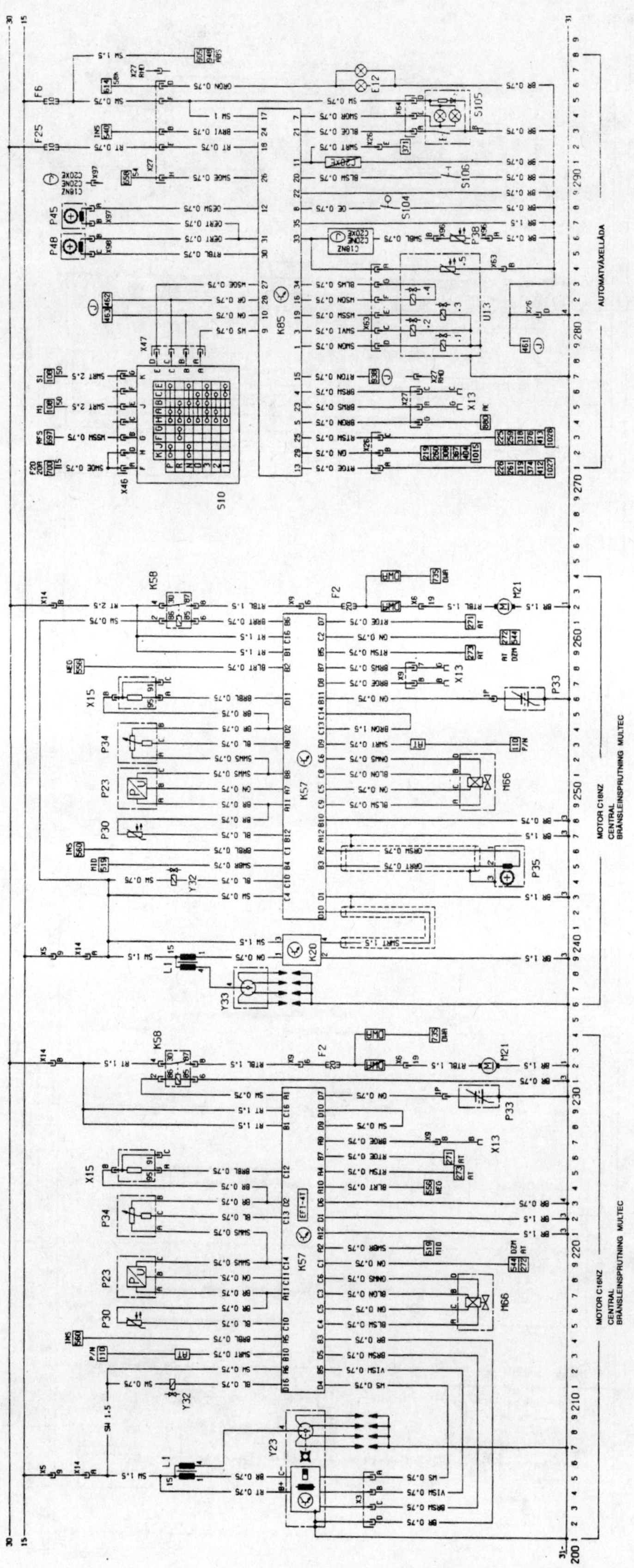

Kopplingsschema för modeller från 1994 till 1996 (fortsättning)

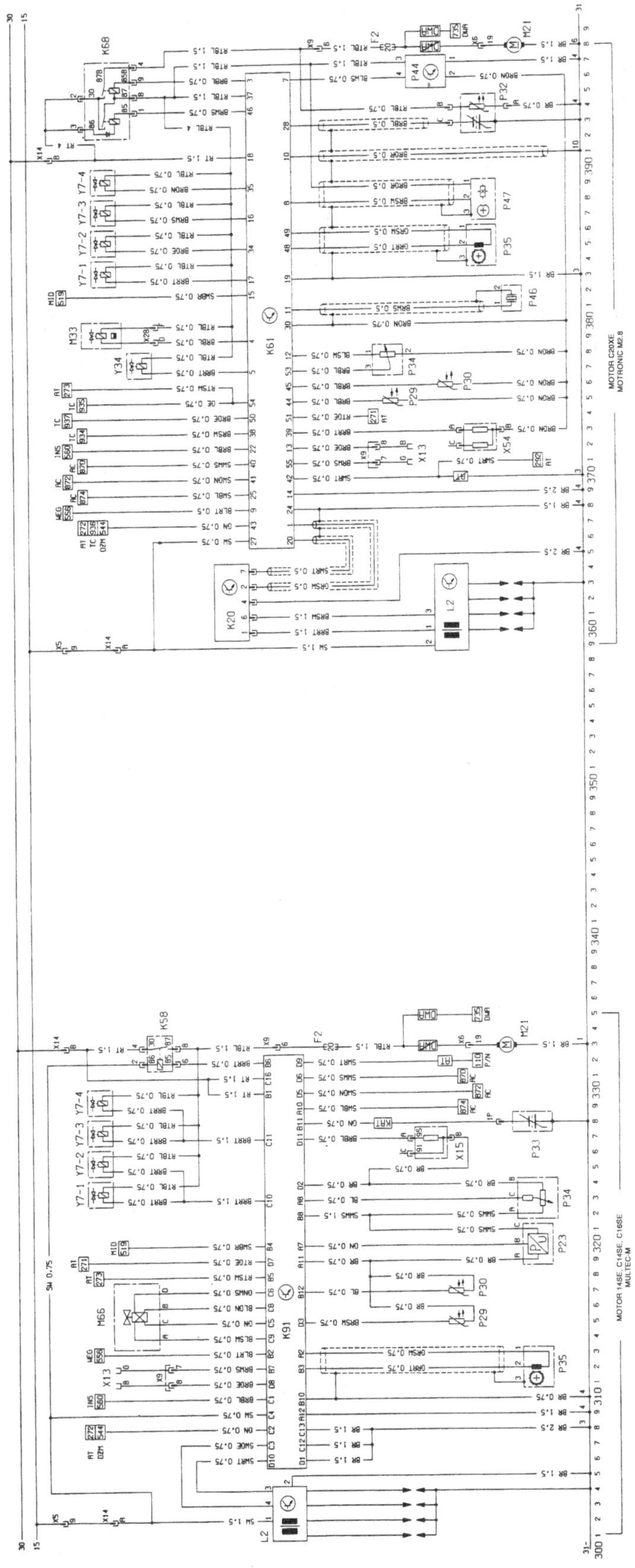

Kopplingsschema för modeller från 1994 till 1996 (fortsättning)

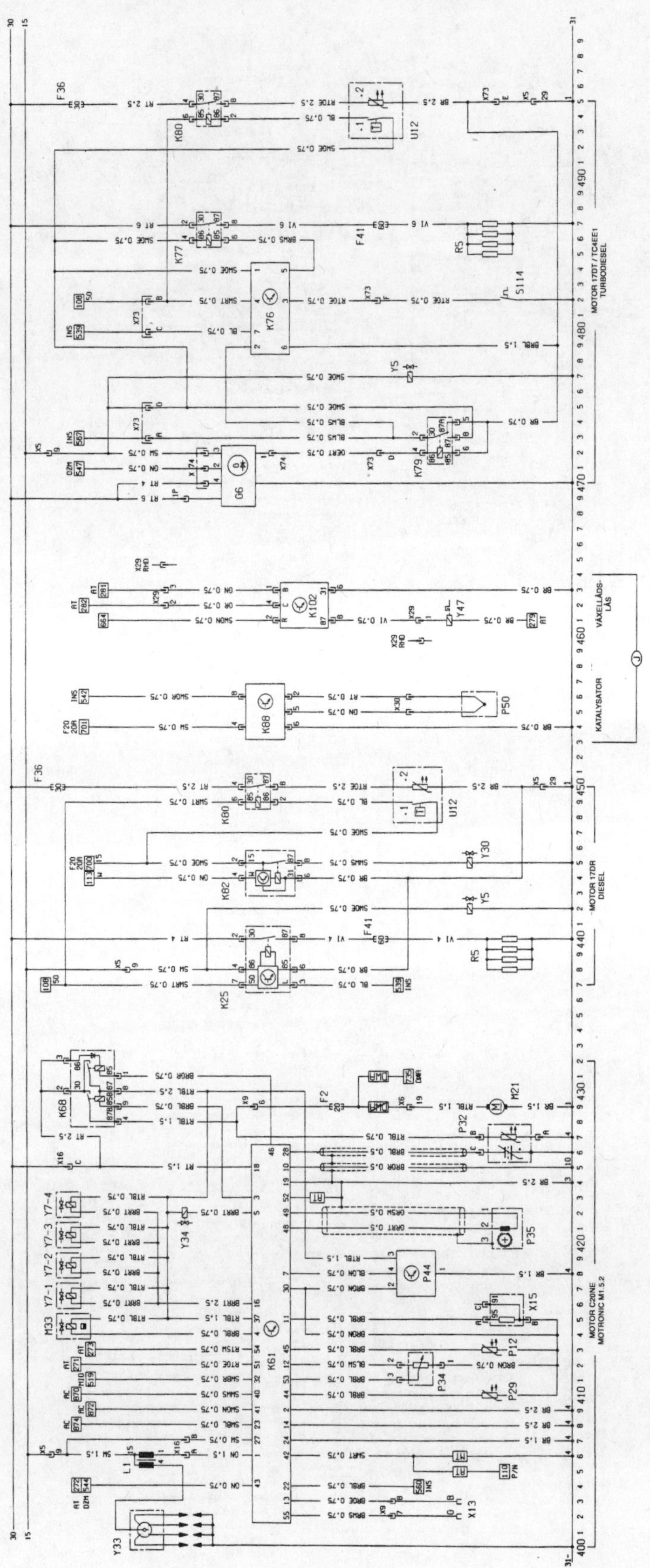

Kopplingsschema för modeller från 1994 till 1996 (fortsättning)

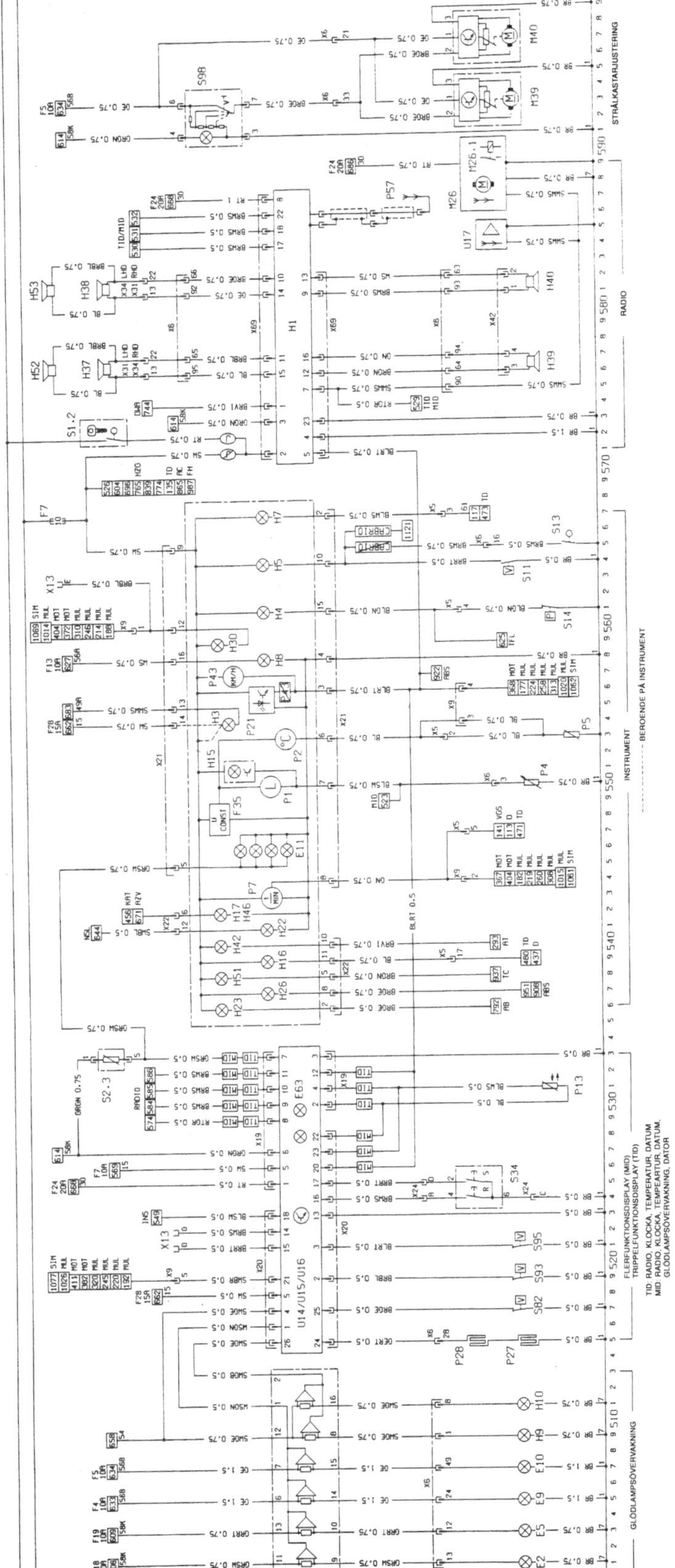

Kopplingsschema för modeller från 1994 till 1996 (fortsättning)

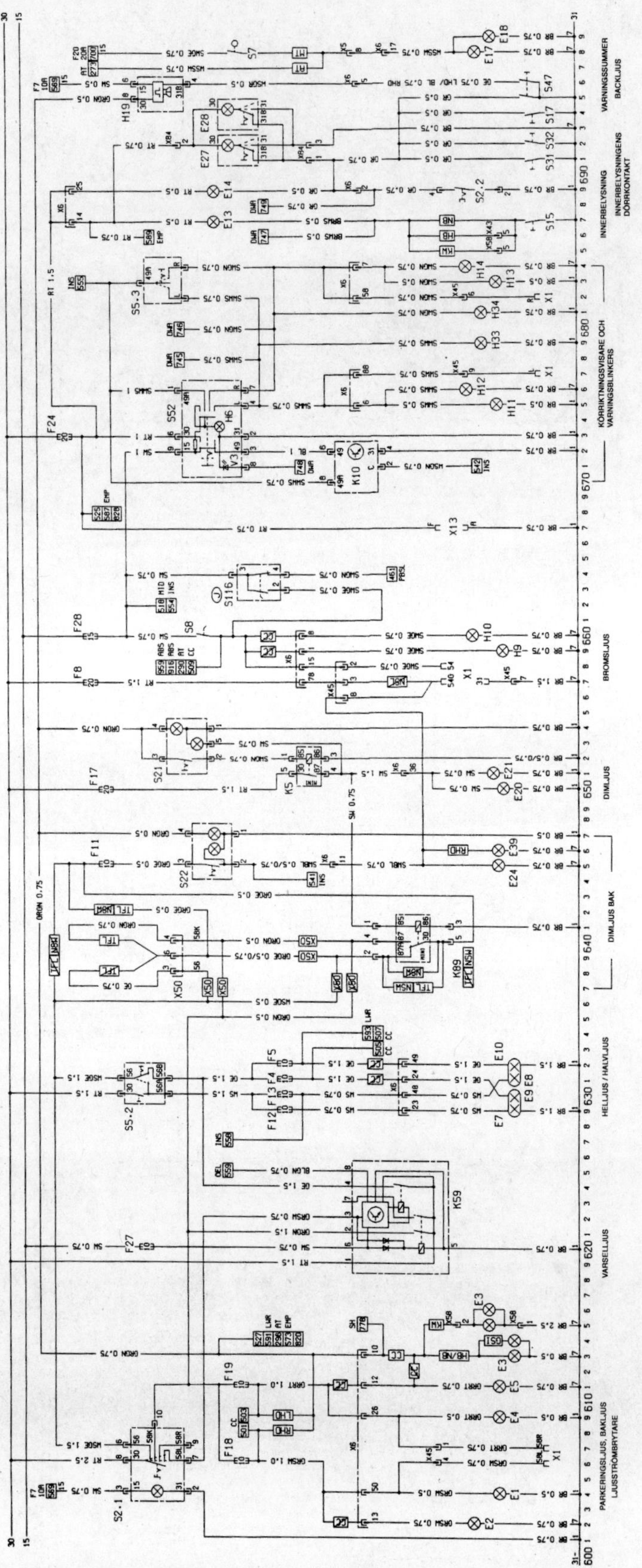

Kopplingsschema för modeller från 1994 till 1996 (fortsättning)

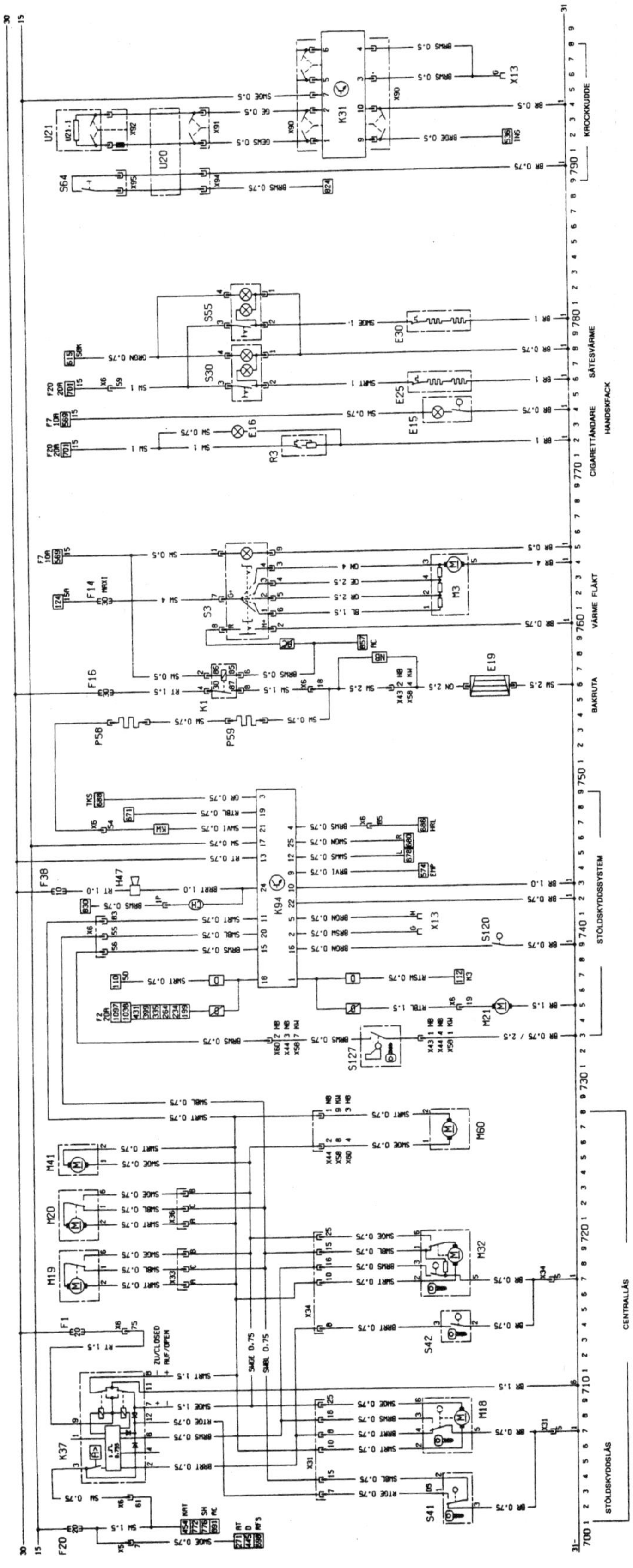

Kopplingsschema för modeller från 1994 till 1996 (fortsättning)

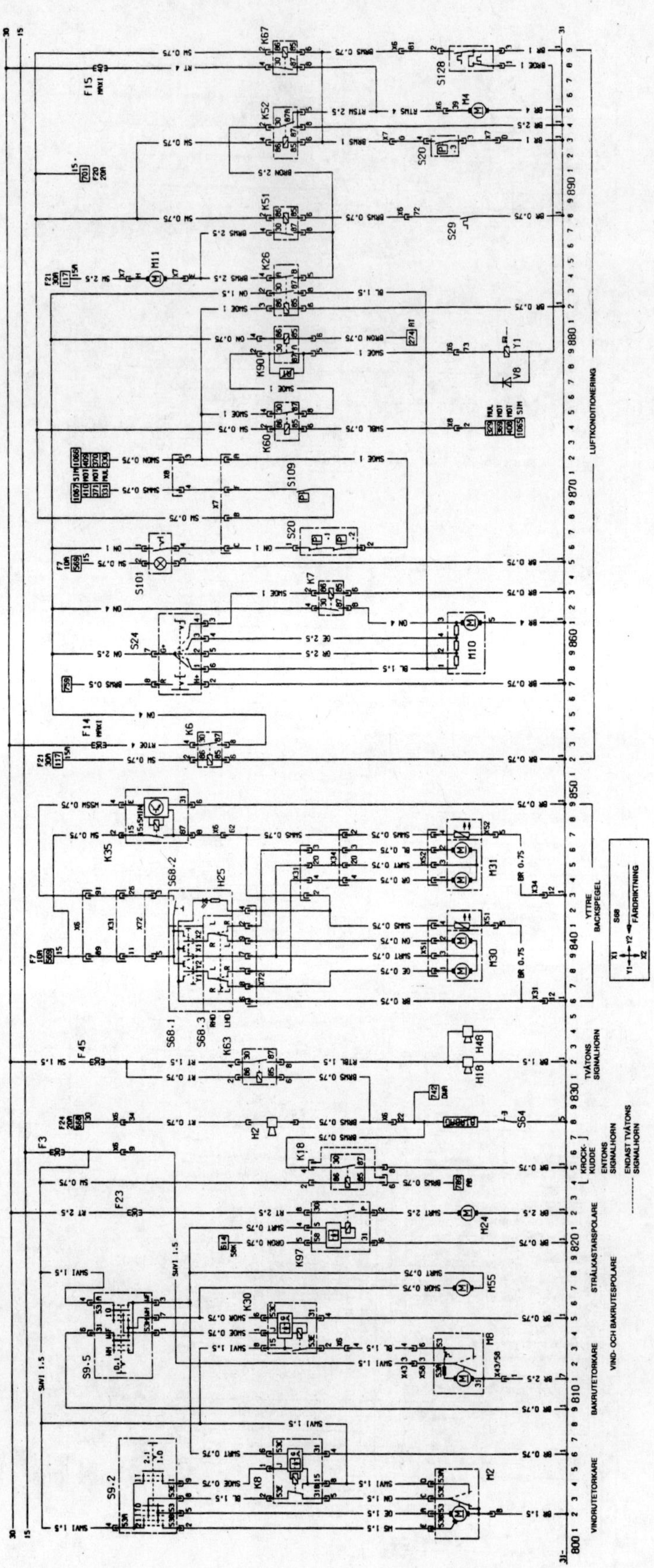

Kopplingsschema för modeller från 1994 till 1996 (fortsättning)

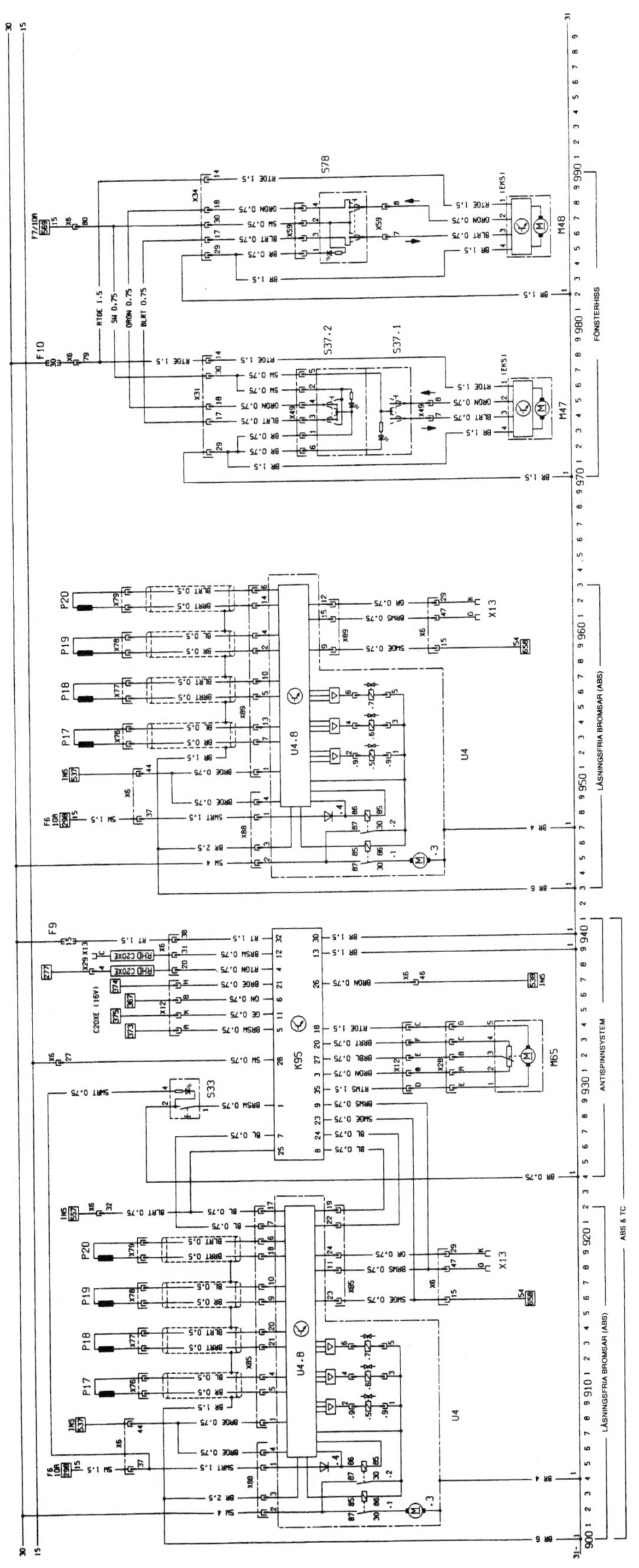

Kopplingsschema för modeller från 1994 till 1996 (fortsättning)

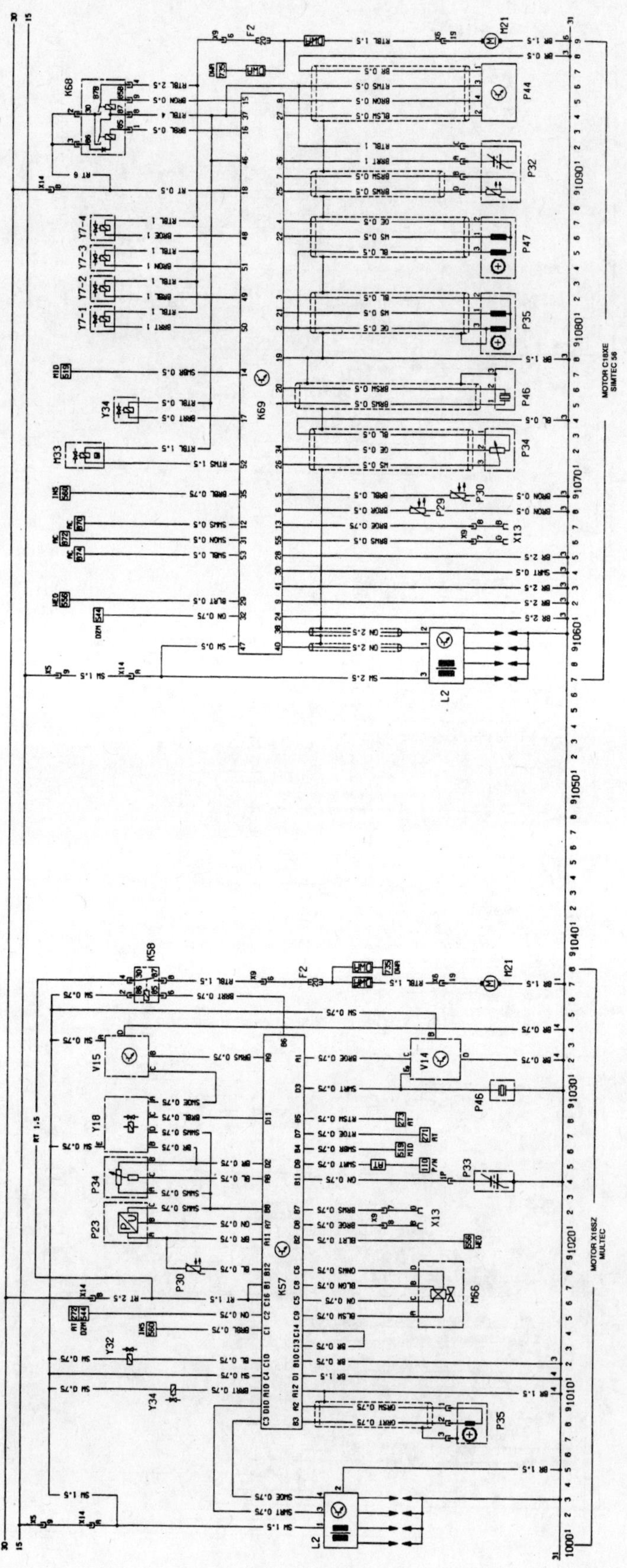

Kopplingsschema för modeller från 1994 till 1996 (fortsättning)

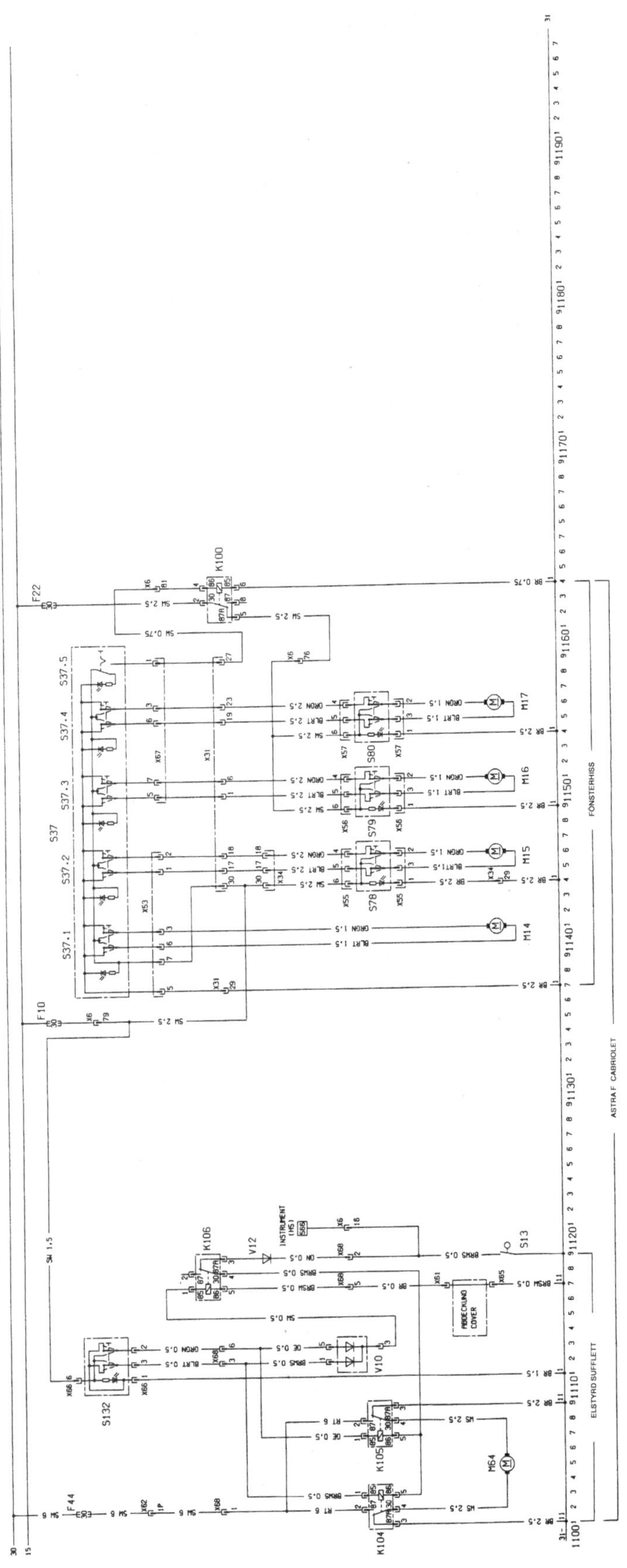

Kopplingsschema för modeller från 1994 till 1996 (fortsättning)

Komponentförteckning till kopplingsscheman för modeller från och med 1997

Alla komponenter finns inte på alla modeller

Nr	Beskrivning	Spår
E1	Parkeringsljus, vänster	602
E2	Bakljus, vänster	501, 604
E3	Nummerplåtsbelysning	613, 615, 616
E4	Parkeringsljus, höger	609
E5	Bakljus, höger	503, 611
E7	Helljus, vänster	629
E8	Helljus, höger	631
E9	Halvljus, vänster	505, 630
E10	Halvljus, höger	507, 632
E11	Instrumentbelysning	545 till 547
E12	Automatväxellådans växelväljarbelysning	937, 938, 982, 983
E13	Bagageutrymmesbelysning	685
E14	Innerbelysning	407 till 411, 688, 750 till 752
E15	Handskfacksbelysning	777
E16	Cigarettändarbelysning	776
E17	Backljus, vänster	698
E18	Backljus, höger	699
E19	Uppvärmd bakruta	761
E20	Dimljus, vänster fram	650
E21	Dimljus, höger fram	651
E24	Dimljus, vänster bak	645
E25	Sätesvärme, vänster	780
E27	Bakre läslampa, vänster	691, 692
E28	Bakre läslampa, höger	693, 694
E30	Sätesvärme, höger	784
E39	Dimljus, höger bak	646
E63	Displayenhet belysning	528, 530
F1 till F28	Säkringar i säkringsdosa	Olika
F35	Spänningsstabilisator	548
F36	Bränslefiltrets värmesäkring (diesel, motorrum)	226, 498
F44	Hydraulpump säkring	1102
F46	Säkring	392
F49	Sekundär luftinsprutning säkring	1094, 1295, 1448
F54	Säkring	866
FV1	Säkring (av typ 'maxi')	184
FV2	Säkring (av typ 'maxi')	132
FV3	Säkring (av typ 'maxi')	143
FV4	Säkring (av typ 'maxi')	165
FV6	Säkring (av typ 'maxi')	171
FV7	Säkring (av typ 'maxi')	177
G1	Batteri	101
G2	Generator	115
H1	Radio/kassettbandspelare	571, 591
H2	Signalhorn (entons)	828
H3	Körriktningsvisare varningslampa	554
H4	Oljetryck varningslampa	561
H5	Bromsolja varningslampa	564
H6	Varningsblinkers varningslampa	672
H7	Generator-/laddningslampa	567
H8	Helljusvarningslampa	558
H9	Bromsljus, vänster	509, 659
H10	Bromsljus, höger	511, 660
H11	Körriktningsvisare, vänster fram	673
H12	Körriktningsvisare, vänster bak	674
H13	Körriktningsvisare, höger fram	682
H14	Körriktningsvisare, höger bak	681
H15	Låg bränslenivå/reserv varningslampa	551
H16	Glödstiftsvarningslampa	539
H17	Släpvagns körriktningsvisare, varningslampa	542
H18	Signalhorn (tvåtons)	832
H19	'Strålkastare på' varningssummer	694 till 696
H22	Bakre dimljus varningslampa	541
H23	Krockkudde varningslampa	536
H24	Stöldskyddssiren	753, 754
H25	Uppvärmd spegel varningslampa	842

Nr	Beskrivning	Spår
H26	ABS varningslampa	537
H27	Varningssummer	1169 till 1171
H28	Bältesvarningslampa	538
H30	Motorns varningslampa	563
H33	Körriktningsvisarens sidoblinkers vänster	677
H34	Körriktningsvisarens sidoblinkers höger	679
H37	Högtalare vänster fram	576, 577
H38	Högtalare höger fram	581, 582
H39	Högtalare, vänster bak	576, 577
H40	Högtalare, höger bak	581, 582
H42	Automatväxellådans varningslampa	540
H46	Katalysatorns temperaturvarningslampa	542
H47	Stöldskyddssignalhorn	749
H48	Signalhorn (tvåtons)	834
H52	Högtonshögtalare, vänster fram	576, 577
H53	Högtonshögtalare, höger fram	581, 582
K1	Uppvärmd bakruta, relä	761, 762
K3	Relä, startmotor (stöldskyddsvarning, 70A)	461, 462
K5	Främre dimljus, relä	651, 652
K6	Luftkonditioneringsrelä	852, 853
K8	Vindrutetorkarnas fördröjningsrelä	803 till 806
K10	Körriktningsvisarens blinkenhet	668 till 670
K12	Sekundär luftinsprutning, relä	1093 till 1095, 1294 till 1296, 1447 till 1459
K18	Signalhorn (entons) - endast med krockkudde	824, 825
K20	Tändningsmodul/tändspole	239, 240, 1202 till 1204, 1560 till 1564
K25	Glödtidsrelä (70A)	212 till 216
K26	Kylarens fläktrelä	882 till 884
K30	Bakrutetorkarens fördröjningsrelä	813 till 815
K31	Krockkuddens styrenhet	792 till 798
K35	Uppvärmd spegel, relä	847 till 849
K37	Styrenhet centrallås	705, 1305 till 1312
K43	Bränsleinsprutningsrelä	1286, 1287
K44	Bränslepumpsrelä	1290, 1291
K51	Kylarens fläktrelä, steg 1	428, 429, 887, 888
K52	Kylarens fläktrelä	893 till 895
K57	Multec enpunkts insprutn. styrenhet	242 till 261, 306 till 332, 1012 till 1031, 1050 till 1088, 1050 till 1088, 1207 till 1226, 1408 till 1443, 1408 till 1443, 1463 till 1496, 1507 till 1532
K58	Bränslepumprelä (Multec enpunkts insprutn.)	261, 262, 332, 333,1032, 1033, 1088, 1089, 1228, 1229, 1443,1444,1495, 1496, 1535, 1536
K59	Varselljusrelä	635, 636
K60	Kompressor fläktrelä	878, 879
K61	Motronic styrenhet	268 till 294, 369 till 393, 1566 till 1596
K63	Tvåtons signalhorn, relä	831, 832
K67	Kylarens fläktrelä, steg 2	433, 434, 898, 899
K68	Bränsleinsprutningsenhet, relä	293 till 297, 395 till 399, 1593 till 1597
K69	Simtec 56 styrenhet	1250 till 1290
K76	Glödtid styrenhet	483, 484
K77	Glödstiftsrelä	491, 492
K80	Bränslefiltrets värmerelä (diesel)	225, 226, 497, 498
K82	Motorns hastighetsrelä	220, 221
K85	Automatväxellådans styrenhet	901 till 935, 946 till 980
K88	Katalysatorns temperaturstyrenhet	1240 till 1242
K89	Bakre dimljus relä	639, 641
K94	Stöldskyddslarmets styrenhet	738 till 751
K97	Strålkastarspolarens fördröjningsrelä	820 till 822
K100	Säkerhetsvakt, relä	1162 till 1164
K104	Hydraulisk pump, relä	1101 till 1103
K105	Hydraulisk pump, relä	1107 till 1109
K106	Justeringskontrollrelä	1117 till 1119
K117	Immobiliser styrenhet	454 till 457, 470 till 474
L1	Tändspole	239, 268, 373, 1006, 1204
L2	Tändspole (DIS)	301 till 304, 1043 till 1046, 1248, 1402 till 1405, 1457 till 1460, 1501 till 1504, 1559 till 1563

Komponentförteckning till kopplingsscheman för modeller från och med 1997

Alla komponenter finns inte på alla modeller

Nr	Beskrivning	Spår
M1	Startmotor	105, 106
M2	Vindrutetorkarmotor	801 till 804
M3	Värmefläktsmotor	766 till 769, 895
M4	Kylarens kylfläktsmotor	428
M8	Bakrutetorkarmotor	811 till 813
M10	Luftkonditioneringens fläktmotor	858 till 861
M11	Kylarfläktens motor	884
M13	Soltakets motor	1183
M14	Elfönsterhissens motor, förardörr	1141
M15	Elfönsterhissens motor, främre passagerardörr	1146
M16	Elfönsterhissens motor, vänster bakdörr	1151
M17	Elfönsterhissens motor, höger bakdörr	1156
M18	Centrallåsmotor, förardörr	706 till 709, 1307 till 1310
M19	Centrallåsmotor, vänster bakdörr	717 till 719, 1318 till 1320
M20	Centrallåsmotor, höger bakdörr	721 till 723, 1322 till 1324
M21	Bränslepump	262, 297, 333, 396, 1033, 1097, 1229, 1298, 1451, 1498, 1536, 1598
M24	Strålkastarspolarpump	822
M26	Elantenn motor	587 till 589
M26.1	Elantenn motor, relä	589
M27	Sekundär luftinsprutning, pump	1094, 1295, 1448
M30	Elstyrd spegel (förarsidan)	838 till 841
M31	Elstyrd spegel (passagerarsidan)	844 till 846
M32	Centrallåsmotor, främre passagerardörr	717 till 720, 1314 till 1317
M33	Tomgångshastighet, aktiverare/kraftenhet	279, 280, 381, 382,1268, 1269, 1580, 1581
M39	Strålkastarjusteringsmotor, vänster	992 till 994
M40	Strålkastarjusteringsmotor, höger	996 till 998
M41	Centrallåsmotor, tanklucka	725, 726, 1326, 1327
M47	Elfönsterhissmotor, förardörr	340 till 343, 1338 till 1341
M48	Elfönsterhissmotor, passagerardörr	351 till 354, 1347 till 1350
M49	Elfönsterhissmotor, vänster bak	1355 till 1358
M50	Elfönsterhissmotor, höger bak	1363 till 1366
M55	Vindrutans/bakrutans spolarpump	817
M60	Centrallåsmotor bagage-/baklucka	726 till 728, 1328, 1330
M64	Hydraulisk pump, motor	1102 till 1108
M66	Stegmotor, tomgångsluft	250 till 253, 314 till 317, 1016 till 1019, 1071 till 1074, 1210 till 1213, 1415 till 1418, 1470 till 1473, 1514 till 1517
P1	Bränslemätare	550
P2	Kylvätsketemperaturmätare	553
P4	Bränslenivågivare	550
P5	Kylvätsketemperaturgivare	553
P7	Varvräknare	543
P12	Kylvätsketemperaturgivare	281, 380
P13	Ytterluftens temperaturgivare	531
P17	Hjulgivare, vänster fram	1386, 1387
P18	Hjulgivare, höger fram	1389, 1390
P19	Hjulgivare, vänster bak	1392, 1393
P20	Hjulgivare, höger bak	1395, 1396
P21	Distansgivare	555, 556
P23	MAP-givare	249 till 251, 319 till 321, 1018 till 1020, 1066 till 1068, 1220 till 1222, 1424 till 1426, 1479 till 1481, 1519 till 1521
P25	Glödlampstestgivare	500 till 513
P27	Bromsklossens slitagegivare, vänster fram	515
P28	Bromsklossens slitagegivare, höger fram	515
P29	Insugsgrenrörets temperaturgivare	283, 315, 316, 377, 1069, 1258, 1428, 1575
P30	Kylvätsketemperaturgivare	247, 317, 318, 1016, 1060, 1218, 1260, 1417, 1472, 1517, 1576
P32	Avgassystemets syresensor (uppvärmd)	393, 394, 1280 till 1283, 1593, 1594
P33	Avgassystemets syresensor	328, 1031, 1086, 1222, 1441, 1496, 1521
P34	Gasspjällpotentiometer	252 till 254, 284, 285, 322 till 324, 378, 379, 1022 till 1024, 1062 till 1064, 1223 till 1225, 1262 till 1264, 1420 till 1422, 1475 till 1477, 1522 till 1524, 1577, 1578
P35	Vevaxelns impulsgivare	246 till 248, 274 till 276, 311 till 313, 387 till 389, 1080 till 1082, 1271 till 1273, 1435 till 1437, 1490 till 1492, 1506 till 1508, 1584 till 1586
P38	Automatväxellådans oljetemperaturgivare	968
P44	Luftmängdsmätare	293 till 295, 384 till 386, 1285 till 1288, 1596, 1597
P45	Automatväxellådans motorhastighetsgivare	911, 912, 957, 958
P46	Knacksensor	290, 291, 1052, 1053, 1266 till 1268, 1429, 1430, 1484, 1485, 1528, 1581, 1582
P47	Hallgivare (cylinderidentifikation)	1049, 1050, 1276 till 1278, 1407, 1408, 1587 till 1589
P48	Automatväxellådans distansgivare	909, 910, 955, 956
P55	Motorns temperaturgivare	212
P57	Antenn	587
P58	Stöldlarmssensor för krossat glas, vä bak	757
P59	Stöldlarmssensor för krossat glas, hö bak	757
P60	Stöldskyddslarmets givare	
R3	Cigarettändare	775
R5	Glödstift	216 till 218
R15	CO-justeringens potentiometer	287, 288
R19	Förmotstånd, kylarens kylfläktsmotor	423
S1	Tändningslås/startkontakt	104 till 110
S2	Ljusströmbrytarenhet	
S2.1	Ljusströmbrytare	604 till 607
S2.2	Innerbelysningsbrytare	688
S2.3	Instrumentbelysningsdimmer	533
S3	Värmefläkt/uppvärmd bakruta, brytare	765 till 770
S5	Körriktningsvisare, brytarenhet	
S5.2	Halvljusbrytare	630, 631
S5.3	Köriktningsvisare, brytare	680 till 682
S7	Backljuskontakt	698
S8	Bromsljuskontakt	660
S9	Torkarbrytarenhet	
S9.2	Vindrutetorkarens fördröjningsbrytare	801 till 804
S9.5	Bakrutans spolar-/torkarbrytare	814 till 816
S10	Automatväxellådans växelväljarbrytare	902 till 911, 947 till 956
S11	Bromsvätskans nivåkontakt	564
S13	'Handbroms på' kontakt	565, 1119
S14	Oljetrycksgivare/kontakt	561
S15	Bagageutrymmets belysningskontakt	685
S17	Innerbelysningskontakt, främre passagerardörr	694
S20	Tryckkontaktsenhet	866, 893
S20.1	Kompressorns lågtryckskontakt	866, 893
S20.2	Kompressorns högtryckskontakt	866
S21	Främre dimljus brytare	652, 654
S22	Bakre dimljus brytare	645, 647
S29	Kylvätskans temperaturkontakt	419, 888
S30	Sätesvärmebrytare, förarsäte	780
S31	Innerbelysningskontakt, vänster bakdörr	691
S32	Innerbelysningskontakt, höger bakdörr	692
S34	Flerfunktionsdisplay brytare	524
S35	Sätesvärmebrytare, passagersäte	784
S37	Elfönsterhissarnas reglage (i förardörren)	1137 till 1161, 1337 till 1365
S37.1	Elfönsterhissens reglage, förarens fönster	341, 342, 1139 till 1141, 1339, 1340
S37.2	Elfönsterhissens reglage, passagerarens fönster	339, 344, 1145, 1146, 1348, 1349
S37.3	Elfönsterhissens reglage, vä bak	1150, 1151, 1356, 1357

Komponentförteckning till kopplingsscheman för modeller från och med 1997

Alla komponenter finns inte på alla modeller

Nr	Beskrivning	Spår
S37.4	Elfönsterhissens reglage, hö bak	1155, 1156, 1364, 1365
S37.5	Säkerhetsbrytare	1159, 1360
S38	Elfönsterhissens reglage, pass fönster	1351 till 1353
S39	Elfönsterhissens reglage, vänster bak	1359 till 1361
S40	Elfönsterhissens reglage, höger bak	1367 till 1369
S41	Centrallåskontakt, förardörr	702 till 704, 1302 till 1304
S42	Centrallåskontakt, främre passagerardörr	714, 1321
S47	Innerbelysningskontakt, förardörr	695
S52	Varningsblinkers brytare	669 till 674
S57	Soltakets brytare	1178 till 1183
S64	Signalhorn brytare	789, 828
S68	Elstyrda speglar, brytarenhet	
S68.1	Elstyrda speglar, justerbrytare	836 till 841
S68.2	Elstyrda speglar, värmebrytare	836 till 841
S68.3	Elstyrda speglar vänster/höger väljarbrytare	836 till 841
S78	Elfönsterhissens reglage, passagerardörr	351 to 354, 1144 till 1146
S79	Elfönsterhissens reglage, vänster bak	1149 till 1151
S80	Elfönsterhissens reglage, höger bak	1154 till 1156
S82	Spolarvätskans nivåkontakt	517
S84	PBSL växelväljarkontakt	940, 985
S85	PBSL parkeringsposition kontakt	942, 987
S88	Kylvätskans temperaturkontakt	423, 424
S89	Säkerhetsbältets kontakt	1171, 1236
S93	Kylvätskans nivåkontakt	519
S95	Motoroljans nivåkontakt	521
S98	Strålkastarnas justerbrytare	991 till 993
S99	Elfönsterhissens reglage, förarens fönster	1336
S100	Elfönsterhissens reglage, passagerarens fönster	1345
S101	Kompressorkontakt	865, 866
S104	Automatväxellådans kickdownkontakt	927, 972
S105	Automatväxellåda brytare för 'Vinter'-läge	934 till 936, 979
S106	Automatväxellåda brytare för 'Ekonomi/sport'-läge	932, 977
S109	Kompensationskontakt tomgångshastighet	870
S114	Kylvätsketemperaturkontakt	483
S120	Stöldskyddslarmets motorhuvskontakt	739
S127	Bagage-/bakluckans centrallåskontakt	733
S128	Kylvätskans temperaturkontakt, kompressorfläkt	898, 899
S132	Sufflett, brytare	1111 till 1113
U4	ABS hydraulenhet	1378 till 1396
U4.1	Pumpmotorrelä	1378
U4.2	Solenoidventilrelä	1380
U4.3	Pumpmotor	1378
U4.4	Diod	1381
U4.5	Solenoidventil, vänster fram	1385
U4.6	Solenoidventil, höger fram	1387
U4.7	Solenoidventil, bakaxel	1389
U4.8	ABS styrenhet	1382 till 1396

Nr	Beskrivning	Spår
U4.9	Solenoidventilstift	1385
U12	Uppvärmt bränslefilter	225, 226, 497, 498
U12.1	Temperaturkontakt	225, 497
U12.2	Värmemotstånd	226, 498
U13	Automatväxellådans solenoidventilblock	974 till 918, 960 till 966
U13.1	Solenoidventil, 1:a växeln	914, 961
U13.2	Solenoidventil, 2:a växeln	915, 962
U13.3	Solenoidventil, omvandlarkoppling	916, 963
U13.4	Solenoidventil, hydraultryckskontroll	917, 964
U13.5	Solenoidventil, kontroll neutralläge	960
U13.6	Givare, automatväxellådsoljans temperatur	919, 966
U14	Klocka displayenhet	515 till 533
U15	Klocka/radio displayenhet	515 till 533
U16	Klocka/radio/dator displayenhet	515 till 533
U17	Antennförstärkare	584, 585
U20	Kontaktenhet	789 till 794
U21	Krockkudde, förarsida	792 till 794
U21.1	Krockkuddens antändare, förarsida	792 till 794
U22	Krockkudde passagerarsida	796 till 798
U22.1	Krockkuddens antändare, passagerarsida	796 till 798
U29	Telefon/radio transformator	410, 411
V3	Stöldskyddslarm lampa/diod	669
V8	Kompressordiod	877
V10	Justeringskontrolldiod	1112, 1113
V12	Diod (i kabelhärva)	1119
V14	Knacksignal filter	1530, 1531
V15	EGR förstärkare	1531 till 1533
X2 till X99	Kontaktdon	Olika
Y1	Luftkonditioneringskompressorns koppling	879
Y5	Bränslesolenoidventil	219, 480
Y7	Bränsleinsprutare	281 till 288, 323 till 330, 383 till 390, 1076 till 1083, 1276 till 1283, 1432 till 1439, 1432 till 1439, 1583 till 1590
Y10	Fördelare (HEI system)	1206 till 1211
Y15	Sekundär luftinsprutning, solenoidventil	1091, 1293, 1294, 1445
Y18	EGR solenoid	1055 till 1057, 1270, 1271, 1412 till 1414, 1467 till 1469, 1527 till 1529
Y19	Insugsgrenrörets solenoidventil	1274, 1275
Y21	PBSL lyftmagnet	110
Y23	Fördelare (HEI system)	1008 till 1010
Y30	Kallstart accelerationsventil	211
Y32	Enpunkts bränsleinsprutare	244, 1012, 1213, 1487, 1511
Y33	Fördelare (MHDI system)	236 till 238, 265 till 267, 367 till 369
Y34	Bränsletankens ventilationsventil	389, 1086, 1272, 1273, 1441,1493, 1509, 1578, 1579
Y47	PBSL lyftmagnet	942, 987

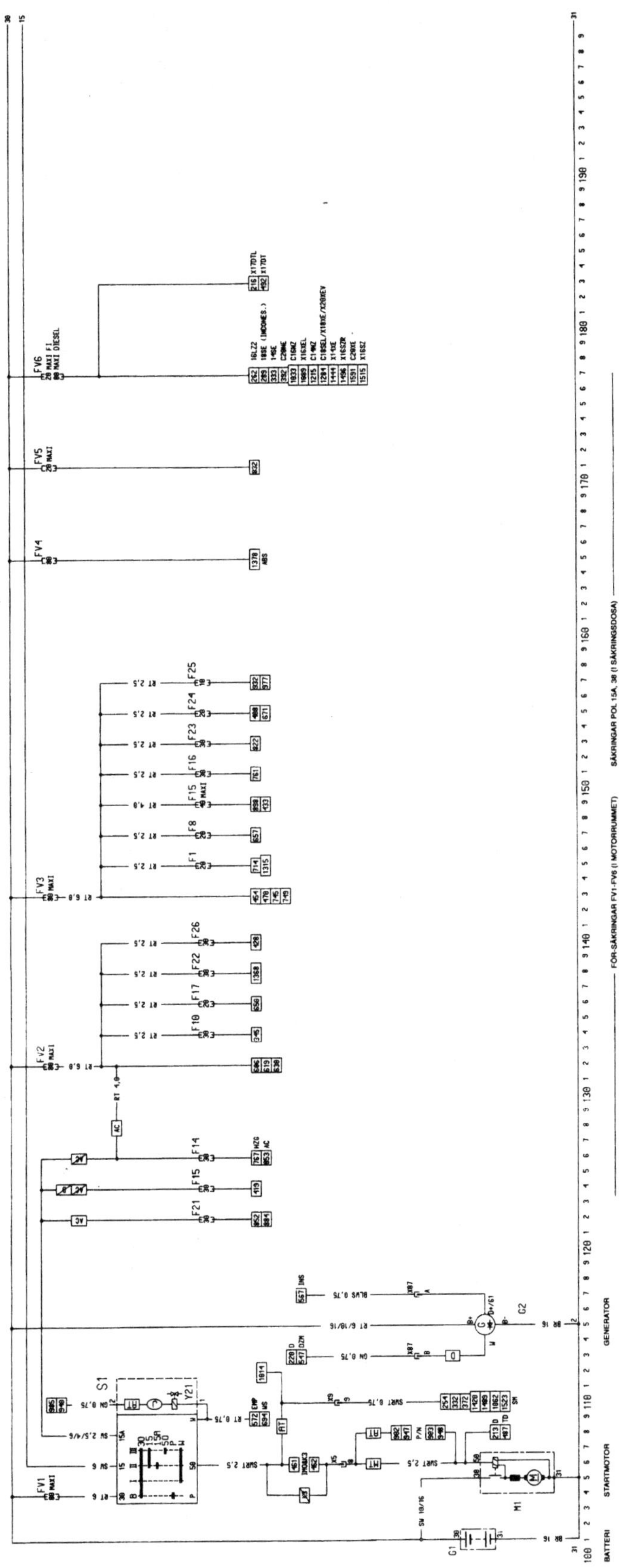

Kopplingsscheman för modeller från och med 1997

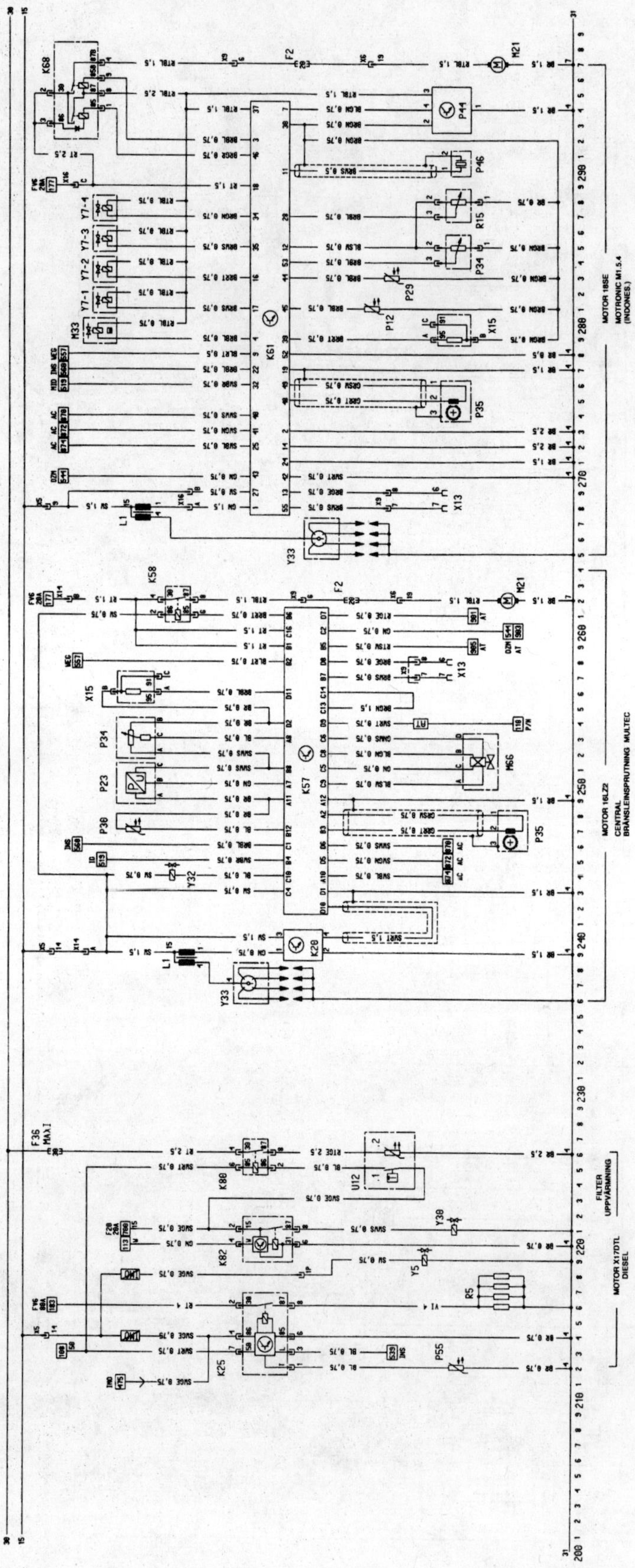

Kopplingsscheman för modeller från och med 1997 (fortsättning)

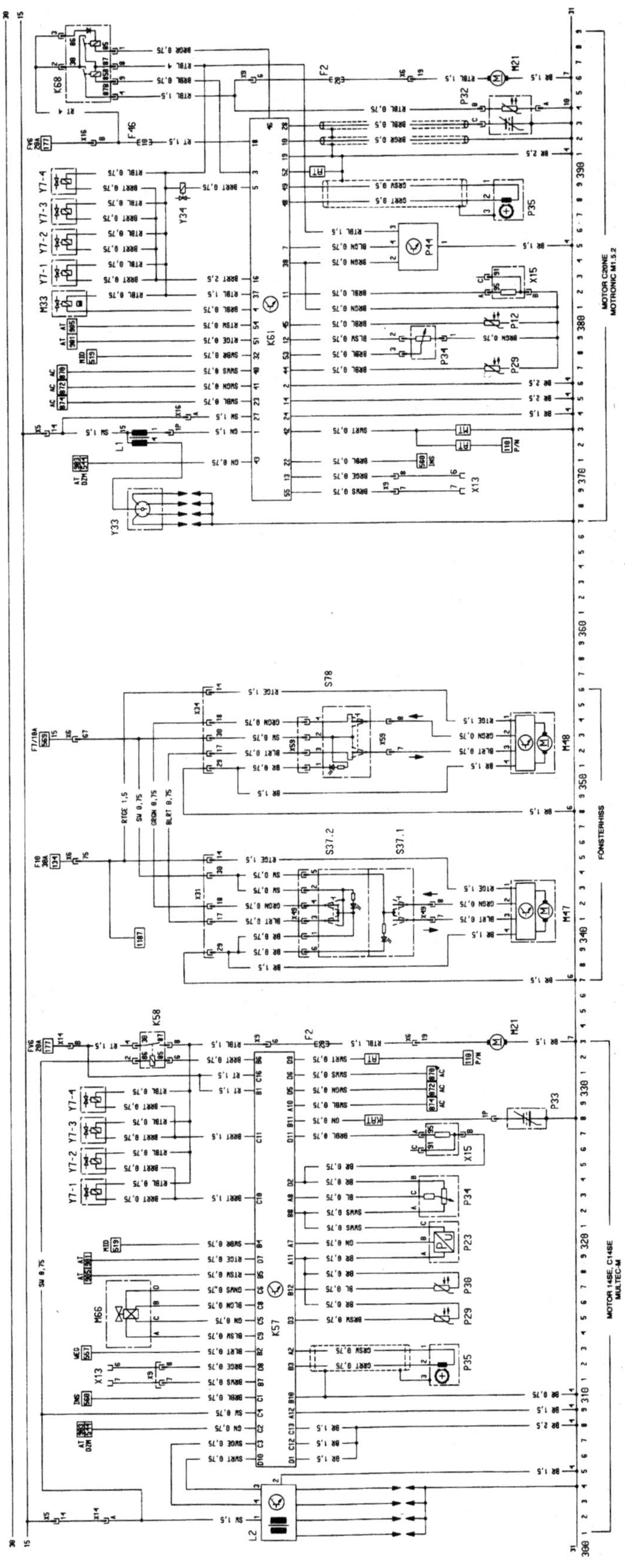

Kopplingsscheman för modeller från och med 1997 (fortsättning)

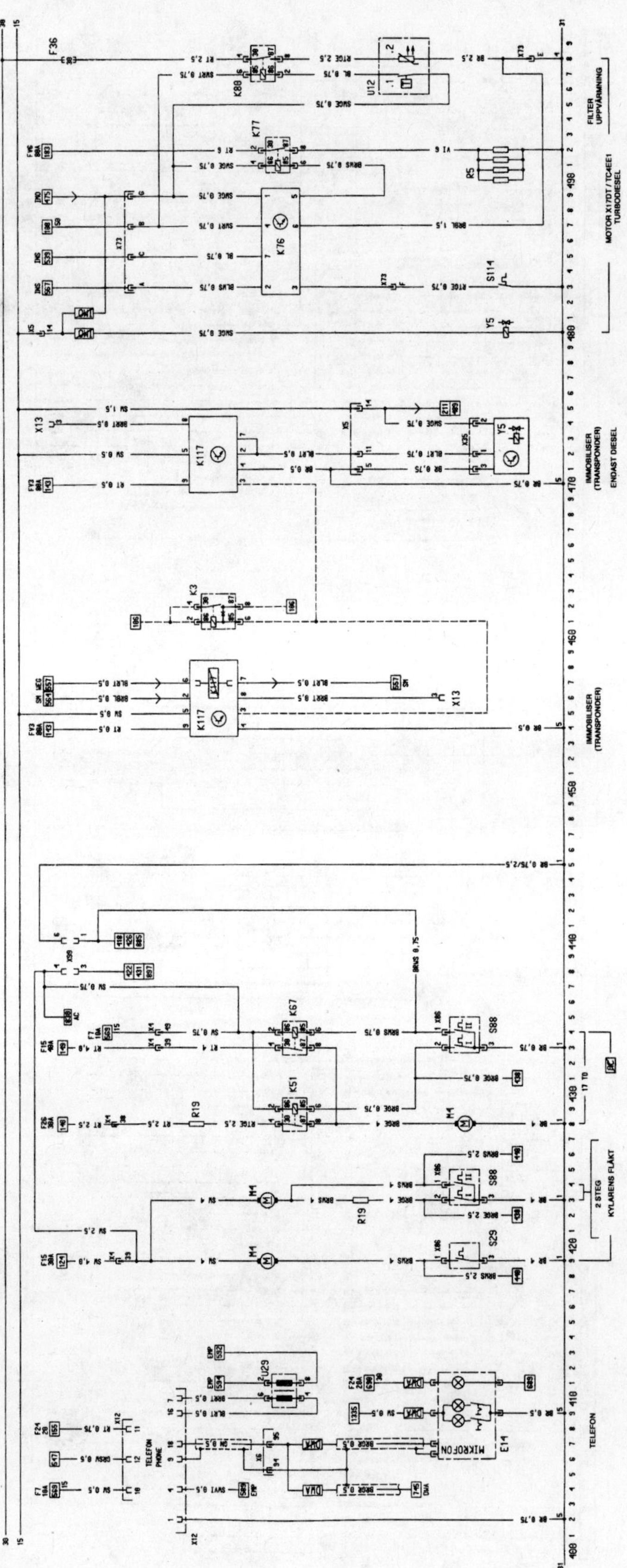

Kopplingsscheman för modeller från och med 1997 (fortsättning)

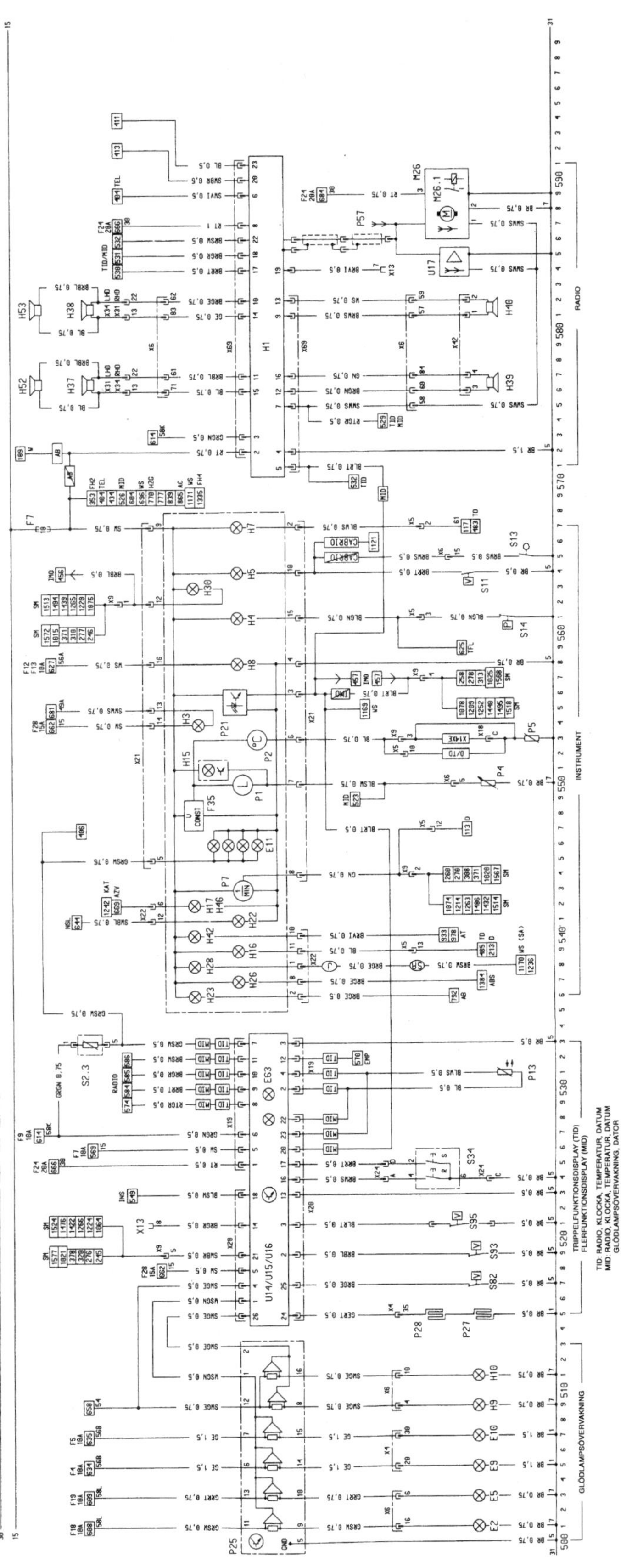

Kopplingsscheman för modeller från och med 1997 (fortsättning)

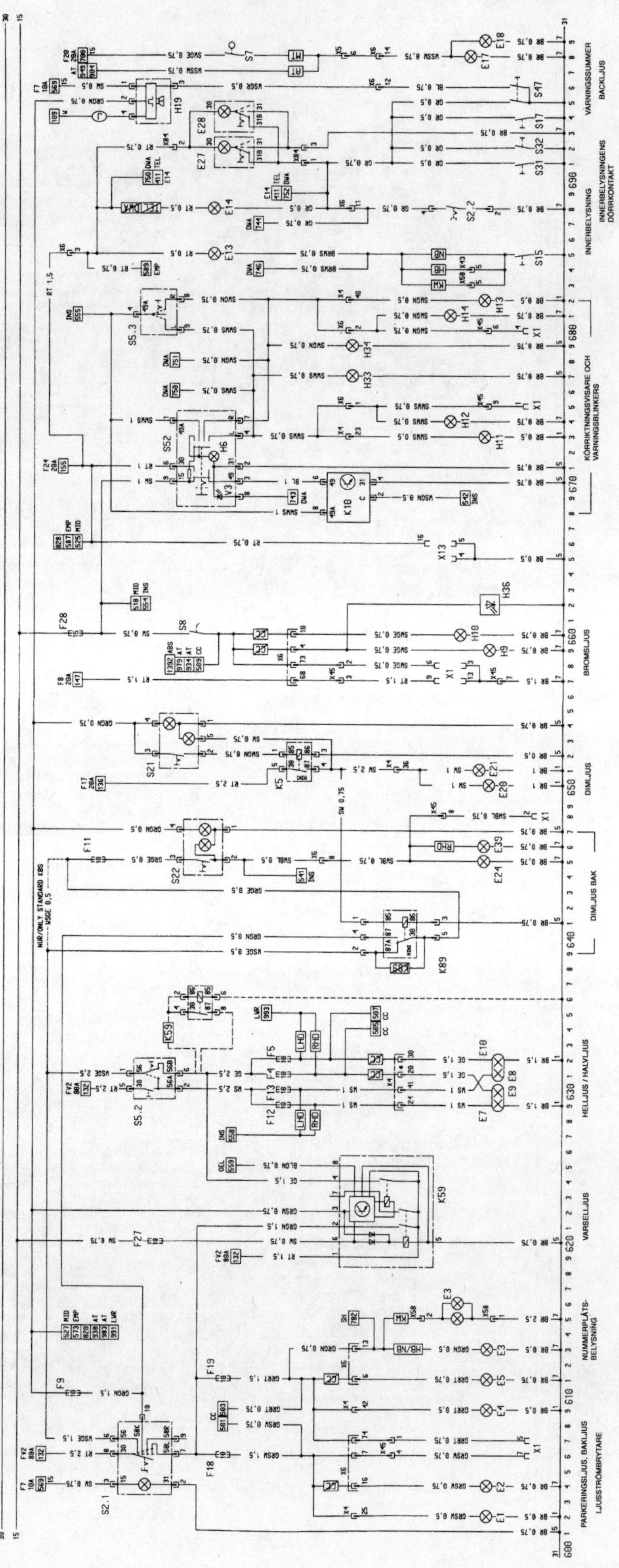

Kopplingsscheman för modeller från och med 1997 (fortsättning)

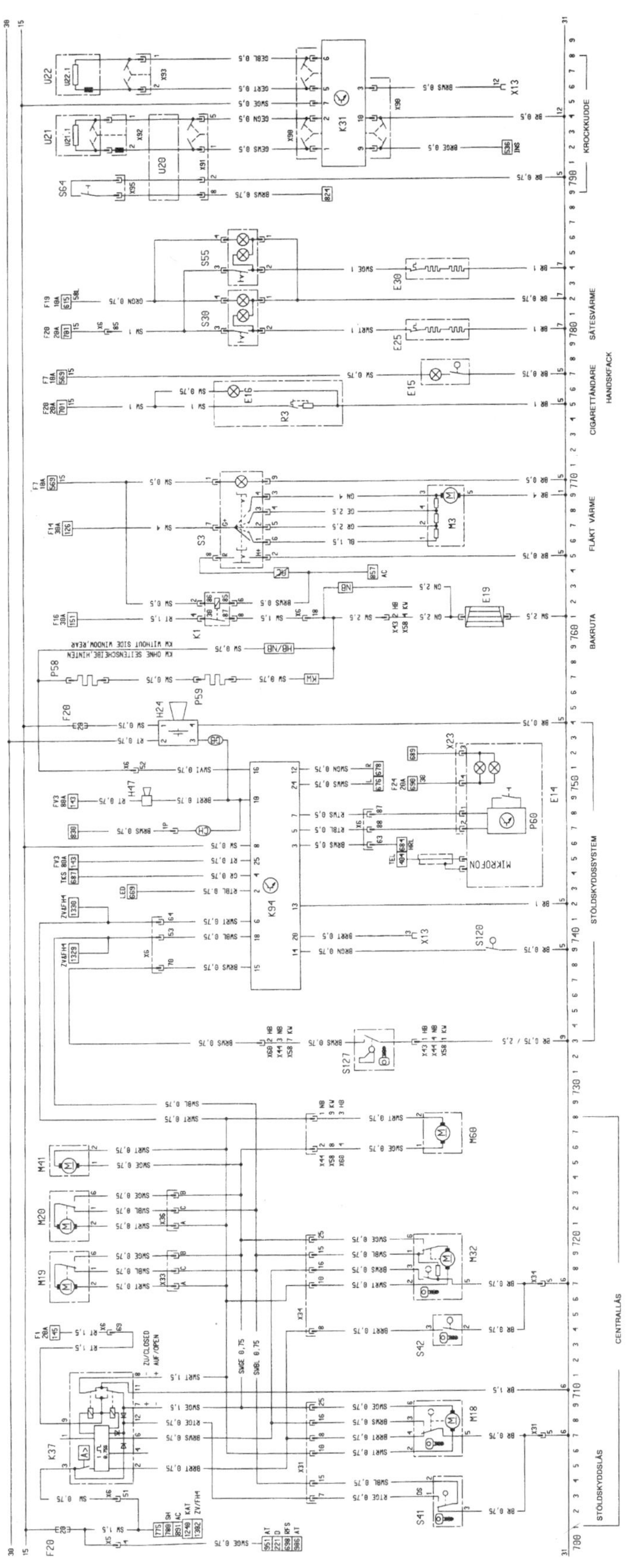

Kopplingsscheman för modeller från och med 1997 (fortsättning)

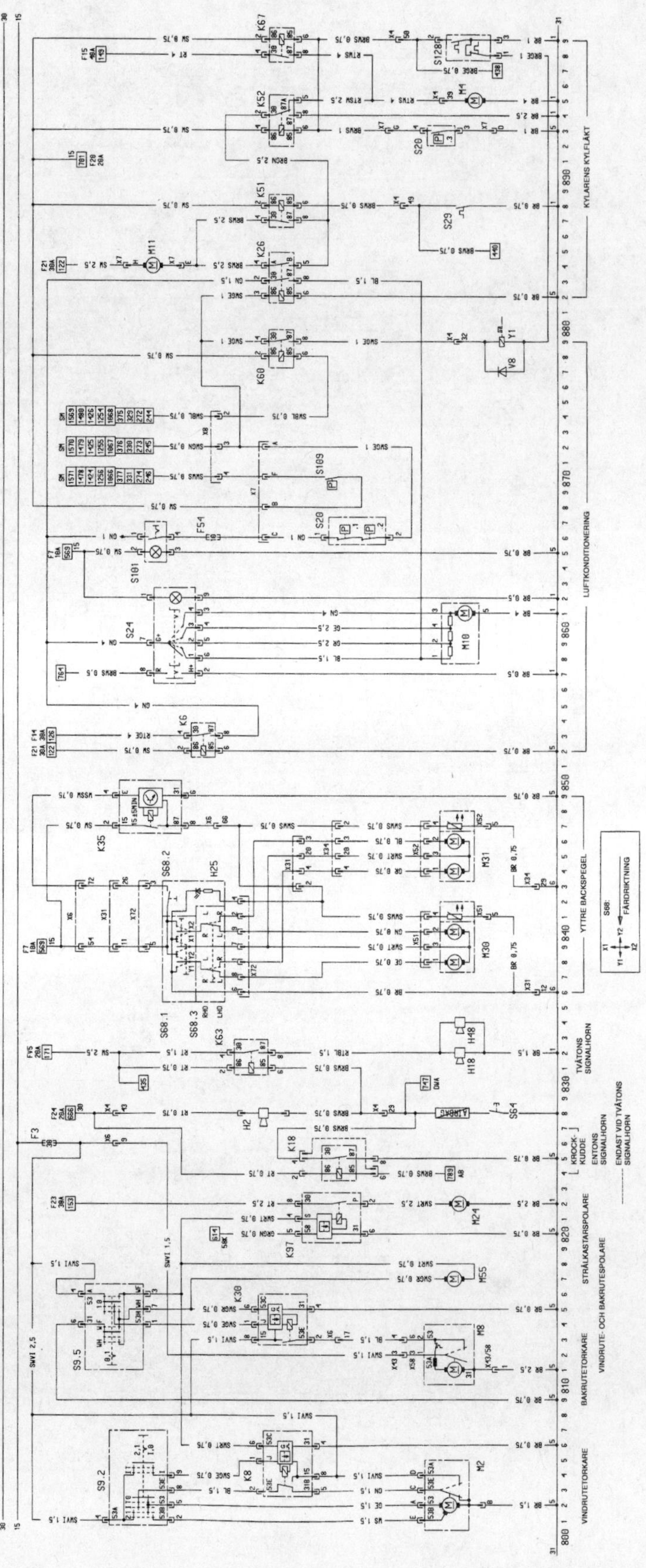

Kopplingsscheman för modeller från och med 1997 (fortsättning)

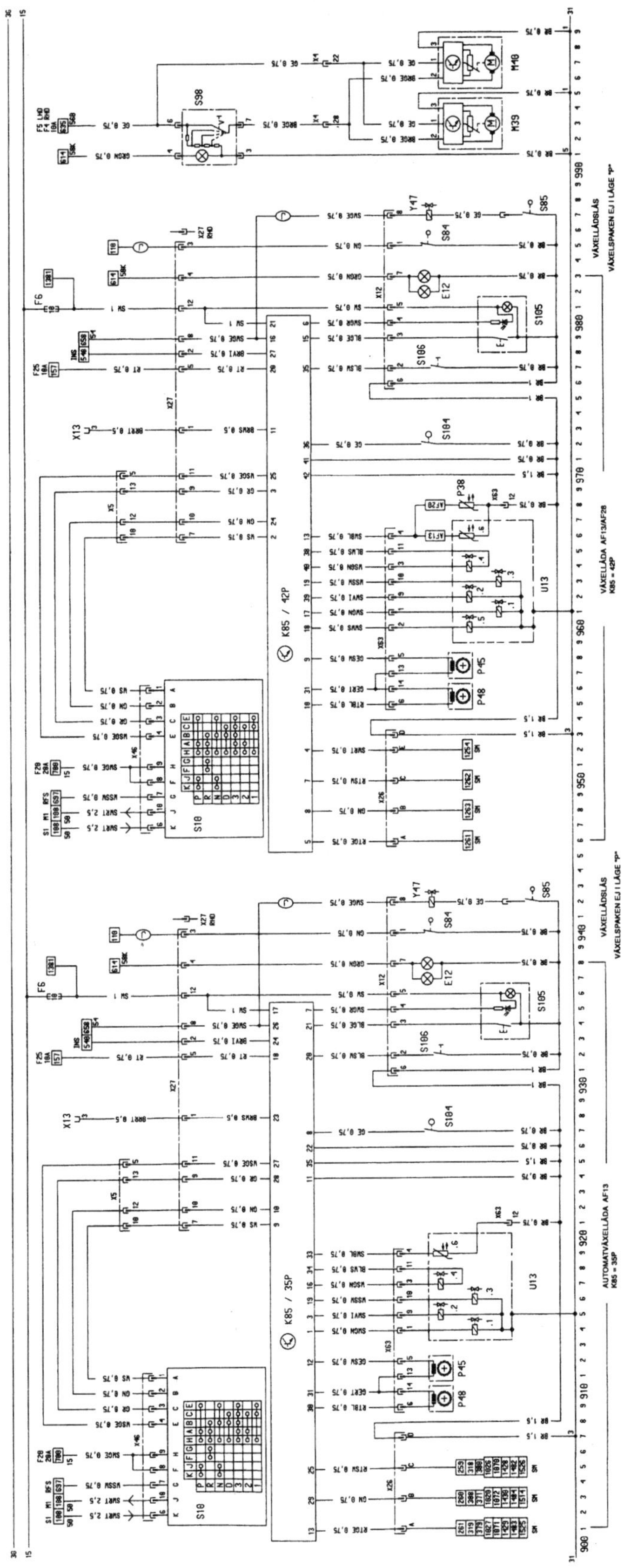

Kopplingsscheman för modeller från och med 1997 (fortsättning)

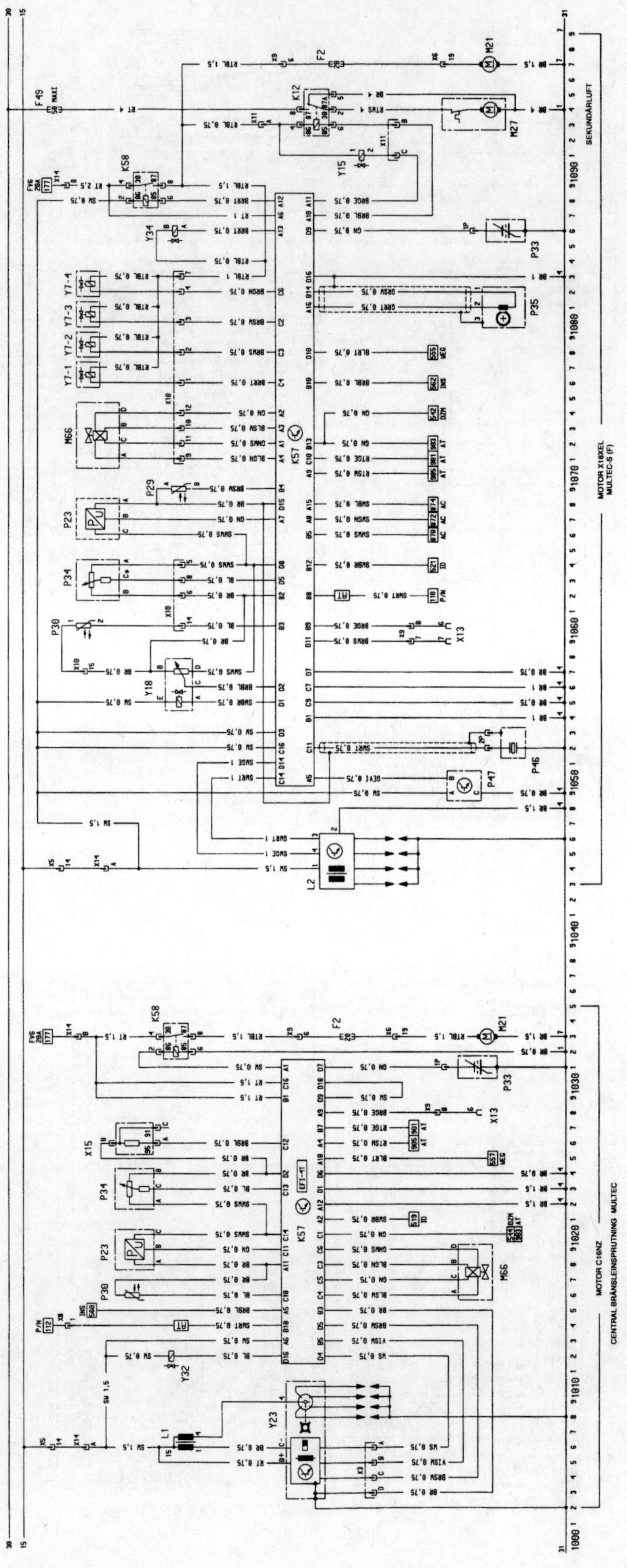

Kopplingsscheman för modeller från och med 1997 (fortsättning)

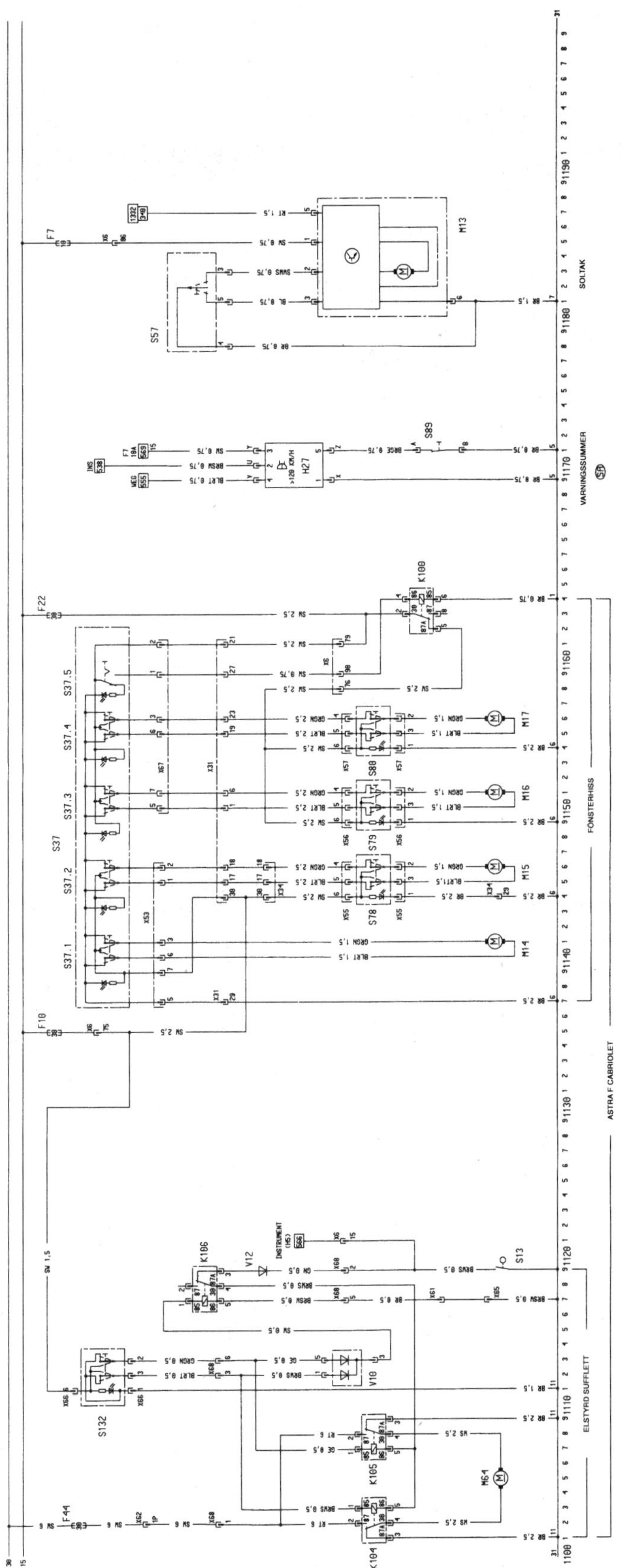

Kopplingsscheman för modeller från och med 1997 (fortsättning)

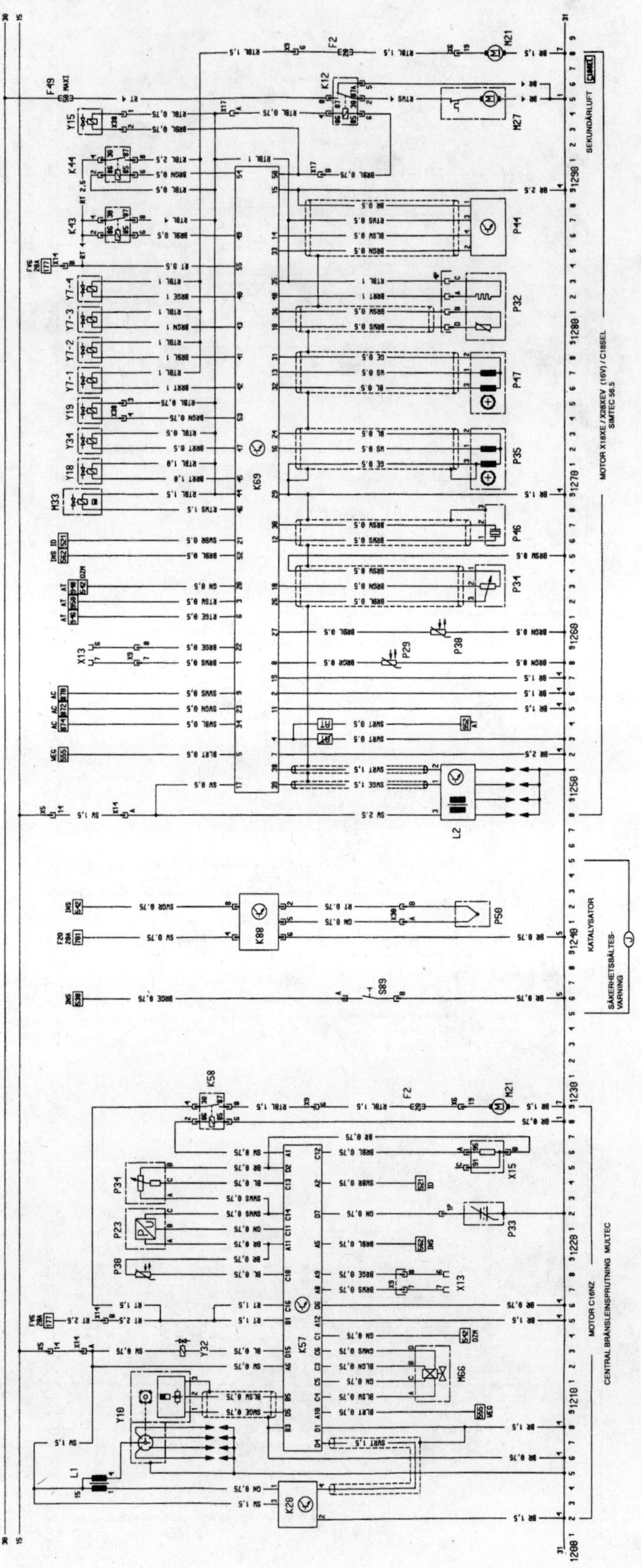

Kopplingsscheman för modeller från och med 1997 (fortsättning)

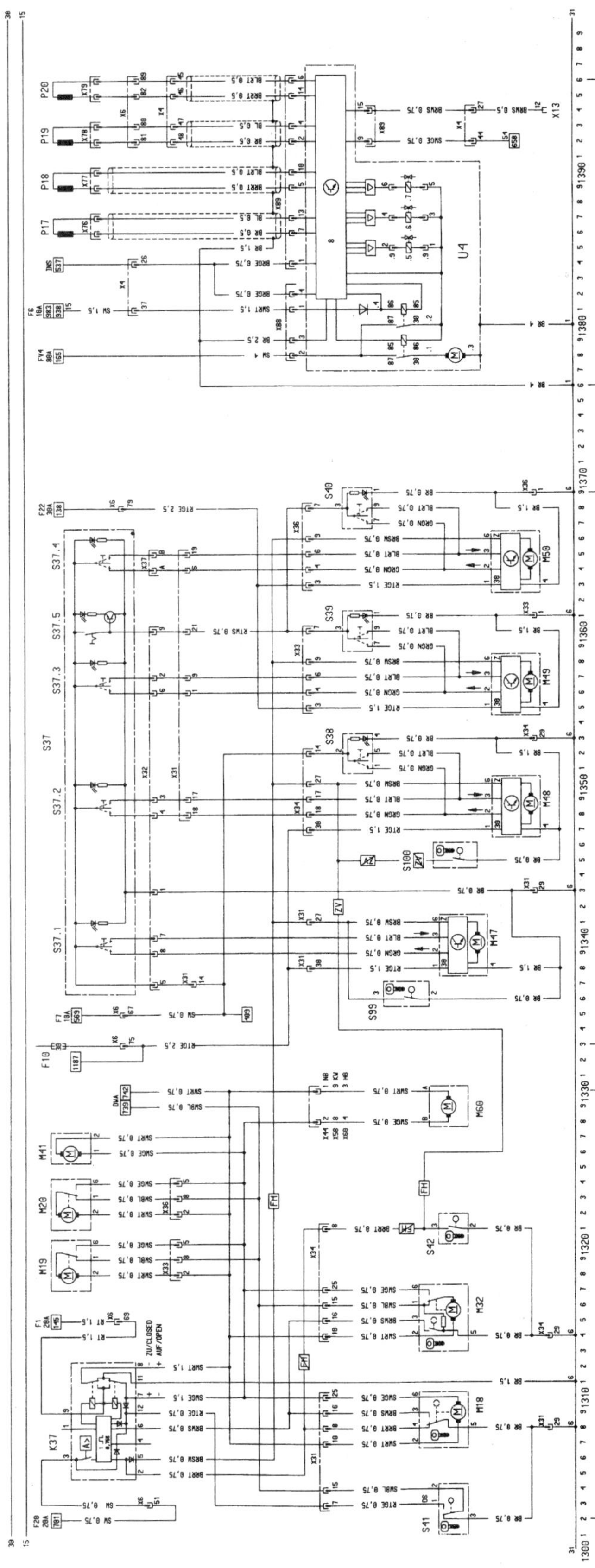

Kopplingsscheman för modeller från och med 1997 (fortsättning)

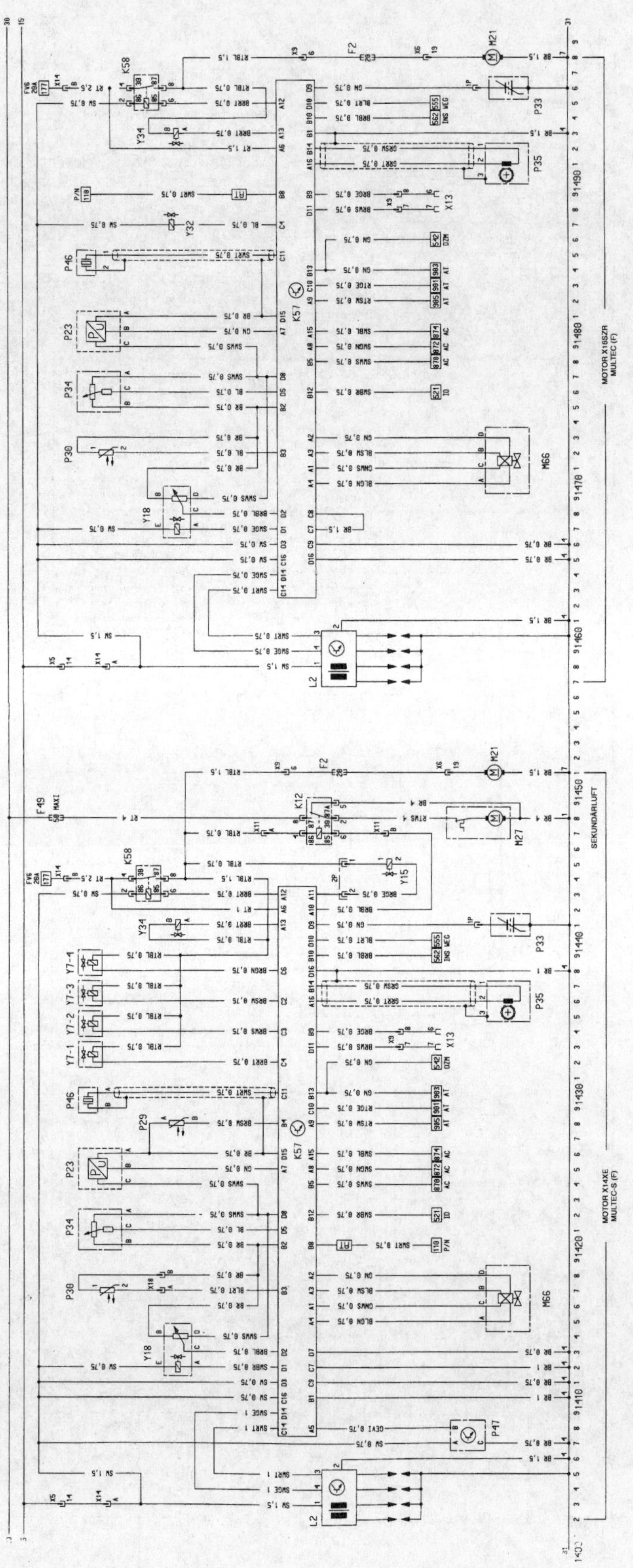

Kopplingsscheman för modeller från och med 1997 (fortsättning)

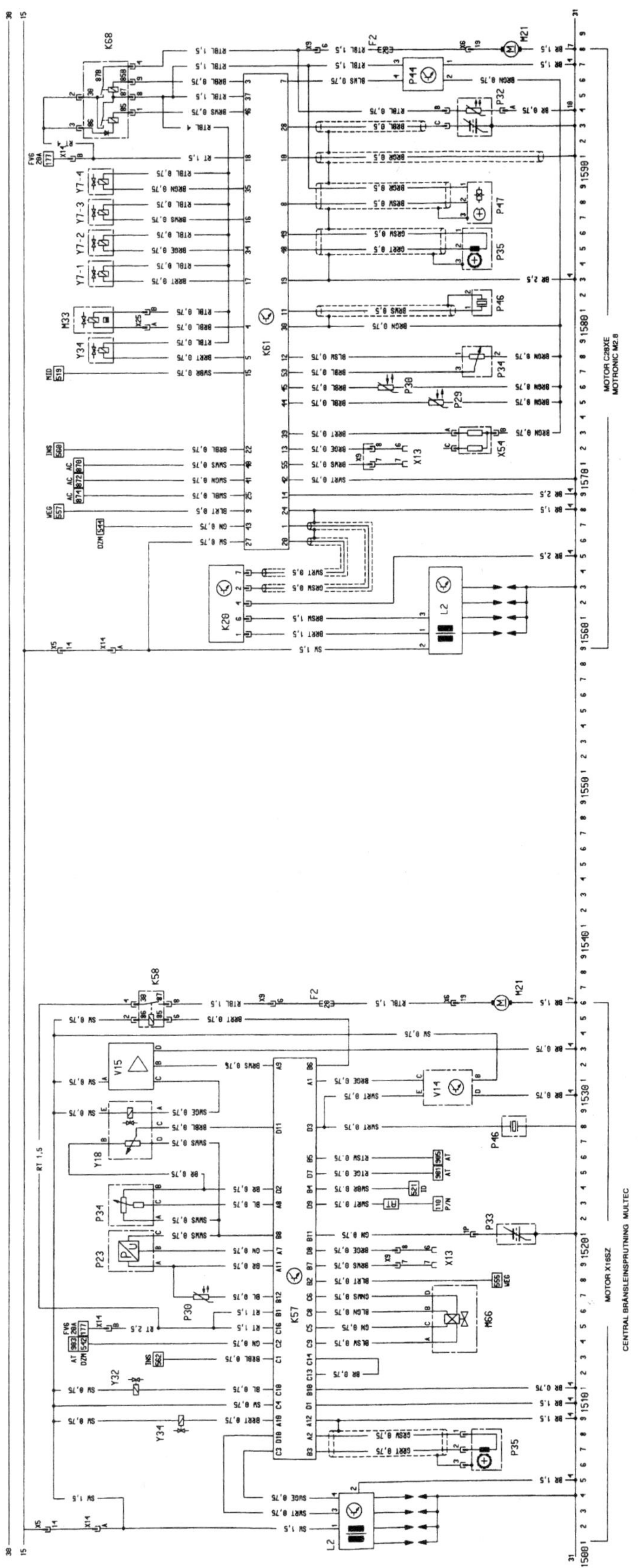

Kopplingsscheman för modeller från och med 1997 (fortsättning)

Mått och vikter

Observera: *Alla siffror är ungefärliga och kan variera från modell till modell. Se tillverkarens uppgifter för exakta måttangivelser.*

Total längd

Sedan	4239 mm
Kombikupé (utom GSi modeller)	4051 mm
GSi modeller	4086 mm
Kombi och van	4278 mm

Total bredd

Alla modeller (utan sidobackspeglar)	1688 mm
Alla modeller (inklusive sidobackspeglar)	1795 mm

Total höjd (utan last)

Sedan och kombikupé	1410 mm
Kombi (utan takräcke)	1475 mm
Kombi (med takräcke)	1525 mm
Van (utan takräcke)	1490 mm
Van (med takräcke)	1540 mm

Axelavstånd

Alla modeller	2517 mm

Vändcirkel

Alla modeller	9,8 meter

Höjd över marken (minimum)

Alla modeller	130 mm

Vikter

Fordonets vikt utan förare och last *

Sedan	960 till 1090 kg
Kombikupé	930 till 1125 kg
Kombi	995 till 1127 kg
Van	1030 till 1050 kg

** Fordonets exakta vikt utan förare och last beror på modell och specifikationer.*

Fordonets maximala bruttovikt

Alla modeller	Se chassinummerplåten

Maximal belastning på takräcke

Alla modeller	100 kg

Maximal dragkroksbelastning nedåt

Alla modeller	75 kg

Maximal bogseringsvikt

Alla modeller	Kontakta återförsäljaren för de senaste rekommendationerna

Inköp av reservdelar

Reservdelar finns att köpa från ett antal olika ställen, t.ex. Opelverkstäder, tillbehörsbutiker och grossister. Bilens olika identifikationsnummer måste uppges för att man garanterat ska få rätt delar. Ta om möjligt med den gamla delen för säker identifiering. Delar som startmotorer och generatorer finns att få tag i som fabriksrenoverade utbytesdelar - delar som lämnas in skall naturligtvis alltid vara rena.

Vårt råd när det gäller reservdelar är följande:

Auktoriserade Opelverkstäder

Detta är det bästa inköpsstället för delar som är specifika för just din bil (märken, klädsel etc.). Köp alltid reservdelar här om bilen fortfarande har gällande garanti.

Tillbehörsbutiker

Dessa butiker är ofta bra ställen för inköp av underhållsmaterial (som olje-, luft- och bränslefilter, glödlampor, drivremmar, fett, bromsklossar, bättringslack etc.). Tillbehör av detta slag som säljs av välkända butiker håller samma standard som de som används av biltillverkaren.

Grossister

Bra grossister lagerhåller alla viktigare kompoenter som kan slitas ut relativt snabbt. De kan också ibland tillhandahålla enskilda komponenter som behövs för renovering av en större enhet (t.ex. bromstätningar och hydrauliska delar, lagerskålar, kolvar, ventiler etc.). I vissa fall kan de ta hand om större arbeten som omborrning av motorblocket, omslipning av vevaxlar etc.

Specialister på däck och avgassystem

Dessa kan vara oberoende handlare eller ingå i större kedjor. De erbjuder ofta konkurrenskraftiga priser i jämförelse med märkesverkstäder, men det lönar sig att undersöka priserna hos flera försäljare innan man bestämmer sig. Kontrollera även vad som ingår vid priskontrollen - ofta ingår t.ex. inte ventiler och balansering i priset för ett nytt däck.

Andra inköpsställen

Var misstänksam när det gäller delar som säljs på loppmarknader och liknande. Reservdelar från sådana ställen är inte alltid av dålig kvalitet, men det är mycket svårt att få tillbaka pengar om delarna inte håller tillräckligt hög klass. Köper man komponenter som är avgörande för säkerheten, som t.ex. bromsklossar, på ett sådant ställe, riskerar man inte bara sina pengar utan även sin egen och andras säkerhet.

Begagnade delar srå en bildkrot kan vara prisvärda i vissa fall, men sådana inköp bör endast göras av en mycket erfaren hemmamekaniker.

Bilens identifikationsnummer

Inom biltillverkningen sker modifieringar av modeller fortlöpande, men det är endast de större modelländringarna som publiceras. Reservdelskataloger och listor sammanställs på numerisk bas, så bilens identifikationsnummer är mycket viktiga för att man ska få tag i rätt reservdelar.

Vid beställning av reservdelar, lämna alltid så mycket information som möjligt. Ange bilmodell, tillverkningsår och när bilen registrerades, chassi- och motornummer efter tillämplighet.

Chassinummerplåten är fastnitad ovanpå den främre karosspanelen och innehåller *chassinummer*, information om bilens vikt samt färgkoder för lack och klädsel **(se bild)**.

Chassinumret är dessutom instämplat i karossens golvpanel mellan förarsätet och dörrens tröskel. Man ser det om man lyfter på mattfliken **(se bild)**.

Motornumret är instämplat på en horisontell plan yta på avgasgrenrörets sida av motorblocket, vid strömfördelarens/DIS-modulens ände.

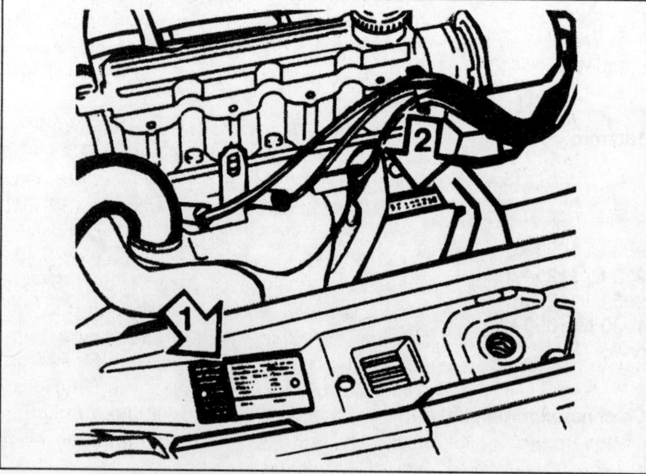

Chassinummerplåt (1) och motornummer (2)

Chassinumret instämplat på golvet intill förarsätet

När service, reparationer och renoveringar utförs på en bil eller bildel bör följande beskrivningar och instruktioner följas. Detta för att reparationen ska utföras så effektivt och fackmannamässigt som möjligt.

Tätningsytor och packningar

Vid isärtagande av delar vid deras tätningsytor ska dessa aldrig bändas isär med skruvmejsel eller liknande. Detta kan orsaka allvarliga skador som resulterar i oljeläckage, kylvätskeläckage etc. efter montering. Delarna tas vanligen isär genom att man knackar längs fogen med en mjuk klubba. Lägg dock märke till att denna metod kanske inte är lämplig i de fall styrstift används för exakt placering av delar.

Där en packning används mellan två ytor måste den bytas vid ihopsättning. Såvida inte annat anges i den aktuella arbetsbeskrivningen ska den monteras torr. Se till att tätningsytorna är rena och torra och att alla spår av den gamla packningen är borttagna. Vid rengöring av en tätningsyta ska sådana verktyg användas som inte skadar den. Små grader och repor tas bort med bryne eller en finskuren fil.

Rensa gängade hål med piprensare och håll dem fria från tätningsmedel då sådant används, såvida inte annat direkt specificeras.

Se till att alla öppningar, hål och kanaler är rena och blås ur dem, helst med tryckluft.

Oljetätningar

Oljetätningar kan tas ut genom att de bänds ut med en bred spårskruvmejsel eller liknande. Alternativt kan ett antal självgängande skruvar dras in i tätningen och användas som dragpunkter för en tång, så att den kan dras rakt ut.

När en oljetätning tas bort från sin plats, ensam eller som en del av en enhet, ska den alltid kasseras och bytas ut mot en ny.

Tätningsläpparna är tunna och skadas lätt och de tätar inte annat än om kontaktytan är fullständigt ren och oskadad. Om den ursprungliga tätningsytan på delen inte kan återställas till perfekt skick och tillverkaren inte gett utrymme för en viss omplacering av tätningen på kontaktytan, måste delen i fråga bytas ut.

Skydda tätningsläpparna från ytor som kan skada dem under monteringen. Använd tejp eller konisk hylsa där så är möjligt. Smörj läpparna med olja innan monteringen. Om oljetätningen har dubbla läppar ska utrymmet mellan dessa fyllas med fett.

Såvida inte annat anges ska oljetätningar monteras med tätningsläpparna mot det smörjmedel som de ska täta för.

Använd en rörformad dorn eller en träbit i lämplig storlek till att knacka tätningarna på plats. Om sätet är försedd med skuldra, driv tätningen mot den. Om sätet saknar skuldra bör tätningen monteras så att den går jäms med sätets yta (såvida inte annat uttryckligen anges).

Skruvgängor och infästningar

Muttrar, bultar och skruvar som kärvar är ett vanligt förekommande problem när en komponent har börjat rosta. Bruk av rostupplösningsolja och andra krypsmörjmedel löser ofta detta om man dränker in delen som kärvar en stund innan man försöker lossa den. Slagskruvmejsel kan ibland lossa envist fastsittande infästningar när de används tillsammans med rätt mejselhuvud eller hylsa. Om inget av detta fungerar kan försiktig värmning eller i värsta fall bågfil eller mutterspräckare användas.

Pinnbultar tas vanligen ut genom att två muttrar låses vid varandra på den gängade delen och att en blocknyckel sedan vrider den undre muttern så att pinnbulten kan skruvas ut. Bultar som brutits av under fästytan kan ibland avlägsnas med en lämplig bultutdragare. Se alltid till att gängade bottenhål är helt fria från olja, fett, vatten eller andra vätskor innan bulten monteras. Underlåtenhet att göra detta kan spräcka den del som skruven dras in i, tack vare det hydrauliska tryck som uppstår när en bult dras in i ett vätskefyllt hål

Vid åtdragning av en kronmutter där en saxsprint ska monteras ska muttern dras till specificerat moment om sådant anges, och därefter dras till nästa sprinthål. Lossa inte muttern för att passa in saxsprinten, såvida inte detta förfarande särskilt anges i anvisningarna.

Vid kontroll eller omdragning av mutter eller bult till ett specificerat åtdragningsmoment, ska muttern eller bulten lossas ett kvarts varv och sedan dras åt till angivet moment. Detta ska dock inte göras när vinkelåtdragning använts.

För vissa gängade infästningar, speciellt topplocksbultar/muttrar anges inte åtdragningsmoment för de sista stegen. Istället anges en vinkel för åtdragning. Vanligtvis anges ett relativt lågt åtdragningsmoment för bultar/muttrar som dras i specificerad turordning. Detta följs sedan av ett eller flera steg åtdragning med specificerade vinklar.

Låsmuttrar, låsbleck och brickor

Varje infästning som kommer att rotera mot en komponent eller en kåpa under åtdragningen ska alltid ha en bricka mellan åtdragningsdelen och kontaktytan.

Fjäderbrickor ska alltid bytas ut när de använts till att låsa viktiga delar som exempelvis lageröverfall. Låsbleck som viks över för att låsa bult eller mutter ska alltid byts ut vid ihopsättning.

Självlåsande muttrar kan återanvändas på mindre viktiga detaljer, under förutsättning att motstånd känns vid dragning över gängen. Kom dock ihåg att självlåsande muttrar förlorar låseffekt med tiden och därför alltid bör bytas ut som en rutinåtgärd.

Saxsprintar ska alltid bytas mot nya i rätt storlek för hålet.

När gänglåsmedel påträffas på gängor på en komponent som ska återanvändas bör man göra ren den med en stålborste och lösningsmedel. Applicera nytt gänglåsningsmedel vid montering.

Specialverktyg

Vissa arbeten i denna handbok förutsätter användning av specialverktyg som pressar, avdragare, fjäderkompressorer med mera. Där så är möjligt beskrivs lämpliga lättillgängliga alternativ till tillverkarens specialverktyg och hur dessa används. I vissa fall, där inga alternativ finns, har det varit nödvändigt att använda tillverkarens specialverktyg. Detta har gjorts av säkerhetsskäl, likväl som för att reparationerna ska utföras så effektivt och bra som möjligt. Såvida du inte är mycket kunnig och har stora kunskaper om det arbetsmoment som beskrivs, ska du aldrig försöka använda annat än specialverktyg när sådana anges i anvisningarna. Det föreligger inte bara stor risk för personskador, utan kostbara skador kan också uppstå på komponenterna.

Miljöhänsyn

Vid sluthantering av förbrukad motorolja, bromsvätska, frostskydd etc. ska all vederbörlig hänsyn tas för att skydda miljön. Ingen av ovan nämnda vätskor får hällas ut i avloppet eller direkt på marken. Kommunernas avfallshantering har kapacitet för hantering av miljöfarligt avfall liksom vissa verkstäder. Om inga av dessa finns tillgängliga i din närhet, fråga hälsoskyddskontoret i din kommun om råd.

I och med de allt strängare miljöskyddslagarna beträffande utsläpp av miljöfarliga ämnen från motorfordon har alltfler bilar numera justersäkringar monterade på de mest avgörande justeringspunkterna för bränslesystemet. Dessa är i första hand avsedda att förhindra okvalificerade personer från att justera bränsle/luftblandningen och därmed riskerar en ökning av giftiga utsläpp. Om sådana justersäkringar påträffas under service eller reparationsarbete ska de, närhelst möjligt, bytas eller sättas tillbaka i enlighet med tillverkarens rekommendationer eller aktuell lagstiftning.

Lyftning och stödpunkter

Den domkraft som följer med bilen ska endast användas vid hjulbyten. Vid alla andra arbeten ska bilen lyftas med en hydraulisk domkraft, som alltid ska åtföljas av pallbockar under bilens stödpunkter.

När bilen hissas upp med en garagedomkraft ska domkraftshuvudet placeras under en av stödpunkterna (observera att stödpunkterna för hydrauliska domkrafter är annorlunda än de för bilens domkraft). Placera **inte** domkraften under sumpen eller någon av styrningens eller fjädringens komponenter. Kombinera domkraften med pallbockar. Stödpunkterna och pallbockarnas placering visas i de medföljande bilderna **(se bilder)**.

Varning: Arbeta aldrig under eller nära en lyft bil om den inte har ordentligt stöd på minst två punkter.

Främre stödpunkt för garagedomkraft eller pallbock

Bakre stödpunkt för garagedomkraft eller pallbock

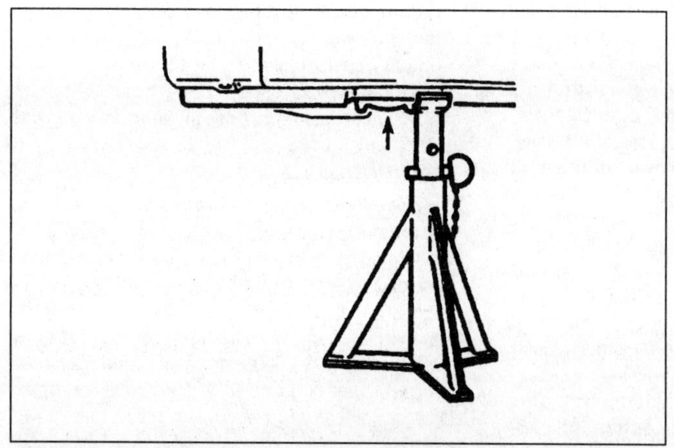

Pallbockar skall placeras under, eller alldeles intill, domkraftens stödpunkt (vid pilen)

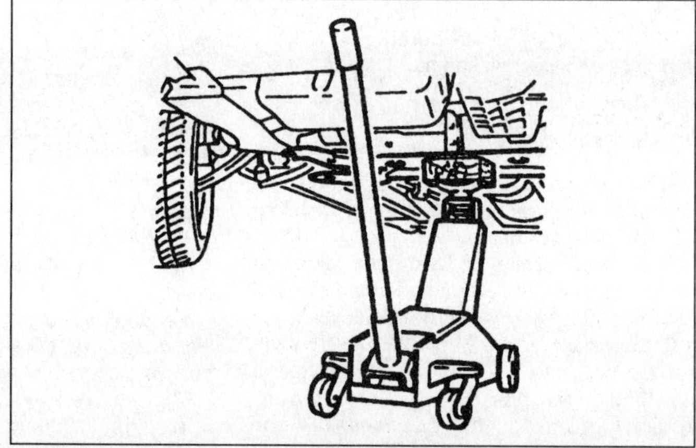

En garagedomkraft och ett träblock placeras under den främre kryssrambalkens mitt

Koppla loss batteriet

Den ljudanläggning som monteras av Opel som standardutrustning har en inbyggd stöldskyddskod. Om strömmen till anläggningen bryts aktiveras stöldskyddet. Även om strömmen omedelbart återställs kommer enheten inte att fungera förrän korrekt kod angetts. Lossa **inte** batteriets jordledning eller ta ut enheten ur bilen om ljudanläggningens stöldskyddskod inte finns tillgänglig.

Ytterligare detaljer om hur koden används finns i ljudanläggningens handbok som följer med ägarhandboken.

Om koden går förlorad eller glöms bort måste en Opelverkstad kontaktas. Vid tillförlitlig bevisning om ägarskap kan en Opelmekaniker låsa upp enheten och tillhandahålla en ny säkerhetskod. Artiklar kallade "minnessparare" (eller "kodsparare") kan användas för att undvika några av ovanstående problem. Exakta detaljer varierar beroende på vilken typ av artikel som används. Typiskt är att den pluggas in i cigarettändaren och ansluts till ett reservbatteri; bilens egna batteri kopplas sedan loss från elsystemet med "minnessపararen" kvar för att avge så mycket ström som behövs för att behålla ljudanläggningens stöldskyddskod och andra värden lagrade, och för att hålla igång andra permanenta kretsar, som klockan.

Varning: Vissa av de här enheterna avger en hel del ström, vilket innebär att flera av bilens system fortfarande kan fungera när batteriet är urkopplat. Om en "minnessparare" används, se till att den aktuella kretsen verkligen är utan ström innan något arbete utförs på den!

Inledning

En uppsättning bra verktyg är ett grundläggande krav för var och en som överväger att underhålla och reparera ett motorfordon. För de ägare som saknar sådana kan inköpet av dessa bli en märkbar utgift, som dock uppvägs till en viss del av de besparingar som görs i och med det egna arbetet. Om de anskaffade verktygen uppfyller grundläggande säkerhets- och kvalitetskrav kommer de att hålla i många år och visa sig vara en värdefull investering.

För att hjälpa bilägaren att avgöra vilka verktyg som behövs för att utföra de arbeten som beskrivs i denna handbok har vi sammanställt tre listor med följande rubriker: *Underhåll och mindre reparationer, Reparation och renovering* samt *Specialverktyg*. Nybörjaren bör starta med det första sortimentet och begränsa sig till enklare arbeten på fordonet. Allt eftersom erfarenhet och självförtroende växer kan man sedan prova svårare uppgifter och köpa fler verktyg när och om det behövs. På detta sätt kan den grundläggande verktygssatsen med tiden utvidgas till en reparations- och renoveringssats utan några större enskilda kontantutlägg. Den erfarne hemmamekanikern har redan en verktygssats som räcker till de flesta reparationer och renoveringar och kommer att välja verktyg från specialkategorin när han känner att utgiften är berättigad för den användning verktyget kan ha.

Underhåll och mindre reparationer

Verktygen i den här listan ska betraktas som ett minimum av vad som behövs för rutinmässigt underhåll, service och mindre reparationsarbeten. Vi rekommenderar att man köper blocknycklar (ring i ena änden och öppen i den andra), även om de är dyrare än de med öppen ände, eftersom man får båda sorternas fördelar.

- ☐ *Blocknycklar - 8, 9, 10, 11, 12, 13, 14, 15, 17 och 19 mm*
- ☐ *Skiftnyckel - 35 mm gap (ca.)*
- ☐ *Tändstiftsnyckel (med gummifoder)*
- ☐ *Verktyg för justering av tändstiftens elektrodavstånd*
- ☐ *Sats med bladmått*
- ☐ *Nyckel för avluftning av bromsar*
- ☐ *Skruvmejslar:*
  Spårmejsel - 100 mm lång x 6 mm diameter
  Stjärnmejsel - 100 mm lång x 6 mm diameter
- ☐ *Kombinationstång*
- ☐ *Bågfil (liten)*
- ☐ *Däckpump*
- ☐ *Däcktrycksmätare*
- ☐ *Oljekanna*
- ☐ *Verktyg för demontering av oljefilter*
- ☐ *Fin slipduk*
- ☐ *Stålborste (liten)*
- ☐ *Tratt (medelstor)*

Reparation och renovering

Dessa verktyg är ovärderliga för alla som utför större reparationer på ett motorfordon och tillkommer till de som angivits för *Underhåll och mindre reparationer*. I denna lista ingår en grundläggande sats hylsor. Även om dessa är dyra, är de oumbärliga i och med sin mångsidighet - speciellt om satsen innehåller olika typer av drivenheter. Vi rekommenderar 1/2-tums fattning på hylsorna eftersom de flesta momentnycklar har denna fattning.

Verktygen i denna lista kan ibland behöva kompletteras med verktyg från listan för *Specialverktyg*.

- ☐ *Hylsor, dimensioner enligt föregående lista*
- ☐ *Spärrskaft med vändbar riktning (för användning med hylsor)* **(se bild)**
- ☐ *Förlängare, 250 mm (för användning med hylsor)*
- ☐ *Universalknut (för användning med hylsor)*
- ☐ *Momentnyckel (för användning med hylsor)*
- ☐ *Självlåsande tänger*
- ☐ *Kulhammare*
- ☐ *Mjuk klubba (plast/aluminium eller gummi)*
- ☐ *Skruvmejslar:*
  Spårmejsel - en lång och kraftig, en kort (knubbig) och en smal (elektrikertyp)
  Stjärnmejsel - en lång och kraftig och en kort (knubbig)
- ☐ *Tänger:*
  Spetsnostång/plattång
  Sidavbitare (elektrikertyp)
  Låsringstång (inre och yttre)
- ☐ *Huggmejsel - 25 mm*
- ☐ *Ritspets*
- ☐ *Skrapa*
- ☐ *Körnare*
- ☐ *Purr*
- ☐ *Bågfil*
- ☐ *Bromsslangklämma*
- ☐ *Avluftningssats för bromsar/koppling*
- ☐ *Urval av borrar*
- ☐ *Stållinjal*
- ☐ *Insexnycklar (inkl Torxtyp/med splines)* **(se bild)**
- ☐ *Sats med filar*
- ☐ *Stor stålborste*
- ☐ *Pallbockar*
- ☐ *Domkraft (garagedomkraft eller stabil pelarmodell)*
- ☐ *Arbetslampa med förlängningssladd*

Specialverktyg

Verktygen i denna lista är de som inte används regelbundet, är dyra i inköp eller som måste användas enligt tillverkarens anvisningar. Det är bara om du relativt ofta kommer att utföra tämligen svåra jobb som många av dessa verktyg är lönsamma att köpa. Du kan också överväga att gå samman med någon vän (eller gå med i en motorklubb) och göra ett gemensamt inköp, hyra eller låna verktyg om så är möjligt.

Följande lista upptar endast verktyg och instrument som är allmänt tillgängliga och inte sådana som framställs av biltillverkaren speciellt för auktoriserade verkstäder. Ibland nämns dock sådana verktyg i texten. I allmänhet anges en alternativ metod att utföra arbetet utan specialverktyg. Ibland finns emellertid inget alternativ till tillverkarens specialverktyg. När så är fallet och relevant verktyg inte kan köpas, hyras eller lånas har du inget annat val än att lämna bilen till en auktoriserad verkstad.

- ☐ *Ventilfjäderkompressor* **(se bild)**
- ☐ *Ventilslipningsverktyg*
- ☐ *Kolvringskompressor* **(se bild)**
- ☐ *Verktyg för demontering/montering av kolvringar* **(se bild)**
- ☐ *Honingsverktyg* **(se bild)**
- ☐ *Kulledsavdragare*
- ☐ *Spiralfjäderkompressor (där tillämplig)*
- ☐ *Nav/lageravdragare, två/tre ben* **(se bild)**
- ☐ *Slagskruvmejsel*
- ☐ *Mikrometer och/eller skjutmått* **(se bilder)**
- ☐ *Indikatorklocka* **(se bild)**
- ☐ *Stroboskoplampa*
- ☐ *Kamvinkelmätare/varvräknare*
- ☐ *Multimeter*

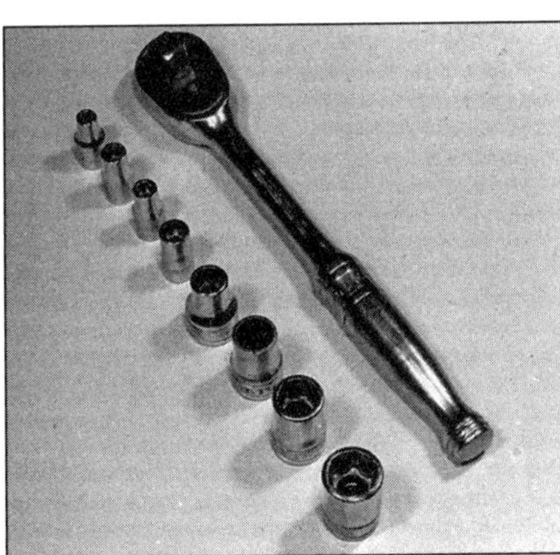

Hylsor och spärrskaft

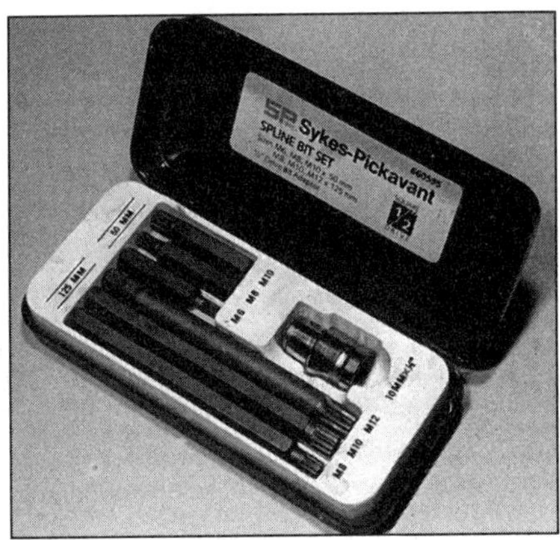

Bits med splines

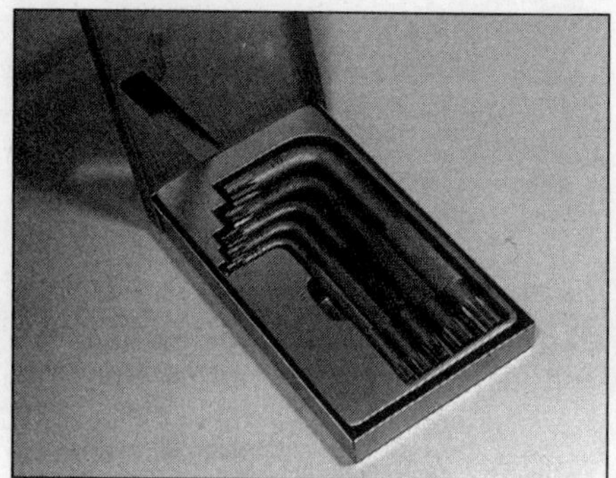
Nycklar med splines

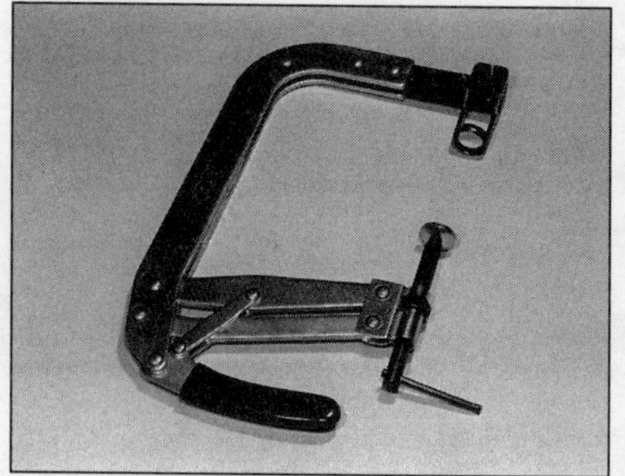
Ventilfjäderkompressor (ventilbåge)

Kolvringskompressor

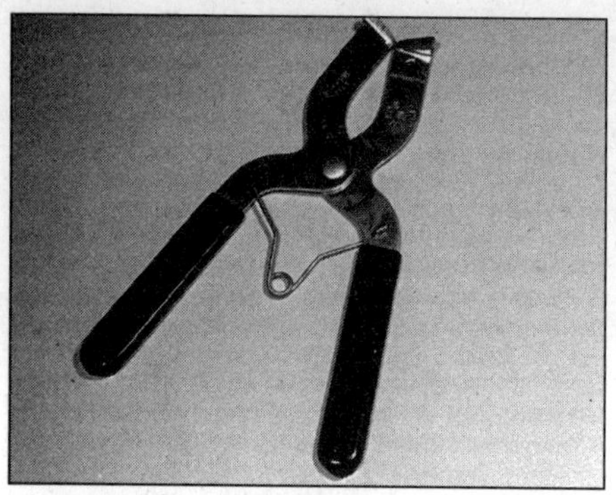
Verktyg för demontering och montering av kolvringar

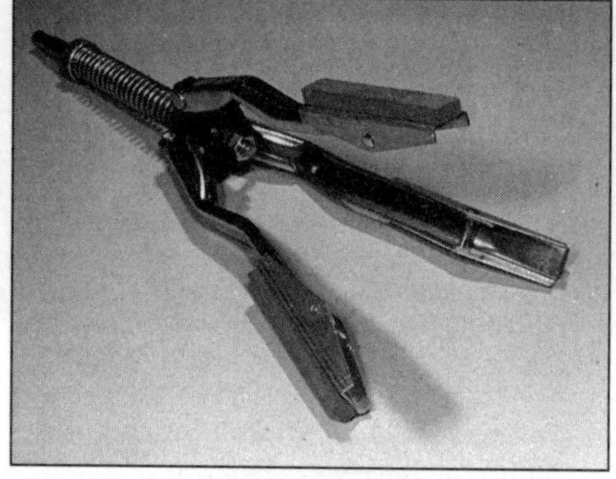
Honingsverktyg

Trebent avdragare för nav och lager

Mikrometerset

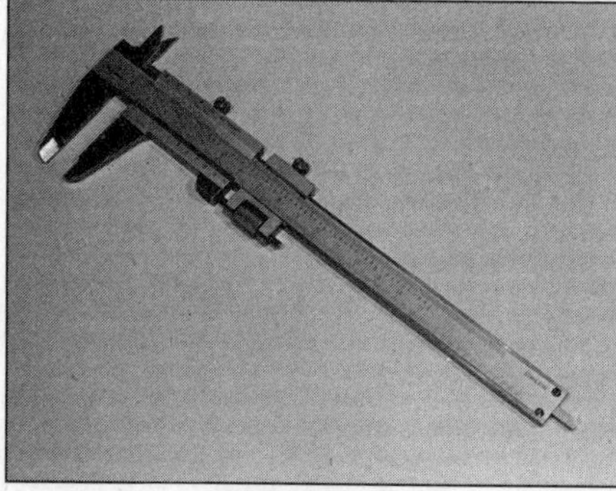
Skjutmått

Indikatorklocka med magnetstativ

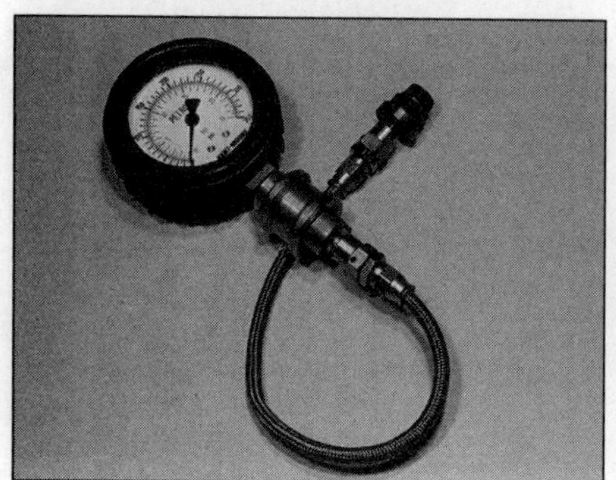
Kompressionsmätare

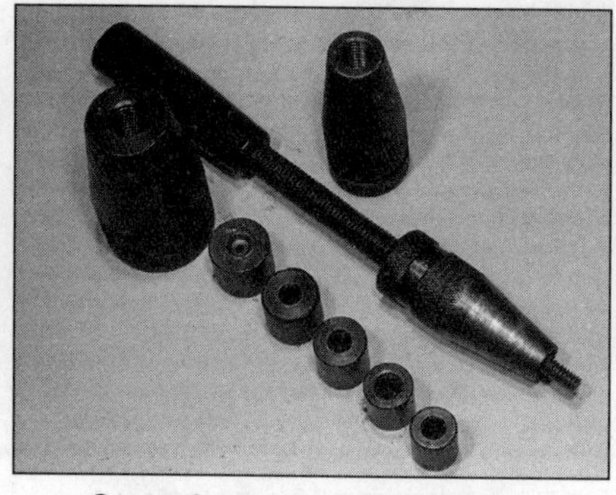
Centreringsverktyg för koppling

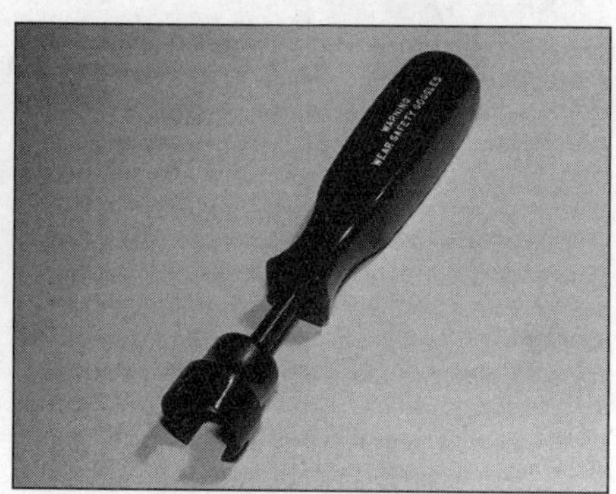
Demonteringsverktyg för bromsbackarnas fjäderskålar

- ☐ *Kompressionsmätare* ***(se bild)***
- ☐ *Handmanövrerad vakuumpump och mätare*
- ☐ *Centreringsverktyg för koppling* ***(se bild)***
- ☐ *Verktyg för demontering av bromsbackarnas fjäderskålar* ***(se bild)***
- ☐ *Sats för montering/demontering av bussningar och lager* ***(se bild)***
- ☐ *Bultutdragare* ***(se bild)***
- ☐ *Gängverktygssats* ***(se bild)***
- ☐ *Lyftblock*
- ☐ *Garagedomkraft*

Inköp av verktyg

När det gäller inköp av verktyg är det i regel bättre att vända sig till en specialist som har ett större sortiment än t ex tillbehörsbutiker och bensinmackar. Tillbehörsbutiker och andra försöljningsställen kan dock erbjuda utmärkta verktyg till låga priser, så det kan löna sig att söka.

Det finns gott om bra verktyg till låga priser, men se till att verktygen uppfyller grundläggande krav på funktion och säkerhet. Fråga gärna någon kunnig person om råd före inköpet.

Vård och underhåll av verktyg

Efter inköp av ett antal verktyg är det nödvändigt att hålla verktygen rena och i fullgott skick. Efter användning, rengör alltid verktygen innan de läggs undan. Låt dem inte ligga framme sedan de använts. En enkel upphängningsanordning på väggen för t ex skruvmejslar och tänger är en bra idé. Nycklar och hylsor bör förvaras i metalllådor. Mätinstrument av skilda slag ska förvaras på platser där de inte kan komma till skada eller börja rosta.

Lägg ner lite omsorg på de verktyg som används. Hammarhuvuden får märken och skruvmejslar slits i spetsen med tiden. Lite polering med slippapper eller en fil återställer snabbt sådana verktyg till gott skick igen.

Arbetsutrymmen

När man diskuterar verktyg får man inte glömma själva arbetsplatsen. Om mer än rutinunderhåll ska utföras bör man skaffa en lämplig arbetsplats.

Vi är medvetna om att många ägare/mekaniker av omständigheterna tvingas att lyfta ur motor eller liknande utan tillgång till garage eller verkstad. Men när detta är gjort ska fortsättningen av arbetet göras inomhus.

Närhelst möjligt ska isärtagning ske på en ren, plan arbetsbänk eller ett bord med passande arbetshöjd.

En arbetsbänk behöver ett skruvstycke. En käftöppning om 100 mm räcker väl till för de flesta arbeten. Som tidigare sagts, ett rent och torrt förvaringsutrymme krävs för verktyg liksom för smörjmedel, rengöringsmedel, bättringslack (som också måste förvaras frostfritt) och liknande.

Ett annat verktyg som kan behövas och som har en mycket bred användning är en elektrisk borrmaskin med en chuckstorlek om minst 8 mm. Denna, tillsammans med en sats spiralborrar, är i praktiken oumbärlig för montering av tillbehör.

Sist, men inte minst, ha alltid ett förråd med gamla tidningar och rena luddfria trasor tillgängliga och håll arbetsplatsen så ren som möjligt.

Sats för demontering och montering av lager och bussningar

Bultutdragare

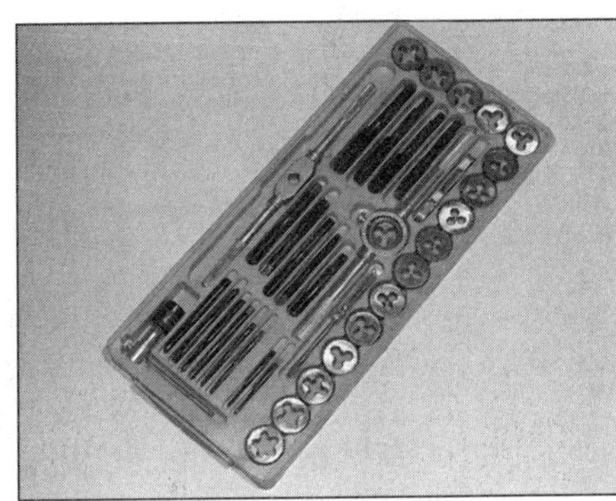

Gängverktygssats

Kontroller inför bilbesiktningen

Det här avsnittet är till för att hjälpa dig att klara bilbesiktningen. Det är naturligtvis inte möjligt att undersöka ditt fordon lika grundligt som en professionell besiktare, men genom att göra följande kontroller kan du identifiera problemområden och ha en möjlighet att korrigera eventuella fel innan du lämnar bilen till besiktning. Om bilen underhålls och servas regelbundet borde besiktningen inte innebära några större problem.

I besiktningsprogrammet ingår kontroll av nio huvudsystem – stommen, hjulsystemet, drivsystemet, bromssystemet, styrsystemet, karosseriet, kommunikationssystemet, instrumentering och slutligen övriga anordningar (släpvagnskoppling etc).

Kontrollerna som här beskrivs har baserats på Svensk Bilprovnings krav aktuella vid tiden för tryckning. Kraven ändras dock kontinuerligt och särskilt miljöbestämmelserna blir allt strängare.

Kontrollerna har delats in under följande fem rubriker:

1 *Kontroller som utförs från förarsätet*

2 *Kontroller som utförs med bilen på marken*

3 *Kontroller som utförs med bilen upphissad och med fria hjul*

4 *Kontroller på bilens avgassystem*

5 *Körtest*

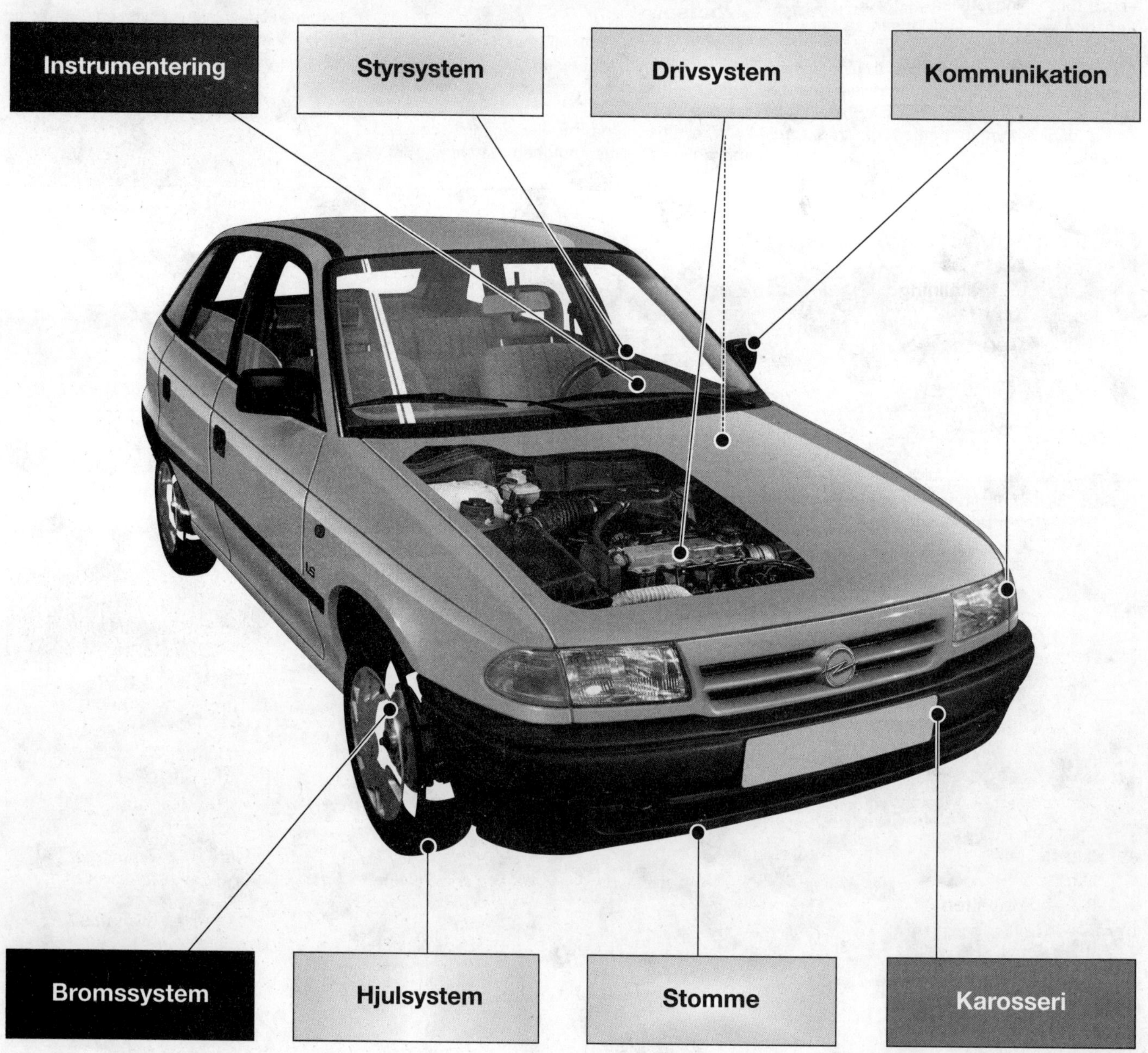

Besiktningsprogrammet

Vanliga personbilar kontrollbesiktigas första gången efter tre år, andra gången två år senare och därefter varje år. Åldern på bilen räknas från det att den tas i bruk, oberoende av årsmodell, och den måste genomgå besiktning inom fem månader.

Tiden på året då fordonet kallas till besiktning bestäms av sista siffran i registreringsnumret, enligt tabellen nedan.

Slutsiffra	Besiktningsperiod
1	*november t.o.m. mars*
2	*december t.o.m. april*
3	*januari t.o.m. maj*
4	*februari t.o.m. juni*
5	*mars t.o.m. juli*
6	*juni t.o.m. oktober*
7	*juli t.o.m. november*
8	*augusti t.o.m. december*
9	*september t.o.m. januari*
0	*oktober t.o.m. februari*

Om fordonet har ändrats, byggts om eller om särskild utrustning har monterats eller demonterats, måste du som fordonsägare göra en registreringsbesiktning inom en månad. I vissa fall räcker det med en begränsad registreringsbesiktning, t.ex. för draganordning, taklucka, taxiutrustning etc.

Efter besiktningen

Nedan visas de system och komponenter som kontrolleras och bedöms av besiktaren på Svensk Bilprovning. Efter besiktningen erhåller du ett protokoll där eventuella anmärkningar noterats.

Har du fått en 2x i protokollet (man kan ha max 3 st 2x) behöver du inte ombesiktiga bilen, men är skyldig att själv åtgärda felet snarast möjligt. Om du inte åtgärdar felen utan återkommer till Svensk Bilprovning året därpå med samma fel, blir dessa automatiskt 2:or som då måste ombesiktigas. Har du en eller flera 2x som ej är åtgärdade och du blir intagen i en flygande besiktning av polisen blir dessa automatiskt 2:or som måste ombesiktigas. I detta läge får du även böta.

Om du har fått en tvåa i protokollet är fordonet alltså inte godkänt. Felet ska åtgärdas och bilen ombesiktigas inom en månad.

En trea innebär att fordonet har så stora brister att det anses mycket trafikfarligt. Körförbud inträder omedelbart.

Kommunikation

- **Vindrutetorkare**
- **Vindrutespolare**
- **Backspegel**
- **Strålkastarinställning**
- **Strålkastare**
- **Signalhorn**
- **Sidoblinkers**
- **Parkeringsljus fram bak**
- **Blinkers**
- **Bromsljus**
- **Reflex**
- **Nummerplåts-belysning**
- **Övrigt**

Vanliga anmärkningar:
Felaktig ljusbild
Skadad strålkastare
Ej fungerande parkeringsljus
Ej fungerande bromsljus

Drivsystem

- **Avgasrening, EGR-system**
- **Avgasrening**
- **Bränslesystem**
- **Avgassystem**
- **Avgaser (CO, HC)**
- **Kraftöverföring**
- **Drivknut**
- **Elförsörjning**
- **Batteri**
- **Övrigt**

Vanliga anmärkningar:
Höga halter av CO
Höga halter av HC
Läckage i avgassystemet
Ej fungerande EGR-ventil
Skadade drivknutsdamasker

Styrsystem

- **Styrled**
- **Styrväxel**
- **Hjälpstyrarm**
- **Övrigt**

Vanliga anmärkningar:
Glapp i styrleder
Skadade styrväxeldamasker

Instrumentering

- **Hastighetsmätare**
- **Taxameter**
- **Varningslampor**
- **Övrigt**

Karosseri

- **Dörr**
- **Skärm**
- **Vindruta**
- **Säkerhetsbälten**
- **Lastutrymme**
- **Övrigt**

Vanliga anmärkningar:
Skadad vindruta
Vassa kanter

Stomme

- **Sidobalk**
- **Tvärbalk**
- **Golv**
- **Hjulhus**
- **Övrigt**

Vanliga anmärkningar:
Rostskador i sidobalkar, golv och hjulhus

Hjulsystem

- **Däck**
- **Stötdämpare**
- **Hjullager**
- **Spindelleder**
- **Länkarm fram bak**
- **Fjäder**
- **Fjädersäte**
- **Övrigt**

Vanliga anmärkningar:
Glapp i spindelleder
Utslitna däck
Dåliga stötdämpare
Rostskadade fjädersäten
Brustna fjädrar
Rostskadade länkarms-infästningar

Bromssystem

- **Fotbroms fram bak rörelseres.**
- **Bromsrör**
- **Bromsslang**
- **Handbroms**
- **Övrigt**

Vanliga anmärkningar:
Otillräcklig bromsverkan på handbromsen
Ojämn bromsverkan på fotbromsen
Anliggande bromsar på fotbromsen
Rostskadade bromsrör
Skadade bromsslangar

1 Kontroller som utförs från förarsätet

Handbroms

☐ Kontrollera att handbromsen fungerar ordentligt utan för stort spel i spaken. För stort spel tyder på att bromsen eller bromsvajern är felaktigt justerad.

☐ Kontrollera att handbromsen inte kan läggas ur genom att spaken förs åt sidan. Kontrollera även att handbromsspaken är ordentligt monterad.

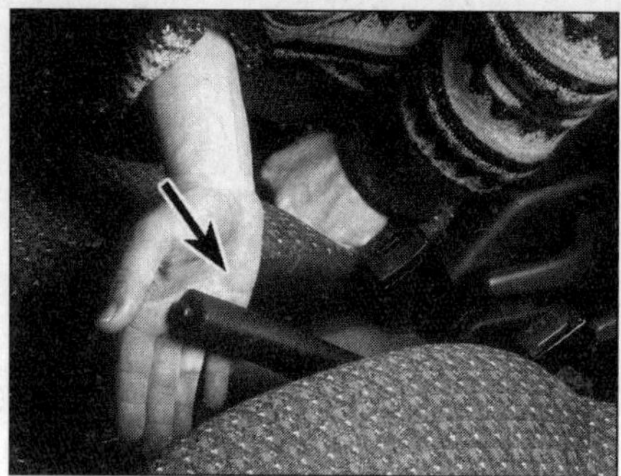

Fotbroms

☐ Tryck ner bromspedalen och kontrollera att den inte sjunker ner mot golvet, vilket tyder på fel på huvudcylindern. Släpp pedalen, vänta ett par sekunder och tryck sedan ner den igen. Om pedalen tar långt ner är det nödvändigt att justera eller reparera bromsarna. Om pedalen känns "svampig" finns det luft i bromssystemet som då måste luftas.

☐ Kontrollera att bromspedalen sitter fast ordentligt och att den är i bra skick. Kontrollera även om det finns tecken på oljeläckage på bromspedalen, golvet eller mattan eftersom det kan betyda att packningen i huvudcylindern är trasig.

☐ Om bilen har bromsservo kontrolleras denna genom att man upprepade gånger trycker ner bromspedalen och sedan startar motorn med pedalen nertryckt. När motorn startar skall pedalen sjunka något. Om inte kan vakuumslangen eller själva servoenheten vara trasig.

Ratt och rattstång

☐ Känn efter att ratten sitter fast. Undersök om det finns några sprickor i ratten eller om några delar på den sitter löst.

☐ Rör på ratten uppåt, neråt och i sidled. Fortsätt att röra på ratten samtidigt som du vrider lite på den från vänster till höger.

☐ Kontrollera att ratten sitter fast ordentligt på rattstången vilket annars kan tyda på slitage eller att fästmuttern sitter löst. Om ratten går att röra onaturligt kan det tyda på att rattstångens bärlager eller kopplingar är slitna.

Rutor och backspeglar

☐ Vindrutan måste vara fri från sprickor och andra skador som kan vara irriterande eller hindra sikten i förarens synfält. Sikten får inte heller hindras av t.ex. ett färgat eller reflekterande skikt. Samma regler gäller även för de främre sidorutorna.

☐ Backspeglarna måste sitta fast ordentligt och vara hela och ställbara.

Säkerhetsbälten och säten

Observera: *Kom ihåg att alla säkerhetsbälten måste kontrolleras - både fram och bak.*

☐ Kontrollera att säkerhetsbältena inte är slitna, fransiga eller trasiga i väven och att alla låsmekanismer och rullmekanismer fungerar obehindrat. Se även till att alla infästningar till säkerhetsbältena sitter säkert.

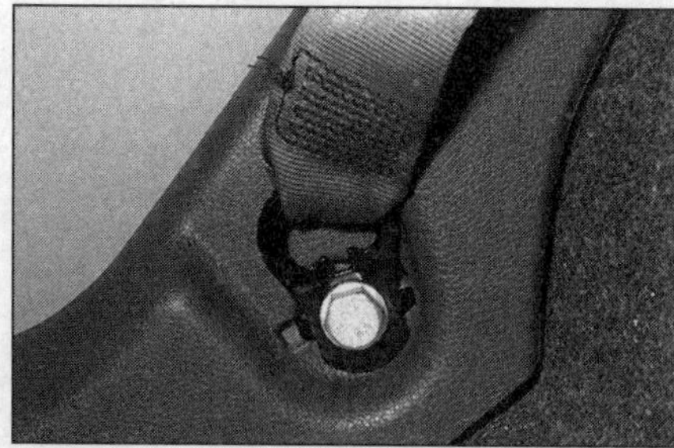

☐ Framsätena måste vara ordentligt fastsatta och om de är fällbara måste de vara låsbara i uppfällt läge.

Dörrar

☐ Framdörrarna måste gå att öppna och stänga från både ut- och insidan och de måste gå ordentligt i lås när de är stängda. Gångjärnen ska sitta säkert och inte glappa eller kärva onormalt.

2 Kontroller som utförs med bilen på marken

Registreringsskyltar

☐ Registreringsskyltarna måste vara väl synliga och lätta att läsa av, d v s om bilen är mycket smutsig kan det ge en anmärkning.

Elektrisk utrustning

☐ Slå på tändningen och kontrollera att signalhornet fungerar och att det avger en jämn ton.

☐ Kontrollera vindrutetorkarna och vindrutespolningen. Svephastigheten får inte vara extremt låg, svepytan får inte vara för liten och torkarnas viloläge ska inte vara inom förarens synfält. Byt ut gamla och skadade torkarblad.

☐ Kontrollera att strålkastarna fungerar och att de är rätt inställda. Reflektorerna får inte vara skadade, lampglasen måste vara hela och lamporna måste vara ordentligt fastsatta. Kontrollera även att bromsljusen fungerar och att det inte krävs högt pedaltryck för att tända dem. (Om du inte har någon medhjälpare kan du kontrollera bromsljusen genom att backa upp bilen mot en garageport, vägg eller liknande reflekterande yta.)

☐ Kontrollera att blinkers och varningsblinkers fungerar och att de blinkar i normal hastighet. Parkeringsljus och bromsljus får inte påverkas av blinkers. Om de påverkas beror detta oftast på jordfel. Se också till att alla övriga lampor på bilen är hela och fungerar som de ska och att t.ex. extraljus inte är placerade så att de skymmer föreskriven belysning.

☐ Se även till att batteri, elledningar, reläer och liknande sitter fast ordentligt och att det inte föreligger någon risk för kortslutning

Fotbroms

☐ Undersök huvudbromscylindern, bromsrören och servoenheten. Leta efter läckage, rost och andra skador.

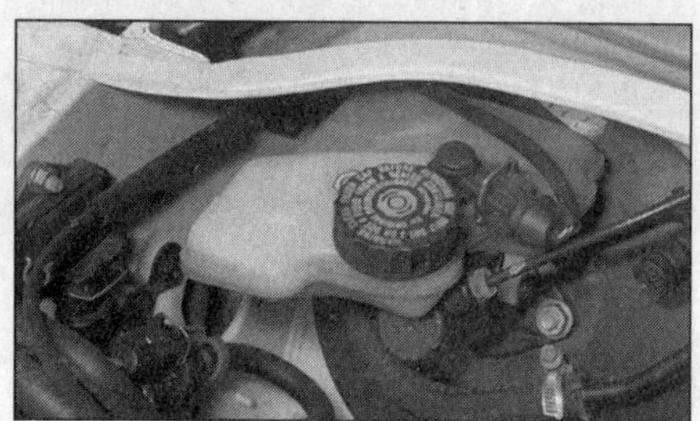

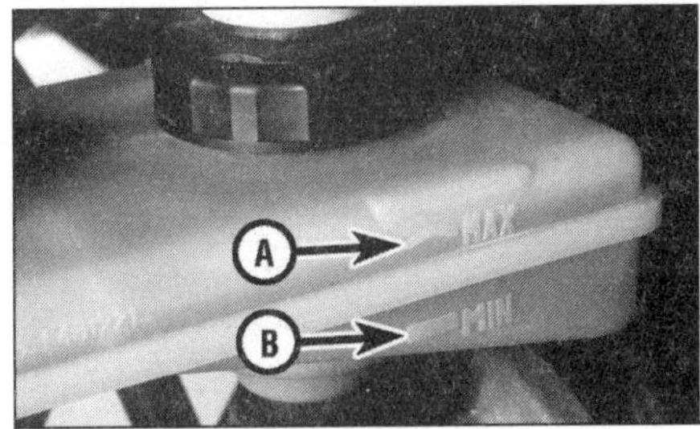

☐ Bromsvätskebehållaren måste sitta fast ordentligt och vätskenivån skall vara mellan max- (A) och min- (B) markeringarna.

☐ Undersök båda främre bromsslangarna efter sprickor och förslitningar. Vrid på ratten till fullt rattutslag och se till att bromsslangarna inte tar i någon del av styrningen eller upphängningen. Tryck sedan ner bromspedalen och se till att det inte finns några läckor eller blåsor på slangarna under tryck.

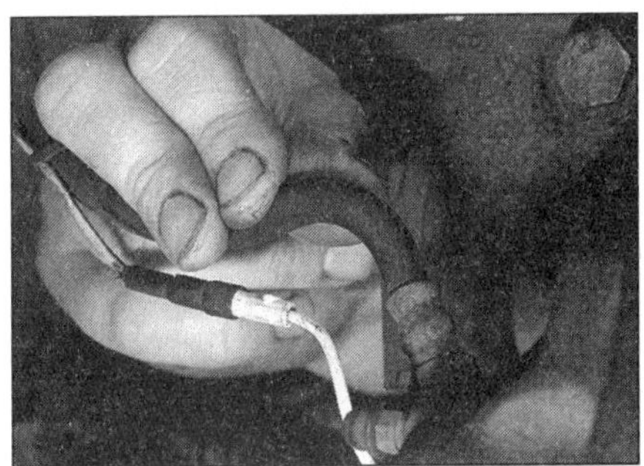

Styrning

☐ Be någon vrida på ratten så att hjulen vrids något. Kontrollera att det inte är för stort spel mellan rattutslaget och styrväxeln vilket kan tyda på att rattstångslederna, kopplingen mellan rattstången och styrväxeln eller själva styrväxeln är sliten eller glappar.

☐ Vrid sedan ratten kraftfullt åt båda hållen så att hjulen vrids något. Undersök då alla damasker, styrleder, länksystem, rörkopplingar och anslutningar/fästen. Byt ut alla delar som verkar utslitna eller skadade. På bilar med servostyrning skall servopumpen, drivremmen och slangarna kontrolleras.

Stötdämpare

☐ Tryck ned hörnen på bilen i tur och ordning och släpp upp. Bilen skall gunga upp och sedan gå tillbaka till ursprungsläget. Om bilen fortsätter att gunga är stötdämparna dåliga. Stötdämpare som kärvar påtagligt gör också att bilen inte klarar besiktningen. (Observera att stötdämpare kan saknas på vissa fjädersystem.)

☐ Kontrollera också att bilen står rakt och ungefär i rätt höjd.

Avgassystem

☐ Starta motorn medan någon håller en trasa över avgasröret och kontrollera sedan att avgassystemet inte läcker. Reparera eller byt ut de delar som läcker.

Kaross

☐ Skador eller korrosion/rost som utgörs av vassa eller i övrigt farliga kanter med risk för personskada medför vanligtvis att bilen måste repareras och ombesiktas. Det får inte heller finnas delar som sitter påtagligt löst.

☐ Det är inte tillåtet att ha utskjutande detaljer och anordningar med olämplig utformning eller placering (prydnadsföremål, antennfästen, viltfångare och liknande).

☐ Kontrollera att huvlås och säkerhetsspärr fungerar och att gångjärnen inte sitter löst eller på något vis är skadade.

☐ Se också till att stänkskydden täcker däckens slitbana i sidled.

3 Kontroller som utförs med bilen upphissad och med fria hjul

Lyft upp både fram- och bakvagnen och ställ bilen på pallbockar. Placera pallbockarna så att de inte tar i fjäderupphängningen. Se till att hjulen inte tar i marken och att de går att vrida till fullt rattutslag. Om du har begränsad utrustning går det naturligtvis bra att lyfta upp en ände i taget.

Styrsystem

☐ Be någon vrida på ratten till fullt rattutslag. Kontrollera att alla delar i styrningen går mjukt och att ingen del av styrsystemet tar i någonstans.

☐ Undersök kuggstångsdamaskerna så att de inte är skadade eller att metallklämmorna glappar. Om bilen är utrustad med servostyrning ska slangar, rör och kopplingar kontrolleras så att de inte är skadade eller

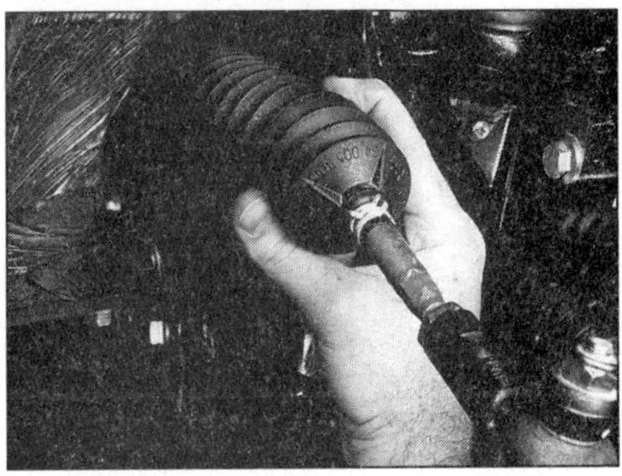

läcker. Kontrollera också att styrningen inte är onormalt trög eller kärvar. Undersök bärarmar, krängningshämmare, styrstag och styrleder och leta efter glapp och rost.

☐ Se även till att ingen saxpinne eller liknande låsmekanism saknas och att det inte finns gravrost i närheten av någon av styrmekanismens fästpunkter.

Upphängning och hjullager

☐ Börja vid höger framhjul. Ta tag på sidorna av hjulet och skaka det kraftigt. Se till att det inte glappar vid hjullager, spindelleder eller vid upphängningens infästningar och leder.

☐ Ta nu tag upptill och nedtill på hjulet och upprepa ovanstående. Snurra på hjulet och undersök hjullagret angående missljud och glapp.

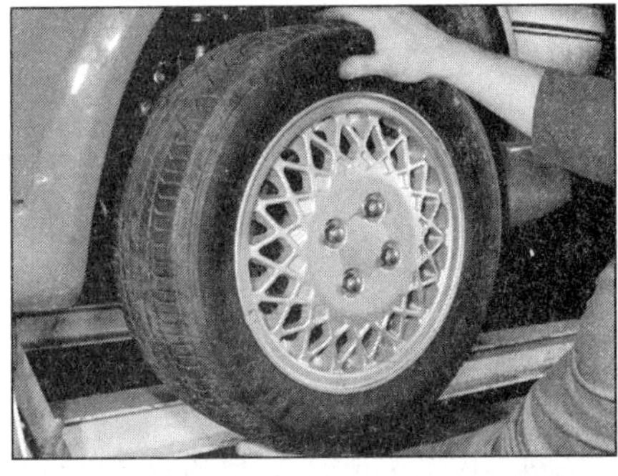

☐ Om du misstänker att det är för stort spel vid en komponents led kan man kontrollera detta genom att använda en stor skruvmejsel eller liknande och bända mellan infästningen och komponentens fäste. Detta visar om det är bussningen, fästskruven eller själva infästningen som är sliten (bulthålen kan ofta bli uttänjda).

☐ Kontrollera alla fyra hjulen.

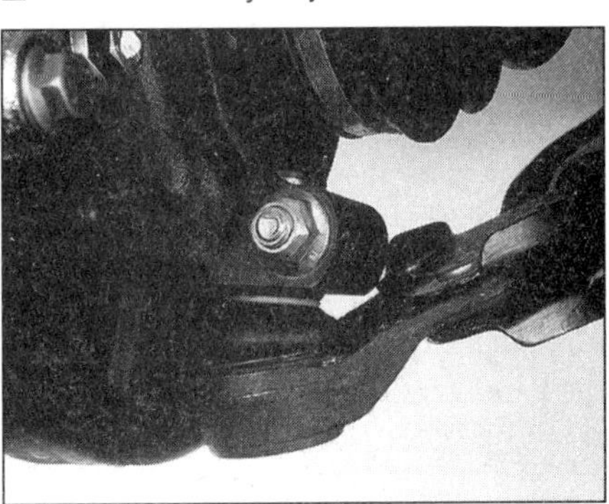

Fjädrar och stötdämpare

☐ Undersök fjäderbenen (där så är tillämpligt) angående större läckor, korrosion eller skador i godset. Kontrollera också att fästena sitter säkert.

☐ Om bilen har spiralfjädrar, kontrollera att dessa sitter korrekt i fjädersätena och att de inte är utmattade, rostiga, spruckna eller av.

☐ Om bilen har bladfjädrar, kontrollera att alla bladen är hela, att axeln är ordentligt fastsatt mot fjädrarna och att fjäderöglorna, bussningarna och upphängningarna inte är slitna.

☐ Liknande kontroll utförs på bilar som har annan typ av upphängning såsom torsionfjädrar, hydraulisk fjädring etc. Se till att alla infästningar och anslutningar är säkra och inte utslitna, rostiga eller skadade och att den hydrauliska fjädringen inte läcker olja eller på annat sätt är skadad.

☐ Kontrollera att stötdämparna inte läcker och att de är hela och oskadade i övrigt samt se till att bussningar och fästen inte är utslitna.

Drivning

☐ Snurra på varje hjul i tur och ordning. Kontrollera att driv-/kardanknutar inte är lösa, glappa, spruckna eller skadade. Kontrollera också att skyddsbälgarna är intakta och att driv-/kardanaxlar är ordentligt fastsatta, raka och oskadade. Se även till att inga andra detaljer i kraftöverföringen är glappa, lösa, skadade eller slitna.

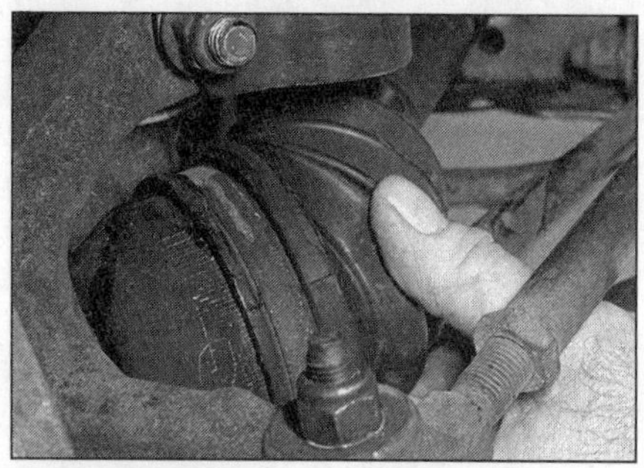

Bromssystem

☐ Om det är möjligt utan isärtagning, kontrollera hur bromsklossar och bromsskivor ser ut. Se till att friktionsmaterialet på bromsbeläggen (A) inte är slitet under 2 mm och att broms-skivorna (B) inte är spruckna, gropiga, repiga eller utslitna.

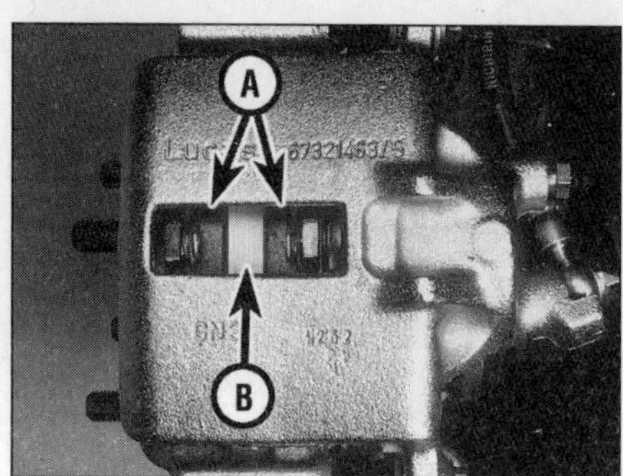

☐ Undersök alla bromsrör under bilen och bromsslangarna bak. Leta efter rost, skavning och övriga skador på ledningarna och efter tecken på blåsor under tryck, skavning, sprickor och förslitning på slangarna. (Det kan vara enklare att upptäcka eventuella sprickor på en slang om den böjs något.)

☐ Leta efter tecken på läckage vid bromsoken och på bromssköldarna. Reparera eller byt ut delar som läcker.

☐ Snurra sakta på varje hjul medan någon trycker ned och släpper upp bromspedalen. Se till att bromsen fungerar och inte ligger an när pedalen inte är nedtryckt.

☐ Undersök handbromsmekanismen och kontrollera att vajern inte har fransat sig, är av eller väldigt rostig eller att länksystemet är utslitet eller glappar. Se till att handbromsen fungerar på båda hjulen och inte ligger an när den läggs ur.

☐ Det är inte möjligt att prova bromsverkan utan specialutrustning, men man kan göra ett körtest och prova att bilen inte drar åt något håll vid en kraftig inbromsning.

Bränsle- och avgassystem

☐ Undersök bränsletanken (inklusive tanklock och påfyllningshals), fastsättning, bränsleledningar, slangar och anslutningar. Alla delar måste sitta fast ordentligt och får inte läcka.

☐ Granska avgassystemet i hela dess längd beträffande skadade, avbrutna eller saknade upphängningar. Kontrollera systemets skick beträffande rost och se till att rörklämmorna är säkert monterade. Svarta sotavlagringar på avgassystemet tyder på ett annalkande läckage.

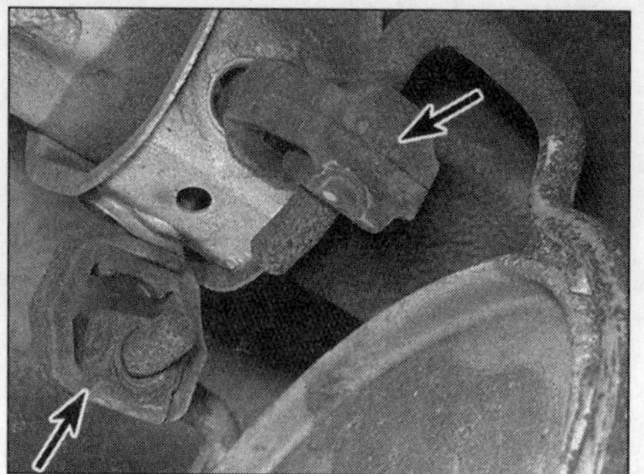

Hjul och däck

☐ Undersök i tur och ordning däcksidorna och slitbanorna på alla däcken. Kontrollera att det inte finns några skärskador, revor eller bulor och att korden inte syns p g a utslitning eller skador. Kontrollera att däcket är korrekt monterat på fälgen och att hjulet inte är deformerat eller skadat.

☐ Se till att det är rätt storlek på däcken för bilen, att det är samma storlek och däcktyp på samma axel och att det är rätt lufttryck i däcken. Se också till att inte ha dubbade och odubbade däck blandat. (Dubbade däck får användas under vinterhalvåret, från 1 oktober till första måndagen efter påsk.)

☐ Kontrollera mönsterdjupet på däcken – minsta tillåtna mönsterdjup är 1,6 mm. Onormalt däckslitage kan tyda på felaktig framhjulsinställning.

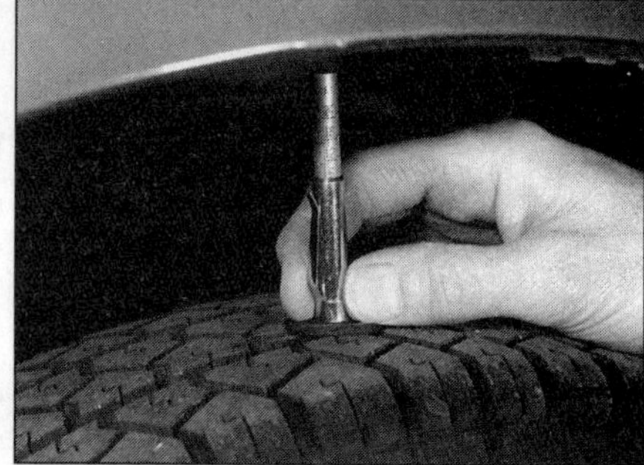

Korrosion

☐ Undersök alla bilens bärande delar efter rost. (Bärande delar innefattar underrede, tröskellådor, tvärbalkar, stolpar och all upphängning, styrsystemet, bromssystemet samt bältesinfästningarna.) Rost som avsevärt har reducerat tjockleken på en bärande yta medför troligtvis en tvåa i besiktningsprotokollet. Sådana skador kan ofta vara svåra att reparera själv.

☐ Var extra noga med att kontrollera att inte rost har gjort det möjligt för avgaser att tränga in i kupén. Om så är fallet kommer fordonet ovillkorligen inte att klara besiktningen och dessutom utgör det en stor trafik- och hälsofara för dig och dina passagerare.

4 Kontroller som utförs på bilens avgassystem

Bensindrivna modeller

☐ Starta motorn och låt den bli varm. Se till att tändningen är rätt inställd, att luftfiltret är rent och att motorn går bra i övrigt.

☐ Varva först upp motorn till ca 2500 varv/min och håll den där i ca 20 sekunder. Låt den sedan gå ner till tomgång och iaktta avgasutsläppen från avgasröret. Om tomgången är onaturligt hög eller om tät blå eller klart synlig svart rök kommer ut med avgaserna i mer än 5 sekunder så kommer bilen antagligen inte att klara besiktningen. I regel tyder blå rök på att motorn är sliten och förbränner olja medan svart rök tyder på att motorn inte förbränner bränslet ordentligt (smutsigt luftfilter eller annat förgasar- eller bränslesystemfel).

☐ Vad som då behövs är ett instrument som kan mäta koloxid (CO) och kolväten (HC). Om du inte har möjlighet att låna eller hyra ett dylikt instrument kan du få hjälp med det på en verkstad för en mindre kostnad.

CO- och HC-utsläpp

☐ För närvarande är högsta tillåtna gränsvärde för CO- och HC-utsläpp för bilar av årsmodell 1989 och senare (d v s bilar med katalysator enligt lag) 0,5% CO och 100 ppm HC.

På tidigare årsmodeller testas endast CO-halten och följande gränsvärden gäller:

årsmodell 1985-88	3,5% CO
årsmodell 1971-84	4,5% CO
årsmodell -1970	5,5% CO.

Bilar av årsmodell 1987-88 med frivilligt monterad katalysator bedöms enligt 1989 års komponentkrav men 1985 års utsläppskrav.

☐ Om CO-halten inte kan reduceras tillräckligt för att klara besiktningen (och bränsle- och tändningssystemet är i bra skick i övrigt) ligger problemet antagligen hos förgasaren/bränsleinsprutningsystemet eller katalysatorn (om monterad).

☐ Höga halter av HC kan orsakas av att motorn förbränner olja men troligare är att motorn inte förbränner bränslet ordentligt.

Dieseldrivna modeller

☐ Det enda testet för avgasutsläpp på dieseldrivna bilar är att man mäter röktätheten. Testet innebär att man varvar motorn kraftigt upprepade gånger.

Observera: *Det är oerhört viktigt att motorn är rätt inställd innan provet genomförs.*

☐ Mycket rök kan orsakas av ett smutsigt luftfilter. Om luftfiltret inte är smutsigt men bilen ändå avger mycket rök kan det vara nödvändigt att söka experthjälp för att hitta orsaken.

5 Körtest

☐ Slutligen, provkör bilen. Var extra uppmärksam på eventuella missljud, vibrationer och liknande.

☐ Om bilen har automatväxellåda, kontrollera att den endast går att starta i lägena P och N. Om bilen går att starta i andra växellägen måste växelväljarmekanismen justeras.

☐ Kontrollera också att hastighetsmätaren fungerar och inte är missvisande.

☐ Se till att ingen extrautrustning i kupén, t ex biltelefon och liknande, är placerad så att den vid en eventuell kollision innebär ökad risk för personskada.

☐ Gör en hastig inbromsning och kontrollera att bilen inte drar åt något håll. Om kraftiga vibrationer känns vid inbromsning kan det tyda på att bromsskivorna är skeva och bör bytas eller fräsas om. (Inte att förväxlas med de låsningsfria bromsarnas karakteristiska vibrationer.)

☐ Om vibrationer känns vid acceleration, hastighetsminskning, vid vissa hastigheter eller hela tiden, kan det tyda på att drivknutar eller drivaxlar är slitna eller defekta, att hjulen eller däcken är felaktiga eller skadade, att hjulen är obalanserade eller att styrleder, upphängningens leder, bussningar eller andra komponenter är slitna.

Motor

- Motorn går inte runt vid startförsök
- Motorn går runt men startar inte
- Motorn svår att kallstarta
- Motorn svår att varmstarta
- Motorn startar, men stannar omedelbart
- Missljud eller kärvhet i startmotorn
- Ojämn tomgång
- Misständning vid tomgång
- Misständning vid alla varvtal
- Tvekan vid acceleration
- Glödtändning
- Motorn tjuvstannar
- Kraftlöshet
- Baktändning
- Varningslampan för oljetryck tänds när motorn går
- Motorn ger ifrån sig missljud

Kylsystem

- Överhettning
- Överkylning
- Internt kylvätskeläckage
- Yttre kylvätskeläckage
- Korrosion

Bränsle- och avgassystem

- Överdriven bränsleförbrukning
- Bränsleläckage och/eller bränslelukt
- Överdrivna ljud eller gaser från avgassystemet

Koppling

- Pedalen går i golvet - inget eller ytterst ringa motstånd
- Missljud när kopplingspedalen trycks ner eller släpps upp
- Kopplingen slirar (motorns varvtal ökar men inte bilens hastighet)
- Frikopplar inte (det går ej att lägga i växlar)
- Vibrationer vid frikoppling

Manuell växellåda

- Missljud i friläge när motorn går
- Missljud när en specifik växel läggs i
- Svårt att lägga i växlar
- Vibration
- Växlar hoppar ur
- Oljeläckage

Automatväxellåda

- Oljeläckage
- Växellådsoljan brun eller luktar bränt
- Växellådan ger ingen kickdowneffekt med gaspedalen helt nedtryckt
- Motorn startar inte i någon växel, eller startar i andra växlar än Park eller Neutral
- Allmän svårighet att lägga i växlar
- Växellådan slirar, växlar ojämnt, låter illa eller driver inte när framåtväxlarna eller backen är i

Drivaxlar

- Klick eller knackningar vid kurvtagning (i låg hastighet med fullt rattutslag)
- Vibration vid acceleration eller inbromsning

Bromssystem

- Bilen drar åt ena sidan vid inbromsning
- Missljud (slipljud eller högtonigt gnissel) vid inbromsning
- För lång pedalväg
- Bromspedalen känns "svampig" vid nedtryckning
- Överdriven pedalkraft krävs för att stoppa bilen
- Skakningar i bromspedal eller ratt vid inbromsningar
- Bromsarna kärvar
- Bakhjulen låser vid normal inbromsning

Fjädring och styrning

- Bilen drar åt ena sidan
- Krängning och/eller nigning vid kurvtagning eller inbromsning
- Bilen vandrar på vägen eller känns allmänt instabil
- För trög styrning
- Hjulen kastar och vibrerar
- För stort glapp i styrningen
- Brist på servoeffekt
- Överdrivet däckslitage

Elsystem

- Batteriet håller laddningen endast ett par dagar
- Laddningslampan förblir tänd när motorn går
- Laddningslampan tänds inte
- Lamporna fungerar inte
- Instrumentavläsningar missvisande eller ryckiga
- Signalhornet fungerar dåligt eller inte alls
- Vindrute-/bakrutetorkare fungerar dåligt eller inte alls
- Vindrute-/bakrutespolare fungerar dåligt eller inte alls
- De elektriska fönsterhissarna fungerar dåligt eller inte alls
- Centrallåset fungerar dåligt eller inte alls

Inledning

De fordonsägare som underhåller sin bil med rekommenderad regelbundenhet kommer inte att behöva använda den här delen av handboken ofta. Moderna komponenter är mycket pålitliga och om de delar som utsätts för slitage eller åldrande undersöks eller byts ut vid specificerade intervall, inträffar plötsliga haverier mycket sällan. Fel uppstår i regel inte plötsligt utan utvecklas under en längre tid. Större mekaniska haverier föregås ofta av tydliga symptom under hundratals eller rent av tusentals kilometer. De komponenter som då och då går sönder utan förvarning är i regel små och lätta att ha med i bilen.

All felsökning börjar med att man avgör var undersökningen ska inledas. Ibland är detta självklart, men andra gånger krävs lite detektivarbete. En bilägare som gör ett halvdussin slumpmässiga justeringar och komponentbyten kanske lyckas åtgärda felet (eller undanröja symptomen), men om problemet uppstår igen vet han/hon ändå inte var felet sitter och måste spendera mer tid och pengar än vad som är nödvändigt för att åtgärda det. Ett lugnt och metodiskt tillvägagångssätt är bättre i längden. Ta alltid hänsyn till varningstecken och sådant som verkat onormalt före haveriet, som kraftförlust, höga/låga mätaravläsningar eller ovanliga lukter – och kom ihåg att trasiga säkringar och tändstift kanske bara är symptom på ett underliggande fel.

Följande sidor fungerar som en enkel guide till de mer vanligt förekommande problem som kan uppstå med bilen. Problemen och deras möjliga orsaker grupperas under rubriker för olika komponenter eller system som Motor, Kylsystem, etc. Det kapitel som behandlar problemet visas inom parentes. Oavsett vilket fel det gäller finns vissa grundläggande principer. Dessa är:

Bekräfta felet. Detta innebär helt enkelt att se till att symptomen är kända innan arbetet påbörjas. Detta är särskilt viktigt om ett fel undersöks för någon annans räkning, denne har kanske inte beskrivit problemet korrekt.

Förbise inte det självklara. Om bilen t.ex. inte startar, finns det verkligen bränsle i tanken? (Ta inte någon annans ord för givet på denna punkt och lita inte heller på bränslemätaren). Om ett elektriskt fel misstänks, leta efter lösa kontakter och trasiga ledningar innan testutrustningen tas fram.

Åtgärda felet, undanröj inte bara symptomen. Att byta ut ett urladdat batteri mot ett fulladdat tar dig från vägkanten, men om orsaken inte åtgärdas kommer även det nya batteriet snart att vara urladdat. Byts nedoljade tändstift ut mot nya rullar bilen visserligen vidare, men orsaken til nedsmutsningen måste fortfarande fastställas och åtgärdas (om det inte helt enkelt berodde på att tändstiften hade fel värmetal).

Ta ingenting för givet. Glöm inte att även nya delar kan vara defekta (särskilt om de har skakat runt i bagageutrymmet i flera månader). Utelämna inte några komponenter vid en felsökning bara för att de är nya eller nymonterade. När du slutligen påträffar ett svårhittat fel kommer du troligen att inse att många ledtrådar fanns där redan från början.

Motor

Motorn går inte runt vid startförsök

- ☐ Batterianslutningarna lösa eller korroderade (*Veckokontroller*).
- ☐ Batteriet urladdat eller defekt (kapitel 5A).
- ☐ Skadade eller lösa ledningar i startmotorkretsen (kapitel 5A).
- ☐ Defekt solenoid eller kontakt (kapitel 5A).
- ☐ Defekt startmotor (kapitel 5A).
- ☐ Startmotordrevet eller svänghjulets startkrans har lösa eller skadade kuggar (kapitel 2A, 2B och 5A).
- ☐ Motorns jordledning skadad eller urkopplad (kapitel 5A).

Motorn går runt men startar inte

- ☐ Bensintanken är tom.
- ☐ Batteriet urladdat (motorn går runt långsamt) (kapitel 5A).
- ☐ Batterianslutningarna lösa eller korroderade (*Veckokontroller*).
- ☐ Tändningens komponenter fuktiga eller skadade (kapitel 1 och 5B).
- ☐ Trasiga, lösa eller urkopplade kablar i tändningskretsen (kapitel 1 och 5B).
- ☐ Utslitna, defekta eller felaktigt inställda tändstift (kapitel 1).
- ☐ Chokemekanismen är felaktigt inställd, sliten eller har fastnat - förgasarmodeller (kapitel 4A).
- ☐ Defekt bränsleavstängningssolenoid - förgasarmodeller (kapitel 4A).
- ☐ Defekt bränsleinsprutningssystem - (kapitel 4B).
- ☐ Allvarligt mekaniskt fel (t.ex. kamaxelns drivning), (kapitel 2).

Motorn svår att kallstarta

- ☐ Batteriet urladdat (kapitel 5A).
- ☐ Batterianslutningarna lösa eller korroderade (*Veckokontroller*).
- ☐ Utslitna, defekta eller felaktigt inställda tändstift (kapitel 1).
- ☐ Chokemekanismen är felaktigt inställd, sliten eller har fastnat - förgasarmodeller (kapitel 4A).
- ☐ Defekt bränsleinsprutningssystem - (kapitel 4B).
- ☐ Annat fel på tändsystemet (kapitel 1 och 5B).
- ☐ Låg cylinderkompression (kapitel 2A eller 2B).

Motorn svår att varmstarta

- ☐ Smutsigt eller igensatt luftfilter (kapitel 1).
- ☐ Chokemekanismen är felaktigt inställd, sliten eller har fastnat - förgasarmodeller (kapitel 4A).
- ☐ Defekt bränsleinsprutningssystem - (kapitel 4B).
- ☐ Låg cylinderkompression (kapitel 2A eller 2B).

Motorn startar, men stannar omedelbart

- ☐ Lösa eller defekta anslutningar i tändningskretsen (kapitel 1 och 5B).
- ☐ Vakuumläcka i förgasaren/gasspjällhuset eller insugsgrenröret (kapitel 4A eller 4B).
- ☐ Blockerade förgasarmunstycken eller inre passager - förgasarmodeller (kapitel 4A).
- ☐ Blockerad bränsleinsprutare/bränsleinsprutningssystemet defekt - (kapitel 4B).

Missljud eller kärvhet i startmotorn

- ☐ Startmotordrevet eller svänghjulets startkrans har lösa eller skadade kuggar (kapitel 2A, 2B och 5A).
- ☐ Startmotorns fästbultar lösa eller saknas (kapitel 5A).
- ☐ Startmotorns interna delar slitna eller skadade (kapitel 5A).

Ojämn tomgång

- ☐ Igensatt luftfilter (kapitel 1).
- ☐ Vakuumläcka i förgasaren/gasspjällhuset, insugningsgrenröret eller tillhörande slangar (kapitel 4A eller 4B).
- ☐ Utslitna, defekta eller felaktigt inställda tändstift (kapitel 1).
- ☐ Ojämn eller låg cylinderkompression (kapitel 2A eller 2B).
- ☐ Slitna kamlober (kapitel 2A eller 2B).
- ☐ Felaktigt spänd kamrem (kapitel 2A eller 2B).
- ☐ Blockerade förgasarmunstycken eller inre passager - förgasarmodeller (kapitel 4A).
- ☐ Blockerad bränsleinsprutare/bränsleinsprutningssystemet defekt - (kapitel 4B).

Misständning vid tomgång

- ☐ Utslitna, defekta eller felaktigt inställda tändstift (kapitel 1).
- ☐ Defekta tändkablar (kapitel 1).
- ☐ Vakuumläcka i förgasaren/gasspjällhuset, insugningsgrenröret eller tillhörande slangar (kapitel 4A eller 4B).
- ☐ Blockerade förgasarmunstycken eller inre passager - förgasarmodeller (kapitel 4A).
- ☐ Blockerad bränsleinsprutare/bränsleinsprutningssystemet defekt - (kapitel 4B).
- ☐ Strömfördelarlocket sprucket eller spårigt invändigt (om tillämpligt) (kapitel 1).
- ☐ Ojämn eller låg cylinderkompression (kapitel 2A eller 2B).
- ☐ Lös, läckande eller trasig slang i vevhusventilationen (kapitel 4C).

Misständning vid alla varvtal

- ☐ Tilltäppt bränslefilter (kapitel 1).
- ☐ Defekt bränslepump eller lågt tillförseltryck (kapitel 4A eller 4B).
- ☐ Blockerad bensintanksventil eller delvis igentäppta bränslerör (kapitel 4A eller 4B).
- ☐ Vakuumläcka i förgasaren/gasspjällhuset, insugsgrenröret eller tillhörande slangar (kapitel 4A eller 4B).
- ☐ Utslitna, defekta eller felaktigt inställda tändstift (kapitel 1).
- ☐ Defekta tändkablar (kapitel 1).
- ☐ Strömfördelarlocket sprucket eller spårigt invändigt (om tillämpligt), (kapitel 1).
- ☐ Defekt tändspole (kapitel 5B).
- ☐ Ojämn eller låg cylinderkompression (kapitel 2A eller 2B).
- ☐ Blockerade förgasarmunstycken eller inre passager - förgasarmodeller (kapitel 4A).
- ☐ Blockerad bränsleinsprutare/bränsleinsprutningssystemet defekt - (kapitel 4B).

Motor (forts)

Tvekan vid acceleration

- ☐ Utslitna, defekta eller felaktigt inställda tändstift (kapitel 1).
- ☐ Vakuumläcka i förgasaren/gasspjällhuset, insugsgrenröret eller tillhörande slangar (kapitel 4A eller 4B).
- ☐ Blockerade förgasarmunstycken eller inre passager - förgasarmodeller (kapitel 4A).
- ☐ Blockerad bränsleinsprutare/bränsleinsprutningssystemet defekt - (kapitel 4B).

Glödtändning

- ☐ Kraftiga sotavlagrningar i motorn (kapitel 2).
- ☐ Motorns arbetstemperatur hög (kapitel 3).
- ☐ Defekt bränsleavstängningssolenoid - förgasarmodeller (kapitel 4A).
- ☐ Defekt bränsleinsprutningssystem - (kapitel 4B).

Motorn tjuvstannar

- ☐ Vakuumläcka i förgasaren/gasspjällhuset, insugsgrenröret eller tillhörande slangar (kapitel 4A eller 4B).
- ☐ Tilltäppt bränslefilter (kapitel 1).
- ☐ Defekt bränslepump eller lågt tillförseltryck (kapitel 4A eller 4B).
- ☐ Blockerad bensintanksventil eller delvis igentäppta bränslerör (kapitel 4A eller 4B).
- ☐ Blockerade förgasarmunstycken eller inre passager - förgasarmodeller (kapitel 4A).
- ☐ Blockerad bränsleinsprutare/bränsleinsprutningssystemet defekt - modeller med bränsleinsprutning (kapitel 4B).

Kraftlöshet

- ☐ Felmonterad eller felspänd kamrem (kapitel 2A eller 2B).
- ☐ Tilltäppt bränslefilter (kapitel 1).
- ☐ Defekt bränslepump eller lågt tillförseltryck (kapitel 4A eller 4B).
- ☐ Ojämn eller låg cylinderkompression (kapitel 2A eller 2B).
- ☐ Utslitna, defekta eller felaktigt inställda tändstift (kapitel 1).
- ☐ Vakuumläcka i förgasaren/gasspjällhuset, insugsgrenröret eller tillhörande slangar (kapitel 4A eller 4B).
- ☐ Blockerade förgasarmunstycken eller inre passager - förgasarmodeller (kapitel 4A).
- ☐ Blockerad bränsleinsprutare/bränsleinsprutningssystemet defekt - modeller med bränsleinsprutning (kapitel 4B).
- ☐ Bromsarna låser sig (kapitel 1 och 9).
- ☐ Kopplingen slirar (kapitel 6).

Baktändning

- ☐ Felmonterad eller felspänd kamrem (kapitel 2A eller 2B).
- ☐ Vakuumläcka i förgasaren/gasspjällhuset, insugningsgrenröret eller tillhörande slangar (kapitel 4A eller 4B).
- ☐ Blockerad bränsleinsprutare/bränsleinsprutningssystemet defekt - (kapitel 4B).

Varningslampan för oljetryck tänds när motorn går

- ☐ Låg oljenivå eller felaktig oljegrad (*Veckokontroller*).
- ☐ Defekt kontakt till varningslampan för oljetryck (kapitel 5A).
- ☐ Slitna motorlager och/eller oljepump (kapitel 2).
- ☐ Motorns arbetstemperatur hög (kapitel 3).
- ☐ Defekt oljeövertrycksventil (kapitel 2A eller 2B).
- ☐ Oljeupptagningens sil igensatt (kapitel 2A eller 2B).

Motorn ger ifrån sig missljud

Förtändning (spikning) eller knackning under acceleration eller belastning

- ☐ Tändinställningen felaktig/tändsystemet defekt (kapitel 1 och 5B).
- ☐ Tändstift av fel grad (kapitel 1).
- ☐ Fel sorts bränsle (kapitel 1).
- ☐ Vakuumläcka i förgasaren/gasspjällhuset, insugsgrenröret eller tillhörande slangar (kapitel 4A eller 4B).
- ☐ Kraftiga sotavlagrningar i motorn (kapitel 2).
- ☐ Blockerade förgasarmunstycken eller inre passager - förgasarmodeller (kapitel 4A).
- ☐ Blockerad bränsleinsprutare/bränsleinsprutningssystemet defekt - (kapitel 4B).

Visslande eller väsande ljud

- ☐ Läckande packning i insugsgrenröret eller förgasaren/gasspjällhuset (kapitel 4A eller 4B).
- ☐ Läckande avgasgrenrörspackning eller skarv mellan rör och grenör (kapitel 4C).
- ☐ Läckande vakuumslang (kapitel 4A, 4B, 4C, 5B, 9 och 12).
- ☐ Blåst topplockspackning (kapitel 2A eller 2B).

Knackande eller skallrande ljud

- ☐ Slitage på ventiler eller kamaxel (kapitel 2A eller 2B).
- ☐ Defekt hjälpaggregat (kylvätskepump, växelströmsgenerator, etc) (kapitel 3, 5A, etc).

Knack eller slag

- ☐ Slitna vevstakslager (regelbundna hårda knack, eventuellt minskande under belastning) (kapitel 2A eller 2B).
- ☐ Slitna ramlager (muller och knack, eventuellt ökande under belastning) (kapitel 2A eller 2B).
- ☐ Kolvslammer (mest märkbart med kall motor) (kapitel 2A eller 2B).
- ☐ Defekt hjälpaggregat (kylvätskepump, växelströmsgenerator, etc) (kapitel 3, 5A, etc).

Kylsystem

Överhettning

- ☐ För lite kylvätska i systemet (*Veckokontroller*).
- ☐ Defekt termostat (kapitel 3).
- ☐ Igensatt kylare eller grill (kapitel 3).
- ☐ Defekt kylfläkt eller termobrytare (kapitel 3).
- ☐ Defekt trycklock (kapitel 3).
- ☐ Tändinställningen felaktig/tändsystemet defekt (kapitel 1 och 5B).
- ☐ Temperaturmätarens givarenhet defekt (kapitel 3).
- ☐ Luftbubbla i kylsystemet (kapitel 1).

Korrosion

- ☐ Systemet har tappats av och spolats ur för sällan (kapitel 1).
- ☐ Felaktig kylvätskeblandning eller fel typ av kylvätska (*Smörjmedel och vätskor* och kapitel 1).

Överkylning

- ☐ Defekt termostat (kapitel 3).
- ☐ Temperaturmätarens givarenhet defekt (kapitel 3).

Internt kylvätskeläckage

- ☐ Läckande topplockspackning (kapitel 2A eller 2B).
- ☐ Spricka i topplock eller cylinderlopp (kapitel 2A eller 2B).

Yttre kylvätskeläckage

- ☐ Åldrade eller skadade slangar eller slangklämmor (kapitel 1).
- ☐ Kylaren eller värmeelementet läcker (kapitel 3).
- ☐ Defekt trycklock (kapitel 3).
- ☐ Vattenpumpens tätning läcker (kapitel 3).
- ☐ Kokning på grund av överhettning (kapitel 3).
- ☐ Läckande frostplugg (kapitel 2).

Bränsle- och avgassystem

Överdriven bränsleförbrukning

- ☐ Smutsigt eller igensatt luftfilter (kapitel 1).
- ☐ Chokevajern är felaktigt inställd, sliten eller har fastnat - förgasarmodeller (kapitel 4A).
- ☐ Defekt bränsleinsprutningssystem - (kapitel 4B).
- ☐ Tändinställningen felaktig/tändsystemet defekt (kapitel 1 och 5B).
- ☐ För lågt däcktryck (*Veckokontroller*).

Bränsleläckage och/eller bränslelukt

- ☐ Skador eller korrosion på tank, ledningar eller anslutningar (kapitel 4A eller 4B).
- ☐ Förgasarens flottörhus svämmar över (felaktig flottörhöjd) - förgasarmodeller (kapitel 4A).

Överdrivna ljud eller gaser från avgassystemet

- ☐ Läckande avgassystem eller grenörsanslutningar (kapitel 1, 4A och 4B).
- ☐ Läckande, korroderade eller skadade ljuddämpare eller rör (kapitel 1, 4A och 4B).
- ☐ Brustna fästen som orsakar kontakt med bottenplatta eller fjädring (kapitel 1).

Koppling

Pedalen går i golvet - inget eller ytterst ringa motstånd

- ☐ Trasig kopplingsvajer (kapitel 6).
- ☐ Felaktig kopplingsvajerinställning (kapitel 6).
- ☐ Defekt urtrampningslager eller gaffel (kapitel 6).
- ☐ Brusten tallriksfjäder i kopplingens tryckplatta (kapitel 6).

Missljud när pedalen trycks ner eller släpps upp

- ☐ Slitet urtrampningslager (kapitel 6).
- ☐ Slitna eller torra pedalbussningar (kapitel 6).
- ☐ Defekt tryckplatta (kapitel 6).
- ☐ Tryckplattans tallriksfjäder brusten (kapitel 6).
- ☐ Trasiga dämparfjädrar till lamellen (kapitel 6).

Kopplingen slirar (motorns varvtal ökar men inte bilens hastighet)

- ☐ Felaktig kopplingsvajerinställning (kapitel 6).
- ☐ Kraftigt slitna lamellbelägg (kapitel 6).
- ☐ Lamellbelägg förorenade med olja eller fett (kapitel 6).
- ☐ Defekt tryckplatta eller svag tallriksfjäder (kapitel 6).

Frikopplar inte (det går ej att lägga i växlar)

- ☐ Felaktig kopplingsvajerinställning (kapitel 6).
- ☐ Lamellen fastnar på räfflorna på växellådans ingående axel (kapitel 6).
- ☐ Lamellen fastnar på svänghjul eller tryckplatta (kapitel 6).
- ☐ Defekt tryckplatta (kapitel 6).
- ☐ Urtrampningsmekanismen sliten eller felmonterad (kapitel 6).

Vibrationer vid frikoppling

- ☐ Lamellbelägg förorenade med olja eller fett (kapitel 6).
- ☐ Överdrivet utslitna lamellbelägg (kapitel 6).
- ☐ Kopplingsvajern fastnar eller fransar sig (kapitel 6).
- ☐ Defekt eller skev tryckplatta eller tallriksfjäder (kapitel 6).
- ☐ Slitna eller lösa motor- eller växellådefästen (kapitel 2A eller 2B).
- ☐ Lamellnavet eller räfflorna på växellådans ingående axel slitna (kapitel 6).

Manuell växellåda

Missljud i friläge när motorn går

- ☐ Slitage i ingående axelns lager (missljud med uppsläppt men inte nedtryckt kopplingspedal) (kapitel 7A).*
- ☐ Slitet urtrampningslager (missljud med nedtryckt pedal, möjligen minskande när pedalen släpps upp) (kapitel 6).

Missljud när en specifik växel läggs i

- ☐ Slitna eller skadade kuggar på växellådsdreven (kapitel 7A).*

Svårt att lägga i växlar

- ☐ Kopplingen defekt (kapitel 6).
- ☐ Slitna eller skadade växellänksystem (kapitel 7A).
- ☐ Felaktigt inställt växellänksystem (kapitel 7A).
- ☐ Slitna synkroniseringsdon (kapitel 7A).*

Vibration

- ☐ Oljebrist (kapitel 1).
- ☐ Slitna lager (kapitel 7A).*

Växlar hoppar ur

- ☐ Slitna eller skadade växellänksystem (kapitel 7A).
- ☐ Felaktigt inställt växellänksystem (kapitel 7A).
- ☐ Slitna synkroniseringsdon (kapitel 7A).*
- ☐ Slitna väljargafflar (kapitel 7A).*

Oljeläckage

- ☐ Läckage i differentialens utgående oljetätning (kapitel 7A).
- ☐ Läckande husskarv (kapitel 7A).*
- ☐ Läckage i ingående axelns oljetätning (kapitel 7A).*

**Även om de åtgärder som behöver vidtas för ovanstående symptom är för svåra för en hemmamekaniker är informationen ovan till hjälp när man spårar felkällan. Det gör det lättare för ägaren att tydliggöra problemet för en professionell mekaniker.*

Automatväxellåda

Observera: *På grund av automatväxellådans komplexitet är det svårt för en hemmamekaniker att diagnostisera och underhålla den här enheten korrekt. Om andra problem än följande uppstår ska bilen tas till en verkstad eller till en specialist på växellådor. Gör inga förhastade bedömningar av växellådan om den misstänks vara defekt, de flesta tester kan utföras med växellådan monterad.*

Oljeläckage

- ☐ Automatväxellådsoljan är oftast mörk till färgen. Oljeläckage ska inte blandas ihop med motorolja, som lätt kan stänka på växellådan av luftflödet.
- ☐ För att avgöra var läckaget har uppstått, ta bort all ansamlad smuts och allt fett från växellådans hus och de omgivande områdena med fettlösningsmedel eller ångtvätt. Kör bilen i låg hastighet så att luftflödet inte blåser iväg den läckande oljan långt från källan. Lyft upp bilen och stöd den på pallbockar, leta reda på källan till läckan. Läckor uppstår ofta i följande områden:

  a) *Oljesumpen (kapitel 1 och 7B).*
  b) *Mätstickans rör (kapitel 1 och 7B).*
  c) *Rör/anslutningar mellan växellådan och oljekylaren (kapitel 7B).*

Växellådsoljan brun eller luktar bränt

- ☐ Låg oljenivå eller oljan behöver bytas (kapitel 1).

Växellådan ger ingen kickdown effekt med gaspedalen helt nedtryckt

- ☐ Låg växellådsoljenivå (kapitel 1).
- ☐ Felaktig växelvajerinställning (kapitel 7B).

Motorn startar inte i någon växel, eller startar i andra växlar än Park eller Neutral

- ☐ Felaktig justering av startmotor-/startspärrkontakt (kapitel 7B).
- ☐ Felaktig växelvajerinställning (kapitel 7B).

Allmän svårighet att lägga i växlar

- ☐ Kapitel 7B behandlar kontroll och justering av växelvajern på automatväxellådor. Följande problem är vanliga problem som kan orsakas av en feljusterad vajer:

  a) *Motorn startar i andra växlar än Park eller Neutral.*
  b) *Indikatorn anger en annan växel än den som faktiskt används.*
  c) *Bilen rör sig i Park- eller Neutral-läge.*
  d) *Dålig växlingskvalitet eller ojämn utväxling.*

- ☐ Se kapitel 7B för information om väljarvajerns justering.

Växellådan slirar, växlar ojämnt, låter illa eller driver inte när framåtväxlarna eller backen är i

- ☐ Det finns flera troliga orsaker till ovanstående problem, men hemmamekanikern behöver endast bekymra sig om en av felkällorna - oljenivån. Kontrollera oljenivån och oljans skick enligt beskrivningen i kapitel 1 innan bilen lämnas in till en verkstad eller en specialist på växellådor. Justera oljenivån eller byt olja och filter om det behövs. Om problemet kvarstår behövs professionell hjälp.

Drivaxlar

Klick eller knackningar vid svängar (i låg hastighet med fullt rattutslag)

- ☐ Brist på smörjning i knuten, möjligen orsakad av skadad damask (kapitel 8).
- ☐ Sliten yttre drivknut (kapitel 8).

Vibration vid acceleration eller inbromsning

- ☐ Sliten inre drivknut (kapitel 8).
- ☐ Böjd eller skev drivaxel (kapitel 8).

Bromssystem

Observera: *Innan bromsarna förutsätts vara defekta, kontrollera däckens skick och lufttryck, framvagnens inställning samt att bilen inte är belastad så att viktfördelningen är ojämn. Förutom kontroll av alla anslutningar för rör och slangar, ska fel i ABS-systemet tas om hand av en Opelverkstad.*

Bilen drar åt ena sidan vid inbromsning

- ☐ Slitna, skadade eller förorenade bromsklossar/bromsbackar på en sida (kapitel 1 och 9).
- ☐ Skurna eller delvis skurna bromsok/hjulcylindrar (kapitel 1 och 9).
- ☐ Olika friktionsmaterial monterade på sidorna (kapitel 1 och 9).
- ☐ Lösa bultar till bromsok eller fästplatta (kapitel 9).
- ☐ Slitna eller skadade delar i fjädring eller styrning (kapitel 1 och 10).

Missljud (slipljud eller högtonigt gnissel) vid inbromsning

- ☐ Bromsklossarnas eller bromsbackarnas friktionsmaterial nedslitet till metallplattan (kapitel 1 och 9).
- ☐ Överdriven korrosion på bromsskiva eller trumma. Korrosion kan visa sig när bilen har stått oanvänd en längre tid (kapitel 1 och 9).
- ☐ Främmande föremål (grus, etc) klämt mellan skiva och stänkskydd (kapitel 1 och 9).

För lång pedalväg

- ☐ Bakbromsens självjusteringsmekanism fungerar inte - trumbromsar (kapitel 1 och 9).
- ☐ Defekt huvudcylinder (kapitel 9).
- ☐ Luft i hydraulsystemet (kapitel 1 och 9).
- ☐ Defekt vakuumservo (kapitel 9).

Bromspedalen känns "svampig" vid nedtryckning

- ☐ Luft i hydraulsystemet (kapitel 1 och 9).
- ☐ Defekta bromsslangar (kapitel 1 och 9).
- ☐ Huvudcylinderns fästmuttrar lösa (kapitel 9).
- ☐ Defekt huvudcylinder (kapitel 9).

Överdriven pedalkraft krävs för att stoppa bilen

- ☐ Defekt vakuumservo (kapitel 9).
- ☐ Lös eller defekt vakuumservoslang (kapitel 9).
- ☐ Defekt primär eller sekundär hydraulkrets (kapitel 9).
- ☐ Skuret bromsok eller skuren hjulcylinderkolv (kapitel 9).
- ☐ Felmonterade bromsklossar eller bromsbackar (kapitel 1 och 9).
- ☐ Fel typ av bromsklossar eller bromsbackar monterade (kapitel 1 och 9).
- ☐ Bromsklossarnas eller bromsbackarnas belägg förorenade (kapitel 1 och 9).

Bromssystem (forts)

Skakningar i bromspedal eller ratt vid inbromsningar

- ☐ Överdrivet skeva eller ovala skivor/trummor (kapitel 1 och 9).
- ☐ Slitage på bromsklossarnas eller bromsbackarnas belägg (kapitel 1 och 9).
- ☐ Bromsokets eller fästplattans fästbultar lösa (kapitel 9).
- ☐ Slitage i fjädringens eller styrningens komponenter eller fästen (kapitel 1 och 10).

Bromsarna kärvar

- ☐ Bromsoket eller hjulcylinderkolven har skurit (kapitel 9).
- ☐ Feljusterad handbromsmekanism (kapitel 9).
- ☐ Defekt huvudcylinder (kapitel 9).

Bakhjulen låser vid normal inbromsning

- ☐ Förorenade bromsbacksbelägg bak (kapitel 1 och 9).
- ☐ Defekt bromstrycksregulator (kapitel 9).

Fjädring och styrning

Observera: *Innan diagnos ställs att fjädring eller styrning är defekt, kontrollera att inte problemet beror på fel lufttryck i däcken, användning av olika däcktyper eller att bromsarna hängt sig.*

Bilen drar åt ena sidan

- ☐ Defekt däck (*Veckokontroller*).
- ☐ Överdrivet slitage i fjädring eller styrning (kapitel 1 och 10).
- ☐ Felaktig framhjulsinställning (kapitel 10).
- ☐ Skadade delar i fjädring eller styrning efter olycka (kapitel 1).

Krängning och/eller nigning vid kurvtagning eller inbromsning

- ☐ Defekta stötdämpare (kapitel 1 och 10).
- ☐ Trasig eller svag fjäder och/eller fjädringskomponent (kapitel 1 och 10).
- ☐ Slitage eller skador på krängningshämmare eller fästen (kapitel 10).

Bilen vandrar på vägen eller är allmänt instabil

- ☐ Felaktig framhjulsinställning (kapitel 10).
- ☐ Slitage i styrningens eller fjädringens leder, bussningar eller komponenter (kapitel 1 och 10).
- ☐ Hjulen obalanserade (kapitel 1 och 10).
- ☐ Defekt eller skadat däck (*Veckokontroller*).
- ☐ Lösa hjulbultar (kapitel 1 och 10).
- ☐ Defekta stötdämpare (kapitel 1 och 10).

För trög styrning

- ☐ För lite smörjmedel i styrväxeln (kapitel 10).
- ☐ Skuren spindelled i styrstagsände eller fjädring (kapitel 1 och 10).
- ☐ Trasig, sliten eller feljusterad drivrem - servostyrning (kapitel 1).
- ☐ Felaktig framhjulsinställning (kapitel 10).
- ☐ Kuggstången eller rattstången böjd eller skadad (kapitel 10).

Hjulen kastar och vibrerar

- ☐ Framhjulen obalanserade (vibration känns huvudsakligen i ratten) (kapitel 1 och 10).
- ☐ Bakhjulen obalanserade (vibration känns i hela bilen) (kapitel 1 och 10).
- ☐ Hjulen skadade eller skeva (kapitel 1 och 10).
- ☐ Defekt eller skadat däck (*Veckokontroller*).
- ☐ Slitage i styrningens eller fjädringens leder, bussningar eller komponenter (kapitel 1 och 10).
- ☐ Lösa hjulbultar (kapitel 1 och 10).

För stort glapp i styrningen

- ☐ Slitage i kardanknuten till rattstångens mellanaxel (kapitel 10).
- ☐ Slitage i styrstagsändarnas spindelleder (kapitel 1 och 10).
- ☐ Sliten styrväxel (kapitel 10).
- ☐ Slitage i styrningens eller fjädringens leder, bussningar eller komponenter (kapitel 1 och 10).

Brist på servoeffekt

- ☐ Trasig eller feljusterad drivrem (kapitel 1).
- ☐ Felaktig servostyrningsoljenivå (*Veckokontroller*).
- ☐ Igensatta oljeslangar till styrservon (kapitel 1).
- ☐ Defekt servopump (kapitel 10).
- ☐ Defekt styrväxel (kapitel 10).

Överdrivet däckslitage

Däcken slitna på in- eller utsidan

- ☐ För lite luft i däcken (slitage på båda sidorna), (*Veckokontroller*).
- ☐ Felaktig camber- eller castervinkel (slitage endast på ena sidan), (kapitel 10).
- ☐ Slitage i styrningens eller fjädringens leder, bussningar eller komponenter (kapitel 1 och 10).
- ☐ Överdrivet hård kurvtagning.
- ☐ Skada efter olycka.

Däckmönstret har fransiga kanter

- ☐ Felaktig toe-inställning (kapitel 10).

Slitage i däckmönstrets mitt

- ☐ För mycket luft i däcken (*Veckokontroller*).

Däcken slitna på in- och utsidan

- ☐ För lågt däcktryck (*Veckokontroller*).

Ojämnt däckslitage

- ☐ Hjulen/däcken obalanserade (kapitel 1).
- ☐ Överdrivet skeva däck/hjul (kapitel 1).
- ☐ Slitna stötdämpare (kapitel 1 och 10).
- ☐ Defekt däck (*Veckokontroller*).

Elsystem

Observera: *Vid problem med startsystemet, se felen som räknas upp under "Motor" tidigare i detta avsnitt.*

Batteriet håller laddningen endast ett par dagar

- ☐ Batteriet defekt inuti (kapitel 5A).
- ☐ Batterianslutningarna lösa eller korroderade (*Veckokontroller*).
- ☐ Sliten eller feljusterad drivrem (kapitel 1).
- ☐ Generatorn ger inte korrekt utmatning (kapitel 5A).
- ☐ Generatorn eller spänningsregulatorn defekt (kapitel 5A).
- ☐ Kortslutning orsakar kontinuerlig urladdning av batteriet (kapitel 5A och 12).

Laddningslampan förblir tänd när motorn går

- ☐ Drivremmen trasig, sliten eller feljusterad (kapitel 1).
- ☐ Generatorborstarna slitna, smutsiga eller har fastnat (kapitel 5A).
- ☐ Generatorborstarnas fjädrar svaga eller trasiga (kapitel 5A).
- ☐ Internt fel i generatorn eller spänningsregulatorn (kapitel 5A).
- ☐ Trasig eller lös ledning i laddningskretsen (kapitel 5A).

Laddningslampan tänds inte

- ☐ Trasig glödlampa (kapitel 12).
- ☐ Trasig eller lös ledning i varningslampans krets (kapitel 12).
- ☐ Generatorn defekt (kapitel 5A).

Lampor fungerar inte

- ☐ Trasig glödlampa (kapitel 12).
- ☐ Korrosion på glödlampa eller sockel (kapitel 12).
- ☐ Trasig säkring (kapitel 12).
- ☐ Defekt relä (kapitel 12).
- ☐ Trasig, glapp eller urkopplad ledning (kapitel 12).
- ☐ Defekt brytare/kontakt (kapitel 12).

Instrumentavläsningar missvisande eller ryckiga

Instrumentavläsningarna stiger med motorvarvet

- ☐ Spänningsregulatorn defekt (kapitel 12).

Bränsle- eller temperaturgivarna ger inget utslag

- ☐ Defekt givarenhet (kapitel 3, 4A eller4B).
- ☐ Kretsavbrott (kapitel 12).
- ☐ Defekt mätare (kapitel 12).

Bränsle- eller temperaturmätarna ger kontinuerligt maximalt utslag

- ☐ Defekt givarenhet (kapitel 3, 4A eller4B).
- ☐ Kortslutning (kapitel 12).
- ☐ Defekt mätare (kapitel 12).

Signalhornet fungerar dåligt eller inte alls

Signalhornet ljuder hela tiden

- ☐ Signalhornets brytare är jordad eller har fastnat (kapitel 12).
- ☐ Jordning mellan signalhornets kabel och brytare (kapitel 12).

Signalhornet fungerar inte

- ☐ Trasig säkring (kapitel 12).
- ☐ Kabel eller kabelanslutningar lösa eller trasiga (kapitel 12).
- ☐ Defekt signalhorn (kapitel 12).

Signalhornet avger ryckigt eller otillfredsställande ljud

- ☐ Lösa kabelanslutningar (kapitel 12).
- ☐ Signalhornets fästen lösa (kapitel 12).
- ☐ Defekt signalhorn (kapitel 12).

Vindrute-/bakrutetorkare fungerar dåligt eller inte alls

Torkarna går mycket långsamt eller inte alls

- ☐ Torkarbladen fastnar vid rutan, eller länksystemet har skurit eller är trassligt (kapitel 1 och 12).
- ☐ Trasig säkring (kapitel 12).
- ☐ Kabel eller kabelanslutningar lösa eller trasiga (kapitel 12).
- ☐ Defekt relä (kapitel 12).
- ☐ Defekt torkarmotor (kapitel 12).

Torkarbladen sveper över för stor eller för liten del av rutan

- ☐ Torkararmarna felaktigt placerade på axlarna (kapitel 1).
- ☐ Överdrivet slitage i torkarnas länksystem (kapitel 12).
- ☐ Torkarmotorns eller länksystemets fästen lösa (kapitel 12).

Bladen rengör inte rutan effektivt

- ☐ Torkarbladens gummikanter slitna eller försvunna (kapitel 1).
- ☐ Torkararmens fjäder trasig eller armarnas svängtappar skurna (kapitel 12).
- ☐ För låg koncentration av spolarmedel i spolarvätskan för att smutsen ska tvättas bort (kapitel 1).

Vindrute-/bakrutespolare fungerar dåligt eller inte alls

Ett eller flera munstycken fungerar inte

- ☐ Blockerat spolarmunstycke (kapitel 1).
- ☐ Urkopplad, veckad eller igensatt spolarslang (kapitel 12).
- ☐ För lite spolarvätska i behållaren (kapitel 1).

Spolarpumpen fungerar inte

- ☐ Trasiga eller urkopplade kablar eller anslutningar (kapitel 12).
- ☐ Trasig säkring (kapitel 12).
- ☐ Defekt spolarbrytare (kapitel 12).
- ☐ Defekt spolarpump (kapitel 12).

Spolarpumpen går en stund innan spolarvätska sprutar från munstyckena

- ☐ Defekt backventil i matarslangen (kapitel 12).

De elektriska fönsterhissarna fungerar dåligt eller inte alls

Rutan rör sig bara i en riktning

- ☐ Defekt brytare (kapitel 12).

Rutan rör sig långsamt

- ☐ Fönsterhissen har skurit, är skadad eller i behov av smörjning (kapitel 11).
- ☐ Dörrens inre komponenter eller klädsel hindrar fönsterhissen (kapitel 11).
- ☐ Defekt motor (kapitel 12).

Rutan rör sig inte

- ☐ Trasig säkring (kapitel 12).
- ☐ Defekt relä (kapitel 12).
- ☐ Trasiga eller urkopplade kablar eller anslutningar (kapitel 12).
- ☐ Defekt motor (kapitel 12).

Centrallåset fungerar dåligt eller inte alls

Totalt systemhaveri

- ☐ Trasig säkring (kapitel 12).
- ☐ Defekt relä (kapitel 12).
- ☐ Trasiga eller urkopplade kablar eller anslutningar (kapitel 12).
- ☐ Defekt styrenhet (kapitel 11).

Låsmekanismen låser men låser inte upp, eller låser upp men låser inte

- ☐ Defekt huvudbrytare (kapitel 12).
- ☐ Regelns manöverstänger trasiga eller urkopplade (kapitel 11).
- ☐ Defekt relä (kapitel 12).
- ☐ Defekt styrmodul (kapitel 12).

En solenoid/motor arbetar inte

- ☐ Trasiga eller urkopplade kablar eller anslutningar (kapitel 12).
- ☐ Defekt solenoid/motor (kapitel 12).
- ☐ Defekt låsmekanism (kapitel 11).

A

ABS (Anti-lock brake system) Låsningsfria bromsar. Ett system, vanligen elektroniskt styrt, som känner av påbörjande låsning av hjul vid inbromsning och lättar på hydraultrycket på hjul som ska till att låsa.

Air bag (krockkudde) En uppblåsbar kudde dold i ratten (på förarsidan) eller instrumentbrädan eller handskfacket (på passagerarsidan) Vid kollision blåses kuddarna upp vilket hindrar att förare och framsätespassagerare kastas in i ratt eller vindruta.

Ampere (A) En måttenhet för elektrisk ström. 1 A är den ström som produceras av 1 volt gående genom ett motstånd om 1 ohm.

Anaerobisk tätning En massa som används som gänglås. Anaerobisk innebär att den inte kräver syre för att fungera.

Antikärvningsmedel En pasta som minskar risk för kärvning i infästningar som utsätts för höga temperaturer, som t.ex. skruvar och muttrar till avgasrenrör. Kallas även gängskydd.

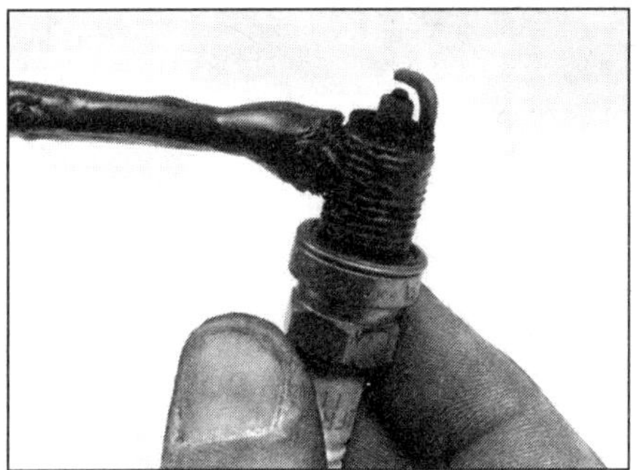

Antikärvningsmedel

Asbest Ett naturligt fibröst material med stor värmetolerans som vanligen används i bromsbelägg. Asbest är en hälsorisk och damm som alstras i bromsar ska aldrig inandas eller sväljas.

Avgasgrenrör En del med flera passager genom vilka avgaserna lämnar förbränningskamrarna och går in i avgasröret.

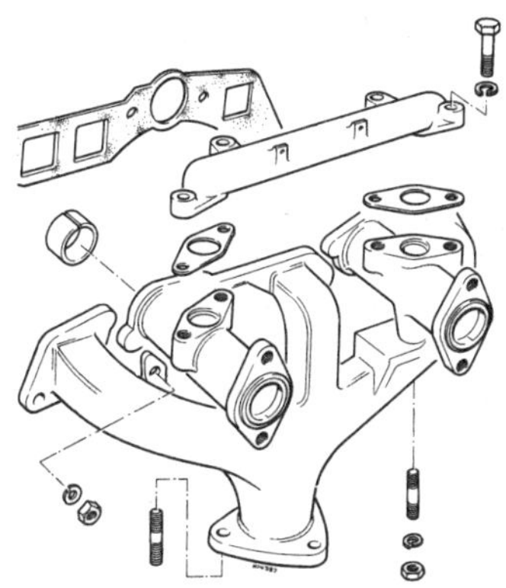

Avgasgrenrör

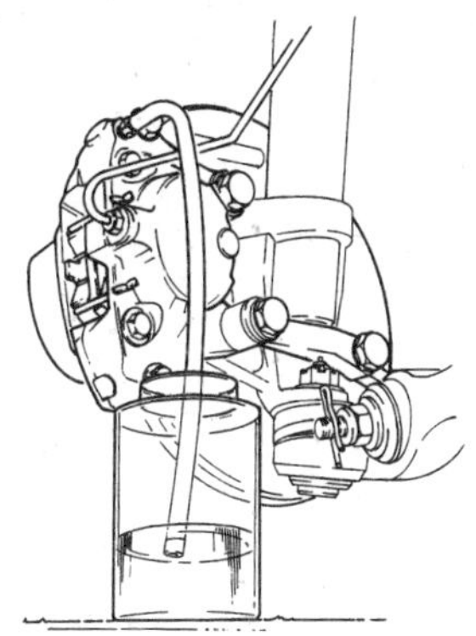

Avluftning av bromsarna

Avluftning av bromsar Avlägsnande av luft från hydrauliskt bromssystem.

Avluftningsnippel En ventil på ett bromsok, hydraulcylinder eller annan hydraulisk del som öppnas för att tappa ur luften i systemet.

Axel En stång som ett hjul roterar på, eller som roterar inuti ett hjul. Även en massiv balk som håller samman två hjul i bilens ena ände. En axel som även överför kraft till hjul kallas drivaxel.

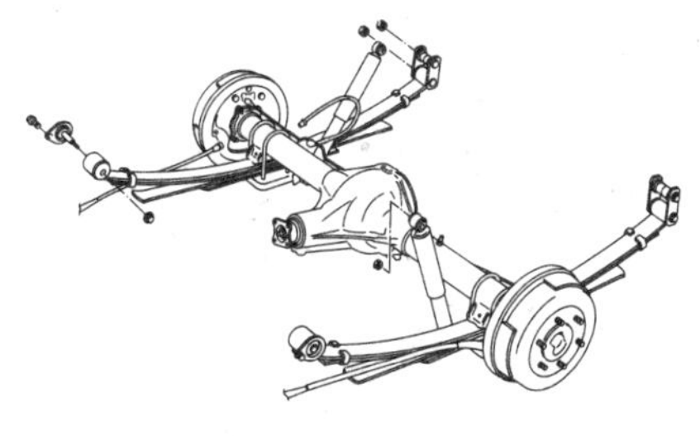

Axel

Axialspel Rörelse i längdled mellan två delar. För vevaxeln är det den distans den kan röra sig framåt och bakåt i motorblocket.

B

Belastningskänslig fördelningsventil En styrventil i bromshydrauliken som fördelar bromseffekten, med hänsyn till bakaxelbelastningen.

Bladmått Ett tunt blad av härdat stål, slipat till exakt tjocklek, som används till att mäta spel mellan delar.

Bladmått

Bromsback Halvmåneformad hållare med fastsatt bromsbelägg som tvingar ut beläggen i kontakt med den roterande bromstrumman under inbromsning.

Bromsbelägg Det friktionsmaterial som kommer i kontakt med bromsskiva eller bromstrumma för att minska bilens hastighet. Beläggen är limmade eller nitade på bromsklossar eller bromsbackar.

Bromsklossar Utbytbara friktionsklossar som nyper i bromsskivan när pedalen trycks ned. Bromsklossar består av bromsbelägg som limmats eller nitats på en styv bottenplatta.

Bromsok Den icke roterande delen av en skivbromsanordning. Det grenslar skivan och håller bromsklossarna. Oket innehåller även de hydrauliska delar som tvingar klossarna att nypa skivan när pedalen trycks ned.

Bromsskiva Den del i en skivbromsanordning som roterar med hjulet.

Bromstrumma Den del i en trumbromsanordning som roterar med hjulet.

C

Caster I samband med hjulinställning, lutningen framåt eller bakåt av styrningens axialled. Caster är positiv när styrningens axialled lutar bakåt i överkanten.

CV-knut En typ av universalknut som upphäver vibrationer orsakade av att drivkraft förmedlas genom en vinkel.

D

Diagnostikkod Kodsiffror som kan tas fram genom att gå till diagnosläget i motorstyrningens centralenhet. Koden kan användas till att bestämma i vilken del av systemet en felfunktion kan förekomma.

Draghammare Ett speciellt verktyg som skruvas in i eller på annat sätt fästs vid en del som ska dras ut, exempelvis en axel. Ett tungt glidande handtag dras utmed verktygsaxeln mot ett stopp i änden vilket rycker avsedd del fri.

Drivaxel En roterande axel på endera sidan differentialen som ger kraft från slutväxeln till drivhjulen. Även varje axel som används att överföra rörelse.

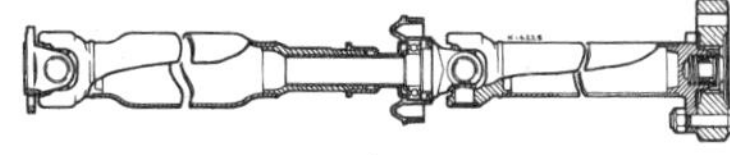

Drivaxel

Drivrem(mar) Rem(mar) som används till att driva tillbehörsutrustning som generator, vattenpump, servostyrning, luftkonditioneringskompressor mm, från vevaxelns remskiva.

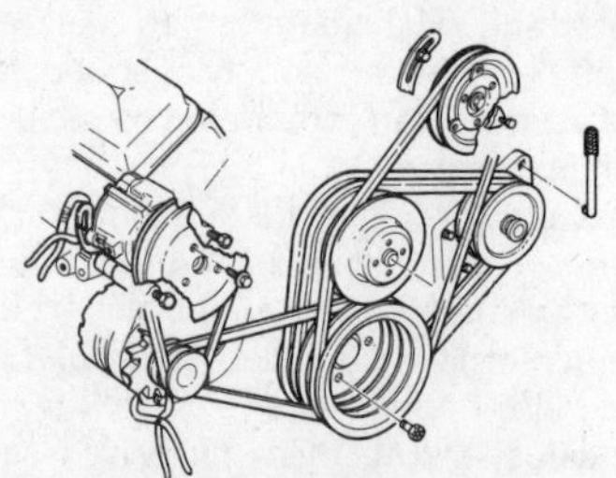
Drivremmar till extrautrustning

Dubbla överliggande kamaxlar (DOHC) En motor försedd med två överliggande kamaxlar, vanligen en för insugsventilerna och en för avgasventilerna.

E

EGR-ventil Avgasåtercirkulationsventil. En ventil som för in avgaser i insugsluften.

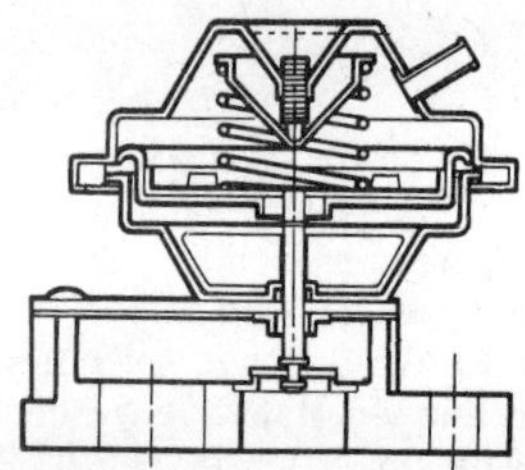
Ventil för avgasåtercirkulation (EGR)

Elektrodavstånd Den distans en gnista har att överbrygga från centrumelektroden till sidoelektroden i ett tändstift.

Justering av elektrodavståndet

Elektronisk bränsleinsprutning (EFI) Ett datorstyrt system som fördelar bränsle till förbränningskamrarna via insprutare i varje insugsport i motorn.

Elektronisk styrenhet En dator som exempelvis styr tändning, bränsleinsprutning eller låsningsfria bromsar.

F

Finjustering En process där noggranna justeringar och byten av delar optimerar en motors prestanda.

Fjäderben Se MacPherson-ben.

Fläktkoppling En viskös drivkoppling som medger variabel kylarfläkthastighet i förhållande till motorhastigheten.

Frostplugg En skiv- eller koppformad metallbricka som monterats i ett hål i en gjutning där kärnan avlägsnats.

Frostskydd Ett ämne, vanligen etylenglykol, som blandas med vatten och fylls i bilens kylsystem för att förhindra att kylvätskan fryser vintertid. Frostskyddet innehåller även kemikalier som förhindrar korrosion och rost och andra avlagringar som skulle kunna blockera kylare och kylkanaler och därmed minska effektiviteten.

Fördelningsventil En hydraulisk styrventil som begränsar trycket till bakbromsarna vid panikbromsning så att hjulen inte låser sig.

Förgasare En enhet som blandar bränsle med luft till korrekta proportioner för önskad effekt från en gnistantänd förbränningsmotor.

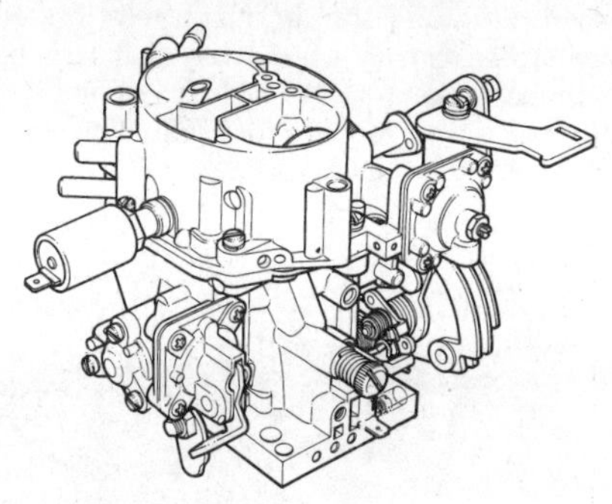
Förgasare

G

Generator En del i det elektriska systemet som förvandlar mekanisk energi från drivremmen till elektrisk energi som laddar batteriet, som i sin tur driver startsystem, tändning och elektrisk utrustning.

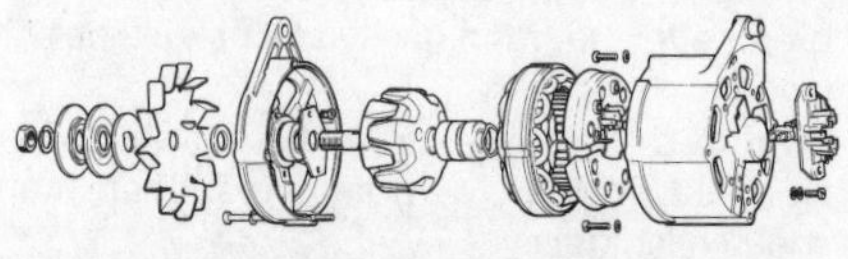
Generator (genomskärning)

Glidlager Den krökta ytan på en axel eller i ett lopp, eller den del monterad i endera, som medger rörelse mellan dem med ett minimum av slitage och friktion.

Gängskydd Ett täckmedel som minskar risken för gängskärning i bultförband som utsätts för stor hetta, exempelvis grenrörets bultar och muttrar. Kallas även antikärvningsmedel.

H

Handbroms Ett bromssystem som är oberoende av huvudbromsarnas hydraulikkrets. Kan användas till att stoppa bilen om huvudbromsarna slås ut, eller till att hålla bilen stilla utan att bromspedalen trycks ned. Den består vanligen av en spak som aktiverar främre eller bakre bromsar mekaniskt via vajrar och länkar. Kallas även parkeringsbroms.

Harmonibalanserare En enhet avsedd att minska fjädring eller vridande vibrationer i vevaxeln. Kan vara integrerad i vevaxelns remskiva. Även kallad vibrationsdämpare.

Hjälpstart Start av motorn på en bil med urladdat eller svagt batteri genom koppling av startkablar mellan det svaga batteriet och ett laddat hjälpbatteri.

Honare Ett slipverktyg för korrigering av smärre ojämnheter eller diameterskillnader i ett cylinderlopp.

Hydraulisk ventiltryckare En mekanism som använder hydrauliskt tryck från motorns smörjsystem till att upprätthålla noll ventilspel (konstant kontakt med både kamlob och ventilskaft). Justeras automatiskt för variation i ventilskaftslängder. Minskar även ventilljudet.

I

Insexnyckel En sexkantig nyckel som passar i ett försänkt sexkantigt hål.

Insugsrör Rör eller kåpa med kanaler genom vilka bränsle/luftblandningen leds till insugsportarna.

K

Kamaxel En roterande axel på vilken en serie lober trycker ned ventilerna. En kamaxel kan drivas med drev, kedja eller tandrem med kugghjul.

Kamkedja En kedja som driver kamaxeln.

Kamrem En tandrem som driver kamaxeln. Allvarliga motorskador kan uppstå om kamremmen brister vid körning.

Kanister En behållare i avdunstningsbegränsningen, innehåller aktivt kol för att fånga upp bensinångor från bränslesystemet.

Kanister

Kardanaxel Ett långt rör med universalknutar i bägge ändar som överför kraft från växellådan till differentialen på bilar med motorn fram och drivande bakhjul.
Kast Hur mycket ett hjul eller drev slår i sidled vid rotering. Det spel en axel roterar med. Orundhet i en roterande del.
Katalysator En ljuddämparliknande enhet i avgassystemet som omvandlar vissa föroreningar till mindre hälsovådliga substanser.

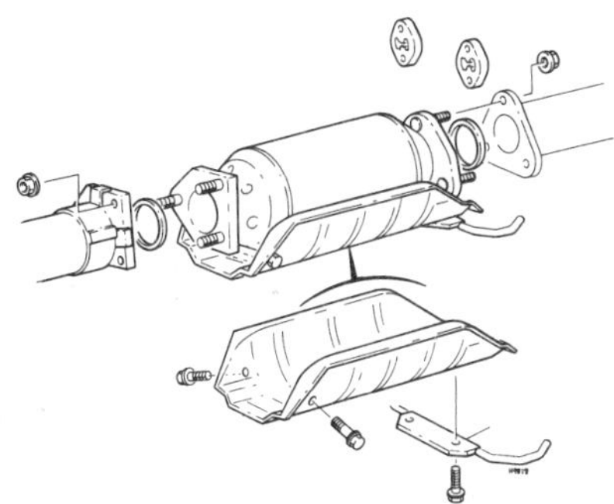

Katalysator

Kompression Minskning i volym och ökning av tryck och värme hos en gas, orsakas av att den kläms in i ett mindre utrymme.
Kompressionsförhållande Skillnaden i cylinderns volymer mellan kolvens ändlägen.
Kopplingsschema En ritning över komponenter och ledningar i ett fordons elsystem som använder standardiserade symboler.
Krockkudde (Airbag) En uppblåsbar kudde dold i ratten (på förarsidan) eller instrumentbrädan eller handskfacket (på passagerarsidan) Vid kollision blåses kuddarna upp vilket hindrar att förare och framsätespassagerare kastas in i ratt eller vindruta.
Krokodilklämma Ett långkäftat fjäderbelastat clips med ingreppande tänder som används till tillfälliga elektriska kopplingar.
Kronmutter En mutter som vagt liknar kreneleringen på en slottsmur. Används tillsammans med saxsprint för att låsa bultförband extra väl.

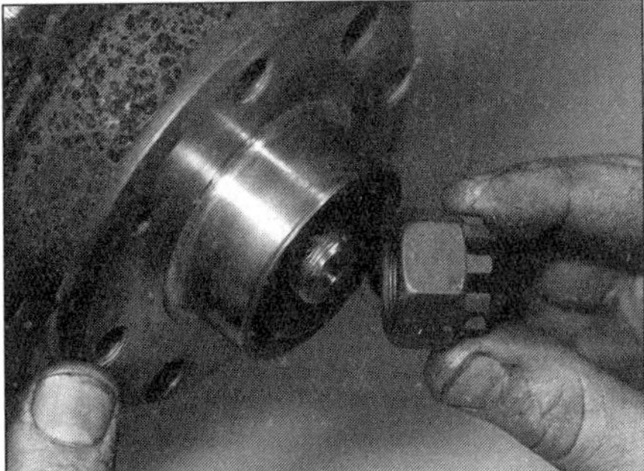

Kronmutter

Krysskruv Se Phillips-skruv
Kugghjul Ett hjul med tänder eller utskott på omkretsen, formade för att greppa in i en kedja eller rem.
Kuggstångsstyrning Ett styrsystem där en pinjong i rattstångens ände går i ingrepp med en kuggstång. När ratten vrids, vrids även pinjongen vilket flyttar kuggstången till höger eller vänster. Denna rörelse överförs via styrstagen till hjulets styrleder.
Kullager Ett friktionsmotverkande lager som består av härdade inner- och ytterbanor och har härdade stålkulor mellan banorna.
Kylare En värmeväxlare som använder flytande kylmedium, kylt av fartvinden/fläkten till att minska temperaturen på kylvätskan i en förbränningsmotors kylsystem.
Kylmedia Varje substans som används till värmeöverföring i en anläggning för luftkonditionering. R-12 har länge varit det huvudsakliga kylmediet men tillverkare har nyligen börjat använda R-134a, en CFC-fri substans som anses vara mindre skadlig för ozonet i den övre atmosfären.

L

Lager Den böjda ytan på en axel eller i ett lopp, eller den del som monterad i någon av dessa tillåter rörelse mellan dem med minimal slitage och friktion.

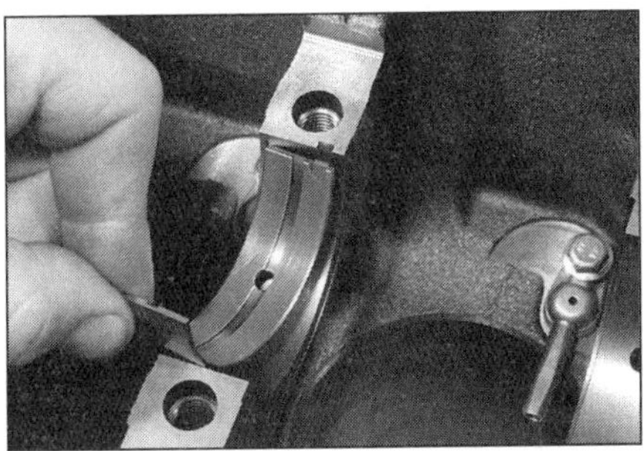

Lager

Lambdasond En enhet i motorns grenrör som känner av syrehalten i avgaserna och omvandlar denna information till elektricitet som bär information till styrelektroniken. Även kallad syresensor.
Luftfilter Filtret i luftrenaren, vanligen tillverkat av veckat papper. Kräver byte med regelbundna intervaller.

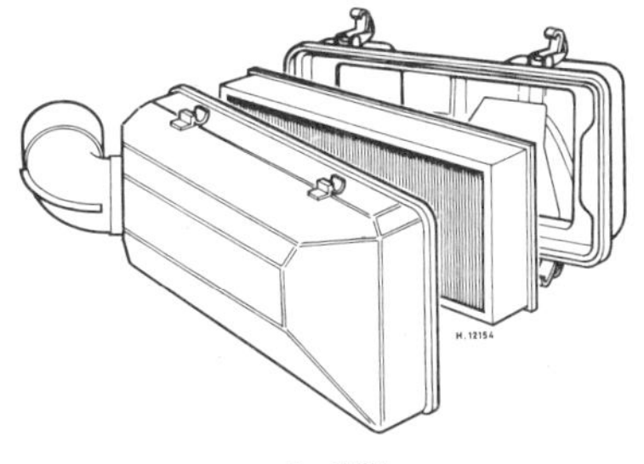

Luftfilter

Luftrenare En kåpa av plast eller metall, innehållande ett filter som tar undan damm och smuts från luft som sugs in i motorn.
Låsbricka En typ av bricka konstruerad för att förhindra att en ansluten mutter lossnar.
Låsmutter En mutter som låser en justermutter, eller annan gängad del, på plats. Exempelvis används låsmutter till att hålla justermuttern på vipparmen i läge.
Låsring Ett ringformat clips som förhindrar längsgående rörelser av cylindriska delar och axlar. En invändig låsring monteras i en skåra i ett hölje, en yttre låsring monteras i utvändig skåra på en cylindrisk del som exempelvis en axel eller tapp.

M

MacPherson-ben Ett system för framhjulsfjädring uppfunnet av Earle MacPherson vid Ford i England. I sin ursprungliga version skapas den nedre bärarmen av en enkel lateral länk till krängningshämmaren. Ett fjäderben - en integrerad spiralfjäder och stötdämpare - finns monterad mellan karossen och styrknogen. Många moderna MacPherson-ben använder en vanlig nedre A-arm och inte krängningshämmaren som nedre fäste.
Markör En remsa med en andra färg i en ledningsisolering för att skilja ledningar åt.
Motor med överliggande kamaxel (OHC) En motor där kamaxeln finns i topplocket.
Motorstyrning Ett datorstyrt system som integrerat styr bränsle och tändning.
Multimätare Ett elektriskt testinstrument som mäter spänning, strömstyrka och motstånd. Även kallad multimeter.
Mätare En instrumentpanelvisare som används till att ange motortillstånd. En mätare med en rörlig pekare på en tavla eller skala är analog. En mätare som visar siffror är digital.

N

NOx Kväveoxider. En vanlig giftig förorening utsläppt av förbränningsmotorer vid högre temperaturer.

O

O-ring En typ av tätningsring gjord av ett speciellt gummiliknande material. O-ringen fungerar så att den trycks ihop i en skåra och därmed utgör tätningen.

O-ring

Ohm Enhet för elektriskt motstånd. 1 volt genom ett motstånd av 1 ohm ger en strömstyrka om 1 ampere.

Ohmmätare Ett instrument för uppmätning av elektriskt motstånd.

P

Packning Mjukt material - vanligen kork, papp, asbest eller mjuk metall - som monteras mellan två metallytor för att erhålla god tätning. Exempelvis tätar topplockspackningen fogen mellan motorblocket och topplocket.

Packning

Phillips-skruv En typ av skruv med ett korsspår istället för ett rakt, för motsvarande skruvmejsel. Vanligen kallad krysskruv.

Plastigage En tunn plasttråd, tillgänglig i olika storlekar, som används till att mäta toleranser. Exempelvis så läggs en remsa Plastigage tvärs över en lagertapp. Delarna sätts ihop och tas isär. Bredden på den klämda remsan anger spelrummet mellan lager och tapp.

Plastigage

R

Rotor I en fördelare, den roterande enhet inuti fördelardosan som kopplar samman mittelektroden med de yttre kontakterna vartefter den roterar, så att högspänningen från tändspolens sekundärlindning leds till rätt tändstift. Även den del av generatorn som roterar inuti statorn. Även de roterande delarna av ett turboaggregat, inkluderande kompressorhjulet, axeln och turbinhjulet.

S

Sealed-beam strålkastare En äldre typ av strålkastare som integrerar reflektor, lins och glödtrådar till en hermetiskt försluten enhet. När glödtråden går av eller linsen spricker byts hela enheten.

Shims Tunn distansbricka, vanligen använd till att justera inbördes lägen mellan två delar. Exempelvis sticks shims in i eller under ventiltryckarhylsor för att justera ventilspelet. Spelet justeras genom byte till shims av annan tjocklek.

Skivbroms En bromskonstruktion med en roterande skiva som kläms mellan bromsklossar. Den friktion som uppstår omvandlar bilens rörelseenergi till värme.

Skjutmått Ett precisionsmätinstrument som mäter inre och yttre dimensioner. Inte riktigt lika exakt som en mikrometer men lättare att använda.

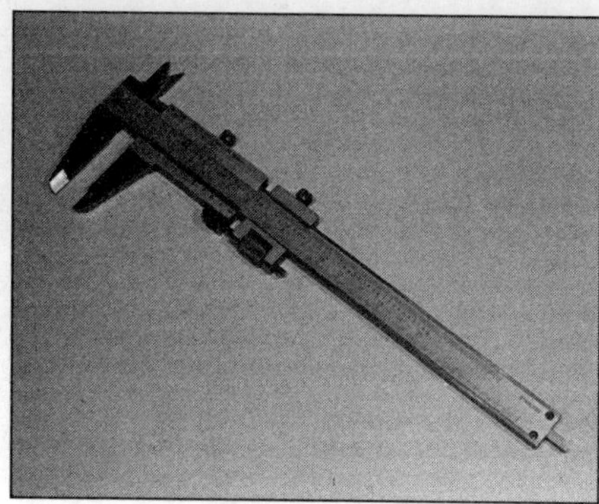

Skjutmått

Smältsäkring Ett kretsskydd som består av en ledare omgiven av värmetålig isolering. Ledaren är tunnare än den ledning den skyddar och är därmed den svagaste länken i kretsen. Till skillnad från en bränd säkring måste vanligen en smältsäkring skäras bort från ledningen vid byte.

Spel Den sträcka en del färdas innan något inträffar. "Luften" i ett länksystem eller ett montage mellan första ansatsen av kraft och verklig rörelse. Exempelvis den sträcka bromspedalen färdas innan kolvarna i huvudcylindern rör på sig. Även utrymmet mellan två delar, till exempel kolv och cylinderlopp.

Spiralfjäder En spiral av elastiskt stål som förekommer i olika storlekar på många platser i en bil, bland annat i fjädringen och ventilerna i topplocket.

Startspärr På bilar med automatväxellåda förhindrar denna kontakt att motorn startas annat än om växelväljaren är i N eller P.

Storändslager Lagret i den ände av vevstaken som är kopplad till vevaxeln.

Svetsning Olika processer som används för att sammanfoga metallföremål genom att hetta upp dem till smältning och sammanföra dem.

Svänghjul Ett tungt roterande hjul vars energi tas upp och sparas via moment. På bilar finns svänghjulet monterat på vevaxeln för att utjämna kraftpulserna från arbetstakterna.

Syresensor En enhet i motorns grenrör som känner av syrehalten i avgaserna och omvandlar denna information till elektricitet som bär information till styrelektroniken. Även kalla Lambdasond.

Säkring En elektrisk enhet som skyddar en krets mot överbelastning. En typisk säkring innehåller en mjuk metallbit kalibrerad att smälta vid en förbestämd strömstyrka, angiven i ampere, och därmed bryta kretsen.

T

Termostat En värmestyrd ventil som reglerar kylvätskans flöde mellan blocket och kylaren vilket håller motorn vid optimal arbetstemperatur. En termostat används även i vissa luftrenare där temperaturen är reglerad.

Toe-in Den distans som framhjulens framkanter är närmare varandra än bakkanterna. På bakhjulsdrivna bilar specificeras vanligen ett litet toe-in för att hålla framhjulen parallella på vägen, genom att motverka de krafter som annars tenderar att vilja dra isär framhjulen.

Toe-ut Den distans som framhjulens bakkanter är närmare varandra än framkanterna. På bilar med framhjulsdrift specificeras vanligen ett litet toe-ut.

Toppventilsmotor (OHV) En motortyp där ventilerna finns i topplocket medan kamaxeln finns i motorblocket.

Torpedplåten Den isolerade avbalkningen mellan motorn och passagerarutrymmet.

Trumbroms En bromsanordning där en trumformad metallcylinder monteras inuti ett hjul. När bromspedalen trycks ned pressas böjda bromsbackar försedda med bromsbelägg mot trummans insida så att bilen saktar in eller stannar.

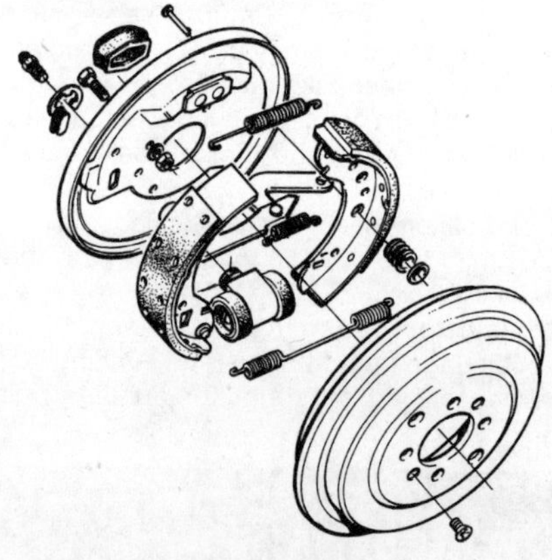

Trumbroms, montage

Turboaggregat En roterande enhet, driven av avgastrycket, som komprimerar insugsluften. Används vanligen till att öka motoreffekten från en given cylindervolym, men kan även primäranvändas till att minska avgasutsläpp.

Tändföljd Turordning i vilken cylindrarnas arbetstakter sker, börjar med nr 1.

Tändläge Det ögonblick då tändstiftet ger gnista. Anges vanligen som antalet vevaxelgrader för kolvens övre dödpunkt.

Tätningsmassa Vätska eller pasta som används att täta fogar. Används ibland tillsammans med en packning.

U

Universalknut En koppling med dubbla pivåer som överför kraft från en drivande till en driven axel genom en vinkel. En universalknut består av två Y-formade ok och en korsformig del kallad spindeln.

Urtrampningslager Det lager i kopplingen som flyttas inåt till frigöringsarmen när kopplingspedalen trycks ned för frikoppling.

V

Ventil En enhet som startar, stoppar eller styr ett flöde av vätska, gas, vakuum eller löst material via en rörlig del som öppnas, stängs eller delvis maskerar en eller flera portar eller kanaler. En ventil är även den rörliga delen av en sådan anordning.

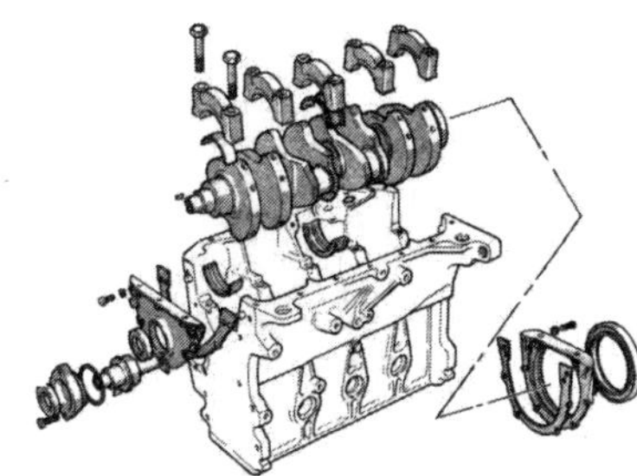

Vevaxel, montage

Ventilspel Spelet mellan ventilskaftets övre ände och ventiltryckaren. Spelet mäts med stängd ventil.

Ventiltryckare En cylindrisk del som överför rörelsen från kammen till ventilskaftet, antingen direkt eller via stötstång och vipparm. Även kallad kamsläpa eller kamföljare.

Vevaxel Den roterande axel som går längs med vevhuset och är försedd med utstickande vevtappar på vilka vevstakarna är monterade.

Vevhus Den nedre delen av ett motorblock där vevaxeln roterar.

Vibrationsdämpare En enhet som är avsedd att minska fjädring eller vridande vibrationer i vevaxeln. Enheten kan vara integrerad i vevaxelns remskiva. Kallas även harmonibalanserare.

Vipparm En arm som gungar på en axel eller tapp. I en toppventilsmotor överför vipparmen stötstångens uppåtgående rörelse till en nedåtgående rörelse som öppnar ventilen.

Viskositet Tjockleken av en vätska eller dess flödesmotstånd.

Volt Enhet för elektrisk spänning i en krets 1 volt genom ett motstånd av 1 ohm ger en strömstyrka om 1 ampere.

Observera: *Referenserna i registret anges i formen "kapitelnummer" • "sidnummer"*

A

B

C

D

E

F

Anteckningar

Reparationshandböcker för bilar

Reparationshandböcker på svenska

Titel	Bok nr.
AUDI 100 & 200 (82 - 90)	**SV3214**
Audi 100 & A6 (maj 91 - maj 97)	**SV3531**
Audi A4 (95 - Feb 00)	**SV3717**
BMW 3-Series 98 - 03	**SV4783**
BMW 3- & 5-serier (81 - 91)	**SV3263**
BMW 5-Serie (96 - 03)	**SV4360**
CHEVROLET & GMC Van (68 - 95)	**SV3298**
FORD Escort & Orion (90 - 00)	**SV3389**
Ford Escort (80 - 90)	**SV3091**
Ford Focus (01 - 04)	**SV4607**
Ford Mondeo (93 - 99)	**SV3353**
Ford Scorpio (85 - 94)	**SV3039**
Ford Sierra (82 - 93)	**SV3038**
MERCEDES-BENZ 124-serien (85 - 93)	**SV3299**
Mercedes-Benz 190, 190E & 190D (83 - 93)	**SV3391**
OPEL Astra (91 - 98)	**SV3715**
Opel Kadett (84 - 91)	**SV3069**
Opel Omega & Senator (86 - 94)	**SV3262**
Opel Vectra (88 - 95)	**SV3264**
Opel Vectra (95 - 98)	**SV3592**
SAAB 9-3 (98 - 02)	**SV4615**
Saab 9-3 (0 - 06)	**SV4756**
Saab 9-5 (97 - 04)	**SV4171**
Saab 90, 99 & 900 (79 - 93)	**SV3037**
Saab 900 (okt 93 - 98)	**SV3532**
Saab 9000 (85 - 98)	**SV3072**
SKODA Octavia (98 - 04)	**SV4387**
Skoda Fabia (00 - 06)	**SV4789**
TOYOTA Corolla (97 - 02)	**SV4738**
VOLVO 240, 242, 244 & 245 (74 - 93)	**SV3034**
Volvo 340, 343, 345 & 360 (76 - 91)	**SV3041**
Volvo 440, 460 & 480 (87 - 97)	**SV3066**
Volvo 740, 745 & 760 (82 - 92)	**SV3035**
Volvo 850 (92 - 96)	**SV3213**
Volvo 940 (91 - 96)	**SV3208**
Volvo S40 & V40 (96 - 04)	**SV3585**
Volvo S40 & V50 (04 - 07)	**SV4757**
Volvo S60 (01 - 08)	**SV4794**
Volvo S70, V70 & C70 (96 - 99)	**SV3590**
Volvo V70 & S80 (98 - 05)	**SV4370**
VW Golf & Jetta II (84 - 92)	**SV3036**
VW Golf III & Vento (92 - 98)	**SV3244**
VW Golf IV & Bora (98 - 00)	**SV3781**
VW Passat (88 - 96)	**SV3393**
VW Passat (dec 00 - maj 05)	**SV4764**
VW Passat (dec 96 - nov 00)	**SV3943**
VW Transporter (82 - 90)	**SV3392**

TechBooks på svenska

Titel	Bok nr.
Bilens elektriska och elektroniska system	**SV3361**
Bilens felkodssystem: Handbok för avläsning och diagnostik	**SV3534**
Bilens kaross - underhåll och reparationer	**SV4763**
Bilens Luftkonditioneringssystem	**SV3791**
Bilens motorstyrning och bränsleinsprutningssystem	**SV3390**
Dieselmotorn - servicehandbok	**SV3533**
Haynes Reparationshandbok för små motorer	**SV4274**

Service and Repair Manuals

Titel	Bok nr.
ALFA ROMEO Alfasud/Sprint (74 - 88) up to F *	**0292**
Alfa Romeo Alfetta (73 - 87) up to E *	**0531**
AUDI 80, 90 & Coupe Petrol (79 - Nov 88) up to F	**0605**
Audi 80, 90 & Coupe Petrol (Oct 86 - 90) D to H	**1491**
Audi 100 & 200 Petrol (Oct 82 - 90) up to H	**0907**
Audi 100 & A6 Petrol & Diesel (May 91 - May 97) H to P	**3504**
Audi A3 Petrol & Diesel (96 - May 03) P to 03	**4253**
Audi A4 Petrol & Diesel (95 - 00) M to X	**3575**
Audi A4 Petrol & Diesel (01 - 04) X to 54	**4609**
AUSTIN A35 & A40 (56 - 67) up to F *	**0118**
Austin/MG/Rover Maestro 1.3 & 1.6 Petrol (83 - 95) up to M	**0922**
Austin/MG Metro (80 - May 90) up to G	**0718**
Austin/Rover Montego 1.3 & 1.6 Petrol (84 - 94) A to L	**1066**
Austin/MG/Rover Montego 2.0 Petrol (84 - 95) A to M	**1067**
Mini (59 - 69) up to H *	**0527**
Mini (69 - 01) up to X	**0646**
Austin/Rover 2.0 litre Diesel Engine (86 - 93) C to L	**1857**
Austin Healey 100/6 & 3000 (56 - 68) up to G *	**0049**
BEDFORD CF Petrol (69 - 87) up to E	**0163**

Titel	Bok nr.
Bedford/Vauxhall Rascal & Suzuki Supercarry (86 - Oct 94) C to M	**3015**
BMW 316, 320 & 320i (4-cyl) (75 - Feb 83) up to Y *	**0276**
BMW 320, 320i, 323i & 325i (6-cyl) (Oct 77 - Sept 87) up to E	**0815**
BMW 3- & 5-Series Petrol (81 - 91) up to J	**1948**
BMW 3-Series Petrol (Apr 91 - 99) H to V	**3210**
BMW 3-Series Petrol (Sept 98 - 03) S to 53	**4067**
BMW 520i & 525e (Oct 81 - June 88) up to E	**1560**
BMW 525, 528 & 528i (73 - Sept 81) up to X *	**0632**
BMW 5-Series 6-cyl Petrol (April 96 - Aug 03) N to 03	**4151**
BMW 1500, 1502, 1600, 1602, 2000 & 2002 (59 - 77) up to S *	**0240**
CHRYSLER PT Cruiser Petrol (00 - 03) W to 53	**4058**
CITROËN 2CV, Ami & Dyane (67 - 90) up to H	**0196**
Citroën AX Petrol & Diesel (87 - 97) D to P	**3014**
Citroën Berlingo & Peugeot Partner Petrol & Diesel (96 - 05) P to 55	**4281**
Citroën BX Petrol (83 - 94) A to L	**0908**
Citroën C15 Van Petrol & Diesel (89 - Oct 98) F to S	**3509**
Citroën C3 Petrol & Diesel (02 - 05) 51 to 05	**4197**
Citroen C5 Petrol & Diesel (01-08) Y to 08	**4745**
Citroën CX Petrol (75 - 88) up to F	**0528**
Citroën Saxo Petrol & Diesel (96 - 04) N to 54	**3506**
Citroën Visa Petrol (79 - 88) up to F	**0620**
Citroën Xantia Petrol & Diesel (93 - 01) K to Y	**3082**
Citroën XM Petrol & Diesel (89 - 00) G to X	**3451**
Citroën Xsara Petrol & Diesel (97 - Sept 00) R to W	**3751**
Citroën Xsara Picasso Petrol & Diesel (00 - 02) W to 52	**3944**
Citroen Xsara Picasso (03-08)	**4784**
Citroën ZX Diesel (91 - 98) J to S	**1922**
Citroën ZX Petrol (91 - 98) H to S	**1881**
Citroën 1.7 & 1.9 litre Diesel Engine (84 - 96) A to N	**1379**
FIAT 126 (73 - 87) up to E *	**0305**
Fiat 500 (57 - 73) up to M *	**0090**
Fiat Bravo & Brava Petrol (95 - 00) N to W	**3572**
Fiat Cinquecento (93 - 98) K to R	**3501**
Fiat Panda (81 - 95) up to M	**0793**
Fiat Punto Petrol & Diesel (94 - Oct 99) L to V	**3251**
Fiat Punto Petrol (Oct 99 - July 03) V to 03	**4066**
Fiat Punto Petrol (03-07) 03 to 07	**4746**
Fiat Regata Petrol (84 - 88) A to F	**1167**
Fiat Tipo Petrol (88 - 91) E to J	**1625**
Fiat Uno Petrol (83 - 95) up to M	**0923**
Fiat X1/9 (74 - 89) up to G *	**0273**
FORD Anglia (59 - 68) up to G *	**0001**
Ford Capri II (& III) 1.6 & 2.0 (74 - 87) up to E *	**0283**
Ford Capri II (& III) 2.8 & 3.0 V6 (74 - 87) up to E	**1309**
Ford Cortina Mk I & Corsair 1500 ('62 - '66) up to D*	**0214**
Ford Cortina Mk III 1300 & 1600 (70 - 76) up to P *	**0070**
Ford Escort Mk I 1100 & 1300 (68 - 74) up to N *	**0171**
Ford Escort Mk I Mexico, RS 1600 & RS 2000 (70 - 74) up to N *	**0139**
Ford Escort Mk II Mexico, RS 1800 & RS 2000 (75 - 80) up to W *	**0735**
Ford Escort (75 - Aug 80) up to V *	**0280**
Ford Escort Petrol (Sept 80 - Sept 90) up to H	**0686**
Ford Escort & Orion Petrol (Sept 90 - 00) H to X	**1737**
Ford Escort & Orion Diesel (Sept 90 - 00) H to X	**4081**
Ford Fiesta (76 - Aug 83) up to Y	**0334**
Ford Fiesta Petrol (Aug 83 - Feb 89) A to F	**1030**
Ford Fiesta Petrol (Feb 89 - Oct 95) F to N	**1595**
Ford Fiesta Petrol & Diesel (Oct 95 - Mar 02) N to 02	**3397**
Ford Fiesta Petrol & Diesel (Apr 02 - 07) 02 to 57	**4170**
Ford Focus Petrol & Diesel (98 - 01) S to Y	**3759**
Ford Focus Petrol & Diesel (Oct 01 - 05) 51 to 05	**4167**
Ford Galaxy Petrol & Diesel (95 - Aug 00) M to W	**3984**
Ford Granada Petrol (Sept 77 - Feb 85) up to B *	**0481**
Ford Granada & Scorpio Petrol (Mar 85 - 94) B to M	**1245**
Ford Ka (96 - 02) P to 52	**3570**
Ford Mondeo Petrol (93 - Sept 00) K to X	**1923**
Ford Mondeo Petrol & Diesel (Oct 00 - Jul 03) X to 03	**3990**
Ford Mondeo Petrol & Diesel (July 03 - 07) 03 to 56	**4619**
Ford Mondeo Diesel (93 - 96) L to N	**3465**
Ford Orion Petrol (83 - Sept 90) up to H	**1009**
Ford Sierra 4-cyl Petrol (82 - 93) up to K	**0903**
Ford Sierra V6 Petrol (82 - 91) up to J	**0904**
Ford Transit Petrol (Mk 2) (78 - Jan 86) up to C	**0719**
Ford Transit Petrol (Mk 3) (Feb 86 - 89) C to G	**1468**
Ford Transit Diesel (Feb 86 - 99) C to T	**3019**
Ford Transit Diesel (00-06)	**4775**
Ford 1.6 & 1.8 litre Diesel Engine (84 - 96) A to N	**1172**
Ford 2.1, 2.3 & 2.5 litre Diesel Engine (77 - 90) up to H	**1606**
FREIGHT ROVER Sherpa Petrol (74 - 87) up to E	**0463**

Titel	Bok nr.
HILLMAN Avenger (70 - 82) up to Y	**0037**
Hillman Imp (63 - 76) up to R *	**0022**
HONDA Civic (Feb 84 - Oct 87) A to E	**1226**
Honda Civic (Nov 91 - 96) J to N	**3199**
Honda Civic Petrol (Mar 95 - 00) M to X	**4050**
Honda Civic Petrol & Diesel (01 - 05) X to 55	**4611**
Honda CR-V Petrol & Diesel (01-06)	**4747**
Honda Jazz (01 - Feb 08) 51 - 57	**4735**
HYUNDAI Pony (85 - 94) C to M	**3398**
JAGUAR E Type (61 - 72) up to L *	**0140**
Jaguar MkI & II, 240 & 340 (55 - 69) up to H *	**0098**
Jaguar XJ6, XJ & Sovereign; Daimler Sovereign (68 - Oct 86) up to D	**0242**
Jaguar XJ6 & Sovereign (Oct 86 - Sept 94) D to M	**3261**
Jaguar XJ12, XJS & Sovereign; Daimler Double Six (72 - 88) up to F	**0478**
JEEP Cherokee Petrol (93 - 96) K to N	**1943**
LADA 1200, 1300, 1500 & 1600 (74 - 91) up to J	**0413**
Lada Samara (87 - 91) D to J	**1610**
LAND ROVER 90, 110 & Defender Diesel (83 - 07) up to 56	**3017**
Land Rover Discovery Petrol & Diesel (89 - 98) G to S	**3016**
Land Rover Discovery Diesel (Nov 98 - Jul 04) S to 04	**4606**
Land Rover Freelander Petrol & Diesel (97 - Sept 03) R to 53	**3929**
Land Rover Freelander Petrol & Diesel (Oct 03 - Oct 06) 53 to 56	**4623**
Land Rover Series IIA & III Diesel (58 - 85) up to C	**0529**
Land Rover Series II, IIA & III 4-cyl Petrol (58 - 85) up to C	**0314**
MAZDA 323 (Mar 81 - Oct 89) up to G	**1608**
Mazda 323 (Oct 89 - 98) G to R	**3455**
Mazda 626 (May 83 - Sept 87) up to E	**0929**
Mazda B1600, B1800 & B2000 Pick-up Petrol (72 - 88) up to F	**0267**
Mazda RX-7 (79 - 85) up to C *	**0460**
MERCEDES-BENZ 190, 190E & 190D Petrol & Diesel (83 - 93) A to L	**3450**
Mercedes-Benz 200D, 240D, 240TD, 300D & 300TD 123 Series Diesel (Oct 76 - 85)	**1114**
Mercedes-Benz 250 & 280 (68 - 72) up to L *	**0346**
Mercedes-Benz 250 & 280 123 Series Petrol (Oct 76 - 84) up to B *	**0677**
Mercedes-Benz 124 Series Petrol & Diesel (85 - Aug 93) C to K	**3253**
Mercedes-Benz A-Class Petrol & Diesel (98-04) S to 54)	**4748**
Mercedes-Benz C-Class Petrol & Diesel (93 - Aug 00) L to W	**3511**
Mercedes-Benz C-Class (00-06)	**4780**
MGA (55 - 62) *	**0475**
MGB (62 - 80) up to W	**0111**
MG Midget & Austin-Healey Sprite (58 - 80) up to W *	**0265**
MINI Petrol (July 01 - 05) Y to 05	**4273**
MITSUBISHI Shogun & L200 Pick-Ups Petrol (83 - 94) up to M	**1944**
MORRIS Ital 1.3 (80 - 84) up to B	**0705**
Morris Minor 1000 (56 - 71) up to K	**0024**
NISSAN Almera Petrol (95 - Feb 00) N to V	**4053**
Nissan Almera & Tino Petrol (Feb 00 - 07) V to 56	**4612**
Nissan Bluebird (May 84 - Mar 86) A to C	**1223**
Nissan Bluebird Petrol (Mar 86 - 90) C to H	**1473**
Nissan Cherry (Sept 82 - 86) up to D	**1031**
Nissan Micra (83 - Jan 93) up to K	**0931**
Nissan Micra (93 - 02) K to 52	**3254**
Nissan Micra Petrol (03-07) 52 to 57	**4734**
Nissan Primera Petrol (90 - Aug 99) H to T	**1851**
Nissan Stanza (82 - 86) up to D	**0824**
Nissan Sunny Petrol (May 82 - Oct 86) up to D	**0895**
Nissan Sunny Petrol (Oct 86 - Mar 91) D to H	**1378**
Nissan Sunny Petrol (Apr 91 - 95) H to N	**3219**
OPEL Ascona & Manta (B Series) (Sept 75 - 88) up to F *	**0316**
Opel Ascona Petrol (81 - 88)	**3215**
Opel Astra Petrol (Oct 91 - Feb 98)	**3156**
Opel Corsa Petrol (83 - Mar 93)	**3160**
Opel Corsa Petrol (Mar 93 - 97)	**3159**
Opel Kadett Petrol (Nov 79 - Oct 84) up to B	**0634**
Opel Kadett Petrol (Oct 84 - Oct 91)	**3196**
Opel Omega & Senator Petrol (Nov 86 - 94)	**3157**
Opel Rekord Petrol (Feb 78 - Oct 86) up to D	**0543**
Opel Vectra Petrol (Oct 88 - Oct 95)	**3158**

** Classic reprint*

Titel	Bok nr.
Chevrolet Sprint & Geo Metro '85-'01	**24075**
Chevrolet Vans '68-'96	**24080**
Chevrolet & GMC Full-size Vans '96-'05	**24081**
CHRYSLER Cirrus/Dodge Stratus/Ply. Breeze '94-'00	**25015**
Chrysler Full-Size (FWD) '88-'93	**25020**
Chrysler LH Series '93-'97	**25025**
Chrysler LHS, Concorde, 300M & Dodge Intrepid '98-'03	**25026**
Chrysler 300, Dodge Charger & Magnum '05-'07	**25027**
Chrysler Mid-Size Sedans (FWD) '82-'95	**25030**
Chrysler PT Cruiser '01-'03	**25035**
Chrysler Sebring & Dodge Avenger '95-'05	**25040**
DATSUN 200SX '77-'79	**28004**
Datsun 200SX '80-'83	**28005**
Datsun B-210 '73-'78	**28007**
Datsun 210 '79-'82	**28009**
Datsun 240Z, 260Z, & 280Z '70-'78	**28012**
Datsun 280ZX '79-'83	**28014**
Datsun 310 '78-'82	**28016**
Datsun 510 & PL521 Pick-up '68-'73	**28018**
Datsun 510 '78-'81	**28020**
Datsun 620 Pick-up '73-'79	**28022**
Datsun 810/Maxima '77-'84	**28025**
DODGE Aries & Plymouth Reliant '81-'89	**30008**
Dodge & Plymouth Mini Vans '84-'95	**30010**
Dodge & Plymouth Mini Vans '96-'02	**30011**
Dodge Challenger & Ply. Sapporo '78-'83	**30012**
Dodge Caravan, Chrysler Voyager/Town & Country '03-'06	**30013**
Dodge Colt & Plymouth Champ '78-'87	**30016**
Dodge Dakota Pick-up '87-'96	**30020**
Dodge Durango '98-'99 & Dakota '97-'99	**30021**
Dodge Durango '00-'03 & Dakota Pick-ups '00-'04	**30022**
Dodge Durango '04-'06 & Dakota Pick-ups '05-'06	**30023**
Dodge Dart/Plymouth Valiant '67-'76	**30025**
Dodge Daytona & Chrysler Laser '84-'89	**30030**
Dodge/Plymouth Neon '95-'99	**30034**
Dodge Omni/Plymouth Horizon '78-'90	**30035**
Dodge Neon '00-'05	**30036**
Dodge Full-Size Pick-up '74-'93	**30040**
Dodge Pick-Ups '94-'01	**30041**
Dodge Pick-Ups '02-'05	**30042**
Dodge D50 Pick-up & Raider '79-'93	**30045**
Dodge/Plymouth/Chrysler Full-Size (RWD) '71-'89	**30050**
Dodge Shadow & Plymouth Sundance '87-'94	**30055**
Dodge Spirit & Plymouth Acclaim '89-'95	**30060**
Dodge & Plymouth Vans '71-'03	**30065**
FIAT 124 Sport/Spider '68-'78	**34010**
Fiat X1/ 9 '74-'80	**34025**
FORD Aerostar Mini Van '86-'97	**36004**
Ford Contour & Mercury Mystique '95-'00	**36006**
Ford Courier Pick-up '72-'82	**36008**
Ford Crown Victoria '88-'06	**36012**
Ford Escort & Mercury Lynx '81-'90	**36016**
Ford Escort '91-'00	**36020**
Ford Escape & Mazda Tribute '01-'03	**36022**
Ford Explorer '91-'01, Explorer Sport thru '03, Sport Trac thru '05	**36024**
Ford Explorer & Mercury Mountaineer '02-'06	**36025**
Ford Fairmont & Mercury Zephyr '78-'83	**36028**
Ford Festiva & Aspire '88-'97	**36030**
Ford Fiesta '77-'80	**36032**
Ford Focus '00-'05	**36034**
Ford & Mercury Full Size Sedans '75-'87	**36036**
Ford & Mercury Mid-Size Sedans '75-'86	**36044**
Ford Mustang V8 '64 1/2 - '73	**36048**
Ford Mustang II '74-'78	**36049**
Ford Mustang/Mercury Capri '79-'93	**36050**
Ford Mustang '94 - '04	**36051**
Ford Mustang '05-'07	**36052**
Ford Pick-ups & Bronco '73-'79	**36054**
Ford Pick-ups & Bronco '80-'96	**36058**
Ford Pick-ups, Expedition & Lincoln Navigator '97-'03	**36059**
Ford Super Duty Pick-up & Excursion '99-'06	**36060**
Ford Pick-ups, Full-size F-150 '04-'06	**36061**
Ford Pinto & Mercury Bobcat '75-'80	**36062**
Ford Probe '89-'92	**36066**
Ford Ranger & Bronco II '83-'92	**36070**
Ford Ranger & Mazda Pick-ups '93-'05	**36071**
Ford Taurus & Mercury Sable '86-'95	**36074**
Ford Taurus & Mercury Sable '96-'05	**36075**
Ford Tempo & Mercury Topaz '84-'94	**36078**
Ford T-bird & Mercury Cougar '83-'88	**36082**
Ford Thunderbird & Mercury Cougar '89-'97	**36086**
Ford Full-Size Vans '69-'91	**36090**
Ford Full-Size Vans '92-'05	**36094**
Ford Windstar '95-'03	**36097**

Titel	Bok nr.
GM: Century, Celebrity, Ciera, Cutlass Cruiser, 6000 '82-'96	**38005**
GM: Regal, Lumina, Grand Prix, Cutlass Supreme '88-'05	**38010**
GM: Skyhawk, Cimarron, Cavalier, Firenza, J-2000, Sunbird '82-'94	**38015**
GM: Chevrolet Cavalier & Pontiac Sunfire '95-'04	**38016**
GM: Chevrolet Cobalt & Pontiac G5 '05-'07	**38017**
GM: Skylark, Citation, Omega, Phoenix '80-'85	**38020**
GM: Skylark, Somerset, Achieva, Calais, Grand Am '85-'98	**38025**
GM: Malibu, Alero, Cutlass & Grand Am '97-'03	**38026**
GM: Chevrolet Malibu '04-'07	**38027**
GM: Eldorado, Seville, Deville, Riviera, Toronado '71-'85	**38030**
GM: Eldorado, Seville, Deville, Riviera & Toronado '86-'93	**38031**
GM: Cadillac DeVille '94-'05 & Seville '92-'04	**38032**
GM: Lumina APV, Silhouette, Trans Sport '90-'96	**38035**
GM: Venture, Silhouette, Trans Sport, Montana '97-05	**38036**
GEO Storm '90-'93	**40030**
HONDA Accord CVCC '76-'83	**42010**
Honda Accord '84-'89	**42011**
Honda Accord '90-'93	**42012**
Honda Accord '94-'97	**42013**
Honda Accord '98 - '02	**42014**
Honda Accord '03-'05	**42015**
Honda Civic 1200 '73-'79	**42020**
Honda Civic 1300 & 1500 cc CVCC '80-'83	**42021**
Honda Civic 1500 CVCC '75-'79	**42022**
Honda Civic '84-'90	**42023**
Honda Civic '92-'95	**42024**
Honda Civic '96-'00, CR-V '97-'01 & Acura Integra '94-'00	**42025**
Honda Civic '01-'04 and CR-V '02-'04	**42026**
Honda Odyssey '99-'04	**42035**
Honda All Pilot models (03-07)	**42037**
Honda Prelude CVCC '79-'89	**42040**
HYUNDAI Elantra '96-'01	**43010**
Hyundai Excel & Accent '86-'98	**43015**
ISUZU Rodeo, Amigo '89-'02	**47017**
Isuzu Trooper '84-'91 & Pick-up '81-'93	**47020**
JAGUAR XJ6 '68-'86	**49010**
Jaguar XJ6 '88-'94	**49011**
JEEP Cherokee, Wagoneer, Comanche '84-'01	**50010**
Jeep CJ '49-'86	**50020**
Jeep Grand Cherokee '93-'04	**50025**
Jeep Liberty '02-'04	**50035**
Jeep Wagoneer/J-Series '72-'91	**50029**
Jeep Wrangler '87-'03	**50030**
KIA Sephia & Spectra '94-'04	**54070**
LINCOLN Town Car '70-'05	**59010**
MAZDA GLC (RWD) '77-'83	**61010**
Mazda GLC (FWD) '81-'85	**61011**
Mazda 323 & Protegé '90-'00	**61015**
Mazda MX-5 Miata '90-'97	**61016**
Mazda MPV Van '89-'94	**61020**
Mazda Pick-ups '72-'93	**61030**
Mazda RX7 Rotary '79-'85	**61035**
Mazda RX-7 '86-'91	**61036**
Mazda 626 (RWD) '79-'82	**61040**
Mazda 626 & MX-6 (FWD) '83-'92	**61041**
Mazda 626, MX-6 & Ford Probe '93-'01	**61042**
MERCEDES BENZ Diesel 123 '76-'85	**63012**
Mercedes Benz 190 Series '84-'88	**63015**
Mercedes Benz 230, 250, & 280 '68-'72	**63020**
Mercedes Benz 280 (123 Series) '77-'81	**63025**
Mercedes Benz 350 & 450 '71-'80	**63030**
MERCURY Villager & Nissan Quest '93-'01	**64200**
MGB (4cyl.) '62-'80	**66010**
MG Midget & Austin-Healy Sprite '58-'80	**66015**
MITSUBISHI Cordia, Tredia, Galant, Precis & Mirage '83-'93	**68020**
Mitsubishi Eclipse, Laser, Talon '90-'94	**68030**
Mitsubishi Eclipse & Eagle Talon '95-'01	**68031**
Mitsubishi Galant '94-'03	**68035**
Mitsubishi Pick-up & Montero '83-'96	**68040**
NISSAN 300ZX '84-'89	**72010**
Nissan Altima '93-'04	**72015**
Nissan Maxima '85-'92	**72020**
Nissan Maxima '93-'04	**72021**
Nissan/Datsun Pick-up '80-'97, Pathfinder '87-'95	**72030**
Nissan Frontier Pick-up '98-'04, Pathfinder '96-'04 & Xterra '00-'04	**72031**
Nissan Pulsar '83-'86	**72040**
Nissan Sentra '82-'94	**72050**
Nissan Sentra & 200SX '95-'04	**72051**
Nissan Stanza '82-'90	**72060**
OLDSMOBILE Cutlass '74-'88	**73015**
PONTIAC Fiero '84-'88	**79008**
Pontiac Firebird V8 '70-'81	**79018**

Titel	Bok nr.
Pontiac Firebird '82-'92	**79019**
Pontiac Mid-size Rear-wheel Drive '70-'87	**79040**
PORSCHE 911 '65-'89	**80020**
Porsche 914 '69-'76	**80025**
Porsche 924 '76-'82	**80030**
Porsche 924S & 944 '83-'89	**80035**
SAAB 900 '79-'88	**84010**
SATURN S-series '91-'02	**87010**
Saturn Ion '03-'07	**87011**
Saturn L-Series '00-'04	**87020**
SUBARU 1100, 1300, 1400, & 1600 '71-'79	**89002**
Subaru 1600 & 1800 '80-'94	**89003**
Subaru Legacy '90-'99	**89100**
Subaru Legacy & Forester '00-'06	**89101**
SUZUKI Samurai, Sidekick '86-'01	**90010**
TOYOTA Camry '83-'91	**92005**
Toyota Camry & Avalon '92-'96	**92006**
Toyota Camry, Avalon, Solara, Lexus ES 300 '97-'01	**92007**
Toyota Camry, Avalon, Solara, Lexus ES 300/330 '02-'05	**92008**
Toyota Celica '71-'85	**92015**
Toyota Celica (FWD) '86-'99	**92020**
Toyota Supra '79-'92	**92025**
Toyota Corolla '75-'79	**92030**
Toyota Corolla (RWD) '80-'87	**92032**
Toyota Corolla (FWD) '84-'92	**92035**
Toyota Corolla & Geo/Chevrolet Prizm '93-'02	**92036**
Toyota Corolla '03-'05	**92037**
Toyota Corolla Tercel '80-'82	**92040**
Toyota Corona '74-'82	**92045**
Toyota Cressida '78-'82	**92050**
Toyota Highlander & Lexus RX-300/330 '99-'06	**92095**
Toyota Hi-Lux Pick-up '69-'78	**92070**
Toyota Land Cruiser FJ40, 43, 45, 55 & 60 '68-'82	**92055**
Toyota Land Cruiser FJ60, 62, 80 & FZJ80 '80-'96	**92056**
Toyota MR-2 '85-'87	**92065**
Toyota Previa Van '91-'95	**92080**
Toyota Pick-up '79-'95	**92075**
Toyota RAV4 '96-'02	**92082**
Toyota Sienna '98-'02	**92090**
Toyota Prius (01-07)	**92081**
Toyota Tacoma '95-'04, 4Runner '96-'02, T100 '93-'98	**92076**
Toyota Tercel '87-'94	**92085**
Toyota Tundra & Sequoia '00-'05	**92078**
TRIUMPH Spitfire '62-'81	**94007**
Triumph TR7 '75-'81	**94010**
VW Beetle & Karmann Ghia '54-'79	**96008**
VW New Beetle '98-'00	**96009**
VW Dasher '74 thru '81	**96012**
VW Rabbit, Jetta (Gas) '75-'92	**96016**
VW Golf & Jetta '93-'98	**96017**
VW Golf & Jetta '99-'02	**96018**
VW Rabbit, Jetta, (Diesel) '77-'84	**96020**
VW Passat '98-'01 & Audi A4 '96-'01	**96023**
VW Transporter 1600 '68-'79	**96030**
VW Transporter 1700, 1800, & 2000 '72-'79	**96035**
VW Type 3 1500 & 1600 '63-'73	**96040**
VW Vanagon Air - Cooled '80-'83	**96045**
Volvo 120 & 130 Series & 1800 '61-'73	**97010**
Volvo 140 '66-'74	**97015**
Volvo 240 Series '76-'93	**97020**
Volvo 740 & 760 Series '82-'88	**97040**

USA Techbooks

Automotive Computer Codes	**10205**
OBD-II (96 on) Engine Management Systems	**10206**
Fuel Injection Manual (86-99)	**10220**
Holley Carburettor Manual	**10225**
Rochester Carburettor Manual	**10230**
Weber/Zenith Stromberg/SU Carburettor Manual	**10240**
Chevrolet Engine Overhaul Manual	**10305**
Chrysler Engine Overhaul Manual	**10310**
GM and Ford Diesel Engine Repair Manual	**10330**
Suspension, Steering and Driveline Manual	**10345**
Ford Automatic Transmission Overhaul Manual	**10355**
General Motors Automatic Transmission Overhaul Manual	**10360**
Automotive Detailling Manual	**10415**
Automotive Heating & Air Conditioning Manual	**10425**
Automotive Reference Manual & Illustrated Automotive Dictionary	**10430**
Used Car Buying Guide	**10440**

** Classic reprint*

Titel	Bok nr.
PEUGEOT 106 Petrol & Diesel (91 - 04) J to 53	**1882**
Peugeot 205 Petrol (83 - 97) A to P	**0932**
Peugeot 206 Petrol & Diesel (98 - 01) S to X	**3757**
Peugeot 206 Petrol & Diesel (02 - 06) 51 to 06	**4613**
Peugeot 306 Petrol & Diesel (93 - 02) K to 02	**3073**
Peugeot 307 Petrol & Diesel (01 - 04) Y to 54	**4147**
Peugeot 309 Petrol (86 - 93) C to K	**1266**
Peugeot 405 Petrol (88 - 97) E to P	**1559**
Peugeot 405 Diesel (88 - 97) E to P	**3198**
Peugeot 406 Petrol & Diesel (96 - Mar 99) N to T	**3394**
Peugeot 406 Petrol & Diesel (Mar 99 - 02) T to 52	**3982**
Peugeot 505 Petrol (79 - 89) up to G	**0762**
Peugeot 1.7/1.8 & 1.9 litre Diesel Engine (82 - 96) up to N	**0950**
Peugeot 2.0, 2.1, 2.3 & 2.5 litre Diesel Engines (74 - 90) up to H	**1607**
PORSCHE 911 (65 - 85) up to C	**0264**
Porsche 924 & 924 Turbo (76 - 85) up to C	**0397**
PROTON (89 - 97) F to P	**3255**
RANGE ROVER V8 Petrol (70 - Oct 92) up to K	**0606**
RELIANT Robin & Kitten (73 - 83) up to A *	**0436**
RENAULT 4 (61 - 86) up to D *	**0072**
Renault 5 Petrol (Feb 85 - 96) B to N	**1219**
Renault 9 & 11 Petrol (82 - 89) up to F	**0822**
Renault 18 Petrol (79 - 86) up to D	**0598**
Renault 19 Petrol (89 - 96) F to N	**1646**
Renault 19 Diesel (89 - 96) F to N	**1946**
Renault 21 Petrol (86 - 94) C to M	**1397**
Renault 25 Petrol & Diesel (84 - 92) B to K	**1228**
Renault Clio Petrol (91 - May 98) H to R	**1853**
Renault Clio Diesel (91 - June 96) H to N	**3031**
Renault Clio Petrol & Diesel (May 98 - May 01) R to Y	**3906**
Renault Clio Petrol & Diesel (June '01 - '05) Y to 55	**4168**
Renault Espace Petrol & Diesel (85 - 96) C to N	**3197**
Renault Laguna Petrol & Diesel (94 - 00) L to W	**3252**
Renault Laguna Petrol & Diesel (Feb 01 - Feb 05) X to 54	**4283**
Renault Mégane & Scénic Petrol & Diesel (96 - 99) N to T	**3395**
Renault Mégane & Scénic Petrol & Diesel (Apr 99 - 02) T to 52	**3916**
Renault Megane Petrol & Diesel (Oct 02 - 05) 52 to 55	**4284**
Renault Scenic Petrol & Diesel (Sept 03 - 06) 53 to 06	**4297**
ROVER 213 & 216 (84 - 89) A to G	**1116**
Rover 214 & 414 Petrol (89 - 96) G to N	**1689**
Rover 216 & 416 Petrol (89 - 96) G to N	**1830**
Rover 211, 214, 216, 218 & 220 Petrol & Diesel (Dec 95 - 99) N to V	**3399**
Rover 25 & MG ZR Petrol & Diesel (Oct 99 - 04) V to 54	**4145**
Rover 414, 416 & 420 Petrol & Diesel (May 95 - 98) M to R	**3453**
Rover 45 / MG ZS Petrol & Diesel (99 - 05) V to 55	**4384**
Rover 618, 620 & 623 Petrol (93 - 97) K to P	**3257**
Rover 75 / MG ZT Petrol & Diesel (99 - 06) S to 06	**4292**
Rover 820, 825 & 827 Petrol (86 - 95) D to N	**1380**
Rover 3500 (76 - 87) up to E *	**0365**
Rover Metro, 111 & 114 Petrol (May 90 - 98) G to S	**1711**
SAAB 95 & 96 (66 - 76) up to R *	**0198**
Saab 90, 99 & 900 (79 - Oct 93) up to L	**0765**
Saab 900 (Oct 93 - 98) L to R	**3512**
Saab 9000 (4-cyl) (85 - 98) C to S	**1686**
Saab 9-3 Petrol & Diesel (98 - Aug 02) R to 02	**4614**
Saab 9-3 Petrol & Diesel (02-07) 52 to 57	**4749**
Saab 9-5 4-cyl Petrol (97 - 04) R to 54	**4156**
SEAT Ibiza & Cordoba Petrol & Diesel (Oct 93 - Oct 99) L to V	**3571**
Seat Ibiza & Malaga Petrol (85 - 92) B to K	**1609**
SKODA Estelle (77 - 89) up to G	**0604**
Skoda Fabia Petrol & Diesel (00 - 06) W to 06	**4376**
Skoda Favorit (89 - 96) F to N	**1801**
Skoda Felicia Petrol & Diesel (95 - 01) M to X	**3505**
Skoda Octavia Petrol & Diesel (98 - Apr 04) R to 04	**4285**
SUBARU 1600 & 1800 (Nov 79 - 90) up to H *	**0995**
SUNBEAM Alpine, Rapier & H120 (67 - 74) up to N *	**0051**
SUZUKI SJ Series, Samurai & Vitara (4-cyl) Petrol (82 - 97) up to P	**1942**
Suzuki Supercarry & Bedford/Vauxhall Rascal (86 - Oct 94) C to M	**3015**
TALBOT Alpine, Solara, Minx & Rapier (75 - 86) up to D	**0337**

Titel	Bok nr.
Talbot Horizon Petrol (78 - 86) up to D	**0473**
Talbot Samba (82 - 86) up to D	**0823**
TOYOTA Avensis Petrol (98 - Jan 03) R to 52	**4264**
Toyota Carina E Petrol (May 92 - 97) J to P	**3256**
Toyota Corolla (80 - 85) up to C	**0683**
Toyota Corolla (Sept 83 - Sept 87) A to E	**1024**
Toyota Corolla (Sept 87 - Aug 92) E to K	**1683**
Toyota Corolla Petrol (Aug 92 - 97) K to P	**3259**
Toyota Corolla Petrol (July 97 - Feb 02) P to 51	**4286**
Toyota Hi-Ace & Hi-Lux Petrol (69 - Oct 83) up to A	**0304**
Toyota RAV4 Petrol & Diesel (94-06) L to 55	**4750**
Toyota Yaris Petrol (99 - 05) T to 05	**4265**
TRIUMPH GT6 & Vitesse (62 - 74) up to N *	**0112**
Triumph Herald (59 - 71) up to K *	**0010**
Triumph Spitfire (62 - 81) up to X	**0113**
Triumph Stag (70 - 78) up to T *	**0441**
Triumph TR2, TR3, TR3A, TR4 & TR4A (52 - 67) up to F *	**0028**
Triumph TR5 & 6 (67 - 75) up to P *	**0031**
Triumph TR7 (75 - 82) up to Y *	**0322**
VAUXHALL Astra Petrol (80 - Oct 84) up to B	**0635**
Vauxhall Astra & Belmont Petrol (Oct 84 - Oct 91) B to J	**1136**
Vauxhall Astra Petrol (Oct 91 - Feb 98) J to R	**1832**
Vauxhall/Opel Astra & Zafira Petrol (Feb 98 - Apr 04) R to 04	**3758**
Vauxhall/Opel Astra & Zafira Diesel (Feb 98 - Apr 04) R to 04	**3797**
Vauxhall/Opel Astra Petrol (04 - 08)	**4732**
Vauxhall/Opel Astra Diesel (04 - 08)	**4733**
Vauxhall/Opel Calibra (90 - 98) G to S	**3502**
Vauxhall Carlton Petrol (Oct 78 - Oct 86) up to D	**0480**
Vauxhall Carlton & Senator Petrol (Nov 86 - 94) D to L	**1469**
Vauxhall Cavalier Petrol (81 - Oct 88) up to F	**0812**
Vauxhall Cavalier Petrol (Oct 88 - 95) F to N	**1570**
Vauxhall Chevette (75 - 84) up to B	**0285**
Vauxhall/Opel Corsa Diesel (Mar 93 - Oct 00) K to X	**4087**
Vauxhall Corsa Petrol (Mar 93 - 97) K to R	**1985**
Vauxhall/Opel Corsa Petrol (Apr 97 - Oct 00) P to X	**3921**
Vauxhall/Opel Corsa Petrol & Diesel (Oct 00 - Sept 03) X to 53	**4079**
Vauxhall/Opel Corsa Petrol & Diesel (Oct 03 - Aug 06) 53 to 06	**4617**
Vauxhall/Opel Frontera Petrol & Diesel (91 - Sept 98) J to S	**3454**
Vauxhall Nova Petrol (83 - 93) up to K	**0909**
Vauxhall/Opel Omega Petrol (94 - 99) L to T	**3510**
Vauxhall/Opel Vectra Petrol & Diesel (95 - Feb 99) N to S	**3396**
Vauxhall/Opel Vectra Petrol & Diesel (Mar 99 - May 02) T to 02	**3930**
Vauxhall/Opel Vectra Petrol & Diesel (June 02 - Sept 05) 02 to 55	**4618**
Vauxhall/Opel 1.5, 1.6 & 1.7 litre Diesel Engine (82 - 96) up to N	**1222**
VW 411 & 412 (68 - 75) up to P *	**0091**
VW Beetle 1200 (54 - 77) up to S	**0036**
VW Beetle 1300 & 1500 (65 - 75) up to P	**0039**
VW 1302 & 1302S (70 - 72) up to L *	**0110**
VW Beetle 1303, 1303S & GT (72 - 75) up to P	**0159**
VW Beetle Petrol & Diesel (Apr 99 - 07) T to 57	**3798**
VW Golf & Jetta Mk 1 Petrol 1.1 & 1.3 (74 - 84) up to A	**0716**
VW Golf, Jetta & Scirocco Mk 1 Petrol 1.5, 1.6 & 1.8 (74 - 84) up to A	**0726**
VW Golf & Jetta Mk 1 Diesel (78 - 84) up to A	**0451**
VW Golf & Jetta Mk 2 Petrol (Mar 84 - Feb 92) A to J	**1081**
VW Golf & Vento Petrol & Diesel (Feb 92 - Mar 98) J to R	**3097**
VW Golf & Bora Petrol & Diesel (April 98 - 00) R to X	**3727**
VW Golf & Bora 4-cyl Petrol & Diesel (01 - 03) X to 53	**4169**
VW Golf & Jetta Petrol & Diesel (04 - 07) 53 to 07	**4610**
VW LT Petrol Vans & Light Trucks (76 - 87) up to E	**0637**
VW Passat & Santana Petrol (Sept 81 - May 88) up to E	**0814**
VW Passat 4-cyl Petrol & Diesel (May 88 - 96) E to P	**3498**
VW Passat 4-cyl Petrol & Diesel (Dec 96 - Nov 00) P to X	**3917**
VW Passat Petrol & Diesel (Dec 00 - May 05) X to 05	**4279**
VW Polo & Derby (76 - Jan 82) up to X	**0335**
VW Polo (82 - Oct 90) up to H	**0813**

Titel	Bok nr.
VW Polo Petrol (Nov 90 - Aug 94) H to L	**3245**
VW Polo Hatchback Petrol & Diesel (94 - 99) M to S	**3500**
VW Polo Hatchback Petrol (00 - Jan 02) V to 51	**4150**
VW Polo Petrol & Diesel (02 - May 05) 51 to 05	**4608**
VW Scirocco (82 - 90) up to H *	**1224**
VW Transporter 1600 (68 - 79) up to V	**0082**
VW Transporter 1700, 1800 & 2000 (72 - 79) up to V *	**0226**
VW Transporter (air-cooled) Petrol (79 - 82) up to Y *	**0638**
VW Transporter (water-cooled) Petrol (82 - 90) up to H	**3452**
VW Type 3 (63 - 73) up to M *	**0084**
VOLVO 120 & 130 Series (& P1800) (61 - 73) up to M *	**0203**
Volvo 142, 144 & 145 (66 - 74) up to N *	**0129**
Volvo 240 Series Petrol (74 - 93) up to K	**0270**
Volvo 262, 264 & 260/265 (75 - 85) up to C *	**0400**
Volvo 340, 343, 345 & 360 (76 - 91) up to J	**0715**
Volvo 440, 460 & 480 Petrol (87 - 97) D to P	**1691**
Volvo 740 & 760 Petrol (82 - 91) up to J	**1258**
Volvo 850 Petrol (92 - 96) J to P	**3260**
Volvo 940 petrol (90 - 98) H to R	**3249**
Volvo S40 & V40 Petrol (96 - Mar 04) N to 04	**3569**
Volvo S40 & V50 Petrol & Diesel (Mar 04 - Jun 07) 04 to 07	**4731**
Volvo S60 Petrol & Diesel (01-08)	**4793**
Volvo S70, V70 & C70 Petrol (96 - 99) P to V	**3573**
Volvo V70 / S80 Petrol & Diesel (98 - 05) S to 55	**4263**

DIY Manual Series

Titel	Bok nr.
The Haynes Air Conditioning Manual	**4192**
The Haynes Car Electrical Systems Manual	**4251**
The Haynes Manual on Bodywork	**4198**
The Haynes Manual on Brakes	**4178**
The Haynes Manual on Carburettors	**4177**
The Haynes Manual on Diesel Engines	**4174**
The Haynes Manual on Engine Management	**4199**
The Haynes Manual on Fault Codes	**4175**
The Haynes Manual on Practical Electrical Systems	**4267**
The Haynes Manual on Small Engines	**4250**
The Haynes Manual on Welding	**4176**

USA Automotive Repair Manuals

Titel	Bok nr.
ACURA Integra '86-'89 & Legend '86-'90	**12020**
Acura Integra '90-'93 & Legend '91-'95	**12021**
AMC Gremlin, Sprint & Hornet '70-'83	**14020**
AMC/Renault Alliance & Encore '83-'87	**14025**
AUDI 4000 '80-'87	**15020**
Audi 5000 '77-'83	**15025**
Audi 5000 '84-'88	**15026**
BMW 3 & 5 Series '82-'92	**18020**
BMW 3-Series, Including Z3 '92-'98	**18021**
BMW 3-series, including Z4 '99-'05	**18022**
BMW 320i '75-'83	**18025**
BMW 1500 & 2002 '59-'77	**18050**
BUICK Century '97-'05	**19010**
Buick/Olds/Pontiac Full-Size (FWD) '85-'05	**19020**
Buick/Olds/Pontiac Full-Size (RWD) '70-'90	**19025**
Buick Regal '74-'87	**19030**
CADILLAC Rear Wheel Drive '70-'93	**21030**
CHEVROLET Astro & GMC Safari Mini Van '85-'03	**24010**
Chevrolet Camaro '70-'81	**24015**
Chevrolet Camaro '82-'92	**24016**
Chevrolet Camaro/Pontiac Firebird '93-'02	**24017**
Chevrolet Chevelle '69-'87	**24020**
Chevrolet Chevette '76-'87	**24024**
Chevrolet Colorado & GMC Canyon '04-'06	**24027**
Chevrolet Corsica & Beretta '87-'96	**24032**
Chevrolet Corvette '68-'82	**24040**
Chevrolet Corvette '84-'96	**24041**
Chevrolet Full Size Sedans '69-'90	**24045**
Chevrolet Impala SS & Buick Roadmaster '91-'96	**24046**
Chevrolet Lumina & Monte Carlo '95-'05	**24048**
Chevrolet Luv Pick-up '72-'82	**24050**
Chevrolet Monte Carlo '70-'88	**24055**
Chevrolet Nova '69-'79	**24059**
Chevrolet Nova & Geo Prizm (FWD) '85-'92	**24060**
Chevrolet & GMC Pick-up '67-'87	**24064**
Chevrolet & GMC Pick-up '88-'98; C/K Classic '99-'00	**24065**
Chevrolet Silverado Pick-up '99-'06	**24066**
Chevrolet S10 & GMC S15 '82-'93	**24070**
Chevrolet S-10 '94-'04	**24071**
Chevrolet TrailBlazer & GMC Envoy '02-'03	**24072**

** Classic reprint*

Motorcycle Service and Repair Manuals

Titel	Bok nr.
APRILIA RS50 (99 - 06) & RS125 (93 - 06)	4298
Aprilia RSV1000 Mille (98 - 03)	♦ 4255
Aprilia SR50	4755
BMW 2-valve Twins (70 - 96)	♦ 0249
BMW F650	♦ 4761
BMW K100 & 75 2-valve Models (83 - 96)	♦ 1373
BMW R850, 1100 & 1150 4-valve Twins (93 - 04)	♦ 3466
BMW R1200 (04 - 06)	♦ 4598
BSA Bantam (48 - 71)	0117
BSA Unit Singles (58 - 72)	0127
BSA Pre-unit Singles (54 - 61)	0326
BSA A7 & A10 Twins (47 - 62)	0121
BSA A50 & A65 Twins (62 - 73)	0155
Chinese Scooters	4768
DUCATI 600, 620, 750 and 900 2-valve V-Twins (91 - 05)	♦ 3290
Ducati MK III & Desmo Singles (69 - 76)	◇ 0445
Ducati 748, 916 & 996 4-valve V-Twins (94 - 01)	♦ 3756
GILERA Runner, DNA, Ice & SKP/Stalker (97 - 07)	4163
HARLEY-DAVIDSON Sportsters (70 - 08)	♦ 2534
Harley-Davidson Shovelhead and Evolution Big Twins (70 - 99)	♦ 2536
Harley-Davidson Twin Cam 88 (99 - 03)	♦ 2478
HONDA NB, ND, NP & NS50 Melody (81 - 85)	◇ 0622
Honda NE/NB50 Vision & SA50 Vision Met-in (85 - 95)	◇ 1278
Honda MB, MBX, MT & MTX50 (80 - 93)	0731
Honda C50, C70 & C90 (67 - 03)	0324
Honda XR80/100R & CRF80/100F (85 - 04)	2218
Honda XL/XR 80, 100, 125, 185 & 200 2-valve Models (78 - 87)	0566
Honda H100 & H100S Singles (80 - 92)	◇ 0734
Honda CB/CD125T & CM125C Twins (77 - 88)	◇ 0571
Honda CG125 (76 - 07)	◇ 0433
Honda NS125 (86 - 93)	◇ 3056
Honda CBR125R (04 - 07)	4620
Honda MBX/MTX125 & MTX200 (83 - 93)	◇ 1132
Honda CD/CM185 200T & CM250C 2-valve Twins (77 - 85)	0572
Honda XL/XR 250 & 500 (78 - 84)	0567
Honda XR250L, XR250R & XR400R (86 - 03)	2219
Honda CB250 & CB400N Super Dreams (78 - 84)	◇ 0540
Honda CR Motocross Bikes (86 - 01)	2222
Honda CRF250 & CRF450 (02 - 06)	2630
Honda CBR400RR Fours (88 - 99)	◇ ♦ 3552
Honda VFR400 (NC30) & RVF400 (NC35) V-Fours (89 - 98)	◇ ♦ 3496
Honda CB500 (93 - 02) & CBF500 03 - 08	◇ 3753
Honda CB400 & CB550 Fours (73 - 77)	0262
Honda CX/GL500 & 650 V-Twins (78 - 86)	0442
Honda CBX550 Four (82 - 86)	◇ 0940
Honda XL600R & XR600R (83 - 08)	♦ 2183
Honda XL600/650V Transalp & XRV750 Africa Twin (87 to 07)	♦ 3919
Honda CBR600F1 & 1000F Fours (87 - 96)	♦ 1730
Honda CBR600F2 & F3 Fours (91 - 98)	♦ 2070
Honda CBR600F4 (99 - 06)	♦ 3911
Honda CB600F Hornet & CBF600 (98 - 06)	◇ ♦ 3915
Honda CBR600RR (03 - 06)	♦ 4590
Honda CB650 sohc Fours (78 - 84)	0665
Honda NTV600 Revere, NTV650 and NT650V Deauville (88 - 05)	◇ ♦ 3243
Honda Shadow VT600 & 750 (USA) (88 - 03)	2312
Honda CB750 sohc Four (69 - 79)	0131
Honda V45/65 Sabre & Magna (82 - 88)	0820
Honda VFR750 & 700 V-Fours (86 - 97)	♦ 2101
Honda VFR800 V-Fours (97 - 01)	♦ 3703
Honda VFR800 V-Tec V-Fours (02 - 05)	♦ 4196
Honda CB750 & CB900 dohc Fours (78 - 84)	0535
Honda VTR1000 (FireStorm, Super Hawk) & XL1000V (Varadero) (97 - 08)	♦ 3744
Honda CBR900RR FireBlade (92 - 99)	♦ 2161
Honda CBR900RR FireBlade (00 - 03)	♦ 4060
Honda CBR1000RR Fireblade (04 - 07)	♦ 4604
Honda CBR1100XX Super Blackbird (97 - 07)	♦ 3901
Honda ST1100 Pan European V-Fours (90 - 02)	♦ 3384

Titel	Bok nr.
Honda Shadow VT1100 (USA) (85 - 98)	2313
Honda GL1000 Gold Wing (75 - 79)	0309
Honda GL1100 Gold Wing (79 - 81)	0669
Honda Gold Wing 1200 (USA) (84 - 87)	2199
Honda Gold Wing 1500 (USA) (88 - 00)	2225
KAWASAKI AE/AR 50 & 80 (81 - 95)	1007
Kawasaki KC, KE & KH100 (75 - 99)	1371
Kawasaki KMX125 & 200 (86 - 02)	◇ 3046
Kawasaki 250, 350 & 400 Triples (72 - 79)	0134
Kawasaki 400 & 440 Twins (74 - 81)	0281
Kawasaki 400, 500 & 550 Fours (79 - 91)	0910
Kawasaki EN450 & 500 Twins (Ltd/Vulcan) (85 - 07)	2053
Kawasaki EX500 (GPZ500S) & ER500 (ER-5) (87 - 08)	♦ 2052
Kawasaki ZX600 (ZZ-R600 & Ninja ZX-6) (90 - 06)	♦ 2146
Kawasaki ZX-6R Ninja Fours (95 - 02)	♦ 3541
Kawasaki ZX-6R (03 - 06)	♦ 4742
Kawasaki ZX600 (GPZ600R, GPX600R, Ninja 600R & RX) & ZX750 (GPX750R, Ninja 750R)	♦ 1780
Kawasaki 650 Four (76 - 78)	0373
Kawasaki Vulcan 700/750 & 800 (85 - 04)	♦ 2457
Kawasaki 750 Air-cooled Fours (80 - 91)	0574
Kawasaki ZR550 & 750 Zephyr Fours (90 - 97)	♦ 3382
Kawasaki Z750 & Z1000 (03 - 08)	♦ 4762
Kawasaki ZX750 (Ninja ZX-7 & ZXR750) Fours (89 - 96)	♦ 2054
Kawasaki Ninja ZX-7R & ZX-9R (94 - 04)	♦ 3721
Kawasaki 900 & 1000 Fours (73 - 77)	0222
Kawasaki ZX900, 1000 & 1100 Liquid-cooled Fours (83 - 97)	♦ 1681
KTM EXC Enduro & SX Motocross (00 - 07)	♦ 4629
MOTO GUZZI 750, 850 & 1000 V-Twins (74 - 78)	0339
MZ ETZ Models (81 - 95)	◇ 1680
NORTON 500, 600, 650 & 750 Twins (57 - 70)	0187
Norton Commando (68 - 77)	0125
PEUGEOT Speedfight, Trekker & Vivacity Scooters (96 - 08)	◇ 3920
PIAGGIO (Vespa) Scooters (91 - 06)	◇ 3492
SUZUKI GT, ZR & TS50 (77 - 90)	◇ 0799
Suzuki TS50X (84 - 00)	◇ 1599
Suzuki 100, 125, 185 & 250 Air-cooled Trail bikes (79 - 89)	0797
Suzuki GP100 & 125 Singles (78 - 93)	◇ 0576
Suzuki GS, GN, GZ & DR125 Singles (82 - 05)	◇ 0888
Suzuki GSX-R600/750 (06 - 09)	♦ 4790
Suzuki 250 & 350 Twins (68 - 78)	0120
Suzuki GT250X7, GT200X5 & SB200 Twins (78 - 83)	◇ 0469
Suzuki GS/GSX250, 400 & 450 Twins (79 - 85)	0736
Suzuki GS500 Twin (89 - 06)	♦ 3238
Suzuki GS550 (77 - 82) & GS750 Fours (76 - 79)	0363
Suzuki GS/GSX550 4-valve Fours (83 - 88)	1133
Suzuki SV650 & SV650S (99 - 08)	♦ 3912
Suzuki GSX-R600 & 750 (96 - 00)	♦ 3553
Suzuki GSX-R600 (01 - 03), GSX-R750 (00 - 03) & GSX-R1000 (01 - 02)	♦ 3986
Suzuki GSX-R600/750 (04 - 05) & GSX-R1000 (03 - 06)	♦ 4382
Suzuki GSF600, 650 & 1200 Bandit Fours (95 - 06)	♦ 3367
Suzuki Intruder, Marauder, Volusia & Boulevard (85 - 06)	♦ 2618
Suzuki GS850 Fours (78 - 88)	0536
Suzuki GS1000 Four (77 - 79)	0484
Suzuki GSX-R750, GSX-R1100 (85 - 92), GSX600F, GSX750F, GSX1100F (Katana) Fours	♦ 2055
Suzuki GSX600/750F & GSX750 (98 - 02)	♦ 3987
Suzuki GS/GSX1000, 1100 & 1150 4-valve Fours (79 - 88)	0737
Suzuki TL1000S/R & DL1000 V-Strom (97 - 04)	♦ 4083
Suzuki GSF650/1250 (05 - 09)	♦ 4798
Suzuki GSX1300R Hayabusa (99 - 04)	♦ 4184
Suzuki GSX1400 (02 - 07)	♦ 4758
TRIUMPH Tiger Cub & Terrier (52 - 68)	0414
Triumph 350 & 500 Unit Twins (58 - 73)	0137
Triumph Pre-Unit Twins (47 - 62)	0251
Triumph 650 & 750 2-valve Unit Twins (63 - 83)	0122
Triumph Trident & BSA Rocket 3 (69 - 75)	0136
Triumph Bonneville (01 - 07)	♦ 4364
Triumph Daytona, Speed Triple, Sprint & Tiger (97 - 05)	♦ 3755
Triumph Triples and Fours (carburettor engines) (91 - 04)	♦ 2162

Titel	Bok nr.
VESPA P/PX125, 150 & 200 Scooters (78 - 06)	0707
Vespa Scooters (59 - 78)	0126
YAMAHA DT50 & 80 Trail Bikes (78 - 95)	◇ 0800
Yamaha T50 & 80 Townmate (83 - 95)	◇ 1247
Yamaha YB100 Singles (73 - 91)	◇ 0474
Yamaha RS/RXS100 & 125 Singles (74 - 95)	0331
Yamaha RD & DT125LC (82 - 95)	◇ 0887
Yamaha TZR125 (87 - 93) & DT125R (88 - 07)	◇ 1655
Yamaha TY50, 80, 125 & 175 (74 - 84)	◇ 0464
Yamaha XT & SR125 (82 - 03)	◇ 1021
Yamaha YBR125	4797
Yamaha Trail Bikes (81 - 00)	2350
Yamaha 2-stroke Motocross Bikes 1986 - 2006	2662
Yamaha YZ & WR 4-stroke Motocross Bikes (98 - 08)	2689
Yamaha 250 & 350 Twins (70 - 79)	0040
Yamaha XS250, 360 & 400 sohc Twins (75 - 84)	0378
Yamaha RD250 & 350LC Twins (80 - 82)	0803
Yamaha RD350 YPVS Twins (83 - 95)	1158
Yamaha RD400 Twin (75 - 79)	0333
Yamaha XT, TT & SR500 Singles (75 - 83)	0342
Yamaha XZ550 Vision V-Twins (82 - 85)	0821
Yamaha FJ, FZ, XJ & YX600 Radian (84 - 92)	2100
Yamaha XJ600S (Diversion, Seca II) & XJ600N Fours (92 - 03)	♦ 2145
Yamaha YZF600R Thundercat & FZS600 Fazer (96 - 03)	♦ 3702
Yamaha FZ-6 Fazer (04 - 07)	♦ 4751
Yamaha YZF-R6 (99 - 02)	♦ 3900
Yamaha YZF-R6 (03 - 05)	♦ 4601
Yamaha 650 Twins (70 - 83)	0341
Yamaha XJ650 & 750 Fours (80 - 84)	0738
Yamaha XS750 & 850 Triples (76 - 85)	0340
Yamaha TDM850, TRX850 & XTZ750 (89 - 99)	◇ ♦ 3540
Yamaha YZF750R & YZF1000R Thunderace (93 - 00)	♦ 3720
Yamaha FZR600, 750 & 1000 Fours (87 - 96)	♦ 2056
Yamaha XV (Virago) V-Twins (81 - 03)	♦ 0802
Yamaha XVS650 & 1100 Drag Star/V-Star (97 - 05)	♦ 4195
Yamaha XJ900F Fours (83 - 94)	♦ 3239
Yamaha XJ900S Diversion (94 - 01)	♦ 3739
Yamaha YZF-R1 (98 - 03)	♦ 3754
Yamaha YZF-R1 (04 - 06)	♦ 4605
Yamaha FZS1000 Fazer (01 - 05)	♦ 4287
Yamaha FJ1100 & 1200 Fours (84 - 96)	♦ 2057
Yamaha XJR1200 & 1300 (95 - 06)	♦ 3981
Yamaha V-Max (85 - 03)	♦ 4072
ATVs	
Honda ATC70, 90, 110, 185 & 200 (71 - 85)	0565
Honda Rancher, Recon & TRX250EX ATVs	2553
Honda TRX300 Shaft Drive ATVs (88 - 00)	2125
Honda Foreman (95 - 07)	2465
Honda TRX300EX, TRX400EX & TRX450R/ER ATVs (93 - 06)	2318
Kawasaki Bayou 220/250/300 & Prairie 300 ATVs (86 - 03)	2351
Polaris ATVs (85 - 97)	2302
Polaris ATVs (98 - 06)	2508
Yamaha YFS200 Blaster ATV (88 - 06)	2317
Yamaha YFB250 Timberwolf ATVs (92 - 00)	2217
Yamaha YFM350 & YFM400 (ER and Big Bear) ATVs (87 - 03)	2126
Yamaha Banshee and Warrior ATVs (87 - 03)	2314
Yamaha Kodiak and Grizzly ATVs (93 - 05)	2567
ATV Basics	10450
TECHBOOK SERIES	
Twist and Go (automatic transmission) Scooters Service and Repair Manual	4082
Motorcycle Basics TechBook (2nd Edition)	3515
Motorcycle Electrical TechBook (3rd Edition)	3471
Motorcycle Fuel Systems TechBook	3514
Motorcycle Maintenance TechBook	4071
Motorcycle Modifying	4272
Motorcycle Workshop Practice TechBook (2nd Edition)	3470

◇ = not available in the USA *♦ = Superbike*

HOUSE AND GARDEN	
Home Extension Manual	H4357
The Victorian House Manual	H4213
The 1930s House Manual	H4214
Washing Machine Manual (4th Edition)	H4348
Dishwasher Manual	H4555
Lawnmower Manual (3rd Edition)	L7337
Washerdrier & Tumbledrier Manual	L7328
Loft Conversion Manual	H4446
Home Buying & Selling	H4535
Garden Buildings Manual	H4352
The Eco-House Manual	H4405

Home Grown Vegetable Manual	H4649
Food Manual	H4512
CYCLING	
The London Cycle Guide	L7320
The Mountain Bike Book (2nd edn)	H4673
Birmingham & the Black Country Cycle Rides	H4007
Bristol & Bath Cycle Rides	H4025
Manchester Cycle Rides	H4026
Racing Bike Book (3rd Edition)	H4341
The Bike Book (5th Edition)	H4421
OUTDOOR LEISURE	
Build Your Own Motorcaravan	H4221

The Caravan Handbook	L7801
The Caravan Manual (4th Edition)	H4678
The Motorcaravan Manual (2nd Edition)	H4047
Motorcaravanning Handbook	H4428
Camping Manual	H4319
Sailing Boat Manual	H4484
Motor Boat Manual	H4513
Sailing Boat Manual	H4484
OUTDOOR LEISURE	
Fender Stratocaster	H4321
Gibson Les Paul	H4478
Piano Manual	H4485